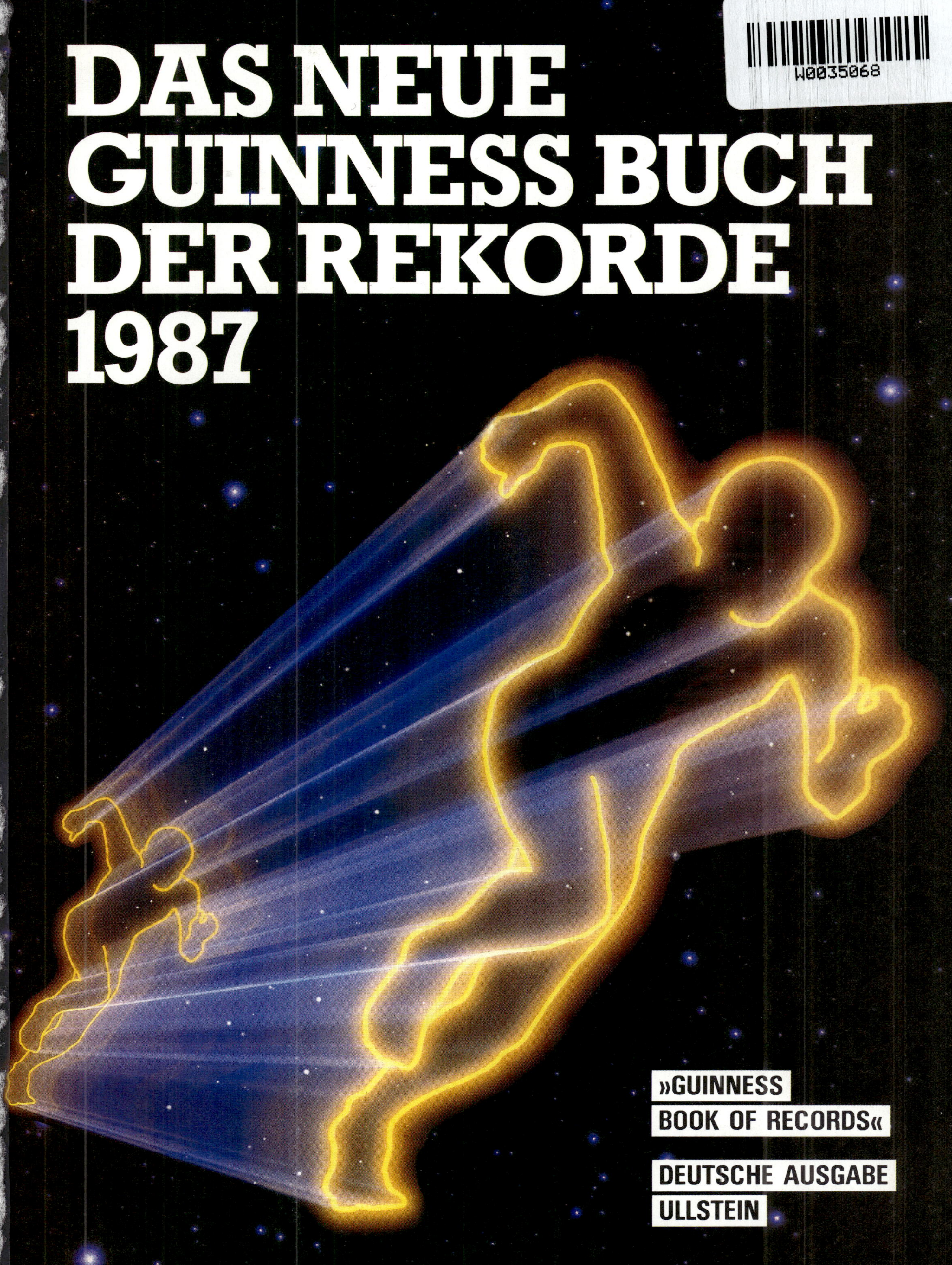
DAS NEUE GUINNESS BUCH DER REKORDE 1987
»GUINNESS BOOK OF RECORDS«
DEUTSCHE AUSGABE
ULLSTEIN

INHALT

?rellenhcs tsi rew

In nur 1:11 Min. schrieb der Stenosekretär Jens Seiler (*1966) aus Groß-Gerau am 20. Juni 1986 in Wiesbaden einen Text mit 560 Anschlägen auf der Schreibmaschine. Die Besonderheit: Er schrieb den Text rückwärts ab und schlug damit selbst die Weltmeisterin im Maschinenschreiben (allerdings vorwärts) Gabriele Monath.

Hochstapler am Werk

Den Rekord im Stapeln von Bierkästen (Harrasse) ging in die Schweiz. Am 10. Mai 1986 wurden vom Turnverein Balterswil bei einem Fest anläßlich seines 75jährigen Bestehens mit Hilfe eines Autokrans 78 leere Bierkisten auf die neue Rekordhöhe von 26,36 m gestapelt. Trotz der geleisteten Präzisionsarbeit stand der Turm nur kurze 2,8 Sek., bevor er in sich zusammensackte.

Wer kann da widerstehen?

Auf der Landesgartenschau in Freiburg i. Breisgau stellte im Wonnemonat Mai (31. 5. 1986) der Klosterschüler Ralf Bauer (* 1966) aus Baden-Baden einen ungewöhnlichen Rekord auf: er küßte! Genau 4499 Damen wurden in 8 Std. mit seinem Kuß bedacht. Besondere Unterstützung kam aus dem Kreis der älteren Semester, nach Ralfs Schätzung waren 85 Prozent der Kuß-Willigen älter als 65 Jahre.

Messeturm soll gen Himmel zeigen

Einen neuen städtebaulichen Akzent wird Europas höchstes Bürogebäude auf der Frankfurter Messe setzen. 254 m hoch und 52 Stockwerke hat der deutschamerikanische Hochhausarchitekt Helmut Jahn vorgesehen. Noch in diesem Jahr soll's beginnen (s. a. S. 164).

Trepp auf – Trepp ab

57 Pfadfinder des Stamms Saint-Exupéry Ulm/Donau der Deutschen Pfadfinderschaft St. Georg bezwangen am 7. Juni 1986 gleich 208mal den Turm des Ulmer Münsters. Jede der 768 Stufen wurde mit fünf Pfennig gesponsort, und so brachte jeder Läufer den Betrag von 38,40 DM für einen karitativen Zweck ein. Insgesamt wurden 159744 Stufen bewältigt und 7987,20 DM erlaufen. Schnellster war Crister von der Runde Flamingo mit 10:52 Min., eifrigster Gunnar von der Runde Schwan mit elf Besteigungen.

Härtetest

Auf der CeBIT '86 in Hannover stellte die Hochleistungs-Mikrofilmdurchlaufkamera COPEX D 900 von Agfa Gevaert einen Dauerverfilmrekord auf. Vom 12. März, 9 Uhr, bis 19. März 1986, 15 Uhr, wurde die Durchlaufkamera nonstop von sechs Studenten, die im Zwölf-Stunden-Takt arbeiteten, »gefüttert«. In 174 Std. wurden 2732928 DIN-A4-Belege auf 194 Mikrofilme kopiert. Das entspricht umgerechnet 13,66 t Papier, das gestapelt eine Höhe von 270 m ergeben würde. Zum Vergleich: Der Eiffelturm ist 300 m hoch.

Mammutwerk

Am 7. Juni 1986 entstand anläßlich der 2. Schweizerischen Jugendturntage eine 3153 m² große Zeichnung. Etwa 5000 Jugendliche bemalten die 432 kg schwere Papierrolle in 8:12 Std. mit Motiven zum Thema Sport. Der Reinerlös aus dem Verkauf des – natürlich zerteilten – Werkes kam dem Schweizerischen Behindertensport zugute.

Noch ein Mammutwerk

Während der Gladbecker Woche wurde am 6. Juni 1986 im Maßstab 1:2 noch einmal die Lambertikirche »erbaut« – und zwar auf der Straße. Trotz widriger Wetterverhältnisse hielten die drei Pflastermaler Bobby Baes (* 1944), Charly Cess (* 1963) und Andy Tess (* 1952) durch und bemalten auf 453,9 m² die Freifläche an der Lambertikirche.

Halb Bochum lag flach

»Don Alfredo« (Manfred Knoke, * 1950) aus Unterthingau (Allgäu) hypnotisierte in sechs Tagen (2.–7. Juni 1986) in Bochum und Umgebung 1755 Personen. Damit verbesserte er seinen Rekord von 1983 um 195 »Schläfer« (s. a. S. 328).

Eskimorollen im Akkord

Der österreichische Stadtamt-Angestellte Manfred Niedermüller (* 1965) aus Braunau stellte gleich zwei neue Rekorde auf: am 21. Juni 1986 schaffte er mit seinem Kajak in exakt 60 Sek. 33 Eskimorollen mit Paddel, und am 27. Juni 1986 erreichte er ohne Paddel sogar 35 Rollen, ebenfalls in nur einer Minute. Beide Rekorde erzielte er im Freizeitzentrum Braunau am Inn. Eine um so beachtlichere Leistung, da Niedermüller in seiner Kindheit durch einen Unfall den linken Arm verlor.

Ein Surfer kommt selten allein

Sun Sport rief und 134 Surfer kamen, um die längste Surferkette zu bilden. Am 5. Juli 1986 nahmen trotz widrigen Wetters die 134 Surfbretter die Fahrt auf der Ostsee in Schwedeneck (bei Kiel) auf und legten gemeinsam ca. 1 km zurück.

Letzte Meldungen Lebensmittel!

Zuckerwatte: 4,20 m lang, 60 cm Durchmesser, Adolf Lunzer, Gols (Österreich), 24. März 1986.
Mohrenkopf: 83 kg, 1,10 m hoch, 1 m Durchmesser, 560 Eiklar, 42 kg Zukker, 11 kg Schokolade, Adolf Lunzer, Gols (Österreich), 23. März 1986.
Schwartenmagen: 9 m lang, 60 cm breit, 40 cm hoch, 1393 kg, Kaufland Bad Dürrheim und Landmetzgerei Siegfried Henkelmann, Bad Dürrheim (Baden-Württemberg), 17. April 1986.
Geräucherte Fleischwurst: 813,64 m lang, 1074 kg, Fleischerei Niedersberg, Haste (Niedersachsen), 1. Mai 1986.
Wilstermarschkäse: 720 kg, 160 × 120 × 45 cm, Form der Insel Helgoland, Dieter Kühler und Wolfgang Schroff, Uetersen (Schleswig-Holstein), 16. April 1986.
Schweineschnitzel: 3,70 × 2,70 m = 9,99 m², 178 kg, FF-Buch-Geiselsdorf, Unterbuch (Österreich), 15. Juni 1986.
Salami: 10,36 m lang, 93 cm Durchmesser, 687,36 kg, Rudolf Scheske, Lahstedt (Niedersachsen), 12. Mai 1986.

Riesen-Milchkanne

In Zusammenarbeit mit der Firma Bechtinger-Edelstahl stellte der Molkereibesitzer Josef Reichmuth eine originalgetreue Riesen-Milchkanne her. Die 6 m hohe Kanne faßt 23000 l Milch und hat einen Durchmesser von 2,6 m. Seit Oktober 1985 schmückt sie das Gelände der Molkerei in Seewen (Schweiz).

Hunger gestillt

Er ist unersättlich – Roberto Kalin übertraf sich selbst, indem er 14648 brennende Fackeln in seinem Mund in zwei Stunden löschte. Seinen neuen Rekord im Dauerfeuerschlucken stellte er in der Präsentationshalle der Frühjahrslandwirtschaftsmesse Ried im Innkreis (Oberösterreich) am 29. Mai 1986 auf (s. a. S. 79).

Und die allerletzte Nachricht:

Nachdem Europas höchster Berg, der Montblanc, in den letzten 2 Jahren schon um 1,20 m gewachsen ist – die Eiskappe auf dem Hauptgipfel hat sich verstärkt – und jetzt stolze 4808,40 m messen soll, war auch Deutschlands höchster Berg, die Zugspitze, am 27. Juni 1986 erhöht worden: Ein Hubschrauber setzte einen 36 m hohen granitfarbenen »Bergkegel« auf das Gipfelkreuz – für eine Minute war die Zugspitze im Rahmen einer Werbekampagne zum Dreitausender geworden.

Die Pflanzenwelt 109

Die Erde 118

Weltall und Raumfahrt 135

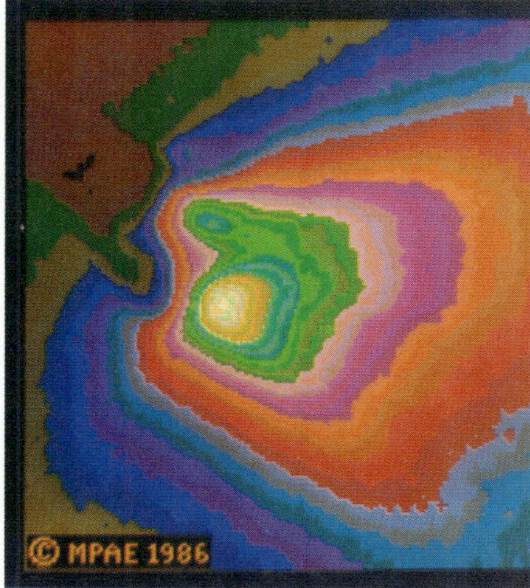

Naturwissenschaft 147

Bautechnik 161

Gemeinschaft, Gesellschaft — 287

Welt des Verkehrs — 184

Welt der Wirtschaft — 221

Kunst, Medien, Unterhaltung — 250

Topleistungen, Spaßrekorde — 308

Stichwortregister — 344

AN DEN LESER

Zum ersten Mal in der Geschichte des *Guinness Buches der Rekorde* wechselte der Herausgeber. Norris McWhirter, Mitbegründer und Herausgeber seit 32 Jahren, 21 davon zusammen mit seinem Zwillingsbruder Ross, hat sich zurückgezogen. Er hat das Buch zum führenden Nachschlagewerk für Rekorde gemacht, und deshalb bin ich Norris McWhirter unendlich dankbar, daß er der Redaktion weiterhin als Berater zur Seite stehen wird.

Dieser Wechsel in der Redaktion beinhaltet nicht, daß sich das Konzept, eine Chronik der Rekorde zu erstellen, ändern wird. Wir werden nach wie vor bemüht sein, nur jene Rekorde zu veröffentlichen, die eine herausragende Leistung darstellen, bestehende Rekorde überbieten oder von aktueller Bedeutung auf breiter, wenn möglich internationaler Wettbewerbsebene sind.

Nicht vermieden werden kann dabei die Tatsache, daß einige Rekordhalter ihre Titel mit geringeren Errungenschaften erreichen als ihre Vorgänger. So steht das Rekordalter des ältesten lebenden Menschen derzeit bei 113 Jahren, nachdem am 21. Februar 1986 der Japaner Shigechiyo Izumi im verbürgten Alter von 120 Jahren und 237 Tagen gestorben ist. Im Tierreich verstarben im letzten Jahr die beiden einzigen Tahl-Tan-Bärenjagdhunde und machten so die 76 Chinooks zu der seltensten Züchtung der Welt.

In der Regel werden jedoch die bestehenden Rekorde überboten, wobei es nicht immer möglich ist, völlig akkurate und aktuelle Angaben zu liefern. Die Raumsonde *Pioneer 10*, das am weitesten entfernte von Menschenhand hergestellte Objekt, befindet sich bereits außerhalb unseres Sonnensystems, und mit jeder Sekunde, die vergeht, ist sie dabei, ihren eigenen Entfernungsrekord zu überbieten. Und im Sport werden Jahr für Jahr die Grenzen höher und höher gesetzt.

Zum ersten Mal haben wir in diesem Jahr sechs Rekordler mit herausragenden Leistungen ausgewählt für die Aufnahme in *The Guinness Book of Records Hall of Fame*, den »exklusivsten Club der Welt«, wie sie bereits genannt wird. In der eigens von der BBC ausgestrahlten Sendung am 17. Mai 1986 überreichte Norris McWhirter den Teilnehmern ihre Goldmedaillen.

Wenn ich an Norris McWhirter denke, muß ich auch immer an »die Geschichte hinter dem *Guinness Buch der Rekorde*« denken, die gleich hier neben steht. Sie erinnert mich an etwas, das Sie wissen sollten. Der Regenpfeifer ist nicht Europas schnellster Jagdvogel, wenn er auch im Geradeausflug eine Geschwindigkeit bis zu 60 Meilen/h erreichen kann. Jedoch hält er nicht den Europa- und den Weltrekord, sondern ... warum lesen Sie das nicht selbst nach? Die Antwort steht im Buch!

London, Oktober 1986

(Alan Russell)
Herausgeber *Guinness Book of Records*

DIE GESCHICHTE HINTER DEM GUINNESS BUCH

Am Sonnabend, dem 10. November 1951, war Sir Hugh Beaver (1890–1967) auf dem North Slob am Slaney-Fluß in der Grafschaft Wexford im Südosten Irlands auf der Jagd. Die Jagdgesellschaft verfehlte einige Regenpfeifer. Am Abend erkannte man in Castlebridge House, daß es nicht möglich war, anhand von Nachschlagewerken festzustellen, ob der Regenpfeifer Europas schnellster Jagdvogel ist oder nicht.
Sir Hugh, Geschäftsführer der Guinness-Brauereien, dachte daran, daß Nacht für Nacht über viele andere Fragen in den 81 400 Pubs in England, Schottland und Irland diskutiert werden dürfte, daß es jedoch kein Buch gab, anhand dessen Streitigkeiten über Rekorde geschlichtet werden konnten.
Am 12. September 1954 fragte Sir Hugh Norris und Ross McWhirter, ob ihre statistische Agentur in London hier nicht Abhilfe schaffen könne. Ein Büro wurde in der Fleet Street Nr. 107 eingerichtet, und die Arbeit für eine erste, schmale Ausgabe von 198 Seiten begann. Das erste Exemplar wurde am 27. August 1955 beim Drucker gebunden. Noch vor Weihnachten war das *Guinness Buch* auf dem ersten Platz der Bestsellerliste. Diese Position hat es seitdem jedes Jahr eingenommen, außer 1957 und 1959, wo es nicht neu aufgelegt wurde.
Die erste US-Ausgabe erschien 1956 in New York, es folgten französische (1962) und deutsche (1963) Ausgaben. 1967 erschienen die ersten Ausgaben in Japan, Spanien, Dänemark und Norwegen. Im darauffolgenden Jahr wurden schwedische, finnische und italienische Ausgaben herausgebracht. In den siebziger Jahren kamen holländische (1971), portugiesische (1974), tschechoslowakische (1976), hebräische, serbo-kroatische und isländische (alle 1977) und slowenische (1978) Ausgaben hinzu. In den achtziger Jahren brachten Übersetzungen ins Griechische, Indonesische, Chinesische, Türkische, Hindi, Malaiische, Polnische und Arabische die Gesamtzahl der Ausgaben auf 233 in 26 Sprachen.
Im November 1974 erhielt das *Guinness Buch der Rekorde* selbst einen Platz im *Guinness Buch*. Es war zum meistverkauften Buch in der Geschichte des Verlagswesens geworden mit Verkäufen von 23,9 Millionen Exemplaren. Im Jahr 1986 waren die weltweiten Verkäufe auf über 53 Millionen gestiegen, das entspricht 118 Stapeln, jeder ist so hoch wie der Mount Everest.
Am 31. März 1986, nachdem er das *Guinness Buch* 32 Jahre lang herausgegeben hat, übergab Norris McWhirter die Redaktion an Alan Russell.
Oktober 1986

Iveagh

Earl of Iveagh, Vorsitzender
Guinness plc

VORWORT ZUR DEUTSCHEN AUSGABE

Wir freuen uns, Ihnen mit dieser siebten deutschen Ausgabe des *Guinness Buches der Rekorde* viele neue Rekorde aus aller Welt aufzeigen zu können. Viele Meldungen kommen aus Deutschland, Österreich und der Schweiz. Wir möchten es nicht versäumen, unseren Lesern für ihr Interesse und ihr Mitwirken an diesem Buch zu danken, nicht minder allen Institutionen, Verbänden und Firmen, die uns Hinweise und Unterlagen gegeben haben. Wir haben Ihre Anregungen gern aufgegriffen und sie hier berücksichtigt. Wenn dies in dem einen oder anderen Fall nicht so geschehen ist, wie Sie es sich erhofft haben, bitte seien Sie nicht enttäuscht. Angesichts der Fülle von täglich in der Redaktion eintreffenden Nachrichten können wir nicht alles bringen. Auch ein Rekordbuch hat Grenzen (in seinem Umfang).
Wenn Sie selbst einen Rekord aufstellen wollen, empfehlen wir Ihnen, sich rechtzeitig nach den Bedingungen zu erkundigen. Die Redaktion gibt Auskunft über aktuelle Rekorde, die uns nach Redaktionsschluß dieser Ausgabe erreichten. Es ist schade, wenn wir einen Rekord ablehnen müssen, nur weil Sie zuvor nicht bei uns angefragt und nicht mit uns Ihren Rekordversuch abgestimmt oder aber sich nicht genau erkundigt und dann bei Ihrem Versuch sich nicht an die Guinness-Richtlinien und Pausenregeln gehalten haben.
Für die Anmeldung Ihres Rekords benutzen Sie bitte das Anmeldeformular am Schluß dieses Buches. Rekorde sind nur Leistungen, die meß- und vergleichbar sind. Bloße Einmaligkeiten oder interessante Eigenschaften von Personen und Dingen sind kein Rekord im Sinne dieses Buches. Bei Dauerleistungen sind die – je nach Art des Rekordversuches verschiedenen – Pausenregeln zu beachten, und es muß ein von unabhängigen Dritten geführtes und bestätigtes Protokoll über den Rekordversuch eingesandt werden. Auch Zeitungsartikel oder sonstige Veröffentlichungen sind als Nachweis des Rekords nützlich. Kosten entstehen den Einsendern von Rekordmeldungen für die Eintragung im *Guinness Buch der Rekorde* nicht. Rekordbrecher werden gebeten, der Rekordanmeldung Aktionsfotos (möglichst in Farbe) von sich und/oder dem Rekordversuch beizulegen. Dauerleistungen sind für die Gesundheit nicht ungefährlich. Hier sollte vorher unbedingt der Rat eines Arztes eingeholt werden, und insbesondere Jugendliche möchten wir vor gesundheitsschädlichen Rekordversuchen warnen.
Rekordversuche erfolgen zum vollen Risiko des Rekordbrechers. Der Verlag lehnt jede Haftung für die Folgen eines Rekordversuchs ab, die bei dem Rekordbrecher oder einem Dritten entstehen. Unter Lebensgefahr fahrlässig aufgestellte Leistungen werden nicht berücksichtigt.
Der Verlag behält sich in jedem Fall die Entscheidung vor, ob ein Rekord in die nächste Ausgabe aufgenommen wird.

(Hans-Heinrich Kümmel)
Chefredakteur

WELT DES SPORTS

1. ALLGEMEIN

Ursprünge: Der Sport entstand in der Zeit, in der die Menschen nicht nur durch den Kampf um Selbsterhaltung in Anspruch genommen wurden. Bogenschießen war in mesolithischen Zeiten (etwa 8000 v. Chr.) eine Jagdkunst und wurde etwa 300 n. Chr. unter den Genuesern zum organisierten Sport. Der früheste Nachweis für Sport datiert von etwa 2450 v. Chr. für Vogeljagd mit bumerangähnlichen Wurfstökken. Ballspiele von Mädchen, die auf Wandgemälden aus dem Mittleren Reich in Beni Hasan

Für »Sport Aid« liefen im Londoner Hyde Park 120 000 Menschen. Es war das größte Einzelrennen für die Afrika-Hungerhilfe (S. 8)

(Ägypten) abgebildet sind, werden auf etwa 2050 v. Chr. datiert.

Die höchste Geschwindigkeit bei einer nichtmechanischen Sportart gibt es beim Fallschirmspringen, wobei selbst in der niedrigeren Atmosphäre bei freiem Fall mit dem Kopf nach unten eine Geschwindigkeit von 298 km/h erzielt wird. Bei Absprüngen mit verzögerter Fallschirmöffnung sind in Höhen mit stark verdünnter Atmosphäre Geschwindigkeiten von 1005 km/h registriert worden.

Die höchste Fluggeschwindigkeit bei einem Ballspiel beträgt 302 km/h im Pelota (tennisartiges Rückschlagspiel). Beim Golf wurde eine Geschwindigkeit von 273 km/h gestoppt.

Das längste nichtmechanische Sportereignis ist die Tour de France. Im Jahr 1926 ging das Radrennen über 5743 km und dauerte 29 Tage. Der Gesamtschaden für die französische Nationalökonomie aufgrund des Interesses an diesem jährlichen Ereignis, inzwischen auf 23 Tage verkürzt, ist enorm und wird gegenwärtig auf mehr als 3,6 Mrd. DM geschätzt.

Der schwerste Sportler aller Zeiten war der Profiringer William J. Cobb aus Georgia (USA), bekannt als Happy Humphrey. Er brachte 363 kg auf die Waage.

Die jüngste Weltrekordbrecherin ist Gertrude Caroline Ederle (*23. Oktober 1906, USA), die im Alter von 12 Jahren und 298 Tagen am 17. August 1919 in Indianapolis den Weltrekord im 880-Yard-Freistilschwimmen (804,32 m) auf 13:19 Min. verbesserte.

Der älteste Weltrekordbrecher ist der in Irland gebürtige John Flanagan (1868–1938, USA), der seinen letzten Hammerwurf-Weltrekord mit 56,18 m am 24. Juli 1909 im Alter von 41 Jahren und 196 Tagen aufstellte.

Die meisten Weltrekorde stellte der sowjetische Gewichtheber Wassili Alexejew (*7. Januar 1942) mit insgesamt 80 zwischen dem 24. Januar 1970 und dem 1. November 1977 auf.

Die vielseitigste Sportlerin, die es international zu großen Erfolgen brachte, ist Charlotte Dod (1871–1960, GB), die zwischen 1887 und 1893 fünfmal das Wimbledon-Einzel im Tennis gewann und 1904 die britische Damenmeisterschaft im Golf holte. Außerdem spielte sie 1899 für England Hockey und gewann 1908 eine olympische Silbermedaille im Bogenschießen. Sie zeichnete sich weiter im Schlittschuhlaufen und im Schlittenfahren aus.

Der vielseitigste Sportler ist ebenfalls ein Engländer. Charles Burgess Fry (1872–1956) stellte 1893 mit 7,17 m den Weltrekord im Weitsprung ein, spielte 1909 in der englischen Fußball-Nationalelf gegen Irland, war ein erstklassiger Rugbyspieler und 1912 Kapitän des englischen Kricket-Teams. Außerdem brachte er es im Angeln und Tennis zu überdurchschnittlichen Leistungen.

Die jüngste olympische Einzelgewinnerin war Marjorie Gestring (*18. November 1922, USA), die im Alter von 13 Jahren, 9 Monaten bei den Olympischen Spielen 1936 in Berlin das Kunstspringen gewann.

Die größte Summe, die je ein Sportler verdiente, sind 69 Mio. Dollar, die Muhammad Ali (USA) zwischen 1960 und 1981 zusammenboxte. Allein 6,5 Mio. Dollar erhielt er für seinen Sieg über Ken Norton am 28. September 1976 in New York.

Die meisten Teilnehmer bei einem Wettbewerb wurden 1985 beim »Bay to Breakers«-Rennen über 7,6 Meilen (12,23 km) in San Franzisko (USA) gezählt. 85000 Läufer gingen bei der 74. Auflage dieses alljährlichen Ereignisses an den Start.

Die schwerste Sportkatastrophe in der jüngeren Geschichte ereignete sich, als 604 Menschen am 26. Februar 1918 getötet wurden. Tribünen auf dem Rennplatz des Hongkong Jokkey Clubs stürzten ein und fingen Feuer.

Die Rekordzuschauermenge bei einem Fußballspiel beträgt 199854 (zahlende) Besucher. So viele Menschen kamen, als sich bei der WM am 16. Juli 1950 im Maracana-Stadion von Rio de Janeiro die Nationalmannschaften von Brasilien und Uruguay (1:2) gegenüberstanden.
5797923 Besucher erlebten 1984 die Olympischen Spiele in Los Angeles, einschließlich der 1421627 Fußball-Fans und 1129465 Leichtathletik-Anhänger.

Die größte Anzahl von Live-Zuschauern bei einem Sportereignis sind die 2,5 Mio. Menschen, die die Strecke des New-York-Marathons jährlich säumten.

Millionen-Rennen

Für die Afrika-Hungerhilfe „Sport Aid", initiiert vom irischen Rockmusiker Bob Geldof, fanden am 24./25. Mai 1986 in aller Welt 10-km-Rennen statt. Nach Schätzungen der Veranstalter gingen in mehr als 275 Städten und rund 75 Ländern 20 Mio. Läufer an den Start und brachten mit ihren Startgeldern 233 Mio. DM Spenden zusammen. In Lissabon feuerte UNO-Generalsekretär Perez du Cuellar den Startschuß ab, in London begrüßte Premierministerin Margaret Thatcher den sudanesischen 1500-m-Weltcupsieger Omar Khalifa, der mit einem Fackellauf die bisher größte Sportveranstaltung unterstützte und vor dem UNO-Gebäude in New York ein Feuer entzündete.

Bei der jährlichen Tour de France, die 23 Tage dauert, stehen entlang den Straßen mehr als zehn Mio. Zuschauer.

Die Sportart, bei der die meisten Unparteiischen eingesetzt werden, ist Tennis. Außer einem Oberschiedsrichter fungieren (beim Einzel) noch zehn Linienrichter, ein Netzrichter und ein Verantwortlicher, der auf die Fehler beim Aufschlag achtet.

2. ANGELN

WM-Rekorde: Die Confédération-Internationale-de-la-Pêche-Sportive-Meisterschaften wurden 1953 als europäische Titelkämpfe eingeführt. Vier Jahre später wurden sie als Weltmeisterschaften anerkannt. Frankreich gewann zwischen 1956 und 1981 zwölfmal. Robert Tesse (Frankreich) holte als einziger dreimal den Einzeltitel (1959, 1960, 1965).

Das Rekordgewicht im Team-Wettbewerb brachten bundesdeutsche Teilnehmer an Land. Die Mannschaft Kremkus, Przywara, Memel, Winkelmann, Wessel fing am 21. September 1980 in 3 Std. 34,715 kg Fische aus dem Neckar bei Mannheim.

Die beste Einzelleistung schaffte Franz Josef Gammerschlag (*14. März 1940) aus Xanten, der bei einem dreistündigen Wettkampf am 3. Juni 1984 aus dem Rhein bei Xanten 21,100 kg Fische angelte.

Die meisten Fische bei einer WM fing der Belgier Jacques Isenbaert am 27. August 1967 in Dunaujvaros (Ungarn) mit 652 Stück.

Der größte Fisch, der mit einer Harpune erlegt wurde, war ein 9 m langer und 4536 kg schwerer weißer Hai. Er wurde von Fischern in San Miguel auf den Azoren im Juni 1978 an Land gebracht.

Der weiteste Leinenauswurfrekord unter ICF-(International-Casting-Federation-)Regeln im Süßwasser beträgt 175,01 m, erreicht von Walter Kummerow (Bundesrepublik Deutschland) beim 30-g-Gewicht-Weitwurf (beidhändig) in Lenzerheide (Schweiz) während der Meisterschaft von 1968.

Die deutschen Weltrekordler im Casting: Michael Brösch mit 86,08 m in Fliege-Distanz Zweihand, Martin Dirks im TG-3-Kampf mit 516,42 Punkten und im Achtkampf mit 1150,41 Punkten sowie bei den Frauen Brigitte Spiller (DDR) mit 75,70 m in Gewicht-Distanz 7,5 g Einhand und Maren Ehlers mit 89,16 m in Gewicht-Distanz 18 g Multi Zweihand.

Marathon: Edmund Eisele (*27. Dezember 1960) aus Ottenbach (Kreis Göppingen) angelte im See am Spitz bei Günzburg 130 Std. lang, vom 3. August, 8 Uhr, bis 8. August 1985, 18 Uhr. Er fing 18 Forellen, Karpfen sowie einen Superaal von 97 cm Länge und kam auf ein Gesamtfanggewicht von 20,4 kg.

Den Weltrekord im Mannschafts-Dauerfischen halten die sechs Donaustädter Karl Labutta, Ernst Smolzak, Josef Seidelmayer, Franz Prodelle, Hermann Poltensteiner und Peter Stowasser, die vom 12. bis 20. Mai 1984 genau 200 Std. im Badeteich Hirschstetten (Österreich) angelten und 3564 Fische (171,70 kg) fingen.

3. BADMINTON

Ursprünge: Ein ähnliches Spiel gab es in China im 2. Jahrtausend v. Chr. Das moderne Spiel wurde 1862 in Badminton Hall in Avon (England), dem Sitz des Duke of Beaufort, erfunden.

Der älteste Klub ist der Newcastle Badminton Club, der am 24. Januar 1900 als Armstrong College gegründet wurde.

Thomas Cup: Die Internationale Mannschafts-Meisterschaft der Herren oder der Thomas Cup (gestiftet 1948) wurde achtmal (1958, 1961, 1964, 1970, 1973, 1976, 1979 und 1984) von Indonesien gewonnen.

Der Uber Cup: Die Internationale Mannschafts-Meisterschaft der Damen oder der Uber Cup (gestiftet 1956) wurde fünfmal von Japan gewonnen (1966, 1969, 1972, 1978 und 1981).

Die meisten Titel bei den All England Championships, den 1899 eingeführten inoffiziellen Weltmeisterschaften, gewann mit 21 (Einzel und Doppel) der Engländer George Alan Thomas (1881–1972) zwischen 1903 und 1928. Er wurde später geadelt (Sir Thomas). Der Indonesier Rudy Hartono Kurniawan (*18. August 1948) siegte in acht Einzelwettbewerben 1968–74 und 1976. Bei den Damen liegen Muriel Lucas (England) und Judy Hashman (*22. Oktober 1935, USA) mit je 17 Titeln an der Spitze.

Den Europacup, eingeführt 1971, holte sich am 29. September 1985 zum sechstenmal der Dänische Meister Gentofte BK. Außerdem gewannen nur Aura Malmö (1984) und der Wimbledon-Squash- und Badminton-Club London 1980.

Am häufigsten Deutscher Meister wurden Wolfgang Bochow (1963, 1964, 1966–68, 1970, 1972 und 1975) insgesamt achtmal und Irmgard Gerlatzka-Latz (1961–66, 1968, 1971 und 1973) insgesamt neunmal.

Den weitesten Schlag eines Federballs erzielte Frank Rugani bei einem Hallenwettbewerb am 29. Februar 1964 in San Jose, Kalifornien (USA), mit einer Weite von 24,29 m.

Das längste Einzelmatch spielten vom 15. bis 18. Oktober 1981 Mike Watts und Bryan Garnham in Swansea (GB) mit 74:41 Std.

Federball-Rekord. Willi Bachorz und Wolfgang Lumme aus Lippstadt (Westfalen) spielten am 2. Mai 1981 in einem einzigen ununterbrochenen Ballwechsel (ohne daß der Ball den Boden berührte) 3:13:49 Std. Die Schiedsrichter registrierten dabei 9246 Schläge.

4. BAHNENGOLF

Ursprünge: Ein vom Golf abgeleitetes Spiel, das auf verkleinerten, künstlich angelegten, aber genormten Pisten (Beton, Stein, Eternit, Asbestzement-Platten) stattfindet, wobei Hindernisse für zusätzliche Schwierigkeiten sorgen. Es gibt vier verschiedene, sportgerechte Bahnensysteme: Minigolf, eine 1953 von dem Schweizer Paul Bongni in Locarno entwickelte Anlage, Miniaturgolf sowie die beiden weniger verbreiteten Systeme Cobigolf und Sterngolf.

Der Deutsche Bahnengolf-Verband wurde 1966 in Köln gegründet, der österreichische Bahnengolf-Verband ein Jahr später in Wien und der Schweizer Pisten-Golf-Sportverband 1978 in Liebefeld. Die internationale Dachorganisation ist der Internationale Bahnengolf-Verband, der seit 1980 besteht.

MINIGOLF

Die erste Anlage in Deutschland wurde am 17. Juni 1955 in Traben-Trarbach eröffnet, wo ein Jahr später auch die ersten Deutschen Meisterschaften ausgetragen wurden. Die ersten Europameisterschaften gab es 1959 im italienischen Gardone.

Die offiziellen Europarekorde halten über drei Runden mit 79 (Schnitt 26,3) und über sechs Runden mit 165 (Schnitt 27,5) der Italiener Claudio Maiolo, aufgestellt bei der Europameisterschaft 1978 in Landshut, sowie über neun Runden mit 261 (29,0) der Münchener Helmut Landl, erreicht bei den Deutschen Meisterschaften 1979 in Herford.

Bei den Damen führt die Österreicherin Christa Wichmann die Rekordliste an – drei Runden 86 (28,7), sechs Runden 175 (29,2) und neun Runden 268 (29,8), jeweils bei den Europameisterschaften 1979 in Salzburg gespielt.

Am häufigsten Deutsche Meister wurden mit fünf Titeln Marlies Funke (Berlin) 1966, 1968, 1970, 1974/75 sowie bei den Herren mit drei Titeln der Mainzer Lothar Lieder (1983–85).

Die meisten Titel bei den Mannschaften holten sich mit sechs die Herren des MC Siegen (1974, 1975, 1979, 1980, 1983, 1984) sowie mit fünf bei den Frauen MGC Bad Salzuflen (1963, 1974, 1976, 1979, 1980).

Die meisten Europameisterschaften holte der Österreicher Fritz Knotzer mit drei (1969, 1970, 1974).

Europapokal. Sechsmal siegten die Herren des MC Siegen (1975–78, 1980, 1983) und je dreimal die Damen des MGC Bad Salzuflen (1975–77), MGC Bad Vösendorf/Österreich (1980–82) sowie BSV 80 Steinen (1983–85).

MINIATURGOLF

Die eindrucksvollste Serie schaffte der Braunschweiger Burkhard Kritsch am 7. Oktober 1984. Bei einem Zehn-Runden-Turnier in Celle kam er auf das Traumergebnis von 198 Punkten (Schnitt 19,8) und spielte dabei folgende Runden: 20, 19, 19, 19, 20, 19, 21, 22, 18 (alle Löcher also mit einem einzigen Schlag getroffen) und 21. Ein Superrekord!

Die deutschen Rekorde: zwei Runden Axel Bockelmann (Mönchengladbach) 36 (Schnitt 18), vier Runden Gerhard Zimmermann (Bamberg), Hans-Ulrich Gauger (Reutlingen) und Burkhard Kritsch (Braunschweig) 77 (Schnitt 19,25), sechs Runden Kritsch 116 (Schnitt 19,33) sowie acht Runden Kritsch 159 (Schnitt 19,85). Die Bestleistungen bei den Damen halten: vier Runden Agnes Kaiser (Landshut) 81 (Schnitt 20,25), sechs Runden Gaby Weiß (Steinen) 122 (Schnitt 20,33).

Die meisten deutschen Titel errangen der Berliner Detlef Weidenhammer (1974, 1975, 1979) sowie bei den Damen Elfriede Daub (Schriesheim) 1975, 1977, 1984 und Helga Bühler (Ilvesheim) 1968, 1970, 1971.

Rekordmannschaftsmeister sind bei den Herren der Tempelhofer MV 65 Berlin mit sechs Erfolgen (1974, 1975, 1977, 1979, 1980, 1984) sowie bei den Damen MGC Dortmund-Brechten mit vier Siegen (1975, 1976, 1978, 1980).

Am häufigsten Europameister wurde die Schwedin Kristina Nohren-Sjöberg, die sechsmal (1972, 1973, 1975, 1976, 1981/82) erfolgreich war.

Den 24-Std.-Rekord halten Stefan Becker (*2. Februar 1967), Franz-Christoph Düppe (*11. Januar 1962) und Martin Klaholz (*1. November 1959), die am 24. Juli 1983 in Brilon in 56 Runden auf 4429 Punkte kamen, was einem Schnitt von 26,4 entspricht.

5. BASEBALL

Erstmals erwähnt wurde das Spiel 1700 in der englischen Grafschaft Kent. Damals schrieb der Geistliche Thomas Wilson sehr mißbilligend über Baseball. Es war offenbar ein Sonntagsvergnügen. Das erste Spiel unter den Cartwright-Regeln (Alexander Joy Cartwright jr. 1820–92) fand am 19. Juni 1846 in Hoboken, New Jersey (USA), statt, wobei die New York Nine mit 23:1 die Knickerbockers in vier Durchgängen schlugen.
Die Amateur Baseball Federation Deutschland wurde 1953 in Mannheim gegründet.

Den höchsten Schlagdurchschnitt in einer Laufbahn erzielte mit 367 Tyrus Ramond Cobb (1886–1961), der für Detroit (1905–26) und Philadelphia (1927/28) spielte. Während seiner Laufbahn stellte Ty Cobb einen Rekord von 2244 Läufen bei einem Rekord von 4191 Treffern in 3033 Oberligaspielen auf.

Pitching: Das einzige »perfekte Spiel« (keine Hits, keine Runs, keine Walks) in einer World Series schaffte Don Larsen (*7. August 1929) von den New York Yankees mit 97 Pitches (71 in der Strike Zone) gegen die Brooklyn Dodgers am 8. Oktober 1956.

Der schnellste Pitcher (Werfer) der Welt ist Lynn Nolan Ryan von den California Angels (*31. Januar 1947), dessen Pitching am 20. August 1974 in Anaheim Stadion, Kalifornien (USA), mit 162,3 km/h gestoppt wurde.

6. BASKETBALL

Ursprünge: Das Spiel »Pok-ta-pok« wurde im 10. Jh. v. Chr. von den Olmeken in Mexiko gespielt und war seinem Grundkonzept nach dem Basketball sehr ähnlich. »Ollamlitzli« war eine Abart dieses Spiels und wurde von den Azteken in Mexiko bis zum 16. Jh. gespielt. Wurde der Ball, der aus massivem Gummi bestand, im Spiel durch einen befestigten Steinring geworfen, so hatten die Spieler das Anrecht auf die Kleidung sämtlicher Zuschauer.
Das moderne Spiel wurde vom Kanadier Dr. James A. Naismith (1861–1939) am YMCA-College in Springfield (USA) 1891 entwickelt, weil das Interesse am winterlichen Turntraining der Studenten erlahmte. Das erste Spiel mit abgewandelten Regeln fand am 20. Januar 1892 statt. Drei Jahre später kam Basketball nach Europa und wurde noch im gleichen Jahr vom Turn- und Rasensportverein 1895 Braunschweig gespielt.

Die Internationale Amateur Basketball-Federation (FIBA) wurde am 18. Juni 1934 in Genf gegründet. Heute gehören dem Verband 162 Nationen an. Mehr als 300 Mio. Menschen spielen Basketball.
Der Deutsche Basketball-Bund besteht seit dem 1. Oktober 1949, der Österreichische Basketball-Verband seit 1948, der Schweizer Basketball-Verband seit 1929.

Die meisten Olympiasiege errangen die USA. Zwischen 1936 und 1968 gewannen sie alle sieben Turniere, ohne dabei auch nur ein einziges Spiel verloren zu haben. Erst 1972 in München wurde die glanzvolle Serie (63 Siege nacheinander) durchbrochen. Im Finale gab es gegen die UdSSR eine umstrittene 50:51-Niederlage. Bei den Spielen 1976 und 1984 holten die USA dann ihre achte sowie neunte Goldmedaille.

Die meisten Weltmeisterschaften (eingeführt 1950) gewannen bei den Herren die UdSSR, die dreimal (1967, 1974 und 1982) erfolgreich war, sowie bei den Frauen ebenfalls die Sowjetunion, die sich sechsmal (1959, 1964, 1967, 1971, 1975 und 1983) den Titel holte.

Die meisten Europameisterschaften gewann die UdSSR bei den Herren mit 14 und bei den Damen mit 17.

Die meisten Europapokalsiege bei den Herren holten seit 1957 der spanische Landesmeister Real Madrid und Italiens Vertreter Varese mit je sieben. Bei den Damen gewann Daugawa Riga (UdSSR) 18mal, ehe die Mannschaft 1983 erstmals – von Agon Düsseldorf im Halbfinale – gestoppt wurde.

Die meisten Körbe in einer internationalen Begegnung warf der Irak. Er gewann ein Spiel um die Asien-Meisterschaft mit 251:33 gegen den Jemen am 11. November 1982 in Neu-Delhi.

Die meisten Punkte in einer Begegnung, nämlich 272, warf der Schwede Mats Wermelin (13) beim 272:0-Sieg seiner Mannschaft in einem Schülerspiel in Stockholm am 5. Februar 1974.

Die meisten Punkte in einer Laufbahn erzielte Kareem Abdul Jabbar, der sich ursprünglich Lewis Ferdinand Alcindor (*16. April 1947) nannte. Er kam für die Milwaukee Bucks und Los Angeles Lakers in der amerikanischen Liga auf 35000 Punkte zwischen 1969 und März 1986. Sein Vertrag für die Saison 1986/87 bringt ihm eine Jahresgage von zwei Mio. Dollar ein – Rekordsumme für einen Mannschaftssportler.

Der größte Spieler aller Zeiten ist Suleiman Ali Nashnush (*1943), der 1962 für das libysche Team spielte und 2,45 m maß. Nur 6 cm kleiner ist der Russe Alexander Sizonenko (2,39 m). Die größte Spielerin ist Juliana Semenowa (*9. März 1952, UdSSR) mit 2,18 m.

Der genaueste Korbwerfer ist Ted St. Martin aus Jacksonville, Florida (USA), der am 25. Juni 1977 2036 aufeinanderfolgende Freiwürfe verwandelte. In einem Zeitraum von 24 Std. erzielte Fred L. Newman aus San Jose, Kalifornien (USA), vom 31. Mai bis 1. Juni 1975 mit 13116 Würfen 1874 Körbe (98,15 Prozent Genauigkeit).

Kraft, Konzentration, Geschicklichkeit. Pete Rose kam in seiner Karriere auf 4204 Base Hits. Rekord!

Verteilt Körbe am laufenden Band, Kareem Abdul Jabbar. Er erzielte in seiner Laufbahn 35 000 Punkte.

Den Treffer aus der weitesten Entfernung erzielte der Amerikaner Bruce Morris. Für das Team der Marshall-Universität warf er am 8. Februar 1985 im Spiel gegen die Appalachian-State-Universität aus Huntington den Ball aus 28,17 m Entfernung in den Korb.

Das längste Spiel dauerte 102 Std. Den Rekord stellten zwei amerikanische Mannschaften auf, Sigma Nu Fraternity und Indiana University vom 13. bis 17. April 1983 in Pennsylvania.

Das meistgereiste Team sind die Harlem Globetrotters (USA), die 94 Länder auf sechs Kontinenten besuchten und dabei über 9 600 000 km zurücklegten. Sie hatten seit ihrer Gründung am 7. Januar 1927 in Hinckley, Illinois, schätzungsweise 80 000 000 Zuschauer, gewannen mehr als 1 000 Spiele und verloren weniger als 350. In den meisten Fällen handelte es sich um keine ernsthaften Begegnungen.

Die größte Besucherzahl wurde 1951 im Olympiastadion von Berlin registriert, als 75 000 Besucher ein Spiel der Harlem Globetrotters (USA) verfolgten.

Die meisten Besucher zu einem Spiel in der Halle erschienen am 9. Juli 1984 in Indianapolis (USA). 67 594 Fans sahen die amerikanische Olympia-Auswahl gegen ein Allstar-Team.

Die erfolgreichste deutsche Herrenmannschaft ist der USC Heidelberg, der seit 1939 neunmal (1957–62, 1966, 1973 und 1977) die Meisterschaft gewann.
Bei den Damen errang Agon Düsseldorf achtmal den Titel (1975, 1980–86) und sechsmal den deutschen Pokal (1980, 1981, 1983–86). Das Superteam blieb seit dem 1. November 1980 in 131 Bundesligaspielen ungeschlagen.

Am häufigsten den Pokal bei den Herren holte sich Bayer (früher TuS) Leverkusen mit fünf Siegen (1970, 1971, 1974, 1976, 1986). Der Klub gewann auch siebenmal den deutschen Titel (1970–72, 1976, 1979, 1985, 1986).

7. BILLARD

Die früheste schriftliche Erwähnung von Billard datiert in das Jahr 1429 in Frankreich, als von Ludwig XI., König von Frankreich (1461–83), berichtet wurde, er besäße einen Billardtisch.
Der erste öffentliche Billardsaal in Deutschland wurde am 2. März 1707 eröffnet. Dabei handelte es sich um das englische Caféhaus in Berlin.

Der älteste deutsche Verein ist der Stuttgarter Billard-Club von 1891. 1909 wurde der Schweizerische Verband der Billard-Amateure in Luzern gegründet, 1911 der Deutsche Amateur-Billard-Bund, der heute Deutscher Billard-Bund heißt, in Frankfurt/Main und 1929 der Österreichische Amateur-Billard-Verband in Wien. Die internationale Dachorganisation ist die Union Mondiale de Billard, die seit 1959 existiert.

Spielvarianten: Im gesamten deutschsprachigen Raum sind alle Arten vertreten: Freie Partie, Cadre 47/2, Cadre 47/1, Cadre 71/2, Einband, Dreiband, Fünfkampf, Kunststoß und Pool-Billard.

Erfolgreichster Spieler aller Zeiten ist Raymond Ceulemans (*12. Juli 1935, Belgien), der insgesamt 131 offizielle Titel erkämpfte, 31mal Weltmeister wurde, davon 19mal im Dreiband (1963–66, 1968–73, 1975–81, 1983, 1985). Außerdem erkämpfte er sich 40 Europameisterschaften, davon 21mal im Dreiband. Er ist Inhaber von 23 Weltrekorden.

Der erfolgreichste deutsche Spieler ist der Berliner Dieter Müller (*2. Februar 1943), der viermal Weltmeister (zweimal im Fünfkampf 1976/77 und zweimal im Cadre 1971/72, 1978/79), siebenmal Europameister und 32mal Deutscher Meister wurde. August Tiedtke (1913–72) wurde Weltmeister im Fünfkampf (1936) und Kunststoß (1937), dreimal Vizeweltmeister, zehnmal Vizeeuropameister und 33mal Deutscher Meister.

Mannschafts-Europameisterschaften. Fünfmal gewannen die Niederlande, viermal Belgien und einmal die Bundesrepublik Deutschland (1984).

Bundesliga. Je sechs Titel erkämpften – seit 1967 – die Düsseldorfer Billard-Freunde und der DBC Bochum. Mit vier Siegen folgt BSV Velbert.

Poolbillard: Das Spiel mit numerierten Bällen wurde gegen 1890 standardisiert. Die bedeutendsten Vertreter waren Ralph Greenleaf (1899–1950, USA), der 19mal (1919–37) den Weltmeisterschaftstitel für Profis gewann, und William Mosconi (*17. Juni 1913, USA), der das Spiel von 1941–57 maßgeblich beherrschte.

Die längste durchgehende Runde, die je in einem fortlaufenden Poolspiel erzielt wurde, fand am 2. Februar 1960 durch Michael Eufermia mit 625 Bällen in Logan's Billard Academy, Brooklyn (USA), statt.

Die meisten Bälle innerhalb von 24 Std. hat Gary Mounsey (*1947) eingelocht: 11 700; also alle 7,38 Sek. einen. Mounsey stellte seinen Rekord am 30. Juni/1. Juli 1979 in Hamilton (Neuseeland) auf.

Marathon. Der Weltrekord steht jetzt bei 310:18 Std., aufgestellt von Reiner Smid (*9. Februar 1967) und Stefan Greiber (*29. Juni 1967) aus Emden zwischen dem 22. März und 4. April 1986. Die beiden kamen auf 993 Partien.
Zuvor hielten den Rekord Ulli Gomilschak (*25. Oktober 1956) und Friedrich Wilhelm Sischke (*1964) aus Burgdorf (Niedersachsen) mit 302:45 Std., erreicht vom 15. bis 28. Oktober 1985.

8. BOB- UND SCHLITTENSPORT

Ursprünge: Der älteste bekannte Schlitten wird auf 6500 v. Chr. datiert und kam aus Heinola (Finnland). Das erste Bobrennen fand 1889 in Davos in der Schweiz statt. Die Fédération Internationale de Bobsleigh et de Tobogganing (FIBT) wurde 1923 gegründet, der Deutsche Bob- und Schlittensport-Verband 1911.

BOBFAHREN

Die meisten Olympiasiege erkämpften zwei DDR-Fahrer: Bernhard Germeshausen (*21.

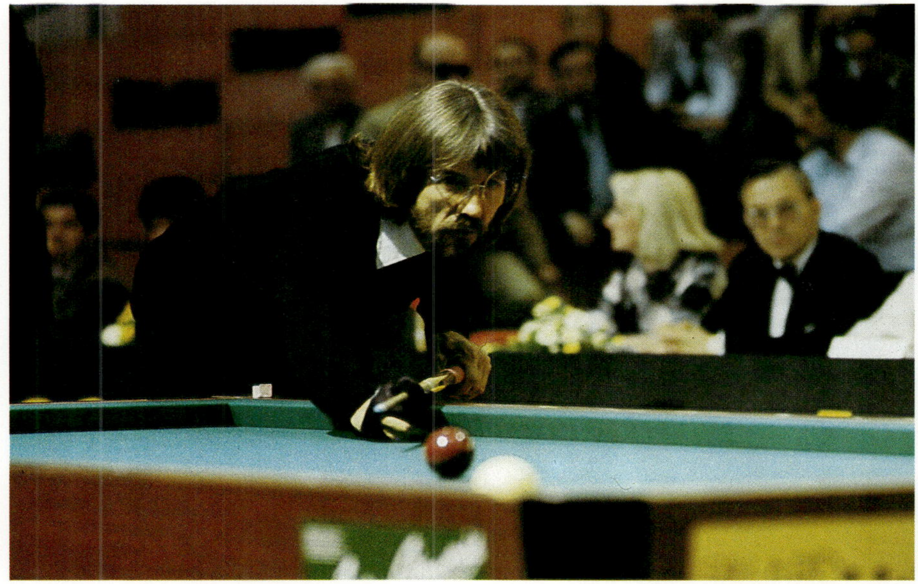

August 1951) und Meinhard Nehmer (*13. Januar 1941) mit je drei – gemeinsam 1976 im Zweier und Vierer sowie 1980 im Vierer. Dazu kommen noch einmal Silber im Zweier für Germeshausen und einmal Bronze im Zweier für Nehmer 1980.

Die meisten olympischen Vierer-Wettbewerbe (eingeführt 1924) gewann die Schweiz (1924, 1936, 1956 und 1972) vor den USA (1928, 1932 und 1948). Im Zweier-Schlitten waren je zweimal erfolgreich die USA (1932, 1936), die Schweiz (1948, 1980), Italien (1956, 1968), die Bundesrepublik Deutschland (1952, 1972) und die DDR (1976, 1984).

Die meisten olympischen Medaillen für die Bundesrepublik Deutschland errang Wolfgang Zimmerer (*15. November 1940), nämlich vier – Gold 1972 und Silber 1976 im Zweierschlitten, Bronze 1972 und 1976 im Viererschlitten. Außerdem wurde er 1973 und 1974 Weltmeister im Zweier sowie 1969 und 1974 im Vierer.

Der erfolgreichste Fahrer aller Zeiten ist der Italiener Eugenio Monti (*23. Januar 1928) mit insgesamt zwölf gewonnenen Weltmeisterschaften, neun im Zweierbob 1957–63, 1966 und 1968 sowie drei im Viererbob 1960, 1961 und 1968. Dazu kommen noch sechs olympische Medaillen, zweimal Gold 1968, zweimal Silber 1956 und zweimal Bronze 1964.

Auf acht Weltmeisterschaften brachte es der Schweizer Erich Schärer, der darüber hinaus noch vier olympische Medaillen gewann, Gold 1980 im Zweier, Silber 1976 und 1980 im Vierer sowie Bronze 1976 im Zweier.

Rekord-Olympionike und zugleich ältester Teilnehmer, der je bei Winterspielen startete, ist der schwedische Bobpilot Carl-Eric Eriksson (53), der in Sarajevo zum sechsten Mal durch den Eiskanal jagte, nachdem er zuvor schon 1964 in Innsbruck, 1968 in Grenoble, 1972 in Sapporo, 1976 in Innsbruck und 1980 in Lake Placid gestartet war. Sicherlich wäre er auch schon 1960 dabeigewesen, doch in Squaw Valley (USA) fanden keine Bobrennen statt. Übrigens fuhr Eriksson, dem allerdings eine Medaille versagt blieb, immer mit dunkelblauer Krawatte.

Eine sichere Hand, ein gutes Auge und viel Gefühl mit dem Queue: Dieter Müller aus Berlin.

Die erfolgreichsten Fahrer der Bundesrepublik Deutschland sind Anderl Ostler (*21. Januar 1921) und sein Bremser Lorenz Nieberl (1919–68), die 1951 Weltmeister und 1952 Olympiasieger (Oslo) im Zweier- und Vierer-Schlitten wurden.

RODELN

Beim »Tobogganing« (das Wort stammt vom Wort tobaakan der nordamerikanischen Micmac-Indianer und bedeutet kufenloser Schlitten) liegt der Fahrer bäuchlings auf seinem Gefährt. Der älteste Klub dieser Sportart wurde 1887 in St. Moritz (Schweiz) gegründet. Dort findet seit 1884 das Cresta-Rennen statt. Auf der 1212,25 m langen Strecke mit einem Gefälle von 157 m hält der Schweizer Franco Gansser mit 51,68 Sek. (84,45 km/h) den Rekord, aufgestellt am 16. Februar 1985.

Das heutige Rennrodeln (der Fahrer liegt mit dem Rücken auf dem Gefährt) begann 1881 in Klosters (Schweiz), wo auch das erste internationale Rennen 1883 stattfand. Die ersten Europameisterschaften wurden 1914 in Reichenberg (Deutschland) ausgetragen, die ersten Weltmeisterschaften 1953 in Oslo. Der internationale Verband wurde 1957 gegründet.

Die erfolgreichsten Teilnehmer bei Olympischen Spielen (1964 eingeführt) sind Thomas Köhler (*25. Juni 1940, DDR), der 1964 und 1968 zu zwei Gold- und einer Silbermedaille kam, sowie Hans Rinn (DDR), der 1976 und 1980 zweimal Gold und einmal Bronze gewann. Köhler war insgesamt sechsmal Weltmeister.

Die Weltmeisterschaft der Damen gewann Margit Schumann (*14. September 1952, DDR) fünfmal in den Jahren 1973–75, 1976 (olympisch) und 1977.

Erfolgreichste Rennrodler aus der Bundesrepublik Deutschland sind Hans Stanggassinger/Franz Wembach, die 1984 in Sarajevo Olympiagold im Doppelsitzer erkämpften. Josef Fendt, Olympiazweiter 1976 in Innsbruck, wurde 1970 und 1974 Weltmeister. Elisabeth Demleitner holte sich den WM-Titel 1971.

Die erfolgreichste österreichische Rennrodlerin ist Maria Isser, die 1957 und 1960 Weltmeisterin und fünfmal Europameisterin wurde.

9. BOGENSCHIESSEN

Früheste Nachweise: Die Entdeckung steinerner Pfeilspitzen in Ablagerungen bei Border Cave, Nord-Natal (Südafrika), weisen darauf hin, daß der Bogen vor 46000 v. Chr. erfunden wurde. Bogenschießen als organisierter Sport entwickelte sich mindestens schon im 3. Jh. n. Chr.
Der weltbeherrschende Verband ist die Fédération Internationale de Tir à l'Arc (FITA), gegründet 1931.

Die Weltrekorde bei einer FITA-Runde (möglich sind 1440 Ringe) halten der Amerikaner Darrell Pace (1341 Ringe), erzielt am 3./4. November 1979 in Kumamoto (Japan), und die Sowjetrussin Ludmilla Arschanikowa (1325 Ringe), erreicht im Jahr 1984.

Die meisten Weltmeisterschaften (1931 eingeführt) gewann die Polin Janina Spychajowa-Kurkowska (*8. Februar 1901). Sie holte sich den Titel insgesamt siebenmal, 1931–34, 1936, 1939 und 1947.

Erfolgreichster Mann ist der Schwede Hans Deutgen (*28. Februar 1917), der zwischen 1947 und 1950 viermal in Reihenfolge Weltmeister wurde. Der Belgier Oscar Kessels (1904–68) nahm an 21 Weltmeisterschaften teil.

Die meisten olympischen Goldmedaillen gewann mit sechs zwischen 1900 und 1920 Hubert van Innis (1866–1961, Belgien), der außerdem noch dreimal Silber holte.

Deutsche Rekordhalter bei einer FITA-Runde sind Axel Baur mit 1280 Treffern, erreicht 1980 in Welzheim, sowie Milun Zahradnicek mit 1294, erzielt 1983 in Mailand.

Den Damen-Rekord in der Fußbogenklasse hält die Amerikanerin Arlyne Rhode (*4. Mai 1936), die es am 10. September 1978 in Wendover, Utah (USA), auf 1018,48 m brachte.

Am weitesten mit dem Handbogen schoß bisher Alan Webster (GB) am 20. Oktober 1982 mit 1126,19 m. Bei den Damen ist April Moon (USA) seit dem 13. September 1981 mit 950,39 m die Beste. Beide Rekorde wurden im Oktober 1980 in Ivanpah Dry Lake aufgestellt. Hier hatte der Berufsschütze Harry Drake am 14. Oktober 1967 mit der Armbrust 1243,40 m weit geschossen.

Den 24-Std.-Rekord halten zwei Neuseeländer. Jimmy Watt und Gordon Danby brachten es am 18./19. November 1977 in Auckland auf 51633 Ringe.

Drei Bogenschützen der Schützengesellschaft Schüsselhausen aus Mainburg (Hallertau), Johann Fleck, Adolf und Herbert Westermaier, schossen am 14. August 1982 in 24 Std. 18965 Ringe auf die Distanzen von 90, 70, 50 und 30 m.

Rodelten bei den Olympischen Spielen in Sarajevo zur Goldmedaille: Hans Stanggassinger/Franz Wembach.

10. BOWLING

Ursprünge: Das uralte deutsche Kegelspiel mit neun Kegeln (Heidenwerfen) wurde im frühen 17. Jh. in die Vereinigten Staaten exportiert. Etwa 1845 wurde das Spiel wegen Wettmißbrauchs untersagt. Um das Spielverbot zu umgehen, wurde ein zehnter Kegel hinzugefügt. Die Kugeln besitzen drei Haltelöcher für den Daumen, Mittel- und Ringfinger.

Die größte Bowling-Nation sind die USA. Nach der letzten Statistik aus dem Jahr 1985 betreiben mehr als 68 Mio. Amerikaner diesen Sport. Ihnen stehen 8629 Bowlingzentren mit 159 394 Bahnen zur Verfügung.

Das größte Bowlingzentrum ist das Fukuyama Bowl in Osaka (Japan) mit 144 Bahnen. Das größte (jetzt geschlossene) Bowlingzentrum war das Tokyo World Lanes Centre (Japan) mit 252 Bahnen.

Weltmeisterschaften: Die Weltmeisterschaften (Fédération Internationale des Quilleurs) wurden 1954 eingeführt.

Die höchste Trefferquote in einem Einzel-Herrenwettkampf während einer WM erzielte mit 5963 Pins (in 28 Spielen) Ed Luther (USA) am 28. August 1971 in Milwaukee, Wisconsin. Das entspricht einem Durchschnitt von fast 213 Pins.

Der derzeitige Wettkampf findet nur über 24 Spiele statt. Hier halten der Schwede Mats Karlsson mit 5242 (Schnitt 218,4) und bei den Frauen die Philippinin Bong Coo mit 4806 (Schnitt 200,2) den Rekord, aufgestellt jeweils im November 1983 in Caracas (Venezuela).

Das höchste Einzelergebnis bei drei autorisierten Spielen erzielte mit 886 Punkten (möglich: 900) Albert »Allie« Brandt aus Lockport, New York (USA), am 25. Oktober 1939.
Beste bei den Damen ist Sherrie Langford. Sie erreichte am 19. Februar 1982 in Clearwater, Florida (USA), 853 Punkte.

Den Rekord für eine Serie von Strikes (Volltreffer) in einem autorisierten Turnier erzielte mit 33 John Pezzin (* 1930) am 4. März 1976 in Toledo, Ohio (USA).

Das Maximum von 900 in einer Dreierspielserie wurde viermal in nichtautorisierten Spielen registriert, erzielt durch Leo Bentley am 26. März 1931 in Lorain, Ohio (USA); durch Joe Sargent 1934 in Rochester, New York State (USA); durch Jim Margie am 4. Februar 1937 in Philadelphia, Pennsylvania (USA), und durch Bob Brown am 12. April 1980 in Roseville Bowl, Kalifornien (USA). Solche Serien müssen aus 36 aufeinanderfolgenden Volltreffern bestehen (das heißt, alle Pins müssen mit einem Ball zu Fall gebracht werden).

Die erfolgreichsten Teilnehmer bei Deutschen Meisterschaften waren Daniela Gruber mit fünf Titeln (1971, 1974, 1977–79) und Fritz Blum mit vier Siegen (1964, 1966–68).

Den Marathon-Rekord hält der Australier Jim Webb, der 1984 in Gosford (Australien) 195:01 Std. bowlte.
Den deutschen Rekord stellte Michael Smolczynski aus Worms mit 168:05 Std. vom 16. bis 23. November 1983 in Lüdenscheid auf. In 516 Spielen kam er auf 79 137 Pins.

Den Rekord im Dauerbowling einer Fünfer-Mannschaft stellte in Bad Neuenahr-Ahrweiler das Quintett Michaela Weingarten, Klaus W. Lademann, Matthias Monschau, Gregor und Richard Nellehsen mit genau 80 Std. auf. Die fünf kamen vom 28. bis 31. März 1986 auf 94 Spiele und 61 806 Pins.

Bei einem 24-Std.-Bowling in Wedemark (Niedersachsen) am 26./27. Februar 1983 erreichte das Quintett Serafim Picado, Gerd und Hans Bohn, Rolf Mössinger und Volker von Dietrich das Rekordergebnis von 94 269 Pins. Es wurde auf nur einer Bahn ohne Unterbrechungen gespielt. 534,6 Spiele ergaben einen Gesamtschnitt von 176,335 Pins.

Eine Wiener 5er-Mannschaft mit den Spielern Anton Schicho, Hans Peter Witz, Otto Oswald, Friedrich Pollak und Herbert Lukas stellte am 29./30. Januar 1983 einen österreichischen 24-Std.-Rekord mit 84 155 Pins, umgerechnet 183,945 Pins bei 457,5 Spielen, ebenfalls auf nur einer Bahn auf.

11. BOXEN

PROFIS

Ursprünge: Die frühesten Nachweise für Boxen mit Handschuhen finden sich auf einem Fresko vor der Insel Thira (Griechenland), datiert auf das Jahr 1520 v. Chr. Der früheste Kodex von Wettkampfregeln wurde am 16. August 1743 vom Boxchampion Jack Broughton (1704–89) formuliert, der 1734–50 englischer Meister war. Boxen wurde zuerst in Britannien nach einer Gerichtsentscheidung zu einem legalen Sport unter festgelegten Regeln erklärt. Billy Smith war bei einem Kampf so k. o. geschlagen worden, daß er tot liegenblieb. Das Gerichtsurteil vom 24. April 1901 sprach Smith' Gegner frei!
In Deutschland waren öffentliche Kämpfe bis 1908 verboten, aber bereits 1912 entstand der Deutsche Boxsport-Verband.

Der längste dokumentierte Kampf mit Handschuhen fand am 6./7. April 1893 in New Orleans (USA) zwischen Andy Bowen und Jack Burke statt. Der Kampf dauerte 110 Runden oder (mit Pausen) insgesamt 7:29 Std., und zwar von 21.15 bis 4.43 Uhr. Beide Männer waren unfähig weiterzukämpfen, so daß der Wettkampf nicht anerkannt und später zu einem Unentschieden erklärt wurde.

Schaffte das seltene Kunststück, zweimal eine 300er-Serie zu bowlen, der Engländer Pat Duggan, erst 1972 – dann 1986. Großartig, diese Treffsicherheit.

Der längste Wettkampf ohne Handschuhe dauerte 6:15 Std., zwischen James Kelly und Jack Smith in Dalesford (Australien) am 3. Dezember 1855.

Kürzeste Kämpfe: Es gibt einen Unterschied zwischen dem schnellsten K. o. und dem kürzesten Kampf.
Ein K. o. in 10,5 Sek. einschließlich einer 10-Sek.-Zählung ereignete sich am 26. September 1946 in Lewiston (USA), als Al Couture seinen Gegner Ralph Walton hart traf, während dieser sich noch in seiner Ecke den Mundschutz zurechtrückte.

Den schnellsten K.-o.-Sieg in Deutschland konnte Günther Döring aus Bielefeld verbuchen, als er am 20. Januar 1963 im Rahmen einer Bezirksmeisterschaft für den FC Solingen 95 kämpfte und seinen Gegner Bott von Viktoria Wuppertal nach 2 Sek. ins Reich der Träume schickte. Mit dem Auszählen des Gegners (bis 10) dauerte der Kampf 12 Sek.
In Österreich feierte August Kerschbaumer einen Blitzsieg durch K. o. nach insgesamt (mit dem Auszählen des Gegners bis 10) 11 Sek. Kampfdauer. In einem Weltergewichtstreffen traf der Michelbeurer Boxer im Juni 1947 in Korneuburg (Niederösterreich) seinen Gegner Pichler vom Box-Club Steyer mit einem rechten Haken.

Der kürzeste dokumentierte Kampf fand am 4. November 1947 in Minneapolis (USA) im Turnier um den Goldenen Handschuh *(Golden Gloves)* statt, als Mike Collins mit dem ersten Faustschlag Pat Brownsen niederstreckte und der Wettkampf 4 Sek. nach dem Gongschlag, ohne daß auch nur angezählt wurde, abgebrochen wurde.

Der kürzeste Welttitelkampf fand am 7. April 1914 statt. Mittelgewichtler Al McCoy schlug in 45 Sek. George Chip in New York k. o.

Der längste Berufsboxer war Gogea Mitu (*1914, Rumänien). Er war 2,23 m groß und wog 148 kg. John Rankin, der 1967 einen Kampf in New Orleans (USA) gewann, maß auch 2,23 m.

Die meisten Fights ohne Niederlage überstand der Amerikaner Packey McFarland (1888–1936) zwischen 1905 und 1915. Er gewann 97mal nacheinander.

Der älteste Weltmeister war Archie Moore (USA), dem am 10. Februar 1962 der Titel des Halbschwergewichts-Weltmeisters aberkannt wurde. Sein Alter wurde zu diesem Zeitpunkt auf 45–48 Jahre geschätzt.

Der jüngste Weltmeister ist mit 17 Jahren und 176 Tagen der Puertoricaner Wilfredo Benitez (*8. September 1958), der am 6. März 1976 in Puerto Rico den Titel im Junior-Weltergewicht durch einen Punktsieg über Antonio Cervantes (Kolumbien) erkämpfte.

Die meisten »Knockouts« erzielte mit 141 Archie Moore (*13. Dezember 1913 oder 1916, USA), der von 1936 bis 1963 boxte. Den Rekord für die meisten aufeinanderfolgenden K. o. hält mit 44 Lamar Clarke aus Utah. Er erzielte am 1. Dezember 1958 sechs vorzeitige Siege an einem Abend (fünf in der ersten Runde) in Bingham, Utah (USA).

Die meisten Niederschläge im Titelkampf erzielte Vic Toweel (Südafrika), als er Danny O'Sullivan (England) am 2. Dezember 1950 in Johannesburg im Kampf um die Bantamgewichts-Weltmeisterschaft in zehn Runden insgesamt 14mal am Boden hatte, bevor der Engländer aufgab.

Die größte Börse wurde am 16. April 1985 in Las Vegas (USA) ausgeboxt; es ging um insgesamt 17 Mio. Dollar bei diesem Mittelgewichts-Weltmeisterschaftskampf. Titelverteidiger Marvin Hagler (*23. Mai 1954), der 10 Mio. Dollar verdiente, siegte in der dritten Runde durch K. o. gegen Thomas Hearns (beide USA), der 7 Mio. Dollar bekam.

Das größte zahlende Publikum bei einem Boxkampf: 120757 beim Welttitelkampf im Schwergewicht zwischen Tunney und Dempsey am 26. September 1926 im Sesquicentennial-Stadion, Philadelphia (USA). Der Hallenrekord wurde mit 63350 beim Kampf Muhammad Ali gegen Leon Spinks am 15. September 1978 im Superdome, New Orleans (USA), registriert. Beim Kampf zwischen Tony Zale und Billy Pryor am 18. August 1941 im Juneau Park von Milwaukee (USA) wurden sogar 135132 Zuschauer gezählt; allerdings wurde kein Eintritt verlangt.

Die geringste Zuschauerzahl bei einem WM-Fight im Schwergewicht war 2434 beim Kampf Clay gegen Liston am 25. Mai 1965 in Lewiston (USA).

Die längste Titelherrschaft eines Weltmeisters im Schwergewicht dauerte 11 Jahre, 8 Monate und 7 Tage durch Joe Louis (1914–81, USA). Am 27. Juni 1937 schlug er James Braddock (durch K. o. in der achten Runde) in Chikago, stellte einen Rekord mit 25 erfolgreichen Titelverteidigungen nacheinander auf und erklärte am 1. März 1949 seinen Rücktritt.

Der einzige Boxer, der die Weltmeisterschaft im Schwergewicht zweimal wiedererlangte, ist Muhammad Ali (*17. Januar 1942, USA). Ali gewann den Titel erstmals am 25. Februar 1964, als er Sonny Liston in Miami Beach (USA) durch technischen K. o. in der siebenten Runde schlug. Nachdem ihm am 28. April 1967 der Titel wegen Wehrdienstverweigerung durch die amerikanischen Boxbehörden aberkannt wurde, feierte er am 30. Oktober 1974 in Kinshasa ein Comeback und bezwang George Foreman durch K.o. in der achten Runde. Noch einmal, am 15. September 1978 in Las Vegas, holte er sich die WBA-Krone zurück mit einem Punktsieg über Leon Spinks, gegen den er zuvor am 15. Februar des gleichen Jahres den Titel verloren hatte.

Der einzige unbesiegte Weltmeister im Schwergewicht, der während seiner gesamten Laufbahn (1947–56) niemals verlor, war Rocky Marciano (1923–69, USA). Er gewann alle 49 Kämpfe, davon 43 durch K.o. oder vorzeitige Aufgabe seines Gegners. Ihm dicht auf den Fersen folgt Larry Holmes, der 48mal, davon 33mal vorzeitig siegte und 19mal seinen Schwergewichts-Titel verteidigte, ehe er erstmals verlor.

Der schwerste Weltmeister war Primo Carnera (1906–67) aus Italien, der »Ambling Alp«, der am 29. Juni 1933 in New York City den Titel in sechs Runden gegen Jack Sharkey gewann. Er wog bei diesem Kampf 121 kg, sein Höchstgewicht war jedoch 122 kg. Er hatte einen erweiterten Brustumfang von 134 cm, die längste Reichweite von 2,17 m und auch die größten Fäuste mit einem Umfang von 37 cm.

Der leichteste Weltmeister im Schwergewicht war Robert Fitzsimmons (1863–1917, GB), der mit 75 kg am 17. März 1897 in Carson City (USA) den Titel gewann, als er James Corbett in der 14. Runde k.o. schlug.

Der größte Gewichtsunterschied zwischen zwei Boxern in einem Welttitelkampf betrug 39 kg. Der Italiener Carnera (122 kg) bezwang am 1. März 1934 in Miami (USA) den Amerikaner Tommy Longhran (83 kg) nach Punkten.

Der größte Weltmeister war den Messungen der Harvard-Universität zufolge Carnera mit 1,98 m. Jess Willard, der 1915 den Titel gewann, war 1,96 m groß. (Willard lebte mit 86 Jahren, 351 Tagen am längsten von allen Schwergewichtsweltmeistern.)

Der kleinste Weltmeister im Schwergewicht war der Kanadier Tommy Burns mit 1,70 m und 81 kg, der vom 23. Februar 1906 bis zum 20. Dezember 1908 den Titel in seinem Besitz hatte.

Der kürzeste Weltmeisterschaftskampf im Schwergewicht dauerte 1:28 Min., als Tommy Burns (1881–1950, Kanada) am 17. März 1908 in Dublin (Irland) seinen Gegner Jim Roche durch K.o. bezwang. Cassius Clay (*17. Januar 1942, USA), der später den Namen Muhammad Ali annahm, gewann am 25. Mai 1965 in Lewiston (USA) nach 1:52 Min. entscheidend gegen Charles »Sonny« Liston (1932–70).

Der erfolgreichste deutsche Berufsboxer ist Max Schmeling (*28. September 1905), der 1926 Deutscher Halbschwergewichtsmeister, 1927 Europameister, 1928 Deutscher Schwergewichtsmeister, 1930 Weltmeister (Disqualifikationssieg über Jack Sharkey in New York – 12. Juni), 1939 Europameister im Schwergewicht wurde. In einem Nicht-Titelkampf schlug er 1936 in New York nach zwölf Runden durch K.o. Joe Louis.

Die längste Laufbahn eines Schwergewichtsboxers dauerte 39 Jahre, von 1875 bis 1914. Diesen Rekord erreichte Bobby Dobbs (1858–1930, USA). Walter Edgerton, die »Kentucky Rosebud«, schlug den 45jährigen John Henry Johnson am 4. Februar 1916 in New York City (USA) in vier Runden k.o., als er 63 Jahre alt war.

Die kürzeste Titelherrschaft dauerte 33 Tage. Tony Canzeroni (1908–59, USA) war nur vom 21. Mai bis 23. Juni 1933 Weltmeister im Junior-Mittelgewicht.

Der längste Weltmeistertitelkampf (unter Queensberry-Regeln) war der zwischen den Leichtgewichten Joe Gans (1847–1910) und Oscar Matthew Nelson (1882–1954) am 3. September 1906 in Goldfield (USA). Er wurde in der 42. Runde beendet, als Gans aufgrund eines Fouls zum Gewinner erklärt wurde.

Die meisten Weltmeistertitel in einer Gewichtsklasse erkämpfte mit fünf »Sugar« Ray Robinson (*3. Mai 1920, USA), der am 25. März 1958 in Chikago Carmen Basilio (USA) schlug, um den Weltmeisterschaftstitel im Mittelgewicht zum vierten Male zurückzugewinnen.

Der einzige Boxer, der gleichzeitig Weltmeister in drei verschiedenen Gewichtsklassen war, ist Henry »Homicide Hank« Armstrong (*12. Dezember 1912, USA), der im Federgewicht, Leichtgewicht und Weltergewicht vom August bis zum Dezember 1938 den Titel in sei-

Der Mann mit der eisenharten Faust. Teofilo Stevenson (Kuba) schrieb Boxgeschichte, wurde dreimal Weltmeister und auch dreimal Olympiasieger.

nem Besitz hatte. Sechs weitere Kämpfer schafften es gleichfalls, in drei verschiedenen Klassen Weltmeister zu werden, wenn auch zu unterschiedlichen Zeiten: Bob Fitzsimmons, Tony Canzoneri, Barney Ross, Wilfried Benitez, Alexis Arguelleo und Roberto Duran.

Das größte in einem Kampf registrierte Gewicht zweier Boxer war 317 kg im Kampf zwischen Claude McBride (154 kg) und Jimmy Black (163 kg).

Der kleinste Boxer, der je einen Weltmeistertitel gewann, heißt Netrnoi Vorasingh (*22. April 1959, Thailand), der von Mai bis September 1978 den WBC-Titel im Halbfliegengewicht innehatte. Seine Körpergröße betrug 1,50 m.

AMATEURE

Für einen einmaligen Triumph sorgten Amerikas Boxer bei den Spielen in Los Angeles. Sie erreichten in zehn von zwölf Gewichtsklassen das Finale und kamen zu neun Goldmedaillen.

Die einzigen Kämpfer, die drei olympische Goldmedaillen gewannen, sind der Ungar Laszlo Papp (*25. März 1926), der 1948 (Mittelgewicht), 1952 und 1956 (Halbmittelgewicht) siegte, sowie der Kubaner Teofilo Stevenson (*23. März 1952), der 1972, 1976 und 1980 im Schwergewicht erfolgreich war.
Papp wechselte 1957 – als erster Sportler eines Ostblockstaates – ins Profilager über und wurde fünf Jahre später Europameister im Mittelgewicht. Diesen Titel verteidigte er dann sechsmal erfolgreich.

Nur zwei Kämpfern gelang es bisher, bei Amateur-Weltmeisterschaften (eingeführt 1974) drei Titel zu gewinnen: Teofilo Stevenson (Kuba) im Schwergewicht 1974 und 1978 sowie im Superschwergewicht 1986 und auch Adolfo Horta (Kuba) im Bantam- 1978, Feder- 1982 sowie Leichtgewicht 1982.

Der erfolgreichste deutsche Amateurboxer ist Peter Hussing (*15. Mai 1948), der 16mal Deutscher Meister (zehnmal im Schwergewicht, sechsmal im Superschwergewicht) wurde. Er bestritt 439 Kämpfe, wurde einmal Europameister (1959) und gewann je eine Bronzemedaille bei der Olympiade (1972) und der Weltmeisterschaft (1982). Auf je neun nationale Titel brachten es Horst Rascher (*11. März 1940), der 1958 und 1959 auch Europameister war, sowie René Weller (*21. November 1953).
In 162 Kämpfen wurde Gustav Eder (*23. Dezember 1907) Deutscher Meister im Weltergewicht 1930–41, 1934 und 1935 Europameister, 1946 und 1947 Deutscher Mittelgewichtsmeister. Er wurde nur einmal 1947 k.o. geschlagen.

Einen ungewöhnlichen Rekord hält Willi Stasch (*14. März 1911). Zwischen 1928 und 1956 kletterte der ehemalige Deutsche Meister 696mal in den Ring und gewann davon 601 Kämpfe. Er ging niemals k. o.

Als Österreichs erfolgreichster Amateurboxer ist Rupert König (*1937) einzustufen, der neunmal (1956–65) Meister im Halbweltergewicht bzw. Weltergewicht wurde; zweimal errang er die Bronzemedaille bei Europameisterschaften.

12. CURLING

Ursprünge: Eine Bronzefigur aus dem 15. Jh., die sich im Museum von Florenz befindet, scheint einen Curling-Stein zu halten. Das Spiel selbst hat erstmals der flämische Maler Pieter Brueghel um 1560 in einer seiner Winterszenen dargestellt.
In Schottland wurde 1739 der erste Klub gegründet. Zwanzig Jahre später kam das Spiel nach Kanada. Der organisierte Wettkampfbetrieb begann 1838 mit der Gründung des Grand (später Royal) Caledonian Curling Club in Edinburgh (GB). 1966 wurde der Internationale Curling-Verband ins Leben gerufen.
Nach Demonstrations-Vorführungen 1924, 1932 und 1964 soll Curling 1988 in das olympische Programm von Calgary (Kanada) aufgenommen werden.

Die meisten Weltmeistertitel (eingeführt 1959) gewannen Kanadas Herren, die insgesamt 17mal erfolgreich waren, 1959–64, 1966, 1968–72, 1980, 1982–84, 1986.

Weltmeisterschaften für Damen gibt es erst seit 1979. Die Titel holten sich bisher Kanada (1980, 1984–86), die Schweiz (1979, 1983), Schweden (1981) und Dänemark (1982).

Die meisten Titel bei deutschen Meisterschaften erkämpften sich die Herren des EC Bad Tölz mit sechs (1968/69, 1973, 1975–77) vor dem EC Oberstdorf, der viermal (1970–72, 1974) erfolgreich war. Je dreimal bei den Damen gewannen der Münchener CC (1975, 1977/78) und CC Schwenningen (1979/80, 1982).

Der größte Mannschaftswettbewerb der Welt ist das Manitoba Bonspiel im kanadischen Winnipeg. Beim Turnier von 1985 beteiligten sich 848 Teams mit je vier Spielern.

Das längste registrierte Match dauerte 67:55 Std. und wurde zwischen dem 9. und dem 12. April 1982 von acht Mitgliedern des Capital Winter Club aus Fredericton, New Brunswick (Kanada), gespielt.

Der Marathon-Rekord für zwei Spieler steht bei 38 Std., aufgestellt von Jim Paul und Chris McCrady in Ontario (Kanada) vom 26. bis 28. März 1982.
Ein Viererteam aus New Brunswick (Kanada) hielt es sogar 67:55 Std. aus, vom 9. bis 12. April 1982.

Die größte Curling-Eisbahn steht im kanadischen Calgary. Sie wurde 1959 eröffnet und bietet Platz für 384 Spieler (96 Teams).

13. EISHOCKEY

Ursprünge: Es gibt Bildhinweise, daß ein hokkeyähnliches Spiel in den Niederlanden im frühen 16. Jh. auf dem Eis gespielt wurde. Das Spiel wurde wahrscheinlich das erste Mal 1855 mit einem Puck in Kingston, Ontario (Kanada), gespielt. Die International Ice Hockey Federation wurde 1908 gegründet.
Das erste Eishockeyspiel in Deutschland fand im offiziellen Rahmen am 4. Februar 1897 zwischen dem Akademischen Sportclub Berlin und einer gemischten Mannschaft statt. Die er-

ste Deutsche Meisterschaft wurde 1912 ausgespielt. Sieger: Berliner Schlittschuh-Club.

Die meisten olympischen Turniere gewannen mit je sechs Kanada (1920, 1924, 1928, 1932, 1948, 1952) und die UdSSR (1956, 1964, 1968, 1972, 1976, 1984).

Die meisten Goldmedaillen, nämlich drei, gewannen mit einer sowjetischen Nationalmannschaft Witali Dawydow, Anatoli Firsow, Viktor Kuskin, Alexander Ragulin (1964, 1968, 1972) sowie Torwart Wladislaw Tretjak (1972, 1976, 1984), der darüber hinaus noch einmal Silber (1980) holte und als einziger Spieler an vier olympischen Turnieren teilnahm.

Die meisten Weltmeisterschaften gewann zwischen 1954 und 1986 die UdSSR mit 20 Titeln und löste damit Kanada (19) ab. Außerdem kamen die Sowjets zu sechs Olympiasiegen.

Das beste Abschneiden einer deutschen Mannschaft bei Weltmeisterschaften (1920 eingeführt) waren jeweils die zweiten Plätze 1930 in Chamonix und 1953 in Zürich/Basel. Zur Europameisterschaft reichte es 1930 in Berlin und 1934 in Mailand. Olympische Bronzemedaillen gab es 1932 in Lake Placid und 1976 in Innsbruck.

Die meisten Länderspiele für Deutschland bestritten Lorenz Funk (225), Erich Kühnhackl (211), Udo Kießling (209), Alois Schloder (206), Rainer Philipp (199), Franz Reindl (181), Ignaz Berndaner (177) und Ernst Köpf (154). Funk (*17. März 1947) nahm zwischen 1967 und 1979 an 13 Weltmeisterschaften und drei Olympischen Spielen teil.

Schweizer Mannschaften erreichten achtmal bei Weltmeisterschaften den dritten Platz und wurden 1935 in Davos Zweiter. Bei den Olympiaden 1928 und 1948, jeweils in St. Moritz, erhielt die Schweiz die Bronzemedaille. Europameister wurden die Eidgenossen 1935 in Davos, 1939 in Zürich/Basel und 1950 in London.

Die österreichischen Mannschaften kamen bei den Weltmeisterschaften 1931 in Krynica und 1947 in Prag auf den dritten Platz; sie wurden 1927 in Wien und 1931 in Krynica Europameister.

Die meisten Tore, die in einem Weltmeisterschaftsspiel geschossen wurden, schaffte Kanada am 12. Februar 1949 beim 47:0 über Dänemark in Stockholm.

Der erfolgreichste Torhüter ist Terrance Gordon Sawchuck (*28. Dezember 1929), der in 103 Spielen mitwirkte, ohne einen Treffer durchzulassen. Er spielte zwischen 1950 und 1967 bei den Detroit Red Wings, Boston Bruins, Toronto Maple Leafs, Los Angeles Kings und New York Rangers.

Die höchste Geschwindigkeit eines Spielers erreichte mit 47,7 km/h Bobby Hull (*3. Januar 1939, USA).
Die Puck-Höchstgeschwindigkeit wird ebenfalls Bobby Hull zugeschrieben, dessen linkshändiger Schlag mit 190,3 km/h gestoppt wurde.

Die meisten Tore in der nordamerikanischen National Hockey League, der inoffiziellen Profi-Weltmeisterschaft für Klub-Mannschaften, schoß mit 92 Wayne Gretzky (*26. Januar 1961, USA) in der Saison 1981/82 für die Edmonton Oilers. Er verbesserte darüber hinaus den Punkterekord (Tore und Vorlagen, die zu Treffern führten) auf 212.

Den Stanley-Cup erkämpften sich 1986 zum 23. Mal die Montreal Canadiens, die absoluter Rekordgewinner sind.

Das längste Match dauerte 2:56:30 Std. reine Spielzeit, als Detroit Red Wings in einem Treffen der NHL die Montreal Maroons in der sechsten Verlängerung am 25. März 1936 im Forum von Montreal (Kanada) 1:0 schlugen.

Die erfolgreichste deutsche Vereinsmannschaft ist der Berliner Schlittschuh-Club mit 19 Meisterschaften (1912–14, 1920/21, 1923–26, 1928–33, 1936/37, 1974, 1976). Danach folgt der EV Füssen mit 15 Titeln (1953–59, 1961, 1963–65, 1968/69, 1971, 1973).

14. EISLAUF

Ursprünge: Der erste Hinweis auf das Schlittschuhlaufen findet sich in der frühen skandinavischen Literatur und bezieht sich auf das 2. Jh., obwohl aufgrund von archäologischen Nachweisen angenommen wird, daß seine Ursprünge noch zehn Jahrhunderte zurückdatieren. Der erste englische Bericht von 1180 nimmt Bezug auf Schlittschuhe, die aus Knochen gefertigt sind. Die früheste bekannte Abbildung ist ein holländischer Holzschnitt aus dem Jahr 1498. Im Stammbuch von Andreas Bayer (entstanden 1615–26) sind auf einer Tuschzeichnung deutsche Eisläufer abgebildet. Der älteste deutsche Eislaufverein ist der Frankfurter Schlittschuh-Club von 1861.
Der Wiener Eislauf-Verein wurde 1867 gegründet; der internationale Schlittschuh-Club von Davos trat 1896 dem Dachverband ISU bei.

EISKUNSTLAUF

Die meisten Goldmedaillen bei Olympischen Spielen mit je drei holten sich Gillis Grafström (1893–1938, Schweden) in den Jahren 1920, 1924 und 1928, außerdem gewann er 1932 Silber, die Norwegerin Sonja Henie (1912–69) in den Jahren 1928, 1932 und 1936 und die sowjetische Paarläuferin Irina Rodnina (*12. September 1949), die 1972 mit Alexej Ulanow, 1976 und 1980 mit Alexander Saizew gewann.

Die erfolgreichsten deutschen Paare sind Maxi Herber (*8. Oktober 1920) und Ernst Baier (*27. September 1905), die einmal Olympia-Gold 1936, vier Weltmeisterschaften zwischen 1936 und 1939 sowie fünf Europameisterschaften zwischen 1935 und 1939 holten, sowie Ria und Paul Falk (*29. November 1922/*21. Dezember 1921), die einmal Olympiasieger 1952, zweimal Welt- und Europameister 1951/52 wurden.
Marika Kilius (*23. März 1943) und Hans-Jürgen Bäumler (*28. Januar 1942) errangen zwei olympische Silbermedaillen 1960, 1964, zwei WM-Titel 1963/64 sowie sechs Europameisterschaften 1959–64.
Weltmeisterschaften als Einzelstarter erkämpften für die Deutsche Eislauf-Union Gundi Busch 1954 und Manfred Schnelldorfer 1964, der im gleichen Jahr auch Olympiasieger wurde.

Erfolgreichster Olympiateilnehmer Österreichs ist Karl Schäfer (1909–76), der 1932 und 1936 die Goldmedaille errang.
Bei den Damen gewann 1924 Herma Szabo in Chamonix und 1972 Beatrix Schuba (*15. Februar 1951) in Sapporo die Goldmedaille.

Die meisten Einzelweltmeisterschaften (eingeführt 1896) errang mit zehn Titeln Ulrich Salchow (1877–1949, Schweden) in den Jahren 1901–05 und 1907–11.
Auf die gleiche Anzahl kam bei den Damen (eingeführt 1906) Sonja »Häseken« Henie zwischen 1927 und 1936.
Bei den Paaren (eingeführt 1908) gewann Irina Rodnina zehn Titel, vier mit Alexej Ulanow (*4. November 1947) in den Jahren 1969–72 und sechs mit ihrem Mann Alexander Saizew (*16. Juni 1952) in den Jahren 1973–78.

Nur schwer zu stoppen, die sowjetischen »Sputniks« auf dem Eis. Sie feierten 1986 ein Jubiläum und wurden in Moskau zum 20. Mal Weltmeister.

Stürmt elegant und dennoch kraftvoll über das Eis, die sechsfache Weltrekordlerin Karin Kania.

Die meisten Eistanztitel (eingeführt 1950) gewannen Alexander Gorschkow (*8. Dezember 1946) und Ludmilla Pachomowa (*31. Dezember 1946, UdSSR) in den Jahren 1970–74 und 1976.

Die meisten Weltmeistertitel für Österreich gewann Karl Schäfer zwischen 1930 und 1936. Außerdem war er achtmal Europameister.
Bei den Damen gewann Herma Szabo 1922–26 fünfmal den Weltmeistertitel, Beatrix Schuba zweimal 1971 und 1972.

Der Grand Slam (große Wurf) gelang Sonja Henie und dem Österreicher Karl Schäfer gleich zweimal. Sie wurden jeweils 1932 und 1936 im gleichen Jahr Olympiasieger, Welt- und Europameister.

Höchste Punktzahlen. Den (inoffiziellen) Notenweltrekord halten die britischen Eistänzer Jayne Torvill (*7. Oktober 1954) und Christopher Dean (*22. Juli 1958), die bei der Weltmeisterschaft vom 22. bis 24. März 1984 in Ottawa (Kanada) insgesamt 29mal die Traumzahl 6,0 erhielten, siebenmal in den Pflichttänzen, neunmal im Spurenbildtanz und 13mal in der Kür. Insgesamt bekamen Torvill/Dean während ihrer Karriere 136mal die Höchstnote.

Siebenmal die 6,0 erhielt Donald Jackson (*2. April 1940, Kanada) bei den Weltmeisterschaften 1962 in Prag.

Den Marathon-Rekord hält Austin McKinley (Neuseeland), der vom 21. bis 25. Juni 1977 insgesamt 109:05 Std. lang Figuren auf das Eis zeichnete.

EISSCHNELLAUF

Die meisten olympischen Goldmedaillen gewann mit sechs Lydia Skoblikowa (*8. März 1939, UdSSR), zwei 1960 und alle vier möglichen 1964. Der Amerikaner Eric Heiden (*8. März 1958) schaffte 1980 in Lake Placid das gleiche Kunststück und gewann alle fünf Goldmedaillen, die zu vergeben waren.
Den Rekord bei den Herren hält der Finne Clas Thunberg (1893–1973) mit fünf Gold-, je einer Silber- und Bronzemedaille (1924–28).

Die meisten Titel bei Weltmeisterschaften (eingeführt 1893) im Großen Vierkampf (500 und 5000 m am ersten, 1500 und 10000 m am zweiten Tag) gewannen mit je fünf der Norweger Oscar Mathisen (1888–1954) in den Jahren 1908/09, 1912–14 sowie Clas Thunberg in den Jahren 1923, 1925, 1928/29, 1931.

Die meisten Weltmeistertitel bei den Damen gewannen mit vier Inga Woronina (geborene Artomonowa, 1936–66, UdSSR) in den Jahren 1957/58, 1962 und 1964 und Atje Keulen-Deelstra (*31. Dezember 1938, Niederlande) in den Jahren 1970, 1972–74.

Der erfolgreichste Athlet ist Eric Heiden (USA), der außer seinen fünf Goldmedaillen bei den Olympischen Spielen von Lake Placid noch drei WM-Titel im Großen Vierkampf (1977–79) sowie vier Sprint-Weltmeisterschaften (1977–80) errang und zweimal Junioren-Weltmeister (1977/78) wurde.

Die erfolgreichsten Läufer der Bundesrepublik Deutschland sind Erhard Keller (*24. Dezember 1944), der 1968 in Grenoble und 1972 in Sapporo die olympische Goldmedaille über 500 m holte und 1971 Sprint-Weltmeister wurde, sowie Monika Pflug, verheiratete Gawenus (*1. März 1954), die 1972 in Sapporo 1000-m-Olympiasiegerin und im gleichen Jahr Sprint-Weltmeisterin wurde.

Als einzige Läuferin der Welt nahm Monika Gawenus (Holzner-Pflug) an vier Olympischen Spielen teil (1972, 1976, 1980 und 1984).

Den Ein-Std.-Weltrekord hält der Holländer Jan Kooiman, der am 9. März 1983 in Inzell (Bayern) 38558,45 m schaffte und dabei 96 Runden auf der 400-m-Bahn zurücklegte.

Den deutschen Rekord mit 36351 m stellte der Berliner Olaf Kotva am 8. März 1986 in Berlin auf.
Den 24-Std.-Rekord hält der Holländer Tom Smits mit 506,375 km, aufgestellt am 15./16. Dezember 1984.

Der längste Wettlauf, sofern es die Witterungsbedingungen zulassen, ist der Elfstedtentocht (Elfstädtetour) über die zugefrorenen Grachten und Kanäle der nordniederländischen Provinz Friesland. Die schnellste Zeit auf der 200 km langen Schleife (Start und Ziel Leeuwarden) erreichte am 21. Februar 1985 mit 6:46:47 Std. der Holländer Evert van Benthem (*1959). Rund 17000 Läufer waren zu dem Rennen am 26. Februar 1986 angetreten.

Rekorde unter drei Namen

Eisschnellauf-Statistiker haben es mitunter schwer; denn die flinken Damen auf Schlittschuhen sind mitunter auch flink im Wechseln des Familiennamens. Karin Kania (*20. Juni 1961, DDR), mit acht Weltmeistertiteln, drei im Großen Vierkampf und fünf im Sprintervierkampf, sowie drei olympischen Gold- und zwei Silbermedaillen die erfolgreichste Frau auf dem Eis, wird in den Rekordlisten auch unter ihrem Mädchennamen Enke oder Busch geführt, wie sie nach ihrer ersten Heirat hieß. Augenblicklich hält Karin sechs von acht möglichen Weltrekorden.
Auch die schnellste bundesdeutsche Läuferin und zugleich Sprintrekordlerin muß unter drei Nachnamen registriert werden. Monika Gawenus hieß früher Pflug (und steht so auch in der Olympiasieger-Liste über 1000 m von Sapporo 1972) und dann Holzner.

EISSCHNELLAUF – WELTREKORDE

Sportart	Leistung	Name/Land	Ort	Datum
Männer				
500 m	36,57	Pawel Pegow (UdSSR)	Medeo	26. März 1983
1000 m	1:12,58	Pawel Pegow (UdSSR)	Medeo	25. März 1983
1500 m	1:53,26	Oleg Bogiew (UdSSR)	Medeo	24. März 1984
3000 m	4:03,22	Viktor Schascherin (UdSSR)	Davos	18. Januar 1986
5000 m	6:49,15	Viktor Schascherin (UdSSR)	Medeo	23. März 1984
10000 m	14:12,14	Geir Karlstad (Norwegen)	Inzell	16. Februar 1986
Großer Vierkampf	160,807 Punkte	Viktor Schascherin (UdSSR)	Medeo	23./24. März 1984
Kleiner Vierkampf	161,159 Punkte	André Hoffmann (DDR)	Davos	12./13. Januar 1985
Sprint-Vierkampf	146,955 Punkte	Pawel Pegow (UdSSR)	Medeo	25./26. März 1983
Frauen				
500 m	39,52	Karin Kania (DDR)	Medeo	21. März 1986
1000 m	1:18,84	Karin Kania (DDR)	Karuizawa	22. Februar 1986
1500 m	1:59,30	Karin Kania (DDR)	Medeo	22. März 1986
3000 m	4:18,02	Karin Kania (DDR)	Medeo	21. März 1986
5000 m	7:20,99	Andrea Ehrig (DDR)	Medeo	22. März 1986
Großer Vierkampf	168,272 Punkte	Karin Kania (DDR)	Medeo	21./22. März 1986
Kleiner Vierkampf	166,683 Punkte	Natalia Petrusewa (UdSSR)	Medeo	25./26. März 1983
Sprint-Vierkampf	160,060 Punkte	Karin Kania (DDR)	Karuizawa	22./23. Februar 1986

EISSCHNELLAUF – DEUTSCHE REKORDE

Sportart	Leistung	Name	Ort	Datum
Männer				
500 m	37,68	Stephan Panzer	Medeo	26. März 1983
1000 m	1:16,13	Hubert Hirschbichler	Medeo	15. März 1981
1500 m	1:57,39	Hubert Schwarz	Medeo	4. April 1978
3000 m	4:07,88	Hansjörg Baltes	Inzell	8. Dezember 1984
5000 m	7:09,21	Wolfgang Scharf	Medeo	25. März 1983
10000 m	14:42,18	Hansjörg Baltes	Inzell	16. Februar 1986
Großer Vierkampf	166,427 Punkte	Hansjörg Baltes	Inzell	15./16. Februar 1986
Kleiner Vierkampf	164,626 Punkte	Wolfgang Scharf	Inzell	10./11. Dezember 1983
Sprint-Vierkampf	152,650 Punkte	Stephan Panzer	Medeo	25./26. März 1983
Frauen				
500 m	40,76	Monika Gawenus (Holzner)	Karuizawa	23. Februar 1986
1000 m	1:23,47	Monika Gawenus (Holzner)	Inzell	30. Dezember 1983
1500 m	2:10,26	Sigrid Smuda	Inzell	10. Dezember 1983
3000 m	4:37,10	Hanne Steeg	Medeo	19. März 1986
5000 m	7:56,00	Sigrid Smuda	Inzell	12. Dezember 1983
Großer Vierkampf	182,427 Punkte	Sigrid Smuda	Inzell	3./4. März 1983
Kleiner Vierkampf	175,393 Punkte	Sigrid Smuda	Inzell	10./11. Dezember 1983
Sprint-Vierkampf	166,575 Punkte	Monika Gawenus (Holzner)	Karuizawa	22./23. Februar 1986

Einen Staffelrekord über 100 × 400 m stellten am 8./9. Februar 1986 Bremer Kufenflitzer mit 20:49:41 Std. in der Halle auf der Bürgerweide auf.

EISSCHIESSEN

Ursprünge: Das Eisschießen ist eine typisch alpenländische Sportart (vgl. dazu: Curling) und entstand aus alten Volksspielen im 16. Jh. Das Spiel wird auch als Weiberleuteschießen bezeichnet, weil es üblicherweise auch Frauen spielten.

Die erste Deutsche Meisterschaft fand 1926 statt, die erste Europameisterschaft 1951. Es gibt ungefähr 80000 organisierte Eisschützen in der Internationalen Föderation für Eisstockschießen, die 1950 in Frankfurt/Main gegründet wurde.

Den Weltrekord im Weitschießen hält Franz Gögele (*30. Januar 1951, Italien) mit 502,62 m, aufgestellt am 5. Januar 1985 auf dem Toblacher See, Südtirol (Italien).

Asphalt-Eisstockschießen. Im Münchner Olympia-Einkaufszentrum stellten 8 Stockschützen (Wolfgang Schel, Anton Gogeff, Heinz Birner, Rudolf Fuß, Rudolf Petö, Gerd Ziegler, Walter Haimerl, Franz Graßl) am 28./29. Dezember 1982 einen Rekord über 26-Std.-Dauerschießen auf.

15. FALLSCHIRMSPRINGEN

Ursprünge: Fallschirmspringen wurde mit der Einführung von Weltmeisterschaften 1951 zu einem geregelten Sport.

Erfolgreichste Nation bei Weltmeisterschaften ist die UdSSR, die bei den Herren 1954, 1958, 1960, 1966, 1972, 1976 und 1980 den Titel holte, während die Damenmannschaft 1956, 1958, 1966, 1968, 1972 und 1976 erfolgreich war. Als einziger Sportler schaffte es Nikolai Ushamjev (UdSSR) zweimal Einzel-Weltmeister (1974 und 1980) zu werden.

Die größte Genauigkeit beim Zielspringen erreichte die Britin Jacqueline Smith (*29. März 1951) bei den Weltmeisterschaften in Zagreb (Jugoslawien) am 1. September 1978, als es ihr gelang, zehnmal nacheinander genau im Zentrum (10-cm-Scheibe) zu landen. In Yuma, Arizona (USA), erreichte im März 1978 Dwight Reynolds einen Rekord von 105 Zentraltreffern am Tag. Bill Wenger und Phil Munden, die als Mitglieder des US-Army-Teams »The Golden Knights« teilnahmen, erwiesen sich als die besten Nachtspringer. Sie landeten trotz Dunkelheit je 43mal genau im Zentrum.

Den offiziellen Weltrekord im Zielspringen hält Alexander Assmiae (UdSSR), der im Oktober 1979 genau fünfzig Sprünge mitten ins Zentrum schaffte.

Die größte Anzahl von Sprüngen nacheinander schaffte mit 233 in 24 Std. David Parchement am 19./20. Juni 1979 auf dem Shobdon Airfield, Hereford (GB).

Der erfolgreichste deutsche Fallschirmspringer heißt Aloys Riesenbeck, der u. a. den Weltrekord im Einzelzielspringen hielt.

Deutsche Fallschirmsportler errangen bei der Weltmeisterschaft im Formationsspringen 1977 in Gatton (Australien) die Silbermedaille im Achter- und die Bronzemedaille im Vierer-Formationswettbewerb sowie eine Silbermedaille in der Gesamtwertung. Bei der Weltmeisterschaft 1978 in Zagreb errang die Bundesrepublik Deutschland die Silbermedaille im Mannschaftsspringen und die Bronzemedaille in der Nationenwertung.

Die meisten Sprünge, 10000 bis Ende 1979, machte Anatoli Ossipow aus der Sowjetunion. Seine Landsmännin Valentina Zakoretskaja hält mit 7000 den Damen-Rekord.

16. FECHTEN

Ursprünge: Fechten (Kämpfen mit einzelnen Stöcken) wurde als Sport in Ägypten bereits um 1360 v. Chr. praktiziert. Die erste bestimmende Körperschaft für Fechten in Europa war die von Heinrich VIII. 1540 gegründete Corporation of Masters of Defence. Seit jener Zeit wurde vor allem in Preiskämpfen gefochten. Das Florett war seit dem 17. Jh. die Übungswaffe für das kurze Hofschwert. Der Degen wurde in der Mitte des 19. Jh.s und der Säbel von den Italienern im späten 19. Jh. eingeführt.

Die meisten Einzel-Weltmeisterschaften gewann der französische Florett-Spezialist Christian d'Oriola (*3. Oktober 1928) mit sechs, davon erkämpfte er sich zwei bei den Olympischen Spielen 1952 und 1956. Die übrigen Titel holte er sich 1947, 1949, 1953 und 1954. Bei den Damen war die Ungarin Ilona Elek-Schacherer (*27. Mai 1907) fünfmal erfolgreich – 1934, 1935, 1936 (Olympia), 1948 (Olympia) und 1951.

Die meisten olympischen Goldmedaillen errang der ungarische Säbelfechter Aladar Gerevich (*16. März 1910) mit sieben, davon allerdings sechs in den Mannschafts-Wettbewerben, zwischen 1932 und 1960. Gerevich, der sich zeitweise auch Gerey nannte, wurde insgesamt 16mal Weltmeister, Einzel und Mannschaft. Je dreimal Einzelsieger wurden der Kubaner Roman Fonst (1893–1959) in den Jahren 1900 und 1904 (zweimal) sowie der Italiener Nedo Nadi (1894–1952) in den Jahren 1912 und 1920 (zweimal).

Eine wahre Meisterin mit dem Florett, Cornelia Hanisch, die eine brillante Klinge schlägt.

Die meisten olympischen Medaillen holte sich der Italiener Edoardo Mangiarotti (* 7. April 1919), der zwischen 1936 und 1960 insgesamt 13mal auf Degen und Florett erfolgreich war, sechsmal Gold, fünfmal Silber, zweimal Bronze.

Die meisten Goldmedaillen für Damen gewann mit vier Elena Nowikowa-Belowa (* 28. Juli 1947, UdSSR), von 1968–76, drei mit der Mannschaft, eine im Einzelwettbewerb (1968).
Die größte Anzahl von Medaillen bei den Damen erkämpfte die Ungarin Ildiko Retjö (Ujlaki-Retjö, Sagine-Retjö, * 11. Mai 1937) mit sieben Medaillen (zwei Gold-, drei Silber-, zwei Bronzemedaillen) in den Jahren 1960–76.

Die erfolgreichste deutsche Fechterin ist Cornelia Hanisch (* 12. März 1952), die fünf Goldmedaillen errang, drei im Einzel-Wettbewerb bei den WM 1979, 1981, 1985, dazu mit der Mannschaft 1985 und bei Olympia 1984, sowie Silber in der Einzelkonkurrenz 1984. Dazu kommen noch drei Vizeweltmeisterschaften mit der Mannschaft 1977, 1981, 1983 und fünf deutsche Titel. Helene Mayer (1910–53) kam zu vier Goldmedaillen im Einzelwettbewerb, Olympia 1928 sowie bei den WM 1929, 1931 und 1937. Sechsmal war sie Deutsche Meisterin.

Der erfolgreichste deutsche Fechter ist Alexander Pusch (* 15. Mai 1955), der dreimal auf Degen Weltmeister wurde – 1975, 1976 (Olympia) und 1978. Darüber hinaus verhalf er der deutschen Mannschaft zweimal zur Goldmedaille (1984/85) sowie fünfmal zur Silbermedaille (1974–76, 1979, 1983). Außerdem wurde er 1983 Europameister, viermal Weltcup-Gewinner (1975, 1976, 1978, 1986) und – wie Erich Casmir zwischen 1921 und 1928 – siebenmal Deutscher Einzelmeister.

Der erfolgreichste Klub im Europapokal der Landesmeister auf Degen ist der FC Tauberbischofsheim mit sechs Titeln (1977/78, 1981–84).

17. FUSSBALL

Ursprünge: Ein Spiel, genannt Tsu-chu, wurde in China im 3. und 4. Jh. v. Chr. gespielt und hatte mit Fußball Ähnlichkeit. Ein Fußballspiel, Calcio, existierte 1410 in Italien. Einer der frühesten Hinweise auf das Spiel in England bezieht sich auf den Unfalltod eines Torwarts am 23. Februar 1582 in Essex. Die früheste Darstellung des Spiels ist ein Edinburgher Druck, der von 1672/73 datiert. Das Spiel wurde mit der Gründung der Football Association in England am 26. Oktober 1863 standardisiert.
In Deutschland wurde Fußball zuerst im Raum Braunschweig an höheren Schulen gespielt. 1878 wurde der erste deutsche Fußballverein in Hannover aus der Taufe gehoben. Der Deutsche Fußball-Bund wurde 1900 in Leipzig, der Österreichische Fußball-Bund 1904 in Wien und der Schweizer Fußball-Verband 1895 in Bern gegründet.

Die Fédération Internationale de Football Association (FIFA) wurde am 21. Mai 1904 in Paris gegründet.

Europameisterschaften. Seit 1958 wird der Titel ausgespielt. Bisher gewannen Deutschland (1972 und 1980), die UdSSR (1960), Spanien (1964), Italien (1968), die ČSSR (1976) und Frankreich (1984). Torschützenkönig ist der Franzose Michel Platini mit neun Treffern 1984.

Der Europapokal der Landesmeister wurde am 8. Mai 1955 von der Union of European Football Associations (UEFA) beschlossen. Real Madrid gewann insgesamt sechsmal, davon fünfmal nacheinander, 1956–60 und 1966. Außerdem wurden die Spanier zweimal Sieger im UEFA-Pokal, 1985 und 1986. Der FC Liverpool holte sich den Meister-Cup viermal, 1977, 1978, 1981 und 1984. Ajax Amsterdam (1971–73) und Bayern München (1974–76) siegten dreimal in Reihenfolge.

Europapokal der Pokalsieger: Dieses Turnier für die Landespokalsieger begann in den Jahren 1960/61 mit zehn Bewerbern. Je zweimal siegten AC Mailand (1968, 1973), SC Anderlecht (1976, 1978), FC Barcelona (1979, 1982) und Dynamo Kiew (1975, 1986).
Die erste deutsche Mannschaft, die den Europacup gewann, war Borussia Dortmund, die am 5. Mai 1966 in Glasgow nach Verlängerung den FC Liverpool 2:1 schlug.

UEFA-Pokal: Dieser Vereins-Wettbewerb, aus dem Messecup hervorgegangen, begann 1955 und findet seit 1971/72 unter der Oberaufsicht der UEFA statt. Erfolgreichste Mannschaft ist der FC Barcelona mit drei Siegen (1958, 1960, 1966).
Die erste deutsche Mannschaft, die diese Trophäe errang, war Borussia Mönchengladbach, als sie 1975 gegen Twente Enschede im Finale 0:0 und 5:1 spielte.
Als erstem Trainer gelang es Udo Lattek, drei verschiedene Europapacup-Siege zu erringen – mit Bayern München den Meisterpokal, mit FC Barcelona den Pokalsieger-Cup und mit Borussia Mönchengladbach den UEFA-Cup.

Fußball-Jongleur. Der Schwede Uno Lindström legte 21,079 km in 2:55:49 Std. am 10. August 1985 zurück.

Weltpokal: Dieser Cup für Vereinsmannschaften wurde 1960 zwischen den Gewinnern des Europapokals und der Copa Libertadores in Südamerika ins Leben gerufen. Dreimal hieß der Sieger Penarol/Uruguay (1961, 1966, 1982), je zweimal, sogar nacheinander, erfolgreich waren Santos/Brasilien (1962/63) und Inter Mailand/Italien (1964/65). Bayern München holte den Cup 1976 gegen Cruzeiro (Brasilien).

Die meisten Länderspiele für die DDR absolvierte mit 102 Mittelstürmer Joachim Streich (*1952). Zuletzt wurde er am 20. Oktober 1984 in Leipzig gegen Jugoslawien eingesetzt. An zweiter Stelle folgt Hans-Jürgen Dörner mit 100 Spielen.

Die meisten Länderspiele für Österreich absolvierte mit 92 Gerd Hanappi (*9. Juli 1929) in den Jahren 1948–62.

Die meisten Länderspiele für die Schweiz bestritt Xam Abegglen (1902–70) mit 68 in den Jahren 1923–37.

Die meisten Spiele für ein Land bestritt Hector Chumpitaz (*12. April 1943). Zwischen 1963 und 1982 stand er 150mal in der peruanischen Nationalelf. Zählt man nur die offiziellen Länderspiele, liegt Nordirlands Torwart Pat Jennings (*1945) vorn. Er wurde am 12. Juni 1986 bei der WM in Mexiko gegen Brasilien zum 119. Mal eingesetzt und verdrängte den lange Jahre führenden Schweden Björn Nordqvist (115) auf Platz zwei. Dahinter folgt Italiens Torwart Dino Zoff (112).

Die längste internationale Karriere hat Billy Meredith (1874–1958) hinter sich gebracht: 26 Jahre lang, von 1895 bis 1920, spielte er für Wales. Bei seinem letzten Länderspiel am 15. März 1920 gegen England war Meredith 45 Jahre und 229 Tage alt.

Die meisten Länderspieltore für Deutschland schoß Gerd Müller mit 68 in 62 Begegnungen von 1966 bis 1974. Bei der WM 1970 wurde er mit zehn Treffern Torschützenkönig.

Die meisten Tore für die Schweiz schoß Xam Abegglen mit 34 Toren von 1923 bis 1937.

Das erste Länderspiel Deutschlands fand am 5. April 1908 in Basel gegen die Schweiz statt. Deutschland verlor mit 3:5 Toren.

Erfolgreichster Torschütze der ersten Liga soll der Brasilianer Artur Friedenreich (1892–1969) gewesen sein. In seiner 43 Jahre dauernden Karriere erzielte er 1329 Treffer. Auf 1281 Tore in 1363 Spielen vom 7. September 1956 bis 1. Oktober 1977 brachte es Pelé, der mit bürgerlichem Namen Edson Arantes do Nascimento (*21. Oktober 1940, Brasilien) heißt.

Franz »Bimbo« Binder (*1. Dezember 1911), der zwischen 1930 und 1950 für Österreich und Deutschland spielte, schoß 1006 Tore. Und das in nur 756 Spielen!

Das schnellste Tor fiel beim Spiel FC Altenmuhr – FC Langfurth (B-Klasse des Fußballkreises Frankenhöhe) am 22. April 1979. Nach nur zwei Sek. traf in Muhr am See Erich Starzinger (*1952) aus 40 m Entfernung zum 1:0 für den FC Langfurth. Pfiff – Anstoß – Tor! Die Langfurther verloren dann allerdings 2:4.

Ein begnadeter Spieler, der Frankreich 1984 zur Europameisterschaft führte und dreimal zum Fußballer Europas gewählt wurde – Michel Platini. Doch sein großer Wunsch, Weltmeister zu werden, erfüllte sich nicht. In Mexiko reichte es nur zum dritten Platz.

Ein Tor aus 102 m Entfernung schoß der Darmstädter Torwart Wilhelm Huxhorn (*1955) im Zweitligaspiel am 27. April 1985 bei Fortuna Köln. Es bedeutete die 1:0-Führung. Huxhorn schlug den Ball, allerdings mit viel Windunterstützung, vom eigenen Strafraum weit in die gegnerische Hälfte. Kurz vor dem Kölner Schlußmann Hemmerlein, der aus seinem Kasten geeilt war, prallte das Leder auf und sprang auf dem nassen Rasen über den verdutzten Torwart ins Netz.

Die höchste Torspanne in einem Länderspiel ist 17. Diese Quote erzielte England beim 17:0 gegen Australien am 30. Juni 1951 in Sydney.

Als Rekordergebnis gilt der 45:0-Sieg, den in einem Spiel der Felixstowe Sonntags-Liga Ipswich Exiles gegen Seaton Rovers am 11. März 1984 errang.

Die meisten Landesmeisterschaften in ununterbrochener Folge errangen mit je neun Celtic Glasgow (Schottland) 1966–74, ZSKA Sofia (Bulgarien) 1954–62 und MTK Budapest (Ungarn) 1917–25.

Die erfolgreichste Serie in einer Spitzenliga legte Celtic Glasgow hin. Die schottische Elf überstand 63 Spiele ohne Niederlage (13. November 1915 bis 21. April 1917). Der englische Europacup-Sieger Nottingham Forest blieb 1977/78 in 42 Treffen ohne Niederlage.

Die längste Erfolgssträhne in einer Bundesligasaison hatte die Mannschaft von Eintracht Frankfurt in der Punktspielserie 1976/77 mit 21 Spielen ohne Niederlage. Der Hamburger SV blieb vom 30. Januar 1982 bis zum 28. Januar 1983 in insgesamt 36 Punktspielen ungeschlagen, davon jeweils 18mal in der Saison 1981/82 und 1982/83.

Der erste Deutsche Fußballmeister wurde 1903 ermittelt: VfB Leipzig schlug DFC Prag 7:2.

Den höchsten Sieg in der Endrunde um die Deutsche Meisterschaft erzielte der 1. FC Kaiserslautern 1957 beim 14:1 über Hertha BSC Berlin.

Deutscher Rekordmeister mit neun Titeln sind der 1. FC Nürnberg und Bayern München. Schalke 04 gewann siebenmal, Borussia Mönchengladbach und Hamburger SV je fünfmal.

Die meisten österreichischen Landesmeistertitel errang der Sportklub Rapid Wien mit 25.

Die meisten Landesmeistertitel in der Schweiz errang die Mannschaft von Grasshoppers Zürich mit 16.

Die meisten Landesmeistertitel der DDR gewann mit acht Dynamo Berlin (1979–86). Dahinter folgen Dynamo Dresden und FC Vorwärts Berlin mit je sechs Siegen.

Am häufigsten den deutschen Vereinspokal gewann Bayern München, und zwar achtmal, 1957, 1965, 1966, 1969, 1971, 1982, 1984 und 1986. Der 1. FC Köln (1968, 1977, 1978, 1983) war viermal erfolgreich, Eintracht Frankfurt (1974, 1975, 1981) und der 1. FC Nürnberg (1935, 1939 und 1962) siegten je dreimal.

Die meisten Spiele in der Bundesliga – bis Ende der Saison 1986 – bestritt Klaus Fichtel

XIII. FUSSBALLWELTMEISTERSCHAFT 31. MAI – 29. JUNI 1986 IN MEXIKO

● Rekorde am Fließband produzierte die Weltmeisterschaft '86 in Mexiko. Die wichtigsten in Schlagworten: die meisten Zuschauer, die geringste Torausbeute, Platzverweise und Verwarnungen so viel wie nie zuvor.

● Es bleibt dabei – nur sechs Länder können sich mit der Krone eines Weltmeisters schmücken. Das ist der elitäre Kreis: Brasilien (1958, 1962, 1970) und Italien (1934, 1938, 1982) gewannen je dreimal den Titel, Uruguay (1930, 1950), Bundesrepublik Deutschland (1954, 1974) und Argentinien (1978, 1986) folgen mit zwei Triumphen vor England (1966).

● Der ewige Medaillenspiegel:

	Gold	Silber	Bronze
1. Brasilien	3	1	2
2. Italien	3	1	0
3. Deutschland	2	3	2
4. Argentinien	2	1	0
5. Uruguay	2	0	0
6. England	1	0	0

● Die deutsche Mannschaft stellte einen besonderen Rekord auf. Bei ihren insgesamt elf WM-Teilnahmen kam sie achtmal (!) in ein Halbfinale und fünfmal in ein Endspiel. 1954 gewann die Mannschaft 3:2 gegen Ungarn, 1966 verlor sie nach Verlängerung 2:4 gegen England, 1974 bezwang sie Holland 2:1, 1982

DIE MEISTEN ZUSCHAUER

unterlag sie Italien 1:3 und 1986 Argentinien 2:3. Brasilien und Italien standen je viermal im Finale.

BRD – Frankreich

● Mexiko erlebte die torärmste WM. In 52 Begegnungen fielen nur 132 Treffer. Das sind 14 weniger als vor vier Jahren in Spanien, als erstmals an einem Endrundenturnier 24 Teams teilnahmen. Die bescheidene Torquote lautet 2,54 im Schnitt. Da hatten die Zuschauer bei der WM 1954 in der Schweiz mehr Grund zum Jubeln. In nur 26 Spielen gab es 140 Treffer, was einen Durchschnitt von 5,38 bedeutete.

● Erfolgreichster Torjäger in Mexiko war der Engländer Gary Lineker mit sechs Treffern, obwohl seine Mannschaft nur bis ins Viertelfinale gekommen war. Je fünfmal trafen Maradona (Argentinien), Butragueno (Spanien) und Careca (Brasilien).

● In der ewigen Bestenliste führt weiter der Münchener Gerd Müller, der 1970 und 1974 insgesamt 14 Tore erzielte, vor dem Franzosen Just Fontaine, der nur bei einer WM-Teilnahme (1958) auf 13 Treffer kam. Dahinter folgen Pele (Brasilien) 12, Sandor Kocsis (Ungarn) 11 sowie Helmut Rahn (Deutschland), Teofilo Cubillas (Peru) und Grzegorz Lato (Polen) je 10.

● Das erste WM-Tor überhaupt schoß der Amerikaner Bart McGhee am 13. Juli 1930 in Montevideo beim 3:0 über Belgien. Den 500. Treffer erzielte Helmut Rahn 1958, und den 1000. Treffer besorgte der Holländer Rob Rensenbrink 1978.

● Einziger Eigentorschütze in Mexiko war der Südkoreaner Kwang-Rae Cho beim 2:3 gegen Italien.

● Den höchsten Sieg feierte die UdSSR mit dem 6:0 gegen Ungarn in der Vorrunde.

● Die meisten Treffer, je sieben, fielen bei den Begegnungen Dänemark – Uruguay (6:1) und Belgien – UdSSR (4:3) nach Verlängerung.

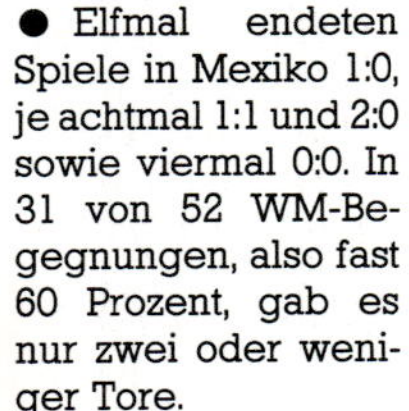

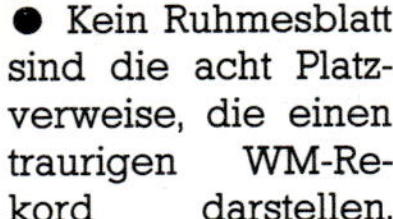

Norman Whiteside

● Elfmal endeten Spiele in Mexiko 1:0, je achtmal 1:1 und 2:0 sowie viermal 0:0. In 31 von 52 WM-Begegnungen, also fast 60 Prozent, gab es nur zwei oder weniger Tore.

● Kein Ruhmesblatt sind die acht Platzverweise, die einen traurigen WM-Rekord darstellen. Sweeney (Kanada), Wilkins (England), Georgis (Irak), Bossio und Batista (Uruguay), Arnesen (Dänemark), Aguirre (Mexiko) sowie Berthold (Deutschland) wurden vorzeitig vom Schiedsrichter in die Kabine geschickt. Vor vier Jahren in Spanien gab es nur fünfmal die Rote Karte.

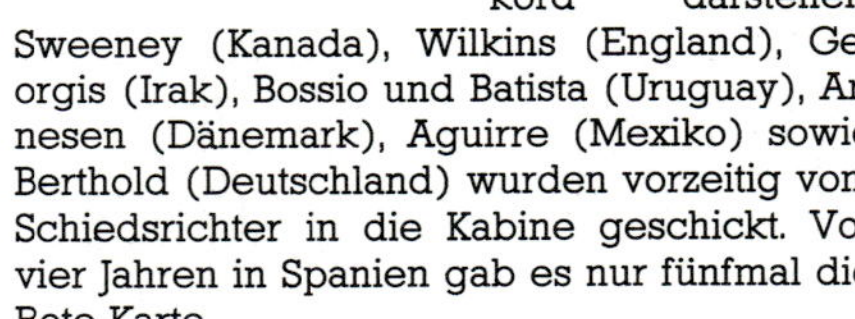

● Darüber hinaus zeigten die Schiedsrichter noch 136 Spielern die Gelbe Karte, je dreimal traf es den Mexikaner Sanchez und den Engländer Fenwick.

● Noch ein Negativum: Insgesamt 16 Strafstöße (in Spanien nur 12) wurden verhängt. Vier konnten nicht verwandelt werden, und zwar von Jewtuschenko (UdSSR), Sanchez (Mexiko), Altobelli (Italien) und Zico (Brasilien). Nicht in dieser Rechnung eingeschlossen sind jene 27 Elfmeter, die notwendig wurden, um eine Entscheidung nach unentschiedenem Ausgang bei Verlängerung im Viertelfinale herbeizuführen. Das war bei Deutschland – Mexiko, Frankreich – Brasilien und Belgien – Frankreich der Fall.

● Zuschauerrekord. 2 191 269 Besucher erlebten die 52 Spiele mit, 335 000 mehr als in Spanien. Der Durchschnitt pro Begegnung lag bei 42 140. Das bedeutet dennoch nur Rang sechs in der ewigen Rangfolge. Unerreichter Spitzenreiter bleibt die WM 1950 in Brasilien, als zu nur 22 Spielen 1 337 000 Menschen kamen. Das waren pro Match 60 773.

● Die Gesamt-Zuschauerzahl aller 13 Weltmeisterschaften beträgt 15 943 000. Bei den bisherigen 412 Spielen ist das ein Schnitt von 38 696.

● Viermal war das Azteken-Stadion von Mexico City mit 114 500 Zuschauern restlos besetzt, beim Vorrundenspiel Mexiko – Paraguay, im Halbfinale Mexiko – Bulgarien, im Viertelfinale Argentinien – England und im Endspiel Argentinien – Deutschland.

BRD – Schottland

DIE GERINGSTE TORAUSBEUTE

● Die schwächste Kulisse gab es beim Gruppenspiel Ungarn – Kanada mit nur 13 800 Zuschauern in Irapuato.

● Zum besten Spieler der WM wurde der Argentinier Diego Armando Maradona (1282 Stimmen) von den Journalisten gewählt. An zweiter Stelle folgt der deutsche Torwart Harald »Toni« Schumacher (344) vor dem Dänen Preben Elkjaer-Larsen (236).

● Die Welt-Elf von Mexiko, die sich nach allen Spielen als das stärkste Team herauskristallisiert hätte: Schumacher (Deutschland); Cesar (Brasilien); Josimar (Brasilien), Förster (Deutschland), Amoros (Frankreich); Tigana (Frankreich), Maradona (Argentinien), Ceulemans (Belgien); Belanow (UdSSR), Lineker (England), Valdano (Argentinien).

● Fernseh-Rekord. Das WM-Finale am 29. Juni 1986 brachte in Deutschland eine noch nie erlebte Einschaltquote von 65 Prozent. 28,42 Mio. Zuschauer saßen bei der zweiten Halbzeit gegen Argentinien vor dem Bildschirm, das waren 420 000 mehr als beim bisherigen TV-Hit einer Folge der populären Serie *Die Schwarzwaldklinik* mit Prof. Brinkmann am 17. November 1985.

● Für einen Mitternachts-Rekord (das Spiel wurde um 24 Uhr MESZ angepfiffen) sorgte die Partie Deutschland – Mexiko mit 17,15 Mio. TV-Zuschauern oder einer Einschaltquote von 44 Prozent.

● Der Superstar der Weltmeisterschaft '86 hieß Diego Armando Maradona, Kapitän der argentinischen Mannschaft. Unnachahmlich sein Ballgefühl, explosiv sein Antritt, knallhart sein Schuß, intelligent sein Spielverständnis, überraschend sein gewachsener Teamgeist.

Diego Maradona

● Der 25jährige Ausnahmekönner, der beim SSC Neapel in Italien als Profi sein Geld verdient, wurde förmlich überschüttet mit Lobeshymnen – und seine Heimatstadt Buenos Aires machte ihn, bereits wenige Stunden vor dem Endspiel, zum Ehrenbürger. Solch eine Auszeichnung wurde zuvor nur dem überragenden Automobilrennfahrer Juan Manuel Fangio zuteil.
Nur ein einziges Mal fiel ein kleiner Schatten auf Maradona. Das war im Viertelfinalspiel gegen England, als er das erste Tor – wie das Fernsehen ganz deutlich bewies – mit der Hand erzielt hatte, nicht aber den Mut und den Schneid aufbrachte, das auch öffentlich zuzugeben. Diego – Genie oder Gaukler, schrieben die Zeitungen, die später nur Anerkennung für den kleinen, etwas pummelig wirkenden Argentinier übrig hatten. Der *Daily Mirror* (England): »König Diego, er ist der Beste der Welt.« *L'Equipe* (Frankreich): »Maradona für die Ewigkeit.«

● Das Gesetz der Serie sprach bei der XIII. Fußballweltmeisterschaft in Mexiko gegen Deutschland. Und es wurde einmal mehr bestätigt. Viermal hatten sich bis dahin Südamerika und Europa in einem Finale gegenübergestanden, viermal siegten die Südamerikaner. 1986 folgte ein fünftes Mal. Argentinien bezwang in einer dramatischen Auseinandersetzung die Bundesrepublik Deutschland mit 3:2 (1:0) Toren.

Sanchez–Gospodinow

● So verliefen die Kontinental-Duelle. 29. Juni 1958, Stockholm. Brasilien – Schweden 5:2 (2:1). Damals ging der Stern von Pele auf, und mit ihm verzauberte das brasilianische Team die Zuschauer. Es gab einen Sturmwirbel ohnegleichen. Pele, der berühmte Vava (je zwei) und Zagalo schossen die Treffer.

● 17. Juni 1962, Santiago de Chile. Brasilien – Tschechoslowakei 3:1 (1:1). Noch acht Spieler standen in der Mannschaft, die vier Jahre zuvor

Harald Schumacher

VERWARNUNGEN SO VIEL WIE NIE ZUVOR

den Titel geholt hatte. Doch Pele fehlte in der siegreichen Finalelf, weil er bereits in der Vorrunde böse verletzt wurde.

● 21. Juni 1970, Mexico City. Brasilien – Italien 4:1 (1:1). Das war noch einmal der große Auftritt von Pele. Der inzwischen 29 Jahre alt gewordene Weltstar eröffnete den Torreigen im Azteken-Stadion, das damals 107 000 Zuschauer faßte. Und mit diesem Triumph beendete Pele auch seine internationale Karriere.

● 25. Juni 1978 Buenos Aires. Argentinien – Holland 3:1 (1:1, 1:0) nach Verlängerung. Nur aufgrund der besseren Tordifferenz gegenüber Brasilien hatten die Argentinier das Endspiel erreicht, und es gab nicht wenige Stimmen, die von Manipulation sprachen. Im Finale brauchten die »Gauchos« immerhin eine zusätzliche Spielzeit in Form der Verlängerung, um sich erstmals den Titel zu holen.

● 29. Juni 1986, Mexico City, Argentinien – Deutschland 3:2 (1:0). Der brillante Maradona führte als Kapitän seine Mannschaft zum Sieg, obwohl er im Endspiel keinen Treffer erzielte. Dafür sprangen andere in die Bresche. Die Südamerikaner führten bereits 2:0, kamen dann aber doch noch in Bedrängnis, als die unwiderstehlich kämpfenden Deutschen zum Ausgleich kamen. Doch Burruchaga machte fünf Minuten vor dem Abpfiff alles perfekt.

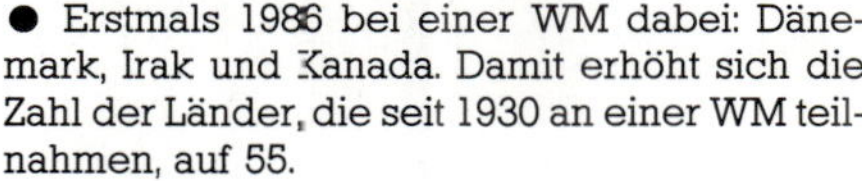

● Erstmals 1986 bei einer WM dabei: Dänemark, Irak und Kanada. Damit erhöht sich die Zahl der Länder, die seit 1930 an einer WM teilnahmen, auf 55.

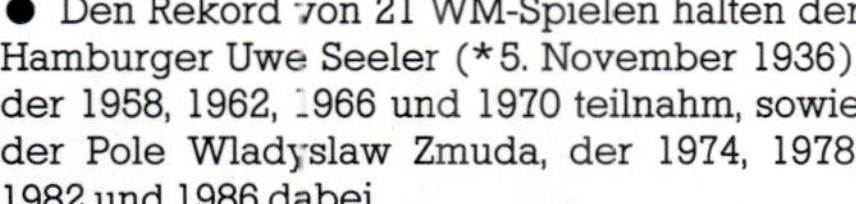

● Den Rekord von 21 WM-Spielen halten der Hamburger Uwe Seeler (*5. November 1936), der 1958, 1962, 1966 und 1970 teilnahm, sowie der Pole Wladyslaw Zmuda, der 1974, 1978, 1982 und 1986 dabei war.

BRD–Marokko
Karl-Heinz Rummenigge

● Antonio Carbajal (*1923) spielte für Mexiko bei fünf Weltmeisterschaften, und zwar im Tor von 1950 bis 1966. Er kam aber nur auf elf Einsätze.

● Die meisten Tore in einem WM-Finale schoß mit drei Geoffrey Hurst (*8. Dezember 1941) für England beim 4:2-Sieg nach Verlängerung über die Bundesrepublik Deutschland am 30. Juli 1966 in London.

● Das schnellste Tor bei einer WM erzielte 1982 der Engländer Bryan Robson (*11. Januar 1957), der bereits 27 Sek. nach dem Anpfiff des Schiedsrichters traf. Er schoß den Treffer im Vorrundenspiel gegen Frankreich (Endstand 3:1) am 16. Juni in Bilbao.

● Zum ersten Mal mußte 1982 bei einer WM ein Spiel durch ein zusätzliches Elfmeterschießen entschieden werden. Deutschland gewann es im Halbfinale 5:4 gegen Frankreich, nachdem die reguläre Spielzeit (1:1) und die Verlängerung (3:3) keinen Sieger brachte.

● Der jüngste WM-Spieler ist Norman Whiteside, der am 17. Juni 1982 mit 17 Jahren und 42 Tagen für Nordirland gegen Jugoslawien in Spanien stürmte.

FUSSBALL WM

Jahr	Veranstalterland	Endspiel
1930	Uruguay	Uruguay–Argentinien 4:2
1934	Italien	Italien–Tschechoslowakei 2:1 n.V.
1938	Frankreich	Italien–Ungarn 4:2
1950	Brasilien	Uruguay–Brasilien 2:1*
1954	Schweiz	Deutschland–Ungarn 3:2
1958	Schweden	Brasilien–Schweden 5:2
1962	Chile	Brasilien–Tschechoslowakei 3:1
1966	England	England–Deutschland 4:2 n.V.
1970	Mexiko	Brasilien–Italien 4:1
1974	Deutschland	Deutschland–Holland 2:1
1978	Argentinien	Argentinien–Holland 3:1 n.V.
1982	Spanien	Italien–Deutschland 3:1
1986	Mexiko	Argentinien–Deutschland 3:2

Jahr	Gesamt-Zuschauer	Schnitt	Anzahl d. Spiele	Torschützenkönige
1930	434 500	24 139	18	Stabile (Arg.) 8
1934	395 000	23 235	17	Nejedly (ČSSR) 5
1938	483 000	26 833	18	Leonidas (Bras.) 9
1950	1 337 000	60 773	22	Ademir (Bras.) 7
1954	943 000	36 269	26	Kocsis (Ungarn) 11
1958	868 800	24 800	35	Fontaine (Fra.) 13
1962	776 000	24 250	32	Jerkovic (Jug.) 4; Albert (Ungarn) 4; Garrincha (Bras.) 4; Iwanow (UdSSR) 4; Sanchez (Chile) 4; Vava (Bras.) 4
1966	1 614 677	50 459	32	Eusebio (Port.) 9
1970	1 673 975	52 312	32	Müller (Dtschld.) 10
1974	1 774 022	46 685	38	Lato (Polen) 7
1978	1 610 215	42 374	38	Kempes (Arg.) 6
1982	1 856 277	35 698	52	Rossi (Ital.) 6
1986	2 191 269	42 140	52	Lineker (GB) 6

* Entscheidendes Spiel in einer Vierer-Endrunde

DIE „EWIGE" TABELLE ALLER WELTMEISTERSCHAFTEN

Land	Teilnahmen	Spiele	gew.	unentsch.	verl.	Tore	Punkte
1. Brasilien*	13	62	41	11	10	144:63	93:31
2. Deutschland*	11	61	34	13	14	130:85	81:41
3. Italien	11	47	25	11	11	79:52	61:33
4. Argentinien	9	41	22	6	13	77:55	50:32
5. England	8	34	15	9	10	47:32	39:29
6. Uruguay	8	33	14	7	12	59:47	35:31
7. Frankreich*	9	34	15	5	14	71:56	35:33
8. UdSSR	6	28	14	6	8	49:30	34:22
9. Ungarn	9	32	15	3	14	87:57	33:31
10. Polen	5	25	13	5	7	39:29	31:19
11. Jugoslawien	7	28	12	4	12	47:36	28:28
12. Spanien*	7	28	11	6	11	37:34	28:28
13. Schweden	7	28	11	6	11	48:46	28:28
14. Österreich	5	23	11	2	10	38:40	24:22
15. ČSSR	7	25	8	5	12	34:40	21:29
16. Niederlande	4	16	8	3	5	32:19	19:13
17. Mexiko*	9	29	6	6	17	27:64	18:40
18. Chile	6	21	7	3	11	26:32	17:25
19. Belgien*	7	21	5	4	12	27:45	14:28
20. Portugal	2	9	6	0	3	19:12	12:6
21. Schottland	6	17	3	6	8	21:32	12:22
22. Schweiz	6	18	5	2	11	28:44	12:24
23. Nordirland	3	13	3	5	5	13:23	11:15
24. Peru	4	15	4	3	8	19:31	11:19

*Entscheidendes Spiel in einer Vierer-Endrunde

Sorgten für Furore, die Spieler von Dynamo Kiew. Hier köpft Zawarow ein Tor zum 3:0-Triumph gegen Atletico Madrid. Damit holte sich die Mannschaft zum zweiten Mal den Europacup der Pokalsieger.

(Schalke 04/Bremen/Schalke 04) mit 538 Einsätzen vor Willi Neuberger (Dortmund/Bremen/Wuppertal/Frankfurt) mit 520, Klaus Fischer (München 1860/Schalke 04/Köln/Bochum) mit 511, Bernard Dietz (Duisburg/Schalke 04) 487, und Sepp Maier (Bayern München) mit 473.

Die meisten Bundesligaspiele ohne Unterbrechung bestritt mit 442 Sepp Maier vom 21. August 1966 an über einen Zeitraum von mehr als 13 Jahren.

Die meisten Tore in einer Bundesligasaison erzielte 1972 Gerd Müller mit 40 Toren. Er wurde auch Torschützenkönig 1967, 1969, 1970, 1973, 1974 und 1978.

Die Rekordzahl an Toren, die ein Spieler in einem Länderkampf schoß, ist zehn durch Gottfried Fuchs (1880–1972) beim 16:0-Sieg Deutschlands über Rußland während der Olympischen Spiele 1912 in Stockholm.

Das höchste Ergebnis in einem Bundesligaspiel erzielte am 29. April 1978 Borussia Mönchengladbach gegen Borussia Dortmund mit 12:0.

Das höchste Ergebnis in einem Spiel der obersten deutschen Spielklasse erzielte der 1. FC Kaiserslautern gegen Trier in der Saison 1946/47 mit einem 20:0-Sieg.

Einen Hat-Trick (drei Tore nacheinander von einem Spieler in einer Halbzeit) schaffte in 1:50 Min. Maglioni von Independiente gegen Gimnasia y Escrima de La Plata in Argentinien am 18. März 1973.

Der teuerste Spieler der Welt ist Diego Armando Maradona (*30. Oktober 1960). Für 21,8 Mio. DM wechselte der argentinische Wunderstürmer im Juni 1984 vom FC Barcelona zu AC Neapel. Zwei Jahre zuvor hatten die Spanier 19,2 Mio. DM an Maradonas Stammvereine Argentinios Juniors und Boca Juniors bezahlt.

Europas Fußballer des Jahres wurde dreimal nacheinander der Franzose Michel Platini (1983–85). Ebenfalls dreimal fiel die Wahl auf den Holländer Johan Cruyff (1971, 1973/74), je zweimal auf den Engländer Kevin Keegan (1978/79) und den Deutschen Karl-Heinz Rummenigge (1980/81).

Der erfolgreichste Nationaltrainer war Helmut Schön (*15. September 1915), der die Bundesrepublik Deutschland 1972 zur Europameisterschaft und 1974 zur Weltmeisterschaft führte, 1966 WM-Zweiter und 1970 WM-Dritter wurde.

Der erfolgreichste Klubtrainer der Welt ist Udo Lattek (*16. Januar 1935). Auf sein Konto kommen sieben Deutsche Meisterschaften mit Bayern München (1972–74, 1985/86) und Borussia Mönchengladbach (1976/77), drei DFB-Pokalsiege mit Bayern München (1971, 1984, 1986) sowie je ein Europacup-Erfolg der Landesmeister mit Bayern München, der Pokalsieger mit FC Barcelona und zwei UEFA-Cup-Gewinne mit Borussia Mönchengladbach.

Die Wahl zum Fußballer des Jahres fiel viermal auf Franz Beckenbauer in den Jahren 1966, 1968, 1974 und 1976. Uwe Seeler und Sepp Maier (*28. Februar 1944) erhielten den Titel je dreimal.

Die meisten Olympiasiege hat Ungarn in den Jahren 1952, 1964 und 1968 gewonnen. Die DDR holte 1976 in Montreal Gold.

Das längste Spiel fand zwischen dem 28. und dem 30. Juni 1985 statt. Die Elfer-Mannschaft des SK Breitenfurt (Niederösterreich) kam auf 66:01 Std., trat gegen 32 verschiedene Teams an und »gewann« mit 501:395 Toren.

Dauerfußball. Den deutschen Rekord hält mit 36:30 Std. die Frauenmannschaft des SK Wiesmoor/Strackholt, die zwischen dem 9. und dem 11. August 1985 gegen 17 verschiedene Damenteams spielte.

Den Weltrekord in der Halle stellte das Fünfer-Team des FC Cosmos Erding mit 108:30 Std. zwischen dem 4. und dem 8. Januar 1984 in Erding auf. Die Mannschaft gewann mit 1333:993 Toren gegen drei verschiedene Vertretungen.

Elfmeterrekord. Im Endspiel um die Junioren-Bezirksmeisterschaft im portugiesischen Arveiro mußten 40 Elfmeter getreten werden, um den Sieger festzustellen. Nach regulärer Spielzeit hieß es in der Begegnung zwischen Beira Mar und Avanca 2:2. Da auch die Verlängerung unentschieden endete, gab es ein nervenaufreibendes Elfmeterduell. Hier war dann Beira Mar erfolgreich.

Frauenfußball. Eine einmalige Siegesserie gelang der SSG Bergisch-Gladbach, die zwischen 1979 und 1984 sechsmal in Reihenfolge die Deutsche Meisterschaft errang und davor schon 1977 einen Titel erkämpfte. Darüber hinaus schaffte die Mannschaft in drei Jahren (1982–84) das Double, Titel und Pokalsieg.

Dauerjonglieren. Mikael Palmquist (Schweden) gelang es am 6. April 1986 in Göteborg den Ball 14:14 Std. mit Füßen, Beinen und dem Kopf zu berühren, ohne daß das Leder auf die Erde fiel.
Der Schweizer Kurt Rothenfluh (*1959) aus Biel schaffte an der Eidgenössischen Sportschule von Magglingen 105400 Ballberührungen in 6:40 Std. ohne jede Pause und ohne daß der Ball den Boden oder die Hände berührte.

Im Distanzjonglieren legte der Schweizer Paul Sahli (*24. April 1948) am 12. Oktober 1985 in einem Züricher Stadion eine Strecke von genau 25 km zurück. Dafür benötigte er 6:40 Std. und kam auf mehr als 45000 Ballberührungen mit den Füßen, Oberschenkeln und dem Kopf, ohne daß der Ball zu Boden fiel.

Einen ungewöhnlichen Rekord stellte der Schweizer Paul Sahli am 22. März 1986 in Biel auf. Er kletterte rückwärts, mit einem normalen Ball jonglierend, eine 13 m hohe Feuerwehrleiter mit 36 Sprossen hinauf.

18. GEWICHTHEBEN

Ursprünge: Der erste Wettkampf fand am 3. Oktober 1882 im Fechtklub Hartl in Wien statt – von Berufssportlern. Seit 1893 gibt es Deutsche, seit 1896 Europa- und seit 1898 Weltmeisterschaften.

Die meisten olympischen Medaillen gewann mit vier Norbert Schemansky (*30. Mai 1924, USA): Gold 1952 im Halbschwergewicht, Silber 1948 im Schwergewicht, Bronze 1960 und 1964 im Schwergewicht. Schemansky gelang im Alter von 37 Jahren und 10 Monaten am 28. April 1962 in Detroit noch ein Weltrekord im Reißen mit 163,75 kg.

Die meisten WM-Titel, je acht, gewannen die Amerikaner John Davis (1921–84) 1938, 1946–52 und Tommy Kono (*27. Juni 1930) 1952–59 sowie der Sowjetrusse Wassili Alexejew (*27. Januar 1942) 1970–77.

Der jüngste Weltrekordler aller Zeiten ist der Bulgare Naim Suleimanov (*23. November 1967), der sich auf Geheiß der Behörden in Sofia jetzt Naum Schalamanov nennen muß. Bei einem Wettkampf in Allentown (USA) am 26. März 1983 war er gerade erst 15 Jahre und 123 Tage alt, als er im Bantamgewicht die neue Marke im Zweikampf auf 285 kg schraubte. Sieben Monate später wurde er in Moskau dann Welt- und Europameister.

Der erste Heber, der mehr als das Dreifache seines Körpergewichtes in einer Disziplin (Stoßen) zur Hochstrecke brachte, war der Bulgare Stefan Tupurov. Am 24. Oktober 1983 in Moskau schaffte der 59,85 kg schwere Federgewichtler die damals Weltrekord bedeutende Last von 180 kg.

Das größte je von einem Menschen gehobene Gewicht sind 2844 kg (2,84 t) mit einer

GEWICHTHEBEN – WELTREKORDE

Klasse	Leistung	Name/Land	Ort	Datum
Fliegengewicht (bis 52 kg)				
Zweikampf	262,5 kg	Neno Terziski (Bulgarien)	Vittoria	27. April 1984
Reißen	116,0 kg	He Zhuo Quiang (China)	Donaueschingen	26. Mai 1986
Stoßen	152,5 kg	Neno Terziski (Bulgarien)	Vittoria	27. April 1984
Bantamgewicht (bis 56 kg)				
Zweikampf	300,0 kg	Naim Suleimanov (Bulgarien)	Sarajevo	11. Mai 1984
Reißen	133,0 kg	Mirsojan Oksen (UdSSR)	Varna	12. September 1984
Stoßen	170,5 kg	Naim Suleimanov (Bulgarien)	Varna	12. September 1984
Federgewicht (bis 60 kg)				
Zweikampf	332,5 kg	Naim Suleimanov (Bulgarien)	Karl-Marx-Stadt	8. Mai 1986
Reißen	145,5 kg	Naim Suleimanov (Bulgarien)	Karl-Marx-Stadt	8. Mai 1986
Stoßen	187,5 kg	Naim Suleimanov (Bulgarien)	Karl-Marx-Stadt	8. Mai 1986
Leichtgewicht (bis 67,5 kg)				
Zweikampf	352,5 kg	Andreas Behm (DDR)	Schwedt	20. Juli 1984
Reißen	155,5 kg	Vladimir Grachew (UdSSR)	Minsk	15. März 1984
Stoßen	200,0 kg	Alexander Varbanov (Bulgarien)	Varna	13. September 1984
Mittelgewicht (bis 75 kg)				
Zweikampf	377,5 kg	Zdravko Stoitchkov (Bulgarien)	Varna	14. September 1984
Reißen	167,5 kg	Vladimir Kuznietsow (UdSSR)	Moskau	26. Oktober 1983
Stoßen	212,0 kg	Alexander Varbanov (Bulgarien)	Monte Carlo	9. November 1985
Leichtschwergewicht (bis 82,5 kg)				
Zweikampf	404,0 kg	Yuri Wardanian (UdSSR)	Varna	14. September 1984
Reißen	182,5 kg	Yuri Wardanian (UdSSR)	Varna	14. September 1984
Stoßen	224,0 kg	Yuri Wardanian (UdSSR)	Varna	14. September 1984
Mittelschwergewicht (bis 90 kg)				
Zweikampf	422,5 kg	Viktor Solodow (UdSSR)	Varna	15. September 1984
Reißen	195,5 kg	Blagoi Blagoev (Bulgarien)	Varna	1. Mai 1983
Stoßen	233,0 kg	Viktor Solodow (UdSSR)	Varna	15. September 1984
Schwergewicht (bis 100 kg)				
Zweikampf	440,0 kg	Yuri Zacharewich (UdSSR)	Moskau	30. Oktober 1983
Reißen	200,0 kg	Yuri Zacharewich (UdSSR)	Odessa	4. März 1983
Stoßen	241,5 kg	Pavel Kuznietsow (UdSSR)	Varna	15. September 1984
Schwergewicht (bis 110 kg)				
Zweikampf	442,5 kg	Leonid Taranenko (UdSSR)	Varna	16. September 1984
Reißen	220,5 kg	Yuri Zacharewich (UdSSR)	Varna	16. September 1984
Stoßen	247,5 kg	Vjacheslav Klokow (UdSSR)	Moskau	30. Oktober 1983
Superschwergewicht (über 110 kg)				
Zweikampf	465,0 kg	Alexander Guniashew (UdSSR)	Reims	1. Juni 1984
Reißen	211,0 kg	Alexander Guniashew (UdSSR)	Reims	1. Juni 1984
Stoßen	265,0 kg	Anatoli Pissarenko (UdSSR)	Varna	16. September 1984

GEWICHTHEBEN – DEUTSCHE REKORDE

Klasse	Leistung	Name/Land	Ort	Datum
Fliegengewicht (bis 52 kg)				
Zweikampf	197,5 kg	Andreas Schwedek	Vittoria	27. April 1984
Reißen	89,0 kg	Zbigniew Gdaniac	Mutterstadt	12. November 1983
Stoßen	112,5 kg	Andreas Schwedek	Vittoria	27. April 1984
Bantamgewicht (bis 56 kg)				
Zweikampf	242,5 kg	Bernhard Bachfisch	Montreal	19. Juli 1976
Reißen	105,0 kg	Bernhard Bachfisch	Montreal	19. Juli 1976
Stoßen	137,5 kg	Bernhard Bachfisch	Montreal	19. Juli 1976
Federgewicht (bis 60 kg)				
Zweikampf	265,0 kg	Bernhard Bachfisch	Belgrad	27. April 1980
Reißen	117,5 kg	Bernhard Bachfisch	Neuaubing	6. Oktober 1979
Stoßen	148,5 kg	Bernhard Bachfisch	Donaueschingen	24. April 1984
Leichtgewicht (bis 67,5 kg)				
Zweikampf	317,5 kg	Karl-Heinz Radschinsky	Berlin	3. Oktober 1981
Reißen	138,5 kg	Zbigniew Kaczmarek	Mutterstadt	12. November 1983
Stoßen	180,0 kg	Karl-Heinz Radschinsky	Berlin	3. Oktober 1981
Mittelgewicht (bis 75 kg)				
Zweikampf	352,5 kg	Karl-Heinz Radschinsky	Vittoria	29. April 1984
Reißen	152,5 kg	Karl-Heinz Radschinsky	Mutterstadt	11. November 1983
Stoßen	205,0 kg	Karl-Heinz Radschinsky	Vittoria	29. April 1984
Leichtschwergewicht (bis 82,5 kg)				
Zweikampf	360,0 kg	Karl-Heinz Radschinsky	Langen	15. Juni 1985
Reißen	160,0 kg	Karl-Heinz Radschinsky	Langen	15. Juni 1985
Stoßen	208,0 kg	Karl-Heinz Radschinsky	Mutterstadt	29. Juni 1985
Mittelschwergewicht (bis 90 kg)				
Zweikampf	382,5 kg	Rolf Milser	Varna	25. Mai 1979
Reißen	167,5 kg	Rolf Milser	Lille	18. September 1981
Stoßen	222,5 kg	Rolf Milser	Varna	25. Mai 1979
Schwergewicht (bis 100 kg)				
Zweikampf	395,0 kg	Rolf Milser	Duisburg	5. September 1981
Reißen	172,5 kg	Fryderyk Mis	Vittoria	30. April 1984
Stoßen	220,0 kg	Rolf Milser	Moskau	30. Oktober 1983
Schwergewicht (bis 110 kg)				
Zweikampf	385,0 kg	Peter Immesberger	Kindsbach	17. November 1984
Reißen	173,5 kg	Martin Zawieja	Baunatal	31. März 1985
Stoßen	220,0 kg	Frank Seipelt	St. Ilgen	3. August 1985
Superschwergewicht (über 110 kg)				
Zweikampf	430,0 kg	Manfred Nerlinger	St. Ilgen	3. August 1985
Reißen	187,5 kg	Manfred Nerlinger	St. Ilgen	3. August 1985
Stoßen	242,5 kg	Manfred Nerlinger	St. Ilgen	3. August 1985

Stundenrekord im Bankdrücken. John Decker brachte tausendmal 25,4 kg zur Hochstrecke. Phantastisch!

Rückenhebung (das Gewicht wird von Böcken aufgehoben). Erzielt wurde dieser Rekord von dem 165 kg schweren Paul Anderson (* 17. Oktober 1932, USA), dem Olympiasieger im Schwergewicht von 1956, am 12. Juni 1957 in Toccoa, Georgia (USA).

Der erste Mann, der im Dreikampf sein elffaches Körpergewicht hob, war Precious McKenzie (*6. Juni 1936) aus Hawaii. Der 55 kg schwere Athlet brachte es am 5. Mai 1979 auf insgesamt 607,5 kg. Der Amerikaner Lamar Grant (56 kg schwer) hievte am 2. November 1979 in einem einzigen Kraftakt sein fünffaches Körpergewicht (280 kg) hoch.

Das höchste Gewicht, das eine Frau auf einmal hob, waren 247,5 kg. Die 88,5 kg schwere Amerikanerin Jan Suffolk Todd (* 22. Mai 1952) hat diese Leistung im Januar 1981 in Columbus, Georgia (USA), geschafft.

Der erfolgreichste deutsche Gewichtheber ist Rolf Milser (* 28. Juni 1951), der 1984 Olympiasieger, 1978 Weltmeister und 1979 Europameister im olympischen Zweikampf wurde. Er stellte insgesamt 114 deutsche Rekorde in vier verschiedenen Gewichtsklassen zwischen 1972 und 1983 auf und wurde darüber hinaus zwölfmal nacheinander Deutscher Meister.

Eine besondere Leistung vollbrachte der deutsche Olympiasieger im Mittelgewicht, Karl-Heinz Radschinsky (* 23. Juli 1953). Er hob am 5. November 1980 nacheinander 1000mal 100 kg und benötigte dafür 7:22 Std.

Steinheben: Ludwig Frey (*8. Juli 1954) hob am 8. Oktober 1983 in Zürich die Riesenlast von 2712 Pfund und übertraf seine bisherige Bestleistung um 3 Pfund.

Der Aushebungsrekord in 24 Std. wird von einem 10-Mann-Team des ASC Unterwössen aus Grassau/Chiemgau (Oberbayern) gehalten, das am 27./28. Januar 1984 im Kreuzheben 2 378 755 kg erreichte. Die beste Einzelleistung lag mit je 300 300 kg bei Hans Oberauer und Manfred Poschenrieder.

Dauer-Bankdrücken. Bei dieser Disziplin liegt der Athlet mit dem Rücken auf einer Bank und drückt eine Gewichthantel in vorgeschriebener Zeit möglichst oft über der Brust hoch.
Bei einem Rekordversuch am 27. Mai 1984 kam die Vierermannschaft Karl-Eugen Reck, Bülent Isgören, Jürgen Boss und Michael Zeiler aus Albstadt-Ebingen (Baden-Württemberg) auf 143 220 kg in je 30 Min. Die beste Einzelleistung schaffte Reck mit 39 235 kg.
Eine österreichische Mannschaft aus Amstetten bei Linz (Franz Haas, Ernst Jung, Karl Wendl und Albert Fischer) schaffte am 31. Oktober 1980 unter gleichen Bedingungen 88 550 kg.

Eine Damen-Mannschaft (Gerlinde Fessler, Margit Nitsche, Elfriede Schlag und Simone Gerlach) vom Sportstudio Sersheim drückte am 15. September 1984 in 30 Min. in Faak am See (Kärnten) während der »2. Guinness-Woche der Rekorde« mit der 25-kg-Hantel 81 750 kg. Die beste Einzelleistung schaffte Gerlinde Fessler mit 23 525 kg.

Im Bankdrücken auf Zeit wuchtete Rüdiger Riehm (* 10. April 1964) am 11. Februar 1985 in Wiesbach zehnmal die 150-kg-Hantel in 7,93 Sek. in die Höhe. Das 100-kg-Gewicht stemmte er zehnmal in 4,8 Sek. im Mai 1985 während einer Sendung des Saarländischen Fernsehens.

19. GOLF

Ursprünge: Einen allerersten Hinweis auf das Golfspiel gibt ein Kirchenfensterglas in der Gloucester Cathedral aus der Mitte des 14. Jh.s. Mit Sicherheit wurde Golf schon 1457 gespielt: In diesem Jahr wurde es vom schottischen Parlament per Gesetz verboten. Die Römer hatten ein ähnliches Spiel gekannt und ihr »Paganica« möglicherweise um 40 n. Chr. auf die Britischen Inseln gebracht. Golf könnte auch chinesischen Ursprungs sein; so soll es schon im 3. oder 2. Jh. v. Chr. »Tschui Wan« (das Ballschlagspiel) gegeben haben.
Bis 1848 wurden die Golfbälle aus Federn hergestellt, danach aus Guttapercha. Die wurden wiederum 1902 durch Bälle mit Gummikern ersetzt, die der Amerikaner Coburn Haskell 1899 erfunden hatte. Die Stahlschäfte der Schläger sind 1925 in den USA und 1929 auch in England offiziell genehmigt worden.

Der älteste Klub ist der Gentlemen Golfers, der im März 1744, zehn Jahre vor der Gründung des Royal and Ancient Club of St. Andrews, Fife, aus der Taufe gehoben wurde. Der älteste in Nordamerika bestehende Klub ist der Royal Montreal Club von 1873. Der älteste Klub in Deutschland ist der Golf- und Land-Club in Berlin, gegründet 1895. Der älteste österreichische Klub ist der Wiener Golf-Club von 1901.

Das längste Loch der Welt ist mit 831 m das 7. auf dem Sano-Platz in Satsuki (Japan).

Das größte Grün der Welt ist wahrscheinlich das auf der fünften Bahn des International G. C. Bolton, Massachusetts (USA), mit einem Gebiet von mehr als 2600 m².

Der größte Sandbunker der Welt ist Hell's Half Acre auf dem 7. Loch des Pine-Valley-Golfplatzes in Clementon, New Jersey (USA), der 1912 gebaut wurde und als der schwierigste Golfplatz der Welt gilt.

Der längste Golfplatz der Welt befindet sich beim International G. C. in Bolton, Massachusetts (USA), mit einer Länge von 7612 m. Er hat Par 78. Floyd Satterly Rood benutzte die Vereinigten Staaten als Golfplatz, als er vom 14. September 1963 bis zum 3. Oktober 1964 in 114 737 Schlägen von der Brandung des Pazifiks bis zur Brandung des Atlantiks spielte. Er verlor auf seiner 5468-km-Strecke 3511 Bälle.

Der niedrigste Platz der Welt war die – jetzt geschlossene – Anlage von Sodom und Gomorrha am Toten Meer mit 380 m unter dem Meeresspiegel. Der Platz in Death Valley, Kalifornien (USA), hält jetzt den Tiefenrekord mit 67 m unter dem Meeresspiegel.

Der höchste Platz der Welt liegt in Morococha (Peru) mit 4369 m und gehört dem Tuctu-Golf-Club. In Tibet wurde sogar schon in 4875 m Höhe gespielt.

Den weitesten bestätigten Schlag auf einem gewöhnlichen Platz führte mit 471 m Michael Austin (* 17. Februar 1910, USA) bei der U. S. National Seniors Open Championship am 25. September 1974 in Las Vegas, Nevada (USA), aus.

Immer noch absolute Weltklasse, selbst mit 46 Jahren, Amerikas Golfprofi Jack Nicklaus. Auch mit schwierigen Situationen wird er stets fertig.

Das größte Turnier der Welt sind die offenen Amateurmeisterschaften von Großbritannien 1984 beteiligten sich 321 729 Spieler.

Der höchste Siegespreis betrug 500 000 Dollar und wurde gewonnen von Johnny Miller (* 29. April 1947) in Sun City (Südafrika). Der Wettkampf dauerte vom 31. Dezember 1981 bis 3. Januar 1982.

Bestverdienender Spieler aller Zeiten ist der Amerikaner Jack Nicklaus (* 21. Januar 1940) der bis zum 1. Januar 1985 auf 4 520 824 Dollar kam und als einziger Golfer die fünf bedeutendsten Turniere der Welt (The Open, US Open, Masters, PGA Championships und US Amateur-Titels) mindestens zweimal gewann. Den höchsten Jahresgewinn verbuchte 1980 Tom Watson mit 530 808 Dollar.

Die meisten Weltmeisterschaften (eingeführt 1953, früher Kanada-Cup) gewannen mit 16 in ununterbrochener Folge die USA zwischen 1955 und 1979, außerdem 1983. Je sechsmal dabei waren Arnold Palmer (* 10. September 1929) in den Jahren 1960, 1962–64, 1966/67 sowie Jack Nicklaus in den Jahren 1963/64, 1966/67, 1971 und 1973. Nicklaus holte sich als einziger dreimal den Einzeltitel 1963/64 und 1971.

Die beste Spielerin aller Zeiten ist Kathy Whitworth (* 1940, USA), die zwischen 1957 und 1986 an insgesamt 717 Turnieren teilnahm. Davon gewann sie 88 – Weltrekord. Ihre Gewinnsumme beträgt 1 618 481 Dollar. Damit steht sie unangefochten an erster Stelle bei den Damen. Dreimal wurde sie in Amerika zur Sportlerin des Jahres und achtmal zur Golferin des Jahres gewählt.

Das längste gradlinige Loch, das jemals mit einem Schlag geschafft wurde, ist das zehnte (408 m) im Miracle Hills Golf-Club Omaha, Nebraska (USA). Robert Mitera (* 1944) gelang das Kunststück am 7. Oktober 1965.

Die größte Anzahl von »holes-in-one« (»Asse«) in einer Laufbahn erzielte mit 66 Harry Lee Bonner zwischen 1967 und 1983.

Es gibt mindestens 15 Fälle von »Assen«, die auf zwei aufeinanderfolgenden Löchern erzielt wurden, das größte war der »Doppel-Albatros« auf dem 7. (310 m) und 8. Loch (265 m) des G. C. Course in Saugus (Kalifornien) am 2. September 1964 durch Norman L. Manley.

Einen denkwürdigen Rekord schaffte der 99jährige Schweizer Otto Bucher. Ihm gelang als ältestem Spieler ein »hole in one«. Am 13. Januar 1985 traf er mit einem einzigen Schlag aus 142 m Entfernung direkt das zwölfte Loch des Kurses von La Manga (Spanien).

Häufigste Gewinner der Deutschen Amateur-Meisterschaften waren Marietta Gütermann (1958/59, 1963, 1965, 1973–76, 1978) sowie Erik Sellschopp (1950–53, 1955/56, 1971).

Die meisten Titel bei den Mannschaften erkämpfte sich mit 15 der GC Hamburg-Falkenstein (1958–61, 1967, 1969, 1972, 1977–84).

Rekord-Nationalspieler sind Marion Thannhäuser mit 69 und Hans Lampert mit 62 Einsätzen.

Den 24-Std.-Rekord halten Dieter Cabus und Maximilian Weiss aus Ulm mit 201 Löchern, gespielt am 3. Juli 1983 zwischen 0.01 Uhr und 23.59 Uhr.

Konzentration ist alles, denn beim Einlochen kommt es auf Millimeter an, Bernhard Langer aus Anhausen.

Deutschlands Super-Golfer

Seine ersten paar Mark verdiente sich Bernhard Langer, geboren am 27. August 1957 als Sohn eines Maurers in Anhausen bei Augsburg, als Caddie. Heute ist er Dollarmillionär und auf allen Golfplätzen der Welt ein gefürchteter sowie geachteter Gegner. Schon mit 17 Jahren gewann er die offene nationale Deutsche Meisterschaft, 1985 wurde er Sieger bei den Australien- und US-Masters, den südafrikanischen Meisterschaften, den Heritage Classic, den European Open und – zum drittenmal – bei den German Open. Das angesehene amerikanische Magazin *Golf Digest* (1,2 Mio. Auflage) wählte Deutschlands besten Spieler aller Zeiten zur »Golfpersönlichkeit des Jahres 1985« – nicht nur wegen der Erfolge, sondern auch wegen seines vorbildlichen Auftretens. Besonders gerühmt wird Langers sicheres Einlochen und seine analytische Denkweise.

20. HANDBALL

Ursprünge: Handball wurde zum ersten Mal etwa 1895 gespielt, doch die eigentlichen Impulse gingen von Berlin aus. Max Heiser legte im Oktober 1917 das erste Regelwerk vor, Carl Schelenz verbesserte es 1920. Sieben Jahre später bekamen die Regeln internationale Gültigkeit. 1928 wurde die Internationale Amateur-Handball-Föderation gegründet, die sich 1946 in Internationale Handball-Federation umbenannte.

90 Nationen haben sich bisher in der Internationalen Handball-Federation zusammengeschlossen. Schätzungsweise spielen heute etwa 10 Mio. Handball.

Der Deutsche Handball-Bund wurde im Jahr 1949 in Mülheim a. d. Ruhr gegründet, der Österreichische Hand- und Faustball-Bund

1925 in Wien, der Schweizerische Handball-Ausschuß schließlich 1939 in Basel.

Das erste Länderspiel auf dem Feld bestritten am 13. September 1925 in Halle/Saale Deutschland und Österreich (3:6).
Die erste Begegnung in der Halle fand am 8. März 1935 in Kopenhagen zwischen Dänemark und Schweden (18:12) statt.

Olympische Spiele. Feldhandball stand nur einmal (1936) auf dem Programm; damals gewann Deutschland vor Österreich und Schweiz. Seit 1972 kämpfen die Männer, seit 1976 die Frauen in der Halle um Medaillen. Zu je zwei Goldmedaillen kamen bisher die jugoslawischen Männer (1972, 1984) sowie die sowjetischen Frauen (1976, 1980).

Das torreichste Spiel gab es 1984 in der Vorrundenbegegnung Bundesrepublik Deutschland – Südkorea (37:25). In jeder der 60 Min. fiel also ein Treffer.

Die meisten WM-Titel auf dem Feld gewannen deutsche Mannschaften: 1938 (Deutschland), 1952 und 1955 (Bundesrepublik), 1959 (gesamtdeutsche Auswahl), 1963 (DDR) und – zum letzten Mal – 1966 (Bundesrepublik).

Die meisten WM-Titel in der Halle errang mit vier Rumänien (1961, 1964, 1970, 1974) vor Deutschland (1938, 1978) und Schweden (1954, 1958), die je zweimal erfolgreich waren.

Der höchste Sieg bei einer Hallen-WM gelang am 27. Februar 1958 in Berlin (Ost) der gesamtdeutschen Mannschaft mit 46:4 über Luxemburg.

Die erfolgreichste Vereinsmannschaft der Welt ist der VfL Gummersbach, der 1967, 1970, 1971, 1974 und 1983 den Europapokal der Landesmeister, 1978 und 1979 den Europacup der Pokalsieger sowie 1982 den neugeschaffenen IHF-Pokal errang. Insgesamt bestritt der Klub 115 Europacup-Spiele. Heiner Brand war 76mal dabei. Ein einmaliger Rekord.
Zehnmal wurden die Frauen von Spartak Kiew zwischen 1970 und 1985 Europacup-Sieger der Landesmeister.

Deutscher Rekordmeister in der Halle ist der VfL Gummersbach, der es auf zehn Titel (1966/67, 1969, 1973–76, 1982/83, 1985) brachte. An zweiter Stelle folgt mit neun Meisterschaften Frisch Auf Göppingen (1954/55, 1958–61, 1965, 1970, 1972); dazu kommen aber noch zwei Erfolge im Feldhandball (1954, 1957). Der TV Großwallstadt siegte fünfmal (1978–81 und 1984).

Am häufigsten deutscher Pokalsieger wurde der VfL Gummersbach (1977/78, 1982/83, 1985) vor Grün-Weiß Dankersen (1975/76, 1979).
Bei den Frauen holte sich Bayer Leverkusen 1986 zum zehnten Male den Titel seit 1965 und erkämpfte sich darüber hinaus noch fünfmal den Pokal (1980, 1982–85).

Rekord-Internationaler der Bundesrepublik Deutschland ist Horst Spengler (* 10. Februar 1950) mit 147 Länderspielen (293 Tore) vor Erhard Wunderlich (140), Herbert Lübking (139/650 Tore), Heiner Brand (131), Manfred Freisler (123), Arno Ehret (121), Bernd Munck (116), Torwart Manfred Hofmann (110), Joachim Deckarm und Kurt Klühspies (104).
Bei den Frauen spielten am häufigsten für Deutschland Dagmar Stelberg (156), Petra Platen (155), Bärbel Bock (133), Anni Placht (126) und Britta Vattes (123).

Den Marathon-Rekord in der Halle hält die zweite Mannschaft des HSV Merzig-Hilbringen, die 41 Std. lang am 27./28. Dezember 1985 in Merzig gegen 17 verschiedene Teams aus dem Saarland antrat und auf ein Endergebnis von 624:612 Toren kam.

21. HOCKEY

Ursprünge: Eine Darstellung zweier Spieler mit gekrümmten Schlagstöcken wurde im Grab Nr. 17 in Beni Hasan (Ägypten) entdeckt und auf 2050 v. Chr. datiert. Es gibt einen britischen Hinweis auf ein Spiel 1277 in Lincolnshire. Das erste Land, das eine nationale Vereinigung gründete, war England am 16. April 1875 im Cannon Street Hotel London.

Der älteste Herrenklub mit einer kontinuierlichen Geschichte ist der im Herbst 1871 gegründete Teddington H. C. (GB)
Der älteste deutsche Klub ist der Hamburger Hockey-Club, gegründet 1898. Seit 1909 besteht der Deutsche Hockey-Bund.

Das erste Länderspiel fand am 26. Januar 1895 zwischen Wales und Irland (0:3) statt. Deutschland bestritt das erste offizielle Spiel am 21. Mai 1910 in Frankfurt/M. gegen England und verlor 0:4.

Die meisten Goldmedaillen bei Olympischen Spielen errang mit sieben Indien: 1928–56 und 1980. Erfolgreichste Spieler mit je drei Gold- und einer Silbermedaille waren Leslie Walter Claudius (*25. März 1927) und Udham Singh (*4. August 1928).

Die meisten Weltmeisterschaften bei den Männern (eingeführt 1971) gewann Pakistan, und zwar 1971, 1978 und 1982. Bei den Frauen (seit 1974) siegte Holland ebenfalls dreimal, 1974, 1978 und 1983.

Die Nationalmannschaft der Bundesrepublik Deutschland errang bei den Olympischen Spielen 1956 in Melbourne (Australien) den dritten Platz, 1972 in München die Gold- und 1984 in Los Angeles (USA) die Silbermedaille. 1982 wurde sie Vizeweltmeister, 1975 WM-Dritter. Vor dem Zweiten Weltkrieg kam Deutschland 1928 zu Olympia-Bronze und 1936 zu Olympia-Silber.

Bei Europameisterschaften errang die Bundesrepublik Deutschland auf dem Feld 1970 und 1978 den ersten Platz und 1974 den zweiten Platz. In der Halle konnte sie 1974, 1976 und 1980 jeweils den Titel holen.
Die bundesdeutschen Damen wurden 1975, 1977, 1981 und 1985 Hallen-Europameister sowie 1976 und 1981 Weltmeister auf dem Feld.

Den höchsten Sieg in einem Länderspiel (Herren) erreichte Indien bei den Olympischen Spielen 1932 in Los Angeles mit 24:1 über die USA.

Den höchsten Sieg bei den Damen feierte England am 3. Februar 1923 in Merton (Groß-London) mit 23:0 über Frankreich.

Das schnellste Länderspiel-Tor gelang dem Engländer John French. Er erzielte es am 25. April 1971 in Nottingham gegen die Bundesrepublik Deutschland schon nach sieben Sek. Das 1:0 war auch der spätere Endstand.

Die meisten Tore bei Länderspielen schoß der Holländer Paul Litjens (*9. November 1947), der es bei 112 Begegnungen auf 150 Treffer brachte.

Die meisten Länderspiele bestritt mit 262 der Deutsche Michael Peter (* 7. Mai 1949) zwischen 1969 und 30. April 1985. Er wurde Olympiasieger 1972 in München, Olympia-Zweiter 1984 in Los Angeles, mehrfacher Feld- und Hallen-Europameister. Er löste damit den bisherigen Rekord-Internationalen Antar Sing Sokal (*22. März 1938, Kenia) mit 176 Einsätzen zwischen 1957 und 1972 ab. Peter spielte 217mal im Freien und 45mal in der Halle.
Bei den Damen kam Gaby Appel (*17. Januar 1958) auf 150 Länderspiele (127 Feld, 23 Halle) für Deutschland und wurde 1976 in Berlin und 1981 in Buenos Aires mit der Nationalmannschaft Weltmeisterin.

Der bedeutendste Torhüter war Richard James Allen (*4. Juni 1902, Indien). Er ließ bei dem olympischen Turnier 1928 nicht einen einzigen Treffer durch und insgesamt nur drei bei den folgenden Olympischen Spielen von 1932 und 1936. Dem gegenüber stehen 102 Tore, die die Inder in dieser Zeit schossen.

Das längste internationale Spiel dauerte 145 Min. (bis in die sechste Verlängerung), als die Niederlande am 25. Oktober 1968 beim Olympiaturnier in Mexico City Spanien 1:0 schlugen.

Einsame Spitze unter den besten Judokämpferinnen der Welt, Ingrid Berghmans aus Belgien.

Europacup. Die meisten Titel erkämpfte sich der SC 1880 Frankfurt, der von 1971–1975 fünfmal nacheinander die Landesmeister-Trophäe gewann.

Deutschlands erfolgreichster Verein bei den Herren ist der Berliner HC, der elf Titel (Feld und Halle) gewann. Danach folgen die TG Frankenthal und der Rüsselsheimer RK mit je acht sowie Uhlenhorst Mülheim mit sieben. Auf noch mehr Meisterschaften bei den Damen brachte es Harvestehude Hamburg (14) vor Eintracht Braunschweig (9) und Rot-Weiß Stuttgart (7).

Der Marathon-Rekord steht bei 35:03:50 Std. So lange hielten es am 21./22. April 1980 zwei Mannschaften von Epson Girls Grammar School in Auckland (Neuseeland) aus. Den Hallenrekord besitzen mit 44:19 Std. die Sechser-Teams der Cecil Jones High School Southend (GB), aufgestellt zwischen dem 15 und dem 17. März 1985.

22. JUDO

Ursprünge: Judo ist ein moderner Kampfsport der sich aus einer Mischung von mehreren alten japanischen Kampfarten zusammensetzt deren beliebteste Jiu-Jitsu war, das vermutlich chinesischen Ursprungs ist und bereits ca. 100 v. Chr. bekannt war. Judo wurde weitgehend von Dr. Jigoro Kano (1860–1938) beeinflußt, der 1882 in Tokio eine Schule gründete und erste Wettkampfregeln schuf.

Die meisten Titel bei Weltmeisterschaften (eingeführt 1956) **und Olympischen Spielen** (seit 1964) holten der niederländische Schwergewichtler Wilhelm Ruska (*29. August 1940) und der japanische Mittelgewichtler Shozo Fujii (*12. Mai 1950). Beide standen je viermal auf dem Siegertreppchen. Fujii war 1971, 1973, 1975 und 1979 Weltmeister, Ruska gewann die WM-Titel 1967 und 1971 und wurde 1972 Doppel-Olympiasieger (Schwergewicht und Offene Klasse). Vier WM-Titel erkämpfte sich auch der Japaner Yashiro Yamashita 1979, 1981 und 1983 im Schwergewicht sowie 1981 in der Offenen Klasse. Darüber hinaus wurde er 1984 Olympiasieger in der Allkategorie und blieb seit Oktober 1977 bis zu seinem Rücktritt im Juni 1985 in 203 Kämpfen nacheinander ungeschlagen.

Den größten deutschen Erfolg bei Olympischen Spielen erreichte der Wolfsburger Frank Wieneke, der 1984 in Los Angeles die Goldmedaille im Halbmittelgewicht erkämpfte. Silber gewannen Wolfgang Hofmann (1964 in Tokio) und Klaus Glahn (1972 in München) sowie Günter Neureuther (1976 in Montreal). Bronze gab es für Glahn (1964 in Tokio), Neureuther sowie Arthur Schnabel (1984 in Los Angeles).

Deutscher Rekordmeister bei den Mannschaften ist der TSV München-Großhadern mit acht Titeln.

Die höchsten Tüchtigkeitsgrade im Judo sind aufgeteilt in Schüler*(kyu)*- und Meister-*(dan)*-Grade. Der höchste Grad, der verliehen wird, ist der sehr seltene rote Gürtel *Judan* (10. dan), der bisher nur 13 Männern ausgehändigt wurde. Das Judoprotokoll sieht noch einen elften *dan (Juichidan)* vor, der ebenfalls einen roten Gürtel tragen würde, einen zwölften dan *(Junidan)*, der einen weißen Gürtel tragen würde, der doppelt so breit ist wie der übliche Gürtel, und den höchsten von allen, den *Shihan*. Sie sind bisher noch nie verliehen worden.

Die erfolgreichste Frau ist die Belgierin Ingrid Berghmans mit sechs WM-Medaillen, Gold (Offene Klasse) und Silber (72-kg-Klasse) 1980, Gold (Offene Klasse) und Silber (72-kg-Klasse) 1982 sowie zweimal Gold (Offene Klasse und 72-kg-Klasse) 1984.
Den einzigen Titel für die Bundesrepublik Deutschland holte 1983 in Paris Barbara Claßen in der 72-kg-Klasse.

Der Marathon-Rekord steht bei 245:30 Std. So lange hielten sich fünf von sechs australischen Judokas des Smithfield RSL Youth Clubs in New South Wales vom 3. bis 13. Januar 1984 auf den Beinen. Sie kämpften im Schichtwechsel jeweils 5-Minuten-Runden.

Kampf mit den Naturgewalten. Englands Wildwasserfahrer Richard Fox wurde dreimal Slalom-Weltmeister.

23. KANU

Als Pionier gilt der englische Rechtsanwalt John Macgregor (1825–92), der das Kanufahren als Sport 1865 ins Leben rief. Der englische Kanuklub wurde am 26. Juli 1866 gegründet.

Der erste Kanuklub in Deutschland war der 1879 gegründete Grönländerklub in Breslau. Der Deutsche Kanu-Verband (DKV) besteht seit 1914.

Die meisten olympischen Goldmedaillen gewann der schwedische Kajakfahrer Gert Fredriksson (*21. November 1919) mit sechs in den Jahren 1948, 1952, 1956 und 1960. Dazu kommen noch je einmal Silber und Bronze.

Zu je drei Siegen bei einer Olympiade kamen 1980 in Moskau Vladimir Parfenowich (* 2. Dezember 1958, UdSSR) und 1984 in Los Angeles Jan Ferguson (* 20. Juli 1952, Neuseeland).

Die meisten von einer Frau gewonnenen Goldmedaillen sind drei durch Ludmilla Pinajewa (* 14. Januar 1936, UdSSR) in den Jahren 1964, 1968 und 1972.

Die meisten WM-Titel holte sich Rüdiger Helm (* 6. Oktober 1956, DDR), der zwischen 1976 und 1983 insgesamt 13mal gewann, einschließlich dreier olympischer Goldmedaillen 1976 und 1980.
Bei den Damen liegt Birgit Schmidt-Fischer (* 25. Februar 1962, DDR) mit 14 Titeln vorn. Sie siegte 1979 einmal, 1981–83 und 1985 je dreimal und errang außerdem 1980 olympisches Gold im Einerkajak.

Die olympische Bestzeit über 1000 m fuhr mit 3:02,70 Min. der UdSSR-Vierer am 31. Juli 1980 in Moskau, was einer Durchschnittsgeschwindigkeit von 19,70 km/h entspricht.

Die erfolgreichsten bundesdeutschen Kanusportler sind Annemarie Zimmermann (* 10. Juni 1940) und Roswitha Esser (* 18. Januar 1941), die im Zweierkajak Olympiasieger 1964 und 1968, Weltmeister 1963 und 1970 sowie Europameister 1963 wurden.
Detlev Lewe (* 20. Juni 1939) wurde im Einerkanadier Weltmeister 1968 und 1971, Olympiazweiter 1968, Olympiadritter 1972, Europameister 1965 und 1967 und dreimal Deutscher Meister.

Die meisten deutschen Titel holten sich mit 38 Erfolgen Ulrich Eicke, der in Los Angeles auch Olympiasieger im Einerkanadier wurde, sowie Barbara Schüttpelz, die 33mal gewann.

Der Österreicher Gregor Hradetzky (* 31. Januar 1909) gewann 1936 im Einerkajak über 1000 m und im Einerfaltboot über 10 000 m zwei Goldmedaillen.

Den Einzelrekord über den Ärmelkanal hält mit 3:33:47 Std. der Schotte Andrew Samuel (* 12. Juli 1937); von Dover (GB) nach Wissant (Frankreich) am 5. September 1976.

Der Zweier-Rekord für die Kanalüberquerung liegt bei 2:54:54 Std., aufgestellt am 22. August 1980 von Andrew Samuel und John David Anderson zwischen Shakespeare Bay in Dover (GB) und Cap Gris Nez in Frankreich.

Die längste Strecke in einem Kanu legten mit 19 603 km Vater und Sohn Dana und Donald Starkell aus Kanada zurück. Die Tour führte von Winnipeg über den Ozean und verschiedene Flüsse bis nach Belem (Brasilien) und dauerte vom 1. Juni 1980 bis 1. Mai 1982. Wenn nötig, wurde das Boot von den beiden Paddlern auch einmal getragen.

Die längste Fahrt ohne Tragen und ohne Hilfe irgendwelcher Art betrug 9820 km und wurde von Richard H. Grant und Ernst »Moose« Lassy (USA) unternommen, die vom 22. September 1930 bis zum 15. August 1931 die östlichen Vereinigten Staaten über Chikago, New Orleans, Miami, New York und die Great Lakes befuhren.

Die längste Fahrt auf offener See machten Beatrice und John Dowd, Ken Beard und Steve Benson (Richard Gillett löste ihn in der Mitte der Reise ab) vom 11. August 1977 bis 29. April 1978 in zwei *Klepper-Aerius-20-Kajaks.* Von Venezuela nach Miami, Florida (USA), über die Westindischen Inseln legten sie 3491 km zurück.

Die längste Distanz überhaupt legte der Berliner Fritz Lindner zurück, der 91 486 km zwischen 1928 und 1983 schaffte.

Das längste Rennen der Welt führte über 5283 km von Alberta, Rocky Mountains (Kanada), zur Expo nach Montreal. Zehn Kanus repräsentierten die kanadischen Provinzen. Sieger der Wettfahrt vom 24. Mai bis 4. September 1967 wurde das Boot von Manitoba.

Eskimorollen. Der Australier Steve Flint schaffte am 18. Juli 1985 im Larkfield Leisure Centre, Maidstone, 1000 Rollen in 44:07 Min.

Wildwasser-Rennsport. Erfolgreichste Fahrerin bei den alle zwei Jahre stattfindenden Weltmeisterschaften (eingeführt 1959) ist die Berlinerin Gisela Grothaus mit insgesamt sieben Titeln, drei in der Einzelwertung (1973, 1975, 1977) und vier im Mannschaftsklassement (1973, 1977, 1981, 1983). Außerdem wurde sie 1972 im olympischen Kanuslalom in Augsburg Zweite.
Bei den Männern siegte im Kajakeiner viermal der Belgier Jean-Pierre Burny (1969, 1973, 1975, 1979). Im Einerkanadier war dreimal der Franzose Gilles Zok (1981, 1983, 1985) siegreich.

24. KARATE

Ursprünge: Fernöstliche Zweikampfform mit mehr als zweitausendjähriger Tradition. Waffenloser Nahkampf- und Selbstverteidigungssport, bei dem fast alle Gliedmaßen zu Hieb-, Stich- und Schlagwaffen eingesetzt werden. Karate kommt aus dem Japanischen: *Kara* = leer, *te* = Hand. Die Bevölkerung von Okinawa hat sich um 1500 mit dieser Methode gegen die bewaffneten japanischen Unterdrücker gewehrt. Der Übergang vom Lebensrisiko (Kampf) zum Freizeitspaß (Sport) setzte erst in diesem Jahrhundert ein. Damit verbunden war dann auch die Schaffung einheitlicher Techniken und Regeln.

Der Deutsche Karate-Verband, gegründet am 17. Juni 1977, ist ein Zusammenschluß des Deutschen Karate-Bundes, Deutsch-Japanischen Karateverbandes und Goju-Kai Deutschland. In der Bundesrepublik gibt es rund 60 000 organisierte Karatesportler, die sich in zwei Wettkampfformen gegenüberstehen: Kata (Kür) und Kumite (Kampf).

Die 5 Hauptstile des Karate in Japan sind: *Shotokan, Wadoryun, Goju-ryu, Shito-ryu* und *Shutokai.* Die militärische Form *Tae kwan-do* mit neun *dan* ist ein koreanisches Gegenstück zu Karate. *Wu shu* ist ein umfassender Begriff, der alle chinesischen Kriegskünste einbezieht. *Kung fu* ist ein Aspekt dieser Künste, der vor allem durch den Film bekanntgemacht wurde.

Die meisten Weltmeistertitel (eingeführt 1970) gewann Großbritanniens Kumite-Team mit drei: 1975, 1982 und 1984.

Die meisten Siege bei den inoffiziellen Weltmeisterschaften, den offenen Titelkämpfen von Japan, holte sich Takeshi Oishi. Er gewann bisher als einziger dreimal den Titel (1969–71).

Erfolgreichste deutsche Karatekämpferin ist Birgit Schweiberer, die fünf Europameisterschaften und vier Deutsche Meisterschaften (Kata) zwischen 1980 und 1984 gewann. Vier EM-Titel holte sich in der gleichen Technik und im gleichen Zeitraum Marijan Glad. Bester Kumite-Akteur ist Toni Dietl mit zwei Europameisterschaften und vier Deutschen Meisterschaften (1981–84).

25. KEGELN

Ursprünge: Erste Anfänge werden in Ägypten auf 3200 v. Chr. datiert. Die erste heutigen Maßstäben entsprechende Bahn wurde 1874 in Wien gebaut. Um 1920 entwickelte sich das sportliche Kegeln. Es gibt Bohlen-, Asphalt- und Scherenbahnen mit je neun Kegeln.
Der Deutsche Keglerbund wurde 1885 in Dresden, der Österreichische Sportkeglerbund (Sitz Wien) 1935 und der Schweizerische Sportkegler-Verband (Sitz Reussbühl) 1931 gegründet. Der Dachverband ist die Fédération Internationale des Quilleurs (1952).

Der älteste Kegelklub Deutschlands: Am 22. Oktober 1822 wurde in Stade (Niedersachsen) der »Kegelklub Ratsweinkeller« gegründet.

Die Weltrekorde auf einer Scherenbahn halten der Luxemburger Jeannot Peter (* 22. März 1951) mit 1458 Holz (200 Kugeln) sowie Elisabeth Weber (* 27. Dezember 1940, Deutschland) mit 675 Holz (100 Kugeln), aufgestellt bei der WM vom 5. bis 11. Juni 1983 in Amneville (Frankreich).

Die erfolgreichsten deutschen Kegler sind der Berliner Gerd Lehne (* 26. Dezember 1929), der zweimal Europameister auf der Scherenbahn wurde und insgesamt 38 Deutsche Meisterschaften in der Einzel- und Mannschaftswertung errang, sowie die Braunschweigerin Ingrid Reimann (* 30. Dezember 1925), die auf 48 nationale Titel kam.

24-Std.-Dauerkegeln. Auf zwei Doppelbahnen (Bohle) erreichten acht Spieler des Weser-Teams Bremen 186 155 Holz bei 23 792 Würfen am 1./2. Oktober 1983 in Bremen.

Auf einer Doppelscherenbahn des Sportzentrums in Luxemburg-Kockelscheuer kamen am 14./15. August 1985 Jean Pierre Schnorbus, Guy Nickels, Raymond Schossler und Arthur Becker mit 13 245 Würfen auf 96 686 Holz.

Einen Marathon-Rekord mit 172 Std. erreichte vom 16. bis 23. März 1985 die Vierer-Mannschaft des SCW Weilersbach/Pfalz. Rüdiger Bier, Uwe Degen, Friedrich Dittmann und Ernst Schönwald brachten es bei je 17 081 Wurf auf zwei Bahnen auf insgesamt 126 242 Holz.

26. KRICKET

Ursprünge: Den ersten Hinweis auf das Spiel liefert eine Zeichnung des 13. Jh.s. Sie zeigt zwei Männer mit Schlagholz und Ball. Auf jeden Fall wird Kricket mindestens seit 1550 in Guildford, Surrey (GB), gespielt.

Das erste Wettspiel, das mit einem Ergebnis bekannt ist, fand am 18. Juni 1744 bei London statt. Damals verlor ein englisches Team gegen eine Mannschaft aus Kent.

Das früheste registrierte Damenmatch fand am 26. Juli 1745 in Gosdon Common, Surrey (GB), statt, der erste internationale Vergleich am 28. Dezember 1934 zwischen Australien und England.

Die höchste registrierte Punktzahl einer Mannschaft sind 1107 Läufe von Victoria gegen Neusüdwales in einem inneraustralischen Wettkampf am 27./28. Dezember 1926 in Melbourne.

Der Spieler mit den höchsten Punktzahlen in einem Match ist der Pakistani Hanif Mohammad (*21. Dezember 1934), der es für Karachi im Treffen gegen Bahawalpur vom 8. bis 11. Januar 1959 auf 499 »innings« brachte. Mohammads Schlagzeit betrug 10:40 Std.

Die niedrigste registrierte Punktzahl ist 12, erzielt am 24. Mai 1877 von der Oxford University gegen den Marylebone Cricket Club (M. C. C.) in Oxford und am 11. Juni 1907 von Northamptonshire gegen Gloucestershire in Gloucester (GB).

Worldcup. Die ersten beiden Male gewann Westindien (1975, 1979), das dritte Mal Indien (1983).

Der weiteste Wurf mit dem 155 g schweren Ball gelang am 18. April 1881 dem Engländer Robert Percival. Er brachte es auf 128,60 m.

27. KUNSTFLUG

Frühester Kunstflug: Als erstes Kunstflug-»Manöver« wird der Dauerrückenflug von Célestin-Adolphe Pégoud in einer *Blériot* am 21. September 1913 bei Buc (Frankreich) angesehen. Aber Leutnant Peter Nikolajewitsch Nesterow vom kaiserlich-russischen Luftdienst brachte am 27. August 1913 in einem Eindekker *Nieuport Type IV* ein Looping bei Kiew (UdSSR) zustande.

Weltmeisterschaften finden seit 1960 (mit Ausnahme von 1974) alle zwei Jahre statt, die Auswertung basiert auf dem von Col. José Aresti (Spanien) entwickelten System. Der Wettkampf besteht aus zwei Pflicht- und zwei freien Programmen.

Die meisten Titel bei Weltmeisterschaften im Mannschaftswettbewerb der Männer gewann mit fünf die UdSSR. Dem Champion von 1984, Petr Tirmils (ČSSR), gelang das Kunststück, alle Wettbewerbe in einem Jahr für sich zu entscheiden. Die Erfolgreichste im Frauenwettkampf war Lidia Leonowa (UdSSR) mit dem ersten Platz 1976, dem zweiten 1978, dem dritten 1972 und dem fünften 1970.

Der erste Weltmeister wurde der Deutsche Gerhard Fieseler (*15. April 1896) bei seinem Flug 1934 in Paris.

Der Rückenflug-Dauerrekord beträgt 4:09:05 Std., aufgestellt von John »Hal« McClain mit einer *Swick Taylorcraft* am 23. August 1980 in Houston, Texas (USA).

Looping: Am 21. Juni 1980 vollführte R. Steven Powell mit einer *Bellanca Decathalon* über Almont, Michigan (USA), 2315⅝ Innenloopings. John McClain flog zwei Jahre zuvor mit einer *Bellanca Super Decathalon* am 2. September 1978 über Houston, Texas (USA), 180 Außenloopings.

Kunstflugrekordler ist Flugkapitän a. D. Gerhard Laßmann (*1910) aus Braunschweig. Der einst jüngste deutsche Kunstflieger – er erwarb 1930 den Kunstflugschein – fliegt auch noch nach 54 Pilotenjahren. In ca. 14000 Flügen hat er über 120 verschiedene Flugzeugtypen gesteuert.

28. LEICHTATHLETIK

Ursprünge: Die Leichtathletik geht auf die alten Olympischen Spiele zurück. Die frühesten mit Gewißheit bekannten Spiele fanden im Juli 776 v. Chr. statt, bei denen Coroibus den Wettlauf gewann. Die ältesten überlieferten Messungen sind ein Weitsprung von 7,05 m durch Chionis aus Sparta im Jahr 656 v. Chr. und ein Diskuswurf von 100 Ellen (etwa 46,30 m) durch Protesilaus.
Die erste Veranstaltung in Deutschland führte 1872 der MTV Braunschweig durch.

Die größte Sensation schaffte der Amerikaner Bob Beamon (*29. August 1946) bei den Olympischen Spielen in Mexico City 1968, als er im Weitsprung den Weltrekord gleich um 55 cm auf sagenhafte 8,90 m verbesserte. Bei der gleichen Veranstaltung schraubte sein Landsmann Lee Evans (*25. Februar 1947) den 400-m-Weltrekord auf 43,8 Sek. Beide Leistungen profitierten von der Höhenluft der Stadt (2400 m hoch gelegen).

Kaum zu fassen sind auch die 104,80 m des Speerwerfers Uwe Hohn (*16. Juli 1962, DDR). Er erreichte diese Leistung am 20. Juli 1984 in Berlin (Ost) und verbesserte den bisherigen Weltrekord gleich um 5,08 m.

Die meisten Medaillen bei Olympischen Spielen errang mit zwölf der finnische Langstreckenstar Paavo Nurmi (1897–1973), der zwischen 1920 und 1928 neunmal siegte und dreimal Zweiter wurde. An zweiter Stelle folgt der Amerikaner Ray C. Ewry (1874–1937), der achtmal Gold (Hochsprung, Weitsprung und Dreisprung aus dem Stand) zwischen 1900 und 1908 holte.

007 auf der Flucht Noch liegt das Feld bei der Cross-WM zusammen, dann lief Zola Budd der Konkurrenz auf und davon.

Immer höher mit dem Stab – Sergej Bubka aus der UdSSR ist bei glatten sechs Metern angekommen.

Die meisten olympischen Medaillen bei den Damen gewann mit sieben Shirley de la Hunty, geb. Strickland (* 18. Juli 1925, Australien), mit drei Gold-, einer Silber- und drei Bronzemedaillen bei den Spielen von 1948, 1952 und 1956. Ein kürzlich entdecktes Zielbild zeigt, daß sie beim 200-m-Lauf von 1948 als Dritte und nicht als Vierte durchs Ziel ging, so daß sich ihre Medaillenzahl inoffiziell auf acht erhöht. Irena Szewinska, geb. Kirszenstein (* 24. Mai 1946, Polen), gewann bei den Spielen von 1964, 1968, 1972 und 1976 drei Gold-, zwei Silber- und zwei Bronzemedaillen und ist die einzige Athletin, die bei vier Spielen nacheinander eine Medaille holte.

Die meisten Goldmedaillen bei den Damen gewannen mit vier folgende drei Athletinnen: Francina E. Blankers-Koen (* 26. April 1918, Holland) über 100, 200 m, 4 × 100-m-Staffel und 80-m-Hürden 1948 in London, Betty Cuthbert (* 20. April 1938, Australien) über 100, 200 m, 4 × 100-m-Staffel 1956 und 400 m 1964 sowie Bärbel Wöckel-Eckert (* 21. März 1955, DDR) jeweils über 200 m und 4 × 100 m 1976 und 1980. Blankers-Koen wurde darüber hinaus noch fünfmal Europameisterin (1946, 1950) und stellte zwölf Weltrekorde auf.

Die meisten Goldmedaillen bei nur einer Veranstaltung gewann mit fünf Paavo Nurmi 1924 in Paris, und zwar über 1500 m, 5000 m, 10 000-m-Geländelauf (Einzel und Mannschaft) sowie im 3000-m-Mannschaftslaufen für Finnland. Die meisten Einzelmedaillen mit vier gewann Alvin C. Kraenzlein (1876–1928, USA) im Jahr 1900 über 60 m, 100-m-Hürden, 200-m-Hürden und im Weitsprung.

Der älteste Olympiasieger war der aus Irland stammende Patrick J. »Babe« McDonald (1878–1954, USA), der 42 Jahre, 26 Tage alt war, als er am 21. August 1920 in Antwerpen (Belgien) das 25,4-kg-Gewichtwerfen für sich entschied.

Die älteste Olympiasiegerin war Lia Manoliu (* 25. April 1932, Rumänien), die mit 36 Jahren, 176 Tagen am 18. Oktober 1968 in Mexico City das Diskuswerfen mit 58,28 m gewann.

Der jüngste Olympiasieger war Robert »Bob« Mathias (* 17. November 1930, USA), der im Alter von 17 Jahren und 263 Tagen am 5./6. August 1948 in London den Zehnkampf gewann und diesen Erfolg vier Jahre später in Helsinki wiederholte.

Die jüngste Olympiasiegerin war Barbara Jones (* 26. März 1937, USA), die im Alter von 15 Jahren, 123 Tagen am 27. Juli 1952 in Helsinki zur Siegerstaffel über 4 × 100 m gehörte.

Die sensationellste Weltrekordserie gelang dem Amerikaner Jesse Owens (1913–80), der am 25. Mai 1935 in Ann Arbor, Michigan (USA), innerhalb von nur 100 Min. gleich sechs (!) neue Höchstleistungen aufstellte – über 100 Yard (91,44 m) in 9,4 Sek., im Weitsprung mit 8,13 m, über 220 Yard (201,17 m) in 20,3 und über 220-Yard-Hürden in 22,6 Sek. Die beiden 220-Yard-Weltrekorde hatten gleichzeitig Gültigkeit auf den in Europa üblichen 200-m-Strecken.
Ein Jahr später holte sich Owens bei den Olympischen Spielen in Berlin vier Goldmedaillen, über 100 m, 200 m, in der 4 × 100-m-Staffel und im Weitsprung.

Auf vier Siege in den gleichen Disziplinen kam 1984 in Los Angeles auch der Amerikaner Carl Lewis (* 1. Juli 1961), der als der ungekrönte Nachfolger von Jesse Owens gilt.

Die meisten Weltrekord-Verbesserungen kommen auf das Konto des finnischen Langstrecklers Paavo Nurmi, der zwischen 1921 (10 000 m) und 1931 (2 Meilen) 29mal die bestehenden Bestleistungen auf den Strecken von 1500 m bis 20 000 m unterbot. Auf den nächsten Plätzen folgen mit 18 Weltrekorden Emil Zatopek (* 19. September 1922, ČSSR) sowie Ron Clarke (* 21. Februar 1937, Australien) mit 17.
Bei den Frauen schaffte die Hochspringerin Jolanda Balas (* 12. Dezember 1936, Rumänien) in ein und demselben Wettbewerb 14 Rekordverbesserungen, von 1,57 m (1956) bis 1,91 m (1961). Ihre letzte Marke hatte 10 Jahre und 50 Tage Bestand.

Die älteste Weltrekordbrecherin ist Dana Zatopkova, geb. Ingrova (* 19. September 1922, ČSSR), die im Alter von 35 Jahren, 255 Tagen am 1. Juni 1958 in Prag den Speer 55,73 m weit warf.

Als erster Sprinter der Welt lief am 21. Juni 1960 Armin Hary (* 22. März 1937, Deutschland) die 100 m in 10,0 Sek. Wenige Wochen später wurde er in Rom Olympiasieger über die gleiche Strecke.

Der schnellste Läufer der Welt ist Calvin Smith (* 8. Januar 1961, USA), der am 3. Juli 1983 im 2195 m hoch gelegenen Colorado Springs (USA) den 100-m-Weltrekord auf 9,93 Sek. drückte, was einer Durchschnittsgeschwindigkeit von 36,25 km/h entspricht. Einen noch besseren Schnitt erreichte allerdings Pietro Mennea (* 28. Juni 1952, Italien) mit 36,56 km/h bei seinem 200-m-Weltrekord mit 19,72 Sek., aufgestellt am 12. September 1979 in Mexico Citys Höhe von 2240 m.

Den absoluten Geschwindigkeitsrekord hält Carl Lewis, der beim Olympiasieg der amerikanischen 4 × 100-m-Staffel (37,83 Sek. = Weltrekord) am 11. August 1984 in Los Angeles sein Teilstück mit fliegendem Start in 8,90 Sek. zurücklegte und dabei auf 40,45 km/h kam.
Evelyn Ashford (* 15. April 1957, USA) erreichte bei ihrem Rekordlauf über 100 m in 10,79 Sek. am 3. Juli 1983 in Colorado Springs eine Geschwindigkeit von 33,4 km/h.

Die schnellste Zeit über 100 m rückwärts lief mit 14,4 Sek. der Neuseeländer Paul Wilson. Er stellte seinen kuriosen Rekord am 22. September 1979 in Tokio auf. Fredie Adoboe (USA) erreichte am 28. Juli 1983 in Amherst, Massachusetts (USA), über 100 Yard 12,8 Sek., was einer 100-m-Zeit von 14,0 entspricht.
Mit geschlossenen Augen rannte am 2. September 1978 in Grangemouth (Schottland) der Engländer Graham Henry Salomon (* 5. September 1952) die 100 m in 11,4 Sek.

Den längsten Lauf schaffte der in Schottland geborene Neuseeländer Max Telford (* 2. Februar 1935) in 106 Tagen, 18 Std. und 45 Min. vom 25. Juli bis 9. November 1977 mit 8224 km von Anchorage (Alaska) nach Halifax (Kanada).

Der längste je veranstaltete Wettlauf war das Trans-Continental-Race von 1929 über 5898 km von New York nach Los Angeles. Der gebürtige Finne Johny Salo (1893–1931) gewann das Rennen in 79 Tagen vom 31. März bis zum 18. Juni 1929. Er lag mit seiner Zeit von 525:57:20 Std.

LEICHTATHLETIK – WELTREKORDE

Herren

Sportart	Rekord	Name/Land	Jahr
100 m	9,93 Sek.	Calvin Smith (USA)	1983
200 m	19,72 Sek.	Pietro Mennea (Italien)	1979
400 m	43,86 Sek.	Lee Evans (USA)	1968
800 m	1:41,73 Min.	Sebastian Coe (Großbritannien)	1981
1500 m	3:29,46 Min.	Said Aouita (Marokko)	1985
5000 m	13:00,40 Min.	Said Aouita (Marokko)	1985
10000 m	27:13,81 Min.	Fernando Mamede (Portugal)	1984
110-m-Hürden	12,93 Sek.	Renaldo Nehemiah (USA)	1981
400-m-Hürden	47,02 Sek.	Edwin Moses (USA)	1983
3000-m-Hindernis	8:05,45 Min.	Henry Rono (Kenia)	1978
4 x 100 m	37,83 Sek.	USA-Nationalstaffel	1984
4 x 400 m	2:56,16 Min.	USA-Nationalstaffel	1968
Hochsprung	2,41 m	Igor Paklin (UdSSR)	1985
Weitsprung	8,90 m	Bob Beamon (USA)	1968
Stabhochsprung	6,00 m	Sergej Bubka (UdSSR)	1985
Dreisprung	17,97 m	Willie Banks (USA)	1985
Kugelstoßen	22,62 m	Ulf Timmermann (DDR)	1985
Diskuswerfen	74,08 m	Jürgen Schult (DDR)	1986
Hammerwerfen	86,66 m	Juri Sedych (UdSSR)	1986
Speerwerfen	104,80 m	Uwe Hohn (DDR)	1984
Zehnkampf	8832 Pkt.	Jürgen Hingsen (BR Deutschland)	1984

Damen

Sportart	Rekord	Name/Land	Jahr
100 m	10,76 Sek.	Evelyn Ashford (USA)	1984
200 m	21,71 Sek.	Marita Koch (DDR)	1979
400 m	47,60 Sek.	Marita Koch (DDR)	1985
800 m	1:53,28 Min.	Jarmila Kratochvilova (ČSSR)	1983
1500 m	3:52,47 Min.	Tatjana Kasankina (UdSSR)	1980
3000 m	8:22,62 Min.	Tatjana Kasankina (UdSSR)	1984
5000 m	14:48,07 Min.	Zola Budd (Großbritannien)	1985
10000 m	30:59,42 Min.	Ingrid Kristiansen (Norwegen)	1985
100-m-Hürden	12,36 Sek.	Grazyna Rabsztyn (Polen)	1980
400-m-Hürden	53,56 Sek.	Sabine Busch (DDR)	1985
4 x 100 m	41,37 Sek.	DDR-Nationalstaffel	1985
4 x 400 m	3:15,92 Min.	DDR-Nationalstaffel	1984
Hochsprung	2,08 m	Stefka Kostadinova (Bulgarien)	1986
Weitsprung	7,45 m	Heike Drechsler (DDR)	1986
Kugelstoßen	22,53 m	Natalia Lissowskaja (UdSSR)	1984
Diskuswerfen	74,56 m	Zdenka Silhova (ČSSR)	1984
Speerwerfen	75,40 m	Petra Falke (DDR)	1985
Siebenkampf	6867 Pkt.	Sabine Paetz (DDR)	1984

LEICHTATHLETIK – DEUTSCHE REKORDE

Herren

Sportart	Rekord	Name	Jahr
100 m	10,16 Sek.	Christian Haas	1983
200 m	20,37 Sek.	Jürgen Evers	1983
400 m	44,50 Sek.	Erwin Skamrahl	1983
800 m	1:43,65 Min.	Willi Wülbeck	1983
1500 m	3:31,58 Min.	Thomas Wessinghage	1980
5000 m	13:12,78 Min.	Thomas Wessinghage	1982
10000 m	27:36,8 Min.	Karl Fleschen	1979
110-m-Hürden	13,2 Sek.	Martin Lauer (handgestoppt)	1959
	13,54 Sek.	Karl-Werner Dönges	1982
400-m-Hürden	47,48 Sek.	Harald Schmid	1982
3000-m-Hindernis	8:11,93 Min.	Rainer Schwarz	1985
4 x 100 m	38,56 Sek.	Nationalstaffel	1983
4 x 400 m	3:00,33 Min.	Nationalstaffel	1985
Hochsprung	2,37 m	Carlo Thränhardt	1984
Weitsprung	8,35 m	Josef Schwarz	1970
Stabhochsprung	5,68 m	Wladyslav Kozakiewicz	1986
Dreisprung	17,33 m	Peter Bouschen	1983
Kugelstoßen	21,51 m	Ralf Reichenbach	1980
Diskuswerfen	68,08 m	Hein-Direck Neu	1977
Hammerwerfen	81,56 m	Christoph Sahner	1985
Speerwerfen	94,22 m	Michael Wessing	1978
Zehnkampf	8832 Pkt.	Jürgen Hingsen	1984

Damen

Sportart	Rekord	Name	Jahr
100 m	11,01 Sek.	Annegret Richter	1976
200 m	22,39 Sek.	Annegret Richter	1976
400 m	49,75 Sek.	Gaby Bußmann	1983
800 m	1:57,22 Min.	Margit Klinger	1982
1500 m	4:01,54 Min.	Brigitte Kraus	1978
3000 m	8:35,11 Min.	Brigitte Kraus	1983
5000 m	15:19,54 Min.	Charlotte Teske	1982
10000 m	32:00,26 Min.	Charlotte Teske	1983
100-m-Hürden	12,94 Sek.	Ulrike Denk	1985
400-m-Hürden	55,14 Sek.	Silvia Hollmann	1978
4 x 100 m	42,59 Sek.	Nationalstaffel	1976
4 x 400 m	3:22,98 Min.	Nationalstaffel	1984
Hochsprung	2,03 m	Ulrike Meyfarth	1983
Weitsprung	6,84 m	Heide Rosendahl	1970
Kugelstoßen	21,43 m	Eva Wilms	1977
Diskuswerfen	67,06 m	Ingra Manecke	1982
Speerwerfen	68,84 m	Ingrid Thyssen	1985
Siebenkampf	6523 Pkt.	Sabine Everts	1982

(Durchschnitt: 11,21 km/h) nur 2:47 Min. vor dem Engländer Pietro Gavuzzi (1905–81).

Der älteste heute noch existierende Langlauf ist das Red Hose Race im schottischen Carnwath (seit 1508). Der Siegerpreis ist eine handgestrickte, knielange rote Hose.

Marathon. Aufgrund der wechselnden Schwierigkeitsgrade bei den Strecken gibt es keine offiziellen Rekorde. Die schnellsten Läufer aller Zeiten sind mit 2:07:12 Std. Carlos Lopes (* 1948, Portugal), erreicht am 20. April 1985 in Rotterdam, 2:07:13 Steve Jones (GB), 2:07:51 Robert de Castella (Australien), 2:08:04 Zitkuele Zinque (Südafrika), 2:08:08 Robleh Djama (Djibuti), 2:08:09 Ahmed Salah (Djibuti) und 2:08:15 Takeyaki Nakayama (Japan).
Beste Frau mit 2:21:06 Std. ist Ingrid Kristiansen (Norwegen), gelaufen am 21. April 1985 in London.
Rückwärts legte Albert Freese (* 1946, USA) die Strecke beim Long-Beach-Rennen am 18. Februar 1985 in 3:59:07 Std. zurück.

Die meisten Teilnehmer gab es am 21. April 1985 beim London-Marathon. 17500 Läufer nahmen das Rennen auf, 15841 kamen ins Ziel. Beworben hatten sich mehr als 80000 Männer und Frauen.

Die größte Höhe über den eigenen Kopf sprang mit 59 cm der Amerikaner Franklin Jacobs (* 31. Dezember 1957), der am 28. Januar 1978 in New York auf 2,32 m kam. Er ist nur 1,73 m groß.

Bei den Frauen übersprang Cindy John Holmes (* 29. August 1960, USA) ihre eigene Körpergröße um 30,5 cm. Die nur 1,525 m große Athletin steigerte sich am 1. Juni 1982 in Provo, Utah (USA), auf 1,83 m.

Bester Hochspringer aus dem Stand ist der Schwede Rune Almen (* 20. Oktober 1952). Er überquerte am 3. Mai 1980 in Karlsbad 1,90 m.

Bester Weitspringer aus dem Stand ist der Norweger Johan Christian Evandt, der am 11. März 1962 im isländischen Rejkjavik 3,65 m erreichte.

Die meisten Titel bei Deutschen Meisterschaften gewann mit 36 Harald Norpoth (* 22. August 1942) zwischen 1962 und 1973, davon 27 im Freien, drei über 1500 m, acht (in Reihenfolge) über 5000 m, sieben im Crosslaufen, jeweils drei über 3 x 1000 m, 4 x 1500 m und fünfmal über 3 x 1500 m.

Die meisten deutschen Titel bei den Frauen holte sich Brigitte Kraus (* 12. August 1956) mit insgesamt 37 zwischen 1973 und 1985, davon 16 im Freien, 13 in der Halle und acht beim Cross. Dahinter folgen mit 31 Siegen Ellen Wessinghage (* 28. Juni 1948) sowie mit je 27 Heide Rosendahl (* 14. Februar 1947) und Annegret Richter (* 13. Oktober 1950).

Eine einmalige Leistung vollbrachte Willi Wülbeck (* 18. Dezember 1954), der von 1974 bis 1983 zehnmal in ununterbrochener Folge Deutscher 800-m-Meister wurde. Das war vorher noch keinem anderen Athleten in einer anderen Disziplin geglückt.

Die erfolgreichste Leichtathletin der Schweiz ist Meta Antenen, die in den Jahren 1965–76 insgesamt 31 Landestitel gewann, 1967 Junioren-Europameisterin im Fünfkampf und im Hürdenlauf wurde, 1969 im Fünfkampf und 1971 im Weitsprung die Silbermedaille bei den Europameisterschaften errang.

Die Bestleistung im beidhändigen Kugelstoßen hält mit 37,05 m der Amerikaner Al Feuerbach (* 14. Februar 1948). Am 24. August 1974 brachte er es in Stockholm mit der rechten Hand auf 21,38 m und mit der linken auf 15,67 m.

Spaßvogel, Publikumsunterhalter, Weltrekordmann – Willie Banks, Amerikas Dreisprung-Star, »hüpft« fast wie ein Känguruh. Sein großer Traum ist es, als erster Athlet die 18-m-Marke zu überwinden und 1988 in Seoul Olympiasieger zu werden. Ob sein Vorhaben klappt? Form und Glück braucht man dazu.

STAFFEL-WELTREKORDE

Über 100 × 400 m lief mit 1:29:11,8 Std. (Durchschnitt: 53,5 Sek.) das Sportinstitut der Universität Loewen (Belgien) am 19. April 1978 die beste Zeit.

Über 100 × 100 m erreichte die schweizerische Vereinigung Sporttreibender Eisenbahner am 23. Juni 1985 im Züricher Letzigrund die Weltrekordzeit von 22:39,94 Min.

Über 1000 × 100 m unterbot der TSV 1860 Rosenheim am 13. Juli 1985 die von ihm selbst gehaltene Höchstleistung auf 4:27:41 Std.

Über 1000 × 400 m erreichte am 19./20. August 1983 der LV Wettingen-Baden aus der Schweiz 18:41:39 Std., was einem Schnitt von 67,3 Sek. pro Läufer entspricht.

Über 1000 × 1000 m kam vom 19. bis 21. Mai 1981 die Staffel des Bundesgrenzschutzes Bodenteich (Niedersachsen) auf 55:26:52 Std.

Über 1111 × 444 m brauchte eine gemischte Mannschaft des PC Puchheim 25:46:37 Std. Am 1./2. Juni 1984 nahmen an dieser kuriosen Staffel Leichtathleten im Alter von 5 bis 75 Jahren teil.

GEHEN

Ursprünge: Schon seit 1589 sind Wettkämpfe bekannt, 1867 fand in Großbritannien die erste Meisterschaft statt, seit 1908 – mit Unterbrechungen – im olympischen Programm.

Der erfolgreichste Geher mit drei Goldmedaillen bei Olympischen Spielen war der Italiener Ugo Frigerio (1901–68), der 1920 die 3000 m und 10000 m sowie 1924 die 10000 m gewann. 1932 holte er Bronze über 50 km. Auf vier Medaillen kam auch der Sowjetrusse Wladimir Golubnitschi (* 2. Juni 1936), und zwar über 20 km in den Jahren 1960 und 1968 (Gold), 1972 (Silber) und 1964 (Bronze).

Die meisten Titel gewann der viermalige Olympiateilnehmer Ronald Laird (* 31. Mai 1938, USA) mit insgesamt 65 Landestiteln und vier kanadischen Meisterschaften in den Jahren 1958–76.

Der längste Wettbewerb findet zwischen Paris und Colmar (bis 1980 Straßburg–Paris) statt. Die neue Streckenlänge beträgt 518 km. Die Bestzeit auf dem alten Kurs – 507 km – hält der Belgier Robert Pietquin (* 1938) mit 60:10:10 Std. (nach Abzug von 4 Std. Pause). Seine Durchschnittsgeschwindigkeit betrug 8,45 km/h.

Die längste Strecke ohne Unterbrechung legte zwischen dem 12. und dem 18. Mai 1985 Malcolm Barnish (GB) mit 633,170 km zurück. Er schaffte diese Leistung innerhalb von sechs Tagen und 10:32 Min. in Dortmund auf einem geschlossenen 1500-m-Kurs und war zu 98,74% in Bewegung.

Die meisten km innerhalb von 24 Std. legte mit 228,93 Jesse Castañeda am 18./19. September 1976 in New Mexico (USA) zurück.

Die längste 24-Std.-Strecke im Rückwärts-Gehen schaffte Donald A. Davis (USA) mit 133,5 km am 22./23. April 1983 in Honolulu (Hawaii).

CROSS-COUNTRY

Ursprünge: Der früheste belegte Geländelauf fand am 20. März 1898 zwischen England und Frankreich (60:21 Punkte) statt und erstreckte sich in Ville d'Avray, außerhalb von Paris, über 14,5 km.

Den knappsten Sieg bei den – damals noch inoffiziellen – Weltmeisterschaften errang Jean-Claude Fayolle (Frankreich) am 20. März 1965 in Ostende (Belgien), als es den Zeitnehmern nicht gelang, seine Zeit von der Melvyn Richard Batty's (England) zu trennen, der auf den zweiten Platz kam.

Den klarsten Sieg errang mit 56 Sek. oder 356 m Vorsprung John »Jack« Thomas Holden (* 13. März 1907, England) am 24. März 1934 auf dem Ayr Racecourse (Schottland).

Die meisten Erfolge mit je vier schafften John Holden 1933–35, 1939, Alain Mimoun (* 1. Januar 1921, Frankreich) 1949, 1952, 1954, 1956 und Gaston Roelants (* 5. Februar 1937, Belgien) 1962, 1967, 1969, 1972. Bei den Frauen siegten fünfmal die Amerikanerin Doris Brown-Heritage (* 17. September 1942) zwischen 1967 und 1971 sowie siebenmal die Norwegerin Grete Waitz-Andersen (* 1. Oktober 1953), die 1976–81 und 1983 erfolgreich war.
Erst seit 1973 hat der Internationale Leichtathletik-Verband die Rennen als offizielle Weltmeisterschaften anerkannt.

Das größte Teilnehmerfeld ging bei einem Lauf in Lidingöloppet bei Stockholm (3. Oktober 1982) an den Start. 11763 machten sich auf die 30 km lange Strecke, 10810 kamen ins Ziel.

29. MODERNER FÜNFKAMPF

Allgemeines: Eine Vielseitigkeitsprüfung, die auf die Idee des Wiederbegründers der modernen Olympischen Spiele, des Franzosen Pierre de Coubertin (1863–1937), zurückgeht und aus Reiten, Fechten, 300-m-Schwimmen, Schießen und 4000-m-Geländelauf besteht. Jedes Ergebnis wird nach einem bestimmten Schlüssel in Punkte umgerechnet.

Erfolgreichster Athlet ist der Ungar Andras Balczo (* 16. August 1938), der 1963, 1965–67 und 1969 Einzel-Weltmeister und 1972 Einzel-Olympiasieger wurde. Darüber hinaus verhalf er zwischen 1960 und 1972 den Magyaren zu sieben Mannschaftstiteln.

Weltmeisterschaften der Frauen gibt es seit 1981. Die erste Siegerin war Anna Ahlgren (Schweden). Dreimal gewann Sarah Parker (* 16. Juli 1956) mit der englischen Mannschaft den Titel, 1981–83.

Die meisten olympischen Goldmedaillen gewann mit drei Andras Balczo, Mitglied der ungarischen Siegermannschaft 1960 und 1968 und als Einzelsieger von 1972. Lars Hall (* 30. April 1927, Schweden) hat als einziger zwei Einzel-Olympiasiege (1952 und 1956) errungen. Einziger deutscher Goldmedaillengewinner ist Gotthard Handrick (* 25. Oktober 1908) mit seinem Triumph 1936 in Berlin.

Die größten Erfolge bundesdeutscher Athleten sind der zweite Platz in der Mannschaftswertung bei der Weltmeisterschaft der Senioren 1973 und 1978. Christian Sandow (*7. Februar 1959) wurde 1979 Junioren-Weltmeister.

Am häufigsten Deutscher Meister wurden Elmar Frings (1965, 1968, 1970/71) und Christian Sandow (1979, 1981, 1983/84) vor Norbert Kühn (1975, 1978, 1980). Je zwei Titel errangen bei den Frauen Roswitha Kirsch (1979/80), Martina Goedicke (1981/82) und Sabine Krapf (1983, 1985).

30. MOTORSPORT

AUTOMOBILRENNEN

Ursprünge: Das früheste Rennen, über das es allerdings widersprüchliche Angaben gibt, war das von Green Bay nach Madison, Wisconsin (USA), im Jahr 1878 über eine Länge von 323 km. Es wurde von einem dampfgetriebenen *Oshkosh* gewonnen. 1887 gewann Graf de Dion de Malfiance (1856–1946) das La-Vélocipède-Rennen in Paris über 31 km in einem De-Dion-Dampf-Vierrad, mit dem er 59 km/h überschritten haben soll. Das erste richtige Rennen führte vom 11. bis 13. Juni 1895 von Paris nach Bordeaux und zurück (1187 km). Der erste am Ziel war Emile Levassor (1844–97) aus Frankreich in einem Panhard-Levassor-Zweisitzer mit einer 1,2-Liter-Daimler-Maschine, die 3,5 PS entwickelte. Die Durchschnittsgeschwindigkeit betrug 24,15 km/h. Das erste Rundstreckenrennen ging über fünf Runden auf einer 1,6-km-Aschenbahn in Cranston (USA) am 7. September 1896 und wurde von A. H. Whiting gewonnen. Das älteste deutsche Rennen fand am 24. Mai 1898 von Berlin nach Potsdam und zurück statt.

Die gewaltige Anstrengung steht dem schlanken Marokkaner Said Aouita im Gesicht geschrieben. Doch wer Weltrekorde laufen will, der muß bis an den Rand der Erschöpfung gehen.

Das älteste Langstreckenrennen der Welt, das immer noch gefahren wird, ist die RAC-Trophy, deren Premiere am 14. September 1905 auf der Insel Man stattfand. Die Coppa Florio auf Sizilien wird schon seit 1900, allerdings in unregelmäßigen Abständen, veranstaltet.

Die höchste Rundengeschwindigkeit auf einem geschlossenen Ring, nämlich 403,878 km/h, fuhr Dr. Hans Liebold (*1926) aus der Bundesrepublik Deutschland. Er brauchte am 5. Mai 1979 für die 12,64 km lange Hochgeschwindigkeitsstrecke im italienischen Nardo 1:52,67 Min. Liebold stellte seinen Rekord mit einem Mercedes Benz C 111-IV Turbo auf.

Der schnellste WM-Grand-Prix-Ring, der gegenwärtig gefahren wird, ist der 4,719-km-Kurs von Silverstone (GB), der 1948 eröffnet wurde. Der Rundenrekord beträgt 1:14,4 Min. (Durchschnittsgeschwindigkeit: 228,31 km/h), aufgestellt von Clay Regazzoni (*5. Sepember 1939, Schweiz) in einem Saudia-Williams-FWI07 am 14. Juli 1979.

Das schnellste Rennen der Welt war das NAS-CAR-Grand-National über 201 km auf dem 4,02-km-Dreier-Oval mit 31-Prozent-Böschung des Daytona International Speedway, Florida (USA). Die Rekordzeit für dieses Rennen ist 40:55 Min. (Durchschnittsgeschwindigkeit: 294,985 km/h) durch William »Cale« Yarborough (*27. März 1939, USA) am 19. Februar 1979 in einem Mercury V 8.

Der schnellste Straßenring war der von Franchorchamps in der Nähe von Spa (Belgien). Auf dem 14,1-km-Kurs fuhr am 6. Mai 1973 der Franzose Henri Pescarolo (*25. September 1942) auf einem 2993-cm^3-V12-Matra Simca-MS 670 eine Runde in 3:13,4 Min., was einer Durchschnittsgeschwindigkeit von 262,461 km/h entspricht.
Auf der Avus in Berlin hatte der Deutsche Bernd Rosemeyer (1909–38) auf einem Sechs-Liter-V16-Auto-Union am 30. Mai 1937 sogar eine Rekordrunde mit einer Durchschnittsgeschwindigkeit von 276,400 km/h erreicht.

Die längste Rundstrecke ist die Nürburgring-Nordschleife (20,832 km), auf der Stefan Bellof (1957–85) in einem Porsche 956 mit 6:25,91 Min. die schnellste Zeit erreichte und auf eine Durchschnittsgeschwindigkeit von 194,333 km/h kam.

Das schwierigste Langstreckenrennen der Welt ist die Targa Florio (erstes Rennen am 9. Mai 1906) auf dem Piccolo-Madonie-Ring auf Sizilien. Es erstreckte sich über elf Runden (792 km) und führte über steile Berghänge, enge, winklige Straßen und erforderte die Bewältigung von 9350 Kurven. Die Rekordzeit fuhren am 21. März 1972 Arturo Francesco Merzario (*11. März 1943, Italien) und Sandro Munari (*1940, Italien) mit 6:27:48 Std. (Durchschnittsgeschwindigkeit: 122,537 km/h) in einem 2998,5-cm^3-Ferrari-312P-Gruppe-5-Sportwagen beim 56. Rennen. Den Rundenrekord stellte mit 33:36 Min. (Durchschnittsgeschwindigkeit: 128,57 km/h) Leo Juhani Kinnunen (*5. August 1943, Finnland) in der elften Runde des 54. Rennens am 3. Mai 1970 auf: Er fuhr einen 2997-cm^3-Porsche-908-3-Spider-Gruppe-6-Prototyp-Sportwagen.

Der härteste Grand Prix ist zugleich der langsamste. Der Große Preis von Monaco (erstes Rennen am 14. April 1929) führt durch die Straßen und den Hafen Monte Carlos. Die Strecke ist 3,312 km lang und hat elf scharfe Kurven und mehrere starke Gefälle. Das Rennen geht über 76 Runden (215,7 km) und erfordert über 1600 Gangwechsel. Die schnellste Zeit fuhr am 23. Mai 1982 Riccardo Patrese (*17. April 1954, Italien) auf einem Brabham-Ford mit 1:54:11 Std., was einem Schnitt von 132,30 km/h entspricht. Den Rundenrekord hält ebenfalls Patrese mit 1:26,35 Min. (entspricht 138,073 km/h), erreicht beim gleichen Rennen. Im Training am Tag zuvor schaffte der Franzose René Arnoux auf einem Renault-Elf-Turbo 1:23,28 Min. (143,17 km/h).

Le Mans: Die größte beim 24stündigen Ausdauer-Grand-Prix (Premiere am 26./27. Mai 1923) je zurückgelegte Distanz auf dem alten Sarthe-Ring von Le Mans (Frankreich) ist 5335,724 km: Dr. Helmut Marko (*27. April 1943, Österreich) und Jonkheer Gijs van Lennep (*16. März 1942, Niederlande) fuhren sie in einem 4907-cm^3-12-Zyl.-Porsche-917-K-Gruppe-5-Sportwagen am 12./13. Juni 1971. Den Rekord für den heutigen Ring hält mit 5088,507 km (Durchschnitt 212,021 km/h) das deutsch-italienische Team Klaus Ludwig/Paulo Barillo auf einem Porsche 956, gefahren am 15./16. Juni 1985. Der Rekord für eine Runde (13,64 km) steht bei 3:14,8 Min. (Durchschnitt 252,05 km/h), erzielt von dem Deutschen Hans-Joachim Stuck auf einem Porsche 962 C am 15. Juni 1985.

Die meisten Siege beim Rennen in Le Mans errangen mit neun die Ferrari-Wagen 1949, 1954, 1958 und 1960–65. Die meisten Siege eines einzelnen Fahrers sind sechs von Jacky Ickx (*1. Januar 1945, Belgien), herausgefahren 1969, 1975–77, 1981/82.

Indianapolis: Das 500-Meilen-Rennen (805 km, 200 Runden) wurde in den USA am 30. Mai 1911 eingeführt. Der erfolgreichste Fahrer war Anthony Joseph »A. J.« Foyt jr. (*19. Januar 1935, USA), der 1961, 1964, 1967 und 1977 gewann. Die schnellste Runde bei der Qualifikation fuhr Rick Mears (USA) mit einer Durchschnittsgeschwindigkeit von 350,087 km/h am 11. Mai 1986.

Den knappsten Zieleinlauf gab es am 21. Mai 1982. Gordon Johncock (USA) siegte mit 16 Hundertstelsek. Vorsprung, das ist eine halbe Wagenlänge, vor seinem Landsmann Rick Mears.

FORMEL 1

Der jüngste Weltmeister ist Emerson Fittipaldi (* 12. Dezember 1946, Brasilien), der sich seinen ersten Titel 1972 mit 25 Jahren und 273 Tagen holte.

Der älteste Weltmeister war Juan Manuel Fangio, der seinen letzten Titel (von fünf) mit 46 Jahren und 55 Tagen errang.

Der jüngste Fahrer war Michael Christopher Thackwell (* 30. März 1961, Neuseeland), der bei seiner Teilnahme am kanadischen Grand Prix am 28. September 1980 erst 19 Jahre und 182 Tage alt war.

Der älteste Fahrer war Louis Alexandre Chiron (1899–1979, Monaco), der bei seinem sechsten Platz beim Grand Prix in Monaco am 22. Mai 1955 genau 55 Jahre und 292 Tage alt war.

Der erfolgreichste Fahrer der Formel-I-WM, eingeführt 1950, ist Juan Manuel Fangio y Cia (* 24. Juni 1911, Argentinien), der fünfmal in den Jahren 1951, 1954–57 gewann. Er trat 1958 mit 24 Grand-Prix-Siegen zurück.

Auf jeweils drei WM-Titel brachten es Jack Brabham (1959, 1960, 1966), Jackie Stewart (1969, 1971, 1973) und Niki Lauda (1975, 1977, 1984).

Der erfolgreichste deutsche Autorennfahrer ist Rudolf Caracciola (1901–51), der 15 Grand-Prix-Siege, vier große Sportwagenrennen und 13 große internationale Rennen gewann. In den Jahren 1930–32 wurde er Berg-Europameister, 1935–38 Europameister, 1935, 1937 und 1939 Deutscher Meister.

Die meisten Grand-Prix-Siege errang mit 27 John Young »Jackie« Stewart (* 11. Juni 1939, GB) zwischen 1965 und 1973. Es folgen Jimmy Clark und Niki Lauda (je 25), Fangio (24) sowie Alain Prost (23).

Die meisten Grand-Prix-Siege in einem Jahr feierten mit sieben James »Jim« Clark (1936–68, Schottland) 1963 und Alain Prost (* 24. Februar 1955, Frankreich) 1984.

Die meisten Grand-Prix-Rennen bestritt mit 176 (von möglichen 184) zwischen 1958 und 1975 der Brite Norman Graham Hill (1929–75). Dahinter folgen Niki Lauda (Österreich/157), Jaques Laffite (Frankreich/152), Tom Watson (USA/151) und Carlos Reutemann (Argentinien/146).

Das erfolgreichste Markenteam ist der italienische Rennstall Ferrari mit acht Weltmeisterschaften (1961, 1964, 1975–77, 1979, 1982/83) sowie mit 90 Grand-Prix-Siegen vor Lotus (72), McLaren (50), Brabham (34) und Tyrrell (23).

Die schnellste Durchschnittsgeschwindigkeit, die je bei einem Formel-1-Training erreicht wurde, schaffte am 20. Juli 1985 in Silverstone (GB) der Finne Keke Rosberg. Einen Tag vor dem Großen Preis von Großbritannien durchraste er den 4,7 km langen Kurs in seinem Williams-Honda in 1:05,91 Min., was einem sagenhaften Schnitt von 258,983 km/h entspricht.

Der schnellste Grand Prix fand am 21. Juli 1985 in Silverstone statt. Das 311,38-km-Rennen gewann Alain Prost (Frankreich) auf einem McLaren. Er kam auf eine Durchschnittsgeschwindigkeit von 235,405 km/h.

RALLYE

Die längste Rallye der Welt war die London-Sydney-Rallye der Singapore Airlines über 31 107 km; sie startete von Covent Garden, London, am 14. August 1977 und führte durch 17 Länder zum Sydney Opera House. Andrew Cowan, Colin Malkin und Michael Broad gewannen sie am 28. September 1977 in einem Mercedes 280 E.

Die längste jährlich stattfindende Rallye ist die East African Safari (erstes Rennen 1953 durch Kenia, Tansania und Uganda), die bis zu 6234 km lang ist. Sie wurde fünfmal, jeweils auf einem Datsun, von dem in Uganda geborenen Kenia-Fahrer Shechar Mehta in den Jahren 1973, 1979–82 gewonnen.

Könner am Volant. Ein Prost auf den tüchtigen Franzosen Alain Prost, den Weltmeister in der Formel I.

Die meisten Rallye-Monte-Carlo-Siege (erstes Rennen 1911) feierten mit jeweils vier Munari/Manucci (Italien) in den Jahren 1972, 1975–77 auf Lancia Fulvia bzw. Lancia Stratos sowie die Deutschen Röhrl/Geistdörfer 1980, 1982–84, allerdings stets auf einem anderen Fabrikat: Fiat 131 Abarth, Opel Ascona, Lancia Rally und Audi Quattro.

Der kleinste Wagen, der die Rallye-Monte-Carlo gewann, war ein 851-cm^3-Saab, der von Erik Carlsson und Gunnar Häggbom aus Schweden am 25. Januar 1962 sowie von Carlsson und Gunnar Palm am 24. Januar 1963 gefahren wurde.

REKORDFAHRTEN

Den Geschwindigkeitsrekord mit 1019,44 km/h hält der Engländer Richard Noble (* 1956), der diese Leistung am 4. Oktober 1983 auf einem spiegelglatten Wüstenstreifen in der Nähe Renos, Nevada (USA), in seinem düsengetriebenen Fahrzeug *Thrust 2* erreichte. Gefahren wurde eine englische Meile mit fliegendem Start, wobei Noble auf der Rücktour sogar 1046,040 km/h schaffte. Weltrekorde werden jedoch aus dem Geschwindigkeitsmittel von Hin- und Rückfahrt ermittelt.

Der erfolgreichste Rekordbrecher von Landgeschwindigkeiten war Sir Malcolm Campbell (1885–1948, GB). Er verbesserte den offiziellen Rekord neunmal zwischen dem 25. September 1924 mit 235,216 km/h in einem Sunbeam und dem 3. September 1935, als er im *Bluebird* mit Rolls-Royce-Motor 480,620 km/h erreichte.

MOTORRADRENNEN

Ursprünge: Das erste Motorradrennen auf einer ovalen Bahn von 1,6 km Länge in Sheen House, Richmond, Surrey (GB), fand am 29. November 1897 statt und wurde von Charles Jarrot (1877–1944) auf einer Fournier gewonnen. Zu den ältesten Motorradrennen der Welt zählen die Tourist-Trophy (T. T. Series), die zum ersten Mal auf dem 25,44 km langen »Peel«(»St. John's«)-Kurs der Insel Man am 28. Mai 1907 veranstaltet wurden.

Die höchste Runden-Durchschnittsgeschwindigkeit, die je auf einem geschlossenen Kurs erreicht wurde, schaffte mit 257,958 km/h Yvon du Hamel (Kanada) im März 1973 im Dayton International Speedway, Florida (USA), auf einer umgebauten 903-cm^3-Vierzylinder-Kawasaki Z 1. Die Rundenzeit betrug 56,149 Sek. auf der 4,02 km langen Bahn.

Das schnellste Rennen der Welt fand am 19. September 1984 auf der Berliner Avus statt. Auf dem 8,1-km-Kurs gewann Reinhold Roth (Amtzell/Allgäu) das aus acht Runden bestehende 500-cm^3-Rennen auf seiner Römer HF in 17:32,09 Min., was einer Durchschnittsgeschwindigkeit von 221,73 km/h entspricht.

Die meisten Weltmeistertitel (eingeführt 1949 von der Fédération Internationale Motocycliste) gewann mit 15 der Italiener Giacomo Agostini (*16. Juni 1942), und zwar in der 350-cm^3-Klasse (1968–1974) und in der 500-cm^3-Klasse (1966–72 sowie 1975). Er ist der einzige Fahrer, der zwei Weltmeisterschaften in fünf aufeinanderfolgenden Jahren (1968–72) errang. Agostini gewann zwischen dem 24. April 1965 und dem 29. August 1976 insgesamt 122 Rennen, einschließlich der Rekordsaison von 19 Siegen im Jahr 1970.
An zweiter Stelle folgt in der WM-Wertung der Spanier Angel Nieto mit 13 Titeln und 90 Siegen vor dem Engländer Mike Hailwood (9/76).

Bester Deutscher mit sechs Seitenwagen-Weltmeisterschaften auf BMW ist Klaus Enders (*2. Mai 1937), der 1967, 1969/70, 1972–74 gewann. Auf je vier Titel brachten es Max Deubel und Anton Mang.

Höchstgeschwindigkeiten: Offizielle Geschwindigkeitsweltrekorde müssen in zwei Touren über eine abgemessene Entfernung in entgegengesetzten Richtungen innerhalb eines Zeitlimits aufgestellt werden. Dieses Limit ist 1 Std. für Rekorde des internationalen Verbandes (F. I. M.). Donald A. Vesco (*8. April 1939, USA) stellte auf seiner 6,40 m langen stromlinienförmigen *Lightning Bolt,* die von zwei 1016-cm^3-Kawasaki-Motoren angetrieben wurde, am 28. August 1978 auf dem Bonneville Salt Flats, Utah (USA), den absoluten Rekord auf. Seine Durchschnittsgeschwindigkeit betrug 513,165 km/h.

Der Weltrekord über 1 km mit stehendem Start lautet 16,68 Sek. Aufgestellt wurde er von dem Niederländer Henk Vink (*24. Juli 1939) an seinem 38. Geburtstag auf einer überverdichteten und vierzylindrigen 984 cm^3 starken Kawasaki in Elvington Airfield (North Yorkshire).

MOTO-CROSS

Erfolgreichster Fahrer ist der Belgier Joël Robert (*11. November 1943). Er wurde in der 250-cm^3-Klasse sechsmal Weltmeister (1964, 1968–72). Einmalig sind auch seine 50 Grand-Prix-Siege zwischen April 1964 und Juni 1972.

SPEEDWAY

Ursprünge: Motorradrennen auf Aschenbahnen lassen sich in den USA bis 1902 zurückverfolgen. Die ersten organisierten »Kurzstreckenrennen« fanden im November 1923 bei der West Maitland Agricultural Show (Australien) statt. Der Sport entwickelte sich vor allem in Großbritannien.

Die meisten Weltmeistertitel (eingeführt 1936 in London) errang der Neuseeländer Ivan Gerald Mauger (*4. Oktober 1939). Er gewann in den Jahren 1968–70, 1972, 1977 und 1979, also sechsmal. Sein Landsmann Barry Briggs (*30. Dezember 1934) ist viermal Weltmeister (1957, 1958, 1964, 1966) geworden und war – auch ein Rekord – von 1954 bis 1970 bei allen Endläufen um den Titel dabei.

Der erste Fahrer, der in einem Jahr (1985) alle nur möglichen Weltmeisterschafts-Titel gewann, also Einzel-, Paar-, Mannschafts-Wettbewerb sowie die Langstrecke, ist Eric Gundersen (*8. Oktober 1959, Dänemark).

EISSPEEDWAY

Das sind Motorradrennen auf dem Eis, wobei die Reifen der Vorder- und Hinterräder mit Spikes bestückt sind. Weltmeisterschaften (eingeführt 1966) finden auf einer 400-m-Rundbahn in einem Stadion statt.

Der erfolgreichste Fahrer der Welt ist Gabtrachman Kadyrow (UdSSR), der siebenmal (1966–69, 1971–73) den Titel errang. Viermal in Reihenfolge (1975–78) siegte sein Landsmann Sergej Tarabanko. Die Team-Weltmeisterschaft (seit 1979) wurde fünfmal von der UdSSR (1978–82) gewonnen, ehe die Deutschen Max Niedermaier und Helmut Weber am 12. Februar 1983 in Berlin diese Serie unterbrachen.

MOTORBOOTRENNEN

Ursprünge: Der erste, der einen Benzinmotor an ein Boot montierte, war Jean-Joseph Etienne Lenoir (1822–1900) auf der Seine (Frankreich) 1865. Dem Sport wurde durch die Stiftung eines internationalen Meisterschafts-Pokals 1903 durch Sir Alfred Harmsworth Auftrieb gegeben; es war auch das Jahr des ersten Rennens von Calais nach Dover über den Ärmelkanal.

Die erfolgreichsten Fahrer der Bundesrepublik Deutschland sind der Berliner Kurt Mischke (*28. März 1937), der zweimal Weltmeister, siebenmal Europameister und zwölfmal Deutscher Meister in den Klassen von 175–500 cm^3 zwischen 1958 und 1976 wurde, sowie Dieter König (*19. Mai 1931), der zweimal Weltmeister, neunmal Europameister und einmal Deutscher Meister in verschiedenen Klassen zwischen 1955 und 1969 wurde.

Die meisten Weltmeisterschaften für Deutschland holte der Siegburger Jörg Steinwascher mit vier. Danach folgen vier Fahrer mit je drei Titeln, Karl Bartel, Hans-Georg Krage, Volker Steinwascher und Michael Werner.

Goldcup: Bill Muncey (1929–81, USA) gewann den Pokal in den Jahren 1956, 1957, 1961, 1962, 1972, 1977, 1978 und 1979. Die Rekordgeschwindigkeit für eine 4-km-Runde erreichte Muncey mit 206,539 km/h in den Jahren 1977 und 1978.

Die höchste Geschwindigkeit, die ein Fahrer erreichte, sind 253,342 km/h in der unbeschränkten Außenbordklasse OZ. Georg Andrew jr. (USA) schaffte sie in einem Karelsen-Dreipunkt-Boot im April 1984 in Moore Haven, Florida (USA).

Das längste Rennen war das Marathon-Off-Shore International von Port Richborough, London, nach Monte Carlo. Das Rennen erstreckte sich über 4742 km in 14 Etappen vom 10. bis 25. Juni 1972. Gewinner waren Mike Bellamy, Eddie Chater und Jim Brooks mit ihrem Boot *H. T. S.*

Die Startnummer eins für den Besten: Freddie Spencer aus den USA gelang es 1985 als erstem Fahrer, in einem Jahr den begehrten Weltmeistertitel sowohl in der 250er- als auch 500er-Klasse zu holen.

Ein Mann, der alles auf seiner Maschine kann – Dänemarks Speedwayfahrer Eric Gundersen.

in einer Zeit von 71:35:56 Std. (Durchschnitt: 66,24 km/h).

Den weitesten Sprung mit einem Motorboot schaffte der Amerikaner Peter Horak (* 7. Mai 1943), als er am 26. April 1980 auf dem Salton-See, Kalifornien (USA), einen Satz von 36,57 m (Absprunggeschwindigkeit 88 km/h) machte. Es handelte sich um Fernsehaufnahmen für den Film *Der Mann, der vom Himmel fiel.*

31. OLYMPISCHE SPIELE

Ursprünge: Die früheste Veranstaltung der alten Olympischen Spiele, über die es eine gesicherte Aufzeichnung gibt, ist die vom Juli 776 v. Chr., als Coroibos, ein Koch aus Elis, einen Stadionlauf gewann. Die frühen Spiele fanden 393 n. Chr. zum letzten Mal statt und wurden ein Jahr später von Theodosius dem Großen (346–395), dem Kaiser von Rom, verboten. Auf Anregung von Baron Pierre de Coubertin (1863–1937) wurden die Olympischen Spiele der modernen Ära in Athen am 6. April 1896 wieder eingeführt.

Erfolgreichste Nation aller Olympischen Spiele (Sommer und Winter) sind die USA mit 1803 Medaillen, 750 goldenen, 575 silbernen und 478 bronzenen. Die Bilanz der Sowjetunion lautet: 1051 (408 – 340 – 303).
Auf Platz drei folgen gemeinsam mit 598 Medaillen Großbritannien (175–216–207) und Deutschland (170–215–213).

Die meisten Zuschauer kamen zu den Sommerspielen 1984 in Los Angeles. Die Veranstalter registrierten 5 797 923 Besucher.
Immer dabei waren im Sommer nur vier Länder: Australien, Griechenland, Großbritannien und die Schweiz. Bei Winterspielen kann sich nur Großbritannien damit rühmen, stets Teilnehmer gewesen zu sein.

Die größte Beteiligung bei Sommerspielen gab es 1984. Von den 159 im IOC vertretenen Nationen starteten 140 in Los Angeles (USA). 1972 in München waren es 122 Länder gewesen. Trotz des Boykotts mehrerer Ostblockstaaten bewarben sich in Los Angeles 6071 Sportler um Medaillen.

Erstmals nahm 1984 eine Rollstuhlfahrerin teil, die Bogenschützin Neroli Fairhall (* 1945, Neuseeland). Sie war vor 15 Jahren bei einem Motorradunfall schwer verletzt worden und leidet seitdem an einer Querschnittlähmung.

Die meisten Goldmedaillen mit je neun gewannen die Turnerin Larissa Latynina (UdSSR), der finnische Langstreckenläufer Paavo Nurmi und der Schwimmer Mark Spitz (USA), davon allein sieben – einschließlich dreier Staffelwettbewerbe – 1972 in München, was einen absoluten Rekord darstellt.

Die meisten Goldmedaillen bei einer Veranstaltung kommen auf das Konto von Eric Heiden (USA), der bei den Winterspielen 1980 in Lake Placid (USA) alle fünf Eisschnellauf-Konkurrenzen für sich entschied.
Die meisten Medaillen überhaupt gewann mit 18 Larissa Latynina (UdSSR). Sie kam zwischen 1956 und 1964 auf neun Siege, fünf zweite und vier dritte Plätze. Auf je 13 Medaillen brachten es die sowjetischen Turner Nikolai Andrianow (8–3–2) und Boris Schachlin (7–4–2), der japanische Turner Takashi Ono (5–4–4) sowie der italienische Fechter Edoardo Mangiarotti (6–5–2).
Die meisten Medaillen bei einer Veranstaltung erkämpfte der sowjetische Turner Alexander Ditiatin mit acht (3–4–1) bei den Spielen 1980 in Moskau.

Die meisten Medaillen für die Bundesrepublik Deutschland gewannen der Springreiter Hans Günter Winkler mit fünf Goldmedaillen, einer Silber- und einer Bronzemedaille sowie der Dressurreiter Dr. Reiner Klimke (5 – 0 – 2). Dann folgen die Dressurreiter Dr. Josef Neckermann (2 – 2 – 2) und Liselott Linsenhof (2 – 2 – 1) sowie der Schwimmer Michael Groß (2 – 2 – 0).

Die meisten Medaillen der Schweiz gewann Konrad Stäheli (1866–1932), der im Schießen 1900 dreimal Gold und einmal Bronze gewann.

Die meisten Medaillen für Österreich erhielt Anton »Toni« Sailer mit drei Goldmedaillen im alpinen Skisport 1956.

Die meisten Goldmedaillen für die DDR holten die beiden Schwimmer Kornelia Ender (viermal Gold, viermal Silber) und Roland Matthes (viermal Gold, zweimal Silber, zweimal Bronze) sowie die Läuferin Barbara Wöckel-Eckert (viermal Gold).

Die jüngste Goldmedaillengewinnerin aller Zeiten ist Marjorie Gestring (*18. November 1922, USA), die 1936 im Alter von 13 Jahren und 268 Tagen beim Kunstspringen in Berlin siegte. Der jüngste Goldmedaillengewinner der Bundesrepublik Deutschland war der 14jährige Klaus Zerta (*1946) als Steuermann im siegreichen Zweier 1960.

Der jüngste Olympia-Teilnehmer war ein Franzose, dessen Name nicht festgehalten ist und der am 26. August 1900 in Paris den niederländischen Zweier (Rudern) steuerte. Der Junge war nicht älter als zehn, möglicherweise sogar erst sieben Jahre alt.

Der älteste Olympia-Teilnehmer war Oscar Gomer Swahn (1847–1927) aus Schweden. Noch mit 72 Jahren und 280 Tagen ging er bei den Sommerspielen 1920 in Antwerpen an den Start und gewann mit der Mannschaft (der auch sein Sohn Alfred angehörte) die Silbermedaille im Schießen auf den Laufenden Hirsch. Er hatte sich sogar auch für 1924 qualifiziert, mußte aber wegen Krankheit verzichten.

Die längste olympische Karriere erlebten mit 40 Jahren der Däne Dr. Ivan Osiier (1888–1965), der 1908–32 und 1948 als Fechter dabei war, und der Norweger Magnus Konow (1887–1972) als Segler in den Jahren 1908–20 und 1936–48.
Die Dame, die am ausdauerndsten, nämlich 24 Jahre (1932–56) teilnahm, ist die österreichische Fechterin Ellen Müller-Preis (*6. Mai 1912).
Italiens Springreiter Raimondo d'Inzeo (*8. Februar 1925) stellte von 1948–1976 einen Rekord von acht Olympia-Starts auf, wobei er eine Goldmedaille, zwei Silber- und drei Bronzemedaillen gewann.
Janice Lee York Romary (*6. August 1928, USA) nahm als Fechterin an sechs Spielen von 1948–68 teil, ebenso die Diskuswerferin Lia Manoliu (*25. April 1932, Rumänien) zwischen 1952 und 1972, die im Jahr 1968 sogar die Goldmedaille gewann.

Der einzige Olympia-Teilnehmer, der viermal nacheinander die Goldmedaille im gleichen Wettbewerb gewann, war der amerikanische Diskuswerfer Alfred A. Oerter (*19. September 1936) in den Jahren 1956–68.

Der einzige Sportler, der sowohl bei den Winterspielen als auch bei den Sommerspielen eine Goldmedaille holte, war der Amerikaner Edward F. Eagan (1896–1967). 1920 stand er als Boxer (Halbschwergewicht) auf dem Siegertreppchen, 1932 saß er im erfolgreichen Viererbob der USA.

Erstmals durften 1984 Profis an einem olympischen Fußballturnier teilnehmen, und zwar alle jene, die vorher nicht bei einer Weltmeisterschaft oder WM-Qualifikationsspielen eingesetzt worden waren. Im Finale siegte Frankreich mit 2:0 gegen Brasilien.

32. PFERDESPORT

Ursprünge: Die Reitkunst war ein bedeutender Teil der Hethiter-Kultur Anatoliens (Türkei), die um 1400 v. Chr. blühte. Bei den 33. alten Olympischen Spielen von 648 v. Chr. in Griechenland fanden Pferderennen statt. Das früheste in England beurkundete Pferderennen, das vom römischen Kaiser Lucius Septimus Severus (146–211 n. Chr.) nach Britannien gebracht worden war, fand etwa 210 n. Chr. in Netherby, North Yorkshire, zwischen Arabern statt. Das älteste Rennen, das immer noch jährlich stattfindet, ist das Lanark Silver Bell, das von Wilhelm dem Löwen (1143–1214) in Schottland eingeführt worden war. Der erste Springwettbewerb fand 1869 in London statt. Seit 1912 ist Reiten Olympia-Disziplin.

GALOPPRENNEN

Das erste Rennen auf deutschem Boden fand am 17. Oktober 1810 auf der Münchner Theresienwiese statt. Die erste deutsche Rennbahn entstand 1822 in Doberan, im gleichen Jahr wurde auch der Rennverein gegründet, der Doberaner RV.

Der erste Jockeyklub der Welt ist der Charleston Jockey Club, Virginia (USA), aus dem Jahr 1734.

Die größte Rennbahn der Welt ist die von Newmarket in England (1636 angelegt). Der längste Kurs führte über 6,8 km, wird jedoch nicht mehr für Rennen benutzt.

Die kleinste Rennbahn der Welt ist die 2125 m hoch gelegene Lebong-Rennbahn, Darjeeling, Westbengalen (Indien), deren Gesamtrunde 439 m lang ist. Sie wurde 1885 angelegt.

Das teuerste Pferd ist der Hengst *Shareef Dancer* (gefohlt 1980), der im August 1983 für 40 Mio. Dollar von dem Syndikat Sheikh Maktoum al Maktoum (40 Anteile zu je 1 Mio. Dollar) erworben wurde.

Das meiste Geld für ein einjähriges Pferd bezahlte mit 13,1 Mio. Dollar ein von Robert Sangster angeführter Konzern am 23. Juli 1985. Dabei handelte es sich um ein Fohlen des Elternpaares *Nijinski II* und *My Charmer* in Keeneland, Lexington (USA).

Das Pferd mit der längsten Siegesserie war *Camarero* (gefohlt 1951): Es blieb vom 19. April 1953 bis 17. August 1955 in 56 Rennen ungeschlagen. *Camarero* gehörte Don José Coll Vidal aus Puerto Rico, es starb am 26. August 1956 an einer Kolik – einen Tag nach seinem 73. Sieg in 77 Rennen. Eine ähnliche Erfolgsserie hatte die ungarische Stute *Kincsem* schon in den Jahren 1876–79 hingelegt. Sie blieb 54mal nacheinander ungeschlagen.

Größter Verdiener ist der Wallach *John Henry* (gefohlt 1975), der zwischen 1977 und Ende 1984 für seine Besitzer 6597947 Dollar zusammenlief. Er gewann 39 von 83 Rennen. Die gewinnreichste Stute ist *All-Along* (gefohlt 1979), die zwischen 1981 und 1984 in Frankreich und den USA auf 3018420 Dollar kam.
Die Rekordsumme von 2,6 Mio. Dollar erhielt Spend A. Buck: 600000 für den Gewinn des Jersey Derbys im Garden State Park New Jersey (USA) am 27. Mai 1985, zuzüglich 2 Mio. Dollar als Bonus für die Siege im Kentucky Derby und zwei weiteren Vorbereitungsrennen.

Dreimaliger Olympiasieger im Einer, der Finne Pertti Karppinen, hier im Kampf mit Peter Michael Kolbe.

Gewann drei von vier Klassikern in England, der brillante Jockey Steve Cauthen auf *Oh So Sharp*.

Das höchstdotierte Rennen war der Breeders Cup. Am 10. November 1984 ging es in Hollywood Park, Los Angeles (USA), um 3 Mio. Dollar. Sieger wurde der vierjährige *Wild Again,* er erhielt 1 350 000 Dollar.

Erfolgreichster Jockey aller Zeiten ist der Amerikaner William Lee (Willie) Shoemaker, der zwischen dem 19. März 1949 und dem 3. März 1985 insgesamt 8446 Rennen gewann und dabei auf 100 Mio. Dollar Preisgelder kam. Shoemaker ist 1,50 m klein und 43 kg leicht. Bei seiner Geburt am 19. August 1931 hatte der Texaner nur 1,133 kg gewogen. An zweiter Stelle steht mit 6032 Siegen Johnny Longden (USA).

Den höchsten Jahresverdienst schaffte Chris McCarron (* 1955, USA) mit 12 045 813 Dollar 1984. Die meisten Siege in einem Jahr feierte er 1974 mit 546 bei 2199 Rennen.

Der erfolgreichste Vollblüter (international) aus der Bundesrepublik Deutschland ist das Pferd *Star Appeal* aus dem Stall Moritzburg, das 1975 den Prix de l'Arc de Triomphe in Paris gewann und ebenfalls 1975 Champion von Europa und Galopper des Jahres wurde. Es verdiente in seiner Laufbahn 1 527 836 DM.
Das Pferd *Luciano* ist der größte Verdiener (national) aller jemals in der Bundesrepublik Deutschland trainierten Vollblüter mit einer Gewinnsumme von 595 800 DM in seiner Laufbahn.

Die höchste Summe an Rennpreisen in Deutschland wurde mit 1,8 Mio. DM bei der Derbywoche in Hamburg-Horn vom 28. Juni bis 6. Juli 1986 ausgezahlt.

Der erfolgreichste deutsche Jockey war Otto Schmidt, der siebenmal das Deutsche Derby (1916, 1918, 1923, 1942, 1944, 1950, 1951) gewann sowie 14 Championate und 2216 Siege in seiner Laufbahn von 1915 bis 1952 errang. An zweiter Stelle folgt mit 1900 Siegen Peter Alafi.

Deutschlands erfolgreichster Trainer ist Heinz Jentzsch (* 1920). Er konnte 24 Championate in Flachrennen feiern, zwischen 1966 und 1984 sogar in ununterbrochener Folge.

Der leichteste registrierte Jockey war Kitchener († 1872), der 1844 auf *Red Deer* mit 22,226 kg den Chester Cup gewann. Er soll 1840 sogar nur 15,875 kg gewogen haben.

TRABRENNEN

Trabrennen gab es im niederländischen Valkenburg schon 1554. Der Trabschritt (das Pferd läuft auf dem rechten Vorderbein und dem linken Hinterbein und umgekehrt, benutzt die Beine also diagonal) war auch im England des 16. Jh.s bekannt. Der Sulky wurde bei einem Rennen erstmals 1829 eingesetzt.

Der erfolgreichste Fahrer der Welt ist der Kanadier Herve Filion (* 1. Februar 1940), der bis zum Ende der Saison 1984 bei Trabern und Paßgängern insgesamt 8998 Siege errang und dabei auf 45,2 Mio. Dollar Preisgelder kam. Sein bestes Jahr war 1974 mit 637 Siegen.

Den größten Jahresverdienst schaffte 1984 William O'Donnell (* 4. Mai 1948) mit 9 059 184 Dollar. Er gewann 422 Rennen.

Jahres-Weltrekordler mit 707 Siegen in einer Saison (1983) ist der deutsche Champion Heinz Wewering (* 28. Januar 1950), der sein Erfolgskonto inzwischen auf über 5700 gesteigert hat.

Die meisten Preisgelder unter den Trabrennpferden holte *Idéal du Gazeau* aus Frankreich: 3 041 262 Dollar gewann der Hengst bis Juli 1983. Erfolgreichster Paßgänger (die Pferde benutzen gleichzeitig die Vorder- und Hinterbeine einer Seite) ist *Niatross* aus USA. Innerhalb von zwei Jahren (1979/80) lief er 2 019 213 Dollar zusammen. Den höchsten Verdienst in einer Saison schaffte 1984 *On the Road Again* mit 1 751 695 Dollar. Das Trabrennpferd mit dem höchsten Jahresverdienst kommt ebenfalls aus Amerika. *Cam Fella* gewann zwischen dem 19. Mai und dem 26. November 1983 bei 28 Siegen in Reihenfolge 2 019 213 Dollar.

Das erfolgreichste deutsche Trabrennpferd ist der Hengst *Diamond Way* (gefohlt 1983), der 1985 in 17 Rennen zu 15 Siegen kam und die Rekordsumme von 1 118 900 DM erreichte.

Das höchstdotierte Rennen fand am 16. August 1984 in Meadowlands (USA) statt. Die Woodrow-Wilson-Prüfung für Zweijährige über eine Meile (2 161 000 Dollar) gewann *Nihilator* mit William O'Donnell und trabte für seine Besitzer die Rekordsumme von 1 080 500 Dollar zusammen.

Das teuerste Trabrennpferd war bis jetzt *Mystic Park,* das für 5,25 Mio. Dollar seinen Besitzer wechselte – von der Lana Lobell Farm zu Gerald u. Irving Wechter aus New York sowie Robert Lester aus Florida (13. Juli 1982). Für den Paßgänger *Nihilator* wurden 1984 sogar 19,2 Mio. Dollar gezahlt.

Erfolgreichster deutscher Fahrer im Sulky ist Hans Frömming (* 28. Juni 1910), der elfmal das Deutsche Derby (wie Robert Großmann) und außerdem viermal das Österreichische Derby gewann, dreimal Weltmeister, 15mal Deutscher Champion wurde, dreimal im Prix d'Amérique vorn endete und 5582 Siege feierte.

Im Deutschen Derby kamen Hans Frömming und Robert Großmann zu je elf Siegen vor Charlie Mills (9), Walter Heitmann (5) und Johnny Mills (4).

SPRINGREITEN

Erfolgreichster Olympia-Teilnehmer im Springsattel ist Hans Günter Winkler (*24. Juli 1926, Deutschland). Auf seiner Wunderstute *Halla* holte er sich 1956 in Stockholm die Goldmedaille in der Einzel- und Mannschaftskonkurrenz und verhalf darüber hinaus der deutschen Equipe 1960, 1964, 1972 zum Sieg, 1976 zu Silber und 1968 zu Bronze. Insgesamt startete HGW 107mal für Deutschland. In dieser Beziehung wurde er nur von Italiens Olympiasieger Graziano Mancinelli übertroffen, der an 108 Nationen-Preisen teilnahm und damit Weltrekordler ist.

Der einzige zweifache Gewinner, der bei Olympischen Spielen die Goldmedaille im Einzelwettbewerb errang, ist Pierre Jonqueres d'Oriola (*1. Februar 1920, Frankreich) 1952 und 1964.

Die einzigen fehlerfreien Ritte bei Olympischen Spielen gelangen dem Tschechoslowaken Frantisek Ventura (1895–1969) in Amsterdam 1928 mit *Eliot*, dem Franzosen Jonqueres d'Oriola auf *Ali Baba* 1952 und dem Deutschen Alwin Schockemöhle (*29. Mai 1937) auf *Warwick Rex* in Montreal 1976.

Nur Deutschland holte bisher fünfmal olympisches Gold im Preis der Nationen. Außer den vier Siegen mit Winkler war die Mannschaft schon 1936 erfolgreich.

Die meisten Weltmeisterschaften der Herren (eingeführt 1953) gewannen zweimal Hans Günter Winkler (Bundesrepublik Deutschland) 1954, 1955 und Raimondo d'Inzeo (Italien) 1956 und 1960.

Der Damentitel (eingeführt 1965) wurde zweimal von der Französin Jane »Janou« Tissot-Lefèbvre (*Saigon, 14. Mai 1945) auf *Rocket* 1970 und 1974 gewonnen.

Den Präsidenten-Cup, die inoffizielle Mannschafts-Weltmeisterschaft, gewann Großbritannien elfmal (1965, 1967, 1970, 1972–74, 1977–79, 1983, 1985). Die Bundesrepublik Deutschland folgt mit sieben Siegen (1969, 1971, 1975/76, 1981/82, 1984) vor den USA (1966, 1968) und Frankreich (1980). Der Wettbewerb heißt jetzt Prinz-Philip-Trophy.

Das gewinnreichste Springpferd der Welt ist Paul Schockemöhles Wallach *Deister*, der am 23. März 1986 in 's-Hertogenbosch die Millionengrenze überwand und mit dem Sieg in einem S-Springen (Weltcup-Prüfung) auf insgesamt 1015000 DM kam.

Den Weltrekord in Grand-Prix-Siegen hält mit 36 der von Hugo Simon gerittene *Gladstone*, der im Alter von 17 Jahren beim Weltcup-Finale in Göteborg (9.–13. April 1986) offiziell vom großen Sport verabschiedet wurde.

Weltcup. Erster Gewinner war am 8. April 1979 in Göteborg Hugo Simon (*3. August 1942, Österreich). Ein Jahr später und 1985 siegte Conrad Homfeld (*25. Dezember 1951, USA). Außerdem holten sich den Pokal 1981 Michael Matz (USA), 1982 Melanie Smith (USA), 1983 Norman Dello Joio (USA), 1984 Mario Deslauriers (Kanada) und 1986 Leslie Burr-Lenehan (USA).

Am häufigsten Deutscher Meister wurde Paul Schockemöhle mit fünf Titeln (1974, 1980, 1982, 1983, 1986). Genauso häufig waren bei den Damen Lene Nissen (1971, 1973, 1977, 1978, 1980) und Iris Bayer (1979, 1981, 1982, 1985, 1986) erfolgreich.

Der offizielle Hochsprungrekord der Fédération Equestre Internationale lautet 2,47 m. Aufgestellt wurde er von *Huasò* am 5. Februar 1949 in Vina del Mar. Im Sattel saß Capt. Alberto Larraguibel Morales (Chile).
Der deutsche Rekord steht bei 2,30 m, aufgestellt von Willibert Mehlkopf (*6. Dezember 1941) mit seinem Pferd *Wabbs* am 15. Juni 1985 beim Aachener CHIO.

Der Weitsprungrekord über einen Wassergraben beträgt 8,40 m durch *Something*, gerit-

Im Sattel zum Millionär

Einer der ganz Großen im Sattel hat der Rennbahn endgültig adieu gesagt – Lester Piggott, der am 5. November 1985 seinen 50. Geburtstag feierte und dieses Datum zum Anlaß nahm, einen Schlußstrich unter seine mehr als 30jährige Karriere zu setzen. Englands berühmtester Jockey gewann 29 »Classics«, unter anderem neun englische und drei deutsche Derbys. Er ist damit unbestrittener Turf-Weltrekordler. Auf rund 80 Mio. DM schätzen Experten das Vermögen des begnadeten Reiters, von dem Freunde behaupten, daß »er mit kurzen Armen und langen Taschen auf die Welt gekommen« sei. Damit spielen sie auf die Geschäftstüchtigkeit bis hin zum Geiz des Mr. Piggott an, der seit 1960 mit der Pferdezüchterin Susan Armstrong verheiratet ist und zwei erwachsene Töchter hat. Ein im Frühjahr 1986 ernsthaft zur Diskussion stehendes Comeback unterließ der erfolgreiche Jockey auf Anraten seiner Umgebung.

Abschied von der Rennbahn: Englands berühmtester Jockey Lester Piggott hörte mit 50 Jahren auf.

Kostete ein Vermögen und ist jetzt Meilen-Weltrekordler mit 1:50,6 Min., Paßgänger *Nihilator.*

Ein Begriff für Qualität im Dressursport: Olympiasieger Dr. Reiner Klimke und sein Pferd *Ahlerich.*

ten vom Südafrikaner André Ferreira am 26. April 1975 in Johannesburg. Das Pferd *Heatherbloom,* geritten von Dick Donnelly, soll 1903 in Richmond, Virginia (USA), sogar eine Weite von 11,28 m erreicht haben.

DRESSURREITEN

Der erfolgreichste Dressurreiter bei Olympischen Spielen ist der Deutsche Dr. Reiner Klimke mit insgesamt fünf Gold- und zwei Bronzemedaillen. Er beendete 1984 die zwölfjährige Regentschaft der Amazonen Liselott Linsenhoff (BR Deutschland/1972), Christine Stükkelberger (Schweiz/1976) und Elisabeth Theurer (Österreich/1980) und schaffte – wie 1952 und 1956 der Schwede Henri St. Cyr – das Double, den Einzel- sowie Mannschaftssieg.
In der Mannschaftswertung kam die Bundesrepublik Deutschland zu sechs Olympiasiegen 1928, 1936, 1964, 1968, 1976, 1984.

Henry G. Perry umrundete Australien in 157 Tagen und legte dabei auf sechs Pferden 22 565 km zurück.

Am häufigsten Deutscher Meister wurden mit acht Titeln Dr. Reiner Klimke (1967, 1975, 1978, 1981, 1983–86) sowie bei den Damen mit sechs Erfolgen Gabriela Grillo (1977, 1979–83).

Älteste Medaillengewinnerin aller Olympischer Spiele ist die Schwedin Maud von Rosen, die 1972 in München Bronze mit der Mannschaft gewann und dabei 46 Jahre und 258 Tage alt war.

MILITARY

Der einzige Doppel-Olympiasieger ist Charles Pahud de Mortanges, der 1928 in Amsterdam und 1932 in Los Angeles in der Einzelwertung erfolgreich war. Außerdem gewann er 1924 und 1928 mit der Mannschaft und wurde 1932 mit ihr Zweiter.
Der älteste Olympiasieger ist der Brite Derek Allhusen mit 64 Jahren und 286 Tagen beim Mannschaftssieg 1968.
Am häufigsten Deutscher Meister wurde mit fünf Titeln Horst Karsten (1963, 1965, 1973, 1977, 1981).

Den Weltrekord im Reitmarathon erzielte mit 75:30 Std. Michael Grealy 1983 in Australien. Den deutschen Rekord hält die Chemie-Ingenieurin Cornelia Dargel (25) aus Haseldorf bei Uetersen mit 72:10 Std. Vom 14. bis 17. Oktober 1982 ritt sie bei 23 Pferdewechseln ununterbrochen alle drei Gangarten.
Der Elektriker Walter Kucher (19) aus Latschach (Faaker See) hält mit 70:05 Std. den österreichischen Rekord, aufgestellt zwischen dem 14. und dem 17. September 1982 anläßlich der »1. Guinness-Woche der Rekorde« in Kärnten.

POLO

Früheste Spiele: Allgemein wird Polo für ein Spiel persischen Ursprungs gehalten, das ca. 525 v. Chr. als *Pulu* gespielt wurde. Auch Tibet und die T'angdynastie aus dem Jahr 250 n. Chr. erheben Anspruch darauf.

Der früheste Poloklub war der 1859 gegründete Kachar Club in Assam (Indien). Das Spiel wurde 1869 von den 10. Husaren von Aldershot, Hampshire (GB), aus Indien nach England importiert. Das früheste Spiel fand im Juli 1871 zwischen den 9. Ulanen und den 10. Husaren in London statt. 15 Jahre später gab es die erste internationale Begegnung zwischen England und den USA.
Der älteste Klub Deutschlands ist der Hamburger Poloklub von 1896.

Das größte Feld aller Ballspielarten ist das Polofeld mit einer Länge von 274,32 m und einer Breite von 146,30 (mit Seitenumzäunung) oder 182,88 m Breite (ohne Umzäunung).

Olympia-Disziplin war Polo fünfmal: 1900, 1908, 1920, 1924 und 1936.

33. RADRENNEN

Ursprünge: Das nachweislich früheste Radrennen war ein Hochradrennen über 2 km im Pariser Parc de St. Cloud am 31. Mai 1868. Ein Jahr später, am 17. April 1869, wurde in Hamburg-Altona der erste deutsche Radfahrklub gegründet, der noch im selben Jahr ein »Velocipeden-Wettreiten« veranstaltete, das erste Radrennen in Deutschland.
Der Bund Deutscher Radfahrer besteht seit 1884, in der Bundesrepublik Deutschland wurde er 1948 in Frankfurt/Main neu gegründet, in der DDR wurde der Deutsche Radsport-Verband 1958 in Leipzig ins Leben gerufen.
Der Schweizerische Radfahrer- und Motorfahrerbund wurde 1883 in Brugg gegründet, die Österreichische Radsportkommission entstand im Jahre 1947 in Wien.

Die Höchstgeschwindigkeit auf einem Fahrrad erreichte mit 245,077 km/h John Howard (USA) hinter einem mit Windschutz versehenen Auto am 20. Juli 1985 in Bonneville, Utah (USA).

Ohne Schrittmacher, aber auf einem stromlinienförmigen Rad schaffte Fred Marham am 6. Mai 1979 in Kalifornien die offizielle 200-m-Strecke in 8,80 Sek. Das entspricht 81,81 km/h.

Rasantes Spiel hoch zu Roß – Polo stand immerhin fünfmal auf dem olympischen Programm.

Die längste in einer Stunde zurückgelegte Strecke sind 122,771 km. Leon Vanderstuyft (1890–1964, Belgien) fuhr sie auf dem Montlhery-Automobilring (Frankreich) am 30. September 1928 aus einem stehenden Start mit einem Motorrad als Schrittmacher.

Die größte Zahl an Gesamtsiegen bei der Tour de France (eingeführt 1903) gelang mit fünf den beiden Franzosen Jacques Anquetil (1957, 1961–64) und Bernard Hinault (1978/79, 1981/82, 1985) sowie dem Belgier Eddy Merckx (1969–72, 1974).

Die höchste Durchschnittsgeschwindigkeit erreichte der Franzose Bernard Hinault (*14. November 1955) im Jahre 1981 mit 37,84 km/h. Den knappsten Sieg gab es 1968, als nach 25 Tagen – vom 27. Juni bis 21. Juli – und 4665 km der Niederländer Jan Janssen (*19. Mai 1940) nur 38 Sek. vor dem Belgier Herman van Springel lag.

Das längste Rennen führte über 5745 km im Jahr 1926. Die meisten Teilnehmer, nämlich 180, gingen 1985 an den Start.
Erstmals nahmen auch Frauen 1984 an der Tour de France teil. Es siegte nach 1059 km die Amerikanerin Marianne Marten mit 3:17 Min. Vorsprung gegen 35 Konkurrentinnen.

Das längste klassische Ein-Tages-Rennen auf der Straße ist Bordeaux–Paris (551–620 km). Die höchste Durchschnittsgeschwindigkeit schaffte der Belgier Herman van Springel 1981 mit 47,186 km/h. Er brauchte für die 584,5 km genau 13:35:18 Std.

Der erfolgreichste Fahrer der Bundesrepublik Deutschland ist Rudi Altig (*18. März 1937), der 1959 Verfolgungs-Weltmeister der Amateure, 1960, 1961 Verfolgungs-Weltmeister der Profis, dann 1966 Straßenweltmeister auf dem Nürburgring und 13mal Deutscher Meister auf Bahn und Straße wurde.
Gregor Braun (*31. Dezember 1955) konnte 1976 in Montreal Doppelolympiasieger in der Einzel- und Mannschaftsverfolgung werden. 1977 und 1978 wurde er Profi-Weltmeister in der Einzelverfolgung auf der Bahn.
Dietrich Thurau (*9. November 1954) wurde 1977 und 1979 Zweiter der Straßenweltmeisterschaft und 1979 Sieger der Deutschland-Rundfahrt.

Der erfolgreichste Fahrer der Schweiz ist Ferdinand Kübler (*24. Juli 1919), der 1950 die Tour de France gewann, 1942, 1948 und 1951 Sieger der Tour de Suisse und 1951 Straßenweltmeister wurde.

Die meisten Goldmedaillen bei Olympischen Spielen errangen mit je drei Paul Masson (1874–1945, Frankreich) im Jahr 1896, Robert Charpentier (1916–66, Frankreich) 1936 und Daniel Morelon (Frankreich), der zwei 1968 sowie eine 1972 gewann und darüber hinaus noch Bronze 1964 holte. Beim inoffiziellen Programm von 1904 gewann Marcus Hurley (USA) alle vier Wettkämpfe.

Die meisten Weltmeisterschaften bei den Profis gewann mit neun der japanische Sprinter Koichi Nakano (*14. November 1955), der zwischen 1977 und 1985 siegte.
Bei den Amateuren kamen zwei Fahrer auf je sieben Titel: der französische Sprinter Daniel Morelon (*28. Juli 1944) in den Jahren 1966/67, 1969–71, 1973, 1975 sowie der britische Steher Leon Meredith (1882–1930) in den Jahren 1904/05, 1907–09, 1911, 1913.

Absoluter König unter den Sechstage-Fahrern ist der Belgier Patrick Sercu (*27. Juni 1944). Zwischen 1965 und 1983 erreichte er 88 Siege, ehe er das Rad in die Ecke stellte. Insgesamt bestritt er 233 Sixdays.

Den Marathon-Rekord auf der Bahn hält mit 71:36:66 Std. Udo Tiedemann (*14. April 1946), der zwischen dem 15. und dem 18. September 1983 auf der Sommerpiste in Wülfel 1837,4 km erreichte.

Die neue Rekordmarke auf der Straße steht bei 1658,8 km, die ebenfalls Udo Tiedemann hält. Er schaffte diese Leistung innerhalb von 56 Std. (21.–23. März 1985) und strampelte 13mal die 127,6 km lange Strecke zwischen Bremen und Hannover. Einen Marathon-Rekord hält mit 191 Std. Carlos Vieira, der zwischen dem 8. und dem 16. Juni 1983 in Leira (Portugal) auf 2407,64 km kam. Er war dabei zu 98,7% in Bewegung.

Die meisten Länder an einem Tag (genau 14:35 Std.) besuchte Meinrad Gyr-Birchler (29) aus Pfaffhausen (Schweiz). Am 12. August 1982 steuerte er auf seinem Rad Italien, die Schweiz, Liechtenstein, Österreich, Deutschland und Frankreich an. Er legte dabei 335 km zurück.

Quer durch Europa. Von der nördlichsten Spitze im norwegischen Hammerfest bis zum südlichsten Zipfel nach Syracusa auf Sizilien (5375 km) brauchte Udo Tiedemann 12 Tage, 15:20 Std. Er hatte sich am 14. Juni 1985 um 5 Uhr auf den Weg gemacht und war am 26. Juni 1985 um 20.20 Uhr am Ziel.

24-Std.-Dauerradfahren-Sieger wurde Franz Jansen (*1922) aus Kevelaer (Kleve). Er kam auf 819,6 Straßen-km am 21./22. August 1982.

Die meisten Kilometer innerhalb eines Jahres legte Edward Godwin (1912–75, GB) 1939 mit 120805 zurück. Seine durchschnittliche Tagesleistung betrug 330,960 km pro Tag.

Eine Marathon-Leistung über 60:07 Std. mit 1570,5 zurückgelegten km auf einem Straßenrundkurs absolvierte vom 20. bis 22. August 1982 der Radamateur Peter Hoffmann (*1942) aus Schorndorf (Württemberg).

Die längste Strecke auf dem Tandem radelten Veronica und Colin Scargill aus England. Auf einer Tour rund um die Welt brachten sie es auf 29000 km (vom 25. Februar 1974 bis 27. August 1975).
Vivekananda Selva Kumar Anandan (Sri Lanka, früher Ceylon), radelte vom 2. bis 10. Mai 1979 nonstop 187:28 Std. um den Vihara-Maha-Devi-Park, Colombo (Sri Lanka).

Touren-Radfahren. Die größte Anzahl von Kilometern schaffte Walter Stolle (*1926, Sudetenland) mit 643700 zwischen dem 24. Januar 1959 und dem 12. Dezember 1976. Er kam dabei durch 159 Länder.

Den Weltrekord im Dauerstehen auf dem Rad hält Udo Tiedemann (*14. April 1946) aus Hannover mit 24:01:06 Std. Er verbesserte anläßlich der »Aktion Sorgenkind« im Schaufenster der Hamelner Fahrzeughalle am 25./26. Februar 1985 seine zehn Monate alte Marke um 3:38:20 Std.

Querfeldeinrennen. Die größte Zahl an Weltmeisterschaften (eingeführt 1950) wurde von Eric de Vlaeminck (*23. August 1945, Belgien), mit dem Titel bei den Amateuren 1966 und sechs bei den Profis (1968–73) gewonnen.

Der erfolgreichste Fahrer der Bundesrepublik Deutschland ist Rolf Wolfshohl (*27. Dezember 1938), der Weltmeister 1960, 1961 und 1963, fünfmal Vizeweltmeister und viermal Weltmeisterschafts-Dritter wurde; 14mal hat er die Deutsche Meisterschaft gewonnen.

Kunstradfahren. Erfolgreichster Teilnehmer bei Weltmeisterschaften (eingeführt 1956) ist der Schweizer Arnold Tschopp mit sechs Titeln (1956/57, 1960–63). Franz Kratochvil aus der Bundesrepublik Deutschland gewann viermal nacheinander (1979–82).
Die Frauen kämpfen erst seit 1970 um WM-Titel. Anna Matouskova (ČSSR) siegte fünfmal (1974–77, 1979).

Weltrekordinhaber sind Marcus Maggi (*12. Juni 1963, Schweiz) mit 334,60 Punkten, erreicht am 13. Mai 1984 in Würenlingen (Schweiz), und Maria Beerlage (*29. April 1963, Deutsch-

WELTREKORDE – RADFAHREN (AMATEURE)

Sportart	Rekord	Name/Land	Ort	Datum
Freiluftbahnen				
Fliegender Start ohne Schrittmacher				
200 m	10,190	Lutz Heßlich (DDR)	Colorado Springs	4. Juli 1985
500 m	26,325	Rory O'Reilly (USA)	La Paz	29. Dezember 1985
1000 m	58,510	Rory O'Reilly (USA)	La Paz	29. Dezember 1985
Stehender Start ohne Schrittmacher				
1 km	1:02,547	Maic Malchow (DDR)	Mexiko	14. Oktober 1980
4 km	4:39,120	Juri Lupalenko (Sowjetunion)	Medellin	29. September 1984
5 km	5:50,680	Hans-Hendrik Oersted (Dänemark)	Mexiko	31. Oktober 1979
10 km	11:54,906	Hans-Hendrik Oersted (Dänemark)	Mexiko	31. Oktober 1979
100 km	2:15:44,340	Igno Minelli (Italien)	Mexiko	25. Dezember 1985
1 Stunde	48,200 km	Hans-Hendrik Oersted (Dänemark)	Mexiko	1. November 1979
Mit motorisiertem Schrittmacher				
50 km	36:05,074	Alexander Romanow (Sowjetunion)	Tiflis	11. Mai 1983
100 km	1:13:31,326	Alexander Romanow (Sowjetunion)	Tiflis	11. Mai 1983
1 Stunde	83,261 km	Alexander Romanow (Sowjetunion)	Tiflis	11. Mai 1983
Hallenbahnen				
Fliegender Start ohne Schrittmacher				
200 m	10,021	Lutz Heßlich (DDR)	Moskau	22. August 1984
500 m	26,479	Michael Hübner (DDR)	Moskau	19. August 1984
1000 m	1:00,279	Sergej Kopylow (Sowjetunion)	Moskau	3. Juli 1982
Stehender Start ohne Schrittmacher				
1 km	1:02,955	Lothar Thoms (DDR)	Moskau	22. Juli 1980
4 km	4:34,103	Guintaukas Umaras (Sowjetunion)	Moskau	6. Februar 1986
5 km	5:48,256	Guintaukas Umaras (Sowjetunion)	Moskau	7. August 1984
10 km	12:06,290	Hans-Hendrik Oersted (Dänemark)	Kopenhagen	18. November 1978
1 Stunde	46,745 km	Daniel Gisiger (Schweiz)	Zürich	14. Juni 1977
Mit motorisiertem Schrittmacher				
50 km	33:05,568	Alexander Romanow (Sowjetunion)	Moskau	3. Oktober 1985
100 km	1:06:25,739	Alexander Romanow (Sowjetunion)	Moskau	3. Oktober 1985
1 Stunde	90,426 km	Alexander Romanow (Sowjetunion)	Moskau	3. Oktober 1985

WELTREKORDE – RADFAHREN (PROFIS)

Sportart	Rekord	Name/Land	Ort	Datum
Freiluftbahnen				
Fliegender Start ohne Schrittmacher				
200 m	10,800	Antonio Maspes (Italien)	Rom	21. Juli 1960
500 m	28,705	Roger Dill-Bundi (Schweiz)	Zürich	11. August 1982
1000 m	1:00,329	Roger Dill-Bundi (Schweiz)	Zürich	11. August 1982
Stehender Start ohne Schrittmacher				
1 km	1:06,091	Urs Freuler (Schweiz)	Zürich	10. August 1983
5 km	5:44,700	Gregor Braun (BR Deutschland)	La Paz	12. Januar 1986
10 km	11:39,750	Francesco Moser (Italien)	Mexiko	19. Januar 1984
20 km	23:21,592	Francesco Moser (Italien)	Mexiko	23. Januar 1984
100 km	2:14:02,51	Ole Ritter (Dänemark)	Mexiko	18. November 1971
1 Stunde	51,151 km	Francesco Moser (Italien)	Mexiko	23. Januar 1984
Mit motorisiertem Schrittmacher				
100 km	1:03,40,0	Walter Lohmann (BR Deutschland)	Wuppertal	24. Oktober 1955
1 Stunde	94,015 km	Walter Lohmann (BR Deutschland)	Wuppertal	24. Oktober 1955
Hallenbahnen				
Fliegender Start ohne Schrittmacher				
200 m	10,990	Oskar Plattner (Schweiz)	Zürich	1. Dezember 1961
500 m	28,480	Urs Feuler (Schweiz)	Wien	3. Oktober 1981
1000 m	1:01,230	Patrick Sercu (Belgien)	Antwerpen	3. Februar 1967
Stehender Start ohne Schrittmacher				
1 km	1:06,603	Urs Feuler (Schweiz)	Zürich	30. Oktober 1981
5 km	5:59,099	Hans-Hendrik Oersted (Dänemark)	Kopenhagen	28. Oktober 1980
10 km	12:26,800	Roger Riviere (Frankreich)	Paris	19. Oktober 1958
1 Stunde	46,847 km	Siegfried Adler (BR Deutschland)	Zürich	2. August 1968
Mit motorisiertem Schrittmacher				
1 Stunde	74,540 km	Franz Dögl (Österreich)	Wien	9. November 1978

land) mit 319,70 Punkten, erzielt am 20. September 1985 in Baunatal.

Den Drehsprung-Weltrekord hält der Schweizer Hermann Martens (*27. August 1960), der am 14. September 1985 beim Wormser Kunstradsport-Cup 20 dieser äußerst schwierigen Drehungen schaffte.

Radball. Rekordweltmeister sind die beiden tschechoslowakischen Brüder Jan und Jendrich Pospisil, die zwischen 1965 und 1985 insgesamt 17mal den Titel gewannen, davon 14mal nacheinander (1968–81).
Die erfolgreichste deutsche Kombination ist Schreiber/Blersch mit sieben Siegen vor dem Zweiten Weltkrieg.

34. RINGEN

Ursprünge: Die frühesten Darstellungen von Ringergriffen und -figuren, die auf den Wänden des Grabes von Ptahhotep in Ägypten (5. Dynastie) zu finden sind, weisen darauf hin, daß es bereits 2350 v. Chr. organisiertes Ringen gab. Es war der beliebteste Sport bei den frühen Olympischen Spielen. Seit 708 v. Chr. existieren auch Verzeichnisse über die Sieger. Der griechisch-römische Stil ist französischen Ursprungs und entstand etwa 1860. Seit 1896 gehört er zum olympischen Programm, der Freistil seit 1904.

Die meisten olympischen Goldmedaillen, nämlich drei, haben gewonnen: Carl Westergren (1895–1958, Schweden) in den Jahren 1920, 1924 und 1932; Ivar Johansson (1903–79, Schweden) in den Jahren 1932 (zwei) und 1936 und Alexander Medved (*16. September 1937, UdSSR) in den Jahren 1964, 1968 und 1972.

Der einzige Ringer, der mehr Medaillen, nämlich vier, erkämpfte, ist Imre Polyák (*16. April 1932, Ungarn), der die Silbermedaille in der griechisch-römischen Federgewichtsklasse 1952, 1956 und 1960 gewann und die Goldmedaille 1964.

Für ein Novum sorgten in Los Angeles 1984 zwei Brüderpaare der USA: David und Mark Schultz (Welter- und Mittelgewicht) sowie Ed und Lou Banach (Halbschwer- und Schwergewicht) siegten in den Freistilkonkurrenzen.

Die größte Zahl an Weltmeisterschaften gewann mit zehn der Freistilringer Alexander Medved (UdSSR) mit den Halbschwergewichtstiteln in den Jahren 1962/63, 1964 (olympisch) und 1966, dem Schwergewicht 1967 und 1968 (olympisch) und dem Superschwergewicht in den Jahren 1969, 1970, 1971, 1972 (olympisch). Der einzige Ringer, der den Titel in sieben aufeinanderfolgenden Jahren erkämpfte, ist Valeri Resanzew (*2. Februar 1947, UdSSR). Er gewann jeweils im Halbschwergewicht des griechisch-römischen Stils zwischen 1970 und 1976, einschließlich der Olympischen Spiele 1972 und 1976.

Erfolgreichster deutscher Ringer ist Wilfried Dietrich (*14. Oktober 1933), der fünfmal (1956–72) an Olympischen Spielen teilnahm. Er gewann Gold im Freistil 1960, Silber im griechisch-römischen Stil 1956 und 1960, Bronze im griechisch-römischen Stil 1964 und Freistil 1968. Weltmeister 1961 und Europameister 1967 im Schwergewicht, Sieger bei 30 Deutschen Meisterschaften zwischen 1955 und 1973, keine Schulterniederlage in 3000 Kämpfen.

Stark auf der Bahn und der Straße, der fünfmalige Tour-de-France-Sieger Eddy Merckx. Der Belgier gehörte einst zu den ganz Großen auf dem Rad.

Quer durch die USA: Cheryl Marek und Estelle Gray benötigten für die 4707-km-Strecke 10 Tage und 22:48 Std.

Auf zwei Weltmeisterschaften (1975, 1977), drei Europameisterschaften (1972/73, 1976), zwei olympische Bronzemedaillen (1972, 1976) sowie zehn Deutsche Meisterschaften in Reihenfolge (1971–80) kam im Welter- bzw. Mittelgewicht Adolf Seger (*2. Januar 1945), dessen Stärke der Freistil war.

Der erfolgreichste Schweizer ist Hermann Gehri, der 1924 im Halbmittelgewicht Olympiasieger wurde.

Die meisten Siege bei internationalen Wettkämpfen errang Osamu Watanabe (*21. Oktober 1940, Japan), der Freistil-Olympiasieger im Federgewicht von 1964. Er blieb 187 Wettkämpfe nacheinander ungeschlagen.

Der längste Kampf mit Zeitmessung dauerte 11:40 Std. zwischen Martin Klein (1885–1947, Estland für Rußland) und Alfred Asikáinen (1888–1942, Finnland) im Kampf um die Silbermedaille im Mittelgewicht des griechisch-römischen Stils bei den Olympischen Spielen von 1912 in Stockholm (Schweden). Sie wurde von Klein gewonnen.

Der schwerste Ringer in der olympischen Geschichte war Chris Taylor (1950–79, USA). Der Bronzemedaillengewinner in der Superschwergewichtsklasse wog bei den Sommerspielen 1972 in München 190 kg bei einer Größe von 1,96 m.

Familienrekord. Einmalig sind die drei Scherer-Brüder. Bei den Deutschen Meisterschaften 1985 im griechisch-römischen Stil in Freiburg (Breisgau) gingen alle drei innerhalb von fünf Minuten auf die Matte und gewannen jeweils ihre Vorkämpfe. Fredi (*1960) war vorher schon Vizeweltmeister der Junioren, Bernd (*1961) Europameisterschafts-Vierter und Markus (*1962) Olympia-Zweiter – jeweils in der 48-kg-Klasse. Bei den deutschen Titelkämpfen 1980 in Goldbach hieß die Reihenfolge am Schluß: 1. Fredi, 2. Bernd, 4. Markus.

35. ROLLSCHUHLAUF

Ursprünge: Der erste Rollschuh wurde 1760 von Joseph Merlin aus Huy (Belgien) entworfen und zum ersten Mal von ihm selbst öffentlich in London getragen. James Plimpton aus New York stellte den heutigen vierrädrigen Typ her und ließ ihn im Januar 1863 patentieren.

Die erste Hallenbahn wurde 1824 in London (Haymarket) eröffnet. Die erste deutsche Rollschuhbahn wurde 1876 in Berlin gebaut. Die ersten Deutschen Meisterschaften fanden 1910 in Stuttgart statt. Zur Mode wurde das Rollschuhlaufen in den Jahren 1870–75, 1908–12 und 1948–54 in den USA.

SCHNELLAUF

Die meisten Weltmeisterschaften gewann mit 16 Alberta Vianello (Italien) zwischen 1953 und 1965.

Die Höchstgeschwindigkeit, die bisher erreicht wurde, beträgt 41,48 km/h; Giuseppe Cantarella (*13. August 1944, Italien) stellte den Weltrekord auf, als er am 28. September

1963 auf einer Straße in Catania, Sizilien (Italien), 402 m in 34,9 Sek. lief.

Die größte Entfernung in einer Stunde auf der Bahn schaffte mit 37,230 km Alberto Civolani (*16. März 1933, Italien) am 28. September 1968 in Inzell (Bayern). Bei den Frauen kam am gleichen Tag Marisa Danesi (*25. November 1935, Italien) auf 35,390 km.

Die längste Strecke auf Rollschuhen legte Theodore James Coombs (*1954) aus den USA zurück – nämlich 8357 km. Er lief zwischen dem 30. Mai und dem 14. September 1979 von Los Angeles nach New York und zurück nach Kansas (USA). Am Anfang schaffte Coombs ungefähr 107 km pro Tag; innerhalb von 24 Std. brachte er es einmal auf 193 km (am 27./28. Juni).

Den Marathon-Rekord hält mit 344:18 Std. der Japaner Isamu Furugen, aufgestellt vom 11. bis 27. Dezember 1983 im Naha Roller Skate Land in Okinawa.

Auf 16 Rollen über die Alpen. Für die 931 km lange Strecke von Frankfurt/Main nach Riva am Gardasee (Italien) benötigten Carl O. Zinsheimer (*19. September 1949) und Parvis Stikkel (*8. April 1950) genau 99:15 Std. zwischen dem 15. und 24. September 1985.

24-Std.-Rekord. Ralf Barner (*1966) aus Hamburg drehte am 26./27. Mai 1985 im Roller-Center Neumünster 2140 Runden und stellte mit 362,263 km einen Weltrekord auf.

KUNSTLAUF

Die meisten WM-Titel holten sich Rollschuh-Asse aus der Bundesrepublik Deutschland. Karlheinz Losch (*5. Dezember 1942) wurde 1958, 1959, 1961, 1962 und 1966 Weltmeister. Bei den Damen tat es ihm Astrid Bader (*23. April 1941) in den Jahren 1965–68 viermal nacheinander gleich. Dieter Fingerle (*27. Juni 1944) und Uta Keller (*28. Oktober 1948) holten sich zwischen 1965 und 1967 dreimal den Titel im Paarlaufen. Fingerle war 1959 schon einmal mit seiner Partnerin Susanne Schneider Weltmeister geworden.
Ab 1980 werden im Einzellauf jeweils drei Titel (Pflicht, Kür, Allround) vergeben. Michael Butzke (*5. Juni 1960) wurde zwischen 1979 und 1982 insgesamt siebenmal Weltmeister, Claudia Bruppacher (*29. August 1964) kam von 1982 bis 1984 zu fünf Erfolgen.

ROLLHOCKEY

Die meisten WM-Titel gewann Portugal mit zwölf Erfolgen zwischen 1947 und 1982. Es folgen Spanien (neun), England und Argentinien (je zwei).
Am häufigsten Europameister wurde Portugal (15) vor England (12), Spanien (8) und Italien (1).
Deutscher Rekordmeister ist RESG Walsum (Duisburg) mit elf Titeln (1949, 1952–54, 1971–75, 1981, 1985) vor der Spvgg. Herten mit neun Siegen (1951, 1955–57, 1961, 1964/65, 1970, 1979).
Deutscher Rekord-Internationaler ist Wolfgang Jex (Remscheid) mit 259 Länderspielen vor Harro Stucksberg (Herten) 250, Manfred Kipp (Iserlohn) 240 und Gerd Gillessen (Mönchengladbach) 233.

Europapokal. Rekordsieger ist der FC Barcelona mit neun Erfolgen (1973/74, 1978-84).

36. RUDERN

Der früheste Bericht stammt aus Ägypten von Amenhotep II. (1450–1402 v. Chr.). Er berichtet, daß er ein Boot etwa drei Meilen weit ruderte. Das früheste überlieferte Wriggrennen ist das Doggett's Coat and Badge, das zum ersten Mal am 1. August 1716 von London Bridge nach Chelsea (GB) stattfand. Der älteste deutsche Ruderverein ist der Hamburger und Germania RC, gegründet 1836. Die ersten Deutschen Meisterschaften wurden 1882 im Einer entschieden. Die erste Regatta fand 1868 in Wien auf dem Kaiserwasser statt.

Die meisten Olympiasiege (seit 1900) erkämpften mit 27 die USA. Es folgen die DDR mit 25 und der Deutsche Ruder-Verband mit 16, davon neun vor dem Zweiten Weltkrieg, allein fünf 1936 in Berlin.

Sechs Ruderer haben je drei Goldmedaillen gewonnen: John B. Kelly (1889–1960, USA), Vater der tödlich verunglückten Fürstin Gracia von Monaco, im Skullboot (1920) und Doppelzweier (1920 und 1924); sein Cousin Paul Costello (*27. Dezember 1899, USA) im Doppelzweier (1920, 1924 und 1928); Jack Beresford (1899–1977, GB) im Skullboot (1924), Vierer ohne Steuermann (1932) und Doppelzweier (1936); Wjatscheslaw Iwanow (*30. Juli 1938, UdSSR) im Skullboot (1956, 1960 und 1964), Siegfried Brietzke (*12. Juni 1952, DDR) im Zweier ohne Steuermann (1972) und Vierer ohne Steuermann (1976 und 1980) sowie Pertti Karppinen (*17. Februar 1953, Finnland) im Skullboot (1976, 1980 und 1984). Beresford gewann außerdem noch zwei Silbermedaillen, 1920 im Einer und 1928 im Achter.

Oxford – Cambridge, alljährliches Ruderduell der beiden Universitäts-Achter auf der Themse in London.

Weltmeisterschaften. Die meisten Titel gewann mit fünf Ulrich Diessner (*27. Dezember 1957, DDR), vier im gesteuerten Vierer (1977–79, 1982) und einen im gesteuerten Zweier (1983). Außerdem errang er die olympische Goldmedaille 1980 im Vierer mit Steuermann.

Erfolgreichste Frau bei der WM ist die Einer-Fahrerin Christine Hahn-Schieblich (*31. Dezember 1954, DDR), die 1974/75 und 1977/78 gewann. Außerdem wurde sie 1976 Olympiasiegerin.

Die erfolgreichsten Ruderer Österreichs waren Alfred Sageder und Josef Kloimstein, die im Zweier ohne Steuermann bei den Olympischen Spielen 1956 die Bronze- und 1960 in Rom die Silbermedaille gewannen.

Der erfolgreichste Schweizer Ruderer ist Dr. Hans Walter vom Grasshopper-Club Zürich. Er wurde zweimal Olympiasieger im Vierer mit Steuermann (1920 und 1924), zweimal Europameister im Achter (1912 und 1920), viermal Europameister im Vierer mit Steuermann (1911, 1912, 1913 und 1920) und 13mal Schweizer Meister in verschiedenen Booten.

Der erfolgreichste bundesdeutsche Ruderer der letzten Jahre ist Peter Michael Kolbe (*2. August 1953), der Einer-Weltmeister 1975, 1978, 1981 und 1983, Europameister 1973 sowie Olympia-Zweiter 1976 in Montreal (Kanada) und 1984 in Los Angeles (USA) wurde.

Sechsmal im siegreichen Oxford-Boot (1978–83) saß Boris Rankow, was einen absoluten Rekord darstellt.
Erstmals fand 1984 das Rennen an einem Sonntag statt, weil tags zuvor der Cambridge-Achter beim Warmrudern eine Stahltrosse rammte und in zwei Teile zerbrach. Ein Ersatzboot stand nicht so schnell zur Verfügung, so daß die Veranstaltung um 24 Stunden verschoben werden mußte.

Die Rekordzeit für eine Ärmelkanalüberquerung erreichte mit 3:35:01 Std. Ivor Lloyd am 4. Mai 1983.

Dauerkarriere. Der dänische Eisenwarenhändler Svend Nielsen (*1908 in Roskilde) ist der Welt fleißigster Ruderer. Von 1927 bis Ende 1982 hat der mehrfach geehrte ehemalige Dänische Meister im Vierer mit Steuermann insgesamt 129969 km zurückgelegt.

37. RUGBY

Ursprünge: Obwohl es Belege für ein Spiel gibt, das viele Ähnlichkeiten mit Rugby hat und das bereits römische Legionäre spielten, wird traditionellerweise gesagt, das Spiel sei aus einer Übertragung der Regeln des Fußballs entstanden. Im November 1823 schuf William Webb Ellis (1807–72), Schüler der Rugby School, die charakteristischen Merkmale des Spiels. Die englische Rugby Football Union wurde am 26. Januar 1871 gegründet.
Die erste Rugbyabteilung in Deutschland wurde 1872 beim Heidelberger Flaggenklub gegründet. Der Deutsche Rugby-Verband besteht seit 1900. Es gibt in der Bundesrepublik Deutschland acht Landesverbände und ca. 60 Vereine.

Olympische Disziplin war Rugby viermal: 1900, 1908, 1920 und 1924. Vier US-Spieler standen sowohl 1920 als auch 1924 im Gold-Team.

Den höchsten Sieg in einem Länderspiel schaffte am 4. März 1979 Frankreich mit 92:0 über Spanien. Bei einem Freundschaftsspiel am 30. Mai 1962 in Quirindi (Australien) gewann die Nationalmannschaft Neuseelands sogar mit 125:0 gegen Neusüdwales (Australien). Ein noch höheres Ergebnis, allerdings von Vereinsmannschaften, wird aus Dänemark gemeldet: Comet schlug am 17. November 1973 Lindo mit 194:0.

Die meisten Zuschauer bei einem Länderspiel wurden am 1. März 1975 im schottischen Edinburgh gezählt: 104000 sahen Schottlands 12:10-Sieg über Wales.

Den längsten erfolgreichen Kick schaffte der Südafrikaner Gerry Brand (*8. Oktober 1906). Er beförderte den Rugby-Ball aus 82 m Entfernung direkt ins Tor (am 2. Januar 1932 in London gegen England).

Die meisten Deutschen Meisterschaften (seit 1909) gewann mit 14 Victoria Hannover-Linden. Den DRV-Pokal (seit 1962) holte sich achtmal der DSV 1878 Hannover.

Länderspiele. Deutschland bestritt 168 Begegnungen, gewann 71 und verlor 91. Sechsmal gab es ein Unentschieden. Der höchste Sieg wurde am 29. Oktober 1961 mit 52:3 über Belgien errungen, die höchste Niederlage am 20. Februar 1983 mit 0:84 gegen Frankreich erlitten.

Deutscher Rekord-Internationaler ist Horst Kemmling (41 Spiele) vor Robert Twele (36), Peter Heller (35) und Klaus Wesch (32).

Die meisten Bundesligaspiele bestritt Werner Morgenroth (*23. Dezember 1941), der seit 1971 insgesamt 147mal zum Einsatz kam. Auf den nächsten Plätzen folgen Peter Heller (141), Günter Neumann (134), Heinz Balzer und Karl-Heinz Seligmann (je 125).

RUDERN – WELTREKORDE

Männer 2000-m-Kurs (stehendes Gewässer)				
Einer	6:49,68	Nikolai Dowgan (UdSSR)	Amsterdam	26. August 1978
Doppelzweier	6:12,48	Norwegen	Montreal	23. Juli 1976
Zweier mit Steuermann	6:49,75	DDR	Duisburg	4. September 1983
Zweier ohne Steuermann	6:32,63	DDR	Luzern	23. August 1982
Vierer mit Steuermann	6:05,21	DDR	Luzern	17. Juni 1984
Vierer ohne Steuermann	5:53,65	DDR	Montreal	23. Juli 1976
Doppelvierer	5:45,97	DDR	Duisburg	4. September 1983
Achter	5:27,14	USA	Luzern	17. Juni 1984
Frauen 1000-m-Kurs (stehendes Gewässer)				
Einer	3:30,74	Cornelia Linse (DDR)	Luzern	18. Juni 1984
Doppelzweier	3:09,97	DDR	Luzern	18. Juni 1984
Zweier ohne Steuerfrau	3:26,32	DDR	Amsterdam	21. August 1977
Vierer mit Steuerfrau	3:11,18	DDR	Duisburg	4. September 1983
Doppelvierer	3:02,48	DDR	Duisburg	4. September 1983
Achter	2:54,05	USA	Luzern	16. Juni 1984

Die traditionsreichste Regatta der Welt (seit 10. Juni 1928) ist das Bootsrennen zwischen den Universitäts-Achtern von Oxford und Cambridge, das auf der Londoner Themse zwischen Putney und Mortlake über 6,779 km führt. Von den 132 Rennen bis 1985 gewann Cambridge 69 und Oxford 62. Am 22. März 1877 gab es ein Unentschieden.

Der kleinste Siegesvorsprung bei Oxfords Erfolg 1952 und 1980 betrug eine Segeltuchlänge, der größte Vorsprung Cambridges war 20 Längen im Jahr 1900. Erstmals in der langen Geschichte saß 1981 und 1982 eine Frau (Sue Brown) als »Steuermann« im siegreichen Oxford-Boot. Den Streckenrekord hält mit 16:45 Min. Oxford, aufgestellt am 18. März 1984.

38. SCHACH

Ursprünge: Der Name Schach ist abgeleitet vom persischen Wort Shah (König oder Herrscher). Der erste Hinweis kommt vom mittelpersischen Karnamak (etwa 590–620 n. Chr.). Im Dezember 1972 wurden von UdSSR-Archäologen bei Ausgrabungen in der Usbekischen Sowjetrepublik zwei Elfenbeinschachfiguren gefunden, die sich auf 200 n. Chr. datieren lassen. Um 1050 wurde das Schachspiel in dem höfischen Abenteuerroman *Ruodlieb* erstmals erwähnt.

Das erste Schachlehrbuch in deutscher Sprache erschien 1616, geschrieben von Herzog August d. Jüngeren von Braunschweig unter dem Pseudonym Gustavus Selenus. Der erste deutsche Schachverein ist 1819 in Hamburg gegründet worden.
Der älteste Schachverein der Schweiz ist die Schachgesellschaft Zürich 1809.
Die Féderation Internationale des Echecs wurde 1924 gegründet. 1973 gab es in der UdSSR schätzungsweise 7 Mio. Turnierspieler.

Der erste Schachwettkampf auf deutschem Boden fand am 21. September 1476 in Heidelberg zwischen der Heidelberger Gesellschaft des Schaffzabelspiels und den Nördlinger Schachfreunden statt. Ein Jahr später wurde in Nürnberg das erste deutsche Turnier veranstaltet.

Erster offizieller Weltmeister wurde 1886 der aus Prag stammende Wilhelm Steinitz, der mit 12,5:7,5 Punkten Johannes Hermann Zukertort bezwang.

Der alte Weltmeister: Anatoli Karpow, der kühle Analytiker am Brett, mußte sich im November 1985 einem Jüngeren beugen und verlor seinen Titel.

Der neue Weltmeister: Garri Kasparow, mit viel südländischem Temperament ausgestatteter Herausforderer, holte sich im zweiten Anlauf den Titel.

300 Stunden am Brett

Als ein Novum in die Schachgeschichte wird der erste Weltmeisterschaftskampf zwischen Anatoli Karpow und Garri Kasparow (beide UdSSR) eingehen. Die beiden saßen sich 48 Partien lang, vom 10. September 1984 bis 15. Februar 1985, in Moskau gegenüber, ohne daß eine Entscheidung gefallen war. Beim Stand von 5:3, nach einer 5:0-Führung, für Titelverteidiger Karpow brach der allmächtige Präsident des Internationalen Verbandes, Florencio Campomanes (Philippinen), das Marathon-Duell wegen »Erschöpfung beider Spieler« ab. In der zweiten Auflage, die zwischen dem 3. September und 24. November 1985 in Moskau stattfand, siegte dann der Herausforderer Kasparow, der am 13. April 1963 in Baku als Harri Weinstein geboren wurde und sich später Kaparjan nennen mußte, mit 13:11. Er gewann damit erstmals den Titel. Beide Kontrahenten brauchten also ingesamt 72 Partien, rund 300 Std. und 2500 Züge auf dem Brett, um endlich einen Sieger zu ermitteln.

Am längsten im Besitz einer Weltmeisterschaft, nämlich 27 Jahre, von 1894 bis 1921, war der Deutsche Dr. Emanuel Lasker (1868–1941). Die Weltmeisterschaft bei den Damen hielt die in Rußland geborene Britin Vera Mechnik-Stevenson (1906–44) 17 Jahre lang, von 1927 bis zu ihrem Tod.

Als größter Großmeister aller Zeiten gilt nach dem offiziell übernommenen Elo-System der Amerikaner Robert J. »Bobby« Fischer (*9. März 1943). Seine Bewertungszahl lautet 2785. Auf den nächsten Plätzen folgen Garri Kasparow (*13. April 1963, UdSSR) mit 2715 und Anatoli Karpow (*23. Mai 1951, UdSSR) mit 2705.

Die größte Siegessträhne hatte Bobby Fischer im Großmeisterschach vom 2. Dezember 1970 bis 30. September 1971, als er 20 Spiele nacheinander gewann.

Die längste Turnierpartie ging über 193 Züge. Dann hatte in Tel Aviv nach 24:30 Std. reiner Spielzeit und sechs Sitzungen (23. März bis 16. April 1980) Yedael Stepak (*21. August 1940, Israel) seinen Landsmann Yaakow Mashian (*17. Dezember 1943, Iran, später Israel) bezwungen.

Die kürzeste Partie wurde 1959 bei den Offenen Meisterschaften von Omaha (USA) gespielt. Mayfield setzte seinen Gegner Trinks nach drei Zügen matt.

Gegen die meisten Gegner, nämlich 550, trat am 23./24. April 1977 in Seltjarnes (Island) der Tschechoslowake Vlastimil Hort (*12. Januar 1944) an. Er verlor nur zehn Partien.

Die erfolgreichsten deutschen Mannschaften sind der Münchner SC 1836 und die Solinger Schachgesellschaft 1868, die seit 1947 je achtmal den Meistertitel gewannen.

Der erfolgreichste deutsche Spieler ist Wolfgang Unzicker, der in den Jahren 1948–65 siebenmal den Titel erkämpfte.
Der erfolgreichste Schweizer Spieler ist der zwölfmalige Schweizer Meister und fünffache Coupe-Suisse-Sieger Hans Johner.

Rekordhalter im Blitzschach ist Ralf Langer (*1966) aus Westerkappeln im Münsterland. Vom 7. bis 10. Oktober 1985 spielte er 530 Partien in genau 62 Std. ohne Schlaf und machte dabei 22000 Züge. Seine Erfolgsquote lag bei 59 Prozent.

Rekordhalter im Simultan-Schach ist der ČSSR-Großmeister Vlastimil Hort, der am 5./6. Oktober 1984 in Porz-Wahn bei Köln 663 Partien gegen 509 verschiedene Spieler bestritt. Er gewann 506mal, verlor 31mal und remisierte 126mal. Dabei legte er in 32:20 Std. insgesamt 45 km zurück und verlor 3 kg Gewicht.

Den Weltrekord im Schach-Marathon halten mit genau 200 Std. Roger Long und Graham Croft aus Dingles, Bristol (GB), aufgestellt zwischen dem 11. und dem 19. Mai 1984. Den deutschen Rekord halten mit 170 Std. Georg Dörflinger und Roland Henkel.

39. SCHIESSEN

Der früheste Verein ist der Klosterneuburger Schützenverein (Niederösterreich), der als Bogenschützen-Gesellschaft unter der Regentschaft Albrechts I. 1288 gegründet wurde; der früheste deutsche Verein ist der Schützenverein Eschwege e. V., der 1433 von den »Schützen der Armbruster zu St. Katharina« gegründet wurde. Der erste überlieferte Schützenwettbewerb fand 1472 in Zürich statt. Der Deutsche Schützenbund wurde 1861 in Gotha gegründet.

Die meisten Olympiamedaillen, nämlich elf, gewann Carl Osburn (1884–1966, USA) in den Jahren 1912, 1920 und 1924: fünfmal Gold, viermal Silber, zweimal Bronze. Fünf weitere Schützen haben ebenfalls fünf Goldmedaillen gewonnen: Lee Willis (1920), Alfred Lane (1912–20) und Morris Fisher (1920–24), alle USA, sowie die Schweizer Konrad Stäheli (1900) und Louis Richardet (1900).

Die meisten Weltmeistertitel im Tontaubenschießen, nämlich sechs, holte Susan Nattrass (*5. November 1950). Die Kanadierin gewann 1974/75, 1977–79 und 1981. Bei den Männern siegte der Franzose Michel Carrega (*26. September 1934) viermal: 1970, 1971, 1974 und 1979.

Die größte Leistung im Revolverschießen gelang Ed McGivern (USA), der in 0,45 Sek. zweimal aus 4,5 m Entfernung 5 Schüsse abgab, die alle eine silberdollargroße Fläche (3,06 cm) trafen; dieses Ergebnis wurde am 20. August 1932 auf dem Schießplatz des Lead Club, South Dakota (USA), erreicht.

Den 24-Std.-Rekord im Luftgewehrschießen (stehend freihändig, 10-m-Distanz) hält ein Sextett der Bürgerlichen Schützenvereinigung Bergrheinfeld (Kreis Schweinfurt). Willi Brach, Ralf Füßer, Peter Ripperger, Norbert Rudloff, Rainer Stark und Peter Herdel kamen auf 204750 Ringe bei 24324 Schuß (Schnitt pro Stunde 8531,3 Ringe) am 28./29. April 1984.

40. SCHWIMMEN

Früheste Hinweise: Wettkämpfe sind seit 36 v. Chr. bekannt. In Japan wurde Schwimmen in Schulen im Jahre 1603 durch ein kaiserliches Edikt von Kaiser Go-Yozei angeordnet. Das erste Schwimmlehrbuch erschien 1538 in Deutschland und ist von dem Pädagogen Nycolaus Wynmann aus Ingolstadt verfaßt worden. Die erste deutsche Badeanstalt wurde 1774 in Frankfurt am Main eröffnet. 1837 wurde der erste Schwimmverein, die Wasserfreunde Berlin, gegründet; das erste Hallenbad eröffnete 1855 ebenfalls in Berlin.

Die größte Zahl an olympischen Goldmedaillen gewann mit neun Mark A. Spitz (*10. Februar 1950, USA), und zwar 1968 über 4 × 100- und 4 × 200-m-Freistil, dann 1972 über 100-, 200-m-Freistil, über 100-, 200-m-Schmetterling, über 4 × 100- und 4 × 200-m-Freistil sowie über 4 × 100-m-Lagen. Außerdem holte er sich 1968 noch eine Silber- und eine Bronzemedaille (100-m-Schmetterling und 100-m-Freistil). Alle diese Leistungen mit Ausnahme der 4 × 200-m-Freistil von 1968 waren gleichzeitig neue Weltrekorde.

Die meisten Goldmedaillen bei den Frauen gewannen mit vier Patricia McCormick (*12. Mai 1930, USA) im Kunst- und Turmspringen

WELTREKORDE – SCHIESSEN

Disziplin	Entfernung	Anz. d. Schüsse	Treffer	Name/Land	Jahr
Freigewehr, Dreistellungskampf	300 m	120 (3 × 40)	1164	Malcolm Cooper (GB)	1985
Freigewehr, liegend	300 m	60	595	Kalle Leskinen (Finnland)	1983
			595	Toni Müller (Schweiz)	1983
			595	Malcolm Cooper (GB)	1985
Kleinkaliber, Freie Waffe	50 m	120 (3 × 40)	1175	Kiril Iwanow (UdSSR)	1985
Kleinkaliber, Liegendkampf	60 m	60	600	Alistair, Allan (GB)	1981
			600	Ernest van de Zande (USA)	1981
Freie Pistole	50 m	60	581	Alexander Melentjew (UdSSR)	1980
Schnellfeuer-Pistole	25 m	25	599	Igor Puzyrew (UdSSR)	1981
Laufende Scheibe Normallauf	50 m	60	595	Juri Sokolow (UdSSR)	1981
Wurftauben, Trap		200 Tauben	200	Donald Carlisle (USA)	1983
Wurftauben, Skeet		200 Tauben	200	Matthew Dryke (USA)	1981
			200	Jan Hula (ČSSR)	1984
Luftgewehr	10 m	60	594	Ralf Westerlund (Finnland)	1985
Luftpistole	10 m	60	590	Vladas Turla (UdSSR)	1985

DEUTSCHE REKORDE – SCHIESSEN

Disziplin	Entfernung	Anz. d. Schüsse	Treffer	Name	Jahr
Freigewehr, Dreistellungskampf	300 m	120 (3 × 40)	1152	Rudolf Krenn	1982
Kleinkaliber, Freie Waffe	50 m	120 (3 × 40)	1175	Ulrich Lind	1982
Kleinkaliber, Liegendkampf	60 m	60	600	Karl Wenk	1967
			600	Ulrich Lind	1982
			600	Werner Seibold	1982
Freie Pistole	50 m	60	574	Gerhard Beyer	1976
Schnellfeuer-Pistole	25 m	25	600	Heinz Weißenberger	1979
			600	Werner Reininger	1983
Laufende Scheibe, Normallauf	50 m	60	588	Gunther Danne	1978
			588	Ludwig Montsko	1983
Wurftauben, Trap		200 Tauben	198	Peter Blecher	1984
Wurftauben, Skeet		200 Tauben	199	Norbert Hofmann	1982
Luftgewehr	10 m	60	591	Kurt Hillenbrand	1982
			591	Bernhard Süß	1984
Luftpistole	10 m	60	585	Wolfgang Müller	1982

1952 und 1956; Dawn Fraser (*4. Juli 1937, Australien) über 100-m-Freistil (1956, 1960 und 1964) und 4 × 100-m-Freistil 1956 sowie Kornelia Ender (*25. Oktober 1958, DDR) über 100- und 200-m-Freistil, 100-m-Schmetterling und 4 × 100-m-Lagen 1976.

Der knappste Sieg bei Olympischen Spielen ereignete sich am 30. August 1972 in München beim 400-m-Lagen-Finale, als Gunnar Larsson (*12. Mai 1951, Schweden) mit einer Differenz von zwei Tausendstelsek. – das ist ein Vorsprung von drei Millimetern – gegen Tim McKee (*14. März 1953, USA) gewann. 4:31,981 zu 4:31,983 lauteten die Zeiten.
Das veranlaßte den internationalen Verband zu der Regeländerung, keine Tausendstelsekunden mehr heranzuziehen. So kamen in Los Angeles (USA) 1984 die beiden Amerikanerinnen Nancy Hogshead und Carry Steinseifer mit ihren 55,92 Sek. über 100-m-Freistil gemeinsam zur Goldmedaille.

Die tragischste Figur bei den Sommerspielen 1984 in Los Angeles war der Deutsche Thomas Fahrner. Er erreichte über 400-m-Freistil mit 3:50,91 Min. (olympischer Rekord) zwar die schnellste Zeit aller Konkurrenten und erhielt dennoch keine Medaille. Er wurde nur Neunter, denn er hatte in seinem Vorlauf zu sehr gebummelt, das Finale knapp verpaßt und durfte nur im Trostrennen starten. Hier kam er auf ein besseres Ergebnis als Amerikas Olympiasieger George Dicarlo (3:51,23).

Gleitet kraftvoll durch das Wasser, Amerikas zweifache Delphin-Weltrekordlerin Mary T. Meagher.

Die meisten Medaillen bei Weltmeisterschaften (eingeführt 1973) gewann mit zehn Kornelia Ender (DDR), achtmal Gold und zweimal Silber, in den Jahren 1973–75.
Die meisten Medaillen bei den Männern gewann mit acht Ambrose »Rowdy« Gaines (*17. Februar 1959, USA) zwischen 1978 und 1982, fünfmal Gold und dreimal Silber. Die meisten Einzelmedaillen bei einer WM gewann mit sechs Tracy Caulkins (*11. Januar 1963, USA) 1978 in Berlin mit fünf Gold- und einer Silbermedaille.

Die meisten Weltrekorde bei den Herren erzielte mit 32 Arne Borg (*18. August 1901, Schweden) in den Jahren 1921–29; bei den Damen Ragnhild Hveger (*10. Dezember 1920, Dänemark) mit 42 in den Jahren 1936–42.

Der schnellste Mann im Wasser ist Tom Jager (USA), der am 7. Dezember 1985 bei den Offenen amerikanischen Meisterschaften in Austin (Texas) die 50-m-Freistil in einem 50-m-Bekken in 22,40 Sek. zurücklegte, was einer Durchschnittsgeschwindigkeit von 8,04 km/h entspricht.

Eine 100 × 400-m-Staffel der SG Neptun Lampertheim (Hessen) schwamm am 23. Juni 1985 den neuen Weltrekord von 10:27:57,5 Std.

Über 100 × 1000 m erreichte die Staffel des Schwimmvereins Mannheim am 18. September 1983 in einem offenen Gewässer 30:53:37 Std.

Eine 1000 × 50-m-Staffel, gebildet von Mitgliedern aus 55 Schwimmvereinen des Bezirks Düsseldorf, erreichte die Rekordzeit von 8:31:54,5 Std. am 12. Mai 1983 in Krefeld.

Eine 1000 × 100-m-Staffel fand am 19./20. Februar 1982 im Dortmunder Südbad des Schwimmvereins Derne 1949 Dortmund statt. Die geschwommene Rekordzeit gegen die Uhr betrug 25:28:40,30 Std.

Über 1500 × 50 m schafften 25 Schwimmer der DLRG Korschenbroich (Kreis Neuss) 11:31:37 Std. am 3. September 1983 im Korschenbroicher Hallenbad.

Langstreckenschwimmen. Die längste Strecke im Ozean legte mit 207,3 km Walter Poenisch (*1914, USA) von Havanna (Kuba)

In allen Rekordlisten

Groß – größer – am größten! Deutschlands überragender und erfolgreichster Schwimmer aller Zeiten ist Michael Groß (*17. Juni 1964), der wegen der Reichweite seiner Arme auch den schmückenden Beinamen Albatros erhielt. Der Zwei-Meter-Mann aus Frankfurt, der für den Offenbacher SC startet, sprang bei den letzten Europameisterschaften 1985 in Sofia sechsmal ins Wasser und gewann sechsmal Gold – über 100- und 200-m-Delphin, 200-m-Freistil sowie mit den Staffeln über 4 × 100- und 4 × 200-m-Freistil und 4 × 100-m-Lagen. Dazu kommen noch fünf weitere EM-Titel, einer 1981 in Split (Jugoslawien) und vier 1983 in Rom. Doch damit sind noch nicht alle Triumphe aufgezählt. Groß wurde 1982 in Guayaquil (Ecuador) zweimal Weltmeister und zwei Jahre später bei den Sommerspielen in Los Angeles ebensooft Olympiasieger. Er hält außerdem vier Weltrekorde.

nach Little Duck Key, Florida (in einem Haifischkäfig und mit Flossen) vom 11. bis 13. Juli 1978 in 34:15 Std. zurück.

Die längste Strecke in einem Stück schaffte Ricardo Hoffmann (*5. Oktober 1941, Argentinien). Er schwamm im Paraná-Fluß von Corrientes nach Santa Elena 481,5 km in 84:37 Std., und zwar vom 3. bis 6. März 1981.

Die längste Strecke innerhalb von 24 Std. legte Jan Hestoy (Island) mit 89,174 km am 29./30. Mai 1982 in einem 25-m-Becken in Aarhus (Dänemark) zurück.

Ute Kalus (*4. Juni 1959) aus Siegen kam auf 58,300 km am 18./19. Oktober 1985 auf einer 25-m-Bahn in Siegen.

Der Lebensmittel-Chemiker Prof. Ulrich Haevecker (*1932) aus Erding (Bayern) kam am 31. August/1. September 1984 im 25-m-Bad von Saint-Pierre du Mont (Frankreich) auf 55,116 km im 24-Std.-Brustschwimmen.

Den Stundenweltrekord halten bei den Herren mit 5515 m der Kölner Rainer Henkel, aufgestellt am 21. September 1985 in Wuppertal, und bei den Damen mit 4950 m Petra Zindler, ebenfalls Köln, erreicht am 11. November 1985 in Arnsberg.

Kanalschwimmen. Der erste, der den Kanal (ohne Schwimmweste) überquerte, war 1875 der Kapitän der englischen Handelsmarine Matthew Webb (1848–83); von Dover (GB) brauchte er im Bruststil 21:45 Std. nach Calais (Frankreich). Er war vom 24. August 12.56 Uhr bis zum 25. August 10.41 Uhr unterwegs. Er schwamm schätzungsweise 61 km, um die 33-km-Strecke zu schaffen.

Die erste Überquerung von Frankreich nach England unternahm Enrico Tiraboschi, ein reicher Italiener. Er schwamm am 12. August 1923 in 16:33 Std. hinüber, um den *Daily-Sketch*-Preis von 1000 Pfund zu gewinnen.
Von England nach Frankreich stellte als erster Deutscher Prof. Ulrich Haevecker aus Erding (Bayern) mit 17:05 Std. am 28./29. August 1982 einen Rekord im Bruststil auf.

Die erste Frau, der die Überquerung gelang, war Gertrude C. Ederle (*23. Oktober 1906, USA); sie schwamm am 6. August 1926 von Cap Gris Nez (Frankreich) nach Deal (GB) 14:39 Std. Die erste Frau, die von England nach Frankreich schwamm, war Florence Chadwick (*1918, USA) am 11. September 1951 in 16:19 Std.

Den offiziellen Rekord der Channel Swimming Association (gegründet 1927) hält mit 7:40 Std. Penny Dean (*21. März 1955, USA), aufgestellt am 29. Juli 1978 von Shakespeare Beach, Dover (GB), nach Cap Gris Nez (Frankreich).

Die erste Doppelüberquerung schaffte Antonio Abertondo (*1919, Argentinien). Er schwamm in 18:50 Std. (8.35 Uhr am 20. September bis 3.25 Uhr am 21. September 1961) von England nach Frankreich und kehrte nach einer etwa vierminütigen Rast in 24:16 Std. nach England zurück; er landete am 22. September 1961 um 3.45 Uhr in St. Margaret's Bay und hatte die gesamte Strecke in 43:10 Std. bewältigt.

Die meisten Überquerungen gehen auf das Konto von Michael Read (GB), der zwischen dem 24. August 1969 und dem 19. August 1984 insgesamt 31mal die Strecke zurücklegte. Bei den Frauen kam Cindy Nicholas (GB) zwischen dem 29. Juli 1975 und dem 14. September 1982 auf 19 Überquerungen.

Flossenkraulen. Eine aus 25 Teilnehmern bestehende Staffel der DLRG-Ortsgruppe Südhart/Karlsruhe erreichte über 100 km (Wechsel nach jeweils 50 m) die Zeit von 15:54:54 Std. am 15./16. Dezember 1984 im Hallenbad Forchheim der Gemeinde Rheinstetten.
Die DLRG Holzwickede schwamm im Freien (Wechsel nach jeweils 100 m) die Zeit von 18:28:09 Std. am 11./12. Juni 1983 in Holzwickede.

Über 1500 × 50 m kam die Jugendgruppe der DLRG Waiblingen (Baden-Württemberg) am 20. Juli 1985 auf 11:54:21 Std. Die Staffel bestand aus 25 Teilnehmern.

Bei einem 111-km-Flossenschwimmen ohne Armtätigkeit am 12./13. Dezember 1981 wirkten 18 Rettungsschwimmer der DLRG-Ortsgruppe Thiede-Steterburg mit. In 33:28:31 Std. waren die 13 Durchgänge zu je 500 m auf der 25-m-Bahn eines Hallenbades in Salzgitter (Niedersachsen) geschafft.

Eine 24-Std.-Tauchstaffel der DLRG-Ortsgruppe Waldbröl kam bei ihrem Rekordversuch in der Schwimmhalle Waldbröl (Oberbergischer Kreis) auf eine Strecke von 90 150 m. 98 Taucher begaben sich am 7./8. November 1981 auf die 25-m-Bahn.

SCHWIMMEN – DEUTSCHE REKORDE

Herren

Sportart	Rekord	Name	Jahr
50-m-Freistil	23,0	Bernd Hoffmeister	1985
100-m-Freistil	50,32	Michael Groß	1985
200-m-Freistil	1:47,44	Michael Groß	1984
400-m-Freistil	3:47,80	Michael Groß	1985
1500-m-Freistil	15:10,34	Rainer Henkel	1985
100-m-Brust	1:02,66	Gerald Mörken	1977
200-m-Brust	2:16,78	Gerald Mörken	1977
100-m-Schmetterling	53,08	Michael Groß	1984
200-m-Schmetterling	1:56,65	Michael Groß	1985
100-m-Rücken	57,11	Frank Hoffmeister	1985
200-m-Rücken	2:02,19	Frank Hoffmeister	1985
200-m-Lagen	2:04,47	Peter Bermel	1985
400-m-Lagen	4:26,63	Ralf Diegel	1984
4 × 100-m-Freistil	3:22,18	Nationalstaffel	1985
4 × 200-m-Freistil	7:15,73	Nationalstaffel	1984
4 × 100-m-Lagen	3:43,59	Nationalstaffel	1985

Damen

Sportart	Rekord	Name	Jahr
50-m-Freistil	26,2	Karin Seick	1981
100-m-Freistil	56,61	Karin Seick	1982
200-m-Freistil	2:00,84	Ina Beyermann	1982
400-m-Freistil	4:14,43	Ina Beyermann	1980
800-m-Freistil	8:45,83	Ina Beyermann	1981
100-m-Brust	1:11,44	Ute Hasse	1984
200-m-Brust	2:33,82	Ute Hasse	1984
100-m-Schmetterling	1:00,99	Karin Seick	1980
200-m-Schmetterling	2:11,91	Ina Beyermann	1984
100-m-Rücken	1:03,20	Svenja Schlicht	1984
200-m-Rücken	2:15,42	Svenja Schlicht	1983
200-m-Lagen	2:17,82	Christine Pielke	1984
400-m-Lagen	4:47,90	Petra Zindler	1983
4 × 100-m-Freistil	3:45,56	Nationalstaffel	1984
4 × 100-m-Lagen	4:11,97	Nationalstaffel	1984

SCHWIMMEN – WELTREKORDE

Herren

Sportart	Rekord	Name/Land	Jahr
50-m-Freistil	22,40	Tom Jager (USA)	1985
100-m-Freistil	48,95	Matt Biondi (USA)	1985
200-m-Freistil	1:47,44	Michael Groß (BR Deutschland)	1984
400-m-Freistil	3:47,80	Michael Groß (BR Deutschland)	1985
1500-m-Freistil	14:54,76	Wladimir Salnikow (UdSSR)	1983
100-m-Brust	1:01,65	Steve Lundquist (USA)	1984
200-m-Brust	2:13,34	Victor Davis (Kanada)	1984
100-m-Schmetterling	53,08	Michael Groß (BR Deutschland)	1984
200-m-Schmetterling	1:56,65	Michael Groß (BR Deutschland)	1985
100-m-Rücken	55,19	Richard Carey (USA)	1984
200-m-Rücken	1:58,14	Igor Poljanski (UdSSR)	1985
200-m-Lagen	2:01,42	Alex Bauman (Kanada)	1984
400-m-Lagen	4:17,41	Alex Bauman (Kanada)	1984
4 × 100-m-Freistil	3:17,08	USA-Nationalstaffel	1985
4 × 200-m-Freistil	7:15,69	USA-Nationalstaffel	1984
4 × 100-m-Lagen	3:38,28	USA-Nationalstaffel	1985

Damen

Sportart	Rekord	Name/Land	Jahr
50-m-Freistil	25,50	Tamara Costache (Rumänien)	1986
100-m-Freistil	54,79	Barbara Krause (DDR)	1980
200-m-Freistil	1:57,75	Kristin Otto (DDR)	1984
400-m-Freistil	4:06,28	Tracy Wickham (Australien)	1978
800-m-Freistil	8:24,62	Tracy Wickham (Australien)	1978
100-m-Brust	1:08,29	Sylvia Geresch (DDR)	1984
200-m-Brust	2:28,20	Sylvia Gerasch (DDR)	1986
100-m-Schmetterling	57,93	Mary T. Meagher (USA)	1981
200-m-Schmetterling	2:05,96	Mary T. Meagher (USA)	1981
100-m-Rücken	1:00,59	Ina Kleber (DDR)	1984
200-m-Rücken	2:09,91	Cornelia Sirch (DDR)	1982
200-m-Lagen	2:11,73	Ute Geweniger (DDR)	1981
400-m-Lagen	4:36,10	Petra Schneider (DDR)	1982
4 × 100-m-Freistil	3:42,71	DDR-Nationalstaffel	1980
4 × 100-m-Lagen	4:03,69	DDR-Nationalstaffel	1984

Schnell wie ein Fisch, 100-m-Freistil-Weltrekordler Matt Biondi. Er blieb als einziger unter 49 Sekunden.

Das längste Spiel zwischen zwei Siebener-Teams der Puyallup High School, Washington (USA), dauerte 24:50 Std. am 12./13. Oktober 1984.

Wasserfußball. Zwei 6-Mann-Teams der Emsbürener DLRG-Ortsgruppe (Emsland) spielten 12 Std. Dauerfußball – bis zum Bauch im Wasser eines Lehrschwimmbeckens ihrer Schwimmhalle stehend. Diese Wasserfußball-Premiere fand am 7./8. Februar 1981 statt.

41. SEGELFLUG

Das früheste Segelflugzeug, das einen Menschen tragen konnte, wurde von Sir George Cayley (1773–1857) entworfen und brachte seinen Piloten im Sommer 1853 über ein Tal bei Brompton Hall, Yorkshire (GB), etwa 457 m weit. In Deutschland gehen die Anfänge der Segelfliegerei auf Darmstädter Gymnasiasten und Studenten zurück, die 1911 auf der Wasserkuppe die ersten Flugübungen machten.

Segelflugzeuge erreichen jetzt Geschwindigkeiten von 270 km/h. Das Jastrzab-Kunstsegelflugzeug ist so entworfen, daß es Kurzflüge bis zu 450 km/h aushält.

Die höchste Auszeichnung, das Goldene C mit drei Diamanten (für Zielflug, Entfernung und Höhe), erhielt als erster Deutscher Georg Radatz aus Braunschweig.

Die meisten Titel bei Einzelweltmeisterschaften (eingeführt 1948) gewannen mit je drei der Deutsche Helmut Reichmann (*1942) in den Jahren 1970, 1974 (Standardklasse), 1978 (15-m-Klasse), der Engländer Douglas George Lee (*1945) in den Jahren 1976, 1978, 1981 (Offene Klasse) und der Australier Ingo Rever 1976 (Standardklasse), 1983, 1985 (Offene Klasse).

Der erfolgreichste Rekordflieger der Welt ist Hans-Werner Grosse, Lübeck, der in den Jahren 1972–1985 insgesamt 28 Bestleistungen im Streckenflug, Dreiecksflug und Zielflug aufstellte. Er hält die Rekorde im Dreiecksflug über 300 km mit 162,19 km/h, über 500 km mit 159,65 km/h, über 750 km mit 158,40 km/h, über 1000 km mit 145,32 km/h, über 1250 km mit 133,24 km/h sowie im Weitenflug mit 1460,8 km in einer ASW-12 von Lübeck nach Biarritz 1972.

42. SEGELN

Ursprünge: Das Wort *Yacht* kommt aus dem Holländischen und heißt Jagen. Yachtsegeln in England geht auf ein Wettrennen zwischen Charles II. und seinem Bruder James, Herzog von York, zurück, das am 1. September 1661 über 23 Meilen von Greenwich nach Gravesend stattfand. Der älteste Klub ist der Royal Cork Yacht Club, gegründet als Harbour Water Club im Jahre 1720 in Irland.
Der älteste deutsche Segelverein ist die Stralauer Tavernen Gesellschaft, gegründet 1835.

Die Höchstgeschwindigkeit erreichte mit 36,04 Knoten (66,78 km/h) die 22,4 m lange

WASSERSPRINGEN

Die meisten olympischen Medaillen gewann der Italiener Klaus Dibiasi (*6. Oktober 1947) mit fünf (drei Gold, zwei Silber) bei vier Olympischen Spielen von 1964–76.
Er ist auch der einzige Springer, der denselben Wettkampf (Turm) bei drei Spielen nacheinander (1968, 1972, 1976) gewann.

Erfolgreichste Kunstspringerin bei Weltmeisterschaften ist Irina Kalinina (*8. Februar 1959, UdSSR). Sie wurde in den Jahren 1973, 1975 und 1978 dreimal Siegerin, einmal Zweite und einmal Dritte. Bei den Herren gewannen die Amerikaner Phil Boggs (1973, 1975 und 1978) sowie Greg Louganis (1978 und zwei 1982) je drei Titel. Der Italiener Klaus Dibiasi kam auf zwei Gold- und zwei Silbermedaillen 1973 und 1975.

Die höchsten Punktzahlen bei Olympischen Spielen erhielt 1984 in Los Angeles Greg Louganis (USA) mit 754,41 vom Drei-Meter-Brett und 710,91 vom Zehn-Meter-Turm. Bei den Weltmeisterschaften 1982 in Guayaquil (Ecuador) gaben ihm alle Kampfrichter die Höchstnote 10,0 für einen perfekten Sprung.

Wassertreten. Den Dauerrekord im Meer mit 108:09 Std. hält Alberto Rizzo (*24. September 1947), erzielt vom 7. bis 12. September 1983 in Malta. Im Anna Swimming Pool von Madras (Indien) »strampelte« Tiru Shanmugan 81:25 Std. in aufrechter Haltung in einem Quadrat von 2,43 m Seitenlänge vom 26. bis 29. Juni 1983.

WASSERBALL

Ursprünge: Wasserball wurde 1869 in England als »Water Soccer« entwickelt und erstmals 1900 als Wettbewerb in die Olympischen Spiele von Paris aufgenommen. Nach Deutschland kam das Spiel 1894. Der erste Deutsche Meister wurde 1912 Germania Berlin.

Die meisten olympischen Turniere gewann Ungarn mit sechs: 1932, 1936, 1952, 1956, 1964 und 1976. Deutschland wurde 1928 Sieger und 1984 Dritter.

Die meisten Goldmedaillen, nämlich drei, teilen sich fünf Spieler: die drei Briten George Wilkinson (1879–1946) in den Jahren 1900, 1908, 1912; Paulo Radmilovic (1886–1968) und Charles Sidney Smith (1878–1951) in den Jahren 1908, 1912, 1920 sowie die beiden Ungarn Deszo Gyarmati (*23. Oktober 1927) und György Kárpáti (*23. Juni 1935) in den Jahren 1952, 1956 und 1964. Gyarmatis Frau und Tochter gewannen jeweils Gold- und Silbermedaillen im Schwimmen. Paulo Radmilovic gewann ebenfalls eine Goldmedaille in der 4 × 200-m-Freistilstaffel im Jahr 1908.

Die meisten Länderspiele bestritt Alexej Barkalow (*18. Februar 1946, UdSSR), der zwischen 1965 und 1980 insgesamt 412mal in die Landesauswahl berufen wurde.
Die meisten Tore in einem Länderspiel schoß beim 16:10-Sieg über Kanada mit 13 der Australier Debbie Handley während eines Turniers 1982 in Guayaquil (Ecuador).
Deutscher Rekord-Internationaler ist Peter Röhle mit 264 Einsätzen vor Günter Kilian (254), Frank Otto (239), Roland Freund (238), Thomas Loebb (236) und Jürgen Stiefel (229).

Der erfolgreichste deutsche Verein ist mit elf Meistertiteln Rote Erde Hamm vor Wasserfreunde Hannover und Hellas Magdeburg mit je acht.

Die Wasserfreunde Spandau 04 aus Berlin setzten neue Maßstäbe. Achtmal in Reihenfolge wurden sie Meister (1979–86), gewannen 1981/82 erstmals alle 30 Bundesliga-Spiele und blieben zwischen dem 10. September 1980 und dem 12. Juli 1983 insgesamt 101mal ungeschlagen. Außerdem gewannen sie siebenmal nacheinander (1979–85) den deutschen Pokal, wurden zweimal Europacup-Sieger der Landesmeister (1982, 1985) und erstmals 1985 auch europäischer Supercup-Gewinner.

Ein wahrer Genuß, Katamarane über das Wasser gleiten zu sehen. Sie sind die schnellsten Segelboote.

Crossbow II, die diesen Rekord am 17. November 1980 auf dem 500-m-Kurs in Portland Harbour (GB) aufstellte. Die Yacht mit einer Segelfläche von 130,06 m² wurde von Rod McAlpine-Downie entworfen und von ihrem Besitzer Timothy Colman gesteuert.

Den 24-Std.-Rekord mit einer Segelyacht hält Skipper Michael Birch, der mit seinem 24,6-m-Katamaran *Formula Tag* während der Transatlantik-TAG-Rennen 1984 zwischen Quebec und St. Malo auf 518 sm kam. Er erreichte dabei zeitweise eine Durchschnittsgeschwindigkeit von 31,68 Knoten. Eine tolle Leistung dieser Crew.

Die meisten Regattateilnehmer, die je zu einem einzigen Rennen starteten, waren 1947 Segelboote bei Rund um Seeland (Dänemark) vom 17. bis 20. Juni 1983 über eine Strecke von 375 km.

Die längste Segelregatta ist das seit 1973 alle vier Jahre stattfindende Rennen »Rund um die Welt«. Die Distanz beträgt 26 180 sm. Gestartet wird in Portsmouth (GB), dann geht es – mit Unterbrechung und neuem Start – über Neuseeland weiter nach Rio de Janeiro und wieder zurück nach Portsmouth. Den Rekord mit 120 Tagen, 6:35 Std. hält die Crew des Neuseeländers Cornelis von Rietschoten aus dem Jahr 1982.

Der Admiral's Cup ist die Ozean-Regatta mit den meisten Teilnehmernationen (jedes Land darf drei Boote stellen). Sie wird alle zwei Jahre vom Royal Ocean Racing Club im Ärmelkanal veranstaltet.
Eine Rekordzahl von 19 Nationen beteiligte sich 1975, 1977 und 1979. Großbritannien gewann den Admiral's Cup achtmal. Die Bundesrepublik Deutschland siegte dreimal (1973, 1983, 1985), die USA zweimal und Australien einmal.

Der America's Cup, bedeutendster Hochsee-Segelwettbewerb um einen von der englischen Königin Viktoria gestifteten Pokal, wurde ursprünglich als Direktpreis vom Schoner *America* am 22. August 1851 in Cowes gewonnen, später als Herausforderungs-Trophäe vom New Yorker Yacht Club ausgesegelt.
Die USA verteidigten den Pokal bis 1983 stets mit Erfolg – 16mal gegen Großbritannien, sechsmal gegen Australien und zweimal gegen Kanada.
Dann gab es – nach 132 Jahren – die erste Niederlage. Die amerikanische *Liberty* verlor im September 1983 nach sieben Regatten vor Newport 3:4 gegen die *Australia II* (Skipper John Bertrand) aus Australien.

Die kürzeste Zeit für das Rennen von London nach Sydney benötigte die *Great Britain II,* eine 23,5-m-Ketsch, bemannt mit einer britischen Crew aus mehreren Abteilungen der Streitkräfte. Sie segelte vom 31. August bis 7. November 1975 in 67 Tagen, 5:19:49 Std. von der Themsemündung nach Sydney (Australien) und unterbot damit den früheren Rekord des Clippers *Patriarch* von 1870 um nahezu zwei Tage. Die Rückreise nach Dover (GB) dauerte nur 66 Tage, 22:31:35 Std. Die gesamte Weltumseglung von 42 280 km wurde in einer Rekordzeit von 134 Tagen, 3:51:24 Std. ausgeführt.
In einem Rekord von 35,5 Tagen überquerte 1931 der Deutsche Ludwig Schlimbach (1876–1949) den Atlantik von Hamburg nach New York.

Nonstop-Weltumsegler. Nach 1966–68 schaffte Wilfried Erdmann (* 1940) aus Goltoft (Schleswig-Holstein) zwischen dem 8. September 1984 und dem 6. Juni 1985 eine zweite Weltumseglung, allerdings diesmal ohne jeglichen Zwischenaufenthalt. Der Einhandsegler mit seinem 10,50 m langen Kutterslup *Kethena Nui* brauchte für die 30 182 sm genau 271 Tage, um wieder in Kiel zu landen.

Der erste Sportler, der viermal nacheinander die Goldmedaille bei Olympischen Spielen gewann, war Paul B. Elvström (* 24. Februar 1928, Dänemark) in der 5,5-m-Klasse 1948, Finn-Klasse 1952, 1956, 1960; dazu kamen acht weitere Weltmeistertitel in insgesamt sechs Klassen.

Der erfolgreichste Segler der Bundesrepublik Deutschland ist Willi Kuhweide (* 6. Januar 1943), der im Finn-Dingi Olympiasieger 1964, Europameister 1961 und 1964, Weltmeister (Gold-Cup) 1963, 1966/67 wurde. Im Starboot gewann er den Gold-Cup 1972, die Bronzemedaille 1972 bei den Olympischen Spielen und im Soling die Europameisterschaft 1974.

43. SKISPORT

Ursprünge: Der älteste existierende Ski wurde gut erhalten in einem Torfmoor bei Hoting (Schweden) gefunden und datiert von etwa 2500 v. Chr. Eine Felsschnitzerei von einem Ski in Bessowsjsledki (UdSSR) datiert von 6000 v. Chr. Skilaufen als militärische Übung fand bereits 1199 in Norwegen Erwähnung.
Das sportliche Skilaufen entwickelte sich erst 1843 in Tromsö (Norwegen). Der 1861 in Norwegen gegründete Trysil Schieß- und Skiclub macht geltend, daß er der älteste der Welt sei. Skilaufen wurde in den Alpen 1883 eingeführt, obwohl es im Carniola-Distrikt einige Hinweise auf einen früheren Gebrauch gibt.

Der erste Abfahrtslauf fand 1870 in Telemarken (Norwegen) statt, die erste Slalomveranstaltung am 19. März 1905 am Muckenkogel in der Steiermark. Der österreichische Ski-Pionier Matthias Zdarsky hatte einen Kurs mit 85 Toren gesteckt. Der Internationale Skiverband (FIS) wurde am 2. Februar 1924 gegründet. Olympische Wettbewerbe gibt es seit 1924.
Außer Slalom, Riesenslalom und Abfahrt wurde jetzt auch der Super-G (Super-Riesenslalom) ins alpine Programm aufgenommen.

Die ältesten deutschen Vereine, gegründet 1892, sind der Skiclub Todtnau (Schwarzwald) und der Wintersportverein Braunlage (Harz). Der Deutsche Skiverband wurde 1905 in München, der Österreichische Skiverband 1905 in Innsbruck und der Schweizer Skiverband 1904 in Bern aus der Taufe gehoben.

Den längsten Ski fuhren 46 Skilehrer der Region Dachstein-West am 26. Januar 1986. Mit den 40 m langen und 500 kg schweren »Brettln« gelang es ihnen, auf einem Hang in Gosau eine Abfahrtsstrecke von gut 400 m zurückzulegen.

ALPINE WETTBEWERBE

Die meisten Titel im alpinen Weltcup (eingeführt 1967) gewann viermal Gustavo Thöni (* 28. Februar 1951, Italien) in den Jahren 1971–73 und 1975. Den Hat-Trick schafften auch der Schwede Ingemar Stenmark (* 18. März 1956) zwischen 1976 und 1978 sowie der Amerikaner Phil Mahre (* 1958) zwischen 1981 und 1983. Noch erfolgreicher war Annemarie Moser-Pröll (* 27. März 1953, Österreich) mit sechs Siegen in den Jahren 1971–75 und 1979. Zwischen 1970 und 1979 gewann sie insgesamt 62 Weltcup-Rennen, darunter 1973 elf Abfahrtsläufe in Reihenfolge. Rekord!

Die meisten Weltmeisterschaften (eingeführt 1931) gewann Christel Cranz (* 1. Juli 1914, Deutschland) mit insgesamt zwölf, davon vier Slalom- (1934, 1937–39), drei Abfahrtsrennen (1935, 1937, 1939) und fünf Kombinationsläufe (1934/35, 1937–39). Sie holte sich ebenfalls die Goldmedaille in der Kombination bei der Olympiade 1936.

Die meisten Weltmeistertitel bei den Männern errang mit sieben Anton (Toni) Sailer (* 17. November 1935, Österreich), der 1956 bei den Winterspielen alle vier Wettbewerbe (Riesenslalom, Slalom, Abfahrtslauf, nichtolympische alpine Kombination) sowie 1958 den Abfahrtslauf, den Riesenslalom und die Kombination gewann.

Die meisten deutschen Meistertitel gewann mit 16 Ludwig Leitner (* 14. Februar 1940), der 1964 Weltmeister in der Kombination wurde. Christian Neureuther wurde zwölfmal Sieger. Die meisten Titel bei den Damen gewann Christel Cranz mit neun in der Kombination, neun im Slalom und sechs in der Abfahrt.
Rosi Mittermaier (* 5. August 1950) errang 18 Titel, wurde 1976 Sportlerin des Jahres. Im gleichen Jahr gewann sie zwei olympische Goldmedaillen und eine Silbermedaille sowie den Weltcup.

Die erfolgreichste österreichische Skiläuferin ist Annemarie Moser-Pröll mit zwölf Landesmeisterschaften und 62 Weltcupsiegen. Gesamtgewinnerin 1971–75 und 1979. Außerdem 1972 Weltmeisterin in der Kombination, 1974 Weltmeisterin in der Abfahrt, 1978 Weltmeisterin in der Abfahrt und Kombination. 1980 olympische Goldmedaille in der Abfahrt, 1972 Silber in der Abfahrt und im Riesenslalom.

Die meisten österreichischen Meistertitel bei den Herren gewann Karl Schranz (* 18. November 1938) mit zwölf. Er errang die olympische Silbermedaille 1964 im Riesenslalom.

Die meisten Schweizer Titel gewann Roger Staub (* 1. Juli 1936) mit acht (Abfahrt 1958, Riesenslalom 1957–61, Kombination 1958 und 1960). Er wurde 1960 Olympiasieger im Riesenslalom.

Für ein Novum sorgten bei den Olympischen Spielen 1984 in Sarajevo (Jugoslawien) die amerikanischen Mahre-Zwillinge, die den Spezialslalom unter sich ausmachten. Phil siegte mit 19 Hundertstelsek. Vorsprung vor Bruder Steve.
Die Geschwister Marielle und Christine Goitschel aus Frankreich kamen 1964 in Innsbruck zu je einer Gold- und Silbermedaille. Christine gewann den Spezialslalom vor Marielle, und Marielle war im Riesenslalom vor Christine erfolgreich.

Das längste alpine Skirennen, der »Supercup Dolomiti«, rund um das Dolomiti-Skigebiet in Südtirol, fand mit 1600 Skiläufern am 23. Januar 1982 statt. Absoluter Sieger auf der 52 km langen Strecke mit 9000 m Höhenunterschied wurde mit 4:10:29,3 Std. Karl Auer (30).

Tänzer zwischen den Slalomtoren

Ein besonderes Kapitel in der langen alpinen Skigeschichte schrieb Ingemar Stenmark, der im März 1986 seinen 83. Weltcup-Sieg feierte. Der einst so schweigsame, verschlossen wirkende Schwede gilt seit einem Jahrzehnt als der ungekrönte König zwischen den Slalomstangen. Er wurde in dieser Zeit dreifacher Weltmeister und Doppel-Olympiasieger in Lake Placid (USA). Als einer der wenigen Läufer hatte er den Mut zu behaupten, daß er ein Profi sei, was ihm ein Startverbot bei den Winterspielen 1984 in Sarajevo einbrachte. Als einen seiner größten Triumphe betrachtet der Skandinavier seinen Riesenslalom-Sieg am 15. Dezember 1985 in La Villa (Südtirol), als er sich nach 21monatiger Erfolglosigkeit wieder in die Weltelite zurückmeldete und die gesamte Konkurrenz hinter sich ließ. Sein Kommentar: »Dieser Sieg ist fast ein Wunder. Es ist auch der erste Sieg seit der Geburt meiner Tochter Natalie im April 1984.«

Als längstes Abfahrtsrennen gilt das »Inferno«-Rennen, das in der Schweiz ausgetragen wird. Vom Gipfel des Schilthorns geht es 14 km hinunter nach Lauterbrunnen. 1986 beteiligten sich 1400 Skiläufer an dem Rennen; Heinz Fringen (Schweiz) hält den Streckenrekord mit 15:44,57 Min. aus dem Jahr 1981.

Die Geschwindigkeitsweltrekorde halten mit 208,937 km/h der Österreicher Franz Weber und mit 200,780 km/h die Amerikanerin Melissa Dimino, die diese Leistungen am 19. April 1984 auf einer 1800 m langen Piste mit 523 m Höhenunterschied im französischen Les Arcs, Savoyen, aufstellten.

Der längste Sessellift der Welt ist der Alpine Way zum Kosciusko-Chalet-Lift über Thredbo, in der Nähe von Snowy Mountains, Neusüdwales (Australien). Es dauert je nach Wetterlage 45–75 Min., um 5,6 km zu bewältigen.

Der erste Skilift der Welt wurde 1908 in Schonach (Schwarzwald) von Robert Winterhalder in Betrieb gesetzt.

Dauerslalom. 96:30 Std. stand Franz Ferstl (* 17. April 1950) in Ruhpolding auf den Brettern und durchfuhr dabei 30 060 Slalomtore bei 1002 Durchgängen. Er erzielte diese Leistung vom 12. bis 16. Januar 1986.
Dauerskilauf. Den Rekord hält der Österreicher Erwin Schirnik (* 11. Mai 1963), der vom 26. Februar bis 2. März 1986 auf der Patzen bei Bleiburg in Südkärnten genau 100 Std. in Bewegung war.

NORDISCHE WETTBEWERBE

Den knappsten Sieg bei Olympischen Spielen gab es 1980 in Lake Placid (USA), als der Schwede Thomas Wassberg (* 23. März 1956) den 15-km-Langlauf in 41:57,63 Min. mit 1/100 Sek. Vorsprung (das entspricht etwa 6 cm) vor dem Finnen Juha Mieto gewann.

Den Weltpokal (eingeführt 1979) gewann als erster Oddvar Braa (Norwegen) und bei den

Ungekrönter König auf den Skipisten der Welt, Ingemar Stenmark, der große, erfolgreiche Schwede.

In aerodynamischer Haltung zu Tal, Österreichs Geschwindigkeitsweltrekordler Franz Weber.

Frauen Galina Kulakowa (UdSSR). Alexander Sawjalow (*2. Juni 1955, UdSSR) und Gunde Svan (Schweden) siegten je zweimal, ebenfalls die Finnin Marja-Liisa Hämäläinen.

Erfolgreichster Langläufer der Welt ist der Schwede Sixten Jernberg (*6. Februar 1929), der zwischen 1956 und 1964 vier olympische Gold-, drei Silber- und zwei Bronzemedaillen erkämpfte. Darüber hinaus wurde er, einschließlich der Staffel-Wettbewerbe, viermal Weltmeister (1958, 1962). Noch besser schnitt Galina Kulikowa (*29. April 1942, UdSSR) ab, die zwischen 1968 und 1980 viermal Olympiasiegerin wurde und je zweimal auf Platz zwei sowie drei kam. Außerdem errang sie fünf WM-Titel, je zwei zweite und dritte WM-Plätze. Also insgesamt 17 Medaillen.

Auf sechs Einzeltitel kam Johan Grottumsbraaten (1899–1942, Norwegen), der zwischen 1926 und 1932 zweimal die 18 km und viermal die nordische Kombination gewann.

Der erfolgreichste Athlet in der nordischen Kombination (Skispringen und 15-km-Langlauf) ist Ulrich Wehling (DDR), der dreifache Olympiasieger 1972, 1976 und 1980.

Das größte Skirennen ist der »Vasa Loppet«. Er gedenkt des Ereignisses von 1521, bei dem Gustav Vasa (1496–1560), später König Gustav Erikson, auf dem Schlitten die 85,8 km von Mora nach Sälen (Schweden) zurücklegte, während die beiden dalekarischen Bauern Lars und Engelbrekt auf Skiern liefen. Die Wiederholung dieser Reise in umgekehrter Richtung ist ein jährliches Festival. Am 60. Rennen am 6. März 1983 nahmen 12000 Läufer teil. Der Schwede Bengt Hassis gewann am 2. März 1986 in neuer Streckenrekordzeit von 3:48:55 Std.

Die längsten Läufe der Welt sind der »Wäldercup« im Südschwarzwald über 100 km, der »Grenader« im Norden Oslos und das Rennen »Auf König Ludwigs Spuren« in Oberammergau (Oberbayern) über jeweils 90 km.

Die meisten Deutschen Meisterschaften in der Nordischen Kombination gewann mit neun Georg Thoma (*20. August 1937) in den Jahren 1958–66. Er wurde 1960 Olympiasieger und 1964 Olympia-Dritter, Weltmeister 1966 und außerdem dreimal Deutscher Meister im Skispringen 1960, 1961 und 1963.

Die meisten Deutschen Meisterschaften im Langlauf gewann Walter Demel (*1. Dezember 1935) mit insgesamt 40 Titeln über die Strecken 15, 30, 50 km. Er wurde 1960 Weltmeisterschafts-Dritter über 30 km.
Die meisten deutschen Meistertitel bei den Damen gewann mit 16 Titeln Karin Jäger (*31. Juli 1961) zwischen 1977 und 1985.

Die längste Strecke innerhalb von 24 Std. legte der Finne Teuvo Rantanen mit 315 km am 24./25. März 1984 in Jyväskyla (Finnland) zurück.

Bei den Frauen erreichte Marlene Severs 197,83 km am 7./8. März 1985 in Eastburke, Vermont (USA).

Marathon: Der Weltrekord liegt bei 48 Std. und 513,568 km, aufgestellt vom 11. bis 13. März 1982 durch den Norweger Björn Lökken (*27. November 1937). Deutscher Rekordhalter ist Reiner Ramke (*8. April 1957), der vom 19. Januar (12 Uhr) bis 21. Januar (10 Uhr) 1984 insgesamt 46 Std. lang auf Skiern stand und dabei 380 km zurücklegte.

Skiroller-Dauerlauf. Den Weltrekord mit 426,393 km innerhalb von 26:04:44 Std. hält Klaus Dieter Schulz (*1946) aus Bad Vilbel, Hessen, der diese Leistung am 25./26. August 1984 auf einem 657 m langen City-Kurs in Kelkheim (Taunus) vollbrachte und dabei 649 Runden drehte. Die 400-km-Distanz hatte er in 22:29:03 Std. zurückgelegt.

Skifliegen. Offizielle Weltrekordler mit 191 m sind der Finne Matti Nykänen (*17. Juli 1963), der diese sagenhafte Weite am 15. März 1985 bei der WM im jugoslawischen Planica aufstellte, und der Österreicher Andreas Felder, der am 9. März 1986 bei der WM in Mitterndorf (Österreich) auf genau die gleiche Weite kam. Den Damenrekord hält mit 110 m Tina Lehtola (*3. August 1962, Finnland), aufgestellt am 29. März 1981 in Rura (Finnland).

Erfolgreichster Skispringer mit fünf Weltmeisterschaften ist der Norweger Birger Ruud (*23. August 1911). Er gewann 1931, 1932 (Oympia), 1935, 1936 (Olympia) und 1937. Er ist übrigens der einzige, der im nordischen Skisport und im alpinen Skisport (1936 Abfahrtslauf) zweimal olympisches Gold holte.

Den Weltcup gewann Matti Nykänen nach 1983 und 1985 zum drittenmal 1986 und ist damit absoluter Rekordmann. Er brachte es auf 27 Siege bei Weltcup-Konkurrenzen.

Der erfolgreichste Schweizer Skispringer ist Walter Steiner (*15. Februar 1951), der Skiflug-Weltmeister 1972 und Weltmeisterschafts-Dritter 1973 wurde; er gewann bei den Olympischen Spielen 1972 auf der Großen Schanze die Silbermedaille und stellte zwei Weltrekorde im Skiflug auf.

Die größte Sprungschanze der Welt befindet sich seit 1973 in Oberstdorf (Allgäu). Der Turm hat eine Höhe von 72 m, die Anlaufbahn ist 145 m lang, und der Höhenunterschied zwischen Anlauf und Auslauf beträgt 189 m (Kölner Dom: Höhe 157 m). Über dem Schanzentisch erreichen die Skiflieger Geschwindigkeiten bis zu 115 km/h, bei der Landung bis zu 130 km/h.

Einen Salto rückwärts sprangen am 24. Oktober 1982 in Sölden (Ötztal) auf dem Tiroler Rettenbachferner 81 Trickskifahrer Hand-in-Hand und landeten, ohne zu stürzen. Für den neuen Weltrekord beim Skifest »Holiday on Snow« hatten sie eine 140 m breite Spezialschanze gebaut.

BIATHLON

Erfolgreichster Olympionike im Biathlon (Skilanglauf mit zwei oder vier Schieß-Konkurrenzen) aller Zeiten ist der Sowjetrusse Alexander Tichonow (*2. Januar 1947), der zwischen 1968 und 1980 viermal mit der Staffel über 4 x 7,5 km Gold holte und 1968 Zweiter über 20 km wurde. Darüber hinaus errang er elf Weltmeisterschaften.

Die meisten Einzel-Goldmedaillen bei Olympischen Spielen gewann der Norweger Magnar Solberg (*4. Februar 1937) mit zwei (1968, 1972).

Weitenjäger auf zwei Brettern. Matti Nykänen beherrscht seit Jahren auf allen Skischanzen der Welt die Konkurrenz und feiert einen Erfolg nach dem anderen. Der kleine Finne ist Olympiasieger, Weltrekordler und auch Weltcup-Gewinner.

Die Loipen in tiefverschneiten Wäldern sind sein Revier. Schwedens Langlauf-As Gunde Svan beherrscht sowohl den klassischen Diagonal-Schritt als auch das neue Skating. Er wurde zweimal Weltcup-Sieger.

Die meisten Einzel-Weltmeisterschaften gehen auf das Konto von Frank Ullrich (*24. Januar 1958, DDR), der viermal die 10 km (1978–81), zweimal die 20 km (1982/83) gewann und außerdem viermal der Staffel (1978, 1979, 1981/82) zum Erfolg verhalf.

Ein Novum gelang Valeri Medwedzew (UdSSR) bei der WM 1986 in Oslo (Norwegen). Er gewann alle drei möglichen Titel, über 10 und 20 km und mit der Staffel.

SKIBOB

Der Skibob wurde von Mr. Stevens aus Hardford, Connecticut (USA), erfunden und am 19. April 1892 als ein »Fahrrad mit Skikufen« patentiert. Die Fédération Internationale de Skibob wurde am 14. Januar 1961 in Innsbruck (Österreich) gegründet. Die ersten Weltmeisterschaften fanden 1967 in Hofgastein (Österreich) statt.

Die einzigen Weltmeister, die ihren Titel mit Erfolg verteidigen konnten, waren der Österreicher Alois Fischbauer (1973 und 1975), der Bundesdeutsche Robert Mühlberger (1979 und 1981) sowie die beiden Österreicherinnen Gerhilde Schiffkorn (1967 und 1969) und Gertrude Geberth (1971 und 1973).

Die höchste Geschwindigkeit erreichte mit 166 km/h Erich Brenter (*1940, Österreich) im italienischen Cervinia 1964.

44. SQUASH

Ursprünge: Obwohl seit 1817 in Harrow School, London, gespielt wurde, gab es keinen anerkannten Meister irgendeines Landes, bis John A. Miskey aus Philadelphia (USA) 1906 die amerikanische Amateur-Einzelmeisterschaft gewann.
1973 wurde der Deutsche Squash-Rackets-Verband in Hamburg gegründet. 1976 fand die erste internationale Deutsche Meisterschaft statt. Die Swiss Squash Rackets Association wurde 1973 in Genf gegründet.

Die meisten Amateur-Weltmeistertitel, um die seit 1957 gekämpft wird, gewannen die Australier. Viermal war das Herrenteam (1967, 1969, 1971, 1973), dreimal das Damenteam (1967, 1981, 1983) siegreich.

Erfolgreichster Spieler ist der Australier Geoffrey B. Hunt (*11. März 1947). Er wurde dreimal Weltmeister bei den Amateuren (1967, 1969 und 1971) und holte sich viermal den Titel bei den Profis (1976/77), 1979 und 1980).

Der Pakistani Jahangir Khan (*10. Dezember 1963) gewann fünfmal bei den Profis (1981–85) und zweimal den ISRF-Titel, früher Amateur-WM, 1979 und 1981. Außerdem holte er sich fünfmal die British Open (1982–86). Seit dem 23. April 1981 ist Khan ungeschlagen – eine phänomenale Leistung.

Die meisten Titel bei den Offenen Britischen Meisterschaften (Amateure und Profis) in London gewann mit acht der Australier Geoffrey B. Hunt 1969, 1974, 1976–81. Der Pakistani Hashim Khan (*1915) hielt den Rekord mit sieben Siegen (1950–55, 1957). Bei den Damen war Heather Pamela McKay (*31. Juli 1941, Australien) sogar 16mal erfolgreich, von 1961–76. Darüber hinaus gewann sie zwei WM-Titel (1976, 1979). Noch bemerkenswerter: In ihrer Karriere von 1959 bis 1980 verlor sie nur zwei Spiele, je eines 1960 und 1962.

Das längste Spiel mit 2:45 Std. bestritten Jahangir Khan und der Ägypter Gamal Awad (9:10, 9:5, 9:7, 9:2) am 30. März 1983 im englischen Chichester, West Sussex.
Das kürzeste Spiel dauerte nur 9:30 Min., als Deanna Murray bei den Welsh- Titelkämpfen in Rhos-on-Sea (Clwyd) am 21. Oktober 1979 Christine Rees bezwang.

Fünf Deutsche Meisterschaften, soviel wie kein anderer Spieler, errang Carol Martini, der 1980–83 sowie 1985 siegte. Bei den Damen brachte es Claudia Adam-Thomalla zu vier Titeln zwischen 1980 und 1983.

Der Marathon-Rekord steht bei 122:17 Std. So lange hielten es der Amerikaner Clark Th. Smithson (31) und der Berchtesgadener Ludwig Meffert (36) vom 1. bis 5. Dezember 1984 in Berchtesgaden aus.

45. SURFEN

Ursprünge: Der traditionelle polynesische Sport des Surfens in einem Kanu *(ehorooe)* wurde zum ersten Mal von Kapitän James Cook (1728–79) auf seiner ersten Reise in Tahiti im Dezember 1771 beschrieben. Surfen auf einem Brett *(Amo amo iluna ka lau oka nalu)* wurde von James King im März 1779 in der Kealakekua-Bucht (Hawaii) gesehen und beschrieben. Der Sport wurde 1909 auf Waikiki neu belebt, hohle Bretter wurden 1929 eingeführt und 1956 der leichte Plastik-Typ.

Bis in die Arktis wagte sich John Stephenson. Hier kreuzt er dicht vor einem Eisberg in Grönland.

Die erste olympische Medaille erkämpfte sich 1984 in der Windglyder-Klasse Stephan van den Berg (Niederlande) vor Scott Stelle (USA) und Bruce Kendall (Neuseeland).

Die meisten Weltmeistertitel (eingeführt 1964) gewannen Joyce Hoffmann (USA) 1965/66 sowie Mike Novakov (Australien) 1982 und 1984.

Erfolgreichster Profi ist Mark Richards (Australien), der den WM-Titel viermal (1979–82) gewann.

Die Spitzengeschwindigkeit liegt bei 30,82 Knoten (57,08 km/h), die der Amerikaner Fred Haywood am 15. Oktober 1983 in Weymouth (GB) bei Windstärke 7–8 erreichte.

Die schnellste Überquerung des Ärmelkanals schaffte der Franzose Arnoud de Rosnay in 1:04:33 Std. (entspricht 31 km/h) im Juli 1982.

Das weltgrößte Surfbrett baute Frank Duesberg (26) aus Schwerte (Westfalen). Auf dem 15,10 m langen Tandem mit 10 Riggs und einer Segelfläche von rund 60 m^2 fanden am 12. September 1981 eine Dame und neun Herren (darunter drei Surf-Weltmeister) Platz. Das Riesenboard wurde bei der niederländischen Shark-Tandem-Weltmeisterschaft auf dem Westeinder Plas (Aalsmeer) präsentiert.

Die längste Surferkette aus 109 aneinandergebundenen und »bemannten« Surfbrettern gab es am 9. September 1984 zum Auftakt der »2. Guinness-Woche der Rekorde« in Faak am See (Österreich).

Marathon: Der Klagenfurter Schüler Günter Lackner (* 1969) stand am 15./16. September 1984 mit dem Surfbrett 25 Std. durch, zweimal fiel er in das Wasser des Faaker Sees – geschehen während der »2. Guinness-Woche der Rekorde«.

Windsurfen als olympische Disziplin. Erster Sieger: Stephan van den Berg. Der »fliegende Holländer« imponierte durch glänzende Manöver und kluge Taktik.

Den Dauerrekord hält der Franzose Marco Topdemir, der Mitte Oktober 1985 insgesamt 87:53:52 Std. auf dem Brett stand und den alten Rekord seines Landsmannes Jacky Ribeyre um gut sieben Std. überbot.

Eine Überquerung des Atlantischen Ozeans in Ost-West-Richtung gelang erstmals zwei Surfern. Die beiden Franzosen Stephane Peyron und Alain Pichavant, die am 2. Januar 1986 in Dakkar zu ihrer Tour aufgebrochen waren, erreichten nach 24 Tagen und 12 Std. die Antillen-Insel Guadeloupe. Sie benutzten ein 9,5 m langes und 1,18 m breites Tandembrett.

46. TANZEN

Ursprünge: Der wettkampfmäßige, sportliche Turniertanz entwickelte sich aus dem Gesellschaftstanz. Bereits seit 1909 (Paris) finden Weltmeisterschaften für Profis und Amateure statt. 1912 wurde das erste deutsche Turnier im Berliner Admiralspalast veranstaltet, 1919 an gleicher Stätte die erste Deutsche Meisterschaft. Sieger: Helmut Karmann/Ellen Stravides.

Als Einzelkonkurrenz gibt es drei verschiedene Wettbewerbe: Die Standard-Tänze (Langsamer Walzer, Tango, Slowfox, Wiener Walzer, Quickstep), die – erst nach dem Zweiten Weltkrieg eingeführten – lateinamerikanischen Tänze (Rumba, Samba, Cha-Cha, Jive, Pasodoble) sowie die Kombination, bestehend aus Standard und Latein.

Als bestes Paar bis zum Ausbruch des Zweiten Weltkrieges galten die Engländer John Wells und Renée Sissons, die viermal nacheinander (1936–39) die Weltmeisterschaft errangen.
Unter der Regie des International Council of Amateur Dancers (gegründet 1957 in Wiesbaden) finden seit 1959 Weltmeisterschaften statt. Ein Jahr später erfolgte die Trennung in Standard und Latein.

Erfolgreichste Teilnehmer bei der Standard-WM der Amateure waren die Engländer John und Betty Westley mit drei Titeln (1963–65). In den bisherigen 22 Jahren gewannen nur vier nicht-britische Paare: 1977 die Australier Greg Smith/Marion Alleyne, 1979/80 die Dänen Hans Henrik und Annemargarethe Laxholm sowie 1982 die Deutschen Busch/Hilgert.

Erfolgreichste Teilnehmer bei der Latein-WM waren die Deutschen Dr. Jürgen und Helga Bernhold mit vier Titeln (1962, 1963, 1966, 1967) sowie Peter und Hanni Neubeck mit drei Siegen (1968, 1970, 1971).

Am häufigsten Deutsche Meister in den Standardtänzen wurden mit je sechs Titeln Karl und Ursula Breuer (1958–61, 1968/69) sowie Ulrich Busch/Renate Hilgert (1976–81), die außerdem noch fünfmal die Kombination (1976–81) und dreimal in den lateinamerikanischen Tänzen (1976, 1979/80) erfolgreich waren. Auf ihr Konto kommen außerdem noch vier World-Cup-Siege in der Kombination (1978–81) sowie die Standard-Weltmeisterschaft 1982 in Frankfurt/Main und die British Open im gleichen Jahr in Blackpool.

Am häufigsten Deutsche Meister in den lateinamerikanischen Tänzen wurden mit sechs Titeln Horst Beer/Andrea Lankenau (1981–86), die auch 1985 Weltmeister wurden. Mit je vier Siegen folgen Dr. Jürgen und Helga Bernhold

(1962/63, 1966/67) sowie Peter und Hanni Neubeck (1968–71).

Als das erfolgreichste Profi-Paar der Welt gelten Bill und Bobbie Irvine (Südafrika/England), die insgesamt zwölfmal die Weltmeisterschaft erkämpften: Standard 1960, 1962–65, 1967, 1968, Latein 1961, 1966, 1968 und Allround 1962, 1963.
Fünfmal Weltmeister in den Standardtänzen (1981–85) wurden die Engländer Michael und Vicky Barr.

47. TENNIS

Ursprünge: Nach allgemeiner Übereinstimmung hat sich das moderne Spiel als Freiluftform aus dem Hallenspiel Tennis entwickelt. Field-Tennis wird in der englischen Zeitschrift *Sporting Magazin* vom 29. September 1793 erwähnt. Der früheste Klub für dieses Spiel, das verschiedentlich Pelota oder Lawn Rackets genannt wurde, war der 1872 von Harry Gem gegründete Leamington Club. Amateuren wird seit 1968 gestattet, mit und gegen Profis im Open Turnier zu spielen.

1902 wurde in Berlin der Deutsche Tennis-Bund gegründet, im gleichen Jahr in Wien der Österreichische Tennis-Verband; bereits 1896 in Bern der Schweizerische Tennis-Verband. Der erste deutsche Tennisklub ist der LTC Rot-Weiß Baden-Baden (1881).

Der Grand Slam (zu deutsch: großer Knall) ist die Krone des Tennissports. Um diesen so seltenen Erfolg zu erkämpfen, bedarf es der Turniersiege bei den Internationalen Meisterschaften von Frankreich (Paris), Großbritannien (Wimbledon), den USA (Flushing Meadow) und Australien (Melbourne) innerhalb von zwölf Monaten. Früher galten sogar die – verschärften – Regeln, daß solch ein Triumph innerhalb eines Kalenderjahres erreicht werden mußte.

Der erste Spieler, dem dieses Kunststück gelang, war Frederick John Perry (* 18. Mai 1909, GB) im Jahr 1935. Als nächster schaffte es John Donald Budge (* 13. Juni 1915, USA) 1938. Sogar zweimal holte sich der Australier Rodney George Laver (* 9. August 1938) den großen Wurf, zuerst 1962 als Amateur und dann 1969, als die Turniere auch für Profis offen waren.
Die Frauen schmückten sich ebenfalls mit dem Grand Slam: Maureen Catherine Connolly-Brinker (1934–69, USA) im Jahr 1953, Margaret Jean Court-Smith (* 16. Juli 1942, Australien) 1970 sowie – nach neuer Version – die in der ČSSR geborene Amerikanerin Martina Navratilova 1983/84, die außerdem mit Pamela Shriver (* 4. Juli 1962, USA) im gleichen Zeitraum den Doppel-Triumph schaffte.

Hob 1985 die Wimbledon-Welt aus den Angeln: Boris Becker, der mit 17 Jahren das Turnier gewann.

Die meisten Turniererfolge innerhalb des Grand Slam erreichte mit 24 Margret Court, die zwischen 1960 und 1973 elfmal in Melbourne, je fünfmal in den USA und Paris sowie dreimal in Wimbledon gewann. Bei den Herren kam Roy Emerson (* 3. November 1930) auf zwölf Erfolge in einem Zeitraum von sieben Jahren (1961–67) – sechsmal in Australien, je zweimal in Frankreich, USA und Wimbledon.

Einen Match-Rekord von 80:7 Siegen weist Ivan Lendl (* 7. März 1960, ČSSR) in der Saison 1985 auf. Er gewann zehn von 15 Turnieren, verdiente 1 178 074 Dollar und schraubte sein Preisgeld auf insgesamt 8 214 582 Dollar. Vor ihm liegt nur John McEnroe mit 8 323 914 Dollar.

Die meisten Turniersiege errang mit 105 der Amerikaner Jimmy Connors, der unter anderem zweimal Wimbledon und fünfmal die US-Open gewann.

Den höchsten Jahresverdienst erspielte sich der Tschechoslowake Ivan Lendl, der 1982 insgesamt 14 Turniere gewann und dabei auf 2 028 850 Dollar kam.

Der höchste Preis bei einem einzigen Spiel betrug 500 000 Dollar. Diese Summe wurde am 26. April 1975 in Las Vegas (USA) ausgesetzt, als sich der Australier John Newcombe (* 23. Mai 1944) in einem Herausforderungsmatch dem Amerikaner Jimmy Connors (* 2. September 1952) geschlagen geben mußte.

Die größte Geldsumme gaben mit 3 073 500 Dollar die Veranstalter für die internationalen US-Meisterschaften 1985 aus.

Der härteste Aufschlag wird gleich mehreren Cracks zugestanden. Ein Ball von Steve Denton (* 5. September 1956, USA) wurde am 29. Juli 1984 in Beaver Creek, Colorado (USA), mit 224 km/h gemessen. Dabei handelte es sich um die derzeit modernsten Geräte. Eine andere Messung aus dem Jahr 1931 besagt, daß William Tatem Tilden (1893–1953) 263 km/h erreicht haben soll. Bei Boris Becker wurden sogar 302 km/h registriert.
Der Weinheimer Mathematiker und Tennislehrer Horst Göpper (* 1946) stellte Rekorde im Service am 14. März 1981 in Hemsbach (Baden) mit 321,12 km/h und im Schmetterball am 3. Mai 1981 in Heddesheim (Baden) mit 340,6 km/h auf. Diese Ballgeschwindigkeiten wur-

Gut für Tennis-Krimis

Er war nicht nur der jüngste und erste ungesetzte Tennisspieler, sondern auch der erste Deutsche, der das Herreneinzel von Wimbledon gewann: Boris Becker aus Leimen (Baden-Württemberg). Genau 17 Jahre und 228 Tage zählte der Blondschopf, als er bei den Old England Championships in London 1985 die größte Sensation schuf und für reichlich Schlagzeilen in der Weltpresse sorgte. Seinem großen Können war es schließlich auch zu verdanken, daß Deutschlands Davis-Cup-Team im gleichen Jahr bis ins Finale vorstieß und erst dort den Schweden mit 2:3 in München unterlag. Der 1,90 m große Athlet triumphierte auch im Junior-Masters zu Beginn des Tennisjahres 1986, schlug beim Grand-Prix-Turnier in Chikago erstmals auch Jimmy Connors (USA) und dann auch den tschechoslowakischen Weltranglisten-Ersten Ivan Lendl.

den bei Windstille auf Sandplätzen in Tenniszentren erzielt.

Längster Ballwechsel. Die beiden australischen Trainer Ken Hiskins (*1946) und Ted McTaminey (*1953) spielten am 22. April 1984 in Hürth bei Köln 7:14:07 Std., ohne daß ihnen dabei ein Fehler unterlief. Die zwei kamen auf 14 400 Schläge.

Marathon: Das längste Einzelmatch dauerte 117 Std. zwischen den Amerikanern Mark und Jim Pinchoff. Das Spiel fand im Fitness Center Lafayette, Louisiana (USA), vom 14. bis 19. Mai 1985 statt.

Den österreichischen Rekord halten mit 106:30 Std. Gerhard Mandelc (*19. September 1956) und Johann Gangl (*16. Februar 1950), erreicht zwischen dem 17. und dem 21. April 1983 in Neunkirchen (Niederösterreich).

Das längste Spiel bei den Damen dauerte 6:31 Std. beim Turnier 1985 in Richmond (USA). Vicky Nelson gewann 6:4, 7:6 gegen ihre amerikanische Rivalin Jean Hepner. Sogar 6:39 Std. standen sich bei den Herren am 11. Juli 1982 der Schwede Mats Wilander und John McEnroe gegenüber.

Das kürzeste Spiel bei einem Grand Prix dauerte 30:44 Min. Nur so lange benötigte die Heidelbergerin Steffi Graf, um am 2. Mai 1986 in der dritten Runde des Turniers von Indianapolis die Südafrikanerin Yvonne Vermaak mit 6:0, 6:2 zu schlagen.

Das kürzeste Damen-Doppel dauerte nur 3 Sek. Beim Turnier in Delray Beach (Florida) 1985 servierte die Amerikanerin Joanne Russel (mit Elise Burgin) – auf der anderen Seite retournierte die Deutsche Claudia Kohde (mit Helena Sukova, ČSSR). Die 30jährige Amerikanerin Russel verletzte sich bei diesem Aufschlag und mußte aufgeben.

Sprang bis auf Platz drei der Weltrangliste vor: Steffi Graf, die im Frühjahr 1986 zuerst Chris Evert-Lloyd und anschließend auch die große Martina Navratilova schlug. Leider stoppte eine Virusgrippe die erst 17jährige Heidelbergerin zwischenzeitlich, so daß sie in Wimbledon nicht mitspielen konnte.

Den Weltrekord im Doppel halten mit 96:25 Std. Ann Wilkinson, Peter Allsopp, John Thorpe und David Dicks aus Mansfield. Sie spielten vom 17. bis 21. August 1983.

Den deutschen Rekord im Doppel stellten vier jugendliche Ahrensburger, Ludwig Kroemer (*10. Juni 1965)/Tobias Kuhl (*10. September 1967) sowie Christoph Timm (*28. März 1964) und Dirk Schacht (*7. August 1968) mit 83 Std. vom 17. bis 21. März 1984 auf. Lediglich zwei Stunden pro Tag konnten sich die Spieler ausruhen.

Den österreichischen Rekord im Herrendoppel-Hallentennis halten mit 36:10 Std. Bernhard Berkhofer, Johann Falch, Siegmund Matt und Raimund Walch, die am 4./5. März 1983 in der Pettneuer Tennishalle (Arlberg) insgesamt 72 Sätze spielten.
In Ludwigshafen (Rheinland-Pfalz) erspielte sich das Duo Dirk Arneburg (18) aus Weinheim und Waldemar Nowrot (19) aus Saarbrükken vom 30. Dezember 1981 bis 2. Januar 1982 einen Dauerrekord im Hallentennis-Doppel. Die beiden Nachwuchsspieler kamen gegen wechselnde Partner auf 84:14:31 Std.

Den Nonstop-Rekord gegen eine Ballwurfmaschine hält Hannes von Arx (*16. September 1954, Schweiz), der innerhalb von 24 Std. (25./26. September 1983) insgesamt 50 700 Bälle schlug.

Die größte Anlage der Welt ist das seit 1969 bestehende Tennis-Center Keferloh in Haar bei München mit insgesamt 70 Plätzen, davon 60 im Freien. Die Courts haben verschiedene Beläge, meistens roten Sand, einige aber auch Asphalt und Rasen. Die Gesamtfläche beträgt 90 000 m^2.

WIMBLEDON-REKORDE

Die meisten Titel überhaupt erreichte mit insgesamt 20 die Amerikanerin Billie-Jean King-Moffitt (*22. November 1943), die zwischen 1961 und 1979 sechs Einzel, zehn Doppel und vier Mixed gewann. Elisabeth Ryan (1892–1979, USA) kam auf 19 (Doppel-)Erfolge zwischen 1914 und 1934.

Die meisten Titel bei den Herren errang mit 13 Hugh L. Doherty (1875–1919, GB), fünf Einzeltitel in den Jahren 1902–06 und einen Rekord von acht Doppeln 1897–1901, 1903–05.

Die größte Zahl an Einzelsiegen errang mit acht Helen Wills-Moody (*6. Oktober 1905, USA), die 1927–30, 1932/33, 1935 und 1938 gewann.

Die meisten Titel im Herreneinzel seit Abschaffung der Herausforderungs-Runde (1922) holte sich der Schwede Björn Borg; er gewann fünfmal nacheinander (1976–1980). Der Brite William Charles Renshaw (1861–1904) hatte in den alten Wimbledon-Zeiten – als der Titelverteidiger sofort für das nächste Finale qualifiziert war – das Einzel sogar siebenmal (1881–86 und 1889) für sich entschieden.

Die jüngste Meisterin aller Zeiten war Charlotte Dod (1871–1960), die erst 15 Jahre, 9 Monate alt war, als sie 1887 gewann.

Am häufigsten dabei war der Brite Wentworth Gore (1868–1928). Er nahm zwischen 1888 und 1927 insgesamt 36mal teil und war 1909 mit 41 Jahren der älteste Sieger im Einzel. Der Franzose Jean Borotra (*13. August 1898) spielte zwischen 1922 und 1964 insgesamt 35mal in Wimbledon. 1977 machte er sogar noch einmal im Veteranen-Doppel mit.

Das Turnier, das die meisten Zuschauer anlockte, war das von 1984: insgesamt kamen 412 578 Besucher zu den Spielen. Darüber hinaus wurde am 2. Juli 1985 ein neuer Tagesrekord mit 38 577 Besuchern registriert.

DAVIS-CUP

Die meisten Siege im Davis-Cup, der 1900 eingeführten Weltmeisterschaft für Herren-

Die höchstbezahlte Sportlerin

Ein ganz besonderes Datum für Martina Navratilova war der 8. März 1986. An diesem Tag bezwang die Linkshänderin im Finale des Internationalen Turniers von Piscataway im US-Bundesstaat New Jersey nicht nur mit 3:6, 6:0, 7:6 Helena Sukova (ČSSR), sondern kassierte ein Preisgeld von 32 000 Dollar. Und mit dieser Summe übertraf sie als erste Tennisspielerin und als erster weiblicher Sportstar der Welt die Zehn-Millionen-Grenze. Exakt waren es zu diesem Zeitpunkt 10 006 424 Dollar. Die in Prag geborene, später in die USA emigrierte Weltranglisten-Erste kam gleichzeitig mit diesem Sieg zu ihrem insgesamt 114. Turnier-Erfolg in ihrer 14jährigen Karriere. Besonders pikant, spannend und ausgeglichen sind stets ihre Duelle mit Chris Evert-Lloyd gewesen. 36:32 hieß es am 16. März 1986 für Martina, die unbestrittene Ausnahmeerscheinung mit dem Racket.

Teams, errangen mit 28 die USA vor Australien (25) und Großbritannien (9). Der Australier Roy Emerson (*3. November 1936) verhalf seinem Land zu acht Erfolgen, 1959–62 und 1964–67.

Den Rekord von 163 Einsätzen im Davis-Cup hält der Italiener Nicola Pietrangeli (*11. September 1933) zwischen 1954 und 1972. Er gewann 78 von 109 Einzeln und 42 von 54 Doppeln.

Das längste Einzelspiel dauerte 6:39 Std. zwischen John McEnroe (USA) und Mats Wilander (Schweden) im Juli 1982 in St. Louis (USA).

Am häufigsten in einem siegreichen Team stand Roy Emerson, der mit Australien achtmal (1959–62, 1964–67) erfolgreich war.

Die meisten Einzelspiele, nämlich alle 33, gewann Björn Borg, der von 1973–80 Schwedens Mannschaft angehörte.

Am häufigsten für Deutschland spielten Wilhelm Bungert (43), Gottfried von Cramm (37), Christian Kuhnke (32), Ingo Buding (27), Jürgen Faßbender (21) und Hans-Jürgen Pohmann (14).

FEDERATIONS-CUP

Die meisten Siege im Federations-Cup, der 1963 eingeführten Damen-WM für Mannschaften, feierten die USA mit elf Erfolgen. Dabei gewann Chris Lloyd-Evert (*21. Dezember 1954) alle ihre 28 Einzel und dazu 14 Doppel zwischen 1977 und 1982.

Auf einen Rekord von 56 Einzel- und 44 Doppel-Spielen kam Virginia Wade (GB), die 17 Jahre (1967–83) stets dabei war.

48. TISCHTENNIS

Ursprünge: Der früheste Hinweis auf ein dem Tischtennis ähnliches Spiel fand sich in Katalogen Londoner Sportwarenhersteller aus den 1880er Jahren. Die erste Ping-Pong-Vereinigung wurde 1902 gegründet, aber das Spiel fand nur vorübergehend Interesse, bis es 1921 wieder auflebte. Der erste deutsche Tischtennisverein ist der Ping-Pong-Club von Berlin, gegründet 1899. Bereits zwei Jahre später fanden in Berlin und Wien die ersten Turniere statt.

Die meisten Titel bei einer WM errang Viktor Barna (1911–72, Ungarn, nach dem Krieg GB) mit insgesamt 15 – fünf im Einzel (1930, 1932–35), acht im Herren-Doppel (1929–35, 1939) sowie zwei im Mixed (1932, 1934). Noch erfolgreicher war mit 19 Titeln Maria Mednyanski (1901–79, Ungarn). Sie gewann sieben Damen-Doppel (1928, 1930–35), sieben Mixed (1927/28, 1930–34) sowie fünf Einzel (1927–31) und wurde hierbei nur von der jetzt in Israel lebenden Rumänin Angelika Rozeanu (*15. Oktober 1921) übertroffen, die zwischen 1950 und 1955 sechsmal siegte.
Barna war außerdem an sieben ungarischen Mannschaftssiegen beteiligt.

Die meisten Mannschaftstitel bei Weltmeisterschaften holten mit insgesamt zwölf bei den Herren (Swaythling-Cup) Ungarn (1927–31, 1933–35, 1938, 1949, 1952, 1979) sowie mit acht bei den Damen (Corbillon-Cup) Japan (1952, 1954, 1957, 1959, 1961, 1963, 1967, 1971). Jeweils an zweiter Stelle folgt China, bei den Herren mit neun Siegen und bei den Damen mit sieben Siegen.

Das längste Spiel war das Finale um den Swaythling-Cup zwischen Österreich und Rumänien in Prag 1936; die Begegnung begann am Sonntag, dem 15. März (11 Uhr), und endete erst am folgenden Mittwoch.

Der erfolgreichste Spieler des DTTB (Deutscher Tischtennis-Bund) ist Eberhard Schöler (*22. Dezember 1940). Er wurde zweimal WM-Zweiter 1969 im Einzel und mit der Mannschaft, dreimal WM-Dritter 1965 und 1967 im Einzel sowie 1971 im Mixed, einmal EM-Zweiter 1962 im Mixed, viermal EM-Dritter, 1962 und 1964 im Einzel sowie 1961 und 1972 im Herren-Doppel. Insgesamt gewann er 25 nationale Titel, neun im Einzel (1962–69, 1971), einen im Herren-Doppel (1964), drei im Mixed (1967/68, 1973) sowie zwölf mit der Mannschaft von TuSA und PSV Borussia Düsseldorf. Dazu kommen noch sechs internationale Meisterschaften.

Auf neun nationale Einzel-Titel brachte es auch Conny Freundorfer (*4. November 1936) in den Jahren 1953–61.

Die erfolgreichste deutsche Spielerin ist die in Ungarn geborene Agnes Simon (*25. Juni 1935). Sie wurde dreimal Europameisterin, 1962 im Einzel sowie 1962 und 1968 mit der Mannschaft. Dazu kommen noch vier zweite EM-Plätze und ein dritter EM-Rang.

Bei den nationalen Deutschen Meisterschaften gewann sie drei Einzel (1967, 1969, 1976), sechs Damen-Doppel (1967–69, 1971/72, 1974) und zwei Mixed (1968, 1972). Schließlich stand sie noch 17mal in der siegreichen Mannschaft des DTC/DSC Kaiserberg.

Die meisten Titel bei Deutschen Meisterschaften (ohne Mannschaftswertung) errang Wilfried Lieck mit 17 (5 Einzel, 7 Herren-Doppel, 5 Mixed) vor Eberhard Schöler mit 13 (9–1–3) und Conny Freundorfer mit 12 (9–2–1). Bei den Damen führt Ursula Kamizuru-Hirschmüller mit 15 (5–7–3) vor Trude Pritzi mit 14 (7–3–4) die Rangliste an.

Am häufigsten für Deutschland spielten bei den Herren Eberhard Schöler (155), Wilfried Lieck (148), Peter Stellwag (119), Jochen Leiß (116) und Conny Freundorfer (102), bei den Damen Ursula Kamizuru-Hirschmüller (110), Hanne Schlaf, Agnes Simon und Kirsten Krüger (alle 93) sowie Wiebke Hendriksen (89).

Die deutschen Mannschafts-Rekordmeister sind bei den Damen der DSC Kaiserberg (17 Titel) und bei den Herren PSV Düsseldorf (12 Titel); dabei siegte die Mannschaft zwischen 1978 und 1982 fünfmal und stellte den Serien-Rekord des MTV München (1947–51) ein.

Rekordgewinner im Europapokal der Landesmeister sind bei den Damen (eingeführt 1964) PSC Statisztika Budapest mit 15 Titeln (1970–74 und 1976–85) sowie bei den Herren (eingeführt 1961) CSM Cluj (Rumänien) mit fünf Siegen (1961, 1964–67).
Auch vier bundesdeutsche Klubs waren bisher erfolgreich: die Herren des SSV Reutlingen (1982, 1983), des TTC Jülich (1984) und ATSV Saarbrücken (1986) sowie die Damen von DTC Kaiserberg (1966).

Die jüngste internationale Meisterin war Joy Foster (Jamaika), die im Alter von acht Jahren 1958 die jamaikanische Meisterschaft im Einzel und gemischten Doppel gewann.

Den längsten Ballwechsel hatten am 30. Juli 1978 mit 8:33 Std. Robert Siegel und Donald Peters in Stamford (USA).

Das längste Einzelmatch bestritten mit 168 Std. die beiden Baden-Württemberger Uwe Geiger (*1957) aus Schönberg und Thomas Opiol (*1960) aus Wehingen vom 14. bis 21. April 1985.

Das längste Doppel spielten mit 102 Std. Roland Merklein, Volker Fernath, Hilmar Küttner und Helmut Hanus aus Stuttgart vom 23. bis 27. Mai 1980.

49. TRIATHLON

Ursprünge: Entstand 1977 auf Hawaii und wurde aus einer Bierwette heraus geboren. Commander John Collins faßte drei renommierte Ausdauer-Wettbewerbe, das Waikiki-Rough-Water-Swim (3,9 km), das Oahu-Bike-Race (180 km) und den Honolulu-Marathon (42,195 km) zu einer Nonstop-Konkurrenz, dem Ironman-Triathlon, zusammen.
Außerdem gibt es einen Kurz-Triathlon (1–40–10 km), Mittel-Triathlon (2–80–20 km) und Lang-Triathlon (3–120–30 km). Die Regeln besagen, daß das Verhältnis aus folgenden Einzelstücken bestehen muß: 1 Teil Schwimmen, 40–50 Teile Radfahren, 9–11 Teile Laufen.

Die Federation International Triathlon veranstaltet sogar inoffizielle Weltmeisterschaften. Scott Tinley (USA) hält die Bestzeit über die Original-Distanz mit 8:50:54 Std., aufgestellt am 25. Oktober 1985 in Big Island, Hawaii. Seine Einzelzeiten lauteten 55:13 Min. – 4:54:07 Std. – 3:01:33 Std. Insgesamt viermal gewann Dave Scott den Wettbewerb.
Die schnellste Zeit erreichte mit 8:39 Std. Dave Scott am 20. April 1985 in Tokio. Die beste Leistung einer Frau sind 10:23 Std., erzielt von Joan Ernst am 26. Oktober 1985 auf Hawaii.
Zur Zeit gibt es in den USA 750000 Triathleten, weltweit etwa 2,5 Mio.
Die Deutsche Triathlon-Union ist eine am 23. Februar 1985 in Worms vollzogene Fusion zwischen dem Deutschen Triathlon-Verband und dem Deutschen Triathlon-Bund.
Erster Deutscher Meister, allerdings auf verkürzten Strecken, wurde Klaus Klaeren aus Gerolstein am 14. Juli 1984 in Immenstadt/Allgäu.

50. TURNEN

FAUSTBALL

Ursprünge: Erstmals erwähnt im Jahr 240 n. Chr. von Gordianus, Kaiser von Rom. Im Mittelalter entwickelte sich das Spiel besonders in Italien. Antonio Scaino verfaßte 1555 erste Regeln. Johann Wolfgang von Goethe erwähnt in seinem Tagebuch *Italienische Reise* 1786 eine Begegnung zwischen vier Veronesern und vier Vicentern. Georg Heinrich Weber veröffentlichte 1893 dann ein verfeinertes Regelwerk. Die erste Deutsche Meisterschaft der Männer fand 1913 statt.

Der Internationale Verband, gegründet 1960, umfaßt zwölf Verbände, darunter den Österreichischen Handball- und Faustballbund, die Interverbandskommission für Faustball in der Schweiz und den Deutschen Turnerbund mit der Sparte Faustball.

Weltmeisterschaften gibt es seit 1968. Alle fünf bisherigen Turniere gewann die Bundesrepublik Deutschland (1968, 1972, 1976, 1979, 1982).

Europameisterschaften (eingeführt 1965) wurden fünfmal von der Bundesrepublik Deutschland (1965, 1970, 1974, 1978, 1981) und einmal von Österreich (1984) gewonnen.

Europacup. Erster Gewinner war 1963 ISG Hirschfelde (DDR). Am häufigsten siegte der TSV Pfungstadt (Bundesrepublik Deutschland), und zwar 1970, 1976, 1978, 1982, 1984.

Deutsche Rekord-Nationalspieler sind Rolf Heisch und Dieter Thomas mit je 71 Länderspielen.

Dauerfaustball. Fünf Faustballer des TV Bissingen an der Teck spielten vom 2. bis 4. September 1982 gegen ständig wechselnde Mannschaften 53:45 Std. Das Quintett kam bei 100 Spielen auf 60 Siege.

KUNSTTURNEN

Eine frühe Form von Leibesübungen wurde im alten Griechenland und Rom während der Zeit der alten Olympischen Spiele (776 v. Chr. bis 393 n. Chr.) praktiziert. Johann Friedrich Simon war der erste Lehrer für moderne Leibesübungen an Basedows Schule in Dessau (1776). Friedrich Ludwig Jahn (1778–1852) eröffnete in der Berliner Hasenheide 1811 den ersten Turnplatz.

Der älteste deutsche Verein ist die Hamburger Turnerschaft von 1816. Der erste Turnverein in der Schweiz wurde 1819 in Zofingen gegründet.

Die erfolgreichste Olympia-Teilnehmerin aller Zeiten ist die Sowjetrussin Larissa Latynina (*27. Dezember 1934), die zwischen 1956 und 1964 neun Gold-, fünf Silber- und vier Bronzemedaillen im Einzel- und Mannschaftskampf gewann und damit den absoluten olympischen Rekord hält. Außerdem war sie zehnmal Einzel-Weltmeisterin.

Die meisten Einzel-Goldmedaillen bei Olympischen Spielen errang jedoch Vera Caslavska-Odlozil (*3. Mai 1942, ČSSR) mit sieben, davon drei 1964 und vier 1968.

Der erfolgreichste Olympia-Teilnehmer ist der Sowjetrusse Nikolai Andrianow (*14. Oktober 1952) mit 15 Medaillen, sieben goldenen, fünf silbernen und drei bronzenen, zwischen 1972 und 1980.

Sein Mannschaftskamerad Alexander Ditiatin (*7. August 1957) errang bei den Spielen 1980 in Moskau in allen acht Wettbewerben (Mannschafts- und Einzel-Zwölfkampf sowie sechs Geräte) eine Medaille – dreimal Gold, viermal Silber, einmal Bronze.

Die meisten Goldmedaillen bei den Herren holte der Japaner Sawao Kato (*11. Oktober 1946) mit acht zwischen 1968 und 1976. Außerdem gewann er dreimal Silber und einmal Bronze.

Deutschlands First Lady in der Rhythmischen Gymnastik: Regina Weber holte sich schon 33 nationale Titel und steht damit einsam an der Spitze. Anmut, Eleganz und Bewegungsfreude zeichnen die Rekordmeisterin aus. Ihr großes Ziel sind die Olympischen Spiele in Seoul.

Die besten Deutschen bei Olympischen Spielen waren – 1936 in Berlin – Konrad Frey (1909–74), der drei Gold-, eine Silber- und zwei Bronzemedaillen holte, sowie Alfred Schwarzmann (*23. März 1912), der ebenfalls drei Gold- und zwei Bronzemedaillen erkämpfte und 1952 – als 40jähriger! – noch einmal Olympia-Zweiter am Reck wurde. Vier Jahre später kam Helmut Bantz (*14. September 1921) im Pferdsprung zum vorerst letzten Olympiasieg für die Bundesrepublik Deutschland im Turnen.

Die höchste olympische Punktzahl erhielt 1976 in Montreal Nadia Comaneci (*12. November 1961, Rumänien), siebenmal die Traumnote 10,0 am Stufenbarren und Schwebebalken.

Die meisten Weltmeisterschaften der Herren gewann der Sowjetrusse Boris Schachlin (*27. Januar 1932) zwischen 1954 und 1964 mit zehn Einzel- und drei Mannschaftstiteln. Den weiblichen Rekord hält mit zehn Einzel- und fünf Mannschaftstiteln Larissa Latynina (*27. Dezember 1934, UdSSR) zwischen 1956 und 1964. Je fünfmal den Mannschaftstitel bei den Herren gewannen Japan (1962, 1966, 1970, 1974, 1978) sowie die Sowjetunion (1954, 1958, 1979, 1981, 1985). Bei den Damen siegte die UdSSR sogar achtmal (1954, 1958, 1962, 1970, 1974, 1978, 1981 und 1983).

Die jüngste Weltmeisterin ist Olga Bitscherowa (*26. Oktober 1966, UdSSR), die 1981 im Alter von 15 Jahren und 33 Tagen den Titel gewann.

Der jüngste Weltmeister ist Dimitri Bilosertschew (*17. Dezember 1966, UdSSR), der 1983 bei seinem Sieg in Budapest 16 Jahre und 315 Tage alt war. 1985 schaffte er das Kunststück, sechs von sieben Titeln bei den Kür-Europameisterschaften in Oslo zu holen und einmal (beim Pferdsprung) Zweiter zu werden.

Der erfolgreichste Kunstturner der Bundesrepublik Deutschland in den letzten Jahren ist Eberhard Gienger (*21. Juli 1951), der Weltmeister 1974, Europameister 1973 und 1975 am Reck, Vizeweltmeister 1975 im Sechskampf, 1976 Olympia-Dritter, Vizeweltmeister 1978 am Seitpferd und Reck, 1979 und 1981 Vizeweltmeister sowie 1979 Goldcupgewinner in Tokio am Reck wurde.

Der erfolgreichste Schweizer Turner ist Josef Stalder (*6. Februar 1919), der 1948 Olympiasieger am Reck wurde und die Silbermedaille im Zwölfkampf (Mannschaft) gewann. 1952 Olympia-Zweiter im Zwölfkampf (Mannschaft) und Bronzemedaille im Zwölfkampf (Einzel).

Die erfolgreichste Turnerin der DDR ist Karin Janz (*17. Februar 1952) mit zwei Gold-, zwei Silber- und zwei Bronzemedaillen bei den Olympischen Spielen 1968 und 1972. Sie wurde Europameisterin 1969 im Kür-Vierkampf, Pferdsprung, Schwebebalken und Stufenbarren, Weltmeisterin 1970 (Stufenbarren).

Das Nonplusultra in einem internationalen Titelkampf schaffte die Sowjetrussin Ludmilla Turischewa (*7. Oktober 1952), die alle fünf Goldmedaillen bei den Europameisterschaften am 26./27. Oktober 1975 in London errang – im Achtkampf, am Boden, Barren, Schwebebalken und im Pferdsprung.

Einen Achtkampf-Weltrekord stellte mit phantastischen 79,80 (von 80 möglichen) Punkten die Rumänin Ecaterina Szabo (*1967) beim Dreiländerkampf gegen Deutschland und Ungarn am 5./6. Juli 1984 in Stadtallendorf auf. Dabei kam sie in allen vier Kür-Übungen auf 10,0 und erhielt diese Traumnote auch für ihre Balken- und Bodenpflicht.

An einem Schauturnen anläßlich der 8. Schweizerischen Frauenturntage am 17. Juni 1984 in Winterthur nahmen insgesamt 20000 Frauen und Mädchen (zwei Blöcke à 10000) teil.

RHYTHMISCHE SPORTGYMNASTIK

Die meisten WM-Titel (eingeführt 1963) gewann im Vierkampf die Bulgarin Maria Gigova mit drei Siegen 1969, 1971, 1973.

Auf insgesamt neun Titel mit Einzelgeräten (Reifen, Ball, Keule, Band oder Seil) kamen Maria Gigova und Diliana Guerguiva, beide Bulgarien, sowie die Sowjetrussin Galina Schugorowa.
Erfolgreichste deutsche Gymnastin ist Carmen Rischer, die sich drei WM-Titel (alle 1979) holte.

Den Weltrekord im Vierkampf hält die Bulgarin Lilia Ignatova, die am 11. Mai 1985 in Sofia für ihre Superdarbietungen 40,0 Punkte bekam, das heißt jeweils die Traumnote zehn für die Vorführung mit dem Reifen, Ball, Band und der Keule.

Die Olympia-Premiere gewann in Los Angeles die Kanadierin Lori Fung vor Doina Staiculescu (Rumänien) und Regina Weber (BR Deutschland).

Deutsche Rekordmeisterin ist mit 33 Titeln Regina Weber, die mit ihren fünf Siegen bei den Meisterschaften am 24./25. Mai 1986 in Hannover die bislang führende Carmen Rischer (30) ablöste.

TAUZIEHEN

Ursprünge: Obwohl das frühe China und Ägypten als Herkunftsländer für den Sport angenommen worden sind, ist bekannt, daß neolithische Feuerstein-Bergleute in Norfolk (GB) »Tauziehen« praktizierten. Die ersten Regeln stellte 1879 der New York A. C. auf. 1958 wurde die Tug of War Association gegründet, um Großbritanniens 600 Vereine zu leiten.

Die meisten olympischen Medaillen (Tauziehen gehörte von 1908 bis 1920 zum Programm der Sommerspiele) gewannen drei Männer: John James Shepherd (1884–1954), Frederick H. Humphreys (1878–1954) und Edwin A. Mills (1878–1946), alle England, mit je zwei Gold- (1908, 1920) und einer Silbermedaille (1912).

Das längste Tauziehen, in dem das Liegen auf dem Boden oder das Eingraben in den Boden nicht gestattet ist, dauerte 11:23 Min. zwischen der Isle of Oxney und St. Claret's in Surrey (GB) am 26. Mai 1979.

TRAMPOLIN

Ursprünge: Das Trampolin (spanisch: Sprungbrett) wurde zuerst 1910 im Showgeschäft verwendet. Sportart wurde das Trampolin-Turnen 1936, nachdem der Amerikaner George Nissen den Prototyp des heutigen Geräts entwickelt hatte.

Die Weltmeisterschaften (eingeführt 1964) sind von vier Männern zweimal gewonnen worden: Dave Jacobs (USA) 1967/68, Wayne Miller (*1946, USA) 1966 und 1970, Richard Tison (*17. August 1956, Frankreich) 1974 und 1976 (anteilig) und Jewgeni Janes (UdSSR) 1976 (anteilig) und 1978.

Judy Wills (*1948, USA) gewann die ersten fünf Damentitel in den Jahren 1964–68.
Zwei europäische Titel (1969 und 1971) gewann Paul Luxon (*1952, England), der 1972 auch Weltmeister wurde.

Den Marathon-Rekord hält mit 1248 Std. (52 Tage) eine Sechser-Mannschaft aus Phoenix, Arizona (USA), aufgestellt zwischen dem 24. Juni und dem 15. August 1974. Als Einzelperson schaffte Jeff Schwartz in Glenview, Illinois (USA), 266:09 Std. vom 14. bis 25. August 1981.

Die deutschen Trampolinturnerinnen Petra Wenzel und Ute Scheile wurden 1974 Weltmeister und 1978 Vizeeuropameister im Synchronturnen.

Gehockter Salto rückwärts. Hans-Udo Hartmann (*31. August 1964) schaffte am 18. August 1985 auf einem Trampolin in Neuwied (Rheinland/Pfalz) 149 Sprünge ohne Unterbrechung in 4:25 Min.

Mini-Trampolin. Zehn Turner (»Sandstumpen Jumps«) des TSV Steinheim stellten am 11. Mai 1985 in Steinheim (Baden-Württemberg) einen Weltrekord im Saltospringen über den quergestellten Turnkasten auf. Innerhalb von fünf Stunden schafften sie über 3000 Sprünge.

51. VOLLEYBALL

Ursprünge: Das Spiel wurde 1895 als Mintonette von William G. Morgan in der YMCA-Sporthalle in Holyoke, Massachusetts (USA), erfunden. Der Deutsche Volleyball-Verband wurde im Jahr 1955 in Kassel gegründet, der Deutsche Sport-Verband Volleyball der DDR erst 1958 in Leipzig, der Österreichische Volleyballverband bereits 1953 in Wien und der Schweizerische Volleyballverband auch erst 1958 in Genf. Der Internationale Volleyballverband existiert seit April 1947 in Paris.

Die meisten Weltmeisterschaften (eingeführt 1949) gewann mit sechs das Herren-Team der UdSSR (1949, 1952, 1960, 1962, 1978 und 1982). Die Sowjetunion holte sich auch die mei-

Weltrekordlerin auf schmalem Brett mit viel Mut und großem Können: Sue Lipplegoes, die australische Weitsprungartistin mit 45,80 m.

sten Damen-Titel, nämlich vier (1952, 1956, 1960 und 1970).

Die meisten Medaillen bei Olympischen Spielen (seit 1964) gewann die UdSSR mit je drei bei den Männern (1964, 1968, 1980) und bei den Frauen (1968, 1972, 1980).

Die einzige Spielerin mit vier Medaillen ist Inna Ryskal (* 15. Juni 1944, UdSSR), die 1964 und 1976 Silbermedaillen sowie 1968 und 1972 Goldmedaillen gewann. Den Rekord bei den Männern hält Jurij Pojarkow (* 10. Februar 1937, UdSSR), der 1964 und 1968 Goldmedaillen sowie 1972 die Bronzemedaille erkämpfte.

Die meisten deutschen Titel errangen bei den Damen der 1. VC Hannover (18) und bei den Herren USC Münster (8).

Am häufigsten für Deutschland spielte Renate Riek (* 1960), die bis April 1986 auf 328 Einsätze kam.

Der Marathon-Rekord steht bei 75:30 Std. So lange hielten vom 31. Januar bis 3. Februar 1980 zwei Sechser-Teams in Kinston (USA) durch.

52. WASSERSKI

Ursprünge: Wasserski entstand aus dem Brandungsschwimmen (Wellenreiten) der Eingeborenen Melanesiens. In einer Abhandlung aus dem 19. Jh. über die Hexerei heißt es, daß Eliseo von Tarent schon im 14. Jh. auf dem Wasser »wanderte und tanzte«. Erste Berichte über das Wellenreiten an der amerikanischen Pazifikküste stammen vom Anfang des letzten Jahrhunderts. Heutzutage wird ein Läufer mit einem oder zwei Skiern von einem Motorboot gezogen.

Das sportliche Wasserskilaufen kennt vier Wettkampf-Sparten: Wasserski-Boot, Wasserski-Seilbahn und Barfuß-Wasserski jeweils mit Slalom, Tricks und Springen sowie Wasserski-Racing mit verschiedenen Klassen.
Als Pionier des jetzigen Wasserskisports gilt Ralph W. Samuelson (1904–77, USA), der auf zwei gebogenen Tannenholzbrettern im Sommer 1922 auf dem Pepin-See fuhr. Allerdings erhebt auch Frankreich den Anspruch darauf zur gleichen Zeit Geburtsstätte dieses Sports auf dem Annecy-See zu sein. Die Weltorganisation, die Union Mondiale de Ski Nautique wurde am 27. Juli 1946 in Genf gegründet.
Der Deutsche Wasserski-Verband wurde 1958 in Kassel, der Österreichische Wasserskiverband 1952 in Grein und der Schweizerische Wasserskiverband 1946 in Montreux gegründet.

WASSERSKI-BOOT

Die meisten Weltmeisterschaften in der Kombination (eingeführt 1949) gewannen mit je drei Titeln Sammy Duvall (USA) 1981, 1983, 1985 sowie Willa McGuire-Worthington (USA) 1949/50, 1959.

Den ersten überlieferten Sprung auf Wasserskiern machte Ralph Samuelson 1925 von einer eingefetteten Rampe am Lake Pepin (USA).

Weltbester Trickskifahrer: Patrice Martin (Frankreich) mit 10 130 Punkten.

Den weitesten Sprung schaffte mit 61,50 m der Australier Glenn Thurlow am 14. März 1983 in Moomba bei Melbourne. Den Rekord bei den Frauen hält mit 45,80 m ebenfalls eine Australierin, Sue Lipplegoes, die diese Leistung am 31. Juli 1983 in Kirtons Farm, Reading, Berkshire (GB), aufstellte.
Die deutschen Rekordhalter: Bernd Jung mit 48,90 m und Petra Trautmann mit 35,20 m.

Den Weltrekord im Slalom mit viereinhalb Bojen an einer 10,75-m-Leine halten Bob La Point (USA) und Andy Mapple (GB). Bei den Frauen schafften Jennifer Leachman und Deena Brush (USA) vier Bojen an einer 11,25-m-Leine.
Die deutschen Rekordhalter: Bernd Jung vier Bojen (11,25-m-Leine) und Susanne Strack viereinhalb Bojen (13-m-Leine).

Den Weltrekord im Figurenlauf (Tricks) halten mit 10300 Punkten der Amerikaner Cory Pickos sowie bei den Frauen mit 8350 Punkten Anna Maria Carrasco (Venezuela).
Die deutschen Rekordhalter: Bernhard Jung mit 7260 und Susanne Strack mit 4290 Punkten.

Die längste Strecke legte der Neuseeländer Will Coughey mit 2099 km am 18./19. Februar 1984 auf dem Tikitapu-See in Neuseeland zurück.

Die höchste Geschwindigkeit erreichte mit 230,26 km/h der Australier Christopher Michael Massey auf dem Hawkesbury-Fluß in Neusüdwales (Australien) am 6. März 1983. Schnellste Frau ist Donna Patterson Brice (* 1953) mit 178,81 km/h am 21. August 1977 in Long Beach (USA).

BARFUSS-WASSERSKI

Schnellster Läufer ist der Amerikaner Lee Kirk, der am 11. Juni 1977 auf dem Firebird-See in Phoenix (USA) 182,93 km/h erreichte.

Bei den Frauen erreichte Karen Toms (Australien) 118,56 km/h am 31. März 1984 auf dem Hawkesbury-Fluß in Neusüdwales.

WASSERSKI-SEILBAHN

Deutsche Bestleistungen halten im Slalom Gisela Pohlmann (5 Bojen, 13-m-Leine) sowie Rüdiger Felski, Michael Mäder (eine Boje, 11,25-m-Leine), im Trick Maria Asam (4180 Punkte) sowie Alex Müller (5350) und im Springen Maria Asam (37,10 m) und Rainer Schipper (49,50 m).

Die Bestleistung im Dauerfahren hält der Amerikaner Billy Nichols (* 1964), der es am 19. November 1978 auf dem Weir-See in Florida (USA) 2:42:39 Std. aushielt.

Der weiteste Sprung gelang 1984 dem Amerikaner Mike Seipel mit 20,10 m. Bester Deutscher ist Jürgen Weigand mit 14,80 m.

WASSERSKI-RACING

Die offiziellen Weltrekorde hält bei den Männern Alberto Todeschini (Italien): 1 km = 161,43 km/h, 10 km = 148,32 km/h, 50 km = 137,35 km/h. Frauen: Liz Hobbs (GB) 1 km = 122,18 km/h. ■

DER MENSCH

Soviel ißt der Mensch in 65 Jahren: 490 Zentner Lebens- und Genußmittel (S. 309)

1. KÖRPERMASSE

DIE GRÖSSTEN MÄNNER

Die menschlichen Riesen schießen durch Übertreibung oder aus kommerziellen Gründen oft in eine unwahrscheinliche Höhe. Glaubwürdig sind allein die Größenmaße, die in den letzten 100 Jahren unter objektiver ärztlicher Kontrolle ermittelt wurden. Leider aber sind gerade Medizinautoren nicht schuldlos daran, daß wider besseres Wissen phantastische Angaben verbreitet werden.

Der größte Mann war nach heutigem Wissensstand der am 22. Februar 1918 in Alton, Illinois (USA), geborene Robert Pershing Wadlow. Bei seiner Geburt wog er 3,85 kg. Sein überdurchschnittliches Wachstum begann im Alter von zwei Jahren nach der Operation eines doppelten Bruches. Die von der medizinischen Fakultät der Washington-Universität in St. Louis am 27. Juni 1940 vorgenommene Messung von Robert Wadlow ergab 272 cm. 18 Tage später, am 15. Juli, starb Wadlow in Manistee (USA) an den Folgen einer Zellgewebsentzündung am rechten Knöchel, die sich durch eine kurz vorher angepaßte, schlecht sitzende Schiene verschlimmert hatte. Er wurde auf dem Oakwood-Friedhof in Alton, Illinois, in einem 328 cm langen, 81 cm breiten und 76 cm tiefen Sarg beigesetzt. An seinem 21. Geburtstag betrug sein Höchstgewicht 222,71 kg. Als er starb, wog er 199 kg. Seine Schuhe waren 47 cm lang und seine Hände vom Handgelenk bis zur Spitze des Mittelfingers 32,4 cm. Seine Armspannweite betrug 288 cm, und es gab Zeiten, in denen er täglich bis zu 8000 Kalorien verzehren konnte. Bereits mit neun Jahren konnte er seinen Vater Harold Wadlow, der später Bürgermeister von Alton wurde (†September 1967), 180 cm groß war und 77 kg wog, in ihrem Wohnhaus die Treppe hinauftragen.

Der größte deutsche Mann war Christoffel Münster (1632–76) aus Varlosen (Landkreis Göttingen). Durch seine Größe von 248 cm (4 Ellen, 6 Zoll) wurde der Gänsehirt weit und breit bekannt. Herzog Christian Ludwig von Hannover ernannte ihn zu seinem Leibwächter. Christoffel starb 44jährig.

Der größte lebende Deutsche ist Konstantin Gerhard Klein (*15. März 1957 in Hainburg [Hessen]). Er ist 223 cm groß und wiegt 115 kg. In seiner Familie gab es vor ihm keine Riesen. Seine Schuhgröße: 53.

Der Österreicher, der »Dörfler Riese« Viktor Prenner (1930–82) aus Steinberg-Dörfl (Burgenland), soll als 20jähriger in Prag 234 cm groß gewesen sein. Als der Müller im Alter von 52 Jahren starb, maß er nur noch 218 cm.

In die Rolle des größten lebenden Menschen wurde nach dem Tod von Don Koehler im Jahr 1981 der Pakistani Muhammad Aalam Channa (*1956) gedrängt, der beim Heiligen Grab in Lal Shahbaz Qalandar als Aufseher seinen Dienst tut. Ihm wurde eine Größe von 251 cm zugeschrieben, eine Angabe, die 1984 korrigiert und auf 239 cm reduziert wurde. Die beiden einzigen lebenden Riesen, die 244 cm oder mehr messen, sind Monjane und Nashnush (s. Übersicht S. 64).

Der größte Österreicher heute ist Peter Zankl (*20. März 1964) aus Kötschach-Mauthen (Kärnten). Er mißt inzwischen 219 cm und wiegt 115 kg. Er hat Schuhgröße 55.

Der größte Schweizer heißt Robert Ulrich (*1. Mai 1938 in Sattel/Kanton Schwyz). Er erreicht eine Körpergröße von 213 cm, bringt aber 165 kg auf die Waage.

Der größte noch im Wachstum begriffene Teenager ist der 1968 geborene Kazim Hussein aus Bagdad (Irak). Im Februar 1985 war er bei 2,26 m angelangt. Die 12 Monate davor hatte er 7,6 cm zugelegt.
Andreas Gaalman-Tirler (*1. Januar 1971) aus Bozen (Südtirol) hat bereits 206 cm bei einem Gewicht von 143 kg erreicht. Seine Schuhgröße beträgt 52 (März 1986).

Die größten (eineiigen) Zwillinge sind die Brüder Michael und James Lanier (*27. November 1969) aus Troy, Michigan (USA), die jeweils 223,5 cm messen.

DIE GRÖSSTEN FRAUEN

Riesinnen sind seltener als Riesen, aber ihre Körpermaße sind genauso spektakulär wie die der Männer. Größte Frau in der Geschichte war die unter *Akromegalie* leidende Zeng Jin-Lian (*26. Juni 1964) aus Yujiang in der zentralchinesischen Provinz Hunan. Bei ihrem Tod am 13. Februar 1982 maß sie 247 cm. Ihr abnormes Wachstum hatte schon im Alter von 4 Monaten eingesetzt, vor ihrem 4. Geburtstag war sie bereits 156 cm groß und 217 cm mit 13 Jahren. Zeng Jin-Lians Hände waren 25,5 cm und ihre Füße 35,5 cm lang. Sie hat sowohl an *Skoliose* als auch an *Diabetes* gelitten. Ihre Eltern sind nur 163 cm und 156 cm groß, ihr Bruder brachte es mit 18 Jahren auf 158 cm.

Die größte Frau ist Sandy Allen (*18. Juni 1955 in Chikago), die jetzt in Ontario (Kanada) lebt. Am 14. Juli 1977 unterzog sie sich einer Hypophysenoperation, wodurch weiteres Wachstum unterbunden wurde. Sie mißt 231,7 cm. Bei der Geburt wog sie 2,95 kg, und schon kurz danach fing ihr akromegalisches Wachstum an. Jetzt wiegt sie 209,5 kg und hat Schuhgröße 50.
Von Anna Hanen Swan (1846–88) aus Neu-Schottland (Kanada) wurde behauptet, sie wäre 246 cm groß gewesen, in Wirklichkeit waren es aber »nur« 227 cm. Am 17. Juni 1871 heiratete sie den 219 cm großen Martin van Buren Bates (1845–1919) aus Whitesburg (USA), wodurch beide **das größte Ehepaar der Welt** wurden.

Die größte deutsche Frau ist Antje Dethloff (*2. Februar 1963 in Kiel). Sie ist 206 cm groß und wiegt 68 kg.

Die größte Frau Österreichs ist Renate Winklbauer (*10. Juli 1944 in Wien). Sie ist »nur« 192 cm groß und ebenfalls sehr schlank bei dem Gewicht von 68 kg.

Die größte Schweizerin ist Ursula Zimmermann (*2. Januar 1952 in Solothurn/Kanton Solothurn). Bei einer Körpergröße von 196 cm hat sie ein Gewicht von 85 kg.

KLEINE MENSCHEN

Was für »lange« Menschen oft zutrifft, gilt auch für kleine: Die Größenangaben stimmen meist nicht. Nur werden die Angaben bei ihnen logischerweise untertrieben.

58 cm gelten als die Tiefstgrenze für die kleinsten ausgewachsenen Zwerge. Die Durchschnittslänge Neugeborener ist 46–50 cm. Bei zwerghaften Kindern wird von deren Agenten oft das Alter erhöht und die Größe reduziert.

Chris Greener, mit 229 cm der Riese unter den Engländern, zeigt den noch 189 cm langen Schnurrbart seines Landsmannes John Roy. Inzwischen wurde die Manneszierde »schwer verletzt«: versehentlich setzte sich Roy auf den Schnauzer – 61 cm gingen verloren.

REKORDGRÖSSEN

Die einzigen anderen Männer, deren Größe von 244 cm oder mehr zuverlässig verzeichnet worden ist, sind die 9 nachstehend angeführten. In sieben Fällen folgte dem Gigantismus eine *Akromegalie,* eine Krankheit, die eine übermäßige Vergrößerung der Nase, Lippen, Zunge, des Unterkiefers, der Hände und Füße hervorruft und auf erneute Aktivität einer schon angeschwollenen Hypophyse an der Hirnbasis zurückzuführen ist.

1) John F. Caroll (1932–69) aus Buffalo (USA): 263,5 cm. Litt an schwerer *Kyphoskoliose* (Wirbelsäulenverkrümmung). Die Maßangabe bezieht sich auf seine Größe bei angenommener normaler Rückgratkrümmung und ist berechnet aufgrund der im Stehen vorgenommenen Messungen am 14. Oktober 1959, die 244 cm ergaben. (Kurz vor seinem Tod war er im Stehen 234 cm groß.)

2) John William Rogan (1871–1905), ein Neger aus Gallatin, Tennessee (USA): 259,1 cm, im Sitzen gemessen. Infolge schwerer *Ankylosis* (Gelenksteifigkeit durch Knochenverwachsungen usw.) der Knie und Hüften konnte er nicht stehen. Er wog nur 79 kg.

3) Valnö Myllyrinne (1909–63) aus Helsinki (Finnland): 251,4 cm. Im Alter von 21 Jahren war er 222 cm groß. Ende der dreißiger Jahre fing er noch einmal zu wachsen an und war zum Zeitpunkt seines Todes 246,8 cm groß.

4) Don Koehler (1925–81) aus Denton, Montana (USA): 248,9 cm, lebte später in Chikago. Eine Rückgratverkrümmung drückte seine Größe auf 238,4 cm. Er schoß ab seinem 10. Lebensjahr abnorm in die Höhe. Er hatte eine 175 cm große Zwillingsschwester. Der Vater war 187 cm groß, die Mutter 177 cm.

5) Bernard Coyne (1897–1921) aus Anthon, Iowa (USA): 248,9 cm. *Eunuchoider* Riese *(Kanker-Syndrom).* Wurde 1918, als er 236 cm groß war, nicht zum Militärdienst zugelassen. War immer noch im Wachstum begriffen, als er starb.

6) Patrick Cotter O'Brien (1760–1806) aus Kinsale (Irland): 246 cm (korrigierte Größe aufgrund erneuter Knochenmessungen im Jahr 1975).

7) »Constantin« (1872–1902) aus Reutlingen (Deutschland): 245,8 cm. *Eunuchoid.* Größe geschätzt, da beide Beine infolge von Gangräne amputiert werden mußten.

8) Gabriel Estevao Monjane (*1944) aus Monjacaze (Mosambik): 245,7 cm. *Eunuchoid.* Maß mit 16 Jahren 226 cm und 238,7 cm im Dezember 1965. Seit er sich einem portugiesischen Zirkus angeschlossen hat, wurde er nicht mehr anthropomorphisch untersucht; der Zirkus preist ihn als 265 cm großen Riesen an. Leidet heute an zunehmender Verbiegung der Wirbelsäule.

9) Sulaiman »Ali Nashnush« (*1943) aus Tripolis (Libyen): 245 cm. Operation in Rom im Jahr 1960 zur Behebung des Wachstums war erfolgreich.

Zwergwüchsigkeit gibt es in vielen Formen, generell am kleinsten sind aber die Liliputaner. Sie haben im wesentlichen normale Körperproportionen, doch zu wenig Wachstumshormone. Früher, als die Ernährungsgrundlagen noch nicht so gut und die Menschen allgemein nicht so groß waren wie heute, waren die Zwerge sogar noch zwergenhafter.

Der kleinste erwachsene Mensch, über den objektive Zeugnisse vorliegen, war Pauline Musters (»Prinzessin Pauline«), eine holländische Liliputanerin. Sie wurde am 26. Februar 1876 in Ossendrecht geboren und war bei der Geburt 30 cm lang. Mit neun Jahren hatte sie es auf 55 cm gebracht und wog nur 1,5 kg. Sie starb in New York am 1. März 1895 im Alter von 19 Jahren an Lungenentzündung und Meningitis sowie einem durch übermäßiges Trinken geschwächten Herzen. Obgleich sie im Zirkus mit 48 cm Größe angekündigt wurde, hatte eine ärztliche Messung eine Größe von 59 cm gezeigt. Eine Untersuchung nach ihrem Tod ergab eine Länge von genau 61 cm (nach dem Tod war eine Streckung eingetreten). Als sie erwachsen war, schwankte ihr Gewicht zwischen 3,4 und 4 kg, und ihre Körpermaße waren 47–48–43 cm, sie war also entschieden zu dick.

Der »kleine Mann Nelson« posiert hier in Santo Domingo (Dominikanische Republik). Er soll 30 bis 32 Jahre alt und 61 bis 66 cm klein sein.

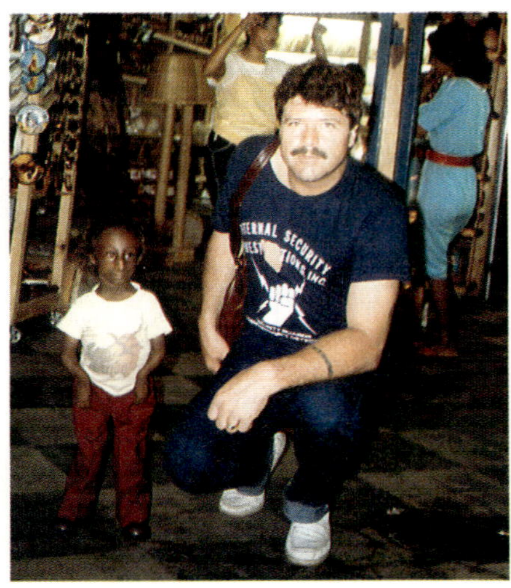

Nur 48 cm groß soll nach einem Bericht des *Life Magazine* aus dem Jahr 1938 der Spanier Paul Del Rio (* 1920 in Madrid) gewesen sein. Er hatte damals Hollywood besucht. Doch die Tatsache, daß er unter den anderen Zwergen in der Filmmetropole keinen großen Eindruck machte und daß er etwa 5,4 kg wog, legt den Schluß nahe, daß Del Rio annähernd 66 cm groß war.

Der kleinste männliche Zwerg war der am 14. Januar 1791 in Bridgewater (USA) geborene Calvin Phillips. Bei der Geburt wog er 907 g. Mit 19 Jahren war er 67 cm groß und wog mit Kleidern 5,4 kg. Zwei Jahre später, im April 1812, starb er an *Progeria,* einer seltenen Krankheit, bei der der Zwergwuchs von Greisenhaftigkeit begleitet ist.

Der kleinste lebende erwachsene Mensch ist Antonio Ferreira (* 1943), ein rachitischer Zwerg aus Arcozelo (Portugal). Er mißt 75 cm und ist Berufstrommler. Im Juli 1982 wurde über eine noch nicht bestätigte Größe von 71 cm eines Hühnerzüchters Ghucam Ahmed Dar berichtet, der im indischen Kaschmir lebt.

Die kleinsten Zwillinge (von Geburt an) waren die Zwerge Matjus und Bela Matina (* 1903) aus Budapest (Ungarn). Sie lebten 1930 noch und wurden später Amerikaner. Beide kamen auf je 76 cm Körpergröße.
Die kleinsten lebenden Zwillinge sind John und Greg Rice (* 1952) aus Maitland, Florida (USA). Sie messen jeweils ganze 86,3 cm.

Die ältesten Zwerge sind zwei über Hundertjährige. Anne Clowes aus Matlock (GB), die am 5. August 1784 im Alter von 103 Jahren starb, war 114 cm groß und wog 21,7 kg. Am 24. August 1984 starb die in Ungarn geborene Susanna Bokoyni (»Prinzessin Susanna«) in Newton, New Jersey (USA), mit 105 Jahren. Sie war 101 cm groß und wog 21,7 kg.

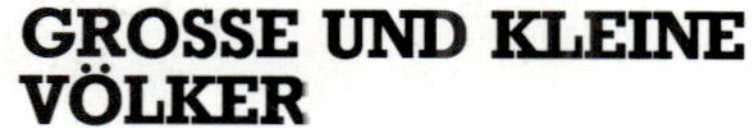

GROSSE UND KLEINE VÖLKER

Der höchstgewachsene Volksstamm sind die Tussi (auch Watussi): nilotische Hirten aus Ruanda und Burundi in Zentralafrika. Dort sind die jungen Männer im Durchschnitt über 183 cm groß.
Die Tehuelchen in Patagonien, von denen lange behauptet wurde, sie wären riesig (213–244 cm), haben in Wirklichkeit eine Durchschnittsgröße von 177 cm.

Die größten Europäer sind die Montenegriner in Jugoslawien; deren Männer werden durchschnittlich 177 cm groß (in der Stadt Trebinje liegt der Durchschnitt sogar bei 183 cm).

Ein Gedenkstein verkündet seit 1966, daß der Gemeinderat Varlosen künftig in seinem Gemeindewappen Christoffel Münster verewigt, den einstigen 248 cm großen Gänsehirten des Ortes (s. S. 63).

Antonio Ferreira, der nachgewiesen kleinste lebende Mensch, zeigt sich stolz in seiner ganzen Körpergröße von 75 cm.

50 cm groß und 1,98 kg schwer war 1979 ein damals 9 Jahre altes griechisches Mädchen namens Stamatoula, das bei der Geburt im September 1969 gerade 15 cm gemessen hatte. Stamatoula, vermutlich die Überlebende eines Zwillingspärchens, litt am Seckel-Syndrom und starb am 22. August 1985 im Athener Kloster Lyrion. Zuletzt war das Mädchen 67 cm groß und wog 5 kg.

Der kleinste deutsche Zwerg war Walter Boehming (1907–55). Als er in Delmenhorst (Niedersachsen) starb, war er nur 57 cm groß.
Der Österreicher Johann Hauptmann war 81 cm groß.
Der Schweizer Johann Wormbugh erreichte eine Größe von 78,5 cm.
In Österreich ist als niedrigste Größe einer Zwergin die Länge von 71 cm für Anastasia Boruwlaski registriert worden.

Das unterschiedlichste, ein total gegensätzliches Wachstum machte der Österreicher Adam Rainer durch. 1899 in Graz geboren, war er mit 21 Jahren nur 118 cm groß. Dann jedoch schoß er in die Höhe, und 1931 hatte er es schon auf 218 cm gebracht. Das schwächte ihn dermaßen, daß er für den Rest seines Lebens bettlägrig war. Am 4. März 1950 starb Adam Rainer im Alter von 51 Jahren. Er hatte zuletzt vom Scheitel bis zur Sohle 234 cm gemessen und war der einzige Mensch, der Riese und Zwerg zugleich gewesen ist.

Das gegensätzlichste Paar bilden Nigel Wilks aus Kingston upon Hull, Humberside (GB), und Beverly Russell. Der 1,98 m große Mann und die 1,22 kleine Frau gaben sich am 30. Juni 1984 das Jawort.

Die kleinsten Pygmäen sind die Mbuti mit einem Durchschnittsmaß von 137 cm bei den Männern und 135 cm bei den Frauen, wobei es Gruppen gibt, deren Männer nur 132 cm und deren Frauen 124 cm groß sind. Sie leben in den Wäldern rund um den Fluß Ituri in Zaïre (Afrika).

2. GEWICHT

Der schwerste Mann in der Geschichte der Medizin war Jon Brower Minnoch (1941–83) aus Bainbridge Island, Washington (USA). Ein Notarztteam hatte ihn im März 1978 auf einer großen Bohle erstmals in die Universitätskliniken von Seattle gebracht. Der Endokrinologe Dr. Robert Schwartz kam aufgrund von Hochrechnungen über Minnochs Nahrungs- und

Die Motorradfans John und Greg Rice sind die kleinsten lebenden Zwillinge. Zusammen bringen sie es immerhin auf 173 cm (s. S. 65).

Ausscheidungsmengen zu dem Ergebnis, daß sein Patient »wahrscheinlich mehr« als 635 kg wog. 13 Pfleger waren nötig, um ihn in seinem Krankenhausbett umzudrehen. Nachdem Minnoch fast zwei Jahre lang auf eine Diät von 1200 Tageskalorien gesetzt worden war, brachte er nur noch 216 kg auf die Waage. Im Oktober 1981 mußte er wieder in die Klinik, weil er innerhalb einer Woche 91 kg zugenommen hatte. Der ehemalige Taxifahrer – 185 cm groß – hatte 1963 noch 181 kg gewogen; 1966 waren es schon 317 kg und im September 1976 dann 442 kg.
Die einzigen sonstigen Männer, deren Gewicht laut zuverlässiger Quelle 381 kg überstieg, sind: (s. Tabelle).

DIE SCHWERSTEN MÄNNER

	Gewicht
1) Michael Walker, geb. Francis Lang (* 1934) USA (1,88 m) (Im Februar 1980 war das Gewicht auf 167 kg reduziert; das Spitzengewicht von 1971 wurde nur geschätzt.)	538 kg
2) Robert Earl Hughes (1926–58) USA (1,84 m)	485 kg
3) Mohamed Naaman (* 1946) Kenia (1,82 m) (Nach Berichten vom August 1984 hatte Naaman auf 349 kg abgespeckt.)	478 kg
4) Mills Darden (1798–1857) USA (2,29 m)	462 kg
5) John Hanson Craig (1856–95) USA (1,95 m) (Er gewann 1000 Dollar als »Schönstes Baby« in New York im Jahre 1858.)	411 kg
6) Arthur Knorr (1914–60) USA (1,85 m) (Er nahm während der letzten sechs Monate seines Lebens 136 kg zu.)	408 kg
7) T. J. Albert Jackson (* 1941) USA (1,93 m)	404 kg
8) Albert Pernitsch (* 1956) Österreich (1,82 m) (Nach Messungen im Juli 1984 hatte er eine Taillenweite von 200,6 cm. Eine Tätowierung auf dem linken Arm des Superschwergewichts aus Grafkorn bei Graz verkündet: »Nobody is perfect«.)	399 kg
9) Toubi (* 1946) Kamerun	389 kg
10) T. A. Valenzuela (1895–1937) Mexiko (1,80 m)	385 kg

Schwerster lebender Mensch ist T. J. Albert Jackson aus Canton, Mississippi (USA), der als »Fat Albert« (fetter Albert) einige Berühmtheit erlangte. Er brachte es schon bis auf 404 kg. Auch Albert Pernitsch aus Grafkorn (Österreich) nimmt für sich in Anspruch, der gewichtigste Mensch der Welt zu sein. Doch ihm sind bisher bei einer Größe von 182 cm höchstens 399 kg attestiert worden.

Deutschlands Dickster ist zur Zeit der Vertreter Will Roßmannek (* 1935), genannt »Big Will«, aus Hannover (Niedersachsen). Er bringt bei einer Größe von 170 cm und einem Bauchumfang von 170 cm 224 kg auf die Waage. 87 Lammkoteletts, 7 Salatköpfe als Appetitanreger und 2 l Rotwein, damit alles besser rutscht, läßt er sich in seiner Herforder Stammkneipe schon einmal servieren.

Die schwerste Frau war Percy Pearl Washington, die im Alter von 46 Jahren am 9. Oktober 1972 in einem Krankenhaus in Milwaukee (USA) starb. Die Waage im Krankenhaus reichte nur bis 362,8 kg. Aber ihr Gewicht wurde auf ca. 399,1 kg geschätzt. 84 Jahre früher hatte eine Frau, die 385 kg wog, den Weltrekord gehalten.
Ein besser dokumentierter Fall war Flora Jackson, geb. King, eine in Shuqualak, Mississippi (USA), geborene Negerin. Bei ihrer Geburt wog sie 4,5 kg, mit 11 Jahren 121 kg, mit 25 Jahren 182 kg und kurz vor ihrem Tod am 9. Dezember 1965 in Meridian, Mississippi, 381 kg. Im Show-Business war sie unter dem Namen »Baby Flo« bekannt.

Die schwersten Zwillinge sind bzw. waren Billy Léon und Benny Loyd McCrary alias McGuire (* 7. Dezember 1946) aus Hendersonville, North Carolina (USA), die im November 1978 337 kg (Billy) und 328 kg (Benny) wogen und einen Taillenumfang von 213 cm hatten. Bei ihrem Auftreten als Ringkämpfer wurde ihnen auf den Plakatanschlägen ein Gewicht bis zu 349 kg zugeschrieben. Nach einer sechswöchigen Schlankheitskur hatten beide nicht ab-, sondern 2,26 kg zugenommen. Billy starb am 13. September 1979 bei den Niagarafällen an einem Herzinfarkt, nachdem er von seinem eigens für ihn konstruierten Rad gefallen war und niemand Kraft genug hatte, ihn aufzuheben.

Der leichteste Mensch war Lucia Zarate (1863–89) in San Carlos (Mexiko), eine ausgemergelte mexikanische ateleiotische, 67 cm große Zwergin, die mit 17 Jahren 2,125 kg wog. Bis zu ihrem 20. Geburtstag hatte sie es auf 5,90 kg gebracht. Bei der Geburt wog sie 1,1 kg.

Bei den dünnsten, normalgroßen Erwachsenen, deren Fälle belegt sind, handelt es sich gewöhnlich um *Simmond's Disease* (Ausfall der Leistung der Hirnanhangdrüse [Hypophyse]). Bis zu 65 Prozent Verlust des ursprünglichen Körpergewichtes ist bei Frauen verzeichnet worden. Ein »Tief« von 20 kg erreichte Emma Shaller (1868–90) aus St. Louis, Missouri (USA), die 1,57 m groß war. Edward C. Hagner (1892–1962) alias Eddie Masher (USA) soll bei einer Größe von 170 cm nur 22 kg gewogen haben. Er war auch unter dem Namen »Skeleton Dude« bekannt. Im August 1825 hatten die Bizepse von Claude-Ambroise Seurat (1797–1826) aus Troyes (Frankreich) einen Umfang von 10 cm, und der Abstand zwischen Rücken und Brust betrug 7,6 cm. Nach einem Bericht war er 171 cm groß und wog 35 kg, in einem anderen Bericht hieß es 163 cm und nur 16 kg.

Rosa Lee Plemons, eine zur Schau ausgestellte Amerikanerin (* 1873), wog mit 18 Jahren 12 kg. Im Juli 1977 wurde der Tod einer 83 Jahre alten Frau aus Mexborough, Yorkshire (GB), gemeldet, die nur noch 15 kg wog.

Die gewaltigste Abmagerungskur machte der Profiringer William J. Cobb (* 1926) alias »Happy Humphrey« aus Augusta, Georgia (USA), durch. Nach Berichten im Juli 1965 soll er in 32 Monaten von 364 kg auf 105 kg abgenommen, also 259 kg verloren haben. Gleichzeitig schrumpfte sein Taillenumfang von 256 cm auf 112 cm. Im Oktober 1973 kam dann die Nachricht, daß »Happy« wieder sein Normalgewicht von 196 kg erreicht hatte. John Brower Minnoch (s. S. 65) hatte im Juli 1979 sein Gewicht auf 216 kg zurückgeschraubt; wenn sein geschätztes Höchstgewicht von etwa 635 kg als glaubwürdig angenommen wird, hätte er in 2 Jahren 419 kg abgespeckt.

Roly McIntyre (* 1952) aus Kesh (Nordirland), der im April 1983 noch 268,5 kg auf die Waage gebracht hatte, speckte bis Februar 1985 auf 84,8 kg ab. Paul M. Kimelman aus Pittsburgh, Pennsylvania (USA), reduzierte zwischen dem 31. Dezember 1966 und dem 3. August 1967 sein Gewicht von 215,9 kg auf 59 kg. Richard Stephens aus Birmingham, Alabama (USA), war 211,8 kg schwer und nahm in 157 Tagen um 138,6 kg ab (12. April bis 16. September 1985). Der 1947 geborene Ron Allen aus Nashville, Tennessee (USA), brachte im August 1984 das Kunststück fertig, sich innerhalb von 24 Std. von 9,7 kg seiner 113,4 kg zu entledigen.

Die »dicke Dame« des amerikanischen Zirkus, Celesta Geyer (* 1901) alias Dolly Dimples, nahm von 1950 bis 1951 in 14 Monaten 182 kg ab: von 251 auf 69 kg. Ihr Brust-Taillen-Hüft-Umfang schrumpfte dementsprechend von 200–213–213 cm auf 86–71–91 cm. Ihr Buch *Wie ich 182 kg abnahm* wurde kein Bestseller, weil sich niemand für Kleiderprobleme einer Frau interessiert, die bei einer Größe von 1,50 m 178 kg abgenommen hatte. Im Dezember 1967 wog sie angeblich nur noch 50 kg.

Die Hälfte ihres Gewichts hat Gertrude Levandowski (*1893) aus Burnips, Michigan (USA), auf einen Schlag verloren. Nachdem ihr im Februar 1951 in einer langwierigen Operation eine Zyste beseitigt worden war, nahm sie von 280 kg auf 140 kg ab (s. a. S. 80).

Den Rekord der Gewichtszunahme stellte John Minnoch (s. o.) auf, als er im Oktober 1981 wieder in die Universitätsklinik von Seattle, Washington (USA), eingeliefert wurde und in sieben Tagen wieder 91 kg zugelegt hatte.
Doris James aus San Franzisko, Kalifornien (USA), die im Alter von 38 Jahren starb, hat in den 12 Monaten vor ihrem Tod im August 1965 insgesamt 147 kg zugenommen und wog zum Schluß bei einer Körpergröße von nur 157 cm 306 kg.

Der größte Gewichtsunterschied zwischen Eheleuten betrug etwa 589 kg – ein weiterer Rekord, an dem Jon Brower Minnoch, der schwerste Mann der Medizingeschichte, beteiligt war. Seine Frau Jeannette, im März 1978 ein Leichtgewicht von 50 kg, hat ihm zwei Söhne geboren.

Vorfahr des Menschen neu datiert

Die zweifelsohne frühesten Spuren menschenähnlicher Vorfahren wurden von Kiptalam Chepboi beim Baringosee (Kenia) im Februar 1984 entdeckt: der Kiefer eines *Australopithecus* mit zwei 5 cm langen Backenzähnen. Diese Hominidenreste werden auf ca. 4 Mio. Jahre aufgrund von Untersuchungen der umliegenden Fossilien datiert, nach elektronenmikroskopischen Analysen des Gesteins sogar auf 5,6–5,4 Mio. Jahre.
Mit dem entwicklungsgeschichtlich wichtigsten Fund, dem etwa 3 Mio. Jahre alten Skelett des kleinen weiblichen Hominiden »Lucy« im Jahr 1974, konnte eine weitverbreitete Theorie widerlegt werden. Man dachte bis dahin, daß die Entwicklung eines großen Gehirns die Voraussetzung dafür war, daß unsere Urahnen ihre Hände gebrauchen und somit aufrecht gehen konnten. »Lucy« jedoch hatte ein Gehirnvolumen von nur 450 cm^3 (der heutige Mensch hat fast dreimal soviel).
1984 entdeckte Kamoya Kimeu aus Kenia wenige Kilometer westlich des Turkanasees am Ufer des Nariokotomo-Flusses (Ostafrika) das vollständigste Skelett eines frühen Hominiden, das je gefunden wurde. Bis auf wenige fehlende Knochen – der Kopf mußte allein aus 70 Teilen zusammengesetzt werden – zeigt es den vollständigen Knochenbau eines etwa 12 Jahre alten Jungen, der erstaunlicherweise bereits 1,68 m groß, jedoch noch nicht völlig ausgewachsen war. Geologische Analysen der umliegenden Gesteinsformationen ergaben, daß der Junge vor etwa 1,6 Mio. Jahren gestorben ist. Seine Bezeichnung erhält er vom Aufbewahrungsort: KNM-WT 1500 (»Kenia National Museum – West Turkana«).
In Vulkanasche konserviert haben sich auf einer Länge von 24 m Spuren von Fußabdrücken, die Hominiden vor 3,5 Mio. Jahren in Laetoli (Tansania) hinterlassen hatten. Sie wurden 1978 von Paul Abell entdeckt. Die Spuren stammen von drei menschenartigen Wesen, das kleinste war schätzungsweise 120 cm groß.

3. HERKUNFT

DIE ERSTEN MENSCHEN

Wenn man das Alter des Erde-Mond-Systems (laut neuester Schätzung mindestens 4450 Mio. Jahre) als ein einziges Jahr annimmt, dann erschienen die ersten Hominiden am 31. Dezember um 16 Uhr 15, die ersten Einwohner Deutschlands um ca. 23 Uhr 10; die christliche Zeitrechnung fing etwa 14 Sek. vor Mitternacht an, und die Lebensspanne eines 120jährigen Mannes entspräche 0,45 Sek.
Nach den neuesten Berechnungen wächst die Wärme der Sonne derart, daß sie in ca. 10000 Mio. Jahren zu einem »Roten Riesen« wird, der Leben auf der Erde nicht mehr ermöglicht. Doch die Wissenschaftler trösten uns: In dieser Zeitspanne kann es möglicherweise kältere Epizyklen (Zwischenzeiträume) geben.

Der Mensch *(Homo sapiens)* ist eine Gattung der Unterfamilie *Homininae* der Familie *Hominidae*, die zur Superfamilie *Hominoidea*, einer Unterordnung der *Simiae* (oder *Anthropoidea*) aus der Ordnung der Primaten zur Infraklasse *Eutheria*, gehört, wie auch zur Unterklasse *Theria* der Klasse der Säugetiere des *Sub-Phylum* der Wirbeltiere *(Craniata)* und zum *Phylum Chordata* des Unterreiches *Metazoen* des Tierreiches. Alles klar? Klingt doch wirklich sehr einfach!

DIE EINZELNEN ENTWICKLUNGSSTUFEN

Primaten: Die ersten Primaten tauchten im Paläozän vor etwa 69 Mio. Jahren auf. Als die Unterfamilie der *Anthropoiden* (Menschenaffen) im frühen Oligozän, vor 30–34 Mio. Jahren, in Afrika und Südamerika in Erscheinung trat, hatte der Tier-Mensch die Trennung in *Platyrrhini* und *Catarrhini* (Neue und Alte Welt) bereits vollzogen.

Hominiden (Menschenartige): Die für die Hominiden typischen Merkmale wie großes Gehirn und Fortbewegung auf zwei Füßen entwickelten sich erst sehr spät. Die ältesten Überreste eines Hominiden wurden bei Belok im äthiopischen Awash-Tal gefunden. Dort soll es nach einem Bericht des Wissenschaftsmagazins *Nature* vom 2. Februar 1984 schon vor mehr als 4 Mio. Jahren menschenartiges Leben gegeben haben.
Das bis dahin am besten erhaltene Skelett ei-

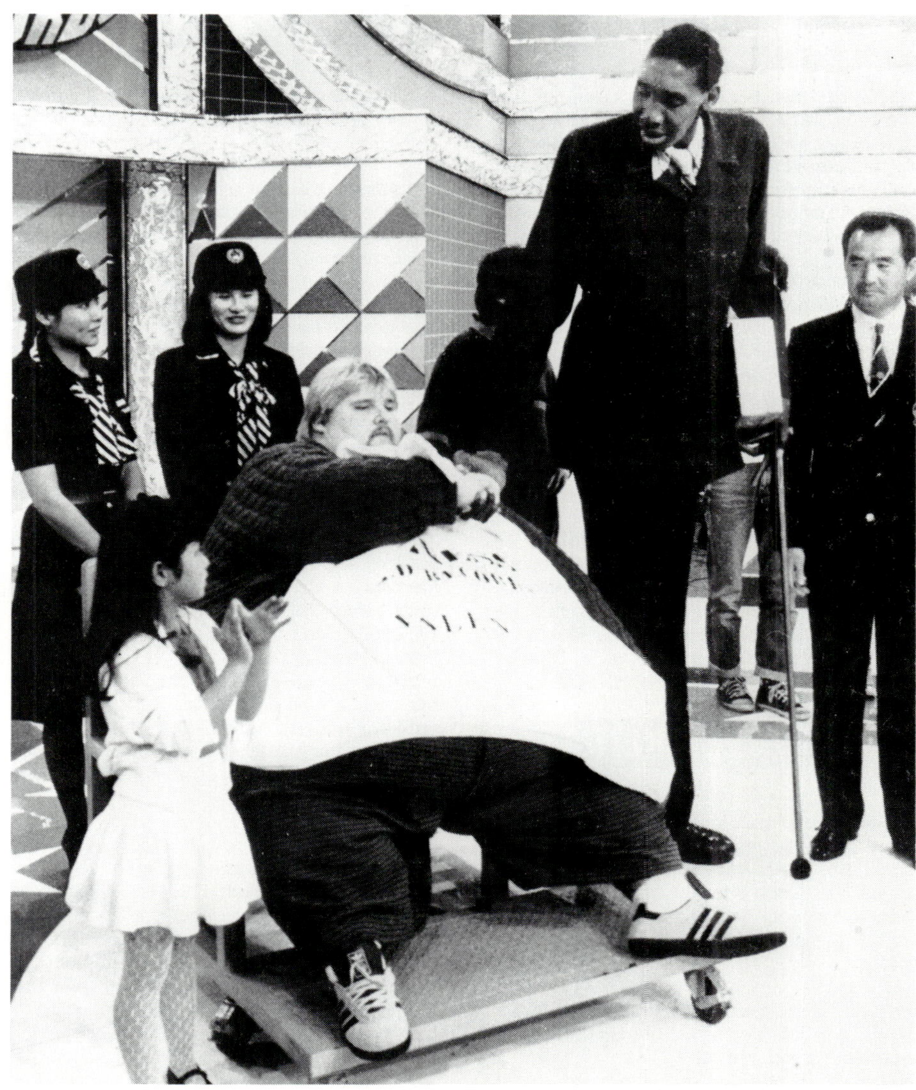

Die Japaner staunten, als sich der längste und der dickste Mann der Welt in Tokio zu einer TV-Show zum *Guinness Buch der Rekorde* trafen: der 245,7 cm große Gabriel Moyane aus Mosambik und der Österreicher Albert Pernitsch, der 399 kg auf die Waage bringt.

nes frühen Hominiden – das von »Lucy« (zu 40 Prozent vollständig) – ist von Dr. Donald C. Johanson und T. Gray am 30. November 1974 in der Nähe des Flusses Awash bei Hadar in Äthiopien gefunden worden. Das Skelett ist etwa 3 Mio. Jahre alt. »Lucy« war 106 cm groß und schätzungsweise 40 Jahre alt, als sie starb.

Genus Homo (Echtmensch): Erster Vertreter des Genus Homo ist der *Homo habilis* oder *Handy Man* (Geschickter Mensch), wie ihn Prof. Raymond Arthur Dart (*1893) 1964 getauft hat. Als ältestes Fossil dieser Menschengattung gilt der im Nationalmuseum von Kenia aufbewahrte Schädel »1470«, den Bernard Ngeneo 1972 bei Koobi Fora am See Turkana (Nordkenia) entdeckt hat. Der Schädel hat vor rund 1,9 Mio. Jahren einem Echtmenschen gehört und wurde von Dr. Meave Leakey rekonstruiert.

Die ältesten Steinwerkzeuge sind vor etwa 2,5 Mio. Jahren angefertigt worden. Ausgegraben wurden sie 1976 in Hadar (Äthiopien) von Hélène Roche (Frankreich). Kleine, aus Quarz gehauene Keile, die von H. Roche in der Nähe von Hadar am Gona-Fluß gefunden wurden, werden ebenfalls auf 2,5 Mio. Jahre geschätzt.

Die wahrscheinlich ältesten Spuren einer menschlichen Lagerstätte oder Behausung wurden im sibirischen Permafrostgebiet Jakutskaja entdeckt. Nach einem Bericht der *Komsomolskaja Prawda* vom 25. Oktober 1984 sind dort mehr als 1800 Artefakte gefunden worden, die menschliche Lebenskultur vor etwa 2 Mio. Jahren verraten.

Homo erectus (Frühmensch): Den ältesten Vertreter des *Homo erectus*, direkter Vorfahre des *Homo sapiens*, hat Bernard Ngeneo bei Koobi Fora (Nordkenia) ausfindig gemacht. Er hat vor ungefähr 1,6 Mio. Jahren gelebt. Sein Schädel ist gleichzeitig der besterhaltene eines Frühmenschen.

Der älteste Europäer wurde im März 1980 in der Arago-Höhle bei Perpignan (Frankreich) entdeckt. Formen seines Schädels wie auch die Abnutzung seiner Zähne verrieten den Wissenschaftlern, daß der Mann 18–25 Jahre alt gewesen sein muß. Arago XXI muß etwa vor 450000 Jahren gelebt haben.

Der früheste Hominiden-Fund in Deutschland ist wesentlich jünger. 1907 wurde in Mauer bei Heidelberg der Unterkiefer eines *Pithecanthropus* gefunden. Diese Kinnlade des *Homo heidelbergensis* dürfte aus der Zeit zwischen 360000 und 350000 v. Chr. stammen – also zwischen den ersten zwei Eiszeiten. Der berühmte Neandertaler Mensch ist viel jünger – »nur« etwa 100000 Jahre alt.

4. LANGLEBIGKEIT

Allgemein: Es gibt nichts, was durch Eitelkeit, Täuschung, Lügen oder Betrug mehr verschleiert worden wäre als das Höchstalter des Menschen. Doch werden die falschen Angaben meist nicht von den Altersrekordhaltern selbst gemacht, sondern von anderen über sie.

Im Laufe der Geschichte hat es immer wieder Berichte über Menschen gegeben, die weit über 100, ja sogar über 200 Jahre alt geworden sein sollen. Tatsächlich gibt es nur sehr wenige Menschen, die über 113 Jahre alt geworden sind. Es gibt keinen dokumentarisch belegten Fall von Langlebigkeit, der bestätigt, daß jemand mehr als seinen 120. Geburtstag gefeiert hat.

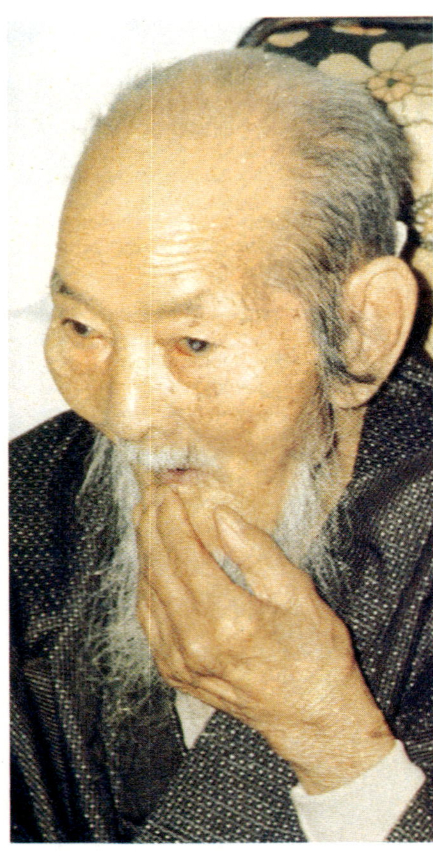

Shigechiyo Izumi ist am 21. Februar 1986 im Alter von 120 Jahren, 237 Tagen verstorben. Er ist der älteste Mensch, dessen Alter sich dokumentieren ließ.

Den Rekord an Übertreibung stellte am 5. Mai 1933 ein Nachrichtenbüro auf, das allen Ernstes eine aus Peking stammende Meldung durchgab, derzufolge der älteste Mensch der Welt, Li Chung-jun, geboren 1680, gerade im Alter von 256 (statt 253!) Jahren gestorben wäre.

Und es kam eine Meldung aus der Sowjetunion, daß Shirali »Baba« Mislimow aus Barzavu, Aserbaidschan, (angeblich *26. März 1805, †2. September 1973) 168 Jahre alt geworden sei. Niemals hat ein westlicher Journalist oder Wissenschaftler diesen Mann interviewen dürfen. 1966 soll er den 100. Geburtstag seiner dritten Frau Hartum und im August 1973 den 100. Geburtstag eines seiner Enkelkinder gefeiert haben. Nach einem anderen Bericht aus der UdSSR werden in der Abkhasischen Republik von Georgien 2,58 Prozent der Bevölkerung älter als 90 Jahre. Das wären 24mal soviel wie in den USA.

Dr. Zhores A. Medvedev (*1925), der aus der Sowjetunion ausgewiesene Gerontologe, äußerte sich am 30. April 1974 in Washington (USA) folgendermaßen über die Sowjetunion: »Die ganze Geschichte sieht wie eine Fälschung aus.« Stalin habe Gefallen an dem Gedanken gefunden, daß die Leute in Georgien 100 Jahre alt oder sogar älter würden. Folglich hätten die dortigen Beamten alles getan, um immer mehr Fälle für Stalin zu »entdecken«. In Wirklichkeit läge die durchschnittliche Lebenserwartung in Gebieten, von denen behauptet wird, sie hätten die meisten Hundertjährigen, sogar unter dem Durchschnitt der UdSSR. Außerdem sei die aus dem Kaukasus gemeldete Zahl der Hundertjährigen von 8000 im Jahr 1950 auf 4500 im Jahr 1970 gefallen. Dr. Medvedev behauptete im Dezember 1977, es sei erwiesen, daß niemand über 108 Jahre geworden wäre.

Nach Berichten vom Februar 1984 habe die Volkszählung von 1982 in China lediglich 2450 Hundertjährige erbracht, von denen zwei Drittel Frauen waren. In den USA lebten Mitte 1983 etwa 32000 Menschen, die 100 Jahre oder älter waren. Geburts- und Sterberegister waren in Nordamerika jedoch nur einmal, 1933, komplett. Bis 1915 waren die Register sogar nur zu einem Drittel geführt worden.

DAS HÖCHSTE LEBENSALTER

Der älteste Hundertjährige der Welt, dessen Alter zuverlässig nachgewiesen wurde, ist mit 120 Jahren, 237 Tagen – der längsten Lebensdauer, die je ein Mensch erreicht hat – der Japaner Shigechiyo Izumi. Am 29. Juni 1865 wurde er in Asan auf der Insel Tokunoshima (1320 km südwestlich von Tokio) geboren und ist als Sechsjähriger bei der ersten japanischen Volkszählung im Jahr 1871 erfaßt worden. Am 21. Februar 1986 starb er um 12 Uhr 15 in seinem Heimatort an einer Lungenentzündung.

Der älteste Mensch der Welt ist nach dem Tod des Japaners Shigechiyo Izumi vermutlich die 113jährige Amerikanerin Mamie Eva Keith, die am 22. März 1873 in Anna, Illinois (USA), geboren wurde. Mit letzter Sicherheit ist der älteste Erdenbewohner noch nicht ermittelt.

Die älteste Deutsche kommt aus Nordrhein-Westfalen. Am 13. Mai 1986 feierte Wilhelmine-Alwine Heister (*1878) aus Wuppertal ihren 108. Geburtstag. Die Seniorin – sie hat 3 Kinder, 3 Enkel und 8 Urenkel – ist putzmunter und lebt mit ihren Nachkommen in einem Haus zusammen.

Ältester Bundesbürger ist Ernst Schütt (*30. Dezember 1878), der in der Kreisstadt Korbach, Kreis Waldeck (Hessen), lebt. Ernst Schütt wurde in Neu-Hof (Pommern) in der Nähe von Stettin geboren. Mit 18 Jahren ging er zum Militär und blieb dort bis 1909. Anschließend arbeitete er bis zur Pensionierung 1939 bei der Gendarmerie in Grabow. Seit 1958 wohnt er bei seinem jüngsten Sohn Willi und erfreut sich im hohen Alter von 107 Jahren noch guter körperlicher und geistiger Gesundheit.

Die älteste Österreicherin: Am 8. Juni 1986 ist Anna Felsinger (*1880) aus Wien-Ottakring 106 Jahre alt geworden. Die älteste Wienerin ist kerngesund und machte Urlaub in der Schweiz.

Der älteste Schweizer, Fritz Bösch (*25. Februar 1877) aus Freiburg, ist jetzt 109 Jahre alt. Der rüstige ehemalige Kunstturner überlebte bereits drei Ärzte, steigt mühelos Treppen, macht täglich seinen Spaziergang und ist Stammkunde im nahe gelegenen Landgasthof.

Die ältesten Vierlinge der Welt sind die Geschwister Ottmann (*5. Mai 1912 im pfälzischen Neustadt/Weinstraße). In Puchheim bei München feierten Annemarie Prim, Adolf Ottmann, Emma Quednau und Elisabeth-Charlotte Narciß bereits ihren 74. Geburtstag.

Die ältesten Drillinge waren die am 27. März 1868 in Marlboro, Massachusetts (USA), geborenen Faith, Hope und Charity Caughlin. Als erste von ihnen starb (Ellen) Hope Daniels am 2. März 1962 im Alter von 93 Jahren.

Eineiige Zwillinge werden sehr selten gemeinsam 100 Jahre oder älter. Die Chancen, daß es beide schaffen, stehen angeblich 1 zu 500 Mio. Die ältesten Zwillinge waren Eli Shadrack und John Phipps (*14. Februar 1803 in Affinghton, Virginia, USA). Eli starb am 23. Februar 1911 in Hennessey/Oklahoma im Alter von 108 Jahren und 9 Tagen, John lebte damals noch in Shenandoah/Iowa.

Die eineiigen Zwillingsschwestern Mildred Widman Philippi und Mary Widman Franzini aus St. Louis in den USA feierten am 17. Juni 1984 ihren 104. Geburtstag. Mildred starb am 4. Mai 1985, nur 44 Tage vor dem 105. Zwillingsgeburtstag.

Die älteste erhaltene Mumie ist die von *Wati*, einem Hofmusikanten, der um 2400 v. Chr. gelebt hat. Sie wurde 1944 in der Nefer-Grabstätte von Sakkara (Ägypten) entdeckt.

Die Mumifizierung – das Wort wurde aus dem persischen *mām* (Wachs) abgeleitet – war 2600 v. Chr. in der 4. Dynastie der ägyptischen Pharaonen eingeführt worden.

Nach ihrem 74. Geburtstag fuhren die ältesten Vierlinge in die bayerischen Berge: Elisabeth Ch. Narciß, Emma Quednau, Annemarie Prim, Adolf Ottmann.

5. FORTPFLANZUNG

MUTTERSCHAFT

Die meisten Kinder, nämlich 69, wurden von der ersten der beiden Frauen des Bauern Fjodor Wassiljew (1707–82) aus Schuja, einer Ortschaft etwa 240 km von Moskau, geboren. Sie brachte in 27 Schwangerschaften 16 Paar Zwillinge zur Welt, siebenmal Drillinge und viermal Vierlinge. Der Fall wurde vom Kloster Nikolsky am 27. Februar 1782 nach Moskau gemeldet. Kaiserin Katharina II., die Große (1762–96), soll dafür großes Interesse gezeigt haben. Die Kinder, die fast alle ihre Volljährigkeit erlebten, sind in der Zeit von ca. 1725 bis 1765 geboren worden.

Der älteste Deutsche, Ernst Schütt aus Korbach, feierte bereits seinen 107. Geburtstag. Er hat noch Spaß am »blauen Dunst«.

Die zur Zeit gebärfreudigste Frau der Welt ist Leontina Albina geb. Espinosa (*1925) aus San Antonio in Chile. Im Jahr 1981 hatte sie ihr 55. und letztes Kind auf die Welt gebracht. Ihr Mann Gerardo Secunda Albina (*1921) erklärte, sie hätten 1943 in Argentinien geheiratet und schon fünfmal Drillinge (alles Jungen) geboren, ehe sie nach Chile gingen. »Nur« 40 ihrer Kinder (24 Jungen und 16 Mädchen) überlebten. 11 sind bei einem Erdbeben umgekommen – eine Tatsache, die Albinas Behauptung stützt, seine Frau hätte außer den »chilenischen« schon vorher vielen Kindern das Leben geschenkt.

Die kinderreichste deutsche Mutter war Barbara Stratzmann. Als sie 1504 im schwäbischen Ort Bönnigheim starb, wurde auf einem Ölgemälde in der Pfarrkirche festgehalten, daß sie ihrem Gatten Adam 53 Kinder, 38 Söhne und 15 Töchter, geboren hatte.

Die älteste Mutter: In medizinischen Fachzeitschriften finden sich immer wieder nicht belegte Fälle von siebzigjährigen Müttern, wie z. B. Ellen Ellis aus Wales, die am 15. Mai 1776 im Alter von 72 Jahren und im 46. Jahr ihrer Ehe angeblich ein 13. totgeborenes Kind zur Welt brachte. Bei vielen dieser späten Schwangerschaften dürfte es sich um Versuche handeln, unehelich geborene Enkelkinder zu »tarnen«.

Die älteste Frau, die nachgewiesenermaßen einem Kind das Leben geschenkt hat, war Ruth Alice Kistler, geb. Taylor, und vormalige Frau Shepard (1899–1982) aus Portland, Oregon (USA). Eine Geburtsurkunde bestätigt, daß sie am 18. Oktober 1956 – als sie 57 Jahre und 129 Tage alt war – in Glendale bei Los Angeles eine Tochter namens Suzan zur Welt gebracht hat. Nach ihrem Tod ging das Gerücht, daß Frau Kistler das Geburtsdatum geändert haben könnte.

NACHKOMMEN

Größte Nachkommenschaft: In Ländern mit Polygamie kann die Anzahl der Nachkommen einer Person unberechenbar werden. Vom Sultan Marokkos Moulay Ismael (1672–1727), genannt »der Blutdürstige«, hieß es, er habe nicht weniger als 525 Söhne und 342 Töchter bis 1703 und einen 700. Sohn im Jahr 1721 gezeugt.

Insgesamt 707 direkte Nachkommen, von denen bis auf 32 alle am Leben sind, hatte Adam Borntrager aus Medford, Wisconsin (USA), der im April 1984 im Alter von 96 Jahren gestorben ist. Im einzelnen besteht seine Nachkommenschaft heute aus 11 Kindern, 115 Enkeln, 529 Großenkeln und 20 Urgroßenkeln. Die Familie gehört zu der religiösen Minderheit der Amish-Mennoniten, die Auto, Telefon, elektrisches Licht und höhere Schulbildung ablehnen.

Vielfache Urgroßeltern: Die Nachricht aus dem Jahr 1983, daß Jane Kau Pung (1877–1982) vier Ururururenkel hinterlassen habe, stimmt nicht. Tatsächlich ist es einer der häufigen Fälle von Ururgroßeltern. So erfuhr beispielsweise Ann V. Weirick (1888–1978) aus Paxtonville, Pennsylvania (USA), von ihrem Ururenkel Matthew Stork (*9. September 1976), als sie 88 Jahre alt war. Sie starb am 6. Januar 1978.

Die meisten lebenden Vorfahren hat Megan Sue Austin (*16. Mai 1982) aus Bar Harbor, Maine (USA). Sie erfreute sich bei ihrer Geburt noch aller Großeltern und Urgroßeltern und fünf Ururgroßeltern. Macht alles in allem 19 direkte Ahnen.

AUSSERGEWÖHNLICHES

Fünfzehnlinge: Die Fetusse von 10 Mädchen und 5 Jungen hat Dr. Gennaro Montanino am 22. Juli 1971 in Rom aus der Gebärmutter einer 35jährigen Frau entfernt. Nach Angaben des Arztes war ein Fruchtbarkeitsmittel die Ursache für den einzigartigen und unübertroffenen Fall von Fünfzehnlingen.

Zweimal Siebenlinge gebar anno 1390 und 1391 Brigitta von Stingelheim in Hailing, Landkreis Straubing-Bogen (Niederbayern). Diese Kinder (alles Söhne) sind auch groß geworden. Eine Erinnerungstafel in der Taufkapelle der Kirche St. Pauli Bekehrung hält das Ereignis fest.

Die leichtesten Zwillinge wogen zusammen nur 992 g. Es waren die am 16. August 1931 geborenen englischen Schwestern Mary (453 g) und Margaret, die 538 g wog. Mutter war Florence Stimson aus Old Fletton (Peterborough).

»Siamesische Zwillinge«: Zusammengewachsene Zwillinge verdanken diese Bezeich-

Das größte Zwillingstreffen der Welt gab es am 3./4. August 1985 in Twinsberg, Ohio (USA). Das Bild zeigt noch nicht einmal ein Viertel der 1181 Paare bei der Schlußveranstaltung.

nung dem berühmten Paar Chang und Eng Bunker, die am 11. Mai 1811 in Meklong (Siam, jetzt Thailand) geboren wurden. Sie waren durch ein knorpeliges Gewebe an der Brust verbunden und heirateten im April 1843 die Schwestern Sarah und Adelaide Yates. Sie zeugten zehn bzw. zwölf Kinder und starben, 62 Jahre alt, am 17. Januar 1874 im Abstand von drei Stunden.

Erstmals mit Erfolg getrennt wurden siamesische Zwillinge am 14. Dezember 1952 im Sinai Hospital von Cleveland (USA). Dr. J. S. Geller führte die Operation an zwei Mädchen durch, die an *Xiphopagus* (Doppelmißbildung mit Verwachsung in der Gegend des Schwertfortsatzes) gelitten hatten.

Die seltenste Form zusammengewachsener Zwillinge ist *Dicephales Tetrabrachius Dipus* (2 Köpfe, 4 Arme und 2 Beine), von der nur drei Fälle bekannt sind. Diese sind Mascha und Dascha (*4. Januar 1950 in der UdSSR) sowie ein unbenanntes Paar, das durch eine zehnstündige Operation in Washington (USA) am 23. Juni 1977 getrennt wurde, ferner Fonda Michelle und Shannon Elaine Beaver (*9. Februar 1980) aus Forest City, North Carolina (USA).

Älteste siamesische Zwillinge, die nicht getrennt wurden, sind Yvonne und Yvette Jones (*1949), ein *Craniopagus*-Paar aus Los Angeles. Ihre Köpfe sind am Scheitel zusammengewachsen. Eine Trennung per Operation lehnten sie ab.

Die relativ häufigsten Zwillingsgeburten kommen unerklärlicherweise im südkoreanischen Chungchon vor. Aus der nur 275 Familien zählenden Gemeinde sind bisher 38 Zwillingspärchen hervorgegangen – die höchste Rate, die je bekannt wurde.

Die rascheste Drillingsgeburt wurde am 21. März 1977 in Memphis, Tennessee (USA), verzeichnet. Die Geburt der Drillinge Bradley, Christopher und Carmon dauerte 2 Min.

Ungewöhnliche Schwangerschaften: Die durchschnittliche Dauer einer Schwangerschaft beträgt 273 Tage.
Die Dauer der Schwangerschaften ist durch zunehmende Verwendung empfängnisverhütender Pillen nicht mehr exakt zu bestimmen, da Pillen *Amenorrhoe* zur Folge haben können. Manche Frauen rechnen, sobald sie schwanger werden, vorangegangene Monate ohne Menstruation irrtümlich zur Schwangerschaft hinzu.

Kürzeste Schwangerschaft: Ernestine Hudgins kam am 8. Februar 1983 in San Diego, Kalifornien (USA), nach nur 18 Wochen auf die Welt. Das Kind wog trotz Frühgeburt 482 g.

Die kräftigsten normalen Säuglinge waren Jungen: Carmelina Fedele aus Aversa (Italien) brachte ihr 10,2 kg schweres Kind im September 1955 zur Welt; durch Kaiserschnitt wurde am 24. Mai 1982 in Transkei (Südafrika) Sithandiwe Samane geboren. Mit 16 Monaten wog er bereits 34,9 kg.

Anna Bates, geb. Swan (1846–1888), eine 227 cm große Riesin aus Kanada (s. a. S. 63) verhalf am 19. Januar 1879 bei einer Hausgeburt in Seville (USA) einem 10,77 kg schweren und 76 cm großen Sohn zum Leben, doch das Baby starb noch in den ersten 24 Std. Ihr erstes Kind, ein 8,16 kg schweres und 61 cm großes Mädchen, war eine Totgeburt (1872). Ebenfalls tot geboren hat Florentin Ortega aus Buenos Aires (Argentinien) einen 11,3 kg schweren Jungen (9. Januar 1891). 13,26 kg wog ein mißgestaltetes Kind, das im Mai 1939 in einem Krankenhaus in Effingham (USA) auf die Welt gekommen, aber schon 2 Std. später an einem Atemleiden gestorben ist.

Das strammste Baby war sicherlich James Weir (1819–21), der, wie es auf seinem Grabstein in Wishaw, Strathclyde (Schottland), heißt, mit 13 Monaten 50,8 kg wog, 101 cm groß war und einen Umfang von 99 cm hatte.
Therese Parentean, die am 11. Mai 1936 in Quebec (Kanada) im Alter von 9 Jahren starb, wog 154 kg.

Der leichteste Säugling war Marian Taggart, geb. Chapman, aus South Shields (GB). Sie kam am 5. Juni 1938 6 Wochen vor der Zeit auf die Welt und wog bei einer Größe von 31 cm nur 283 g. Der Arzt Dr. A. Shearer flößte ihr in den ersten 30 Std. mit der Pipette eines Füllfederhalters stündlich eine Mischung aus Weinbrand, Traubenzucker und Wasser ein. Nach 3 Wochen brachte Marian 821 g auf die Waage, und an ihrem ersten Geburtstag waren es 6,29 kg. Ihr Gewicht mit 21 Jahren: 48 kg. Sie ist am 31. Mai 1983 gestorben.

Das leichteste lebensfähige Baby, über das aus den USA berichtet wurde, war Jacqueline Benson, geboren am 20. Februar 1936 in Palatine, Illinois (USA); Gewicht 340 g.

Am 20. März 1938 hatte Mrs. J. Womack eine 227 g wiegende Frühgeburt, nachdem sie in East St. Louis, Illinois (USA), von einem Lastauto überfahren worden war. Das Kind wurde lebend in ein Krankenhaus gebracht. Wenige Std. später ist es gestorben.
Am 23. Februar 1952 wurde über ein 170 g wiegendes, nur 17 cm langes Baby berichtet, das 12 Std. in einem Krankenhaus in Indianapolis (USA) am Leben blieb. Sein Zwilling war eine Totgeburt.

Gleiche Geburtsdaten: Der einzige bestätigte Fall von fünf Kindern einer Familie, die am gleichen Tag in verschiedenen Jahren zur Welt ka-

men, betrifft Catherina (1952), Carol (1953), Charles (1956), Claudia (1961) und Cecilia (1966): die Kinder von Ralph und Carolyn Cummins in Clintwood (USA). Der Geburtstag aller Kinder ist der 20. Februar. Die Wahrscheinlichkeit von fünf einzeln geborenen Geschwistern mit dem gleichen Geburtstag wäre eins gegen 17 797 577 730 – viermal die Weltbevölkerung.
Die drei Henriksen-Kinder aus Andenes (Norwegen), Heidi (* 1960), Olav (* 1964) und Lief-Martin (* 1968), können ihren Geburtstag nur selten feiern, da er auf den 29. Februar fällt.

Jeweils am 13. Januar feiern in der Familie Annelore und Walter Rudolph in Borgholzhausen (Westfalen) vier Kinder ihren Geburtstag: Susanne (1970), Melanie (1972), Henning (1974) und Frank (1979) wurden alle im Albertinen-Krankenhaus Dissen am Teutoburger Wald geboren.

Ralph Bertram Wiliams ist am 4. Juli 1982 in Wilmington (USA) geboren. Sein Vater, sein Großvater und sein Urgroßvater, letzterer im Jahr 1876, sind ebenfalls am 4. Juli auf die Welt gekommen.

Die südlichste Geburt: Emilio Marcos Palma (* am 7. Januar 1978 im Stützpunkt Sargento Cabral in der Antarktis) ist der einzige, der sagen kann, daß er der Erstgeborene eines Kontinents ist. Seine Mutter war auf Staatskosten aus Argentinien eingeflogen worden.

Erstes Baby aus der Reagenzröhre ist Louise Brown (2,6 kg). Ihre Mutter, Leslie Brown (damals 31 Jahre), wurde am 25. Juli 1978 um 23 Uhr 47 im Allgemeinen Krankenhaus von Oldham (GB) durch Kaiserschnitt entbunden. Louise war am 10. November 1977 extern empfangen worden.

Oliver, das erste »Retortenbaby« aus der Bundesrepublik Deutschland, wurde am 16. April

Als die kleine Amerikanerin Megan Sue Austin 1982 im US-Bundesstaat Maine geboren wurde, hatte sie noch 19 direkte lebende Vorfahren – allein fünf Ururgroßeltern (s. S. 69).

1982 in der Erlanger Universitätsfrauenklinik durch einen Kaiserschnitt geboren. Seine Mutter, Maria Wimmelbacher, kommt aus dem oberfränkischen Dorf Langensendelbach bei Erlangen. Das Kind wurde am 3. August 1981 durch extrakorporale Befruchtung (außerhalb des Mutterleibs) gezeugt.

Das erste Baby aus der Tiefkühltruhe ist die kleine Zoe (2,5 kg schwer, 49 cm lang). Nach 36 Wochen Schwangerschaft ist es durch Kaiserschnitt im Queen Victoria Medical Center in Melbourne (Australien) im März 1984 zur Welt gekommen. Der Mutter waren vor der künstlichen Zeugung mehrere Eizellen entnommen worden, die nach der künstlichen Befruchtung mit dem Samen des Ehemannes in flüssigem Stickstoff eingefroren wurden, bis der Augenblick für eine Implantation in die Gebärmutter günstig war.

Am 27. März wurde das erste deutsche »Tiefkühlbaby« in der Erlanger Universitätsfrauenklinik geboren: Anna-Katharina wog bei der Geburt 3220 g und war 52 cm groß.

Das erste Baby durch Ei-Transfer kam Anfang Februar 1984 in Long Beach (USA) zur Welt. Da die Mutter selbst unfruchtbar war, erhielt sie das Ei einer anderen Frau, das zuvor mit dem Samen des Ehemannes künstlich befruchtet worden war, implantiert. Nach 38 Wochen und 5 Tagen wurde sie durch Kaiserschnitt von einem gesunden Jungen entbunden.

6. PHYSIOLOGIE UND ANATOMIE

Allgemein: Wasserstoff (63 Prozent) und Sauerstoff (25,5 Prozent) sind die bekanntesten der 24 Elemente im menschlichen Körper. 1972 wurden vier weitere Spurenelemente entdeckt: Fluor, Silicium, Zinn und Vanadium. Über die feststellbare Menge von Nickel liegt noch kein abschließendes Urteil vor.

KNOCHEN

Die längsten Knochen: Im normalen menschlichen Körper gibt es 206 Knochen. Der längste ist das Oberschenkelbein. Normalerweise macht dieses 27½ Prozent des Knochengerüstes einer Person aus und sollte bei einem 1,83 m großen Mann 50 cm lang sein.

Der längste gemessene Knochen war das Oberschenkelbein des deutschen Riesen Constantin, der am 30. März 1902 in Mons (Belgien) im Alter von 30 Jahren starb. Der Knochen war 76 cm lang (s. a. S. 64).

Der Oberschenkelknochen von Robert Pershing Wadlow, dem nachweislich größten Mann, hatte eine geschätzte Länge von 75 cm (s. a. S. 62).

Der kleinste Knochen ist der sogenannte Steigbügel, eines der drei Gehörknöchelchen im Mittelohr. Er ist 2,6–3,4 mm lang und wiegt 2–4,3 mg.

MUSKELN

Die größten: Die 639 Muskeln machen normalerweise 40 Prozent des Körpergewichts aus. Der kräftigste ist der große Gesäßmuskel *(Musculus glutaeus maximus)*.

Der kleinste Muskel ist der *Musculus stapedius*, der den Steigbügel, eines der Gehörknöchelchen (s. kleinste Knochen), bewegt und knapp 0,127 cm lang ist.

Die schlankste Taille: Königin Katharina von Medici (1519–89) schrieb für die Damen des französischen Hofs eine Gürtellinie von 33 cm vor. Freilich waren zu dieser Zeit die Frauen auch kleiner. Die schlankste Taille einer normal gewachsenen Frau im 20. Jh., nämlich 33 cm, soll die französische Bühnenschauspielerin Polaire (1881–1939) gehabt haben.
Auf dieselben Minimaße brachte es angeblich auch Ethel Granger (1905–82) aus Peterborough (GB), nachdem sie in den Jahren 1929–39 ihren ursprünglichen Taillenumfang von 56 cm um 23 cm schmaler getrimmt hatte.

Die größten Brustkörbe findet man bei endomorphen Menschen (Tendenz zur Fettleibigkeit). Ein Extremfall war der Amerikaner Robert Earl Hughes (1926–58): Er soll einen Brustumfang von 315 cm gehabt haben, aber angesichts seiner Größe (184 cm) und seines Gewichts (485 kg) sind 264 cm wahrscheinlicher.
George Macaree, einst Großbritanniens schwerster Mann, bringt es heute bei einer Größe von 177,3 cm und einem Gewicht von 196,8 kg auf einen Brustumfang von 190,5 cm.
Unter kräftigen Menschen (Mesomorphen) normaler Statur ist ein Brustumfang von mehr als 142 cm selbst nach dem Einatmen sehr selten. Wassilii Alexejew (* 1942), der 186 cm große sowjetische Superschwergewichts-Weltmeister im Gewichtheben, hatte in seiner Bestform und bei 158,7 kg einen Brustumfang von 153,6 cm.

Arnold Schwarzenegger (* 1948 aus Graz, Österreich), einst »Mr. Universum« und angeblich »der am perfektesten gewachsene Mann in der Geschichte der Welt«, brachte es bei ei-

Matthew Stork mit seinen fünf Ahnen: im Mittelpunkt hier die älteste, Ururgroßmutter Ann Weirick. Sie war erst 88 Jahre alt, als er zur Welt kam (s. S. 69).

In einer TV-Show wurde der österreichische Muskelmann und »Mister Universum«, Arnold Schwarzenegger, entdeckt. Sein Bizeps maß 55,8 cm.

ner Größe von 185 cm und seinem Idealgewicht von 107 kg auf einen Brustumfang von 145 cm. 1976 hatte für den Steiermärker eine zweite Karriere auf der Leinwand begonnen. Heute lebt er in Santa Monica, Los Angeles (USA).

Der US-Gewichtheber Gary Aprahamian (1962–84) ist der erste Mann, dessen Bizeps »kalt« (nicht angespannt) mit 64,4 cm über der magischen Grenze von 63,5 cm lag. Er hatte normalerweise einen Brustumfang von 155 cm und wog 165 kg.

Längste Hälse: Die größte Verlängerung des Halses durch wiederholtes Anpassen von Kupferringen, wie dies die Padaung oder Karen in Birma praktizieren, kann Verlängerungen bis zu 40 cm bewirken.

DAS GEHIRN

Das Gehirn besitzt 10×10^{10} Nervenzellen oder Neuronen, die durch Dendriten oder Fasern und 10×10^{11} Glia miteinander verbunden sind. Ein paar von den chemischen Reaktionen des Gehirns erfordern nur eine millionstel Sek. Vom 18. Lebensjahr an verliert das Gehirn etwa 10^3 Zellen pro Tag. Das Gehirn eines durchschnittlichen erwachsenen Mannes (das heißt 20–55 Jahre alt) wiegt 1424 g und verringert sich mit zunehmendem Alter auf 1395 g.

Das menschliche Gehirn wird schwerer. Untersuchungen belegen, daß das Durchschnittsgewicht des Gehirns eines Mannes, das 1860 noch 1372 g betrug, heute bei 1424 g liegt. Das Gewicht des Gehirns der Frau hat von 1242 g auf 1265 g zugenommen. In den letzten Jahren wächst das weibliche Gehirn fast so schnell wie das des Mannes.

Das schwerste bisher gewogene Gehirn hatte der russische Schriftsteller Iwan Turgenjew (1818–83): Es wog 2012 g.
Der Neuron-/Gliazellen-Quotient in der Region 39 des Gehirns von Albert Einstein (1879–1955) betrug 1,12 gegenüber dem Standardwert von 1,936 – eine Differenz von 72,8 Prozent. Das gab Prof. Marian Diamond von der kalifornischen Universität in Berkeley (USA) am 13. Februar 1985 bekannt.

Die kleinsten Gehirne: Das teilweise verkümmerte Gehirn *(Atrophie)* des französischen Schriftstellers Anatole France (1844–1924) wog ohne Membran nur 1017 g. Das leichteste »normale« oder nicht geschwundene Gehirn war 1096 g schwer und hatte einer 31 Jahre alten Frau gehört. Dr. P. Davis und Prof. E. Wright vom Kings's College Hospital in London berichteten darüber im Jahr 1977. In Extremfällen von *Mikrozephalie* (Kleinköpfigkeit) kann das Gehirn gerade 300 g wiegen (das Gehirn eines erwachsenen männlichen Gorillas ist 567 g schwer, das anderer Menschenaffen 454 bis 567 g).

Der teuerste Schädel war der des schwedischen Philosophen und Theologen Emanuel Swedenborg (1688–1772). Schwedens Königliche Akademie der Wissenschaften zahlte für ihn am 6. März 1977 auf einer Versteigerung bei Sotheby's in London 5500 englische Pfund.

INTELLIGENZQUOTIENT

Allgemein: Der Intelligenzquotient (IQ) wird gebildet, indem das geistige Alter eines Menschen durch sein tatsächliches Alter dividiert und dann mit 100 multipliziert wird. So wäre zum Beispiel ein 8jähriger, der auf dem Niveau eines durchschnittlichen 16jährigen steht, gebildeter und intelligenter als dieser ($\frac{16}{8} \times 100 = 200$). Unter den Kindern erreichte Marilyn Mach vos Savant aus St. Louis, Missouri (USA), den höchsten Intelligenzquotienten: Mit 10 Jahren hatte sie einen IQ von 230 oder den Standard einer 23jährigen.
Kriterien bei Intelligenztests der Erwachsenen sind nicht die IQ-Punkte, sondern Wertskalen, die prozentual ausgerichtet sind. Ein Ergebnis von 158 der Stanford-Binet-Skala entspricht einem Wert von 187 der Cattell-Skala (einen derartigen Intelligenquotienten kann nur 1 Mensch unter 10000 aufweisen). Die klügsten der klugen Leute sind in der Mega-Gesellschaft vereinigt, die lediglich 26 Mitglieder zählt (eine solche »Intelligenzbestie« kommt höchstens bei 1 : 1 Mio. Menschen vor). Beim Aufnahmetest in dieser Mega-Gesellschaft, den ihr Gründer Ronald K. Hoeflin ausgetüftelt hat, schnitt bisher Marilyn Mach vos Savant (USA) am besten ab. Sie erreichte 46 von 48 möglichen Punkten. Dahinter folgt ihr Landsmann Jeff Ward aus San Diego mit 43 Punkten.

Drei Menschen haben einen IQ von 197: der Australier Christopher Philip Harding (* 1944 in GB), der Amerikaner Dr. Ferris Eugene Alger (* 1913) sowie sein Landsmann Dr. Johannes Douglas Veldhuis (* 1949 in Kanada).

Intelligenz als Massenphänomen: In Japan haben die Geburtsjahrgänge 1960/61 einen IQ von 115, die höchste Durchschnittsrate, die bekannt geworden ist. Mindestens 10 Prozent der japanischen Gesamtbevölkerung erreichen einen IQ von > 130.

Bodybuilding machte auch Gaby Sievers aus Kiel zur dreimaligen Weltmeisterin. Heute besitzt die hochgewachsene Muskeldame ein Fitneß-Studio für Frauen. Bodystyling ist die Devise.

Menschlicher Computer: Der Rekord für das Ziehen der 13. Wurzel aus einer 100stelligen Zahl liegt bei 1:28,8 Min., aufgestellt am 7. April 1981 von Willem Klein (1912–86) in Amsterdam (Niederlande).

In 28 Sek. multiplizierte Shakuntala Devi (Indien) zwei 13stellige Zahlen, die am 18. Juni 1980 von einem Computer in London nach dem Zufallsprinzip ausgewählt wurden. Die Rechenaufgabe lautete: 7686369774870 × 2465099745779. Das korrekte Resultat: 18947668177995426462773730.
Ein bedeutender Mathematik-Schriftsteller stellte die Bedingungen in Frage, unter denen die Aufgabe gestellt wurde, und behauptete, daß Shakuntala Devi bei strengsten Kontrollmaßnahmen nicht in der Lage wäre, das Kunststück zu wiederholen.

Menschliches Gedächtnis: 16000 Abschnitte aus buddhistischen Texten sagte im Mai 1974 Bhandanta Vicitsara in Rangun (Birma) aus dem Gedächtnis auf.
Nach nur einmaligem Ansehen memorierte der Brite Creighton Carvello am 21. März 1985 in Cleveland (GB) gleich 6 Kartenspiele, die ihm – eins nach dem andern – vorgelegt worden waren. Bis auf 4 Fehler konnte er sämtliche Karten in der richtigen Reihenfolge angeben. Am 21. Juli 1985 vollbrachte Carvello in Kioto (Japan) eine vielleicht noch größere Gedächtnisleistung: Im Rahmen der TV-Sendung *Guinness Buch der Weltrekorde* ließ er die 6 Kartenspiele bunt durcheinandermischen und machte die Aufgabe so noch schwieriger. Ergebnis: nur 24 Fehler!
Als Gedächtniskünstler tritt auch Erich Zenker (*1929) aus Kiel auf. Auf Veranstaltungen merkt er sich die Vornamen von Anwesenden. Auch wenn die Personen anschließend ihre Plätze gewechselt haben, ist er in der Lage, sie mit dem richtigen Vornamen anzusprechen. 320 Vornamen hat er bei Auftritten bereits richtig wiedererkannt. In der ZDF-Sendung »Wetten, daß ...?« wurde er bekannt.

Kalendergenie Ilse Kirsch (1928–86) aus Wasserberg-Myhl (Niederrhein) sagte in Rekordzeit die Daten der Jahre 1983, 1984 und 1985 in variabler Reihenfolge unter Angabe des jeweiligen Wochentages fehlerfrei auf.
Zuletzt benötigte sie am 5. September 1985 im Rahmen eines Guinness-Tages während der Britischen Woche in Oberhausen für ihre Konzentrationsleistung ganze 227 Sek.

Als Lottogenie entpuppte sich die Hausfrau Hedl Bäurle (*1932) aus Eigeltingen am Bodensee. Dank ihres fotografischen Gedächtnisses kann sie die Samstags-Lottozahlen mit Zusatzzahl der Jahre 1980–85 komplett auch in variabler Reihenfolge auswendig aufsagen – in 45 Min. sind alle Wochenziehungen bewältigt. In der ZDF-Sendung »Wetten, daß ...?« vom 1. September 1984 konnte sie ihr Talent als »Lottofee« bereits vor einem Millionenpublikum vorführen.

Von der irrationalen Kreiszahl Pi hat der Inder Rajan Srinivasen Mahadevan im Alter von 23 Jahren 31811 Stellen in 3:49 Std. (26 Min. Pause eingeschlossen) aus dem Gedächtnis aufgesagt. Pro Min. kam er damit auf 156,7 Dezimalstellen. Diesen Rekord meldete der indische Rundfunk am 5. Juli 1981 in seiner wöchentlichen Rundschau. (Anm.: Es handelt sich nur um den Annäherungswert von Pi = $^{22}/_{7}$, der sich nach der 6. Dezimalstelle wiederholt und natürlich endlos aufgesagt werden kann. Der tatsächliche Wert besteht aus einer Reihe von Zufallszahlen, die man sich verteufelt schwer merken kann. Aus dem Kopf hersagen lassen sich durchschnittlich nur sieben solcher Zufallszahlen.)

FINGER UND ZEHEN

Tastsinn: Die Empfindlichkeit der Finger ist derart hoch, daß damit eine Schwingungsbewegung von 0,02 eines Mikrons wahrgenommen werden kann.
Am 12. Januar 1963 berichtete die sowjetische Zeitung *Iswestija* über ein Mädchen, Rosa Kulgeschowa, das mit verbundenen Augen Farben einzig und allein durch ihren Tastsinn zu erkennen imstande sein sollte. Spätere Berichte aus dem Jahr 1970 widerlegten jedoch diese Behauptung.

Die meisten Finger: 14 Finger und 15 Zehen hat ein Baby aus England gehabt. Das wurde am 16. September 1921 nach der Leichenschau in London berichtet.

Die wenigsten Zehen, nur zwei, haben zwei kleine Negerstämme, die Wadomo im Sambesital an der Grenze zwischen Sambia und Simbabwe und die Kalanga aus der östlichen Kalahari, Botswana. Das als »Hummerscheren-Syndrom« bekannte Leiden ist durch die Mutation eines einzelnen Gens entstanden und erblich.

Die längsten Fingernägel nennt Shridhar Chillal (*1937) aus Poona (Indien) sein eigen. Am 8. April 1985 maßen die fünf Nägel seiner linken Hand zusammen 363,2 cm; allein der Daumennagel war 87,6 cm lang. Zuletzt hatte Chillal seine Nägel im Jahr 1952 geschnitten.

Auch heute noch pflegen die Padaung in Birma den Brauch, den Hals durch immer mehr Kupferringe zu verlängern. Der Giraffenhals dieser Padaung-Frau mit nur 19 Kupferringen ist noch ein gutes Stück von der 40-cm-Rekordlänge entfernt (s. S. 72).

Das längste Haupthaar soll Swami Pandarasannadhi, das Oberhaupt des Klosters Tiruduturai im indischen Distrikt Tanjore, geziert haben. Nach Meldungen aus dem Jahr 1949 wucherte es 792 cm lang. Fotografien beweisen, daß der Mönch unter *Plica caudiformis* gelitten hat, sein Haupthaar verfilzte und trocknete aus.
Doppelt so lang, wie sie groß war, soll das Haupthaar der in Schweden geborenen Skuldfrid Sjorgren gewesen sein, nämlich 320 cm. Das wurde 1927 in Berichten aus Toronto (Kanada) behauptet.

Die Frau mit den längsten Haaren in der Bundesrepublik ist Georgia Sebrantke (*1943). Die seit vielen Jahren in Stuhr-Varrel bei Bremen lebende Griechin wies am 6. März 1986 eine dunkelbraune Haarpracht von exakt 296 cm Länge auf. Der Ehemann und die drei Kinder wachen darüber, daß die Supermähne auch bei verlockenden Fernsehwetten nicht gestutzt wird.

Das kräftigste Haar hat vermutlich die in Großbritannien lebende Pham Thy Lan. Bei einem Rekordversuch im BBC-Fernsehen am 9. September 1984 riß ein einzelnes Haar von ihr erst bei einer Belastung von 178 g.

Der längste Bart gehörte Hans N. Langseth (*1846 in Norwegen); als Hans 1927 in den USA starb, hatte der Bart eine Länge von 533 cm. Der Bart wurde 1967 dem Smithsonian-Institut, Washington, zum Geschenk gemacht. Seit 1973 läßt Birger Pellas (*21. September 1934) aus Malmö (Schweden) seinen Bart wachsen: jetzt 264 cm (8. Januar 1986).

Der Vollbart der »bärtigen Jungfrau« Janice Deveree (*1842 in Bracken, USA) wurde nach einer Messung im Jahr 1884 mit 36 cm angegeben. Mit Helene Antonia, einer Schaustellerin aus Lüttich (Belgien), die im 17. Jh. lebte, hätte die Amerikanerin allerdings nicht konkurrieren können. Helenes Bart wucherte angeblich bis zu den Hüften.

Der Backenbart von Ergen Hasan (*1932) aus Bretten (Landkreis Karlsruhe) maß im März 1985 stattliche 150 cm. Der gebürtige Türke, der seit 1963 in der Bundesrepublik Deutschland lebt, pflegt seine Manneszierde seit 1980.

Als längster Schnurrbart wurde ein dem indischen Brahmanen Masuriya Din (*1908) zugewachsenes Exemplar registriert. Der Schnurrbart wuchs sich von 1949 bis 1962 auf eine Spannweite von 259 cm aus.

HAARE

Allgemein: Ein blonder Mensch hat auf seinem Kopf ca. 140000 Haare, ein schwarzhaariger etwa 109000. Rothaarige haben »nur« ca. 88000, Braunhaarige immerhin 102000. Jedes einzelne Haar wächst täglich etwa 0,3 mm. Übrigens: Vormittags wächst es am schnellsten, nachts überhaupt nicht. Die Lebensdauer eines Haares liegt zwischen einem halben und vier Jahren. Durchschnittlich auf ein Lebensalter gerechnet, verliert der Mensch täglich ca. 90 Haare.

ZÄHNE

Die frühesten Milchzähne: Die ersten Milchzähne erscheinen gewöhnlich bei Kleinkindern im Alter von fünf bis acht Monaten, und zwar zuerst die Schneidezähne des Unter- und Oberkiefers. Zahlreiche Aufzeichnungen berichten von Kindern, die mit Zähnen zur Welt kamen. Gleich mit neun Milchzähnen wurde am 11. März 1961 Jörg Netzband (†2. April 1972) in Hamburg geboren. Über dieses Tempo staunten Ärzte und Zahnärzte der Eppendorfer Universitätsklinik für Zahn-, Mund- und Kieferkrankheiten.

Die Backenzähne bekommt man gewöhnlich im Alter von 24 Monaten, aber nach dem in Dänemark veröffentlichten Fall Pindborg wies 1970 ein um sechs Wochen zu früh geborenes Baby bei seiner Geburt acht Zähne, davon vier Backenzähne, auf.

Die meisten Zähne: Der Wuchs dritter Zähne im vorgerückten Alter wurde wiederholt registriert. In Frankreich erregte 1896 der sogenannte Lison-Fall Aufsehen: Eine Französin namens Lison hatte im Alter vierte Zähne bekommen.

Die meisten gezogenen Zähne: Bruder Giovanni Battista Orsenigo, Mönch und Zahnarzt am Ospedale Fatebenefratelli in Rom, sammelte sämtliche Zähne, die er während seiner Berufstätigkeit von 1868 bis 1904 gezogen hatte, in drei riesigen Kästen. Bei einer Zählung im Jahr 1903 kam man auf 2000744 Zähne. Das entspricht einem Tagespensum von 185 Zähnen.

Den wertvollsten Zahn hat sich vermutlich ein Edelmann 1816 in London für 730 Pfund gesichert. Er hatte einst Sir Isaac Newton (1643–1727) geschmückt. Der englische Adlige ließ den Newton-Zahn in einen Ring fassen, den er dann ständig trug.

AUGEN

Der kleinste sichtbare Gegenstand: Die Zerlegungsfähigkeit des menschlichen Auges beträgt 0,0003 eines Bogengrads von einer Minute (1/60 Grad), was 100 Mikron bei 254 mm entspricht. Das menschliche Auge kann eine helle Lichtquelle durch einen Spalt von bloß 3–4 Mikron Weite wahrnehmen.

Farbsinn: Das menschliche Auge kann, unter optimalen Sichtverhältnissen, 10 Mio. verschiedene Farbflächen unterscheiden. Die genauesten fotoelektrischen Spektrometer besitzen nur etwa 40 Prozent dieser Trennschärfe. Rund 7,5 Prozent aller Männer und 0,1 Prozent aller Frauen sind farbenblind. Die extremste Form, der sogenannte Monochromatismus, ist höchst selten.
Die größte Häufigkeit von Rot/Grün-Blindheit wird aus der ČSSR gemeldet, die geringste von den Fidschiinseln und von Indianern Brasiliens.

STIMME

Höchste und tiefste Stimmen: Die höchsten und tiefsten Noten, die vor diesem Jahrhundert für die menschliche Stimme nachgewiesen sind, wurden von der Amerikanerin Ellen Beach Yaw (1869–1947) erreicht. Sie sang am 19. Januar 1896 in der New Yorker Carnegie Hall ein Staccato E in *alto altissimo.* (e^{IV}). Kaspar Foster (1617–73) sang das tiefe A, *basso al ottavio* (55 Hz/s). Madeleine Marie Robin (1918–60), die französische Koloraturdiva, erreichte und hielt das B oberhalb des hohen C in der Wahnsinnsszene aus *Lucia di Lammermoor* von Gaetano Donizetti.
Seit 1950 haben Sänger und Sängerinnen hohe bzw. tiefe Noten weit außerhalb des bis dahin für möglich Gehaltenen erreicht. Allerdings fehlen den höchsten und tiefsten Noten des Registers die Obertöne, wodurch sie musikalisch so gut wie wertlos werden.

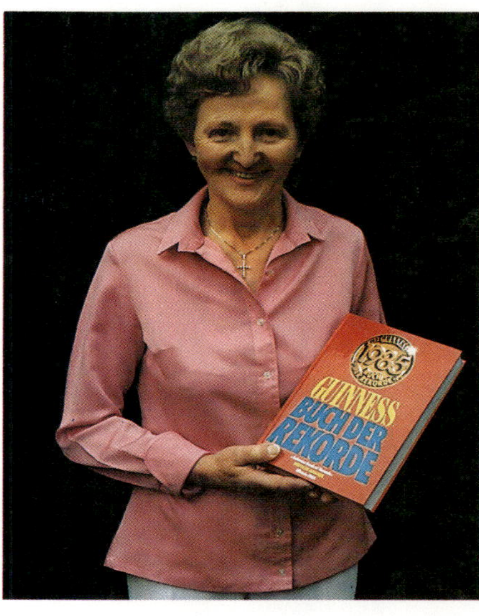

Ilse Kirsch überraschte seit ihrem Auftritt in »Wetten, daß . . .?« im April 1982 ihr Publikum mit immer neuen Konzentrationsleistungen (s. S. 73).

Erich Zenker aus Kiel verblüfft bei Auftritten die anwesenden Gäste durch sein gutes Gedächtnis: Gesichter und Vornamen sind sein Hobby (s. S. 73).

Nicht zu bremsen ist Schnellsprecher John Helm, Fernsehkommentator von Yorkshire Television. In nur 26 Sek. rasselt er die Namen aller 92 englischen Fußballigaklubs herunter.

Marita Gunter, eine Schülerin Alfred Wolfsohns, sang den gesamten Bereich des Klaviers vom A bis zum viergestrichenen C (von diesen 7¼ Oktaven sind 6 Oktaven musikalisch wertvoll). Roy Hart, ein anderer Wolfsohn-Schüler, sang Noten unterhalb des Klavierbereichs. Barry Girard aus Canton (USA) erreichte im Mai 1975 das e (4340 Hz) oberhalb des höchsten Tones des Klaviers. Die höchste für Singstimme gesetzte Note ist das G^{IV} und kommt zweimal in Mozarts *Popolo di Tessaglia* vor.
Dan Britton schaffte am 31. Juli 1984 auf einer Veranstaltung des Anoka County in Maryland (USA) das vierte E unter dem mittleren C (20,6 Hz).

Der Bandleader, Komponist und Sänger Richard Deutsch (* 1950) verfügt über einen Stimmumfang von vier Oktaven und zwei Ganztönen. Der heute in Rosenheim (Bayern) lebende Tiroler bringt als tiefsten Ton das Kontra-As und das dreigestrichene C als höchsten Ton.

Die tiefste Vokalnote des klassischen Repertoires steht in Mozarts *Die Entführung aus dem Serail*: Der Osmin-Part geht bis zum tiefen D (73,4 Hz). J. D. Summer aus Nashville in den USA erreicht in seinem Album *Blessed Assurance* das C unter dem tiefen C (32,7 Hz). Stefan Zucker hielt am 12. September 1972 bei der Uraufführung von Bellinis *Adelson e Salvini* in New York im Tenor-Part des Salvini das A in *alto altissimo* 3,3 Sek. lang.

Die größte Stimmweite: Die normale Hörweite der männlichen menschlichen Stimme beträgt bei Windstille und im Freien 180 m. Das Silbo, die gepfiffene Sprache auf der kanarischen Insel La Gomera, ist unter idealen Verhältnissen auf eine Entfernung von 8 km zu verstehen.
In einem Fall war die menschliche Stimme unter abnorm günstigen akustischen Bedingungen über stehendem Wasser und bei Nacht auf eine Entfernung von 17 km vernehmbar, ohne daß man jedoch die einzelnen Worte verstand.

Brüllrekorde: Ihrer höheren Stimmfrequenz wegen erreichen Frauen beim Schreien eine größere Phonstärke als Männer. Den wissenschaftlich belegten Höchstwert schaffte mit 123,2 Dezibel Neil Stephenson aus Newcastle-upon-Tyne, Tyne and Wear (GB), am 18. Mai 1985.

Das leiseste Geräusch: Die Intensität des Lauts, die Lautstärke, wird in Druckeinheiten gemessen. Der Druck des schwächsten Geräusches, das vom normalen menschlichen Ohr bei einer Schwingungszahl von etwa 2750 Hz wahrgenommen werden kann, beträgt 2×10^{-5} Pascal. Der zehnte Teil des Logarithmus obigen Werts ist die »Dezibel« genannte Einheit.

Höchste Lärmwerte: Anhaltender Lärm von mehr als 150 Dezibel verursacht sofortige unheilbare Taubheit, mehr als 192 Dezibel können sogar einen tödlichen Schock auslösen. Schädlicher Lärm entsteht unter anderem in Fabriken (Dauerbelastung von über 90 Dezibel), es produzieren ihn Rennautos (125 Dezibel), Verstärkermusik (130 Dezibel) und gewisse Spielzeugkanonen (170 Dezibel). Unschädlich sind Geräusche von etwa 30 Dezibel.

Größte vernehmbare Tonhöhe: 20000 Hz galt lange als oberste Hörgrenze des menschlichen

Birger Pellas, der schwedische Silberschmied, läßt sich gern von zwei Nürnbergerinnen an den Spitzen seines 264 cm langen Bartes zupfen (s. S. 74).

Ohrs, obwohl asthmatische Kinder oft ein Geräusch von 30000 Hz wahrnehmen können. Im Februar 1964 verlautete aus der UdSSR, dortige Versuche hätten eindeutig bewiesen, daß Schwingungen bis zu 200000 Hz gehört werden können, falls der Schwingkörper unmittelbar an den Kopf gehalten wird.

Bei Versuchen im Fachbereich Elektroakustik der Universität Duisburg fand man jetzt heraus, daß der Mensch Töne bis 40000 Hz aufnimmt. Zu der neuen Erkenntnis kamen die Duisburger Wissenschaftler unter Leitung von Joachim Herbetz mit Hilfe selbstentwickelter spezieller Schallgeber, die auch hohe Töne mit der erforderlichen Reinheit abstrahlen können.

Den Schnellsprechrekord hält der Presse- und Gerichtsstenograf Peter Spiegel (1903–84) aus Essen. Auf Stenografen-Wettbewerben erreichte er zwischen 1965 und 1977 zehn Höchstleistungen im Schnellesen bzw. Schnellsprechen von 908–990 Silben pro Min.

534 Wörter, die einen Sinn ergaben und klar verständlich waren, sprudelte der Amerikaner John Moschitta bei einem Radiotest im März 1983 in 58 Sek. hervor. Das entspricht 552 Wörter pro Min.

BLUT

Blutgruppen: Das Vorherrschen einer bestimmten Blutgruppe ist in den einzelnen Gebieten der Erde höchst verschieden.

Die häufigste Blutgruppe der Welt ist 0 (46 Prozent); in gewissen Gebieten jedoch, z. B. in Norwegen, herrscht Gruppe A vor.

Die seltenste Blutgruppe im System AB0 (einem von 14 Systemen) ist AB.

Die seltenste Type der Welt ist das Bombay-Blut (Untergruppe A–h), das bisher nur 1961 bei einer tschechoslowakischen Krankenschwester festgestellt wurde sowie bei einem Amerikaner und seiner Schwester aus Massachusetts.

Größter natürlicher Reichtum: Von Joe Thomas, Detroit (USA), wurde im August 1970 der Besitz der größten bekannten Anzahl von Anti-Lewis B, dem seltenen Blut-Antikörper, in seinem Blut gemeldet. Eine amerikanische Firma für biologische Präparate bezahlt ihm 1500 Dollar pro l. Die Steuerbehörde entschied, dies sei »flüssiges Kapital« und daher steuerpflichtig!

Weltrekordler im Blutspenden ist der amerikanische Kosmetiker Allen Doster. Von 1966 bis zum April 1986 hat er sich im Roswell Park Memorial Institute von New York – allerdings zum eigenen Gebrauch – 1800 US-Pints (1 Pint = 0,473 l) Blut abnehmen und auf den Eiweißstoffwechsel untersuchen lassen. Normalerweise liegt das Limit bei der Blutabnahme bei rund 5 l pro Jahr.

Größte Bluttransfusion: Der 50jährige Warren C. Jyrich, ein Bluter, benötigte für seine »offene« Herzoperation im Dezember 1970 2400 Spendereinheiten, das sind 1080 l Blut.

Die längste Vene im menschlichen Körper ist eine Herzvene, die sogenannte Vena Cava, die Blut von unterhalb des Herzens zurückführt.

Den höchsten Blutalkoholgehalt hatte eine 24 Jahre alte Amerikanerin: 1510 mg pro 100 ml. Schon ein Drittel dieser Menge ist in der Regel tödlich. Die Frau war im Dezember 1982 total verwirrt in die Universitätsklinik von Los Angeles eingeliefert worden. Nach zwei Tagen kam sie wieder zu sich.

KÖRPERTEMPERATUR

Höchste Körpertemperatur: Der 52jährige Neger Willie Jones wurde am 10. Juli 1980 mit einem Hitzschlag in das Grady-Memorial-Krankenhaus in Atlanta, Georgia (USA), eingeliefert – an einem Tag mit 32,2°C und 44 Prozent Luftfeuchtigkeit. Seine Temperatur lag bei 46,5°C. Nach 24 Tagen konnte er wieder entlassen werden.

Tiefste Körpertemperatur: Drei Fälle sind bekannt, daß Menschen Körpertemperaturen von nur 16°C überlebten. Dorothy Mae Stevens (1929–74) wurde am 1. Februar 1951 in einer Chikagoer Seitenstraße aufgefunden und am 21. Januar 1956 die zwei Jahre und einen Monat alte Vickie Mary Davis in einem ungeheizten Haus in Marshalltown (USA). Beide hatten eine Körpertemperatur von nur 16°C. Schon bei Körpertemperaturen um 35°C können die Menschen an Hypothermie sterben.

Nur mit einem Schlafanzug bekleidet, war der zweijährige Michael Troche aus Milwaukee, Wisconsin (USA), am 19. Januar 1985 aus seinem Elternhaus gelaufen. Während seines halb- bis dreistündigen Aufenthalts im Freien bei arktischen Temperaturen von fast –30°C war Michael praktisch »erfroren« und gab keine Lebenszeichen mehr von sich.
Nach der Einlieferung in das Children's Hospital in Milwaukee schlossen ihn die Ärzte sofort an eine Herz-Lungen-Maschine an. Um sein Blut zu erwärmen, wurden Arme und Beine mit Schnitten geöffnet, um dem Gewebe die Möglichkeit zu geben, sich auszudehnen. Die Einschnitte sowie die vom Frost zerstörten Gewebepartien wurden mit Hauttransplantaten bedeckt. Michael hat sich nach wenigen Wochen Aufenthalt im Krankenhaus völlig erholt.
Die Ärzte des Kinderkrankenhauses stehen vor einem Rätsel. Als das Kind gefunden wurde, war seine Körpertemperatur bei der grimmigen Kälte auf 15,5° C abgesunken. Unter seiner Haut hatte sich bereits Eis gebildet. Nach medizinischen Maßstäben galt er als erfroren. Es ist kein ähnlicher Fall bekannt, in dem ein Mensch eine derartige Unterkühlung überlebt hätte.

Kälterekord: In einem hermetisch abgeschlossenen Kryotorium des Rheumadorfes Reiken auf der Insel Kiushu (Japan) hielt es der Schweizer Dr. Carl Xaver Bleisch (* 1929) aus Zürich am 27. Dezember 1979, nur mit einer Badehose bekleidet, 4:07 Min. bei –180°C aus.

KRANKHEITEN

Die häufigste Krankheit, jedoch nicht ansteckend, ist Karies (Zahnfäule). Nur wenige Menschen bleiben ihr Leben lang davon verschont. In gewissen Teilen der Welt erreicht der Befall mit Springwurm *(Enterobius vermicularis)* eine Rate von 100 Prozent.

Die häufigste ansteckende Krankheit ist der Schnupfen (akuter Nasen-Rachen-Katarrh).

Seltenste Krankheit: Medizinische Fachschriften erwähnen von Zeit zu Zeit bisher noch nicht beschriebene Krankheiten. Eine noch nicht beschriebene, aber von einem norwegischen Arzt vorausgesagte Krankheit ist *Podozythoma* der Nieren – ein Tumor der Epithelzellen, die die *Glomeruli* der Niere umgeben.
Der letzte Fall von Blattern wurde am 26. Oktober 1977 bei Al Maow Maalin in Merka (Somalia) festgestellt.
Kuru, die sogenannte Lachkrankheit, befällt ausschließlich den Fore-Stamm in Neu-Guinea und verläuft zu 100 Prozent tödlich. Die Krankheit wird durch die Kannibalensitte des Verzehrens menschlicher Hirne übertragen.

Die ansteckendste Krankheit ist die Lungenpest, die als »Schwarzer Tod« 1347–51 grassierte. Sie verläuft zu 99,99 Prozent tödlich.
AIDS *(Acquired immune-deficiency syndrome)* wurde 1978 erstmals erkannt, doch die Krankheit weist Ähnlichkeiten mit dem afrika-

nischen Schweinefieber in Haiti auf, das seit 1909 bekannt ist. Zum ersten Mal identifiziert wurde das Virus im Januar 1983 am Pariser Pasteur-Institut. Die Entdeckung von Luc Montagnier, Françoise Barré-Sinoussi und Jean-Claude Chermann ging als HTLV III in die Medizingeschichte ein (Kurzform für Human T-lymphotrophic virus Type III). In den USA wurde Prof. Robert Gallo vom Nationalen Krebszentrum in Bethesda, Maryland, im Mai 1985 ein Patent für HTLV III gewährt.

Stärkster Bazillenträger unter den Infektionskrankheiten ist die Lepra, die durch Husten, Niesen und Spucken übertragen wird. Der Bazillus *Mycobacterium leprae* ist 1871 von dem Norweger G. H. D. Hansen (1841–1912) entdeckt worden.

Höchste Sterblichkeit: Die Tollwut bei Menschen, wenn sie mit dem Symptom der Wasserscheu auftritt, gilt seit langem als zu 100 Prozent tödlich. Die 25jährige Candida de Sousa Barbosa aus Rio de Janeiro (Brasilien) überlebte im November 1968 als erste diese Krankheit. Manche Quellen nennen als ersten Überlebenden jedoch den 6jährigen Matthew Winkler, der am 10. Oktober 1970 von einer tollwütigen Ratte gebissen wurde.

Die häufigste Todesursache in den Industrieländern ist die Arteriosklerose (durch Verkalkung bewirkte Verdickung der Arterienwände). Sie ist die Ursache zahlreicher Koronar-, Hirn- und Gefäßerkrankungen.

Die berüchtigste Keimträgerin von allen Trägern des Typhusbazillus war Mary Mallon, genannt »Typhus Mary« aus New York City (USA). Sie war die Ansteckungsquelle bei der Epidemie von 1903 mit 1300 Fällen. Da sie ihre Beschäftigung, zu der auch das Berühren von Nahrungsmitteln gehörte, nicht aufgab, sondern unter falschem Namen weiter ausübte, wurde sie ab 1915 in Dauerhaft genommen, in der sie bis zu ihrem Tod 1938 verblieb. Ein noch immer anonymer Farmer aus Camden im US-Staat New York war im August 1909 Infektionsherd für 409 Fälle, von denen 40 tödlich verliefen.

Der am längsten dauernde Fall der **Parkinsonschen Krankheit** (genannt nach Dr. James Parkinson, der sie 1811 zum ersten Mal beschrieb), über die erst 1946 die ersten Behandlungsmethoden veröffentlicht wurden, waren 62 Jahre. So lange litt Frederick G. Humphries (verstorben am 23. Februar 1985) aus Croydon (GB) daran. Die Symptome der Krankheit wurden bei ihm 1923 entdeckt.

MEDIZINISCHE EXTREME

Längstes Aussetzen des Herzens: Ein Stillstand des Herzens von 3:40 Std. überlebte die 20jährige Jean Jawbone. Unter Verwendung von Bauchfelldialyse gelang es einem 26köpfigen Medizinerteam am 8. Januar 1977 in der Klinik von Winnipeg (Kanada), die Patientin ins Leben zurückzurufen.
Hector Bertschi (* 1958) aus Kilchberg (Schweiz) kenterte am 3. Juni 1984 in einem Kanu auf dem nur 8°C warmen Walensee und wurde bewußtlos. Nach sofort eingeleiteter Herzmassage und Beatmung durch einen herbeigerufenen Arzt wurde der bereits klinisch Tote in die Universitätsklinik Zürich überführt. Er wies nur noch eine Temperatur von 24°C auf. Nach künstlicher Aufwärmung und Anschluß an die Herz-Lungen-Maschine begann sein Herz nach genau 4 Std. wieder zu schlagen.
Im Februar 1974 brach der fünfjährige Vegard Slettmoen durch das Eis des Flusses Nitselv in Norwegen. 40 Min. später wurde er aus einer Tiefe von 2,5 m geborgen und im Hauptkrankenhaus von Akershus wiederbelebt.

Post-mortem-Geburten: Klinisch tot war eine Frau aus Roanoke, Virginia (USA), nach einem Herzinfarkt. Sie wurde jedoch künstlich am Leben erhalten und 84 Tage später von einem 1,67 kg schweren Mädchen entbunden (5. Juli 1983).
Eine Amerikanerin, die am 24. Januar 1983 im UCSF-Moffitt-Krankenhaus von San Franzisko gestorben war, ist 64 Tage danach von einem Jungen entbunden worden (30. März 1983).

Das größte Herz der Welt steht im Traumland-Park in Bottrop-Kirchhellen (Nordrhein-Westfalen). Bei seinen Maßen (11,7 × 13,8 × 10,6 m) kann der Besucher die naturgetreue Nachbildung eines normalen menschlichen Herzens begehen und die biologischen Abläufe des Blutstromes anschaulich erleben.

Die normale Pulsgeschwindigkeit ist 70–72 Pulsschläge pro Min. bei Männern und 78–82 bei Frauen (jeweils im Ruhezustand). Bei extremer Körperanstrengung kann sie auf über 200 ansteigen oder wie bei Dorothy Mae Stevens (s. a. S. 76), auf 12 fallen. Ebenfalls eine Pulsgeschwindigkeit von 12 wurde am 20. Dezember 1980 bei Jean Hilliard (* 1962) aus Fosston, Minnesota (USA), gemessen.

Im längsten Koma lag Elaine Esposito (* 3. Dezember 1934) aus Florida (USA) im Anschluß an eine Blinddarmoperation, die in ihrem 6. Lebensjahr am 6. August 1941 an ihr vorgenommen wurde. Sie starb im Alter von 43 Jahren 357 Tagen am 25. November 1978 nach einem Koma, das 37 Jahre und 111 Tage angehalten hatte.

Der längste Traum: Der Traumschlaf ist durch schnelle Bewegungen der Augen gekennzeichnet. Diese Entdeckung, die unter dem Kürzel REM bekannt ist, machte William Dement von der Universität Chikago, Illinois (USA), im Jahr 1953. Die längste REM-Periode

Die Feuerschluck-Lady Jean Leggett hat Hunger auf brennende Fackeln. Unter 6607 Fackeln macht sie es allerdings nicht (s. S. 79).

Der Engländer Gerry Mawdsley zeigt noch größeren Appetit auf Feuer. Er löscht gleich die doppelte Menge, 13 115 Fackeln, in seinem Mund.

dauerte 2:23 Std. Sie wurde am 15. Februar 1967 bei Bill Carskadon gemessen, dessen Schlaf bei einem Test im Psychologischen Institut der Universität Chikago zuvor unterbrochen worden war.
Keinerlei REM-Bewegungen zeigte ein 33jähriger Israeli, der Schrapnell-Verletzungen am Kopf erlitten hatte. Das berichtete das Schlafforschungszentrum von Haifa im Juli 1984.

Der größte Gallenstein, von dem die medizinische Literatur berichtet, wog 6,29 kg und wurde am 29. Dezember 1952 bei einer 80jährigen Frau im Charing Cross Hospital, London (GB), operativ entfernt.

Am längsten in der eisernen Lunge befand sich Laurel Nisbet (* 17. November 1912) aus La Crescenta, Kalifornien (USA). Sie lebte 37 Jahre 58 Tage darin. Am 22. August 1985 ist sie verstorben.

Schnellste Reflexe: Versuche, die 1966 veröffentlicht wurden, ergaben, daß Mitteilungen des menschlichen Nervensystems mit einer Geschwindigkeit bis zu 288 km/h übertragen werden. Mit zunehmendem Alter werden die Impulse um 15 Prozent langsamer übermittelt.

Schnellstes Reaktionsvermögen: Die DDR-Sprinterin Romy Müller rannte bei den Olympischen Spielen des Jahres 1980 schon eine 120 Tausendstelsek. nach dem Startschuß los (200-m-Halbfinale). Der Brite Wilbert Greaves reagierte auf derselben Olympiade über 110 m Hürden nach 124 Tausendstelsek. auf den Startschuß. Zum Vergleich: Die Küchenschabe *(Periplaneta americana)* reagiert nach 11 Tausendstelsek. auf einen Reiz.

Mit dem längsten Schluckauf muß sich Charles Osborne (* 1894) aus Anthon (USA) jetzt schon seit 1922 herumplagen. Der Anfall hatte ihn beim Schlachten eines Mastschweins heimgesucht. Seitdem mußte er das Schluckauf-Übel 430 Mio. Male ertragen. Bis heute hat Osborne kein Mittel dagegen gefunden, aber ein immerhin einigermaßen normales Leben geführt. Er war zweimal verheiratet und setzte acht Kinder in die Welt. Er bedauert jedoch, daß ihm sein künstliches Gebiß ständig aus dem Mund fällt.

Niesen: Bedauernswertestes Opfer ist Donna Griffiths (* 1969) aus Pershore (GB). Ihr erster Anfall dauerte 194 Tage – vom 13. Januar 1981 bis 27. Juli 1981. Im ersten Jahr ihres Lebens hat Donna schätzungsweise eine Mio. Male »Hatschi« gemacht. Bis zum 16. September 1983 (978 Tage lang) mußte sie warten, ehe sie ihren ersten niesfreien Tag hatte. Die Partikel, die beim Niesen ausgestoßen werden, erreichen eine Höchstgeschwindigkeit von 167 km/h.

Das lauteste Schnarchen, das je gemessen wurde, gab es in den frühen Morgenstunden des 28. Juni 1984 in Hever Castle, Kent (GB). 87,5 Dezibel stellte das Meßgerät fest, das 30 cm entfernt von dem Schnarcher Melvyn Switzer stand – seine Frau ist auf einem Ohr taub.

Gähnen: Eine 15jährige Patientin gähnte unaufhörlich fünf Wochen lang. Dies wird aus dem Jahr 1888 berichtet.

Der tiefste Schlaf liegt zwischen acht und neun Uhr abends; der leichteste etwa um vier Uhr morgens.

Die längste Zeit freiwillig wach blieb Maureen Weston aus Peterborough (GB). Während eines »Schaukelstuhlmarathons« (14. April bis 2. Mai 1977) durchwachte sie insgesamt 18 Tage und 17 Std. Obwohl sie gegen Ende dieses nicht nachahmenswerten Versuchs zu Wahnvorstellungen neigte, kam sie überraschenderweise ohne bleibende Gesundheitsschädigung davon.

Chronische Schlaflosigkeit kann sich in sehr seltenen Fällen sogar über Jahre erstrecken, ohne Krankheitszeichen hervorzurufen. Jesus de Frutos (* 1925) aus Segovia in Spanien will seit 1954 nicht geschlafen, sondern nur ab und zu gedöst haben.

Am längsten freiwillig stillgestanden hat der Nordire Willie Nugent (38): 13 Std. lang. Er vollbrachte am 24. Juni 1985 seine Leistung gleich am richtigen Ort – nämlich in der Dauerausstellung *The Guinness World of Records* im Londoner Trocadero am Piccadilly Circus.

Verschlucken: Der schlimmste Fall des Verschluckens als Zwangshandlung wurde bei einer 42jährigen Geistesgestörten beobachtet, die über »leichte Bauchschmerzen« klagte. In ihrem Magen fanden sich nicht weniger als 2533 Gegenstände, darunter 947 verbogene Nadeln. Sie wurden im Juni 1927 im Ontario-Krankenhaus (Kanada) operativ entfernt.

Der schwerste jemals aus einem menschlichen Magen entfernte Gegenstand war eine 2,53 kg wiegende Haarkugel. Sie wurde am 30. März 1895 aus dem Magen der 20jährigen Engländerin Irene Swain operativ entfernt.

Fasten: Die meisten Menschen verspüren bereits nach 12 Std. ohne Nahrung beträchtliches Unbehagen, das aber oft nach 24–48 Std. ver-

Rusty Field mit ihrem Ehemann. Er schmückte sie mit 2500 verschiedenen Dessins. So wurde sie in 20 Jahren zur meist tätowierten Frau der Welt (s. S. 80).

Kunstherzeinpflanzung wird Routine

Seit der ersten Einpflanzung eines Kunstherzens im Dezember 1982 (s. S. 80) haben bis Mitte April 1985 vier weitere Patienten ein künstliches Herz erhalten. Die Operationen werden in den USA von dem Chirurgenteam unter Leitung von Dr. De Vries am Humana Hospital Audubon in Louisville (Kentucky) mit dem von Dr. Robert K. Jarvik konstruierten Kunstherzen aus Aluminium und Plastik mit Ventilen aus hochfestem Titanium ausgeführt. Das künstliche Herz sieht aber völlig anders aus. Es wiegt etwa 300 g. Während seiner auf 3–5 Jahre berechneten Lebenszeit soll es jährlich rund 400 Mio. Male schlagen.

25. 11. 1984 2. Experiment mit dem Jarvik-7-Herzen: Der Amerikaner William Schroeder (52) erhält ein Kunstherz.

18. 02. 1985 3. Kunstherz eingepflanzt: Der Amerikaner Murray P. Haydon (59) stirbt am 19. Juni 1986.

06. 04. 1985 Kunstherzpatient William Schroeder darf die Humana-Klinik verlassen: Er zieht in ein Wohnhaus. Am 25. 11. 1985 ist er der erste, der ein Jahr mit einem Kunstherzen lebt.

07. 04. 1985 1. Kunstherz in Europa: Im Karolinska-Krankenhaus in Stockholm erhält der Schwede Leif Stenberg (50) ein künstliches Herz; er stirbt am 21. 11. 1985 nach 229 Tagen an Atembeschwerden.

14. 04. 1985 4. Operation an der Humana-Herzklinik: Der Amerikaner Jack Burcham (62) erhält als bisher ältester Patient ein Kunstherz; er stirbt am 24. 04. 1985 – wie auch der erste Empfänger – an Nierenversagen.

07. 03. 1986 1. Kunstherz in der Bundesrepublik Deutschland: Der Berliner Mediziner Prof. Emil S. Bücherl pflanzt einem 39jährigen Patienten im Berliner Universitätsklinikum Charlottenburg ein Kunstherz ein. Es ist als Zwischenschritt vor einer Herztransplantation gedacht. Vier Tage später wird das Kunstherz gegen ein Spenderherz ausgetauscht; zwei Tage später stirbt der Patient.

Das Kunstherz ist bisher keine Alternative zur Transplantation eines Spenderherzens. Die Pumpe aus Kunststoff hat aber einen Vorteil: Sie ist jederzeit, wie das Hilfsaggregat für das Kunstherz beim Typ Jarvik-7 beim Patienten Schroeder, einsatzbereit.

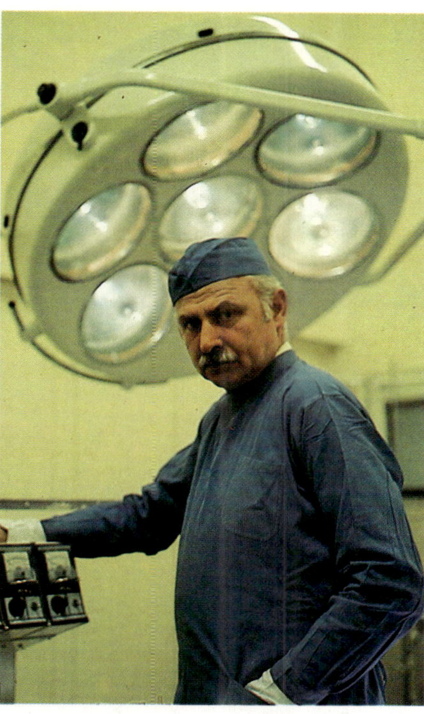

Der Berliner Herzspezialist Professor Emil Sebastian Bücherl entwickelte am Universitätsklinikum Charlottenburg das erste deutsche Kunstherz.

schwindet. Rekorde, die ohne ständige ärztliche Beobachtung geltend gemacht werden, werden nicht anerkannt.

Die längste Zeitspanne, die jemand ohne feste Nahrung zubrachte, betrug 383 Tage. Angus Barbieri (* 1940) lebte vom Juni 1965 bis Juli 1966 im Maryfield-Hospital (Schottland) ausschließlich von Tee, Kaffee, Wasser, Mineralwasser und Vitaminen. Sein Gewicht ging von 214,1 kg auf 87,4 kg herunter.

Hungerstreik: Der längste überprüfte Hungerstreik dauerte 94 Tage und wurde von neun Insassen des Gefängnisses von Cork (Irland) vom 11. August bis 12. November 1920 durchgehalten. Insgesamt hatten sich zwölf Gefangene an dem Hungerstreik beteiligt. Drei starben.

Die längste Zeit ohne Essen und Trinken verbrachte der 18jährige Andreas Mihavecz, der am 1. April 1979 in einer Zelle in einem Gebäude der Ortsverwaltung in Höchst (Österreich) untergebracht und von der Polizei dort vergessen wurde. Am 18. April 1979 wurde er fast zu Tode verhungert und verdurstet dort entdeckt. Er war Passagier in einem verunglückten Auto gewesen.

Gefräßigster Feuerschlucker ist der Brite Reg Morris. Am 5. November 1983 spie er eine 8,23 m lange Flamme aus seinem Mund und entfachte mit ihr beim Castle Working Men's Club in Brownhills ein Lagerfeuer. Am 11. Mai 1985 löschte Gerry Mawdsley aus Westhoughton, Lancashire (GB), erfolgreich 13 115 brennende Fackeln in 2 Std. in seinem Mund.
Jean Leggett, ein weiblicher Feuerschlucker, stand dem Briten nicht viel nach: Sie machte am 13. Februar 1982 in Stoke Poges (GB) 6607 Fackeln den Garaus.
Der »Weltmeister im Feuerschlucken« Roberto Kalin (* 1961) aus Bregenz (Vorarlberg) entwickelte am 30. Oktober 1985 Heißhunger auf brennende Fackeln: In nur 24,18 Sek. »schluckte« er 150 brennende Fackeln.
Mit einer 7,15-Meter-Flamme erfreute auf dem »Jahrmarkt anno dazumals« im Münchener Olympia-Einkaufszentrum Marcel Stey (* 1958 in Straßburg) aus Gummersbach (Berg. Land) 3000 Zuschauer am 21. Juli 1982.

Menschliche Salamander: Die Höchsttemperaturen, die von unbekleideten Männern während der Versuche der amerikanischen Luftwaffe im Jahr 1960 ertragen wurden, betrugen bei trockener Luft 204,4° C, und sehr dick angezogene Versuchspersonen vermochten 260° C auszuhalten. (Zum Vergleich: Steaks braten bereits bei 162,8° C, und 140° C werden in einer Sauna keineswegs als unerträglich empfunden.)
Eine Temperatur von etwas mehr als 537° C haben am 18. Mai 1982 insgesamt 35 Angehörige des Stammes Sawau auf der Fidschiinsel Beqa ausgehalten: So heiß war das Feuer, durch das sie gegangen sind. In der nordgriechischen Gemeinde Aghia Eleni findet jedes Jahr ein Gang durchs Feuer statt. Anlaß des glühenden Fußbades ist ein Fest zu Ehren des heiligen Konstantin.

Gehen auf glühenden Kohlen: Die höchste Temperatur, die mittels eines Pyrometers gemessen wurde, betrug 812° C. Über diese Kohlen schritt »Komar« (Vernon E. Craig) aus Wooster (USA) beim Internationalen Festival für Yoga und Esoterische Wissenschaften in Maidenhead (GB) am 14. August 1976.

Gravitation: Die schwerkraftbedingte Beschleunigung beträgt auf Meeresspiegelhöhe am Äquator 9,78 m/s². Im Zuge astronautischer Versuche widerstand Dr. Carter Collins (USA) in einer trockenen Kapsel einer Beschleunigung von 25 g. Die höchste g-Zahl von 82,6 g auf einem wassergebremsten Raketenschlitten wurde am 16. Mai 1958 für 0,04 Sek. von Eli L. Beeding jr. im Flugstützpunkt Holloman (USA) ausgehalten. Anschließend mußte er für drei Tage ins Krankenhaus.

Ein Mann, der (vor 1963) von einer 56,4 m hohen Klippe fiel, überlebte einen momentanen g-Wert von 209 bei der Verlangsamung seines Falles von 109 km/h auf Null innerhalb von 0,015 Sek.

Rennfahrer David Purley (1945–85) überlebte eine **Geschwindigkeitsabnahme** von 173 km/h auf Null innerhalb von 66 cm bei einem Zusammenstoß auf der Rennstrecke von Silverstone (USA) am 13. Juli 1977, wobei eine Kraft von 179,8 g auftrat. David Purley erlitt 29 Brüche, 3 Verrenkungen und dreimaligen Herzstillstand.

Aus einer Höhe von 24,76 m sprang am 15. Mai 1982 auf der Insel Pentecost in den Neuen Hebriden ein mutiger Taucher ins Meer. Sein Körper erreichte dabei eine Geschwindigkeit von 15,24 m/s. Die höchste g-Zahl: 110.

Elektrischer Schock: Anders als auf der Erde können Menschen in einem Flugzeug, das durch Gewitterwolken fliegt, 30 Mio. Volt schadlos ertragen. Französische Experimente haben gezeigt, daß in isolierten Labors 5 Mio. Volt auch mit »bloßen Händen« auszuhalten sind. Menschen, die an trockenen Tagen über einen Nylonläufer gehen, können mit 10 000 Volt konfrontiert werden und mit einem leichten Schock davonkommen. Aus den USA wird ein Kontakt mit einer offenen Starkstromleitung mit einer Netzspannung von 765 000 Volt gemeldet. Ein Mensch, der über eine Leiter, einen Bootsmast, einen Kranausleger oder dergleichen mit der Erde verbunden ist, stirbt normalerweise sofort unter dem Stromkreislauf oder den elektrischen Blitzeinschlägen. Daß die elektrischen Schocks, denen sich Brian Latasa (230 000 Volt im Griffith Park von Los Angeles am 9. November 1967) und Harry F. McGrew (340 000 Volt im Huntington Cañon von Utah am 7. Oktober 1977) an Starkstromkabeln ausgesetzt haben, nicht tödlich waren, beweist eine besondere körperliche Beschaffenheit. Bei einer Hinrichtung auf dem elektrischen Stuhl reichen 2500 Volt (seit 1890).

Ein medizinisches Wunder ist der jugoslawische Schlosser Fajkić Slaviša, genannt »Biba« (28): 220 Volt und mehr kann er durch seinen

Körper jagen. Mit bloßen Händen hält er blanke Kupferenden an einer Glühbirne. Sie leuchtet auf. Stromstöße bis zu 500 Volt Wechselstrom hat er im niedersächsischen Sarstedt bei Hildesheim im September 1981 ausgehalten.

Isolation: Die längste Zeitspanne, die eine Person freiwillig ohne irgendwelche Sinneseindrücke (Gesicht, Gehör, Tastsinn) zubrachte, wurde 1962 im Lancaster Moor Hospital (GB) mit 92 Std. verzeichnet.

Die meisten Medikamente schluckte C. H. A. Kilner (* 1926) aus Bindura (Simbabwe). Nachdem ihm am 26. Mai 1966 ein krebsartiges Geschwür an der Bauchspeicheldrüse entfernt worden war, vertilgte er vom 9. Juni 1967 bis 1. Januar 1986 genau 500689 Tabletten.

Die meisten Injektionen bekam vermutlich die Diabetikerin Evelyn Ruth Winder aus Invercargill (* 1921, Neuseeland), die sich in 55 Jahren bis zum Mai 1986 schätzungsweise 57838 Insulinspritzen setzte.

Die meisten Tätowierungen schmücken vermutlich Wilfred Hardy aus Huthwaite (GB). Nicht zufrieden damit, daß bis auf 4 Prozent sein ganzer Körper gefährlich verziert ist, hat er sich auch auf den Wangen, der Zunge, dem Zahnfleisch und den Augenbrauen tätowieren lassen. Und Walter Stiglitz aus North Plainfield, New Jersey (USA), will es im Mai 1984 gar auf 5457 verschiedene Tätowierungen von sechs Künstlern gebracht haben. Auch Frauen mögen den Körperschmuck. Die Engländerin Rusty Field (* 1944) vertraut sich seit 12 Jahren der Nadel ihres Mannes an, der bis auf 15 Prozent ihren Körper bereits mit Tätowierungen versehen hat. Den Rest will er auch noch in Angriff nehmen. In den USA gibt es einen Wettbewerb, bei dem die schönste tätowierte Frau der Welt gekürt wird. 1980 und 1981 holte sich die Britin Susan James (* 1959) den Titel.

OPERATIONEN

Die langwierigste Operation dauerte 96 Std. Patientin war die Amerikanerin Gertrude Levandowski (* 1893). Während des Eingriffs vom 4. bis 8. Februar 1951 mußten die Ärzte mit äußerster Vorsicht vorgehen, denn die Frau hatte ein schwaches Herz. Bei der Operation ist eine Zyste entfernt worden (s. S. 67).

Am längsten auf eine Operation warten mußte Doreen Scott aus Derby (GB). Es hat vom 10. März 1952 bis zum 20. November 1981 gedauert, ehe der Eingriff an ihrem Fuß vorgenommen wurde: 29 Jahre, 8 Monate!

Die meisten Operationen durchgeführt hat vermutlich Dr. Robert B. McClure (* 1901) aus Toronto (Kanada). Zwischen 1924 und 1978 nahm er 20423 Eingriffe vor.

Der meistoperierte Patient ist Joseph Ascough (* 1935) aus Nottingham (GB). Am 24. April 1986 wurde ihm bereits zum 333. Mal ein Papillom in der Luftröhre entfernt. Eine solche warzenförmige Geschwulst hatte sich erstmals gebildet, als Ascough gerade 18 Monate alt war.

Der älteste Operationspatient ist James Henry Brett jr. Am 7. November 1960 wurde der 111 Jahre und 105 Tage alte Patient (1849–1961) aus Houston (USA) an der Hüfte operiert.

Die früheste Herztransplantation wurde an Louis Washkansky im Alter von 55 Jahren im Groote Schuur Hospital, Kapstadt (Südafrika), zwischen ein Uhr und sechs Uhr morgens am 3. Dezember 1967 vorgenommen. An der Operation wirkte eine dreißigköpfige medizinische Gruppe unter Leitung von Prof. Christiaan Neethling Barnard (* 1922) mit. Die Spenderin war Denise Ann Darvall, die 25jährig starb. Washkansky starb am 21. Dezember 1967. Am längsten überlebte Emmanuel Vitra (*24. Januar 1920) aus Marseille (Frankreich) eine Herztransplantation. Er wurde am 28. November 1968 operiert und feierte 1985 den 18. Geburtstag seines neuen Lebens.

Die erste Herztransplantation in der Bundesrepublik Deutschland wurde am 13. Februar 1969 in München versucht. Dem Ärzteteam gehörten die Professoren Zenker, Sebening und Klinnen an. Sie pflanzten das Herz der Hausfrau Emma Salvermoser (39) dem Kraftfahrer Josef Zehner (36) ein. Er lebte damit 22 Std.

Die erste Frau, die nach einer Herztransplantation ein Kind zur Welt brachte, war die Amerikanerin Betsy Sneith. Am 17. September 1984 wurde die damals 23jährige an der Stanford-Universität, Kalifornien (USA), von einem Mädchen entbunden, das 3,45 kg wog und auf den Namen Sierra getauft wurde. Das fremde Herz war der Frau im Februar 1980 eingepflanzt worden.

Der jüngste Patient, bei dem eine Herztransplantation vorgenommen wurde, war Hollie Roffey. Die Operation an dem 10 Tage alten Kind führte Dr. Magdi Yacoub am 30. Juli 1984 in der staatlichen Herzklinik von London durch. Sie dauerte 5:30 Std. Das Baby lebte noch 18 Tage und starb dann am 17. August 1984 im Alter von 28 Tagen.

Kunststoffherz: Am 2. Dezember 1982 wurde in der Universitätsklinik von Salt Lake City, Utah (USA), dem Zahnarzt Barney Clark (61) aus Des Moines, Wisconsin (USA), ein künstliches Herz eingepflanzt. Der Chirurg William De Vries benutzte ein von Dr. Robert Jarvik gefertigtes Kunststofforgan »Jarvik Mark 7«. Am 24. März 1983, 112 Tage nach dieser ersten Verpflanzung eines Kunstherzens, verstarb der Patient.

Die erste erfolgreiche Operation am offenen Herzen mit einer Herz-Lungen-Maschine in der Bundesrepublik Deutschland hat am 19. Februar 1958 Prof. Rudolf Zenker (1903–84) in Marburg vorgenommen.

Der erste Deutsche mit einem künstlichen Herzen lebte 17 Std. Es war der 57jährige Berliner Helmut Mellentin. Prof. E. Bücherl und sein zwölfköpfiges Operationsteam hatten den Patienten im Juni 1979 für 17 Std. an ein Kunstherz angeschlossen. Während dieser Zeit ersetzten sie ein abgestorbenes Herzgewebestück durch ein Stück Vene vom linken Bein des Patienten.

Die erste Nierenoperation gelang am 2. August 1869 in Heidelberg. Prof. Simon führte sie erfolgreich an Margaretha Kleb durch.

Nieren-Lithotripsie: Nieren- und Harnsteine sind zu einer Volkskrankheit geworden. Rund 22000 Nieren- und 24000 Harnleitersteine werden jährlich allein in der Bundesrepublik Deutschland entfernt. Mit Hilfe des ersten serienmäßigen Lithotripters der Welt (erbaut von der Dornier GmbH in Friedrichshafen) können seit 1980 die Steine berührungsfrei durch außerhalb des Körpers erzeugte Stoßwellen in einer Wasserwanne so verkleinert werden, daß der Organismus sie ausscheiden kann.

Die erste Nervenverpflanzung nahm Oberarzt Dr. Jacoby 1968 in der Neurochirurgischen Klinik der Universität München vor. Es gelang ihm, durch Kältetrocknung die Nerven Verstorbener zu konservieren.

Die früheste Blinddarmoperation, die verbürgt ist, nahm Claudius Amyand (1680–1740) im Jahr 1736 vor. Er war Hofchirurg König Georgs II. von England.
In Deutschland gelang 1899 die erste Blinddarmoperation durch Prof. Schüller in Berlin.

Früheste Narkose: Die erste Operation unter Vollnarkose war die Entfernung einer Zyste am Hals. Dr. Crawford Williamson Long (1815–78) führte sie am 30. März 1842 in Jefferson (USA) durch. Als Betäubungsmittel verwendete er Diethyl-Äther $(C_2H_5)_2O$.
In Deutschland gelang Dr. Ferdinand Heyfelder (1798–1869) 1847 in Erlangen die erste Äthernarkose. Bereits ein Jahr später wandte er als Narkosemittel das 1831 von Justus v. Liebig erstmals hergestellte Chloroform an.

Die erste Lokalanästhesie gelang 1892 in Berlin Prof. Dr. Carl Ludwig Schleich (1859–1922), der mit seinen Lebenserinnerungen unter dem Titel *Besonnte Vergangenheit* auch zu literarischem Ruhm kam.

Früheste Nierentransplantation: Die erste Verpflanzung einer Niere von Mensch zu Mensch führte R. H. Lawler (* 1895 USA) im Jahr 1950 durch. Am längsten, 20 Jahre, überlebten eineiige Zwillinge eine solche Operation.

Die dauerhafteste Krebspatientin ist Winona Mildred Melick (* 22. Oktober 1876) aus Long Beach, Kalifornien (USA). 1918, 1933, 1966 und 1968 ist sie an Krebs operiert worden, am 28. Dezember 1981, 67 Tage nach ihrem 105. Geburtstag, starb sie an Lungenentzündung.

Laryngektomie: Am 24. Juli 1924 wurde dem damals 33jährigen John I. Poole aus Plymouth (GB) nach einer Krebsdiagnose der Kehlkopf entfernt. Er lebte fast 55 Jahre als »Tubus-Atmer«, bis er am 19. Juni 1979 starb.

Der größte bekannte Tumor ist eine Eierstockgeschwulst von 148,7 kg Gewicht einer Patientin aus Texas (USA) im Jahr 1905. Sie genas wieder völlig.

Rascheste Amputation: Die kürzeste Zeit für eine Beinamputation vor Entdeckung der Narkose war 13–15 Sek., die Napoleons Chefchirurg Dominique Larrey dafür benötigte. Von Abbindung kann dabei wohl keine Rede gewesen sein.

Größtes chirurgisches Besteck ist der »Robot«-Wundrandhalter für Unterleibsoperationen, der von einer englischen Firma im Jahr 1968 auf den Markt gebracht wurde und 5 kg wiegt. Zangen für bronchoskopische Untersuchungen sind 60 cm lang.

Kleinstes chirurgisches Besteck ist Elliots Augen-Trepan, das ein Blatt von 0,20 cm Durchmesser besitzt und eine »gerade« Steigbügelsonde mit einer nadelförmigen Spitze von 0,3 mm Länge. ■

DAS TIERREICH

Sicherlich gibt es größere Herrentiere, bestimmt aber gehört er zu den schönsten (S. 87)

Das größte und schwerste Tier ist der Blauwal *(Balaenoptera musculus)*, auch Sibbalds Furchenwal genannt. Das längste Exemplar war ein Weibchen, das zwischen 1904 und 1920 bei Compania Argentina de Pesca Grytviken, South Georgia (USA), mehrmals an Land gespült wurde und 33,58 m lang war. Ein anderes Walweibchen, 27,6 m lang, wurde am 20. März 1947 von der sowjetischen Walfangflotte *Slava* in der Antarktis gefangen. Sein Gesamtgewicht betrug 190 t. Ein gesunder Blauwal von 30,50 m Länge wiegt im Durchschnitt ca. 163 t.
Aber bei trächtigen Walweibchen kann das Gewicht bis 200 t betragen. Soviel wiegen 35 erwachsene afrikanische Elefantenbullen.

Die Wale verfügen auch über das **lauteste Organ aller Lebewesen.** Die Niederfrequenzschwingungen, die bei ihrer gegenseitigen Verständigung entstehen, erreichen eine Phonstärke bis zu 188 Dezibel, ihre Töne sind im Umkreis von 850 km hörbar.

Das höchstgewachsene lebende Tier ist die Giraffe *(Giraffa camelopardalis)*, die heute nur noch in den Savannen Afrikas südlich der Sahara anzutreffen ist. Das höchstgewachsene jemals registrierte Exemplar war eine männliche Giraffe *(Giraffa camelopardalis tippelskirchi)* namens »George«. Das Tier traf am 8. Januar 1959 aus Kenia im Zoo von Chester (GB) ein. Als es neun Jahre alt war, reichte sein Kopf fast bis an das Dach des 6,09 m hohen Giraffenhauses. »George« starb am 22. Juli 1969.

Das längste Tier ist der sogenannte Schnurwurm *(Lineus longissimus)*, der in den seichten Küstengewässern der Nordsee anzutreffen ist. 1864 wurde ein Exemplar von mehr als 54 m Länge nach einem Sturm bei St. Andrews (Schottland) angeschwemmt.

Die seltensten Landtiere sind jene, von denen nur ein einziges Exemplar bekannt ist. Eines der seltensten ist der schwanzlose Insektenfresser Tanrek *(Dasogale fontoynonti)*, von dem ein einziges Exemplar in Ostmadagaskar entdeckt wurde, das sich jetzt im Naturgeschichtlichen Museum von Paris (Frankreich) befindet.

Die häufigsten Tiere: Der Mensch teilt die Erde mit schätzungsweise 3000 Quintillionen (3×10^{33}) anderen Lebewesen. Die Anzahl von Rundwürmern im Meer wird auf 4×10^{25} geschätzt.

Die größte Ansammlung von Tieren spürten Wissenschaftler im März 1981 in der Antarktis auf. Es handelte sich um einen schätzungsweise 10 Mio. t schweren Schwarm von Krill *(Euphausia superba)*, der so dicht war, daß er ungefähr ein Siebtel der weltweiten jährlichen Fangmenge an Fischen und Schalentieren aufwog.

Das schnellste Tier ist der Wanderfalke *(Falco peregrinus)*. Bei elektronischen Messungen, die zwischen 1963 und 1967 in Deutschland durchgeführt worden sind, wurden Spitzengeschwindigkeiten von 350 km/h ermittelt. Diese Werte erreichten die Falken bei Sturzflügen in einem Winkel von 45 Grad. Bei senkrechten Sturzflügen könnten die Tiere laut Hochrechnungen 370–386 km/h schaffen; ihre Beute schlagen sie aber gewöhnlich mit einer Fluggeschwindigkeit von 185–190 km/h.

Der schnellste Vogel im Geradeausflug ist der Stachelschwanzsegler *(Hirundapus caudacutus)*. 1942 wurden in der UdSSR Geschwindigkeiten bis zu 171 km/h gemessen. Dieser Vogel hat eine Körpertemperatur von 44,7° C.

Die langlebigsten Tiere: Nur wenige Geschöpfe leben länger als der Mensch. Unter diesen leben Schildkröten am längsten. Das höchste Alter von mehr als 152 Jahren ist für eine Marion-Schildkröte *(Geochelone sumeirii)* verbürgt. Sie wurde 1766 vom Chevalier de Fresne von den Seychellen nach Mauritius gebracht und der Garnison von Port Louis geschenkt. Das Tier erblindete 1908 und starb 1918 durch einen Unfall.
Eine andere berühmte Königsschildkröte, die »Tu'malilia« von Tonga (vermutlich von der Gattung *Testudo radiata*), die am 19. Mai 1966 starb, soll 200 Jahre alt gewesen sein. Nicht kontrollierbaren Berichten zufolge soll Kapitän James Cook (1728–79) das Tier dem damaligen König von Tonga geschenkt haben.

Das schwerste Gehirn sämtlicher Lebewesen besitzt der Pottwal *(Physeter catodon)*. Das Gehirn eines Pottwalbullen von 14,93 m Länge, der in dem japanischen Walfangschiff *Nissin Maru Nr. 1* in der Antarktis am 11. Dezember 1949 verarbeitet wurde, wog 9,2 kg. Das Gehirn eines 27 m langen Blauwals wiegt ca. 6,9 kg. Das schwerste jemals bei einem Elefanten ermittelte Gehirn wog bei einer 1957 kg schweren asiatischen Elefantenkuh 7,5 kg. Das ist jedoch absolut ungewöhnlich.
Das Gehirn-Normalgewicht eines erwachsenen afrikanischen Elefantenbullen liegt zwischen 4,2 und 5,4 kg.

Das größte Auge aller Lebewesen besitzt der Riesentintenfisch *(Architeuthis sp.)*. Der Durchmesser seines Auges kann über 38 cm betragen. (Zum Vergleich: der einer Langspielplatte = 30 cm.)

Das größte Ei aller Lebewesen stammt vom Walhai *(Rhincodon typus)*. Ein Ei mit den Abmessungen 30 × 14 × 9 cm wurde am 29. Juni 1953 in einer Tiefe von 56,6 m im Golf von Mexiko 209 km südlich Port Isabel (USA) aufgefischt. Das Ei enthielt den 35 cm langen Embryo eines Walhais.

Das größte Ei, das je gelegt worden ist, stammt vom Elefantenvogel *(Aepyornis maximus)*, der bis 900 v. Chr. in Südmadagaskar lebte. Ein in der naturgeschichtlichen Abteilung des Britischen Museums aufbewahrtes Rekordei mißt an der Längsachse 85,6 cm, hat einen Umfang von 72,3 cm und faßt bei einem Gesamtgewicht von 12,2 kg 8,8 l. Das entspricht umgerechnet 180–185 Hühnereiern.

Längste Trächtigkeit: Der lebende Junge gebärende schwarze Alpensalamander *(Salamandra atra)* hat in den Schweizer Alpen bei Höhenlagen über 1400 m eine Trächtigkeitsdauer bis zu 38 Monaten. In niedrigen Höhen reduziert sich diese Zeit auf 24–26 Monate.

Schnellstes Wachstum im Tierreich hat das Kalb des Blauwals. Aus dem kaum sichtbaren Ei, das den Bruchteil eines Milligramms wiegt, wächst es in 22¾ Monaten zu einem Gewicht

von 26 t. Das entspricht einer 30millionenfachen Zunahme während der Trächtigkeit des Muttertieres und den ersten zwölf Monaten des eigenen Lebens.

Das langsamste Wachstum im Tierreich hat die Tiefseemuschel *Tindaria callistiformis* im Nordatlantik. Sie benötigt 100 Jahre, um eine Länge von 8 mm zu erreichen.

Die höchste Höhe erreichen Bakterien. Die amerikanische Weltraumbehörde NASA hat sie bei 41,4 km Höhe im April 1967 ausgemacht. Dem Himmel noch näher kamen Schildkröten, allerdings nur mit Hilfe des Menschen: An Bord der sowjetischen Raumsonde *Zond 5*, die 1968 den Mond umkreiste, befanden sich neben Insekten auch einige dieser Reptilien. Und zur Fliege des Jahres 1985 wurde *Spacelab*-Willi. Kurz vor Vollendung der 75. Erdumkreisung blieb Fliege Willi beim Fluchtversuch im Filtersystem seiner Experimentierbox hängen – und bezahlte seinen Drang nach Freiheit mit dem Leben (s.a. S. 146).

Der gewaltigste Größenunterschied zwischen den Geschlechtern: Der größte weibliche Igelwurm der Art Grüne Bonellia *(Bonellia viridis)* ist wenigstens 100 Mio. mal schwerer als die kleinsten Männchen. Das Weibchen ist bis zu 100 cm lang, das wirklich kümmerliche Zwergmännchen ganze 0,133 cm.

Das treueste Tier ist der Klippspringer *(Oreotragus oreotragus)*, eine Springantilope aus dem östlichen und südlichen Afrika. Das Männchen begleitet seine Partnerin durch das ganze Leben und weicht ihr selten mehr als 5 m von der Seite.

Die größte Beschleunigung (g) in der Natur entwickelt ein häufig vorkommender kleiner Käfer *(Althous haemorrhoidalis)* aus der Familie der *Elateridae*. Wenn er einem Feind entgehen will, schnellt er sich mit 400 g in die Luft. Ein 12 mm langes und 40 mg wiegendes Exemplar überlebte laut einer Berechnung bei einem Sprung in 30 cm Höhe eine Spitzenbelastung seines Gehirns von 2300 g.

Die höchste Körpertemperatur unter den Säugetieren hat mit durchschnittlich 40° C der haarlose mexikanische Hund *(Xoloitzcuintli)*. Die Temperatur eines Dromedars *(Camelus dromedarius)* kann am Ende eines beschwerlichen Tages bis auf 41°C klettern.

Die niedrigste Körpertemperatur aller Säugetiere wurde beim Ameisenigel *(Tachyglossus aculeatus)* gemessen. Diese Tiere leben in Australien und Neuguinea. Ihr normaler Körpertemperaturbereich liegt zwischen 22,2 und 24,4°C. »Eiswürmer« in Alaska haben eine Körpertemperatur von −10°C.

Der gewaltigste Fresser in der Natur ist die Larve des Einaugenfalters *(Antherea polyphemus)*, der in Nordamerika lebt. In den ersten 48 Std. ihres Lebens verzehrt die Larve das 86000fache ihres Geburtsgewichts. Auf den Menschen übertragen hieße das, ein Säugling von 3,17 kg Gewicht müßte 273 t Nahrung zu sich nehmen.

Das schwerste Stück Ambra, ein wohlriechendes Stoffwechselprodukt des Pottwals *(Physeter macrocephalus)*, wog 455 kg und kam von einem Pottwal, der am 24. Dezember 1912 in Tasmanien gefangen worden war. Es wurde später in London für 23000 Pfund verkauft. Ambra wird in der Parfümherstellung verwendet.

Die wertvollsten Tiere, jedenfalls in Geldbeträgen gemessen, sind Vollblutrennpferde. Nach Berichten vom August 1983 kassierte Scheich Maktoum al Maktoum von einem Konsortium 40 Mio. Dollar für *Shareef Dancer*. Das wertvollste Stück in einem zoologischen Garten ist der Riesenpanda *(Ailuropoda melanoleuca)*; »Chu-Lin« (*September 1982) im Madrider Zoo, das einzige Riesenpanda-Junge in Europa, ist mehr als 1 Mio. Pfund wert.
Wertvollste Wassertiere sind »Orky« und »Corky«, die beiden einzigen Schwertwale *(Orcinus orca)*, die in Gefangenschaft geboren wurden. Sie tummeln sich in Palos Verdes bei Los Angeles in einem Meeresbecken und sind 1985 auf 2 Mio. Dollar (6,18 Mio. DM) taxiert worden.

1. SÄUGETIERE

Das größte und schwerste Säugetier ist der Blauwal. Er lebt in den kälteren Meeresgewässern und wandert im Winter zur Paarung in wärmere. Beobachtungen in der Antarktis von 1947/48 ergaben, daß der Blauwal auf der Flucht eine Geschwindigkeit von 37 km/h zehn Min. lang durchhalten kann. Ein 27 m langer Blauwal, der mit einer Geschwindigkeit von 37 km/h schwimmt, entwickelt eine Kraft von 520 PS (382 kW). Neugeborene Blauwalkälber sind 6,5–8,6 m lang und wiegen bis zu 3000 kg.
Nach Schätzungen lebten 1984 um 12000 Blauwale in den Ozeanen. 225000 Waltiere dürften es einmal gewesen sein. Seit 1967 ist die Spezies geschützt, allerdings sind Nichtmitglieder der Internationalen Walkommission, beispielsweise Panama und Taiwan, an diese Übereinkunft nicht gebunden. Ein weltweites Walfangverbot trat 1986 in Kraft, doch Island und Süd-Korea wollen – »aus wissenschaftlichen Gründen« – bis 1990 jährlich 200 weitere Tiere erlegen. Und die Philippinen haben bekundet, daß sie bis 1988 auf Walfang gehen.

Tiefstes Tauchen: Ein 14,32 m langer Pottwalbulle *(Physeter catodon)* tauchte am 14. Oktober 1955 1134 m tief. Dies war so genau festzustellen, weil er sich mit seinem Kiefer in das Unterseekabel verwickelt hatte, das in dieser Tiefe zwischen Ecuador und Peru verläuft. Bei 1134 m Tiefe lastet auf dem Körper des Wals ein Druck von 11583 k Pa.
Ein anderer Pottwalbulle, der 1969 südlich Durban (Südafrika) gefangen wurde, hatte in seinem Magen zwei kleine Haie, die er etwa 2 Std. vorher geschluckt haben mußte. Diese Haie gehörten zur Gattung *Scymnodon*, die sich nur in unmittelbarer Nähe des Meeresbodens aufhält. Da an dieser Stelle das Meer bis zu 3193 m tief

Der Blauwal, das mächtigste lebende Tier der Welt, kann 35,5 m lang werden und ein Gewicht von 174 t erreichen. Neben dem Riesen der Weltmeere das größte Baby der Welt, ein Blauwalkalb. Ein Neugeborenes kann bis zu 3000 kg wiegen.

ist, kann man schließen, daß Pottwale auf Nahrungssuche gelegentlich 3000 m tief tauchen und eher unter Zeitdruck als unter Nahrungsmangel leiden.

Das größte Landsäugetier, das es heute noch gibt, ist der afrikanische Buschelefant *(Loxodonta africana)*. Der erwachsene Bulle hat eine durchschnittliche Schulterhöhe von 3,20 m und wiegt 5,7 t. Das größte erlegte Exemplar war ein Elefantenbulle, der am 7. November 1974 in Südangola geschossen wurde. Auf der Seite liegend, maß dieser Elefant 4,16 m vom höchsten Punkt der Schulter bis zur Vorderfußsohle, war im Stehen 3,96 m groß. Andere Abmessungen: Gesamtlänge (Spitze des ausgestreckten Rüssels bis zur Spitze des gestreckten Schwanzes) 10,67 m; Vorderfußumfang 1,80 m. Das Gewicht wurde mit 12,24 t errechnet.

Das größte wildlebende Säugetier in Deutschland und der Schweiz ist der Rothirsch *(Cervus elaphus)*. Die größten dieser Hirsche erreichen ein Gewicht bis zu 220 kg.
Der größte Rothirsch in der Schweiz, der im Val Fenet erlegt wurde, hatte sogar ein Gewicht von 250 kg.

Das höchstgewachsene Säugetier ist die Giraffe *(Giraffa camelopardalis)* aus Kenia mit 6,09 m.

Das kleinste Landsäugetier ist die Schweinsschnauzen-Fledermaus oder Hummelfledermaus *(Craseonycteris thonglongyai)*, die inzwischen nur noch in ein paar Höhlen bei der Forststation von Ban Sai Yoke am Fluß Kwae Noi in Thailand vorkommt. Durch ein Staudammprojekt sind die seltenen Tiere stark gefährdet. Ausgewachsene Exemplare beiderlei Geschlechts haben eine Flügelspannweite von etwa 160 mm und wiegen 1,75–2 g.
Das kleinste Landsäugetier im deutschsprachigen Raum ist die Zwergspitzmaus *(Sorex minutus)*. Ihre Durchschnittslänge beträgt 5 cm, ihr Gewicht 3–6 g. Sie braucht täglich das Zweifache ihres Eigengewichts als Nahrung.

Das größte Meeressäugetier in Deutschland ist der Seehund *(Phoca vitulina)*. Er kann ein Gewicht bis zu 250 kg erreichen.
Das größte deutsche Süßwasser-Säugetier ist der Biber *(Castor fiber)*, der bis zu 25 kg wiegen kann.

Kleinstes Meeressäugetier ist der Jacobita-Delphin *(Cephalorhynchus commersonii)*, der in den Gewässern an der Südspitze Südamerikas anzutreffen ist. Bei sechs ausgewachsenen Exemplaren dieser Kleinwale schwankte das Gewicht zwischen 23 und 35 kg.
Die Seeotter *(Enhydra lutris)* aus dem Nordpazifik gleicht ihnen im Umfang (25–38,5 kg), aber diese Gattung kommt gelegentlich bei Stürmen an Land.

Zu den seltensten Säugetieren zählt der Tasmanische Wolf, von dem – wie von einigen anderen Säugetieren – nur ein lebendes Exemplar bekannt ist. Nach einer Mitteilung des Wild Life Service vom 19. Januar 1984 soll im Juli 1982 ein Exemplar in Tasmanien gesichtet worden sein.
Die Garrido-Baumratte *(Capromys garridoi)* ist ein weiteres Beispiel für ein Säugetier, das nur ein einziges Mal aufgetaucht ist. Es wurde im April 1967 auf der Mini-Insel Cayo Maja, südlich vor Kuba, gefangen.
Daß der Bali-Leopard *(Panthera pardus balica)* noch auf der gleichnamigen Insel zu Hause ist, konnten Zoologen erstmals 1979 beweisen.

Zu den seltensten Säugetieren in Deutschland gehören einige Fledermausarten wie die Fransenfledermaus *(Myotis nattereri)*, Langflügelfledermaus *(Miniopterus schreibersi)*, Alpenfledermaus *(Pipistrellus savii)* und die Nordfledermaus *(Eptesicus missoni)*. Aber auch die Hausratte ist infolge intensiver Bekämpfung praktisch ausgerottet.

Schnellstes Landtier über kurze Strecken (bis zu 550 m) ist der Gepard *(Acinonyx jubatus)*, der in den Ebenen Ostafrikas, Irans, Turkmenistans und Afghanistans lebt. Seine geschätzte Höchstgeschwindigkeit dürfte zwischen 96 und 101 km/h auf flachem Gelände liegen. 1937 auf einer englischen Windhundrennstrecke von 316 m Länge durchgeführte Versuche ergaben die durchschnittliche Geschwindigkeit eines weiblichen Gepards bei drei Läufen von 69,8 km/h. Doch dieser Gepard lief nicht mit seinem vollen Einsatz. (Zum Vergleich: Das schnellste Rennpferd läuft 69,6 km/h.)

Das schnellste Landtier über eine Strecke von mehr als 1 km Länge ist die Hirschziegenantilope *(Antilocapra americana)* im Westen der USA. Diese Antilopen wurden abgestoppt mit 56 km/h über 6 km, 67 km/h über 1,6 km und 88,5 km/h über 0,8 km.

Schnellstes Meeressäugetier ist der Killerwal *(Orcinus orca)*. Am 12. Oktober 1958 wurde im Ostpazifik ein 6,1–7,62 m langes männliches Exemplar gesichtet, das nach den Stoppzeiten 30 Knoten (55,5 km/h) schnell war. Auf Kürzeststrecken erreicht auch der Tümmler *(Phocoenoides dalli)* eine Spitzengeschwindigkeit von 30 Knoten.

Langsamstes Landsäugetier ist das Ai oder dreizehige Faultier *(Bradypus tridactylus)* im tropischen Amerika. Seine Durchschnittsgeschwindigkeit am Boden beträgt 1,83 bis 2,44 m/min (0,109–0,158 km/h), in den Bäumen jedoch vermag es bis zu 4,57 m/min (0,272 km/h) zu »beschleunigen«.

Langsamstes Meeressäugetier ist die Seeotter *(Enhydra lutris)*, die eine Spitzengeschwindigkeit von 9,6 km/h erreicht.

Am längsten lebende Säugetiere: Kein anderes Säugetier erreicht die mit 120 Jahren festgestellte längste Lebenszeit des Menschen *(Homo sapiens)*. Am nächsten kommt dieser Lebensdauer vermutlich der asiatische Elefant *(Elephas maximus)*. Das mit absoluter Sicherheit nachgewiesene Höchstalter erreichte »Prem Prased«, ein Königselefant Nepals, der am 27. Februar 1985 im Alter von 81 Jahren gestorben ist.

Langlebigstes Meeressäugetier ist der Bartenwal *(Berardius bairdii)*, der nicht älter als 70 Jahre wird.

Säugetiere in größten Höhen: Das in höchsten Lagen wildlebende Säugetier der Welt ist wahrscheinlich der Grunzochse *(Bos grunniens)* Tibets und der Alpen von Setschuan in China, der gelegentlich auf der Suche nach Nahrung bis auf 6100 m klettert.
Im deutschsprachigen Gebiet leben Gemse *(Rupicapra rupicapra)*, Schneemaus *(Microtus nivalis)* und Mauswiesel *(Mustela nivalis)* bis zu den höchsten Punkten der Alpen (ca. 4500 m).

Die größten Herden, die jemals beobachtet wurden, waren die des Springbocks *(Antidorcas marsupialis)* während ihrer Wanderung über die Ebenen des westlichen Teils von Südafrika im 18. Jh. 1849 beobachtete John (später Sir John) Fraser ein »Treckbokken«, das drei Tage dauerte, bis die Tiere durch die Siedlung von Beaufort West, Kapprovinz (Südafrika), hindurchgezogen waren. Eine andere Herde, deren Wanderung in der Nähe von Nels Poortje in der Kapprovinz beobachtet wurde, schätzte man auf 100 Mio. Köpfe, obwohl die Zahl 10 Mio. wahrscheinlich realistischer ist. Von einer weiteren Herde, deren Ausdehnung man auf eine Breite von 24 km und eine Länge von mehr als 160 km schätzte, berichtete Karree Kloof, Orange River (Südafrika), im Juli 1896.

Die größte Ansammlung von wildlebenden Säugetieren, die man in der Welt antreffen kann, ist die der Guanofledermaus *(Tadarida brasiliensis mexicana)* in der Brackenhöhle, San Antonio, Texas (USA), wo sich 20 Mio. Tiere, von Mexiko kommend, nach ihrer Wanderung zusammenfinden.

Längste und kürzeste Tragzeiten: Die längste Tragzeit aller Säugetiere ist die des asiatischen Elefanten *(Elephas maximus)*. Sie dauert zwischen 609 und 760 Tagen.

Die Klippspringer sind die treuesten Tiere. Diese afrikanischen Springantilopen – links ein weibliches, rechts ein männliches Exemplar – bleiben nie mehr als 5 m voneinander entfernt (s. S. 83).

Nur 12–13 Tage trächtig sind in der Regel das seltene Wasseropossum oder Yapok *(Chironectes minimus)* und das amerikanische Opossum *(Didelphis marsupialis)*, die in Nordamerika und im nördlichen Südamerika vorkommen, sowie die australische Marderart *Dasyurus viverrinus*. Die Tragzeit dieser Tiere kann sogar nur 8 Tage dauern.

Größter Wurf. Die größte bekanntgewordene Anzahl von Jungen (bei einer Geburt) eines wildlebenden Säugetieres ist 31, wovon 30 überlebten; dies geschah beim Großen Tanrek *(Tenrec ecaudatus)*, der auf Madagaskar und auf den Komoren zu finden ist. Normalerweise sind es 12–15 Junge bei einem Wurf. Weibchen können bis zu 24 Junge säugen.

Jüngste Tier-Eltern. Der gestreifte Igel *(Hemicentetes semispinosus)* auf Madagaskar ist schon nach fünf Tagen entwöhnt, und die Weibchen werden bereits drei bis vier Wochen nach ihrer Geburt geschlechtsreif.

FLEISCHFRESSER

Die größten Fleischfresser: Das größte heute lebende Raubtier zu Lande ist der Kodiakbär *(Ursus arctos middendorffi)*, der auf den Inseln Kodiak, Afognak und Shujak im Golf von Alaska (USA) lebt. Das erwachsene Männchen erreicht eine Länge (Schnauze bis Schwanz) von 2,4 m. Der Schwanz allein mißt 10 cm. Seine Schulterhöhe beträgt 132 cm, und sein Gewicht liegt zwischen 476 und 533 kg. Ein »käfiggemästetes« Männchen im Zoologischen Garten von Colorado Springs (USA) wog 757 kg, als es am 22. September 1955 starb.
907 kg soll ein Braunbär aus Alaska gewogen haben, der 1981 in einer Tierschau im Space Farms Zoological Park von Beemerville, New Jersey (USA), zu sehen war. Die Gewichtsangabe wurde allerdings nicht überprüft.
Gewichte über 907 kg wurden ebenfalls von Eisbären *(Ursus maritimus)* gemeldet, aber der durchschnittliche erwachsene männliche Eisbär wiegt 386–408 kg und ist von Schnauze bis Schwanz 2,4 m lang. 1960 wurde im Kotzebuesund (Alaska) ein Eisbär geschossen, der vor der Abhäutung 1002 kg gewogen haben soll. Das 3,38 m hohe präparierte Exemplar ist jetzt auf dem Flughafen von Anchorage, Alaska (USA), ausgestellt.

Größtes Meeressäugetier mit Zähnen ist der Pottwal *(Physeter macrocephalus)*. Der erwachsene Bulle ist ca. 14 m lang und wiegt rund 33,5 t. Das größte genau vermessene Exemplar war ein 20,70 m langer Walbulle, den eine sowjetische Fangflotte im Sommer 1950 vor den Kurilen im Nordwestpazifik erlegt hat. Es sollen aber schon größere Pottwale gesichtet oder gefangen worden sein. Ein Unterkiefer von 5 m, der präpariert wurde und im Britischen Museum ausgestellt ist, läßt darauf schließen, daß Pottwale gut und gern 25 m lang werden können.

Kleinste Fleischfresser: Das kleinste Raubtier ist das Zwergwiesel *(Mustela rixosa)*, das in den Polarkreisen lebt. Vier Arten dieser Gattung sind bekannt, von denen die kleinste die *M. r. pygmaea* Sibiriens ist. Erwachsene Exemplare erreichen eine Gesamtlänge von 177 bis 207 mm und wiegen zwischen 35 und 70 g.

Größte Raubkatzen: Das größte Mitglied der Katzenfamilie *(Felidae)* ist der langhaarige Sibirische Tiger *(Panthera tigris altaica)*, auch Amur- bzw. Mandschurischer Tiger genannt. Erwachsene Männchen sind durchschnittlich 3,15 m lang (Nase bis zur Spitze des gestreckten Schwanzes), haben eine Schulterhöhe von 99–107 cm und wiegen rund 265 kg. 1950 wurde ein männlicher Tiger mit einem Gewicht von 384 kg in den Bergen von Sikhote Alin (UdSSR) geschossen. Im November 1967 erlegte ein amerikanischer Jäger in Uttar Pradesch (Indien) einen indischen Tiger *(Panthera tigris tigris)*. Das Prachtexemplar wog 388,7 kg und war 3,73 m lang.
Die größte Raubkatze, die derzeit in einem Zoo gehalten wird, heißt »Cubanacan« und ist das Ergebnis einer doppelten Kreuzung (Indischer Löwe/Löwen-Tigerin). »Cubanacan«, ein ausgewachsenes männliches Tier, das in den Alipore Zoological Gardens von Kalkutta (Indien) sein Dasein fristet, wiegt mindestens 363 kg, hat eine Schulterhöhe von 1,32 m und ist 2,50 m lang.
Der ausgewachsene afrikanische Löwe *(Panthera leo)* erreicht eine Gesamtlänge von 2,7 m, eine Schulterhöhe von 91–97 cm und wiegt 181–185 kg. Das schwerste in Freiheit lebende Exemplar mit einem Gewicht von 313 kg wurde 1936 am Stadtrand von Hectorspruit (Südafrika) geschossen.

Der schnellste Kurzstreckensprinter im Tierreich ist der Gepard. Mit Tempo 101 rast die gefleckte Raubkatze hinter ihrer Beute her.

Die kleinsten Raubkatzen sind die rostfleckigen Katzen *(Felis rubiginosa)* Südindiens und Sri Lankas. Der erwachsene Kater hat eine Durchschnitts-Gesamtlänge von 64–71 cm (Schwanzlänge 23–25 cm) und wiegt etwa 1,3 kg.

FLOSSENFÜSSER (ROBBEN, SEELÖWEN, WALROSSE)

Der größte Flossenfüßer, von denen 34 Arten bekannt sind, ist die Südliche Elefantenrobbe *(Mirounga leonina)*, die auf subantarktischen Inseln lebt. Ausgewachsene Bullen werden ca. 5 m lang (von der ausgestreckten Rüsselspitze bis zu den Enden der Schwanzflossen gemessen). Ihr Körperumfang beträgt bis zu 3,7 m, ihr Gewicht kann 2268 kg erreichen. Das größte exakt gemessene Exemplar war ein

Bulle, der in der Possession Bay (USA) am 28. Februar 1913 getötet wurde. Nach Abhäutung war er 6,50 m lang (vor Häutung 6,85 m) und dürfte mindestens 4 t gewogen haben.

Die kleinsten Flossenfüßer sind die Eismeer-Ringelrobben *(Pusa hispida)* der Arktis, die Sibirische Ringelrobbe *(Pusa sibirica)* vom Baikalsee (UdSSR) und die Kaspi-Ringelrobbe *(Pusa caspica)* vom Kaspischen Meer (UdSSR). Erwachsene (männliche) Exemplare werden 1,67 m lang und erreichen ein Gewicht bis zu 127 kg.

Seltenste Robben: Die Karibischen Mönchsrobben *(Monachus tropicalis)* wurden 1952 zum letzten Mal vor der Küste der Halbinsel Yucatán gesehen. Zwei Exemplare sind 1974 bei Cay Verde und Cay Burro auf den Bahamas ausgemacht worden, wurden aber bei einer Suchaktion im Jahr 1979 nicht wiederentdeckt. Möglicherweise waren es auch Kalifornische Seelöwen, die aus der »Gefangenschaft« entkommen waren und mehrmals im Golf von Mexiko gesichtet wurden.

Schnellste und tiefste Flossenfüßer: Schnellster Schwimmer unter den Flossenfüßern ist der Kalifornische Seelöwe *(Zalophus californianus)*, der kurzzeitig eine Spitzengeschwindigkeit von 40 km/h erreicht. Zu Lande ist mit einer Höchstgeschwindigkeit von 19 km/h die Krabbenfresserrobbe *(Lobodon carcinophagus)* am schnellsten.
Die besten Taucher sind die Elefantenrobben *(Mirounga anguistirostris)*. Den Rekord stellte mit einer Tauchtiefe von 630 m ein weibliches Exemplar am 1. März 1983 beim Ano Nuevo Point, Kalifornien (USA), auf. In dieser Tiefe widerstand das Tier einem Druck von 6335 k Pa auf seine Körperfläche.

Die am meisten verbreitete Spezies des Flossenfüßers ist die Krabbenfresserrobbe *(Lobodon carcinophagus)* der Antarktis. 1978 lebten rund 15 Mio. Tiere dieser Art.

Höchstalter: Mindestens 46 Jahre alt war nach dem Zustand des Gebisses eine weibliche Graurobbe *(Halichoerus grypus)*, die am 23. April 1969 bei Shunni Wick auf den Shetlandinseln (GB) geschossen wurde. Das Graurobbenmännchen Jakob, das von 1901 bis 42 im Skansen-Zoo, Stockholm (Schweden), gehalten worden war, ist schätzungsweise 43 Jahre alt geworden.

FLEDERMÄUSE

Die größten Fledermäuse: Die einzigen fliegenden Säugetiere sind die Fledermäuse (Gattung *Chiroptera*), von denen es rund 950 Arten gibt. Die größte Flügelspannweite besitzt der Bismarck-Flughund *(Pteropus neohibernicus)*, der im Bismarckarchipel und in Neuguinea verbreitet ist. Ein Exemplar, das im Amerikanischen Museum für Naturgeschichte zu bewundern ist, hat eine Spannweite von 165 cm. Wahrscheinlich erreichen die Flughunde Spannweiten von über 180 cm.

Die größte Hörschärfe aller Landtiere haben Fledermäuse durch ihre Ultraschall-Echolotung. Vampir- *(Desmodontidae)* und Obstfledermäuse *(Pteropodidae)* können Schwingungen zwischen 120 und 210 kHz hören; die Obergrenze des menschlichen Ohrs liegt bei 20 kHz,

Ein ganz und gar rätselhaftes Säugetier ist das Schnabeltier *(Ornithorhynchus anatinus)*. Es existiert tatsächlich. Es ist ein eierlegendes Pelztier mit einem Entenschnabel und Schwimmhäuten zwischen den Zehen. Diese 50 cm langen Eierleger kommen nur in Australien und Tasmanien vor.

Der Lebensraum der Tiger, der mächtigen Großkatzen, wird kleiner. Nationalparks und Zoos werden ihre neuen Territorien. Hier ein badender Tiger im Zoo Duisburg.

Die größte Affenart ist der westafrikanische Mandrill, ein wahrer Meister grellbunter Farben. Ein Mandrillmann kann bis ca. 54 kg wiegen (s. S. 88).

der einfache Delphin *(Delphinus delphis)* kann bis zu 280 kHz hören.

Den Titel der seltensten Fledermaus teilen sich mindestens drei Arten, die jeweils nur durch ein Exemplar bekannt sind: der Kleinzehige Flughund *(Neopterx frosti)*, entdeckt 1938/39 in Talamanti, Große Sundainseln; *Paracoelops melagotis* (1945 in Vinh, Vietnam) und *Latidens salimalii* (High Wavy Mountains, Südindien, 1948).

Die schnellste Fledermaus ist schwer zu ermitteln, weil Messungen problematisch sind. Die größte Geschwindigkeit wird der mexikanischen Guanofledermaus *(Tadarida brasiliensis mexicana)* zugeschrieben, die mit 51 km/h gemessen wurde – möglicherweise flog sie mit Windunterstützung.
Bei einem Experiment in einem künstlich angelegten Bergwerksstollen in den USA erreichten nur 4 von 17 Fledermausarten 21 km/h Fluggeschwindigkeit.

Die langlebigste Fledermaus war ein indischer Flughund *(Pteropus giganteus)*, der am 11. Januar 1979 im Alter von 31 Jahren und 5 Monaten im Londoner Zoo starb.

Die Fledermäuse sind nicht nur die einzigen zum aktiven Flug befähigten Säugetiere, sie halten auch den Rekord der größten Hörschärfe aller Landlebewesen. Mit ihrer Ultraschall-Echopeilung finden sie sich auch bei völliger Dunkelheit zurecht.

Der Mauslemur ist das kleinste Herrentier. Dieser madagassische Halbaffe mit seinen großen nackten Ohren wiegt ganze 50 g. Seine großen starren Nachtaugen glänzen rötlich.

PRIMATEN (HERRENTIERE)

Das größte existierende Herrentier ist der Berggorilla *(Gorilla gorilla beringei)*, der in den Vulkangebirgen des westlichen Ruanda, des südwestlichen Uganda und des östlichen Zaïre lebt. Ein erwachsenes männliches Exemplar dieser Gattung ist im Durchschnitt 1,75 m groß (einschließlich Kopfhaar) und ungefähr 195 kg schwer. Der bisher größte Gorilla maß vom Scheitel bis zur Sohle 1,95 m. Eine deutsche Expedition hatte ihn am 16. Mai 1938 in Alimbongo im Kiwu-Gebiet (Zentralafrika) eingefangen. Der schwerste Gorilla in Gefangenschaft war ein Männchen der Bergrasse namens »N'gagi«, das mit 18 Jahren am 12. Januar 1944 im Zoo von San Diego, Kalifornien (USA), starb. Bei seinem Tod wog der Gorilla 288 kg, sein Höchstgewicht hatte er 1943 mit 310 kg erreicht. Er war 1,72 m groß, sein Rekordbrustumfang betrug 198 cm. Der schwerste Gorilla, der noch in Gefangenschaft gehalten wurde, war »Zaak«, ein Flachlandgorilla *(Gorilla g. gorilla)*. 1962 kam er in den Zoo von Kobe Oji (Japan). Im Juni 1976 erreichte er ein Gewicht von 285 kg, ein Höchstmaß, das er seitdem nicht mehr erzielte. Anfang März 1983 ist er an Altersschwäche gestorben.

Das kleinste Herrentier ist der seltene federschwänzige Baumlemur *(Ptiolcercus lowii)* Malaysias. Ausgewachsene Exemplare besitzen eine Gesamtlänge von 23–31 cm (Kopf und Körper 100–140 mm; Schwanz 130–190 mm) und ein Gewicht von 35–50 g. Das Zwergseidenäffchen *(Cebuella pygmaea)* vom oberen Amazonasbecken und der Mauslemur *(Microcebus murinus)* aus Madagaskar sind etwa gleich lang (27–30 cm), aber schwerer; erwachsene Exemplare wiegen 50–75 g und 45–80 g.

Das seltenste Herrentier ist der Zwerglemur *(Allocebus trichotis)* von Madagaskar. Diese Menschenaffenart war bis 1966 nur aufgrund des Holotypus und dreier Häute bekannt. Inzwischen wurde jedoch ein lebendes Exemplar an der Ostküste der Insel bei Mananara gefangen.

Der langlebigste Primat war der männliche Orang-Utan *(Pongo pygmaeus)* »Guas«, der am 9. Februar 1977 im Zoo von Philadelphia, Pennsylvania (USA), im Alter von 59 Jahren starb. Als er am 1. Mai 1931 in den Zoo kam, war er mindestens 13 Jahre alt.
Der älteste Schimpanse *(Pan troglodytes)* war ein Männchen namens »Jimmy«, das am 17. September 1985 im Alter von 55 Jahren und 6 Monaten im Seneca-Park-Zoo von Rochester, New York (USA), gestorben ist.
Der berühmte Flachlandgorilla »Massa« (*Juli 1931) ist am 30. Dezember 1984 im Alter von 53 Jahren und 5 Monaten gestorben.

Die ersten Orang-Utan-Zwillinge Europas wurden am 18. Februar 1969 im Tierpark Hellabrunn von München geboren.
Ein Orang-Utan-Baby der zweiten Zoo-Generation – ein seltener Zuchterfolg! – ist »Djuru« im Zoo von Dresden, das dort Ende Februar 1980 zur Welt kam. Sowohl »Djurus« Mutter als auch der Vater haben im selben Zoo das Licht der Welt erblickt.

Stärke: 1924 wurde für »Boma«, einen 74,80 kg schweren männlichen Schimpansen im Bronx Zoo, New York (USA), eine einhändige Zuglei-

stung von 384 kg auf dem Dynamometer gemessen. (Zum Vergleich: Ein Mann von gleichem Gewicht kann eine Zugkraft von 95 kg entwickeln.) »Suzette«, ein erwachsenes Schimpansenweibchen von ca. 61 kg, entwikkelte während eines Wutausbruchs eine Zugkraft von 572 kg.
Auch ein Rekord: In den USA hat ein 45 kg schwerer Schimpanse beidhändig ein Gewicht von 272 kg gehoben. Hochgerechnet könnte es ein männlicher Gorilla mit etwas Training leicht auf 907 kg bringen.

AFFEN

Der größte Affe: Die einzige Affenart, von der verläßlich ein Gewicht über 45 kg festgestellt wurde, ist der Mandrill *(Mandrillus sphinx)* des äquatorialen Westafrika. Das größte verläßlich verzeichnete Gewicht beträgt 54 kg für ein gefangenes männliches Exemplar.

Der kleinste Affe ist das Zwergseidenäffchen *(Cebuella pygmaea)* in Ecuador, Nordperu und Westbrasilien. Erwachsene Exemplare haben eine Maximallänge von 304 mm (zweimal die Länge des Schwanzes) und wiegen 49–80 g.

Der älteste lebende Affe, ein Weißkehl-Kapuzineraffe *(Cebus capucinus)* namens »Bobo«, der von Dr. Raymond T. Bartus betreut wird, feierte 1985 seinen 50. Geburtstag.

Der seltenste Affe ist das goldgelbe Löwenäffchen *(Leontopithecus rosalia).* 1980 gab es noch nicht einmal mehr 100 Exemplare, die alle im São-João-Tal im Staat Rio de Janeiro (Südostbrasilien) lebten. Möglicherweise ist diese Affenart bis 1990 ausgestorben.

NAGETIERE

Das größte Nagetier ist das Capybara *(Hydrochoerus hydrochaeris)*, eine Art südamerikanisches Meerschwein. Erwachsene Exemplare sind 0,99–1,4 m groß und bringen es (im Käfig) auf ein Gewicht bis zu 113 kg.

Das kleinste bekannte Nagetier ist die Pygmäenmaus *(Baiomys caylori)*, die 109 mm Gesamtlänge aufweist und zwischen 7 und 8 g wiegt. Sie lebt in Mexiko, Texas und Südarizona.

Das seltenste Nagetier ist wahrscheinlich eine kleine Zwergbaumratte *(Capromys sanfelipensis)* auf der Isla Juan Garcia Cay im südlichen Kuba. Seit ihrer Entdeckung 1970 wurde sie nicht mehr gesehen.

Rascheste Fortpflanzung: Das Weibchen der Wiesenwühlmaus *(Microtus agrestis)*, die in Mitteleuropa beheimatet ist, kann sich von ihrem 25. Lebenstag an vermehren und 17 Würfe von sechs bis acht Jungen pro Jahr haben.

Das höchste bekannte Alter eines Nagetiers beträgt 27 Jahre und 3 Monate; Rekordhalter ist ein Sumatra-Stachelschwein *(Hystrix brachyura)*, das am 12. Januar 1965 im Nationalzoo von Washington DC (USA) starb.

INSEKTENFRESSER

Der größte Insektenfresser ist die Mondratte *(Echinosorex gymnurus)*, die in Birma, Thailand, Malaysia, auf Sumatra und Borneo lebt. Ausgewachsene Exemplare erreichen eine Kopf- und Körperlänge von 265–445 mm, eine Schwanzlänge von 200–210 mm und ein Gewicht von 1400 g.
Der Europäische Igel *(Erinaceus europaeus)* ist, was die Länge angeht (196–298 mm), kleiner, aber wohlgenährte Exemplare bringen es bis zu 1900 g.

Der kleinste Insektenfresser ist die Savis weißzähnige Zwergspitzmaus *(Suncus etruscus)*, auch Etruskische Spitzmaus genannt, die an der Nordküste des Mittelmeers sowie im Süden Afrikas bis zur Kapprovinz vorkommt. Ausgewachsene Exemplare erreichen eine Kopf- und Körperlänge von 36–52 mm, eine Schwanzlänge von 24–29 mm und ein Gewicht von 1,5 bis 2,5 g.

Der langlebigste Insektenfresser ist wohl ein kleiner Stachel-Tanrek *(Echinops telfairi)*, der 1966 im Zoo von Amsterdam (Niederlande) geboren und später dem Zoo von Jersey (GB) überlassen wurde. Im Alter von über 16 Jahren ist er am 27. November 1982 gestorben.

ANTILOPEN

Die größte Antilope ist die seltene Derby-Elenantilope *(Taurotragus derbianus)*, auch Riesenelenantilope genannt, aus West- und Nordzentralafrika. Sie kann mehr als 900 kg wiegen. Die Gemeine Elenantilope *(Taurotragus oryx)* Ost- und Südafrikas besitzt die gleiche Schulterhöhe bis zu 1,78 m, ist aber nicht ganz so stämmig. Allerdings gibt es eine Aufzeichnung über einen Bock mit einer Höhe von 1,65 m, der 1937 im Nyassaland (heute Malawi) geschossen wurde und 943 kg wog.

Die kleinste Antilope ist die Königsantilope *(Neotragus pygmaeus)* Westafrikas. Ausgewachsene Exemplare haben eine Schulterhöhe von 25–31 cm und nur ein Gewicht von 3–3,6 kg, was dem eines großen Feldhasen *(Lepus europaeus)* entspricht. Die schlanke Swaynes Dik-Dik *(Madoqua swaynei)* von Somalia (Ostafrika) wiegt 2,2–5,5 kg, erreicht aber eine Schulterhöhe von etwa 33 cm.

Die seltenste Antilope ist die Arabische Oryx *(Oryx leucoryx).* Seit 1972 im südlichen Oman drei arabische Oryxantilopen getötet und vier weitere eingefangen wurden, lebte kein Exemplar dieser Wüstentiere mehr in Freiheit.
Am 31. Januar 1982 wurden zehn dieser Spießböcke, neun waren im Zoo von San Diego, Kalifornien (USA), geboren, in der Wüste Südomans unter Aufsicht eines Nomadenstammes freigelassen. Seitdem sind 6 Junge in Freiheit geboren worden, und im Januar 1985 zählte die Herde 25 Tiere. Auch in Jordanien ist ein solches Unternehmen durchgeführt worden.

Das höchste Alter einer Antilope, das verläßlich berechnet wurde, beträgt 25 Jahre, 4 Monate. Rekordhalter ist eine Mendesantilope *(Addax nasomaculatus)*, die am 15. Oktober 1960 im Brookfield Zoo von Chikago, Illinois (USA), starb.

ROTWILD

Die größte Rotwildart ist der Elch von Alaska *(Alces alces gigas).* Die durchschnittliche Schulterhöhe eines erwachsenen maskulinen Exemplars beträgt 1,83 m; das Durchschnittsgewicht liegt bei 500 kg. Ein männlicher Elch mit einer Höhe von 2,34 m zum Widerrist und mit einem Gewicht von schätzungsweise 816 kg wurde am Yukon (Kanada) im September 1897 geschossen. Die Rekordspannweite eines Geweihs beträgt 199 cm.

Das kleinste Rotwild ist das Pudu *(Pudu mephistophiles)*, in Ecuador und Kolumbien verbreitet. Ausgewachsene Tiere haben eine Schulterhöhe von 33–35 cm und erreichen ein Gewicht zwischen 7,2 und 8,1 kg. Der kleinste Wiederkäuer ist das Kleine Malaiische Moschustier *(Tragulus javanicus)* in Südostasien. Es erreicht Schulterhöhen zwischen 20 und 25 cm und wiegt ausgewachsen ca. 3 kg.

Den stärksten Rothirsch, der je in der Bundesrepublik Deutschland erlegt wurde, schoß Horst Esch aus Düsseldorf 1979 im Jagdrevier des Grafen zu Solms-Laubach. Das Geweih des 22-Enders wiegt 9,3 kg und hat eine Stangenlänge von 96 cm. Nach der internationalen Rothirschformel hat es 227 Punkte.

Das Zwergseidenäffchen ist der kleinste von allen Affen. Der winzige Kobold fühlt sich sichtlich wohl in seinem Schuh.

Das Känguruh, Weltmeister im Weithochsprung, kann auch kräftige Boxhiebe an seine Rivalen austeilen. Die Männchen schlagen blitzschnell zurück.

Zebras, die in großen Herden durch afrikanische Steppen ziehen, sind selten geworden. Hier eine Herde im »Afrikanum« des Duisburger Zoos.

Das seltenste Rotwild ist der Fea-Muntjak-Hirsch *(Muntiacus feae)*, der nur durch zwei an der Grenze zwischen Tenasserim, Niederbirma und Thailand gefangene Exemplare bekannt war. Seit Dezember 1977 erhielt der Dusit-Zoo in Bangkok zunächst eine, 1981 zwei weitere Hirschkühe, denen 1982/83 weitere Exemplare folgten.

Ältestes Rotwild: 26 Jahre, 8 Monate wurde ein Hirsch *(Cervus elaphus scoticus)*, der am 28. Juni 1954 im Zoo von Milwaukee, Wisconsin (USA), starb.

BEUTELTIERE

Größtes Beuteltier ist das Rote Riesenkänguruh *(Macropus rufus)* Zentral-, Süd- und Ostaustraliens. Erwachsene Männchen sind 2,13 m groß, wiegen 79 kg und messen von der Nase bis zur Spitze des gestreckten Schwanzes 2,90 m.

Das kleinste Beuteltier ist die seltene Flachkopfbeutelmaus *(Planigale ingrami)* oder Zwergflachkopfbeutelmaus *(Planigale subtilissima)*, die ausschließlich im Nordwesten Australiens vorkommt.
Erwachsene Männchen haben eine Kopf- und Körperhöhe von 44,5 mm, eine Schwanzlänge von 50 mm und ein Gewicht von rund 4 g. Die Weibchen sind noch kleiner als die Männchen.

Das seltenste Beuteltier ist wahrscheinlich der Beutelwolf *(Thylacinus cynocephalus)*, auch als »Tasmanischer Wolf« bekannt. Er ist das größte aller fleischfressenden Beuteltiere. Die Art schien seit Ende der dreißiger Jahre unseres Jh.s ausgestorben (das letzte gefangene Exemplar ging am 7. September 1936 im Beaumaris-Zoo von Hobart, Tasmanien, ein). 1961 haben jedoch zwei Fischer beim Sandy Cape (West-Tasmanien) aus Versehen ein junges männliches Tier getötet, als es sich über den Köder hermachen wollte. Der Kadaver wurde gestohlen, doch Haaruntersuchungen und Blutproben ergaben eindeutig, daß es sich um einen Beutelwolf gehandelt hatte.

Seitdem gibt es mehr als 300 Berichte über beutelwolfähnliche Tiere, einschließlich einiger aus Australien.

Im Juli 1982 schließlich wurde von Wildhütern westlich von Launceston (Tasmanien) kurz ein Tier gesichtet, dessen Beschreibung auf einen Tasmanischen Wolf zutrifft.

Langlebigstes Beuteltier: 26 Jahre und 22 Tage alt wurde ein Gemeiner Wombat *(Vombatus ursinus)*; das Tier starb am 20. April 1906 im Zoo von London.

Schnellstes Beuteltier ist das Graue Riesenkänguruh *(Macropus giganteus)*. Es erreicht eine Spitzengeschwindigkeit von 64 km/h.

Der höchste Sprung eines gejagten Känguruhs, das über einen Holzstoß hinwegsetzte, wurde mit 3,20 m gemessen. Während einer Jagd im Januar 1951 machte ein Rotes Riesenkänguruhweibchen *(Macropus rufus)* eine Anzahl von Sprüngen, darunter einen von 12,80 m Länge.

Einem unbestätigten Bericht zufolge soll ein Graues Riesenkänguruh fast 13,5 m weit gesprungen sein.

STOSSZÄHNE

Die längsten Stoßzähne eines Elefanten (abgesehen von prähistorischen Exemplaren) sind ein Paar aus dem östlichen Kongo (Zaïre), jetzt in der staatlichen Sammlung von Schädeln und Hörnern der New Yorker Zoologischen Gesellschaft. Der rechte Stoßzahn ist, an der äußeren Krümmung gemessen, 3,49 m lang, der linke ist 3,35 m. Zusammen wiegen sie 133 kg.

Der schwerste Elefantenstoßzahn gehörte einem in Benin (dem ehemaligen Dahomey, Westafrika) gefangenen Tier. Er wog 117 kg und war auf der Pariser Weltausstellung 1900 ausgestellt.
Das schwerste bekanntgewordene Stoßzahn-Paar ist im Britischen Museum ausgestellt. Es stammt von einem Elefantenbullen, der 1897 in Kenia am Fuß des Kilimandscharo von einem Araber mit einem Vorderlader erlegt wurde. Die Stoßzähne wogen 109 und 102 kg und sind 311 bzw. 318 cm lang; ihr Gesamtgewicht betrug also 211 kg.

Der größte Zahn eines Narwals ist im Ledermuseum in Offenbach zu besichtigen. Er hat die enorme Länge von 2,74 m. Da diese Stoßzähne aus dem Oberkiefer normalerweise nur ca. 2 m lang werden, dürfte es sich um den größten der Welt handeln.

HÖRNER

Das längste Horn mißt 206 cm an der Außenseite der Krümmung und hat einen Umfang von 46 cm. Es gehörte zu einem Ankole-Rind *(Bos taurus)* vom Ngamisee (Botswana).

Der größte (gehörnte) Schädel (wobei der Hornabstand von Spitze zu Spitze quer über die Stirn gemessen wird) mit einer Breite von 4,24 m gehörte einem Wasserbüffel *(Bubalus babulis)*, der 1955 in Indien geschossen wurde. Die größte Schädelbreite, die bei einem Texas-Longhornstier gemessen wurde, betrug 2,97 m von Hornspitze zu Hornspitze.

Die kapitale Hornspannweite von 120 cm, gemessen von einer Hornspitze zur anderen, bringt der 8 Jahre alte Schwarzhalsziegenbock *Fändrig* aus dem Stall der Gebrüder Treyer in Ausserberg, Oberwallis (Schweiz). Jedes einzelne Horn des Prachtbocks mißt 115 cm.

Das Javanashorn *(Rhinoceros sondaicus)* ist das seltenste der großen Landsäugetiere. Weniger als 50 dieser äußerst bedrohten Nashörner leben noch an der Spitze Westjavas (Indonesien) im Udjung-Kulon-Reservat. Die Dickhäuter erreichen eine durchschnittliche Schulterhöhe von 160 cm, werden 300 cm lang und können bis zu 2000 kg wiegen. Es gibt von dieser aussterbenden Art keine gefangenen Exemplare.

PFERDE UND PONYS

Das schwerste Pferd war ein 1,98 m großer belgischer Vollbluthengst namens *Brooklyn Supreme* (1928–48). Als zehnjähriger in einem amerikanischen Stall wog er 1,44 t.

Eine damals 7jährige belgische Brabant-Stute namens *Wilma du Bos* soll im April 1973 bei einer Größe von 1,88 m sogar 1459 kg gewogen haben, kurz bevor sie in Antwerpen eingeschifft wurde und eine Reise zu ihrer neuen Besitzerin, Virgie Arden aus Reno, Nevada (USA), antrat. Allerdings war die Stute zu jener Zeit trächtig (Höchstumfang: 3,65 m). Als *Wilma du Bos* in New York ankam, brachte sie 1399 kg auf die Waage. Nachdem sie die Fohlen geworfen hatte, pendelte sich das Gewicht der Stute jedoch schnell wieder bei normalen 1088 bis 1134 kg ein.

Das größte Pferd hieß erst *Samson*, dann *Mammut* und gehörte Thomas Cleaver aus Toddington Mills in Bedfordshire (GB). Der Wallach, ein Ackerpferd, war 1846 geworfen worden und vier Jahre später 2,19 m groß. *Samson-Mammut* wog in seinen besten Zeiten 1524 kg.

Die kleinsten Zuchtpferde sind die argentinischen Falabellas. Sie gingen aus 70 Jahre dauernden Kreuzungen und Inzucht einiger untersetzter einheimischer Tiere hervor, die im Süden Argentiniens entdeckt worden waren. Die meisten erwachsenen Falabellas erreichen höchstens eine Schulterhöhe von weniger als 76 cm und wiegen durchschnittlich 36–45 kg. Das kleinste Pferd, das Julio Falabella aus Recco de Roca vor seinem Tod im Jahr 1981 gezüchtet hat, war eine Stute, die eine Schulterhöhe von nur 38 cm hatte und nur 11,9 kg wog. Der Zuchthengst *Little Pumpkin*, der am 15. April 1973 geworfen worden war, wog am 30. November 1975 nur 9,07 kg und war 35,5 cm groß. Das bestätigte Dr. T. H. Hamison vom Kreisveterinäramt Spartenburg, Süd-Carolina (USA). *Little Pumpkin* stammte aus dem Besitz von J. C. Williams jr., der auf der Della-Terra-Farm in Inman (Süd-Carolina) Kleinstpferde züchtet.

Die kleinsten Ponys der Welt sind die Shetland. Sie sind die einzige Rasse, deren genetische Anlagen Größen unter 80 cm Stockmaß möglich machen. Bei der National-Pony-Society-Schau 1913 in England wurde das kleinste Miniatur-Shetland mit 68 cm Stockmaß vorgestellt.

Älteste Pferde: 62 Jahre sind das höchste Alter, das verläßlich für ein Pferd bezeugt ist. Es hieß *Old Billy* (geworfen 1760) und war vermutlich eine Kreuzung zwischen Cleveland und Eastern Blood. Bis 1819 zog es für eine englische Kanalschiffahrtsgesellschaft Lastkähne. Am 27. November 1822 starb es auf einer Farm, wo es sein Gnadenbrot genossen hatte.
Das verbürgte Höchstalter bei den Ponys erreichte mit 54 Jahren ein Zuchthengst, der einem Bauern aus Zentralfrankreich gehörte und 1919 eingegangen ist. Das Moorland-Pony *Joey*, das im Besitz von June und Rosie Osborne aus Wickham Bishops in Essex (GB) ist, erfreute sich 1986 im Alter von 42 Jahren noch bester Gesundheit.

Stärkste Zugpferde: 130,9 t soll am 26. Februar 1893 ein Gespann 402 m über eine vereiste Straße bei Ewen in Michigan (USA) gezogen haben. Das scheint allerdings stark übertrieben. Tatsächlich dürfte die Last, die aus 50 Weißtannenstämmen bestand, um die 42 t gewogen haben. Das Holz war auf einem eigens konstruierten Schlittenwagen geschichtet worden. Zugpferde waren zwei Clydesdale-Rösser, die zusammen 1587 kg auf die Waage brachten.
Per Dynamometer bestätigt sind die 29,47 t, die ein Wallach namens *Vulcan* allein geschafft hat, und die 51 t, die ein Gespann ohne Schwierigkeiten von der Stelle bewegen konnte. Beide Rekorde wurden am 23. April 1924 auf einer British-Empire-Schau in Wembley (London) aufgestellt.

HUNDE

Allgemein: In den USA gibt es ca. 46 Mio. Hunde. In der Bundesrepublik Deutschland schätzt man die Zahl der bellenden Vierbeiner auf mehr als 3,6 Mio. Davon sind drei Viertel Rassehunde, der Rest sogenannte »Promenadenmischungen«.
Unter allen deutschen Städten hält Berlin (West) den Hunderekord: 82 121 Vierbeiner leben hier. Statistisch sind 44 von 1000 Berlinern »auf den Hund gekommen«.

Die schwerste Zuchtrasse unter den Haushunden *(Canis familiaris)* sind die Bernhardiner. Gewichtigster Vertreter ist bisher der »Benediktiner vom Schwarzwaldhof«, der Thomas und Anne Irwin aus Grand Rapids (USA) gehört. Das Prachtexemplar wurde 1982 geworfen und brachte im Dezember 1984 bei einer Schulterhöhe von 99 cm stolze 140,6 kg auf die Waage.

Die größten Hunderassen sind die Deutsche Dogge und der Irische Wolfshund, die eine Schulterhöhe bis zu 99 cm und gelegentlich mehr erreichen. Zum Beispiel war »Shamgret Danzas«, eine Deutsche Dogge, die dem Ehepaar Comley aus Milton Keynes, Bucks (GB), gehörte, 105,4 cm groß (mit gesträubten Haaren 106,6 cm) und wog 108 kg. »Shamgret Danzas« starb am 16. Oktober 1984 im Alter von 9 Jahren. Der Irische Wolfshund »Broadbridge Michael« (1920–29), der auf das Wort von Mary Beynon aus Sutton-at-Hone in Kent (GB) hörte, hatte mit 2 Jahren eine Schulterhöhe von 100,3 cm.

Die kleinsten Hunderassen sind der Yorkshire-Terrier, der Chihuahua und der Zwergpu-

Smidget **gilt mit einer Schulterhöhe von 53 cm als Vorzeigepferd für die kleinsten Zuchtpferde – die umstrittenen Falabellas aus Argentinien.**

del. Es gibt Miniaturzüchtungen, bei denen ausgewachsene Tiere weniger als 453 g wiegen. Der kleinste ausgewachsene Hund war ein Yorkshire-Terrier von der Größe einer Zigarettenschachtel, der Arthur F. Marples aus Blackburn (GB) gehörte, einem ehemaligen Redakteur der Zeitschrift *Unsere Hunde*. Dieser Winzling, der 1945 im Alter von knapp 2 Jahren starb, hatte eine Schulterhöhe von 6,3 cm, maß von der Nasenspitze bis zum Schwanz 9,5 cm und wog ganze 113 g!

Die seltenste Hunderasse der Welt ist der Chinook, der erstmals zu Beginn unseres Jahrhunderts in New Hampshire (USA) gezüchtet wurde und als Schlittenhund dienen sollte. Selbst auf der Höhe ihrer Popularität gab es von dieser Rasse nie mehr als 300 Hunde, und 1966 waren es gerade 125. Wiederum 12 Jahre später wurden nur noch 28 Chinookexemplare gezählt, doch seitdem hat sich ihre Zahl dank den Anstrengungen eines Zuchtvereins fast verdreifacht. Im September 1985 warf in New York eine Chinookhündin 6 Welpen, so daß es inzwischen insgesamt 76 Tiere dieser Rasse gibt, die alle in den USA leben.

Älteste Hunde: Das Lebensalter, das Hunde zu erwarten haben, liegt in der Regel zwischen 8 und 15 Jahren. Nur sehr selten werden sie nachweislich älter als 20 Jahre. Das glaubwürdige Höchstalter erreichte mit 29 Jahren und 5 Monaten ein australischer Hirtenhund namens »Bluey«. Er war 1910 von Les Hall aus Rochester in Victoria (Australien) erworben worden und hütete fast 20 Jahre lang Rinder und Schafe. »Bluey« wurde am 14. November 1939 eingeschläfert.

Stärke und Ausdauer: Die größte jemals von einem Hund bewegte Last war eine Eisenbahnschiene mit einem Gewicht von 2905 kg. Ein 80 kg schwerer Bernhardiner namens »Ryettes Brandy Bear« aus Bothell (USA) schleppte sie am 21. Juli 1978. Der vierjährige Hund zog die Last auf einem vierrädrigen Karren 4,57 m über eine Betonfläche in weniger als 90 Sek. 10 Tage zuvor hatte »Ryettes Brandy Bear« sogar 2993 kg geschafft, allerdings fehlten ihm innerhalb der vorgeschriebenen 90 Sek. noch 12,7 cm bis zur ebenfalls vorgegebenen Mindestdistanz von 4,50 m.

Die meisten Lebensrettungen: Der Schweizer Bernhardiner »Barry« verdient unsere höchste Anerkennung: Er rettete 44 Menschen aus Bergnot, Eis und Schnee. Im Diorama des Naturhistorischen Museums in Bern (Schweiz) wird der ausgestopfte »Barry« gezeigt. Kein Hund der Welt hat so viele Menschenleben gerettet.

Die ersten Blindenhunde wurden in Deutschland und Österreich 1916 während des Ersten Weltkrieges ausgebildet und eingesetzt. Dr. Gorlitz, Arzt in einem Lazarett bei Stettin, gab den Anstoß zur Ausbildung von Hunden als Führer für Blinde.

Längste »Dienstzeit«: Blindenhund »Polly«, eine Labradorhündin (geworfen am 10. Oktober 1956), diente ihrer Herrin Rose Resnick in San Rafael (USA) 13 Jahre und 2 Monate. Dies ist der längste verbürgte Dienst eines Blindenhundes. Am 15. Dezember 1971 wurde das Tier eingeschläfert.

Der größte Wurf: 23 Welpen hat am 19. Juni 1944 die Jagdhündin »Lena« geworfen, die Commander W. N. Ely aus Ambler in Pennsylvania (USA) gehörte. Alle 23 blieben am Leben. Ebenfalls 23 Welpen warf am 6./7. Februar 1975 die Bernhardinerhündin »Careless Ann«. Eigentümer: Robert und Alice Rodden aus Lebanon, Missouri (USA). Allerdings überlebten aus ihrem Wurf nur 14 Tiere.

Produktivster Hundevater aller Zeiten war der auch sonst preisgekrönte Windhund »Timmy«, auch »Tiefdruck« genannt (im September 1957 geworfen). Vom Dezember 1961 bis zu seinem Tod im November 1969 zeugte er 2414 registrierte Junge, von mindestens 600 nicht registrierten ganz abgesehen.

Der wertvollste Hund, zumindest für seine Besitzerin Clarice Ashton Cross, war vermutlich der Pekinese »Ch. Ch'êrh of Alderbourne« (1904 bis ca. 1914). Der amerikanische Finanzier und Industrielle J. Pierpont Morgan hatte im Jahr 1907 der Britin aus Ascot 32 000 englische Pfund (das entspricht heute 865 000 Pfund oder 2,958 Mio. DM) geboten, doch sie gab ihren Liebling nicht her. Darauf überreichte Morgan der Dame einen Scheck, auf dem der Betrag offen war – doch Clarice Ashton Cross lehnte auch diese Offerte für ihren Pekinesen ab.

Das höchste Legat, das jemals einem Hund vermacht worden ist, betrug 15 Mio. englische Pfund. Diese stolze Summe hinterließ Ella Wendel aus New York im Jahr 1931 einem Pudel namens Toby, ihrem treuesten Freund.

Einen Weitsprung über 5,30 m schaffte der Deutsche Schäferhund »Charly« (Ajax v. Irisgarten; Wurftag 15. Mai 1978) bei Proben für die WDR-Fernsehsendung »Chris Howland präsentiert Höchstleistungen aus dem *Guinness Buch der Rekorde*«. Der Wiener Manfred Masat konnte den Rekord seines Hundes am 24. Mai 1984 notieren.
Im Weitsprung hält den Rekord ein Windhund namens »Bang«, der 1849 in Brecon Lodge (GB) bei der Verfolgung eines Hasen eine 9,14 m breite Schlucht übersprang.

Den Hochsprungrekord für Hunde hält der Deutsche Schäferhund »Young Sabre«, ausgebildet von Captain David Smith. Am 17. Juli 1981 überwand er eine 3,55 m hohe Wand in Newton (GB).

Erfolgreichster Drogenschnüffler war der Apportierhund »Trep« (1969 geworfen), der zwischen 1973 und 1977 Rauschgift im Wert von 63 Mio. Dollar aufspürte. Sein Herrchen, der ehemalige Polizist Tom Kazo aus dem Dade County in Florida (USA), hatte erklärt, er wolle seinen vierbeinigen Liebling in Pension schikken, sobald die magische 100-Mio.-Dollar-Grenze erreicht sei. Ob »Trep«, der 16 verschiedene Drogen erkennen konnte und auch

als »Agent K9-3« bekannt war, dieses Ziel erreicht hat, ist allerdings unbekannt.
»Alf von den Drahtseilwerken«, ein zwölfjähriger Deutscher Schäferhund in Diensten der Bundes-Zollverwaltung, ertappte zwischen Oktober 1980 und April 1986 insgesamt 231 Drogensünder an der deutsch-niederländischen Grenze. Mit seinem »Herrchen«, Zollobersekretär Norbert Kunz, brachte er es auf rund 2200 Schichten.

Ein anderer Deutscher Schäferhund mit Namen »Blue«, der im Dienst der Polizei von Los Angeles steht, trug dazu bei, 253 Ganoven dingfest zu machen. Das wurde im Januar 1986 mitgeteilt.

Die beste »Spürnase« besaß der Dobermann-Pinscher »Sauer«. 1925 stellte er einen Viehdieb über eine Entfernung von 160 km nur durch seinen Geruchssinn. Er verfolgte den Dieb quer durch die Große Karu (Südafrika).

Der größte Rattenfänger aller Zeiten war der 11,8 kg schwere Bullterrier »Billy«. Zwischen 1820 und 1824 konnte er bis zu 4000 Ratten in 17 Std. erledigen – eine um so höhere Leistung, da er auf einem Auge blind war. Seinen vielleicht größten Erfolg erzielte »Billy« am 23. April 1825 auf einem Hundekampfplatz an der Tufton Street von Westminster in London: Dort schaffte er innerhalb von 5:30 Min. 100 Ratten. Er starb am 23. Februar 1829 im Alter von 13 Jahren.

James Searles berühmte Bullterrierhündin »Jenny Lind« war ebenfalls außergewöhnlich erfolgreich. Am 12. Juli 1853 sollte sie aufgrund einer Wette im englischen Liverpool innerhalb von 3 Std. 500 Ratten töten, brauchte für ihre »Aufgabe« aber nur 1:36 Std.

Nur in den USA kann man die Chinooks bewundern. Heute leben nur noch 76 Tiere dieser seltensten Hunderasse der Welt (s. S. 91).

Beste Hundetrainer: Der erfolgreichste – und schnellste – Hundetrainer der Welt ist eine Frau: Barbara Woodhouse aus Rickmansworth, Hertfordshire (GB). Sie brachte in der Zeit von 1951 bis 85 insgesamt 19000 Hunde auf einen hohen Leistungsstand. Der fixeste Hundetrainer ist Armand Rabuttinio aus Aston in Pennsylvania (USA). Er brachte es fertig, an einem einzigen Tag – von 9 bis 18 Uhr – 132 Hunde zu dressieren (12. Juni 1982 in Upland, Pennsylvania).

Meistprämiierte Hunde: Die Scotchterrierhündin »Ch. Braeburn's Close Encounter«, die am 22. Oktober 1978 geworfen worden ist und Sonnie Novick aus Plantation Acres in Florida (USA) gehört, heimste auf Zuchtschauen bis 10. März 1985 insgesamt 203 Preise ein.

Auf 78 Auszeichnungen brachte es der Chow-Chow »Ch. U'Kwong King Solomon«, der aus der Zucht der Britin Joan Egerton stammte und 1978 im Alter von 10 Jahren gestorben ist.

Meistprämiierter Dackel ist der Zwerglanghaardackel »Berny von Hummerich«. Der am 12. April 1980 geworfene rote Rüde wurde zwischen 1981 und 1984 bereits 94mal Sieger in nationalen und internationalen Zuchtschauen (Bundes-, Landes-, Europa- und Weltsieger). Er gehört der Familie Reians aus Köln.

Die größte Hundeschau der Welt fand am 14./15. Dezember 1984 im Messezentrum von Birmingham (GB) statt. Auf der »Ladies Kennel Association Show« wurden 14611 Tiere und 21212 Zuschauer gezählt.

Als Rekordschnüffler betätigt sich »Alf von den Drahtseilwerken«. 231mal wurde er für sein Herrchen Norbert Kunz fündig.

Fährtenhund. Der Deutsche Schäferhund »Gero von der Panzerstraße« (Wurftag 23. Februar 1971) hat mit seinem Eigentümer und Führer, Dr. Alexander von Grabe aus Scharnebeck bei Lüneburg, insgesamt 125 Fährtenhundprüfungen bestanden und natürlich auch alle Schutzhund- und Rettungstauglichkeitsprüfungen absolviert.

Schlittenhunderennen. 150 Gespanne mit über 1000 Tieren aus 7 Nationen waren beim Internationalen Schlittenhunde-Cup in Todtmoos (Südschwarzwald) am 23./24. Januar 1982 am Start.
Die Rekordzeit für das jährliche Hundeschlittenrennen über 1688 km von Anchorage nach Nome (Alaska) beträgt 11 Tage, 15:06 Std., aufgestellt im Jahr 1986 von einem Hund im Besitz von Susan Butcher.

KATZEN

Allgemein: In den USA wird die Zahl der Katzen mit 42 Mio. angegeben. Von den fast 5 Mio. englischen Katzen sind ca. 100000 als Mäusefänger im öffentlichen Dienst tätig.
In der Bundesrepublik Deutschland schätzt man die Zahl der privat gehaltenen und streunenden Katzen auf ungefähr 3,9 Mio.

Größte Katzen: In der Regel erreichen unter den Hauskatzen *(Felis catus)* ausgewachsene männliche Tiere ein Durchschnittsgewicht von 2,81 kg, weibliche Tiere sind mit durchschnittlich 2,45 kg etwas leichter. Kastrierte oder steri-

GRÖSSTE WÜRFE VON HAUSTIEREN

Tier	Anzahl	Rasse	Besitzerland
Katze	15	Birma/Siam darunter 4 Totgeburten	England
Hund	23	Jagdhund	USA
	23	Bernhardiner 14 überlebten	USA
Kaninchen	24	Neuseeländer	Kanada
Meerschweinchen	12		Labor-Exemplare
Hamster	26	Goldhamster, von denen 18 getötet wurden	USA
Maus	34	Hausmaus 33 überlebten	England
	14	Rennmaus	England
	15	Rennmaus spezielles Futter	USA

ALTERSREKORDE BEI HAUSTIEREN

Tier	Name, Eigentümer usw.	Jahre	Monate
Goldhamster	Wurde 1984 aus Cambridge (GB) gemeldet	19	–
Kaninchen	»Flopsy« (1964–83), gehörte L. B. Walker, Longford (Australien)	18	10¾
Meerschweinchen	»Snowball«, starb am 14. 2. 1979, gehörte M. A. Wall, Bingham (GB)	14	10½
Mongolische Rennmaus	»Sahara«, lebte Mai 1981, gehörte Aaron Milstone, Michigan (USA)	8	11
Hausmaus	»Fritzy«, lebte April 1985, gehörte der West House School in Birmingham (GB)	7	6
Ratte	Starb ca. 1924 in Philadelphia (USA)	5	8

lisierte Katzen werden meist schwerer. Stattlichste Hauskatze ist ein kastrierter Kater namens »Himmy«, der Thomas Vyse aus Redlynch im australischen Queensland umschnurrt. Am 14. Januar 1986 wog das 10 Jahre alte Tier 21,3 kg, hatte einen Halsumfang von 38,1 cm, eine »Taille« von 83,8 cm und eine Länge von 96,52 cm. Die schwerste aller 330 bekannten Hauskatzen-Züchtungen ist die Ragdoll aus den USA. Ein Kater kann 6,8–9,7 kg wiegen.

Die kleinste Zucht der Hauskatze ist die *Singapura.* Kater erreichen ein Gewicht von 2,72 kg, ausgewachsene Weibchen kommen auf 1,81 kg. Leichteste Züchtungen erreichen nach zuverlässigen Angaben in einigen Fällen nicht einmal 1,36 kg. Das Normalgewicht ist ca. 4–5 kg.

Leichteste Zuchtkatze ist wahrscheinlich der Siamkater »Ebony-Eb-Honey Cat«, der Angelina Johnston aus Boise, Idaho (USA), umschnurrt. Im Alter von 23 Monaten brachte er im Februar 1984 gerade 0,79 kg auf die Waage.

Älteste Katzen: Katzen leben im allgemeinen länger als Hunde. Die meisten werden über 20 Jahre alt. Älteste Katze war vermutlich der englische gestreifte Kater »Puss«. Er beging seinen 36. Geburtstag am 28. November 1939 und starb tags darauf. Ein neuerer und besser belegter Fall, ebenfalls aus England, war die Tigerkatze »Ma«. Sie wurde am 5. November 1957 im Alter von 34 Jahren eingeschläfert.

Den größten Wurf von 19 Kätzchen (vier totgeboren), entbunden durch Kaiserschnitt, brachte die vierjährige braune Birmakatze »Tarawood Antigone« am 7. April 1970 zur Welt. Der Wurf war das Ergebnis eines »Fehltritts« mit einem Halbsiamesenkater. Von den 15 lebend geborenen Jungen waren 14 Kater.
Der größte Wurf, bei dem sämtliche Jungen lebten und am Leben blieben, waren 14 Kätzchen, geworfen in Südafrika im Dezember 1974 von einer Angorakatze namens »Glockenblümchen«.

Die fruchtbarste Katze war »Dusty«, die in Bonham in Texas (USA) zu Hause war und alles in allem 420 Junge zur Welt brachte. Ihren letzten Wurf hatte sie am 12. Juni 1952 im Alter von 17 Jahren: es war ein Einzelkätzchen.

Reichste Katze: Mrs. Grace Alma Patterson aus Joplin, Missouri (USA), starb im Januar 1978 und vermachte ihr ganzes Vermögen von 250 000 Dollar ihrer weißen Edelkatze »Charlie Chan«. Stirbt die Katze, so fällt der Besitz, einschließlich eines Hauses mit drei Schlafzimmern, eines 2,9 ha großen Katzenfriedhofes und einer wertvollen Antikensammlung, durch Versteigerung an Lebensrettungsgesellschaften.

Wertvollste Katze: 1967 lehnte die Engländerin Elspeth Sellar 2100 Pfund Sterling (damals 23 000 DM) eines amerikanischen Züchters ab, die er für ihren preisgekrönten weißen Angorakater mit kupferfarbenen Augen »Coylum Marcus« (geworfen 28. März 1965) geboten hatte. Das kostbare Tier starb am 14. April 1978.

Beste Kletterkatze war ein nur vier Monate altes Tier, das Josephine Aufdenblatten aus Genf (Schweiz) gehörte und am 6. September 1950 mit einer Gruppe von Bergsteigern den Gipfel des 4478 m hohen Matterhorns erstieg.

Größter Mäusefänger ist die Schildpattkatze »Towser«, die in der Firma Glenturret Distillery bei Crieff in Schottland ihr Revier hat. Die 23 Jahre alte Dame pflegt pro Tag mindestens drei Mäuse zu vernaschen. Am 21. April 1986 konnte sie sich das 25 716. Opfer auf ihr Konto schreiben.

KANINCHEN UND HASEN

Das größte zahme Kaninchen *(Oryctolagus cuniculus)* ist der Flämische Riese. Erwachsene Tiere wiegen in der Regel 7–8,5 kg und sind von Zehen zu Zehen im Schnitt 91 cm lang. Prachtexemplare bringen es sogar auf ein Gewicht bis zu 11,3 kg. Im April 1980 wurde in Spanien ein fünf Monate altes Weibchen (Französisches Hängeohr) ausgestellt, das 12 kg wog. Das Normalgewicht eines Tieres dieser Rasse liegt bei etwa 5,5 kg.

Das schwerste Wildkaninchen (das Durchschnittsgewicht liegt bei 1,58 kg) wog 3,74 kg. Der Schotte Norman Wilkie hat es am 20. November 1982 in der Nähe von Markinch (Fife) geschossen.

Die kleinsten zahmen Kaninchen sind das niederländische Zwergkaninchen und das polnische Kaninchen, die völlig ausgewachsen 0,9–1,13 kg wiegen. Jacques Bouloc aus Coulommiere in Frankreich hat 1975 die beiden kleinsten Rassen gekreuzt und nach seinen eigenen Angaben das Gewicht der Neuzüchtung auf 396 g gedrückt.

Die fruchtbarsten zahmen Kaninchensorten sind das weiße neuseeländische und das kalifornische Kaninchen. Sie werfen fünf- bis sechsmal im Jahr 8–12 Junge (fünf Würfe zu je drei bis sieben Jungen beim wilden Kaninchen).

Zuchtrekord: Eine weiße Neuseeländerhäsin hat 108 Jungtiere im Jahr geworfen. Diese Rekordleistung wurde in 11 Würfen erzielt – ermöglicht durch ein von der Hessischen Landesanstalt für Leistungsprüfungen in der Tierzucht Neu Ulrichstein (Homberg) entwickeltes Zuchtverfahren mit einem Besamungsintervall von 33 Tagen.

Der größte Hase *(Lepus europaeus)* mit einem Gewicht von fast 7 kg wurde im November 1956 in Northamptonshire (GB) erlegt. Das Durchschnittsgewicht eines ausgewachsenen Hasen beträgt ca. 3,62 kg.

Die größten Ohren haben die Hängeohrkaninchen und von diesen wiederum die französische Art. Deren Löffel können bis zu 76 cm lang werden.

Die seltensten und wertvollsten Katzen sind diese nackten Sphinx-Katzen. Sie sind die Attraktion auf allen Katzenschauen.

2. VÖGEL

Der größte lebende, aber flugunfähige Vogel ist der afrikanische Strauß *(Struthio camelus camelus)*. Er lebt südlich des Atlasgebirges vom Oberlauf des Senegal und Niger bis hinüber zum Sudan und nach Zentraläthiopien. Hähne dieser Subspezies können 2,74 m groß werden und 156,5 kg wiegen.

Der schwerste fliegende Vogel ist die Kori-Trappe oder Paaw *(Otis kori)* in Ost- und Südafrika. Seriöse Berichte geben für in Südafrika erlegte Hähne Gewichte bis zu 18 kg an.
Der Höckerschwan *(Cygnus olor)*, der in Mitteleuropa lebt, kann 18 kg wiegen; aus Polen stammt das Rekordgewicht eines Schwanenmännchens, nämlich 22,5 kg, was ihn wahrscheinlich am Fliegen hinderte.

Der schwerste Raubvogel ist der Anden-Kondor *(Vultur gryphus)*, dessen Männchen durchschnittlich 9,1–11,3 kg wiegen.
14,1 kg soll ein übergroßer männlicher Kalifornischer Kondor *(Gymnogyps californianus)* gewogen haben, der präpariert wurde und jetzt in der kalifornischen Akademie der Wissenschaften in Los Angeles zu sehen ist. Diese Art ist kleiner als der Anden-Kondor, ein Exemplar wiegt sehr selten mehr als 10,4 kg. Nur noch 26 Kalifornische Kondore gibt es auf der Erde: 21 von ihnen leben in Gefangenschaft, die restlichen 5 in Freiheit.

Die größte Flügelspannweite hat der Wanderalbatros *(Diomedea exulans)*, der im Gebiet der südlichen Ozeane lebt. Bei ausgewachsenen Männchen mit völlig ausgebreiteten Flügeln beträgt sie 3,35 m.
Der einzige andere Vogel, dessen Flügelspannweite über 3,35 m hinausreichen soll, ist der Afrikanische Marabu *(Leptoptilus crumeniferus)*. Im Jahr 1934 wurde ein Höchstmaß von 4,06 m bei einem in Zentralafrika erlegten Exemplar festgestellt, aber normalerweise geht bei dieser Vogelart die Spannweite selten über 2,43 m hinaus. Mit 3,63 m hält ein am 18. September 1965 in dem Tasmansee gefangener Albatros den Rekord.

Die Blutschnabelweber (hier in Lebensgröße) sind nicht nur die am weitesten verbreiteten wilden Vögel in der Welt, sie gelten auch als die schädlichsten. Für den Getreideanbau in den afrikanischen Ländern stellen sie eine ernste Bedrohung dar. Man schätzt, daß die Kolonien des 20 g leichten und 12 cm großen Vogels, der drei- bis viermal jährlich brütet, bis zu 10 Mio. Nester auf mehreren 100 ha Land enthalten. Diese Webervögel leben auch außerhalb der Brutzeit in oft gewaltigen Schwärmen.

Der kleinste Vogel der Welt ist der Hummelkolibri *(Mellisuga helenae)*, verbreitet auf Kuba und den Fichteninseln (Karibik). Ausge-

wachsene Männchen (Weibchen sind ein wenig größer) sind insgesamt 57 mm lang, davon nehmen Schnabel und Schwanz die Hälfte in Anspruch. Der Vogel wiegt 1,6 g und ist damit leichter als ein Falter aus der Art der Ligusterschwärmer (2,4 g).

Der kleinste Raubvogel ist der 35 g schwere Zwergfalke *(Microhierax latifrons)* auf Borneo, der die Größe eines Spatzen hat.

Der kleinste Seevogel ist der Zwergsturmvogel *(Halocyptena microsoma)*, der auf den kleinen Inseln im Golf von Kalifornien (USA) nistet. Ausgewachsene Exemplare sind durchschnittlich 140 mm groß und wiegen 28 g.

Der kleinste Vogel Mitteleuropas ist das Goldhähnchen *(Regulus regulus)*. Die Durchschnittslänge beträgt 9 cm, das Gewicht 4–6 g. Die 580 km zwischen England und Skandinavien legen diese winzigen Vögel in knapp 12 Std. zurück. Das entspricht einer Durchschnittsgeschwindigkeit von ca. 48,3 km/h.

Am zahlreichsten unter den wilden Vögeln sind die Blutschnabelweber *(Quelea quelea)*. Man schätzt die Zahl dieser Vögel, die in den trockenen Gebieten Afrikas südlich der Sahara leben, auf 10 Mrd. Jahr für Jahr wird ein Zehntel dieser Vögel durch Schädlingsbekämpfungsmittel getötet.

Am zahlreichsten unter den zahmen Vögeln ist das Huhn, genauer: die zahme Art des Bankivahuhns *(Gallus gallus)* aus Südostasien.
1984 schätzte man den Welthühnerbestand auf 4,5 Mrd. Damit kam – grob gerechnet – auf jeden Menschen ein Huhn.

Am zahlreichsten unter den Seevögeln sind die Wilson-Sturmvögel *(Oceanites oceanicus)*. Über ihre Anzahl wurden bisher keine Angaben veröffentlicht, aber es steht fest, daß es Hunderte Millionen – wenn nicht gar Milliarden – von ihnen gibt. Die häufigste Vogelart Mitteleuropas sind die Sperlinge.

Seltenste Vögel: Angesichts der Schwierigkeiten, Vogelbestände in freier Natur zu schätzen, ist es fast unmöglich, den seltensten Vogel zu bestimmen. Zu den ersten Anwärtern gehören mit Sicherheit der Ooaa *(Moho braccatus)*, der auf der Hawaii-Insel Kauai vorkommt und 1980 nur von einem einzigen bekannten Pärchen repräsentiert wurde, und der geschützte Graue Küstensperling *(Ammospiza nigrescens)*, von dem 1985 lediglich noch 2 Männchen auf Disneyworld's Discovery Island in Florida (USA) gesichtet wurden.

Seltenster Raubvogel der Welt ist der Kalifornische Geier *(Vultur californianus)*. In Freiheit lebten im Januar 1986 nur noch 7 dieser Tiere, weitere 20 wurden in Zoos gehalten.
Der seltenste in Deutschland nistende Vogel dürfte der Uferläufer *(Bartramia longicauda)* sein, von dem seit 1811 kein Exemplar gesehen wurde. Die vom Aussterben bedrohten Seeadler scheinen durch Hilfsmaßnahmen in ihrem letzten Brutgebiet Schleswig-Holstein seit Juni 1980 wieder zahlreicher zu werden.
Die Sichelente *(Anas falcata)* gilt als seltenster Vogel Österreichs. 1839 wurde das bisher letzte Exemplar im Burgenland geschossen.
Auch die Schweiz hat ihren eigenen seltensten Vogel: die Rüppel-Seeschwalbe *(Sterna bengalensis)*. Außer in der Schweiz gibt es nur noch einzelne Exemplare auf Sizilien.

Der schnellste Vogel im Geradeausflug ist der weißkehlige Stachelschwanzsegler *(Hirundapus caudacutus)*.
Der Vogel, der dem Jäger die größten Schwierigkeiten macht, ist der Mittelsäger *(Mergus serrator)*. Er kann mit einer Geschwindigkeit von 128 km/h fliegen. Dies konnte exakt durch ein Sportflugzeug gemessen werden, das am 29. Mai 1960 in Alaska einen Mittelsäger aufscheuchte, der fast 13 Sek. lang mit dieser Geschwindigkeit neben dem Sportflugzeug herflog, bevor er abbog.
Eine Spornflügelige Wildgans *(Plectropterus gambiensis)* soll auf der Flucht bei einem Sturzflug eine Geschwindigkeit von 142 km/h erreicht haben.

Langsamster Vogel ist die amerikanische Waldschnepfe *(Scolopax minor)*. Feldversuche haben ergeben, daß sie auch bei 8 km/h ihre Höhe halten kann.

Höchste Beschleunigungskraft: Experimente amerikanischer Wissenschaftler haben in jüngster Zeit ergeben, daß der Schnabel des Rotkopfspechts *(Melanerpes erythrocephalus)* die Baumrinde mit einer Geschwindigkeit von 20,9 km/h trifft. Das bedeutet, daß beim Zurückfahren des Kopfs das Gehirn eine Bremswirkung von rund 10 g erfährt.

Schnellster und langsamster Flügelschlag: Mit 90 Flügelschlägen pro Sek. hat der Kolibri *(Heliactin cornuta)* aus den südamerikanischen Tropen den schnellsten verzeichneten Flügelschlag. Den langsamsten Flügelschlag haben große Geier (Familie der *Vulturidae*) und Albatrosse *(Diomedeidae)*. Sie können stundenlang in großen Höhen schweben, ohne mit den Flügeln zu schlagen.

Der beste Taucher ist der Kaiserpinguin *(Aptenodytes forsteri)* der Antarktis, der Tiefen bis zu 265 m erreicht und bis zu 18 Min. unter Wasser bleiben kann.

Die längste Lebensdauer eines Vogels ist mit mehr als 80 Jahren belegt. Über 70 Jahre erreichte ein Kondormännchen *(Vultur gryphus)* aus den Anden. Er hörte auf den Namen »Kuzya« und starb 1964 im Moskauer Zoologischen Garten (UdSSR).

Die größten Eier von allen lebenden Vögeln legt der Strauß *(Struthio camelus)*. Ein Straußenei ist 15–20 cm lang, hat einen Durchmesser von 10–15 cm und wiegt 1,65–1,78 kg. Das entspricht etwa dem Gewicht von zwei Dutzend Hühnereiern. Ein Straußenei muß ca. 40 Min. gekocht werden. Obgleich seine Schale nur 1,5 mm dick ist, hält sie das Gewicht eines 127 kg schweren Menschen aus.

Die kleinsten Eier legt der jamaikanische Zwergkolibri *(Mellisuga minima)*. Zwei Eier, jedes kürzer als 10 mm, wogen 0,36 bzw. 0,37 g.

Ausbrüten: Der Wanderalbatros *(Diomedea exulans)* hat die längste Brutzeit, die normalerweise 75–82 Tage dauert.
Die kürzeste Zeit zum Ausbrüten – nur 10 Tage – brauchen der Buntspecht *(Dendrocopus major)* und eine Kuckucksart *(Coccyzus erythropthalmus)*.
Zu den untätigsten Männchen gehören der Kolibri (Fam. *Trochilidae*), der Eider-Enterich *(Somateria mollissima)* und der Goldfasan *(Chrysolophus pictus)*, deren Weibchen das Brüten ganz allein zu besorgen haben, während das Kiwiweibchen *(Apteryx australis)* diese Arbeit 75–80 Tage lang ausschließlich dem Männchen überläßt.

Erstmals in einer Brutmaschine kam das Junge eines Weißkopfadler-Paares im März 1980 in einem Wildgehege in Hellenthal/Eifel zur Welt. (Der Weißkopfadler ist das Wappentier der USA.) Das Elternpaar hatte erstmals in acht Jahren ein Gelege mit zwei Eiern gesetzt und es fünf Tage lang selbst gebrütet, ehe der Oberfalkenmeister des Geheges die Eier in die Brutmaschine gab. Dort schlüpfte vier Wochen später aus einem das 86 g schwere Junge aus.

Das größte Vogelnest wurde 1963 entdeckt. Es war 2,9 m breit, 6 m tief und wog mehr als 3 t. Gebaut wurde es von einem Seeadler-Pärchen *(Haliaeëtus leucocephalus)* – womöglich wurde es schon von seinen Vorgängern begonnen – in der Nähe von St. Petersburg, Florida (USA). Riesige Nester baut auch der Goldadler *(Aquila chrysaetos)*; über eines, das

4,57 m tief war, wurde 1954 aus Schottland berichtet, es war 45 Jahre benutzt worden. Noch größer sind die Bruthügel des australischen Laubenwallnisters. Höhen bis zu 4,57 m bei einem Querschnitt von 10,6 m wurden gemessen. Nach Berechnungen verarbeitet der Vogel 293 m^3 Material im Gewicht von 300 t.

Die längste Flugstrecke, die ein beringter Zugvogel zurücklegte, war 22 530 km lang. Dies schaffte eine Polarseeschwalbe *(Sterna paradisaea)*, die als Nestling am 5. Juli 1955 im Kandalakscha-Schutzgebiet am Weißen Meer (UdSSR) mit einem Ring versehen und lebend am 16. Mai 1956 von einem Fischer 13 km südlich von Freemantle (Australien) eingefangen wurde. Die Polarseeschwalbe war zunächst über den Atlantischen Ozean geflogen und hatte dann Afrika umrundet, ehe sie den Indischen Ozean überquerte. Die Reise konnte sie kein zweites Mal unternehmen, sie war vorher gestorben.

Höchste Flughöhen: Der Bericht über einen Schwarm von 17 Nilgänsen *(Alopochen aegyptiacus)*, der am 17. September 1919 von einem Astronomen in Dehra Dun (Nordindien) fotografiert wurde, als er in einer geschätzten Höhe von 17,7–19,3 km vor der Sonne vorbeiflog, wird von Fachleuten angezweifelt.
Die höchste glaubwürdige, für einen Vogel gemeldete Höhe ist ca. 8,2 km. Es handelte sich dabei um eine kleine Gruppe von Alpendohlen *(Pyrrhocorax graculus)*, die der britischen Everest-Expedition vom Jahr 1924 bis zum Camp V folgte.
Am 9. Dezember 1967 entdeckte der Pilot eines Verkehrsflugzeuges über den Äußeren Hebriden (Schottland) 30 Singschwäne in einer Höhe von 8230 m. Die Höhe wurde auch von der nordirischen Luftverkehrskontrolle bestätigt, die die Schwäne auf dem Radargerät erfaßt hatte.

Am längsten in der Luft: Von allen Vögeln kann sich die Ruß-Seeschwalbe *(Sterna fuscata)* am längsten in der Luft aufhalten. Nachdem sie die Brutstätte verlassen hat, bleibt sie drei bis vier Jahre ständig in der Luft, bevor sie zurückkehrt. Unter den Landvögeln hält sich der Mauersegler *(Apus apus)* am längsten in der Luft. Mindestens neun Monate im Jahr schwebt er durch die Lüfte.

Die schnellsten Schwimmvögel sind die Eselpinguine *(Pygoscelis papua)*. Sie erreichten im Wasser eine Höchstgeschwindigkeit von 27,4 km/h.

Die schärfsten Augen: Raubvögel *(Falconiformes)* haben von allen Vögeln die größte Sehschärfe, die acht- bis zehnmal schärfer ist als die des Menschen. Der Steinadler *(Aquila chrysaetos)* kann bei gutem Licht und abstechendem Hintergrund einen 46 cm großen Hasen aus einer Entfernung von 3,2 km erspähen und ein Wanderfalke *(Falco peregrinus)* eine Taube aus einer Entfernung von 8 km.

Die längsten Federn schmücken den Phönix oder Onagadori, der aus der Rasse des roten Dschungelvogels oder Dschungelhuhns *Gallus gallus* hervorgegangen ist und in Japan seit der Mitte des 17. Jh.s gezüchtet wird. Nach Berichten aus dem Jahr 1972 war die Schwanzfeder eines Hahns, der Masasha Kubota aus Kochi gehörte, 10,60 m lang. Die zwei Schwanzfedernpaare des Königsfasans *(Syrmaticus reevesi)*, der in Zentral- und Nordchina vorkommt, können länger als 2,43 m werden.

Die meisten Federn: Bei »Federzählungen« an verschiedenen Vögeln stellte sich heraus, daß der Singschwan *(Cygnus columbianus)* 25 216 Federn hatte. Hingegen hat der *Archilochus*-Kolibri nur 940, obgleich Kolibris im Verhältnis zur Oberfläche des Körpers mehr Federn haben als sonst ein lebender Vogel.

Den längsten Schnabel im Verhältnis zum Vogelkörper hat der männliche Toco-Tukan *(Ramphastos toco)*, der im Osten von Südamerika heimisch ist. Bei einer Gesamtkörperlänge von 66 cm wächst sich der Schnabel bis zu 20 cm aus.

Weltmeister im Beobachten und Bestimmen von Vögeln ist Norman Chesterfield (*8. März 1913) aus Wheatley in Kanada. Von den 9016 bekannten Vogelarten hat er bis zum 25. April 1986 genau 6220 in Augenschein genommen und in seinem »Logbuch« abgehakt.

Geschwätzigkeit: Der geschwätzigste Vogel der Welt ist ein afrikanischer Graupapagei *(Psittacus erythacus)* namens »Prudle«, die Lyn Logue aus Seaford, Sussex (GB), gehört und zwölf Jahre hintereinander (1965–76) bei der in jedem Dezember in London stattfindenden »National Cage & Aviary Bird Show« den Titel des »am besten sprechenden papageiartigen Vogels« gewonnen hat. »Prudle«, die über einen Wortschatz von fast 800 Wörtern verfügt, wurde 1958 in Jinja (Uganda) aus einem Nest in einem Baum genommen, der gefällt werden sollte. Im Jahr 1977 zog sie sich – unbesiegt – aus dem Wettstreit zurück.

Altersrekorde: Abgesehen vom Strauß, erreicht die Hausgans *(Anser anser domesticus)* das höchste Alter. Normalerweise wird sie 25 Jahre alt. Am 16. Dezember 1976 starb der englische Gänserich »George« im Alter von 49 Jahren und 8 Monaten.

Von den kleinen Käfigvögeln leben die Kanarienvögel am längsten. Das älteste Beispiel dafür war ein 34 Jahre altes Kanarienhähnchen »Joey«. Der Vogel war 1941 in Calabar (Nigeria) gekauft worden und starb am 8. April 1975.

Der älteste Wellensittich *(Melopsittacus undulatus)* war ein Weibchen namens »Charlie«. Es starb am 20. Juni 1977 im Alter von 29 Jahren und 2 Monaten in England.

FEDERVIEH

Die schwerste Hühnerart, »White Sully« genannt, wurde in 7jähriger Arbeit von Grant Sullens aus West Point, Kalifornien (USA), gezüchtet. Die Tiere sind durch Kreuzungen und Rückkreuzungen von Rhode Island Reds mit anderen Rassen entstanden. Ein Ungeheuer von einem Hahn namens »Weirdo«, der im Januar 1973 10 kg gewogen haben soll, war so aggressiv, daß er zwei Katzen umbrachte und einen Hund verletzte, weil sie ihm zu nahe gekommen waren.

Den Rekord im Weitflug für Hühner stellte »Shorisha« (der Name bedeutet: Meister) am 8. März 1981 auf. Besitzer der Henne ist der Japaner Morimitzu Meura. Übrigens sind Hennen den Hähnen in der Flugleistung überlegen.

Das schwerste Gewicht eines Truthahns (gerupft und ausgenommen) wurde am 15. Dezember 1982 in London beim jährlichen Wettbewerb mit 35,8 kg gemessen. Den Rekord erzielte ein Hahn *(Meleagris gallapavo)*, der aus Dale Turkeys Zucht in Shropshire (GB) kam.

Teuerster Truthahn war ein 35,1 kg schweres kastriertes Tier, das am 9. Dezember 1985 in London auf der jährlichen Truthahnauktion versteigert wurde. Den Zuschlag erhielt Ray Argrave aus West Butchers (GB) für 3500 Pfund (13 324 DM).

Enten haben von allen Tieren die beste Wärmeisolation, wie chinesische Wissenschaftler im Januar 1980 berichtet haben. Sie ermittelten, daß Enten eine Temperatur von – 110°C unbeschadet vertragen, während z. B. ein Eisbär »schon« bei – 80°C eingeht. Schnecken vertragen bis zu – 90°C, und auch Gänse sind ähnlich widerstandsfähig gegen Kälte wie Enten.

Dieser intelligente Papagei überrascht mit seinem Telefonanruf seinen Gesprächspartner. Der ist natürlich kein anderer als »Prudle«, der afrikanische Graupapagei, der als geschwätzigster aller Vögel in der Welt gilt.

Das Chamäleon zeichnet sich durch seine Farbänderungen je nach Tageszeit, Stimmung und Untergrund ebenso aus wie durch seine Schnellzunge, die es ebenso weit herausschleudern kann wie es selber lang ist.

3. REPTILIEN

Allgemein: Zu den Reptilien gehören Krokodile, Schlangen, Land- und Wasserschildkröten sowie Eidechsen.

Das größte Reptil der Welt ist das Salzwasserkrokodil *(Crocodylus porosus)*, verbreitet in Südostasien, Nordaustralien, Neuguinea, auf den Philippinen und den Salomoninseln. Ausgewachsene Männchen werden zwischen 4,2 m und 4,8 m lang und wiegen zwischen 408 kg und 520 kg. 1823 wurde ein berüchtigtes menschenfressendes Krokodil auf der Insel Luzon (Philippinen) geschossen, das angeblich 8,23 m maß und schätzungsweise 2 t wog. Die Größe des Schädels, der im Museum für Vergleichende Zoologie der Harvarduniversität in Cambridge, Massachusetts (USA), aufbewahrt ist, legt allerdings die Vermutung nahe, daß dieses Krokodil »nur« etwa 6,9 m maß. Den »offiziellen« Rekord hält ein 6,2 m langes Männchen, das 1979 im Fly River (Neuguinea) ertrank, nachdem es sich im Netz eines Fischers verfangen hatte. Angeblich 8,63 m maß ein Salzwasserkrokodil, das im Juli 1957 am Norman River, Queensland (Australien), von Mrs. Kris Pawlowski erschossen wurde.

Die kleinste Reptilienart scheint der *Sphaerodactylus parthenopion*, ein winziger Gecko, zu sein, der nur auf der Insel Virgin Gorda, einer der Virgininseln in Westindien, vorkommt. Man kennt nur 15 Exemplare davon, darunter ein paar trächtige Weibchen, die man zwischen dem 10. und dem 16. August 1964 fand. Die drei größten Weibchen hatten eine Körperlänge von 18 mm, wozu noch der Schwanz von gleicher Länge kam. Möglicherweise ist ein anderer Gecko *(Sphaerodactylus elasmorhynchus)* noch kleiner. Das einzige bisher bekannte Exemplar war ein anscheinend ausgewachsenes Weibchen mit einer Körperlänge von 17 mm und ebenso langem Schwanz. Am 15. März 1966 wurde es unter den Wurzeln eines Baumes in Haiti gefunden.
Eine in Madagaskar vorkommende Zwergchamäleonart *(Evoluticauda tuberculata)*, die nur durch ein einziges Exemplar bekannt ist, hat eine Körperlänge von 18 mm und eine Schwanzlänge von 14 mm. Aber Chamäleons sind plumper als Geckos, und man weiß nicht, ob dieses Exemplar voll ausgewachsen war.

Schnellstes Reptil: Die höchste auf Land gemessene Geschwindigkeit besaß eine sechsstreifige Rennechse *(Cnemidophorus sexlineatus)* mit 29 km/h, die 1941 von einem Auto in Süd-Carolina (USA) verfolgt wurde.
Die höchste Geschwindigkeit, die je ein Reptil im Wasser erreicht haben soll, nämlich 35 km/h, besaß eine verängstigte Lederschildkröte im Pazifik.

ECHSEN

Die größte aller Eidechsen ist der Komodo-Waran oder Ora *(Varanus komodoensis)*, ein drachenartiges Reptil, das auf Komodo, Rintja, Padar und Flores (indonesische Inseln) beheimatet ist. Ausgewachsene Männchen sind im Durchschnitt 2,25 m lang und wiegen um 59 kg. Angeblich sind bis zu 9,14 m (!) lange Exemplare dieser Echsenart gesehen worden, aber das größte bisher gemessene Exemplar war ein Männchen, das 1928 der Sultan von Birma einem amerikanischen Zoologen geschenkt hat, und dieses maß 3,05 m.

Die längste Eidechse der Welt ist der schlanke Salvadori-Waran *(Varanus salvadori)* in Neuguinea, der nach zuverlässigen Messungen eine Länge von 4,75 m erreichen kann.
Ende 1979 haben britische Forscher in einem Sumpfgebiet von Papua-Neuguinea eine 5 m lange Rieseneidechse bisher noch unbekannter Art sowie eine augenlose Schlange entdeckt.

Das höchste Alter einer Echsenart sind verbürgt 54 Jahre. Ein Blindschleichenmännchen *(Anguis fragilis)* im Zoologischen Museum in Kopenhagen (Dänemark) lebte von 1892 bis 1946.

SCHILDKRÖTEN

Die allergrößte Schildkröte ist die Lederschildkröte im Pazifik *(Dermochelys coriacea schlegelii)*. Das zuverlässig verzeichnete Höchstgewicht von 865 kg besaß ein in Kalifornien (USA) am 29. August 1961 gefangenes Exemplar mit einer Gesamtlänge von 2,54 m.

Die größte lebende Landschildkröte ist die *Geochelone gigantea*, die auf der Insel Aldabra nördlich von Madagaskar und auf den Seychellen (wo sie 1874 eingeführt wurde) im Indischen Ozean anzutreffen ist.
Ein Männchen namens »Marmaduke«, 1951 vom Londoner Zoo erworben, erzielte vor seinem Tod am 27. Januar 1963 ein Rekordgewicht von 279 kg.

Die seltenste Schildkröte ist die nur in Nähe der Stadt Perth (Westaustralien) lebende kleine Falsche Spitzkopfschildkröte *(Pseudomydura umbrina)*. Die geschützte Art zählt nur noch weniger als 50 Exemplare.

Das höchste Alter von allen Wirbeltieren erreichen die Schildkröten. Rekordzahlen von mehr als 100 Jahren sind verbürgt für eine Karolina-Dosenschildkröte *(Testudo carolina)* mit 138 Jahren und eine europäische Sumpfschildkröte *(Emys orbicularis)* mit über 120 Jahren. Mindestens 152 Jahre erreichte eine Marion-Schildkröte *(Geochelone sumeirii)*. Der Chevalier de Fresne hatte sie 1766 von den Seychellen nach Mauritius gebracht und der Garnisonsarmee von Port Louis geschenkt. Das Tier ist 1908 erblindet und 1918 bei einem Unfall getötet worden.

Das höchste Alter einer ständig beobachteten Schildkröte beträgt mehr als 116 Jahre. Eine maurische Landschildkröte *(Testudo graeca)*, die 1957 in einem englischen Zoo starb, erreichte dieses Methusalemalter.

Die langsamsten Schildkröten: Bei einem »Geschwindigkeitstest«, der auf den Seychellen abgehalten wurde, konnte es eine männliche Riesenschildkröte *(Geochelone gigantea)* trotz eines verlockenden und lockenden Weibchens nur auf 0,37 km/h bringen. Eine Strecke von 4,57 m legte sie in 43,5 Sek. zurück.

Den Rekord bei den britischen Schildkröten-Meisterschaften hält ein Renner namens Charlie: Er bewältigte am 2. Juli 1977 in Tickhill, Yorkshire (GB), die 5,48 m lange und stark abschüssige Strecke in 43,7 Sek. Das entspricht einer Geschwindigkeit von 0,45 km/h.

SCHLANGEN

Die längste Schlange (mittlere, ausgewachsene Länge) ist der Netzpython *(Python reticulatus)* in Südostasien, Indonesien und den Philippinen, der immer über 6 m lang wird. 1912 wurde an der Nordküste von Celebes im Malaiischen Archipel ein genau 10 m langes Exemplar erschossen.
Von der Anakonda *(Eunectes murinus)* in den südamerikanischen Tropen wird behauptet, es gäbe bis zu 13,7 m lange Exemplare. Aber

diese Größen beziehen sich wahrscheinlich auf gestreckte Häute. Die größte geprüfte Länge einer Anakonda war 8,45 m, wobei es sich um ein Weibchen handelte, das 1960 in Brasilien erlegt wurde.
Die ungefährliche Äskulapnatter *(Elaphe longissima)*, die bis zu 1,85 m lang werden kann, ist in ganz Mitteleuropa verbreitet.
In der Steiermark (Österreich) wurde 1929 eine Äskulapnatter von 2,18 m Länge gefangen.
In den Schweizer Kantonen Wallis und Tessin erreicht die ungiftige *Coluber viridiflavus* eine Länge von 1,80 m.

Die längste in Gefangenschaft lebende Schlange war »Cassius«, ein Netzpython im Knaresborough-Zoo (GB), der am 3. April 1980 starb. Seine präparierte Haut ist 8,84 m lang.
Die längste und schwerste Schlange, die bisher in einem Zoo gehalten wurde, war ein weiblicher Netzpython *(Python reticulatus)* namens »Colossus«. Er war 8,68 m lang und bis zu 145 kg schwer. »Colossus« ging am 15. April 1963 im Highland Park Zoo von Pennsylvania (USA) ein.

Die kürzeste Schlange ist die Schlankblindschlange *(Leptotyphlops bilineata)*, die auf Martinique, Barbados und St. Lucia in Westindien vorkommt. Ihre Höchstlänge ist 11,9 cm.

Die schwerste Schlange ist die Anakonda *(Eunectes murinus)*, die fast doppelt soviel wiegt wie ein Netzpython *(Python reticulatus)* derselben Länge. Ein in Brasilien 1960 erlegtes Exemplar hatte einen Höchstumfang von 111 cm, muß daher fast 227 kg gewogen haben.

Die schwerste Giftschlange ist die Diamant-Klapperschlange *(Crotalus adamanteus)*, die im Südosten der USA lebt. Ein 2,36 m langes Exemplar wog 15 kg.

Die längste Giftschlange der Welt ist die Königskobra *(Ophiophagus hannah)*, die in Südostasien und auf den Philippinen zu Hause ist. Ein im April 1937 in Malaysia gefangenes Exemplar erreichte im Londoner Zoo eine Länge von 5,71 m. Es wurde bei Kriegsausbruch 1939 getötet.
Die längste Giftschlange Deutschlands ist die Kreuzotter *(Vipera berus)*, die bis zu 87 cm lang werden kann.

Die kürzeste Giftschlange ist die gefleckte Zwergpuffotter *(Bitis paucisquamata)* aus Little Namaland (Südafrika), ausgewachsene Exemplare erreichen eine Länge von 228 mm.

Die älteste Schlange wurde 40 Jahre, 3 Monate und 14 Tage alt. Eine Riesenschlange *(Boa constrictor)* namens »Popeye« im Zoo von Philadelphia (USA) erreichte dieses Alter. Am 15. April 1977 mußte sie aus medizinischen Gründen getötet werden.

Die schnellste Landschlange ist wahrscheinlich die schlanke Schwarze Mamba *(Dendroaspis polylepis)*. Am 23. April 1906 stellte man fest, daß eine wütende Schwarze Mamba in der Serengeti-Ebene (Tansania) eine Strecke von 43 m in einer Geschwindigkeit von 11 km/h zurückgelegt hat. Für kurze Strecken auf ebenem Boden sind Geschwindigkeiten von 16–19 km/h schon möglich. Die Ringelnatter *(Natrix natrix)* hat eine Höchstgeschwindigkeit von 6,8 km/h.

Die giftigste Schlange ist die Seeschlange *(Hydrophis belcheri)*, deren Gift hundertmal stärker ist als das des australischen Taipans *(Oxyuranus scutellatus)*. Es gibt sehr viele davon in der Timorsee am Ashmore-Riff gegenüber der Nordwestküste Australiens.

Die giftigste Landschlange ist der 2 m lange Taipan *(Oxyuranus microlepidotus)*, der vorwiegend im australischen Bundesstaat Queensland vorkommt. Sein Gift ist neunmal so stark wie das der südaustralischen und tasmanischen Tigerschlange *(Notechis scutatus)*. Als einem Taipan-Exemplar das Gift entzogen wurde, kamen 110 mg zusammen, eine Dosis, mit der man 218000 Mäuse töten kann.
Besonders häufig kommen Schlangenbisse auf den japanischen Amamiinseln vor: Pro Jahr trifft es jeden 500. Einwohner. Die dort heimische Okinawa habu *(Trimeresurus flavavirdes)* gilt als aggressive Schlange. Dank der modernen Medizin gehen nur noch 3 Prozent der Schlangenbisse tödlich aus.

Die seltenste Schlange der Welt ist die Boa mit dem längsgerippten Schuppenkleid.

Die längsten Giftzähne aller Schlangen hat die Puffotter *(Bitis gabonica)* aus dem tropischen Afrika. Die Giftzähne eines 1,83 m langen Exemplars hatten eine Länge von 5 cm. Am 12. Februar 1963 biß eine Puffotter im Zoo von Philadelphia (USA) sich selbst tot. Wärter fanden die tote Schlange, deren Giftzähne tief in ihren eigenen Rücken eingedrungen waren.

Die längste präparierte Haut einer lebenden Riesenschlange hat eine Gesamtlänge von 281,5 cm. Sie gehörte einem Tigerpython *(Python molurus bivittatus)*. Der Hamburger Pharmareferent und angehende Bio-Ingenieur Gerd Kunstmann (* 1950) hat die einwandfreie komplette Häutung nach der von ihm entwikkelten Präparationstechnik Bio-Derm verarbeitet.

Einen Rekordwurf in der Nachzucht von Anakondas gab der Regensburger Reptilienzoo im April 1986 bekannt: 55 Jungtiere brachte eine etwa 15 Jahre alte, 3,5 m lange und 50 kg schwere Riesenschlange zur Welt (30 Junge pro Wurf werden als maximal möglich sonst verzeichnet).

4. AMPHIBIEN

Die größte Amphibienart ist der chinesische Riesensalamander *(Andrias davidianus)*, der in den kalten Bergbächen und Sumpfgebieten von Nordost-, Mittel- und Südchina lebt.
Ein ausgewachsenes Durchschnittsexemplar mißt 1,14 m und wiegt 25–30 kg. Ein 1923 in Südchina gefangenes Exemplar war 1,80 m lang und wog fast 65 kg.
Der japanische Riesensalamander *(Andrias japonicus)* ist etwas kleiner, aber ein gefangenes Exemplar wog lebend 40 kg.

Das größte Amphibium war der vor 230 Mio. Jahren lebende *Prionosuchus plummeri*. 1972 wurden in Nordbrasilien die Überreste eines schätzungsweise 9 m langen Exemplars gefunden.

Das kleinste Amphibium ist vermutlich der nur in Kuba vorkommende Pfeilgiftfrosch *(Sminthillus limbatus)*. Ausgewachsene Exemplare haben eine Körperlänge von 8,5–12,4 mm.

Das langlebigste Amphibium wurde ca. 55 Jahre alt. Es war ein japanisches Riesensalamandermännchen *(Andrias japonicus)*, das am 3. Juni 1881 im Aquarium des Zoos von Amsterdam (Niederlande) starb.

Die größte Höhe, in der man ein Amphibium gefunden hat, ist 8000 m. Es handelt sich um eine im Himalaja gefundene Erdkröte *(Bufo vulgaris)*. Dieselbe Gattung lebt auch 340 m tief in Kohlebergwerken.

Das seltenste Amphibium ist der Schwarzbäuchige Scheibenzünder *(Discoglossus nigriventer)*, der nur vom ersten Fundort in Israel bekannt ist, seit 1940 wurden nur fünf Exemplare entdeckt.

Das giftigste Amphibium ist der Goldene Pfeilgiftfrosch *(Phyllobates terribilis)*, der im Westen von Kolumbien vorkommt. Das Batrachotoxin, das aus seinen Hautabsonderungen gewonnen wird, ist mindestens 20mal stärker als das Gift aller anderen bekannten Pfeilgiftfrosch-Arten und das stärkste Gift überhaupt. Ein erwachsenes Durchschnittsexemplar dieses Blattsteigerfroschs birgt mit 1100 mg genug giftigen Stoff in sich, um 2200 Menschen zu töten.

Molche: Der größte von ihnen ist der Rippenmolch *(Pleurodeles walti)*, der in Marokko, Spanien und Portugal vorkommt. Exemplare mit einer Gesamtlänge von 40 cm und einem Gewicht von über 450 g wurden gefunden.

Die Haut eines Netzpythons oder Gitterschlange. Sie ist die längste aller Schlangen und kann gut 10 m erreichen. Die Riesenschlange lebt in Hinderindien, auf den Sundainseln und den Philippinen.

Der kleinste scheint eine Streifenmolchart *(Notophtalmus perstriatus)* aus dem Südosten der USA zu sein. Ausgewachsene Exemplare haben im Durchschnitt eine Gesamtlänge von 51 mm.

Der größte Frosch ist der seltene Goliathfrosch *(Conraua goliath)* aus Kamerun und Äquatorialguinea. Ein 3,3 kg wiegendes Weibchen wurde am 23. August 1960 in den Stromschnellen des Mbia (Äquatorialguinea) gefangen. Seine Körperlänge betrug 34 cm und seine Gesamtlänge mit ausgestreckten Beinen 81,5 cm.

Die besten Springer unter den Fröschen werden stets im Dreisprung ermittelt. Der Weltrekord steht bei 10,3 m und wurde am 21. Mai 1977 bei einem Frosch-Derby in Paulpietersburg (Südafrika) von »Santjie« aufgestellt, einem weiblichen Spitznasenfrosch *(Ptychadena oxyrhyncha)*.

Den weitesten Dreisprung beim berühmten Springfrosch-Treffen in Angels Camp in Kalifornien (USA), das jedes Jahr stattfindet, tat bisher »Rosie« mit 6,60 m. Mit diesem Supersatz übertraf sie im Mai 1986 den bisherigen Rekordhalter »Harold« um 10 cm. Weltrekordlerin »Santjie« hätte bei diesem Wettbewerb übrigens keine Chancen: Sie dürfte gar nicht an den Start gehen, weil sie zu klein ist. Bei dem Springfrosch-Treffen in Angels Camp muß jeder Teilnehmer mindestens 4 Inch = 10,16 cm lang sein.

Der größte Baumfrosch ist *Hyla vasta*, der nur auf der Insel Hispaniola in Westindien vorkommt. Seine durchschnittliche Körperlänge ist ca. 9 cm, aber ein im März 1928 im San-Juan-Fluß in der Dominikanischen Republik gefundenes Weibchen war 14,3 cm lang.

Der kleinste Baumfrosch ist der in den südöstlichen USA vorkommende winzige *Hyla ocularis*, dessen maximale Länge vom Maul bis zum After 15,8 mm beträgt.

Die größte Kröte ist wahrscheinlich die Aga *(Bufo marinus)* im tropischen Südamerika. Ein enormes Weibchen wurde am 24. November 1965 in Kolumbien gefunden und später im Zoo-Reptilienhaus in New York (USA) ausgestellt. Als es 1967 starb, betrug seine Körperlänge 23,8 cm und sein Gewicht 1302 g. Noch größer ist eine Aga aus dem Krefelder Zoo. Das weibliche Rekordexemplar wurde am 20. Februar 1985 gewogen und gemessen: 2345 g schwer, 25 cm lang. Die seit dem 1. Dezember 1982 im Besitz des Zoos befindliche Kröte mißt mit ausgestreckten Beinen 50 cm.

Die kleinste Kröte ist eine erstmalig um 1906 in Mosambik entdeckte Subspezies namens *Bufo beiranus*. Ausgewachsene Exemplare haben eine Höchstlänge von 24 mm.

5. FISCHE

Der größte Salzwasserfisch ist der seltene, planktonfressende Walhai *(Rhincodon typus)*, der in den wärmeren Teilen des Atlantischen, Pazifischen und Indischen Ozeans vorkommt. In der Wissenschaft war und ist er unter mehreren Namen bekannt: Rhiniodon, Rhineodon, Rhincodon (1829) und Rhinodon (1840). Er ist aber nicht das größte im Meer lebende Tier, denn er ist kleiner als die großen Walarten (die allerdings Säugetiere sind). Er wird bis zu 20 m lang.

Der größte Raubfisch ist der relativ seltene Menschenhai *(Carcharodon carcharias)*, der in den Gewässern tropischer und gemäßigter Zonen vorkommt. Ausgewachsene Exemplare kommen auf 4,3–4,6 m Länge und wiegen durchschnittlich 522–771 kg. Ein 6,4 m langes und 3312 kg schweres weibliches Exemplar wurde im Mai 1945 vor Castillo de Cojimar auf Kuba gefangen. 6,5 m lang, aber nur 2040 kg schwer war ein weiblicher Menschenhai, den Fischer im Juni 1983 bei Hobart, Tasmanien (Australien), erbeuteten.

Der längste Knochenfisch ist der Band- oder Riemenfisch *(Regalecus glesne)*, der ebenso in den nordatlantischen Gewässern wie an den Küsten warmer Meere vorkommt und als »König der Heringe« bezeichnet wird. 1885 wurde ein 7,6 m langes Exemplar von 272 kg Gewicht bei Maine (USA) gefangen. Ein anderer Bandfisch, den Wissenschaftler des Sandy Hook Marine Laboratory am 18. Juli 1963 in New Jersey (USA) schwimmen sahen, soll 15,2 m lang gewesen sein.

Der schwerste Knochenfisch ist der Sonnenfisch *(Mola mola)*, der in allen tropischen, subtropischen und gemäßigten Gewässern vorkommt. Am 18. September 1980 wurde ein Riesenexemplar versehentlich von einem Schiff vor der australischen Küste gerammt. Dieser Sonnenfisch maß 4,26 m und wog 2,23 t.

Der größte Süßwasserfisch, der nur in Süß- oder brackigem Wasser lebt, ist der seltene Pa beuk oder Pla buk *(Pangasianodon gigas)*, ein riesiger Brackwels, der in den tiefen Gewässern des Mekongflusses in Laos und Thailand lebt. Ausgewachsene Männchen erreichen eine Durchschnittsgröße von 2,43 m und wiegen ca. 163 kg. Früher war der europäische Wels *(Silurus glanis)* sogar noch größer – im 19. Jh. wurden Längen bis 4,57 m und Gewichte bis 336 kg von russischen Exemplaren notiert. Aber jetzt gilt bereits alles, was über 1,83 m lang ist und mehr als 91 kg wiegt, als groß.
Der Arapaima *(Arapaima glauis)*, auch Pirarucu genannt, der im Amazonas und anderen südamerikanischen Flüssen vorkommt und oft für den größten Flußfisch gehalten wird, mißt durchschnittlich 2 m und wiegt 68 kg. Der größte »authentisch verzeichnete« war 2,48 m lang und wog 147 kg. Er wurde 1836 im Rio Negro in Brasilien gefangen. Im September 1978 wurde ein 188,6 kg wiegender Nilbarsch *(Lates niloticus)* im östlichen Teil des Victoriasees in Kenia gefangen.

Der kleinste Seefisch – und das kleinste bekannte Wirbeltier – ist die Zwerggrundel *(Trimmatom nanus)*, die im Chagos-Archipel des Indischen Ozeans vorkommt. 92 Exemplare hat ein Forschungsteam der britischen Streitkräfte in den Jahren 1978/79 gefangen und untersucht. Ergebnis: Die erwachsenen Männchen waren im Durchschnitt 8,6 mm lang, die erwachsenen Weibchen 8,9 mm. Das leichteste Wirbeltier und der kleinste von einem Angler fangbare Fisch ist die Zwerggrundel von Samoa *(Schindleria praematurus)*. Sie wird 12–19 mm lang. Es sind Fälle bekanntgeworden, daß ausgewachsene Exemplare nur 2 mg gewogen haben.

Der kleinste bekannte Hai ist eine Zwerghaiart *(Squaliolus laticaudus)* im westlichen Pazifik. Die Fische haben eine Länge von 11 cm.

Der kleinste Süßwasserfisch und gleichzeitig das kürzeste aller Wirbeltiere ist die *Pandaka pygmaea*, eine farblose und fast durchsichtige Grundel, die in den Bächen und Seen von Luzon in den Philippinen schwimmt. Ausgewachsene Männchen sind 7,5–9,9 mm lang und wiegen 4–5 mg. Der kleinste in mitteleuropäischen Gewässern lebende Süßwasserfisch ist der Zwergstichling, der ca. 3–4 cm lang wird.

Der kleinste Speisefisch der Welt ist der inzwischen gefährdete Sinarapan *(Mistichthys luzonensis)*, eine Grundel-Art, die nur im See Buhi auf den Philippinen vorkommt. Erwachsene männliche Exemplare werden 10–13 mm lang – um eine Fischfrikadelle von etwa 450 g herzustellen, wären 70000 solcher Grundeln nötig!

Der kleinste Seestern von der Westküste Australiens – hier in dreifacher Vergrößerung seines Umfangs **(s. S. 101).**

Der am häufigsten vorkommende Fisch der Welt ist vermutlich die Tiefseesprotte *(Cyclothone elongata)*. Sie wird 76 mm lang und ist über alle Meere verbreitet.

Die bei weitem zahlreichste Fischsorte ist der Hering *(Clupea harengus)*. Laut Schätzungen soll es davon mindestens eine Billion (1000000000000) im Atlantischen Ozean geben.

Der schnellste aller Fische soll der Seglerfisch *(Istiophorus platypterus)* sein. Doch exakt läßt sich die Geschwindigkeit nicht messen.
Bei einem Seglerfisch vor der Küste Floridas (USA) will man eine Geschwindigkeit von 109 km/h (91 m in 3 Sek.) gemessen haben.
Auch der Schwertfisch *(Xiphias gladius)* soll sehr schnell sein, aber Beweise dafür beruhen nur auf tief in den Schiffsrumpf gebohrten, abgebrochenen Schwertern dieser Fische. Von einem 56 cm tief in eine Schiffsplanke eingedrungenen Schwert hat man eine Geschwindigkeit von 50 Knoten oder 92,7 km/h abgeleitet, aber 30–35 Knoten oder 56–64 km/h ist die höchste Geschwindigkeit, die einige Fachleute für wahrscheinlich halten.
Geschwindigkeiten über 77 km/h werden

Mit Hunderten von Saugnäpfen hat sich ein riesiger Seestern von fast 1 m Durchmesser an der Beobachtungskuppel des Tiefseetauchbootes *Deep Rover* festgesaugt. Weit vor Vancouver Islands erforschte der US-Meeresbiologe Bruce Robison mit seinem Team von der kalifornischen Universität in Santa Barbara die Tiefen des Pazifiks, als der Seesterngigant sein Boot umklammerte. Bruce Robison machte diese Aufnahme mit der ferngesteuerten Außenbordkamera.

auch dem Wahoo *(Acanthocybium solandri)* zugeschrieben, der 1,1 m lang werden kann. Vom Thunfisch *(Turnus thynnus)* liegt sogar eine exakte Geschwindigkeitsmessung über 20 Sek. vor. Danach hat er 69,8 km/h erreicht. Der Kinnbartel-Flugfisch *(Cypselurus heterurus)* kommt bei seinem schnellen Unterwasserstart auf 64 km/h. Seine mittlere Geschwindigkeit in der Luft liegt bei 56 km/h. Aus dem tropischen Atlantik wurden Rekordflüge dieser Fische von 90 Sek. in einer Höhe von 11 m und einer Länge von 1100 m gemeldet.

Älteste Fische: Es gibt erst zu kurze Zeit Aquarien, als daß bereits verbindlich hätte festgestellt werden können, welche Fischart am langlebigsten ist. Vieles spricht dafür, daß es der nordamerikanische Stör *(Acipenser fulvescens)* ist. Als man die Jahresringe *(annuli)* von 966 Exemplaren untersuchte, die zwischen 1951 und 1954 im Winnebagoseegebiet, Wisconsin (USA), gefangen wurden, zeigte ein 2 m langes Männchen ein Alter von 82 Jahren an und wuchs immer noch. Im Juli 1974 wurden bei einer Jahresringzählung 228 (!) Jahre bei einem Koiweibchen (einer Schmuckkarpfenart) namens »Hanako« festgestellt, das in einem Teich in Higashi Shirakawa (Japan) lebt. Aber das höchste von Fachleuten akzeptierte Alter dieser Sorte ist nur »über 50 Jahre«.

1948 wurde berichtet, daß ein 88 Jahre altes europäisches Aalweibchen *(Anguilla anguilla)* namens »Putte« im Aquarium des Museums von Hälsingborg (Süd-Schweden) gestorben sei. Angeblich war es 1860 im Sargassomeer, einem Teil des Nordatlantiks, geboren und als dreijähriger Glasaal in einem Fluß gefangen worden.

Der älteste Goldfisch, dessen Alter nachgewiesen ist, starb mit 41 Jahren am 1. August 1980. Er hieß »Fred«, sein Besitzer war Mr. A. R. Wilson in Worthing (GB). In China sollen Goldfische *(Carassius auratus)* über 40 Jahre alt werden.

Das kürzeste Leben haben die sogenannten Killi-Fische aus der Kategorie *Cyprinodontei*, die man in Seen Afrikas und Südamerikas findet und die in der Freiheit nur ca. acht Monate am Leben bleiben.

Die größte Tiefe, aus der ein Fisch geholt worden ist, war 8300 m im Puerto-Rico-Graben (8366 m) im Atlantik. Ein US-Forschungsschiff fing ihn – einen *Bassogigas profundissimus* – im April 1970. Es war der fünfte jemals gefangene Brotulid.

Dr. Jacques Piccard und Leutnant Don Walsh von der US-Marine berichteten über einen 33 cm langen, seezungenartigen Fisch (vorläufig als *Chascanopsetta lugubris* identifiziert), den sie am 24. Januar 1960 in ihrer Tauchkugel *Trieste* in einer Tiefe von 10915 m im Marianengraben im westlichen Pazifik sahen. Aber dieser Bericht wird von einigen Fachleuten angezweifelt.

Die meisten Eier, nämlich bis zu 300 Mio., laicht der Sonnenfisch *(Mola mola)*. Jedes Ei hat einen Durchmesser von 1,3 mm.

Die wenigsten Eier laicht der Zahnkarpfen *(Jordanella floridae)*, der in den Gewässern von Florida (USA) lebt. Er stößt nur 20 Eier ab und braucht dazu mehrere Tage.

Der wertvollste Fisch ist der Europäische Hausen *(Huso huso)*. Ein 1924 im Tikhaya Sosna (UdSSR) gefangenes riesiges Weibchen von 1227 kg Gewicht laichte insgesamt 245 kg des besten Kaviars.

Dr. Takayaki Hosogi, Besitzer eines 7 Jahre alten und 89 cm langen Karpfens namens »Fujitavo«, der am 1. März 1982 die japanischen Koi-Meisterschaften gewonnen hat, lehnte ein Angebot von 69400 Pfund ab.

Die giftigsten Fische der Welt sind der Steinfisch *(Synanceidae)*, der in den tropischen Gewässern des Indischen Ozeans zu Hause ist, und vor allem Vertreter der Art *Synanceja horrida*, die die größten Giftdrüsen aller bekannten Fische haben. Direkter Kontakt mit den

Flossenstacheln, die ein starkes Nervengift enthalten, endet oft tödlich.

Stärkste Elektrizität: Die höchsten elektrischen Spannungen erzeugt der Zitteraal *(Electrophorus electricus)*, der in den Flüssen von Brasilien, Kolumbien, Venezuela und Peru lebt. Ein mittelgroßes Exemplar kann 400 Volt zu 1 Ampere entladen, doch sind auch schon 650 Volt registriert worden.

6. SEESTERNE

Der größte Seestern von allen 1600 bekannten Arten ist, nach der gesamten Armlänge gemessen, der sehr zarte *Midgardia xandaros*. Ein im Sommer 1968 im Golf von Mexiko von einem US-Forschungsschiff gefundenes Exemplar maß von Spitze zu Spitze 138 cm, während der Scheibendurchmesser nur 2,6 cm betrug. Sein Trockengewicht war 70 g.

Der schwerste Seestern ist der fünfarmige *Thromidia catalai* im westlichen Pazifik. Ein am 14. September 1969 nahe der Küste Neukaledoniens gefundenes Exemplar hatte ein geschätztes Gewicht von 6 kg (Gesamtarmspannweite 63 cm).

Der kleinste Seestern ist der *Patiriella parvivipara*, den Wolfgang Zeidler im Jahr 1975 an der südaustralischen Westküste vor der Insel Eyre entdeckt hat. Er hat einen Radius von höchstens 4,7 mm.

Die größte Tiefe, in der ein Seestern gefangen wurde, war 7584 m. Es handelte sich um einen *Porcellanaster ivanovi*, der 1962 von einem sowjetischen Forschungsschiff im Marianengraben (Westpazifik) gefunden wurde.

7. SPINNEN

Die größten bekannten Spinnen der Welt sind die äußerst unbeweglichen Vertreter vom Genus *Lasiodora* und *Grammostola* aus Brasilien und *Theraphosa* aus dem Nordosten Südamerikas. Die Spannweite ihrer Beine beträgt bis zu 25 cm. 1973 wurde ein riesiges Vogelspinnenweibchen *(Lasiodora)* mit einer Beinspannweite von 27 cm in Puraque (Westbrasilien) gefunden, und auch über ein 26 cm großes Exemplar der Gattung *Grammostola mollicoma* wurde berichtet.

Die schwerste je registrierte Spinne scheint *Pamphobeteus antinous* aus Peru zu sein. Ein ausgewachsenes weibliches Exemplar (im Besitz von Jan Wallace aus West Midlands (GB) kam auf ein Rekordgewicht von 78,4 g bei 24,1 cm Spannweite. Eine weibliche *Lasiodora klugi*, die 1945 in Manaus (Brasilien) untersucht worden ist, wog fast 85 g. Die Spannweite ihrer Beine: 24,1 cm.

Die kleinste Spinne ist die *Patu marplesi* (Fam. *Symphytognathidae*) auf Samoa. Ein im Januar 1965 in einer Höhe von 610 m im Moos gefundenes männliches Exemplar war nur 0,43 mm groß – das heißt tatsächlich knapp halb so groß wie dieser Punkt •!

Die seltenste und am schwersten zu findende aller Spinnen ist die primitive atypische Tarantelart *Liphistius*, die jedoch nur in Südostasien vorkommt.

Die schnellste Spinne dürfte eine langbeinige helle Walzenspinnenart *(Solpugidae)* aus dem Nahen Osten und aus den afrikanischen Wüsten sein. Sie erreicht 16 km/h Geschwindigkeit.

Die langlebigsten von allen Spinnen sind die primitiven *Mygalmorphae* (Vogelspinnen und verwandte Sorten). Ein 1935 in Mexiko gefundenes und damals auf 12 Jahre geschätztes Tarantelweibchen lebte 16 Jahre in einem Laboratorium, wurde also 28 Jahre alt.

Die größten Spinnennetze sind die Luftnetze, die die tropische Webspinne der *Nephila*-Familie baut und die einen Umfang von 5,73 m erreichen können. Spinnen wie *Glyphesis cottonae* usw. weben die kleinsten Netze, die ungefähr eine Fläche von 480 mm^2 bedecken.

Die giftigsten Spinnen sind die brasilianischen Wanderspinnen von der Gattung *Phoneutria*, vor allem die *Phoneutria fera*, die das aktivste Nervengift aller lebenden Spinnen besitzt. Diese großen und äußerst angriffslustigen Tiere dringen häufig in menschliche Behausungen ein und verstecken sich in Kleidern und Schuhen. Werden sie aufgeschreckt, beißen sie mehrere Male zu, jährlich werden Hunderte Angriffe dieser Spinnenart registriert. Glücklicherweise gibt es ein wirksames Serum gegen das Gift.

8. KRUSTENTIERE

Allgemein: Zu Krustentieren rechnen: Taschenkrebse, Hummer, Krabben, Garnelen, Langusten, Entenmuscheln, Wasserflöhe, Wasserasseln, Bohrasseln, Sandhüpfer, Kiemenschwänze usw.

Die größte (aber nicht die schwerste) Krebsart ist die japanische Riesenkrabbe

Diese Spinne mit den großen aufgerissenen Augen kann riesige Sprünge machen und so ihre Beute (Insekten) packen.

Das längste Insekt (Stabheuschrecke); das schwerste Insekt (Goliathkäfer) und Wanderheuschrecken, die den größten Schwarm bilden können.

(Macrocheira kaempferi), die vor der Südostküste von Japan in tiefen Gewässern lebt. Ausgewachsene Exemplare haben gewöhnlich einen 20–35 cm breiten Körper mit einer 2,43–2,74 m großen Spannweite zwischen den Scheren. Sogar Spannweiten bis 5,80 m sind gemeldet, aber nicht überprüft worden. Ein Exemplar mit einer Scherenspanne von 3,69 m wog 18,6 kg.

Die größte Hummerart ist der amerikanische oder nordamerikanische Hummer *(Homarus americanus)*. Am 11. Februar 1977 wurde ein 20,14 kg schweres, vom Schwanzende bis zur Spitze der größten Schere 1,06 m langes Exemplar nahe der Küste von Neuschottland (Kanada) gefangen. Ein New Yorker Feinschmekkerrestaurant erwarb das Prachtexemplar.

Die kleinsten Krustentiere sind Wasserflöhe der *Alonella*-Familie. Sie sind nicht einmal 0,25 mm groß und leben im Nordatlantik.

Die kleinsten bekannten Hummer sind die Kaphummer *(Homarus capensis)* aus Südafrika, deren Gesamtlänge 10–12 cm beträgt.
Der kleinste Krebs der Welt, der Muschelwächter *Pinnoteres pisum* und andere Arten der Pinnoteridenfamilie, hat einen Schalendurchmesser von nur 6,3 mm. Er lebt in der Nordsee.

Das langlebigste aller Krustentiere ist der amerikanische Hummer *(Homarus americanus)*. Sehr große Exemplare können 50 Jahre alt werden.

Die größte Höhe, in der Krustentiere gefunden wurden, beträgt 4053 m. Amphipoden (Flohkrebse) und Isopoden wurden in dieser Höhe in den Anden Ecuadors festgestellt.

Die größte Tiefe, in der Krustentiere gefunden wurden, beträgt 10 500 m. In dieser Tiefe entdeckte im November 1980 eine amerikanische Forschungsexpedition mehrere lebende *Amphipoden* im Marianengraben (Westpazifik).

Muschelkrebse – lebende Fossilien. Vermutlich 230 Mio. Jahre alt sind die 3 mm langen Muschelkrebs-Fossilien, die der Hamburger Geologe Wolfgang Weitschaft im Kalkgestein auf Spitzbergen gefunden hat. Die versteinerten Überreste dieser winzigen *Ostracoden* (so heißt die Tierordnung) aus der Trias-Zeit sind nahezu identisch mit den heute noch existierenden Muschelkrebsen. Durch diesen ungewöhnlichen Fund von Weichkörper-Strukturen fossiler *Ostracoden* gelten die Muschelkrebse nun als lebende Fossilien.

9. INSEKTEN, SCHMETTERLINGE, KÄFER

Die schwersten Insekten sind die Goliathkäfer (Fam. *Scarabaeidae*) in Äquatorialafrika. Das größte Mitglied dieser Gruppe ist der *Goliathus goliathus*, bei dem das Gewicht von ausgewachsenen Männchen 70–100 g betragen kann.

Der schwerste, in Europa verbreitete Käfer ist der Hirschkäfer *(Lucanus cervus)*. Das schwerste verzeichnete Exemplar war ein 1871 in England gefundenes Männchen, das sich heute im Britischen Museum in London befindet. Es ist 87,4 mm lang (Körper plus Unterkiefer) und muß lebend 6 g gewogen haben. Die Normallänge der Hirschkäfer beträgt 82–83 mm.

Das längste Insekt ist eine tropische Stabheuschrecke *(Pharnacia serratipes)*. Die Körperlänge des Weibchens erreicht 330 mm.

Der längste Käfer, ohne Fühler gemessen, ist der mittel- und südamerikanische Herkuleskäfer *(Dynastes hercules)*, der bis zu 190 mm groß wird. Mehr als die Hälfte seiner Länge nimmt der obere Hornpanzer ein.

Die kleinsten Insekten sind bis heute die »fransenflügligen« Käfer der Familie *Ptiliidae* (= *Trichopterygidae)* und eine Schmarotzerwespenart der Familie *Myrmaridae*. Sie sind nur 0,2 mm lang, und der Flügelspann der Zwergwespe mißt nur 1 mm. Demnach sind sie kleiner als gewisse Protozoen (einzellige Lebewesen).
Das Männchen der blutsaugenden Bandlaus *(Enderleinellus zonatus)* in ungesättigtem Zustand und die Zwergwespe *(Caraphractus cinctus)* wiegen jede nur 0,005 mg, und ein Ei der Zwergwespe wiegt 0,0002 mg.

Das seltenste Insekt ist schwer zu bestimmen. Denn nach einer Schätzung des US-Wissenschaftlers Dr. Erwin (1982) gibt es etwa 30 Mio. Arten, von denen viele nur in Einzelexemplaren vorkommen. Die Insektenarten sind zahlreicher als alle anderen Ordnungen zusammen.

Am zahlreichsten von allen Insekten sind die Springschwänze *(Collembola)*. Die oberste Schicht von ca. 4050 m² Weideland beherbergt bis zu einer Tiefe von etwa 29 cm mindestens 230 Mio. Springschwänze.

Schnellster Flug: Experimente haben bewiesen, daß die 1926 aufgestellte Behauptung eines amerikanischen Entomologen, die Dasselfliege *(Cephenemyia pratti)* könne eine Geschwindigkeit von 1316 km/h erreichen, maßlos übertrieben war. Stimmte die Behauptung, dann würden diese Fliegen einen Überschall-»Knall« erzeugen! Moderne Experimente haben jetzt gezeigt, daß die höchste anhaltende Geschwindigkeit jeglichen Insekts, einschließlich der Dasselfliege, 39 km/h und vorübergehend 58 km/h betragen kann.
Die Höchstgeschwindigkeit eines Bienenschwarms ist 18 km/h. Bei einer mittleren Geschwindigkeit von 11 km/h würde ein solcher Schwarm für einen 6,5 Mio. km langen Flug nur etwa 4,5 l Nektar verbrauchen.

Das längste Leben aller Insekten haben die Prachtkäfer *(Buprestidae)*. Einige Arten erreichen als Larve über 30 Jahre. Termitenköniginnen *(Isoptera)*, denen man eine Lebensdauer von 50 Jahren nachsagt, erreichen höchstens 15 Jahre.

Am lautesten von allen Insekten sind die Zikadenmännchen (Fam. *Cicadidae*). Bei 7400 Schwingungen in der Minute erzeugen ihre Trommelorgane ein Geräusch, das man in einer Entfernung von über 400 m hören kann.

Das widerstandsfähigste Insekt: Die Larve der Fliegenart *Polypedilum vanderplanki* ist Temperaturen von −270°C bis +102°C gewachsen. Das ergaben Experimente, die Prof. H. E. Hinton von der Universität Bristol (GB) durchgeführt hat. Nach heutigem Wissensstand ist die Larve außerdem der fortgeschrittenste Organismus, der völlig dehydriert werden kann.

Der größte Schwarm von Wanderheuschrekken *(Schistocera gregaria)* erstreckte sich über ein Gebiet von schätzungsweise 5180 km². Der Schwarm wurde 1889 beobachtet, als er das Rote Meer überquerte. Ein solcher Schwarm muß aus ca. 250 Mrd. Insekten bestanden haben. Das entspricht einem Gesamtgewicht von 508 000 t.
Ein Heuschreckenschwarm, der 1958 Somalia heimsuchte, breitete sich laut Messungen über 1000 km² aus und bestand aus etwa 60 Mrd. Tieren, die täglich ca. 120 000 t Biomasse vertilgten.

Den schnellsten Flügelschlag von allen Insekten unter natürlichen Bedingungen – 62 760 Schläge/min – hat eine winzige Mücke der Gattung *Forcipomyia*. Bei Experimenten mit beschnittenen Flügeln und einer Temperatur von 37°C erhöhte sich die Geschwindigkeit auf 133 080 Schläge/min.

Den langsamsten Flügelschlag von allen Insekten hat mit 300 Schlägen/min der Schwalbenschwanz *(Papilio machaon)*. Der Flügelschlag der meisten Schmetterlinge beträgt 460–636/min.

Die größte Menge von wildem Honig, die je einem einzigen Bienennest entnommen wurde, betrug 249,2 kg. In den Monaten Februar bis Dezember 1983 konnte der australische Imker A. D. Wilkes aus Queensland diese »Rekordernte« einbringen.

Laubheuschrecken: Den größten Spann hat die *Siliquofera grandis*, ein Grashüpfer aus Neuguinea, der bei den Weibchen über 25,4 cm messen kann. Der *Pseudophyllanax imperialis*, der auf Neukaledonien im SW-Pazifik vorkommt, hat bis 20,3 cm lange Fühler.

Libellen: Die größte Libelle ist die in Zentral- und Südamerika lebende *Megaloprepes caeruleata*, deren Spannweiten bis zu 19,1 cm und deren Körperlängen 12 cm betragen können. Die größte deutsche Libelle ist die Königslibelle *(Anax imperator)*. Sie erreicht Spannweiten bis 10,6 cm.

Flöhe: Siphonaptherologen unterscheiden 1830 Floharten. Der größte bekannte Floh *(Hystrichopsylla schefferi schefferi)* wurde nach einem einzigen 1913 in Puyallup (USA) in einem Biberbau gefundenen Exemplar beschrieben. Weibchen werden bis zu 8 mm lang, was immerhin dem Durchmesser eines Bleistifts entspricht.

Der Flohweltmeister im Springen ist der Menschenfloh *(Pulex irritans)*. Bei einem amerikanischen Experiment im Jahr 1910 vollführte ein Menschenfloh einen Hochsprung von 19,7 cm und einen Weitsprung von 33 cm. Ein Floh, der 130mal so hoch springt wie seine eigene Höhe, überwindet dabei eine Kraft von 200 g.

Schmetterlinge drohen in Mitteleuropa auszusterben. Es gibt 140 000 Arten auf der Erde; davon 3000 in unseren Breiten. Von Sommer zu Sommer wird ihre Zahl geringer. Die Ursache: Durch die chemische Schädlingsbekämpfung und die Kunstdüngung werden den Schmetterlingen ihre lebensnotwendigen »Nahrungsmittel« entzogen.

Der größte Schmetterling ist der unter Naturschutz stehende Königin-Alexandra-Falter *(Ornithoptera alexandrae)*. Er kommt nur noch in der Popondetta-Ebene von Papua-Neuguinea vor. Die Flügelspannweite der Weibchen kann über 28 cm und ihr Gewicht über 25 g betragen.

Die größte (aber nicht die schwerste) Motte ist die im tropischen Australien und in Neuguinea vorkommende Herkulesmotte *(Cosdinoscera hercules)*, deren Flügelfläche eine Größe von 263,2 cm² und deren Flügelspannweite 28 cm erreichen können.

Ein Mottenweibchen, das 1948 im australischen Innisfail (Queensland) gefangen wurde und inzwischen die Oberthur-Sammlung ziert, soll eine Flügelspannweite von 360 mm gehabt haben.

Das größte bekannte Exemplar der seltenen brasilianischen Käuzchenmotte *(Thysania agrippina)* hatte eine Flügelspannweite von 308 mm. Das weibliche Tier wurde 1934 gefangen und befindet sich heute in der Schmetterlingssammlung des Kanadiers John G. Powers.

Die größten Tagfalter Mitteleuropas sind der Schwalbenschwanz *(Papilio machaon)* und der Große Eisvogel *(Limenitis populi)*. Ihre Weibchen können Flügelspannweiten von 8–10 cm erreichen.

Unter den mitteleuropäischen **Nachtfaltern** ist das Nachtpfauenauge *(Saturnia pyri)* mit einer Flügelspannweite bis zu 13,2 cm der größte. Der Totenkopf *(Acherontia atropos)* hat zwar

Diese 110 cm lange größte Muschel der Welt wurde erst nach 28 Jahren richtig vermessen (s. S. 105).

Mit über 140 000 bekannten Arten sind die Schmetterlinge eine der größten Insektengruppen. Heute ist jede zweite Art bereits akut gefährdet.

einen längeren Körper, aber seine Flügelspannweite ist kleiner.

Die kleinsten von den 140000 bekannten Schmetterlingsarten sind die in England vorkommende Motte *Johanssonia acetosa (Stainton)* und die auf den Kanarischen Inseln beheimatete Motte *Stigmella ridiculosa,* die beide eine Flügelspannweite von 2 mm und einen etwa ebenso langen Körper haben.

Der seltenste Schmetterling ist der Vogelschwingenfalter *(Ornithopteria allottei),* der in Bougainville auf den Solomon Islands heimisch ist und von dem wahrscheinlich höchstens ein Dutzend Exemplare am Leben sind. Ein präpariertes Tier dieser Art aus der Sammlung von G. Rousseau Decelle hat am 24. Oktober 1966 in Paris einen Auktionspreis von 750 Pfund erzielt.

Den schärfsten Geruchssinn aller Lebewesen hat das männliche Kleine Nachtpfauenauge *(Eudia pavonia),* das nach deutschen Experimenten aus dem Jahr 1961 den Geruch eines paarungsbereiten Weibchens aus der fast unglaublichen Entfernung von 11 km gegen den Wind wahrnehmen kann. Dieser Geruch ist als der eines der höheren Alkohole identifiziert worden ($C_{16}H_{29}OH$), von dem das Weibchen weniger als 0,0001 mg an sich hat.

10. TAUSENDFÜSSER

Die längsten Tausendfüßer sind der afrikanische *Graphidostreptus gigas* und der *Scaphistostreptus seychellarum* von den Seychellen im Indischen Ozean. Beide Riesenschnurfüßer können 28 cm lang werden und einen Durchmesser von 20 mm erreichen.

Der kürzeste Tausendfüßer ist die Spezies *Polyxenus lagurus,* die 2,1–4,0 mm lang wird. Der Pinselfüßer ist besonders auf den Britischen Inseln anzutreffen.

Die meisten Beine, nämlich 375 Paar (750 Beine) hat eine kalifornische Art namens *Illacme plenipes.*

Die längste Hundertfüßerart ist eine größere Variante des weitverbreiteten *Scolopendra morsitans,* der auf den Andamaninseln in der Bucht von Bengalen (Indien) vorkommt. Messungen ergaben, daß die Riesenläufer bis zu 33 cm lang und 3,8 cm breit werden.

Der kürzeste Hundertfüßer ist eine nichtidentifizierte, nur 5 mm lange Spezies.
Der kürzeste Hundertfüßer in Mitteleuropa ist der *Lithobius dubosequi,* der 9,5 mm lang und 1,1 mm breit wird.

Die meisten Beine eines Hundertfüßers hat der südeuropäische *Himantarum gabrielis,* er hat ausgewachsen 171–177 Paar Beine.

Der schnellste Hundertfüßer ist wahrscheinlich *Scutigera coleoptrata,* der in Südeuropa zu finden ist und 50 cm/s, umgerechnet also 1,8 km/h, zurücklegen kann.

11. RINGELWÜRMER

Die längsten Riesenregenwürmer sind die in Südafrika beheimateten *Microchaeta rappi.* Ein durchschnittlich großes Exemplar hat eine Länge von 1,36 m (zusammengezogen 65 cm), aber es liegen Berichte über viel größere Exemplare vor.
In Transvaal (Südafrika) wurde 1937 ein Wurmgigant von 6,70 m Länge (bei natürlicher Streckung), aber nur 20 mm Durchmesser entdeckt.

Der kürzeste Ringelwurm ist der nicht einmal 0,5 mm lange *Chaetogaster annandalei.*

Wurm-Dressur. Würmer aus dem Boden zu locken – das ist in Großbritannien einen sportlichen Wettbewerb wert. Bei den dritten internationalen Meisterschaften am 22. März 1986 in Blackawton (Devon) gelang es einem Team unter Führung von Bob Benn aus Dartmouth, innerhalb von 15 Min. 149 Regenwürmer aus einem 1 m^2 großen Erdreich hervorzuzaubern.

12. WEICHTIERE

Das größte bekannte Weichtier ist der Atlantische Riesentintenfisch *Architeuthis dux.* Ein 16,75 m langes Exemplar (Kopf und Körper maßen 6,09 m, die Tentakel 10,66 m) ist am 2. November 1878 in der neufundländischen Thimble Tickle Bay (Kanada) getötet worden, nachdem es an den Strand gespült worden war. Das Tier wog schätzungsweise 2 t. Im Oktober 1887 ist ein anderer Riesentintenfisch in der neuseeländischen Lyall Bay an Land geschwemmt worden: Der *Architeuthis longimanus* hatte eine Gesamtlänge von 17,37 m, davon machten jedoch die Fangarme 14,93 m aus.

Ein Krake mit über 10 m langen Fangarmen wurde im März 1986 im Golf von Policastro, etwa 100 km südlich von Neapel (Italien), angeschwemmt. Fischer aus dem nahe gelegenen Sapri, die den Riesentintenfisch entdeckten, vermuten, das Tier sei erst beim Anschwemmen auf dem Sand verendet.

Das langlebigste Weichtier ist die Meeres-Quahog *(Artica islandica),* eine dickschalige Venusmuschel, die im Nordatlantik lebt. Neuere Untersuchungen in den USA, die sich mit den Jahresringen auf den Zähnen befaßten, die die Schalen zusammenhalten, deuten darauf hin, daß diese Tiere manchmal 150 Jahre alt werden können.

Der größte in der Wissenschaft bekannte Krake ist der *Octopus apollyon,* der in den Küstengewässern des Nordpazifiks vorkommt. Er hat in der Regel eine Tentakel-Spannweite von etwa 3,70 m und wiegt 25 kg. Der amerikanische Sporttaucher Donald E. Hagen hat am 18. Februar 1973 im Lower Hoods Canal im Staat Washington ganz allein ein Prachtexemplar gefangen, dessen Fangarme in Ruhestellung 7,01 m lang waren und das 53,8 kg wog. Im November 1896 waren am Strand bei St. Augustine in Florida (USA) Überreste eines unbekannten Tieres gefunden worden, das schät-

Die Arktische Riesenqualle hat einen Schirmdurchmesser von mehr als 2 m. Seine Tentakel kann der Riese auf 36,5 m ausstrecken.

zungsweise 6–7 t gewogen haben muß. Gewebeproben, die später im US-Nationalmuseum in Washington untersucht worden sind, führten 1970 zu dem definitiven Schluß, daß das Tier ein Riesenkrake *(Octopus giganteus)* war. Einige Experten teilen diese Meinung jedoch nicht, weil es keinerlei Zeichen für Tentakel gegeben hatte; sie hielten dagegen, daß es sich um einen Wal, einen Hai oder um einen Elefanten(!) gehandelt haben müsse.

Die größte Muschel unter den noch lebenden zweischaligen ist die *Tridacna gigas*, eine Riesenmuschel, die auf den Korallenriffen des Indischen Ozeans vorkommt. Ein 110 cm langes und 333 kg schweres Exemplar ist 1956 vor der japanischen Insel Ishigaki gefunden, aber erst im August 1984 von Dr. Shomei Shirai ordnungsgemäß untersucht und vermessen worden.

Die tiefste bekannte Muschelkolonie entdeckten französische und japanische Forscher 1985 an einer Schwefelquelle 3830 m unter dem Meeresspiegel im Tenryu-Graben vor der japanischen Pazifikküste. Die bis zu 15 cm großen Muscheln der Gattung *Calyptogena* leben dicht gepackt in Kolonien.

Die größte Muschel der Nordsee ist die große Kammuschel *(Pecten opereularsi)*, die 16 cm groß wird.

Die kleinste zweischalige Muschel der Nordsee ist mit einer mittleren Größe von 1,2 mm die Münzmuschel *(Neolepton sykesi)*, von der nur wenige Exemplare in der Nähe der Kanalinsel Guernsey und in Irland gefunden worden sind.

Die bekannteste Muschel in den küstennahen Gewässern um Europa (Atlantik, Mittelmeer, Wattgebiete der Nord- und Ostsee) ist die Miesmuschel *(Mytilus edulis)*. Sie wird seit längerer Zeit nicht nur frei aus dem Meer gefangen, sondern meistens auf sogenannten »Muschelweiden« gezüchtet, und diese »Auster des kleinen Mannes« gilt als Delikatesse.

Die größte bisher bekannte Miesmuschel von 60 cm Länge und einem Gewicht von 1,5 kg haben spanische Fischer im April 1980 südlich von Malaga an Land gezogen.

Teuerste Muscheln: Philip Clover aus Glenn Ellen in Kalifornien (USA), stolzer Besitzer einer *Conus servus*, wollte sich auch für 10000 Dollar nicht von seiner Muschel trennen; ein entsprechendes Angebot lehnte er 1978 ab. Für zwei Exemplare der *Conus fultoni* hat ein Sammler 1980 in Arizona (USA) 12000 Dollar bezahlt.

Die größte Schnecke ist die australische Trompetenschnecke *(Syrinx auranus)*. Ein übergroßes Exemplar, das 1979 in Westaustralien aufgesammelt wurde und jetzt Don Pisor aus San Diego in den USA gehört, ist 77,2 cm lang und hat einen Umfang von maximal 1 m. Die Schnecke hatte ein Lebendgewicht von ungefähr 18 kg. Pisor erwarb sie im November 1979 von einem Fischer in Kaohsiung (Taiwan).

Am schnellsten von allen Landschnecken bewegt sich wahrscheinlich die gewöhnliche Gartenschnecke *(Helix aspersa)*. Nach in den USA durchgeführten Versuchen ist die absolute Höchstgeschwindigkeit der *Helix aspersa* 0,05 km/h, während es andere Arten gibt, die es bei der größten Anstrengung auf nur 0,0005 km/h oder 58 cm in der Stunde bringen.

13. SCHNURWÜRMER

Die längsten von allen 550 verzeichneten Schnurwürmerarten, auch *Nemertinen* genannt, sind die in den seichten Gewässern der Nordsee vorkommenden Schnurwürmer *(Lineus longissimus)*. Ein im Jahr 1864 nach einem schweren Sturm in St. Andrews (Schottland) an Land geschwemmtes Exemplar war über 55 m lang. Der Durchmesser betrug nur 1 cm.

14. QUALLEN

Die größte Qualle mit bis zu 36,5 m langen Tentakeln ist die *Cyanea capillata arctica*.
Das größte in der Nordsee und im Atlantik lebende Hohltier ist die Feuerqualle *(Cyanea capillata)*, auch gemeine Seequalle genannt. Ein im St. Andrew's Marine Laboratory in Fife (Schottland) untersuchtes Exemplar hatte einen Glockendurchmesser von 91 cm und 13,7 m lange Fangarme.

Die kleinste Quallenart hat einen Glockendurchmesser, der nicht einmal 20 mm beträgt.

Die giftigsten Hohltiere gehören den *Chriopsalmus-* und *Chironex*-Arten an. Sie kommen im Indischen Ozean vor und sind mit einem Nervengift versehen, das dem einer Kobra gleichkommt. Diese Quallen haben seit 1880 mindestens 66 Todesopfer an der Küste von Queensland (Australien) gefordert. Ihre Opfer sterben innerhalb von 1–3 Min. Das beste Schutzmittel gegen sie sind extragroße Damenstrumpfhosen, die neuerdings von Lebensrettern in Queensland auch bei Festlichkeiten am Strand getragen werden.

15. SCHWÄMME

Der größte Schwamm ist der zylinderförmige, in den Gewässern Westindiens und Floridas vorkommende *Spheciospongia vesparium*. Einzelne Exemplare erreichen eine Höhe von 1,05 m und einen Durchmesser von 91 cm.
Der in Indonesien beheimatete Neptunsbecher *(Poterion patera)* wird zwar 1,20 m hoch, ist aber nicht so plump.
Im Jahr 1909 wurde bei den Bahamainseln ein großlöcheriger Pferdeschwamm *(Hippospongia canaliculata)* mit einem Umfang von 1,83 m gefischt. Als er aus dem Wasser kam, wog er zwischen 36 und 41 kg, aber nachdem er getrocknet und entfleischt worden war, wog er nur noch 5,44 kg. Er befindet sich jetzt im US-Nationalmuseum in Washington.

Jungfernflug des »letzten« Flugsauriers

Im Dezember 1984 startete der amerikanische Flugzeugingenieur Paul MacCready, der im Ruf steht, alles in die Luft zu bringen, was Flügel hat, sein wohl außergewöhnlichstes Projekt: Seit den sensationellen Funden von Röhrenknochen eines gigantischen Flugsauriers (Flügelspannweite 15,5 m, Gewicht 60 kg) aus dem Jahr 1972 war MacCready fasziniert von der Idee, durch eine Nachbildung dieses vor 65 Mio. Jahren ausgestorbenen Urvogels mit Namen *Quetzalcoatlus northropi* das Rätsel der Flugfähigkeit dieses Monsters zu lösen.

Zwei Jahre dauerten die Entwicklungsarbeiten, bei denen gleichsam die Evolution in Etappen von 2 Mio. Jahren pro Woche nachvollzogen werden mußte. Mit 5,5 m Spannweite und 20 kg Gewicht glich die Kopie zwar eher einem kleinen Bruder seines riesenhaften Vorbilds; sie war jedoch bis ins kleinste Detail ein technisches Kunstwerk: Über Kohlefaser-Verbundstoffen und Kunststoff-»Knorpeln« waren die Schwingen aus festen Folien gespannt, zwei batteriebetriebene Motoren ließen die Flügel vor- und zurückschwenken (eine ähnliche Flugtechnik wie beim Albatros), Autopilot und Servolenkung steuerten den Flug. Die Kosten dafür beliefen sich auf ca. 1,25 Mio. DM.

Im Januar 1986 konnten die ersten Flugversuche auf dem Race-Track-Salzsee im kalifornischen Tal des Todes gestartet werden. Grenzenlos war die Begeisterung, als sich der Riesenvogel mit gewaltigen Flügelschlägen in die Lüfte hob.

Doch am 17. Mai 1986, anläßlich einer großen Show auf der Andrews Air Force Base bei Washington (USA), war es vorbei mit dem Traum: Stolz glitt der Vogel an der Leine durch die Luft, kippte kurz nach dem Ausklinken vornüber und stürzte in die Tiefe. Der zur Sicherheit eingebaute Fallschirm öffnete sich nicht. »Die Saurier sind nun endgültig ausgestorben«, war der Kommentar des Erbauers.

Der kleinste Schwamm ist der weitverbreitete *Leucosolenia blanca,* der ausgewachsen 3 mm hoch ist.

Die tiefsten Schwämme hat man in einer Meerestiefe von 5637 m gefunden.

Die größte Korallenbank hat eine Gesamtlänge von mehr als 16 m. Dr. Shomei Shirai hat die versteinerten *Galaxea fascicularis* am 7. August 1982 in der Sakiyama-Bucht vor der japanischen Insel Iriomote entdeckt.

Die größte Korallenkette der Welt ist das Great Barrier Reef, das sich über 2028 km vor Queensland, im Nordosten Australiens, hinzieht und sich über 207 000 km^2 erstreckt.

Der geniale Aerodynamik-Ingenieur Paul MacCready aus Kalifornien wollte nach 65 Mio. Jahren einen Urweltvogel, den Flugsaurier *Quetzalcoatlus northropi*, zu mechanischem Leben erwecken und so mit seinem Nachbau das Rätsel des Saurierfluges lösen. Aber auch der »letzte« Flugsaurier ist abgestürzt.

16. AUSGESTORBENE TIERE

Die längsten Dinosaurier waren, soweit bekannt, die der Gattung *Diplodocus*, die in der späten Jurazeit (vor etwa 160 Mio. Jahren) im westlichen Nordamerika und südlichen Zentralchina sowie in der Mongolei und in Tansania heimisch war. Eine originalgetreue Rekonstruktion des *Diplodocus carnegii* im Carnegie-Museum für Naturgeschichte in Pittsburgh (USA) hat eine Gesamtlänge von 26,40 m – der kleine Schädel und der lange Hals messen 6,70 m, der Körper 4,50 m und der sehr lange Schwanz 15,20 m. In aufgerichteter Stellung war dieses Tier in Beckenhöhe, dem höchsten Punkt des Körpers, 3,58 m groß. Der urzeitliche Riese, dessen Knochengerüst 1899 im Albany County von Wyoming (USA) gefunden worden ist, war allerdings ein Leichtgewicht: Nach dem mittleren Umfang der Vorderbeine wog er schätzungsweise nicht mehr als 5 t.

Reste eines riesigen *Barosaurus* sind im Sommer 1972 im Dry-Mesa-Steinbruch im Westen von Colorado (USA) entdeckt worden. Geht man von den inzwischen zusammengetragenen Knochenstücken aus, unter denen sich ein Paar 2,40 m langer Schulterblätter befindet (Gelenkverbindungen für die Vorderglieder), so ist dieser bereits »Supersaurus« genannte *Diplodocus* insgesamt 44 m lang gewesen – das größte Wirbeltier, von dem wir Kenntnis haben.

Schwerstes und stärkstes Landwirbeltier aller Zeiten war vermutlich der *Brachiosaurus* des Spätjura, der vor ungefähr 160 Mio. Jahren in Tansania, Südafrika, Algerien, Portugal, Korea und im Südwesten der USA gelebt hat. Ein »Ultrasaurus« getaufter *Brachiosaurier*, der 1979 in den Dry-Mesa-Steinbrüchen von Wyoming in den USA gefunden wurde und dessen Schulterblätter 2,69 m bzw. 2,74 m lang sind, muß mindestens 40 t gewogen haben. Der por-

Minisaurier im Fossilgrab

Auf eine der größten und umfangreichsten Ansammlungen von versteinerten Gebeinen, die von Lebewesen aus der Urzeit stammen, stießen der Geologe Paul E. Olsen von der Columbia-Universität (Kanada) und der Biologe Neil Shubin von der Harvarduniversität in Cambridge, Massachusetts (USA). Seit sie im Sommer 1985 auf der kanadischen Halbinsel Neuschottland die reiche Fossilgegend entdeckten, konnten inzwischen rund 100 000 versteinerte Skelettstücke aus dem Fels geschlagen werden. Bemerkenswert ist dabei die Vielzahl unterschiedlicher Fossilien, die nebeneinander zu finden sind: Krokodile, Echsen, Haifische und Dinosaurier.

Das Alter der geologischen Formation schätzen Olsen und Shubin auf etwa 200 Mio. Jahre. Sie standen vor dem Rätsel, wie es zu dem offensichtlichen Massensterben gekommen sein mag. Einer Theorie zufolge soll das Aussterben etwa der Dinosaurier mit dem Auftreffen riesiger Meteoriten auf der Erde zusammenhängen; aufgewirbelter Staub könnte in der Atmosphäre zu einem »arktischen Winter« geführt haben, in dessen Verlauf die Lebewesen kein Futter mehr finden konnten. Zur Verblüffung der Fachwelt konnte diese Ansicht eine Bestätigung finden: rund 800 km nordwestlich der Fundstelle in Neuschottland liegt der Manicouagan-Krater mit ca. 150 km Durchmesser. Sein Alter beträgt ebenfalls etwa 200 Mio. Jahre.

Einen ganz besonderen Fund machten die beiden Forscher bei ihren Ausgrabungen: Sie entdeckten Fußabdrücke der kleinsten bisher bekannten Dinosaurierart. Da Fußabdrücke auf die gesamte Gestalt Rückschlüsse zulassen, kann man von der Größe eines Sperlings ausgehen. Nach Meinung Olsens muß dieser Minisaurier ununterbrochen auf Futtersuche gewesen sein, da kleine Tiere einen relativ viel größeren Energiebedarf haben als große Tiere.

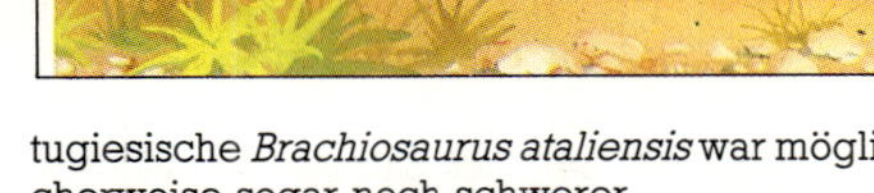

tugiesische *Brachiosaurus ataliensis* war möglicherweise sogar noch schwerer.

Das größte Raubtier zu Lande war wahrscheinlich der *Tyrannosaurus rex*, der in der späten Kreidezeit (vor etwa 75 Mio. Jahren) in den heutigen US-Staaten Montana und Wyoming sowie in Teilen Chinas umherstreifte. Ein komplettes Skelett hat man von diesem *Carnosaurus* bisher noch nicht entdeckt, doch eine Rekonstruktion im Amerikanischen Museum für Naturgeschichte in New York ist, auf zwei Füßen stehend, 5,60 m hoch. Das entspricht einer Gesamtlänge von 10,40 m. Gewogen hat dieses Exemplar einst schätzungsweise 4,5 t.

Der obere Kieferknochen eines anderen *Tyrannosaurus rex*, der in der kalifornischen Universität von Berkeley (USA) konserviert wurde, ist 30 Prozent größer als der des Tiers im Amerikanischen Museum für Naturgeschichte. Schlußfolgerung daraus: Das Exemplar von Berkeley muß zu Lebzeiten insgesamt etwa 13,40 m lang gewesen sein und schätzungsweise 8 t gewogen haben. *Tarbosaurus efremovi*, sein mongolisches Gegenstück, hatte eine Gesamtlänge von ca. 14 m (Höhe auf zwei Füßen stehend: etwa 6,10 m). Aber dieser *Carnosaurier* wies im Vergleich zum *Tyrannosaurus rex* einen längeren Schwanz auf und war nicht so kräftig gebaut.

Der längste Dinosaurier, der je auf unserer Erde lebte, ist der »Supersaurus« genannte *Diplodocus*. Mit 44 m Länge ist er das größte bekannte Wirbeltier.

Die kleinsten Dinosaurier waren, soweit bekannt, der einem Huhn ähnelnde *Compsognathus*, der in Süddeutschland und Südostfrankreich vorkam, und ein nicht näher definierter pflanzenfressender *Fabrosaurier*, der in Colorado (USA) heimisch war. Beide Tiere maßen vom Maul bis Schwanzende 75 cm.

Längster Wildwechsel: In 145 Mio. Jahre altem Juragestein im Südosten von Colorado (USA) ist eine Reihe von vier Dinosaurier-Fährten

DIE FRÜHESTEN LEBEWESEN IHRER ART

Art	Wissenschaftlicher Name und Jahr der Entdeckung	Fundort	Geschätztes Alter in Jahren
Affe	Unbenannte Gattung (Mai 1979)	Padaung Hügel, Birma	40 000 000
Primat	Tarsier	Madagaskar	70 000 000
	Lemuren	Indonesien	70 000 000
Soziales Insekt	Sphecomyrma freyi (1967)	New Jersey, USA	110 000 000
Vogel	Archaeopteryx lithographica (1861)	Bayern, Bundesrepublik Deutschland	150 000 000
Motte	Archaeolepis (1985)	Dorset-Küste, GB	180 000 000
Säugetier	Megazostrodon (1966)	Thaba-ea-Litau, Lesotho	190 000 000
Reptil	Unbenannte Gattung (insektenfressend) 1972	Kentucky, USA	310 000 000
Amphibium	Ichthyostega (erster Vierfüßer)	Grönland	350 000 000
Spinne	Palaeostenzia crassipes	Tayside, Schottland	370 000 000
Insekt	Rhyniella procursor	Tayside, Schottland	370 000 000
Fisch	Branchiostoma	Kanada	550 000 000
Krebstier	Karagassiema (12beinig)	Sajanisches Gebirge, UdSSR	ca. 650 000 000
Vielzeller	Bohrlochspuren	Sambia	1 000 000 000
Eukaryonten	September 1983	Tianjin, China	1 800 000 000
Kleinfossilien	Carbonaceus microspheroids	Nordpol, Westaustralien	3 900 000 000

konserviert. Die Spuren von Tieren der Gattung *Apatosaurus* oder *Brontosaurus* verlaufen parallel über eine Distanz von 215 m und wurden 1983 entdeckt.

Schnellste Dinosaurier. Auf die Geschwindigkeit von Vorzeittieren kann man nach erhaltenen Spurenabdrücken von Wildwechseln schließen. Eine solche Fährte, die 1981 in Texas entdeckt wurde, deutet auf einen Raubtier-Dinosaurier hin, der bis zu 40 km/h schnell war. Einige der *Ornithomimiden* (Straußen-Dinosaurier) waren sogar noch schneller, und der 100 kg schwere *Dromiceiomimus*, der in der frühen Kreidezeit, vor etwa 140 Mio. Jahren, im südlichen Alberta (Kanada) heimisch war, konnte möglicherweise den Strauß überholen, der eine Spitzengeschwindigkeit von 72 km/h erreicht hat.

Größte Dinosaurier-Fußspuren: 1,36 m lang und 81 cm breit sind die Abdrücke eines riesigen zweifüßigen *Hadrosaurus*, die 1932 in Salt Lake City (USA) entdeckt wurden. Weitere Berichte aus den amerikanischen Bundesstaaten Colorado und Utah sprechen von 95–100 cm breiten Fußspuren. Abdrücke von Hinterfüßen der größten *Brachiosaurier* sind gleichfalls bis zu 100 cm breit, und der koreanische *Ultrasaurus tabriensis* hat 1,15 m große Spuren hinterlassen.

Kleinstes Gehirn: Der *Stegosaurus* (»Plattenreptil«), dessen Gesamtlänge 9 m und dessen Gewicht 1,75 t betrug, besaß nur ein walnußgroßes, 70 g wiegendes Gehirn, das nur 0,004 Prozent seines Körpergewichtes ausmachte (zum Vergleich: 0,074 Prozent beim Elefanten und 1,88 Prozent beim Menschen). Vor 150 Mio. Jahren tummelte er sich in der nördlichen Hemisphäre.

Die größten Dinosaurier-Eier legte – soweit heute bekannt – der *Hypselosaurus priscus*, ein Titasaurus, der 12,19 m lang werden konnte und vor ca. 80 Mio. Jahren lebte. Einige im Oktober 1961 im Durancetal (Frankreich) ausgegrabene Exemplare hätten in unbeschädigtem Zustand eine Länge von 25,5 cm und ein Volumen von 3,3 l gehabt.

Das größte fliegende prähistorische Lebewesen war der Pterosaurier *Quetzalcoatlus northropi* (»gefiederte Schlange«), der vor rund 65 Mio. Jahren über dem heutigen Texas und Alberta (Kanada) dahinglitt. Skeletteile, die 1971 im Nationalpark von Westtexas entdeckt wurden, lassen den Schluß zu, daß dieses Reptil eine Spannweite von 11–12 m gehabt haben muß und etwa 86 kg gewogen hat.

Das größte Meeresreptil war der *Stretosaurus macromerus*, ein kurzhalsiger *Pliosaurier*. Ein Vorderkiefer, der in Cumnor (GB) entdeckt wurde und sich im Universitätsmuseum von Oxford befindet, hat eine Länge von über 3 m und muß zu einem Reptil gehört haben, das mindestens 14 m lang war. Von beträchtlicher Größe war ein weiterer Pliosaurier, der *Kronosaurus queenslandicus*. Ein vollständiges Skelett im Museum für Vergleichende Zoologie an der Harvarduniversität, Cambridge, Massachusetts (USA), weist eine Gesamtlänge von 12,8 m auf.

Das größte Krokodil der Vorzeit war das *Deinosuchus riograndensis*, das vor ca. 75 Mio. Jahren in den Seen und Sümpfen des heutigen Texas (USA) lebte. Die im Big Bend National Park entdeckten fragmentarischen Überbleibsel lassen vermuten, daß es ungefähr 16 m lang war. Das *Sarcosuchus imperator*, das im heutigen Niger zu Hause war, wurde 12–14 m lang.

Die Riesenechse *Rhamphosuchus*, die vor etwa 2 Mio. Jahren im heutigen Nordindien lebte, konnte 18,3 m lang werden, war aber nicht so stark gebaut.

Die größte Schildkröte war die wahrscheinlich im Meer lebende pelomeduside *Stupendemys geographicus*, die vor 5 Mio. Jahren existierte. Die von einer paläontologischen Expedition der Universität Harvard 1972 in Venezuela entdeckten Fossilien lassen vermuten, daß diese Schildkröte einen 2,18–2,30 m langen Panzer hatte und eine Gesamtlänge von 3 m erreichte – bei einem Lebendgewicht von 2041 kg.

Die größte Landschildkröte der Vorzeit war wahrscheinlich die *Geochelone (= Colossochelys) atlas*, die vor 2 Mio. Jahren im heutigen Indien, in Birma, auf Java, Celebes und Timor lebte. 1923 wurden in Indien Fossilienreste eines Exemplars gefunden, dessen Panzer 1,80 m lang war (2,23 m über die Biegung gemessen). Die Gesamtlänge dieses Tieres betrug 2,44 m. Es hatte demnach ein Lebendgewicht von 852 kg. Fossilien von Riesenschildkröten ähnlicher Größe sind vor kurzem in Florida und Texas (USA) gefunden worden.

Die längste Schlange der Vorzeit war die pythonartige *Gigantophis garstini*, die vor ca. 55 Mio. Jahren im heutigen Ägypten lebte. Teile einer Wirbelsäule und ein Stückchen von einem Kiefer, die man in El Fajyum fand, deuten auf eine Länge von 11 m hin. Fossilien einer anderen Riesenschlange *Madtsoia bai* aus Patagonien (Südamerika) sind 10 m lang, vergleichbar den längsten Boaschlangen unserer Tage.

Das größte im Wasser lebende Säugetier der Vorzeit war der *Basilosaurus (Zeuglodon) cetoides*, der vor 50 Mio. Jahren lebte. Ein aus Alabama (USA) stammendes Exemplar maß 21,33 m und wog vermutlich 27 t.

Ein fleischfressendes Landsäugetier dürfte auch der Wal noch vor etwa 50 Mio. Jahren gewesen sein. Damals lebten Urwale *(Pakicetus inachus)* des frühen Eozän im flachen Schelfmeer. Überreste eines Schädels (30–35 cm lang, 15 cm breit) wurden 1978 im Distrikt Kohat (Pakistan) gefunden. Dieser Wal, der ca. 150 kg gewogen haben und 2–2,5 m lang gewesen sein dürfte, holte sich seine Nahrung aus dem Meer, lebte aber auf dem Land – er könnte das Bindeglied zwischen Land- und Meeressäugern darstellen.

Das größte prähistorische Landsäugetier, das bis jetzt ermittelt worden ist, war das *Baluchitherium (= Indricotherium, Paraceratherium, Aceratherium, Thaumastotherium, Aralotherium* und *Benaratherium)*, ein langhalsiges, hornloses Rhinozeros, das vor 20–40 Mio. Jahren in Europa und im westlichen Zentralasien lebte. Vom Boden bis zu den Schultern war es 5,40 m hoch (mit erhobenem Kopf 8,25 m), hatte eine Länge von 11,30 m und wog vermutlich fast 30 t. Die Knochen dieses gigantischen Pflanzenfressers wurden zum ersten Mal 1907/08 in Pakistan entdeckt.

Der größte ausgestorbene Elefant war das Steppenmammut *Paraelephas (= Mammuthus) trogontherii*, das vor 1 Mio. Jahren im heutigen Zentraleuropa umherstampfte. Ein bei Mosbach (Baden-Württemberg) gefundenes fragmentarisches Skelett deutet auf eine Schulterhöhe von 4,5 m hin.

Der größte Vogel der Vorzeit war der *Dromornis stirtoni*, ein riesiger emuartiger Vogel, der vor ca. 11 Mio. Jahren in Zentralaustralien lebte. 1974 bei Alice Springs gefundene versteinerte Beinknochen lassen vermuten, daß der Vogel eine Größe von ca. 3 m und ein Gewicht von mindestens 500 kg besessen haben muß.
Der flugunfähige Riesen-Mao *(Dinornis maximus)* von der Nordinsel Neuseelands war sogar fast 4 m groß, wog aber nur 227 kg.

Der größte flugfähige Vogel *(Argentavis magnificens)* war ein riesiger *Teratornis*, der vor 6 Mio. Jahren in Argentinien verbreitet war. Im Umkreis von 160 km westlich von Buenos Aires im Jahr 1979 entdeckte Fossilien zeigen, daß dieser Riesenvogel eine Flügelspannweite von 7,0–7,6 m und ein geschätztes Gewicht von 120 kg hatte.

Das größte amphibische Tier war der *Prionosuchus plummeri*, der vor 230 Mio. Jahren lebte. 1972 wurden in Nordbrasilien Skeletteile gefunden, die auf eine Größe von etwa 9 m hindeuten.

Größter Fisch: Bisher ist kein prähistorischer Fisch entdeckt worden, der größer gewesen wäre als heute existierende Fischarten. Die Behauptung, daß der vor 15 Mio. Jahren im Miozän in großer Zahl existierende Rauhai *(Carcharodon megalodon)* eine Länge von 24 m gehabt habe, hat sich nach Überprüfung der auf Zahnfossilien basierenden Berechnungen als irrig erwiesen. Man schätzt, daß dieser Hai nicht länger als 13 m war. Im heutigen Mainzer Becken lebten nach Forschungsergebnissen aus dem Jahr 1979 vor 30 Mio. Jahren 28 Hai- und Rochenarten.

Das größte Insekt der Vorzeit war die vor 280 Mio. Jahren lebende Wasserjungfer namens *Meganeura monyi*. Versteinerte Überreste (d. h. Flügelabdrücke), die in Frankreich gefunden wurden, lassen eine Flügelspannweite von mindestens 70 cm vermuten.
Ein im Juli 1978 in einem Bergwerk in England auf einem Stück Kohle gefundener Flügelabdruck einer Wasserjungfer *Typus* (Fam. *Meganeuridae*), die vor 300 Mio. Jahren lebte und somit das älteste fliegende Lebewesen ist, hatte eine Spannweite von 50–60 cm.

Die längsten Stoßzähne von allen prähistorischen Tieren hatte der *Hesperoloxodon antiquus germanicus*, ein Elefant mit geraden Stoßzähnen, der vor ca. 300 000 Jahren im heutigen Norddeutschland lebte. Die Durchschnittslänge der Stoßzähne ausgewachsener Bullen betrug 5 m.
Ein einzelner Stoßzahn des wolligen Mammuts *(Mammuthus primigenius)*, der sich im Franzens-Museum in Brünn (ČSSR) befindet, mißt entlang der Außenbiegung 5,02 m.
Im August 1933 wurde ein einzelner, über 4,87 m langer (vorderes Ende fehlte) Stoßzahn eines Imperialmammuts *(Archidiskodon imperator)* in Texas (USA) ausgegraben und dem Amerikanischen Museum für Naturgeschichte in New York geschenkt.

Der schwerste fossile Stoßzahn wiegt 150 kg und hat an seiner dicksten Stelle einen Umfang von 89 cm. Er befindet sich jetzt im Museum für Naturgeschichte in Mailand (Italien). Dieses Exemplar (in zwei Stücken) ist 3,58 m lang. ■

DIE PFLANZENWELT

Der Botanische Garten von Berlin (West) ist einer der artenreichsten der Welt: vom Italienischen Garten ein Blick zum Großen Tropenhaus (S. 118)

1. DAS SELTENSTE, ÄLTESTE, GRÖSSTE, KLEINSTE

Die älteste lebende Pflanze ist der Klon (»Königsklon«) einer Kreosotpflanze *(Larrea tridentata)*, der in Südwest-Kalifornien entdeckt wurde. Prof. Frank C. Vasek schätzte 1980 das Alter des Klons auf 11700 Jahre. Krustenflechten, die im Extremfall einen Durchmesser bis zu 500 mm haben können, sind möglicherweise genauso alt.
Antarktische Flechten, die einen Durchmesser von mehr als 10 cm haben, sind wahrscheinlich über 10000 Jahre alt. Davon jedenfalls gingen Schätzungen im Jahr 1981 aus.
Älteste bekannte Topfpflanze ist eine fleischige *Fockea crispa*, die um 1801 von Baron Jacquin (1728–1817) im Park des Schlosses Schönbrunn in Wien eingetopft worden ist.

Seltenste Pflanzen: Jedes Jahr entdeckt man Pflanzen, von denen man geglaubt hatte, sie wären ausgestorben, und von vielen Pflanzen sind überhaupt nur noch einzelne Exemplare bekannt. Die kleinen rosa Blüten der *Presidio manzanita* gibt es, wie im Juni 1978 berichtet wurde, nur an einem einzigen Exemplar, das sich an einem nicht genannten Ort in Kalifornien (USA) befindet.

Die *Pennantia baylisiana*, ein im Jahr 1945 auf der Neuseeland vorgelagerten Three-Kings-Insel entdeckter Baum, existiert nur in weiblicher Form und kann keine Früchte tragen.
Im Mai 1983 wurde berichtet, daß auf diesem Baum doch Leben gedeiht: ein überlebendes Exemplar der Orchideenart *Cypripedium calceolus*.

Nördlichste Pflanzen sind der gelbe Mohn *(Papaver radicatum)* und die arktische Weide *(Salix arctica)*. Beide überleben – letztere recht verstümmelt – auf nördlichstem Gebiet (83°N).

Südlichste Pflanzen sind Flechten, die der *Rhinodina frigida* ähnlich sind. Sie wurden im Moraine Cañon (86°09'S, 157°30'W) im Jahr 1971 und im Gebiet der Horlickberge (86°09'S, 131°14'W) im Jahr 1965 in der Antarktis entdeckt.

Die südlichsten blühenden Pflanzen sind das antarktische Haargras *(Deschampsia antarctica)* und die Nelkenart *Colobanthus crassifolius*. Das blühende Haargras wurde am 11. März 1981 auf der Insel Refuge (68°21'S) entdeckt, die Nelke hatte auf der Antarktisinsel Jenny in der Margaret Bay (67°15'S) in Blüte gestanden.

Die höchste Höhe, in der noch eine blühende Pflanze gefunden wurde, ist 6400 m. In dieser Höhe gibt es auf dem auf der Grenze von Tibet (China) und Indien gelegenen Kamet (7756 m) die 1955 von N. D. Jayal gefundenen *Ermania himalayensis* und *Ranunculus lobatus*.

Die tiefsten Wurzeln gruben sich 120 m tief ins Erdreich. Es handelt sich um einen wilden Feigenbaum in Echo Caves bei Ohrigstad (Südafrika).
Eine Winterroggenpflanze *(Secale cereale)* hat einmal 622,8 km Wurzeln in 0,051 m^3 Erde getrieben.

Schlimmste Unkräuter: Das hartnäckigste Unkraut ist die *Salvinia auriculata*, eine in Afrika vorkommende Art Wasserfarn. Man entdeckte es, als im Mai 1959 der Karibasee (Sambia) gefüllt wurde. Bis zum Jahr 1963 hatte es bereits 1002 km^2 überwuchert.

Die schlimmsten Unkrautarten sind u. a. Bermudagras, gewisse Schilfarten, die Reisquecke, das kletternde Labkraut, Johnsongras, Guineagras, Cogongras und die Lantane.

Die am weitesten verbreiteten wilden Getreide sind die Haferarten *Avena fatua* und *Avena ludoviciana*. Samen dieser Arten können 15 Min. lang Temperaturen bis 115,6°C aushalten.

Die größte Ausbreitung durch *klonare* (vegetative) Vermehrung erreicht eine Heidelbeerenart *(Gaylussacia brachyera)*. Von diesem immergrünen, strauchförmigen Gewächs, das sich wie ein Teppich ausbreitet, wurde 1796 zum ersten Mal berichtet. Eine mehr als 100 Morgen große Heidelbeerkolonie wurde am 18. Juli 1920 in der Nähe des Flusses Juniata in Pennsylvania (USA) entdeckt. Die Keimzelle zu dieser Kolonie war schätzungsweise 13000 Jahre zuvor gelegt worden.

Das größte Philodendron ziert das Heim von M. J. Linhart aus Thornton (GB). Er ist über eine Länge von 199 m gewuchert.

Die größte Passionsblume haben Dennis und Patti Carlson aus Blaine in Minnesota (USA) mit Hilfe von Hormongaben gezüchtet: Nach Berichten vom November 1974 war die Pflanze 182 m lang.

Die größte Schusterpalme *(Aspidistra)* der Welt gehört Cliff Evans aus Kiora, Moruya (Australien). Im April 1983 maß sie 142 cm.

Das älteste Fossil einer blühenden Pflanze mit palmenartigen Abdrücken wurde 1953 in Colorado (USA) gefunden und hat ein Alter von ca. 65 Mio. Jahren.

In Berkeley, Kalifornien (USA), wurde 1974 **der höchste Bütenstand einer Agave** gemessen. Er war 15,8 m hoch.

Der größte Baumschwamm war ein 142 × 94 cm großer *Oxyporus (Fomes) nobilissimus*, der mindestens 136 kg wog und 1946 von J. Hisey im Staat Washington (USA) gefunden wurde.

Größter aller Kakteen ist der Saguaro *(Sereus giganteus* oder *Carnegiea gigantea)*, der in Arizona (USA) und in Mexiko vorkommt. Der grüne kannelierte säulenförmige Stamm trägt kronleuchterartige Zweige, die bei einem Exemplar eine Höhe von 16 m erreicht haben. Seine wachsartigen Blüten sind weiß, die eßbaren Früchte blutrot. Ein in Arizona (USA) wachsendes Exemplar maß im April 1978 23,77 m.

Der größte Weinstock wurde 1842 in Kalifornien (USA) gepflanzt. Vor 1900 gab es Jahre, in denen er 9000 kg Trauben trug. Der normale Jahresdurchschnitt lag bei 7000 kg. 1920 ging er ein. Eine einzige Weinrebe (kernlose Rote Thomson), die im Mai 1984 in Santiago (Chile) gepflückt wurde, wog 9,4 kg – auch dies ein Rekord.

Nördlichster Weinberg: In Sabile (Lettland, UdSSR) gibt es nördlich von 57°N noch einen Weinberg.

Der nördlichste Weinberg Deutschlands liegt in Berlin (West); es ist der 66 m hohe Kreuzberg. In Schlesien gab es ebenfalls Weinanbau.

Der südlichste kommerziell genutzte Weinberg wird von der Firma Moorilla Estates in Berridale (Tasmanien) bewirtschaftet und liegt auf dem Breitengrad 42°47'.

Der südlichste Weinberg Deutschlands ist der Erzinger Kapellenberg am Bodensee (Bundesrepublik Deutschland).

Längste Algen: Immer wieder hört man, daß in Feuerland Algenarten existieren sollen, die Längen zwischen 180–300 m erreichen. Doch liegen exakte Messungen nicht vor.
Wissenschaftlich registriert wurden Längen von 60 m beim Riesenblatt-Tang *(Macrocystis pyrifera)*, der im Pazifik vorkommt.

Die Alge, die in der größten Tiefe gedeiht, ist eine kastanienbraune Art. Mark und Diane Littler aus den USA haben sie im Oktober 1984 vor San Salvadore (Bahamas) noch 269 m unter dem Meeresspiegel entdeckt. Obwohl das Sonnenlicht in einer derartigen Tiefe 99,9995 Prozent seiner Kraft eingebüßt hat, kann die Alge überleben.

Die höchste Hecke der Welt ist die Meikleour-Rotbuchen-Hecke in Perthshire (Schottland). 1746 wurde sie gepflanzt und hat bis jetzt eine Höhe von 26 m erreicht. Einige Bäume in der 550 m langen Hecke wachsen über 36,5 m hoch.

Die höchste Buchsbaumhecke ist 10,7 m hoch und steht im Birr Castle, Offaly (Irland). Sie stammt aus dem 18. Jh.

Die höchste Eibenhecke gibt es im Earl Batlurst's Park in Cirencester (GB). Sie wurde 1720 gepflanzt, ist 155 m lang, 11 m hoch, 4,57 m dick. 20 Arbeitstage dauert es, sie zu schneiden.

Das kleinste aller Moose ist das Schwindmoos *(Ephemerum)* und das längste das Quellmoos *(Fontinalis)*, das in fließendem Wasser 91 cm lange Sprosse entwickelt.

2. BÄUME UND HOLZ

Das schwerste lebende Wesen auf der Erde ist der größte bekannte kalifornische Riesenmammutbaum *(Sequoiadendron giganteum)* namens »General Sherman«, der im Sequoia-Nationalpark Kaliforniens 83,8 m hoch gewachsen ist. 1,5 m über dem Boden hat er einen Umfang von 24,32 m. Aus »General Sherman«, so wurde errechnet, könnte man 5 Mrd. Streichhölzer herstellen. Das Blattwerk ist blaugrün, die rotbraune Rinde bis zu 61 cm dick. 1981 wurde eine Gewichtsberechnung veröffentlicht: 6100 t! Da das Holz sehr leicht ist (288,3 kg/m^3), könnte eine Berechnung von 1985 mit 2500 t realistischer sein.

Die höchste Baumart ist der Küstenmammutbaum *(Sequoia sempervirens)*, der als einheimischer Baum heute nur noch an der kalifornischen Küste vorkommt.

Der höchste Baum war, soweit bekannt und gemessen, eine Douglastanne *(Pseudotsuga*

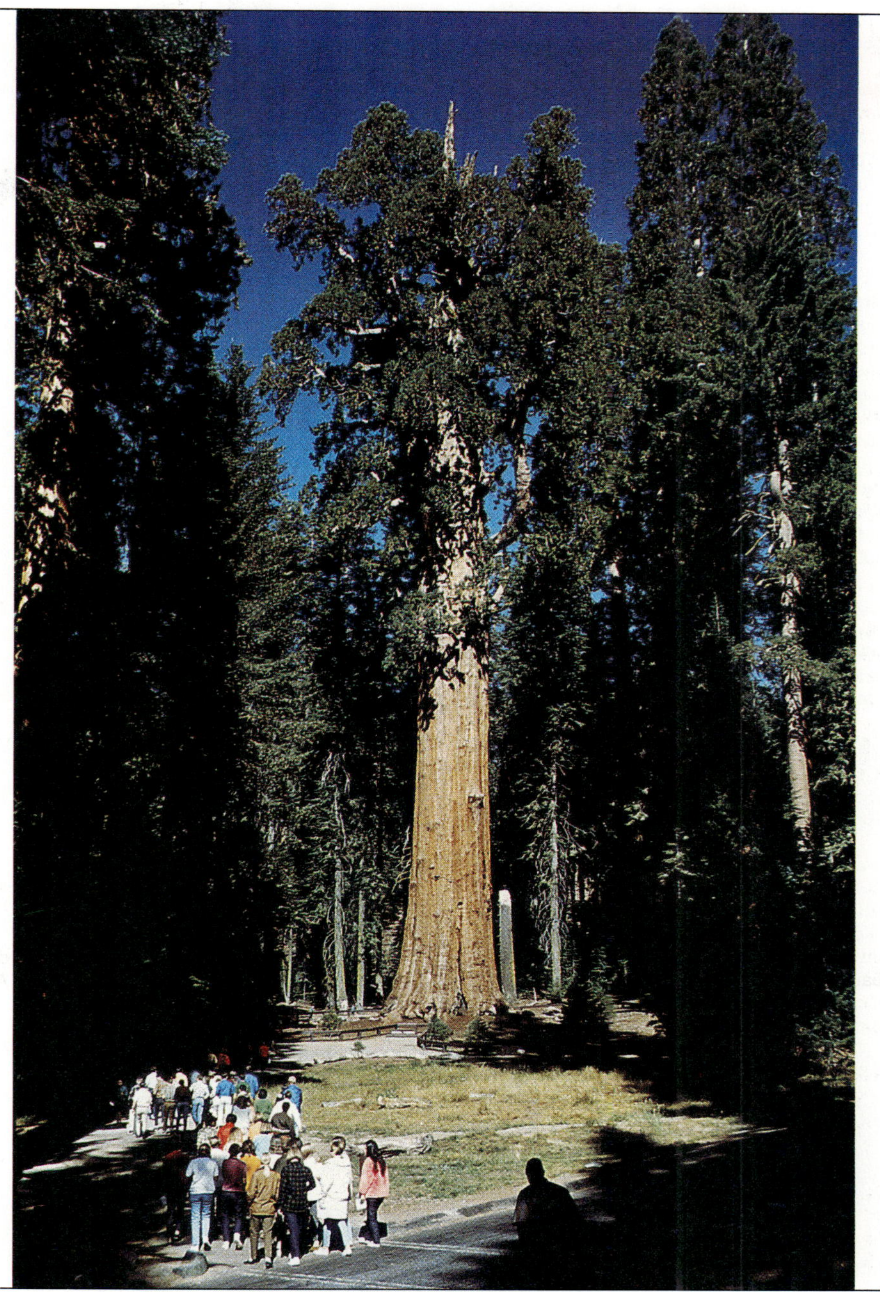

Der »General Sherman« in Kalifornien ist das schwerste Lebewesen auf der Erde. 2500 Jahre alt ist er bereits, sein jährliches Wachstum beträgt immer noch nahezu 1 mm – das entspricht einem 15 m hohen Baum von 30 cm Durchmesser.

menziesii), die im Lynn Valley von British Columbia (Kanada) in den Himmel wuchs. Im Jahr 1902 hatte sie eine Größe von 126,50 m erreicht. Nach den Forschungsergebnissen von Dr. A. C. Carder aus Kanada waren folgende Bäume die härtesten »Rivalen« des »Rekordhalters«: (s. Tabelle).

In der Bundesrepublik Deutschland steht der höchste Mammutbaum Europas im Staatspark »Fürstenlager« des Kurorts Bensheim-Auerbach an der Bergstraße (Hessen). Seine Maße nehmen sich allerdings gegen das amerikanische Exemplar bescheiden aus: Höhe 53 m, Stammumfang in 1 m Höhe: 8 m.

Der höchste Baum Österreichs war eine Weißtanne im Urwaldgebiet »Rothwald« (Niederösterreich). Sie war rund 500 Jahre alt und hatte eine Höhe von 54 m erreicht. Ihr Festmetergehalt: ca. 32. Durch Immissionen ist sie vorzeitig abgestorben.

Der höchste Baum der Schweiz war eine Tanne von Dürsrüti bei Langnau (Kanton Bern) mit einer Höhe von 57,35 m. Ein Teil des Stammes ist im Heimatmuseum Langnau im Emmental ausgestellt. Die vom Blitz geschädigte 350jährige Tanne mußte im Winter 1975/76 gefällt werden.

Der höchste Weihnachtsbaum war eine 67,36 m hohe Douglastanne *(Pseudotsuga taxifolia)*, die im Dezember 1950 im Northgate Shopping Center, Seattle (USA), ausgestellt wurde.

Der größte versteinerte Riesenmammutbaum ist ein 89,9 m hoher Baumstamm in der Nähe von Coaldale, Nevada (USA).

Der Samen eines Riesenmammutbaums wiegt 4,7 mg. Das bedeutet, daß sich sein Gewicht um mehr als das 1 300 000 Millionenfache vergrößert, bis der Baum ausgewachsen ist.

Den größten Umfang aller Baumstämme hat der 41 m hohe Santa-Maria-del-Tule-Baum, eine Montezumazypresse *(Taxodium mucronatum)* in Mexiko. Sein Umfang: 35,8 m, 1,52 m vom Boden (1982).
Einen Umfang von 51 m soll eine Edelkastanie *(Castanea sativa)* auf dem Ätna in Sizilien gehabt haben. Sie war als »Baum der 100 Pferde« (Castagno di Cento Cavalli) bekannt und ist inzwischen abgeholzt.

Mammutbaum im Lichterglanz

Schon weit vor den Toren der kleinen, ehemaligen Freien Reichsstadt Zell am Harmersbach im Ortenaukreis ist zur Weihnachtszeit der Lichterglanz eines Christbaums zu sehen. Der 31 m hohe 80jährige Mammutbaum aus Nordamerika im Altstadtbereich des Schwarzwaldstädtchens wird jährlich mit Hilfe einer Feuerwehrdrehleiter mit Lichterketten geschmückt. Der Natur-Weihnachtsbaum wurde nach dem Großbrand 1896 gepflanzt, hat heute einen mittleren Stammdurchmesser von ca. 1,43 m. Seine Holzmasse beträgt gut 14 fm.

Höhe/m	Name	Art	Standort	Datum
119,7	Mineral-Douglastanne	*Pseudotsuga menziesii*	Bundesstaat Washington (USA)	1905
115,8	Nisqually-Tanne	*Pseudotsuga menziesii*	Nisqually, Bundesstaat Washington (USA)	1899
114,3	Cornthwaite-Bergesche	*Eucalyptus regnans*	Thorpdale, Victoria (Australien)	1880
112,1*	Tall Tree, Redwood Creek	*Sequoia sempervirens*	Humboldt County, Kalifornien (USA)	1963
112,06	Küsten-Mammutbaum	*Sequoia sempervirens*	Guerneville, Kalifornien (USA)	1873

* Der Küsten-Mammutbaum im Redwood Creek Grove, Humboldt County (Kalifornien), ist der zur Zeit höchste Baum der Welt. Seine Krone bildet sich aber zurück, so daß er inzwischen nur noch 110,3 m hoch ist.

Von Affenbrotbäumen *(Adansonia digitata)* wurde gelegentlich behauptet, sie hätten einen Stammumfang bis zu 54,5 m erreicht.
12 m mißt der Stammumfang der Kirchenlinde bei Elbrinxen in der Nähe von Bad Pyrmont (Niedersachsen). Sie ist fast 2000 Jahre alt, und ihre ausladende Krone erreicht einen Durchmesser von 23 m.
Eine 1000jährige Linde in Ernegg (Niederösterreich) hat mit 10,40 m den größten Stammumfang. Ihre Krone mißt ca. 22 m.
In Châtillon im Schweizer Kanton Wallis steht die dickste Eiche Europas. Mindestens sieben gestandene Mannsbilder müssen sich mit ge-

streckten Armen die Hände halten, um den Stamm zu umspannen.

Der Baum mit dem größten Astgewölbe ist der Banyan *(Ficus bengalensis)*, der im Botanischen Garten von Kalkutta in Indien steht. Er hat 1775 Nebenstämme, die aus oberirdischen Wurzeln gebildet wurden, und breitet sich bei einem Umfang von 412 m auf einem Areal von 1,2 ha aus. Der Baum soll vor 1787 gepflanzt worden sein.

Der älteste Baum war eine Bristleconekiefer *(Pinus longaeva)* mit der Bezeichnung WPN-114, die in 3275 m Höhe an der Nordostwand des Mt. Wheeler in Nevada (USA) wuchs. Durch 1963 und 1964 vorgenommene Untersuchungen stellte man fest, daß sie ca. 5100 Jahre alt war, als sie gefällt wurde.

Der älteste bekannte lebende Baum ist eine Bristleconekiefer *(Pinus longaeva)* namens »Methusalem«, die in einer Höhe von 3050 m auf der kalifornischen Seite der White Mountains (USA) wächst und 4600 Jahre alt sein soll. Im März 1974 wurde berichtet, daß dieser Baum 48 lebende Sämlinge hervorgebracht habe. Aufgrund dendrochronologischer Schätzung kann ein *Pinus longaeva* fast 5500 Jahre alt werden, ein »Großer Baum« (Sumpfzypresse) sogar 6000 Jahre. Nach einem Bericht vom März 1976 soll ein Riesenexemplar der japanischen Zeder *(Cryptomeria japonica)* mit Hilfe des C-14-Verfahrens auf 5200 v. Chr. datiert worden sein. Dieser Baum wäre damit fast 7000 Jahre alt.

Diese 38,4 m hohe Douglastanne diente in Lantana (Florida) im Dezember 1984 als Weihnachtsbaum – behängt mit 15 100 Kerzen, 0,8 km Girlanden, 1050 farbigen Kugeln, 225 roten Schleifen und gekrönt von einem 1,83 m hohen beleuchteten Silberstern.

Im Allgäu (Bayern), am Wegesrand zur Wilhelminen-Alpe, steht eine knorrige, graugrüne Eibe. Sie ist der älteste Baum in der Bundesrepublik Deutschland, über 2000 Jahre alt, möglicherweise sogar 4000 Jahre. Jeder ihrer beiden Stämme ist 2,90 m dick.
Auf mehr als 1500 Jahre wird die »Feme-Eiche« geschätzt, die in der Gemeinde Raesfeld-Erle, Kreis Borken (Westfalen), steht. Diese Gerichtseiche ist 15 m hoch und hat einen Umfang von 14 m.
1200 Jahre soll die Tassilo-Linde alt sein, die beim Kloster Wessobrunn (Bayern) steht und nach dem Klostergründer benannt ist. 1980 wurde sie zum Naturdenkmal erklärt. Wer sie beschädigt, muß nun mit Strafen bis zu 50 000 DM rechnen. Zur Erhaltung der aus sieben Einzelstämmen bestehenden Linde wurden 10 000 DM bereitgestellt.
6000 Jahre alt ist der 12 m hohe, 37 t schwere versteinerte Stamm einer Mooreiche, der im Donauried beim Autobahnbau gefunden wurde und 1980 als eine Art Denkmal vor einer Möbelfabrik in Aich (Bayern) aufgestellt wurde.
Der älteste Baum der Schweiz ist eine 1100jährige Zirbelkiefer im Aletschwald im Kanton Wallis.

Das größte geschlossene Baumschulgebiet befindet sich im Kreis Pinneberg. 512 Betriebe bewirtschaften hier eine Produktionsfläche von 3528 ha. Der Schwerpunkt der Produktion liegt bei laubabwerfenden Ziersträuchern und Heckenpflanzen (30 Mio.) und Forstgehölzen (625 Mio.).

Seit 1980 pflegt Klaus Kerstan seinen Bonsai-Wacholder. Auf über 1000 Jahre wird das Alter dieses Minibaums geschätzt.

Früheste, primitivste noch existierende Baumart ist der Fächerblattbaum oder *Gingko biloba*, der aus China stammt und schon vor ca. 160 Mio. Jahren existierte. 1690 wurde er von dem Holländer Kaempfer wiederentdeckt und um 1754 in Europa eingeführt.

Schnellstes Wachstum wurde bei einer am 17. Juni 1974 in Sabah (Malaysia) gepflanzten *Albizza falcata* festgestellt. Sie erreichte in 13 Monaten über 10 m. In kaum 6 Jahren erreichte ein *Eucalyptus deglupta* bei Madang in Papua-Neuguinea eine Höhe von 30,48 m.
Bambus scheidet bei solchen Vergleichen aus, da er botanisch kein Baum, sondern verholztes Gras ist. Von den 45 Bambusarten sind einige absolute Wachstumsrekordhalter. Sie entwickeln Wachstumsgeschwindigkeiten von 91 cm pro Tag (0,00003 km/h), 30 m in weniger als drei Monaten (s. S. 115).

Langsamstes Wachstum: Die Schnelligkeit, mit der ein Baum wächst, hängt zum großen Teil von den Umweltbedingungen ab. Dennoch gibt es ein paar Arten, wie Buchsbaum und Eibe, die besonders langsam wachsen.
Den Rekord hält eine Sitkafichte an der arktischen Baumgrenze, die es in 98 Jahren auf eine Höhe von 28 cm und einen Umfang von kaum 2,5 cm brachte.
Das Züchten von Miniaturbäumchen oder *Bonsais* geht auf einen orientalischen Kult zurück, der schon um 1320 erwähnt wird. Bonsai-Bäume sind lebende Pflanzen, nur ca. 50mal kleiner als das Original. In Japan werden sie gezüchtet.

Den ältesten bekannten Bonsai-Wacholderbaum »Moltsanysybons« pflegt der Bonsaizüchter Klaus Kerstan auf Ibiza (Balearen). Nach einer Studie der Universität Hamburg ist der *Juniperus thurifera* wenigstens 1000, wahrscheinlich um 1100–1200 Jahre alt.

Den kleinsten Apfelbaum mit Früchten kultivieren Regina und Hans Georg Crämer aus

Horb a.N. Seit 1969 veredeln sie den Hobbybaum im Topf oder Kübel mit normal großen Äpfeln der Sorte »Golden Delicious«. Das kleinste Exemplar (4 Jahre alt) ist 15 cm hoch, wächst in einem Blumentopf von 10 cm Durchmesser und trägt einen Apfel von 60 mm Durchmesser.

Erstes »Bonsai-Museum« Europas: Miniaturbäume aus der ganzen Welt bietet im Heidelberger Vorort Wieblingen das erste Bonsai-Museum seit dem 10. Mai 1985. Auf einer 350 m^2 großen Ausstellungsfläche werden mehr als 100 ausgewählte Prachtexemplare der Minibäume (Bonsais) aus Japan gezeigt. Star des Hauses ist ein 800jähriger kalifornischer Wacholder, Kostenpunkt 250000 DM. Diese Sammlung will Liebhabern und vor allem Anfängern Impulse und Anregungen zum Verständnis der uralten asiatischen Kunst geben.

Die meisten Blätter: Die Frage, welcher Baum die meisten Blätter hat, ist noch nicht beantwortet. Eine große Eiche dürfte vielleicht 250000 und eine Zypresse 45–50 Mio. Schuppenblättchen haben.

Der einsamste Baum, der am weitesten von einem Artgenossen entfernt stand, soll in einer Oase in der Ténéré-Wüste in Niger gewachsen sein. In 50 km Umkreis wuchs kein anderer Baum. Im Februar 1960 überlebte der Baum eine Kollision mit dem Lkw eines französischen Fahrers. Später wurde er verpflanzt und steht jetzt im Museum von Niamey (Niger).

Teuerster Baum: Der höchste je für einen Baum erzielte Preis, den eine Baumschule in Missouri (USA) 1959 für einen Starkspur-Golden-Delicious-Apfelbaum aus Yakima (USA) zahlte, war 51000 Dollar (damals ca. 250000 DM).

Größter Wald: Das größte aufgeforstete Waldgebiet liegt im Norden der Sowjetunion zwischen 55° N und dem Polarkreis. Riesige Nadelwälder bedecken eine Fläche von 1100 Mio. ha – das ist ein Viertel der Weltwaldfläche –, wovon 38 Prozent sibirische Lärchen sind. 34 Prozent der Sowjetunion sind aufgeforstet.
Die Waldfläche in der Bundesrepublik Deutschland beträgt 7,37 Mio. ha – das entspricht fast 30 Prozent ihrer Gesamtfläche. Allerdings sind bereits 52 Prozent des bundesdeutschen Waldbestandes durch Waldsterben geschädigt. Schadensschwerpunkte sind Fichtelgebirge und Schwarzwald, der als größter deutscher Wald gilt. Er erstreckt sich über 500000 ha und ist zu 60 Prozent aufgeforstet. 66,1 Prozent der Forste in Baden-Württemberg und 61 Prozent der Waldfläche in Bayern sind sichtbar geschädigt.
Das Waldgebiet im südlichen Niederösterreich und in der Steiermark dürfte mit seinen ca. 300000 ha das größte Österreichs sein. Nach Angaben des »Österreichischen Forstvereins« (Juni 1985) ist bereits ein Drittel der österreichischen Forstfläche geschädigt, das entspricht 1,2 Mio. ha.
Mit einer Fläche von 1 Mio. ha ist der Jura-Wald das größte aufgeforstete Gebiet der Schweiz. Er bedeckt 40 Prozent aller bewaldeten Schweizer Gebiete.

Das schwerste Holz ist schwarzes Eisenholz *(Olea laurifolia),* auch südafrikanisches Eisenholz genannt, mit einem spezifischen Gewicht bis zu 1,49 und einem Gewicht von 1490 kg/m^3.
Das schwerste deutsche Holz kommt vom Buchsbaum *(Buxus sempervirens)* und kann ein Höchstgewicht von 1025 kg/m^3 erreichen.

Das leichteste Holz ist *Aeschynomene hispida,* das in Kuba wächst und 44 kg/m^3 wiegt. Das Holz des Balsabaumes *(Ochroma pyramidale)* ist von verschiedenartiger Dichte, und sein Gewicht reicht von 44–384 kg/m^3. Kork wiegt 240 kg/m^3.

Die längste Allee war die Beech Avenue (Buchenstraße) bei Marlborough (GB). Die Baumparade zog sich über 5,23 km hin. Die einst 1750 Buchen zählende Privatallee ist inzwischen aber teilweise abgeholzt worden.

3. BLÜTEN UND BLUMEN

Die größte Blüte hat die ziegelrotgefleckte Schmarotzerlilie *(Rafflesia arnoldii),* die auf den Wurzeln einer wilden Weinrebe *(Cissus)* im Dschungel Südostasiens wächst. Die 1,9 cm dicken Blütenblätter können bis zu 7 kg wiegen, ihr Durchmesser kann bis zu 90 cm betragen. Blütenscheide und -kolben der weniger grünen und purpurfarbenen Sumatra-Blume *Amorphophallus titanicum* können eine Länge von mehr als 1,5 m erreichen.

Den größten Blütenstand hat die *Puya raimondii,* eine seltene bolivianische Pflanze mit aufrechter Rispe (Durchmesser 2,4 m), die 10,7 m hoch wird. Jede davon trägt bis zu 8000 weiße Blüten.

Die größte blühende Pflanze ist eine riesige chinesische Glyzinie in Kalifornien (USA). Sie wurde 1892 gepflanzt und hat jetzt 152 m lange Zweige. Sie bedeckt fast 4050 m^2, wiegt 228 t und hat während ihrer fünf Wochen andauernden Blütezeit schätzungsweise 1,5 Mio. Blüten. Ca. 30000 zahlende Besucher bewundern in dieser Zeit die Blütenpracht.

Die kleinste blühende Pflanze ist das schwimmende Wasserlinsengewächs *Wolffia angusta,* die nur 0,6 mm lang und 0,3 mm breit ist. Sie wiegt ganze 0,00015 g. Die Samenkörner sind eine noch schwerer vorstellbare Winzigkeit: Sie wiegen jeweils 0,00007 g.

Die kleinste regelmäßig in Deutschland blühende Pflanze gehört der Primelfamilie an und heißt *Centunculus minimus.* Ein einzelner Samen wiegt 0,00003 g.

Die wertvollste Blume war vermutlich die erste rein weiße Ringelblume oder Marienrose, die Alice Vonk aus Sully in Iowa (USA) am 12. August 1975 stolze 10000 Dollar eingebracht hat. Der Preis war 1954 von der Burpee Company ausgeschrieben worden.

Minipflanzen züchtet der Puchheimer Elektroniker Bruno Gruber (* 1941) in einem patentierten fingerhutgroßen Metallblumentopf. Blumen, Pflanzen und Sträucher bleiben darin winzig klein, entwickeln sich im übrigen aber normal. Seine kleinste bisher gezüchtete Sonnenblume *(helianthos – tall Sungold)* ist 6 cm hoch.

Ein kleinstes Gewächshaus bauten zwei Bonner Abiturienten, Frank Gohla (* 1964) und Marcus Wener (* 1965) im Dezember 1983. Ein Moosbett auf 33 mm^3 ist in einem 8,5 mm hohen, 5,5 mm breiten, 6,0 mm langen und 2,3 g leichten »Glashaus« untergebracht: Lupe mitnehmen!
Den dekorativen Tiffany-Stil pflegt der Hamburger Gerhard Dieckhoff. Aus 2000 Teilen, die alle einzeln verlötet wurden, hat er ein Glas-Gewächshaus mit den Abmessungen: 180 cm lang, 80 cm breit und 120 cm hoch gebaut.

Schnellstes Wachstum einer Blume wird von einer *Liliaecea hesperogucca whipplei* berichtet. Im Juli 1978 soll sie auf einer der Scillyinseln (GB) innerhalb von 14 Tagen um 3,65 m angewachsen sein.

Langsamstes Wachstum: Am längsten warten muß man auf die Blüte der höchst seltenen *Puya raimondii,* die im Jahr 1870 in Bolivien (Südamerika) entdeckt wurde. Erst wenn die Pflanze 150 Jahre alt ist, wächst der Blütenstand heraus. Danach stirbt sie.
Einige Agaven, fälschlich »Jahrhundertpflanzen« genannt, bringen ihre ersten Blüten erst nach 40 Jahren hervor.

Einen 60 mm großen »Golden Delicious« trägt dieser Mini-Apfelbaum. In Korb am Neckar kann er als Topfkultur bewundert werden.

Der größte Blumenkranz wurde am 4. September 1982 von den Gothenburg-Floristen im Liseberg-Vergnügungspark (Schweden) fertig gebunden. Er maß 20,83 m im Umfang und wog 1980 kg.

Die längste Girlande aus Gänseblümchen wurde am 27. Mai 1985 von einer 16er-Mannschaft in Good Easter, Essex (GB), geflochten. Sie hatte eine Länge von 2120 m.

Die größte aller Orchideen ist die in Malaysia beheimatete *Gramatophyllum speciosum,* die bis zu 7,62 m hoch werden kann.

Die größte Orchideenblüte besitzt die *Phragmipedium caudatum,* die in den tropischen Regionen Amerikas wächst. Ihre Blütenblätter werden bis zu 46 cm lang, der Durchmesser der geöffneten Blüte beträgt 90 cm.

Die höchste frei stehende Orchidee ist *Grammatophyllum speciosum* (s. oben). Die *Galeola foliata* kann auf verwitterten Bäumen in den tropischen Wäldern Australiens bis zu 15 m hoch werden.

Die kleinste Orchidee ist *Platystele jungermannoides,* die in Zentralamerika vorkommt. Ihre Blüten sind nur 1 mm groß.

Die teuerste Orchidee dürfte eine *Odontoglossum crispum* (var. *pittanum*) gewesen sein, für die 1906 bei einer Auktion in London 1207,50 Pfund Sterling (damals 24660 DM) gezahlt wurden.
Eine *Cymbidium*-Orchidee mit dem hübschen Namen »Rosanna Pinkie« wurde 1952 in den USA für 4500 Dollar verkauft.

Die größte Rhododendronart ist das scharlachrote *Rhododendron arboreum,* von dem es am Mt. Japfu (Indien) Exemplare gibt, die über 19,8 m hoch werden.

Den größten Rhododendronpark der Bundesrepublik Deutschland, wahrscheinlich sogar des europäischen Kontinents, hat Bremen. Auf einer Fläche von 1800 m^2 werden in Schaugewächshäusern 1700 ausschließlich tropische und subtropische Rhododendronarten gezeigt.

Die längste Dahlie züchtete bisher F. Wentzel aus Fort Victoria (Simbabwe): Sie war 1982 in eine Höhe von 3,60 m geschossen.

Der größte Rosenstock steht in Tombstone (USA). An ihm blühen »Lady-Banks«-Rosen. Er hat einen 1 m dicken Stamm, ist über 2,74 m hoch, und seine Zweige reichen fast über 5000 m^2. Er wird von 68 Pfählen gestützt, dadurch können sich 150 Personen in dieser »Laube« aufhalten. Der Steckling kam 1884 aus Schottland.

Nicht der größte, wohl aber der älteste Rosenstock Deutschlands dürfte der Rosenstock am Hildesheimer Dom sein. Sein Alter wird großzügig mit 1000 Jahren angegeben: Bistumsgründer Kaiser Ludwig der Fromme habe im 9. Jh. den Platz für den Rosenstock gewählt. Urkundlich wird das Gewächs erstmals 1570 erwähnt – immerhin damals bereits als »uralt«.

Herbarien. Konkurrenzlos in der Welt ist die Sammlung, die Dr. Julian A. Steyermark vom Nationalherbarium in Caracas (Venezuela) aufgebaut hat: Bis September 1985 trug er 137000 getrocknete Pflanzen zusammen.

4. REKORDE AUS DEM OBST- UND GEMÜSE-BEREICH

Den höchsten Kaloriengehalt der 38 Früchte, die man roh verzehren kann, hat die Avocadobirne *(Persea americana).* 100 g ihres Fruchtfleisches haben 163 Kalorien. Der Avocadobaum, der wahrscheinlich aus Zentral- und Südamerika stammt, enthält außerdem die Vitamine A, C und E sowie 2,2 Prozent Protein.

Den geringsten Kaloriengehalt mit 16 Kalorien pro 100 g hat die Gurke.

Pflanzenpracht mit Happy-Bonsai

Pflanzen im Klein(st)format – nicht nur für Hobbygärtner – züchtet der Fotokaufmann Michael Lenke (* 1949) aus Hengersberg (Bayern). In Zürich stellte er im April 1985 den kleinsten Sonnenblumengarten mit 7 Miniatur-Sonnenblumen vor. Die kleinste kam auf 5,6 cm Höhe. Die gelbe Miniblume wurde im Happy-Bonsai-System aufgezogen. Lenke hat es nach langjährigen Versuchen und Beobachtungen in der Natur unter Verwendung eines kleinen Tonbehälters mit einem Wurzelblockierungsspalt entwickelt. Mit dieser Beschränkung im Wurzelbereich können Mini-Pflanzen auf einfache, natürliche Weise kultiviert werden.

Dr. Julian Steyermark ist unermüdlich. 137 000 Pflanzen hat er bereits gesammelt.

Die bisher größte Gurke erntete 1982 Nadine Williams aus Knott in Texas (USA): Sie wog 7,82 kg.

Die größte Wassermelone, die jemals amtlich registriert wurde, lieferte ein amerikanischer Züchter im April 1980 ab. Das Prachtstück wog 90,7 kg.

Der bisher größte Paprikastrauch *(Capsicum annuum)* wurde 1981 aus Shri Satagopan Nanduri in Indien gemeldet: Die rote Schoten tragende Pflanze war 4,2 m hoch.

Die größte Ananas ist im November 1984 einer Firma im Süden von Cotabato auf den Philippinen aufgefallen. Sie wog nach bestätigten Angaben 7,96 kg. Bis zu 13 kg schwere Früchte soll es 1978 im brasilianischen Tarauaca gegeben haben.

Die größte Orange wurde am 19. Juni 1981 in Nelspruit (Südafrika) entdeckt; sie wog 2,5 kg.

Die meisten Kartoffelsorten, nämlich genau 369 verschiedene, wurden am 16. September 1984 in London bei einer BBC-Sendung über Rekordbrecher vorgestellt.

Kräuterpflanzen. Botanisch sind die Kräuter nicht näher definiert, ihre Blätter oder Wurzeln sind aber nach allgemeiner Erkenntnis von medizinischer oder kulinarischer Bedeutung. Das meistverwendete Gewürzkraut ist vermutlich Koriander *(Coriandrum sativum)*, den man u. a. im Currypulver, in Süßwaren und Schnäpsen, im Brot und im Öl findet.

Weitere Rekordergebnisse erzielten mit:

einer Grapefruit (2,96 kg) J. und A. Sosnow aus Tucson, Arizona (USA), im Dezember 1984;

einem Grünkohl (4,16 m hoch) F. Doven aus Mt. Lawley (Westaustralien), 1982;

einem Kohlrabi (20,65 kg) Erich Stollberg aus Heide (Schleswig-Holstein), im Oktober 1985;

einer Möhre – Karotte, Wurzel – (40 cm lang, 1,8 kg) Erich Faißt aus Konstanz (Baden), im Oktober 1985;

einem Porree (1930 cm^3) G. Brownlees aus Brandon, Durham (GB), 1984;

einem Rettich (6,5 kg, 78 cm Umfang) Elfriede Aulehner aus Armstorf, St. Wolfgang (Bayern), im November 1985;

einem Riesenkürbis (277,6 kg) Norman Gallagher beim Half Moon Bay Pumpkin Festival in Kalifornien (USA), 1984;

einem Speisekürbis (47,85 kg) D. C. Payne aus Tewkesbury, Gloucestershire (GB), 1982;

einer Tomate (2,94 kg) Clarence Dally aus Monona, Wisconsin (USA), 1977;

einer Zitrone (3,88 kg, 74,9 cm Umfang) Ch. und D. Knutzen aus Whittier, Kalifornien (USA), im August 1983;

einer Zucchini (110 cm lang, 70–74 cm Durchmesser, 25 kg) Inge Jäger aus Schriesheim (Baden-Württemberg), im September 1985;

einer Zwiebel (3,4 kg, 66 cm Umfang) Nelson W. Hope aus Cardiff, Kalifornien (USA), 1965.

5. FARNE, BLÄTTER UND SAMEN

Die größten unter den mehr als 6000 Farnen sind die Baumfarne *(Alsophila excelsa)* im Südpazifik, die bis zu 18,30 m hoch wachsen.

Die kleinsten Farne sind der *Hecistopteris pumila*, der in Mittelamerika vorkommt, und der aus den USA stammende *Azolla caroliniana* mit Wedeln von 12 mm.

Die größten Blätter von allen Pflanzen haben die Raffiapalme *(Raphia raffia)* von den Mascareneinseln im Indischen Ozean und die Amazonas-Bambuspalme *(R. toedigera)*, deren gefiederte Blätter 19,80 m lang werden und fast 4 m lange Stiele haben können.

Das größte ungeteilte Blatt besitzt die in Sabah (Malaysia) vorkommende *Alocasia macrorrhiza*. 1966 wurde ein Exemplar gefunden, das 3,02 m lang und 1,92 m breit war und eine Fläche von 3,17 m^2 bedeckte.

Ein vierzehnblättriges Kleeblatt *(Trifolium repens)* fand am 16. Juni 1975 der Amerikaner Randy Farland bei den Sioux-Fällen in Dakota (USA).

Den größten Samen hat der Kokos, auch Coco de Mer *(Lodoicea seychellarum)* genannt, dessen Frucht ein Gewicht von 18 kg erreichen kann. Er wächst nur auf den Seychellen im Indischen Ozean. Jede Frucht enthält nur einen Samen.

Den kleinsten Samen haben die *Epiphytischen Orchideen*, von denen ca. 1 Mio. Samen 1 g wiegen.
Ein nordamerikanisches Unkraut *(Ambrosia artemisiifolia)* kann in 5 Std. 8 Mrd. Pollenkörner erzeugen.

Den widerstandsfähigsten Samen besitzt die arktische Lupine *(Lupinus arcticus)*. Im Juni 1954 in gefrorenem Schlamm in Kanada gefundene Samen wurden 1966 zum Keimen gebracht und mit Hilfe der Radiokarbonmethode auf mindestens 8000 v. Chr., höchstwahrscheinlich aber 13000 v. Chr. zurückdatiert.

Das gewöhnlichste Gras der Welt ist das Bermudagras oder *Cynodon dactylon*. Das am schnellsten wachsende Gras ist eine Hybridenzüchtung namens »Callie«, die 15,2 cm pro Tag wächst und bis zu 5,5 m lange Ausläufer hat.

Das schnellste Wachstum unter den Graspflanzen legen einige der 45 Familien zählenden Bambusgräser an den Tag: Sie schießen pro Tag bis zu 91 cm in die Höhe (s. S. 112).

Der höchste Bambusstengel war ein sogenannter Dornstrauch *(Bambusa arundinacea spinosa)*, der in Pattazhi, Travancore (Indien), im November 1904 gefällt wurde, als er 37,03 m hoch war.

6. PILZE UND URTIERPFLANZEN

Der größte Pilz, der bisher gefunden wurde, war ein Bovist *(Calvatia gigantea)* mit einem Umfang von 194,3 cm. Gesammelt hat ihn 1985 der Lehrer Martin Mortenson aus Resseville, Wisconsin (USA).
Der größte Pilz in Deutschland, bei normalem Wachstum, dürfte der Riesenbovist sein *(Langermannia gigantea)*.

Riesenboviste fanden auf dem Gelände der Nürburgquelle bei Dreis/Eifel (Rheinland-Pfalz) die Pilzsucher Werner Zeltinger und Manfred Kuhl am 5. Juli 1984. Im Sumpfgebiet des ausgetrockneten Maars der Vulkaneifel stießen sie auf 30 Riesen-»Findlinge«, der größte hatte einen Umfang von 267 cm, wog 40 kg und wurde willkommene Spende für die Gemeinden Dreis-Brück und Dockweiler.
Ein 32,6 kg schwerer, eßbarer Pilz *(Polyporus frondosus)* wurde im September 1976 von Joseph Opple in der Nähe von Solon, Ohio (USA), gemeldet.

Giftigster Pilz: Der Grüne Knollenblätterpilz *(Amanita phalloides)* dürfte der giftigste Pilz

163 Kalorien je 100 g – der Alptraum jeder Schlankheitskur! 16 Kalorien je 100 g ihr Wunschtraum.

Stolz auf sein Affenhaus ist der Zoo Duisburg – es ist Europas größtes. Hier zwei Orang-Utan-Jungtiere, zwei von 150 Affen.

Große Sprünge machen die Jacobita-Delphine und Weißwale im Delphinarium des Zoos Duisburg. Es besteht seit 20 Jahren.

der Welt sein. 6–16 Std. nachdem man von ihm gekostet hat, treten Erbrechen, Delirium, Kollaps und schließlich der Tod ein. Zu seinen Opfern gehörte Giulio de' Medici (* 1478, später Papst Clemens VII.). Nach dem Genuß des Pilzes starb er am 25. September 1534.

Protisten: Der holländische Naturwissenschaftler Antonie van Leeuwenhoek aus Delft (1632–1723) war der Entdecker der Protisten, die Eigenschaften von Tieren und Pflanzen in sich vereinten. Die den Pflanzen ähnlichsten Protisten heißen *Protophyten.* Zu dieser Gruppe gehören z. B. einzellige Algen. Die tierähnlichsten Protisten heißen *Protozoen,* zu ihnen gehören Amöben und Geißeltierchen.

Die größten Protozoen (Urtierchen) waren dem Umfang nach die *Foraminiferen,* einzellige Wassertiere mit Kalkschalen, die zur Gattung der *Nummulite* (Wurzelfüßer) gehörten und – Versteinerungen aus mittleren Eozän-Formationen in der Türkei belegen es – eine Größe von 22 cm im Durchmesser erreichen konnten.

Das größte heute noch lebende Protozoon, das zur Gattung des fächerförmigen *Stannophyllum (Xenophyophorida)* gehört, kann zwar länger als die Foraminiferen werden (Rekordlänge: 25 cm), erreicht sie aber dem Umfang nach nicht.

Die kleinsten Protophyten (einzellige Pflanzen) sind die geißelförmigen Seealgen *Micromonas pusilla.* Sie haben einen Durchmesser von weniger als 2 Mikron oder Mikrometer (2×10^{-6} mm).

Das sich am schnellsten vermehrende Protozoon ist das Urtierchen *Glaucoma.* Es pflanzt sich durch binäre Zellteilung fort, und zwar in der Regel alle 3 Std. Im Verlauf eines Tages kann also ein derartiges Urtierchen 6fache Urgroßmutter und 6facher Urgroßvater in einem und Vorfahr von 510 Abkommen werden.

Schnellstes Urtierchen ist das *Monas stigmatica,* das sich in 1 Sek. über eine Strecke bewegt, die dem Vierzigfachen seiner eigenen Länge entspricht. Ein Mensch schafft nicht einmal das Siebenfache seiner eigenen Länge pro Sek.

Der kleinste Igel der Welt ist der Einzeller *Stylocometes digitatus.* Das halbkugelige Tier hat einen Durchmesser von 0,06–0,1 mm und sitzt auf den Kiemen der Wasserassel – eines neben dem anderen. Die Igelstachel sind Saugröhrchen, mit denen andere Einzeller ausgesaugt werden – deshalb gehört der Igel zu den Sauginfusorien.

7. BAKTERIEN

Früheste Lebensform: Im Juni 1980 berichtete Prof. J. William Schopf über die Entdeckung von fadenähnlichen Zellularresten, die blaugrüne Algen oder bakterienähnliche Organismen vor 3,5 Mrd. Jahren im Kalkgestein abgelagert hatten. Entdeckt wurden sie in der »Nordpolregion« des nordwestlichen Australiens.

Allgemein: Als erster beobachtete 1676 der Niederländer Antonie van Leeuwenhoek (1632–1723) Bakterien.

Das größte Bakterium ist das Schwefelbakterium *(Beggiatoa mirabilis),* das 16–45 Mikron ($16–45 \times 10^{-6}$ m) breit ist und mehrere Millimeter lange Fäden bilden kann.

Die kleinsten Organismen, die eigenständiges Leben führen, sind die pleuropneumoniaähnlichen Mykoplasmen. Das zum ersten Mal 1936 im Abwasser entdeckte *Mycoplasma laidlawii* hatte während seines Anfangsstadiums einen Durchmesser von nur 100 Millikron (100×10^{-9} m). Exemplare des H.39 genannten Bakterienstammes haben einen Höchstdurchmesser von 300 Millimikron und wiegen schätzungsweise $1{,}0 \times 10^{-16}$ g. Zum Vergleich: Ein Blauwal von 190 t wiegt $1{,}9 \times 10^{24}$ oder 1,9 quadrillionenmal soviel.

Höchste Bakterien: Im April 1967 meldete die US-Luft- und Raumfahrtbehörde (NASA), daß in einer Höhe von 41 400 m noch Bakterien festgestellt worden seien (s. S. 82).

Der schnellste Bazillus ist der rutenförmige *Bdellovibrio bacteriovorus.* Bei einer hundertfachen polaren Rotation in der Sek. kann er sich um das 50fache seiner Länge von 2 μm pro Sek. fortbewegen. Bei entsprechender Leistung müßte ein Mensch 320 km/h schnell rennen oder ein Schwimmer den Ärmelkanal in 6 Min. bewältigen.

Langlebigste Bakterien: Die ältesten Ablagerungen, in denen lebende Bakterien gefunden wurden, sind Salzlager in der Nähe von Irkutsk (UdSSR), die ca. 600 Mio. Jahre alt sein sollen. Bei Bohrungen in der Antarktis entdeckten Amerikaner stäbchenförmige Bakterien, die aus einer Höhle stammten, die ca. 1 Mio. Jahre alt war. Die Bakterien konnten wiederbelebt werden.

Widerstandsfähigstes Bakterium ist das *Micrococcus radiodurans.* Es kann radioaktiven Strahlen widerstehen, die 10000mal so stark sind wie eine für den Menschen tödliche Dosis. Bei Temperaturen von 306°C, die auf dem Meeresgrund von Schwefelquellen erzeugt werden, blüht eine Bakterienart erst richtig auf. Das berichtete John Barras von der Universität in Oregon (USA) im März 1983.

8. VIREN

Allgemein: Erstmals berichtet hat Dmitrij Iwanovskij (1864–1920) über die Viren im Jahr 1892. Aber konkret nachgewiesen wurden sie 1898 von Martinus Willem Beijerink (1851–1931). Definiert werden die Viren heute als Aggregate von zwei oder mehr chemischen Substanzen (die jeweils DNA oder RNA enthalten), die durch Infektion übertragen werden und potentielle Krankheitserreger sind.

Das größte bekannte Virus ist das rutenförmige *Citrus tristeza.* Es hat die Maße 200 × 10 nm (= Nanometer, und 1 nm ist 1 Millionstel von 1 mm).

Die kleinsten Viren sind die Nukleonprotein-Pflanzenviren wie etwa der Tabak-Satellit *Necrosis virus.* Die kugelförmigen Partikeln ha-

ben einen Durchmesser von 17 nm. Über einen wahrscheinlich neuen submikroskopischen Organismus mit dem Namen *Prion* hat die Universität von Kalifornien im Februar 1982 berichtet. Diesem Gebilde fehlt allerdings die Nukleinsäure. Viroide (RNS-Moleküle ohne Proteinhülle) sind viel kleiner als Viren. Sie wurden im Februar 1972 von dem Amerikaner Theodor O. Diener entdeckt. Dr. Rohwer aus Bethesda in Maryland (USA) erklärte im September 1984 dazu, die Protein-Partikeln seien kleiner als ein »erst noch zu identifizierendes Prion«.

ZOOLOGISCHE GÄRTEN, WILDGEHEGE, AQUARIEN

Zoologische Gärten: Man schätzt die Zahl der zoologischen Gärten auf der ganzen Welt etwa auf 500 und die jährliche Besucherzahl auf 330 Mio.

Das größte Wildschutzgebiet ist die 1907 gegründete »Etosha Reserve« in Namibia (Afrika) mit einer auf 99 525 km^2 angewachsenen Fläche.

Das größte Großwildreservat Europas hat die Bundesrepublik Deutschland. In der Nähe von Fallingbostel (Niedersachsen) leben auf 185 ha ca. 1000 Tiere, darunter Löwen, Tiger, Elefanten und Nashörner.

Das größte Affenhaus Europas befindet sich im Zoo von Duisburg (Nordrhein-Westfalen). Auf 7000 m^2 leben hier 150 Affen in 40 verschiedenen Arten (31. Dezember 1985).

Der erste Wild- und Wanderpark der Bundesrepublik Deutschland wurde 1973 bei Silz im Pfälzer Bergwald eröffnet. Auf 100 ha sind Wege und Kinderspielplätze in unmittelbarer Nachbarschaft zu freilebenden Tieren angelegt.

Das Ozeanarium Hanna-Barbera's Marineland in Palos Verdes wartet mit den größten Wassertanks auf – sie fassen 2,4 Mio. l.

Europas einziges Wildpferdgehege befindet sich im Meerfelder Bruch bei Dülmen (Nordrhein-Westfalen). Einmal im Jahr werden die Pferde eingefangen und untersucht. Eine 200 ha große Wildnis ist der Lebensraum für rund 200 Tiere im Naturpark »Hohe Mark«.

Der älteste Tiergarten soll von Schulgi, einem Herrscher der 3. Dynastie (2094–2047 v. Chr) in Puzurisch im heutigen Irak angelegt worden sein.
Der älteste Tiergarten, dessen Gründung durch Dokumente belegt werden kann, ist der Tiergarten Schönbrunn (Österreich). Er wurde 1752 von Kaiser Franz I. für seine Frau Maria Theresia eingerichtet. Seitdem ist er auf dem Gründungsgelände ununterbrochen in Betrieb. Er bedeckt eine Fläche von 12 ha. Nach schweren Bombenschäden des Zweiten Weltkrieges wurde der historische Kern bei tiergärtnerischer Modernisierung restauriert und wurden moderne Freisichtanlagen errichtet. Am 31. Dezember 1985 wurden in Schönbrunn 6861 Tiere in 782 verschiedenen Arten betreut (312/96 Säugetiere, 548/206 Vögel, 686/51 Reptilien und Amphibien, 3666/302 Fische und 1649/127 Wirbellose).

Der erste zoologische Garten Deutschlands war die Stuttgarter Menagerie. Sie bestand jedoch nur von 1812–16.
Der älteste, heute noch existierende zoologische Garten Deutschlands ist der in Berlin (West). Er wurde 1841 gegründet und 1844 eröffnet. Am 31. Dezember 1985 wurden 11 758 Tiere in 1722 Arten betreut (1304/264 Säugetiere, 3114/686 Vögel, 316/127 Reptilien, 249/52 Amphibien, 3208/440 Fische, 3567/153 Wirbellose). Er ist der tier- und artenreichste Zoo Europas. Rund 2,7 Mio. Personen besuchten Zoo und Aquarium 1983.

Der größte Zoo der Schweiz ist der von Basel. Er hat 5044 Tiere von 584 verschiedenen Arten (Stand 31. Dezember 1985). Im einzelnen: 512/73 Säugetiere, 728/141 Vögel, 267/46 Reptilien, 42/11 Amphibien, 3115/255 Fische und 380/58 Wirbellose.

Das erste Ozeanarium war das 1938 eröffnete Marineland in Florida (USA). Bis zu 26,3 Mio. l Seewasser werden täglich durch zwei Riesentanks gepumpt. In den Tanks gibt es Korallenriffe und sogar ein Wrack.
Der Salzwassertank in Hanna-Barbera's Marineland, Palos Verdes (USA), hat einen Umfang von 76,65 m, ist 6,7 m tief und hält 2,4 Mio. l. Insgesamt hat dieses Ozeanarium ein Volumen von 9,4 Mio. l. Sein Schwertwal »Orky« (6350 kg) ist der größte in Gefangenschaft.

Das größte Aquarium der Welt ist das 40. Mio. Dollar teure Monterey-Bay-Aquarium in Kalifornien (USA), das am 2. Oktober 1985 seiner Bestimmung übergeben wurde. Die zwei größten Behälter fassen 335 000 und 320 000 US-Gallonen (ca. 1,27 Mio. und 1,21 Mio. l).
Das Aquarium des Zoologischen Gartens von Berlin (West) ist das artenreichste der Welt. Es beherbergt 7340 Tiere von 732 Arten aus allen Kontinenten. Kernstück des Zoo-Aquariums ist die Krokodilhalle.
Das größte Aquarium Österreichs ist das Vivarium, Haus des Meeres, in Wien. Es beherbergt in 3 Etagen auf 2000 m^2 Fläche mehr als 3000 Fische, Reptilien und niedere Tiere, davon im neuen Süßwasserbecken ca. 1200 Fische (1985).

PARKS, BOTANISCHE GÄRTEN

Ursprünge: Die Heilkraft vieler Pflanzen hatten schon die Neandertaler um 60 000 v. Chr. erkannt. Wann und wo dann der erste Garten der Welt angelegt wurde, ist nicht bekannt, aber möglicherweise ist das innerhalb einer chinesischen Tempelanlage geschehen. Der erste botanische Garten der Welt ist 1543 in Pisa (Italien) entstanden.

Größter Naturpark ist der Wood Buffalo National Park in Alberta (Kanada), der 1922 zum Naturschutzgebiet erklärt wurde und sich über ein Gebiet von 45 480 km^2 erstreckt.

Der größte Naturpark der Bundesrepublik Deutschland ist mit 2908 km^2 das Altmühltal (Bayern).

Der österreichische Nationalpark »Hohe Tauern« ist immer noch in Planung. Mit seinen

2590 km² wird er das größte Naturschutzgebiet Österreichs.

Der artenreichste botanische Garten Deutschlands ist der von Berlin (West). Auf 42 ha werden über 18000 Pflanzenarten gepflegt. Kernstück des Gartens ist die 13 ha große pflanzengeographische Abteilung, die erstmalig in der Welt versucht, das Pflanzenkleid der gemäßigten Breiten der Nordhalbkugel darzustellen – von den Pyrenäen über den Himalaja und Ostasien bis zum pazifischen und atlantischen Nordamerika. Im Gewächshausbereich darf das Große Tropenhaus als Wahrzeichen des Gartens gelten. Der aus dem Jahr 1907 stammende freitragende Hallenbau ist mit 60 m Länge, 30 m Breite und 25 m lichter Höhe eines der größten Gewächshäuser der Welt. Die neueste Abteilung des Gartens ist der 1984 entstandene Duft- und Tastgarten.

Zu den ältesten noch heute bestehenden **botanischen Gärten** der Welt gehören Leipzig (1542), Pisa (1543, nach anderen Angaben 1545) und Padua (1545).

Der größte österreichische botanische Garten mit ca. 10000 Pflanzenarten auf 9 ha befindet sich in Frohnleiten (Steiermark).

In der Schweiz ist der Botanische Garten von Basel mit 15 ha der größte.

Der erste Blindengarten der Bundesrepublik Deutschland wurde 1975 in Hamburg eröffnet. In ihm sind 80 verschiedene Gehölze, Stauden, Sommerblumen, Gewürze und Getreidesorten angepflanzt. Die Beete sind ca. 70 cm hoch. An Führungskanten können sich die Blinden an ihnen entlangtasten, Tafeln in Blindenschrift nennen Namen und optische Eigenarten der einzelnen Pflanzen.
Der erste Blindenpark der DDR entsteht zur Zeit in Leipzig. Rund um die Rosentalwiese soll bis 1987 ein 6,5 ha großer Park im Zentrum der Messestadt angelegt werden, in dem sich der blinde Besucher an Duft- und Gewürzpflanzen sowie Blüten- und Blattstrukturen orientieren kann.
Der 1959 eröffnete, 6000 m² große Blindengarten im Wertheimsteinpark von Wien enthält neben Sträuchern und Gehölzen etwa 35 Arten Blumenpflanzen.

Das Rosarium Sangerhausen (Thüringen) ist mit seinen ca. 6500 Rosenarten das älteste wissenschaftliche Zentrum der Rosenzucht. Der Rosengarten besteht seit 1903. Das Gegenstück in der Bundesrepublik Deutschland ist das Deutsche Rosarium des Vereins Deutscher Rosenfreunde im Dortmunder Westfalenpark (Nordrhein-Westfalen) mit 3200 Rosensorten.

Landschaftspark. Dank der Bundesgartenschau 1985 wurden für die große grüne Lunge von Berlin (West) 875000 m³ bewegt und eine künstliche Freizeitlandschaft geschaffen.
Auf einem 90 ha umfassenden, ursprünglich landwirtschaftlich genutzten und baumlosen Gelände entstand in der Gemarkung Britz zwischen Buckower Damm und Marienfelder Damm ein neuer Landschaftspark mit natürlich geformten Hügeln und Tälern, einer zentralen nahezu 10 ha großen Wasserfläche, Quellen, Teichen, Flachwasserbiotopen, weiten Uferzonen und großen Wiesenflächen. Mehr als 3000 Großbäume wurden seit 1978 gepflanzt und vermitteln jetzt den Eindruck eines etwa 20 Jahre alten Parks. Nach 10jähriger Planungs-, Entwicklungs- und Bauarbeit ist ein moderner Erholungspark entstanden, in dem Landschaft, Architektur und Kunst zu einer Einheit verbunden sind. ■

DIE ERDE

1. ERDE UND WETTER

DIE ERDE

Die Erde ist keine wirkliche Kugel, sondern, da sie an den Polen abgeflacht ist, geometrisch ein Ellipsoid.
Der Polardurchmesser der Erde (12 713,51 km) ist 42,77 km kürzer als der Äquatorialdurchmesser (12 756,27 km).

Die Erde weist auch eine leichte Abplattung des Äquators auf, denn ihre lange Achse (ca. 37° westl. Länge) ist 159 m länger als ihre kurze Achse.

Die größten Abweichungen vom Ellipsoid sind eine 73 m hohe Ausbuchtung in der Papua/Neuguinea-Gegend und eine 105 m tiefe Senkung südlich von Sri Lanka (früher Ceylon) im Indischen Ozean.

Der größte Erdumfang, am Äquator, beträgt 40 075,02 km, am Meridian sind es 40 007,86 km. Die Erdoberfläche umfaßt schätzungsweise 510 065 600 km^2. Eine Axialdrehung – also ein echter Sterntag – dauert 23:56:04,0996 Std. mittlerer Zeit.

Die Erdmasse beträgt $5{,}974 \times 10^{21}$ t, und ihr spezifisches Gewicht ist 5,515mal so groß wie das des Wassers. Ihr Rauminhalt wird mit 1 083 207 000 000 km^3 angegeben.

Die Erde sammelt kosmischen Staub auf, doch sind die Mengenschätzungen recht verschieden, wobei die Höchstgrenze 30 000 t pro Jahr beträgt.

Im türkischen Taurus-Gebirge eine unterirdische Wunderwelt in 600 m Tiefe (S. 129)

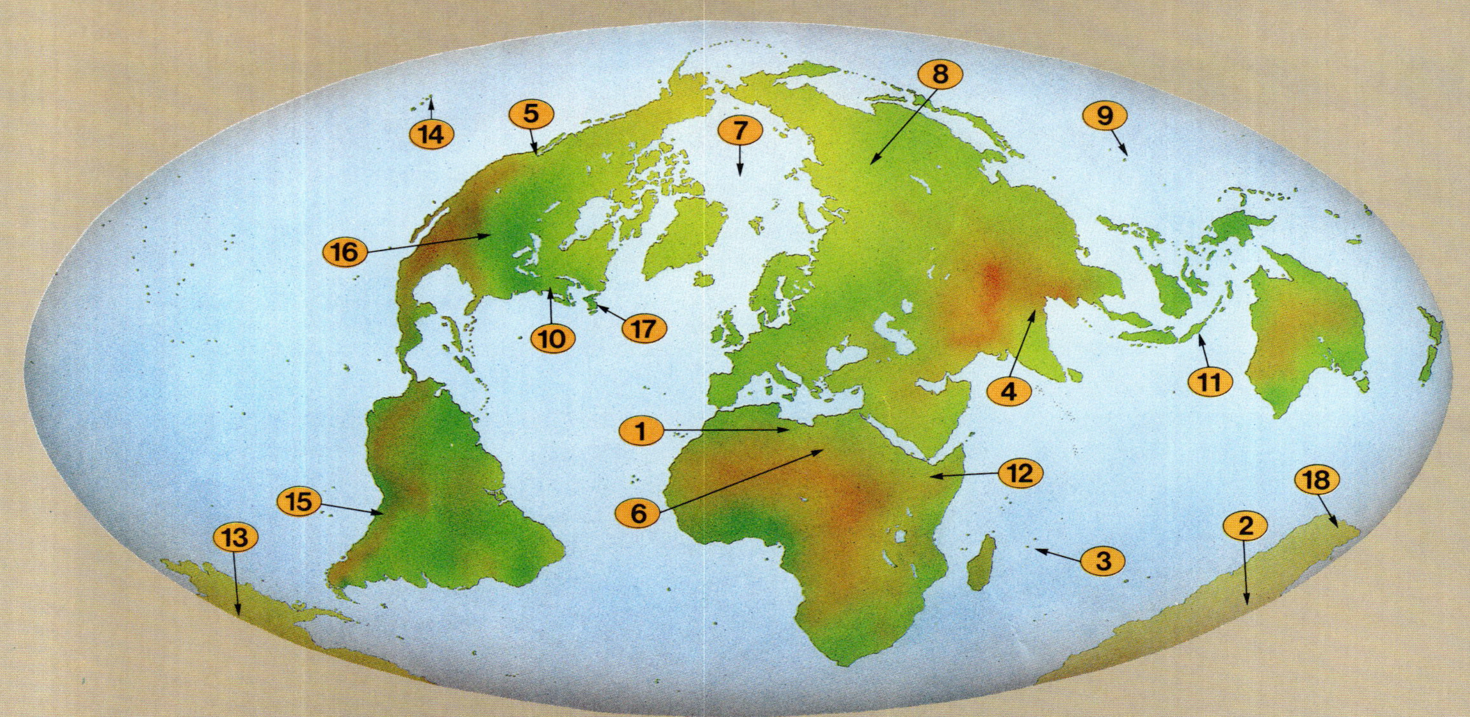

LANGJÄHRIGE WETTERREKORDE

Liste der Höchsttemperaturen

53,0° C	Ouargla, Algerien	27. August 1884
54,4° C	Amos, Kalifornien (USA)	17. August 1885
54,4° C	Mammoth Tank, Kalifornien (USA)	17. August 1885
56,7° C	Death Valley, Kalifornien (USA)	10. Juli 1913
58,0° C	Al'Aziziyah, Libyen	13. Sept. 1922*

*Vom libyschen Ministerium für Nachrichtenwesen nicht offiziell bestätigt.

Liste der tiefsten Temperaturen

Um 1750 beobachtete M. W. Lomonossow bei Moskau das Gefrieren von Quecksilber, was einer Temperatur von −38,87°C entsprochen hat.

−58,3° C	Floeberg Bay, Kanada	1852
−68 °C	Werchojansk, UdSSR	3. Januar 1885
−68 °C	Werchojansk, UdSSR	5. + 7. Februar 1892
−68 °C	Oimjakon, UdSSR*	6. Februar 1933
−73,5° C	Südpol, Antarktis	11. Mai 1957
−74,5° C	Südpol, Antarktis	17. September 1957
−78,34° C	Sowjetskaja, Antarktis	2. Mai 1958
−80,7 °C	Wostok, Antarktis	15. Juni 1958
−81,2 °C	Sowjetskaja, Antarktis	19. Juni 1958
−83,0 °C	Sowjetskaja, Antarktis	25. Juni 1958
−85,7 °C	Wostok, Antarktis	7.–8. August 1958
−86,7 °C	Sowjetskaja, Antarktis	9. August 1958
−87,4 °C	Wostok, Antarktis	25. August 1958
−88,3 °C	Wostok, Antarktis	24. August 1960
−89,2 °C	Wostok, Antarktis	21. Juli 1983

*1986 sollen am kältesten ständig bewohnten Ort der Welt 4000 Menschen gelebt haben.

1. Höchste Temperatur im Schatten: 58°C Al'Aziziyah (Libyen), Höhe 111 m, 13. September 1922

2. Niedrigste Temperatur: −89,2°C Wostok (a), Antarktis, 21. Juli 1983

3. Größte Regenmenge (24 Std.): 1870 mm, Cilaos, La Réunion, Indischer Ozean, 15./16. März 1952 (b)

4. Größte Regenmenge (Kalendermonat): 9299 mm, Cherrapunji, Meghalaya (Indien), Juli 1861

Größte Regenmenge (12 Monate): 26 461 mm, Cherrapunji, Meghalaya (Indien), 1. August 1860 bis 31. Juli 1861

4. Feuchteste Stelle (Jahresdurchschnitt): Tutunendo (Kolumbien) mit 11 770 mm

5. Größter Schneefall (c) (12 Monate): 31 102 mm, Paradise, Mt. Rainier, Washington (USA), 19. Februar 1971 bis 18. Februar 1972

6. Meister Sonnenschein (d): >97 Prozent (über 4300 Std.), östliche Sahara, Jahresdurchschnitt

7. Wenigster Sonnenschein: Null an den Polen für jeweils 186 Tage lange Perioden im Winter

8. Luftdruck (höchster): 1083,8 mb, Agata, Sibirien (UdSSR), Höhe 262 m, 31. Dezember 1968

9. Luftdruck (niedrigster) (e): 870 mb, 482 km westlich von Guam, Pazifik, Breitengrad 16° 44' N, Längengrad 137° 46' O, 12. Oktober 1979

10. Höchste Oberflächenwindgeschwindigkeit (f): 371 km/h, Mt. Washington (1916 m), New Hampshire (USA), 12. April 1934

11. Gewitter (Jahr) (g): 322 Tage, Bogor (ehemals Buitenzorg), Java (Indonesien), im Durchschnitt 1916–19

12. Wärmste Stelle (Jahresdurchschnitt) (h): Dallol (Äthiopien) 34°C (1960–66)

13. Kälteste Stelle (Jahresdurchschnitt): Polus Nedostupnosti, Kältepol (78°S, 96°O) Antarktis, −57,8°C

14. Meiste Regentage (Jahr): Mt. Wai-'ale-'ale (1569 m hoch), Kauai (Hawaii) – bis 350 Tage im Jahr

15. Trockenste Stelle (Jahresdurchschnitt): Kein Regen im Desierto de Atacama in der Nähe von Calama (Chile)

Längste Trockenheit ca. 400 Jahre bis 1971: Desierto de Atacama (Chile)

16. Schwerste Hagelkörner (i): 750 g, Durchmesser 19 cm, Umfang 44,45 cm, Coffeyville, Kansas (USA), 3. September 1970

17. Längste Periode von Nebel zur See (Sicht < 914,4 m): Nebel hält auf den Grand Banks, Neufundland (Kanada), wochenlang an, und der Jahresdurchschnitt beträgt über 120 Tage (k)

18. Windigste Stelle: Commonwealth Bay, George-V-Küste, Antarktis, wo Stürme 320 km/h erreichen

Fußnoten zur Karte der Wetterrekorde

(a) Wostok ist 3419 m üNN. Der kälteste ständig bewohnte Ort ist das 700 m hoch gelegene sibirische Dorf Oimjakon (63° 16'N, 143° 15'O) in der UdSSR, wo 1964 die Temperatur auf −71,1° C fiel.

(b) Dies entspricht 7554 t Regen pro Morgen. Höhe 1200 m.

(c) Der Rekord für einen einzigen Schneesturm ist 4800 mm auf dem Mount Shasta, Ski Bowl, Kalifornien, und 1930 mm für 24 Std. (14./15. April 1921) in Silver Lake, Colorado (USA).

(d) Vom 9. Februar 1967 bis 17. März 1969 verzeichnete St. Petersburg, Florida (USA), 768 aufeinanderfolgende Sonnentage.

(e) Das Lazarettschiff *USS Repose* registrierte diesen Druck im Mittelpunkt eines Taifuns in 25° 35'N, 128° 20'O bei Okinawa am 16. September 1945.

(f) Die höchste bisher bei einem Tornado gemessene Geschwindigkeit ist 450 km/h am 2. April 1958 bei Wichita Falls, Texas (USA).

(g) Zwischen 35° nördlicher und 35° südlicher Breite gibt es während der 12 Nachtstunden ständig etwa 3200 Gewitter, von denen einige bis zu 29 km weit zu hören sind.

(h) Im Death Valley (USA) wurden an 43 aufeinanderfolgenden Tagen Temperaturen von über 48,9°C gemessen, und zwar vom 6. Juli bis 17. August 1917. In Marble Bar (Australien) (max. 49,4°C) wurden 160 Tage hintereinander Höchsttemperaturen von über 37,8°C gemessen, und zwar vom 31. Oktober 1923 bis 7. April 1924. In Wyndham (Australien) kletterte 1946 das Thermometer an 333 Tagen über 32,2°C.

(i) Es gibt gelegentlich Meldungen über wesentlich schwerere Hagelkörner. Doch meist handelt es sich nicht um einzelne Körner, sondern um zusammenhängende Gruppen von Körnern.

(k) Ben Nevis in Schottland soll 300 Tage im Jahr in Wolken gehüllt sein.

Nach neuester Auffassung besteht die Erde aus einer 80 km dicken Außenschale oder Lithosphäre, unter der sich ein äußerer und ein innerer Gesteinsmantel bis zu einer Tiefe von 2809 km befinden, der einen Eisen-Nickel-Kern umschließt, dessen Temperatur auf 4500°C geschätzt wird und der einen Druck von 364 GPa besitzt. Die Dichte im Erdmittelpunkt beträgt 13,09 g/cm^3. Sollte die Eisen-Nickel-Kern-Theorie stimmen, dann wäre Eisen das mit Abstand am reichlichsten vorhandene Element auf der Erde.

Der magnetische Südpol wandert zur Zeit 9 km pro Jahr; das wurde jetzt durch Messungen des australischen Antarktisschiffes *M. V. Icebird* ermittelt. Am 6. Januar 1986 wurde seine Lage zu 65° 18′ S und 140° 02′ O bestimmt. Verglichen wurde diese Position mit Messungen aus den Jahren 1909, 1912 und 1952. Die Ursache für die Wanderungen des Magnetpols sind bislang ungeklärt.

TEMPERATUREN

Allgemein: Nachstehende meteorologische Daten beziehen sich auf die zurückliegenden 140–160 Jahre, da frühere Aufzeichnungen ebenso selten wie unzuverlässig sind.
Die ersten verläßlich registrierenden Thermometer kamen erst im Jahr 1820 auf.
Fortlaufende Wetterbeobachtungen machte man allerdings bereits seit 1700 in Berlin.
Die ersten Wetterkarten zeichnete 1820 der deutsche Astronom Heinrich Wilhelm Brandes (1777–1834).
Die ersten Wetterkarten mit Eintragungen telegrafischer Wettermeldungen vom selben Tage erschienen 1849 in England.
Die höchstgelegene Wetterwarte Europas ist am Jungfraujoch im Berner Oberland (Schweiz) (46° 33′N, 7° 59′O und 3576 m üNN). Deutschlands höchste Wetterwarte ist auf der Zugspitze (2962 m) im Wettersteingebirge (Bayerische Kalkalpen).

Die gleichmäßigsten Temperaturen herrschten lange Zeit in Garapan auf Saipan in den Marianen im Pazifik. 9 Jahre lang, von 1927 bis einschließlich 1935, wurde zwischen dem 30. Januar und dem 9. September nie eine größere Temperaturspanne als 11,8°C gemessen. Auf der küstennahen brasilianischen Insel Fernando de Noronha lagen zwischen 1911 und 1966 die Temperaturen nie mehr als 13,4°C auseinander. Der Höchstwert betrug 32,0°C (2. März 1965), der niedrigste 18,6°C (17. November 1913).
Vor ca. 8000 Jahren lag in Mitteleuropa die Sommertemperatur durchschnittlich bei 19,4°C, also um 3,3°C höher als heute.

Die größten Temperaturunterschiede gibt es im Gebiet des sibirischen »kalten Pols« im Osten der UdSSR. In Werchojansk (67° 33′N, 133° 23′O) schwanken sie zwischen −70°C (nicht offiziell) und +36,7°C. Spanne: 106,7°.

Der größte Temperatursturz an einem Tag betrug 55,5°C (von +6,7°C auf −48,8°C) und wurde vom 23. zum 24. Januar 1916 in Browning (USA) gemessen.

Der sensationellste Temperaturanstieg betrug 27,2°C und wurde in Spearfish (USA) verzeichnet, wo am 22. Januar 1943 die Temperatur innerhalb von 2 Min. von −20°C auf +7,2°C stieg. Die Veränderung geschah morgens zwischen 7 Uhr 30 und 7 Uhr 32.

Angenehmes oder unangenehmes Klima hängt nicht nur von der Temperatur ab, sondern vom Zusammenwirken von Temperatur, Feuchtigkeit, Strahlung und Windgeschwindigkeit. So würde zum Beispiel jemand, der mit einer Geschwindigkeit von 72 km/h in einem Auto ohne Windschutzscheibe bei −42°C fährt, infolge des Abkühlfaktors eine Kälte von −87,2°C empfinden, das heißt nur 2,0°C weniger als die tiefste gemessene Temperatur.

Die tiefste jemals gemessene Temperatur in der Atmosphäre ist −143°C in einer Höhe von ca. 80,5–96,5 km. Sie wurde bei Untersuchungen leuchtender Nachtwolken über Kronogard (Schweden) vom 27. Juli bis 7. August 1963 von Meteorologen ermittelt.

Die dickste Eisschicht auf der Erde ist 4776 m stark. Amerikanische Antarktisforscher haben sie am 4. Januar 1975 vom Flugzeug aus gemessen – per Funk-Echolotung, 400 km von der Küste in Wilkes Land (69° 9′38″S, 135° 20′25″O).

Die mächtigste Dauerfrost-Bodenschicht (Permafrost) ist am Oberlauf des sibirischen Flusses Wiluij zu finden. Ihre Tiefe erreicht mehr als 1370 m. Das haben sowjetische Stellen im Februar 1982 berichtet.

Dieser farbenprächtige Regenbogen über dem Hafen von Oban (Schottland) spiegelt besonders kräftig die Brechung des Sonnenlichtes von Rot nach Blau in Regentropfen.

REGEN

Heftigster Regen: Messungen von Regenmengen während sehr kurzer Zeiten sind schwierig. Dennoch werden die am 26. November 1970 in Barst (Guadeloupe) in 1 Min. gefallenen 38,1 mm für den heftigsten registrierten Regenguß unserer Zeit angesehen.

In Deutschland lag die größte Niederschlagshöhe bei 222 mm innerhalb von 24 Std. Diese Menge fiel am 13. September 1899 in Bad Reichenhall (Oberbayern).

Das größte dokumentierte Hagelkorn hat einen Durchmesser von 19 cm (s. S. 120). Die Aufschlaggeschwindigkeit der Hagelkörner hängt von ihrer Größe ab. Bei einem 1-cm-Korn liegt sie bei etwa 50 km/h, bei einem 5-cm-Korn bereits bei 110 km/h und bei einem 14-cm-Korn sogar bei 170 km/h. Diese Fallgeschwindigkeit, die durch gleichzeitige Gewitterböen noch erhöht werden kann, entwickelt beim Aufschlag eine Wucht, durch die auch Menschen erschlagen werden können.
Das schwerste Unwetter, der Münchner Hagelsturm vom 12. Juli 1984, war nicht nur der größte Versicherungsschaden in der Geschichte der Bundesrepublik Deutschland, sondern auch weltweit der größte Hagelschaden in neuerer Zeit. Walnuß- bis tennisballgroße Hagelkörner (mit einem Durchmesser von 6,5

Der Hurrikan »Juan« über dem Golf von Mexiko. Die Aufnahme wurde am 30. Oktober 1985 mit einer Handkamera von Bord der Raumfähre *Challenger* während der *Spacelab-D-1*-Mission aus 300 km Höhe gewonnen.

cm) fielen aus 14 km Höhe an diesem Abend in der Münchner Region vom Himmel.

Den heftigsten Regen innerhalb 24 Std. erlebte Österreich am 5. Juni 1947 am Semmering (Niederösterreich/Steiermark). 323 mm Niederschlag wurden gemessen.

In der Schweiz wurde am 24. September 1924 in Mosogno (Kanton Tessin) eine Niederschlagsmenge von 359 mm gemessen, 1978 fiel, übers Jahr gerechnet, auf der Schwägalp der meiste Regen, nämlich 2476 mm.

Über den am längsten anhaltenden **Regenbogen** – mindestens 3 Std. – wurde am 14. August 1979 aus Nordwales (GB) berichtet.

FATA MORGANA

Die größte Luftspiegelung wurde 1913 von Donald B. MacMillan im Nordpolgebiet bei 83° N, 103° W verzeichnet. Diese Art der Luftspiegelung, die als Fata Morgana bekannt ist, »erstreckte sich über mindestens 120° des Horizonts und zeigte Hügel, Täler und schneebedeckte Bergspitzen« eines Gebiets, das 6 Jahre vorher entdeckt und Crocker-Land getauft worden war.

Am 17. Juli 1939 sah man vom Meer aus eine Luftspiegelung des 539–563 km entfernten Snaefellsjökull (1437 m) auf Island.

BLITZE

Allgemein: Die sichtbare Länge von Blitzen ist sehr unterschiedlich. In gebirgigen Gegenden sieht man bei tiefhängenden Wolken oft Blitze, die nicht einmal 90 m lang sind, während im Flachland bei sehr hohen Wolken ein Blitz eine Länge bis zu 6000 m haben kann. In Extremfällen kommen sogar Längen bis zu 32 km vor.

Einige Fachleute behaupten, die sehr helle Mittelader des Entladungskanals hätte nur einen Durchmesser von 1,27 cm. Diese Ader ist von einer Strahlenhülle (Glimmentladung) umgeben, deren Durchmesser 3–6 m beträgt.
Die Geschwindigkeit eines Blitzes liegt zwischen 160 und 1600 km/s und kann mit bis zu 140 000 km/s fast die Hälfte der Lichtgeschwindigkeit beim gewaltigen Rückschlag erreichen.

Größte Entladung: Auf einige Millionen Blitzschläge kommt eine Riesenentladung, bei der die von den Wolken zur Erde und zurücklaufenden Blitzschläge von der Oberseite der Gewitterwolken abblitzen. Bei diesen »positiven Riesen« entwickelt sich manchmal eine Energie bis zu 3000 Mio. Joule (3×10^{16} erg).
Die Temperatur erreicht hierbei ca. 30 000° C, was mehr als 5mal so hoch ist wie die an der Sonnenoberfläche. Laut einer Theorie aus dem Jahr 1977 werden Blitze durch kosmische Strahlen ausgelöst.

Eine große Gruppe von Wissenschaftlern glaubt jetzt, daß die sogenannte **Wasserfall-Theorie** die Entstehung von Gewittern richtig erklärt: Steigt feuchtwarme Luft auf, bilden sich in höheren, kalten Schichten der Atmosphäre Hagelkörner. Wenn sie zur Erde stürzen, tauen sie auf. Dabei werden die Wassertropfen vom Luftstrom auseinandergerissen, in positiv und negativ geladene Tröpfchen. Zwischen beiden entsteht ein elektrisches Spannungsfeld, das sich in Blitzen entlädt.

WASSERHOSE

Die höchste Wasserhose, über die glaubhafte Angaben vorliegen, wurde am 16. Mai 1898 bei Eden (Australien) beobachtet. Eine an der Küste vorgenommene Theodolitenmessung ergab eine Höhe von 1528 m.
Die Spithead-Wasserhose, die nahe der Küste von Ryde auf der Insel Wight (GB) am 21. August 1878 entstand und deren Höhe mit einem Sextanten gemessen wurde, war ca. 1,6 km hoch.

WOLKEN

Die höchste Normalwolkenbildung ist Zirrus mit einer Durchschnittshöhe von 8250 m. Aber die seltenen Perlmutterwolken erreichen manchmal Höhen von fast 24 000 m. Zirruswolken in 8075 m Höhe enthalten ungefrorenes, superunterkühltes Wasser bei –35° C.
Die niedrigsten Wolken sind Stratus- oder Schichtwolken in Höhen bis zu etwa 1100 m.

Die größte Steighöhe hat der Kumulonimbus, der in den Tropen in Höhen von fast 20 000 m beobachtet worden ist.

WIND

Die windigste Ecke der Welt ist die Commonwealth Bay (Antarktis). Stürme erreichen dort eine Geschwindigkeit von 320 km/h.
Auf dem Feldberg im Schwarzwald wurde am 13. Februar 1962 in Böen eine Geschwindigkeit von 205 km/h gemessen.
Schäden, die Stürme am 16. und 18. Februar 1946 anrichteten, lassen Geschwindigkeiten von ca. 200 km/h glaubhaft erscheinen.

Auf dem Säntis (2504 m), dem höchsten Gipfel der Appenzeller Alpen, wurde ein Anemometer (Windmesser) zerstört, das Geschwindigkeiten bis 180 km/h zu registrieren in der Lage war. Der Sturm war also ca. 200 km/h schnell gewesen. Solche Windgeschwindigkeiten kommen auf den Gipfeln der Schweizer Alpen nicht selten vor.
Der in den Niederungen der Schweiz in den letzten Jahren gemessene größte Wert liegt bei 145 km/h. Er wurde am 8. Dezember 1977 in Altdorf (Kanton Uri) registriert.

2. NATURERSCHEINUNGEN

ERDBEBEN

Anmerkung: Seismologische Angaben basieren nicht auf lokaler, sondern Weltzeit (GMT) und setzen beim Datum immer das Jahr an die erste Stelle. Wir haben für unsere seismologischen Rekorde diese Schreibweise übernommen.

Die schwersten Erdbeben. Pro Jahr werden schätzungsweise 500000 seismische oder mikroseismische Störungen registriert. 100000 davon sind fühlbar, etwa 1000 richten Schaden an. Die tiefsten bekannten Hypozentren lagen 720 km tief im Erdinnern Indonesiens (1933, 1934 und 1943).
Die viel benutzte Gutenberg-Richter-Skala (1954 veröffentlicht) enthält Fehlerquellen. Sie wurde nach Dr. Benno Gutenberg (1889–1960) und Dr. Charles Richter (1900–85) benannt. Die Kanamori-Skala, seit 1977 in Gebrauch, ist genauer. Die Stärke der Erschütterung wird nach der Freisetzung von Energie bestimmt. Das stärkste Erdbeben nach der Kanamori-Skala war der verheerende Lebu-Schock südlich von Concepción in Chile 1960 Mai 22. mit geschätzten 10^{26} erg. Laut Kanamori-Skala hatte dieses Beben eine Stärke von 9,5. Nach der Gutenberg-Richter-Skala war der Lebu-Schock nur das viertschwerste Erdbeben mit einer Stärke von 8,3.

Die meisten Todesopfer: Die meisten notierten Todesopfer dürfte ein Beben im Jahr 1201 im Nahen Osten und im östlichen Mittelmeerraum gefordert haben. Möglicherweise hat es 1100000 Tote gegeben. Weniger unsicher sind die Zahlen für das Erdbeben *(ti chen)* in den chinesischen Provinzen Schensi, Schansi und Honan 1556 Februar 2., bei dem ca. 830000 Menschen ums Leben kamen.

In unserer Zeit forderte das Erdbeben von Tangshan in Ostchina 1976 Juli 27. (Ortszeit 3 Uhr morgens Juli 28.) die meisten Todesopfer (Stärke des Erdbebens 8,2). Meldungen am 4. Januar 1977 sprachen von 655237 Toten. Später war sogar von 750000 Toten die Rede.

1979 November 22. korrigierte die chinesische Nachrichtenagentur die Zahl der Todesopfer ohne Erklärungen auf 242000. Sogar noch im Januar 1982 war das Stadtgebiet von Tangshan eine verbotene Zone.

Den größten Sachschaden verursachte das Erdbeben in der Kwanto-Ebene (Stärke 8,2, Epizentrum 35° 15′N, 139° 30′O) in Japan 1923 September 1. An einer Stelle in der Sagami Bay senkte sich der Meeresspiegel um 400 m. Nach Angabe der Behörden betrug die Zahl der Toten und Vermißten in dem Shinsai oder großen Erdbeben und den dadurch hervorgerufenen Bränden 142807. In Tokio und Jokohama wurden 575000 Häuser zerstört, und der Schaden wurde auf heute 58 Mrd. DM geschätzt.

Noch teurer könnte womöglich ein Erdbeben 48 km nördlich von Los Angeles mit einer Stärke von 7,5 nach der Gutenberg-Richter-Skala kommen. Mit allen Folgekosten könnte es nach Schätzungen einen 175-Mrd.-DM-Schaden anrichten.

In Deutschland sind seit 1350 nur 9 Menschen durch Erdbeben ums Leben gekommen. Eines der heftigsten Beben war das von 1756 Februar 18. bei Düren in der Gegend von Aachen mit der Stärke 8 auf der internationalen zwölfteiligen Intensitätsskala. 1872 März 6. ereignete sich ein starkes Beben (Intensität 8) bei Gera im Thüringer Wald (DDR). 1978 September 3. ereignete sich im Gebiet der Schwäbischen Alb ein starkes Beben, das in seinem Zentrum Intensität 6 erreichte und einen erheblichen Schaden anrichtete.

Ein rotglühender Lavastrom fließt aus den Kratern des Vulkans Ätna zu Tal. In rund 2700 m Höhe wird die Lava ausgestoßen.

Das stärkste Erdbeben in Österreich war jenes von Villach 1348 Januar 25. (Intensität 9) mit mehr als 1000 Toten.

Das folgenschwerste Erdbeben in der Schweiz ereignete sich 1356 Oktober 18. in Basel. Die Intensität dieses Bebens, bei dem 300 Personen den Tod fanden, hatte den Wert 9.

VULKANE

Allgemein: Insgesamt sind 850 tätige Vulkane auf der Erde bekannt. Dazu kommen noch ca. 80 submarine Vulkane.
Die meisten Vulkane gibt es in Indonesien. Von den 167 bekannten sind 77 in historischer Zeit ausgebrochen. Das Wort Vulkan wurde von der Insel Vulcano im Mittelmeer abgeleitet; die Insel wiederum war nach Vulcanus, dem Feuergott, benannt worden.

Die größte Explosion ereignete sich gegen 10 Uhr Lokalzeit (oder 3 Uhr GMT) am 27. August 1883 bei einem Ausbruch des Krakatau, einer damals 47 km^2 großen Insel in der Sundastraße zwischen Sumatra und Java in Indonesien. 163 Dörfer wurden vernichtet, und 36380 Menschen kamen in der durch den Ausbruch ausgelösten Flut ums Leben. Felsbrocken wurden 55 km in die Höhe geschleudert, und noch 10 Tage später fiel mehr als 5000 km von der Insel entfernt Staubregen. Die Explosion wurde 4 Std. später auf der 4776 km entfernten Insel Rodrigues als »Donner von schweren Geschützen« verzeichnet und wurde in einem Gebiet von der Größe Europas (einem Dreizehntel der Erdoberfläche) gehört. Man nimmt an, daß diese Explosion ungefähr 26mal so stark war wie die stärkste Testdetonation einer Wasserstoffbombe, aber dennoch nur einem Fünftel der Eruption von Santorin (Griechenland) entsprach.

Der vermutlich stärkste Vulkanausbruch war die Taupo-Eruption in Neuseeland etwa 130 n. Chr. Dabei wurden schätzungsweise 30000 Mio. t Bimsstein auf einmal und mit etwa 700 km/h herausgeschleudert. Nur 20 Prozent der Steine gingen weniger als 200 km vom Krater entfernt nieder. Insgesamt bedeckten sie 16000 km^2, rund 26mal soviel Fläche wie beim Ausbruch des Mt. St. Helens 1980 verwüstet wurde.

Das größte Lavavolumen ergoß sich beim Ausbruch des Vulkans Tambora auf der Insel Sumbawa (Indonesien) vom 5. bis 7. April 1815. Die Gesamtmenge an ausgeworfenem Material wird auf 150–180 km^3 geschätzt. Die Energie dieser Eruption betrug $8{,}4 \times 10^{19}$ Joule. Der Vulkan wurde um 1250 m niedriger, und es bildete sich ein Krater mit einem Durchmesser von 11 km. Der Innendruck, der den Ausbruch des Tambora auslöste, wird auf 3270 kg/cm^2 geschätzt. Durch den Ausbruch und seine Folgen kamen mehr als 90000 Menschen ums Leben.
Ein Lavavolumen von 60–65 km^3 wurde beim Ausbruch des Inselvulkans Santorin (Griechenland) herausgeschleudert. Die Explosion ereignete sich 1626 ± 1 v. Chr.

Der längste Lavastrom in historischer Zeit, *pahoehoe* genannt (Erstarrung in der Form eines gedrehten Stranges), ergoß sich 1783 beim Ausbruch des Laki (Island). Er erreichte eine

Europas Vulkan-Ecke rund um das Tyrrhenische Meer brodelte wieder im Dezember 1985: der Ätna-Ausbruch in einer Nachtaufnahme.

Länge von 65–70 km. Der breiteste bekannte prähistorische Lavastrom ist der Roza-Basaltstrom in Nordamerika. Er entstand vor ca. 15 Mio. Jahren und hatte eine Länge von 480 km, einen Flächeninhalt von 40 000 km^2 und einen Rauminhalt von 1250 km^3.

Der höchste erloschene Vulkan der Welt ist der Cerro Aconcagua (6960 m) im argentinischen Anden-Gebiet. Er wurde am 14. Januar 1897 von Matthias Zurbriggen erstmals bestiegen und war bis zum 12. Juni 1907 der höchste von einem Bergsteiger bezwungene Gipfel.

Der höchste ruhende Vulkan ist der Llullaillaco mit 6723 m an der Grenze zwischen Chile und Argentinien.

Der größte und höchste tätige Vulkan ist wahrscheinlich der Antofalla (6450 m) in Argentinien. Doch weiß man nur vom Guayatiri oder Guallatiri (6060 m, Chile), daß er 1959 zum letzten Mal ausbrach. Der größte aktive Vulkan ist der Mauna Loa (4169 m) auf Hawaii, der 1975 und 1984 ausbrach.

Der nördlichste Vulkan ist der Beeren-Berg (2276 m) auf der zu Norwegen gehörenden Insel Jan Mayen (71°05'N) in der Grönlandsee. Er brach am 20. September 1970 aus, und die 39 Bewohner der Insel (alles Männer) mußten evakuiert werden. Wahrscheinlich wurde die Insel von Henry Hudson 1607 oder 1608 entdeckt, bestimmt wurde sie 1614 von Jan Jacobsz May (Niederlande) besucht. Am 8. Mai 1929 kam sie zu Norwegen.

Der südlichste unter den bekannten tätigen Vulkanen ist der Mount Erebus (3795 m) auf Ross Island in der Antarktis. Er wurde am 28. Januar 1841 bei der Expedition von Captain James Clark Ross entdeckt und erstmalig am 10. März 1908 um 10 Uhr morgens von einer britischen Gruppe unter der Leitung von Prof. Tannatt William Edgeworth David (1858–1934) bestiegen.

Der größte Krater (auch *Caldera* genannt) ist der Toba auf Zentralsumatra (Indonesien) mit einem Flächeninhalt von 1775 km^2.

GEYSIRE

Die höchste Wasserfontäne von 457 m stieß der Waimangu-Geysir (auf Maori: Schwarzes Wasser), Neuseeland, 1904 aus. Das letzte Mal brach er unerwartet am 1. April 1917 aus und tötete 4 Menschen.

Der höchste Geysir der Gegenwart ist der Service Steamboat Geysir im Yellowstone National Park (USA). Von 1962–69 stieg in Abständen von 5 Tagen bis 10 Monaten seine Fontäne zwischen 76–115 m hoch.

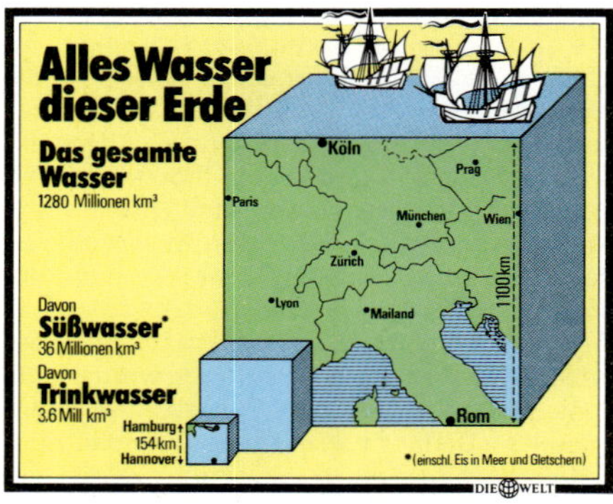

70,92 Prozent der Oberfläche der Erde sind von Wasser bedeckt. Aber nur ein verschwindend kleiner Teil aller Wasservorkommen ist trinkbar.

Die größte Wassermenge, nämlich 37 850 hl, speit der Giant Geysir, ebenfalls im Yellowstone National Park (USA).

Der Geysir (vom Altisländischen *geysa* »wild strömen«) in der Nähe des Mount Hekla auf Island, nach dem alle anderen benannt sind, stößt gelegentlich Fontänen von Höhen bis zu 55 m aus.

3. GRÖSSENREKORDE

MEERE

Allgemein: Die vom Meer bedeckte Oberfläche der Erde wird auf 361 740 000 km^2 oder 71 Prozent der Gesamtoberfläche geschätzt.
Die mittlere Tiefe der Hydrosphäre wurde bis vor wenigen Jahren auf 3795 m geschätzt, aber neuere Messungen haben zu niedrigeren Werten (3554 m) geführt.
Das geschätzte Gesamtgewicht des Wassers ist $1{,}3 \times 10^{18}$ t oder 0,022 Prozent des Gesamtgewichts der Erde.
Das Wasservolumen der Ozeane wird auf 1 285 600 000 km^3 geschätzt, das Süßwasser nur auf 35 000 000 km^3.

Der Meeresspiegel steigt weltweit um 1 bis 2 mm pro Jahr oder derzeit um 10 bis 20 cm pro Jahrhundert. Dazu tragen verschiedene Ursachen bei: Das Ungleichgewicht der Erde seit der letzten Eiszeit und die thermische Ausdehnung der Ozeane durch die Erwärmung der Erdoberfläche um 0,5°C im vergangenen Jahrhundert sind die Hauptfaktoren. Der Anstieg des Meeresspiegels ist vor der Küste des US-Bundesstaates Louisiana mit 1 m pro Jahrhundert am größten.

Der größte Ozean ist der Pazifik. Sein Flächeninhalt beträgt 166 240 000 km^2. Das sind 46 Prozent der globalen Meeresoberfläche. Im Durchschnitt ist er 3939 m tief.

Die kürzeste mit Schiffen befahrbare Entfernung über den Pazifik, von Guayaquil in Ecuador nach Bangkok in Thailand, ist 17 550 km.

Die größte Meerestiefe wurde 1951 im Marianengraben im Pazifik von dem britischen Vermessungsschiff *Challenger* ermittelt. Damals wurde eine Tiefe von 5960 Faden (10 900 m) durch Abloten und Echolot gemessen. Bei späteren Untersuchungen der *Challenger*-Tiefe, deren Ergebnisse 1983 vom Kartographischen Amt des US-Verteidigungsministeriums mitgeteilt wurden, ermittelte man 5973 Faden (10 924 m). Im Juni 1984 bestätigten japanische Forscher diese Tiefenangabe, die mit einem speziellen elektronischen Meßgerät gewonnen wurde: 10,92 km. Sie wurde von dem Forschungsschiff *Takuyo* auf 11°22'24"N und 142°35'30"O gemessen. Am 23. Januar 1960 hatte die Tiefsee-Tauchkugel *Triest* eine Tiefe von 1673 m erreicht.

Ein Metallgegenstand, eine 500 g schwere Stahlkugel etwa, würde – ließe man ihn über dem Marianengraben ins Wasser fallen – fast 64 Min. brauchen, bis er auf dem Meeresboden in 10,92 km Tiefe anlangt. Dort beträgt der hydrostatische Druck etwa 1250 bar.

Der größte Golf ist der Golf von Mexiko mit einem Flächeninhalt von 1 500 000 km^2 und einer 4990 km langen Küstenlinie, die von Cape Sable, Florida (USA), bis Cabo Catoche (Mexiko) reicht.

Die größte Meeresbucht, gemessen nach der Länge der Küstenlinie, ist die Hudsonbay im nördlichen Kanada mit einer Küstenlinie von 12 268 km und einer Fläche von 822 300 km^2. Die Fläche der Bucht von Bengalen beträgt dagegen 2 172 000 km^2.

Der längste Fjord ist der Nordvestfjordarm des Scoresby-Sund in Ostgrönland, der 313 km vom Meer ins Land hineinreicht. Der längste norwegische Fjord ist der Sognefjord, der 183 km landeinwärts von Sygnefest bis zur Spitze des Lusterfjordarmes bei Skjolden reicht. Er ist kaum breiter als 4,75 km und an seiner tiefsten Stelle 1245 m tief. Der längste dänische Fjord ist der Limfjord (160 km).

Der höchste Berg auf dem Meeresgrund wurde 1953 in der Nähe des Tongagrabens zwischen Samoa und Neuseeland entdeckt. Er erhebt sich 8690 m vom Meeresboden, und der Meeresspiegel liegt 365 m über seiner Spitze.

Der landfernste Punkt liegt im Südpazifik ca. 48°30'S und 125°30'W. Er ist ca. 2670 km vom nächsten Flecken Land, nämlich der Pitcairninsel, der Ducieninsel und dem Cape Dart in der Antarktis, entfernt. Die diesen Punkt umgebende Wasserfläche hat eine Ausdehnung von 22 421 500 km^2 und ist damit 18 000 km^2 größer als das größte Land der Welt, die Sowjetunion.

Der südlichste Punkt des Ozeans befindet sich 85°34'S, 154°W am Auslauf des Robert-Scott-Gletschers, 490 km vom Südpol entfernt.

Die längste Seereise, die man machen kann, ist 31 960 km lang. Sie beginnt an einem Punkt westlich von Karatschi (Pakistan) und führt durch die Straße von Mosambik, die Drakestraße und das Beringmeer zu einem Punkt nördlich von Uka'Kamtschatka.

Die Wassertemperatur an der Meeresoberfläche reicht von – 2°C im Weißen Meer bis 35,6°C im Sommer an den seichten Stellen im Persischen Golf. Die Normaltemperatur des Roten Meeres ist 22°C.

Die höchste Temperatur, die im Meer gemessen wurde, betrug 404°C. Ermittelt wurde sie von einem Forschungs-Unterseeboot 480 km von der Westküste der USA im Rahmen einer Expedition unter Jack Diamond, Oregon State University (USA). Die Temperatur wurde in einzelnen Wasserproben dieser geothermischen Quelle gemessen. Der hohe Druck verhinderte ein Verdampfen des aufsteigenden Wassers.

MEERENGEN

Die längste Meerenge ist der Tatarensund zwischen der Insel Sachalin und dem sowjetischen Festland, der das Japanische Meer mit dem Ochotskischen Meer verbindet. Diese Strecke ist 800 km lang, also kaum länger als die Straße von Malakka.

Die breiteste Meerenge ist die Davisstraße zwischen Grönland und Baffinland mit einer Mindestweite von 338 km.

Die Drakestraße zwischen den Diego-Ramirez-Inseln (Chile) und den Südshetlandinseln hat eine Breite von 1140 km.

Die engste schiffbare Meerenge befindet sich zwischen der ägäischen Insel Euböa und dem griechischen Festland. Bei Chalkis ist sie nur 40 m breit. Der Seilsund in Strathclyde (Schottland) ist an einer Stelle nur 6 m breit. Dort verbindet eine Brücke die Insel mit dem Festland, man kann also sagen, daß durch sie der Atlantik überbrückt wird.

WELLEN

Die höchste Welle wurde von US-Marineleutnant Frederic Margraff gemessen, als er mit dem Schiff *Ramapo* auf dem Weg von Manila (Philippinen) nach San Diego, Kalifornien (USA), in der Nacht vom 6. zum 7. Februar 1933 durch einen Hurrikan fuhr, der mit einer Geschwindigkeit von 126 km/h daherraste. Er errechnete für die Welle vom Wellental bis zum Scheitel eine Höhe von 34 m.

Die höchste mit Instrumenten gemessene Welle war 26,2 m hoch und wurde vom britischen Schiff *Weather Reporter* im Nordatlantik am 30. Dezember 1972 59°N, 19°W verzeichnet.
Am 9. Juli 1958 löste ein Erdrutsch in der fjordartigen Lituya Bay, Alaska (USA), eine 524 m hohe Welle von 160 km/h aus.

Höchste Erdbebenwellen: Die höchste Höhe, die man für eine Tsunami (oft zu Unrecht Flutwelle genannt) schätzte, betrug 85 m und erschien bei Ischigaki, einer der Riukiuinseln, am 24. April 1771. Diese Erdbebenwelle schleuderte einen 750 t schweren Korallenblock über 2,5 km weit. Tsunami (ein japanisches Wort, das im Singular und Plural gleich ist) können eine Geschwindigkeit von 790 km/h erreichen. Am 4. Dezember 1984 wurde über Hinweise auf eine 300 m hohe Ozeanwelle berichtet, die sich am südlichen Strand von Lanai (Hawaii) gebrochen hat. Allerdings fand das Ereignis schon vor 100 000 Jahren statt, wahrscheinlich ausgelöst durch einen Meteoriteneinschlag, einen Vulkanausbruch oder einen untermeerischen Erdrutsch.

MEERESSTRÖMUNGEN

Die größte Meeresströmung ist der antarktische Zirkumpolarstrom oder die Westwindtrift. Messungen in der Drakestraße zwischen Südamerika und Antarktis ergaben 1969 einen

Der längste und tiefste Fjord Norwegens ist der Sognefjord. Im Westen des Landes erstreckt er sich mit seinen zahlreichen Seitenarmen über 183 km landeinwärts.

Wellenungetüme im Pazifik können extreme Höhen bei Längen von weit mehr als 100 m erreichen. Hier eine sich überschlagende Hawaii-Welle mit Gischt.

Strömungsfluß von 270 000 000 m^3/s, also fast 3mal soviel wie der Golfstrom. Seine Breite liegt zwischen 300 km und 2000 km, und seine Oberflächenströmung beträgt 0,75 km/h.

Die stärkste Strömung haben die Nakwakto Rapids in Slingsby Channel (Kanada) (51° 05′N, 127° 30′W), wo die Strömungsgeschwindigkeit 16 Knoten (29,6 km/h) erreichen kann.

GEZEITEN

Allgemein: Außergewöhnliche Gezeiten entstehen durch die Gravitationskraft des Mondes und der Sonne und der Einwirkung ihres Perigäums, Perihelions und ihrer Konjunktionen. Luftdruck und Wind können zusätzliche Verstärkungen hervorrufen, und der Verlauf der Küsten und des Meeresbodens beeinflußt gleichfalls die Wirkung der Gezeiten. Die Abstände zwischen den Tiden betragen durchschnittlich 12:25 Std.

Die stärksten Gezeiten gibt es in Kanada in der Bay of Fundy, die zwischen Neuschottland, Maine (dem nordöstlichsten Staat der USA) und der kanadischen Provinz New Brunswick liegt. Burncoat Head im Minasbecken in Neuschottland hat mit 14,50 m den höchsten mittleren Tidenhub in der Welt. Ein Tidenhub von 16,60 m bei Springfluten wurde 1953 im Leafbecken (Kanada) gemessen. Tahiti kennt keinen Tidenhub.

Der größte Tidenhub an der deutschen Nordseeküste wurde 1978 mit 4,17 m an der großen Weserbrücke in Bremen ermittelt. Der mittlere Tidenhub ist das Jahresmittel aus den Unterschiedsbeträgen zwischen Tidenhochwasser und Tidenniedrigwasser.

In der Ostsee gibt es keinen regelmäßigen und vorher bestimmbaren Wechsel zwischen Ebbe und Flut.

EISBERGE

Der größte Eisberg war ein antarktischer Tafelberg von über 32 000 km^2 (335 km × 97 km, also größer als Belgien), der am 12. November 1956 von dem US-Schiff *Glacier* 240 km W von der Scott-Insel im südlichen Pazifik gesichtet wurde.
Die 1946 entdeckte, 61 m dicke arktische Eisinsel T. 1 (360 km^2) konnte 17 Jahre lang geortet und gemessen werden.

Der höchste Eisberg hatte eine Höhe von 167 m und wurde von dem US-Eisbrecher *East Wind* 1958 nahe der Westküste von Grönland gesichtet.

Der südlichste arktische Eisberg wurde im April 1935 von einem US-Wetterbeobachtungsschiff im Atlantischen Ozean 28° 44′N, 48° 42′W gesichtet.

Der nördlichste antarktische Eisberg war ein Eisbergrest, der am 30. April 1894 von dem Handelsschiff *Dochra* im Atlantik 26° 30′S, 25° 40′W gesichtet wurde.

LAND

Allgemein: Für die Wissenschaft gilt es als erwiesen, daß das gesamte Landgebiet unseres Planeten in einem einzigen Urkontinent von 2×10^8 km^2 Größe vereinigt war, der Pangaea genannt wird. Dieser spaltete sich vor ca. 190 Mio. Jahren während des Juras in zwei Superkontinente, die mit Laurasien (Eurasien, Grönland und Nordamerika) und Gondwanaland (Afrika, Arabien, Indien, Südamerika, Ozeanien und Antarktis) bezeichnet werden.

Der Name des zweiten Superkontinents ist von der indischen Landschaft Gondwana abgeleitet. Seine Aufspaltung begann vor 120 Mio. Jahren. Der Südpol dürfte noch vor ca. 450 Mio. Jahren während des Ordoviziums im Gebiet der Sahara gelegen haben.

Plattentektonik bestätigt. Europa entfernt sich derzeit von Amerika um 1,5 cm jährlich, der Abstand zwischen Indien und Südamerika wächst um 5–6 cm pro Jahr; Australien hingegen bewegt sich jährlich um 7 cm auf Hawaii zu, während Nordamerika von der pazifischen Platte wegdriftet. Das ergaben Präzisionsmessungen mit Laserstrahlen und Radioteleskopen über 10 Jahre hinweg. Die von der US-Raumfahrtbehörde NASA veröffentlichten Resultate sind ein glänzender Beweis für die Theorie der Plattentektonik, für die langsamen Verschiebungen der Platten der Erdlithosphäre.

GESTEIN

Das Alter der Erde wird auf 4450 ± 50 Mio. Jahre geschätzt. Zwar existiert auf der Erdoberfläche kein Gestein dieses Alters mehr, doch aus der Analyse von Mondmaterialproben und Meteoriten läßt sich dieser Wert recht genau ableiten.

Das älteste erhaltene Gestein ist ein Granit-Gneis aus dem Gebiet der Granite Falls im Stromgebiet des Minnesota (USA). Sein Alter wurde mit Hilfe der Blei-Isotopen- und Rubidium-Uran-Methode auf 3800 ± 100 Mio. Jahre bestimmt. Dieses metamorphe Material entspricht dem Amitsoq-Gneis aus Godthaab (Grönland), dessen Alter eindeutig als zwischen 3700 und 3750 Mio. Jahren anerkannt ist. 1983 wurde berichtet, daß Zirkonsilikat-Kristalle vom Mount Narrayer (Australien) 4200 Mio. Jahre alt sind.
Wissenschaftler der Universität Freiburg gaben im November 1985 die Entdeckung des äl-

Bodenproben aus der Ozeankruste

Mit einem neuen Tiefsee-Bohrschiff wollen Geowissenschaftler Informationen über die Erde gewinnen. Es ist die *JOIDES Resolution*, die mit ihren 18 000 t Wasserverdrängung Platz für rund 50 Forscher und ihre Laboratorien bietet. JOIDES ist eine internationale wissenschaftliche Organisation, die sich bereits seit 1964 mit der Entnahme von ozeanischen Bodenproben aus der tiefen Erdkruste beschäftigt. Von 1968 bis 1983 wurden diese Untersuchungen mit der *Glomar Challenger* durchgeführt, die im freien Wasser präzise bohren konnte, ohne abzudriften. In Wassertiefen von über 6000 m war es möglich, noch mehr als 1000 m tief in die ozeanische Kruste einzudringen. Mit 1092 Bohrungen an 624 Positionen rund um den Globus wurden entscheidende Erkenntnisse zur Plattentektonik, zur Geschichte der Ozeane und der Kontinente gesammelt.
Die *JOIDES Resolution* soll diese Untersuchungen nicht nur fortsetzen, sondern wesentlich erweitern. Man erwartet Aufschlüsse zur Klimaentwicklung der Erde aus den sorgfältigen Analysen der Bohrkerne und möchte auch die Hypothese amerikanischer Wissenschaftler überprüfen, nach der der Spiegel der Weltmeere rhythmisch steigt und fällt, und zwar in Zeiträumen von wenigen bis einigen hundert Millionen Jahren.

Japan ist um eine Insel reicher. Sie entstand durch den Ausbruch des unter dem Wasserspiegel liegenden Seevulkans Fukuto Kuokanoba im westlichen Pazifik, rund 1200 km südlich von Tokio (s. S. 128).

testen Gesteins Deutschlands bekannt. Der kleine dunkelgrüne Felsen, bestehend aus Eklogit, ist nach einer wissenschaftlichen Altersbestimmung 2,07 Mrd. Jahre alt.

Der größte Gesteinskomplex ist der am 3. Juni 1858 320 km östlich von Carnarvon (Australien) entdeckte Mount Augustus (1105 m üNN). Der Fels ist aus einem 8 × 3 km^2 großen monoklinen sandigen Konglomerat. Er ist also doppelt so groß wie der berühmte Ayer's Rock (Australien), ein Monolith aus roter kambrischer Arkose, der sich 400 km südwestlich von Alice Springs in Nordaustralien 348 m in die Höhe reckt. Rund 61355 t wiegt nach Schätzungen aus dem Jahr 1940 La Gran Piedra, ein Felsbrokken aus Vulkangestein in der Sierra Maestra (Kuba).

KONTINENTE

41,25 Prozent der Erdoberfläche, 210400000 km^2, bestehen aus Landmassen. ⅔ davon oder 29,08 Prozent der Erdoberfläche (148328000 km^2) liegen über Wasser mit einer mittleren Höhe von 756 m über dem Meeresspiegel. Die eurasische Landmasse mit einer Ausdehnung von 53698000 km^2 (einschließlich Inseln) ist der größte Kontinent. Die afro-eurasische Landmasse, die durch den Suezkanal nur künstlich getrennt ist, hat eine Ausdehnung von 83483000 km^2, also 56,2 Prozent der Landmasse der Erde.

Der kleinste Kontinent ist das australische Festland mit einer Ausdehnung von 7618493 km^2. Zusammen mit Tasmanien, Neuseeland, Neuguinea und den pazifischen Inseln wird die ganze Gruppe auch Ozeanien genannt. Das gesamte Gebiet von Ozeanien hat eine Fläche von ca. 8935000 km^2 einschließlich Westirian (vormals Westneuguinea), das politisch zu Asien gehört.

Der Vulkanismus der kolumbianischen Feuerberge führte im November 1985 zum verheerenden Ausbruch des Nevado del Ruiz. Ursache war die Kollision zweier Erdkrustenplatten. In der Übersicht der gefährdete »Feuergürtel« mit der Vulkan- und Erdbebenzone an der amerikanischen Westküste.

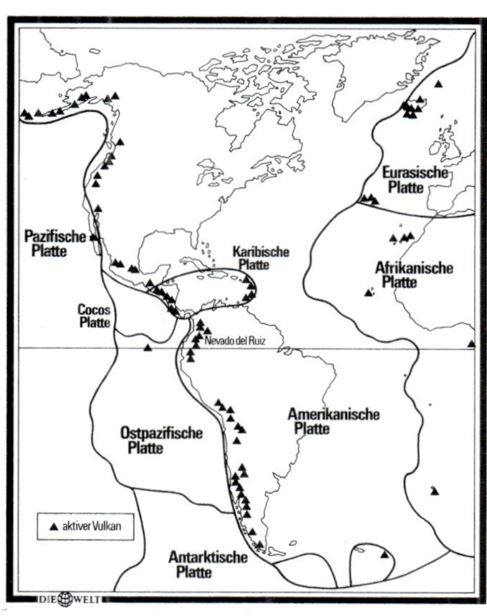

Weitester Küstenabstand: In der Dzoosotoyn-Elisen-Wüste (China) liegt jener – kartographisch noch nicht fixierte – Punkt, der nach allen Himmelsrichtungen weiter von einer Meeresküste entfernt ist als irgendein anderer Punkt auf der Erde. Die Mindestentfernung zum offenen Meer beträgt 2400 km. Die nächste größere Stadt südlich dieses Punktes ist Urumtschi.

In Mitteleuropa liegt das Gebiet um die Stadt Heilbronn (Baden-Württemberg) im Zentrum zwischen Nordsee, Ostsee, Adria und Ligurischem Meer.

Der geographische Mittelpunkt der Bundesrepublik Deutschland liegt, den neuesten Vermessungen zufolge, am Ortsrand des Städtchens Rennerod a. Westerwald (Rheinland-Pfalz), 450 m üNN.

Die größte Halbinsel der Welt ist Arabien mit einer Fläche von 3250000 km^2.

INSELN

Die größte Insel, wenn man Australien nicht als Insel, sondern als kontinentale Landmasse betrachtet, ist Grönland (oder Kalaatdlit Nunaat, so heißt es seit dem 1. Mai 1979 wieder in der Landessprache) mit ca. 2175000 km^2. Allerdings besteht Grönland aus mehreren von einer Eisdecke (durchschnittlich 1500 m, maximal ca. 3400 m mächtig) bedeckten Inseln, ohne die es nur 1680000 km^2 groß wäre.

Die größte deutsche Insel ist Rügen (DDR) in der Ostsee mit einer Fläche von 926,4 km^2.

Die größte Insel der Bundesrepublik Deutschland ist die Ostseeinsel Fehmarn (Schleswig-Holstein) mit einer Fläche von 185,1 km^2.

Die größte Insel im Süßwasser ist die Ilha de Marajo (48000 km^2) in der Amazonasmündung in Brasilien. Die größte Binneninsel (das heißt zwischen Flüssen liegendes Land) ist die Ilha do Bananal in Brasilien mit 18130 km^2.

Die größte Insel in einem See ist Manitoulin (2766 km^2) im kanadischen (Ontario-)Gebiet des Huronsees.

Die größte Binnenlandinsel der Bundesrepublik ist die Bodenseeinsel Reichenau (Baden-Württemberg) mit 4,5 km^2 Fläche.

Österreichs größte Insel ist 5,25 ha groß und liegt im Neusiedler See. Es ist die Apetlonen-Schilf-Insel an der Grenze zu Ungarn; eine reine Moorinsel, die nicht bebaubar ist.

Die größte Schweizer Insel ist die Île de St. Pierre im Bieler See (franz. Schweiz). Da der Seespiegel ständig sinkt, vergrößert sich die Insel von Jahr zu Jahr. 1978 betrug ihre Fläche 89 ha.

Die entlegenste unbewohnte Insel ist Bouvet Øya (ehem. Liverpoolinsel) im Südatlantik. Sie wurde am 1. Januar 1739 von Bouvet de Lozier entdeckt und zum ersten Mal am 16. Dezember 1825 von Kapitän George Norris betreten. Sie liegt 54° 26′S, 3° 24′O. Dieses unbewohnte norwegische Schutzgebiet ist ca. 1700 km vom nächsten Festland, der unbewohnten Küste von Queen-Maud-Land, entfernt.

Die entlegenste bewohnte Insel ist Tristan da Cunha im Südatlantik. Sie wurde im März 1506 von Tristao da Cunha, einem portugiesischen Admiral, entdeckt. Sie hat einen Flächeninhalt von 98 km^2, wovon 31 km^2 bewohnbar sind. Am 14. August 1816 wurde sie von Großbritannien annektiert. Nachdem die Inselbewohner wegen vulkanischer Tätigkeit 1961 evakuiert werden mußten, kehrten im November 1963 198 von ihnen wieder auf die Insel zurück. Dieser Insel am nächsten gelegen ist die Insel St. Helena, 2120 km in nordöstlicher Richtung entfernt. Die Entfernung zum nächsten Kontinent, Afrika, beträgt 2735 km.

Das größte lebende Korallenriff der Erde – das Great Barrier Reef – erstreckt sich auf 2027 km Länge vor der Nordostküste Australiens, von der Torresstraße bis zum südlichen Wendekreis. Zum Stillen Ozean bricht es steil bis zu 1500 m Tiefe ab.

Salzablagerungen säumen die Ufer des Toten Meeres. Es zählt mit 280 g Salz/l Wasser zu den salzhaltigsten Gewässern der Erde. Die Wasseroberfläche des abflußlosen Seebeckens liegt 400 m unter Meeresniveau.

Die höchste aus dem Meer ragende Felsspitze ist Ball's Pyramid in der Nähe der Lord-Howe-Insel im Pazifik. Sie ist 561 m hoch, ihre Basisachse ist aber nur 200 m lang. Sie wurde 1965 zum ersten Mal erklommen.

Den nördlichsten Landzipfel entdeckte Uffe Petersen vom dänischen Geodätischen Institut am 26. Juli 1978: die Mini-Insel OOdaq (30 m Durchmesser), die 1,36 km nördlich von der grönländischen Kaffeeklubinsel liegt. Die Position der Insel OOdaq: 83°40'32,5"N, 30°40' 10,1"W. Vom Nordpol ist sie 706,4 km entfernt.

Südlichstes Land: Im Gegensatz zum Nordpol befindet sich der Südpol auf Festland. Die Amundsen-Scott-Südpolarstation wurde dort 1957 in einer Höhe von 2855 m erbaut. Zusammen mit der Eisdecke treibt sie 8–9 m im Jahr in Richtung 43°W und wurde 1975 durch ein neues Gebäude ersetzt.
Die Sommerstation Filchner der westdeutschen Antarktisforschungsgruppe wird zur Zeit westlich der Berknerinsel auf 77°9'5"S, 50°38'13"W auf dem Ronne-Eisschelf errichtet. Sie soll als Basis für wissenschaftliche Untersuchungen dienen, wie zum Beispiel solche über die Bewegungen des Schelfeises, für Klimabeobachtungen, Radaruntersuchungen der Gletscherstruktur und über die Bildung von Eisbergen. Außerdem sollen meeresbiologische und ozeanographische Tests durchgeführt werden.

Landgewinn durch Eindeichung

Im Januar 1986 wurde der niederländische Distrikt Flevoland, das Festland, das aus der Nordsee kam, zur 12. Provinz proklamiert. 90000 ha Polderlandschaft sind hier entstanden, nach einem Konzept, das auf den Wasserbauingenieur Cornelius Lely zurückgeht. Der Plan zur Neulandgewinnung in der Zuidersee entstand bereits im Ersten Weltkrieg, als in den Niederlanden die Nahrungsmittel knapp waren. In den dreißiger Jahren wurde dann die Zuidersee an ihrem engen Ausgang zur Nordsee durch einen 30 km langen, 10 m hohen und 90 m breiten Damm geschlossen. Ideen und Vorarbeiten stammten von Cornelius Lely, der später auch als Minister für Wasserwirtschaft für sein eigenes Projekt verantwortlich war. Aus der Meeresbucht wurde so der Süßwasser-Binnensee Ijsselmeer. 1937 begann man mit der Trockenlegung der eingedeichten Gewässer. Dreißig Jahre später waren Mrd. m^3 Wasser abgepumpt worden. Allein aus dem heutigen Ostflevoland saugten die Pumpwerke 1,5 Mrd. m^3 Wasser ab, und sie tun es noch immer. Die Eindeichung ist noch nicht abgeschlossen; zur Diskussion steht die Einpolderung des Markerwaardmeers. Sie ist allerdings stark umstritten.

Der größte Archipel ist die 5600 km lange, sichelförmige, aus über 13000 Inseln bestehende Inselgruppe, aus der sich Indonesien zusammensetzt.

Die jüngste Insel der Welt ist das halbmondförmige Eiland aus Lava und Geröll Fukuto Kuokanoba in der Nähe von Iwo Jima im westlichen Pazifik, rund 1200 km südlich von Tokio. Im Januar 1986 ist sie durch einen Vulkanausbruch unter See entstanden, ist 650 × 450 m lang und erhebt sich etwa 20 m über den Meeresspiegel.

Das größte Atoll ist Kwajalein in den Marshallinseln im Zentralpazifik. Sein schmales, 283 km langes Korallenriff umgibt eine 2850 km^2 große Lagune.

Das Atoll mit der größten Landoberfläche ist das Christmas-Atoll in den Lineinseln im Zentralpazifik. Ihr Flächeninhalt beträgt 642 km^2, davon 323 km^2 Land, und ihre Hauptsiedlungen, London und Paris, sind 4 km voneinander entfernt.

Das längste Riff ist das Great Barrier Reef gegenüber von Queensland (Australien). Es ist 2027 km lang. Zwischen 1959 und 1971 wurde ein großes Gebiet zwischen Cooktown und Townsville durch die übermäßige Vermehrung einer Seesternart namens *Acanthaster planci* (Dornenkronenseestern) zerstört.

VERTIEFUNGEN

Die tiefste Senke, die bisher entdeckt wurde, ist der Felsgrund des antarktischen Bentleygrabens, eines Subgletschers. Er liegt 2538 m unter dem Meeresspiegel.

Die größte submarine Senke ist ein großes Gebiet des Meeresbodens im NW-Pazifik mit einer durchschnittlichen Tiefe von 4570 m.

Die tiefste freiliegende Senke an Land ist die Küste des Toten Meeres, die 400 m unter dem

Meeresspiegel liegt. Der tiefste Punkt auf dem Grund dieses Sees ist 728 m unter seinem Wasserspiegel.

Die tiefste Stelle des Baikalsees in Sibirien (UdSSR) liegt 1485 m unter dem Meeresspiegel.

Der tiefste Punkt der Bundesrepublik Deutschland ist Freepsum, 7 km nordwestlich von Emden (Ostfriesland). Er liegt 2,3 m uNN.

Österreichs tiefster Punkt befindet sich im Neusiedler See, dessen tiefste Stelle 113 m üNN liegt.

In der Schweiz ist das Ufer des Lago Maggiore (Kanton Tessin) mit 193 m üNN der tiefstgelegene Punkt dieses Alpenstaats.

Die größte freiliegende Senke ist das Becken des Kaspischen Meeres in der aserbaidschanischen, russischen, kasachischen und turkmenischen Republik der UdSSR und dem nördlichen Iran. Sie ist über 518 000 km^2 groß, wovon 371 800 km^2 vom Meer eingenommen werden. Das bei weitem größte Landgebiet der Senke ist die Prikaspiyskaya Nizmennost, die das nördliche Drittel des Ufers bildet, und reicht bis zu 450 km landeinwärts.

HÖHLEN UND GROTTEN

Das längste Höhlensystem der Welt ist der Mammuthöhlen-Nationalpark in Kentucky (USA). Die Höhlen wurden 1799 entdeckt. Am 9. September 1972 stellte ein Forschungstrupp unter Leitung von Dr. John P. Wilcox eine Verbindung zwischen dem Flint-Ridge-Höhlen-System und dem Mammuthöhlen-System her, ein Unternehmen, das Patricia Crowther am 30. August in Angriff genommen hatte. Der erforschte und kartographierte Höhlenverbund hat inzwischen eine Gesamtlänge von 530 km.

Die größte Höhlenkammer, Lubang Nasib Bagus, befindet sich im Gunung-Mulu-Nationalpark von Sarawak (Malaysia). Sie ist 700 m lang, im Durchschnitt 300 m breit und an ihrer niedrigsten Stelle 70 m hoch. Eine britisch-malaysische Expedition hat die riesige Höhlenkammer 1980 entdeckt. In ihr könnten mühelos 7500 Busse abgestellt werden.

Die tiefsten Höhlen der Erde

(Die Angaben werden ständig überprüft und berichtigt.)

Tiefe (m)		
1535	Jean Bernard (Réseau de Foillis), Haute Savoie	Frankreich
1370	Sneznaja, Kaukasus	UdSSR
1342	Réseau de La Pierre-St.-Martin, Haute Savoie	Frankreich/Spanien
1338	Puerta de Illamina	Spanien
1252	Sistema Huautla	Mexiko
1219	Schwern-Höhlen-system	Österreich
1208	Complesso Fighiera Carchia	Italien
878	Hölloch	Schweiz
70	Laichinger Tiefenhöhle	Bundesrepublik Deutschland

Höhlen unter der Schwäbischen Alb

Die längste bisher bekannte deutsche Unterwasserhöhle hat Jochen Hasenmayer im November 1985 unter der Schwäbischen Alb entdeckt. Seit 25 Jahren hat er diese Höhle vom Blautopf bei Blaubeuren aus immer wieder erkundet, bis es ihm nun gelungen ist, nach rund 1300 m in den ersten Auftauchraum vorzudringen. Diese Tropfsteinhalle hat ein Ausmaß von 120 m Länge, bis zu 25 m Breite und über 30 m Höhe. Doch Hasenmayer scheint erst am Anfang einer noch größeren Aufgabe zu stehen: Die vor etwa 25 Mio. Jahren entstandene Höhle läßt die Vermutung zu, daß die Kalkplatte zwischen Schwäbischer Alb und den Alpen, also große Teile des Voralpengebiets, von einem solchen Höhlensystem durchzogen ist. Sollte sich die Vermutung bestätigen, so ist mit einem gewaltigen Heißwasserreservoir in etwa 2000 m Tiefe zu rechnen – eine natürliche Energiequelle für Jahrhunderte.
Zur Ausrüstung von Jochen Hasenmayer gehörten übrigens ein »Reittorpedo« und das größte Atemgerät, das je gebaut wurde: Es verfügt über 20 000 l Preßluft.

Die größte der ca. 4000 deutschen Höhlen ist die Kluterthöhle in Ennepetal-Altenvoerde (Sauerland) mit einem Rauminhalt von 475 km^3. Sie gilt als Asthmaheilstätte.

Die größte Höhle in Österreich und zugleich die größte Eishöhle der Welt ist die Eisriesenwelt im Tennengebirge bei Werfen (Land Salzburg). Die Höhle wurde 1879 entdeckt, die erforschte Ganglänge beträgt 42 km.

Die Schweizer Höhle mit dem längsten Gangsystem ist das Hölloch (Kanton Schwyz), dessen 116 km langen Gänge eine Höhendifferenz von 576 m überwinden. Sie ist 878 m tief.

Der längste Höhlenfluß der Welt wird inzwischen im türkischen Taurus-Gebirge in 600 m Tiefe vermutet. Er wurde vom Frankfurter Geologen Gerhard E. Schmitt entdeckt; genaue Messungen liegen noch nicht vor.

Eine unberührte Märchenwelt erwartet die Höhlenforscher 600 m unter dem Gipfel des türkischen Taurus-Gebirges. Hier ein versteinerter Wasserfall über einem der 200 m langen Höhlenseen.

STALAKTITEN UND STALAGMITEN

Den längsten Stalaktiten gibt es in der Nähe von Malaga (Spanien) in der Cueva de Nerja. Er wird von einer Wand gestützt und hat – von der Decke bis zum Boden – eine Länge von 59 m. Den längsten freihängenden Stalaktiten gibt es, soweit bekannt, in der Poll-an-Ionain-Höhle (Irland). Er hat eine Länge von 7 m.

Die größte Höhlensäule ist vermutlich der »Pfeiler des Fliegenden Drachen« mit 39 m in der Neun-Drachen-Höhle (Daji Dong) in Gizhou (China).

Größter verzweigter Stalaktit ist mit einer Länge von 32,3 m die Bicentennial Column in der Ogle-Höhle, die zum Carlsbad-Caverns-Nationalpark in New Mexiko (USA) gehört.

Der höchste Stalagmit, der bis jetzt entdeckt wurde, ist La Grande Stalagmite in der Aven-Armand-Höhle (Frankreich), der eine Höhe von 29 m erreicht hat. Er wurde 1897 entdeckt.

Die höchsten Stalagmiten in der Bundesrepublik Deutschland sind die Tropfsteinsäulen in der »Fürstengruft« der Erdmannshöhle bei Hasel (Baden-Württemberg). Sie sind über 4 m hoch.

GEBIRGE

Höchste Gipfel: Aufgrund von Theodolitenmessungen aus den Jahren 1849 und 1850 stellte die Landvermessungsbehörde der indischen Regierung 1852 fest, daß ein 8848 m hoher Gipfel des östlichen Himalajagebirges an der Grenze zwischen Tibet und Nepal der höchste Berg der Welt ist. 1860 wurde seine

Wenig einladend ist die Nordwand des welthöchsten Inselbergs mit ihren 4884 m. Der Puncak Jayak auf Indonesien war vor dem Abschmelzen seiner Schneekappe noch 4910 m hoch.

Die höchste deutsche Erhebung mit 2962 m Höhe findet sich im Wettersteingebirge: die Zugspitze ist die Touristenattraktion. Seilbahn, Z-Bahn, elektrische Zahnradbahn und Großkabinenseilbahn führen zur Gipfelregion.

Höhe mit 8840 m errechnet. Am 25. Juli 1973 meldeten die Chinesen, daß er 8848 m hoch sei. Allgemein wird eine Durchschnittshöhe von 8848 m zugrunde gelegt. Dieser Gipfel wurde nach Sir George Everest (1790–1866), vormals »Surveyor-General« in Indien, Mount Everest genannt. Der Gipfel heißt auch: Sagarmatha (nepalesisch), Qomolongma (chinesisch) und Mi-ti Gu-ti Cha-pu Long-na (tibetanisch). Seit dem ersten Besteigungsversuch 1921 kamen 11 Menschen ums Leben, bis der Mount Everest am 29. Mai 1953 um 11 Uhr 30 von dem Neuseeländer Sir Edward Hillary (*20. Juli 1919) und Sherpa Tenzing Norgay (1914–86) erstmals erobert werden konnte.

Am weitesten vom Mittelpunkt der Erde entfernt ist die Spitze des Chimborasso (6267 m) in den Anden (Ecuador). Er erhebt sich 158 km südlich des Äquators und übertrifft, absolut gesehen, die Gipfelhöhe des Mount Everest um 2150 m.

Der höchste Berg auf dem Äquator ist der Vulkan Cayambe (5878 m) in Ecuador, 77° 58′W. Ein Gipfelbezwinger würde sich – bedingt durch die Erdrotation – mit 1671 km/h relativ zum Erdmittelpunkt bewegen.

Der höchste Inselberg ist der Puncak Jayak, ehemals Puncak Sukarno, ehemals Carstensz Pyramide, in Irian Jaya (Indonesien, vormals Niederländisch-Neuguinea). Gegenüber der bisher angenommenen Höhe von 5030 m ergaben Messungen einer australischen Forschergruppe 1973 einen Wert von 4884 m. Der Ngga Pulu, jetzt 4861 m, war 1936 vor dem Abschmelzen der Schneekappe etwa 4910 m hoch.

Den größten Gebirgswall bildet der 7772 m hohe Berg Rakaposhi in Pakistan. In der Vertikalen erhebt er sich 5,99 km über das Hunzatal, in der Horizontalen breitet er sich über 10 km aus. Gesamtgefälle: 31 Grad.

Der höchste noch nicht erstiegene Berg steht erst an 31. Stelle unter den höchsten Bergen. Es ist der Zemu Gap Peak (7780 m) im Sikkimer Himalajagebirge.

Der größte von seiner submarinen Basis bis zur Spitze gemessene Berg ist der Mauna Kea (Weißer Berg) im Hawaiischen Graben auf der Insel Hawaii. Seine Gesamthöhe beträgt 10 203 m, wovon sich 4205 m üNN befinden.
Ein anderer Berg, dessen Ausmaße, aber nicht seine Höhe, über den Mount Everest hinausgehen, ist der vulkanische Gipfel des Mauna Loa (Langer Berg) auf Hawaii mit 4170 m.

Höchster Berg Deutschlands ist die 2962 m hohe Zugspitze im Wettersteingebirge. Zum ersten Mal wurde die Zugspitze am 27. August 1820 erstiegen.

Der höchste Berg in der DDR ist der Fichtelberg im Erzgebirge mit einer Höhe von 1214 m.

Höchster Berg Österreichs ist der Großglockner in den Hohen Tauern. Der 3797 m hohe Berg wurde am 28. Juli 1800 zum ersten Mal erstiegen.

Höchster Berg der Schweiz ist die 4634 m hohe Dufourspitze der Monte-Rosa-Gruppe in den Walliser Alpen. Sie wurde am 1. August 1855 erstmals bezwungen.

Das höchste Gebirge ist der Himalaja-Karakorum mit 96 von den 109 Gipfeln der Welt, die über 7315 m hoch sind.

Das ausgedehnteste aller Gebirge sind die submarinen Kordilleren im Indischen Ozean und Ostpazifik, die sich 30 900 km vom Golf von Aden bis zum Golf von Kalifornien erstrecken, sich zwischen Australien und dem Südpolargebiet hinziehen und eine mittlere Höhe von 2430 m über dem Meeresboden haben.

Der Berg, der am weitesten sichtbar ist, ist der Vatnajökull (2118 m) in Island. Ihn kann man von den 550 km entfernten Färöern aus erkennen. Der Mount McKinley in Alaska (6193 m) ist vom 370 km entfernten Mount Sanford (4949 m) zu sehen.

Das ausgedehnteste Hochplateau ist das tibetanische Plateau in Zentralasien. Seine mittlere Höhe ist 4875 m und sein Flächeninhalt 200 000 km^2.

Die steilste Felsenwand ist die 975 m breite NW-Seite von Half Dome, Yosemite (USA). Sie ist 670 m hoch, weicht aber nirgends um mehr als 7 Grad von der Vertikalen ab. Sie wurde zum ersten Mal im Juli 1957 erklettert (Klasse VI).

Höchste Haliten: An den nördlichen Ufern des Golfes von Mexiko entlang gibt es über eine Entfernung von 1160 km 330 unterirdische Salz-»Berge«, von denen einige über 18 300 m vom Grundgestein emporragen und als niedrige Salzkuppeln sichtbar sind. Sie wurden 1862 entdeckt.

Niedrigster Hügel: Auf der amtlichen Landkarte von Seria (Brunei) ist ein 4,5 m hohes künstliches Hügelchen namens Bukit Thompson auf dem Panaga-Golfplatz als 13. Loch verzeichnet.

SEEN UND BINNENMEERE

Der größte Binnensee der Welt ist das Kaspische Meer im Süden der UdSSR und im Iran. Es ist 1225 km lang und 371 800 km^2 groß. Davon gehören 143 200 km^2 (39,7 Prozent) zum Iran. Das Kaspische Meer ist bis zu 1025 m tief und liegt 28,50 m unter dem Meeresspiegel. Es enthält schätzungsweise 89 600 km^3 Salzwasser. Das Kaspische Meer unterliegt ständig Veränderungen: Seine Oberfläche lag im 11. Jh. 32 m, Anfang des 19. Jh.s 22 m unter dem Meeresspiegel.

Die sowjetische Regierung will den Lauf des Flusses Pechora, der nordwärts in die Barentsee mündet, mit der Sprengung eines 112 km langen Kanals in den südwärts fließenden Kolva umkehren und so über die Kama und Wolga mehr Wasser in das Kaspische Meer lenken, um es aufzufüllen.

Die größte Wasserzunahme erfolgt im Great Salt Lake – einem der mit 25–27 Prozent Salzgehalt stärksten salzhaltigen Gewässer der Erde. Seit 1982 ist der Wasserstand des Großen Salzsees im amerikanischen Bundesstaat Utah um 3 m gestiegen; zugleich hat sich seine Gesamtfläche von durchschnittlich 2600 km^2 mehr als verdoppelt. Noch vor 20 Jahren hatten die Wissenschaftler angenommen, der Salzsee werde völlig austrocknen. Die Ursache für den Wasseranstieg ist noch nicht bekannt. Sie könnte mit klimatischen Veränderungen zusammenhängen.

Den größten Flächeninhalt eines Süßwassersees, nämlich 82 350 km^2, hat der Lake Superior (Oberer See) in Nordamerika. 53 600 km^2 seiner Fläche gehören zu den USA, 27 750 km^2 zu Kanada. Der See liegt 182 m üNN und ist bis 393 m tief.

Den größten Rauminhalt eines Süßwassersees hat der Baikalsee (UdSSR). Seine Wassermenge wird auf 23 000 km^3 geschätzt.

Der größte See Deutschlands ist mit 538,5 km^2 der Bodensee. Doch nur 319 km^2 des Sees gehören zur Bundesrepublik Deutschland. Der österreichische Anteil beträgt 51 km^2, der der Schweiz 168,5 km^2.
Der größte See, der zur Gänze in der Bundesrepublik Deutschland liegt, ist mit 80 km^2 der Chiemsee in Bayern.

Der größte See der DDR ist der Müritzsee bei Neubrandenburg in Mecklenburg mit einer Fläche von 116,8 km^2.

Der größte See Österreichs ist der Neusiedler See, obwohl von dessen 320 km^2 ein kleiner Teil auf ungarischem Gebiet liegt. Dieser flache See (max. Tiefe 3,5 m) ist der einzige mitteleuropäische Steppensee und ein berühmtes Vogelparadies.
Der Attersee ist mit seinen 46,7 km^2 der größte See, der mit seiner Gesamtfläche auf österreichischem Boden liegt.

Der größte Schweizer See ist der Genfer See. Von seinen 581,50 km^2 liegen 234 km^2 auf französischem Gebiet. Dort heißt er Lac Léman.

Die größte Lagune ist die Lagoa dos Patos im südlichsten Teil Brasiliens. Sie ist 254 km lang und erstreckt sich über 10 645 km^2.

Nahezu senkrecht ragt die Nordwestwand des Half-Dome-Felsens im kalifornischen Yosemite steil in 670 m Höhe.

Der tiefste See ist der sibirische Baikalsee (UdSSR). Er ist 620 km lang und 32–74 km breit. Nach Messungen aus dem Jahr 1957 ist der Olkhon-Spalt des Sees 1940 m tief, also 1485 m unter dem Meeresspiegel.

Der tiefste deutsche See ist der Bodensee, denn seine tiefste Stelle (252 m) liegt auf dem Gebiet der Bundesrepublik Deutschland.

Der tiefste österreichische See ist mit bis zu 191 m der oberösterreichische Traunsee am Fuß des Traunsteins im Salzkammergut.

Der tiefste ganz zur Schweiz gehörende See ist der Brienzer See mit 261 m Tiefe (Kanton Bern).

Der höchstgelegene See, auf dem Schiffsverkehr möglich ist, ist der Titicacasee (Maximaltiefe 370 m) mit einem Flächeninhalt von 8285 km^2, wovon 4790 km^2 zu Peru und 3495 km^2 zu Bolivien gehören. Er ist 209 km lang und liegt 3811 m über dem Meeresspiegel.
Es gibt einen Gletschersee ohne Namen in der Nähe des Mount Everest in einer Höhe von 5880 m. Der größte See in Tibet, Nam Tso, erstreckt sich über 1956 km^2 und liegt in einer Höhe von 4578 m.

Der höchste See der Bundesrepublik Deutschland ist der Rappensee im Hoch-Allgäu auf einer Höhe von 2046 m.

Der höchste See Österreichs ist der Rötenkarsee in den Stubaier Alpen. Er liegt auf 2930 m.

Höchster See der Schweiz ist der Lais da Rims im Unterengadin, der oberste See liegt in 2834 m Höhe.

See auf einem See: Der größte See auf einem See ist der Manitousee (106,42 km^2) auf Manitoulin, der größten Binneninsel der Welt (2766 km^2), im kanadischen Teil des Huronsees, in dem noch einige weitere Inseln liegen.

Der größte unterirdische See soll der Lost Sea sein, der 91 m unter der Erde in den Craig-

Der Große Salzsee im US-Bundesstaat Utah entwickelt sich zu einem landverzehrenden Ungeheuer. Der Wasserspiegel stieg seit 1982 um 3 m – der See schwappt über (s. S. 131).

Die größte Wüste ist die Sahara Nordafrikas. Die Dünenlandschaft wird von einer eigentümlich roten

head-Höhlen (USA) liegt, 1,8 ha mißt und 1905 entdeckt wurde.

WÜSTEN

Die größte Wüste: Fast ein Achtel des Festlandgebietes der Welt ist trocken und hat weniger als 25 cm Regen im Jahr.
Die Sahara in Nordafrika ist die größte Wüste. An ihrer längsten Stelle mißt sie 5150 km von O nach W. Von N nach S mißt sie zwischen 1275 und 2250 km, und ihr Flächeninhalt beträgt 8,4 Mio. km². Ihre tiefste Stelle, in der Quattârasenke in Ägypten, liegt 132 m unter dem Meeresspiegel; an ihrer höchsten Stelle, dem Berg Emi Koussi im Tschad, hat sie eine Höhe von 3415 m. Die Tagestemperaturspanne kann mehr als 45°C betragen.

Die höchsten Sanddünen wurden in Zentralalgerien im Sandmeer Isouane-n Tifernine in der Sahara (26°42′N, 6°43′O) gemessen. Ihre Wellen sind fast 5 km lang und bis zu 430 m hoch.

SCHLUCHTEN

Die größte Festlandschlucht ist der Grand Cañon des Colorado im Nordteil von Zentralarizona (USA). Er erstreckt sich über 349 km von der Marble Gorge zu den Grand Wash Cliffs. Seine Breite beträgt zwischen 6 und 20 km. Er ist bis zu 1615 m tief.

Die tiefste Schlucht ist die Colcaschlucht in Peru, die 1929 entdeckt wurde und ein Gefälle von 3223 m hat. Ein Kajakteam der Universität Krakau (Polen) hat sie vom 12. Mai bis zum 14. Juni 1981 erstmals durchquert.

Die tiefste Gebirgsschlucht. Der Fluß Kali in Zentral-Nepal windet sich teilweise 5485 m unter Gipfelhöhe durch das Dhaulagiri- und Annapurnagebirge.

Der tiefste submarine Abgrund ist 1800 m tief und 32 km breit. Er liegt 40 km südlich von Esperance (Australien).

Die tiefste deutsche Schlucht ist die Breitachklamm bei Oberstdorf in den Allgäuer Hochalpen. Sie hat eine Tiefe von mehr als 100 m.

Die tiefste Schlucht Österreichs ist wahrscheinlich die Lichtensteinklamm bei St. Johann im Pongau (Land Salzburg). Sie schneidet bis zu 280 m tief ins Tal.

Als tiefste Schlucht der Schweiz bezeichnet man die Via Mala, die der Hinterrhein südlich Thusis im Kanton Graubünden bildet. Sie ist etwa 3 km lang und hat – je nach Bezugspunkten – einen Tiefen-Mittelwert von ca. 700 m. Der Schluchtboden liegt etwa 850 m üNN, die Schluchtränder 1400–1700 m üNN. Die direkt anschließenden Höhenzüge sind ca. 2000 m hoch.

KLIPPEN

Die höchsten kartographisch erfaßten Klippen sind in Hawaii an der Nordküste von Ost-Moloka'i in der Nähe der Umilehi-Spitze. Sie fallen aus einer Höhe von 1005 m mit einer Durchschnittssteilheit von über 55 Grad zum Meer ab.

An der Westwand des Thor Peak in Baffin Island (Kanada) konnte Steve Holmes (USA) im Juli 1982 mit 990 m einen **Rekord im Abseilen** aufstellen.

Die höchsten Klippen in NW-Europa sind die an der Nordküste der Insel Achill (Irland). Sie ragen bei Croaghan in einer Höhe von 668 m senkrecht aus dem Meer.

Die Steilküste der Nordseeinsel Helgoland ist bis zum Hochplateau 58 m hoch.

Bei Stubbenkammer sind die Kreidefelsen der Ostseeinsel Rügen (DDR) 22 m hoch.

NATURBRÜCKEN

Die längste Naturbrücke ist der Landscape Arch (Landschaftsbogen) im Arches-Nationalpark (USA). Dieser Sandsteinbogen hat eine Spannweite von 88 m und steht ca. 30 m über der Sohle eines Cañons. An einer Stelle ist er durch Erosion nur noch 1,82 m breit.

Breiter, nämlich 6,7 m, ist die am 14. August 1909 in Utah entdeckte Rainbow Bridge mit einer Spannweite von 84,7 m.

Die höchste Naturbrücke ist ein Sandsteinbogen in Sinkiang (China), 40 km WNW von K'ashih, der nach Schätzungen aus dem Jahre 1947 312 m hoch ist und eine Spannweite von ca. 45 m hat.

GLETSCHER

Allgemein wird angenommen, daß ca. 10,5 Prozent der Festlandoberfläche der Erde, das heißt 15,6 Mio. km², ständig vereist sind.

Der längste bekannte Gletscher ist der von der Besatzung eines australischen Flugzeuges 1956/57 im australischen Südpolgebiet entdeckte Lambertgletscher. Er ist bis zu 64 km breit und hat zusammen mit seinem oberen Abschnitt, dem Mellorgletscher, eine Mindestlänge von 402 km. Mit dem Ausläufer des Fishergletschers bildet der Lambertgletscher eine ca. 514 km lange Eisfläche.

Der längste Gletscher im Himalaja ist der 75,6 km lange Siachen im Karakorumgebirge, obgleich der Hispar und der Biafo zusammen eine 122 km lange Eisfläche bilden.

Farbe bestimmt. Metalloxyde verursachen sie in der grandiosen Einöde des Sandmeers.

Vom 8481 m hohen Makalu im Himalaja donnert eine Staublawine zu Tal. Diese trockene Lockerschneelawine kann eine Geschwindigkeit bis zu 300 km/h erreichen.

Der sich am schnellsten bewegende Gletscher ist der Quarayaq in Grönland. Er legt 20 bis 24 m pro Tag zurück.

Der längste Alpengletscher ist der Aletschgletscher in den Berner Alpen, zwischen dem Aletschhorn, der Jungfrau und dem Finsteraarhorn (Schweiz). Er ist 22 km lang und bedeckt eine Fläche von 86,8 km^2.

Der größte deutsche Gletscher ist der Plattferner auf der Zugspitze. Er ist 0,9 km lang und bedeckt eine Fläche von ca. 0,8 km^2.

Österreichs größter Gletscher ist die Pasterze in den Hohen Tauern am Großglockner (Land Salzburg). Der Gletscher ist 8,8 km lang und bedeckt eine Fläche von 19,6 km^2.

LAWINEN

Die größten Lawinen gehen im Himalaja nieder, werden allerdings kaum von jemandem beobachtet.
In den italienischen Alpen soll 1885 eine Lawine etwa 3,5 Mio. m^3 Schnee bewegt haben. Schätzungsweise 2,8 Mrd. m^3 Schnee hat am 18. Mai 1979 eine Lawine am Mount St. Helens in Washington (USA) in Bewegung gesetzt. Die Riesenlawine raste mit 400 km/h zu Tal.

Die größte Lawinenkatastrophe in Deutschland ereignete sich am 15. Mai 1965 auf der Zugspitze, als sich an einem sonnenreichen Tage eine 500 m breite Lawine löste und über die Terrasse des Schneefernerhauses donnerte. 10 Menschen kamen dabei ums Leben.

WASSERFÄLLE

Der höchste Wasserfall ist der Salto Angel in Venezuela in einem Arm des Carrao, der ein oberer Nebenfluß des Caroni ist. Er hat eine Gesamtfallhöhe von 979 m, und sein höchster Wassersturz ist 807 m hoch. Er wurde nach dem US-Flieger James (Jimmy) Angel († 8. Dezember 1956), der in der Nähe des Wasserfalls am 9. Oktober 1937 abgestürzt war, benannt. Über die von den Indianern Cherun-Meru genannten Fälle wurde zum ersten Mal 1910 von Ernesto Sanchez La Cruz berichtet.

Die höchsten Wasserfälle in der Bundesrepublik Deutschland sind die Tribergfälle an der Gutach im Schwarzwald. Das Wasser stürzt über 7 Stufen 163 m tief.

Die Krimmler Wasserfälle bei Krimml im Salzburger Land sind die höchsten Österreichs. In 3 Stufen stürzen sie 390 m tief. Die obere Stufe hat mit 140 m die höchste Fallhöhe.

Der Staubbachfall im Lauterbrunnental stürzt 297 m in die Tiefe. Er ist damit der höchste der Schweiz.

Die Wasserfälle mit der größten Wassermenge, die im Jahresdurchschnitt herabstürzt, sind der Boyoma (früher Stanleyfälle) in Zaïre mit 17000 m^3/s und der 114 m hohe Guairá (auch Salto dos Sete Quedas genannt) im Alto Paraná zwischen Brasilien und Paraguay. Über seinen 4850 m breiten Rand flossen schätzungsweise im Jahresdurchschnitt 50000 m^3/s. Durch die Fertigstellung des Itaipu-Staudammes ging ein Rekord verloren.

Die breitesten Wasserfälle sind die 15–21 m hohen Khônefälle in Laos. Sie sind 10,8 km breit und haben eine Strömung von 42500 m^3/s.

FLÜSSE

Die beiden längsten Flüsse sind der Amazonas, der in den Südatlantik fließt, und der Nil (Bahr-el-Nil), der ins Mittelmeer mündet. Welcher von beiden länger ist, ist eine Sache der Auslegung und nicht der Messung.
Für den Amazonas gibt es folgende Meßmöglichkeiten: Die Quelle des Amazonas ist ein Bach namens Huarco, der 1953 entdeckt wurde. Er entspringt am Misuiegletscher (5400 m) in den Arequipa-Anden in Peru. Dieser Bach wird zum Fluß Toro, dann zum Santiago, dann zum Apurimac, der wiederum zum Ene wird und dann zum Tambo, bevor er mit dem bedeutendsten Nebenfluß des Amazonas, dem Ucayali, zusammenfließt. Nach Messungen aus dem Jahr 1969 beträgt die Länge des Amazonas von dieser Quelle bis zum Südatlantik über den Canal do Norte 6448 km. Wenn allerdings ein flußabwärts fahrendes Schiff südlich der Ilha de Marajó durch die Meerengen von Breves und Boiuci in den Pará einbiegt, dann kommt man auf eine Gesamtlänge von 6750 km für den Amazonas. Jedoch ist der Pará kein Nebenfluß des Amazonas, da er hydrologisch zum Stromgebiet des Tocantins gehört, der in Bahia de Marajó und damit in den Südatlantik fließt.
Die Länge des Nil wurde mit 6670 km vermessen. Inzwischen sind jedoch einige Kilometer von Flußwindungen hinter dem Staudamm von Assuan durch den Nassersee verlorengegangen.
In hydrologischer Sicht ist dieser Flußlauf eine Einheit, beginnend von der Quelle in Burundi vom Luvironzaarm des Kagerazuflusses des Victoriasees über den Weißen Nil (Bahrel-Jebel) bis zum Delta im Mittelmeer.

Der längste Fluß in der Bundesrepublik Deutschland ist der Rhein. Von seinen insgesamt 1320 km verlaufen 867 km durch deutsches Gebiet.

Der längste Fluß in der DDR ist die Elbe. Von ihrer Gesamtlänge (1165 km) verläuft fast die Hälfte – 566 km – durch DDR-Gebiet.

Der längste Fluß Österreichs ist die Donau. Nach der Wolga ist sie der zweitgrößte Strom Europas. Von ihren 2850 km Gesamtlänge lie-

Rund 150 m breit und 21 m tief ist der größte Wasserfall Mitteleuropas: unterhalb von Schaffhausen stürzt der Hochrhein über eine Jurakalkstufe hinab. Da die harten Kalke gleichmäßig resistent sind, ist die Erosion gering.

Der Amazonas übertrifft alles: er ist der wasserreichste aller Flüsse, hat das größte Einzugsgebiet, ist der längste aller Stromriesen neben dem Nil und erreicht stellenweise eine Tiefe bis 100 m und eine Breite von über 20 km.

gen 350 km in Österreich, auf 647 km fließt die Donau durch die Bundesrepublik Deutschland.

Der längste Fluß der Schweiz ist der Rhein, der 375 km durch die Schweiz fließt.

Der kürzeste Fluß ist der Fluß »D« in Lincoln City (USA), der den Devil's Lake mit dem Pazifischen Ozean verbindet und bei Ebbe 134 m lang ist.

Das weiteste Stromgebiet ist das Becken des 6448 km langen Amazonas, das sich über ein Gebiet von 7045000 km^2 erstreckt. Der Amazonas hat ca. 15000 Nebenflüsse mit deren eigenen Nebenflüssen, von denen 4 über 1609 km lang sind. Der längste davon ist der Madeira mit einer Länge von 3380 km. Nur 14 Flüsse in der Welt sind länger als er.

Der längste Nebenfluß eines Nebenflusses ist der 1609 km lange Pilcomayo in Südamerika. Er ist ein Nebenfluß des Paraguay (2415 km lang), der wiederum ein Nebenfluß des 4025 km langen Paraná ist.

Die längste Flußmündung, die aber häufig zugefroren ist, hat eine Länge von 885 km und eine Breite bis zu 80 km. Sie gehört zum Ob im Norden der UdSSR.

Das längste Delta bilden der Ganges und der Brahmaputra in Bangladesh (ehemals Ostpakistan) und Westbengalen (Indien). Es erstreckt sich über ein Gebiet von 75000 km^2.

Die gewaltigste Wasserführung von allen Flüssen hat der Amazonas. Die von ihm in den Atlantik beförderte durchschnittliche Wassermenge beläuft sich auf 120000 m^3/s und steigt im Maximum auf 200000 m^3/s. Die Durchschnittstiefe seines 1450 km langen Unterlaufes ist 90 m.

Fluß unter dem Meeresspiegel: 1952 wurde ein 400 km breiter submariner Fluß – der Cromwellstrom – entdeckt, der in östlicher Richtung 90 m unter der Oberfläche des Pazifiks 5626 km den Äquator entlangfließt. Seine Wassermenge ist tausendmal so groß wie die des Mississippi.

Unterirdischer Fluß: Im August 1958 wurde durch Radioisotopen ein Kryptofluß unter dem Nil ermittelt, dessen jährliche mittlere Strömung sich auf eine halbe Mrd. m^3 beläuft. Das ist das 6fache des Nil.

Doppelstöckiger Fluß. Ein unterirdischer Fluß, der im Norden Kasachstans entdeckt worden ist, fließt auf 2 Ebenen übereinander. Er ist durch eine wasserundurchlässige Tonschicht getrennt. Die obere wasserführende Schicht ist 30–40 m, die untere zwischen 50 und 200 m mächtig. Die Quelle dieses Flusses wurde im Gebiet von Irtysch entdeckt.

Das größte Sumpfgebiet ist das Stromgebiet des Pripjet, eines Nebenflusses des Dnjepr in der UdSSR. Die Sümpfe erstrecken sich über eine geschätzte Fläche von 46950 km^2.

Die bemerkenswerteste Flutwelle ist die in der Ch'ient'ang'kian-Mündung (China). Bei Springflut erreicht die Welle eine Höhe bis zu 7,5 m und eine Geschwindigkeit von 24–27 km/h. Man hört sie schon aus einer Entfernung von 22 km heranrollen.
Die jährlich flußabwärts laufende Flutwelle des Mekong (Hinterindien) erreicht zeitweise eine Höhe von 14 m.

Die mengenmäßig größte Flutwelle ist die des Canal do Norte (16 km breit) in der Amazonasmündung an der brasilianischen Atlantikküste.

Flußregulierungen vertagt. Das umstrittene sowjetische Großprojekt einer teilweisen Umleitung nördlicher Flüsse in den Süden der UdSSR ist offenbar vorerst gestoppt worden. Das wurde Anfang März 1986 in Moskau bekanntgegeben. Nach der offiziellen Version soll das Vorhaben erst im 13. Fünfjahresplan von 1991 wieder behandelt werden. Die Untersuchungen seien bisher nicht abgeschlossen. Sowohl finanzielle als auch ökologische Gesichtspunkte dürften für die überraschende Kehrtwendung eine wichtige Rolle gespielt haben.

Erderkundung aus dem Weltraum

Mit dem Start des französischen Satelliten *SPOT* am 22. Februar 1986 mit der Trägerrakete *Ariane 1* ist die Erderkundung aus dem Weltraum in ein neues Stadium getreten. Erstmals werden Erdaufnahmen bestimmter Gebiete nach Auftrag angefertigt und unter rein kommerziellen Aspekten vertrieben. Die Detailauflösung an der Erdoberfläche ist deutlich besser als auf Bildern von den amerikanischen *Landsat*-Satelliten, die für jedermann vergleichsweise billig zu erhalten sind. Die hohe Qualität der *SPOT*-Bilder hat ihren Preis: Eine Schwarzweiß-Aufnahme eines Areals von 60 × 60 km kostet bei 20 m Auflösung 850 FF und 2500 FF bei 10 m Auflösung. Die Anwendungsmöglichkeiten derartiger Bilder umfassen ein weites Spektrum, das bis hin zur Überprüfung des Grundstückskatasters durch Finanzämter und Gerichte reicht. ■

WELTALL UND RAUMFAHRT

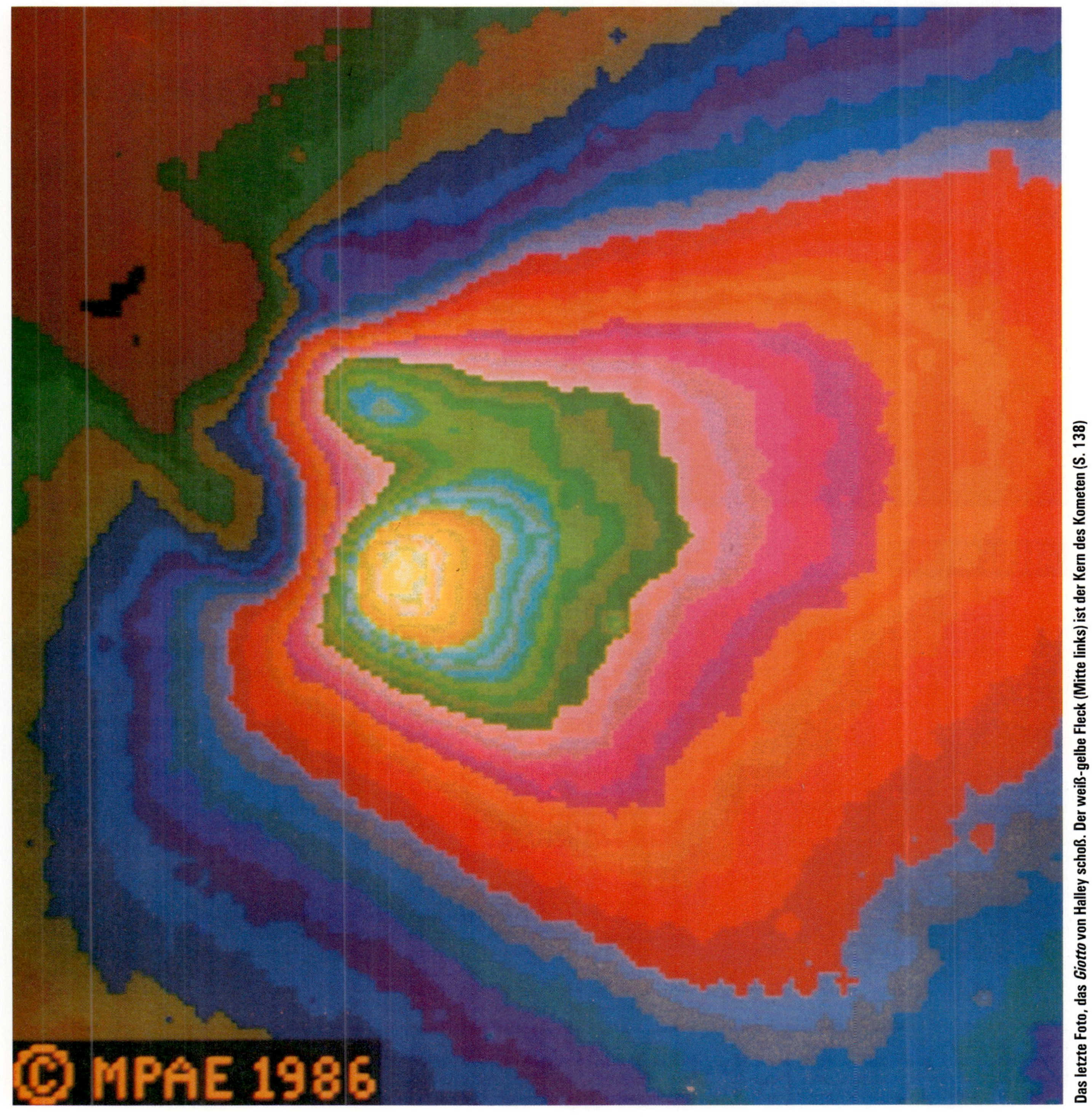

Das letzte Foto, das *Giotto* von Halley schoß. Der weiß-gelbe Fleck (Mitte links) ist der Kern des Kometen (S. 138)

ALLGEMEIN

Lichtjahr nennt man die Entfernung, die Licht (Geschwindigkeit 299 792,458 km/s oder 1 079 252 848,8 km/h im Vakuum) in einem tropischen Jahr (365,24 219 878 mittlere Sonnentage) durchmißt; das sind 9,460 Billionen km. Die Einheit wurde im März 1888 zum ersten Mal verwendet und in dieser Definition im Oktober 1983 als Konstante festgelegt.

Magnitudo oder Größe ist ein **Maß der Sternenhelligkeit,** wobei das Licht eines Sterns das Intensitätsverhältnis von 2,511 886 zu einem Objekt der nächsten Größenklasse hat. Ein Stern 5. Größe ist also 2,511 886mal so hell wie ein Stern 6. Größe, während ein Stern 1. Größe genau 100 (oder $2{,}511\,886^5$)mal so hell ist. Bei außergewöhnlich hellen Himmelskörpern wie z. B. dem Sirius, der Venus oder dem Mond (–12,71 Größe) oder der Sonne (–26,78 Größe) wird die Magnitudo als Minusquantität angegeben.

Eigenbewegung wird jene Komponente der Sternbewegung genannt, die im rechten Winkel zur Visierlinie eine offenkundige Positionsveränderung der Sterne an der Himmelssphäre erkennen läßt.

Das Universum ist die Gesamtheit von Raum, Materie und Antimaterie. Eine Möglichkeit, seine Größe zu begreifen, erhält man am besten dadurch, daß man sich vorstellt, man bewege sich von der Erde fort durch das Sonnensystem und unser eigenes Milchstraßensystem zu den entferntesten außergalaktischen Nebeln und Quasaren. Das Sonnensystem bewegt sich in 237 Mio. Jahren einmal um das Milchstraßenzentrum mit einer Geschwindigkeit von 792 000 km/h. Bezogen auf die Nachbarsterne beträgt die Relativgeschwindigkeit 72 000 km/h.

1. METEORITEN

Meteore sind mineralische Körper außerirdischer Herkunft. Beim Eintritt in die Erdatmosphäre lösen sie in ihr Leuchtprozesse aus. Der größte registrierte Meteorschauer trat in der Nacht vom 16. zum 17. November 1966 ein, als die Leonidenmeteore (die alle 33¼ Jahre wiederkehren) zwischen dem westlichen Nordamerika und dem östlichen Gebiet der UdSSR sichtbar waren. Es wurde errechnet, daß am 17. November 1966 in einem Zeitraum von 20 Min. ab 5 Uhr über Arizona (USA) etwa 2300 Meteore pro Min. beobachtet werden konnten.
Wenn ein Meteor zur Erdoberfläche vordringt, werden die Überreste aus Gestein (Aerolithe) oder Nickeleisen (Siderite) als Meteoriten bezeichnet. Dies ereignet sich etwa 150mal im Jahr auf der gesamten Landoberfläche der Erde. Die Gefahr, von ihnen getroffen zu werden, ist sehr unwahrscheinlich. Für die Ängstlichen: Die »gefährlichste« Zeit ist 3 Uhr nachts.

Als erste Raumsonde hat die unbemannte amerikanische *Pioneer 10* die Dritte Kosmische Geschwindigkeit erreicht und unser Sonnensystem verlassen.

Die ältesten Meteoriten: Im August 1978 wurde berichtet, daß kosmischer Staub, eingeschlossen im Murchison-Meteoriten, der im September 1969 auf Australien fiel, aus der Zeit vor Entstehen des Sonnensystems datiert.

Die ältesten zeitlich bestimmbaren Meteoriten stammen vom Allendefall in Chihuahua (Mexiko) vom 8. Februar 1969. Sie sind 4610 Mio. Jahre alt.

Der größte bekannte Meteorit wurde 1920 in der Nähe von Grootfontein in Südwestafrika gefunden. Es ist ein 2,75 m langer und 2,43 m breiter Block, dessen Gewicht auf 59 t geschätzt wird.

Der größte von einem Museum ausgestellte Meteorit ist der Tent-Meteorit, der 30 883 kg wiegt und 1897 in der Nähe von Cape York an der Westküste Grönlands von der Expedition Robert Edwin Pearys (1856–1920) gefunden wurde. Er wurde von den Eskimos Abnighito genannt und ist im Hayden-Planetarium in New York ausgestellt.

Das größte Stück Gesteinsmeteorit, das gefunden wurde, ist ein 1770 kg schwerer Teil eines Schauers, der am 8. März 1976 auf Kirin in der chinesischen Provinz Kaoshan niederging.

Eine rätselhafte Explosion, deren Energie etwa 12,5 Megatonnen TNT entsprach, ereignete sich am 30. Juni 1908 um 0 Uhr 17 Min. 11 Sek. Weltzeit im Becken des Podkamennaja-Tunguska-Flusses, 64,5 km nördlich von Wanawar in Sibirien (UdSSR). Die Ursache wurde zuerst einem Meteoriten (1927), dann einem Kometen (1930), später einer Nuklearexplosion (1961) und Antimaterie (1965) zugeschrieben. Die Explosion verwüstete ein Gebiet von etwa 3885 km^2, und die Erschütterung wurde noch in 1000 km Entfernung gespürt. Neuerdings nimmt man wieder an, daß es sich vielleicht um die letzte Explosion von Steintrümmern eines zerfallenden Kometen – möglicherweise des Enckeschen – in einer Höhe von nur 6 km gehandelt hat.

Ein Steinmeteorit von etwa 10 km Durchmesser, ein Asteroid also, würde bei der Kollision mit der Erde bei einer Geschwindigkeit von 25 km/s eine Explosionsenergie von 100 Mio. Megatonnen TNT-Äquivalent produzieren. Ein solches Ereignis ist höchstens alle 75 Mio. Jahre zu erwarten. Man nimmt an, daß in den letzten 600 Mio. Jahren etwa 2000 Zusammenstöße zwischen Asteroiden und der Erde stattgefunden haben. Bisher sind 102 Aufschlagstellen festgestellt worden.

Die einzige Person, die in historischer Zeit durch einen Meteoriten verletzt wurde, ist Mrs. E. H. Hodges aus Sylacanga, Alaska (USA). Am 30. November 1954 durchschlug ein 4 kg schwerer Steinmeteorit das Dach ihres Hauses.

Der größte Meteoritenkrater, 241 km im Durchmesser und 805 m tief, soll von einem 13000 Mio. t schweren Meteoriten verursacht worden sein, der mit einer Geschwindigkeit von 70811 km/h in Wilkesland (Antarktis) aufschlug. Dieser Krater ist 1962 entdeckt worden. Wissenschaftler der UdSSR meldeten im Dezember 1970 einen Krater von 96 km Durchmesser und einer Maximaltiefe von 400 m im Becken des Popigai-Flusses. Eine kraterartige Vertiefung mit einem Durchmesser von 442,5 km befindet sich an der Ostküste der Hudson Bay in Kanada.

Auch die Halbinsel Florida könnte ihre Entstehung dem Einschlag eines größeren Objekts, eines etwa 5 km großen Asteroiden, vor rund 20 Mio. Jahren verdanken. Eine Reihe jetzt vorgelegter geologischer Indizien spricht für diese Annahme.

In den letzten Jahren hat die Hypothese eines periodisch auftretenden **»kosmischen Bombardements«** der Erde, das alle 26–28 Mio. Jahre stattfindet, erheblich an Gewicht gewonnen. Diese Einschläge – meist von Kometen – werden für das mehrfach aufgetretene Artensterben in Fauna und Flora verantwortlich gemacht. Die ursprünglich geäußerte Vermutung, auslösender Faktor könnte ein noch unentdeckter Begleiter der Sonne – Nemesis – sein, ist noch nicht bestätigt worden. Zur Zeit werden auch andere kosmische Mechanismen für diese Periodizität diskutiert.

Der größte als solcher nachgewiesene Krater ist allerdings der Coon Butte oder Barringerkrater, der 1891 in der Nähe des Cañons Diablo in Nordarizona (USA) entdeckt wurde. Er hat einen Durchmesser von 1265 m, ist jetzt etwa 175 m tief und von einem 40–48 m hohen Wall umgeben. Es wird vermutet, daß ein Eisen-Nickel-Körper mit einem Durchmesser von ca. 70 m und einem Gewicht von ca. 2 Mio. t diesen Krater um 25000 v. Chr. schlug.

Der größte Meteoritenkrater in der Bundesrepublik Deutschland ist das Nördlinger Ries in Bayern. Man hielt ihn lange für vulkanischen Ursprungs, hat aber durch Messungen und Analysen mit modernsten physikalischen Methoden vor einigen Jahren seinen wirklichen Ursprung ermittelt. Das Ries, vor 14 Mio. Jahren entstanden, hat einen Durchmesser von rund 25 km und eine Tiefe von 600 m. Noch heute ist der Kraterrand 100 m höher als das Innere. Beim Aufschlag des Meteoriten wurde Gestein bis 20 km hoch geschleudert und füllte beim Niedergehen den Krater.

Der schwerste Meteorit, der deutsches Gebiet traf und dessen Gewicht festgestellt werden konnte, stürzte 1802 nahe der Albacher Mühle in der Nähe von Bitburg bei Trier zur Erde. Er wog 1600 kg. Der größte Meteorit, dessen Sturz beobachtet wurde, wog 63 kg und traf am 3. April 1916, 14 Uhr 30 bei Treysa (Hessen) auf die Erde.

Der größte österreichische Meteorit ist ein grauschwarzer Klumpen, der am 25. August 1925 niederging.

Der größte bekannte Meteorit, der auf Schweizer Boden fiel, wiegt 76,5 kg und traf am ersten Weihnachtstag 1926 bei Ulmiz auf die Erde.

Die hellste Feuerkugel, die jemals fotografisch festgehalten worden ist, wurde von Dr. Zdeněk Ceplecha am 4. Dezember 1974 mit einer momentanen Größenklasse von −22 (das heißt 10000mal heller als ein Vollmond) über Sumava (ČSSR) aufgenommen.

Der größte Tektit (glasartiger Meteorkörper kosmischen Ursprungs), über den Einzelheiten berichtet wurden, wiegt 3,2 kg und wurde 1932 in Muong Nong (Laos) gefunden. Er befindet sich jetzt in einem Pariser Museum.

Gestein vom Mars und vom Mond ist in Form von Meteoriten in der Antarktis entdeckt worden. Ein Objekt, im Dezember 1981 gefunden, entspricht genau Gesteinsproben, die mit *Apollo 16* vom Mond zur Erde gebracht wurden. Ein zweiter Meteorit ähnelt in allen Details den mit den *Viking*sonden 1976 auf der Marsoberfläche untersuchten Mineralien.

2. POLARLICHTER

Polarlichter, bekannt seit dem Altertum, benannt seit 1560 als Aurora Borealis oder Nordlichter (in der nördlichen Hemisphäre) und seit 1773 als Aurora Australis (in der südlichen Hemisphäre), werden von der Korpuskularstrahlung der Sonne in der höheren Atmosphäre verursacht. Sie treten am häufigsten in hohen Breitengraden auf. Sie sind manchmal in Polargegenden innerhalb von 20 Grad um die magnetischen Pole in jeder klaren, dunklen Nacht zu sehen. Ihre Extremhöhe wurde mit 1000 km gemessen, die niedrigste mit etwa 72,5 km. Verläßliche Zahlen existieren erst seit 1952. Die jüngste große Erscheinung in Nordwesteuropa war vom 4. bis 5. September 1958 zu beobachten. Auf den Shetlandinseln (geomagnetische Breite 63°) konnte 1957 ein Maximum von 203 Polarlichtnächten pro Jahr, 1965 ein Minimum von 58 Nächten ermittelt werden.

Extremfälle von Erscheinungen in sehr niedrigen Breitengraden sind in Cuzco (Peru) am 2. August 1744, in Honolulu (Hawaii) am 1. September 1859 und möglicherweise in Singapur am 25. September 1909 beobachtet worden.

Die größte Anlage zur Erforschung der polaren Ionosphäre und der Polarlichter steht bei Tromsö in Norwegen. Die von der Max-Planck-Gesellschaft betriebene Einrichtung sendet über eine Radaranlage Radiowellen in die elektrisch leitenden Schichten der Hochatmosphäre und untersucht mit diesem »Supergrill« die Veränderungen der Ionosphäre in der Umgebung des Magnetpols.

Nachtleuchtende Wolken: Regelmäßige Beobachtungen dieses Himmelsphänomens werden in Westeuropa erst seit 1964 durchgeführt. Seitdem betrugen die Maximal- und Minimalzahl an Nächten, in denen diese Phänomene (in Höhen von etwa 85 km) beobachtet wurden, 41 im Jahr 1974 und 15 im Jahr 1970.

3. DER MOND

Allgemein: Er ist der nächste Nachbar der Erde im Raum und ihr einziger natürlicher Satellit. Die mittlere Entfernung beträgt 384400 km von Zentrum zu Zentrum oder 376284 km von Oberfläche zu Oberfläche.

Am 24. Dezember 1979 fand der Erstflug der europäischen *Ariane*-Rakete statt. Mit einer weiterentwickelten Version der Rakete will die Europäische Raumfahrtorganisation ESA den künftigen europäischen Raumtransporter *Hermes* starten.

In unserem Jahrhundert betrug der geringste Erdabstand (*Perigäum*) 348 259 km von Oberfläche zu Oberfläche bzw. 356 375 km von Zentrum zu Zentrum, und zwar am 4. Januar 1912; der weiteste Abstand (*Apogäum*) wurde am 2. März 1984 erreicht: 398 595 km von Oberfläche zu Oberfläche, 406 711 km von Zentrum zu Zentrum. Während der »Gerstenkorn-Periode« von 3,9 Mrd. Jahren war der Mond nur wenige Erdradien entfernt. Er hat einen Durchmesser von 3475,0 km und eine Masse von $7{,}35 \times 10^{19}$ t bei einer mittleren Dichte von 3,342. Die mittlere Umlaufgeschwindigkeit ist 3680 km/h.

Der erste direkte Aufprall auf den Mond vollzog sich am 14. September 1959, 2:24 Min. nach Mitternacht (Moskauer Zeit) durch die sowjetische Raumsonde *Lunik II* in der Nähe des »Mare Serenitatis«. Die ersten Fotos von der Rückseite des Mondes wurden von *Lunik III* am 7. Oktober 1959 von 6 Uhr 30 an aus einer Entfernung von 70 400 km aufgenommen und aus einer Entfernung von 470 000 km zur Erde übertragen. Die erste »weiche« Landung gelang der sowjetischen *Luna IX* am 3. Februar 1966 im Gebiet des »Oceanum procellarum«.

Blauer und grüner Mond: Aufgrund von Schwefelpartikeln in der höheren Atmosphäre, von einem Waldbrand stammend, der sich über 100 000 ha zwischen Meile 103 und Meile 119 auf dem Alaska Highway im nördlichen Britisch-Kolumbien (Kanada) erstreckte, nahm der Mond, wie er in der Nacht vom 26. September 1950 von Mitteleuropa aus gesehen wurde, eine bläuliche Färbung an.
Grün erschien der Mond nach dem Ausbruch des Vulkans Krakatau vom 27. August 1883. Außerdem drei Minuten lang am 17. Januar 1884 über Stockholm.

Halley aus der Nähe gesehen

Zwar war der Halleysche Komet bei seiner Wiederkehr 1985/86 auch auf der Südhalbkugel nicht das erwartete spektakuläre Ereignis. Die wissenschaftlichen Beobachtungen, vor allem mit den Raumsonden aus der UdSSR, Japan und Europa, haben jedoch zahlreiche unerwartete Resultate gebracht. So ist der Kern des Kometen erdnußförmig mit einer Länge von 15 km und einer Breite von 7–10 km. Er rotiert in 53 Std. einmal um seine Längsachse. Ein anderer verblüffender Befund der Nahaufnahmen von *Giotto*: der Kometenkern ist schwarz. Der »schmutzige Schneeball« aus vorwiegend Wasser und Staub ist mit einer etwa 1 cm starken Schicht von schwarzem Material überzogen. Sie wies Risse auf, aus denen in bestimmten Regionen des Kometen Staubfontänen hervorschossen. Bei der Nahbegegnung von *Giotto* mit Halley verlor der Kern etwa 3,1 t Staub/s. Die größten »Körnchen« hatten eine Masse von rund 40 mg.
Die »Atmosphäre« des Kometen, der Kopf also, hatte zu diesem Zeitpunkt einen Durchmesser von etwa 5000 km. Insgesamt hat der Halleysche Komet bei seiner Sonnenumrundung 150 Mio. t Gas und Staub verloren, das entspricht einer Schrumpfung des Kerns um knapp 5 m. Halley könnte also noch mindestens 3300mal die Sonne umrunden, noch etwa 250 000 Jahre »leben«, wenn er nicht vorher auseinanderfällt. Am Leben sind auch noch die Halley-Raumsonden, über deren weitere Verwendung man jetzt in Ost und West nachdenkt. Der Halleysche Komet kommt erst im Jahr 2061 wieder in Sonnen- bzw. Erdnähe.

Der größte Mondkrater: Nur 59 Prozent der Mondoberfläche sind von der Erde aus direkt sichtbar aufgrund seiner »gebundenen Rotation«, das heißt, daß die Rotationsperiode der Umlaufperiode gleicht. Der größte gänzlich sichtbare Krater ist der von Wällen umgebene flache Bailly in der Nähe des Mondsüdpoles, der einen Durchmesser von 295 km und Wälle bis zu 4250 m Höhe hat. Das »Mare Orientale«, das sich teilweise auf der abgewandten Seite befindet, mißt mehr als 965 km im Durchmesser.

Der tiefste Krater ist Newton, dessen Grund schätzungsweise 7–8,85 km unter seinem Rand liegt und 2,25 km unter der ihn umgebenden Ebene.

Die höchsten Mondberge: In Ermangelung eines Meeresspiegels werden Mondhöhen relativ zu einer Bezugskugel mit dem Radius 1738,000 km gemessen. Demnach war die höchste von US-Astronauten erreichte Erhebung 7830 m auf dem Descartes-Hochland durch Captain John Watts Young und Major Charles M. Duke jr. am 27. April 1972.

Temperaturextreme: Wenn die Sonne hoch steht, erreicht die Temperatur auf dem Mondäquator 117,2°C über dem Siedepunkt von Wasser. Bei Sonnenuntergang beträgt die Temperatur 14,4°C, sinkt jedoch nachts auf – 162,7°C.

Die längste Solarzellenfläche wurde am 3. September 1984 während des Jungfernflugs der Raumfähre *Discovery* ausgerollt. Sie war insgesamt 32 m lang und kann, vollständig mit Solarzellen beschichtet, 12,5 kW elektrische Leistung produzieren.

Die älteste Mondmaterie, die von den Mannschaften des amerikanischen *Apollo*-Programms zur Erde zurückgebracht wurde, waren Bodenproben, die 4720 Mio. Jahre alt waren.

4. DIE SONNE

Entfernungsextreme: Der 107210 km/h-Erdumlauf von 939 885 500 km um die Sonne ist elliptisch, wodurch sich unsere Entfernung von der Sonne verändert. Die Umlaufgeschwindigkeit variiert zwischen 105 450 km/h und 109 030 km/h. Die Durchschnittsentfernung der Sonne beträgt 1 000 000 230 astronomische Einheiten oder 149 597 906 km.

Die größte Annäherung *(Perihel)* beträgt 147 097 000 km und die weiteste Entfernung *(Aphel)* 152 099 000 km.

Temperaturen und Dimensionen: Die Sonne hat eine Innentemperatur von etwa 15.4 Mio. K (0 K = − 273°C), einen Kerndruck von $2.54.10^{16}$ Pa und verbraucht 400 Mio. t Wasserstoff pro Sek., wodurch sie eine Leuchtkraft von $3.82.10^{26}$ Watt mit einer Intensität von 1,53 Mio. Candela besitzt. (Candela [cd] ist die physikalische Maßeinheit der Lichtstärke.)
In der Sternenklassifizierung wird die Sonne als »gelber Zwerg« bezeichnet, und obwohl ihre Dichte nur das 1,407fache des Wassers beträgt, ist ihre Masse 332 946mal so groß wie die der Erde. Sie hat einen mittleren Durchmesser von 1 392 520 km. Mit einer Masse von $1{,}989 \times 10^{27}$ t (das sind 2 Quadrilliarden t oder 333 000 Erdmassen) stellt die Sonne mehr als 99 Prozent der Gesamtmasse des Sonnensystems dar.

Die Oberfläche der Sonne mißt 6,09 Billionen km^2, das gleicht 12 000mal der Erdoberfläche. Ihr Volumen beträgt 1,41 Trillionen $km^3 = 1{,}3$ Mio. Erdkugeln. Die Energieabstrahlung der Sonne beträgt 63 000 kW je km^2. Dadurch erleidet sie einen Masseverlust von 4 Mio. t/s und einen weiteren Masseverlust von ca. 1 Mio. t/s durch den Sonnenwind.

Die chemische Zusammensetzung der Sonne: 75 Prozent Wasserstoff, 23 Prozent Helium, zwei Prozent andere Elemente.

Das Alter der Sonne wird auf etwas weniger als 5 Mrd. Jahre geschätzt. Ihre weitere Lebensdauer auf 10 Mrd. Jahre.

Der größte Sonnenfleck trat am 8. April 1947 auf der südlichen Hemisphäre der Sonne auf. Seine Fläche betrug etwa 18 000 Mio. km^2 mit einer Extremlänge von 300 000 km und einer Extrembreite von 145 000 km.

Sonnenflecken erscheinen dunkler, weil sie über 1500°C kühler sind als die restliche Oberflächentemperatur der Sonne von 5525°C. Damit ein Sonnenfleck für das geschützte bloße Auge sichtbar ist, muß er sich über einen zweitausendstel Teil der Sonnenscheibe erstrecken, also eine Fläche von etwa 1300 Mio. km^2 haben.

Die meisten Sonnenflecken ergab eine Zählung im Oktober 1957. Mit 263 Flecken übertraf dieses Jahr das Rekordjahr 1778, als im Mai 239 Flecken registriert wurden.

Seit etwa 1700 liegt eine verläßliche und nahezu lückenlose Sonnenfleckenstatistik vor. 1943 hielt sich ein Sonnenfleck 200 Tage von Juni bis Dezember.

Mit 180 000 km/h Geschwindigkeit raste der Halleysche Komet am 9. Januar 1986 dem sonnennächsten Punkt auf seinem langgestreckten 76jährigen Sonnenumlauf entgegen. Mehr als 15 Mio. km lang war sein gewaltiger Schweif.

Am 13. März 1986 nahm die Kamera an Bord von *Giotto* dieses Bild von Halley aus einer Entfernung von 25 000 km um 23:56:50 Uhr auf. Der Kometenkern ist in der Bildmitte als dunkles Gebilde zu erkennen.

Wenig später, um 23:58:40 Uhr, entstand aus 18 000 km Abstand diese Aufnahme. Der feste Kometenkern zeigt sich oben links als sehr dunkler Körper. Rechts schießen zwei helle Fontänen aus Gas und Staub in Richtung Sonne.

Die größte Sonnenprotuberanz, die bisher beobachtet worden ist, ragte 588 000 km hervor und wurde am 19. Dezember 1973 während der 3. und letzten bemannten *Skylab*-Mission der amerikanischen NASA fotografiert.

5. FINSTERNISSE (EKLIPSEN)

Allgemein: Sonnenfinsternisse treten auf, wenn der Mond genau zwischen Sonne und Erde steht. Mondfinsternisse entstehen dadurch, daß der Mond den Erdschatten durchwandert.

Die frühesten Finsternisse, die in Aufzeichnungen zu finden sind, ereigneten sich in den Jahren 1361 v. Chr. (Mond) und 2136 v. Chr. (Sonne). Für den Nahen Osten hat man Mondfinsternisse bis 3450 v. Chr. und Sonnenfinsternisse bis 4200 v. Chr. rückgerechnet.

Die erste in Deutschland beobachtete Sonnenfinsternis wird 538 n. Chr. in der sogenannten *Metzer Handschrift* erwähnt.
Die letzten Totalfinsternisse, die in Mitteleuropa beobachtet werden konnten, fanden am 15. Februar 1961 (Sonne) und am 4. Mai 1985 (Mond) statt.

Die nächsten Sonnenfinsternisse, die man in Mitteleuropa beobachten kann, haben folgende Daten: 22. Juli 1990 (partiell), 11. August 1999 (total).

Die längstmögliche Dauer einer Sonnenfinsternis beträgt 7:31 Min. Die längste tatsächlich gemessene fand am 20. Juni 1955 statt (7:08 Min.), beobachtet von den Philippinen aus. Eine Finsternis von 7:29 Min. müßte am 16. Juli 2186 im Mittelatlantik auftreten und wäre dann für die nächsten 1469 Jahre die längste.
Die Sonnenfinsternis kann im Fluge länger beobachtet werden. So wurde am 30. Juni 1973 eine Eklipse von einer *Concorde* aus auf 72 Min. »ausgedehnt«.

Eine ringförmige Sonnenfinsternis kann 12:24 Min. dauern.

Die längste totale Mondfinsternis dauert 104 Min. Sie ist zahlreiche Male aufgetreten.

Die meisten Eklipsen in einem Jahr sind sieben. 1935 gab es fünf Sonnen- und zwei Mondfinsternisse; 1982 waren es vier Sonnen- und drei Mondfinsternisse.

Die geringste Anzahl sind zwei, von denen beide solar sein müssen. Dies war in den Jahren 1944 und 1969 der Fall.

6. KOMETEN

Die frühesten Berichte über Kometen stammen aus dem 7. Jh. v. Chr. Die Geschwindigkeiten der beobachteten 2 Mio. Kometen variieren zwischen 1125 km/h im äußeren Sonnensystem und 2 Mio. km/h in Sonnennähe. Die wiederkehrenden Erscheinungen des Halleyschen Kometen sind bis 467 v. Chr. zurückverfolgt worden. Er wird zum ersten Mal in der *Nürnberger Chronik* von 684 n. Chr. abgebildet. Die erste Vorhersage seiner Wiederkehr durch Edmund Halley (1656–1742) erwies sich am Weihnachtstag 1758, 16 Jahre nach Halleys Tod, als zutreffend.

Die größte Annäherung eines Kometen an die Erde erfolgte am 1. Juli 1770. Damals kam der Lexellsche Komet, der sich mit einer Geschwindigkeit von 38,5 km/s (relativ zur Sonne) bewegte, der Erde auf 1,2 Mio. km nahe. Es wird jedoch angenommen, daß die Erde den Schweif des Halleyschen Kometen am 19. Mai 1910 durchquert hat.

Selbst die größten Kometen sind relativ massearme Gebilde. Der »feste Kern« im Kometenkopf ist selten größer als 1 km, besteht aus lockerem Material, aus Eis, kondensierten Gasen und Staub. Schweife wie der des hellsten aller Kometen, des Großen Kometen von 1843, können sich über 330 Mio. km hinziehen.
Der Kopf des Holmesschen Kometen von 1892 maß 2,4 Mio. km im Durchmesser. Der Komet Bennett, der im Januar 1970 auftrat, war von einer Wasserstoffwolke von etwa 12,75 Mio. km Länge umgeben.

Der am häufigsten wiederkehrende Komet von allen periodischen Kometen ist der Enckesche Komet, der zum ersten Mal 1786 identifiziert wurde. Seine Periode von 1206 Tagen (3,3 Jahren) ist die kürzeste aller beobachteten. Nicht eine seiner 53 Wiederkünfte (einschließlich 1983) wurde von Astronomen versäumt. Da er zunehmend schwächer wird, nimmt man an, daß er im Februar 1994 »stirbt«.

Die am häufigsten beobachteten Kometen sind Schwassmann-Wachmann I, Kopff und Oterma, die jedes Jahr zwischen Mars und Jupiter gesehen werden können.
Der erste Komet, der von einer Raumsonde aus der Nähe inspiziert wurde, war Giacobini-Zinner. Am 11. September 1985, 9 Uhr 10 WZ, tauchte der Internationale Kometenexplorer der NASA in den Schweif des Kometen ein und lieferte erstmals wichtige Erkenntnisse über dieses ungewöhnliche Milieu.

Die längste Kometen-Periode ist die des Delavanschen Kometen von 1914, dessen Bahn nicht genau bestimmt wurde. Man vermutet, daß er wahrscheinlich 24 Mio. Jahre lang nicht wiederkehrt.

Ein künstlicher Komet wurde am 27. Dezember 1984, 13 Uhr 32 Uhr MEZ in 110 000 km Höhe über dem Pazifik erzeugt. Im Rahmen des deutsch-britisch-amerikanischen Gemeinschaftsprojekts AMPTE waren am 16. August 1984 mit einer *Delta*-Trägerrakete drei Satelliten gestartet worden, mit denen aktiv die äußere Magnetosphäre der Erde untersucht wurde. Höhepunkt war das Freisetzen von 1,25 kg Barium am 27. Dezember 1984, die den künstlichen Kometen »produzierten«. Er entwickelte zwei Schweife, leuchtete anfangs grün und nach knapp einer Minute violett.

7. PLANETEN

Allgemein: Planeten (einschließlich der Erde) sind Körper im Sonnensystem, die sich in bestimmten Bahnen um die Sonne bewegen. Die Suche nach dem Planeten X, jenseits der Plutobahn, wird weiterhin fortgesetzt.

Der größte Planet unter den neun Hauptplaneten ist Jupiter mit einem Äquatordurchmesser von 142 984 km und einem Polardurchmesser von 133 708 km. Seine Masse entspricht dem 317,83fachen und sein Volumen dem 1321,4fachen der Erde. Er hat die kürzeste Umdrehungsperiode, die sich auf einen Jupitertag von nur 9:50:30,003 Std. in der Äquatorzone beläuft.

Der kälteste Planet ist naturgemäß der am weitesten von der Sonne entfernte, nämlich Pluto mit seinem Mond Charon, entdeckt am 22. Juni 1978, der schätzungsweise eine Oberflächentemperatur von −220°C (53°C über dem absoluten Nullpunkt) hat. Seine mittlere Entfernung von der Sonne beträgt 5913,5 Mio. km, und seine Umlaufperiode dauert 248,54 Jahre. Sein Durchmesser beträgt etwa 3000 km und seine Masse etwa ein 470stel von der der Erde. Pluto wurde zum ersten Mal von Clyde William Tombaugh (*4. Februar 1906) am Lowell Observatory in Arizona (USA) am 18. Februar 1930 anhand von am 23. und 29. Januar aufgenommenen Fotos registriert, was am 13. März bekanntgegeben wurde. Aufgrund seiner exzentrischen Umlaufbahn bewegt sich Pluto zwischen dem 23. Januar 1979 und dem 15. März 1999 in größerer Sonnennähe als Neptun.

Voyager am Uranus

Nach einer Flugzeit von 8 Jahren und 5 Monaten erreichte *Voyager 2* am 24. Januar 1986 Uranus. Die Durchquerung des Systems, wobei sich die US-Sonde dem Planeten bis auf 81 400 km näherte, brachte eine Reihe sensationeller Entdeckungen. 10 neue Monde sind aufgefunden worden, der größte von ihnen hat einen Durchmesser von etwa 160 km. Damit erhöht sich die Gesamtzahl der Trabanten auf 15. Mindestens ein neuer Ring wurde entdeckt und mehrere Gebilde, die man für Ringbögen oder -fragmente hält.
Die Achsendrehung von Uranus konnte zu 17:14 Std. ermittelt werden. Unter der ausgedehnten Wasserstoff-Helium-Atmosphäre dürften »Ozeane« aus mit Ammoniak gesättigtem Wasser liegen. Noch unerklärt ist die Tatsache, warum die Achse des Uranusmagnetfeldes um 55 Grad gegen die Rotationsachse des Planeten geneigt ist. Nicht nur unter diesem Aspekt nimmt Uranus im Sonnensystem eine Sonderstellung ein. Viele Rätsel geben die klassischen Monde des Planeten auf. Sie zeigen teilweise an ihren Oberflächen dramatische geologische Umgestaltungen. Besonders mysteriös ist in diesem Zusammenhang der Mond Miranda, der trotz seiner geringen Größe (480 km) eine unerwartete Vielfalt von Formationen zeigt, die zum Teil noch relativ jung sein müssen.
Voyager 2 befindet sich auf dem Weg zum Neptun, den sie am 25. August 1989 erreichen wird.

Ein Objekt, das noch innerhalb der Bahn von Merkur die Sonne umkreist, wurde im November 1983 mit dem Infrarot-Satelliten *IRAS* entdeckt. Der Himmelskörper ist nur 1,9 km groß und könnte ein Asteroid oder Überrest eines Kometen sein.

Der schnellste der Planeten ist Merkur, der die Sonne in einer Durchschnittsentfernung von 57,9 Mio. km umkreist. Er hat eine Umlaufperiode von 87,9686 Tagen und mit 172 248 km/h die höchste mittlere Umlaufgeschwindigkeit.

Der heißeste der Planeten ist die Venus. Ihre Oberflächentemperatur beträgt, direkt von UdSSR- und US-Raumsonden gemessen, 462°C.

Auf der Venus existiert ein **Cañon,** der 4,8 km tief und 280 km breit ist. Er erstreckt sich über eine Länge von 2250 km.

Der bei weitem hellste der von der Erde aus mit bloßem Auge sichtbaren fünf Planeten ist die Venus, mit einer Maximalgröße von $-4^{m}\!.4$ (Uranus ist bei Größenklasse $5^{m}\!.5$ kaum sichtbar). Der schwächste ist Pluto mit einer Größenklasse von $15^{m}\!.0$.

Die Venus ist zugleich der der Erde nächste Planet. Ihre größte Annäherung beträgt etwa 41,3 Mio. km innerhalb der Erdumlaufbahn. (Zum Vergleich: Der zweitnächste Nachbarplanet der Erde ist Mars mit der größten Annäherung von 55,6 Mio. km außerhalb der Erdumlaufbahn.)
Mars, von dem seit 1965 bekannt ist, daß er Kra-

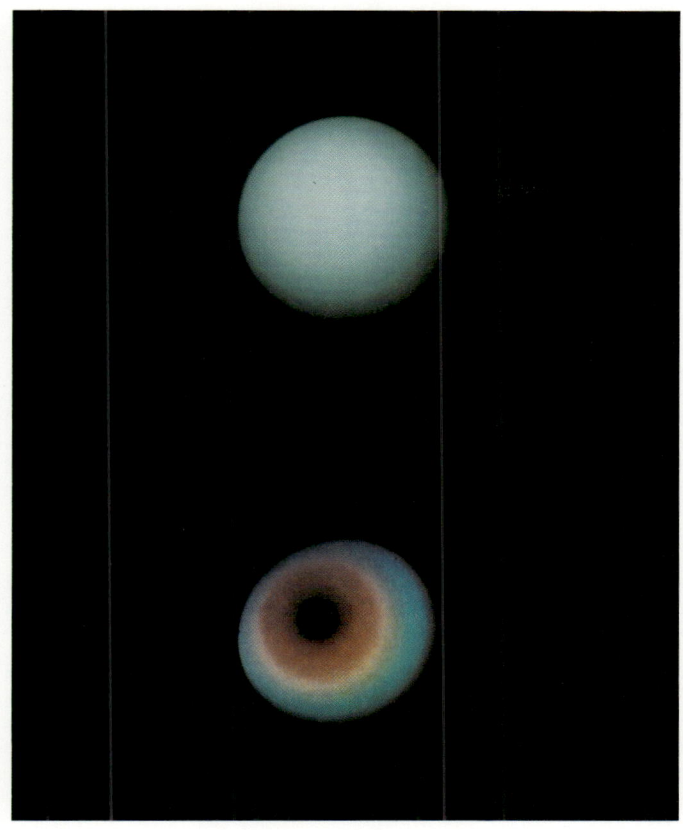

ter besitzt, hat Temperaturen von 29,4°C bis −123°C. Die bei weitem höchste und spektakulärste seiner Oberflächenformen ist Olympus Mons (früher Nix Olympica) in der Tharsisregion mit einem Durchmesser von 500–600 km und einer Höhe von 26 ± 3 km über der umliegenden Ebene.

Der dichteste Planet mit einer Durchschnittsdichte, die das 5,516fache von Wasser ausmacht, ist die Erde, während Saturn nur eine Durchschnittsdichte von etwa einem Achtel dieses Wertes oder vom 0,7fachen der des Wassers hat.

Die geheimnisvollen Ringe des Riesenplaneten Saturn sind erstaunlich dünn und an ihren Rändern »schärfer« als eine Rasierklinge. »Eine zu der gleichen Größe aufgeblasene Rasierklinge würde eine nicht annähernd so dünne Schneide wie die Saturnringe haben«, berichtete Anfang 1982 der Geophysiker Professor Leonhard G. Tyler von der Stanford-Universität in Kalifornien.

Am 22. März 1985 wurde **die Entdeckung eines Rings** um den Planeten Neptun durch Reinhold Häfner (Universität München) und seinen französischen Kollegen Jean Manfroid bekanntgegeben. Die entscheidende Beobachtung erfolgte bereits im Juli 1984 auf der europäischen Südsternwarte in La Silla (Chile). Unabhängig davon wurde der Ring exakt zur gleichen Zeit von einem amerikanischen Team auf Cerro Tololo (Chile), etwa 100 km südlich von La Silla, registriert, aber nicht gleich erkannt. Der Ring dürfte etwa 10–15 km breit und etwa 50 000 km von der Planetenoberfläche entfernt sein.

Konjunktionen: Die dramatischste Konjunktion (das heißt das scheinbare enge Zusammentreffen von Gestirnen am Himmel) konnte am 5. Februar 1962 während einer Sonnenfinsternis beobachtet werden: Sonne, Mond, Merkur, Venus, Mars, Jupiter und Saturn standen in einem Bereich von nur 16 Grad beieinander. Wahrscheinlich standen diese Objekte bei der siebenfachen Konjunktion vom September 1186 nur 12 Grad auseinander. Die nächste bemerkenswerte Konjunktion wird am 5. Mai 2000 stattfinden.

Suche nach fremden Planetensystemen

Die Suche nach planetenähnlichen Begleitern fremder Sonnen ist in ein neues Stadium getreten. Mit dem Infrarot-Astronomiesatelliten *IRAS* wurden 1983/84 ausgedehnte Staubscheiben um eine Reihe junger Sterne wie Wega und Beta Pictoris entdeckt. Im letzteren Fall konnten Bradford A. Smith und Richard J. Terrile mit dem 2,5-m-Spiegelteleskop des Observatoriums Las Campanas (Chile) und einer speziellen Technik die Staubscheibe direkt sichtbar machen. Sie reicht 400 AE (60 Mrd. km) weit in den Raum. Derartige Staubscheiben, in denen vermutlich auch größere Objekte vorhanden sind, bilden die Voraussetzungen für die Entwicklung von Planetensystemen.
Im Dezember 1984 gaben D. McCarthy jr., F. J. Low und R. G. Probst die Entdeckung lichtschwacher Begleiter naher Zwergsonnen bekannt. So wird der 21 Lichtjahre entfernte Stern »Van Biesbroeck 8« von einem Objekt umkreist, das eine Oberflächentemperatur von 1100°C besitzt. Seine Masse wird auf 0,01 Sonnenmassen geschätzt. Mit Sicherheit handelt es sich nicht um einen Planeten vom Typ der Objekte unseres Sonnensystems. Vermutlich ist »Van Biesbroeck 8«, er steht im Sternbild Schlangenträger, ein sogenannter Brauner Zwerg. Seine Masse ist zu klein, um die nuklearen Brennprozesse zu zünden, so daß er nicht zur Sonne werden kann.

Diese beiden Abbildungen des Uranus entstanden aus Aufnahmen, die *Voyager 2* am 10. Januar 1986 aus einer Entfernung von 18 Mio. km gemacht hat. Der Blick ist auf die Rotationsachse des drittgrößten Planeten des Sonnensystems gerichtet. Das obere Foto zeigt Uranus so, wie wir ihn aus der Raumsonde sehen würden, unten ist ein Falschfarbenfoto, das Details, vor allem vom Nordpol, enthüllt, die sonst nicht sichtbar wären. Rotbraune, smogähnliche Flekken verdunkeln die blaugrüne Atmosphäre.

Aus 170 000 km Entfernung wurde dieses Foto vom Uranusmond Ariel am 24. Januar 1986 gewonnen. Stark genarbt, von vielen Kratern übersät und von Tälern und geologischen Verwerfungen durchzogen, erscheint die Oberfläche des Trabanten.

8. SATELLITEN

Allgemein: Von den neun großen Planeten haben alle bis auf Venus und Merkur natürliche Satelliten. Mit seinen 17 ist der Saturn der Planet mit den meisten Satelliten.

Erde und Pluto sind die einzigen Planeten mit jeweils nur einem Satelliten. Die Entfernungen zu ihren Mutterplaneten variieren zwischen 9378 km (Phobos zum Marszentrum) und 23 705 000 km (Jupiters äußerster Satellit Sinope zum Planetenzentrum).

Das Sonnensystem hat eine Gesamtzahl von mindestens 55 Satelliten.

Der größte Satellit ist nach *Voyager*-Messungen Ganymed (Jupiter III) mit einem Durchmesser von 5276 km.

Der einzige Satellit mit einer dichten Atmosphäre ist Titan (Saturn VI), dessen höchste atmosphärische Schichten 750 km über seiner Oberfläche liegen.

Der schwerste bekannte Satellit ist Ganymed (Jupiter III), der 2,02mal schwerer als unser Mond ist.

Der kleinste Satellit ist Leda (Jupiter XIII) mit einem Durchmesser von weniger als 15 km.

Voraussetzungen für die Entstehung primitiver Lebensformen könnten unter der Oberfläche des Jupitermondes Europa bestehen. Amerikanische Wissenschaftler haben aufgrund der Auswertung von *Voyager*-Bildern des Trabanten die Hypothese entwickelt, daß unter der Eiskruste, die Europa bedeckt, flüssiges Wasser in Form von ausgedehnten Ozeanen existiert. In ihnen könnten sich einfachste Lebensformen entwickelt haben.

Asteroiden: Im Asteroidengürtel zwischen Mars und Jupiter gibt es etwa 45 000 kleine Planeten oder Asteroiden, von denen bis Januar 1986 3357 katalogisiert waren. Die meisten sind zu klein, um den Durchmesser bestimmen zu können.

Der größte Asteroid ist Ceres mit einem Durchmesser von 1025 km. Er wurde als erster von allen Asteroiden von Piazzi am 1. Januar 1801 in Palermo auf Sizilien entdeckt.

Der einzige mit freiem Auge sichtbare Asteroid ist Vesta mit einem Durchmesser von 512 km; entdeckt von Dr. Heinrich Wilhelm Olbers (1758–1840), einem deutschen Amateurastronomen.
Die naheste gemessene Annäherung eines Asteroiden an die Erde war 780 000 km. Sie erreichte Hermes am 30. Oktober 1937.

Der fernste bis jetzt entdeckte Asteroid ist 2060 Chiron, gefunden am 18./19. Oktober 1977 zwischen Saturn und Uranus von Charles Kowal vom Hale Observatory, Kalifornien (USA).

Blasen im Weltraum

Nach einer Untersuchung der amerikanischen Astronomen Margaret Geller und John Huchra vom Harvard-Smithsonian-Zentrum für Astrophysik Cambridge (USA) ist das Universum aus gigantischen Blasen zusammengesetzt, an deren Oberflächen sich die Galaxien befinden. Aus der sorgfältigen Untersuchung von 1000 Galaxien entwarfen die Forscher dieses dreidimensionale Bild von der Verteilung der Materie im Kosmos. Es läßt auch die großen Leerräume in den Blasen mit Durchmessern um 150 Mio. Lichtjahre erkennen. Geller und Huchra ziehen aus ihren Beobachtungen den Schluß, daß das Universum nicht in einem mächtigen Urknall entstanden ist, sondern in einer Serie von Explosionen, wobei jede eine Blase produzierte. In letzter Konsequenz sollte demnach das Weltall aus riesigen – sich ausdehnenden – Blasen bestehen. Dabei ordnen sich die Galaxien an der Oberfläche einer Blase wie Wassertropfen auf einem ständig größer werdenden Ballon an.
Andere Wissenschaftler sind der Meinung, daß es sich bei diesen Blasen um eine Wirkung der nicht sichtbaren Neutrinomaterie handelt. Danach wären die Blasen nichts weiter als riesige »Neutrinosterne«, auf deren Oberfläche sich die Galaxien befinden. Doch genau so problematisch wie eine Serie von Urexplosionen im Abstand von Mikrosekunden sind die »Neutrinosterne«. Ihre Existenz setzt ein massetragendes Neutrino voraus, wofür es derzeit noch keinen Beweis gibt.

9. STERNE

Der massereichste aller bekannten Sterne, der veränderliche Stern Eta Carinae, rund 9100 Lichtjahre entfernt, ist mindestens 200mal so schwer wie unsere Sonne. Das Objekt R 136a im Tarantelnebel, ursprünglich auf 2100 Sonnenmassen geschätzt, besteht aus zumindest 8 hellen Einzelsternen mit Massen bis zu 100 Sonnenmassen.

Beteigeuze, der obere linke Stern im Sternbild Orion (die Schulter), hat einen Durchmesser von annähernd 700 Mio. km. Das entspricht ungefähr dem Fünffachen des Abstandes Erde–Sonne. 1978 stellte man fest, daß er eine dünne Kalium-»Hülle« von 850 Mrd. km Durchmesser besitzt. Diese Ausdehnung entspricht rund dem 1200fachen Sterndurchmesser. Das Licht, das wir heute von Beteigeuze sehen, wurde im Jahr 1680 ausgestrahlt.

Der masseärmste Stern wurde von I. Neill Reid und Gerard Gilmore mit dem U.-K.-Schmidt-Teleskop entdeckt. Wie im April 1983 bekannt wurde, ist das Objekt RG 0058,8-2807 nur 0,014 Sonnenmassen schwer.

Der kleinste Stern ist der Weiße Zwerg L 362-81, dessen Durchmesser 5600 km oder das 0,004fache des Sonnenwertes beträgt.

Der hellste Stern unter den 5776 mit dem bloßen Auge sichtbaren Sternen ist Sirius A (Sternbild Großer Hund). Er hat eine scheinbare Helligkeit von $-1^{m}_{.}46$, ist in den Wintermonaten der nördlichen Hemisphäre sichtbar und steht um Mitternacht am letzten Tage des Jahres genau im Süden. Der Sirius ist 8,64 Lichtjahre entfernt und hat die 26fache Leuchtkraft der Sonne. Er hat einen Durchmesser von 2,33 Mio. km und eine Masse von $4{,}26 \times 10^{27}$ t. Sirius wird im Jahr 61 000 durch seine Annäherung $-1^{m}_{.}67$ hell werden.
Der schwache Begleiter, Sirius B, ein Weißer Zwerg, hat einen Durchmesser von 30 600 km, ist jedoch 350 000mal schwerer als die Erde. Ein Kubikzentimeter der Sirius-B-Materie wiegt 130 t.

Die fernsten und nächsten Sterne: Unser Sonnensystem mit seiner Sonne, neun Hauptplaneten, mindestens 55 Satelliten, Asteroiden und Kometen ist, wie 1982 geschätzt wurde, etwa 28 000 Lichtjahre vom Zentrum des linsenförmigen Milchstraßensystems (Durchmesser 70 000 Lichtjahre) mit etwa 100 000 Mio. Sternen entfernt.
Der entfernteste Stern in unserer Galaxis ist daher etwa 63 000 Lichtjahre entfernt.
Nimmt man die Sonne aus, ist der nächste Stern der sehr schwache Proxima Centauri, entdeckt 1915, der 4,22 Lichtjahre entfernt ist.
Der nächste mit bloßem Auge sichtbare Stern ist Alpha Centauri oder Rigel Centaurus der südlichen Hemisphäre (4,35 Lichtjahre) mit einer Helligkeit von $-0^{m}_{.}29$. Der Doppelstern wurde 1752 von Nicolas L. de Lacaille (1713–62) entdeckt. Im Jahr 29 700 wird er seinen kleinsten Abstand von 2,84 Lichtjahren erreichen und mit $-1^{m}_{.}20$ der zweithellste Stern am Himmel sein. Bis zum Jahr 11 800 n. Chr. wird der nächste Stern Barnards Stern mit einer Entfernung von 3,85 Lichtjahren sein.

Hellste und schwächste Sterne: Wenn alle Sterne gleich weit von der Erde entfernt wären, dann würde der hellste der veränderliche Eta Carinae (siehe massereichster Stern) sein, der zur Zeit eine Leuchtkraft aufweist, die 6 500 000mal höher ist als die der Sonne. Im Helligkeitsmaximum von 1843 dürfte seine Leuchtkraft noch um den Faktor 10 größer gewesen sein. Der visuell hellste Stern ist der Hypergigant Cygnus OB2N 12, der rund 5900 Lichtjahre entfernt ist und eine absolute Helligkeit von $-9^{m}_{.}9$ aufweist. Damit ist er 810 000mal heller als die Sonne. Einen vergleichbar hellen Stern findet man in der nahen Galaxie M 101, das Objekt IV b 59. Da die Entfernungsangaben etwas variieren, ist ein genauerer Vergleich problematisch.

Gegen 1840 war der variable Stern Eta Carinae wahrscheinlich 4 Mio.mal heller als die Sonne. Der schwächste Stern ist das Objekt RG 0058,8-2807 (siehe masseärmster Stern), das nur das 0,00021fache der Sonnenleuchtkraft besitzt. Seine absolute visuelle Helligkeit liegt bei $20^{m}2$. Das ist weniger als ein Millionstel der Sonnenhelligkeit.

Supernovae sind Sterne, die am »Ende« ihres Lebens explosionsartig aufleuchten. Sie treten vielleicht fünfmal alle 1000 Jahre in unserer Galaxis auf. Der hellste in geschichtlicher Zeit gesehene »Stern« ist die Supernova vom April 1006 in der Nähe von Beta Lupi, die zwei Jahre lang hell strahlte und eine Größe von -9 bis -10^{m} erreichte. Heute nimmt man an, daß sie die Radioquelle G 327,6 + 14,5 in einer Entfernung von nahezu 3000 Lichtjahren ist.

Einen extrem heißen Stern haben Astronomen aus den Niederlanden und Großbritannien im Zentrum des planetarischen Nebels NGC 2440 entdeckt. An seiner Oberfläche scheint eine Temperatur von etwa 350 000° C zu herrschen. Das Objekt ist ein Supernova-Überrest. Sein Durchmesser entspricht einem Zehntel, seine Leuchtkraft dem 2600fachen unserer Sonne.

Das größte von allen Sternbildern (Konstellationen) ist die Wasserschlange, die sich über 1302,844 Grad^2 oder 6,3 Prozent der Hemisphäre erstreckt und mindestens 68 mit bloßem Auge sichtbare Sterne enthält. Das Sternbild Centaur steht größenmäßig an 9. Stelle, enthält aber mindestens 94 sichtbare Sterne.

Die kleinste Konstellation ist das Kreuz des Südens mit einem Gebiet von nur 68,477 Grad^2, verglichen mit 41 252,96 Grad^2 des gesamten Himmels.

Der längste Name für einen Stern ist Shurnarkabtishashutu, der arabische Begriff für »unter dem südlichen Horn des Stiers«.

Schwarze Löcher: Diese Bezeichnung für Sterne, die am Ende ihres Lebensweges im Gravitationskollaps zusammengebrochen sind, wurde erstmals von John Archibald Wheeler am 29. Dezember 1967 während einer Tagung im Institut für Weltraumforschung in New York City eingeführt. Die erste versuchsweise Identifizierung eines Schwarzen Lochs wurde im Dezember 1972 in der Doppelstern-Röntgenstrahlenquelle Cygnus X-1 angekündigt.

Im Januar 1983 wurde über X-3 in der Großen Magellanschen Wolke berichtet, das etwa 10 Sonnenmassen umfasse und 180 000 Lichtjahre entfernt sei. Die Grenzgröße wurde auf lediglich 5,90 km Durchmesser geschätzt. Anfang 1978 kam die Vermutung auf, daß es supermassive Schwarze Löcher mit einer Masse von 100

Mit einem Bilderbuchstart von *Challenger* begann am 30. Januar 1986 in Cape Canaveral die einwöchige deutsche *D-1*-Mission.

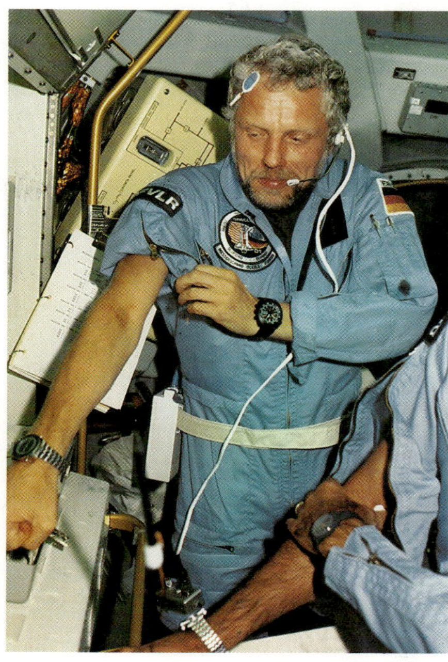

Die deutschen Wissenschaftsastronauten Reinhard Furrer (links) und Ernst Messerschmid (rechts) führten zusammen mit dem niederländischen Physiker

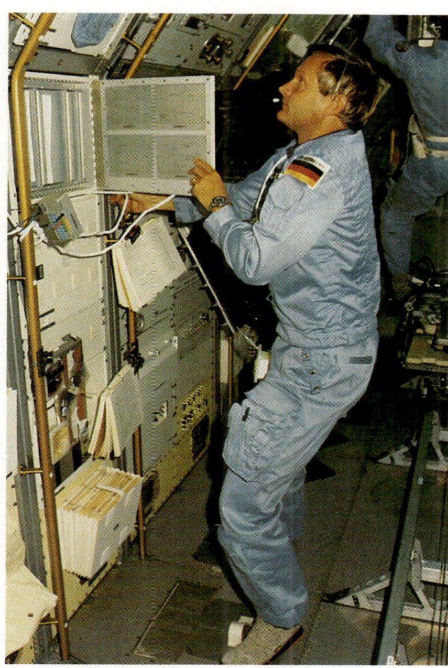

Wubbo Ockels rund um die Uhr in 12-Std.-Schichten über 70 Experimente an Bord des Raumlabors *Spacelab* durch.

Mio. Sonnen, 2×10^{35} t, gibt. Eines davon im Zentrum der Seyfert-Galaxie NGC 4151 im Sternbild Jagdhunde könnte nach Schätzungen des britischen Astronomen Michael Preston im Oktober 1983 zwischen 50 und 100 Mio. Sonnenmassen schwer sein.

Ein Schwarzes Loch im Zentrum der Milchstraße; diesen Befund haben 1985 sechs amerikanische Astronomen in einer umfangreichen Forschungskampagne, durch Zusammenschaltung mehrerer großer Radioteleskope, quer durch die Vereinigten Staaten, erhalten. Es konnte eine kompakte Radiostrahlungsquelle im Zentrum unserer Galaxis entdeckt werden, die 3,8 Mrd. × 1,8 Mrd. km groß ist. Hier könnte es sich um die sogenannte Accretions-Scheibe aus Gas, Staub und Sternen handeln, die ein Schwarzes Loch umgeben sollte.

10. DAS UNIVERSUM

Außerhalb des Milchstraßensystems, eines Mitglieds der sogenannten lokalen Gruppe von Galaxien, die sich mit einer Geschwindigkeit von schätzungsweise 200–500 km/s auf den Virgo-Superhaufen in einer Entfernung von 50 Mio. Lichtjahren zubewegt, existieren 10 Mrd. weitere Galaxien. Die größte diskrete Massenanhäufung im Universum ist eine längliche »Wolke« von Galaxien, die aus den Objekten in den Sternbildern Fische und Walfisch besteht. Nach Angaben von Jack O. Burns und David Batuski, Albuquerque, Universität von New Mexiko im Mai 1984, mißt dieser »Galaxien-Bogen« 730 Mio. Lichtjahre.

Das entfernteste mit bloßem Auge sichtbare kosmische Objekt ist die große Galaxie im Sternbild Andromeda (Helligkeit $3^{m}47$), Messier 31 genannt, erstmals von Simon Marius (1570–1612) im Jahr 1612 beobachtet. Sie ist ein rotierender Spiralnebel, der 2,15 Mio. Lichtjahre (20×10^{18} km) entfernt ist und sich auf uns zubewegt. Unter idealen Sichtbarkeitsbedingungen ist es für Leute mit scharfen Augen möglich, den Spiralnebel im Dreieck (Helligkeit $5^{m}79$) zu sehen, der 2,36 Mio. Lichtjahre entfernt ist.

Erfolgreiche Reise ins Weltall

Als 22. *Shuttle*-Flug wurde am 30. November 1985 die deutsche *Spacelab-D-1*-Mission gestartet. Das Raumlabor *Spacelab* wurde von der *Challenger* in die rund 320 km hohe Umlaufbahn gebracht. Die Besatzung bestand aus dem Commander Henry Hartsfield, dem Piloten Steven Nagel, den Missionsspezialisten James Buchli, Guion Bluford und Bonnie Dunbar sowie den Nutzlastspezialisten Reinhard Furrer und Ernst Messerschmid aus der Bundesrepublik Deutschland und Wubbo Ockels (Niederlande).
Erstmals wurde das Forschungsprogramm im Raumlabor vom deutschen Kontrollzentrum in Oberpfaffenhofen (Bayern) überwacht, während die Flugführung in den Händen der NASA lag. Für die Abwicklung der *D-1*-Mission mußten an die Amerikaner 165 Mio. DM bezahlt werden. Rund 70 Experimente, der größte Teil aus der Bundesrepublik Deutschland – der Rest stammte von der europäischen Weltraumorganisation ESA und aus den Vereinigten Staaten –, wurden ausgeführt, die sich um die Schwerpunkte Materialwissenschaften und Life Science (biomedizinische Versuche) konzentrierten. Daneben wurde eine Reihe anderer Versuche von der Himmelsbeobachtung bis zur Navigation durchgeführt. Die 7 Tage und 4 Min. dauernde Mission kann als großer Erfolg angesehen werden, da nahezu alle Forschungsziele erreicht werden konnten. Insgesamt hat dieser Flug den deutschen Steuerzahler weit über 400 Mio. DM gekostet. Inzwischen sind die Planungen für eine *D-2*-Mission vorangeschritten. Ihre Verwirklichung hängt von der weiteren Entwicklung des amerikanischen Raumfährenprogramms nach der *Challenger*-Katastrophe ab.

Quasare: Im November 1962 wurde die Existenz quasistellarer Radioquellen (Quasare oder QSOs) von Maarten Schmidt (*1929 in den Niederlanden) mit der Entdeckung des Objekts 3C-273 mit einer Rotverschiebung von z=0,158 festgestellt. Die Grundlage bildete eine Bedeckung des Objekts durch den Mond, die am 5. August 1962 in Australien beobachtet wurde. Für Himmelsobjekte von solcher Entfernung und einem relativ geringen Durchmesser haben Quasare eine ungeheuer hohe Leuchtkraft.
Im Mai 1983 wurde berichtet, daß der Quasar S5 0014 + 81 eine visuelle Leuchtkraft aufweist, die $1{,}1 \times 10^{15}$mal größer ist als die der Sonne. Die Entdeckung des ersten Doppelquasars (0957 + 56) unter den 1500 bekannten Objekten wurde im Mai 1980 gemeldet.

Radiomonster entdeckt. Wie das Max-Planck-Institut für Radioastronomie im Februar 1985 bekanntgab, wurde im Sternbild Vulpecula eine starke und ungewöhnlich ausgedehnte Radioquelle entdeckt. Das Objekt dürfte etwa 160 Mio. Lichtjahre entfernt sein. Über die genaue Natur des »Radiomonsters« ist man sich noch nicht im klaren. Vermutlich ist es eine aktive Galaxie, von der zwei Materiebündel (Jets) in entgegengesetzter Richtung davonschießen.

Pulsare: Die früheste Beobachtung einer pulsierenden Radioquelle oder eines »Pulsars« V-CP 1919, jetzt PSR 1919 + 21, durch Dr. Jocelyn Bell Burnell wurde am 24. Februar 1968 vom Mullard Radio Astronomy Observatory (GB) bekanntgegeben. Aufgefunden wurde das Objekt am 28. November 1967. Der 100. wurde im Juni 1973 von Jodrell Bank gemeldet.
Der am schnellsten rotierende Neutronenstern ist der Pulsar 1937 + 214 im Sternbild Vulpecula (Füchschen). Seine Pulsperiode beträgt 1,557806449 Millisek. mit der unglaublich niedrigen Verlangsamung von 1×10^{-19} Sek./Sek. Der Pulsar ist 16000 Lichtjahre entfernt. Die genaueste »Sternenuhr« ist der zweitschnellste Pulsar, PSR 1953 + 29, mit einer Verlangsamung von nur 1×10^{-20} Sek./Sek.

Die entferntesten Objekte: Die Interpretation sehr großer Rotverschiebungen bei Quasaren ist weiterhin umstritten. Der Rekordwert von z = 3,78 für den Quasar PKS 2000-330 entspricht, ein Weltalter von 20 Mrd. Jahren angenommen, einer Entfernung von 14,5 Mrd. Lichtjahren ($1{,}37 \times 10^{23}$ km). Im August 1985 wurde mitgeteilt, daß die Galaxie mit der weitesten bekannten Entfernung, sie ist mit dem Quasar 1614 + 0,051 im Herkules assoziiert, eine Rotverschiebung von z = 3,218 entsprechend 89,4 Prozent der Lichtgeschwindigkeit aufweist.

Alter des Universums: Für das Alter des Universums wurde ein Wert von 15 ± 3 Äonen oder Gigajahren (ein Äon oder Gigajahr = 1 Mrd. Jahre) aus kosmo- und nukleochronologischen Daten ermittelt. Das entspricht im Standard-Friedmann-Weltmodell einer Hubble-Konstante von 60 $km/s^{-1}/Mpc^{-1}$. 1982 bestimmte H.-V. Klapdor (Max-Planck-Institut für Kernphysik Heidelberg) das Alter der schweren Elemente in der Milchstraße zu 21 Mrd. Jahren. 1981 schlug Alan H. Guth das sogenannte inflationäre Modell vor, das die fundamentalen Kräfte der Teilchen und Felder in die frühesten Phasen des Urknalls einbezieht. Dieser Ansatz hat sich als sehr fruchtbar erwiesen und stellt eine Verbindung zwischen Mikrokosmos und Universum her.

11. RAKETENTECHNIK UND RAUMFAHRZEUGE

Allgemein: Die physikalischen Gesetze, die den Flug künstlicher Satelliten bestimmen, wurden zum ersten Mal von Sir Isaac Newton (1643–1727) in seinen *Mathematischen Grundlagen der Naturwissenschaft* formuliert, die er im März 1686 begann und im Sommer 1687 veröffentlichte.

Der erste künstliche Satellit wurde in der Nacht des 4. Oktober 1957 von Tyuratam, einem Ort 275 km östlich des Aralsees (UdSSR), in Höhen zwischen 229 und 946 km und mit einer Geschwindigkeit von 28565 km/h erfolgreich in die Umlaufbahn gebracht. Dieser runde Satellit *Sputnik 1* (das ist »Weggenosse«), der offiziell als »Satellit 1957 Alpha 2« bezeichnet wurde, wog 83,6 kg bei einem Durchmesser von 58 cm. Seine Lebensdauer betrug vermutlich 92 Tage und endete demnach am 4. Januar 1958. Er wurde unter der Leitung von Dr. Sergej Pawlowitsch Koroljow (1907–66) – zeitweise Gulag-Häftling – entworfen.

Die frühesten Raketen dürften Kriegsraketen gewesen sein, die mit Kohle-Salpeter-Schwefel-Schießpulver angetrieben wurden. Im Jahr 1042 sollen sie nach einem Bericht von Tsing Kung Liang in China angewendet worden sein. Nachrichten über diese Raketen kamen 1258 zum ersten Mal nach Europa.

Die ersten militärischen Raketen in Europa entwickelte der englische Colonel Sir William Congreve (1772–1828), dessen »2,72-kg-Rakete« bis zum Jahr 1805 eine Reichweite von 1,8 km erzielte. Die Rakete wurde zum ersten Mal am 8. Oktober 1806 von der Royal Navy gegen Boulogne (Frankreich) eingesetzt.
Eine Rakete mit Flüssigtreibstoff, patentiert am 14. Juli 1914, wurde zum ersten Mal von Dr. Robert Hutchings Goddard (1882–1945, USA) am 16. März 1926 in Auburn (USA) abgeschossen. Sie erreichte eine Höhe von 12,5 m und flog 56 m weit.

Die früheste Rakete der UdSSR war die halbflüssig angetriebene *GIRD-IX* (Gruppa Izucheniya Reaktivnogo Dvizheniya), deren Entwicklung 1931 begann und die am 17. August 1933 getestet wurde.

Die größte Reichweite einer Rakete soll eine Globalrakete der UdSSR haben. Jedenfalls behauptete dies Nikita Chruschtschow am 16. März 1962, damals Ministerpräsident der UdSSR. Die Rakete habe eine Reichweite von 30000 km, das heißt von mehr als dem halben Erdumfang, und sei folglich in der Lage, jedes Ziel aus jeder Richtung zu treffen.

Die leistungsfähigsten Raketen: Die Mondrakete der UdSSR, die am 4. Juli 1969 in Tyuratam explodierte, hatte vermutlich einen Schub von 4,5–6,35 Mio. kg. Außerdem gibt es Hinweise auf den mißglückten Abschuß einer »G«-Klasse-Mondrakete der UdSSR am 11. Mai 1973.

Die leistungsfähigste Rakete, deren Daten bekannt sind, ist die *Saturn V*, die für die *Apollo*- und *Skylab*-Programme verwandt wurde, mit deren Entwicklung im Januar 1962 im heutigen John F. Kennedy Space Center in Florida (USA) begonnen worden ist. Die Rakete ist 110,85 m hoch mit einer Nutzlast von 74783 kg (im Falle von *Skylab 1*) und verbraucht für 2:30 Min. 13,6 t Treibstoff pro Sek. Das sind mehr als 2000 t. Die erste Stufe (S-IC) ist 42,06 m hoch und wird von fünf Roketdyne-F-1-Triebwerken angetrieben, die jeweils flüssigen Sauerstoff (LOX) und Kerosin und eine Schubkraft von 686680 kg liefern. Stufe II (S-II) wird von fünf LOX- und Flüssigwasserstoff-Roketdyne-Triebwerken vom Typ J-2 angetrieben mit einer Gesamtschubkraft von 517759 kg, während Stufe III (bezeichnet als S-IVB) durch ein einziges J-2-Triebwerk angetrieben wird. Die Gesamtrakete erzeugt einen Schub von 39000 Kilo Newton und wiegt vollbeladen bis zu 3347 t im Fall von *Apollo 17*. Sie wurde zum ersten Mal am 9. November 1967 von Cape Canaveral (vorübergehend Cape Kennedy) in Florida (USA) abgeschossen.

Höchste Nutzlast. *Skylab 1* (abgeschossen am 14. Mai 1973) wog 74783 kg. Die Raumstation trat am 11. Juli 1979 um 16 Uhr 32 GMT bei ihrem 34981. Umlauf über der westaustralischen Küste in die dichteren Schichten der Erdatmosphäre ein. Große Stücke von *Skylab 1* wurden 12 km südlich von Rawlinna gefunden und nach Hongkong verkauft.

Raketen-Höchstgeschwindigkeit: Das erste Raumfahrzeug, das die Dritte Kosmische Geschwindigkeit erreichte – sie genügt, um aus dem Sonnensystem auszubrechen –, war die amerikanische *Pioneer 10*. Der Raketenträger *Atlas* SLV-3C mit einer modifizierten *Centaur*-D-Zweitstufe und einer *Thiokol*-Te-364-4-Drittstufe verließ die Erde am 2. März 1972 mit einer bisher nie wieder erreichten Geschwindigkeit von 51682 km/h.

Die höchste registrierte Geschwindigkeit überhaupt erreichte mit 240000 km/h während der Sonnenannäherung die amerikanisch-deutsche Sonnensonde *Helios B*, die am 15. Januar 1976 gestartet wurde.

Größte Annäherung an die Sonne. Die beiden deutsch-amerikanischen Sonnensonden *Helios A* und *B* sind dem Tagesgestirn bis auf 44,5 Mio. km nahe gekommen, näher als jedes andere von Menschenhand gefertigte Raumfahrzeug und näher als der Planet Merkur, der die Sonne in einer mittleren Entfernung von 57,8 Mio. km umkreist. *Helios A* und *B* wurden am 10. Dezember 1974 bzw. 15. Januar 1976 von Cape Canaveral aus gestartet und in Umlaufbahnen um die Sonne gelenkt. *Helios B* arbeitete 5 Jahre lang, *Helios A* wurde Anfang 1986 abgeschaltet.

Raketen mit Ionenantrieb: Geschwindigkeiten bis zu 160000 km/h werden für Raketen erhofft, die durch Ionenentladung angetrieben werden. Ein Ionenantrieb wurde im Lewis Research Center in Cleveland (USA) 9715 Std. lang, also fast 40 Tage länger als ein Jahr, in Betrieb gehalten. Ionenraketen wurden zum ersten Mal für die *SERT-1*-Rakete der NASA verwandt, die am 20. Juli 1964 abgeschossen wurde.

Der größte Kommunikationssatellit der Welt, *TDRS-A*, wurde mit dem 6. *Shuttle*-Flug im April 1983 in eine unbrauchbare Umlaufbahn gebracht, konnte aber dann durch komplizierte Manöver in 35800 km Höhe über dem Äquator positioniert werden. Er dient als Funkbrücke zwischen den Raumfähren und der Erde und kann die Meßdaten anderer Satelliten aufnehmen und zu einer zentralen Bodenstation weitergeben.

Das Absetzen von Nachrichtensatelliten aus bemannten Raumschiffen ist erstmals beim 5. Raumflug der Raumfähre *Columbia* am 11. und 12. November 1982 erfolgreich praktiziert worden.

Beim ersten Flug des europäischen Raumlabors *Spacelab* an Bord der US-Raumfähre *Columbia* (28. November bis 8. Dezember 1983) wurde eine Reihe von Rekorden aufgestellt: die meisten Experimente während einer Mission (70), die größte Zahl von Besatzungsmitgliedern (6), die größte Nutzlast, die mit dem *Shuttle* gestartet und zur Erde zurückgebracht wurde (15063 kg). Es war der bislang längste Flug einer Raumfähre. Noch nie wurden während einer Mission so viele Informationen zur Erde übermittelt: 20 Mio. Fernsehbilder und 2 Billionen (2×10^{12}) Bits an Daten.

Satellitenreparatur. Am 10. April 1984 gelang es erstmals, einen defekten Satelliten in der Umlaufbahn zu reparieren. Die Besatzung der Raumfähren-Mission 41-C, Crippen, Scobee, Nelson, Hart und van Hoften, fing den Sonnenforschungssatelliten *Solar Max* mit dem Greifarm der *Challenger* ein. In der Ladebucht wurde der Raumflugkörper durch den Austausch von Elektronikmodulen wieder funktionsfähig gemacht und in die Umlaufbahn entlassen.

Die erste Bergung zweier defekter Satelliten mit Hilfe des *Space Shuttle* gelang im November 1984. Während eines Fluges der Raumfähre *Discovery* wurden von der Besatzung die Nachrichtensatelliten *PALAPA-B2* und *WESTAR 6* geborgen, im Frachtraum verstaut und zur Erde zurückgebracht.

Das Raumfahrtunglück von Cape Canaveral: die 7 *Challenger*-Astronauten – Christa McAuliffe, Gregory Jarvis, Judith Resnik, Francis Scobee, Ronald McNair, Michael Smith, Ellison Onizuka – von links nach rechts. Mit fünffachem Feuerstrahl startet *Challenger*, nach 73 Sek. kommt es zur Explosion. Die Raumfähre zerbirst, die Hilfsraketen rasen steuerlos davon, Trümmer bleiben.

Die Challenger-Katastrophe

Der 25. Flug einer Raumfähre endete bereits 73 Sek. nach dem Start mit der bisher größten Katastrophe der bemannten Raumfahrt, in der die siebenköpfige Besatzung den Tod fand.

Nach mehrmaliger Verschiebung startete die *Challenger* am 28. Januar 1986, 11 Uhr 38 Ortszeit von Cape Canaveral. An Bord befanden sich Commander Francis Scobee, Pilot Michael Smith, die Missionsspezialisten Judith Resnik, Ellison Onizuka und Ronald McNair, der Industrie-Ingenieur Gregory Jarvis und die erste für einen Raumflug ausgewählte Lehrerin Christa McAuliffe. Das Ziel der Mission bestand unter anderem im Aussetzen eines zweiten *TDRS*-Kommunikationssatelliten und in der Beobachtung des Halleyschen Kometen.

73 Sek. nach dem Abheben explodierte in knapp 16 km Höhe vor der Küste Floridas der große externe Treibstofftank. Dabei wurde in Sekundenbruchteilen die Raumfähre *Challenger*, es war ihr 10. Flug, zerstört und stürzte in Bruchstücken in den Atlantik. Die Mannschaftskabine war bis zum Aufschlag auf dem Wasser weitgehend als Einheit erhalten. Die Besatzung dürfte bereits vom Explosionsdruck mit nachfolgender Dekompression der Kabine getötet worden sein. Die Unfallquelle konnte relativ schnell ermittelt werden: ein Leck zwischen zwei Segmenten der rechten Feststoffrakete. Der dort austretende Feuerstrahl brannte dann nicht nur ein Loch in den mit Flüssigkeitswasserstoff und -sauerstoff gefüllten Tank, sondern zerstörte auch eine der Verbindungen zwischen Feststoffraketen und Tank. Eine eingehende Untersuchung ergab, daß menschliches Versagen die eigentliche Ursache für die Katastrophe war. Die Schwachstelle an den Feststoffraketen war seit längerem bekannt, wurde aber nicht behoben. Bei so niedrigen Temperaturen, wie sie durch einen überraschenden Kältesturz am Starttag herrschten, war die Gefahr eines Lecks besonders groß. Trotzdem gab das verantwortliche Management gegen die Einwände mehrerer Ingenieure die Starterlaubnis.

In den kommenden Monaten werden grundlegende Änderungen an den Feststoffraketen vorgenommen. Vor Juli 1987 ist mit einem neuen Raumfährenstart nicht zu rechnen.

12. MENSCHEN IM ALL

Der erste erfolgreiche bemannte Raumflug begann am 12. April 1961 um 9 Uhr 07 (Moskauer Zeit) oder 7 Uhr 07 MEZ. Der Kosmonaut Fliegermajor (später Oberst) Jurij Aleksejewitsch Gagarin (1934–68) vollbrachte in 89:34 Min. eine Erdumrundung in dem 4,72 t schweren Raumfahrzeug *Wostok 1* (das heißt »Ost«). Er startete von Tyuratam in Kasachstan und landete 108 Min. später im Gebiet von Saratow (UdSSR). Die Höchstgeschwindigkeit betrug 28 260 km/h und die Maximalhöhe 327 km bei einer Flugstrecke von 40 868,6 km. Gagarin, der als Held der Sowjetunion ausgezeichnet wurde und hohe sowjetische Orden erhielt, wurde am 27. März 1968 bei einem Düsenflugzeugabsturz in der Nähe von Moskau getötet.

Der erste Deutsche im Weltraum war Sigmund Jähn, Oberleutnant (jetzt Generalmajor) der Luftwaffe der DDR (* 1937). Er startete am 26. August 1978 zusammen mit dem Sowjet-Kosmonauten V. F. Bykowskij (bereits mit *Wostok 5* im All gewesen) im Raumschiff *Sojus 31*. Das Schiff koppelte an den Komplex *Saljut 6/Sojus 29* an. Nach Durchführung von Experimenten kehrten Jähn und Bykowskij am 3. September 1978 mit *Sojus 29* wieder zur Erde zurück. Alle ihre Körperfunktionen waren normal.

Mit dem Stuttgarter Metallphysiker Dr. Ulf Merbold (* 1941) gelangte im Rahmen der *Spacelab*-Mission der erste bundesdeutsche Astronaut in die Umlaufbahn.

Die erste Frau, die die Erde umkreiste, war Leutnant (jetzt Oberstleutnant) Valentina Wladimirowna Tereschkowa, jetzt Frau Nikolajewa (* 1937), die am 16. Juni 1963 um 10 Uhr 30 MEZ mit *Wostok 6* von Tyuratam (UdSSR) abgeschossen wurde und am 19. Juni um 9 Uhr 16 nach einem Flug von zwei Tagen 22:42 Std. landete, währenddessen sie über 48 Erdumkreisungen vollführte (fast 2 Mio. km) und einen Moment lang in einer Entfernung von 4,9 km an dem zwei Tage vorher gestarteten Raumschiff *Wostok 5*, mit dem sowjetischen Kosmonauten V. F. Bykowskij an Bord, vorbeikam.

Swetlana Savitskaya (UdSSR) wurde am 19. August 1982 die 2. Frau und der 109. Mensch im All.
Amerikas erste Frau im Weltraum war die Astrophysikerin Sally K. Ride (* 1951). Sie nahm am 7. Raumfährenflug im Juni 1983 teil und umkreiste 146 Std. die Erde. Mehrere Astronautinnen sind bereits in weiteren *Shuttle*-Missionen geflogen.

Der erste tödliche Unfall während einer Raumfahrt ereignete sich, als Oberst Wladimir Michailowitsch Komarow (* 1927) am 23. April 1967 um 1 Uhr 35 MEZ in *Sojus 1* (das heißt »Bündnis«) in den Raum geschossen wurde. Das Raumfahrzeug befand sich 25:15 Std. in der Umlaufbahn, prallte aber bei der Landung wegen Fallschirmversagens zu hart auf. Komarow war damit der erste Mensch, dessen Tod während eines Raumfluges offiziell gemeldet wurde.

Den ersten Weltraumspaziergang unternahmen der sowjetische Kosmonaut Aleksej A. Leonow am 18. März 1965. Gesichert durch eine Verbindungsleine verließ er das Raumschiff *Voskhod 2* für 17 Min. Am 3. Juni 1965 folgte der verstorbene Edward H. White II, der 21 Min. lang neben dem Raumschiff *Gemini IV* von Hawaii bis zur Atlantikküste schwebte.

Der erste frei im Weltraum schwebende Mensch war NASA-Astronaut Bruce McCandless. Mit der Freiflug-Manövriereinheit bewegte er sich am 7. Februar 1984 erst 50 und dann 100 m von der *Challenger* fort in den freien Raum. Der »Feuerstuhl« kostet rund 15 Mio. Dollar.

Den längsten bemannten Raumflug absolvierten die Kosmonauten Leonid Kisim, Wladimir Solowjow und Oleg Atkow in der Raumstation *Saljut 7*. Sie kehrten nach einem Flug von 236 Tagen 22:50 Std. am 2. Oktober 1984 mit dem Raumschiff *Sojus T-11* zurück. Die Mannschaft war am 8. Februar gestartet und hatte insgesamt 158 Mio. km im Weltraum zurückgelegt.

Der erste Satellit für die Rettung bei Flugzeugabstürzen und Schiffsuntergängen *(SAR-SAT)* ist im Rahmen eines internationalen Programms am 30. Juni 1982 von der UdSSR gestartet worden. Am 9. September 1982 konnte erstmals mit Hilfe des Satelliten ein über Nordkanada abgestürztes Flugzeug mit seinen drei schwerverletzten Insassen aufgespürt werden. Inzwischen sind weitere sowjetische und amerikanische Satelliten an dem Programm beteiligt. Die Zahl der geretteten Personen beläuft sich auf etwa 400 (Mai 1986).

Der älteste Mensch in der 25jährigen Geschichte der bemannten Raumfahrt war Karl G. Henize, der zum Zeitpunkt seines Fluges an Bord der Raumfähre *Challenger* am 29. Juli 1985 58 Jahre alt wurde.

Der jüngste war Major (später Oberst) German Stepanowitsch Titow (* 1935), der 25 Jahre und 329 Tage alt war, als er am 6. August 1961 in *Wostok 2* in den Raum geschossen wurde. Der einzige Mensch, der sechsmal im Weltraum war, ist Captain John W. Young (USA). Nach seinem letzten Flug als Commander der *Spacelab*-Mission mit der *Columbia* am 8. Dezember 1983 konnte Young auf 34 Tage 19:42:13 Std. im Weltraum zurückblicken.

Dauerrekord auf dem Mond: Die Mannschaft von *Apollo 17* sammelte eine Rekordmasse von 114,8 kg Gestein und Staub während ihrer 22:05 Std. »Tätigkeit außerhalb des Fahrzeuges«. Es waren Captain Eugene A. Cernan, US Navy (* 1934), und Dr. Harrison H. (Jack) Schmitt (* 1935), der als zwölfter Mann den Mond betrat. Die Mannschaft befand sich während dieser längsten Mondmission, die insgesamt 12 Tage 13:51 Std. dauerte, in der Zeit vom 7. bis 19. Dezember 1972, 74:59 Std. auf der Mondoberfläche.

Das erste Räderfahrzeug auf dem Mond war *Lunochod 1*, das am 17. November 1970 seine von der Erde gesteuerten Reisen begann. Es bewegte sich insgesamt 10,54 km auf Gefällen bis zu 30 Grad im Mare Imbrium und war bis 4. Oktober 1971 in Betrieb.

Den Geschwindigkeits- und Entfernungsrekord auf dem Mond hält der von *Apollo 16* mitgeführte *Rover* mit 18 km/h bergab und einer Strecke von 33,8 km.

Den ersten Umzug von einer Raumstation zur anderen vollführten am 5. Mai 1986 die sowjetischen Kosmonauten Leonid Kisim und Wladimir Solowjow. Sie flogen von der Station *Mir* (»Frieden«) zur 3000 km entfernten Station *Saljut 7*, die sie erneut in Betrieb nahmen. Als »Raum-Taxi« diente *Sojus T–15*. Am 21. Mai 1986 startete die UdSSR erstmals das unbemannte Raumschiff *Sojus TM*, den Prototyp der dritten *Sojus*-Generation, die in Zukunft zum Kosmonautentransport dienen soll.

Am längsten auf einem anderen Planeten arbeitete *Viking 1*. Das automatische Forschungslaboratorium wurde am 20. Juli 1976 auf der Marsoberfläche abgesetzt und lieferte rund 56 000 Fotos, Wetterdaten, chemische Analysen des Marsbodens und andere Informationen. Am 18. November 1982 riß der Funkkontakt zu *Viking 1* ab und konnte nicht wieder hergestellt werden, so daß die NASA den Marslander offiziell für »tot« erklärt hat.

Das schwerste Objekt in der Umlaufbahn war *Apollo 15* (Raumschiff plus dritte Stufe), das vor dem Start in Richtung Mond in der Parkumlaufbahn 140 512 kg wog.
Der 200 kg schwere *US-R. A. E.* (Radio Astronomy Explorer) *B* oder *Explorer 49*, der am 10. Juni 1973 gestartet wurde, hat Antennen von 415 m Länge von Spitze zu Spitze.

Die Gesamtkosten des Programms der bemannten Raumfahrt der USA bis zur Beendigung der Mondflüge mit *Apollo 17* werden auf 25,5 Mrd. Dollar (damals 96 Mrd. DM) geschätzt. Die ersten 15 Jahre des sowjetischen Raumfahrtprogramms von 1958 bis September 1973 sollen über 100 Mrd. DM gekostet haben. Die Kosten für das *Space-Shuttle*-Programm der US-Raumfahrtbehörde NASA beliefen sich bis zum Start der *Columbia* am 12. April 1981 auf 9,9 Mrd. Dollar (damals 22 Mrd. DM).

Die erste deutsche Fliege im Weltraum war »Willi«. Sie schlüpfte während der deutschen *Spacelab D 1*-Mission im November 1985 aus einem Experiment an Bord der Raumfähre *Challenger*. Ihr Entweichen war so unfreiwillig wie ihr Ende: Sie starb in einem Entlüftungsfilter des deutschen Raumlabors.

Die teuersten Raumanzüge von der »Stange« wurden erstmals von den *Challenger*-Astronauten S. Musgrave und D. Peterson am 7. April 1983 unter Weltraumbedingungen getestet. Die in Serie gefertigten Raumanzüge, deren Stückpreis mit 2 Mio. Dollar angegeben wird, sind nicht mehr, wie es z. B. bei den *Apollo*-Mondflügen der Fall war, »maßgeschneidert«, sondern werden in Standardgrößen angefertigt.

Das erste irdische Lebewesen im Weltraum war der Hund *Laika*, der am 3. November 1957 mit dem sowjetischen Satelliten *Sputnik 2* in eine Umlaufbahn von 1690 km Höhe geschossen wurde. Das Tier verendete nach fünf Tagen infolge Sauerstoffmangels.

Der erste Autofahrer auf dem Mond war der US-Astronaut David Scott, der am 31. August 1971 mit einem nur 35 kg schweren Geländewagen mit 1-PS-Leistung eine Geschwindigkeit von 8 km/h erreichte.

Das erste voll wiederverwendbare bemannte Raumfahrzeug ist der amerikanische *Shuttle*-Orbiter *Columbia*, der am 12. Januar 1986 zum siebtenmal in die Erdumlaufbahn startete.

Der erste Zivilist in der Erdumlaufbahn, der nicht als Astronaut ausgebildet wurde, war der Industrie-Ingenieur Charles Walker, der im August 1984 mit der Raumfähre *Discovery* startete und ein biochemisches Produktionsexperiment betreute. Der erste Politiker im Orbit war der amerikanische Senator Jake Garn, der im April 1985 an einem siebentägigen Raumflug mit der *Discovery* teilnahm. ■

NATUR-WISSENSCHAFT

Von gewaltiger Größe ist der VW-Windkanal. Er setzt Maßstäbe für den Wagen von morgen (S. 160)

1. ELEMENTE

Allgemein: Alle Materie, die in, auf und außerhalb der Erde bekannt ist, setzt sich aus chemischen Elementen zusammen. Es wird geschätzt, daß es im bekannten Universum 10^{87} Elektronen gibt.
Insgesamt wurden bisher 94 in der Natur vorkommende Elemente entdeckt. Bei Normaltemperatur treten 2 von ihnen als Flüssigkeiten, 11 als Gase und 81 als Festkörper auf. Der sogenannte vierte Zustand der Materie ist Plasma, wobei negativ geladene Elektronen und positiv geladene Ionen bei im allgemeinen hohen Temperaturen in ständiger Bewegung sind.

Leichte und schwerste Elementarteilchen: Seit April 1984 geht man von der Existenz von 30 »stabilen« Teilchen, 53 Mesonen-Resonanzmultipletten und 48 Baryonen-Resonanzmultipletten aus. Das bedeutet 242 mögliche Teilchen und ebenso viele Antiteilchen.
Das schwerste »stabile« Teilchen ist das neutrale Weakon Z° mit einer Masse von $92{,}9 \pm 1{,}6$ GeV. Es wurde im Mai 1983 im europäischen Kernforschungszentrum CERN bei Genf mit dem SPS-Beschleuniger entdeckt.

Als schwerstes Teilchen überhaupt gilt das Ypsilon, ein Meson (Symbol Y''') mit einer Masse von $10\,577 \pm 1$ MeV und einer Lebensdauer von 3×10^{-23} Sek., das aus einem *Beauty*-Quark und seinem Antiquark besteht und zum ersten Mal im April 1980 von zwei Forschungsgruppen an der Cornell-Universität, Ithaca, New York (USA), identifiziert wurde. Beide Teams benutzten den Cornell-Speicherring der Universität.

Die Einteilung der Elementarteilchen beruht auf der Vorstellung, daß die Masse des Gravitons, des Photons und des Neutrinos gleich Null sein muß. Die Höchstgrenzen für die Massenwerte dieser Teilchen sind aus verschiedenen kosmologischen Theorien abgeleitet und sind wie folgt: $7{,}6 \times 10^{-67}$ g für das Graviton; $3{,}0 \times 10^{-53}$ g für das Photon; $1{,}4 \times 10^{-32}$ g für das Neutrino (zum Vergleich: $9{,}10953 \times 10^{-28}$ g für die Masse eines Elektrons).

Neue Teilchen. Im Juli 1984 wurde bei CERN das noch fehlende sechste Quark (t-Quark) mit einer Masse über 40 GeV nachgewiesen. Mit dem Elektronen-Speicherring der Cornell-Universität, Ithaca (USA), wurden im Oktober 1984 zwei höhere Massenzustände des b-Quarks mit seinem Antiquark entdeckt. Es handelt sich um die Ypsilon-Mesonen-Resonanzen (5S) und (6S) mit den Massen 10,85 GeV bzw. 11,02 GeV und Lebenszeiten von 6×10^{-24} bzw. 9×10^{-24} Sek.

Klaus von Klitzing, Professor am Max-Planck-Institut für Festkörperforschung in Stuttgart, dem 1985 der Nobelpreis für Physik verliehen wurde.

Aufwendige Apparaturen sind nötig, um die winzigen Elementarteilchen in den Beschleunigern wie DESY in Hamburg untersuchen zu können.

Die im Juli 1984 bei DESY in Hamburg gemachte Entdeckung des Zeta-Teilchens mit einer Masse von 8,32 GeV, das man mit dem lange gesuchten Higgs-Boson in Verbindung gebracht hat, konnte nicht bestätigt werden.

Lang- und kurzlebigste Elementarteilchen. Untersuchungen in den letzten Jahren zeigen, daß das Proton mindestens 1×10^{30} Jahre stabil ist. Die »Große Vereinheitlichungstheorie« sagt voraus, daß die Lebensdauer des Protons kleiner als 1×10^{34} Jahre sein sollte. Die kurzlebigsten Elementarteilchen sind die zwei Baryonen-Resonanzen N (2220) und N (2600), die nur $1{,}6 \times 10^{-24}$ Sek. beständig sind.

Das chemische Element 108 wurde im März 1984 mit dem Schwerionenbeschleuniger UNILAC in Darmstadt synthetisiert. Beim Beschuß einer Bleifolie mit hochenergetischen Eisen-Atomkernen entstanden einige Atome des Elements 108, das nach 0,002 Sek. zerfällt. Element 109 wurde bereits im August 1982 mit dem UNILAC in Darmstadt erzeugt.

Super-Beschleuniger HERA. Beim Deutschen Elektronen-Synchrotron (DESY) in Hamburg entsteht unter internationaler Beteiligung die leistungsfähigste Elektron-Proton-Speicherringanlage der Welt mit der Bezeichnung HERA. Ab 1990 sollen in der 6,3 km langen Einrichtung kleinste Strukturen im Aufbau der Materie, vor allem Quarks, untersucht werden. Am 8. Mai 1985 wurde mit dem Bau des Ringtunnels begonnen. Mit einem Durchmesser von 5,2 m wird er unterirdisch im Schildvortriebsverfahren gebohrt.

Anti-Schwerkraft-Experiment. Im europäischen Kernforschungszentrum CERN bei Genf haben Wissenschaftler aus Europa und den USA erstmalig mit einem Experiment begonnen, mit dem geprüft werden soll, ob es eine Anti-Schwerkraft gibt, eine Gravitation, die abstoßend wirkt. Der aufwendige Versuch wird mit extrem energiearmen Anti-Protonen durchgeführt, deren Bewegungsverhalten im Schwerefeld der Erde gemessen wird.

Neue physikalische Konstante. Für seine Entdeckung des Quanten-Halleffekts erhielt der deutsche Physiker Klaus von Klitzing (* 1943) den Nobelpreis für Physik 1985. Dabei geht es um eine neue fundamentale Größe der Natur: die genaue Bestimmung der Naturkonstanten Alpha, die in der Physik eine außerordentliche Rolle als Maß für die Stärke der elektromagnetischen Wechselwirkung spielt und überall dort auftritt, wo Atome Signale aussenden oder Signale auf Atome einwirken. Der exakt definierbare Wert, die »Klitzing-Konstante«, beträgt 25 812,8 Ohm.

Die übelstriechende Substanz von den 17 000 bisher klassifizierten Gerüchen ist wohl Geschmacks- und Geruchssache. Die Führung machen einander streitig *Ethylmercaptan* (C_2H_5SH) und *Butylselenomercaptan* (C_4H_9SeH), beide mit einem Aroma, das an faulen Kohl, Knoblauch, Zwiebeln und Kloakengas denken läßt.

Der stärkste Aromastoff, der je in der Natur gefunden und isoliert werden konnte, ist ein Schwefelalkohol des Menthens, der aus dem herb-fruchtigen Saft der Grapefruit destilliert wird. Als reine Substanz riecht die Verbindung extrem stark, erregt Übelkeit, aber in hoher Verdünnung (10 millionstel g) entfaltet das Duftmolekül das charakteristische Aroma des Grapefruitsaftes.

Süßestes Molekül. 1985 wurde über die Entdeckung eines weiteren Thaumatin-Abkömmlings berichtet, der 7000mal süßer als einprozentige Zuckerlösung sein soll.

Das teuerste Parfüm. Die Einzelhandelspreise für Duftstoffe dürften sich eher nach dem Reklamewert als nach wirtschaftlichen Faktoren richten. Der teuerste Bestandteil von Parfüm ist reine französische Jasminessenz mit einem Preis von 2900 Pfund Sterling pro kg

DIE 109 ELEMENTE

In der Natur sind 94 Elemente bekannt, und zwar, bei Normaltemperatur, zwei Flüssigkeiten, 11 Gase, 72 Metalle und 9 andere Festkörper. Bis jetzt wurden weitere 15 Elemente entdeckt (Elemente 95 bis 109), von denen jedoch erst zehn allgemein anerkannt und unbestritten sind.

Kategorie	Name	Symbol	Entdeckung des Elements	Rekord
Häufigstes (Erdrinde)	Sauerstoff	O	1771 Scheele (Deutschland/Schweden)	46,60% gewichtsmäßig
Häufigstes (Atmosphäre)	Stickstoff	N	1772 Rutherford (Großbritannien)	78,09% volumenmäßig
Häufigstes (außerhalb d. Erdrinde)	Wasserstoff	H	1776 Cavendish (Großbritannien)	90% aller Materie
Seltenstes (der 94)	Astatin	At	1940 Corson (USA) u. a.	0,35 g in der Erdrinde
Leichtestes (Metall)	Lithium	Li	1817 Arfvedson (Schweden)	0,5334 g/cm^3
Leichtestes	Wasserstoff	H	1776 Cavendish (Großbritannien)	0,00008989 g/cm^3
Dichtestes	Osmium	Os	1804 Tennant (Großbritannien)	22,59 g/cm^3
Schwerstes (Gas)	Radon	Rn	1900 Dorn (Deutschland)	0,01005 g/cm^3 bei 0° C
Neuestes[1]	Unniloctium	Uno	1984 P. Armbruster (BR Deutschland) und Dubna-Forschungsinstitut Moskau (UdSSR)	Element 108
Reinstes	Helium	^4He	1868 Lockyer (Großbritannien) & Janssen (Frankreich)	2 Teile in 10^{15} (1978)
Härtestes	Kohlenstoff	C	prähistorisch	Diamant Allotrope, Knoopwert 8400
Teuerstes	Californium	Cf	1950 Seaborg (USA) u. a.	Preis 1970: 10 Dollar/μg
Stabilstes[2]	Tellurium	Te 128	1782 v. Reichenstein (Österreich/Ungarn)	Halbwertszeit $1,5 \times 10^{24}$ Jahre
Instabilstes	Lithium (Isotope 5)	Li5	1817 Arfvedson (Schweden)	Lebensdauer $4,4 \times 10^{-22}$ Sek.
Meiste Isotopen	Cäsium	Cs	1880 Bunsen & Kirchhoff (Deutschland)	36
	Xenon	Xe	1898 Ramsay & Travers (Großbritannien)	36
Wenigste Isotopen	Wasserstoff	H	1776 Cavendish (Großbritannien)	3 (bestätigt)
Höchste Dehnbarkeit	Gold	Au	vor 3000 v. Chr.	1 g auf 2,4 km Länge gezogen
Höchste Zugfestigkeit	Bor	B	1808 Gay-Lussac & Thenard (Frankreich) & H. Davy (Großbritannien)	26,8 GPa
Tiefster Schmelz-/Siedepunkt (nichtmetallisch)[3]	Helium	^4He	1868 Lockyer (Großbritannien) & Janssen (Frankreich)	– 272,375° C unter 2532 kPa Druck und – 268,928° C
Tiefster Schmelzpunkt (Metall)	Quecksilber	Hg	protohistorisch	– 38,836° C (metallisch-flüssig)
Höchster Schmelz-/Siedepunkt (nichtmetallisch)	Kohlenstoff	C	in der Form von Carbyne 6, prähistorisch	3530° C/3870° C
Höchster Schmelz-/Siedepunkt (Metall)	Wolfram	W	1783 J. J. & F. d'Elhuyar (Spanien)	3420° C und 5730° C
Expansion, größte (neg.)	Plutonium	Pu	1940 Seaborg (USA) u. a.	$-5,8 \times 10^{-5}$ cm/cm ° C zw. 450 und 480° C (Delta Hauptallotrop). Entdeckt 1953
Ausdehnung, geringste (pos.)	Kohlenstoff (Diamant)	C	prähistorisch	$1,0 \times 10^{-6}$ cm/cm/ ° C (bei 20° C)
Ausdehnung, stärkste (Metall)	Cäsium	Cs	1860 Bunsen & Kirchhoff (Deutschland)	$9,7 \times 10^{-5}$ cm/cm/° C (bei 20° C)
Größte Ausdehnung (fest)	Neon	Ne	1898 Ramsay & Travers (Großbritannien)	1.94×10^{-3} cm/cm/° C (ca. – 248,59° C)
Giftigstes	Radium	Ra 224	1898 M. & P. Curie & Bemont (Frankreich)	Das in Natur vorkommende Isotop ist 17 000mal mehr toxisch als Plutonium 239

[1] Vorläufiger IUPAC-Name.
[2] Geschätzter Doppelbeta-Zerfall. Samarium 148 hält den Alphateilchenrekord mit 8×10^{15} Jahren. Den Betateilchenrekord hält Kadmium 113 mit 9×10^{15} Jahren (Greth, Gangadharan und Wolke, 1969).
[3] Einatomiger Wasserstoff (H) gilt als nicht-verflüssigbares, suprafluides Gas.

CHEMISCHE VERBINDUNGEN

Schätzungsweise gibt es 6 845 000 definierte chemische Verbindungen, von denen allgemein 65 000 (1984) verwendet werden.

Größte Schmelzfestigkeit	Tantalkarbid $TaC_{0,88}$	Schmilzt bei 3990° C
Größte Schmelzfestigkeit (Kunststoffe)	Modif. Polyamide	Bis 482° C für kurze Zeit
Geringste Dehnung	Invar (Ni-Fe-Legierung mit C und Mn)	$1,3 \times 10^{-7}$ cm/cm/° C bei 20° C
Höchste Zugfestigkeit	Saphir-Whisker Al_2O_3	42,7 GPa
Höchste Zugfestigkeit (Kunststoffe)	Polyvinylalkoholfaser	1,03 GPa
Höchst magnetisch	Kobalt-Kupfer-Samarium Co_3Cu_2Sm	Koerzivkraft 10,500 Oersted
Wenigst magnetisch	Kupfer-Nickel-Legierung CuNi	963 Teile Cu auf 37 Teile Ni
Schärfster Geruch	Vanillaldehyd	Spürbar bei 2×10^{-8} mg/l
Süßeste[1]	Talin vom Katemfesamen (Thaumatococcus danielli) entdeckt in Westafrika	6150 mal so süß wie 1% Zucker
Bitterste	Denatonium-Benzoat $C_{28}H_{34}N_2O_3 \cdot H_2O$	3000 mal so bitter wie Chininsulfat
Sauerste[2]	Perchlorsäure ($HClO_4$)	pH-Wert der Normallösung gegen 0
Höchst alkalisch	Ätznatron (NaOH), Ätzkali (KOH) und Tetramethylammoniumhydroxyd ($N(CH_3)_4OH$)	pH-Wert der Normallösung = 14
Höchster spezifischer Impuls	Wasserstoff mit flüssigem Fluor	4382 N/s/kg
Giftigste	Thiopenton (ein Barbiturat)	Intrakardialinjektion tötet in 1–2 Sek.
Maximale Superelastizität	Aluminium-Bronze	55mal von Y. Natatani, T. Ohnishi und K. Higashi; Universität von Osaka 1983

Anm.: [1] Entdeckt 1839; darüber berichtet 1852; aber das Protein Thaumatin wurde erst 1972 isoliert.
[2] Die stärkste Säure als Wasserstoffionengeber ist eine Lösung von Antimonpentafluorid in Fluorsulfosäure ($SbF_5 + FSO_3H$). Konzentrierte Salzsäure, eine wäßrige Lösung von Chlorwasserstoff HCL, hat einen pH-Wert gegen – 1.

Der Stolz der deutschen Radioastronomie – das mit 100 m Durchmesser größte bewegliche Radioteleskop der Welt in Bad Münstereifel-Effelsberg (s. S. 152).

(ca. 11600 DM). Die Schlüsselsubstanz ist Muscon, ein makrozyklisches Keton, gewonnen aus natürlichem Moschusöl, das 1960 60000 DM/kg kostete. Im März 1984 brachte die Firma Jövan (Chikago) ein Eau de Cologne heraus, Andron genannt, das mit dem Sexuallockstoff Androstenol versetzt ist. Ein Gramm des Duftwassers kostet rund 290 DM.

Stärkstes Gift. Das durch Rickettsien verursachte »Q-Fieber« kann durch einen einzelnen Organismus hervorgerufen werden, verläuft jedoch nur bei einem von 1000 Fällen tödlich. Rund 10 Organismen von *Francisella tularenesis* (ehem. *Pasteurella tularenesis*) können Tularämie oder Hasenpest hervorrufen, die auch Alkalikrankheit, Francis-Krankheit oder Hirschzeckenfieber genannt wird und in mehr als 10 Fällen von 1000 tödlich verläuft.

Die tödlichste künstlich erzeugte Chemikalie, TCDD (2,3,7,8-Tetrachlorodibenzo-p-dioxin), 1872 entdeckt und in Herbiziden verwendet, soll 150000mal tödlicher als Zyanid sein.

Stärkster Gaskampfstoff. Anfang der 50er Jahre wurden im Versuchsinstitut für Verteidigung durch chemische Substanzen in Porton Down, Wiltshire (GB), sogenannte V- und vor allem VX-Stoffe entwickelt, die 300mal giftiger sind als Phosgen ($COCl_2$), das im Ersten Weltkrieg verwendet wurde. 1 mg dieser V-Stoffe genügt, um einen Mann zu töten. Die Patentanträge dafür wurden 1962 angemeldet, die Patente im Februar 1974 veröffentlicht. Daraus ging hervor, daß es sich bei dem Wirkstoff um Ethyl-S-2-Diisopropylaminoethylmethylphosphonothiolat handelt. Die tödliche Dosis liegt bei 10 mg-Min./m^3 Luft oder 0,3 mg oral.

Das stärkste auf dem Markt befindliche Arzneimittel ist das d-Lysergsäure-diethylamid-Tartrat (LSD-25, $C_{20}H_{25}N_3O$), zum ersten Mal 1938 für die Schnupfenforschung von Albert Hoffman (Schweiz) hergestellt und im April 1943 von ihm als Halluzinogen erkannt. Das stärkste schmerzstillende Mittel ist das morphinähnliche Präparat R 33799, dem 1978 die 12000fache Wirksamkeit des Morphins zugeschrieben wurde.

Das am meisten verschriebene Präparat ist Tagamet, das erfolgreich gegen Magengeschwüre eingesetzt wird. Es wurde erstmals von Smithkline-Beckman, Philadelphia (USA), auf den Markt gebracht. Schon 1981 wurde weltweit für 800 Mio. Dollar Tagamet verordnet.

Stärkstes Absorptionsmittel. Der landwirtschaftliche Forschungsdienst der US-Regierung gab am 18. August 1974 bekannt, daß »H-span« oder »Superschlürfer« bei Behandlung mit Eisen eine Wassermenge binden kann, die 1300mal größer ist als sein Eigengewicht. Das Präparat setzt sich zur Hälfte aus einem Stärkederivat und zu je einem Viertel aus Akrylamid und Akrylsäure zusammen.

Das feinste Pulver ist festes Helium, dessen Struktur als einatomiges Pulver bereits 1964 vorhergesagt wurde.

2. TELESKOPE

Die ersten Fernrohre: Zwar kannten arabische Naturwissenschaftler im frühen Altertum bereits die Vergrößerungskraft optischer Linsen, aber der Engländer Roger Bacon (um 1214–92) hat erstmals die Hypothese aufgestellt, daß man aus Linsen ein Fernrohr bauen könne. Der Prototyp des modernen Linsenfernrohrs wurde von Johannes Lippershey am 2. Oktober 1608 für die niederländische Regierung fertiggestellt. 1611 konstruierte dann Johannes Kepler das nach ihm benannte Fernrohr.

Das größte Spiegelfernrohr der Welt ist das Teleskop mit einem Spiegeldurchmesser von 6 m auf dem Semirodriki, bei Selentschuskaja im Kaukasus (UdSSR), in einer Höhe von 2100 m. Die Arbeit an dem Spiegel, der 70 t wiegt, wurde im Sommer 1974 beendet. Regelmäßige Beobachtungen begannen am 7. Februar 1976, nach 16jähriger Arbeit. Das 42 m hohe Gerät wiegt 840 t. Dieses stärkste aller Fernrohre hat eine Reichweite, die das Auffinden von Objekten bis zu Fixsternen der 25. Größe ermöglicht, und erreicht somit die Grenzen des erforschbaren Universums. Sein Lichtsammlungsvermögen ermöglicht die Lagebestimmung einer Kerzenflamme über 24000 km.

Am 12. September 1985 begannen die Arbeiten für den 10 m im Durchmesser betragenden W.-M.-Keck-Reflektor. Das Teleskop des California Institute of Technology und der University of California besteht aus 36 sechseckigen und unabhängig steuerbaren Einzelspiegeln. Wenn das Teleskop, wie vorgesehen, auf dem Mauna Kea (Hawaii) installiert wird, könnte das 70-Mio.-Dollar-Projekt 1989 in Betrieb genommen werden.

Mit dem Einsatz eines neuen elektronischen Detektorsystems nach dem CCD-System *(Charge-coupled-device)* kann man das Lichtsammelvermögen eines Fernrohrs erheblich steigern; der 5-m-Spiegel würde dann in seinem Leistungsvermögen einem 50-m-Spiegelteleskop entsprechen.

Das größte Spiegelteleskop der Bundesrepublik Deutschland steht auf dem Hohen List in der Eifel. Sein Spiegel hat einen Durchmesser von 1 m.
Im Frühjahr 1985 wurde das Zeiss-3,5-m-Spiegelteleskop des Max-Planck-Instituts für Astronomie in der deutsch-spanischen Sternwarte auf dem Calar Alto in Spanien in Betrieb genommen.

In der DDR steht das größte Spiegelfernrohr bei Tautenburg in der Nähe von Jena. Sein Spiegel hat einen Durchmesser von 2 m.

Für 50 Mio. DM soll in La Silla (Chile) das von europäischen Astronomen geplante, mit 120 t »leichteste« Großteleskop in neuer Technologie (NTT) entstehen. Durch die Anwendung gänzlich neuer Techniken ist der Kostenaufwand etwa um ein Drittel niedriger im Vergleich zu Teleskopen ähnlicher Größe.

Der erste deutsche Rundfunk- und Fernsehsatellit TV-SAT ist ausgestattet mit 5 Kanälen mit je 230 W Sendeleistung. Jeder Kanal kann ein Farbfernsehprogramm oder 16 Hörfunkprogramme übertragen. Ob es im Oktober 1986 mit dem Start klappt, hängt von der *Ariane*-Trägerrakete ab, die derzeit Probleme bereitet.

Das größte Refraktorteleskop der Welt (Vergrößerung durch Linsen) ist das 18,9 m lange 101,6-cm-Fernrohr, das 1897 auf der Sternwarte von Yerkes, Williams Bay (USA), montiert wurde und Eigentum der Universität von Chikago ist.
Im Jahre 1900 wurde ein 125-cm-Refraktorteleskop mit einer Länge von 55 m für die Pariser Weltausstellung gebaut, aber seine Optik war derart unzureichend, daß es nie benutzt wurde.

Am 13. Oktober 1983 wurde **das längste Linsenfernrohr der Welt,** der Refraktor der Archenhold-Sternwarte in Berlin-Treptow, nach sechsjähriger Überholung wieder in Betrieb genommen. Das 1896 errichtete Fernrohr ist 21 m lang, hat einen Objektdurchmesser von 68 cm und ist 130 t schwer. Wegen seiner Größe steht der Refraktor im Freien.

Das größte Refraktorteleskop der Bundesrepublik Deutschland mit einem Linsendurchmesser von 60 cm hat die Sternwarte Hamburg. In der DDR steht das größte Refraktorteleskop mit einem Linsendurchmesser von 80 cm in Potsdam. Es wurde 1899 gebaut.

Die höchste Sternwarte der Welt ist das Observatorium der Universität Denver (USA) in einer Höhe von 4297 m üNN. Sie wurde 1973 in Betrieb genommen. Das Hauptinstrument ist ein 60-cm-Spiegelfernrohr.

Die höchste astronomische Beobachtungsstation in der Bundesrepublik Deutschland ist die Sonnenwarte auf dem Wendelstein (Bayern) in 1845 m Höhe üNN.

Die höchste Sternwarte in der DDR steht bei Sonneberg auf dem Erbisbühl in Thüringen in 640 m Höhe üNN.

Die höchste astronomische Beobachtungsstation Österreichs ist das Sonnenobservatorium auf der Kanzelhöhe in Kärnten. Der sogenannte Gerlitzen-Turm steht 1903 m üNN.

Die höchste Sternwarte der Schweiz befindet sich auf dem Jungfraujoch 3567 m üNN. Das Hauptinstrument dieses 1936 eröffneten Observatoriums ist ein 76-cm-Spiegelteleskop mit Coudé-Fokus und Cassegrain-Fokus. Das Sphinx-Observatorium gehört zur Hochalpen-Forschungsstation Jungfraujoch. An ihm sind fast alle europäischen Länder beteiligt. Die Station verfügt über 5 Labors, Ställe für Tieruntersuchungen, Dunkelkammer, Bibliothek, 10 Schlafzimmer, 15 Schlafstätten.

Noch höher, nämlich 4570 m üNN, liegt die Margaritha-Hütte oberhalb von Zermatt an der schweizerisch-italienischen Grenze. Auch sie besitzt ein Observatorium, das jedoch nur im Sommer von der italienischen Seite her bedient wird.

Das älteste noch bestehende Sternwartengebäude ist der »Turm der Winde«, der 70 v. Chr. von Androchinus von Cyrrhos in Athen als Observatorium benutzt wurde. Es war mit Sonnenuhren und wassergetriebenen Zeitmessern (Klepshydra) ausgerüstet.

Die erste Sternwarte Deutschlands soll angeblich 1472 von Regiomontan in Nürnberg errichtet worden sein. Dokumentarisch verbürgt ist jedoch erst die von Landgraf Wilhelm IV. 1560 in Kassel gegründete Sternwarte.

In den Ruhm, die ältesten noch bestehenden Sternwarten zu besitzen, teilen sich München und Göttingen. Die Observatorien beider Städte wurden 1816 gegründet: Münchens Sternwarte war eine Neugründung, während in Göttingen bereits seit 1751 eine Sternwarte – allerdings an einem anderen Platz – existierte.

Die älteste österreichische Sternwarte ist das Observatorium der Jesuiten an der Wiener Universität. Es wurde 1755 unter Maria Theresia erbaut.

Die älteste Sternwarte der Schweiz steht in Genf. Seit 1772 ist sie in Betrieb und wurde ständig dem neuesten technischen Stand angepaßt.

Das älteste Planetarium. Der Ahnherr des Planetariums ist der Gottorp-Schwenkglobus, erbaut von Andreas Busch in Dänemark zwischen 1654 und 1664 auf Bestellung von Olearius, dem Hofmathematiker von Herzog Friedrich III. von Holstein. Der Globus hat einen Umfang von 10,50 m, wiegt nahezu 3,5 t und wird in Leningrad (UdSSR) aufbewahrt. Die Gestirne waren an der Innenseite aufgemalt.

Das erste Planetarium mit einer optischen Anlage, die die Fa. Carl Zeiss, Jena, erstellte, wurde am 21. Oktober 1923 im Deutschen Museum in München eröffnet. Inzwischen ist dieses Planetarium bereits zweimal – 1925 und 1960 – erweitert und ergänzt worden.

Das größte Planetarium der Welt mit einem Durchmesser von 25,15 m befindet sich in Moskau.

Das größte deutsche Planetarium hat Berlin (West). Seine Kuppel hat einen Durchmesser von 20 m. 330 Zuschauer haben in ihm Platz. Auch die Planetarien in Hamburg und Bochum haben einen Kuppeldurchmesser von 20 m, jedoch wesentlich weniger Zuschauerplätze.

Österreichs größtes Planetarium steht in Wien. Sein Kuppeldurchmesser beträgt 20 m, und 240 Sitzplätze sind vorhanden.

Der Schweiz größtes Planetarium steht in Luzern. Kuppeldurchmesser: 18 m, 300 Plätze.

Das größte Parabolradioteleskop der Welt ist die Anlage für die Ionosphäre, die in eine Bodenmulde in Arecibo (Puerto Rico) gebaut und im November 1963 mit einem Kostenaufwand von 9 000 000 Dollar (damals 36 Mio. DM) fertiggestellt wurde. Die Parabolantenne hat einen Durchmesser von 305 m und bedeckt eine Fläche von 7,48 ha. Seine Empfindlichkeit wurde inzwischen vertausendfacht, was mittels neuer Aluminiumplatten erreicht wurde, seine Reichweite erstreckt sich jetzt bis zu den Grenzen des erforschbaren Weltraums über 15 Mrd. Lichtjahre.
Das RATAN-600-Radioteleskop, das im Nordkaukasus (UdSSR) seit 1976 in Betrieb ist, verfügt über eine Auffangfläche von 895 Spiegelsegmenten, die in einem Kreisumfang von 576 m angeordnet sind.

Den glattesten Spiegel der Welt, einen 83-cm-Spiegel für das deutsche Röntgenteleskop ROSAT stellte Carl Zeiss, Oberkochen, her. Seine mittlere Mikrorauhigkeit beträgt nur 0,0000003 mm. Diese außerordentliche Oberflächenqualität wurde durch die Messung der Streuung von Röntgenstrahlen nachgewiesen.

Das größte vollbewegliche Radioteleskop gehört dem Max-Planck-Institut in Bonn. Es steht im Effelsberger Tal (Eifel) und wurde im Mai 1971 in Betrieb genommen. Die Kosten für das Instrument betrugen knapp 37 Mio. DM. Die gesamte Anlage wiegt 3048 t, und seine schwenkbare Parabolantenne hat einen Durchmesser von 100 m. Radiostrahlung bis hinab zu 7 mm Wellenlänge kann mit dem Teleskop empfangen werden.

Die ersten Radiowellen aus dem Weltraum wurden 1932 von Carl Jansky von Bell Telephone Laboratories, Holmdel (USA), entdeckt. Er arbeitete mit einer 31 m langen Kurzwellen-Schwenkantenne.

Ein 30-Meter-Teleskop für Millimeterwellenastronomie auf dem fast 3000 m hohen Pico Veleta in der spanischen Sierra Nevada liefert seit Anfang 1983 dem Max-Planck-Institut für Radioastronomie erste Daten aus dem Weltall.

Das allergrößte Radioteleskop befindet sich in den USA. Es ist das VLA (Very Large Array) der US National Science Foundation. Die Anlage ist Y-förmig, wobei jeder Arm 21 km lang ist und die 27 fahrbaren Antennen (mit Durchmessern von je 25 m) auf Schienen laufen. Sie befindet sich 80 km westlich von Socorro im Flachland von San Augustin, New Mexico (USA), und ist am 10. Oktober 1980 eingeweiht worden. Die Kosten betrugen etwa 160 Mio. DM.

Die kanadische Astronomische Gesellschaft plant eine superlange Reihenanordnung von 25-m-Radioteleskopen. Sie soll sich entlang 49,3° nördlicher Breite über 4200 km erstrekken. Die Teleskope sollen über Computer miteinander verbunden werden.

Das größte Solarteleskop der Welt ist das 146,3 m lange McMath-Fernrohr auf der Kitt-Peak-Sternwarte bei Tucson, Arizona (USA). Es besitzt eine Brennweite von 91,44 m. Es wurde 1962 fertiggestellt und liefert ein Bild von 83,8 cm Durchmesser.

Weltraumteleskope. Die erste funktionierende »Sternwarte« in der Umlaufbahn war das amerikanische Sonnenobservatorium OSO, gestartet am 18. Oktober 1967. Als Konsequenz der *Challenger*-Katastrophe wird die NASA frühestens im Sommer 1988 das *Space Telescope* mit dem *Shuttle* starten. Es hat einen Spiegeldurchmesser von 2,40 m und wird 11 t wiegen.

3. FOTOGRAFIE

Das erste Lichtbild wurde von Joseph Nicéphore Niepce (1765–1833), einem französischen Arzt und Naturwissenschaftler, am 19. Juli 1822 aufgenommen. Es zeigt einen Kupferstich mit Papst Pius VII. und wurde in Gras, nahe Chalon-sur-Saône, gewonnen. Die Fotografie wurde im Februar 1952 nach sechsjährigen Untersuchungen von dem Fotohistoriker Helmut Gernsheim in London aufgefunden.

Die erste Fotografie in Deutschland fertigte der Professor der Mineralogie Franz von Kobell (1803–75) gemeinsam mit dem Professor der Physik und Mathematik Carl August von Steinheil (1801–70) in München an. Sie legten Proben ihrer fotografischen Versuche am 13. April 1839 der Bayerischen Akademie der Wissenschaften vor; also vier Monate früher als der französische Maler Jacques Daguerre (1787–1851) sein Verfahren bekanntgab.
Eine Papprohrkamera, die Prof. C. A. von Steinheil im Jahre 1839 anfertigte, ist im Deutschen Museum, München, ausgestellt.

In Wien wurde von der Firma Voigtländer & Sohn die erste österreichische Kamera am 1. August 1841 vorgestellt.

Die früheste Flugaufnahme der Welt wurde 1858 gemacht, und zwar aus einem Luftballon über Villacoublay in der Umgebung von Paris, von Gaspard Félix Tournachon (1820–1910) (alias Nadar).

Die größte jemals gebaute Kamera ist die 27 t schwere Rolls-Royce-Kamera, die 1956 fertiggestellt wurde. Sie ist 2,7 m hoch, 2,5 m breit und 10,66 m lang. Die Linse ist eine 160 cm f 15 *Cooke Apochromat.* Nach mehreren Verbesserungen war die Kamera 1971 mehr als 100 000 Pfund Sterling (ca. 400 000 DM) wert. Auch 1986 war die Kamera noch im Gebrauch.

Die kleinste Kamera hat 1955 der Hamburger Chemiker Dietrich Cura (* 1933) in einen Ring eingebaut. Der Fotospion am Ringfinger hat die Abmessungen: 13 mm Durchmesser, ist 8 mm hoch, hat eine Brennweite von 5 mm und eine Negativbreite von 3,5 mm. Die Filme werden in Cognacgläschen entwickelt. Unter einer Briefmarke haben 42 Negative Platz, die sich 15fach vergrößern lassen.

Die schnellste Kamera der Welt wurde vom Rutherford-Appleton-Laboratorium, Universität Essex, Colchester (GB), für die Fusionsforschung gebaut. Das von Tom Hall entwickelte Gerät kann 3000 Mio. Bilder je Sek. aufnehmen.

Prof. Basov von der Sowjetischen Akademie der Wissenschaften veröffentlichte 1972 Einzelheiten einer Versuchskamera mit einem Zeitauflösungsvermögen von 5×10^{-13} in 1 Sek. bzw. ½ Picosek.

Ein Fotoobjektiv mit der welthöchsten Lichtstärke 1:0,7 wurde erstmals von Carl Zeiss, Oberkochen, entwickelt. Mit diesem Planar 1:0,7, Brennweite 50 mm, konnten Filmaufnahmen von bewegten Szenen bei Kerzenlicht gedreht werden (*Barry Lyndon* von Kubrick).

Der teuerste Kamerasatz der Welt stammt von der Firma Nikon, Tokio (Japan), die im April 1985 einen Satz von 25 Kameras mit 128 Objektiven und 523 Zubehörteilen anbot. Der europäische Verkaufspreis für diese Ausrüstung lag bei 470 440 DM.

Eine 360-Grad-Panoramakamera hat der frühere Flugkapitän Hermann Schlüter aus Bramstedt (Wesermünde) konstruiert. Mit seiner in eigener Werkstatt gebauten rotierenden »Rundum-Kamera« können mit nur einer Aufnahme (Dauer 1 Sek.) 62,5 Prozent des Raumes erfaßt werden.

Der kleinste Camcorder der Welt, Sony's Pocket-Video, ist trotz aufwendigster Technik so leicht wie ein Fotoapparat zu benutzen.

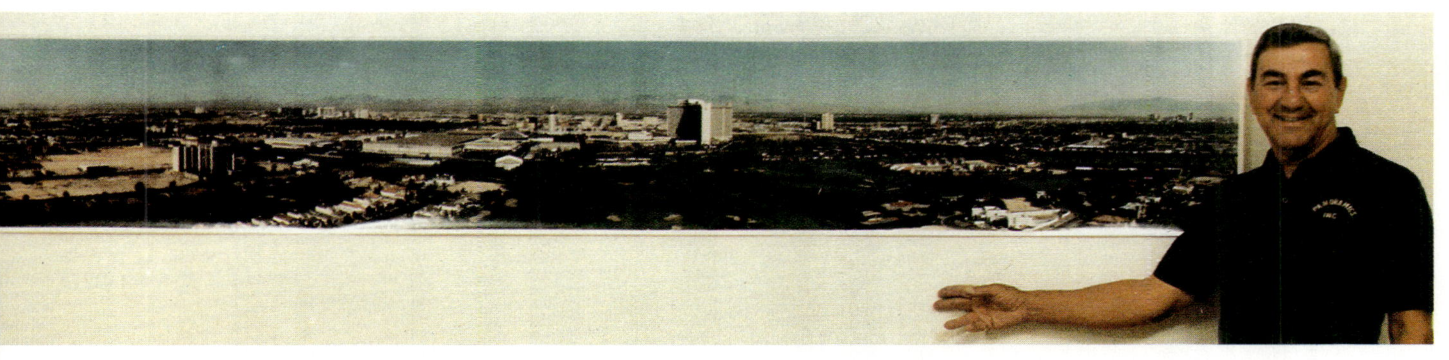

Das größte Farbfoto der Welt, die Color-Papier-Vergrößerung einer einzigen Panoramaaufnahme mit 587,52 m² Fläche (81,6 × 7,20 m) stellte das Fotolabor Stutz Foto-Color-Technik AG, Bremgarten (Schweiz), 1984/85 her. Das aus 136 Bahnen à 120 × 3,6 m entstandene 360-Grad-Rundum-Panorama des Fotografen Emil Schulthess zeigt das Engadin mit dem Silvaplaner See im Vordergrund. Es wurde im Schweizer Pavillon während der »Weltausstellung der Technologie« 1985 in Tsukuba (Japan) ausgestellt.

Das längste Negativ erzielte Robert J. Paluzzi am 22. Juni 1985, indem er mit einer 40,6-cm-Century-Cirkut-Kamera ein 200-Grad-Panorama von Las Vegas (USA) mit einer einzigen Aufnahme einfing. Das Negativ war 274 × 40,6 cm groß.

Den kleinsten und leichtesten Camcorder der Welt (Videokamera mit integriertem Recorder) hat die Firma Sony 1986 auf den Markt gebracht. Der Sony CCD-M 8 E ist 17,3 cm lang, 10,9 cm hoch, 6,1 cm breit und wiegt einschließlich Cassette und Akku 1,3 kg. Er arbeitet im 8-mm-Format.

Der höchste Auktionspreis für eine antike Kamera lag bei 21 000 Pfund (85 000 DM) für eine J.-B.-Dancer-Stereokamera, patentiert 1856. Der Rekordbetrag wurde am 12. Oktober 1977 bei einer Auktion von Christie's, South Kensington (GB), bezahlt.

4. EDELSTEINE

Für die Qualitäts- und Wertbestimmung eines Diamanten sind vier Bewertungsmerkmale (nach den englischen Begriffen die 4 C genannt) maßgeblich: *Color* (Farbe), *Clarity* (Reinheit), *Cut* (Schliff) und *Carat* (Gewicht).

Color (Farbe). Ein Diamant kann alle Farben haben. Farbige Diamanten *(Fancy Diamonds)* sind überaus selten und werden zu ausgesprochenen Liebhaberpreisen gehandelt. Der international üblichen Farbgraduierung unterliegen daher nur solche Exemplare, die entweder farblos sind oder eine geringe gelbliche Tönung aufweisen. Die Farbe des geschliffenen Diamanten wird entsprechend der sogenannten Gelbreihe bestimmt, die folgende Abstufungen kennt:

Hochfeines Weiß +	D	River
Hochfeines Weiß	E	River
Feines Weiß +	F	Top-Wesselton
Feines Weiß	G	Top-Wesselton
Weiß	H	Wesselton
Leicht getöntes Weiß	I	Top-Crystal
Leicht getöntes Weiß	J	Crystal
Getöntes Weiß	K	Top-Cape
Getöntes Weiß	L	Top-Cape
Gelblich-Bräunlich	M–Z	Cape to Yellow
Farbige Diamanten		Fancy Diamonds

Clarity (Reinheit). Unter diesen Begriff fallen die inneren Merkmale eines Steines. Als lupenrein gilt ein geschliffener Diamant, der bei zehnfacher Vergrößerung frei von Einschlüssen ist. Der höchste von insgesamt sieben Reinheitsgraden ist *if = (internally flawies loupe clean) = lupenrein:* Ein Diamant darf nur dann als lupenrein bezeichnet werden, wenn er sich unter dieser Voraussetzung als absolut transparent und frei von inneren Einschlüssen erweist. Der schlechteste Reinheitsgrad ist *P 3 = Piqué (3rd) = große und/oder zahlreiche Einschlüsse,* die leicht zu erkennen sind und die Brillanz deutlich beeinträchtigen.

Cut (Schliff). Diese Bezeichnung umfaßt Proportionen, Symmetrie und äußere Merkmale eines geschliffenen Exemplares. Die weltweit beliebteste und dem Stein zuträglichste Form ist der Rund- und Brillantschliff. Daneben gibt es eine Reihe von Varianten (Oval-, Marquise-, Navette-, Tropfen-, Baguette-, Carré-, Smaragd-, Herz- und Achtkantschliff). Entsprechend Proportion und Politur werden sie in vier Klassen unterteilt.

Ein Abzug vom längsten Negativ der Welt zeigt die Skyline von Las Vegas im US-Bundesstaat Nevada. Robert Paluzzi hat das Foto aufgenommen.

Karat (Gewicht). Von hoher preisbestimmender Bedeutung ist das Gewicht. Wie bei den übrigen Edelsteinen wird es auch in Karat angegeben. Das Karat wurde 1877 auf 0,205 g festgesetzt. Das metrische Karat von 0,2 g wurde 1914 eingeführt. Im Diamantenhandel wird das Karat in 100 Punkte aufgeteilt. Die Preise werden stets pro Karat angegeben, wobei sich der Gesamtpreis durch Multiplikation mit dem Gewicht des jeweiligen Steines errechnet.

REKORDE ANDERER KOSTBARER MATERIALIEN

Perlen (Weichtierausscheidung)
Die größte Perle, die »Perle des Laotse«, wiegt 6,37 kg bei einer Länge von 24 cm und einem Durchmesser von 14 cm. Sie wurde am 7. Mai 1934 bei Palawan (Philippinen) in einer Riesenmuschel entdeckt. Eine Schätzung, vom

Colleen McHegan vom New Yorker Museum of Natural History zeigt ihren 1-Karat-Diamanten neben der »Brasilianischen Prinzessin« mit 21 325 Karat (s. S. 154).

Der größte Rubin, der »Liberty Bell«, wurde 1985 von seinem Besitzer, dem Juwelier James Kazanjian, der Öffentlichkeit vorgestellt (oben).

Der größte Sternsaphir, der jemals geschliffen wurde, stammt aus Queensland (Australien). Er wurde dort um 1935 gefunden (unten).

San Francisco Gem Laboratory im Mai 1982 für die neuen Besitzer Peter Hoffman (er hatte die Perle 1980 auf einer Auktion in San Franzisko für 200000 Dollar erstanden) und Victor Barbish durchgeführt, kam auf einen Wert von 32,64 Mio. Dollar (damals 64,6 Mio. DM).

Die größte schwarze Perle mit einem Durchmesser von 18,1 mm wurde am 26. Januar 1984 von Jasuhiro Tokito in der Namarai-Bucht der Fuji-Insel gefunden.

Opal (SiO_2nH_2O)
Der größte Opal (gelborange) wiegt 6,48 kg und wurde im August 1965 in Coober Pedy (Südaustralien) gefunden. Der »Olympic Australis« von 17700 Karat befindet sich im Besitz von Altmann & Cherny Pty. Ltd. Er wird in Melbourne ausgestellt und ist 1,8 Mio. Dollar (5,6 Mio. DM) wert. Ein Opal »Desert Flame«, der viel »potch« (farbloses Material) enthält, ist 34215 Karat schwer und wurde in Andamooka (Südaustralien) gefunden. Im September 1969 wurde erstmals über den Fund berichtet. Er wurde am 29. August 1978 auf einer Auktion stückweise versteigert.

Bergkristall (Quarz) (SiO_2)
Die »Warner-Kugel« ist mit einem Gewicht von 40,5 kg und einem Durchmesser von 32,7 cm der größte Bergkristall. Er wurde in Birma gefunden und war ursprünglich ein 450 kg schwerer Stein. Die »Warner-Kugel« befindet sich im Nationalmuseum in Washington (USA).

Topas (Al_2SiO_4 $(F,OH)_2$)
Die »Brasilianische Prinzessin« ist mit 21325 Karat und 221 Facetten der größte Topas. Er ist hellblau und wurde in Brasilien gefunden. Seit Dezember 1985 wird er im American Museum of Natural History in New York City ausgestellt. Er wurde auf 1,066 Mio. Dollar (damals 2,023 Mio. DM) geschätzt und wurde aus einem 34 kg schweren Kristall geschliffen. Er ist der größte Facettenstein der Welt.

Bernstein (Nadelbaumverharzung)
Der größte Bernstein wiegt 15,25 kg und wurde nach Berichten in Birma gefunden. Um 1860 wurde er von John Charles Bowing für 300 Pfund Sterling (damals ca. 6000 Mark) in Kanton (China) gekauft. Seit 1940 befindet sich der Stein im Museum für Naturgeschichte in London.

Jade (Nephrit) ($Ca_2(MgFe)_5(Si_4O_{11})_2(OH)_2$)
Ein Block von 603 m^3 und 143 t Gewicht wurde, wie am 17. September 1978 gemeldet, in China gefunden. Jadeit ($Na_2OAL_2O_34SiO_2$) kommt in fast allen Farben außer Rot und Blau vor. Das größte bekannte Exemplar ist ein 33-t-Block aus Birma.

Marmor (verwandelter Kalkstein) ($CaCO_3$)
Die größte Einzelplatte wiegt 90 t und wurde in einem Steinbruch in Yule, Colorado (USA), gebrochen. Aus dieser Platte wurde ein Stück von mehr als 45 kg Gewicht bossiert (geschnitten) und dient als Abdeckplatte für das Grab des Unbekannten Soldaten auf dem Nationalfriedhof von Arlington, Virginia (USA).

Goldnuggets (Au)
Der »Holtermann-Klumpen« ist 214,32 kg (in Goldader) schwer und wurde am 19. Oktober 1872 von der Beyers & Holtermann Star of Hope Gold Mining Co. in Hill End, Neusüdwales (Australien), gefunden. Der »Holtermann-Klumpen« enthält 99,8 kg pures Gold in einer 285,7 kg schweren Schieferplatte. Das reinste größte Nugget war der »Welcome Stranger«, gefunden in Moliagul, Victoria (Australien), mit einer Ausbeute von 69,92 kg puren Goldes aus einer Masse von 70,92 kg.

Silber (Ag)
Ein Stück von 1,026 t Gewicht wurde in Sonora (Mexiko) gefunden. Vor 1821 eignete es sich die spanische Regierung an.

WEITERE MINERALIEN-REKORDE

Größter Kristall von Edelsteinqualität: Ein 520000 Karat (104 kg) schwerer Aquamarin ($Be_3Al_2(SiO_3)_6$), 1910 gefunden in der Nähe von Marambaia (Brasilien). Er ergab mehr als 200000 Karat geschliffener Steine.

Seltenstes Edelsteinmineral: Painit ($CaZrB(Al_9O_{18})$, entdeckt von A. C. D. Pain in der Nähe von Ohngaing, Mogok (Birma), im Jahre 1951. Tiefrote Kristalle von 1,31 und 2,14 g befinden sich im Museum für Naturgeschichte in London.

Seltenstes Mineral: Mit Sicherheit kann nicht gesagt werden, welches das seltenste Mineral ist. So ist Scotlandit ($PbSO_3$) nur in Mengen von einigen 10 mg bekannt.

EDELSTEINREKORDE

Die größten Steine	Die größten geschliffenen Steine	Andere Rekorde
Diamanten wurden erstmals 1796 als reiner kristallisierter Kohlenstoff erkannt (C). **Der größte Diamant** ist mit 3106 Karat (621,2 g) der »Cullinan«, am 25. Januar 1905 in der Premier Mine, Pretoria (Südafrika), gefunden. Die ersten synthetischen Diamanten wurden am 16. Dezember 1954 von Prof. H. T. Hall in den General Electric Laboratories (USA) hergestellt. Im Februar 1984 berichtete TASS aus Leningrad (UdSSR), daß im Institut für Hochfrequenztechnik ein künstlicher Diamant von 2,04 kg Gewicht hergestellt worden ist.	Der »Stern von Afrika« oder »Cullinan I« mit 530,2 Karat und 74 Facetten wurde 1908 von Jakob Asscher (Amsterdam) aus dem »Cullinan« geschliffen und von Henri Koe poliert. Er krönt das königliche Zepter von England. »Cullinan II« hat 317,40 Karat. Der dritte auf der Liste der 55 Diamanten von mehr als 100 Karat ist der »Großmogul« mit 280 alten Karat*, der 1739 bei der Plünderung Delhis verschwand – womöglich der kostbarste Gegenstand, der je verloren wurde. Im November 1984 kündigte die New Yorker Zale Corporation an, den hellgelben ungeschliffenen »Christdiamanten« von 890 Karat, der in Afrika gefunden wurde, zu einem Diamanten von 550–600 Karat schleifen zu lassen.	Diamant ist die härteste in der Natur vorkommende Substanz. Seine Schnitthärte ist fünfmal größer als die des nächsthärtesten Minerals Korund (Al_2O_3). Die Spitzenhärte auf der Knopp-Skala ist 8400, verglichen mit einem Durchschnittsdiamanten von 7000. Die seltenste Farbe eines Diamanten ist blutrot. Das größte Exemplar ist ein makelloser 5,05-Karat-Stein, gefunden in Lichtenburg (Südafrika), der sich in einer amerikanischen Privatsammlung befindet. Der Karat-Rekordpreis von 113 000 Dollar (damals 203 400 DM) wurde am 21. November 1980 in Genf erzielt, als der »Polarstern« (41,3 Karat) für 4,6 Mio. Dollar (damals 8,2 Mio. DM) seinen neuen Besitzer, Razeen Salih, fand. Der blaue Terestschenko-Diamant von 42,92 Karat wurde bei Christie's in Genf (Schweiz) am 14. November 1984 für 4 580 000 Dollar, umgerechnet 13,37 Mio. DM, versteigert. Der größte blaue Diamant ist der »Blaue Kopenhagen« mit 45,85 Karat. Im Argyle-Gebiet in West-Australien erzielte man 1983 6,2 Mio. Karat, 1984 5,7 Mio.; damit ist dies das derzeit ergiebigste Gebiet der Welt.
	**Aus Antwerpen kommt dieser 0,53 mm kleine geschliffene Diamant mit seinen 0,00063 Karat. Die Brüder Van den Wouwer haben ihn geschliffen.**	
Smaragd (grüner Beryll) ($Be_3Al_2(SiO_3)_6$)	Der »Gleim-Smaragd« von 86,136 Karat wurde im August 1974 in Carnaiba (Brasilien) gefunden, von Richard Chan (Hongkong) geschliffen und 1982 auf 1,29 Mio. Dollar (damals 3,1 Mio. DM) geschätzt.	Für einen Smaragdring von 18,35 Karat wurden im April 1977 bei Sotheby Parke-Bernet, New York, 520 000 Dollar (damals 1,4 Mio. DM) gezahlt.
Saphir (Korund, jede Farbe außer Rot) (Al_2O_3) Ein Stein von 2302 Karat wurde 1935 in Anakie, Queensland (Australien), gefunden. Aus ihm wurde ein 1318 Karat schwerer Kopf Abraham Lincolns (1809–65) geschliffen.	Ein Schwarzer Sternsaphir von 2097 Karat wurde zu einer 1444-Karat-Büste Dwight D. Eisenhowers (1890–1969) geschliffen. Die Bearbeitung erfolgte 1935–55.	Die Saphirbüsten von Lincoln und Eisenhower befinden sich in Obhut der Kazanjian Foundation in Los Angeles (USA). Der Auktionsrekord für einen einzelnen Stein wurde mit 579 300 Pfund Sterling (2,3 Mio. DM) für einen Saphir mit Stufenschliff (66,03 Karat) von der Rockefeller-Sammlung von Sotheby's in Zürich am 8. Mai 1980 erzielt.
Rubin (roter Korund) (Al_2O_3) Den größten Stein präsentierte im Juli 1985 der Juwelier James Kazanjian aus Beverly Hills in Kalifornien (USA) mit einer Größe von 14 cm und einem Gewicht von 8500 Karat.	Ein 1184 Karat schwerer natürlicher Stein birmesischer Herkunft hält den Größenrekord. Der größte Sternrubin ist der Vidyaraj-Rubin in Bangalore (Indien) mit 650 Karat. Die Möglichkeit, Korund-Prismen für die Laser-Technik bis zu einer Länge von über 30 cm zu schleifen, scheint wenig Bedeutung für den Edelsteinmarkt zu haben.	Seit 1955 sind Rubine die wertvollsten Edelsteine und erzielten 1969 Preise von bis zu 4000 Pfund Sterling (damals 37 500 DM) pro Karat. Ein Weltrekord im Karatpreis wurde mit 100 639 Dollar (damals 212 000 DM) bei einem Christie's-Verkauf in Genf im November 1979 für einen Rubin von 4,12 Karat aufgestellt.

* Von 1877 bis 1914 galten Standard-Karat von 205 mg, danach metrische Karat von 200 mg.

Häufigstes Mineral ist Olivin, ein Kalzium-Eisen-Magnesium-Silikat.

Edelsteinmineral mit der größten Dichte: Stibiotantalit ($(SbO)_2(Ta,Nb)_2O_6$), ein seltenes gelbbraunes Mineral, gefunden in San Diego County, Kalifornien (USA), hat eine Dichte von 7,46. Die Platiniridium-Legierung hat eine Dichte von 22,0.

Kleinster geschliffener Diamant: Ein 57-Facetten-Diamant von 0,0010 Karat von der Diamantschleiferei Eduard Wagner in Brücken (Pfalz) mit einem Durchmesser von weniger als 0,5 mm. Der lupenreine feine Brillantschliff wurde am 7. Juli 1983 beglaubigt.

Größter Kristall: Ein 187 t schwerer Beryll ($Be_2Al_2Si_6O_{18}$) von 3,5 m Länge und 3,36 m Durchmesser wurde nach Berichten in Malakialiana (Madagaskar) gefunden.

Neuester Edelstein: Tansanit wurde 1969 in Tansania entdeckt. Es erzielte 1977 einen Preis von 1200 Dollar (damals 2400 DM) pro Karat. Der tiefrote Royal Lavalit, gefunden von Randy Polk aus Phoenix, Arizona (USA), in Hotazel (Südafrika), erzielte 1982 eine Summe von 1300 Dollar (damals 3000 DM) pro Karat.

Die erste Diamanten- und Edelsteinbörse der Welt wurde am 28. März 1974 in Idar-Oberstein eröffnet. Eine Sehenswürdigkeit der Stadt mit mehr als 600 Edelsteinschleifereien ist außerdem das Deutsche Edelsteinmuseum.

Rekordkristall: Einen Stibnit, den größten Kristall aller Schwefelerz-Minerale, die in Museen aufbewahrt werden, hütet das Mineralogisch-petrographische Institut der Universität Hamburg. Das 65 cm hohe Prachtstück wurde im 19. Jh. von dem Hamburger Geologen C. Gottsche auf der Insel Shikoko (Japan) gesammelt.

Der größte Kristallschmuckstein aus Hochbleikristall funkelt mit seinen 134 Facetten in der Firma D. Swarovski & Co. in Wattens, Tirol (Österreich). Der im September 1983 nach 180 Std. entstandene »Superbrillant« hat einen Durchmesser von 310 mm und wiegt 23 kg.

5. ZAHLENLEHRE

Allgemein: Wissenschaftler, die mit vielstelligen Zahlen arbeiten, schreiben diese Zahlen nicht aus, sondern verwenden verschiedene Potenzen der Zahl 10, um dadurch das Niederschreiben vieler Nullen zu umgehen.

So schreibt man für 19160000000000 einfach $1{,}916 \times 10^{13}$. Ähnlich schreibt man sehr kleine Zahlen, z. B. 0,0000154324 g: $1{,}54324 \times 10^{-5}$ g.

Das kleinste Präfix einer Zahl ist *tredo* (nach dem dänischen Wort *tredyvo* für dreißig) und steht für 10^{-30} vor Maßeinheiten.

Das höchste Präfix ist *Dea*, Symbol D, abgeleitet vom griechischen *deka* = zehn. Es steht für 10^{30} vor Maßeinheiten.

Die höchste lexikographisch akzeptierte Zahlenbenennung in einer Folge von Potenzen der Zahl 10 ist die Zentillion, das heißt die 600. Potenz von 10 oder 1 gefolgt von 600 Nullen. Sie wurde erstmals 1852 erwähnt. Die höchste mit einem Namen versehene Zahl außerhalb des Dezimalsystems ist die buddhistische *Asankhyeya*, die 10^{140} bedeutet.

Die höchste Zahl, die jemals in einem mathematischen Beweis verwendet wurde, ist ein Grenzwert, der 1977 veröffentlicht wurde und als Grahams Zahl bekannt ist. Hierbei handelt es sich um eine Größe bei der Betrachtung von zweifarbigen Hyperwürfeln, die nur durch die von Knuth 1976 ausgearbeitete Pfeil-Schreibweise ausgedrückt werden kann. Mr. Candelaria, aus Loma Linda, Kalifornien (USA) – »der einzige Mensch, den die Unendlichkeit fürchtet« –, hat ein System zur Benennung großer Zahlen entwickelt, das mit »Milli-Decilli-Fünfillionillion« endet.

Die Zahl 10^{100} nennt man Googol, ein Wort, das von Dr. Edward Kasner (USA; † 1955) geprägt wurde. 10^{Googol} wird Googolplex genannt. Vielleicht kann man sich einen Begriff von der Größe solcher Zahlen machen, wenn man bedenkt, daß die Zahl der Elektronen in einigen Modellen des beobachtbaren Universums 10^{87} nicht überschreitet.

Kleinste und größte Primzahlen. Unter Primzahlen versteht man alle ganzen Zahlen (mit Ausnahme von 1), die nur durch sich selbst bzw. 1 teilbar sind, z. B. 2, 3, 5, 7 oder 11. Die kleinste Primzahl ist also 2. Bei der Überprüfung eines Cray-X-MP-Computers bei der Firma Chevron Geosciences in Houston, Texas (USA), wurde im September 1985 die bisher größte bekannte Primzahl $2^{216091} - 1$ zufällig entdeckt. Die Zahl besteht aus 65050 Stellen. Man hatte dem Computer ein Spezialprogramm zur Suche nach sogenannten Marsenne-Primzahlen eingegeben. Pro Sekunde führte der Computer 400 Mio. Rechenoperationen aus. Die niedrigste Nicht-Primzahl ist die 4.

Eine perfekte Zahl ist gleich der Summe ihrer Divisoren (mit Ausnahme ihrer selbst): z. B. $1 + 2 + 7 + 14 = 28$. Die kleinste vollkommene Zahl ist $6 (= 1 + 2 + 3)$. Die größte bekannte vollkommene Zahl, die 29., die bisher entdeckt wurde, ist $(2^{216091} - 1) \times 2^{216090}$. Sie resultiert aus der höchsten bekannten Primzahl.

Genaueste und ungenaueste Angabe für »Pi«. Die größte Anzahl von Dezimalstellen, die für Pi (π) errechnet wurde, beträgt 16777216. Diese Berechnung gelang Yasumasu Kanada und Y. Tamura (Japan) nach 30 Std. Rechenzeit mit dem Hauptcomputer der Universität Tokio am 24. Juli 1985.
Die genaue Zahl in der wohl langweiligsten 800-Seiten-Veröffentlichung der Welt lautet: 3,141592653589793 . . . (lassen wir die nächsten 1999975 Dezimalstellen aus) . . . 1457297909. 1897 beschloß die erste Kammer des US-Bundesstaats Indiana das Gesetz Nr. 246, nach dem von Rechts wegen Pi den Zahlenwert 4 erhielt.

Das früheste bekannte Gewichtsmaß ist das *Beqa* aus der amratischen Periode der ägyptischen Zivilisation, um 3800 v. Chr. Ein Exemplar wurde in Naqada in Ägypten gefunden. Diese Gewichte sind zylindrisch mit abgerundeten Ecken und wiegen 189–211 g.

Das Längenmaß der megalithischen Steinkreisbaumeister um 3500 v. Chr. in Mitteleuropa scheint $82{,}90 \pm 0{,}09$ cm gewesen zu sein.

Die längste Zeiteinheit ist das *Kalpa* der Hinduzeitrechnung: es entspricht 4320 Mio. Jahren. Die Astronomie rechnet mit dem kosmischen Jahr für die Zeit des Umlaufs der Sonne um den Mittelpunkt der Milchstraße, das heißt etwa 235 Mio. Jahre. In der späteren Kreidezeit, vor etwa 85 Mio. Jahren, drehte die Erde sich schneller, was 370,3 Tage pro Jahr zur Folge hatte, während im Kambrium, vor etwa 600 Mio. Jahren, das Jahr aus 425 Tagen bestanden haben dürfte.

Kürzestes Zeitmaß. Da sich die 24-Stunden-Einteilung eines Tages durch die – dem Einfluß des Mondes unterliegenden – Gezeiten um durchschnittlich eine Millisek. pro Jh. sprunghaft ändert, wurde die Dauer einer Sek. neu definiert.
Seit 1960 ist eine Sek. nicht mehr der 86400ste Teil eines mittleren Sonnentages, sondern der 31556925,9747ste Teil des Sonnenjahres am 0. Januar 1900 12 Uhr *Ephemeridenzeit* (astronomische Kalenderzeit).

1958 wurde die Sek. *Ephemeridenzeit* errechnet als das Äquivalent von 9192631770 ± 20 Schwingungen, die dem Übergang eines Cäsiumatoms 133 zwischen den beiden sogenannten Hyper-Feinstrukturniveaus des Grundzustandes entsprechen.

Die größte Tageslängenänderung betrug 10 Millisek. am 8. August 1972. Ursache war der heftigste Sonnensturm, der je während der letzten 370 Jahre festgestellt wurde.

Das genaueste physikalische Gerät: Mit dem Cäsium-Frequenzstandard, zum Beispiel in Atomuhren eingesetzt, können 10^{14} Schwingungen auf 8 Schwingungen genau gemessen werden. Mit einem Lasersystem liegen die erreichbaren Werte bei 2 auf 10^{13}, für einen Maser bei 6 auf 10^{13} Schwingungen.

Die einzigen Menschen ohne Zahlenbegriff sind die Nambiquaras im nordwestlichen Matto Grosso (Brasilien). Ihnen fehlt jegliches Zahlensystem, obwohl ihre Sprache ein Zeitwort enthält, das etwa »sie sind wie zwei« bedeutet.

Würfelitis. Min Thai (16), ein vietnamesischer Flüchtling, gewann die Rubik-Würfel-Weltmeisterschaft am 5. Juni 1982 in Budapest. Die Siegerzeit: 22,95 Sek.

Ernö Rubik (Ungarn) ließ den Würfel 1975 patentieren. Er erlaubt 43252003274489856856000 Kombinationen. Offensichtlich ist er bereits 1972 von L. D. Nichols (USA) vorgeschlagen worden.

6. WISSENSCHAFTS-TECHNIK

Die höchsten künstlich erzielten Temperaturen gibt es im Innern einer thermonuklearen Fusionsbombe. Sie liegen zwischen 300 und 400 Mio. °C. Für kontrollierbare Temperaturen ist der bisher höchste Laborwert 82 Mio. °C. Dieser Wert wurde im Mai 1980 im Princeton-Plasma-Physics-Laboratorium (USA) erzielt. Bei sehr geringen Partikeldichten können noch höhere Temperaturen erreicht werden. 1962 sollen in der UdSSR mit dem Ogra-Injektionsspiegelgerät 3000 Mio. °C erzeugt worden sein.

Tiefste Temperatur. Absolute Temperaturen werden vom absoluten Nullpunkt aus gerechnet, der bei 0 K (Kelvin) = −273,15 °C liegt. Der absolute Nullpunkt bei 0 K ist grundsätzlich nicht erreichbar; man kann sich ihm jedoch nähern. Die deutlich niedrigsten Temperaturen, die bisher erreicht wurden, sind 3×10^{-8} K, erzielt im Juni 1984 von Olli V. Loúnasmaa und Mitarbeitern in Espo (Finnland), und 0,000030 K (erreicht mit einer ähnlichen, aber größeren Anlage im Februar 1983 an der Universität von Tokio).

Tiefste Umwandlungstemperatur. Die tiefste Temperatur, bei der eine Umwandlung beobachtet wurde, beträgt 0,0003 K. Bei dieser Temperatur ist in der Kernforschungsanlage Jülich im Sommer 1982 eine Umwandlung von Rhodium in den supraleitenden Zustand beobachtet worden.

Kleinstes Thermometer. Der Biophysiker Dr. Frederich Sachs von der Universität Buffalo im US-Staat New York hat ein Ultramikro-Thermometer für die Temperaturmessung an lebenden Zellen entwickelt. Die Spitze hat einen Durchmesser von 1 Mikron, was einem Fünfzigstel der Stärke eines Menschenhaares entspricht.

Der höchste anhaltende Labordruck ist 2,8 Megabar (260 GPa), wie im November 1984 bekanntgegeben wurde. Erreicht wurde er mit einer verbesserten Spezialapparatur des Geophysikalischen Laboratoriums im Carnegie-Institut, Washington D. C. (USA), und konnte über 40 Tage aufrechterhalten werden. Dasselbe Labor meldete am 2. März 1979, daß es ihm gelungen sei, mit Hilfe von 57 Kilobar festen Wasserstoff herzustellen. Man nimmt an, daß metallischer Wasserstoff, wenn erzeugt, eine silberweiße Farbe hat, aber weich ist und eine Dichte von 1,1 g/cm³ besitzen wird. Der für den Übergang erforderliche Druck wird von H. K. Mao und P. M. Bell auf 1 Megabar bei 25 °C geschätzt. Momentane Drücke von 75 Mio. Atmosphären wurden, wie 1958 aus den USA berichtet, mit Hilfe dynamischer Methoden und Aufschlaggeschwindigkeiten von 29000 km/h erreicht.

Das höchste Vakuum (Ultrahochvakuum), das auf experimentellem Wege erzeugt wurde, betrug 10^{-14} Torr und wurde im Thomas-J.-Watson-Forschungsinstitut der IBM, Yorktown Heights, New York (USA), im Oktober 1976 mit einer Kryopumpe bei Temperaturen bis zu −269 °C erzielt. Das entspricht etwa der »Verdünnung« von baseballgroßen Molekülen von einem Abstand von 1 m auf 80 km.

Im Raum der absoluten Stille (Anechoic Chamber) wird ein NAVSTAR-Navigationssatellit vor dem Start gründlich geprüft.

Die rascheste Zentrifuge. Die höchste künstlich erzeugte Drehzahl und damit gleichzeitig die größte Rotationsgeschwindigkeit, die ein auf der Erde befindlicher Gegenstand erreichen kann, beträgt 7250 km/h. Diese Geschwindigkeit wurde im Januar 1975 an der Universität Birmingham (GB) bei Experimenten mit einem konischen, 15 cm langen Kohlefaserstab erzielt, der in einem Vakuum herumgewirbelt wurde.

Das leistungsfähigste Mikroskop dürfte das Scanner-Tunnelmikroskop sein, das 1981 in den Züricher IBM-Laboratorien entwickelt wurde. Es verfügt über eine 100millionenfache Vergrößerung und kann noch Größen von bis zu einem Hundertstel eines Atomdurchmessers auflösen.
Das Philips EM-430-Elektronenmikroskop erreicht eine Auflösung von $1{,}7 \times 10^{-8}$ cm.

Das leichteste hoch auflösende Lichtmikroskop der Welt ist das 1200 × McArthur Mikroskop, das nur 255 g wiegt und in Cambridge hergestellt wird.
Dr. Albert Crewe von der Universität Chikago entwickelt ein Scanner-Elektronenmikroskop, mit dem ab 1986 Atome abgebildet werden können.

Das stärkste Ultraschallmikroskop, für dessen Bau die Stanford-Universität Kalifornien (USA) im März 1980 eine Lizenz an die Firma Leitz in Wetzlar vergeben hat, arbeitet nach dem Prinzip, Objekte, die mit bloßem Auge nicht wahrnehmbar sind, mit Schallwellen sehr hoher Frequenz –500 Mio. bis 1 Mrd. Schwingungen in der Sek. – abzutasten, die am Objekt entstehenden Echosignale mittels eines piezoelektrischen Transducers in elektrische Signale umzuwandeln und auf einem Bildschirm sichtbar zu machen.

Der bisher höchste Ton mit einer Frequenz von 60 GHz (60 Mrd. Schwingungen/s) wurde von einem Laserstrahl hervorgerufen, der auf einen Saphirkristall traf. Das Experiment fand im Massachusetts Institute of Technology (USA) im September 1964 statt.

Die heißeste Flamme läßt sich mit Kohlensubnitrid (C_4N_2) erzeugen, das laut Berechnungen bei dem Druck von einer Atmosphäre eine Hitze von 5261 K erreicht.

Das stärkste Geräusch, das in einem Laboratorium erzeugt wurde, waren 210 Dezibel oder 400 000 akustische Watt. Dieser Lärmrekord gelang der NASA im Oktober 1965 auf einem 14,6 m langen Stahl- und Beton-Teststand mit 18 m tiefen Fundamenten in Huntsville, Alabama (USA). Mit dieser Lärmenergie kann man in feste Körper Löcher bohren. Der Lärm war noch 160 km weit zu hören.

Den stillsten Raum der Welt mit den Abmessungen 10,67 × 8,50 m hat das Laboratorium des Bell-Telephone-System-Konzerns in Murray Hill (USA). Es ist der echofreieste Raum der Welt. 99,98 Prozent des reflektierten Schalls werden durch Spezialisolierung ausgeschaltet.

Die größte Stille in Europa herrscht in einem »Haus im Haus« der Siemens AG in Karlsruhe. 1966 wurde dort der größte reflexionsärmste Raum Europas mit einer Grundfläche von 200 m^2 gebaut. Die praktisch nur aus Keilen bestehenden Wände, Decke und Boden reflektieren höchstens ein Prozent der Schallwellen. Der Raum wird vor allem zum Testen von Lautsprechern und Spezialmikrophonen genutzt.

Die exakteste Waage der Welt ist das Sartorius-Modell 4108 aus Göttingen. Mit dieser Waage können Gegenstände bis zu 0,5 g mit einer Genauigkeit von 0,01 μg (gleich 0,00 000 001 g) gewogen werden, und dies ist kaum mehr als ⅙₀ des Gewichts der Druckerschwärze in dem Punkt am Ende dieses Satzes.

Geringste Viskosität. Das California Institute of Technology (USA) gab am 1. Dezember 1957 bekannt, daß flüssiges Helium II, das nur bei Temperaturen nahe dem absoluten Nullpunkt vorkommt (–273,15°C), keine meßbare Zähflüssigkeit besitzt, mithin als reibungsfreie Flüssigkeit bezeichnet werden kann.

Geringste Reibung. Den geringsten statischen und dynamischen Reibungskoeffizienten aller Festkörper hat *Polytetrafluoroethylen (P. T. F. E.)* ($[C_2F_4]n$) mit 0,02. Es besitzt also ebensowenig Reibung wie nasses Eis auf nassem Eis. Die Massenfertigung begann 1943. Es wird u. a. in den USA und in der Bundesrepublik Deutschland als Teflon zur Beschichtung von Kochtöpfen benutzt.
In der Zentrifuge der Universität von Virginia (USA) dreht sich ein magnetisch gestützter **Rotor** von 13,6 kg mit einer Geschwindigkeit von 1000 U/s in einem Vakuum von 10^{-6} mm Quecksilberdruck. Der Drehkörper verliert nur eine U/s am Tag, kann daher jahrelang weiterkreisen.

Der stärkste elektrische Strom wird vom Zeus-Mehrfachkondensator im wissenschaftlichen Laboratorium von Los Alamos, New Mexico (USA), erzeugt. Seine 4032 Kondensatoren würden bei gleichzeitiger Zündung während einiger Mikrosek. zweimal soviel Strom erzeugen wie die Generatoren der ganzen Welt.

Die höchste Geschwindigkeit eines festen sichtbaren Gegenstands wurde mit 150 km/s mit einer Plastikscheibe im Marineforschungslabor im August 1980 in der US-Hauptstadt Washington erzielt.

Die höchste in einem Labor erzeugte Stromspannung war 32 ± 1,5 Mio. Volt am 17. Mai 1979 durch die National Electrostatics Corporation in Oak Ridge, Tennessee (USA).

Der stärkste Teilchenbeschleuniger ist das 2 km Durchmesser große Protonensynchrotron im Fermi-Laboratorium in Batavia, Illinois (USA). Am 14. Mai 1976 wurde ein Energiewert von 500 Mrd. (5×10^{11}) Elektronvolt erreicht. Am 13. Oktober 1985 wurde erstmals eine Energie von 1,6 Tera-Elektronvolt ($1{,}6 \times 10^{12}$ eV) bei der Kollision von Protonen und Antiprotonen erzielt. Zu diesem Zweck mußten 1000 supraleitende Magneten mit Hilfe der größten 4500 -l/h-Temperatur-Helium-Verflüssigungsanlage der Welt auf einer Temperatur von –268,8°C gehalten werden. Die Anlage ist seit dem 18. April 1980 in Betrieb.

Das Ziel von CERN (Europäische Organisation für Kernforschung), Strahlen von Protonen und Antiprotonen im **Super-Protonensynchrotron** (SPS) bei 270 GeV × 2 = 540 GeV aufeinandertreffen zu lassen, wurde am 10. Juli 1981 04 Uhr 55 erreicht. Das entspricht dem Auftreffen von Protonen auf ein festes Ziel bei 150 TeV oder 150 000 GeV.

Blick ins Lawrence Livermore National Laboratory in Kalifornien (USA) mit seinen gewaltigen Neodym-Lasern. Sie sind Teile des größten Infrarot-Lasers für die Kernfusion.

Der neue Computer X/MP 48 der Firma Cray Research in Minneapolis (USA) ist zur Zeit der leistungsfähigste Computer der Welt. Er wiegt 15 t und kostet mehr als 20 Mio. Dollar.

Das US-Energieministerium untersucht in einer Studie einen **Super-Supraleitungs-Beschleuniger (SSC),** der, 1995 fertiggestellt, zwei 20-TeV-Proton-Antiproton-Maschinen zur Verfügung haben soll. Mit 8 Teslamagneten würde der Ringdurchmesser 19,6 km, mit drei Teslamagneten 52,3 km betragen. In der am 16. August 1983 initiierten Studie werden die Kosten für diesen Giganten auf 5 Mrd. Dollar geschätzt.

Die größte Blasenkammer der Welt wurde im Oktober 1973 in Weston, Illinois (USA), für 70 Mio. Dollar fertiggestellt. Sie hat einen Durchmesser von 4,57 m und hält 33 000 l flüssigen Wasserstoff bei einer Temperatur von $-247°C$ mit Hilfe eines supraleitenden 3-Tesla-Magneten.

Der schwerste Magnet der Welt hat einen Durchmesser von 60 m, wiegt 36 000 t und gehört zum 10-GeV-Synchrophasotron im Unionsinstitut für Kernforschung von Dubna in Moskau (UdSSR).

Die stärkste Magnetfeldleistung von 33,6 Tesla wurde am 29. Mai 1985 zwischen 13 Uhr 19 und 13 Uhr 29 von Yoshio Muto an der Tohoku-Universität in Sendai (Japan) erzielt.

Das schwächste Magnetfeld wurde im stark isolierten Versuchsraum des Francis-Bitter-Laboratoriums, Massachusetts Institute of Technology, Cambridge (USA), mit 8×10^{-15} Tesla gemessen. Die Einrichtung dient der Erforschung der äußerst schwachen Magnetfelder im Herzen und Hirn.

Feinster Schnitt. Die 13 Mio. Dollar teure Large Optics Diamond Turning Machine im Lawrence Livermore National Laboratory in Kalifornien (USA) soll, wie es im Juni 1983 hieß, in der Lage sein, ein menschliches Haar 3000mal der Länge nach zu spalten.

Schärfster Gegenstand und kleinste Röhre. Die schärfsten künstlich hergestellten Gegenstände sind Mikropipettenröhrchen aus Glas, die bei der intrazellularen Arbeit an lebenden Zellen Verwendung finden. Die Technik wurde von Prof. Kenneth T. Brown und Dale G. Flaming von der University of California, San Franzisko (USA), entwickelt. Mit ihrer Hilfe gelang 1977 die Herstellung schräg geschliffener Spitzen mit einem Außendurchmesser von 0,02 μm und einem Innendurchmesser von 0,01 μm. Letzterer ist 340mal kleiner als das kleinste bekannte Nickelröhrchen und 6500mal dünner als ein Menschenhaar.

Modernste Radaranlagen des Typs SRE-M5 zur Überwachung und Lenkung des Flugverkehrs hat AEG-Telefunken seit 1981 entwickelt. Alle Flugzeuge im Umkreis von 280 km und bis zu einer Flughöhe von 20 000 m können mit dem 14,5 m breiten und 9 m hohen Reflektor geortet werden.

Die größte Radarstation der Welt ist eine der drei Stationen des Raketen-Frühwarnsystems der USA. Sie befindet sich in der Nähe von Thule (Grönland). Ihr Standort ist 1498 km vom Nordpol entfernt. Die Station wurde 1960 mit einem Kostenaufwand von 500 Mio. Dollar (damals 2,1 Mrd. DM) fertiggestellt. Ihre Schwesterstationen liegen in Cape Clear, Alaska (fertiggestellt 1961), und in Fylingdales Moor (GB). Diese Station wurde mit einem Kostenaufwand von 115 Mio. Dollar (damals 485 Mio. DM) im Juli 1963 fertiggestellt.

Die modernste Radarüberwachungsanlage ist seit 1. Juli 1984 auf dem Flughafen Berlin-Tempelhof in Betrieb. Die Flugsicherungszentrale verfügt seit September 1983 bereits über das neue Flugplan- und Datenverarbeitungssystem FLIPCO. Durch einen Fingertipp auf den berührungssensitiven Bildschirm gibt der Fluglotse die Zeiten in das von AEG-Telefunken entwickelte System ein. Mit dem 71,3 m hohen Radarturm erfaßt das leistungsstarke Radarauge alle Flugbewegungen innerhalb des Berliner Luftkontrollraums im Umkreis von 360 km.

Die größte wissenschaftliche Radarstation befindet sich in Jicamarca (Peru).

Stärkste Laserstrahlen: Die erste Beleuchtung eines anderen Himmelskörpers von der Erde aus gelang am 9. Mai 1962, als ein Lichtstrahl vom Mond reflektiert wurde. Dies gelang mit einem optischen Maser (Abkürzung für *microwave amplification by stimulated emission of radiation*) bzw. Laser (Abkürzung für *light amplification by stimulated emission of radiation*). Das System war an einem Teleskop von 122 cm Öffnung montiert, das vom MIT, Cambridge (USA), betrieben wurde. Es sandte ein

Lichtbündel in Richtung Mond aus. Das ausgeleuchtete Gebiet auf dem Mond besaß einen Durchmesser von schätzungsweise 6,4 km.
Das Verfahren wurde 1958 von Dr. Charles Hard Townes (* 1915, USA) entwickelt. Maser sind Mikrowellenverstärker, Laser sind Lichtverstärker. Wird ein Maser-Lichtblitz auf ein Rubinkristall gerichtet, das mittels flüssigen Stickstoffs gekühlt wird, dann werden die Chromatome des Rubins in einen Energiezustand versetzt, der sie zwingt, rotes Licht auszustrahlen, das aber nur in der gewünschten Richtung scheinen kann. Ein solcher Maser-Lichtblitz kann in einer fünftausendstel Sek. durch Verdunstung bei 10000°C, die von 2×10^{23} Photonen hervorgerufen wird, ein Loch durch einen Diamanten bohren. Über den Schiwa-Laser liegt ein Bericht vom 18. Mai 1978 aus dem Lawrence Livermore National Laboratory (USA) vor, dem zufolge dieser einen Strahl von $2{,}6 \times 10^{13}$ Watt für eine Dauer von $9{,}5 \times 10^{-11}$ Sek. auf ein Ziel von der Größe eines Stecknadelkopfes konzentrierten konnte. Im Juli 1984 wurde von diesem Institut ein neuer Laser vorgestellt, der bis zu 120 Billionen Watt Energie liefern kann. Bei einem ersten Test wurden 57 Billionen Watt infrarotes Laserlicht produziert.

Der größte Infrarot-Laser der Welt entsteht derzeit für 176 Mio. Dollar im Lawrence Livermore National Laboratory in Kalifornien (USA). Dieser gewaltige Laser soll Energieblitze ausstrahlen. Heute kann bereits innerhalb einer Nanosekunde ein Strahl mit einer Wucht ausgesendet werden, der der gesamten Energie aller Kraftwerke und aller Verbrennungsmotoren der USA entspricht. Mit dem neuen Laser werden noch höhere Ziele angestrebt. Endpunkt soll die Kernfusion sein.

Die hellsten künstlichen Dauerlichtquellen sind Laserstrahlen mit einer Leuchtstärke, die die 232500 Candela/cm^2 der Sonnenstrahlen um mehr als das Tausendfache übersteigt. Im Mai 1969 berichtete die Sowjetische Akademie der Wissenschaften über Stoßwellen, die beim Durchgang durch ein Edelgas-Leuchtplasma dieses auf 90000 K erhitzten. Drei Mikrosek. lang habe der Lichtblitz eine Helligkeit besessen, die 50000mal so stark gewesen sei wie die der Sonne, das heißt 11625 Mio. Candela/cm^2. Im März 1984 wurde eine 313-kW-Argon-Hochdrucklampe von der Firma Vortek Industries Ltd. in Vancouver (Kanada) vorgestellt, die 186000 Candela/cm^2 liefert.
Die Synchrotron-Strahlung aus einem 100 × 2,5-mm-Schlitz in der SPEAR-Anlage für Hochenergiephysik gilt als **der stärkste Lichtstrahl der Welt.** Der Schlitz befindet sich am Ende des 3,2 km langen Linearpartikelbeschleunigers in Stanford, Kalifornien (USA).

Der stärkste jemals entwickelte Scheinwerfer wurde während des Zweiten Weltkriegs in der Hirst-Forschungszentrale in Wembley, London (GB), vorgestellt. Sein Stromverbrauch betrug 600 kW, er lieferte eine Bogenlichtstärke von 46500 Candela/cm^2 und eine maximale Strahlenintensität von 2,65 Mrd. Candela mit Hilfe seines Parabolspiegels von 3 m Durchmesser.

Die dauerhafteste Glühbirne soll es bei der Feuerwehr in Livermore, Süd-Alameda County, Kalifornien (USA), geben. Während eine gewöhnliche Birne 750–1000 Std. hält, brennt diese 5-Watt-Kohlenfadenlampe schon seit dem Jahr 1901.

Kürzester Lichtblitz. Im April 1985 gelang es Charles Z. Shank und seinen Mitarbeitern in den AT&T-Laboratorien in New Jersey (USA), einen Lichtblitz von nur 8 Femtosekunden (8×10^{-15} Sek.) Dauer zu erzielen. Der Lichtblitz enthielt 4 oder 5 Wellenlängen des sichtbaren Lichts, etwa 2.5 Mikrometer lang.

Die höchste direkt gemessene Frequenz bezieht sich auf ein sichtbares gelbes Licht. Gemessen wurde eine Frequenz von $5{,}202068085 \times 10^{14}$ Hertz (520 Terahertz). Dieser Wert wurde im Februar 1979 vom US National Bureau of Standards (Boulder) und dem kanadischen National Research Council Laboratory (Ottawa) bekanntgegeben. Er bezieht sich auf die o-Komponente der 17–1 P(62) Übergangslinie von Jod-127. Die höchste über eine Präzisionszeitmessung gemessene Frequenz ist grünes Licht mit 582,491703 Terahertz für die b_{21}-Komponente der R(15) 43-0 Übergangslinie von Jod-127. Die Generalkonferenz für Maße und Gewichte (CGPM) hatte am 20. Oktober 1983 den Meter (m) in Einheiten der Lichtgeschwindigkeit (c) definiert. Danach ist der Meter die Länge des Weges, die das Licht im Zeitintervall von 1/299792,458 einer Sek. zurücklegt. Frequenz (f) und Wellenlänge (λ)

Bausteine der Mikroelektronik

Mit der Fertigung des integrierten Schaltkreises 1024K war im Februar 1984 die Schallmauer durchbrochen. Vier japanische Computer-Unternehmen (Hitachi, NEC, NTT Atsugi Electrical Communications und Toshiba) hatten einen Chip geschaffen, der den Umfang eines Stecknadelkopfes hatte und so dünn wie ein Menschenhaar war.
Der Winzling Mikroprozessor regiert bereits die Arbeitswelt. Die Mikrochips werden im Wettstreit zwischen der amerikanischen Computer-Firma IBM und der japanischen Konkurrenz immer kleiner. Neue Generationen hochleistungsfähiger Recheneinheiten entstehen. Waren die Leiterbahnen zwischen den einzelnen integrierten Funktionen am Anfang mit 30 Mikrometer nur etwa halb so breit wie ein menschliches Haar, so ist man heute bei den in großen Mengen produzierten Halbleiterspeichern bereits bei 2 Mikrometern angelangt. Ein Ende dieser Entwicklung ist noch nicht in Sicht. Die bislang höchste Integrationsdichte haben IBM-Wissenschaftler im Forschungszentrum Yorktown Heights bei New York entwickelt. Nicht mehr Lichtstrahlen, sondern Elektronenstrahlen haben die Strukturen eines Logik-Chips gezeichnet, die nur noch 0,5 Mikrometer breit sind. Ein mit dieser Technik hergestellter Logik-Baustein enthält auf einer Fläche von 0,1 mm^2 1700 Transistoren: ein Schritt auf dem Weg zu Chips, die bis zu 16 Mio. Informationseinheiten (Bit) speichern können.

**Speicherkapazitäten erreichen neue Dimensionen. Das Bild unten zeigt den Magnetplattenspeicher Megafile von Siemens, der die Information von gut 300 Aktenordnern aufnehmen kann.
Rechts oben ein Blick auf die Apparatur zur serienmäßigen Herstellung des 1 Megabit-Chips bei IBM; feinste Strukturen werden im Mikrometer-Bereich eingeätzt. Rechts unten das fertige 1 Megabit DRAM Chip: Es kann genau 1 048 576 Bit speichern und mißt 7,7 × 10,5 mm.**

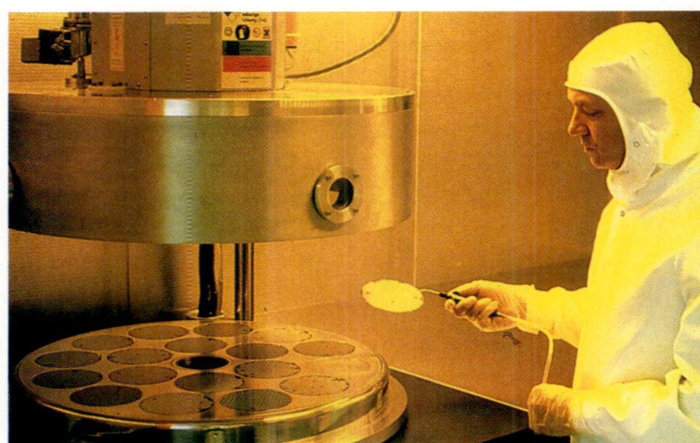

sind dann exakt austauschbar über die Beziehung $f \lambda = c$.

Computer. Der erste elektronische, programmierbare (Röhren-)Computer war Colossus, der im Dezember 1943 in Bletchley Park (GB) die Arbeit aufnahm, um die Codes deutscher Verschlüsselungsmaschinen zu knacken. Grundlage für den Bau von Colossus war ein Aufsatz von Dr. Alan Mathison Turing *(Über berechenbare Zahlen mit Anwendung auf das Entscheidungsproblem)*, der 1936 erstmals veröffentlicht worden war.

Der erste Computer mit gespeichertem Programm war Mark I der Universität Manchester (GB), der die Williams-Röhre enthielt, die am 11. Dezember 1946 patentiert wurde. Sein erstes Programm, entwickelt von Prof. Tom Kilburn (* 1921), lief am 21. Juni 1948 52 Min. lang.

Das Prinzip integrierter Schaltkreise, das Mikro-Miniaturisierung ermöglicht, wurde am 7. Mai 1952 von Geoffrey W. A. Dummer (* 1909) in Washington (USA) entwickelt.

Der Mikrocomputer wurde 1969–73 von M. E. Hoff jr. von der Intel Corporation in Zusammenhang mit der Fertigung des Chip-4004-Mikroprozessors entwickelt.

Als weltgrößter Computer (mit einem Faktor von 40!) ist der NASF (Numerisch-aerodynamische Simulationsanlage) im Forschungszentrum der NASA in Palo Alto, Kalifornien (USA), geplant, der 50 Mio. Dollar (155 Mio. DM) kosten soll. Die Ausschreibungsofferten von CDC und Burroughs enthielten eine Kapazität von 12,8 Gigaflops (12,8 Mrd. komplexe Berechnungen pro Sek.).

Der stärkste und schnellste Computer der Welt ist der von Seymour R. Cray von der Cray Research Inc. in Minneapolis (USA) entwikkelte CRAY-2 mit Flüssigkühlung. Die Speichergröße beträgt bis zu 256 Mio. 64-Bit-Wörter; daraus ergibt sich eine Kapazität von 32 Mio. Bytes des Hauptspeichers. Er erreicht Geschwindigkeiten von 250 Mio. Gleitkomma-Operationen pro Sek.
(NB. Ein Byte ist eine Speichereinheit, die aus 8 Bit besteht, die zusammen ein alphabetisches oder zwei numerische Zeichen darstellen.)

Der CRAY-2 erreicht Geschwindigkeiten von 250 Mio. Gleitkomma-Operationen pro Sek. Die Kosten eines Systems im mittleren Bereich wurden im Oktober 1985 mit etwa 17 Mio. Dollar (38,4 Mio. DM) angegeben.

Die Control Data Corporation in Arden Hills, Minnesota (USA), gab am 2. Juni 1980 Einzelheiten über das CYBER-Modell 205-444-System bekannt. Es hat eine Speicherkapazität von 4 Mio. 64-Bit-Wörtern, ist seit Januar 1981 lieferbar und kostet 16,5 Mio. Dollar (51 Mio. DM).

Am 19. November 1982 gab CDC bekannt, daß der CYBER Modell 205-424 in 1 Sek. 791 860 000 Berechnungen durchführt.

Das 1981 eingeführte CRAY-1/S-System hat ein zusätzliches »Puffergedächtnis« für 8 Mio. Wörter und eine Speicherkapazität von 19 Gigabytes oder $1{,}55136 \times 10^{11}$ Bit.

Die höchste Speicherdichte eines Geräts im Lexikonformat erreicht der von der Firma Siemens 1986 vorgestellte Plattenspeicher Megafile. Er findet in nur 1/40 Sek. die gewünschte Information aus mehr als 300 Mio. Bytes heraus, das entspricht dem Inhalt von 300 Aktenordnern. Damit eignet sich das Gerät besonders für Einsatzgebiete, die hohe Kapazitäten bei gleichzeitig kurzer Zugriffszeit auf kleinem Raum erfordern. Dies können Bildschirmarbeitsplätze, Bildbearbeitungssysteme, aber auch viele Systeme im Bürobereich sein.

Der kleinste Wort-Prozessor der Welt, der Easi-Text 1350, wurde im April 1986 von Minimicro in Huntington, Yorkshire (GB), vorgestellt. Er basiert auf dem Sharp PC-1350-Computer mit den Maßen 182 × 72 × 16 mm und dem kompletten System einschließlich einem Epson-P-80-Drucker im Format Din A 4. Er paßt in einen Aktenkoffer.

Ein 40 Å (Ångström) messendes Loch (4×10^{-6} mm) wurde am 28. Oktober 1979 mit Hilfe eines JEM-100C-Elektronenmikroskops und von Quantel-Geräten im Institut für Metallurgie, Oxford (GB), auf optischem Wege vorgeführt. Ein solches Loch zu finden entspricht dem Finden eines Stecknadelkopfes in einem 1,93 km^3 großen Heuhaufen.
Durch Zufall bohrte im Mai 1983 der Strahl eines Elektronenmikroskops an der Universität von Illinois (USA) in die Probe einer Natrium-Aluminium-Verbindung ein nur 2×10^{-9} m großes Loch.

Der größte Windkanal der Welt ist ein Niedergeschwindigkeitskanal mit einer 12,19 × 24,38 m langen Meßstrecke. Er wurde 1944 im Ames-Forschungsinstitut Moffett Field, Kalifornien (USA), gebaut und kostete 7 Mio. Dollar (damals 28 Mio. DM). Der Kanal hat ein Fassungsvermögen von 800 t Luft und kann ein Maximal-Luftvolumen von 1,7 Mio. m^3 in der Min. bewegen. Am 30. Juli 1974 gab NASA bekannt, den Kanal auf 24,38 × 36,57 m für Geschwindigkeiten von 555 km/h mit einem System von 100 690 kW Leistung zu vergrößern.

Der stärkste Windkanal ist die 161 075-kW-Anlage des Arnold Engineering Test Center in Tullahoma, Tennessee (USA), die im September 1956 in Betrieb genommen wurde.

Die höchste Luftgeschwindigkeit mit einer Machzahl M = 27 wurde in einem Windkanal bei den Boeing-Flugzeugwerken in Seattle (USA) erzielt. Für Mikrosek. wurden Werte von 30 Mach (36 735 km/h) in Stoßwellenröhren in der Cornell-Universität, Ithaca (USA), gemessen.

Den Windkanal mit dem größten Querschnitt besitzt in der Bundesrepublik Deutschland das Volkswagenwerk in Wolfsburg. Bei Abmessungen von 5 × 7,5 m werden in ihm Geschwindigkeiten von 50 m/s erzielt.
Der bereits 20 Jahre alte Windkanal ist von Grund auf erneuert worden. Im abgedunkelten Raum wird heute die jeweilige Karosserie von einem Laserstrahl abgetastet, um Geschwindigkeit, Richtung und Turbulenz der Strömung zu bestimmen. Ein Laserstrahl führt einen Roboter, der Rauch erzeugt, um die Verwirbelungen in genau definierten Abständen deutlich zu machen.
Mit Hilfe des Laser-Lichtschnittverfahrens wird der Verlauf der Strömung auf Video sichtbar und aufgezeichnet. Dann erst beginnt die Arbeit des Aerodynamikers – die Auswertung für eine neue Karosserie.

Der schnellste deutsche Windkanal ist ein 1971 in Betrieb genommener Plasma-Windkanal der Deutschen Forschungs- und Versuchsanstalt für Luft- und Raumfahrt in Köln. Sein Meßdurchschnitt beträgt 25 cm, und in ihm können Geschwindigkeiten bis zu 4500 m/s erzeugt werden.

Ein »Super-Fön« wurde nach 14 Monaten Bauzeit bei den Kölner Ford-Werken im April 1984 in Betrieb genommen. Der für 17 Mio. DM hergestellte Windkanal im Entwicklungszentrum von Ford in Köln-Merkenich bringt es bei 372 U/min auf eine Nennleistung von 2000 kW (2720 PS). Wenn der zwölfflügelige Riesenventilator (Durchmesser 6,3 m) seine volle Drehzahl erreicht, sind die Windsbräute los. Die Autos werden mit Windgeschwindigkeiten bis zu 300 km/h bestürmt. ■

BAUTECHNIK

Der größte Hafen und die höchsten Bürogebäude bestimmen die Silhouette New Yorks

1. FRÜHESTE BAUTEN

Das älteste bekannte Bauwerk von Menschenhand ist ein Kreis von lose aufeinandergeschichteten Lavablöcken, der im Januar 1960 in der untersten Kulturschicht auf dem paläolithischen Gelände der Olduvai, einer Schlucht in Tansania (Afrika), von Dr. Mary Leakey entdeckt wurde. Da man dort auch Knochen und Werkzeuge gefunden hat, könnte es sich um eine Arbeitsstätte gehandelt haben, die auf etwa 1 700 000 v. Chr. datiert wird.

Die frühesten Gebäude im eigentlichen Sinn, die bisher entdeckt wurden, sind 21 Hütten, die Feuerstellen oder mit Kieseln ausgelegte Gruben besaßen und die Löcher von einstigen Umzäunungspfosten aufweisen. Sie wurden im Oktober 1965 auf dem Terra-Amata-Gelände bei Nizza (Frankreich) ausgegraben. Man nimmt an, daß sie aus der Acheuléen-Stufe des Altpaläolithikums (vor ca. 400 000 Jahren) stammen.

Als die ältesten freistehenden Gebäude der Welt dürften wohl die megalithischen Tempel von Mgarr und Skorba auf Malta bzw. Gigantija auf der zu Malta gehörenden Insel Gozo einzuordnen sein, die 3250 Jahre v. Chr. errichtet wurden.
Die Reste eines 6,1 m hohen Steinturms, der in die Mauern von Jericho eingebaut war, wurden ausgegraben, und ihr Alter wurde als über 5000 Jahre bestimmt. Die Fundamente der Mauern werden auf 8350 Jahre v. Chr. datiert.
Derzeit ist eine internationale Archäologengruppe mit Ausgrabungen einer etwa 9000 Jahre alten Siedlung von Steinzeitmenschen in Çayönü (Südosttürkei) beschäftigt. An diesem Gemeinschaftsprojekt sind das Orientalische Institut der Universität Chikago, die Prähistorische Abteilung der Universität Istanbul und – seit 1978 – Prof. Wulf Schirmer und Werner Schnuchel vom Institut für Baugeschichte der Universität Karlsruhe beteiligt.

2. BÜROS, VERWALTUNGEN, WERKHALLEN

Die größte Bodenfläche, die von einem Gebäude bedeckt wird, ist der Blumenmarkt des Konsums VBA (Verenigde Bloemenveilingen Aalsmeer) in Aalsmeer, dem Zentrum der niederländischen Blumenzucht. Er erstreckt sich über 776 × 547 m und bedeckt eine Bodenfläche von 343,277 m^2. Bis Ende 1986 soll sie sich auf 368,477 m^2 ausdehnen.

Das Gebäude mit dem größten Rauminhalt der Welt ist die Hauptmontageabteilung der Firma Boeing in Everett (USA). Das Gebäude wurde 1968 fertiggestellt und hat einen Fassungsraum von 5,6 Mio. m^3. Es ist 630 m lang, 492 m breit und 34 m hoch – entspricht dabei 42 Fußballfeldern.

Das größte Bauvorhaben der Geschichte ist das Projekt Madinat-al-Jubail al-Sinaijah in Saudi-Arabien. 1976 ist es in Angriff genommen worden, 1996 soll es abgeschlossen sein. Stadt und Industriehafen entstehen auf 932,43 km^2. Insgesamt müssen 345 Mio. m^3 Erde bewegt werden.

Auf dem riesigen Blumenmarkt des Konsums im niederländischen Aalsmeer – dem weltgrößten Handelsgebäude – werden täglich über 7 Mio. Blumen verkauft.

Das Pentagon, Sitz des US-Verteidigungsministeriums, ist das größte Verwaltungsgebäude der Welt und mit 29 000 Mitarbeitern ein Paradies für Bürokraten.

Das geräumigste wissenschaftliche Gebäude ist das VAB (Vehicle Assembly Building), das für die Montage der *Apollo*-Mond-Raumschiffe auf der *Saturn-V*-Rakete bestimmt war und sich im KSC (John F. Kennedy Space Center), Cape Canaveral, Florida (USA), befindet. Der Stahlgerüstbau ist 218 m lang, 158 m breit und 160 m hoch; er umfaßt vier Hallen, jede mit eigenem Eingang in einer Höhe von 140 m. Der Bau wurde im April 1963 vom Ursum-Konsortium in Angriff genommen, die Bodenfläche mißt 3,18 ha, der Fassungsraum beträgt 3 666 500 m^3. Zum Zeitpunkt der Fertigstellung, am 14. April 1965, beliefen sich die endgültigen Baukosten auf 108,7 Mio. Dollar (damals 434,8 Mio. DM).

Das flächenmäßig größte Verwaltungsgebäude ist das Pentagon in Arlington, Virginia. Das Domizil des amerikanischen Verteidigungsministeriums wurde am 15. Januar 1943 fertiggestellt und kostete schätzungsweise 83 Mio. Dollar (damals ca. 332 Mio. DM). Die Außenmauern des Pentagons sind je 281 m lang. Umfang des Gebäudes: etwa 1370 m. Insgesamt haben die fünf Stockwerke des Ministeriums eine Bodenfläche von 604 000 m^2. Tagsüber sind dort 29 000 Menschen beschäftigt. Das Telefonsystem des Pentagons hat 44 000 Anschlüsse, die durch 257 500 km Kabel verbunden sind; die 220 Telefonistinnen in der Zentrale vermitteln täglich 280 000 Gespräche. Für die Verpflegung sind 675 Angestellte in zwei Restaurants, sechs Cafeterias und zehn Imbißstuben zuständig. Die Korridore im Pentagon sind alles in allem 27 km lang, und es müssen 7748 Fenster geputzt werden.

Das Bürogebäude mit der größten Mietfläche ist das World Trade Center (Welthandelszentrum) in New York (USA). Der größere der beiden Zwillingstürme ist 415,22 m hoch. Gesamtfläche: 406 000 m^2.

Das höchste Bürogebäude der Welt ist der Sears Tower, die US-Zentrale von Sears, Robuck & Co. in Chikago (USA), mit 110 Stockwerken und einer Höhe von 443 m. Der Bau wurde im August 1970 begonnen und am 4. Mai 1973 fertiggestellt. Die Bruttogesamtfläche mißt 40,8 ha. Am 6. März 1973 um 14 Uhr 35 war es höher als das World Trade Center in New York City, als die erste Stahlsäule das 104. Stockwerk erreichte. Einschließlich der beiden Fernsehantennen beträgt die Gesamthöhe des Gebäudes 475,18 m. 16 700 Personen arbeiten in dem Gebäude. Es gibt 103 Fahrstühle, 18 Rolltreppen und 16 000 Fenster.

Das höchste Bürogebäude in der Bundesrepublik Deutschland und das höchste Bankhaus Westeuropas ist seit Juni 1980 der Wolkenkratzer der Dresdner Bank in Frankfurt am Main. Mit seinen 166,30 m überragt das 300-Mio.-Projekt den benachbarten 142,70 m hohen Bau der Bank für Gemeinwirtschaft. Der neue Gebäuderiese hat 32 Stockwerke, 40 000 m^2 Bürofläche (was etwa acht Fußballfeldern entspricht). 24 Aufzüge bringen 2500 Beschäftigte an ihre Arbeitsplätze. Im 31. Stockwerk befindet sich ein Swimmingpool, der auch als Wasserreservoir der Feuerlöschanlage dient.

Das größte Bürogebäude Österreichs ist das Hauptgebäude der UNO-City (Vienna International Center) in Wien. Seine Errichtung kostete 1,2 Mrd. DM. Das Gebäude hat 24 000 Fenster und 6000 Türen. Sollten die 4700 Schreibtisch-Arbeitsplätze eines Tages nicht ausreichen, so hat der Architekt Johann Staber diesem Parkinsonschen Effekt bereits Rechnung getragen: Der Komplex kann durch entsprechende Zubauten verdoppelt werden. Die Gesamtfläche der Anlage beträgt 170 000 m^2, die Büro-Netto-Nutzfläche hat 80 000 m^2 und die Gesamtgeschoßfläche 230 000 m^2. Am 23. August 1979 wurde das 119,5 m hohe Gebäude offiziell in Betrieb genommen. Die UNO hat das aus österreichischen Steuergeldern finanzierte Gebäude zu einer symbolischen Jahresmiete von einem Schilling (vierzehn Pfennig) für 99 Jahre gepachtet.

Das höchste Bürogebäude der Schweiz steht in Winterthur und gehört zur Maschinenfabrik Gebrüder Sulzer. Es ist 92 m hoch.

Als teuerstes Bürohaus der Welt gilt das 1986 nach fünfjähriger Bauzeit eröffnete Gebäude der Hongkong- und Shanghai-Bank in Hongkong. Es kostete fast 2 Mrd. DM. Mit seinen 52 Stockwerken ist es 179 m hoch und verfügt über ein 52 m hohes Atrium. Die Konstruktion besteht fast nur aus Stahl und Glas. 60 Rolltreppen und »nur« 28 Lifte durchziehen das Haus. Im Bankgebäude arbeiten 3500 Angestellte, es werden täglich 20 000 Kunden erwartet.

Ein Bankgebäude aus Stahl und Glas wurde zur Attraktion in Hongkongs Finanzmetropole. Spiegel fangen das Tageslicht ein und leiten es bis in das Atrium.

Das größte Rathaus der Bundesrepublik Deutschland hat die Stadt Essen. Es war Ende 1979 bezugsfertig. 106,3 m ist das Gebäude hoch, 2 m mehr als geplant, weil der Hubschrauberlandeplatz auf dem Dach aus Sicherheitsgründen mit einer Mauer eingefaßt werden mußte. 339 000 m^3 umbauter Raum bietet 1900 Arbeitsplätze. In dem Mammutbau mit 23 Stockwerken gibt es 24 Dienststellen.

Das höchste Rathaus der Bundesrepublik Deutschland hat die Hansestadt Hamburg. Über seinen vier Hauptstockwerken erhebt sich ein Turm bis auf 110 m Höhe. Das Gebäude wurde 1897 nach zehnjähriger Bauzeit eingeweiht. Kostenpunkt: 11 Mio. Goldmark. Auf 4000 Eichenpfählen wurde das 111 m breite Rathaus gebaut. Mit seinen 647 Räumen hat es mehr Räume als der Buckingham-Palast in London.

Das älteste Rathaus Deutschlands zu besitzen, diesen Rekord beanspruchen mehrere Städte für sich. Die früheste urkundliche Erwähnung hat zweifelsfrei Fritzlar a. d. Eder

Einen Super-Wolkenkratzer will der New Yorker Immobilienhändler Donald Trump in Manhattan errichten.

»Die Grenze ist der Himmel«

Donald Trump, New Yorker Unternehmer und Multimillionär, will Klarheit in die Frage bringen, wo der höchste Wolkenkratzer der Welt steht. »Zum Ruhme New Yorks« plant er, in Manhattan einen 509 m hohen Turm mit 150 Etagen zu errichten. Das obeliskförmige Modell entwarf der deutsch-amerikanische Arichtekt Helmut Jahn. Neben dem geplanten Gebäude soll ein ganzes Stadtviertel (»Television City«) mit Geschäften und 8000 Eigentumswohnungen sowie riesigen Fernsehstudios mit 29 ha Grundfläche entstehen. Gesamtwert: 5 Mrd. Dollar.

Jedoch hat Chikago bereits die Konkurrenz aufgenommen. Dort denken Bauherren und Architekten über ein World Trade Center am Michigansee nach; man strebt 701 m oder auch 762 m Höhe an. Alles nach dem amerikanischen Wolkenkratzer-Leitsatz: »Die Grenze ist der Himmel.«

Auch in der Bundesrepublik Deutschland will man nicht allzusehr zurückstehen. In Frankfurt wird derzeit verhandelt über zwei Hochhausprojekte mit einer Höhe von »etwa 200 m oder darüber«. Als Standorte sind das Messegelände und die Bahnhofsumgebung im Gespräch.

Mit einer Rechnung von Fachleuten müssen sich allerdings die Hochhausbauer abfinden: Es wird doppelt so lange dauern und doppelt so teuer werden, einmal über 150 Stockwerke zu bauen als dreimal nur 50 Stock hoch, bei gleichem Raumangebot.

(Hessen). In seiner Stadtchronik wird ein Vogteihaus bereits 1109 erwähnt. Die Stadt erwarb es 1274 als Rathaus. Doch von dem Haus ist kaum noch etwas erhalten.

Anders in der »Fachwerkstadt« Duderstadt (Niedersachsen). Deren Rathaus gehört zu den schönsten Fachwerkbauten Deutschlands. Es entstand in mehreren Bauabschnitten, sein Kernbau, die Kaufhalle, wird jetzt auf die Jahre 1302/03 datiert.

Der Südteil des Göttinger Rathauses, der bisher als Anbau aus dem 15. Jh. galt, ist der älteste datierbare Profanbau mit komplettem Dachwerk. Das ergab eine Jahresringanalyse 1982: der ursprüngliche Kernbau des Rathauses ist zwischen 1264 und 1274 entstanden.

Die größte Botschaft der Welt ist die Botschaft der UdSSR auf Bei Xiao Jie im Nordostwinkel der nördlichen, von Mauern umgebenen Inneren Stadt von Peking (China). Die gesamte Fläche von 18,2 ha der ehemaligen Mission der Orthodoxen Kirche, die nun Bei guan heißt, wurde 1949 an die UdSSR abgetreten.

Die größte Botschaft der Bundesrepublik Deutschland befindet sich in Washington (USA). Die größte Botschaft eines anderen Staates auf dem Boden der Bundesrepublik ist die der Vereinigten Staaten von Amerika in Bonn.

3. INDUSTRIEBAUTEN

Die größte Industrieanlage der Welt ist das Werk Niznig Tagil, 136 km nordwestlich von Swerdlowsk (UdSSR) gelegen. Es hat eine Grundfläche von 827 000 m². Produziert werden dort Eisenbahnwagen und Panzer. Jährliche Kapazität für Panzer vom Typ T-72: 2500 Stück.

Der höchste Schornstein der Welt ist der 379,60 m hohe Fabrikschlot von International Nickel Company in Copper Cliff (Kanada), der 1970 fertiggestellt wurde und 5,5 Mio. Dollar (damals 19,8 Mio. DM) gekostet hat. Er wurde in 60 Tagen gebaut, und der Durchmesser verengt sich von 35,40 m am Boden zu 15,80 m am oberen Rand. Sein Gesamtgewicht beträgt 39 006 t. Seit 1971 ist er in Betrieb.

Der massivste Schornstein steht im spanischen Puentes. Er ist 350 m hoch. Gebaut hat ihn die Firma M. W. Kellogg – mit 15 750 m³ Beton und 1315 t Stahl. Innenvolumen: 189 720 m³.

Europas höchster Schornstein gehört zum Zasavje-Heizkraftwerk in Trbovlje (Jugoslawien). Er übertrifft den von Puentes noch um 10 m. Die Bauarbeiten wurden 1975 von der Firma Karrena, Düsseldorf, durchgeführt.

Der höchste Schornstein der Bundesrepublik Deutschland ist 302 m hoch, gerechnet vom Fundament bis zur Oberkante. Er ist einer von sechs Schornsteinen der VEBA-Kraftwerke bei Gelsenkirchen – erbaut von Karrena, Düsseldorf.

Der höchste Schornstein der DDR gehört zum größten Wärmekraftwerk der DDR in Boxberg (Bezirk Cottbus) mit 300 m Höhe.

Der größte Kühlturm der Welt wurde im Jahr 1976 errichtet. Er hat eine Höhe von 179,8 m und gehört zum Kernkraftwerk in Uentrop/Hamm (Nordrhein-Westfalen).

Der größte Parkplatz der Welt steht an der West Edmonton Hall im kanadischen Edmonton. Er hat Platz für 20 000 Autos. Bei Überfüllung kann auf einem angrenzenden Grundstück ein zusätzlicher Parkplatz für 10 000 weitere Fahrzeuge genutzt werden.

Die größte Tankstelle der Welt ist vermutlich »Little America« westlich von Cheyenne in Wyoming, wo sich die amerikanischen Inter-state-Straßen 80 und 25 kreuzen. Sie verfügt über 52 Diesel- und Benzin-Zapfsäulen (keine Selbstbedienung).

Der größte Hangar der Welt ist am 15. Februar 1956 im Luftwaffenstützpunkt von San Antonio in Texas (USA) fertiggestellt worden. Der Hangar 375 (»Big Texas«) hat vier Tore, die je 76,2 m breit und 18,28 m hoch sind und 608 t wiegen. Die Halle ist 609,6 × 91,4 × 27,4 m groß, die betonierte Abstellfläche umfaßt 17,8 ha.

Die Düsenflugzeugbasis von Delta Airlines auf dem Hartsfield International Airport, Atlanta, Georgia (USA), besitzt ein Areal von 56,6 ha, davon 14,5 ha unter einem Dach.

Die größte Flugzeugwartungshalle hat der Rhein-Main-Flughafen von Frankfurt am Main. Es ist die Halle V, auch Jumbo-Halle genannt. Sie ist 320 m lang, 100 m tief, 34 m hoch und bedeckt eine Fläche von 2,8 ha. Ihr umbauter Raum umfaßt 850 000 m³. Sie hat acht Schiebetore von je 100 t Gewicht. In ihr können gleichzeitig sechs *Boeing 747* oder 14 *Boeing 707* gewartet werden. Obwohl sich die Dachbänder aus vorgespanntem Leichtbeton über zweimal 135 m frei spannen, ist die Dachkonstruktion nur 8,5 cm stark.

Die größten hölzernen Industriebauten der Welt sind die beiden 1942/43 erbauten Hangars für Luftschiffe der US-Marine in Tillamook, Oregon (USA). Heute werden sie als Sägemühle genutzt; die Abmessungen sind 304,8 × 51,81 × 90,22 m, und ihr Wert beläuft sich auf 6 Mio. Dollar.

Die ältesten erhaltenen Holzbauten der Welt sind die Pagode, das Chumanar-Tor und der Tempel Horyu-ji in Nara (Japan). Sie wurden zwischen 670 und 715 n. Chr. errichtet. Das benachbarte Daitbutsuden wurde von 1704 bis 1711 gebaut und war 87 × 51 × 46,75 m groß. Die heutigen Ausmaße: 57,30 × 50,40 × 48,60 m.

Einen unbefestigten Holzturm errichtete am 11. September 1983 beim »Exot Futur«-Architekturspiel anläßlich des Alstervergnügens '83 ein 13köpfiges Spielteam auf dem Hamburger

Bis 1970 galt das Empire State Building als höchstes Gebäude der Welt. Mit Fernsehturm ist Manhattans 1929 errichtetes Bürohochhaus 449 m hoch.

Rathausmarkt. Unter Anleitung des Augsburger Bildhauers Claus Scheele (* 1943) baute es aus mehr als 1200 Nadelholzleisten (mit der Abmessung 200 × 5 × 3 cm, hochkant gelegt) seinen gelben Turm von 16,70 m Höhe bei einem Durchmesser von 4,50 m. Das Objekt blieb einige Minuten frei stehen.

Das größte Traglufthallen-Dach der Welt war das des 80600 Zuschauer fassenden und achteckigen Pontiac-Silverdome-Stadions in Michigan (USA). Es war 159 m breit und 220 m lang. Der Luftdruck, von dem das 4 ha große lichtdurchlässige Dach aus Fiberglas gehalten wurde, betrug 34,4 kp. Die Statik hatten Geiger-Berger und Partner aus New York City ausgetüftelt.

Die größte Traglufthalle der Welt im Normalmaßstab hat die Firma Irvin Industries aus Stamford, Connecticut (USA), in Lima, Ohio, errichtet. Die Halle war 262 m lang, 42,6 m breit und 19,8 m hoch.
Die Ladenstraße im »Marler Stern« – einem Einkaufs- und Bildungszentrum in Marl (Nordrhein-Westfalen) ist mit einem Luftkissendach überdeckt. Die Rekordmaße der drei Luftkissen: 184,8 m lang und 29,4 m breit.

Die größte Reparaturwerkstatt ist das von Kowloon Motor Bus Co. in Hongkong betriebene KMB Overhaul Centre. Speziell für die Wartung von Doppeldeckerbussen gebaut, nehmen die 4 Stockwerke eine Fläche von über 47000 m^2 ein.

Die größte Privatgarage der Welt ist in einem zweistöckigen Gebäude außerhalb Bombays untergebracht. Sie nimmt die Privatsammlung von 176 Autos von Pranial Bhogilail (* 1939) auf.

4. BURGEN, SCHLÖSSER

Die älteste Burg der Welt befindet sich in Gomdan im Jemen. Sie stammt aus dem 1. Jh. n. Chr. und besaß 20 Stockwerke.

Die älteste deutsche Burg stand in Meersburg am Bodensee. Sie wurde um 930 auf den Fundamenten des Dagobert-Turms errichtet, der aus dem 7. Jh. stammt. Besser erhalten ist allerdings die Brömserburg bei Rüdesheim am Rhein. Diese Befestigung wurde ca. 970 n. Chr. vom Erzbischof von Mainz erbaut.

Die älteste und größte Befestigung in Österreich, die noch existiert, ist die Feste Hohensalzburg auf dem 542 m hohen Festungsberg in Salzburg. Sie wurde 1077 errichtet, von 1465 bis 1527 und im 17. Jh. erweitert und ausgebaut, so daß sie zur größten Festung Europas wurde.

Das größte bewohnte Schloß der Welt ist die königliche Residenz Schloß Windsor in Berkshire (England). Der größte Teil stammt aus dem 12. Jh., hat die Form eines Parallelogramms mit verengtem Mittelteil und mißt 576 × 164 m.

Das meistbesuchte Schloß der Bundesrepublik Deutschland ist Neuschwanstein (Bayern). König Ludwig II. von Bayern (1864–86) hatte sich diese Traumburg errichten lassen. Die Besichtigung gehört als »Muß« ins Programm jedes Europatouristen. 1985 besuchten 1,14 Mio. Touristen das Schloß.

Das am meisten besuchte Schloß der DDR ist Sanssouci bei Potsdam, das Friedrich II. im Stil von Versailles errichten ließ.

Das am meisten besuchte Schloß Österreichs ist mit Abstand Schönbrunn in Wien. 1981 besuchten 1,12 Mio. Schaulustige die Räume des Schlosses.

Die größte Burg der Welt ist der Prager Hradschin (ČSSR), der aus dem 9. Jh. stammt. Das langgestreckte unregelmäßige Polygon mit einer Achse von 570 m und einem Durchmesser von ca. 128 m steht auf einem Gelände von 7,28 ha.

Die größte deutsche Burg, die erhalten geblieben ist, liegt bei dem bayerischen Ort Burghausen, nahe der österreichischen Grenze, auf einer Erhebung zwischen der Salzach und dem Wöhrsee. Sie bestand aus einer Kernburg und fünf kleineren Vorburgen. Ihre Gesamtlänge beträgt 1,2 km.

Die größte deutsche Festung war im Mittelalter die Feste Rosenberg bei Kronach in Franken. 1980 feierte sie ihr 850jähriges Bestehen. Sie wurde nie bezwungen. Heute ist sie Jugendherberge und Heimatmuseum.

Die größte deutsche Burgruine ist die Ruine der Burg Lichtenberg bei Kusel (Rheinland-Pfalz). Sie ist 420 m lang und 90 m breit. Die Burg wurde ca. 1210 erbaut. Wenig später – 1245 – entstand auf den Grundmauern eines Klosters die Burg Rheinfels über Sankt Goar am Rhein, die ebenfalls als älteste Burgruine genannt wird. Die dritte »größte, deutsche Burgruine« soll die auf dem Hohentwiel bei Singen am Bodensee sein.

Als stärkste Festung nicht nur Österreichs, sondern des Abendlandes galten die Schloßberg-Befestigungen der Stadt Graz (Steiermark). Weder die Türken (15.–16. Jh.) noch die Franzosen (1809) konnten sie erstürmen.

Die aus Holz errichtete Pagode im japanischen Nara feiert in diesem Jahr ihren 1271. Geburtstag. Sie zählt zu den ältesten erhaltenen Holzbauten der Welt (s. S. 164).

90 Grad südlich liegt die US-Polarstation. An Temperaturen von — 48° C müssen sich die Bewohner gewöhnen.

Die dicksten Mauern waren mit 27 m die Urnammu-Stadtmauern von Ur (jetzt Muquajjar, Irak), die 2006 v. Chr. von den Elamiten zerstört worden sind.

Der größte Palast der Welt ist der kaiserliche Palast (Gu gong) in der Stadtmitte Pekings (Bei jing, chinesisch für nördliche Hauptstadt), dessen Areal ein Rechteck von 960 × 750 m bildet und 72 ha mißt. Der äußere Grundriß entspricht noch dem ursprünglichen Bau, der unter Yung lo (1402–04), dem dritten Kaiser der Mingdynastie, entstanden ist. Danach kam es jedoch zu ständigen Umbauten, so daß die meisten Gebäude des Palastes innerhalb der Außenmauern aus dem 18. Jh. stammen. Die gesamte Palastanlage besteht aus fünf großen Hallen und 17 verschiedenen Palästen. Einen davon, den Palast der Gesammelten Vornehmheit (Chu xia gong), bewohnte die letzte chinesische Kaiserin bis 1924.
Das Schloß von Versailles, 23 km südwestlich von Paris gelegen, hat auf seiner 580 m langen Fassadenseite 375 Fenster. Die Anlage, 1682 für Ludwig XIV. fertiggestellt, hatte unter der Leitung von Jules Hardouin-Mansart mehr als 30 000 Arbeiter beschäftigt.

Die größte Residenz der Gegenwart, die »Istana Nurul Iman«, wurde für den Sultan von Brunei in der Hauptstadt Bandar Seri Begawan errichtet. Der im Januar 1984 fertiggestellte Palast hat 1788 Zimmer und angeblich 300 Mio. Pfund (damals 1,172 Mrd. DM) gekostet. Die Palastgarage ist groß genug, um die 110 Wagen des Sultans aufnehmen zu können.

Die längsten und weitesten Gräben der Welt umgaben den Kaiserpalast in Peking und die Stadt selbst. Laut Plänen aus französischer Quelle scheint der Palastgraben eine Breite von 49 m und eine Gesamtlänge von 3290 m zu haben, während die Gesamtlänge aller Stadtgräben 38 km beträgt.

5. WOHNBAUTEN

Die höchstgelegenen Wohngebäude der Welt gehören zur Festung Bäsisi an der indisch-tibetanischen Grenze. Die Menschen leben dort 5988 m über dem Meeresspiegel. Noch höher haben allerdings um das Jahr 1480 Bergbewohner auf dem Cerro Llullaillaco (6723 m) an der argentinisch-chilenischen Grenze gehaust. In 6600 m Höhe wurde dort im April 1961 eine 3-Zimmer-Wohnung entdeckt. Eine Siedlung am Pfad T'e-li-mo in Südtibet liegt ungefähr 6019 m hoch.
Das höchstgelegene Gebäude der Bundesrepublik Deutschland ist das Münchner Haus des Alpenvereins auf der Zugspitze in einer Höhe von 2963 m.
Das höchstgelegene Haus Österreichs ist die Erzherzog-Johann-Schutzhütte an der Adlersruhe auf dem Großglockner in 3574 m Höhe.
Das höchstgelegene Gebäude der Schweiz ist die Hochalpine Forschungsstation Jungfraujoch in 3570 m.

Die nördlichste Behausung der Welt ist die dänische Wissenschafts-Station, die 1952 in Pearyland (Nordgrönland) 1450 km nördlich des Polarkreises errichtet wurde.
Eskimo-Feuerstellen, die aus der Zeit um 1000 v. Chr. stammen, wurden 1969 in Pearyland entdeckt. Polareskimos waren 1818 auf dem Inglefield Land im Nordwesten Grönlands aufgestöbert worden.
Die sowjetische Forschungsstation *Nordpol 15*, auf Treibeis errichtet, driftete im Dezember 1967 in nur 2,8 km Entfernung am Nordpol vorbei.

Die nördlichste dauernd bewohnte Behausung ist der Stützpunkt des kanadischen Verteidigungsministeriums in Alert auf Ellesmere Island, Nord-West-Territorium, auf 82° 30′ nördl. Breite und 62° westl. Länge, der 1950 errichtet wurde.

Die südlichste dauernd bewohnte menschliche Behausung ist die Amundsen-Scott South Polar Station der Vereinigten Staaten, die 1957 fertiggestellt und 1975 durch einen Neubau ersetzt wurde.

Das älteste Fachwerkhaus in der Bundesrepublik Deutschland steht in der Webergasse 8 in der Altstadt von Esslingen am Neckar (Baden-Württemberg). Das 15 m lange und 16 m hohe Gebäude hat einen riesigen Weinkeller und eine besondere Dachkonstruktion. Nach einer Jahresringdatierung des verbauten Eichen- und Tannenholzes wurde festgestellt, daß das Haus aus dem Jahr 1267 stammt.

Der größte Fachwerkrundbau ist ein Batterieturm, genannt Junker-Hansen-Turm, auf dem Burggelände Neustadt (Hessen). Der ca. 50 m hohe Bau hat einen Durchmesser von 12,60 m im steinernen Teil der unteren beiden Geschosse; die beiden oberen im Fachwerkaufsatz sind mit einem achteckigen Spitzhelm versehen. Erbaut wurde der Burgtum zwischen 1477 und 1490.

Der höchste Wohnblock der Welt ist Lake Point Towers mit 70 Stockwerken und einer Höhe von 197 m in Chikago (USA).
Der höchste Wohnblock Europas steht in Köln. Es ist das 1973 fertiggestellte Colonia-Hochhaus, das mit 147 m Höhe das Uni-Center in Köln um gut 9 m überragt.

Der größte Wohnblock der Bundesrepublik Deutschland steht seit 1969 im Stuttgarter Vorort Freiberg. Er ist 135 m lang, 20 m breit und 65 m hoch. Neben 440 Wohnungen gibt es in ihm mehrere Supermärkte, ein Kino und ein Schwimmbad.

Der höchste Wohnblock Österreichs ist die Wiener Anlage Wohnpark Alt-Erlaa. Sie hat eine Höhe von 73,66 m. Rechnet man jedoch die Höhe der Aufzugtürme, dann ist der Gebäudekomplex an diesen Stellen sogar 85,10 m hoch.

Die teuersten Wohnungen der Welt, vier an der Zahl, sind Ende 1987 im Londoner Stadtteil Kensington (Rutland Gate) bezugsfertig. Jede Wohnung hat mindestens fünf Schlafzimmer und kostet vermutlich 6 Mio. Pfund (ca. 21 Mio. DM). Dies teilte das Architekturbüro YRM mit.

Das Hotel mit den meisten Räumen ist das zwölfstöckige Hotel Rossija in Moskau (UdSSR) mit 3200 Räumen und Betten für 6000 Gäste, das 1967 eröffnet wurde. Demnach würde man

Ganze 147 cm nimmt die Fassade dieses schmalsten Hauses ein. Es wurde über einem Fußgängerweg in Portsmouth (England) errichtet.

mehr als 8,5 Jahre benötigen, um in jedem der Hotelzimmer auch nur einmal zu übernachten. Zusätzlich gibt es im Mittelhof des Hotels den »Präsidenten-Turm« mit 21 Etagen. Das Hotel beschäftigt 3000 Personen und verfügt über 93 Fahrstühle. Der Ballsaal soll der größte der Welt sein. Gewöhnliche Sowjetbürger finden im Rossija keine Unterkunft, und Ausländer bezahlen das 16fache jener Preise, die sowjetischen Funktionären berechnet werden.
Der Ismailov-Hotelkomplex, der im Juli 1980 zu den Olympischen Spielen in Moskau eröffnet worden ist, bietet 9500 Menschen eine Unterkunft.

Das Hilton in Las Vegas (USA), von 1974 bis 1981 erbaut, hat 3174 Zimmer, 12 internationale Restaurants und 3600 Mitarbeiter. Die Tagungsräume des Hotels sind 11 600 m² groß, erholen und unterhalten kann man sich auf dem 2,47 ha umfassenden Dach.

Das größte Hotel in der Bundesrepublik Deutschland steht in Frankfurt. Das Sheraton hat derzeit 780 Zimmer, es soll auf 820 Zimmer erweitert werden.

Der höchste Hotelbau, gemessen vom Straßeneingang bis zum Dachfirst, ist das 73stökkige Westin Stamford Hotel in der Raffles City von Singapur mit 226,1 m. Der Bau hat 2000 Zimmer und bietet 4000 Gästen Platz. Er wurde im März 1985 fertiggestellt. Der 235 Mio. Dollar teure Komplex wird von der Westin Hotel Company geführt und gehört dem Raffles-City-Konzern. Dessen Plaza Hotel in Detroit (USA), allerdings vom Hintereingang gemessen, ist sogar 228 m hoch.

Der höchste Hotelbau der Bundesrepublik Deutschland ist das Canadian Pacific-Plaza Hotel in Frankfurt. Es ist mit seinen 167 m um 6 m höher als die höchste Kirche der Welt, das Ulmer Münster. Das Hotel hat 46 Stockwerke und 1200 Betten.

Das höchstgelegene Hotel und Restaurant Deutschlands ist das Schneefernerhaus, das nur 300 m unter dem Gipfel der Zugspitze liegt. In 2650 m Höhe können das ganze Jahr über in 24 Betten, 4 Einzel- und 10 Doppelzimmern, Gäste übernachten. Wer ein weiches Ei zum Frühstück möchte, muß sich in Geduld fassen: Eier brauchen in fast 3000 m Höhe fast 15 Min. Kochzeit.

Das höchstgelegene Hotel der Schweiz ist das Hotel Gornergrat-Kulm auf dem Gornergrat (Kanton Wallis). Es liegt 3150 m üNN, hat 40 Betten und 50 Massenlager-Unterkünfte und ist das ganze Jahr (außer 31. Oktober bis 20. Dezember) geöffnet.
Noch höher gelegen, aber nur mit Vorbehalt als Hotel einzustufen ist das Berghaus Belvédère in Zermatt (Kanton Wallis). Es wird zwischen Juli und Oktober als »Hotel garni« (nur mit Frühstück) geführt, hat zehn Betten und liegt 3260 m üNN.

Teuerste Hotelunterkunft der Welt war die »Königs-Suite« in den Pariser Nova Park Elysées, zu der 8 Zimmer, 7 Badezimmer, 3 Terrassen und ein 431,5 m² großer Konferenzraum gehörten. Preis pro Tag: 20 900 DM. Am 31. Januar 1985 ist die Luxus-Herberge an der Rue François geschlossen worden.

Das größte Hotel-Foyer der Welt ist das vom Grand Hotel in Taipeh auf Taiwan. Seine Ausmaße: 47 × 35 m und 9,60 m hoch.

Der größte Badeort der Welt, gemessen an der Zahl der verfügbaren Hotelzimmer, ist Vichy, Allier (Frankreich), mit 14 000 Zimmern.

Größtes Privathaus der Welt ist das 250 Zimmer umfassende Biltmore-Haus in Asheville (USA). Es gehört George und William Cecil, Enkeln von George Washington Vanderbilt II. (1862–1914). Das Haus wurde zwischen 1890 und 1895 für 4,1 Mio. Dollar gebaut – auf einem 48 160 ha großen Grundstück. Heute gehören zum Biltmore-Haus zwar nur noch 4856 ha, aber es ist inzwischen 55 Mio. Dollar wert.

Im kleinsten Haus, einem grünbemalten Gebäude, verlebte der Kriegsveteran Alexander Wortley (1900–80) seine letzten 20 Jahre. Es stand in einem Park von Buckinghamshire (GB). Das Domizil maß 1,5 × 1,2 × 0,9 m.

Das teuerste jemals gebaute Privathaus ist die Hearst Ranch in San Simeon (USA). William Randolph Hearst (1863–1951), der Zeitungsmagnat, ließ es von 1922 bis 1939 mit einem Kostenaufwand von mehr als 30 Mio. Dollar bauen. Das Haus mit über 100 Räumen, einem 32 m langen geheizten Schwimmbad, einem 25 m langen Konferenzsaal und einer Garage für 25 Limousinen erforderte 60 Hausangestellte.

Das höchste Verkaufsangebot für ein Privathaus lag bei 16 Mio. Pfund (damals 68,65 Mio. DM). So viel sollte im August 1982 die ehemalige Londoner Residenz des verstorbenen Königs von Saudi-Arabien kosten: The Kenstead Hall samt den angrenzenden Beechwood-Ländereien, an der Bishop's Avenue von Hampstead gelegen.

Größter Harem der Welt ist der Winter-Harem des Großen Serails von Topkapi in Istanbul. Er wurde 1589 fertiggestellt und umfaßt 400 Räume. Als Abdul Hamid II. 1909 entthront wurde, war die Zahl des Haremspersonals von 1200 auf 370 Odalisken (Haremssklavinnen) mit 127 Eunuchen geschrumpft.

Die älteste Kaserne der Welt, die von Anfang an als Unterkunft für Soldaten errichtet wurde, dürfte die Collins-Kaserne in Dublin (Irland) sein. Sie wurde 1704 erbaut, hieß längere Zeit Royal Barracks, und nach wie vor ist sie mit Soldaten belegt. In ihren Mauern gibt es also seit mehr als 280 Jahren Spindkontrollen!

6. STADIEN, SPORTHALLEN

Das größte Stadion der Welt ist das Strahov-Stadion in Prag (ČSSR). Es wurde 1934 fertiggestellt und hat Raum für 240 000 Zuschauer bei Massenvorführungen von bis zu 40 000 Kunstturnern.

Das größte Fußballstadion der Welt ist das Städtische Stadion Maracaña von Rio de Janeiro (Brasilien) mit einem Normalfassungsraum von 205 000, davon 155 000 Sitzplätzen.

Beim Weltmeisterschaftsendspiel zwischen Brasilien und Uruguay am 16. Juli 1950 waren 199 854 Zuschauer im Stadion. Ein Graben von 2,13 m Breite und 1,5 m Tiefe schützt die Spieler vor den Zuschauern und umgekehrt.

Deutschlands größtes Stadion ist das am 1. Juli 1936 eröffnete Olympiastadion in Berlin (West), das für die Olympischen Spiele 1936 erbaut worden war. Es faßt 87 280 Zuschauer, für 75 690 gibt es Sitzplätze.
Das Olympiastadion in München für die Olympischen Spiele 1972 erbaut, faßt 75 500 Zuschauer, für die 45 000 Sitz- und 30 000 Stehplätze vorgesehen sind.

Das größte Sportstadion der DDR ist das Leipziger Zentralstadion mit ca. 100 000 Plätzen.

Das größte Sportstadion Österreichs ist das Kriauer Stadion, auch Praterstadion genannt. Es hat einen Fassungsraum für 70 730 Zuschauer und ist 455 483 m² groß.

Der Louisiana Superdome in New Orleans gilt als das weltgrößte Hallenstadion mit den meisten Sitzplätzen und ist Austragungsort des Super Bowls.

Das größte Stadion der Schweiz ist das Sportstadion St. Jakob bei Basel. Es faßt insgesamt 60000 Zuschauer bei 51816 Stehplätzen.

Die größte Überdachung eines Stadions hat das Azteken Stadion, Mexico City (Mexiko), das 1968 eröffnet wurde. Die 114000 Zuschauer sitzen zu 95 Prozent unter einem Dach, das mehr vor Sonne als vor Regen schützen muß.

Das größte mobile (ein- und ausfahrbare) Dach der Welt erhält das neue Stadion der Toronto Blue Jays in Kanada. Das Stadion wird in der Nähe des CN-Towers in Toronto errichtet, soll 60000 Besuchern Platz bieten und im August 1988 fertig sein. Das Stadiondach wird einen Durchmesser von 207 m haben.
Das lichtdurchlässige Akrylglasdach über dem Münchner Olympiastadion ist 74800 m^2 groß und überspannt eine Fläche von 8,5 ha. Es hängt an einem mastengetragenen Stahlnetz, für das 1771 km Stahldraht verarbeitet wurden. Durch das absolute Fehlen von Stützpfeilern im Innenraum ist für alle Zuschauer ungehinderte Sicht garantiert.

Das Dach mit der größten Spannweite hat der Superdome in Louisiana (USA). Sein Durchmesser beträgt 207,2 m. Aber die Hauptachse des 1971 fertiggestellten elliptischen Texas-Stadions in Irving (USA) hat eine Länge von 240 m.

Das bestbeleuchtete Stadion der Welt ist das Münchner Olympiastadion. Das Flutlicht besteht aus 550 Breitstrahlern mit Halogen-Metalldampflampen. Jeder Strahler leistet 3500 W.

Das größte Hallenstadion der Welt ist mit 5,26 ha Fläche und einer Höhe von 83,2 m der Superdome von New Orleans (USA), der im Mai 1975 für 173 Mio. Dollar (damals 425 Mio. DM) errichtet wurde. Für Versammlungen usw. bietet er 97365 Sitzplätze, bei Fußballspielen 76791. Logen sind für 35000 Dollar zu mieten, der Eintrittspreis ist in diesem Betrag nicht enthalten. Ein Wagen mit 8 m großen Fernsehschirmen ermöglicht die sofortige Wiederholung einzelner Spielphasen.

Die größte Sporthalle der Bundesrepublik Deutschland ist die 1952 neu erbaute Westfalenhalle in Dortmund. 23000 Zuschauer haben in ihr Platz. Mit allen Nebenanlagen wie Tattersall und Boxschule hat die Anlage eine Grundfläche von 20000 m^2. Sie verfügt über die größte Hallenkuppel Europas – mit einer 1680 t schweren Stahlkonstruktion.

Die größte Sporthalle Österreichs ist das Wiener Hallenstadion mit einem Fassungsraum für 5600 Zuschauer, es ist 51096 m^2 groß.

Die größte Sporthalle der Schweiz hat die Stadt Magglingen. Es ist eine reine Trainings- und Wettkampfhalle, die 5000 Zuschauer faßt. Die Sportfläche ist 44×84 m, und die lichte Höhe beträgt 11 m.

7. VERGNÜGUNGSPARKS, AUSSTELLUNGEN

Der größte Vergnügungspark der Welt ist Disney World in Orlando, Florida (USA), mit 11332 ha. Der Park wurde am 1. Oktober 1971 eröffnet und kostete 400 Mio. Dollar. Im Jahr 1981 kamen 13,2 Mio. Besucher. Jährlich kommen jetzt über 20 Mio. Besucher.

Der meistbesuchte Vergnügungspark der Welt ist das Disneyland im kalifornischen Anaheim (USA) (1955 eröffnet). Am 24. August 1985 wurde um 9 Uhr 52 der 250millionste Besucher begrüßt.

Der neueste Supershow-Park, das EPCOT Center (Experimental Prototype Community of Tomorrow), bei Orlando in Florida (USA) hat im Oktober 1982 eröffnet. 900 Mio. Dollar (damals 2,16 Mrd. DM) kostete das Vergnügen.

Das größte Volksfest ist das Münchner Oktoberfest, das alljährlich im September stattfindet. In den USA wird es als *Beerfestival* bezeichnet. 1978 gab es neue Oktoberfest-Rekorde: 6,6 Mio. Besucher tranken und aßen: 4,5 Mio. l Bier, 759751 Brathendl und 542842 Schweinswürstl.

Mischung aus Traumfabrik und Vergnügungspark: das EPCOT Center in Florida – hier ein britischer Pub.

Der Crystal Palace wurde zur Weltausstellung 1851 als Skelettbau aus Gußeisen mit Glaswänden gebaut.

Der größte Vergnügungsstrand ist Virginia Beach (USA) mit einem Meeresstrand von 45 km am Atlantischen Ozean sowie 16 km an der Bucht. Das Gebiet erstreckt sich über 660 km^2 und umfaßt 134 Hotels und Motels.

Der erste Vergnügungspier ist 1808 in Great Yarmouth (GB) fertiggestellt, aber 1953 fortgeschwemmt worden. »The Old Pier« in Weymouth ist 1812 entstanden. Der längste Vergnügungspier der Welt ist mit 2,15 km der Southern Pier in Southend-on-Sea in Essex (GB). Er wurde im August 1889 eröffnet und 1929 zum letzten Mal ausgebaut. In den Jahren 1949/50 wurden auf dem Pier 5,75 Mio. Besucher gezählt. Die Pier-Eisenbahn wurde 1978 eingestellt.

Das größte Stadtstrandbad Europas ist das Gänsehäufel in Wien. Die erstmals 1907 (1950 erneut) eröffnete »Badefabrik« bietet auf fast 400000 m^2, davon 1300 m Strand, 33000 Bade- und Sonnensüchtigen Erholung.

Im bolivianischen Chacaltaya, dem welthöchsten Skisportort, liegt auch das höchstgelegene Restaurant.

Das größte Ausstellungsgelände aller Zeiten nahm die Louisiana-Purchase-Ausstellung in St. Louis, Missouri (USA), ein, nämlich 514,66 ha. Dort wurden auch die Olympischen Spiele von 1904 mit 19694855 Zuschauern abgehalten.

Die erste internationale Großmesse fand 1851 im 1936 abgebrannten Crystal Palace, Hyde Park von London (GB), statt. Sie lockte in 141 Tagen 6039195 Besucher an.

Die älteste Luftfahrt-Ausstellung der Welt ist die ILA, die Internationale Luftfahrt-Ausstellung, die alle zwei Jahre auf dem Flughafen Hannover veranstaltet wird. Die 1. ILA fand 1909 in Frankfurt/Main vom Juli bis Oktober statt, der erste Aérosalon in Paris fand erst vom 25. September bis 17. Oktober 1909 statt. Nach der ILA 1928 in Berlin ist seit 1958 Hannover Heimat der Ausstellung.

Die höchste Besucherzahl einer Weltausstellung, nämlich 64218770, erzielte die Expo '70, die in Osaka (Japan) auf einem Gelände von 330 ha von März bis 13. September 1970 abgehalten wurde. Expo '70 warf einen Gewinn von rund 147 Mio. DM ab.

Das erste Riesenrad, nach seinem Konstrukteur George W. Ferris (1859–96) Ferrisrad genannt, wurde 1893 im Midway, Chikago (USA), für 380000 Dollar errichtet. Der Durchmesser betrug 76 m, der Umfang 240 m, das Gewicht 1087 t; es trug 36 Waggons für je 60 Fahrgäste, insgesamt also 2160 Personen. Der Bau übersiedelte 1904 nach St. Louis und wurde schließlich als Schrott für 1800 Dollar verkauft.

Die derzeit größten Riesenräder der Welt sind 85 m hoch und bieten 384 Leuten Platz. Installiert sind die Vergnügungsmonster mit dem Namen »Riesen-Peter« in den japanischen Städten Himeji und Tsukuba.
Das größte transportable Riesenrad mit einer Höhe von 61 m, einem Gewicht von 450 t und einer Standfläche von 25,20 × 27,50 m ist im Besitz der Firma Steiger in Bad Oeynhausen. 420 Fahrgäste finden in seinen 42 Gondeln Platz.

Das größte mobile Karussell mit dem größten künstlichen See gehört dem Schausteller Wilhelm Hohmann (* 1919) aus München. 50000 l Wasser faßt dieses Rundfahrgeschäft mit 23 m Durchmesser, das bei dem eigenen See natürlich auch mit einer Fontäne und einem Wasserfall aufwartet. Seit 1967 lockt es nicht nur Oktoberfest-Besucher in seine 32 Gondeln.

Die schnellste Berg-und-Tal-Bahn. Spitzengeschwindigkeiten für Hochbahnen, Berg-und-Tal-Bahnen oder Achterbahnen werden aus Reklamegründen gern übertrieben. »American Eagle« (Amerikanischer Adler), eine doppelspurige Dreifach-Spirale, die am 23. Mai 1981 in Gurnee, Illinois (USA), in Betrieb genommen wurde, weist einen Höhenunterschied von 44,92 m auf und erreicht eine Spitzengeschwindigkeit von 106,73 km/h. Längste Achterbahn der Welt ist »The Beast« (Die Bestie) auf King's Island bei Cincinnati (USA). Sie führt über eine Strecke von 2,25 km (davon 243,80 m durch Tunnel) und beschreibt eine Spirale von 540 Grad. Die Bahn hat ein Gefälle von 48,98 m. Unter wissenschaftlichen Bedingungen durchgeführte Messungen ergaben am 5. April 1980 eine Spitzengeschwindigkeit von 104,23 km/h.

Die höchste Berg-und-Tal-Bahn ist mit 75 m die im Fujikyu-Park am Kawaguchisee in Japan. Sie wurde am 24. Juni 1983 in Betrieb genommen und erreicht eine Spitzengeschwindigkeit von 105 km/h.

Die größte transportable Achterbahn der Welt wurde Pfingsten 1986 in Freiburg/Br. eingeweiht. In 20 Sek. rasen die Züge mit einer Geschwindigkeit von 90 km/h über die 1100 m lange Strecke mit ihren vier Loopings bis zu einer Höhe von 35 m.

Die längste Rutschbahn der Welt gibt es in Peru im US-Staat Vermont. Die Route 11 der »Bromley Alpine Slide« ist 1402 m lang und weist einen Höhenunterschied von 250 m auf.

Die längste deutsche Rutschbahn gibt es seit 1979 in Bad Tölz (Oberbayern). Mitten durch Hochwälder können Kinder, aber auch Erwachsene, 1240 m hinunterrutschen und dabei einen Höhenunterschied von 220 m überwinden.

Als längste hangverlegte Wasserrutschbahn mit 140 m Länge gilt der blaue Riesenbandwurm im Badezentrum der Eifelstadt Mayen. 2000 l Wasser/Min. rauschen seit 1984 die 42 Kurven der Anlage mit einer Höhendifferenz von 12,8 m herunter.

Der größte Irrgarten der Welt lädt seit dem 6. Juni 1978 in Longleat bei Warminster (GB) zum Besuch ein. Seine Pfade sind 2,72 km lang und von 16180 Eiben gesäumt. Er mißt insgesamt 116 × 57 m. »Il Labirinto« bei der Villa Pisani in Stra (Italien), in dem sich auch Napoleon im Jahr 1807 verirrte, hatte eine Pfadstrecke von 6,4 km.
Die älteste Darstellung eines Labyrinths findet sich auf einer Tontafel aus der Zeit um 1200 v. Chr., die im griechischen Pylos entdeckt wurde.

8. GASTSTÄTTEN

Das erste Restaurant ist im Jahr 1725 an der Calle de Cuchilleros 17 in Madrid eröffnet worden. Der Maler Goya hat dort 1765, als er 19 war, Geschirr gespült. In Paris ist La Coupole das meistbesuchte Restaurant: Täglich werden dort 2000 Essen serviert.

Als ältestes Gasthaus der Bundesrepublik Deutschland, das auch heute noch in Betrieb ist, gilt das Gasthaus Zum Bären am Schwabentor in Freiburg/Breisgau. Er soll schon um 1100 gegründet worden sein; erste urkundliche Erwähnungen gibt es aus dem Jahr 1387 (nach anderen Quellen 1327). Anno 1158 gilt als Geburtsjahr für das Gasthaus Zum Riesen in Miltenberg. Auch Der Löwe in Schömberg (Baden-Württemberg) und Die Sonne in Offenburg (Baden-Württemberg) sind ähnliche alte deutsche Gasthäuser.

Das älteste Gasthaus der Schweiz ist Zum Goldenen Sternen in Basel, das allerdings nicht mehr am Platz seiner Gründung im 14. Jh. steht, sondern aus Verkehrsgründen 1964 abgebrochen, dann aber an anderer Stelle der Stadt originalgetreu wieder aufgebaut wurde.

Die Baseler Stadtchronik erwähnt allerdings auch eine Taverne, die dort schon im Jahr 821 eröffnet worden sein soll.

Das höchstgelegene Restaurant befindet sich im Wintersportort Chacaltaya (Bolivien) in 5340 m Höhe.

Das höchstgelegene Restaurant Europas dürfte das Gletscherrestaurant Jungfraujoch im Schweizer Kanton Bern sein. Es liegt 3445 m üNN, hat 450 Plätze und ist ganzjährig geöffnet.

Die längste Theke wurde am 15. Mai 1980 (Christi Himmelfahrt) im Ostseebad Grömitz von der dortigen Kurverwaltung durchaus mit der Absicht aufgebaut, alle Bar-Rekorde zu brechen. Bei einem rauschenden Strandfest, an dem sich über 15000 Kurgäste und Einheimische beteiligten, wurde die 3,5 km lange Mauer der Kurpromenade zum Schanktresen umfunktioniert. Es gab ein opulentes kaltes Buffett und zahllose Drinks aller Sorten und »Härtegrade«.

Das Lokal mit der längsten Biertheke ist der Working Men's Club (Arbeiterklub) im australischen Mildura. Der Tresen der 1938 eröffneten Gaststätte ist 90,80 m lang und hat 27 Zapfhähne.

Die Gaststätte mit dem längsten Namen steht in der Raphael Street von London. Sie heißt

»Henry J. Bean's But His Friends All Call Him Hank Bar and Grill« (49 Buchstaben).

Das älteste Nachtlokal war Le Bal des Anglais, 6, Rue des Anglais in Paris (Frankreich). Es wurde 1843 eröffnet. 1960 mußte es schließen.

Das größte Nachtlokal ist Gilley's Club (früher Shelly's), gebaut 1955 und erweitert 1971, in Houston, Texas (USA); es hat mehr als 6000 Sitzplätze und erstreckt sich über eine Fläche von 1,6 ha.

Im klassischen Sinn ist jedoch Der Mikado im Stadtteil Akasaka von Tokio (Japan) mit 2000 Sitzen **die größte Bar der Welt.** Für die Betreuung der Kundschaft sorgt ein Aufgebot von 1250 Bardamen. Zum richtigen Genuß der Darbietungen auf der Bühne empfiehlt sich ein Opernglas.

Die tiefstgelegene Bar, die sogenannte Minus 206, liegt in Tiberias, am See Genezareth (Israel), 206 m uNN. Für ein anderes tiefes Niveau ist allerdings auch Outer Limits gegenüber dem Cow Palace in San Franzisko (USA) bekannt, das am 1. August 1971 seine 151. Razzia erlebte. Es gilt als das »ausgeräumteste« Bumslokal. Jeden Monat müssen die Gläser und Spiegel erneuert werden.

Das größte Bierlokal der Welt ist das Mathäser in München. Täglich werden dort 48000 l ausgeschenkt. Das Lokal wurde 1829 gegründet, im Zweiten Weltkrieg zerstört und 1955 wieder eröffnet. Heute hat das Mathäser Platz für 5500 Gäste.

Für alle kleinen und großen Kinder entstand 1969 auf 35 000 km² Fläche aus über 9 Mio. Legosteinen die größte kleinste Miniaturstadt: Legoland in Dänemark.

Der Ausschank in den Dube-Biersälen von Soweto bei Johannesburg (Südafrika) kann allerdings an manchen Samstagen noch höher sein. Der Durchschnittskonsum an Wochentagen liegt bereits um 27300 l.

Der größte Biergarten ist der Augustiner Biergarten in München, der 1901 eröffnet wurde und Platz für 5200 Gäste hat. Im Augustiner Biergarten werden bis zu 100 hl Bier pro Tag verkauft.

9. TÜRME UND MASTEN

Das höchste Bauwerk der Welt ist der verankerte Mast von Radio Warschau in Konstantinow, 96 km nordwestlich der polnischen Hauptstadt. Er hat eine Höhe von 646,38 m. Der Funkmast wurde am 18. Juli 1974 fertiggestellt und am 22. Juli 1974 in Betrieb genommen. Er wurde von Jan Polak konstruiert und wiegt 550 t. Der Mast ist so hoch, daß jemand, der von der Spitze fiele, seine Endgeschwindigkeit schon vor Aufschlagen auf dem Boden erreichen und daher keine weitere Beschleunigung erfahren würde. Die Arbeit an der Stahlrohrkonstruktion mit ihren 15 Abspannseilen begann im Juli 1970. Damit eroberte Europa den Rekord zurück, den die USA 1929 gebrochen hatten, als das Chrysler-Gebäude über den Pariser Eiffelturm »hinauswuchs«.

Der höchste Turm, der vor dem Zeitalter der Fernsehmasten erbaut wurde, ist der Eiffelturm, den Alexandre Gustave Eiffel (1832–1923) für die Pariser Weltausstellung konstruierte und der am 31. März 1889 fertiggestellt wurde. Er war damals 300,51 m hoch, wurde seither durch eine Fernsehantenne auf 320,75 m erhöht und wiegt 7224 t. Bei Sturmböen schwankt der Turm bis zu 12,7 cm. Das Stahlgerüst mit 1792 Stufen erforderte eine Bauzeit von zwei Jahren, zwei Monaten und zwei Tagen und kostete 7799401 Francs und 31 Centimes (heute ca. 256000 DM).

Der höchste Ziegelsteinturm der Welt steht in Landshut (Bayern). Es ist der Turm der St.-Martins-Kirche. Seine Höhe: 133 m.

Der höchste weder gemauerte noch kabelverankerte Turm der Welt ist der 44-Mio.-Dollar-(120-Mio.-DM-)Fernmeldeturm im Metro Centre, Toronto (Kanada). Seine Höhe: 555,33 m. Die Arbeiten am Fundament für das 130000-t-Bauwerk aus nachgespanntem Beton begannen am 12. Februar 1973, die Fertigstellung erfolgte am 2. April 1975. Das Restaurant mit 416 Sitzen dreht sich in einer Höhe von 347 m. Aus seinen Fenstern kann man bis zu den 120 km entfernten Bergen blicken. Blitze treffen den Turm bei einem jährlichen Durchschnitt von ca. 30 Gewittern etwa 200mal.

Die höchsten Sendemasten der Bundesrepublik Deutschland stehen bei dem Dörfchen Donebach bei Mudau im Odenwald. Mit ihren 360 m sind die beiden Masten des Deutschlandfunks höher als der Pariser Eiffelturm.

Höchster Sendeturm und Rekordbauwerk der Schweizer ist St. Chrischona. Mit 248 m Höhe soll der Riese im Dreiländereck zwischen dem schweizerischen Riehen und dem deutschen Inzlingen den Fernsehempfang für eine halbe Million Menschen verbessern.

10. BRÜCKEN

Bereits die Sumerer (um 3200 v. Chr.) kannten sich im Brückenbau aus. Auf einem Papyrus aus dem Jahr 2650 v. Chr. wird eine Brücke über den Nil erwähnt.

Die älteste heute noch bestehende Brücke ist die Einzelbogenbrücke aus Steinplatten über den Fluß Meles in Smyrna (dem heutigen Izmir, Türkei), die ca. 850 v. Chr. entstand.

Die älteste Steinbrücke Deutschlands, über die heute noch der Verkehr rollt, ist die Steinerne Brücke in Regensburg. Ihre Bauzeit von 1135 bis 1147 ist urkundlich belegt.

Die älteste Holzbrücke Europas ist die um 1330 erbaute Kapellbrücke in Luzern (Schweiz). Sie spannt sich über die Reuß und ist 200 m lang und 3,5 m breit.

Die erste Aluminiumbrücke der Bundesrepublik Deutschland ist die 1956 erbaute Schwansbell-Brücke, die bei Lünen über den Datteln-Hamm-Kanal führt. Ihre Stützweite beträgt 44 m. Ihr Gewicht: 25 t. Die gleiche Brücke in Stahl würde 60 t wiegen.

Die meisten Brücken aller europäischen Städte hat die Hansestadt Hamburg: Ende 1985 waren es bereits 2303 Brücken über Gewässer, Straßen und Schienen; und jährlich werden es mehr.

Den längsten Freivorbau aller Brücken der Welt hat die Fleher Brücke bei Düsseldorf, die im November 1979 dem Verkehr übergeben wurde. Sie gilt als die »Königin der fünf Düsseldorfer Rheinbrücken«. Krupp baute gemeinsam mit anderen Firmen diese Brückenkonstruktion für 104 Mio. DM. Das 1147 m lange Bauwerk besteht aus der 779 m langen Spannbeton-Vorland-Brücke und der 368 m langen Mittelträger-Schrägseil-Brücke in Stahlkasten-Konstruktion. Auf sechs Fahr- und zwei Standspuren fließt der Verkehr.

Die größte Auslegerspannweite aller Brükken hat die Quebec-Brücke (Pont de Quebec) über den Sankt-Lorenz-Strom in Kanada, nämlich 549 m zwischen den Pfeilern und 987 m insgesamt. Sie trägt eine Bahnstrecke sowie zwei Straßenbahnen. Der Bau begann 1899, der Betrieb wurde am 3. Dezember 1917 aufgenommen; das Bauunternehmen kostete 87 Menschenleben und 22,5 Mio. kanadische Dollar.

Die längste Stahlbogenbrücke der Welt ist die New-River-Schlucht-Brücke bei Fayetteville, West Virginia (USA), die 1977 mit einer Stützweite von 518,2 m fertiggestellt wurde.

Die längste Stahlbogenbrücke der Bundesrepublik Deutschland (Bogen liegt oberhalb der Fahrbahn) ist die Rheinbrücke in Duisburg-Rheinhausen mit einer Stützweite von 256 m.

Die längste Stahlbetonbrücke Österreichs ist die Tal- und Hängebrücke Kremsbrücke im Verlauf der Tauernautobahn mit einer Länge von 2607 m im Liesertal (Kärnten).

Die längste Stahlbogenbrücke Österreichs ist die Salzachbrücke bei Anif (Land Salzburg) mit einer Stützweite von 135 m.

Die längste Stahlbogenbrücke der Schweiz ist die Kirchenfeldbrücke in Bern. Sie hat eine Länge von 229,2 m.

Die längste überdachte Brücke der Welt befindet sich in Hartland, New Brunswick (Kanada). Sie hat eine Länge von 390,8 m und wurde 1899 gebaut.

Die längste Steinbogenbrücke der Welt ist die 1901 fertiggestellte 1161 m lange Rockville-Brücke nördlich von Harrisburg, Pennsylvania (USA). Zum Bau ihrer 48 Pfeiler wurden 196 000 t Steine verwendet.

Die längste aus Ziegelsteinen erbaute Brücke Deutschlands ist die 577 m lange und 78 m hohe Göltzschtalbrücke im Vogtland (DDR). Die Brücke wurde 1846–51 von 1700 Arbeitern aus 26 Mio. Ziegelsteinen errichtet.

Die Hängebrücke mit der längsten Spannweite, sie beträgt 1410 m zwischen den Hauptpfeilern, ist die Humber Estuary Bridge in England. Ihre Pfeiler sind 162,50 m hoch; sie weichen 36 mm von der Parallele ab, um die Erdkrümmung auszugleichen. Einschließlich der Verlängerung zu den Hessle- und Barton-Ufern erstreckt sich die gesamte Brücke über 2220 m. Die Brücke (Baubeginn: 22. Juli 1972) wurde am 17. Juli 1981 von der Königin für den Verkehr freigegeben und hatte bis dahin 96 Mio. Pfund (damals 404 Mio. DM) gekostet. Der Brückenzoll liegt zwischen einem Pfund (Autos) und 7,50 Pfund (Schwerlaster) und ist der höchste in Großbritannien.

Die längste Hängebrücke der Welt ist die Mackinac-Straits-Brücke zwischen Mackinaw City und St. Ignace, Michigan (USA). Zwischen ihren Verankerungen liegen 2543 m. Ihre Gesamtlänge, einschließlich der Viadukte der eigentlichen Brücke, beträgt zwischen den Widerlagern 5853,79 m. Die Brücke wurde im November 1957 dem Verkehr übergeben (offizielle Feier 28. Juni 1958). Ihre Baukosten betrugen 100 Mio. Dollar (damals 420 Mio. DM); sie besitzt eine Stützweite der Hauptpfeiler von 1158 m.

Die längste und höchste Hängebrücke der Bundesrepublik Deutschland ist die Köhlbrandbrücke in Hamburg, die die neuen und die alten Teile des Hafens verbindet. Ihre lichte Höhe beträgt bis zu 53 m. Diese Schrägseil-Hängebrücke ist 3940 m lang, sie wurde von 1970 bis zum 20. September 1974 für 113 Mio. DM errichtet.

Die zweigeschossige Straßen- und Bahnbrücke von Akaschi Kaikio, die Honschu und Schikoku (Japan) verbindet, soll 1988 fertig werden. Die Hauptstützweite soll 1780 m lang sein, wobei die gesamte Hängelänge einschließlich der Querteile 3560 m betragen wird. Der Bau wurde im Oktober 1978 begonnen, die Baukosten werden auf 1000 Billionen Yen (10^{12}) geschätzt. (Damals waren 100 Yen ca. 0,96 DM.)

Die längste Eisenbahnbrücke der Welt ist die Huey-P.-Long-Brücke von Metairie in Louisiana (USA). Ihre Bahnstrecke ist 7 km lang bei einem maximalen Pfeilerabstand von 241 m.

Für Eisenbahn- wie für Straßenverkehr ist die 1968 freigegebene Brücke über den Jangtsekiang in Nanking (China) eingerichtet. Ihre Bahnstrecke ist 6772 m, ihre Straßenspur 4589 m lang.

Die längste Pontonbrücke der Welt ist die Second-Lake-Washington-Brücke, Seattle (USA). Die Gesamtlänge beträgt 3839 m, der

Der längste Irrgarten mit 16 180 Eiben ist eine der Attraktionen im britischen Longleat (s. S. 170).

Kanadas Provinz New Brunswick hat die weltlängste überdachte Brücke: die Trans-Canada Highway Bridge.

Schwimmteil mißt 2291 m. Der Bau wurde im August 1963 fertiggestellt und kostete 15 Mio. Dollar (damals 58,5 Mio. DM).

Das längste Brückenbauwerk der Erde ist der zweite Damm über den Pontchartrainsee (Second Lake Pontchartrain Causeway), der Lewisburg mit Metairie, Louisiana (USA), verbindet und am 23. März 1969 fertiggestellt wurde. Der Bau kostete 29,9 Mio. Dollar (damals 85 Mio. DM), hat eine Länge von 38422 m und ist 69 m länger als der 1956 beendete First Causeway.

Der längste Eisenbahn-Viadukt der Welt führt die Southern Pacific Railroad 19 km über den Großen Salzsee in Utah (USA). Die Strecke, 1904 eröffnet, war ursprünglich eine Pfahl- und Bockbrücke; 1955–60 entstand dann der Stein-Viadukt.

Die höchste Brücke der Welt führt über die Königsschlucht im Arkansas-Stromgebiet in Colorado (USA) und erhebt sich 321 m über dem Flußspiegel. Die Hängebrücke, deren Hauptpfeiler einen Abstand von 268 m haben, wurde 1929 in sechs Monaten gebaut.
Die höchste Eisenbahnbrücke der Welt wurde von 1901 bis 1909 in Fades bei Clermont-Ferrand in Frankreich errichtet. Die eingleisige Strecke überbrückte den Fluß Sioule in einer Höhe von 132,50 m. Spannweite der Brücke: 144 m.
Die höchstgelegene Straßenbrücke der Welt ist die 30 m lange Bailey-Brücke, welche die indische Armee im August 1982 bei Khardung La in Ladakh gebaut hat. Errichtet wurde sie in einer Höhe von 5602 m.

Die höchste Brücke Europas und die höchste Pfeilerbrücke der Welt ist die Europa-Brücke auf der Autobahn Kufstein–Brennerpaß (Österreich). In 190 m Höhe führt sie über das Silltal. Sie ist 820 m lang und 34 m breit. Noch einen Rekord hat diese Brücke: Sie ruht u. a. auf dem höchsten europäischen Brückenpfeiler. Dieser Stahlbeton-Hohlkastenpfeiler ist 181 m hoch, trotzdem sind seine Wände nie stärker als 55 cm.

Die höchste deutsche Talbrücke ist die Kochertalbrücke bei Geislingen am Kocher. Sie überquert in einer Höhe von ca. 185 m das Kochertal nördlich von Schwäbisch-Hall und hat eine Länge von 1128 m. Die beiden mittleren Talpfeiler überragen mit ca. 180 m das Ulmer Münster, das den höchsten Kirchturm der Welt hat. Sie wurde 1980 als Teil der Autobahn Heilbronn–Nürnberg für den Verkehr freigegeben. Gesamtkosten: über 72 Mio. DM.
Gleich über zwei Täler spannt sich die **längste deutsche Talbrücke,** die am 27. September 1984 für den Verkehr freigegeben wurde. Die 1160 m lange Brücke über die Aich und den Baumbach ist Teil eines neuen 14 km langen Abschnitts der vierspurig ausgebauten B 27 von Stuttgart nach Tübingen. Nach fünfjähriger Bauzeit führt die Aichtalbrücke, getragen von 20 Pfeilerpaaren, bis zu 52 m hoch über das Aichtal (Baukosten über 40 Mio. DM).

Deutschlands höchste Eisenbahnbrücke ist die Müngstener Brücke. Die 107 m hohe und 500 m lange Eisenkonstruktion wurde am 15. Juli 1897 dem Verkehr übergeben. Sie überspannt einen Taleinschnitt bei der Solinger Ortschaft Müngsten.

Die höchste Brücke der Schweiz ist auch gleichzeitig die längste schweizerische Auslegerbrücke. Es ist die Ganterbrücke auf der Nationalstraße Nr. 6, Simplon (Kanton Wallis). Sie führt 150 m über die Talsohle, ihre größte Spannweite beträgt 174 m. Der Ausleger überbrückt 87 m.

Die breiteste Brücke der Welt mit langer Stützweite ist die Brücke über den Hafen von Sydney (Australien) mit einer Spannweite von 502,9 m und einer Breite von 48,8 m. Sie trägt zwei Gleise für Oberleitungseisenbahnen, hat acht Fahrbahnen sowie je einen Weg für Radfahrer und Fußgänger. Die offizielle Eröffnung fand am 19. März 1932 statt.

Der größte Aquädukt des Altertums war der von Karthago (im heutigen Tunesien), der über

Brückenschlag nach Messina

Die Anbindung Siziliens an das italienische Festland über die Straße von Messina wird schon fast genauso lange diskutiert wie der Ärmelkanal-Tunnel. Sogar Archimedes hat bereits vor über 2000 Jahren über eine solche Verbindung nachgedacht. Die Straße von Messina ist zwischen 3 und 14 km breit. Sowohl Brücken- als auch Tunnelkonzepte sind vorgeschlagen worden; sie alle sind mehr oder weniger geprägt durch die Erdbebenproblematik in dieser Region und die starken Meeresströmungen. Auch die Verankerung von mehreren Pfeilern in der 110 m tiefen Meerenge ist deshalb außerordentlich riskant, von der Behinderung für die Schiffahrt ganz abgesehen. Im Mai 1986 hat ein Team von 250 Experten der italienischen Regierung einen Plan vorgelegt, der eine Brücke mit zwei 400 m hohen gewaltigen Stahlmasten vorsieht. Diese Masten, die jeweils in Ufernähe stehen und 3,3 km voneinander entfernt sind, halten zwei gigantische Stahlseile von 1,70 m Durchmesser. An den Seilen hängt eine 60 m breite Fahrbahn, auf der Platz für sechs Autofahrspuren und zwei Eisenbahngleise ist.
Nach Angaben der Baugesellschaft »Società Stretto di Messina« könnte die Verbindung zwischen Sizilien und Kalabrien in 10–12 Jahren fertiggestellt und noch vor der Jahrtausendwende in Betrieb genommen werden.

Über das Maintal spannt sich 1290 m weit die neue Eisenbahnbrücke bei Veitshöchheim. An den Betonteilen der Bogen hängen noch die Testgewichte.

Weltberühmt ist die Brücke über den Hafen von Sydney. Mit ihren 8 Fahrbahnen, Rad- und Fußgängerweg ist sie die breiteste Brücke der Welt (s. S. 173).

141 km von den Quellen des Saghuan bis Djebel Djugar führte. Er wurde von den Römern unter der Herrschaft Kaiser Hadrians (117–138 n. Chr.) erbaut. 1895 waren noch 344 Bögen erhalten. Die ursprüngliche Tagesleistung des Aquädukts hat man mit 31,8 Mio. l errechnet. Der dreistöckige Pont du Gard bei Nîmes (Frankreich), von den Römern 19 n. Chr. erbaut, ist 48 m hoch.

Der höchste der 14 Bögen des Aguas-Livres-Aquädukts, der 1784 in Lissabon (Portugal) erbaut wurde, ist 65 m hoch.

Der längste moderne Aquädukt der Welt, also eine Wasserleitung und kein Bewässerungskanal, ist der Aquädukt des Wasserversorgungsdienstes des amerikanischen Bundesstaates Kalifornien, der 1974 mit einer Gesamtlänge von 1329 km fertiggestellt wurde, von denen 619 km kanalisiert sind.

11. KANÄLE UND SCHLEUSEN

Die Überreste des ältesten Kanals der Welt, dessen Entstehung von Archäologen um 4000 v. Chr. angenommen wird, sind Anfang 1968 bei Mandali (Irak) freigelegt worden.

Der längste Kanal des Altertums war der Große Kanal Chinas (Kaiserkanal) von Peking nach Hangtschou. Sein Bau wurde 540 v. Chr. begonnen, aber erst 1327 n. Chr. vollendet, als er sich (einschließlich der kanalisierten Flußstrecken) über 1781 km erstreckte. Bis 1950 hatte man den Kanal derartig verschlammen lassen, daß er nirgends tiefer als 1,8 m war. Heute aber wird er bereits wieder von Schiffen bis zu 2000 t befahren.

Das längste Kanalsystem der Welt hat der im April 1965 eröffnete Wolga-Ostsee-Kanal. Er verläuft über 2300 km von Astrachan wolgaaufwärts über Kuibyschew, Gorki und den Ladogasee nach Leningrad (UdSSR). Er verbindet 4 Meere (Ostsee, Eismeer, Kaspisches und Schwarzes Meer).

Der längste Schiffahrtskanal ist der Weißmeerkanal in der UdSSR. Er verbindet – durch den Ladogasee und den Onegasee – das Weiße Meer mit der Ostsee. Er ist 227 km lang und hat 19 Schleusen, jedoch kann er nur von Schiffen mit weniger als 5 m Tiefgang befahren werden. Er wurde 1933 fertiggestellt.

Die längste künstliche Wasserstraße der Welt ist mit 304 km der St.-Lorenz-Seeweg, der Montreal (Kanada) und den Ontariosee verbindet. Der Seeweg ist für Schiffe mit einer Länge bis zu 222 m und einem Tiefgang bis zu 8 m und Ladungen bis zu 26 400 t befahrbar. Durch ihn wird eine 3769 km lange Wasserstraße vom Nordatlantik zu den großen Seen und weiter nach Duluth am Lake Superior (USA) hergestellt. Der Seeweg wurde am 25. April 1959 eröffnet und hat 470 Mio. Dollar (damals 1974 Mio. DM) gekostet.

Der größte Kanal der Welt für Hochseeschiffe ist der Suezkanal (Ägypten), der das Rote Meer mit dem Mittelmeer verbindet. Er wurde am 16. November 1869 eröffnet, war jedoch vom Juni 1967 bis Juni 1975 außer Betrieb. Der Plan für den Kanal stammt von dem französischen Diplomaten Graf Ferdinand de Lesseps (1805–94), und der Bau begann am 26. April 1859. Bei den Bauarbeiten waren 8213 Menschen beschäftigt, 368 Kamele wurden verwendet. Seine Länge beträgt vom Leuchtturm von Port Said bis Suez 162 km, die Breite 60 m, die Tiefe 13 m.
Das größte Schiff, das durch den Kanal fuhr, war das britische Riesenfrachtschiff *British Progress* mit 228 589 BRT Eigengewicht (Länge: 329,66 m, Breite: 48,68 m und größter Tiefgang: 25,6 m). Die Fahrt fand mit einer Schotterladung am 5. Juli 1976 in südlicher Richtung statt.
Das breiteste Schiff, das den Suezkanal durchquerte, war das amerikanische Segelschulschiff *John Shaw* (3. November 1982). Die

Der gesamteuropäische »Canale Grande«

Trotz vieler Proteste und Zweifel am wirtschaftlichen Nutzen soll der Rhein-Main-Donau-Kanal fertiggestellt werden. Von 1992 an werden Schiffe Europa von der Nordsee bis ins Schwarze Meer durchqueren können.
Den Anstoß zum Kanalbau machte 1915 König Ludwig III. in der Anfangseuphorie des Ersten Weltkriegs. Man begann mit dem Ausbau der Donau von Passau bis Vilshofen. Bis 1940 gelang es, den Main von Aschaffenburg bis Würzburg für 1500-t-Schiffe befahrbar zu machen. Erst 1972 wurde die erste Kanaltrasse – nach über zwölfjähriger Bauzeit – fertiggestellt. 1971 hatte man mit dem Kernstück des Kanals begonnen: die 171 km lange Strecke von Nürnberg nach Kelheim. Das gewachsene Umweltbewußtsein und die knappen finanziellen Mittel führten 1982 zu einem vorübergehenden Baustopp. Es fehlt nur noch ein kurzes Teilstück von 30 km Länge, das in sieben Jahren fertig sein soll.
Dann ist eine der längsten Wasserstraßen der Welt – 3500 km lang – durchgängig befahrbar zwischen Rotterdam und Odessa.

schnellste Passage in südlicher Richtung schaffte die amerikanische *Shreveport* am 15./16. August 1984 in einer Rekordzeit von 7:45 Std.

Der meistbefahrene Seekanal ist der Panamakanal, der erstmals am 15. August 1914 durchquert wurde. Im Rekordjahr 1974 passierten 14304 Schiffe den Kanal. Die höchste Gebühr wurde am 25. Januar 1980 von der *Queen Elizabeth 2* (66851 BRT) kassiert: 89154,62 Dollar (rund 260000 DM). Die breitesten Schiffe, die den Panamakanal durchfuhren, waren *Acadia Forest* und *Atlantic Forest* mit je 32,58 m. Die niedrigste Kanalgebühr, 36 US-Cents, wurde 1928 dem Schwimmer Richard Halliburton abgeknöpft. Die schnellste Passage schaffte in 2:41 Std. ein Tragflächenboot der US-Marine namens *Pegasus* (20. Juni 1979).

Die größte künstliche Wasserstraße auf deutschem Gebiet ist der zwischen 1905 und 1938 erbaute Mittellandkanal, der den Binnenhafen Duisburg über den Rhein-Herne-Kanal und den Dortmund-Ems-Kanal mit der Elbe (bei Magdeburg, DDR) verbindet. Er ist 465 km lang.

Die deutsche Wasserstraße mit der größten Tonnage-Kapazität (befahrbar für Schiffe bis zu 61000 t) ist der Nord-Ostsee-Kanal (früher Kaiser-Wilhelm-Kanal), der die Elbmündung an der Nordsee bei Brunsbüttel mit dem Ostseehafen von Kiel verbindet. Er wurde zwischen 1887 und 1895 erbaut, ist 98,7 km lang und 11 m tief. 1984 transportierten rund 51000 Schiffseinheiten mit einer Tonnage von 92,8 Mio. BRT knapp 64 Mio. t durch diese Wasserstraße. Alle übrigen deutschen Wasserstraßen können von Schiffen über 1500 t nicht befahren werden.

Der längste Bewässerungskanal der Welt ist der Karakum-Kanal, der über 850 km von Chaus-Chan nach Aschabad, der Hauptstadt der Turkmenischen SSR (UdSSR), führt. Der Kanal ist seit September 1971 auf 450 km schiffbar; die geplante Gesamtlänge des 15-Mrd.-DM-Projekts ist 1460 km.

Der breiteste Stichkanal ist der vom Panamakanal abzweigende Gaillard-Graben, der zwischen Gold Hill und Contractors Hill eine Tiefe von 82 m und auf dem Grund eine Breite von 152 m hat. Im Jahr 1911 brachten an einem Tage 333 Lastzüge je 363 t Erde fort. Die Gesamtmenge an Erde, die bis zum 1. Oktober 1979 für den ganzen Panamakanal ausgehoben wurde, beläuft sich auf 509,339 Mio. m^3. Hinzu kommt die Erdmenge, die bei der erneuten Erweiterung des Gaillard-Grabens ausgehoben wird.

Die größte (Einzel-)Schleuse der Welt ist die Seeschleuse von Zeebrügge (Belgien). Ihre Ausmaße: 500 × 57 × 23 m. Ihr Volumen 665300 m^3. Die Berendrecht-Schleuse, die bis 1986 im belgischen Antwerpen fertiggestellt sein soll, wird ebenfalls 500 m lang, aber 68 m breit und 21,5 m tief sein. Volumen 731000 m^3.

Die größte Seeschleuse der Bundesrepublik Deutschland ist die Nordschleuse Bremerhaven. Sie ist 372 m lang und 50 m breit.

Die größte Flußschleuse der DDR ist die Doppelschleuse Magdeburg mit 325 m Länge und 25 m Breite.

Die tiefste Schleuse der Welt gehört zum John-Day-Damm am Columbiastrom (USA) und wurde 1963 fertiggestellt. Das Schiffshebewerk hebt bzw. senkt Lastkähne um 34,5 m. Das Schleusentor wiegt 998 t.

Die größte Flußschleusen-Anlage der Welt ist mit 9 Piers und 10 Toren die Themse-Schleuse in Woolwich/London (GB). Die 6 Schleusentore im Hochwasser-Bereich sind 61 m breit, die 4 Tore im Niedrigwasser-Bereich 31,5 m. Der Standort für die Schleusen ist 1971 bestimmt worden. Kosten: umgerechnet rund 1,8 Mrd. DM.

Mit ihren 9 Piers und 10 Toren ist die Schleuse in Woolwich/London die weltgrößte Flußschleusenanlage.

12. DÄMME, TALSPERREN UND STAUSEEN

Die frühesten Dämme wurden 1974 vom Britischen Archäologischen Institut, das in Jerusalem seinen Sitz hat, in Jawa (Jordanien) entdeckt. Diese mit Steinen verkleideten Dämme gehen auf die Zeit von etwa 3200 v. Chr. zurück.

Die ausgedehntesten Erdwälle der Welt aus Zeiten vor der Mechanisierung waren die Grenzwälle des früheren Königreiches Benin in Nigeria (Afrika). Zum ersten Mal darüber berichtet wurde im Jahr 1900; teilweise vermessen wurden sie 1967, und im April 1973 schätzte Patrick Darling die Gesamtlänge der Wälle auf zwischen 6400 und 12800 km und die gesamte zu diesem Zweck aufgeschüttete Erdmasse auf 380–460 Mio. m^3.

Der früheste Staudamm dürfte der von Sadd al-Kafara, 10 km südlich von Heluan (Ägypten), gewesen sein. Er wurde zwischen 2950 und 2750 v. Chr. errichtet und hatte eine Länge von 106 m und eine Höhe von 11 m.

Der höchste Staudamm der Welt wird – seit 1973 – in der sowjetischen Republik Tadschikistan gebaut. Der Rogunski-Damm wird mit Erde aufgeschüttet und soll 335 m hoch werden, bei einer Kammlänge von 660 m. Wann das Bauwerk über den Vakhsh fertiggestellt ist, steht noch nicht fest. Bis dahin ist der 300 m hohe Narek-Staudamm (gleichfalls UdSSR) der höchste in der Welt.

Die höchste Staumauer der Schweiz ist der Grande Dixence, der im September 1961 für 1,6 Mio. Schweizer Franken fertiggestellt wurde. Er ist vom Fuß bis zur Krone 285 m hoch, 695 m lang und enthält insgesamt 5 957 000 m^3 Beton.

Der höchste Staudamm der Bundesrepublik Deutschland mit einer Stauhöhe von 85 m ist der Steinschüttdamm der Trinkwassertalsperre Frauenau am Kleinen Regen im Bayerischen Wald. Nach 8jähriger Bauzeit wurde der Stausee mit 21 Mio. m^3 Wasser seiner Bestimmung im September 1984 übergeben.

Den höchsten Staudamm der DDR mit einer Stauhöhe von 80 m hat die Talsperre von Wendefurth im Harz (Bezirk Magdeburg). Sie wurde 1967 im Betrieb genommen.

Der höchste Staudamm Österreichs ist die Kölnbreinsperre mit 200 m Höhe. Sie gehört zur Kraftwerksgruppe Malta der Österreichischen Draukraftwerke AG.

Die höchste Staumauer der DDR besitzt die Rappbode-Talsperre zwischen Rübeland und Wendefurth. Sie bildet einen Stausee von 108,5 Mio. m^3. Ihre Staumauer hat eine Höhe von 106 m.

Massivster Damm. Gemessen am Rauminhalt ist der größte Damm der Welt der 1973 fertiggestellte 29,8 m hohe Damm aus aufgeschütteter Erde von New Cornelia Tailings, Arizona (USA), mit einem Volumen von 209 506 000 m^3 (Länge 10,85 km).

Der größte Betondamm der Welt und gleichzeitig der größte Betonbau überhaupt ist die Grand-Coulee-Talsperre am Columbia-Strom im Staat Washington (USA). Die Arbeit am Damm begann 1933, die Fertigstellung erfolgte 1942, obwohl der Betrieb bereits am 22. März 1941 aufgenommen wurde; die Gesamtkosten beliefen sich auf 56 Mio. Dollar. Die Dammkrone ist 1272 m lang, die Dammhöhe beträgt 167 m. Er enthält 8 092 000 m^3 Beton und wiegt rund 19 595 000 t. Das Wasserkraftwerk (im Ausbau begriffen) wird eine Kapazität von 9 780 000 kW besitzen.

Der längste Flußdamm der Welt ist der Yacyreta-Apipe-Damm am Paraná an der paraguayisch-argentinischen Grenze. Er ist 41 m hoch und hat eine Länge von 72 km.
Im China des frühen 17. Jh.s war rund um den See Hungtse in Kiangsu ein Damm von unterschiedlicher Höhe aufgeschüttet worden, der 100 km lang gewesen sein soll.

Der längste Seedamm der Welt ist der Afsluitdijk, der das Ijsselmeer (die ehemalige Zuidersee) gegen die Nordsee abschließt und Nordholland mit Friesland verbindet. Ursprünglich (1926–32) war der Abschlußdeich in zwei Teilen angelegt, nämlich 2,5 km von Nordholland zur damaligen Insel Wieringen und 30 km von Wieringen nach Friesland: zusammen 32,5 km. Seit 1930 aber ist Wieringen durch einen Polder Teil des nordholländischen Festlands geworden, so daß der Deich auf neueren Landkarten nur mit einer Länge von 30 km verzeichnet ist. Am Meeresspiegel ist der Deich 89 m breit und 7,5 m hoch. Der größte der fünf großen Polder im Ijsselmeer wird die 60 300 ha große Markerwaard sein. Die Arbeit an dem 106 km langen umgebenden Deich begann 1957. Wenn das Werk beendet ist, wird das Ijsselmeer eine Fläche von 1262,6 km^2 überspülen.

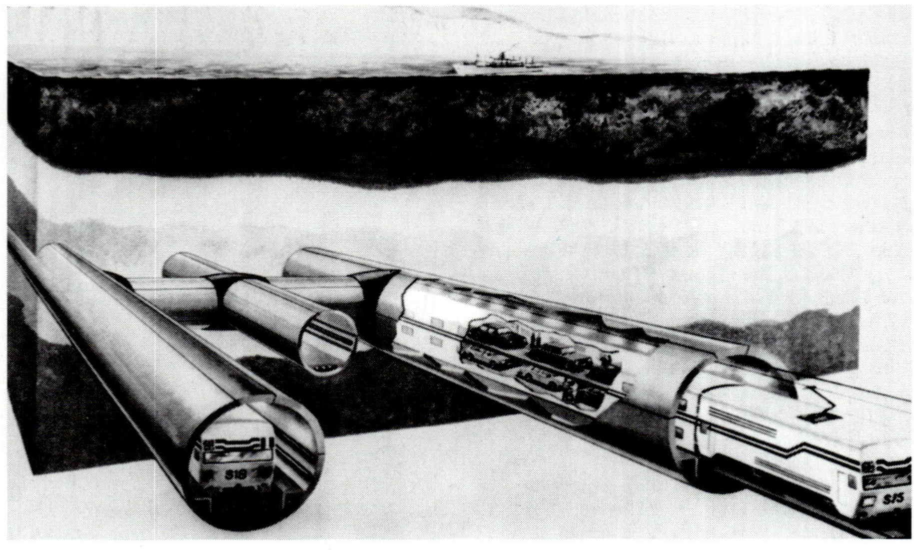

Autozüge sollen künftig unter dem Ärmelkanal durch zwei Eisenbahn-Tunnelröhren verkehren können.

Der stärkste Damm der Welt wird der Sajano-Schuschenskaja-Damm am Jenissej (UdSSR) sein, der noch im Bau ist und einer Belastung von 18 Mio. t standhalten soll. Fassungsvermögen: 31 300 Mio. m^3.

Größte Uferdämme. Die massivsten jemals errichteten Uferdämme sind die aus dem Jahr 1717 stammenden Dämme des Mississippi, die durch die US-Regierung nach den katastrophalen Überschwemmungen des Jahres 1927 bedeutend vergrößert wurden. Sie erstrecken sich nun über 2787 km längs des Hauptstroms, von Cape Girardeau, Missouri, bis zum Golf von Mexiko und bestehen aus mehr als 765 Mio. m^3 aufgeschüttetem Erdreich. Dämme an den Nebenflüssen erstrecken sich über weitere 3200 km. Der Abschnitt Pine Bluff, von Arkansas nach Venice, Louisiana, verläuft ohne Unterbrechung über 1046 km.

Der umfangreichste künstliche Stausee der Welt ist Kurobegawa 1 am Fluß Kurobe in Japan mit 199 km^3. Seine 1964 fertiggestellte Staumauer ist 186 m hoch.

Flächenmäßig ist der größte Stausee der Welt der Voltasee in Ghana, den der 1965 fertiggestellte Akosombodamm bildet. 1969 hatte sich der See auf eine Fläche von 8482 km^2 gefüllt, mit einer Küstenlinie von 7250 km.
Der 1954 fertiggestellte Owen-Falls-Damm bei Jinja in Uganda, quer über den Weißen Nil, wo er an der Nordseite des Victoriasees abfließt, hat den natürlichen See durch eine zusätzliche Wassermenge von 204,75 km^3 technisch zu einem Staubecken von 6,9 Mio. ha gemacht.

Der Stausee der Bundesrepublik Deutschland mit dem größten Rauminhalt ist jener der Schwammenauel-Talsperre. Der 72 m hohe Staudamm staut die Rur auf 205 Mio. m^3.

Der Stausee der DDR mit dem größten Rauminhalt ist jener der Saale-Talsperre bei Bleiloch (Thüringen). Sein Inhalt: 215 Mio. m^3. Er wurde 1932 zum ersten Mal gefüllt.

Der größte Stausee Österreichs ist der im Bereich der Sameralm gelegene Hauptspeicher Kölnbrein der Kraftwerksgruppe Malta. Sein Inhalt: 200 Mio. m^3.

Die größte Fallhöhe der Welt besitzt mit einer maximalen Gefällstufe von 1772,5 m die Speicherstufe Reißeck (Kärnten). Das Kraftwerk Reißeck wird von der österreichischen Draukraftwerke AG betrieben.

Der größte Stausee der Schweiz ist der Lac des Dix. Sein Inhalt: 400 Mio. m^3.

13. TUNNEL

Der längste Tunnel der Welt ist der New-York-City- und West-Dalaware-Wasserversorgungstunnel, der von 1937 bis 1944 gebaut wurde. Sein Durchmesser ist 4,1 m, seine Länge vom Round-out-Reservoir zum Hillview-Reservoir an der Grenze zwischen Yonkers und New York City (USA) beträgt 168,9 km.

Der längste Tunnel in Deutschland ist der zwischen 1928 und 1930 gebaute Zugspitztunnel auf der Bergbahnstraße von Garmisch-Partenkirchen zum Schneefernerhaus. Er ist 4,466 km lang.

Der längste Eisenbahntunnel der Welt ist der 22,2 km lange Oschimisutunnel in Japan. Er führt auf der Strecke Tokio-Niigata-Jutsu in Zentral-Honschu durch den Berg Tanigawa. Die Bergbohrungen waren am 25. Januar 1979 beendet. Die Gesamtkosten betrugen umgerechnet 10,7 Mrd. DM.

Wie schnell Züge in einem Tunnel sein könnten, demonstrierte der Brite Thomas Stockebrand am 25. April 1985 an einem Modell. Dabei erreichte ein Tischtennisball, der per Luftdruck durch ein 950 m langes Rohr gewirbelt wurde, eine Geschwindigkeit von 1040 km/h. Stockebrands Folgerung: Es könnte ein Eisenbahnsystem mit Überschallgeschwindigkeit entwickelt werden.

Der längste Eisenbahntunnel der Bundesrepublik Deutschland ist zur Zeit noch der über 100 Jahre alte Kaiser-Wilhelm-Tunnel bei Cochem a. d. Mosel. Er ist 4203 m lang.
Wenn die Tunnel der Neubaustrecken Hannover–Würzburg und Mannheim–Stuttgart fertig-

gestellt sind, wird der Landrückentunnel mit 10780 m Länge der längste Eisenbahntunnel der Deutschen Bundesbahn sein.

Österreichs längster Eisenbahntunnel ist der von 1880–84 gebaute Arlbergtunnel (Tirol, Vorarlberg), der 10,25 km lang ist.

Der längste Eisenbahntunnel der Schweiz, zugleich der größte Alpentunnel, ist der am 16. Oktober 1922 nach über vier Jahren Bauzeit eröffnete Simplon II. Er verbindet Brig (Schweiz) und Domodossola (Italien) durch die Alpen hindurch. Bis 1979 war er mit 19,823 km der längste Eisenbahntunnel der Welt. Am 30. April 1981 wurde der Durchstich des neuen Furka-Basistunnels vollendet. Er soll eine wintersichere Verbindung Brig-Disentis herstellen.

Der längste Bergbahntunnel der Schweiz gehört zur Jungfraubahn. Er wurde zwischen 1898 und 1912 fertiggestellt und verläuft in 3500 m üNN mit einer Länge von 7,12 km unter dem Jungfrau- und dem Aletschgletscher (Walliser Alpen, Kanton Wallis).

Der längste U-Bahn-Tunnel der Welt führt die Moskauer Metro von Beljajev nach Medvedkov – über 30,7 km. Die Strecke wurde um die Jahreswende 1978/79 fertiggestellt.

Der längste Straßentunnel der Welt ist mit 16,32 km der St.-Gotthard-Tunnel, der Göschenen im Kanton Uri mit Airolo, Tessin (Schweiz), verbindet. Er hat zwei Fahrspuren und wurde am 5. September 1980 für den Verkehr freigegeben. Der Tunnel kostete 686 Mio. sfr.

Der längste Straßentunnel Österreichs ist der 14 km lange Straßentunnel durch den Arlberg von St. Anton nach Langen in Vorarlberg, der am 9. Dezember 1978 dem Verkehr übergeben wurde.

Der längste und größte Straßentunnel der Bundesrepublik Deutschland ist mit einer geschlossenen Tunnelstrecke von 2653 m der neue Elbtunnel in Hamburg. Hinzu kommen noch 240 m Rasterstrecke an den Tunneleinfahrten. 1983 wurden seine drei Röhren täglich von durchschnittlich 79000 Fahrzeugen durchfahren. Am Gründonnerstag 1984 gab es einen neuen Rekord mit 112883 Fahrzeugen.

Der Straßentunnel mit dem größten Durchmesser wurde durch die Insel Yerba Buena, San Franzisko (USA), gesprengt. Er ist 23 m breit, 17 m hoch und 165 m lang. Seine beiden Geschosse werden jährlich von mehr als 35000000 Fahrzeugen benutzt.

Der größte Bewässerungstunnel der Welt ist der 83 km lange Orange-Fish-Rivers-Tunnel in Südafrika. Er hat einen Durchmesser von 5,53 m. Sein Bau (1967–73) kostete schätzungsweise 240 Mio. DM.

Der längste Unterwassertunnel, der Seikan, wird als das bedeutendste technische Bauwerk dieses Jahrhunderts bezeichnet. Der 53,85 km lange Eisenbahntunnel verbindet Tappi Saki auf der japanischen Hauptinsel Honschu mit Fukuschima auf Hokkaido, der nördlichsten Inselprovinz. Davon verlaufen 23,3 km unter Wasser und 100 m unter dem Bett der Meerenge von Tsugaru. 21 Jahre wurde an dem Tunnel gebaut, dessen Kosten sich bisher auf 8,5 Mrd. DM beliefen. Der letzte Durchstich erfolgte am 10. März 1985 rund 240 m unter dem Meeresspiegel. 34 Bauarbeiter sind durch schlagende Wetter, Fehlexplosionen und Wassereinbruch bei dem Mammutprojekt ums Leben gekommen.

Die 11 m breite und bis zu 17 m hohe Röhre des Seikan soll ab 1988 für normale Eisenbahnzüge benutzbar sein, geplant ist jedoch der Ausbau der Trasse für den Superexpreßzug Shinkansen. Für den Unterhalt und die Abzahlung der Baukosten muß die japanische Staatsbahn jährlich rund 960 Mio. DM aufwenden.

Das Majes-Projekt in Peru (Wasserversorgung und Stromgewinnung durch Wasserkraft) hat einen Tunnelabschnitt von 98 km Länge. Der Staudamm wurde in einer Höhe von 4200 m errichtet.

Im Kanalisationssystem von Chikago (USA) sind insgesamt 193 km untertunnelt.

Die größte Brückentunnelanlage der Welt ist der Chesapeake-Bay-Bridge-Tunnel (USA), der über 28,4 km von Eastern Shore auf der Halbinsel Virginia nach Virginia Beach führt. Die Kosten des Baues beliefen sich auf 200 Mio. Dollar (damals 780 Mio. DM). Nach 42 Monaten Bauzeit wurde der Tunnel am 15. April 1964 in Betrieb genommen. Der längste überbrückte Abschnitt ist 7,34 km lang, und der längste Tunnelabschnitt ist der Thimble-Shoal-Channel-Tunnel mit 1,75 km.

Der längste Kanaltunnel der Welt gehört zu dem von 1912 bis 1927 gebauten Rovekanal zwischen dem Hafen von Marseille und der Rhône (Frankreich). Er ist 7,3 km lang, 22 m breit und 15 m hoch; der Bau erforderte die Abtragung von 1,7 Mio. m^3 Erdreich und Gestein.

Der längste ungestützte und maschinell gebohrte Tunnel der Welt ist der Three-Rivers-Walter-Tunnel von Atlanta in Georgia (USA). Er hat einen Durchmesser von 3,2 m und erstreckt sich über 9,37 km (Luftlinie). Der Tunnel mußte durch Granit, Schiefer und Gneis getrieben werden und wurde von der Firma S & M Constructors aus Cleveland in Ohio gebaut (April 1980 bis Februar 1982). Tagesleistung: 54,5 m.

Der Tunnel, von dem schon Napoleon träumte

Am 12. Februar 1986 unterzeichneten in der Kathedrale von Canterbury Margaret Thatcher und François Mitterand einen Staatsvertrag über den Bau einer untermeerischen Verbindung zwischen Großbritannien und Frankreich. Erste Pläne für ein solches Projekt wurden bereits im Jahr 1750 vorgelegt. Das Konzept, das nun in die Tat umgesetzt werden soll, stammt vom Konsortium »Channel Tunnel Group – France Manche«. Vorgesehen ist ein doppelseitiger Eisenbahntunnel in 40 m Tiefe unterhalb des kalkigen Meeresbodens, wobei der Durchmesser der Röhren etwa 7 m betragen wird. Zwischen den beiden Tunneln soll ein zusätzlicher Versorgungsstollen mit Zugang zu den Bahngleisen liegen. Auf der 50 km langen Trasse – davon 37 km unter Wasser – zwischen Cheriton bei Folkestone und Sangatte bei Calais können im 5-Minuten-Abstand die Züge rollen, die auch mit PKWs und LKWs beladen werden sollen. Die Fahrt von Küste zu Küste dauert so nur noch 30 Min., von London nach Paris etwa 3 Std.

5,3 Mrd. Pfund (rund 18,1 Mrd. DM), Zinsen und Inflation eingeschlossen, soll das Unternehmen kosten. Bereits 1993, so das Konsortium, könnten die ersten Züge durch den Ärmelkanal-Tunnel rollen, eine Zeitvorstellung, die jedoch zahlreiche Experten für unrealistisch halten.

14. BAUTEN FÜR SONDERZWECKE

Die am höchsten installierte Leuchtreklame blinkt auf dem 72 Stockwerke und 285 m hohen First Canadian Place in Toronto (Kanada). Die vier je 6,09 × 6,70 m großen Leuchttafeln, mit denen die Bank of Montreal auf sich aufmerksam macht, sind per Hubschrauber an Ort und Stelle gebracht worden.

Die größte Neonreklame der Welt ist 64 × 16,7 m groß und wirbt seit Mai 1986 in Hongkong für Marlboro-Zigaretten. Gesamtlänge der Neonröhren: 10668 m. Gewicht: 114,7 t.

Das größte Reklameschild der Welt ist 44,5 m breit und 17,5 m hoch. Es wurde von der Firma Propaganda Campanella an der Route N 9 in Buenos Aires (Argentinien) aufgestellt.
68,9 m breit und 16,5 m hoch ist ein Reklameschild, das die Firma Forwardair im Griffin Park in Middlesex auf dem Tribünendach des FC Brentford installiert hat. Das Fußballstadion liegt in der Einflugschneise des Londoner Flughafens Heathrow.

Reklame am laufenden Band: 356,17 m lang ist ein Neonfries den die Firma Adco Sign im April 1983 innerhalb eines Gebäudes in Clearwater, Florida (USA), installiert hat.

Die massivste sich drehende Neonreklame heißt *Topsy der Clown* und ist am Circus-Circus-Hotel in Reno, Nevada (USA), angebracht. Sie ist 38,7 m hoch, wiegt 40,8 t und enthält Neonröhren mit einer Länge von 2,25 km. Allein das Lächeln von Topsy ist 4,26 m breit.

Die größte sich drehende Neonreklame in Deutschland ist der 10 m hohe Mercedesstern auf dem 88 m hohen Europa-Center in Berlin (West). Zur Reinigung (zweimal im Jahr) des 28 t schweren Sterns kann er durch seinen Elektromotor, der die Drehungen ermöglicht und auch dafür sorgt, daß der Stern sich bei Sturm automatisch so zum Wind stellt, daß er möglichst wenig Angriffsfläche bietet, horizontal gekippt werden. Das Zeichen auf dem Europa-Center ist jedoch nicht der größte Mercedesstern; der befindet sich in der Hafeneinfahrt von Hongkong. Er hat einen Durchmesser von 20 m, kann sich jedoch nicht drehen.

Die längste Uhr der Welt ist die »Licht-Zeit-Skulptur« des Laser-Künstlers Horst H. Baumann (Düsseldorf), die seit dem 1. Januar 1982 am Düsseldorfer Fernmeldeturm aufblinkt. Die größte und genaueste Normaluhr der Welt zeigt die Ortszeit auf einer Länge von 110 m in Lichtpunkten an, die jeweils die Dezimalzahlen für Stunden, Minuten und Sekunden bedeuten. 62 Licht-Bullaugen werden dafür eingesetzt. Kenner meinen allerdings, man brauche mindestens fünf Minuten, um die Zeit abzulesen.

Kunst am Bau – mal als Glas-Elefant. Der Welt größter Jumbo entstand zur Landesgartenschau

Hamm 1984 auf der Maximilian-Kohlenwäsche in Hamm (Nordrhein-Westfalen). Der Stuttgarter Architektur-Künstler Horst Rellecke verwandelte eine leerstehende Betonkonstruktion mit Hilfe einer Stahl- und Glaskonstruktion in einen gläsernen Elefanten von 35 m Rückenhöhe und 60 m Länge. Die »begehbare Plastik« bietet am Rückenteil dem Besucher seit dem 14. April 1984 eine Aussichtsplattform, die immerhin um 15 m höher ist als die Sphinx von Gizeh.

Der längste Pier der Welt ist der Dammanpier in Saudi-Arabien am Persischen Golf. Ein mit Steinschüttung aufgefüllter 7,80 km langer Fahrdamm führt zum 2,90 km langen Stahlgerüstpier, an den sich der 226 m lange Hauptpier anschließt, was eine Gesamtlänge von 10,93 km ergibt. Der Bau des Piers begann im Juli 1948 und wurde am 15. März 1950 vollendet.

Die längste Kaimauer der Welt ist die Containerkaje im Überseehafengebiet von Bremerhaven. Unter Federführung der Philipp Holzmann AG wurde von 1969 bis 1982 bei einer Wassertiefe (Ebbe) von 14,21 m und einer Mauerhöhe von 23,50 m eine Rekordlänge von 2150 m erreicht. Die Gesamtkosten beliefen sich auf 448 Mio. DM.

Im größten Wellenkanal der Welt können Wellenforscher Sturmfluten im Zeitlupentempo untersuchen. Seit September 1983 steht Wissenschaftlern der Universität Hannover und der Technischen Universität Braunschweig diese technische Großanlage zur Verfügung. Mit ihr können sie testen, wie Häfen und Küsten, Pipelines und Bohrinseln besser gegen die Gewalt der Meere geschützt werden können. In dem neuen 324 m langen und 5 m breiten Wellenkanal kann eine 1200-PS-Hydraulik Wellen von 3–4 m Höhe erzeugen. Naturgetreu können leichter Seegang wie höchste Brandung im Maßstab 1:1 simuliert, die Bewegung und Kräfte in einer Welle genau gemessen, Gischt- und Luftmassen beim Wellenüberschlag gezeigt werden. So lassen sich die Auswirkungen von Wasserwellen und Sturmfluten auf jede Art von Küstenschutzbauwerken berechnen, optimale Deichprofile herausfinden, kann ein wirksamer Schutz von stehenden und liegenden Rohren bei Pipelines und Stützfüßen von Bohrinseln erforscht werden.

Das größte Trockendock der Welt ist das Okpo-Trockendock Nr. 1 auf der südkoreanischen Insel Chojé. 1979 fertiggestellt, hat es eine Schiffsbau-Kapazität von 1,2 Mio. t. Das Trockendock ist 525 m lang und 131 m breit.

Der längste Wellenbrecher der Welt schützt den Hafen von Galveston, Texas (USA). Der South Breakwater aus Granit ist 10,85 km lang.

Das größte Dock- oder Schleusentor der Welt ist am Okpo-Trockendock Nr. 1 auf der südkoreanischen Insel Chojé in Betrieb. Es ist 131 m breit, knapp 14 m hoch und an der Basis 10 m dick.

Das größte Wasserbauwerk der Welt steht unmittelbar vor seiner Vollendung. Es ist ein 3 km langes Wehr vor der holländischen Küste hinter den Deichen der künstlichen Insel Neeltje Jans in der Scheldemündung, das den Gezeitenstrom durchläßt, das Land aber vor Sturmfluten schützt. Das 6,7 Mrd. DM teure Projekt besteht aus 66 Betonpfeilern mit einer Höhe bis zu 45 m. Jeder Pfeiler hat ein Volumen von 600000 m^3 Beton. Das »achte Weltwunder«, wie es von vielen genannt wird, soll im Oktober 1986 – nach fast 10 Jahren Bauzeit – eingeweiht werden.

Den größten Höhenunterschied überwindet das Schiffshebewerk bei Ronquières am Charleroi-Brüssel-Kanal (Belgien). Die beiden Schleusenkammern mit je 236 Rädern befördern 1350 t in 22 Min. über eine Rampe von 1432 m und heben sie 68,5 m.

Das erste Schiffshebewerk Deutschlands wurde am 11. August 1899 in Henrichenburg nahe Dortmund eröffnet. Mit seiner Hilfe konnte der 14 m betragende Höhenunterschied zwischen dem Rhein-Herne-Kanal und dem Dortmund-Ems-Kanal überwunden werden. Das Hebewerk war bis 1962 in Betrieb, dann wurde es durch ein moderneres Abstiegswerk ersetzt.

Das größte Schiffshebewerk ist Scharnebeck am Elbe-Seitenkanal beim niedersächsischen Lüneburg. Die 1957–65 erbaute Anlage hat eine Normalhubhöhe von 38 m bei einer Troglänge von 100 m. Die beiden Tröge fassen je 5700 t Wasser.

Der Leuchtturm mit dem intensivsten Licht der Welt findet sich an der bretonischen Küste (Frankreich). 74 km weit ist das Licht eines 100 m hohen Leuchtturms zu sehen, der zwischen 1983 und 1985 für 18,5 Mio. Pfund (rund 63,3 Mio. DM) 40 km südwestlich von der Insel Ouessant auf Klippen errichtet worden ist. Unter optimalen Wetterbedingungen, wenn das Leuchtturmlicht von günstig stehenden Wolken reflektiert wird, sind die Signale sogar auf den 169 km entfernten Scilly-Inseln zu sehen.

Auf dem Empire State Building, New York City (USA), befinden sich **die am weitesten sichtbaren Lichtquellen** 332 m über dem Boden. Jede der Vierbogen-Quecksilber-Glühlampen besitzt eine Lichtstärke von 450 Mio. Candela (cd), so daß die Lichter in einer Entfernung von 130 km auf Boden- und See-Ebene und 490 km weit vom Flugzeug aus wahrgenommen werden können. Sie wurden erstmals am 31. März 1956 eingeschaltet.

Der Leuchtturm mit der stärksten Leuchtkraft in Deutschland ist der von Greifswald (DDR). Seine Sichtweite: 65 km.

Der mächtigste Leuchtturm in der Bundesrepublik Deutschland ist der Kampenleuchtturm auf Borkum (Nordsee), der 59,25 km weit sichtbar ist.

Der älteste Leuchtturm Deutschlands steht auf der Insel Neuwerk vor Cuxhaven. Er wurde bereits im 14. Jh. (als Wachtturm) erbaut und war im 16. Jh. ein berüchtigtes Seeräubernest.

Der höchste Leuchtturm der Welt ist der 106 m hohe Stahlturm nahe dem Jamaschita Park, Jokohama (Japan). Das Leuchtfeuer besitzt 600000 cd und ist 32 km weit sichtbar.

Der erste mit Atomenergie betriebene Leuchtturm wurde 1974 vor der baltischen Küste (UdSSR) in der Ostsee installiert. Er ist 30 m hoch und wird elektronisch gesteuert.

Die höchsten Lichtsäulen der Welt reichen 63,5 m in den Himmel. Das französische Unternehmen Petitjean & Cie aus Troyes hat sie im Sultan-Qaboos-Sportzentrum von Maskat (Sultanat Oman) errichtet.

Die größte unterirdische Montagehalle der Welt war die Mittelwerkfabrik bei Nordhausen im Harz (DDR). Sie wurde zum Schutz vor Fliegerangriffen 1942 unter die Erde verlegt. Insassen von Konzentrationslagern bauten die 120000 m^2 große Fabrikationsfläche aus. In dem Werk wurden V-2-Raketen montiert.

Das größte Kuppelgewölbe der Welt ist der Louisiana Superdome New Orleans (USA). Sein Durchmesser beträgt 207,26 m.

Die größte Kuppel des Altertums besitzt das 112 n. Chr. in Rom gebaute Pantheon mit einem Durchmesser von 43,30 m.

Die größten Tore der Welt sind die vier Eingänge des Raumfahrzeugmontagegebäudes (VAB) im Kennedy Space Center auf Cape Canaveral in Florida (USA), die 140 m hoch sind.

In der Einflugschneise von London Heathrow wie auf dem Tribünendach des FC Brentford gibt es diese Riesenreklame (s. S. 177).

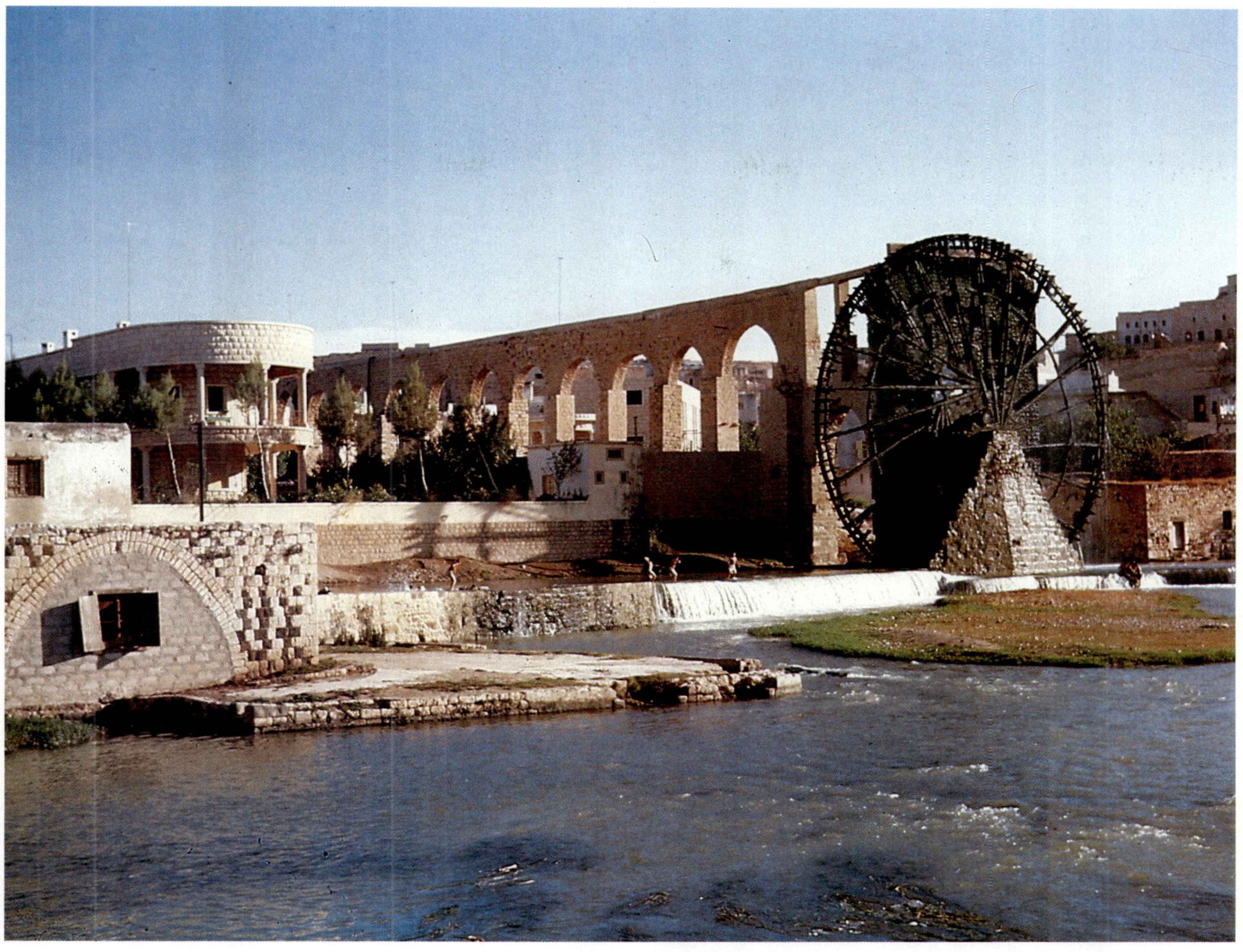

Das größte Rolltor wurde 1972 an eine holländische Großwerft bei Rotterdam geliefert. Das 25,50 m hohe und 28 m breite Tor schließt eine Docköffnung von 28 m Breite und 18 m Höhe. Das von der Fa. Günther GmbH Metallwerk aus Neunkirchen/Westerwald erbaute Großrolltor hat ein Eigengewicht von 16220 kg.

Die schwerste Tür der Welt wiegt 326,5 t und ist 2,43 m dick. Sie führt im Lawrence-Livermore-Nationallaboratorium von Kalifornien (USA) in den Laserversuchsraum.

Der längste Zaun der Welt umgibt die Hauptweideflächen der Schafe in Australien und schützt die Tiere vor Dingos. Der Drahtzaun ist 1,80 m hoch, steckt 30 cm tief im Boden und erstreckt sich über 5531 km. Auf die vollständige Einzäunung der Schafweiden hat die Regierung des australischen Bundesstaates Queensland 1982 verzichtet, aber inzwischen 500 km Zaun erneuern lassen.

Die höchsten Zäune der Welt sind 20 m hoch und wurden von der Firma Harrop-Allin aus Pretoria entwickelt, um die südafrikanischen Raffinerien und Öldepots vor Raketenangriffen zu schützen.

Der größte Schwenkglobus von 21,5 t Gewicht und mit einem Durchmeser von 8,50 m befindet sich im Babson Kartographischen Institut von Wellesley (USA) und wurde 1956 für 200000 Dollar (damals ca. 800000 DM) hergestellt.

Der größte Springbrunnen der Welt ist der in den Fountain Hills von Arizona (USA). Die Firma McCulloch Properties Inc. ließ ihn sich 1,5 Mio. Dollar kosten. Beim Höchstdruck von 26,3 kg/cm^2 speit der Springbrunnen 26500 l/min aus. Die Wassersäule erreicht eine Höhe von 170 m und wiegt dann mehr als 8 t. Die Düsen, die von drei 600 PS starken Pumpen bedient werden, verleihen den Wasserstrahlen eine Geschwindigkeit bis zu 236 km/h.

Den tiefsten Brunnen Europas hat die 630 m hoch gelegene Bergfeste Wülzburg bei Weissenburg im Naturpark Altmühltal. Der 166 m tiefe Brunnen wurde ca. 1650 angelegt; eine erstaunliche Leistung damaliger Brunnenbautechnik. Noch heute weist er einen Wasserstand von 5 m auf.

Der ergiebigste Brunnen wurde 1973 bei Orlando in Florida (USA) entdeckt. Er liefert 757 hl/min Wasser.

Der höchste Fahnenmast, der jemals errichtet wurde, zierte im Jahr 1915 das Oregon-Gebäude in San Franzisko (USA). Er war aus einer Douglastanne geformt worden, 91 m hoch, 47 t schwer und anläßlich der Internationalen Panama-Pazifik-Messe aufgestellt worden. Der höchste freistehende Fahnenmast der Welt ragt 86 m in den kanadischen Himmel. Errichtet wurde er am 22. August 1985 für die große Messeschau in Vancouver, British Columbia (Kanada), die Expo 86. Der Stahlmast trägt einen riesigen Eishockeyschläger, der fast so lang ist wie der Fahnenmast hoch: 62,5 m.

Mit 40 m Durchmesser ist das Mohammadieh-Noria-Wasserrad am Oronto (Syrien) noch das weltgrößte (s. S. 181).

Die höchsten Säulen der Welt (im Gegensatz zu Obelisken) sind die 36 kannelierten Säulen aus Vermont-Marmor, die die Kolonnade des Education Building in Albany im Staat New York (USA) bilden. Ihre Höhe beträgt 27,43 m, ihr Fuß hat einen Durchmesser von 1,98 m.

Größter Müllschlucker der Welt ist die Müllverwertungsanlage Nr. 1 in Fresh Kills, Staten Island (USA). Sie wurde 1974 in Betrieb genommen. Schon in den ersten vier Monaten waren aus New York City auf 700 Lastkähnen 450000 t Abfall angeschleppt worden.

Der größte einzelne Getreidesilo der Welt gehört der C-G-F-Grain Company in Wichita, Kansas (USA). Mit einer dreifachen Reihe von Lagerbehältern, von denen je 123 auf beiden Seiten des Zentralladeturmes oder »Haupthauses« aufgestellt sind, hat der Silo eine Länge von 828 m und eine Breite von 30 m. Jeder Behälter ist 37 m hoch und hat einen Innendurchmesser von 9 m, was ein Gesamtfassungsvermögen von 7,3 Mio. hl Weizen darstellt.

Die größte Siloanlage steht in City of Thunder Bay am Lake Superior in Kanada, 23 Einzelsilos haben ein Gesamtfassungsvermögen von 37,4 Mio. hl.

Die größte einzelne Kläranlage der Welt hat ein Fassungsvermögen von 1 280 000 m^3 und ist seit 1940 in Chikago (USA) in Betrieb. Die Anlage klärt die Abwässer von 2,940 Mio. Menschen; im Jahr 1973 waren das durchschnittlich 3160 Mio. l pro Tag.

Die längste Treppe der Welt ist die Wartungstreppe der Niesenbahn, einer Drahtseilbahn, die in der Nähe von Spiez in der Schweiz auf eine Höhe von 2365 m führt. Die Treppe besteht aus 11 674 mit einem Treppengeländer versehenen Stufen. Die in den Felsen gehauenen 6600 Tempelstufen auf dem T'ai Schan, einem heiligen Berg in der Provinz Schantung (China) führen über eine Entfernung von 8 km auf eine Höhe von 1428 m.

Die längste Wendeltreppe der Welt hat 1520 Stufen und führt in der White-County-Kohlenzeche von Carmi, Illinois (USA), 336,2 m in die Tiefe. Die Wendeltreppe wurde im Mai 1981 von der Firma Systems Control gebaut.

Das größte Zelt errichtete die Firma Deuters aus Augsburg für die »Welcome Expo« in Brüssel (Belgien) im Jahr 1958. Es hatte einen Flächeninhalt von 17 500 m^2.
Die größte Zeltanlage wurde 1983 für eine Europa-Ausstellung im schottischen Aberdeen errichtet. Sie bestand aus 15 ineinander übergehenden Zelten und nahm 28 400 m^2 ein.

Der größte Gasbehälter der Welt ist in Fontaine L'Evêque (Belgien), wo verlassene Bergwerke zum Speichern von 500 Mio. m^3 Gas bei Normaldruck benutzt werden.
Wahrscheinlich ist der größte herkömmliche Gasbehälter der 1968 in Wien-Simmering (Österreich) fertiggestellte 84 m hohe Gasbehälter, der ein Fassungsvermögen von 300 000 m^3 besitzt.

Das größte Denkmal der Welt ist die am 28. Oktober 1965 fertiggestellte Pforte aus rostfreiem Stahl zum sogenannten West Arch in St. Louis, Missouri (USA), zur Erinnerung an den großen Zug nach Westen, der 1803 nach dem Kauf von Louisiana einsetzte. Der Bogen wölbt sich über 192 m, mit einer Stützweite von ebenfalls 192 m und kostete 29 Mio. Dollar (damals 116 Mio. DM). Der Entwurf stammte von dem 1961 verstorbenen Eero Saarinen.

Die höchste Siegessäule der Welt soll an die Schlacht von San Jacinto (21. April 1836) erinnern. Sie steht am San-Jacinto-Fluß bei Houston, Texas (USA). General Sam Houston (1793–1863) und seine 743 Texaner besiegten eine mexikanische Übermacht von 1600 Mann, von denen 630 getötet und 700 gefangengenommen wurden. Die amerikanischen Verluste beliefen sich auf neun Tote und 30 Verwundete. Die 1936–39 für 1,5 Mio. Dollar errichtete, sich nach oben verjüngende Säule ist 173 m hoch, 14 m^2 am Fuß und 9 m^2 am Aussichtsturm, den ein 200 t schwerer Stern krönt. Die Säule ist aus Beton, der mit Sandstein verkleidet ist, und wiegt 31 888 t.

Das höchste Denkmal Europas ist das 91 m hohe Völkerschlachtdenkmal, das 1898–1913 bei Leipzig (DDR) zur Erinnerung an die Völkerschlacht 1813 nach dem Entwurf von B. Schmitz errichtet wurde.

Die größte Statue der Welt ist eine riesige Frauengestalt aus Spannbeton auf dem Mamajewberg bei Wolgograd (UdSSR), die Jewgenij Wuchetitsch 1967 zum Andenken an den Sieg von Stalingrad (1942–43), das heute Wolgograd heißt, ausführte. Von der Basis zur Spitze des Schwerts in der rechten Hand des Standbilds mißt es 82,3 m.
Der indische Seiltrick, eine Riesenplastik bei Jönköping in Schweden, ist von den Füßen des Fakirs bis zur Seilspitze (25 cm Durchmesser) 103 m hoch. Das 144 t schwere Werk wurde von Calle Örnemark geschaffen.

Die Große Mauer zwischen Gelbem Meer und Turkestans Wüste ist mit 9980 km Länge selbst vom Mond aus zu sehen (s. S. 182).

Längste Statue. Bei Bamijan in Afghanistan befinden sich die Überreste einer ruhenden Buddhafigur aus mit Mörtel verkitteten kleinen Steinen. Sie soll »etwa 305 m lang« gewesen sein und aus dem 3. oder 4. Jh. n. Chr. stammen.

Der höchste Totempfahl von einer Höhe von 52,73 m wurde am 6. Juni 1973 in Alert Bay, British Columbia (Kanada), errichtet. Er stellt die Geschichte der Kwakiutl dar. Die Schnitzarbeit erforderte 36 Wochen.

Den größten Friedhof hat Leningrad (UdSSR). Auf ihm sind die letzten Ruhestätten von 500 000 der 1 300 000 Menschen, die bei der Belagerung der Stadt durch die deutsche Wehrmacht 1941–43 ums Leben gekommen sind.

Der größte Friedhof der Bundesrepublik Deutschland ist der über 100 Jahre alte Hamburger Zentralfriedhof Ohlsdorf. Auf dem 402,6 ha großen Areal fanden über 1,2 Mio. Menschen ihre letzte Ruhe. Darunter so prominente wie Hans Albers, Albert Ballin, Gustaf Gründgens, Carl Hagenbeck, Alfred Kerr, Felix Graf Luckner. Zwei Buslinien verkehren auf dem parkähnlichen Gelände; 2500 Sitzbänke, 660 Brunnen und 1600 Papierkörbe stehen an den Wegrändern.

Österreichs größter Friedhof ist der Zentralfriedhof Wien. Auf 200 ha sind hier 2,5 Mio. Verstorbene in 480 000 Gräbern zur letzten Ruhe gebettet. Auf dem angeschlossenen Ehrenfriedhof sind u. a. Beethoven, Brahms, Mozart, Nestroy sowie alle österreichischen Bundespräsidenten bestattet.

Das größte Krematorium ist Teil des Nikolo-Archangelskoje-Friedhofs in Ostmoskau (UdSSR). Es besitzt sieben Doppelverbrennungsöfen und besteht seit 1972. Hallen des Abschieds sind für die Angehörigen und Freunde vorgesehen.
Von den Ländern, in denen die Einäscherung nicht obligatorisch ist, weist Großbritannien mit 67,44 Prozent feuerbestatteter Personen den höchsten Prozentsatz der Welt auf.

Die älteste Messinggrabplatte stammt aus dem Jahr 1231. Sie befindet sich in der St.-Andreas-Kirche in Verden (Niedersachsen) und ist dem Gedenken des Bischofs Ysowilpe gewidmet.

Die größte jemals hergestellte Glasfensterscheibe maß 50 m^2 (20 × 2,5 m) und wurde von der Firma Saint Gobain in Frankreich auf der Internationalen Spiegelausstellung im März 1958 gezeigt.

Den größten Spiegel aus 10 mm starkem Glas (19,2 m^2 Fläche, 480 kg schwer) hat die Klagenfurter Firma Willner's Erben in 70 Std. hergestellt. Weitere 150 Arbeitsstd. wurden für die Montage des Prachtstücks im Karnerhof, Ferienregion Faaker See (Kärnten), anläßlich der »2. Guinness-Woche der Rekorde« am 9. September 1984 benötigt.

DIE SIEBEN WELTWUNDER

Die heute übliche Aufzählung der Sieben Weltwunder folgt jener, die der griechische Schriftsteller Antipater aus Sidon im 2. Jh. v. Chr. aufgestellt hat. Nicht immer gehörten dieselben Bauwerke zu den Sieben Weltwundern, aber nie wurde die Zahl Sieben überschritten.

1. Die Pyramiden von Gizeh
Sie wurden unter den drei Pharaonen Cheops, Chephren und Mykerinos der 4. ägyptischen Dynastie bei Gizeh südwestlich von Kairo (Ägypten) erbaut. Die große Pyramide (»Horizont des Cheops«) wurde um 2580 v. Chr. fertiggestellt. Ursprünglich 146,50 m, ist sie nach dem Abbröckeln der obersten Steine und des Pyramidions nur noch 137 m hoch, wobei die Basis 230 m mißt, so daß sich eine Gesamtfläche von etwas mehr als 5 ha ergibt. Man hat errechnet, daß schätzungsweise 4000 Arbeiter 30 Jahre lang damit beschäftigt waren, die 2 300 000 Kalksteinblöcke mit einem Durchschnittsgewicht von 2½ t zu transportieren. Insgesamt mußten 5 750 000 t mit einem Volumen von 2 568 000 m³ bewegt werden. Eine im Dezember 1974 veröffentlichte Kostenrechnung ergab, daß man heute dafür 405 Arbeiter sechs Jahre lang benötigen würde, was einen Kostenaufwand von ca. 3 Mrd. DM erfordern würde. Die Pyramiden sind das am besten erhaltene der Sieben Weltwunder. Von den anderen existieren nur noch Trümmer.

2. Die Zeusstatue des Phidias
12 m hoch soll dieses Kunstwerk aus Marmor, Gold und Elfenbein gewesen sein. Es wurde im 5. Jh. in Olympia (Griechenland) geschaffen. Es fiel einem Brand in Istanbul (Türkei) zum Opfer.

3. Der Diana-(Artemis-)Tempel in Ephesus
Er wurde um 350 v. Chr. erbaut und 262 n. Chr. von den Goten zerstört. Die biblische Apostelgeschichte erwähnt die Statue.

4. Grabmal des Königs Mausolus von Karia
Das Grabmal, von dem sich der Name Mausoleum ableitet, wurde um 325 v. Chr. im Halikarnassos (dem heutigen Bodrum in der Türkei) errichtet. Es wurde total zerstört.

5. Die Hängenden Gärten der Semiramis
Es dürfte sich um Dachgärten auf dem Stadtpalast in Babylon (heute Irak) gehandelt haben. Nichts von ihnen ist erhalten.

6. Der Koloß von Rhodos
So bezeichnete man die Apollostatue des Chares von Lindos, weil die 36 m hohe Statue breitbeinig über der Hafeneinfahrt von Rhodos stand, so daß zwischen ihren Beinen Schiffe durchsegeln konnten. Bei einem Erdbeben im Jahr 224 v. Chr. ist die Statue, die zwischen 292 und 280 v. Chr. geschaffen wurde, eingestürzt. Übrigens hat 1979 der amerikanische Bildhauer Felix de Welton erklärt, er wolle einen neuen Koloß von Rhodos errichten, der über 93 m groß werden soll.

7. Der Leuchtturm von Pharus
Diesen frühesten Leuchtturm der Welt hatte Sostratos von Knidos um 270 v. Chr. als pyramidenförmigen weißen Marmorturm errichtet. Er stand auf der Alexandria (Ägypten) vorgelagerten Insel Pharus (griech. für Leuchtturm). Der 122 m hohe Turm wurde 1375 durch ein Erdbeben zerstört.

BERGBAU – AUF EINEN BLICK

Bergbau, frühester Welt	41 250 v. Chr. ± 1600	Löwenhöhle Roteisenstein	Ngwenya, Hhohho, NW-Swaziland
frühester Deutschland	Neolithikum, 3000–1800 v. Chr.	Feuerstein	Rügen und Bodenseegebiet
Bergwerk[1], tiefstes Welt	3777 m	Gold, Western Deep Levels Mine, Temperatur 55° C	Carletonville, Südafrika
tiefstes Bundesrepublik Deutschland	1417,5 m	Steinkohle, Preussag AG Kohle	Ibbenbüren, Münsterland
Blei, größte Welt	10% der Weltförderung	Bleigrube Viburnum Trend	Missouri, USA
Eisenerz, größte Welt	20,320 Mrd. t reiche Erzflöze	Lebedinskij-Lagerstätte (45–65%)	Kursk-Gebiet, UdSSR
Gold, größte Goldbergbaugegend	51% der Weltförderung	Goldfeld, entdeckt 1886, 38 Minen in Witwatersrand	Nähe Johannesburg, Südafrika
größte Welt	4900 ha	Goldmine, East Rand Proprietary Mines Ltd.	Boksburg, Transvaal, Südafrika
reichste Welt[2]	49,4 Mio. Unzen Feingewicht	Goldmine Crown Mines	Transvaal, Südafrika
Kupfer, ertragreichste Tagebau	521 000 t (24 Std.)	9. August 1980	NO von Transvaal, Südafrika
größte Untertagebau	573 km Stollen	San Manuel Mine, Magma Copper Co	Arizona, USA
Platin, größte Welt	28 t im Jahr	Impala-Anlage, Rustenberg Gruppe	Springs, Südafrika
Uran, größte Welt	5000 t	offene Grube, Rio Tinto Zinc	Namibia, Südwestafrika
Wolfram, größte Mine	2000 t am Tag	Union Carbide Mount Morgan Grube	Nähe Bishop, Kalifornien, USA
Zink, größte Hütte	267 000 + 813 t Kadmium im Jahr	Cominco Ltd.	Trail, British Columbia, Kanada
Steinbruch, größter Welt	7,21 km², 774 m tief, 3355 Mio. t	Kupfergrube, Bingham Cañon	südlich von Salt Lake City, Utah, USA
größter Bundesrepublik Deutschland	125 ha, 1700 m lang, 800 m breit	Kalksteinbruch, Rheinische Kalksteinwerke GmbH	Wülfrath, Nordrhein-Westfalen
Abraumhalde, größte Welt	210 Mio. m³	New-Cornelia-Halde	Ten Mile Wash, Arizona, USA

[1] Abgeteuft wird seit Juni 1957. Bis 1992 soll die Maximaltiefe von 3880 m erreicht sein. Der senkrechte Entlüftungsschacht Nr. 3 ist mit 2948,9 m der tiefste Schacht der Welt. Diese Mine verbraucht täglich 130 000 t Frischluft. Die zur Bewetterung erforderliche Energie entspricht 37 000 t Eis. Der tiefste Schacht einer Kohlenmine reicht 2042 m in die Erde und liegt in den ukrainischen Donbas-Feldern bei Thorez in der UdSSR (Stand vom August 1983).

[2] Die ertragreichste Goldmine der Welt ist vermutlich die Muruntau von Kisil Kum in Usbekistan (UdSSR). Nach einer westlichen Schätzung werden dort jährlich 80 t Gold gefördert. Südafrika hat zwischen 1886 und 1982 schätzungsweise 36 400 t Gold und damit 31 Prozent des gesamten Goldes geliefert, das seit 3900 v. Chr. weltweit gefördert worden ist.

Die größten Einzelfenster besitzt der Palast der Industrie und Technologie am Rondpoint de la Défense, Paris (Frankreich). Jedes hat eine Breite von insgesamt 218 m bei einer maximalen Höhe von 50 m.

Die größten Weinkeller gehören der K. W. V. (Ko-operative Wijnbouwers Vereeniging) in Paarl bei Kapstadt, inmitten der Weinbaulandschaft Südafrikas. Sie erstrecken sich über 10 ha und haben Raum für 136 Mio. l.

Das größte Wasserrad der Welt ist mit einem Durchmesser von 40 m das Mohammadieh-Noria-Wasserrad in Hamah (Syrien). Es wurde in römischer Zeit gebaut.

Der größte Wasserturm wurde 1965 in Union, New Jersey (USA), errichtet. Der von der Elizabethtown Water Company betriebene Hochbehälter ist 64 m hoch und hat ein Fassungsvermögen von 9462 hl.

15. ARCHITEKTUR-REKORDE

(in der Reihenfolge ihrer Entstehungszeiten)

Die größten vorgeschichtlichen Religionsbauten in Europa sind Riesensteinblöcke, die sich als Wälle über 11,5 ha bei Avebury (GB) erstrecken. Sie wurden 1646 wiederentdeckt. Das früheste meßtechnisch ermittelte Datum für diese Kultstätte aus der Jungsteinzeit ist ca. 4200 v. Chr.
Die gesamte Anlage hat einen Durchmesser von 365 m, war von einem 12 m tiefen Graben umgeben und benötigte schätzungsweise 15 Mio. Arbeitsstd.

Die größten Trilithen (Steinblöcke in Dreiergruppen) finden sich in Stonehenge, südlich der Ebene von Salisbury (GB). Die einzelnen Steinpfeiler wiegen mehr als 45 t und mußten von etwa 550 Mann eine Steigung von 9 Grad bergauf geschleppt werden. Die früheste Bauphase des Rundgrabens wurde mit 2800 v. Chr. errechnet. Ob Stonehenge als Mondkalender, Tempel zur Beobachtung von Luftspiegelungen (Fata Morganen) oder zur Vorhersage von Sonnen- und Mondfinsternissen diente, ist noch immer umstritten.

Der größte Menhir, der bisher gefunden wurde, wiegt 380 t. Es ist der Grand Menhir Brisé, der inzwischen in vier Stücke zerfallen ist. Er stand ursprünglich in der bretonischen Gemeinde Locmariaquer (Frankreich) und war 21 m hoch.

Der größte künstliche Grabhügel Europas ist Silbury Hill, 9,7 km westlich von Marlborough, Wiltshire (GB), dessen 39 m hoher Kegel mit seiner 2 ha großen Basis eine Kalkaufschüttung von schätzungsweise 681 000 t erfordert haben muß. Prof. Richard Atkinson, der mit den Ausgrabungen im Jahr 1968 betraut war, wies darauf hin, daß dieser Hügel einen inneren Grabhügel umgibt, der den aus derselben Zeit stammenden Rundgräbern ähnlich ist und aus dem Jahr 2745 ± 185 v. Chr. stammt.

Die älteste bekannte Pyramide ist die 62 m hohe Stufenpyramide des Djoser in Sakkara (Ägypten), die um 2650 v. Chr. von Imhotep erbaut wurde und ursprünglich mit Blöcken aus Tura-Kalkstein belegt war.

Der größte bekannte Einzelblock einer Pyramide wiegt 290 t. Er gehört zur (dritthöchsten) Pyramide, die der Pharao Mykerinos (um 2470 v. Chr.) bei Gizeh errichten ließ.

Die größte erhaltene Zikkurat (das Wort leitete sich von dem Verb *zaquaru* = »hoch bauen« ab) ist die von Ur, dem heutigen Muquajjar (Irak). Sie hatte eine Basis von 61 × 45,7 m, war drei Terrassen hoch und auf der Spitze von einem Altar gekrönt. Übriggeblieben sind die erste und Teile der zweiten Plattform. Ihre heutige Höhe beträgt 18 m. Der Tempelturm war in der Regierungszeit von Urnammu (2113–2096 v. Chr.) gebaut worden.

Der Obelisk, der nie transportiert wurde, befindet sich noch immer in Heliopolis bei Assuan (Ägypten), wo ihn Pharao Senusret I. um 1750 v. Chr. errichten ließ.

Die höchsten tragenden antiken Steinsäulen sind 21 m hoch und befinden sich in der Säulenhalle des Amun-Tempels von Karnak am Nilufer gegenüber Theben, der Hauptstadt Oberägyptens im Altertum. Die Säulen stammen aus der 19. Dynastie unter Ramses II. um 1270 v. Chr.

Den größten Turmtempel, Zikkurat genannt, hat der Elamiten-König Untasch um 1250 v. Chr. 30 km von Haft Tepe (Iran) entfernt errichten lassen. Er ist als Zikkurat von Choga Zanbil in die Geschichte eingegangen, maß an der Basis 105 × 105 m und verjüngte sich auf der fünften Plattform in fast 50 m Höhe auf 28 × 28 m. Die rechteckigen Turmtempel waren im alten Mesopotamien aus rohen Ziegelsteinen um einen künstlichen Hügel gebaut worden und stiegen terrassenförmig an.

Die älteste Pyramide der Neuen Welt wurde auf der Insel La Venta in Südostmexiko vom Indianerstamm der Olmeken um 800 v. Chr. gebaut. Sie ist 30 m hoch, mit einem Umfang der Grundfläche von 128 m.

Der größte Grabhügel der Welt ist jener Kieshügel, der zum Gedächtnis an den Seleukidenkönig Antiochos I. (281–261 v. Chr.) auf dem Gipfel des Nemrud Dagi (2494 m) südöstlich von Malatya (Türkei) errichtet wurde. Er ist 59,8 m hoch und bedeckt eine Fläche von 3 ha.

Längste Mauer der Welt ist natürlich die Große Mauer Chinas, die während der Herrschaft Kaiser Tschin Schi Huang Tis (246–210 v. Chr.) fertiggestellt wurde. Sie ist 3460 km lang. Außerdem kommen weitere 2860 km an Abzweigungen und Ausläufern hinzu. Die Höhe schwankt zwischen 4,5 und 12 m. Die Mauer ist bis zu 9,8 m stark. Sie läuft von Schanhaikuan am Golf von Pohai nach Juman-Kuan und Jang-Kuan und wurde bis zum 16. Jh. instand gehalten. Seit 1966 sind etwa 51,5 km der Mauer zerstört worden, und im Juli 1979 wurde ein Stück davon durch Sprengung demoliert, um Platz für eine Talsperre zu schaffen.
Fünf Jahre dauernde Untersuchungen haben ergeben, daß die Große Mauer ursprünglich eine Gesamtlänge von 9980 km hatte. Das wurde am 6. März 1985 aus China gemeldet.

Die größte Pyramide ist die Pyramide des Quetzalcóatl in Cholula de Rivadabia, 100 km südöstlich von Mexico City (Mexiko). Sie ist 54 m hoch, und die Grundfläche mißt nahezu 18,2 ha. Das Gesamtvolumen der Pyramide wurde auf 3,3 Mio. m³ geschätzt (zum Vergleich: die Cheopspyramide hat 2,5 Mio. m³). Das Zeitalter der Pyramiden in Mexiko lag zwischen dem 2. und dem 6. Jh. n. Chr.

Der größte erhaltene monolithische Obelisk ist 58 m hoch. Er stammt aus Ägypten und steht seit 390 n. Chr. im Hippodrom von Konstantinopel (Istanbul).

Die größte Gruft der Welt ist die letzte Ruhestätte des japanischen Kaisers Nintoku (†428 n. Chr.) südlich von Osaka. Die Gruft ist 485 m lang, 305 m breit und 45 m hoch.

16. BOHRUNGEN UND BERGBAU

Der älteste und größte antike Kupferbergbau fand bereits im Chalkolithium – etwa 4000 v. Chr. – an der jordanisch-israelischen Grenze zwischen dem Toten Meer und dem Golf von Akaba statt. Ein Forscherteam vom Bochumer Bergbaumuseum entdeckte bei Untersuchungen im Frühjahr 1986, daß im Gebiet von Fernan, einem Wüstenort im Wadi Arabah, in frühgeschichtlicher Zeit Kupfer gewonnen wurde.

Die tiefste Bohrung im Meeresboden – nämlich 1740 m – gelang *Glomar Challenger*, einem Tiefseebohrschiff eines amerikanischen Unternehmens, an der Nordwestküste Spaniens im Jahr 1976, und die tiefste Bohrstelle liegt 7034 m unter der Wasseroberfläche im Marianengraben (Mai 1978).

Die tiefste Bohrung in der Bundesrepublik Deutschland wurde mit der BEB-Bohrung Li-

Giganten im Meer

Eine neue Ölförderanlage der Firma Shell wird demnächst dem Sears Tower in Chikago den Rang streitig machen als höchstes Bauwerk der Welt. Shell hat seine neue Produktionsplattform bereits in Auftrag gegeben, bis September 1988 soll sie fertiggestellt sein und dann rund 240 km südöstlich von New Orleans im Golf von Mexiko aufgestellt werden. Von der Gesamthöhe von 492,25 m werden allerdings nur rund 80 m zu sehen sein, weil die Anlage in einer Wassertiefe von 411 m stehen wird. Der Turm wird eine Grundfläche von 120 × 146 m einnehmen und ein Rekordgewicht von 78000 t haben. 1991 will man mit der Ölförderung beginnen. Von beiden Bohrtürmen aus können dann gleichzeitig 60 Bohrungen erfolgen.

Die bisher größte Ölförderanlage wird ebenfalls von Shell betrieben; es ist die 385 m hohe Produktionsplattform »Cognac«, die ebenfalls im Golf von Mexiko steht.

Rekordjagden in die Tiefe

Das tiefste Bohrloch in der Erdkruste befindet sich bei Zaplarny auf der Halbinsel Kola (UdSSR). Die letzte offizielle Rekordmarke stammt noch immer vom 28. Dezember 1983, als man die 12000-m-Grenze erreicht hatte. In den großen Tiefen wurde die Bohrgeschwindigkeit immer geringer und betrug um die Jahreswende 1983/84 weniger als 50 m pro Monat. Vom anvisierten Ziel, 15000 m, ist man zweifellos noch erheblich entfernt. 13000 m könnten aber inzwischen erreicht worden sein.
Inzwischen haben sowjetische Geologen und Techniker eine zweite supertiefe Bohrung in Angriff genommen: Bei Kriwoi Rog in der ukrainischen SSR will man ebenfalls bis in 15000 m Tiefe vordringen. In dem bedeutenden Eisenerz-Bergbauzentrum sind andere geologische Verhältnisse als auf Kola anzutreffen.
In der Bundesrepublik Deutschland wird im Rahmen eines Großforschungsprojekts eine Bohrung bis in 14000 m Tiefe vorbereitet. Um Einblicke in die Anatomie der Erdkruste des süddeutschen Raums zu gewinnen, soll die Bohrung entweder bei Haslach im Schwarzwald oder um Erbendorf in der Oberpfalz niedergebracht werden, wobei letztere Region favorisiert wird. Demnächst beginnen die Probebohrungen; 1988 soll dann das 450-Mio.-DM-Projekt anlaufen.

In der Premier Mine, nordöstlich von Pretoria, werden seit über 80 Jahren Diamanten aus dem Gestein gesprengt.

Die weltgrößte Bohr-, Förder- und Produktionsplattform Statfjord B im norwegischen Statfjord-Ölfeld ist 271 m hoch. Der Betonsockel des Stahlgiganten im Meer ist höher als der Kölner Dom (s. S. 184).

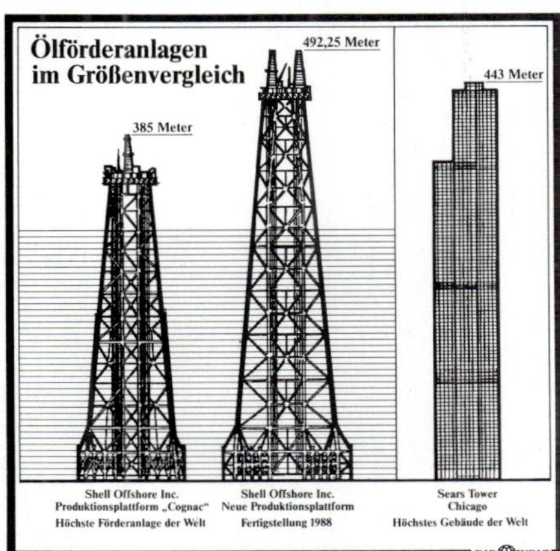

Die geplante Shell-Ölförderanlage wird den Sears Tower, das welthöchste Gebäude, noch um 49,25 m überragen.

lienthal Z1 niedergebracht. Bei der Erdgasbohrung im nördlichen Niedersachsen wurde eine Tiefe von 6775 m erreicht.

Den größten Braunkohletagebau der Welt erschließt die Rheinische Braunkohlenwerke AG seit 1979 im Hambacher Forst westlich von Köln, zwischen Düren, Jülich und Bergheim. Auf einer Fläche von 35 km^2 soll die riesige Braunkohlengrube bis zum Jahr 2000 470 m tief werden. Man schätzt, daß in diesem Gebiet 2,4 Mrd. t Braunkohle lagern, die bis zum Jahr 2040 abgebaut sein werden. Seit Mitte 1984 wird die erste Kohle gefördert.

Im Tagebau Hambach der Rheinischen Braunkohlenwerke AG (Rheinbraun) wurde Ende 1983 das derzeit **größte Schaufelradaufnahmegerät der Welt** in Betrieb genommen. 60 m beträgt die Länge des Schaufelradauslegers, 14 m der Schaufelraddurchmesser. Tagesförderung: 120 000 t Braunkohle.

Der tiefste Wasserschacht der Welt liegt in der Rosebud County in Montana (USA). Er ist 2231 m tief und wurde im Oktober/November 1961 von der Firma Great Northern Drilling Co. Inc. gebohrt. Die Thermal Power Co. bohrt in der Sonoma County von Kalifornien schon seit 1955 nach Wasser und ist jetzt in 2752 m Tiefe.

Das größte Ölfeld der Welt, das Ghawarfeld in Saudi-Arabien, wurde von Aramco erschlossen und mißt 240 × 35 km.
Die Ausdehnung der für Bohrzwecke bestimmten Teile des britischen Kontinentalschelfs belief sich am 1. April 1975 auf 579 000 km^2, mit erreichbaren Gesamtvorkommen von 3200 Mio. t Öl und 1 443 000 Mio. m^3 Gas. Gas wurde erst-

malig im Oktober 1965 im West-Sole-Feld entdeckt; Ölvorkommen im Forties-Feld in der Tiefe von 3352 m wurden vom Bohrschiff *Sea Quest* am 7. Oktober 1970 gemeldet. Als das ergiebigste Ölfeld dürfte sich Brent (entdeckt im Juli 1971) herausstellen. 1983 erreichte dort die Tagesförderung 375000 Barrel (1 Barrel = 159,1 l).

Das größte Erdgasdepot der Welt ist das von Urengoi in der UdSSR. Bei Bedarf könnte es über 6 Pipelines jährlich 200000 Mio. m^3 liefern. Sichere Reservekapazität: 7000000 Mio. m^3. Der billionste (10^{12}) Kubikmeter Erdgas ist am 23. April 1986 gefördert worden.

Die größte Ölplattform der Welt ist die *Statfjord B* bei Stavanger in Norwegen, die im Besitz des Statfjord-Konsortiums ist und von dem norwegischen Unternehmen Mobil Exploration bis 31. Dezember 1986 betrieben wurde. Ins Schlepptau genommen wurde die Betonkonstruktion am 1. August 1981. Sie war das schwerste Objekt, das je bewegt wurde: 816000 t mußten zum Ölfeld transportiert werden. Diese Aufgabe übernahmen 8 Schlepper, die zusammen 115000 PS stark waren. Die Betonkonstruktion der Ölplattform ist 204 m hoch, ihre Gesamthöhe beträgt 271 m. Die Plattform wiegt fast dreimal soviel wie ein Turm des World Trade Center.

Die größte Ölquelle, die je sprudelte, war die Alborz Nr. 5 bei Qum im Iran. Sie war am 26. August 1956 ausgebrochen, das Öl schoß in einer unkontrollierten Fontäne von 52 m Höhe empor. Die Ölquelle lieferte 120000 Barrel pro Tag und stand unter einem Druck von 62055 kPa. Nach 90 Arbeitstagen hatten Mostofi und Myron Kinley aus Texas (USA) sie geschlossen. Die Quelle Lake View Nr. 1 in Kalifornien (USA) hat am 15. März 1910 in den ersten 24 Std. möglicherweise 125000 Barrel Öl geliefert.

Der größte Ölverlust bei Bohrungen ereignete sich bei Unterwasserbohrungen im Golf von Campeche (Golf von Mexiko). In der Zeit vom 3. Juni bis 5. August 1979 breitete sich die Öllache über 640 km aus. Am 24. März 1980 gelang es, den Ölaustritt zu stoppen. Bis dahin waren bereits 3 Mio. Barrel Öl ins Meer geflossen.

Der größte Ölverlust beim Transport war das Auslaufen von 236000 t Öl aus den Supertankern *Atlantic Empress* und *Aegean Captain,* als sie am 19. Juli 1979 auf der Höhe der westindischen Insel Tobago zusammenstießen.

Die größte Gasflamme wurde am Mittag des 13. November 1961 in Gassi Touil in der algerischen Sahara entfacht und brannte bis zum 28. April 1962, 9 Uhr 30. Die Flammensäule erreichte eine Höhe von 137 m, der Rauch stieg 182 m hoch. Schließlich wurde der Brand von Paul Neal (»Red«) Adair (* 1932) aus Houston, Texas (USA), gelöscht. Er verwendete 245 kg Sprengstoff und soll 1 Mio. Dollar (damals 4 Mio. DM) als Bezahlung erhalten haben. ■

WELT DES VERKEHRS

1. SCHIFFE

DIE ANFÄNGE

Die ersten seetüchtigen Wasserfahrzeuge wurden um 40 000 v. Chr. von australischen Ureinwohnern zwischen Neuguinea und Australien in der Torresstraße, damals mindestens 70 km breit, benutzt. Vermutlich haben sie Doppelkanus eingesetzt.

Die früheste Darstellung eines Bootes, Felszeichnung mesolithischer Tierfellboote, ist zwischen drei möglichen Fundorten strittig: Høgnipen, Norwegen (10 000–7750 v. Chr.), Minateda, Spanien (12 000–3000 v. Chr.) und Kobystan, UdSSR (8000–6000 v. Chr.). Ein 45 cm langes Paddel (7600 v. Chr.) wurde 1948 in Star Carr (GB) entdeckt. Es befindet sich jetzt im Museum für Archäologie in Cambridge.

Das älteste erhalten gebliebene Wasserfahrzeug ist ein Nilboot oder Schiff des Königs Cheops von 43,4 m Länge und 40 t Gewicht, das etwa um 2515 v. Chr. in der Nähe der Großen Pyramide von Khufu (Ägypten) entdeckt und wiederhergestellt wurde. Es wurde von 20 Ruderern und mit einem Mittelsegel bewegt.

Das älteste bisher entdeckte Schiffswrack ist das eines Handelsschiffs, das vor der kleinen Insel Dhókós in der Nähe der griechischen Insel Hydras in der Ägäis im Mai 1975 von Tauchern gefunden wurde. Das Wrack stammt vermutlich aus dem Jahr 2450 v. Chr. (±250). Es enthielt Ton- und Keramikscherben aus der Kykladenkultur der frühen Bronzezeit.

Das älteste Schiff, das jemals in Deutschland gefunden wurde, ist ein römischer oder spätkeltischer Einbaum, der im März 1980 bei Bauarbeiten hinter dem Römisch-Germanischen Museum in Köln ausgegraben wurde. Man schätzt sein Alter auf 2000 Jahre. Er wird

Rendezvous über dem Atlantik: eine *Concorde*, eskortiert von der Kunstflugstaffel der Royal Air Force, passiert den Luxusliner *Queen Elizabeth 2* (S. 186/213)

Mit ihren 270 m und 58 000 BRT gilt die USS *Iowa* neben der USS *New Jersey* als stärkstes konventionelles Schlachtschiff der Welt.

Die Ro-Ro-Riesen der *Barber*-Klasse sind die größten Spezialfrachter der Welt. Vollbebunkert können die Superlastschiffe 72 000 km weit fahren.

jetzt im Schiffahrtsmuseum von Bremerhaven ausgestellt.

Die ersten maschinengetriebenen Schiffe gab es Ende des 18. Jh.s. Der Antrieb durch eine Dampfmaschine wurde zum ersten Mal erfolgreich durchgeführt, als der Marquis Jouffroy d'Abbans (1751–1832) 1783 mit dem 182 t schweren Raddampfer *Pyroscaphe* auf der Saône bei Lyon (Frankreich) eine Strecke stromaufwärts fuhr.

Das erste mit Erfolg betriebene Motorschiff war der Schlepper *Charlotte Dundas*, ein Raddampfer, den William Symington (1763–1831) 1801/02 in Schottland gebaut hatte. Er verwendete eine von James Watt (1736–1819) entwikkelte doppelt arbeitende Dampfmaschine.

Die Schiffsschraube wurde von dem Farmer Sir Francis Pettit Smith (1808–71) aus Kent erfunden und 1836 patentiert.

Das älteste datierte, mechanisch betätigte Dampfschiff ist der 48 t schwere Schwimmbagger *Bertha* mit einer Länge von 15,42 m. Er wurde 1844 von I. K. Brunel (1806-59) konstruiert und befindet sich jetzt im Marinemuseum in Exeter (GB).

Das älteste Dampfschiff der Welt, das immer noch in Betrieb ist, ist die *Skibladner*, die seit 1856 den Mjøsasee in Norwegen befährt. Sie wurde in Motala in Schweden gebaut und bisher nur zweimal generalüberholt.

Das älteste mit Rahsegeln betakelte Segelschiff der Welt ist die restaurierte *Ciudad de Inca*, 1858 in der Nähe von Barcelona (Spanien) erbaut. Sie mißt 38,1 m über alles und hat 127 BRT. 1981/82 wurde sie von der China Clipper Society of Maidstone (GB) einsatzfähig restauriert.

Das erste deutsche Dampfschiff wurde 1816 in Bremen-Vegesack gebaut.

Das erste Dampfschiff der Schweiz war der 1859 erbaute Eindeck-Raddampfer *Gießbach*, der erst 1956, also fast 100 Jahre später, auf dem Brienzer See (Kanton Bern) außer Dienst gestellt wurde.

In Österreich besteht die **Dampfschiffahrt auf der Donau** seit 1829. Damals wurde in Wien die erste Donau-Dampfschiffahrts-Gesellschaft gegründet, seinerzeit die größte Binnenschiffahrts-Reederei der Welt. Sie nahm 1830 den Verkehr zwischen Wien und Pest (Ungarn) auf; er wurde bald auf die ganze schiffbare Donau zwischen Regensburg und dem Mündungsdelta ausgedehnt. Seit 1946 ist die Gesellschaft verstaatlicht. 1978 bewältigte sie elf Prozent des gesamten grenzüberschreitenden Frachtverkehrs Österreichs. Die im selben Jahr mit sieben Schiffen erreichte Gesamtzahl von 469 000 Fahrgästen bleibt allerdings weit hinter den Leistungen aus der Zeit der k. u. k. Monarchie zurück: 1883 waren es 3,5 Mio. Passagiere.

Das erste durch eine Turbine angetriebene Schiff war die *Turbinia*, die 1894 nach dem Entwurf von Sir Charles Parsons (1854–1931) in Wallsend-on-Tyne (GB) gebaut wurde. Die *Turbinia* war 30,50 m lang und hatte 45,2 t Wasserverdrängung. Ihre maschinelle Ausrüstung bestand aus drei Dampfturbinen mit einer Gesamtleistung von etwa 2000 PS (1480 kW). Bei ihrem ersten Einsatz 1897 erreichte sie eine Gesamtgeschwindigkeit von 34,5 Knoten (64 km/h).

PASSAGIERSCHIFFE

Das gegenwärtig größte Passagierschiff der Welt ist mit 70 202,19 BRT und 315,66 m Länge die ehemalige, 1961 gebaute *France*. Nachdem sie im Juni 1979 von dem Norweger Knut Kloster gekauft wurde, trägt sie jetzt den Namen *Norway*. Ihre zweite Jungfernfahrt machte sie am 7. Mai 1980 von Southampton (GB) aus. Mit 1000 Kabinen in 8 Decks bietet sie Platz für 2400 Passagiere.

Das zweitgrößte Passagierschiff der Welt ist die *Queen Elizabeth 2* mit 67 140 BRT und einer Gesamtlänge von 293 m. Sie wurde 1969 für die Cunard Line Ltd. fertiggestellt. Am 21. November 1983 stellte sie in New York einen Umschlagrekord von 5:47 Std. auf.

Die 1986 angebotene Kreuzfahrt rund um den Globus – Start- und Zielpunkt New York – dauert 96 Tage und kostet in der Penthouse-Suite 97 930 Pfund (333 000 DM) pro Person.

Das größte je gebaute Passagierschiff war die *Queen Elizabeth* der Cunard-Flotte (zunächst 83 673, später 82 998 BRT). Sie hatte die größte Wasserverdrängung, eine Gesamtlänge von 314 m, eine Breite von 36 m und war mit Dampfturbinen ausgerüstet, die 168 000 PS (124 000 kW) entwickelten. Ihre letzte Passagierreise endete am 15. November 1968. Im Jahr 1970 wurde sie nach Hongkong geschafft, um dort als schwimmende Marine-Universität zu dienen, und in *Seawise University* umbenannt. Am 9. Januar 1972 fiel sie einem Brand zum Opfer, der gleichzeitig an drei Stellen ausbrach. Der größte Teil des zerstörten Rumpfs wurde auseinandergeschweißt und bis 1978 abgeschleppt.

Das größte Passagierschiff Deutschlands ist die *Europa* der Hapag-Lloyd-Reederei, Hamburg. Sie ist 33 819 BRT groß und bietet mit ihren 316 Kabinen 758 Passagieren Platz.

KRIEGSSCHIFFE

Das größte Schlachtschiff der Welt ist noch immer die USS *New Jersey* der amerikanischen Kriegsmarine mit 58 000 BRT und einer Gesamtlänge von 270,6 m. Sie war der letzte Schlachtkreuzer im aktiven Einsatz. Vom 14. Dezember 1983 bis zum 26. Februar 1984 gab sie mit ihren neun 16-Zoll-(40-cm-)Geschützen vor der libanesischen Küste Feuerschutz. Im Mai 1984 wurde die Neuausrüstung der USS *Iowa* mit einem Aufwand von 405 Mio. Dollar (982 Mio. DM) abgeschlossen. Ebenso wurden die USS *Missouri* und die USS *Wisconsin* reaktiviert. Die 16-Zoll-Geschosse mit einem Gewicht von je 1225 kg können 39 km weit gefeuert werden.

Die größten Schlachtschiffe aller Zeiten waren mit jeweils 73 977 BRT die japanischen Schlachtschiffe *Yamato* (am 16. Dezember 1941

Mit 2500 Passagieren und 600 PKW ist die M/S *Olympia* der Viking Line die weltgrößte Autofähre. Sie verkehrt zwischen Helsinki und Stockholm.

in Dienst gestellt, am 7. April 1945 von US-Marinefliegern 200 km südwestlich von Kiuschu, Japan, versenkt) und *Musashi* (am 24. Oktober 1944 durch elf Bomben und 16 Torpedos im Philippinenbecken versenkt). Mit einer Gesamtlänge von 263 m, einer Breite von 38,7 m und einem Tiefgang von 10,8 m waren sie mit neun 460-mm-Geschützen und drei Drillingstürmen bewaffnet. Jedes Geschütz wog 164,6 t, war 22,8 m lang und feuerte Geschosse von 1415 kg Gewicht ab.

Das Wrack der *Yamato* wurde im Sommer 1985 von einer japanischen Bergungsfirma in 340 m Tiefe im Ostchinesischen Meer entdeckt.

Die höchste Geschwindigkeit eines Zerstörers erreichte mit 45,25 Knoten (83,42 km/h) der französische, 1935 in Blainville gebaute 2830 t große *Le Terrible.* Angetrieben wurde er von vier engröhrigen Yarrow-Kesseln und zwei Rateau-Getriebemotoren, die eine Leistung von 100 000 PS ergaben. Er wurde Ende 1957 außer Dienst gestellt.

Die Kriegsschiffe mit der größten Wasserverdrängung sind die amerikanischen Flugzeugträger der Nimitz-Klasse, USS *Dwight D. Eisenhower, Carl Vinson* und *Theodore Roosevelt,* mit jeweils 91 487 BRT. Sie haben eine Gesamtlänge von 322,9 m und erreichen mit ihren vier atomgetriebenen 260 000-PS-Dampfturbinen eine Geschwindigkeit von 30 Knoten (56 km/h). Nach 1 450 000 km Fahrstrecke müssen sie mit neuem Treibstoff ausgestattet werden. Ihre Besatzung zählt 6300 Mann. Die Gesamtkosten der *Abraham Lincoln,* im Dezember 1984 in Newport News auf Stapel gelegt, werden 3,25 Mrd. Dollar (7,6 Mrd. DM) überschreiten, die gut 90 mitgeführten Flugzeuge nicht mitgerechnet.
Das längste Kriegsschiff aller Zeiten ist die USS *Enterprise* mit 335,8 m.

Die größte Zahl von Landungen auf einem Flugzeugträger innerhalb eines Tags war 602. Der Rekord gelang der USS *Matanikau* aus der Marine-Luftgruppe 6 der US-Pazifikflotte am 25. Mai 1945 zwischen 8 und 17 Uhr.

Das längste je in Deutschland gebaute Schlachtschiff war die *Tirpitz* (42 900 t), die am 1. April 1939 in Wilhelmshaven vom Stapel lief. Das Schiff war mit acht 380-mm-Kanonen bestückt. Sein Turbinenmotor entwickelte 138 000 PS (102 000 kW) und ermöglichte eine Geschwindigkeit von 30,8 Knoten, also mehr als 57 km/h. Die *Tirpitz* wurde am 14. November 1944 durch die britische Luftwaffe im Tromsöfjord (Norwegen) versenkt.

Der früheste Stapellauf fand am 8. April 1986 in Tyneside (GB) auf der Werft Swan Hunter statt. Die Fregatte F98, HMS *Coventry,* trat an einem nassen, kalten und stürmischen Morgen um 3 Uhr 45 ihre erste Fahrt an. Der Stapellauf war aus Angst vor Verzögerung durch Arbeitskampfmaßnahmen 12 Std. vorverlegt worden.

Die größten U-Boote der Welt sind die der UdSSR-*Typhoon*-Klasse mit dem Codenamen *Oscar.* Nach NATO-Quellen wurde das erste auf der geheim arbeitenden Schiffswerft Severodvinsk am Weißen Meer am 23. September 1983 vom Stapel gelassen. Die mutmaßlichen Daten: 30 000 t Tauchverdrängung, 170 m Länge, bestückt mit 20 SS-NX-20-Raketen, von denen jede 7 Sprengköpfe und eine Reichweite von 9 260 km besitzt. Bis 1987 sollen zwei weitere dieser U-Boote, die in Leningrad gebaut werden, ebenfalls einsatzfähig sein.

Die schnellsten U-Boote der Welt, die atomgetriebenen Boote der sowjetischen *Alfa*-Klasse, erreichen mindestens 42 Knoten (77,8 km/h). Das Konstruktionsmaterial Titanstahl erlaubt ihnen, wie Experten annehmen, Tauchtiefen bis zu 762 m. Aufnahmen eines amerikanischen Spionagesatelliten vom 8. Juni 1983 zeigen, daß sie verlängert wurden und jetzt 79,3 m messen.

Das größte im Zweiten Weltkrieg konstruierte deutsche U-Boot war der *Typ XI* mit einer Unterwasserverdrängung von 3650 BRT.
Das schnellste U-Boot der deutschen Kriegsmarine war *U 2511* vom *Typ XXI* mit 1280 t und einer Unterwassergeschwindigkeit von 17,5 Knoten (32,4 km/h).
Das erste U-Boot der deutschen Bundesmarine, die *U I* mit 350 t, lief am 22. Oktober 1961 bei den Kieler Howaldtswerken vom Stapel.

Die größte Tauchtiefe können zwei amerikanische Unterseeboote erreichen: 3650 m. Es handelt sich um das 3-Mann-Boot *Trieste II (DSV I)* mit 303 BRT, das im November 1973 wieder in Dienst gestellt wurde, und die *Alvin (DSV II) – Deep submergence vessel* = Tieftauchboot. Die *Trieste II* wurde dem rekordbrechenden Tiefseeboot *Trieste* nachgebaut, aber ohne die von Krupp entwickelte Tauchkugel, die ihm eine Tauchtiefe von 10 917 m ermöglichte.
Das für drei Mann Besatzung ausgelegte Kleinst-Unterseeboot *Sea Cliff* (9 m lang) der US-Marine aus druckfestem Titanium hat Anfang April 1985 im Tiefseegraben vor der mittelamerikanischen Pazifikküste eine Tauchtiefe von 6100 m erreicht.

FRACHTSCHIFFE

Das größte Frachtschiff der Welt für den Transport von Trockengütern ist der liberianische Erz- und Ölfrachter *World Gala* mit 133 748 BRT, einer Länge von 338 m und einer größten Breite von 54,6 m, der 1973 fertiggestellt wurde. In Korea ist ein Erzfrachter von 165 720 BRT für den norwegischen Eigner Sig Bergesen im Bau, der im Oktober 1986 überstellt werden soll.

Das größte Walfangschiff der Welt ist die sowjetische *Sovietskaja Ukraina* mit 32 034 BRT und einer Nutzlast von 46 738 t. Das im Oktober 1959 fertiggestellte Schiff ist 217,8 m lang und hat eine größte Breite von 25,8 m.

Die größten Ro-Ro-(Roll-on-, Roll-off-)Lastschiffe der Welt: die drei Schwesterschiffe der *Barber*-Klasse, *Barber Hector, Barber Tampa* und *Barber Texas* mit je 44 000 tdw.
Am 25. März 1986 wurde die *Barber Texas* als erstes Schiff dieses Typs in Hamburg in Betrieb genommen. 262 m lang und 32,26 m breit ist der Superfrachter. In den Bauch des roten Riesen führt eine 45,10 m lange und 200 t schwere Heckrampe, die nach Aussagen der Reederei das teuerste Umschlagsgerät ist, das je in ein Schiff eingebaut wurde. Der Stauraum der *Barber Texas* hat ein Fassungsvermögen von 1500 Pkw, 74 655 m^3 sonstiger Ladung und 1300 Containern auf einer Fläche von vier Fußballfeldern.

Jumbo-Fähre zwischen Travemünde und Trelleborg

Das größte deutsche Fährschiff, die *Peter Pan*, wurde am 30. Mai 1986 von der Bremerhavener Seebeckwerft an ihren Heimathafen Hamburg übergeben. Die Baukosten für das 161 m lange, 28 m breite und imposante 45 m hohe Schiff betrugen 150 Mio. DM. 1700 Passagiere und 550 Pkw finden Platz auf diesem Luxusfährschiff, das im Liniendienst zwischen Travemünde und Trelleborg (Südschweden) verkehrt. Dabei bietet sich den Reisenden jeder nur denkbare Komfort: Restaurants von à la carte bis zur SB-Cafeteria, Kino, Supermarkt und Kinderspielraum ebenso wie Sauna, Solarium und Swimmingpool. Die *Peter Pan* ist außerdem das erste Passagierschiff der Welt mit elektronisch gesicherten Kabinen, deren Schlösser für jede Reise neu programmiert werden.

Dahinter rangieren die vier 16700-t-Schiffe der *El-Rey*-Klasse mit einer Länge von je 176,8 m. Sie gehören der Crowley Maritime Corporation von San Franzisko (USA) und verkehren zwischen Florida und Puerto Rico mit Ladungen bis zu 376 LKW-Anhängern, die in drei Ebenen untergebracht sind.

Containertransport per Schiff begann 1955, als das Tankschiff *Ideal X* von Malcom McLean (USA) umgebaut wurde. Es beförderte Container ausschließlich auf Deck.

Die größten Containerschiffe der Welt sind die zwölf Schiffe, die 1984/85 von den United States Lines in Korea gebaut wurden. Sie können jeweils 4482 TEU (6,1-m-Container) aufnehmen.

ANDERE WASSERFAHRZEUGE

Der größte Tanker (und zugleich das größte Schiff aller Zeiten) ist die *Seawise Giant* mit einer Nutzlast von 564739 t. Der Riese wurde 1979 für C. Y. Tung in Japan fertiggestellt. Er ist 458,45 m lang, mißt an der breitesten Stelle 68,8 m und hat einen Tiefgang von 24,61 m. Verlängert wurde er von Nippon Kokan, indem ihm ein 81 m langes Mittelstück eingesetzt wurde. Inzwischen liegt der »Saurier der Meere« in Taiwan auf.

Der größte und stärkste Schlepper ist in Japan gebaut: der Hochseebergungsschlepper *Deda* (98 m lang, 15,80 m breit, 3356 BRT, 20800 PS mit einer Leistung bis zu 200 t). Eigner des im Oktober 1979 fertiggestellten Schiffes sind die Yiu Lian Mashinery Repairing Works Ltd. in Hongkong.

Nicht weniger stark ist die *Smit Singapur*, im April 1984 von der Firma Smit Tak International in Auftrag gegeben. Mit ihren 22000 PS erreicht sie eine Leistung von 189 t, sie ist 75,2 m lang und 15,58 m breit.

Die größte Fahrzeug- und Personenfähre ist die *GTS Finnjet* mit einer Geschwindigkeit von 30,5 Knoten und einer Wasserverdrängung von 24600 BRT, die am 13. Mai 1977 den Verkehr über die Ostsee zwischen Helsinki (Finnland) und Travemünde aufnahm. Sie kann 350 Fahrzeuge und 1532 Personen befördern.

Die größte Autofähre der Welt ist mit 37000 BRT die M/S *Olympia*, die in der Ostsee zwischen Helsinki und Stockholm am 28. April 1986 in Dienst genommen wurde. In Abo (Finnland) für die Viking Line gebaut, ist sie 177,1 m lang, hat eine maximale Breite von 29 m und kann 2500 Passagiere und 600 Autos befördern.

Das größte Eisenbahnfährschiff der Welt ist die 4600-t-*Railship II*. Sie ist 19 Knoten schnell, wurde im November 1984 im Ostseebetrieb in Dienst gestellt. Die Fähre nimmt 85 Eisenbahnwaggons von je 20 m Länge und 70 Personenwagen auf, ist 186,5 m lang und wurde für H. M. Gehrckens (Hamburg) auf der Seebeckwerft AG in Bremerhaven von Krupp gebaut.

Die schnellste Bauzeit für ein großes Schiff war 4 Tage 15 Std. für die *Robert E. Peory* mit 10920 t Verdrängung, die am 8. November 1942 in der Kaiser's Werft in Portland, Oregon (USA), auf Kiel gelegt und am 12. November vom Stapel gelassen wurde. Sie war am 15. November einsatzbereit und die Nr. 440 der Flotte von 2742 Liberty-Schiffen (jeweils 11,6 Knoten), die seit dem 27. September 1941 in 18 amerikanischen Werften gebaut wurden.

Als das teuerste Forschungsschiff der Welt gilt die deutsche *Polarstern*, ein Luxusliner der Wissenschaft – erbaut von der Howaldtswerke-Deutsche Werft AG in Kiel und der Rendsburger Werft Nobiskrug. Dieses 118 m lange Vielzweck-Forschungsschiff hat vier 20000 PS starke Diesel und bietet 106 Menschen an Bord allen Komfort.

Das größte Tragflächenboot ist die 64,6 m lange *Plainview* mit 314 BRT, die von der Lockheed Shipbuilding and Construction Co. in Seattle, Washington (USA), am 28. Juni 1965 vom Stapel gelassen wurde. Sie hat eine Betriebsgeschwindigkeit von 50 Knoten (92 km/h).
Drei 165 t große *Supramar-PTS-MK-III*-Tragflächenboote mit einem Fassungsvermögen von 250 Passagieren und einer Geschwindigkeit von 40 Knoten (74 km/h) verkehren regelmäßig zwischen Malmö (Schweden) und Kopenhagen (Dänemark). Sie wurden von der Westermoen Hydrofoil Ltd. in Mandal (Norwegen) gebaut.
Aus der Sowjetunion liegen Berichte über ein 500 t großes Fahrzeug mit Flügelauftrieb mit einer Tragfläche von 900 t vor.

Das weltgrößte Binnen-Flußschiff ist die 115,2 m lange SS *Admiral*, die sich zur Zeit einer 6 Jahre dauernden Erneuerung unterzieht. Für 26,7 Mio. Dollar (72 Mio. DM) wird sie in St. Louis, Missouri (USA), zu einem schwimmenden Vergnügungszentrum auf dem Mississippi umgerüstet.

Die schnellste Überquerung des Ärmelkanals durch ein Fährschiff gelang am 9. Februar 1982 Townsend Thorensens *Pride of Free Enterprise*, die in 52:49 Min. von Dover nach Calais gelangte. Mit Rückenwind; denn es herrschte Windstärke 7!

Der stärkste Eisbrecher ist ein sowjetisches Handelsschiff, das 1982 fertiggestellt wurde und für den Einsatz an der Arktisküste vorgesehen ist. Das atomgetriebene 61000-t-Schiff ist dafür ausgelegt, als Eisbrecher zu fungieren.

Das längste, speziell als Eisbrecher konstruierte Schiff ist die 140 m lange *Rossiya*, in Leningrad vom Stapel gelassen und 1985 fertiggestellt. Der 25000-t-Eisbrecher wird atomar angetrieben, seine Motoren erzeugen 75000 PS (56250 kW)
Ein neuer Eisbrecher der *Polar*-Klasse für eine halbe Mrd. kanadische Dollar (825 Mio. DM) wurde im Oktober 1985 von der kanadischen Regierung in Auftrag gegeben. Er wird 194 m lang sein und 100000 PS leisten.

Der größte umgebaute Eisbrecher war der 306,9 m lange, 43000 PS starke Dampfer *Manhattan*, der von der Humble Oil Co. in einen 152407-t-Eisbrecher mit einem 21,08 m langen, verstärkten Bug umgewandelt wurde. Er durchfuhr in der Zeit vom 24. August bis zum 12. November 1969 zweimal die Nordwestpassage im arktischen Kanada, die zum ersten Mal 1906 von Roald Amundsen (Norwegen) befahren worden war.

Die teuerste Yacht der Welt: Die Neuausrüstung der 143,2 m langen und 20 Mio. Pfund (75 Mio. DM) teuren, in Dänemark gebauten saudiarabischen Königlichen Yacht *Abdul Asiz* kostete 9 Mio. Pfund (33,5 Mio. DM) und wurde am 22. Juni 1984 in der Vospers Werft, Southampton (GB), beendet.

Der stärkste Schwimmbagger ist die 142,7 m lange *Prins der Nederlanden* mit 10586 BRT. Er ist in der Lage, mit Hilfe von zwei Saugrohren 20000 t Sand in weniger als 1 Std. in einer Tiefe von 35 m zu baggern.

Die größte Schiffsschraube der Welt ist die Drei-Blatt-Schraube von 11 m Durchmesser, die am 17. März 1982 von Kawasaki Ltd. für den 208000-t-Massengutfrachter *Hoei Maru* hergestellt worden ist.

Das schwerste jemals aus Holz gebaute Schiff war die *Richelieu* mit 101,70 m Länge und 8534 BRT, die am 3. Dezember 1873 in Toulon (Frankreich) vom Stapel lief.

Das längste Holzschiff der Neuzeit war die 1867–72 in New York (USA) konstruierte *Rochambeau* (früher: *Dunderberg*). Sie hatte eine Gesamtlänge von 115 m. (In diesem Zusammenhang ist erwähnenswert, daß die Länge der biblischen Arche Noah 300 Ellen oder – bei einem Ellenmaß von 45,7 cm – 137 m betragen haben soll.)

Das größte mit Menschenkraft angetriebene Schiff war die *Tessarakonteres*, die um 210 v. Chr. in Alexandrien (Ägypten) für den Pharao Ptolemäus IV. gebaut wurde. 4000 Ruderer sorgten für die Fortbewegung der Trimaran-Galeere, die 128 m lang war. Auf drei Ruderbänken übereinander betätigten bis zu acht Mann jedes der 17,5 m langen Ruder.

Das längste Kanu der Welt ist das 35,7 m lange, 20 t schwere Maori-Kriegskanu *Nga Toki Matawhaorua* aus Kauri-(Fichten-)Holz, das 1940 auf der kleinen Insel Kerikeri (Neuseeland) mit Breitbeilen für eine Besatzung von 70 oder mehr Personen gebaut wurde.

Das »Schlangenboot« *Nadubhagóm* aus dem südindischen Kerala ist 41,1 m lang und hat eine Besatzung von 109 Ruderern sowie 9 »Aufmunterern«.

Am längsten von einem Leuchtschiff markiert ist Newarp vor Great Yarmouth (GB) in der Nordsee. Das Leuchtschiff wurde 1791 eingerichtet. Ein Nore-Leuchtschiff wurde 1732 in der Themsemündung stationiert.

SEGELSCHIFFE

Das größte Segelschiff der Welt lief 1911 in Bordeaux (Frankreich) vom Stapel; es war die *France II* mit 5806 BRT, eine Fünfmastbark mit Stahlrumpf. Sie hatte eine Gesamtlänge von 127,4 m. Obwohl sie ursprünglich als Gaffelsegler gebaut wurde, war sie gleichzeitig mit zwei Dampfmaschinen ausgerüstet. Am 13. Juli 1922 erlitt sie vor Neukaledonien Schiffbruch.

Das jetzt größte Segelschiff der Welt, die unter sowjetischer Flagge fahrende *Sedow*, ist 3556 BRT groß. Das Schulschiff ist 1921 in Kiel als *Magdalena Vinnen* vom Stapel gelaufen. Sie hat 4192 m² Segelfläche.

Der einzige Segelschoner der Welt mit sieben Masten wurde 1902 in Quincy, Massachusetts (USA), gebaut. Es war die 114,4 m lange *Thomas W. Lawson* mit 5218 BRT; sie ging am 15. Dezember 1907 im Ärmelkanal unter.

Das letzte aus Holz gebaute Großsegelschiff Deutschlands war die Bark *Seute Deern*, die in Bremerhaven als Restaurantschiff betrieben wird.

Das einzige Segelschulschiff der Bundesrepublik Deutschland ist die Dreimastbark *Gorch Fock* (Heimathafen Kiel). Sie ist 89,30 m lang, 12 m breit, hat eine Segelfläche von 1953 m² und eine Stammbesatzung von 274 Mann. Die *Gorch Fock* dürfte auch das am häufigsten abgebildete Segelschiff der Welt sein: Sie ist auf der Rückseite der deutschen 10-DM-Banknote zu sehen, die in vielen Mio. Exemplaren in Umlauf ist.

Die größte Tagesleistung, die je für ein Handelsschiff unter Segeln berechnet wurde, war 465 sm (856,16 km), die der Clipper *Champion of the Seas* (2722 BRT) der Black-Ball-Linie aus Liverpool (GB) 1854 unter dem Kommando von Captain Alexander Newlands im südindischen Ozean vor einem heftigen Nordwestwind zurücklegte. Zwischen den Meßpunkten verstrichen 23:17 Std., das bedeutet eine Durchschnittsgeschwindigkeit von 19,97 Knoten (37 km/h).

Die größte bis jetzt bekannte Dschunke war die seetüchtige *Cheng Ho*, das Flaggschiff der 62 Schatzschiffe des chinesischen Admirals Cheng Ho, um 1420. Sie hatte eine Wasserverdrängung von 3150 BRT, eine Länge, die 164 m betragen haben soll, und vermutlich 9 Masten.

Von einer Flußdschunke von 110 m Länge, die mit fußgetriebenen Schaufelrädern in Gang gesetzt wurde, wird aus dem Jahr 1161 berichtet. Um das Jahr 280 nahm eine von Wang Chün gebaute schwimmende Festung von 182,8 m² Größe auf dem Jangtsekiang an dem Flußkrieg von Chin-Wu teil. Heutzutage gibt es, selbst unter den Chiang-su-Frachtern, keine Dschunken mehr von mehr als 51,8 m Länge.

Die größten Segel. Seit 3500 v. Chr. werden Segel als Antrieb für Wasserfahrzeuge verwendet. Die größten Spieren befanden sich auf dem britischen Schlachtschiff *Temeraire*, am 31. August 1877 in Chatham (GB) fertiggestellt. Fock- und Großrahe maßen 35 m Länge. Das Großsegel bestand aus 1555 m Segeltuch und wog 2 t, die Gesamtsegelfläche maß 2322 m². Zum Vergleich: Die Fläche des Fallschirmstoff-Spinnakers von Vanderbilts *Ranger* (1937) betrug 1672 m².

Die längste Schiffskette auf einem Binnensee bildeten 372 Wasserfahrzeuge aller Art. Am 18. Juni 1983 erlebte der 24,2 km² große Traunsee bei Gmunden (oberösterreichisches Salzkammergut) eine »Schiffsinvasion«. 3500 m lang wurde die Schiffskette: Luxusyacht und Schlauchboot – alles hing an einem roten Spezial-Kunststoffseil.

Einen Modellschiff-Fahrrekord stellte am 5. September 1982 der Ostschweizer Rolf Schädler (* 1939) aus Appenzell auf dem Bodensee auf. Seine im Maßstab 1:65 nachgebaute *Royal Viking Star* (2,82 m lang, 38 cm breit, mit 80 cm Höhe über alles, 60 kg schwer) brauchte für die 17 km lange Route Kressbronn (Bodanwerft) bis Bad Horn (Schweiz) genau 3:48 Std. Passagiere waren bei diesem ferngesteuerten Kreuzfahrtliner Fehlanzeige.

UNFÄLLE

Das größte Schiffswrack war der Riesenfrachter *Energy Determination* (312 186 t Nutzlast), der in der Straße von Hormus am 12. Dezember 1979 explodierte und auseinanderbrach. Der Gesamtwert des Schiffs betrug 58 Mio. Dollar (127 Mio. DM).

Neues Schiff mit altem Namen

Die neue *Meteor*, die am 15. März 1986 in Dienst gestellt worden ist, setzt eine sechs Jahrzehnte alte Forschungstradition fort. Das 98 m lange und 16,5 m breite Schiff, dessen Baukosten rund 100 Mio. DM betrugen, kann auf sieben Vorgängerinnen gleichen Namens zurückblikken. Besonders bekannt wurde die 1924 in Betrieb genommene *Meteor*, die auf der »Atlantischen Expedition« von 1925 bis 1927 den gesamten Atlantischen Ozean vermessen hat.
Die Jungfernreise der jüngsten *Meteor* – das derzeit modernste deutsche Forschungsschiff – führt in die Karibik und in den Indischen Ozean. Zu ihren Hauptaufgaben gehören die Meeresökologie, die Meeresbiologie, die Ozeanographie, die meeresbezogene Klimaforschung, die maritime Meteorologie, die See-Geophysik und die Meeresgeologie. Darüber hinaus sind jedoch auch Spezialvorhaben möglich, die über die eigentliche Meeresforschung hinausgehen, wie zum Beispiel Luftchemie, Taxonomie, Gerätetechnik, Ausrüstungs- und Betriebstechnik. Für diese Forschungsaufgaben stehen 33 Mann Besatzung und 29 Wissenschaftler von norddeutschen Universitäten, den Bundesforschungsanstalten und von Instituten der Länder zur Verfügung.

Auf dem Segelschulschiff *Gorch Fock* sind seit der Indienststellung am 17. Dezember 1958 Generationen von Kadetten ausgebildet worden (s. S. 189).

Die aufwendigste Beseitigung eines Wracks wurde 1979 von der Firma Smit Tak International durchgeführt, die die Überreste des französischen Tankers *Betelguese* (120 000 t) innerhalb von 20 Monaten aus der Bantry Bay (Irland) entfernte.

Die größte bisher bekannte Schiffskollision ereignete sich am 19. Dezember 1977, als der Tanker *Venoil* (330 954 t Ladegewicht) 35 km vor der südafrikanischen Küste mit seinem Schwesterschiff *Venpet* (330 869 t) zusammenstieß.

OZEANÜBER-QUERUNGEN

Die erste Atlantiküberquerung durch ein Schiff mit Maschinenantrieb (im Gegensatz zu Segelschiffen oder Schiffen mit Hilfsmotor) war eine 22-Tage-Reise, die im April 1827 von der *Curaçao* auf der Strecke Rotterdam–Westindien durchgeführt wurde. Das Schiff war ein 38,7 m langer, hölzerner Raddampfer von 438 t, der 1826 in Dundee (Schottland) gebaut und von der niederländischen Regierung angekauft worden war.

Die erste, ganz mit Dampfantrieb durchgeführte Atlantiküberquerung (mit Unterbrechungen zum Entsalzen der Kessel) absolvierte 1832 das britische Schiff *Rhadamanthus* auf der Strecke von Plymouth (GB) nach Barbados (Kl. Antillen).

Die erste Atlantiküberquerung mit ständiger Dampfzufuhr wurde von dem mit einem Dampfkondensator ausgerüsteten Paketschiff *Sirius* (714 t) zwischen Queenstown (Irland) und Sandy Hook, New Jersey (USA), zwischen dem 4. und dem 22. April 1838 in 18 Tagen und 10 Std. durchgeführt.

Die schnellste Atlantiküberquerung wurde von der *United States* (damals 51 988, jetzt 38 216 BRT), dem früheren Flaggschiff der United States Lines, durchgeführt. Auf ihrer Jungfernfahrt vom 3. bis 7. Juli 1952 von New York (USA) nach Le Havre (Frankreich) und Southampton (GB) betrug ihre Durchschnittsgeschwindigkeit in einer Zeit von 3 Tagen, 10:40 Std. (3. Juli 19 Uhr 36 MEZ bis zum 7. Juli 5 Uhr 16 MEZ) 35,59 Knoten (65,95 km/h). Die Strecke (vom Ambrose-Leuchtschiff bis zum Leuchtfeuer von Bishop's Rock auf den Scillyinseln in Cornwall) war 2949 sm (5465 km) lang. Während dieser Fahrt legte die *United States* am 6./7. Juli 1952 die größte Strecke zurück, die jemals von einem Schiff in 24 Std. geschafft wurde: 868 sm = 1609 km; sie erreichte damit eine Durchschnittsgeschwindigkeit von 36,17 Knoten (67,02 km/h). Ihre Höchstgeschwindigkeit hatte die *United States* mit ihren Maschinen von 240 000 PS (177 500 kW) bei einem Probelauf am 9. und 10. Juni 1952 mit 38,32 Knoten (71,01 km/h) erreicht.

Die schnellste Pazifik-Überquerung von Yokohama (Japan) bis Long Beach in Kalifornien (USA), 4840 sm = 8960 km, dauerte 6 Tage, 1:27 Std. und wurde von dem Containerschiff *Sea-Land-Commerce* (50 315 BRT) mit einer Durchschnittsgeschwindigkeit von 33,27 Knoten (61,65 km/h) durchgeführt.

Die südlichste Region, die je von einem Schiff erreicht wurde, wurde am 15. Februar 1912 registriert, als die *Fram* 78°41′ südlicher Breite vor der antarktischen Küste erreichte.

Der tiefste Ankerplatz der Welt wurde am 29. Juli 1956 von Jacques-Yves Cousteaus (* 1910) Forschungsschiff *Calypso* mit 7498 m im Romanche-Graben im Mittelatlantik erreicht. Er verwendete dabei ein 8,9 km langes Nylonseil.

Die größte Äquatortaufe, die jemals auf einem Kriegsschiff veranstaltet wurde, fand Mitte Januar 1980 auf dem US-Flugzeugträger *Nimitz* im Atlantik statt, als 4421 Grünschnäbel in Seebären verwandelt wurden.

Die wenigsten Passagiere bei einer Atlantik-Überquerung, nämlich nur einen, dürfte die unter deutscher Flagge fahrende *World Discoverer,* die sonst 193 Passagieren Platz bietet, im März 1980 auf ihrer Rückfahrt von Montevideo (Uruguay) nach Europa gehabt haben. Das Schiff hatte eine Kreuzfahrt um Kap Hoorn (Südspitze Südamerikas) nach dem chilenischen Hafen Punta Arenas unternommen. Auf der Rückfahrt nach Montevideo hatten alle Passagiere das Schiff in südamerikanischen Häfen verlassen, bis auf einen Deutschen, der die zweiwöchige Fahrt über den Atlantik nun allein absolvierte – betreut von einer 75 Mann starken Besatzung. In zwei Schiffsbars, mehreren Speisesälen, dem Swimmingpool, dem Bordkino und dem Aussichtsdeck konnte er es sich mehr als bequem machen.

Mit einem mit Solarzellen betriebenen Boot überquerte als erster Mensch der Japaner Kenichi Horie (46) den Pazifik. Er startete im Sommer 1985 auf Honolulu (Hawaii) und erreichte nach 75 Tagen und 7 Std. mit seinem 9 m langen Boot Japan.

Mit dem permanenten Allradantrieb wurde der *Audi Quattro* 1980 Vorreiter einer Fahrwerkskonzeption, die sich auch bei Großserienautos durchsetzte. Ab 1981 sammelte Audi mit dem *Quattro* erste Rallyeerfolge. 1986 erzielt ein *Audi 200 Turbo Quattro* 332,88 km/h auf der Rennstrecke von Talladega (s. S. 192).

2. STRASSENFAHRZEUGE

Bevor man geteerte Straßenoberflächen und Luftbereifung für Wagenräder hatte, war das Fahren mit Kutschen langwierig und gefährlich.

Einen Rekord stellte der Engländer J. Selby auf, als am 13. Juli 1888 die Kutsche *Old Times* in 7:50 Std. die 173 km lange Strecke von London nach Brighton und zurück mit acht Gespannen und 14 Pferdewechseln zurücklegte und dabei eine Durchschnittsgeschwindigkeit von 22,19 km/h erreichte.

Kutschen mit vier Pferden konnten nahezu 1 Std. lang eine Geschwindigkeit von 34 km/h beibehalten. Die englische Postkutsche *Border Union*, die etwa um 1825 gebaut wurde, fuhr vierspännig 632 km von Edinburgh nach London. Als die Linie 1842 wegen der Eisenbahnkonkurrenz eingestellt wurde, betrug die zulässige Fahrzeit 42:23 Std.

KRAFTFAHRZEUGE

Die Anfänge: Der erste Mensch, der sich nachgewiesenermaßen mit der Idee eines sich selbst bewegenden Fahrzeugs befaßte, war Homer in der *Ilias*. 1673 führte dann Christiaan Huygens, ein holländischer Physiker und Mathematiker, Vertretern der französischen Akademie der Wissenschaften einen Pulvermotor vor, der jedoch keinen großen Anklang fand. Das erste Auto war ein zwei Fuß (61 cm) langes, dampfgetriebenes Modell, das der belgische Jesuitenpriester Ferdinand Verbiest († 1687) im Jahr 1668 konstruierte und in seiner *Astronomia Europaea* beschrieb. Sein Modell wurde möglicherweise entweder durch Giovanni Brancas Beschreibung einer Dampfturbine inspiriert, die dieser im Jahr 1629 in seiner Schrift *La Macchina* veröffentlicht hatte, oder durch Schriften über Feuerwagen aus der Choudynastie (etwa 800 v. Chr.), die Nan Huai-Jen für die Bibliothek des chinesischen Kaisers Khang-hi verfaßte, dem er in der Zeit von etwa 1665–80 n. Chr. als Astronom diente. Der Schweizer Isaac de Rivaz († 1828) baute 1805 einen Wagen, der von seinem »Explosionsmotor« angetrieben wurde.

Die meisten Autos fahren in den USA. 1984 schätzte man 168,6 Mio. Fahrzeuge, das entspricht 37,9 Prozent des Weltbestandes (411 113 000). In der Bundesrepublik Deutschland waren am 1. Januar 1986 insgesamt 30 856 483 Kraftfahrzeuge zugelassen – davon 85 Prozent Personenwagen –, in Österreich (1985) 3,72 Mio., und in der Schweiz (1983) waren es 2,82 Mio.

Das erste voll funktionsfähige Automobil war einer von zwei Dampftraktoren, die Nicolas-Joseph Cugnot (1725–1804) konstruiert hatte. Er wurde 1769 im Pariser Zeughaus für den Militärdienst in Betrieb genommen und erreichte eine Geschwindigkeit von 3,6 km/h. Cugnots zweiter, größerer Traktor, der im Mai 1771 fertiggestellt wurde, ist noch heute im Conservatoire Nationale des Arts et Métiers in Paris zu sehen.

Das erste Automobil, das Passagiere beförderte, war ein dampfgetriebenes Straßenfahrzeug, das acht Fahrgästen Platz bot und von Richard Trevithick (1771–1833) konstruiert wurde. Zum ersten Mal fuhr es am 24. Dezember 1801 in Camborne (GB).

Das erste mit einem echten Verbrennungsmotor angetriebene Fahrzeug wurde von dem Londoner Samuel Brown (Patent Nr. 5350 vom 25. April 1826) gebaut. Sein Fahrzeug mit Vier-PS-Zweizylinder-Flüssiggas-Motor fuhr im Mai 1826 den Shooters Hill in Blackheath, Kent (GB), hinauf.

Das erste erfolgreich mit Benzin angetriebene Fahrzeug, der sogenannte *Patent-Motorwagen,* wurde von Karl Benz (1844–1929) aus Karlsruhe gebaut und Ende 1885 in Mannheim zum ersten Mal gefahren. Es handelte sich um ein 250 kg schweres Dreiradauto mit einer Geschwindigkeit von 13–16 km/h. Sein Einzylinder-Viertaktmotor mit Kettenantrieb (Bohrung 90 mm, Hub 150 mm) leistete 0,75 PS (0,54 kW) bei 400 U/min. Das Patent wurde am 29. Januar 1886 erteilt. Ein Bericht über seine erste, 1 km lange Probefahrt erschien am 4. Juni 1886 in der *Neuen Badischen Landeszeitung* in der Rubrik »Vermischtes«. Das 1885 gebaute Fahrzeug befindet sich noch immer in fahrbereitem Zustand im Deutschen Museum in München.

Den ersten Viertakt-Benzinmotor baute der Ingenieur Nikolaus August Otto (1832–91) zusammen mit dem Zuckerfabrikanten Eugen Langen (1833–95) im Jahr 1867. Für diesen benzingetriebenen Kolbenmotor *(Ottomotor)* bekam er 1876 das Reichspatent Nr. 532 erteilt.

Den ersten Kraftwagen mit vier Rädern baute Gottlieb Daimler (1834–1900) im Jahr 1886. Der Einzylinder-Viertaktmotor (Bohrung 70 mm, Hub 120 mm) leistete bei 600 U/min 1,1 PS (0,81 kW) und erreichte 18 km/h. 1883 hatte er mit Wilhelm Maybach (1846–1929) eine Versuchswerkstätte gegründet, in der der schnelllaufende Verbrennungsmotor mit Glührohrzündung entwickelt wurde (Patent 1883). Maybach erfand auch den Spritzdüsenvergaser, verbesserte das Wechselgetriebe und entwickelte den Wabenkühler.

Den ersten betriebsfähigen Dieselmotor der Welt baute 1897 die Fa. Fried. Krupp in Essen zusammen mit dem Erfinder Rudolf Diesel (1858–1913, im Ärmelkanal ertrunken) und der Maschinenfabrik Augsburg. Diesel hatte bereits 1892 ein Patent auf eine Verbrennungskraftmaschine bzw. einen rationellen Wärmemotor erhalten. Das erste Modell der Konstruktion ist heute im Deutschen Museum in München ausgestellt.

Den ersten serienmäßig hergestellten luftgekühlten Fahrzeug-Dieselmotor hat 1934 ebenfalls die Fa. Fried. Krupp in Essen gebaut.

Der kleinste Serien-Fahrzeugmotor, ein Dieselmotor mit 18 cm^3, wurde bis 1952 von den Lohmann-Werken in Bielefeld hergestellt. Der Motor wurde für Zweiradfahrzeuge, sogenannte Fahrräder mit Hilfsmotor, gebaut.

Den ersten Drehkolbenmotor entwickelte Felix Wankel (* 1902) in den Jahren 1924–54, der bei NSU lief. 1957 kam der erste Kreiskolbenmotor im NSU-Wankelspider zum Einsatz. Die erste Serienlimousine mit Wankelmotor war der *RO 80*. Heute wird der Wankelmotor nur von der japanischen Firma Mazda serienmäßig produziert – der Wagentyp trägt die Bezeichnung *RX-7*.

Den ersten Kilometerzähler schuf der Chinese Lu-Tao-Lung um das Jahr 1027 n. Chr. Er führte dem Kaiser Shen Tsung einen Wagen mit einem aus Rädern und beweglichen Stäben bestehenden Mechanismus vor, mit dessen Hilfe sich die zurückgelegte Strecke ermitteln ließ. Einer der Stäbe schlug jeweils nach etwa 0,5 km auf eine Trommel, der andere nach je 5 km an eine Glocke.

Neueste Erkenntnisse über den rätselhaften **antiken Wegstreckenmesser,** den der römische Ingenieur Vitruvius (etwa 20 v. Chr.) beschrieben hat, lassen darauf schließen, daß die Römer schon um etwa 250 v. Chr. ein Gerät besaßen, das Wegstrecken messen konnte. Es handelt sich dabei um einen auf einem Wagen befindlichen Zahnradmechanismus, der nach einer römischen Meile eine Kugel in einen Sammelbehälter rollen ließ. Am Ende der zu vermessenden Strecke wurden die Kugeln gezählt – damit stand die Entfernung fest. Der Entwurf dieses Hodometers wird Archimedes (287–212 v. Chr.) zugeschrieben.

Die erste Luftbereifung zunächst für Fahrräder, später auch für Kraftfahrzeuge, entwickelte im Jahr 1888 der schottische Tierarzt John Boyd

79 Jahre hatte ein Rekord für Dampfwagen Bestand, bis 1985 Robert Barber mit seinem *744 Steamin' Demon* kam und neuer Rekordhalter wurde.

Mit dem Etikett des schnellsten Straßenwagens kann sich der *Porsche 959* schmücken. In 3,9 Sek. ist er auf 100 km/h und erzielt 315 km/h Spitze.

Dunlop (1840–1921). Allerdings wurde das erste Patent auf einen Luftreifen bereits 1845 dem Engländer William Thomson zuerkannt.

Der größte Hersteller von Luftreifen ist die 1898 gegründete Goodyear Tire & Rubber Comp. in Acron, Ohio (USA). Sie ist benannt nach dem amerikanischen Chemiker Charles Goodyear (1800–60), der 1839 das Vulkanisieren des Kautschuks erfand und 1852 die Herstellung von Hartgummi.

Die erste Kraftfahrerin der Welt war Bertha Benz, die Ehefrau des Automobilerfinders Karl Benz in Mannheim. Im August 1888 war sie mit ihren Söhnen Eugen und Richard von Mannheim nach Pforzheim gefahren – ohne Wissen ihres Mannes.

Die ersten Führerscheine wurden von der Pariser Polizei verlangt. Der Pariser Polizeipräsident erließ am 14. August 1893 eine Anordnung, wonach kein Motorfahrzeug ohne polizeiliche Erlaubnis benutzt werden durfte. Bewerber mußten einen Fahrtest ablegen. Am 10. März 1899 wurden in Paris die ersten Führerscheine, die mit einem Paßbild des Fahrers versehen sein mußten, ausgegeben. Bis zum 1. November 1899 hatten 1795 Bürger von Paris derartige Fahrlizenzen erworben.
Der erste Führerschein in Deutschland wurde am 1. August 1888 in Mannheim für Karl Friedrich Benz ausgegeben.

Die ersten Autokennzeichen bzw. Nummernschilder wurden 1893 von der Pariser Polizei eingeführt.

Den ersten Kraftomnibus baute der deutsche Ingenieur und Fabrikant Werner von Siemens (1816–92) im Jahr 1882 in Berlin. Es war ein Omnibus mit elektrischer Oberleitung, später Obus genannt.

DIE SCHNELLSTEN AUTOS

Das erste Raketenauto der Welt steuerte Fritz von Opel 1928 über die Berliner Avus (**A**utomobil-**V**erkehrs- und **Ü**bungs**s**traße). Seine verbürgte Höchstgeschwindigkeit: über 250 km/h.

Die höchste Geschwindigkeit für ein Raketenfahrzeug auf Rädern erreichte am 17. Dezember 1979 mit 1190,377 km/h oder 1,0106 Mach das von William Frederick konstruierte und von Stan Barrett auf dem Luftwaffenstützpunkt Edward, Kalifornien (USA), gefahrene *Budweiser Rocket*. Das Hal Needham gehörende Fahrzeug hat eine 48 000-PS-Raketenmaschine und ist mit einer Sidewinder-Rakete ausgestattet, die einen zusätzlichen Schub von 2724 kg entwickelt.

Dieselmotor: Ein Prototyp des *Volkswagens ARVW* (Aerodynamic-Research-Volkswagen) erreichte am 19. Oktober 1980 bei Probefahrten auf dem Rundkurs von Nardo (Italien) eine Geschwindigkeit von 362,07 km/h. Der Prototyp *C-111-III* des *3-l-Mercedes* (230 PS) kam am 30. April 1978 bei Testfahrten auf dem Nardo-Rundkurs auf 327,3 km/h und brachte es bei derselben Rekordfahrt in 12 Std. auf den Weltrekord von 3773,55 km, was einer Durchschnittsgeschwindigkeit von 314,463 km/h entspricht.

Rennwagen: Der schnellste Rennwagen der Welt, der bisher produziert wurde, war der *Porsche 917/30 Can-Am*, der mit einem 12-Zylinder-Boxer-Motor mit Abgas-Turbolader von 5374 cm^3 eine Leistung von 1100 PS (780 kW) erbrachte. Auf dem Versuchsstand waren sogar 1500 PS erreicht worden. Auf der Rennstrecke von Talladega, Alabama (USA), erreichte der Amerikaner Mark Donohue im August 1973 eine Geschwindigkeit von 413,6 km/h. Die beiden Modelle dieses Wagens benötigten 2,2 Sek. für eine Beschleunigung von 0 auf 96 km/h, 4,3 Sek. von 0 auf 160,9 und 12,6 Sek. von 0 auf 321,8 km/h.

Rennwagen mit Allradantrieb: Im Frühjahr 1986 erreichte ein *Audi 200 Turbo Quattro* auf der Rennstrecke von Talladega, Alabama (USA), eine Rundengeschwindigkeit von 332,88 km/h (206,8 mph). Der modifizierte Wagen hatte einen überarbeiteten Fünfzylindermotor des *Sport-Quattro* mit etwa 650 PS. Der *Audi 200 Turbo Quattro* wog noch 1072 kg. Am Steuer saß der Amerikaner Bobby Unser.

Dampfwagen: Am 19. August 1985 brach Robert E. Barber den 79 Jahre alten Rekord für einen Dampfwagen, erzielt mit einem *744-Steamin' Demon*, der von Barber-Nichols konstruiert worden war. In Bonneville Salt Flats, Utah (USA), erreichte er 234 km/h.

Straßenwagen: Mehrere »entschärfte« Rennwagen sind für den Straßenverkehr zugelassen worden, können aber nicht wie normale Fahrzeuge beim Autohändler erstanden werden. Hersteller sehr schneller – und teurer – Modelle lassen Messungen von Höchstgeschwindigkeiten verständlicherweise nur widerwillig zu. Die schnellste Geschwindigkeit eines Straßenwagens ist nach Herstellerangaben (im Gegensatz zu unabhängig geprüften Geschwindigkeiten) 321 km/h »Endgeschwindigkeit« für den *Vector W2A* von Vector Cars, Venice (Kalifornien). Nach Herstellerangaben ist derzeit noch der *Ferrari GTO* mit 400 PS Leistung und 305 km/h der schnellste Serien-Straßenwagen der Welt. Der Preis für den *GTO* beträgt 240 000 DM – die 271 gebauten Exemplare waren allerdings schon vor der Produktion ausverkauft. Mittlerweile werden sie für etwa 600 000 DM gehandelt. Am 1. März 1985 kündigte Aston Martin den Bau von 50 *Vantage-Zagatos* mit einer Motorleistung von 432 Brems-PS und einer Geschwindigkeit von 300 km/h an. Der Wagen soll 87 000 Pfund (300 000 DM) kosten. Der erste Prototyp des *Vantage* wurde im März 1986 auf dem 56. Genfer Automobilsalon gezeigt. Ab Herbst 1986 wird der *Porsche 959* (2,8 l Hubraum, 450 PS) die Rolle des schnellsten Straßenwagens übernehmen. Der 420 000 DM teure Sportwagen, von dem nur 200 Exemplare gebaut werden, soll in 3,9 Sek. die 100-km/h-Grenze erreichen. Die Höchstgeschwindigkeit liegt bei über 315 km/h (Werksangabe). Der *959* zeichnet sich außerdem dadurch aus, daß er über einen permanenten Allradantrieb verfügt.
Die höchste jemals tatsächlich geprüfte Geschwindigkeit erreichte im März 1985 mit 304,9 km/h der *Ferrari GTO*
Die höchste, auf der Straße geprüfte Beschleunigung von 0 auf 60 Meilen/Std. (96,5 km/h) erreichte mit 4,1 Sek. 1983 ein mit zwei Motoren bestückter Prototyp des *VW-Scirocco*; der *Vector W2-A* schafft nach Angaben des Herstellers Vector Cars dieselbe Beschleunigung in 3,5 Sek. Ein Serienwagen, *AC Cobra* 427, erreichte sie 1965 in 13,6 Sek. von 0 auf 100 Meilen/Std. (161 km).

Rekordgeschwindigkeiten

301,4 km/h erreichte der Rennfahrer Harald Ertl (†1982) am 15. Oktober 1981 auf der VW-Versuchsstrecke in Ehra-Lessien (Niedersachsen). Der im Auftrag der Deutschen BP umgerüstete *BMW M 1* leistete mit 2 Turboladern 410 PS und erzielte den Rekord für autogasbetriebene PKWs.

399 km/h erreichte am 15. Februar 1981 auf dem Lake George, New York, der schnellste raketengetriebene Eisschlitten, der von Sammy Miller (*1945) gesteuert wurde.

214,9 km/h erzielte der Sensationsdarsteller Jaromir Wagner (*1939) aus Gießen (Hessen) auf Rollschuhen, gezogen von einem *Lamborghini Countach S* als Schrittmacher. Am Heck des von Hans-Joachim Stuck gesteuerten Wagens war ein Gestell befestigt, an dem sich der Rekordler festklammerte.

208,7 km/h auf metallenen Gleitschienen erzielte er bei einem zweiten Versuch, der ebenfalls am 30. Oktober 1982 auf der Start- und Landebahn des Bundeswehr-Flughafens Fürstenfeldbruck erfolgte.

196,078 km/h schnell war der Schweizer Martin Pfister (*1958) aus Grenchen auf normalen Abfahrtsski von der Stange (2,25 m lang, aus Kunststoff) im Schlepp eines *Lotus Esprit Turbo*. Als Rennbahn für die funkenstiebende Fahrt diente am 15. Juni 1984 die Betonpiste des ehemaligen Militärflughafens von Munchouse bei Mulhouse (Frankreich).

DIE GRÖSSTEN AUTOS

Die größten Automobile für den privaten Straßenverkehr waren der *Bugatti Royale, Modell 41*, von dem nur sechs (nicht sieben) Exemplare von dem Italiener Ettore Bugatti in Molsheim (Frankreich) gebaut wurden, die es alle noch gibt. 1927 erstmals produziert, hat dieser Typ einen 8-Zylinder-Motor mit 12,7 l Hubraum. Die Leistung beträgt 300 PS bei 1800 U/min. Der Preis änderte sich je nach Ausführung, betrug jedoch mindestens 42 000 Dollar – das Vierfache eines Rolls-Royce.

Die längste Spezialanfertigung ist eine mit 16 Rädern bestückte 18,3 m lange *Cadillac*-Limousine *American Dream*, gebaut von Jay Ohrberg Show Cars in Newport Beach, Kalifornien (USA). Ausgestattet ist sie mit Swimmingpool, Badewanne, Bar mit Spielautomat, 3 Farbfernsehern, Mikrowellenherd, ausfahrbarer Satellitenantenne, Autotelefonen und einem Hubschrauber-Landeplatz auf dem Wagendeck.

Die stärksten Motoren: Das Fahrzeug mit dem stärksten Kolbenmotor der Welt ist die *Quad Al.* Sie wurde 1964 von Jim Lytle entworfen und gebaut und zum ersten Mal im Mai 1965 in der Sports Arena von Los Angeles (USA) vorgeführt. Der Wagen ist mit vier Allison-V-12-Flugzeugmotoren mit einer Gesamtleistung von 112 087 cm^3 und 12 000 PS (8900 kW) ausgestattet, hat Vierradantrieb, acht Räder und eine doppelte Sechs-Scheiben-Kupplung. Der Radstand beträgt 406,4 cm, das Gesamtgewicht 2658 kg. Das Fahrzeug hat 96 Zündkerzen und 96 Auspuffrohre.

Das größte Fahrzeug, das jemals in Gebrauch war, war die *White Triplex*, die im Auftrag von J. H. White aus Philadelphia (USA) gebaut wurde. Sie wurde nach zweijähriger Arbeit Anfang 1928 fertiggestellt, wog etwa 4,06 t und war mit drei Liberty-V-12-Flugzeugmotoren mit einer Gesamtleistung von 81 188 cm^3 ausgerüstet, die bei 2000 U/min 1500 PS (1100 kW) entwickelten.

Das Fahrzeug sollte den Geschwindigkeits-Weltrekord brechen, aber es ging am 13. März 1929 in Daytona, Florida (USA), zu Bruch.

Das gegenwärtig stärkste Straßenfahrzeug der Welt ist ein *Jameson-Merlin* mit sechs Rädern. Es ist mit einem Rolls-Royce-V-12-Merlin-Flugzeugmotor von 27 000 cm^3, 1760 PS (1300 kW) ausgerüstet, der ihm eine Höchstgeschwindigkeit von 298 km/h verleiht. Bei einem Tankinhalt von 272 l hat es eine Reichweite von 480 km. Das Fahrzeug wiegt 2,69 t.

Den größten Motor eines Serienwagens besaßen mit einem Hubraum von 13,5 l der amerikanische *Pierce-Arrow 6-66 Raceabout* (1912–18), der amerikanische *Peerless 6-60* (1912–14) und der *Fageol* (1918).

Der antriebsstärkste Serienwagen war der *AC Cobra 427*, der von 1965–68 in 401 Exemplaren gebaut wurde. Sein 7,4-l-Ford-V8-Motor leistete

Das längste Auto, der *Amerikanische Traum*, bringt es bei 16 Rädern auf 18,3 m, aber der 10rädrige Lamrooster mit 16 m kann sich auch sehen lassen.

bis zu 450 PS. Der Neupreis betrug 1965 rund 7000 Dollar, heute werden 80 000 Dollar für ein gutes Exemplar bezahlt. Der derzeit antriebsstärkste Serienwagen ist der *Lamborghini Countach 5000 Squattro valvola*. Mit einem 5167-cm^3-V2-Motor schafft er 455 Brems-PS.

DIE SPARSAMSTEN AUTOS

Sparmobil-Rekord. Am 9. Juli 1985 gewann die Abteilung Maschinenbau des King's College in London den vom *Shell-Motor-Magazin* ausgeschriebenen Preis in Silverstone, Northants (GB), mit einer Leistung von 1419 km/l.

Einen Distanzweltrekord über 50 000 km erzielte der *Mercedes-Benz E 2,3-16* im August 1982 in Nardo (Italien). In knapp 202 Std. erfuhr der 16-Ventil-Vierzylindermotor eine Durchschnittsgeschwindigkeit von 247,939 km/h.

Die längste mit einer Tankfüllung zurückgelegte Distanz schaffte der österreichische Konsulent Gerhard Plattner (*1939) aus Innsbruck mit einem serienmäßigen *VW-Golf*. Am 16. Oktober 1986 begann in Nauders an der österreichisch-italienischen Grenze die Rekordfahrt des *Golf-Diesel* (40 kW/54 PS) durch 12 europäische Staaten. Nach 39:30 Std. reiner Fahrzeit endete sie in Halden (Norwegen). Kilometerstand: 2163 km. Bei einer Durchschnittsgeschwindigkeit von 54,75 km/h kam der Wagen auf einen Durchschnittsverbrauch von 2,69 l/100 km.

Das sparsamste Serienauto wurde beim Shell-Kilometer-Marathon auf dem Hockenheimring am 20. Juni 1981 ein *VW-Golf-Diesel Formel E* aus dem Koblenzer Autohaus Löhr & Becker. Der Spar-Wagen verbrauchte exakt 2,031 l auf 100 km bei einer Durchschnittsgeschwindigkeit von 50,51 km/h. Mit Frontspoiler, strömungsbegünstigten Radabdeckungen und vollverkleidetem Wagenboden gewann das Team von Ferdinand Duckwitz mit dem Fahrer Hans Pauli den Spar-Wettbewerb.

DIE SCHNELLSTEN AUTOS

Kategorie	km/h	Auto	Fahrer	Ort	Datum
Düsenantrieb (offiziell)	1019,44	*Thrust 2*	Richard Noble (GB)	Black Rock Desert, Nevada (USA)	4. Oktober 1983
Raketenantrieb (offiziell)	1001,473	*Blue Flame*	Gary Gabelich (USA)	Bonneville, USA	23. Oktober 1970
Radantrieb (Turbine)	690,909	*Bluebird*	Donald Campbell (GB)	Lake Eyre, Australien	17. Juli 1964
Radantrieb (mehrere Motoren)	673,516	*Goldenrod*	Robert Summers (USA)	Bonneville, USA	12. November 1965
Radantrieb (ein Motor)	575,149	*Herda-Knapp-Milodon*	Bob Herda	Bonneville, USA	2. November 1967
Raketenantrieb* (inoffiziell)	1190,377	*Budweiser Rocket*	Stan Barrett (USA)	Edwards Air Force Base, USA	17. Dezember 1979

* Diese Geschwindigkeit von Mach 1,0106 wird von der USAF nicht offiziell anerkannt, deren digital instrumentiertes Radar nicht geeicht war. Die Radarmessung wurde nicht vom Fahrzeug direkt genommen, sondern durch Einrichtung des Meßgeräts auf einen Fernsehschirm. Der Anspruch auf so exakte Meßdaten (6 Stellen hinter dem Komma) erscheint unter diesen Umständen höchst unwahrscheinlich.

Den kürzesten und flachsten Straßenwagen der Welt hat Andy Saunders gebaut. Sein Miniwagen ist ganze 86,4 cm hoch.

Einen Dreirad-*Scooter* stellte VW vor. Der Zweisitzer ist 3,18 m lang, wendiger als der kleinste Mini und schneller als gleichstarke Motorräder.

Als dauerhaftestes Auto wurde 1980 ein *Mercedes 180 D*, Baujahr 1954, mit einer Gesamtleistung von 2 170 000 km ermittelt. Das Auto war im Besitz von Marinos Roumeliotis aus Iraklion, Kreta (Griechenland). Der zweifache Kilometermillionär fährt immer noch mit seinem Rekord-Benz.

Die strömungsgünstigste Karosserie aller Serienwagen hat derzeit der *Renault 25 TS* mit einem Luftwiderstandsbeiwert von $c_w = 0{,}28$. Er wurde im Windkanal Saint Cyr bei Paris gemessen. Anfang März 1986 wurde der Großserien-Pkw auf dem Genfer Automobil-Salon vorgestellt.

Ein von der BRABUS GmbH, Bottrop, getunter *Mercedes 230 E* (BRABUS 230 E/W 124) erreichte bei einer Messung im Windkanal des Daimler-Benz-Werkes in Stuttgart-Untertürkheim am 7. Februar 1985 sogar den c_W-Wert von nur 0,2625. Kostenpunkt des »aufgemotzten« Fahrzeugs: ca. 47 500 DM.

Ingenieure und Techniker der VW-Forschung haben in Zusammenarbeit mit Designern den *VW-Scooter* entwickelt, der über einen c_W-Wert von 0,25 verfügt. Die Scheiben sind fugenlos eingepaßt, Scheinwerfer und Türgriffe flächenbündig. Weitere Merkmale: zwei abnehmbare Flügeltüren, eine ebenfalls herausnehmbare Heckscheibe und nur drei Räder. Damit ist der *VW-Scooter* ein wirkliches Zwischending von Auto und Motorrad. Mit einem 1400-cm^3-Motor erreicht er eine Höchstgeschwindigkeit von 220 km/h.

Die *Ford*-Studie *Probe V*, 1985 in den USA konstruiert, ist mit ihrem c_W-Wert von 0,137 sogar noch windschnittiger als ein F-15-Überschall-Flugzeug. Der Wagen, der mit einem Vierzylinder-Turbo-Mittelmotor ausgestattet werden kann, erreicht bereits mit 5 PS eine konstante Leistung von 80 km/h.

TAXIS

Die größte Taxi-Flotte kreuzt in Mexico City. Mitte 1984 waren in der mexikanischen Hauptstadt 60 000 »normale« Taxis registriert: *Pesaros* (innerstädtisch eingesetzt) und *Settas* (Flughafen-Taxis).

Das erste Taxi wurde im Frühjahr 1896 in Stuttgart in Dienst gestellt, als der Pferdedroschken-Unternehmer Dütz dort zwei Benzinkraftwagen kaufte und gewerbsmäßig vermietete.

Die längste Taxifahrt führte über 12 133 km. Sie begann am 19. September 1981 in London und endete, nach der Durchquerung von 10 Ländern, am 18. Oktober 1981. Chauffeur des Taxi-Marathons für wohltätige Zwecke war Stephen Tillyer.

DIE TEUERSTEN UND BILLIGSTEN AUTOS

Das teuerste Auto, das jemals gebaut wurde, war der als Sonderanfertigung für den amerikanischen Präsidenten hergestellte 1969er *Lincoln Continental Executive*, der am 14. Oktober 1968 an den US-Geheimdienst geliefert wurde. Er hatte eine Gesamtlänge von 6,56 m, einen Radstand von 4,06 m und, mit 2,03 t zusätzlichen Panzerplatten, ein Gesamtgewicht von 5443 kg. Die geschätzten Forschungs-, Entwicklungs- und Herstellungskosten beliefen sich auf 500 000 Dollar (damals 2 Mio. DM), aber das Fahrzeug wird für 5000 Dollar (10 000 DM) pro Jahr gemietet. Selbst wenn alle 4 Reifen zerschossen würden, könnte es mit einer Geschwindigkeit von 80 km/h auf innen angebrachten Stahlscheiben mit Gummieinfassung weiterfahren.
Die Firma Carriage House Motor Cars Ltd. in New York (USA) beendete im März 1978 die vier Jahre andauernden Umbauarbeiten an einem 1973er *Rolls-Royce*, einschließlich einer Verlängerung um 76,2 cm. Die Kosten beliefen sich auf 500 000 Dollar (damals 1 Mio. DM).

Das teuerste »Serien«-Fahrzeug, das derzeit angeboten wird, dürfte der *Rolls-Royce Phantom VI* sein, der – ohne Sonderwünsche – für etwa 820 000 DM angeboten wird. In der Rolls-Royce-Preisliste wird er nicht geführt – Preis nur auf Anfrage.

Der höchste Preis, der jemals für einen Gebrauchtwagen gezahlt wurde, betrug 2,229 Mio. Dollar (damals 6,73 Mio DM) für John Lennons *Rolls-Royce Phantom V* von 1965. Käufer des Nobelwagens war Jim Pattison, Vorsitzender der Expo '86 im kanadischen Vancouver, bei Sotheby's in New York am 29. Juni 1985. Ein Angebot von 1,5 Mio. Dollar (3,87 Mio. DM) an das Henry-Ford-Museum in Deerborn, Illinois (USA), für einen von sechs *Bugatti Royales*, Baujahr 1927, wurde zurückgewiesen.
440 000 Pfund (über 1,67 Mio. DM) wurden bei Sotheby's in Großbritannien für einen *Bugatti Typ 55 Sport Roadster* gezahlt.
Im Herbst 1986 soll einer der beiden *Bugatti Royales* der Harrah's Collection zur Versteigerung gelangen. Man glaubt, daß der Auktionator bei 1 Mio. Dollar die Versteigerung eröffnen wird.

Ein *Rolls-Royce Silver Ghost*, Baujahr 1907, wurde bei einer Ausstellung in San Jose, Kalifornien (USA), im August 1982 für 2 Mio. Dollar (damals 5 Mio. DM) versichert.

Über 93 Rolls-Royce-Wagen verfügte als einziger der Bhagwan Shree Rajneesh (* 1931), der indische Sektenführer in Rajneeshpusam, Oregon (USA). Im Herbst 1985 wurden die Wagen, nachdem der Bhagwan die USA wegen eines Paßvergehens verlassen mußte, an einen texanischen Autohändler verkauft.

Die größte Oldtimer-Sammlung befand sich 1978 im Besitz von William F. Harrah in Reno, Nevada (USA). Sie umfaßte 1700 Fahrzeuge mit einem Schätzwert von mehr als 4 Mio. Dollar (damals 8 Mio. DM). Sie wurde nach dem Tod von Harrah von der Holiday-Inn-Hotelkette übernommen, die mitterweile in mehreren Auktionen rund 600 Autos ersteigert hat.

Das billigste Auto aller Zeiten war der 1922er *Red Bud Buckboard* von der Briggs and Stratton Co. in Milwaukee, Wisconsin (USA). Er kostete 125–150 Dollar (damals etwa 600 Vor-Infla-

tions-Mark). Er hatte einen Radstand von 1,57 m und wog 111 kg.
Die ersten Typen der *King-Midget*-Autos wurden noch bis 1948 im Baukastensystem zur Selbstmontage für nur 100 Dollar (damals 420 DM) verkauft.
Als 1938 die ersten *Volkswagen* in Deutschland in Produktion gingen, sollte ihr (Propaganda-) Verkaufspreis 990 RM betragen. Tatsächlich hätte der *VW* (bei einer vorgesehenen Jahresproduktion von 300000 Stück) mindestens 1500 RM kosten müssen.
Als 1946 – mehr als zehn Jahre nach seiner Erstkonstruktion durch Prof. Ferdinand Porsche (1865–1951) – der *VW-Käfer* in den Nachkriegshandel kam, kostete das Standard-Modell 5000 RM, das Export-Modell (ab Juli 1949) 5450 DM.

Den Weltrekord für die längste Autoproduktionsserie erreichte das Volkswagenwerk Wolfsburg am 17. Februar 1972 mit der Endmontage des *Käfers* Nr. 15007034. Diesen Rekord hatte vorher das amerikanische Ford-T-Modell *(Tin-Lizzie)* innegehabt, von dem zwischen den Jahren 1908 und 1923 15007033 Stück gebaut worden waren. Am 15. Mai 1981 verließ der Käfer Nr. 20000000 das Volkswagenwerk in Mexiko. Bis Januar 1986 sind mehr als 20,63 Mio. *Käfer* aller Typen produziert worden.

Seit dem 19. Januar 1978 wird er in der Bundesrepublik Deutschland nicht mehr hergestellt, seit Herbst 1985 wegen der Abgasgesetze auch nicht mehr eingeführt. Alle *Käfer*-Neubauten entstehen jetzt nur noch in Mexiko und Brasilien.
Der älteste *VW-Käfer* stammt aus einer Prototyp-Serie aus dem Jahr 1938. Er steht, ebenso wie der letzte in Deutschland gebaute *Käfer*, im Auto-Museum von Wolfsburg. Die Serienproduktion begann erst 1940 und ging sofort in ihrer Gesamtheit an die deutsche Wehrmacht. Erst 1945 wurde die Produktion für den Zivilsektor wiederaufgenommen; 1785 erste Nachkriegs-*Käfer* entstanden.
Den ältesten noch in Betrieb befindlichen *VW-Käfer* hat der Rentner Alfred Kaschel aus Bad Füssen (Bayern). Der Oldtimer (Baujahr 1939) fährt nach fast 421000 km noch immer mit seinem Originalmotor.

Zum »Auto des Jahres 1986« wurde der *Ford Scorpio* gewählt. Alle Modelle der *Scorpio*-Serie sind mit einem Antiblockier-System ausgerüstet. In der Gesamtwertung lag der *Scorpio* aufgrund der Fülle von Neuerungen im Kfz-technischen Bereich sowie der Karosserie-Vorteile an erster Stelle.

PERSÖNLICHE REKORDE

Die schnellste Erdumrundung, bei der mit 41140 km mehr als die Äquatorlänge (40075,0 km) zurückgelegt wurde, dauerte 30 Tage 8:40 Std.; Gerhard Plattner (* 1939) aus Innsbruck war mit jeweils einheimischen Kopiloten am 29. Januar 1986 in einem *Porsche 944 Turbo-Katalysator* in Reno, Nevada (USA), gestartet und durchquerte 5 Kontinente und 23 Länder bis zum 28. Februar 1986.
Vom 30. März 1964 bis zum 23. April 1984 fuhren die Folksänger Manfred Müller und Paul-Ernst Lehrs rund um die Welt, besuchten dabei 78 Länder und legten 250000 km zurück. Start- und Zielpunkt war Bremerhaven.

Zukunft auf vier Rädern

Anläßlich des 100. Geburtstags des Automobils 1986 entwickelten Stilisten und Forscher der Daimler-Benz AG das sogenannte *Centomobil*, dessen optische Wirkung vor allem auf der seitlich offenen Fahrgastzelle aus spiegelndem oder transparentem Plexiglas besteht. Fenster, Türen und Kotflügel fehlen. Einen besonderen Effekt erzielen die äußerlich nicht erkennbaren Beleuchtungseinrichtungen, bei denen das Licht durch das Fahrzeug »hindurchdringt«.

In Rekordzeit hat Gerhard Plattner die schnellste Weltumrundung geschafft: mit einem *Porsche 944 Turbo* mit Katalysator in 30 Tagen 8:40 Std.

Die Design-Studie *Probe V* von Ford, in Dearborn (USA) entworfen, ist windschnittiger als ein Überschallflugzeug. Die günstigen Luftwiderstandsbeiwerte lassen sich anhand der Front- und Heckpartie bereits erahnen. Die elegante Glas-Karosserie von Ghia in Turin hat Schiebetüren (s. S. 194).

Von Kap zu Kap. Die erste Durchquerung der größten Landmasse der Welt (Afro-Eurasia) gelang Richard Pape, der am 28. Juli 1955 mit einem *Austin A 90* am Nordkap aufbrach und nach 28160 km und 86 Tagen am 22. Oktober in Cape Town (Südafrika) eintraf. Den Geschwindigkeitsrekord auf dieser Strecke stellten Ken Langley und Garry Sowerby aus Kanada auf, als sie vom 4. April bis zum 2. Mai 1984 nordwärts fahrend 20160 km in 28 Tagen 13:10 Std. zurücklegten.

Die einzige Weltumrundung mit einem Amphibienfahrzeug gelang dem Australier Ben Carlin (†7. März 1981) in einem Amphibien-Jeep *Half-Safe*. Den letzten Teil der Atlantiküberquerung beendete er am 24. August 1951 über den Ärmelkanal. Als er am 8. Mai 1958 nach Montreal (Kanada) zurückkehrte, hatte er 62765 km über Land und 15450 km über Meer und Flüsse zurückgelegt. Bei der Atlantiküberquerung begleitete ihn seine Exfrau Elionore (USA), über den Pazifik (von Tokio nach Anchorage, Alaska) leistete ihm Broye Lafayette De Mente (*1928 in Missouri, USA) Gesellschaft.

Weltmeister im Rückwärtsfahren wurden Charles Creighton (1890–1970) und James Margis aus Maplewood, Missouri (USA), als sie vom 26. Juli bis zum 13. August 1930 mit ihrem *Ford S-Roadster*, Baujahr 1929, die 5375 km von New York (USA-Ostküste) bis Los Angeles (USA-Westküste) im Rückwärtsgang fuhren, ohne den Motor auch nur einmal abzuschalten. Am 5. September trafen sie, ebenfalls im Rückwärtsgang, wieder in New York ein und hatten somit 11555 km in 42 Tagen zurückgelegt.
Mit einem *DAF 44*, Baujahr 1968, fuhr der Österreicher Matthias Theissl (*1941) aus Klagenfurt am 1. August 1985 auf dem Österreichring 170 Runden à 5911 m rückwärts. Dabei legte er 1004,87 km mit einer Durchschnittsgeschwindigkeit von 48,285 km/h in insgesamt 20:48:39 Std. zurück.
Brian »Cub« Keene und James »Wilbur« Wright fuhren ihren *Chevrolet Blazer* in 37 Tagen (1. August bis 6. September 1984) 14533 km durch 15 US-Staaten und Kanada. Trotz des ausdrücklichen Hinweises »Rückwärtsgang klemmt« stellten sich die Behörden des US-Bundesstaats Oklahoma quer und bestanden darauf, daß sie den Bundesstaat rückwärts-rückwärts – also vorwärts – verließen.

Den Streckenrekord für das Fahren auf zwei Rädern stellte mit 20,06 km Kenneth Eriksson (*13. Mai 1952) aus Äppelbo (Schweden) am 14. Februar 1985 in Karlstadt mit einem serienmäßigen *Opel Kadett*, Baujahr 1985, auf.

Die ältesten Autofahrer: Ein Methusalem am Steuer war Roy M. Rawlins (*10. Juli 1870) aus Stockton, Kalifornien (USA). Er wurde im Juni 1974 verwarnt, weil er in einer Zone mit einer Geschwindigkeitsbegrenzung auf 88,5 km/h 152 km/h schnell gefahren war. Am 25. August 1974 wurde ihm dennoch eine bis 1978 gültige Fahrerlaubnis für den Staat Kalifornien zuerkannt, aber Mr. Rawlins starb am 9. Juli 1976, einen Tag vor seinem 106. Geburtstag.
Den Altersrekord am Steuer hält jetzt Maude Tull aus Inglewood, Kalifornien (USA), die im Alter von 91 Jahren, nach dem Tode ihres Ehemannes, anfing, Auto zu fahren. Sie erhielt am 5. Februar 1976 im Alter von 104 Jahren eine neue Fahrerlaubnis.

Den Beharrlichkeits-Rekord bei der Ablegung der Fahrprüfung hält Miriam Hargrave (*3. April 1908) aus Wakefield in West-Yorkshire (GB). Am 29. April 1970 fiel sie durch die 39. Prüfung innerhalb von acht Jahren, nachdem sie eine Reihe von roten Ampeln mit Bravour und ohne zu halten passiert hatte. Sie triumphierte bei ihrem 40. Versuch nach 212 Fahrstunden am 3. August 1970. Der Prüfer wußte allerdings nichts von ihren 39 früheren Prüfungsversuchen. 1978 bekam sie ein Strafmandat, weil ihr Rechtskurven zuwider waren...
Fannie Turner (*1903) aus Little Rock, Arkansas (USA), legte ihre schriftliche Fahrprüfung beim 104. Versuch im Oktober 1978 ab.
Mit ungebrochenem Mut, großer Zuversicht und endlich auch mit Erfolg stieg der schlechteste Autofahrer der Schweiz, ein 30jähriger Wirtschaftsprüfer aus Zürich, am 3. August 1979 in die Fahrprüfung, nachdem er innerhalb von acht Jahren sehr oft versucht hatte, sie zu bestehen. Er hatte es in dieser Zeit auf rund 1000 Fahrstunden gebracht: 200 mit einem Fahrer, wofür er 10000 sfr. (11000 DM) zahlen mußte, und weitere 800 an der Seite autofahrender Freunde, was kein Geld, wohl aber deren Nerven gekostet hat.

Die leichtesten Fahrprüfungen der Welt gibt es in Ägypten, wo man die Fähigkeit, 6 m vorwärts und 6 m rückwärts zu fahren, für ausreichend hält. 1979 wurde berichtet, daß auch fehlerloses Rückwärtsfahren zwischen zwei Gummikegeln bei der Fahrprüfung verlangt werde, aber die starke Abnutzung der Kegel bald dazu geführt habe, diese durch weiße Linien am Boden zu ersetzen.

Größter Kilometerfresser. Der Testfahrer Weldon C. Kocich der Goodyear Tire and Rubber Co. fuhr zwischen dem 5. Februar 1953 und dem 28. Februar 1986 insgesamt 5,05 Mio. km und kam damit auf einen Jahresdurchschnitt von 153226 km.

BUSSE, WOHNWAGEN, SONDERFAHRZEUGE

Der erste städtische Motor-Omnibus-Dienst der Welt wurde am 12. April 1903 zwischen den Eisenbahnstationen von Eastbourne und Meads (GB) in Betrieb genommen.

Die erste Omnibuslinie der Welt wurde von der im Dezember 1894 gegründeten Netphener-Omnibus-Gesellschaft auf der Strecke Siegen–Netphen–Deuz eingerichtet. Am 18. März 1895 nahm ein 5 PS (3,7 kW) starker Benz-Omnibus den Verkehr auf. Er bot 8 Passagieren und 2 Fahrern Platz. Zur Bewältigung der 15 km langen Strecke, deren Steigungen Höhenunterschiede bis zu 80 m aufwiesen, brauchte der Wagen 1:20 Std., was einer Durchschnittsgeschwindigkeit von 14 km/h entspricht. Ein zweiter Benz-Omnibus für diese Linie wurde im Juli 1895 geliefert.

Ein dampfgetriebener Bus mit dem Namen *Royal Patent* fuhr allerdings bereits 1831 vier Monate lang zwischen Gloucester und Cheltenham (GB).

Der größte Omnibus, der je gebaut wurde, der Flughafen-Doppelstockbus *Neoplan Galaxy Lounge N 980,* hatte im September 1981 Weltpremiere. Dieses Riesenbaby aus Stuttgart (17 m lang, 4,5 m breit und 4,8 m hoch) bietet 342 Passagieren Platz. Das entspricht der Kapazität eines ausgelasteten Jumbo-Jets. Eine hydraulisch verstellbare Anlegebrücke hilft beim Ein- und Aussteigen. Für VIPs steht eine separate Lounge – 10 Plätze – zur Verfügung.

Die längsten Autobusse der Welt sind die 23,16 m langen, 10870 kg schweren Gelenkbusse mit 121 Sitz- und 66 Stehplätzen, die von der Wayne Corp. in Richmond, Indiana (USA), für den Einsatz im Nahen Osten gebaut werden.

Die längste fahrplanmäßige Busstrecke der Welt wurde am 9. April 1980 zwischen Perth und Brisbane (Australien) aufgenommen. Mit einem Ticket fährt man in 75:55 Std. 5455 km.
Das längste Omnibusverkehrsnetz aller deutschen Städte hat Berlin (West) mit rund 1000 km.

Die größte Busflotte für den Personenverkehr besaß 1983 die Stadt Rio de Janeiro (Brasilien) mit 6580 Eindeckerbussen. Bei der Londoner Verkehrsgesellschaft gab es 5572 Busse, davon 5020 Doppeldecker, und in Deutschland verfügt die Berliner BVG über die meisten Busse: 1392, davon 1067 Doppeldecker.

Die längste durchgehende Reise mit einem Motorwohnwagen wurde von Harry B. Coleman und Peggy Larson in der Zeit vom 20. August 1976 bis zum 20. April 1978 mit einem *Volkswagen-Camper* über eine Strecke von 231288 km durch 113 Länder durchgeführt.
Saburo Ouchi (* 7. Februar 1942) aus Tokio (Japan) legte vom 2. Dezember 1969 bis zum 10. Februar 1978 270000 km in 91 Ländern zurück.

Den Geschwindigkeitsrekord für Wohnmobile hält mit 201,02 km/h ein von einem *Aston Martin V8* gezogener *Alpha 14.* Rekordfahrer war am 14. Oktober 1980 Robin Hamilton bei Elvington (GB).

Das schwerste Fahrzeug, das jemals hergestellt wurde, ist der *Marion-Trecker* mit acht Gleisketten, der zum Transport der *Saturn-V*-Raketen an ihre Abschußrampen in Cape Canaveral, Florida (USA), verwendet wird. Er hat die Ausmaße von 40 × 34,7 m, und die beiden von diesem Typ gebauten Fahrzeuge kosteten 12,3 Mio. Dollar (damals 49,2 Mio. DM). Das Gewicht mit voller Beladung beträgt 8165 t. Die Scheibenwischer sind mit Blättern von 106 cm Länge die größten der Welt.

Das massivste Kraftfahrzeug ist *Big Muskie,* der von Bucyrus Erie für die Musk-Grube gebaute 10890 t schwere mechanische Bagger. Er hat eine Länge von 148,43 m, eine Breite von 46,02 m und eine Höhe von 67,66 m sowie ein Greifvermögen von 325 t.

Das längste jemals gebaute Fahrzeug ist der *Arctic Snow Train,* der dem weltberühmten amerikanischen Seiltänzer Steve McPeak gehört. Dieses 54rädrige, 174,3 m lange Fahrzeug war von R. G. Le Tourneau Inc. aus Longview, Texas, für die amerikanische Armee angefertigt worden. Es hat ein Bruttogewicht von 400 t mit einer Höchstgeschwindigkeit von 32 km/h und hatte eine Mannschaft von 6 Fahrern, als es vom Militär als Überland-Lastzug verwendet wurde. McPeak reparierte das Fahrzeug sowie auch jeden geplatzten Reifen ohne jegliche Hilfe bei Temperaturen, die in Alaska weit unter Null liegen. Der *Arctic Snow Train* entwickelt 4680 PS und hat ein Fassungsvermögen von 29648 l.

John Lennons farbenprächtiger *Rolls-Royce Phantom V* erzielte mit 2,229 Mio. Dollar den Rekordpreis für Gebrauchtwagen (s. S. 194).

Auf 440000 Pfund brachte es ein *1932er Bugatti* in London. Er wurde damit der teuerste in Europa versteigerte Nobelwagen (s. S. 194).

Das stärkste Abschleppfahrzeug der Welt ist das *Monster Nr. 2* der Vance Corp. in Hammond, Indiana (USA), mit einem Gewicht von 25,4 t und einer Länge von 9,14 m. Es kann an seinem Ausleger ein Gewicht von mehr als 163 t anheben.

Der größte Pflug der Welt ist der Hunderttonner *T-800,* der laut Ankündigung vom September 1984 in den Lenin-Traktorwerken in Chelyabinsk (UdSSR) hergestellt wird.

Den größten Gabelstapler der Welt stellte 1985 die schwedische Firma Kalmar LMV in zehn Exemplaren her. Der Stapler, durch ein Gegengewicht ausbalanciert, vermag bis zu 78,7 t auf ein Ladezentrum von 2300 mm zu heben. Es handelt sich um eine Spezialanfertigung für den Transport von Pipelines mit großem Durchmesser beim libyschen Projekt des »von Menschenhand geschaffenen Flusses«.

Der größte Traktor der Welt ist das *Wide Tractive Frame Vehicle* (Breitzug-Gerüst-Fahrzeug) des US-Landwirtschaftsministeriums, das unter einem Kostenaufwand von 459000 Dollar (1,01 Mio. DM) von Ag West in Sacramento, Kalifornien (USA), im Juni 1982 fertiggestellt wurde. Es hat eine Spurweite von 10,05 m. Das Gefährt wiegt 22,22 t.

Der größte Schuttkipper der Welt ist der *Terex Titan 33-19,* der von der amerikanischen General Motors Corp. hergestellt wird. Er hat ein Ladegewicht von 548,6 t und ein Fassungsvermögen von 317,5 t. Beim Kippen erreicht er eine Höhe von 17,06 m. Der 16-Zylinder-Motor hat eine Leistung von 3300 PS (2370 kW) und der Treibstofftank einen Inhalt von 5904,6 l. Der Wagen wurde im November 1974 in Dienst gestellt.

Der stärkste Feuerwehrwagen der Welt ist der achträdrige *Oshkosh-Firetruck* mit 645 kW (872 PS), der bei Flugzeugbränden eingesetzt wird. Er kann in 150 Sek. aus zwei Löschtürmen 190000 l Schaum versprühen und wiegt 60 t.

Der schnellste Feuerwehrwagen ist der *Jaguar XJ 12-Chubb-Firefighter,* der im November 1982 bei Testfahrten 210,13 km/h erreichte; er war damals bei den Rekordversuchen des *Thrust 2* (s. S. 34 und Tabelle S. 193) im Einsatz.

Der größte Krankenwagen der Welt ist das Mobile Feldhospital (MFH) von INTERMED, Hannover. Es hat einschließlich Zugmaschine eine Länge von 19,095 m, ist 3,34 m breit und 4,5 m hoch. Es wird überwiegend in arabischen Ländern eingesetzt, um eine ärztliche Betreuung der Pilger bei dem jährlichen Pilgerzug zu den heiligen Stätten des Islams zu gewährleisten. In der Version des gepanzerten Mobilen INTERMED-Militärhospitals kommt der Krankenwagen sogar auf 19,315 m Länge.

Mit einem Porsche bleifrei rund um die Welt

Rekordfahrt um den Globus

Genau einhundert Jahre nachdem Carl Benz sein Patent für das erste Automobil erhalten hatte, startete der Tiroler Gerhard Plattner (* 1939) aus Innsbruck mit einem *Katalysator-Porsche 944 Turbo* zu einer »Jahrhundertfahrt rund um die Welt«. Als der Journalist 30 Tage 8:40 Std. später wieder in Reno, Nevada (USA), eintraf, hatten er und sein Auto nicht weniger als drei Weltrekorde aufgestellt:
die schnellste Fahrt um die Welt mit einem Serienfahrzeug – unter Einhaltung aller Verkehrsvorschriften;
die erste Erdumrundung mit einem Katalysatorauto;
die erste Fahrt durch fünf Kontinente im Winter.

Diese Weltumrundung des auf den Namen *Tiroler Adler* getauften Katalysator-Porsches war eine der härtesten Belastungsproben, denen bisher ein Auto unterzogen worden ist. Der Langstreckenspezialist Plattner, der Inhaber von nicht weniger als 24 österreichischen Geschwindigkeitsrekorden ist, trieb seinen Wagen mit Beifahrern, die in jedem Kontinent wechselten, ohne Panne und fast ohne Pause über die 41 140-km-Distanz durch 23 Staaten. Dabei war der *Tiroler Adler* Temperaturunterschieden von + 41° C im – nicht vorhandenen – Schatten des australischen Busches bis zu – 28° C im kanadischen Thunderbay ausgesetzt. Zu diesen extremen Witterungsbedingungen kamen noch die Erschütterungen auf den Wellblechpisten Australiens und den mit Eis- oder Schneerippen bedeckten Straßen im hohen Norden dazu.
Die Vorbereitung für die erste Weltumrundung eines Katalysatorautos dauerte rund ein halbes Jahr. Da in Ostasien, aber auch in Griechenland kein bleifreies Benzin erhältlich war, wurden in Singapur, an der Grenze zwischen Malaysia und Thailand, sowie in Athen Fässer mit bleifreiem Treibstoff deponiert, um den Porsche katalysatorgerecht betanken zu können. Um die Reichweite des Autos auf rund 2000 km zu erhöhen, führte der *Tiroler Adler* auf manchen Strecken noch fünf Reservekanister mit je 20 l Inhalt mit, die so gesichert waren, daß sie auch einen Überschlag des Fahrzeugs überstanden hätten, ohne daß Benzin ausgelaufen wäre. Das Problem der verschiedenen Fahrbahnverhältnisse – rund ein Drittel der Strecke führte durch winterliches Klima – wurde durch Reifendepots gelöst, bei denen Plattner je nach Bedarf entweder den Pirelli-Superbreitreifen P 700 oder den »Winter 190« montieren lassen konnte.

»Es war teilweise recht anstrengend, aber es hat richtig Spaß gemacht zu sehen, wie das Auto die härtesten Strapazen klaglos überstand«, erzählt Plattner. »Es gab während der gesamten Fahrt nur einmal eine kritische Situation, als wir in Australien im Morgengrauen einem Känguruh nicht mehr ausweichen konnten und es frontal erwischten.« Doch der Porsche-Pilot und sein australischer Beifahrer, der fünffache australische Sportwagenmeister Alan Hamilton hatten Glück. Dank eines aus Keflar gefertigten Känguruhschutzes blieb die Karosserie des Katalysatorautos unbeschädigt. Nur ein Scheinwerfer wurde zertrümmert und bei der nächsten Tankstelle gegen einen mitgeführten Reserveeinsatz ausgetauscht.

»Es ist unglaublich, aber wahr«, berichtet Plattner nach Beendigung der Rekordtour, »nach der Rückkehr zum Startort Reno war das Bordwerkzeug des Porsche noch unbenutzt.«

Die schnellste Weltumrundung durch 5 Kontinente

29. 01. Start in Reno. In Los Angeles wird der *Tiroler Adler* in das Flugzeug nach Australien verladen.
31. 01. Abfahrt von Melbourne in den Norden Australiens.
02. 02. Überflutungen nach dem Zyklon »Winnifred« machen eine Weiterfahrt auf der geplanten Route unmöglich. Plattner entscheidet sich, nach Süden zurückzufahren und Perth über die »Nullarbor-Ebene« zu erreichen.
04. 02. Der *Tiroler Adler* auf der »Nullarbor-Ebene«, einer riesigen baumlosen Fläche.
05. 02. Der *Porsche 944* trifft in Perth ein und wird mit dem Flugzeug nach Singapur gebracht.
08. 02. Um Mitternacht verläßt der Weltumrunder Singapur, durchfährt am selben Tag Malaysia und erreicht Thailand.
09. 02. Am Abend fährt der *Porsche 944* in Bangkok ein. Wegen der Unruhen an der Grenze zwischen Indien und Pakistan und dem Krieg im Iran muß das Fahrzeug nach Athen geflogen werden.
11. 02. Abfahrt des *Tiroler Adler* in Athen.
13. 02. Nach der Fahrt durch das winterliche Europa erwarten den Porsche in Südspanien Frühlingstemperaturen und blühende Mandelbäume.
15. 02. Im marokkanischen Atlasgebirge begegnen die 220 PS des Porsche den KS (= Kamelstärken) einer lagernden Karawane.
18. 02. Der *Tiroler Adler* erreicht Oslo, den nördlichsten Punkt der Fahrt.
21. 02. Nach dem Flug Frankfurt–New York fährt Plattner nach Thunderbay in Kanada, dem kältesten Punkt der Weltumrundung.
27. 02. Der *Porsche 944 Turbo* erreicht am Rand von Bad Water im Death Valley (82 m uNN) den tiefsten Punkt der Fahrt.
28. 02. 30 Tage 8:40 Std. nach dem Start kehrt der *Tiroler Adler* nach Reno zurück. In dieser Zeit hat er 5 Kontinente (Nordamerika – Australien – Asien – Afrika – Europa) durchquert. Um 13 Uhr zeigt der Kilometerzähler: 41 140 km.

GANZ SPEZIELLE REKORDE

Die größte Last, die jemals über eine Straße bewegt wurde, wog 3805 t. Es handelte sich um das Deck der Conoco-Kotter-Field-Ölplattform, die am 14./15. Juli 1984 von John Brown Engineers & Contractors BV für die Continental Netherlands Oil Company, Leidsenhage (NL), transportiert wurde.

Die größten Reifen der Welt wurden von der amerikanischen Goodyear Co. im Werk Topeka, Kansas, für überdimensionale Schuttkipper vorgestellt. Sie haben einen Durchmesser von 3,65 m, wiegen 5670 kg und kosten mehr als 74 000 Dollar (etwa 173 000 DM). Es wird angenommen, daß ein Reifen mit einem Durchmesser von 5,18 m die Grenze des Möglichen erreichen würde.
Der größte Reifenhersteller in der Bundesrepublik Deutschland ist der Continental-Konzern (Continental und Uniroyal) in Hannover.

Die längste Bremsspur auf einer öffentlichen Straße wurde am 30. Juni 1960 von einem *Jaguar* verursacht, der in der Nähe von Luton, Bedfordshire (GB), in einen Unfall verwickelt wurde; sie war 290 m lang. Nach Zeugenaussagen vor dem Obersten Gerichtshof in Sachen »Hurlock gegen Inglis und weitere« betrug die Geschwindigkeit mehr als 160 km/h, bevor die Bremsen betätigt wurden.
Die Bremsspur, die der von Craig Breedlove gefahrene, düsengetriebene *Spirit of America* hinterließ, als der Wagen am 15. Oktober 1964 auf der Salzebene von Bonneville in Utah (USA) außer Kontrolle geriet, war fast 9,6 km lang.

Die längste Fahrt mit einem Schneemotorschlitten unternahmen vom 3. Februar bis zum 13. März 1980 Richard und Raymond Moore zusammen mit Loren Matthews. Sie steuerten ihr Gefährt in 39 Tagen 9456 km weit von Fairbanks (Alaska) bis Fenton, Michigan (USA).

Die größte Steigung, die ein Auto bislang bewältigte, betrug 85 Prozent. Am Steuer eines *Audi 100 CS Quattro* saß der Rallyefahrer Harald Demuth. Der Ort des Geschehens: die Anlaufspur einer Sprungschanze in Finnland, die eine Steigung von 37,5 Grad besaß. Der Wagen fuhr mit Spikesreifen und hatte drei unabhängig voneinander wirkende Sicherheits-Bremssysteme. Die spektakuläre Fahrt wurde Anfang 1986 für einen Werbefilm gedreht.

Die Schwimm-Ente konnte 1982 zu Lande und zu Wasser bewundert werden. Ein *Citroën 2 CV*, vom TÜV abgenommen, ausgestattet mit allen erforderlichen nautischen Requisiten wie Back- und Steuerbordleuchten, Anker und Rettungsring, prüfte als erste »Gauloises-Ente« der Welt seine Wassertauglichkeit auf einer Deutschlandtour. Der Preis für die Umrüstung des Grundmodells *2 CV 6* beträgt ca. 25 000 DM.

Das längste bekannte Abschleppmanöver führte über 7658 km von Halifax in Neuschottland (Kanada) bis zur kanadischen Pazifikküste. Dabei überredeten Frank J. Elliott und George A. Scott aus Amherst, Neuschottland, an 89 Tagen 168 vorbeikommende Autofahrer, ihren *Ford T* (der keinen Motor hatte) abzuschleppen. Am 15. Oktober 1927 hatten sie auf diese Weise eine Wette über 1000 Dollar (damals 4200 DM) gewonnen.

14-Staaten-Fahrt durch Europa. Mit einem serienmäßigen *Ford Scorpio 2,8 i Ghia* – dem Auto des Jahres 1985 – fuhren der Ford-Rallye-Werksfahrer Michael Werner (* 1954) aus Kemnath und der Motorjournalist von *BILD* Peter J. Glodschey (* 1933) aus Hamburg am 26./27. September 1985 durch 14 europäische Staaten. Die 2511 km lange Tagestour war nach einer Fahrzeit von 22:37 Std. geschafft, als die Hovercraftfähre die beiden Kilometerfresser in Dover an Land setzte.

Der breiteste Rasenmäher der Welt ist die 5 t schwere, 18,82 m breite *Big-Green-Maschine* mit 27 Scherblättern, die von dem Rasenfarmer Jay Edgar Frick aus Monroe, Ohio (USA), verwendet wird. Sie mäht einen Morgen Rasen in 60 Sek.
Vom 28. März bis zum 1. April 1959 legte ein *Matador*-Motormäher der Firma Ransome in einer Nonstopfahrt von 99 Std. die 603 km lange Strecke von Edinburgh (Schottland) nach London (England) zurück.

Die längste Strecke, die ein Rasenmäher im jährlichen 12 Std. langen Rasenmäher-Wettrennen (laut den Regeln der British Lawn Mower Racing Association) zurücklegte, waren 84,12 km. Dies gelang 21./22. Juni 1980 Tony Hazelwood, Derek Bell, Tony Smith und Ray Kilminster in Wisborough Green, Sussex (GB).

Die längste Strecke per Go-Kart, in 24 Std. auf einem geschlossenen Rundkurs von einem vierköpfigen Team, ist 1638,3 km, gefahren am 4./5. September 1983 auf dem Erbsville Kartway von Waterloo, Ontario (Kanada). Das 140-cm^3-Gefährt von Honda mit 5 PS wurde von Owen Nimmo, Gary Ruddock, Jim Timmins und Danny Upshaw gesteuert.

Das kleinste funkferngesteuerte Auto baute der Betriebselektriker Christian Heineck (*1942) aus Berlin (West) aus einem umgebauten *Mercedes-208*-Modell. Das 8,4 cm lange, 4,8 cm hohe und 3,2 cm breite »Champion-Car« mit Proportionalsteuerung war nach zwei Monaten Bastelzeit im März 1985 im Berliner Regionalfernsehen (SFB) zu bewundern.

Das kleinste Auto mit Verbrennungsmotor bastelte der Student Ronald Schlecker (*1961) aus Neu-Ulm in zwei Monaten. Vorbild für sein

Die perfekte Fahr-Illusion

Ein Fahrzeug fahren, ohne daß es dazu gebaut werden muß – dies ermöglicht der Fahrsimulator von Daimler-Benz in Berlin. Das 1985 gebaute und in der Automobilindustrie weltweit einzigartige Entwicklungs- und Forschungsinstrument – Kostenpunkt 25 Mio. DM – erzeugt die perfekte Illusion.
Im Rechnersystem lassen sich sämtliche Umweltbedingungen speichern, im Bildsystem können Licht- und Wettereffekte ebenso dargestellt werden wie das Verhalten anderer Verkehrsteilnehmer. Sogar für die Schallberechnung erhält der Computer Informationen über Drehzahl und Lastzustand des Motors, über Gangstellung, Schräglaufwinkel der Reifen und Fahrgeschwindigkeit.
Der Fahrer, der in einem kompletten PKW oder im Fahrerhaus eines LKW sitzt, kann lenken, beschleunigen, bremsen. Die Simulatorkapsel befindet sich im Projektionsdom von 7,40 m Durchmesser; Gesamtgewicht (Fahrzeug und Projektionseinheit): 4,7 t.
Mit dem Daimler-Benz-Fahrsimulator werden neue Dimensionen für die Gebiete der Verkehrssicherheit und der Fahrzeugtechnik erschlossen.

Modellauto war ein Wagen aus dem Film *American Graffiti*. Angetrieben wird das 13,3 cm lange, 7,5 cm breite und 7,4 cm hohe Gefährt durch einen Kleinstmotor mit 0,33 cm^3 Hubraum, bis zu 14 km/h können erreicht werden.

Volkswagen-Spielzeugmodelle sammelt seit März 1981 der Lastwagenfahrer Rolf Borner (* 1959) aus Nussbaumen (Schweiz). Aus ganz Europa hat er seine *Käfer*, vom kleinsten 10-mm-Modell bis zum 2100 mm großen ausgedienten Karussell-Blechauto, zusammengetragen. Am 1. März 1986 umfaßte seine VW-Kuriositätenschau insgesamt 1959 verschiedene Modelle aus 23 Materialien.
Sein deutscher Konkurrent, Volkmar Jungk (*1917) aus Neubiberg bei München, hatte es bis zum 1. März 1986 auf nur 1795 Modelle gebracht.

MOTORRÄDER

Die ersten Motorräder: Das erste mit einem Verbrennungsmotor ausgestattete Motorrad war eine Maschine mit Holzrahmen, die im November 1885 in Bad Cannstatt (Baden-Württemberg) von Gottlieb Daimler (1834–1900) gebaut und erstmalig von Wilhelm Maybach (1846–1929) gefahren wurde. Sie hatte eine Spitzengeschwindigkeit von 12 km/h und erbrachte eine Leistung von ½ PS (0,37 kW) aus ihrem Einzylinder-Viertaktmotor mit 264 cm^3 (Bohrung 58 mm, Hub 100 mm) und 700 U/min.

Die erste Fabrik, die Motorräder serienmäßig herstellte, wurde 1894 von Heinrich und Wilhelm Hildebrand und Alois Wolfmüller in München gegründet. In den ersten zwei Jahren stellte diese Fabrik mehr als 1000 Maschinen her. Jede hatte einen wassergekühlten 1488-cm^3-Zweizylinder-Viertaktmotor mit einer Leistung von etwa 2,5 PS (1,85 kW) bei 600 U/min – der Motor mit der höchsten Leistung für Motorräder, der jemals in Produktion ging.

Mit einem 24 PS luftgekühlten Porsche-Viertakt-Vierzylinder-Boxer im Heck war der *VW 38* bereits autobahnfest und 105 km/h schnell (s. S. 195).

Big Muskie **gilt als das stärkste aller Landfahrzeuge. Ein normaler Bulldozer hat gegen seine mächtige Baggerschaufel keine Chance (s. S. 197).**

Die längste Last wurde am 10. Juli 1985 transportiert: ein 83,8 m langer Gasbehälter wurde auf eine 0,8 km lange Reise in den Osten Londons geschickt.

Nach 23 Std. erreichten Glodschey und Werner Dover mit der Hovercraftfähre: 14 europäische Länder waren an einem Tag geschafft (s. S. 199).

Die schnellste Straßenmaschine ist die japanische *Honda V65 Magna* mit einem flüssigkeitsgekühlten Motor, der sie laut Werksangabe auf 278,4 km/h bringt. Die Daten des Motors: V 4 in Reihe, 16 Ventile, 1098 cm^3, 115 PS Bremskraft.

Die gegenwärtig schnellsten Motorräder stammen aus japanischer Produktion. Alle zur Zeit gebauten *Honda-*, *Kawasaki-*, *Suzuki-* und *Yamaha-*Maschinen sind darauf abgestellt, unter Rennbedingungen Geschwindigkeiten von bald mehr als 300 km/h entwickeln zu können.

Die längste Zeit, in der ein Solo-Motorrad in ununterbrochener Bewegung gehalten wurde, beträgt 500 Std. Dieser Rekord wurde von Owen Fitzgerald, Richard Kennett und Don Mitchell aufgestellt, die vom 10. bis 31. Juli 1977 in Westaustralien 13570 km abwechselnd zurücklegten.

Akrobatik. 233,34 km fuhr Doug Domokos am 27. Juni 1984 ohne Unterbrechung auf dem Hinterrad seiner *Honda XR 500.* Der leere Tank zwang ihn zum Stopp seiner Rekordfahrt auf dem Alabama International Speedway in Talladega (USA).

Die Temposchwelle auf dem Hinterrad von 100 Meilen/Std. (160,9 km/h) übertraf als erster Ottis Lance am 21. Mai 1983 im Penwell Raceway Park, Texas (USA). Mit 180,2 km/h preschte er 402 m weit auf seiner *Suzuki GS-1000.*

Motorrad-Pyramide. 35 Beamte der Verkehrspolizei von Brisbane (Australien) fuhren am 22. Juni 1984 im »Surfers Paradise« von Queensland 506 m weit auf einer *Yamaha 1100* mit einer Geschwindigkeit von 25 km/h.

Trans-Amerika-Trip. Dwight B. Mitchell und Steve Kirkpatrick fuhren die 4379 km von New York nach San Franzisko vom 11. bis 15. Juni 1983 in 74:37 Std. Auf ihren 400-cm^3-*Hondas* kamen sie damit auf eine Durchschnittsgeschwindigkeit von 63,5 km/h.

Das kleinste Motorrad der Welt zu haben und zu fahren wird immer wieder neu versucht. Neuer Rekordhalter ist der Mechanikermeister Roland Bieser (* 1942) aus Oberndorf (Baden-Württemberg). Bei der Neckarsulmer Moto-Show im Ballei-Gemeinschaftszentrum am 5. April 1986 hatte der Tüftler seinen großen Tag. Er begeisterte sein Publikum mit einem Mini-Motorrad (5,9 cm lang, 4,8 cm breit, 7 cm hoch, Raddurchmesser 2 cm), dessen Elektromotor von zwei 2 × 3-W-Batterien betrieben wurde und ihn mit der Schneckenpost-Geschwindigkeit von 1–2 km/h ganze 2 m weit beförderte. Der Stuttgarter Mechaniker Peter Lengner (* 1953) bringt es mit seinem 6,3 cm kleinen und 7,2 cm hohen Gefährt auf glatter Ebene auf 10 m bei 2 km/h Geschwindigkeit.
Auch Modellbauer André M. Wachter (* 1949) aus Ennahofen (Baden-Württemberg) stellt ein neues Mini-Motorrad vor: 8,5 cm lang, 9 cm hoch, Raddurchmesser 24 mm.

Durch die Kraft der Sonne

Der legendäre *Silberpfeil* von Mercedes hat einen Nachfolger bekommen: den *Sonnen-Silberpfeil*. In Zusammenarbeit mit der Schweizer Firma Alpha-Real entwickelte Daimler-Benz ein mit einem Solargenerator ausgestattetes (180 kg schweres, 4,44 m langes, 1,88 m breites und nur 0,84 m hohes) Auto.
Auf der ersten europäischen Rallye für Solar-Mobile (25.–29. Juni 1985) von Romanshorn (Bodensee) bis Genf über eine Distanz von 368 km konnte diese deutsch-schweizerische Koproduktion ihre Zuverlässigkeit unter Beweis stellen. Der Schweizer Fahrer Peter Bauer siegte auf allen fünf Etappen. 432 Solarzellen (4,32 m) mit einer Leistung von 480 W bei 1000 W Einstrahlung je m^2 bringen den *Sonnen-Silberpfeil* auf eine Spitzengeschwindigkeit bis zu 75 km/h, bergab sogar auf eine Spitze von 85 km/h.

Die Serienproduktion von zwei unterschiedlichen Typen von Solarmobilen begann im Dezember 1985 in der Schweiz, um eine alternative Fortbewegungsmöglichkeit für den Berufs- und Nahverkehr zu bieten. Der Schweizer Designer Max Horlacher entwickelte eine einsitzige Dreirad-Kabine, deren übergroßes Dach mit Solarzellen bestückt ist. Die in zwei Batterien gespeicherte Sonnenenergie läßt eine Geschwindigkeit bis zu 50 km/h zu. Der auf Solartechnik spezialisierte Techniker Fritz Plattner ist der Konstrukteur des zweisitzigen und mehr im Auto-Look gehaltenen *Undo*, der ebenfalls eine Spitzengeschwindigkeit von 50 km/h erreicht.

Eine Mini-Mofa-Rekordtour führte der Hamburger Koch Dieter Poggensee (*1947) in 34 Std. von Eidelstedt zum Siegestor nach München – auf einem vom TÜV zugelassenen, aus einem japanischen Bausatz hergestellten Mini-Mofa, Marke *Jaxon*. Das 1,2 PS starke, 92 cm lange, 33 cm breite, 48 cm hohe, 14 kg schwere und mit einem Hubraum von 30,5 cm^3 ausgestattete Mofa mußte immerhin einen 80 kg schweren und 1,80 m großen Mann – ohne Unterbrechung – mit ca. 25 km/h befördern, insgesamt 890 km am 5./6. Juli 1983. Und weil es soviel Spaß macht, fuhr der Rekordler die Strecke gleich wieder zurück – in 39 Std.

FAHRRÄDER

Die Anfänge: Den ersten Entwurf für eine durch Kurbeln und Pedale mit Pleuelstangen angetriebene Maschine schreibt man Leonardo da Vinci (1452–1519) oder einem seiner Schüler um etwa 1493 zu.
Die erste Ausführung eines solchen Entwurfs wurde in den Jahren 1839/40 von Kirkpatrick Macmillan (1810–78) aus Dumfries (Schottland) vorgenommen. Dieses erste Fahrrad ist jetzt im Wissenschaftlichen Museum von Kensington und Chelsea in London zu sehen.
Das erste funktionierende Fahrrad war das *Vélocipède*, das im März 1861 von Pierre Michaux und seinem Sohn Ernest in der Rue de Verneuil in Paris konstruiert wurde. 1870 konstruierte James Starley in Coventry (GB) das erste Hochrad. Aus Gewichtsgründen hatte es Speichenräder und wurde wahlweise mit Gangschaltung (2 Gänge) geliefert.

1817 erfand der deutsche Forstmeister Karl Freiherr von Drais (1785–1851) ein Fahrrad aus Holz mit Holzrädern, das er *Laufmaschine* nannte, weil es mit den Bewegungen der Füße betrieben werden mußte. Das Drais-Rad gilt dessenungeachtet als Vorläufer unserer heutigen Fahrräder. Fabrikmäßig werden Fahrräder in Deutschland seit 1881 hergestellt, nachdem das Fahrrad seit seiner Erfindung viele Entwicklungsstufen (Tretkurbel, Hochrad) durchlaufen hatte. Sein Siegeszug begann jedoch erst Ende des 19. Jh.s nach der Erfindung der Luftbereifung und der Freilaufnabe.

Das längste Mehrsitzfahrrad aller Zeiten wurde von Vestergaard im April 1976 in Koege (Dänemark) hergestellt. Es hat ein Gewicht von 1360 kg, Platz für 35 Fahrer und eine Länge von 21,94 m. Es hat ein zusätzliches Stabilisierungsrad.

Das längste Tandem (ohne ein drittes Stabilisierungsrad) ist 20,4 m lang, bietet 35 Radlern Platz und wurde von den Pedaalstompers Westmalle (Belgien) konstruiert. Den Streckenrekord stellte die Truppe am 20. April 1979 mit 60 m auf. Das Gefährt wiegt 1100 kg.

Ein klassisches Hochrad mit einem Vorderrad von 165,7 cm Durchmesser und einem Hinterrad von 45,7 cm Durchmesser wurde 1881 von der Coventry Machinist Co. (GB) konstruiert. Es befindet sich jetzt im Besitz von Paul Foulkes-Halbard in Crowborough (GB).

Das höchste Fahrrad hat Karl Heinz Wilbert (*1957) aus Lahnstein (Rheinland-Pfalz) zusammengeschraubt, geschweißt und montiert. Seine Sattel- und Lenkerhöhe ist 6,55 m, 2,45 m ist es lang, und seine 4 Ausleger mit Stützrädern sind je 1,46 m lang. Angetrieben wird das Riesenrad von einer 11 m langen Mopedkette.
Beim Kölner Rosenmontagszug 1986 präsentierte sich der mehrfache Guinness-Rekordler und Werbekaufmann Clemens Müter (*1940) aus Köln-Porz als neuer Besitzer stolz hoch zu Drahtesel. 6,70 m hoch ist das »originellste muskelbetriebene Vehikel« inzwischen. Ganze 5,6 km mußte der Kölsche Rekordsammler auf seiner Hochradtour überstehen.

Das größte Fahrrad bauten der Drahterodierer Otto Troppmann (*1942) aus Weyhausen und der Fräser Winfried Ruloffs (*1938) aus Neudorf-Platendorf. Das Bastler-Duo, das bei VW Wolfsburg tätig ist, hat sein im Oktober 1983 nach 500 Arbeitsstunden fertiggestelltes Riesenrad (4,40 m lang, 2,10 m hoch, 70 kg schwer, voll luftbereift, gleich große Räder mit einem Durchmesser von 1,90 m und mit 144 Speichen bestückt) auch mit Materialien, die von der FE (Forschungs- und Entwicklungsabteilung Versuchsbau) ihres Werkes entwickelt wurden, konstruiert. Radeln kann jeder damit, nur das Aufsteigen fällt etwas schwer.

Die schnellsten Fahrräder. Der Geschwindigkeitsrekord für ausschließlich mit Menschenkraft angetriebene Fahrzeuge (nur ein Fahrer) liegt bei 99,68 km/h und wurde am 27. Oktober 1980 von John Seibert in La Garita, Colorado (USA), aufgestellt. Auf dem Ontario Speedway in Kalifornien (USA) stellten Dave Grylls und Leigh Barczewski am 4. Mai 1980 mit 101,25 km/h den Rekord für mehrere Fahrer auf.

Einen Geschwindigkeitsrekord für Vectoren, stromlinienförmig verkleidete dreirädrige, im Liegen gefahrene Fahrräder, erzielte bei stehendem Start über eine Meile (1609 m) der Amerikaner Russell Dalbey aus Seal Beach, Kalifornien (USA), am 8. Oktober 1983 auf dem Flughafen Köln/Bonn mit 1:27,26 Min. Er kam dabei auf 66,381 km/h.

Ausdauer. Vom 10. bis 21. Juli 1983 fuhren 24 Studenten des City and Guilds College, London, ein mit Menschenkraft angetriebenes Fahrzeug 5914 km durch Großbritannien und erzielten dabei eine Durchschnittsgeschwindigkeit von 23,19 km/h.

Ein Superfahrrad, das mit 156 leuchtenden Teilen (Vorder-, Rück- und Bremslichtern, Blinkern, Rückstrahlern) und einem Radio-Kassettendeck mit Funkgerät und 5 Antennen ausgestattet ist, hat der Schüler Werner Kurz (* 1968) aus Königsdorf gebastelt. Selbstverständlich hat »Shorty« von der österreichischen Polizei die Zulassung für das fahrtüchtige Leuchtrad mit 10-Gang-Schaltung erhalten.

EINRÄDER

Das höchste Einrad, das jemals gefahren wurde, war 31,01 m hoch. Steve McPeak lenkte es im Oktober 1980 in Las Vegas (USA) 114,6 m weit. Es war durch eine Sicherheitsleine mit einem Kran verbunden. Ohne Sicherheitseinrichtungen dieser Art käme es beim Fahren von Einrädern solcher Größe unvermeidlich zu schweren Unfällen.

Rekordrundfahrt. Der Inder Deepak Lele aus Maharashtra kam mit seinem Einrad vom 6. Juni bis 25. September 1984 von New York nach Los Angeles und bewältigte 6378 km.
Den Rekord über 100 Meilen (160,9 km) stellte mit 7:49:12 Std. der Japaner Takayuki Koike aus Kanagawa am 16. September 1985 auf.

Den Sprintrekord aus dem Stand über eine Strecke von 100 m stellte Floyd Grandall aus Pontiac, Michigan (USA), mit einem Einrad über 14,89 Sek. am 24. März 1980 in Tokio auf.

Eine Langstreckenfahrt startete der Hannoveraner Udo Tiedemann (* 1946) am 1. September 1984 in Pornic, Westfrankreich. Über Nantes, Paris, Koblenz ging es nach Bückeburg (Niedersachsen). Am 13. September 1984 waren nach 13 Tagen 1596,6 km bewältigt (Tagesdurchschnitt 115,78 km).

Einen Dauer-Balancierrekord von 1:16:54 Std. erzielte Craig Strong (GB) am 7. Januar 1983 in Picketts Lock bei London.

Das kleinste fahrbare Einrad ist 28 cm hoch, hat einen Raddurchmesser von 8 cm und eine Pedallänge von 3 cm. Mit dem Minirad fährt der Schüler Stefan Brink (* 1969) aus Hüllhorst (Nordrhein-Westfalen) Balancefahrten bis zu 45 m, macht damit auch Kurven und übt für den Sprintrekord.
Mit dem niedrigsten Mini-Einrad fuhr Janos Safrany (* 1941) aus Möhlin (Schweiz) am 30. September 1985 in der Manege des Cirkus Arnardo in Oslo (Norwegen) exakt 13:35,66 Min. im Kreis (4,25 m Durchmesser). Die Maße seines Einrades: Sattelhöhe 36 cm, Sattelgröße 17 cm × 7,5 cm, Raddurchmesser 19,4 cm, Pedallänge 4 cm.
Mit dem kleinsten »Hochrad« stellte Safrany am 8. Mai 1984 im Hansa-Theater Hamburg einen Fahrrekord auf. Mit dem nur 49 cm hohen Stangenrad (Sattelhöhe bis zur Achse 39,5 cm, Raddurchmesser 10 cm beim Antriebs- und 4,5 cm beim Fahrrad) fuhr er 714 m in 22:23,51 Min.

***VW-Käfer* in allen Variationen – vom Lego-Modell bis zum Karussell-Käfer – sammelt der Schweizer Rolf Borner seit 1981 (s. S. 200).**

Unterwasserradeln. Vom 27. bis 29. November 1981 fuhren 32 lizenzierte Scuba-Taucher ein Untersee-Dreirad in 60 Std. 104,54 km über den Grund des Schwimmbeckens der Amphi High School in Tucson, Arizona (USA). Lucian Spataro hatte den feuchten Trip angeregt, um Spenden für ein Kinderheim zu fischen.
In 72 Std. unter Wasser schaffte ein 32köpfiges Team vom 28. bis 31. März 1984 in Narvik (Norwegen) 141,322 km.

Einen Mini-Laufroller hat der Schweinfurter Schüler Tobias Ruß (* 1969) gebaut. Das 124 g wiegende Leichtgefährt (9,9 cm lang, 1,8 cm breit, 12,6 cm hoch, Raddurchmesser 1,3 cm) fährt auf Teppichböden ganz hervorragend – auf der Straße rollert es der Erbauer weniger gern.

Den längsten Tretroller aber konstruierte in ca. 100 Arbeitsstunden die Freiwillige Feuerwehr aus Heiningen bei Wolfenbüttel. 35 Wehrmänner setzten das 40,5 m lange Gefährt am 13. August 1982 in Bewegung und hatten nach 1:30 Std. die 11,8 km lange Strecke zwischen Heiningen und Wolfenbüttel rollernd bewältigt.

Den Skifliegern auf der Spur – nur entgegengesetzt: Zielstrebig klettert der *Audi 100 CS Quattro* die 37,5 Grad (mehr als 85 Prozent) steile Schanze hinauf. Ein spektakulärer Rekord (s. S. 199)!

3. EISENBAHNEN UND ANDERE SCHIENENFAHRZEUGE

DIE ANFÄNGE

Erste Schienen. Schon um 1535 wurden im deutschen Bergbau hölzerne Spurbahnen mit »Hunden«, kleinen zweiachsigen Wagen, zum Transport der Kohle verwandt. Diese Spurbahnen wurden von deutschen Bergleuten nach England eingeführt. 1767 wurden dort für die Spur der Förderwagen erstmalig eiserne Platten mit Leitkanten für bessere Haltbarkeit und Spurführung gegossen.

Die erste eigenangetriebene Lokomotive baute Richard Trevithick (1771–1833) im Jahre 1803 für den Schienenweg von Coalbrookdale, Shropshire (GB), mit einer Spurweite von drei Fuß (914 mm). Aber es gibt keinen Hinweis darauf, daß diese Dampflok auch funktionierte. Seine zweite Lokomotive bewegte sich zwar am 22. Februar 1804 in Penydarran, Wales (GB), aber sie zerbrach die Schwellen.

Rad-Basteleien

Ein Bastler-Duo aus dem Versuchsbau der VW-Forschungs- und Entwicklungsabteilung in Wolfsburg verblüfft seit Oktober 1983 die Öffentlichkeit. Zunächst hatten sich Winfried Ruloffs und Otto Troppmann gigantischen Zweirädern verschrieben. Damals bauten die beiden Freunde ihr 4,40 m langes Riesenrad aus Edelstahl. Mit ihm machen sie 10 km/h und legen bereits mit einer Radumdrehung 6 m zurück (s. a. S. 202).

Im September 1984 warteten sie bei der »2. Guinness-Woche der Rekorde« im österreichischen Faak am See mit dem größten Motorrad der Welt auf (Länge 3,45 m, Höhe 2,25 m, Durchmesser des Vorderrades 1,90 m mit 72 Speichen), das 8 PS hat und 60 km/h schnell ist. Beim Kölner Rosenmontagszug 1986 fuhren sie damit 5600 m weit. Und aus Stahlrohr schweißten sie auch ihr Riesentandem zusammen: 3,45 m lang, 1,40 m hoch, Raddurchmesser 1,14 m. Nach 150 Std. Arbeitszeit war das 240 kg schwere Jumbo-Tandem fahrbereit. 10 km haben Winfried Ruloffs und Otto Troppmann damit bei einer Veranstaltung in Osnabrück-Ziegenbrink geschafft.

Nicht weniger stolz präsentieren die beiden VW-Mitarbeiter auch die kleinsten Produkte aus ihrem Hobbyraum. Mit viel Geschick bastelten sie in 120 Arbeitsstd. das kleinste fahrbereite Fahrrad mit einer Länge über beide Räder von nur 7,8 cm, einer Rahmenhöhe von 5,9 cm und einem Raddurchmesser von 3 cm. Es kann auf hartem Boden (Beton, Asphalt, Hartholz) fahren und schlägt das bisherige Rekordrad des Schweizers Raino Frischknecht, das 8 cm lange vergoldete Mini-Fahrrad.

Nicht genug, am 24. Mai 1986 stellten die beiden Hobbybastler in der Turnhalle der Ameisenschule von Meinersen auch das kleinste fahrbare Tandem (24,5 cm lang, 11 cm Rahmenhöhe) vor. Die Tandemfahrt ging in 1:07 Min. 22 m weit. Auch hier konnten sie den Schweizer Raino Frischknecht (* 1949) aus Otternbach und dessen Frau Ruth (* 1951) unterbieten, die seit April 1985 im Duo mit einem 25 cm langen Mini-Gefährt radeln. Dem Team Ruloffs/Troppmann macht es einfach Spaß, sich schöpferisch zu betätigen, Rekorde zu sammeln – und nebenher gelingen dann auch gleich nützliche und spaßige Erfindungen: das Fahrrad mit einem neuartigen Tretsystem, ein Kufenrad oder auch ein Schiebe-Tandem, das 25 t Gewicht schiebt, ein Cabriolet mit zusätzlichen Holzrädern und ein Propellerantrieb (s. a. Kapitel 13). Sie kommen immer wieder auf ungewöhnliche Ideen. Das Tüftler-Duo ist für Überraschungen gut – und: »Bisher sind sämtliche Projekte, die wir in Angriff genommen haben, auch zu lösen gewesen.«

Dieses »Doppeldecker-Tandem« des Japaners Kesalchiro Tagawa aus Osaka ist 5 m lang und bis zur oberen Lenkstange 3,4 m hoch.

Mit dem Mini-Einrad fährt Janos Safrani aus der Schweiz seine Kreisrekorde – zuletzt in einer Zirkusmanege (s. S. 203).

Der österreichische Schüler Werner Kurz hat aus seinem Fahrrad einen Lichterbaum gemacht: über 156 Teile blinken, blitzen, leuchten, strahlen (s. S. 203).

Ob kleinstes Fahrrad oder kleinstes Tandem, die Bastler Ruloffs und Troppmann fahren sie genauso wie ihre größten Fahr-, Motorräder und Tandems.

Die ersten wirtschaftlich erfolgreichen Dampflokomotiven verkehrten bei der Middleton Colliery Railway aufgrund der 1. Britischen Eisenbahnverordnung vom 9. Juni 1758. Die Lokomotiven waren 1812 von Matthew Murray (1765–1826) gebaut worden. George Stephensons *Locomotion No. 1* zog die erste öffentliche Dampfeisenbahn – zunächst nur für Güter – 1825 in England von Darlington nach Stockton mit einer Geschwindigkeit von 24 km/h. Die 7-t-Lok konnte 48,7 t Gewicht ziehen und wurde von Stephenson (1781–1848) selbst gesteuert.

Die erste reguläre dampfgetriebene Passagierlinie wurde am 3. Mai 1830 von Bogshole Farm bis South Street auf der 10,05 km langen Strecke zwischen Canterbury und Whitstable, Kent (GB), in Betrieb genommen; die erste Lokomotive hieß *Invicta*.

Der erste deutsche Eisenbahnzug fuhr am 7. Dezember 1835 auf der 6,4 km langen Strecke zwischen Nürnberg und Fürth mit einer Reisegeschwindigkeit von 24 km/h. Die *Ludwigs-Eisenbahn* bestand aus der von Stephenson in Newcastle (GB) gebauten Lokomotive *Adler*, einem Tender, einem offenen und neun geschlossenen Personenwagen mit 200 Fahrgästen.

Das erste Frachtgut bei der deutschen Eisenbahn wurde am 11. Juli 1836 auf der Strecke Nürnberg–Fürth in einem Personenzug befördert: es waren 2 Faß Bier.

Die erste Dampfeisenbahn in Österreich verkehrte ab 1837 als Teil der Nordbahnstrecke zwischen Floridsdorf bei Wien und Wagram (Niederösterreich).

Die erste Pferdeeisenbahn auf dem europäischen Kontinent wurde am 1. August 1832 in Betrieb genommen. Sie fuhr zwischen Linz (Oberösterreich) und Budweis (jetzt ČSSR) eine 128,8 km lange Strecke.

Die erste Pferdeeisenbahn Deutschlands nahm ihren Betrieb am 22. Juni 1865 auf. Sie fuhr vom Brandenburger Tor nach Spandau bei Berlin.

Die erste Lokomotive mit elektrischem Antrieb wurde von dem deutschen Ingenieur und Fabrikanten Werner von Siemens (1816–92) konstruiert. Sie wurde am 31. Mai 1879 anläßlich der Berliner Handelsmesse auf einer Strecke von 300 m in Betrieb genommen.

Den ersten Schlafwagen mit Spezialeinrichtung baute 1858 der amerikanische Industrielle George M. Pullman (1831–97). 1863 folgte der erste *Pullman*-Wagen mit Durchgangsverkehr und Salonausstattung. 1867 gründete er die erste Schlafwagengesellschaft der Welt.
Die erste Schlafwagenlinie Deutschlands wurde 1873 auf der Strecke Berlin–Köln–Ostende (Belgien) eröffnet.

Die erste Schlafwagenschaffnerin Deutschlands war Angelika Brümmer aus Köln. 1975 wagte die Deutsche Schlafwagen- und Speisewagengesellschaft mbH das »Experiment«.

Der erste Speisewagen Deutschlands wurde im April 1880 auf der Strecke Berlin–Frankfurt/Main zwischen Weimar und Eisenach an den fahrplanmäßigen Zug gehängt. Ein Fünf-Gänge-Menü kostete 2,50 Mark.

Der erste internationale Expreßzug verkehrte 1883 mit Schlaf- und Salonwagen unter dem Namen *Orientexpreß* von Paris nach Konstanza bzw. Konstantinopel über München–Wien–Budapest bzw. Bukarest.

Die erste in Deutschland gebaute Dampflokomotive, *Saxonia,* wurde 1838 in Dresden (jetzt DDR) hergestellt und auf der Strecke Leipzig–Dresden in Betrieb genommen. Ihr Konstrukteur war Johann Andreas Schubert.

LOKS, STRECKEN, GESCHWINDIGKEITEN

Das schnellste Schienenfahrzeug ist ein unbemannter Raketenschlitten, der am 5. Oktober 1982 mit 9851 km/h (Mach 8) über die 15,2 km lange Gleisstrecke des White Sands Missile Range in New Mexiko (USA) raste. Die schnellste Schienengeschwindigkeit mit Passagieren erreichte mit 517 km/h im Dezember 1979 ein *Maglev*-(Magnetbahn-)ML-500-Testzug auf der 7 km langen Versuchsstrecke in Miyazaki (Japan).

Einen europäischen Geschwindigkeitsrekord auf Schienen stellte am 26. Februar 1981 die SNCF *(Société Nationale des Chemins de Fer Français)* mit dem Hochgeschwindigkeitszug TGV-PSE auf. Eine Acht-Wagen-Einheit brachte es bei Tonnerre (Frankreich) mit ihren gut 7500 PS auf 380 km/h.
Der TGV *(Train à Grande Vitesse),* am 27. September 1981 in Dienst gestellt, soll die fahrplanmäßige Zeit für die Strecke Paris–Lyon (425 km) von 2:14 Std. letztendlich auf genau 2 Std. reduzieren und damit durchschnittlich 212,5 km/h fahren – einschließlich einiger Bahnhofstopps. Die erreichte Spitzengeschwindigkeit ist 270 km/h.
Mit einem neuen Hochgeschwindigkeitszug wollen Japans Eisenbahner auf der Strecke Tokio–Osaka bis zu 300 km/h schaffen und sich den schnellsten Zug der Welt zurückholen.

Die leistungsstärksten Lokomotiven der Deutschen Bundesbahn sind die E-Loks der Baureihe *103.* Mit einer Oberleitungsspannung von 15 000 V, 16⅔ Hz Einphasen-Wechselstrom erreichen sie ihre größte Dauerleistung von 7440 kW (10 100 PS) bei 191 km/h. Die Fahrmotorspannung beträgt dabei 640 V. Die 10-Min.-Kurzzeitleistung ist 10 400 kW (14 120 PS) bei 152 km/h. Die größte zulässige Geschwindigkeit ist 200 km/h. (Für die Lok *103 103* sind es 250 km/h.) Sie werden vor allem im IC-(Intercity-) und D-Zug-Verkehr eingesetzt.

Die Höchstgeschwindigkeit einer Dampflokomotive betrug 201 km/h über eine Strecke von 402 m. Sie wurde am 3. Juli 1938 von der *Mallard* (Wildente) mit der Typenbezeichnung L. N. E. R. 4-6-2 Nr. 4468 (später 60 022) erreicht, die sieben Waggons mit einem Gesamtgewicht von 243 t über Stoke Bank zwischen Grantham und Peterborough (GB) zog. Der Lokomotivführer hieß Joseph Duddington, der Heizer Thomas Bray. Die Lokomotive wurde dabei beschädigt.

Die schnellsten Dampflokomotiven in Deutschland bauten vor dem Zweiten Weltkrieg 1936 die Borsig-Werke in Berlin. Es waren drei Loks der Baureihe *05,* über 26 m lang, mit einer Leistung von 2360 PS (1740 kW). Am 11. Mai 1936 fuhr eine von ihnen (Lok *05 002)* mit 200 t Zuglast auf der Strecke Berlin–Hamburg zwischen den Städten Neustadt a. d. Dosse und Nauen 200,4 km/h. Zwei dieser Loks wurden 1958 verschrottet, die dritte und letzte ist seit 1963 im Verkehrsmuseum von Nürnberg ausgestellt.

Die Superlok der Zukunft wurde am 19. März 1985 in Essen der ICE-Triebkopf der Deutschen Bundesbahn übergeben. Diese Hochleistungslokomotive für den Hochgeschwindigkeits-Versuchszug »Intercity Experimental« (ICE) ist federführend von der Krupp Industrietechnik GmbH in Arbeitsgemeinschaft mit fünf deutschen Schienenfahrzeugherstellern entwickelt und gebaut worden. Am 26. November 1985 erreichte der ICE auf einer regulären Bundesbahnstrecke zwischen Bielefeld und Hamm für die Dauer von 5 Min. eine Höchstgeschwindigkeit von 317 km/h. Mit dieser Probefahrt stellte der Superzug einen deutschen Rekord und einen Weltrekord für Drehstromfahrzeuge auf.
Für den schnellen Personenfernverkehr soll der Zug 250 km/h Reisegeschwindigkeit erreichen, auf besonderen Versuchsstrecken und auf einem Teilstück der Neubaustrecke Hannover–Würzburg sogar bis 350 km/h.

Die stärkste Dampflokomotive, gemessen an ihrer Zugkraft, war die *Nr. 700,* eine dreiteilige Gelenklokomotive vom Typ 2-8-8-8-4, eine 6-Zylinder-Lok, die 1916 von den Baldwin Locomotive Works für die Eisenbahn von Virginia (USA) gebaut wurde. Sie besaß eine Zugkraft von 75 434 kg bzw. 90 520 kg, je nach Ausnutzung des Dampfdrucks. Die stärksten Dampflokomotiven der Welt benutzte zwischen 1941 und 1961 die amerikanische Union Pacific Railroad. Von den 25 Maschinen der Baureihe *4000* sind noch sieben erhalten.

Die höchste Geschwindigkeit, die ein Zug der Deutschen Bundesbahn bisher erreichte, schaffte der Intercity Experimental (ICE) im April 1986 auf dem Rollenprüfstand in München-Freimann mit einer Geschwindigkeit von 385 km/h. Acht Drehstrommotoren liefern eine Gesamtleistung von rund 11 600 PS.

Der schwerste Zug, der jemals von einer einzigen Lokomotive gezogen wurde, hatte ein Gewicht von 15 545 t, bestand aus 250 Güterwagen und war 2,5 km lang. Die Zugmaschine war die *Matt H. Shay Nr. 5014,* eine 2-8-8-8-2-Lokomotive, die vom Mai 1914 bis 1929 bei der Erie Railroad (USA) fuhr.

Der längste und schwerste Güterzug war 6 km lang und bestand aus 500 Kohlenwagen. Drei 3600-PS-(3580-kW-)Diesel-Loks zogen und drei weitere in der Zugmitte schoben diesen Zug am 15. November 1967 über 252 km von Iaeger, West Virginia, nach Portsmouth, Ohio (USA), auf einer Strecke der Norfolk and Western Railway. Das Gesamtgewicht betrug 42 674 t.

Der schnellste Güterzug der Welt ist der täglich zwischen Perpignan und Paris (Frankreich) verkehrende *Gemüsezug.* Er fährt bereits seit 1971 mit Tempo 140 km/h.

Schwerstladungen auf der Schiene sind von der Kapazität des rollenden Materials abhängig. Der stärkste Bahn-Transportwagen mit einer Kapazität von 807 t ist der 36achsige *Schnabel* mit 336 t Eigengewicht, im März 1981 von Krupp (Essen) für eine US-Eisenbahngesellschaft gebaut. Der Kraftprotz ist 92 m lang.

Die schwerste Ladung, die jemals auf Schienen befördert wurde, war die 10 700 t schwere, im Jahr 1548 in dem Dorf Most (ČSSR) erbaute Kirche der Jungfrau Maria. Weil sie der Ablagerung von Kohlenhalden im Wege stand, wurde sie im Oktober/November 1975 innerhalb von vier Wochen über eine Strecke von 730 m mit einer Geschwindigkeit von 0,002 km/h an ihren neuen Standort transportiert. Die Kosten der Aktion beliefen sich auf rund 50 Mio. DM.

Den Geschwindigkeitsrekord für Einschienenbahnen erzielte am 19. Februar 1959 ein unbemannter, raketengetriebener Schlitten auf der 10,65 km langen Haftschienenstrecke des Raketenversuchsgeländes der US-Luftwaffe in Holloman, New Mexiko (USA), mit 4972 km/h (Mach 4,1). Die Höchstgeschwindigkeit mit einem Schimpansen an Bord betrug 2084 km/h.
Ein schienengebundenes Luftkissenfahrzeug, der von Jean Bertin entwickelte düsengetriebene *L'Aérotrain 102,* erreichte 411 km/h.

Das größte anwendungsnahe Magnetschwebefahrzeug der Welt, die Magnetbahn *Transrapid 06,* wird seit Mai 1984 auf der Versuchsanlage Emsland zwischen Lathen und Dörpen erprobt. Der von der Kraus-Maffei AG hergestellte und von der Messerschmitt-Bölkow-Blohm GmbH mit einem magnetischen Trag- und Führungssystem ausgestattete Zug ist 54,2 m lang, hat ein Leergewicht von 102,4 t, eine Nutzlast von 20 t und kann 200 Personen befördern.
Auf dem zur Zeit 20,6 km langen Fahrweg wurde am 13. Dezember 1985 die Rekordgeschwindigkeit von 335 km/h erreicht. Bis zum Frühjahr 1987 soll der Kurs auf 31,5 km ausgebaut werden, um Geschwindigkeiten bis zu 400 km/h zu ermöglichen.
Den Rekord für ein »unbemanntes« Magnetschwebefahrzeug hält das japanische Ver-

Der Intercity Experimental (ICE) ist der schnellste Zug der Deutschen Bundesbahn. 317 km/h erreichte er bereits bei seiner Jungfernfahrt (s. S. 205).

suchsfahrzeug *ML 500* der japanischen Eisenbahn (JNR) mit 517 km/h (erreicht am 21. Dezember 1979).

Die längste Eisenbahnstrecke der Welt führt auf der transsibirischen Eisenbahn über eine Entfernung von 9438 km von Moskau nach Nachodka im äußersten Osten der Sowjetunion.

Die 3102 km lange Baikal-Amur-Linie im Norden der Sowjetunion, deren Bau 1938 mit Zwangsarbeitern begonnen und 1974 fortgesetzt wurde, ist seit dem 27. Oktober 1984 voll in Betrieb. Bei dem Projekt (Gesamtkosten: 30 Mrd. DM) wurden 283 Mio. m^3 Erde bewegt und 1987 Brücken gebaut.

Die längste gerade Schienenstrecke der Welt gibt es bei der Trans-Australien-Eisenbahn. Sie führt von Meilenstein 496 zwischen Nurina und Loongana (Westaustralien) über die Ebene von Nullarbor bis zum Meilenstein 793 zwischen Ooldea und Watson (Südaustralien) über eine pfeilgerade, wenn auch nicht ebene Strecke von 478 km.

Die breiteste Spurweite im normalen Gebrauch beträgt 1,676 m. Diese Weite ist in Spanien, Portugal, Indien, Pakistan, Bangladesch, Sri Lanka (Ceylon), Argentinien und Chile üblich. 1885 gab es im US-Bundesstaat Oregon eine Holztransportlinie mit einer Spurweite von 2,4 m.

Die schmalste benutzte Spurbreite beträgt ganze 26 cm und wird noch auf zwei Strecken in Norfolk (GB) eingesetzt: bei den Wells Harbour Railways (über 1,12 km) und den Wells-Walshingham Railways (6,5 km).

Die größte Gleisdichte hat Belgien mit 0,1325 km/km^2. Die geringste Netzdichte hat Äthiopien mit 0,0008 km/km^2.
In der Bundesrepublik Deutschland beträgt die Netzdichte 0,1250 km/km^2, in der DDR 0,1313 km/km^2 und in der Schweiz 0,1227 km/km^2.

Das Land mit dem längsten Eisenbahnnetz sind die USA mit einer Strecke von 320 000 km am 1. Januar 1980.

Das kleinste Eisenbahnnetz der Welt hat die Vatikanstadt in Rom (Italien). Sie verfügt über nur 600 m Anschlußgleise an das Eisenbahnnetz der italienischen Staatsbahnen.

Das Schienennetz der Deutschen Bundesbahn hatte am 31. Dezember 1983 eine Betriebslänge von insgesamt 28 022 km, davon 5,9 km Schmalspurstrecken. Das geschlossene Fernverkehrsnetz umfaßt rund 3100 km Streckenlänge.
In der DDR umfaßt das Eisenbahnnetz 14 233 km.
In Österreich verfügt die Eisenbahn über ein 5811 km langes Schienennetz.
In der Schweiz befährt die Eisenbahn 3179 km Schienen.

Die höchstgelegene Eisenbahnstrecke der Welt mit Normalspurbreite von 1,43 m gibt es bei der peruanischen Staatseisenbahn von Lima nach Oroya. Bei La Cima liegt der höchste Eisenbahnpunkt der Welt mit 4818 m üNN.

Die höchstgelegene Eisenbahn Europas, die ohne Zahnradantrieb fährt, verkehrt zwischen St. Moritz (Schweiz) und Tirano (Italien) über den 2323 m hohen Berninapaß.

Das steilste Gefälle mit Schienenhaftung beträgt bei normaler Spurweite 1:11 und ist zwischen Chedde und Servoz (Frankreich) auf der SNCF-Chamonix-Linie mit 1 m Spurweite zu finden.
Die größte Steigung im Netz der Deutschen Bundesbahn muß bei Boppard-Kastellaun (Rheinland-Pfalz) auf dem Weg in den Hunsrück hinauf überwunden werden. Das Steigungsverhältnis auf der 7 km langen Strecke ist 1:16,4.

Als steilste Bahn mit Schienenhaftung Europas gilt die elektrische »Pöstlingbergbahn« der Linzer Elektrizitäts-, Fernwärme- und Verkehrsbetriebe AG. Seit 1898 überwindet sie auf 2,88 km Länge einen Höhenunterschied von 255,68 m. Das entspricht einer durchschnittlichen Steigung von 8,877 Prozent; ein Streckenabschnitt von 1315 m Länge hat eine maximale Steigung von 105 Promille.

Das am stärksten beanspruchte Eisenbahnnetz ist das der japanischen Staatsbahn, die 1985 täglich 18,86 Mio. Fahrgäste beförderte. Angestellte »Schieber« in Tokio quetschen die Passagiere in die Wagen, bevor die Türen sich schließen.

Unter den Gegenständen, die 1985 in der japanischen Eisenbahn verlorengingen, waren 522 704 Regenschirme, 309 446 Kleidungsstücke, 228 925 Bücher, 193 289 Accessoirestücke und 185 390 Portemonnaies.

Die meisten Länder besuchte in 24 Std. der Student Martin Häffner aus Schönau (Odenwald). Am 16. April 1981 schaffte er einen Reiserekord durch zehn europäische Länder: Italien, Jugoslawien, Österreich, Liechtenstein, Schweiz, Bundesrepublik Deutschland, Frankreich, Luxemburg, Belgien, Holland.

Eine 24-Std.-Eisenbahnrekordfahrt schaffte der Mathematikstudent Thomas Kantke (* 1964) aus München am 18./19. September 1985. Der Kursbuchfanatiker benutzte 16 fahrplanmäßige Züge der Deutschen Bundesbahn und legte 2804 km auf bundesdeutschen Schienen zurück. Ein Null-Sek.-Wechsel gelang ihm in Hannover. Der ankommende Intercity traf 54 Sek. vor der planmäßigen Zeit ein, der andere Zug fuhr exakt nach Fahrplan ab.

Eine einwöchige Eisenbahnrekordfahrt innerhalb der Bundesrepublik Deutschland vollbrachte der Drucker Arndt Lochschmidt (* 1967) aus Wuppertal vom 1. bis 8. April 1986. Innerhalb von 167:56 Std. fuhr er, ohne mehr als dreimal auf einem Bahnhof umzusteigen, insgesamt 16 216 km; seine 24-Std.-Höchstleistung betrug 2396 km.

Einen Tramprekord auf dem Streckennetz der Deutschen Bundesbahn hat Sunil Bansal (* 1955) aus Neu-Delhi (Indien) aufgestellt. 19 Monate hindurch (vom 21. Mai 1980 bis zum 20. Dezember 1981) hat er mehr als die Hälfte dieser Zeit in Zügen verbracht und dabei die für sein Germanistikstudium in Düsseldorf notwendige Lektüre aufgearbeitet.

Eine Kirche auf Rädern konnten Zuschauer im November 1985 in Bukarest (Rumänien) bestaunen. Nach 394 Jahren wurde die 1591 errichtete Mihai-Voda-Kirche um 227 m von ihrem ursprünglichen Standort versetzt, um Platz zum Bau eines modernen »Palasts der Republik« zu schaffen.

Bahnstreckenrekord. John E. Ballenger aus Dunedin, Florida (USA), hat in Nord- und Südamerika 123090 km Bahnstrecken – ohne eine Strecke mehrfach zu fahren – bereist. Mit einem *All-Aboard-America*-Ticket der Amtrak's, das 299 Dollar (770 DM) kostet und einen Monat gültig ist, bereiste James J. Brady aus Wilmington, Ohio (USA), vom 11. Februar bis zum 11. März 1984 442 Bahnhöfe (von 498) und legte dabei 34576 km auf Schienen zurück.

Die längste Eisenbahnreise der Welt durch Eurasien vom Atlantik zum Pazifik dauert 12 Tage und 9:30 Std. (ohne Berücksichtigung des Zeitunterschiedes). Auf dieser Tour von Lissabon (Portugal) über Moskau bis Nachodka (UdSSR) über insgesamt 14377 km Fahrstrecke muß der Reisende dreimal umsteigen.

Auf Europas Schienen – Bahnstrecken einschließlich Fähr- und Schiffahrtslinien – legte Werner Karlin (* 1955) aus Lörrach (Schwarzwald) in 27 Tagen (vom 25. April bis 24. Mai 1981) mit seiner Interrail-Karte genau 29447 km zurück.
Die letzte bekannte Durchquerung von Nord nach Süd auf Europas Schienennetz schaffte der Studiendirektor a.D. Walter Hohrath (* 1909) aus Geesthacht/Elbe (Schleswig-Holstein). Nachdem der Journalist Wolfgang Traurig bereits 1982 die Distanz von Narvik (Norwegen) bis Pozzallo (Südspitze Siziliens) über München–Bologna–Rom in 79:30 Std. bewältigt hatte, brauchte Hohrath von Narvik bis Syrakus (Italien) vom 21. bis 24. Juni 1984 auf der Strecke Hamburg–Basel–Genua–Rom für die 5347 km ohne andere als durch den Fahrplan bedingte Aufenthalte 80:33 Std. Seine Reisegeschwindigkeit betrug 66 km/h.

Einen Eisenbahn-Schnellreise-Rekord stellten die Schweizer Kondukteure Heinrich Disch (* 1964) aus Genf und Marcel Huonder (* 1965) aus Chur vom 9. bis 19. Dezember 1984 auf. Die Zehntagesreise führte durch 14 europäische Staaten, 30 Züge wurden benutzt und 17703 km in 240:57 Std. zurückgelegt.

Handgetriebene Draisine. Die schnellste Zeit wird jährlich in Port Moody (Kanada) über eine Strecke von 300 m ermittelt. Am 27. Juni 1982 stellte das fünfköpfige Team (1 Anschieber, 4 Pumper) von Port Moody Motors mit 33,54 Sek. den Rekord auf.

Bahnhöfe

Der größte Eisenbahn-Bahnhof der Welt ist der Grand Central Terminal an der Kreuzung von Park Avenue und 43. Straße in New York (USA), der von 1903 bis 1913 erbaut wurde. Er umfaßt auf zwei Ebenen eine Fläche von 19 ha mit 41 Gleisen auf der oberen und 26 Gleisen auf der unteren Ebene.
Im Durchschnitt wird er von mehr als 550 Zügen und 180000 Fahrgästen pro Tag benutzt. Eine Spitzenkapazität erreichte er am 3. Juli 1947 mit 252228 Personen.

Als größter Bahnhof in Europa gilt der Hauptbahnhof von Leipzig (DDR) mit 26 Gleisen, sechs Längshallen und einem 32 m breiten Querbahnsteig. Die Bahnhofsfassade hat eine Länge von nahezu 300 m. Nach 13 Jahren Bauzeit wurde 1915 endlich der letzte Stein gesetzt.

Der flächenmäßig größte Bahnhof der Bundesrepublik Deutschland ist der Rangierbahnhof Maschen (Niedersachsen). Er umfaßt mit einem Gleisnetz von 287 km Länge 280 ha und hat 285 Weichen, 29 Brücken und 38 Gebäude. Seine Kapazität beläuft sich auf 11000 Waggons täglich. Mit Zulaufstrecken sind es 300 km Gleise, 310 ha, 1014 Weichen, 47 Brükken und 54 Gebäude.

Der höchstgelegene Bahnhof der Welt liegt in Peru, in 4783 m üNN. Es ist die Station Galera an der Normalspurstrecke von Lima nach Oroya.

Der höchstgelegene Bahnhof Europas liegt in der Schweiz an der elektrischen Zahnradbahn auf die Jungfrau. Es ist die Bergstation Jungfraujoch mit einer Höhenlage von 3454 m üNN.

Der höchstgelegene Bahnhof in der Bundesrepublik Deutschland liegt an der Schwarzwaldstrecke Titisee–Seebrugg (Baden-Württemberg). Es ist der 967 m hoch gelegene Bahnhof Bärental am Feldberg.

Einzige Stadt mit zwei Hauptbahnhöfen in der Bundesrepublik Deutschland ist Mönchengladbach. Nach der kommunalen Neugliederung im Jahre 1975 sind die Bezeichnungen Mönchengladbach Hbf. und Rheydt Hbf. beibehalten worden. Daran wird sich vorerst auch nichts ändern, wie die Hauptverwaltung der Deutschen Bundesbahn mitteilte.

Die meisten Fahrgäste in der Bundesrepublik Deutschland hat der Hauptbahnhof München mit an Werktagen etwa 410000 Personen (einschl. S-Bahn-Verkehr). Er hat auch die meisten Bahnsteiggleise (36). Die Länge der Bahnhofsanlage beträgt 1,9 km, die der Frontfassade 174 m.

Die größten Wartesäle der Welt hat der Bahnhof am Chang'an Boulevard in Peking (China) mit einem Fassungsvermögen von 14000 Menschen. Die Wartesäle wurden im September 1959 in Betrieb genommen.

Der längste Eisenbahn-Bahnsteig der Welt befindet sich mit einer Länge von 833 m in Khargpur in Westbengalen (Indien).
Der U-Bahnsteig der State Street Center Subway an der Station The Loop in Chikago (USA) ist 1066 m lang.

SPEZIALANLAGEN, NEUKONSTRUKTIONEN

Das größte Stellwerk der Bundesrepublik Deutschland wird von der Deutschen Bundesbahn in Stuttgart betrieben. Täglich werden von ihm aus 1100 Zug- und ca. 9500 Rangierfahrten gesteuert.
Die höchste Zahl der täglichen Zugfahrten weist das Frankfurter Druckkasten-Stellwerk aus. 1750 Zug- und ca. 12000 Rangierfahrten werden hier dirigiert.
Das Zentralstellwerk des Stuttgarter Hauptbahnhofs, seit 1978 in Betrieb, umfaßt und überwacht rund 120 km Gleise, 500 Weichen, über

100 Haupt- und fast 600 Rangiersignale und annähernd 720 Gleisfreimeldekreise.

Der größte und perfekteste Eisenbahn-Großprüfstand für mehrlösige Bremsen steht bei der Firma Knorr-Bremse GmbH in München. In ihm sind alle pneumatischen Einrichtungen eines Zuges, wie Hauptluftleitung, Kupplungen, Absperrhähne, Vorratsbehälter, Steuerventile und Bremszylinder original eingebaut. Er hat ungefähr die Maße eines Tennisfeldes und die Höhe eines zweistöckigen Autobusses. In ihm können Bremsvorgänge eines Zuges erzeugt, gemessen und registriert werden, sogar für überdimensionale Zuglängen, die nur in außereuropäischen Ländern vorkommen.

Der längste Eisenbahndamm der Welt ist der mit Steinen aufgeschüttete Great Salt Lake Railroad Trestle (ein Name, der noch aus der Zeit stammt, als sich hier eine Pfahl- und Jochbrücke befand), der die Südpazifik-Eisenbahnlinie 19 km weit über den Großen Salzsee in Utah (USA) führt. Er wurde am 8. März 1904, damals noch als Jochbrücke, in Betrieb genommen und 1955–60 in einen Steindamm umgebaut.
Der längste Eisenbahndamm der Bundesrepublik Deutschland ist der 1927 fertiggestellte Hindenburgdamm, der die Nordseeinsel Sylt mit Schleswig-Holstein verbindet. Er ist 11 km lang.

U-BAHNEN

Die erste (und eine der längsten) Untergrund- oder Schnellverkehrsbahnen der Welt – insgesamt gibt es 67 Nahverkehrsunternehmen dieser Art –, deren erste Teilstrecke am 10. Januar 1863 eröffnet wurde, gehört der Londoner Verkehrsbehörde. Die »Underground« hat ein Streckennetz von 404 km, wovon 130,3 km gebohrter Tunnel und 32,18 km ausgehobene und überdeckte Strecke sind. Das gesamte Untergrundsystem wird von 11000 Angestellten auf 272 Stationen betrieben. 1984 beförderten die 453 Züge mit 3875 Wagen 672 Mio. Fahrgäste. Die tiefste Stelle liegt mit 67,3 m unter Hampstead auf der Northern Line. Die längste Fahrt ohne Umsteigen führt von Epping nach West Ruislip über eine Strecke von 54,8 km.
Der Rekord für das Abfahren aller 272 Stationen (einschließlich des am 12. April 1986 eröffneten Terminals 4 von Heathrow Station) ist 19:51:14 Std., aufgestellt am 14. April 1986 von einem Quartett: Robert Andrew Robinson, seinem Sohn Peter David Robinson, John Garde und Timothy John Clark. Peter Robinson (* 19. Juli 1974) war mit acht Jahren der Jüngste, der (am 22. Juli 1982) alle Stationen abgefahren ist.

Das am stärksten beanspruchte U-Bahn-Netz ist das der sowjetischen Hauptstadt Moskau, wo täglich ca. 6,5 Mio. Passagiere befördert werden. Auf 198 km Strecke gibt es 123 Bahnhöfe. Die Rekordfahrt durch das Netz (115 Stationen) unternahm Eric Rudcin aus Chaddesden, Derbyshire (GB), am 29. September 1982 mit 8:10:22 Std.

Die erste elektrische U-Bahn der Welt baute die deutsche Firma Siemens & Halske 1896 in Budapest (Ungarn).

Die meisten U-Bahnhöfe hat das New Yorker U-Bahn-System, dessen erster Abschnitt am 27. Oktober 1904 eröffnet wurde. Auf einer Streckenlänge von 372,93 km gibt es 458 Stationen. Die Rekordzeit für das Abfahren des New Yorker Netzes liegt bei 21:8:30 Std., aufgestellt am 8. Oktober 1973 von Mayer Wiesen und Charles Emerson.

Die erste Luftkissen-Untergrundbahn Europas wurde am 15. Dezember 1985 im 1400 m hoch gelegenen Wintersportort Serfaus im österreichischen Bundesland Tirol in Betrieb genommen. Für umgerechnet rund 17 Mio. DM erbaut, soll sie Touristen zum Nulltarif durch einen 1,3 km langen Tunnel von den Parkplätzen des Ortes zur Talstation der Seilbahn befördern.

Das älteste und längste U-Bahn-Netz mit den meisten Linien von allen deutschen Städten hat Berlin. Die erste (Teil-)Strecke wurde bereits am 18. Februar 1902 dem Verkehr übergeben. Heute hat Berlin (West) ein U-Bahn-Netz, das auf 8 Linien 105,5 km Linienlänge mit 116 Bahnhöfen umfaßt. Auf 16 Bahnhöfen kann man umsteigen. Durch die Teilung der Stadt verfügt Berlin (Ost) nur noch über 2 Linien von 23 km Länge mit 21 Bahnhöfen und zusätzlich 1 Umsteigebahnhof am Alexanderplatz.
Den Rekord, das gesamte Streckennetz der Berliner U-Bahn abzufahren, stellte Klaus-Martin Kersten (46) am 27. März 1984 auf. Er unterbot damit seinen eigenen Rekord vom März 1982 um 44 Sek. und kam auf 5:01:30 Std. für seine Rundfahrt. 20mal mußte er mit seinem Sohn Kai-Uwe umsteigen und schlug so zwei rivalisierende Berliner U-Bahn-Gruppen, die an den Tagen zuvor ebenfalls einen neuen Rekord angestrebt hatten.
Das Hamburger U-Bahn-Netz hat auf 3 Linien 80 Bahnhöfe, davon 9 Umsteigebahnhöfe (nur auf die U-Bahn bezogen) und 89,5 km (davon 31,2 km im Tunnel) Streckenlänge.
Der Hamburger Fachschüler Kai Bruchmann (* 1968) stellte mit 4:17 Std. einen neuen Abfahrrekord für das um zwei Stationen erweiterte Hamburger U-Bahn-Netz am 30. Mai 1986 auf.
Das Münchener U-Bahn-Netz mit seinen 5 Linien und 48 Stationen bei 42 km Netzlänge hält den Mathematikstudenten Thomas Kantke (* 1964) auf Trab. 9 Versuche hat er bereits unternommen, um in noch kürzerer Zeit seinen Abfahrrekord aufzustellen. Am 12. Mai 1986 gelang ihm das Kunststück, jeden Streckenabschnitt des Gesamtnetzes abzufahren und genau 52145 m in 1:46:37 Std. zu bewältigen, neunmal mußte er umsteigen.

Eifrigster und wohl einziger U-Bahn-Rekordhalter ist der Berliner Klaus-Martin Kersten. Von den 70 U-Bahnen, Metros und Subways, die es zur Zeit weltweit gibt, hat er bereits 50 befahren (Stand März 1986).

MODELLEISENBAHNEN

Die längste überwachte Fahrt einer Modell-Dampflokomotive fand am 8./9. September 1979 in Thames Ditton (GB) statt. Sie dauerte 27:18 Std. und erstreckte sich über 231,7 km. Die Bahn namens Winifred (gebaut 1974 von Wilf Grove) mit einer Spurweite von 18,4 cm arbeitet mit einem Druck von 5,6 kg/cm^3, wird mit Kohle geheizt, hat einen Zylinder mit einem Innendurchmesser von 54 mm und einen Hub von 79 mm.

Der Nonstop-Dauerrekord für eine Modelleisenbahn (Lokomotive mit 6 Wagen) beträgt 1219 Std. Die »mini-club-Lokomotive 8885« (Märklin) war bei der Rekordfahrt, dem Maßstab 1:220 entsprechend, auf ein 130-km/h-Tempo eingestellt und erreichte ohne Reparatur und Pflege umgerechnet 158400 km, reale Entfernung 720 km bei einem Test im Jahr 1981. Diese Spur gilt als kleinste Modelleisenbahn der Welt.
In einer Streichholzschachtel dreht auf der kleinsten elektrischen Eisenbahnanlage eine Lokomotive der Spurweite »Z« vom Märklin »mini-club« ihre Runden. Auf 6,5 mm Spurweite fährt sie auf einem 2,5 cm großen Kreis vor und zurück. Die Stromversorgung erfolgt durch Trafo oder Batterie über eine Steckverbindung. Die zündende Idee hatte der Elektroingenieur Helmut Dick (* 1954) aus Göppingen (Baden-Württemberg).

Die kleinste Modelleisenbahn, die jemals gebaut wurde, ist die im Maßstab 1:1000 von Jean Damery (* 1923) aus Paris (Frankreich). Die Lok läuft mit einer 4,5-V-Batterie und mißt insgesamt 7,9 mm.

Der längste Modellbahnzug der Welt in Spurweite H0 mit einer Länge von 210 m ohne Lokomotiven fuhr am 25. September 1982 auf einer Schiene der Bahnlinie Kleve–Spyck (Niederrhein). Die Klever Eisenbahnfreunde hatten 1190 Wagen aneinander gekoppelt, die von 14 Lokomotiven 2,5 m weit gezogen wurden. Umgerechnet auf 1:1 entspricht das einer Zuglänge von 18,270 km!
Eine einzige Fleischmann-Modell-Lokomotive, Spurweite H0, zog am 16. Mai 1985 in Rorschach (Schweiz) aus eigener Kraft 372 Modellgüterwagen über eine Distanz von 110 m. Der 63,5 m lange Zug benötigte für seine Rekordreise 7:35 Min.
Zu einer Rekordfahrt startete am 10. November 1985 auch die winzige, 39 g schwere Märklin-Lok der Baureihe 151 bei einer Ausstellung in Unna/Westfalen. Auf der 7,60 m langen und 0,45 m breiten Heimanlage des Unnaers Klaus Niggemann zog sie 100 Güterwagen der Spur »Z« – insgesamt 296 Achsen – zwei komplette Runden mit einem Gewicht von 868 g, ohne zu entgleisen.

STRASSENBAHNEN

Die erste elektrische Straßenbahn der Welt als öffentliches Verkehrsmittel wurde von der Berliner Firma Siemens & Halske am 16. Mai 1881 vom Bahnhof der Anhaltischen Bahn (später Lichterfelde-Ost) zur Hauptkadettenanstalt Lichterfelde gefahren. Die Strecke war 2,3 km lang. Der Antrieb erfolgte mit Hilfe von 180-V-Gleichstrom, wobei eine Schiene als Hin-, die andere als Rückleitung diente. An Straßenkreuzungen war der Strom unterbrochen; dort mußte mit Schwung durchgefahren werden. Die Wagen hatten noch die bei Pferdebahnen übliche Form und Größe. Beide Achsen wurden mit Ketten von einem unter dem Fußboden liegenden Motor angetrieben.

Die längste zur Zeit in der Bundesrepublik Deutschland mögliche Straßenbahnfahrt führt von Krefeld-St.-Tönis nach Witten-Heven (Nordrhein-Westfalen). Mit einigem Anschlußglück kann die 150 km lange Strecke mit ihren acht Zwischenanschlußstellen in 4:45 Std. bewältigt werden. Einzigartig auf der Welt ist, daß auf dem Teilstück zwischen Düsseldorf und Duisburg eine Straßenbahn mit Speisewagen verkehrt, ein Service, der vor über 60 Jahren

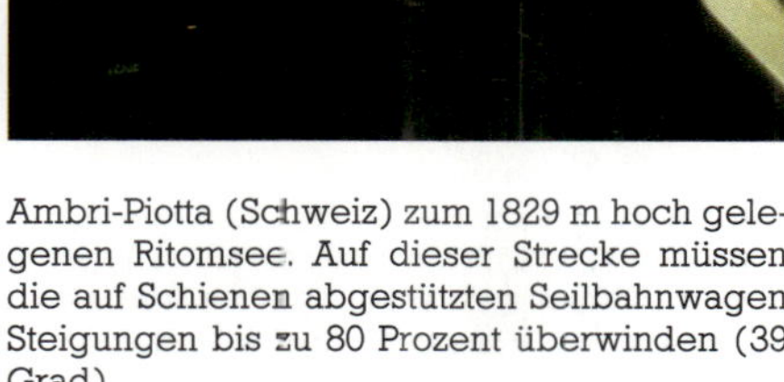

Dieser Speisewagen verkehrt zwischen Düsseldorf und Duisburg – in einer Straßenbahn. Reisende, die eine Bummeltour quer durch das kontrastreiche Ruhrgebiet mit der Straßenbahn machen wollen, können sich in diesem rollenden Café stärken.

das erste Mal in Europa auf einer Straßenbahnlinie eingeführt worden ist – heute aber nur noch auf diesem Teilstück Fahrgäste anlockt.

Die längsten Straßenbahnwagen verkehren seit 1967 zwischen Mannheim/Ludwigshafen und Bad Dürckheim bei der Rhein-Haardt-Bahn GmbH: 4 Triebwagen mit je 12 Achsen. Jeder Zwölfachser besteht aus 5 Teilen, die durch Gelenke miteinander verbunden sind, und ist 38,55 m lang.
Ende 1977 gab es noch etwa 315 Straßenbahnunternehmen, deren längste Straßenbahn die von Leningrad (UdSSR) mit 2500 Wagen auf 53 Strecken ist.

Die ältesten Straßenbahnen der Welt im Staatsdienst sind die Triebwagen 1 und 2 der britischen Manx Electric Railway aus dem Jahr 1893.

Die Räder oben und entsprechend auch die Schienen, an denen sie (zumeist über dem engen Tal der Wupper) hängt, hat die berühmte 13,3 km lange Schienenschwebebahn in Wuppertal. Seit 1. März 1901 ist sie in Betrieb und hat seither weit über 1,3 Mrd. Fahrgäste befördert.

4. BERGBAHNEN/ SEILBAHNEN

Die erste Gebirgsbahn der Welt unterfährt den 980 m üNN hohen Semmeringpaß zwischen Niederösterreich und der Steiermark in einer Höhe von 897 m. Sie wurde mit zahlreichen Tunneln und etlichen Viadukten in den Jahren 1848–54 von dem Eisenbahningenieur Karl Ritter von Ghega erbaut.

Die erste Zahnradbahn der Welt wurde 1866 in den USA erbaut. Sie führt auf den 1917 m hohen Mount Washington in den White Mountains, New Hampshire.
Die erste Zahnradbahn Europas wurde 1871 in der Schweiz in Betrieb genommen. Sie ist 7 km lang und führt von Vitznau am Vierwaldstätter See auf den 1797 m hohen Rigi. Ihr Konstrukteur war der schweizerische Eisenbahningenieur Nikolaus Riggenbach (1817–99). Er erwarb 1862 das Patent für den Eisenbahnbetrieb mit Zahnrad und Zahnstange.

Die steilste Zahnradbahn der Welt ist die 1889 bei Luzern (Schweiz) eröffnete Pilatusbahn von Alpnachstad nach Pilatus-Kulm. Sie hat eine Steigung von 48 Prozent (26 Grad).

Die höchste Zahnradbahn Deutschlands führt von Garmisch-Partenkirchen auf die Zugspitze zum 2650 m hohen Schneefernerhaus. Die Fahrzeit beträgt 70 Min.
Die Wendelstein-Zahnradbahn klettert im Stundentakt von Brannenburg im Inntal auf den 1723 m hohen Wendelstein-Bergbahnhof, dem nach der Zugspitze populärsten Aussichtsberg Bayerns. Sie überwindet einen Höhenunterschied von 1217 m.

Die einzige Zahnradbahn, die innerhalb einer Großstadt im Linienbetrieb eingesetzt wird, ist die Stuttgarter Zahnradbahn. Die 1884 als dampfbetriebene Bahn eröffnete Linie, liebevoll »Zacke« geheißen, hat 7 Haltestellen, von denen 6 ein Gefälle bis zu teilweise 15 Prozent haben.

Die älteste Bergbahn Deutschlands besteht seit 1883. Sie führt von Königswinter bei Bonn auf den Drachenfels.

Die kleinste Bergbahn Europas ist die Marzili-Drahtseilbahn in Bern (Schweiz), die über eine 105 m lange Strecke zum Parlamentsgebäude führt. Es liegt 32 m höher als die untere Station.

Die höchste Drahtseilbahn der Welt wurde am 5633 m hohen Elbrus im Kaukasus (UdSSR) gebaut. Sie beginnt in 2300 m Höhe üNN und führt bis auf 4100 m hinauf.

Die steilste Seilbahn Europas führt von der 992 m hoch gelegenen Gotthard-Bahnstation Ambri-Piotta (Schweiz) zum 1829 m hoch gelegenen Ritomsee. Auf dieser Strecke müssen die auf Schienen abgestützten Seilbahnwagen Steigungen bis zu 80 Prozent überwinden (39 Grad).

Die erste Seilschwebebahn nach dem Umlaufsystem führt auf den 1284 m hohen Schauinsland bei Freiburg/Breisgau. Sie überwindet in 16 Min. auf der 3,6 km langen Seilstrecke zwischen der Talstation Günterstal und der Bergstation 800 m Höhenunterschied.

Die größte Luftseilbahn der Alpen führt von der Talstation Mulania an der Strecke Flims-Laax, Kanton Graubünden (Schweiz), 4167 m weit auf den 2231 m hohen Crap-Sogn-Gion. Dabei wird eine Höhendifferenz von 1133 m überwunden. Die seit 1968 in Betrieb befindliche Bahn hat zwei Kabinen von 34 m^2 Grundfläche. Jede von ihnen kann 125 Fahrgäste und den Kabinenführer aufnehmen. Die reine Fahrzeit liegt bei knapp 10 Min.; stündlich können in jeder Richtung 650 Personen befördert werden.

Die größte unterirdische Standseilbahn Europas verläuft in einem 3,3 km langen Stollen und wurde 1974 bei Kaprun in den Hohen Tauern, Land Salzburg (Österreich), in Betrieb genommen. Sie bewältigt einen Höhenunterschied von 1735 m.

Die längste und höchste Gondelseilbahn der Welt ist die Teleférico Mérida in Venezuela. Sie überwindet von Mérida (1639,5 m) bis zum Gipfel des Pico Espejo (4763,7 m) einen Höhenunterschied von 3124 m. Die Seilbahn ist in vier Abschnitte eingeteilt. Bei der 1 Std. dauernden Auffahrt über eine Strecke von 12,8 km müssen die Fahrgäste dreimal umsteigen. Der vierte Abschnitt ist 3,069 km lang, dabei hängt das Seil ohne Zwischentürme frei durch und überbrückt 722 m Höhenunterschied. Die beiden Wagen funktionieren nach dem Pendelsystem; das Förderseil ist mit einer Sperre versehen, und die Wagen werden von einem 233-PS-Motor mit Hilfe von 3 Zugseilen gezogen. Sie haben ein maximales Fassungsvermögen von 45 Personen und eine Geschwindigkeit von 35,08 km/h.

Die längste Seilbahn ohne Unterbrechung führt über eine Strecke von 4114 m vom Coa-

In Venezuela überwindet die höchste Gondelseilbahn der Welt auf einer Streckenlänge von fast 16 km einen Höhenunterschied von über 3 km (s. S. 209).

chella Valley zum Mount Sant Jacinto (3298 m) in Kalifornien (USA). Sie wurde am 12. September 1963 in Betrieb genommen.

Die größte Seilbahn der Welt ist im oberitalienischen Aostatal in Betrieb. Die Kabinen fassen je 135 Personen mit Skiausrüstung. Pro Std. können 3400 Skisportler auf die 100 km langen Skipisten des Val Vény befördert werden.

Die höchste Drahtseilbahn Europas führt von Chamonix im Mont-Blanc-Gebiet der französischen Alpen (1037 m üNN) auf den 3843 m hohen Aiguille du Midi. Sie hat auch das längste freihängende Tragkabel der Welt; es ist 2900 m lang.
Nach einer Anfangsschwierigkeit bei der Probefahrt im Januar 1980, wobei eine der beiden 100-Personen-Gondeln mit einem Felsen kollidierte, wurde am 14. März 1980 die zweithöchste Seilbahn Europas auf das 3820 m hohe Kleine Matterhorn, Kanton Wallis (Schweiz), in Betrieb genommen. Sie überwindet in 8 Min. einen Höhenunterschied von 891 m. Die Bauzeit betrug drei Jahre, der finanzielle Aufwand lag bei rund 25 Mio. DM. Die offizielle Eröffnung fand am 9. Juni 1980 statt.

Die längste Seilbahn in der Bundesrepublik Deutschland ist die Zugspitzbahn mit einer Länge von 4453 m. Sie bringt ihre Passagiere – je 44 pro Gondel sind möglich – von der Talstation Eibsee bei Grainau mit einer Geschwindigkeit von 10 m/s in 8:10 Min. auf den Zugspitzgipfel (2962 m üNN).

Die größte Seilbahn der Bundesrepublik Deutschland – gemessen an der Kabinengröße – ist die Fellhornbahn (I. Sektion) in Oberstdorf (Bayern). Jede Kabine faßt 100 Personen; innerhalb 1 Std. können 660 Personen in jede Richtung befördert werden.

Die größte Seilbahn Österreichs ist die Schattbergbahn in Saalbach bei Maria Alm (Salzburger Land).

Die längste Schwebebahn in den deutschen Alpen ist die 3,4 km lange Brauneckbahn bei Lenggries/Bad Tölz.

Die höchste Sesselbahn in der Bundesrepublik Deutschland ist seit 1968 am Nebelhorn bei Oberstdorf (Bayern) in Betrieb. Sie führt von der 1905 m hoch gelegenen Bergstation in 2 Teilstrecken zum Gipfel des Nebelhorns (2215 m üNN) und kann in der Stunde bis zu 600 Personen befördern.

5. LUFTFAHRZEUGE

Vorbemerkungen: Die Anwendung der Mach-Skala zum Messen von Flugzeuggeschwindigkeiten wurde von Prof. Ackeret aus Zürich eingeführt. Die Zahl Mach ist das Verhältnis der Geschwindigkeit eines Körpers zur Schallgeschwindigkeit im jeweiligen Medium.
Wenn bei Zeitangaben die Bezeichnung GMT *(Greenwich Mean Time)* angegeben ist, so bedeutet das, daß nicht die jeweilige Ortszeit, sondern die sogenannte mittlere Sonnenzeit des durch die englische Ortschaft Greenwich laufenden geographischen Längengrades Null gemeint ist. In der Luftfahrt werden nahezu alle Daten, abgesehen von Passagierflugplänen, auf GMT bezogen. 12 Uhr GMT heißt demnach 13 Uhr mitteleuropäischer Zeit (MEZ) oder 14 Uhr deutscher Sommerzeit.

DIE ERSTEN FLÜGE

Der erste überwachte Dauerflug mit Motorantrieb fand am 17. Dezember 1903 um 10 Uhr 35 vormittags in der Nähe des Kill Devil Hill bei Kitty Hawk, North Carolina (USA), statt. Orville Wright (1871–1948) flog damals mit der 12 PS (8,8 kW) starken *Flyer* mit Kettenantrieb über eine Strecke von 36,5 m mit einer Fluggeschwindigkeit von 48 km/h (Bodengeschwindigkeit 10,9 km/h) in einer Höhe von 3,6 m etwa 12 Sek. lang, beobachtet von seinem Bruder Wilbur (1867–1912), drei Lebensrettern und zwei weiteren Zuschauern. Beide Brüder, die aus Dayton, Ohio (USA), kamen, waren Junggesellen, weil sie, wie Orville es ausdrückte, nicht die Mittel besaßen, sowohl eine Frau als auch ein Flugzeug zu unterhalten. Der *Flyer* ist jetzt im Nationalen Luft- und Raumfahrtmuseum des Smithsonian-Instituts in Washington (USA) aufgestellt.

Der erste Start eines bemannten Flugzeuges mit eigener Kraft erfolgte, als der Franzose Clément Ader (1841–1925) am 9. Oktober 1890 in Armainvilliers (Fankreich) mit seiner *Éole* etwa 50 m weit flog. Sie wurde mit einer 15 kW Leichtgewicht-Dampfmaschine nach eigenem Entwurf angetrieben.

Der erste Deutsche, der den Erdboden in einem Motorflugzeug verließ, war Karl Jatho. Am 18. August 1903 gelang ihm auf der Vahrenwalder Höhe, nördlich von Hannover, ein 18 m langer Flugsprung.
Die Flugversuche Hans Grades (1879–1946) auf dem Magdeburger Exerzierplatz waren **die ersten Flugversuche eines deutschen Fliegers,** die in voller Öffentlichkeit stattfanden. Am 28. Oktober 1908 glückte Grade ein erster kurzer Flug.
Der erste, der eine Flugmaschine in Deutschland öffentlich vorgeführt hat, war der Däne J. C. Ellehammer auf dem ersten Flugtag in Deutschland am 28. Juni 1908 in Kiel.
Den ersten Flug in Österreich unternahm im April 1909 der Franzose Legagneux mit einem *Voisin*-Modell in Wien. Im November 1909 stieg der Österreicher Igo Etrich (1879–1967) mit der von ihm konstruierten *Etrich-Taube,* einem verspannten Schulterdecker, der später von Edmund Rumpler (1872–1940) in Deutschland nachgebaut wurde, in Wiener Neustadt (Niederösterreich) auf. Der erste Flug in der Schweiz fand 1910 mit einem Schweizer *Dufaux*-Modell statt.

Die erste Kanalüberquerung mit einem Flugzeug erfolgte am 26. Juli 1909. Damals flog der Franzose Louis Blériot (1872–1936) mit seinem *Blériot-XI*-Einsitzer, der von einem 23-PS-(17-kW-)Anzani-Motor angetrieben wurde, nach seinem Start um 4 Uhr 41 früh in 36:30 Min. die Strecke von 41,8 km von Les Baraques (Frankreich) bis nach Northfall Meadow in der Nähe von Dover Castle (GB).

Die ersten Pläne für einen Düsenantrieb wurden bereits von dem französischen Capitaine Marconnet im Jahre 1909, von dem Rumänen Henri Coanda (1886–1972) und von Maxime Guillaume mit seinen Turbojet-Vorschlägen im Jahre 1921 unterbreitet. Der erste Startversuch wurde am 12. April 1937 von der Firma British Power Jets Ltd. mit dem Testflugzeug *W. U. (Whittle Unit)* durchgeführt, das von dem damaligen Oberleutnant (inzwischen Brigadegeneral) Frank Whittle (* 1. Juni 1907 in Coventry) entwickelt wurde.

Der erste Flug mit einem Düsenflugzeug wurde von dem deutschen Flugkapitän Erich Warsitz am 27. August 1939 bei Marienehe nahe Rostock in der mit einem Strahltriebwerk der Firma Heinkel ausgerüsteten *He 178* ausgeführt. Das Flugzeug war mit einem Heinkel-He-S3-b-Motor ausgerüstet (378 kg Schub im Stand, eingebaut mit langem Auspuffrohr), der von Dr. Hans »Pabst« von Ohain entwickelt und erstmalig im August 1937 erprobt worden war.

Den ersten Überschallflug führte der amerikanische Luftwaffenkapitän (später Brigadegeneral) Charles (Chuck) Elwood Yeager (* 13. Februar 1923) über dem Luftwaffenstützpunkt Edwards in Kalifornien (USA) am 14. Oktober 1947 mit einem *Bell-XS-1*-Raketenflugzeug *Glamorous Glennis* mit einer Geschwindigkeit von 1,015 Mach (1078 km/h) bei einer Flughöhe von 12800 m durch.

Die erste Überquerung des Nordatlantiks in der Luft in West-Ost-Richtung wurde von Korvettenkapitän (später Konteradmiral) Albert Cushion Read (1887–1967) und seiner Besatzung (Stone, Hinton, Rodd, Rhoads und Bresse)

Was ist ein Mach?

Die Schallgeschwindigkeit beträgt bei 0° C etwa 333 m/s und nimmt bei steigender Temperatur je Grad etwa 33 cm/s zu. Beispiel: Bei 20° C beträgt die Schallgeschwindigkeit etwa 340 m/s oder 1230 km/h. Ein Flugzeug verdrängt im Flug die Luft und löst Schallwellen aus; erreicht die Maschine die gleiche Geschwindigkeit wie der Schall, so stauen sich diese Wellen vor Rumpf und Tragflächen, bilden die unsichtbare Schallmauer. Beim Durchbruch wird ein donnerähnlicher Knall ausgelöst. Je höher die Geschwindigkeit, desto größer die Distanz zwischen Flugzeug und Knall. Geschwindigkeiten jenseits der Schallmauer werden in Mach (M) gemessen. Mach 2 bedeutet also doppelte Schallgeschwindigkeit.
Den Namen gab der österreichische Physiker Ernst Mach (1838–1916). Er entdeckte, daß die Ausbreitung der Schallwellen von der Bewegung der Schallquelle abhängig ist, und machte die Druckwellen sichtbar. Nach seiner Definition von 1877 entspricht 1,0 Mach einer Geschwindigkeit von 1224,67 km/h auf Meeresspiegelhöhe bei einer Temperatur von 15° C. Der Einfachheit halber rechnet man mit einer Abnahme bis zu konstanten 1061,81 km/h in der Stratosphäre, das heißt in über 11000 m Höhe.

Seit Januar 1976 fliegt der britisch-französische Superjet, die *Concorde,* mit einer Geschwindigkeit von 610 m/s (s. S. 213).

mit dem 84 Knoten (155 km/h) schnellen *Curtiss-Flugboot NC-4* der amerikanischen Marine auf der Strecke von Trepassey Harbour in Neufundland (Kanada) über die Azoren nach Lissabon (Portugal) vom 16. bis 27. Mai 1919 durchgeführt. Die gesamte Flugzeit über eine Strecke von 7951 km, die am 8. Mai in Long Island, New York (USA), begann und am 31. Mai in Plymouth (GB) ihr Ende fand, betrug 53:58 Std.

Der Flug von Neufundland bis zu den Azoren über eine Strecke von 1930 km dauerte 15:18 Std. bei einer Geschwindigkeit von 81,7 Knoten (151,4 km/h).

Den ersten Nonstopflug über den Atlantik in West-Ost-Richtung führten Captain John William Alcock (1892–1919) und sein Funker, Leutnant Arthur Whitten Brown (1886–1948), über eine Strecke von 3154 km in der Zeit von 16 Uhr 10 GMT am 14. Juni bis 8 Uhr 40 GMT am 15. Juni 1919 vom Flugplatz Lester in St. John's, Neufundland (Kanada), zum Derrygimla-Moor in der Nähe von Clifden in der irischen Grafschaft Galway durch. Die beiden flogen mit einer *Vickers Vimy,* die mit zwei je 360 PS (265 kW) starken Rolls-Royce-Eagle-VIII-Motoren ausgerüstet war. Sie wurden am 21. Juni 1919 mit einem Orden ausgezeichnet. Außerdem gewannen sie einen Preis der Londoner Tageszeitung *Daily Mail* in Höhe von 10000 Pfund Sterling.

Am 6. August 1945 flogen zwei *B-47*-Bomber des 308. Bombergeschwaders nonstop von der Luftwaffenbasis Hunter, Georgia (USA), zu simulierten Zielen in Südeuropa und wieder zurück. Die 10000-Meilen-Flüge (16093 km), durchgeführt von den Besatzungsmitgliedern V. Cammack, O. Bernhoff, D. Kepplinger, G. Stockton, A. Guidotti, D. Lutz, J. Terpening und J. Watson, dauerten insgesamt 25:23 Std. und erforderten viermal ein Nachtanken in der Luft, zweimal in völliger Dunkelheit.

Die erste Ost-West-Atlantiküberquerung gelang am 12. April 1928 den Deutschen Hermann Köhl (1888–1938), Freiherrn Ehrenfried Günther von Hünefeld (1892–1929) zusammen mit dem Chef des irischen Luftcorps, Oberst James C. Fitzmaurice (1898–1965), mit einer auf den Namen *Bremen* getauften *Junkers-Maschine W 33.* Sie starteten in Irland und landeten nach 36:2 Std. auf der Insel Greenly Island vor Neufundland (Kanada). Nach einer Triumphfahrt durch die Vereinigten Staaten verlieh ihnen US-Präsident Calvin Coolidge (1872–1933) die höchste amerikanische Fliegermedaille.

Der erste Alleinflug über den Atlantik: Captain (später Brigadegeneral) Charles August Lindbergh (1902–74) war der 79. Pilot, der eine Atlantiküberquerung durchführte, aber er war der erste, der sie allein vornahm. Er startete am 20. Mai 1927 mit seinem 220-PS-Einsitzer *Spirit of St. Louis* vom Typ Ryan um 12 Uhr 52 GMT vom Roosevelt-Flugplatz in Long Island, New York (USA), und landete am 21. Mai 1927 um 22 Uhr 21 GMT auf dem Flugplatz von Le Bourget in Paris (Frankreich) nach einer Flugzeit von 33:29:29 Std. über eine Strecke von 5810 km. Er gewann den schon 1919 von dem New Yorker Hotelier und Millionär Raymond Orfög für die Ein-Mann-Nonstop-Atlantiküberquerung von New York nach Paris ausgesetzten Preis von 25000 Dollar (damals über 100000 Mark).

Die meisten Transatlantikflüge machte Flugkapitän Charles M. Schimpf von TWA, der den Ozean vom März 1948 bis zu seiner Pensionierung am 1. September 1984 nachweislich 2880mal überquerte; das sind 6,4mal pro Monat.

Die erste Ost-West-Atlantiküberquerung mit einem Flugboot unternahm der deutsche Pilot Wolfgang von Gronau (1893–1977) am 26.

Donald R. Stits *Baby Bird* ist 3,35 m lang, hat eine Flügelspannweite von 1,91 m und beansprucht, das kleinste Flugzeug zu sein.

August 1930 mit einem damals schon fünf Jahre alten *Dornier Wal D 1422*, der bereits dem norwegischen Forscher Roald Amundsen (1872–1928) zu einem Polarflug gedient hatte. Gronau startete in List auf Sylt, flog über Island, Grönland und Kanada und landete im Hafen von New York (USA).

Den ersten Nonstopflug über den Pazifik führten Major Clyde Pangborn und Hugh Herdon vom 3. bis 5. Oktober 1931 in einer Zeit von 41:31 Std. über eine Strecke von 7335 km mit dem *Bellanca*-Kabinenflugzeug *Miss Veedol* von Sabishiro Beach (Japan) nach Wenatchee, Washington (USA), durch.

Die ersten Erdumrundungen: Die Fédération Aéronautique Internationale (FAI) erkennt als Weltrundflug diejenigen Flüge an, die eine Entfernung von mindestens 36 787,599 km – die Länge des Wendekreises des Krebses – zurücklegen und dabei an ihren Ausgangspunkt zurückkehren.
Strenggenommen erfordert eine Erdumrundung das Überfliegen zweier Antipoden-Punkte und eine Strecke von mindestens 40 007,89 km.

Einen ersten Weltrundflug führten zwei *Douglas-D.-W.-C.*-Flugboote der US Army in 57 Etappen über eine Strecke von 42 398 km durch. Die *Chicago* war mit Leutnant Lowell H. Smith und Leutnant Leslie P. Arnold und die *New Orleans* mit Leutnant Erik H. Nelson und Leutnant John Harding bemannt. Der Flug fand vom 6. April bis 28. September 1924 statt; Start und Ziel war Seattle (USA).

Den ersten Alleinflug um die Erde führte der Amerikaner Wiley Hardemann Post (1898–1935) vom 15. bis 22. Juli 1933 in zehn Etappen mit der *Lockheed-Vega Winnie Mae* mit Start und Ziel auf dem Flugplatz von Floyd Bennett in New York (USA) durch. Die in 115:36 Std. zurückgelegte Strecke von 25 099 km lag jedoch auf einem zu hohen Breitengrad, um gewertet zu werden.

NONSTOPFLÜGE UND ANDERE REKORDE

Den ersten Nonstopflug um die Erde beendete am 2. März 1949 nach 94:01 Std. eine *Boeing B-50* Superfortress *Lucky Lady II*. Pilot war Captain James Gallagher aus Texas. Während des Flugs über 37 742 km wurde das Flugzeug viermal aufgetankt.
Ein erster Versuch, den Globus ohne Nachtanken zu umfliegen, soll von Dick Rutan und Jeana Yeager vom Mojave-Flughafen in Kalifornien (USA) mit der *Voyager* im September 1986 unternommen werden, die 3,99 t Treibstoff mitführen soll. Der registrierte längste Flug ohne Nachtanken führte am 11. Januar 1962 über 20 168 km, die eine *B-52-H* der US-Luftwaffe von Okinawa (Japan) nach Madrid (Spanien) zurücklegte. *Voyager* wird eine Flügelspannweite von 33,77 m haben.

Den schnellsten Nonstopflug um die Erde in östlicher Richtung führten drei in der Luft aufgetankte *B 52* der US-Luftwaffe unter dem Kommando von Generalmajor Archie J. Old jr. in 45:19 Std. durch. Die Maschinen legten vom 16. bis 18. Januar 1957 eine Strecke von 39 147 km mit einer Durchschnittsgeschwindigkeit von 845 km/h zurück und landeten nach viermaligem Auftanken in der Luft, die von *KC-97*-Lufttankern vorgenommen wurden, auf dem Luftwaffenstützpunkt von March in Riverside, Kalifornien (USA).

Die erste Allein-Polarumrundung führte Hauptmann Elgen M. Long (44) vom 5. November bis 3. Dezember 1971 mit einer *Piper Navajo* durch. Er legte in 215 Flugstunden eine Strecke von 62 597 km zurück. Die Kabinentemperatur sank über der Antarktis auf −40° C.

Das kleinste Flugzeug, mit dem eine Erdumrundung gelang, war die 6,38 m lange, einmotorige *Thorp T-18* mit 180 PS (133 kW), die der Pilot Donald P. Taylor aus Sage, Kalifornien (USA), in seiner Werkstatt im Eigenbau hergestellt hatte. Sein Flug über eine Strecke von 42 148 km in 37 Etappen nahm 176 Flugstunden in Anspruch und endete am 30. September 1976 in Oshkosh, Wisconsin (USA).

Das Flugzeug mit der größten Flügelspannweite, das jemals hergestellt wurde, war das 40-Mio.-Dollar-(168-Mio.-DM-)*Hughes-H-2*-Flugboot *Hercules*, das am 2. November 1947 mit Howard Hughes (1905–76) am Steuer vor dem Hafen von Long Beach, Kalifornien (USA), bei einem Versuchsflug über eine Strecke von 914 m auf eine Höhe von 21,3 m gebracht wurde. Das achtmotorige, 193 t schwere Flugzeug hatte eine Spannweite von 97,51 m, eine Länge von 66,64 m und flog nur dieses einzige Mal. Am 22. Februar 1982 wurde es von der Goldcoast Corp. mit Hilfe des Schiffskrans YD-171 der US-Marine zu seiner endgültigen »Ruhestätte« 9,6 km durch den Hafen unter eine Kuppel von 213,4 m Durchmesser geschafft. Der Transport gilt als ingenieurmäßige Glanzleistung.

Das höchste Brutto-Startgewicht hatte ein *Boeing-747-200-B-Jumbo-Jet* mit 386 t anläßlich der Lufttüchtigkeitsproben seiner Pratt & Whitney JT9D-7Q-Maschinen am 23. Mai 1979.

Zum »schwersten Segler« der Welt wurde am 24. Juni 1982 eine *Boeing 747* (Flugkapitän Eric Moody), als während des Flugs BA.009 mit 263 Menschen an Bord alle vier Motoren ausfielen; Grund für den Defekt in 11 275 m Höhe war Vulkanasche vom Mount Galunggung in Indonesien. Nach 13 Min. bekam die Besatzung die Motoren wieder in Gang und landete die Maschine in Djakarta.
Am 26. Januar 1984 wurde der 40 Mio. Dollar (103 Mio. DM) teure *Piasecki Heli-Stat* in Lakehurst, New Jersey (USA), ausgestellt. Er besteht aus einem »Gerippe« aus Leichtmetall und Verbundmaterialien, an das vier Helikopter vom Typ *Sikorsky SH-34J* und die Hülle eines Luftschiffs *Goodyear 2PG-2* montiert werden können. Konstruiert für den Einsatz bei der amerikanischen Waldschutzbehörde, hat der *Heli-Stat* eine Gesamtlänge von 104,55 m und ist für eine Zuladung von 21,4 t ausgelegt.

Das mit Sonnenenergie betriebene Flugzeug *Solar Challenger*, entwickelt von einer Gruppe unter Leitung von Dr. Paul MacCready, wurde am 20. November 1980 erstmals allein mit Solarantrieb geflogen. Am 7. Juli 1981 wurde die *Solar Challenger* das erste Flugzeug seiner Kategorie, das den Ärmelkanal überquerte; Pilot war Steve Ptacek (USA). Vom Startort Pontois-Corneilles bei Paris flog sie die 262,3 km in 3353 m Höhe bis Manston (GB) in 5:23 Std. Die Spannweite des Flugzeugs ist 14,3 m.

Das leichteste ULA-Flugzeug flog am 3. August 1985 Anthony A. Cafaro (*30. November 1951) in Detroit, Michigan (USA), der eine einsitzige *Gypsey Skycycle* 7:31 Std. durch die Lüfte steuerte. Ein ULA (ultraleichtes Flugzeug) hat ein Maximalgewicht von 111 kg, eine Höchstgeschwindigkeit von 104,6 km/h und faßt maximal 18,93 l Treibstoff. Während des Rekordflugs wurde neunmal Treibstoff aufgenommen.

Das leichteste Flugzeug ist der Einsitzer *Ranger M*, der als Triebwerk einen Einzylindermotor mit Druckpropeller besitzt. Mit diesem Leichtgewicht erreicht der Ingenieur Johann Zieglgruber (41) aus Arndorf (Oberbayern) Höchstgeschwindigkeiten bis zu 60 km/h. Sein Flugzeug hat ein Leergewicht von 40 kg (Startgewicht mit Pilot 120 kg) und eine Spannweite von 9,80 m. Der Erstflug fand im Dezember 1979 statt (s. a. Kapitel 13, Unterwegs).

Das kleinste jemals geflogene Flugzeug ist eine *Baby Bird*, entwickelt und gebaut von Donald R. Stits. Es ist 3,35 m lang, hat eine Flügelspannweite von 1,91 m und ein Leergewicht von 114,3 kg. Der Zweizylinder-Hirth-Motor mit 55 PS bringt das Maschinchen auf eine Spitzengeschwindigkeit von 177 km/h. Die *Baby Bird* wurde zum ersten Mal am 4. August 1984 von

Auch die anderen »Bs«, *Bumble Bee* von Robert H. Starr, kämpfen um den Titel des kleinsten Flugzeugs mit 1,98 m Flügelspannweite und 2,84 m Länge.

Harold Wember in Camarillo, Kalifornien (USA), geflogen.

Der kleinste Jet ist die *Silver Bullet* mit einer Spannweite von 5,18 m. Die von Bob Bishop (USA) konstruierte Maschine wiegt 196 kg und bringt es auf eine Fluggeschwindigkeit von 450 km/h.

Das kleinste zweimotorige Flugzeug ist die *MC 15*, genannt *Cri Cri* (Grille). Sie hat eine Spannweite von 4,50 m, sie ist 1,90 m lang, 1,22 m hoch, wird von zwei 15-PS-Zweitakter-Motoren angetrieben und erreicht eine Reisegeschwindigkeit von 205 km/h. Der Entwurf stammt von einem französischen Amateurkonstrukteur. Der Winzling läßt sich innerhalb von 15 Min. auseinandernehmen und ist bequem in einem Autoanhänger unterzubringen.

Das schwerste Bombenflugzeug der Welt ist das mit acht Düsentriebwerken ausgerüstete Schrägflügelflugzeug vom Typ *Boeing B-52 H Stratofortress* mit einem maximalen Startgewicht von 221,35 t. Es hat eine Spannweite von 56,38 m, eine Länge von 48,02 m und eine Geschwindigkeit von mehr als 1046 km/h. Die *B 52* kann 12 SRAM-Kurzstrecken-Atomraketen oder 24340-kg-Bomben unter ihren Tragflächen und acht weitere SRAM-Raketen oder 84226-kg-Bomben im Rumpf transportieren.

Die zehnmotorige *Convair B-36J* hatte mit einem Gewicht von 185 t eine größere Spannweite, nämlich 70,10 m, aber sie ist nicht mehr im Einsatz. Sie hatte eine Spitzengeschwindigkeit von 700 km/h.

Die schnellsten strategischen Bombenflugzeuge der Welt sind die französischen *Mirage IV* der Firma Dassault, die eine Geschwindigkeit von 2,2 Mach (2333 km/h) in einer Höhe von 11000 m erreichen können, die amerikanische *General Dynamics FB-111 A* mit einer Höchstgeschwindigkeit von 2,5 Mach und die sowjetische *Tupolew Tu-22 M* mit schwenkbaren Tragflächen, bei der NATO unter dem Namen *Backfire* bekannt. Sie hat eine geschätzte Höchstgeschwindigkeit über dem Ziel von 2,0 Mach und einen Einsatzradius bis zu 5745 km.

Das größte Verkehrsflugzeug der Welt ist der *Boeing-747-Jumbo-Jet*, zum ersten Mal am 9. Februar 1969 geflogen. Er kann bei einer Höchstgeschwindigkeit von 969 km/h 385 bis über 500 Passagiere befördern. Die *Boeing 747-300* mit einem um 7,1 m verlängerten Oberdeck, das 43 Passagieren zusätzlich Platz bietet, wurde im März 1983 von der Swissair in Betrieb genommen. Die Spannweite des am 22. Januar 1970 in Dienst gestellten Jumbo-Jets beträgt 59,63 m, die Länge 70,7 m.

Die größte Anzahl von Passagieren in einem Flugzeug flog am 29. Dezember 1974 von Darwin, das von einem Zyklon verwüstet worden war, nach Sydney (Australien). In der Maschine waren 306 Erwachsene, 328 Kinder und 40 Säuglinge, insgesamt 674 Menschen.

Das schnellste Verkehrsflugzeug ist das Überschall-Verkehrsflugzeug *Concorde*, eine Gemeinschaftsentwicklung von BAC und Aérospatiale. Es wurde zum ersten Mal am 2. März 1969 geflogen und entwickelt mit einem Fassungsvermögen von 128 Passagieren eine Geschwindigkeit bis zu 2,2 Mach (2333 km/h). Am 10. Oktober 1969 flog es mit 1,05 Mach, überschritt am 4. November 1970 zum ersten Mal 2,0 Mach und wurde so das erste Verkehrsflugzeug mit Überschallgeschwindigkeit. Am 21. Januar 1976 wurde es erstmals für den Personenverkehr eingesetzt, als die Gesellschaften Air France (Frankreich) und British Airways (GB) gleichzeitig die Linien Paris (Frankreich)–Rio de Janeiro (Brasilien) bzw. London–Bahrein (Vorderasien) in Betrieb nahmen. Liniendienste zwischen London und New York, bisherige Rekordzeit 3:06 Std., und zwischen Paris und New York wurden am 22. November 1977 aufgenommen. Der neue New-York–London-Rekord wurde am 20. Januar 1980 mit 2:59:14 Std. aufgestellt (Durchschnittsgeschwindigkeit 1876,54 km/h).

Das geräumigste Flugzeug ist die *Guppy-201* der Aero Spacelines mit einem Frachtraum von 1104,4 m^3 und einem maximalen Startgewicht von 77,1 t. Die Spannweite ist 47,63 m, die Länge 43,84 m, die maximale Höhe 14,78 m. Die sowjetische *Antonow AN-124 Ruslan* hat einen nutzbaren Frachtraum von 1014 m^3 und ein maximales Startgewicht von 405 t. Sie wird von vier Lotarev-D-18-Turbotriebwerken angetrieben, die ihr eine Geschwindigkeit von 850 km/h (bei 12000 m Flughöhe) und eine Reichweite von 4900 km geben.

Der größte Flugzeugpropeller, der jemals in Gebrauch war, hatte einen Durchmesser von 6,9 m. Er war vom Typ Garuda und gehörte zu dem in Breslau gebauten *Linke-Hofmann R II*, der 1919 in Betrieb genommen wurde. Er wurde von vier 260 PS (192 kW) starken Mercedes-Motoren angetrieben und hatte eine Drehzahl von nur 545 U/min.

Der längste Nonstop-Linienflug ist die wöchentliche Pan-Am-Verbindung zwischen Sydney (Australien) und San Franzisko, Kalifornien (USA), die im Dezember 1976 mit einer *Boeing 747 SP* (Flugnummer 816) mit einer Flugzeit von 13:25 Std. über eine Strecke von 12030 km in Betrieb genommen wurde.

Den längsten Transportflug mit einem Fracht-Jet führte die *Boeing 747 SP* (eine Sonderanfertigung mit vergrößertem Tankinhalt und weniger Sitzplätzen) *Matroosberg* der South African Airways am 23./24. März 1976 in einer reinen Flugzeit von 17:22:30 Std. durch. Die Strecke von Seattle, Washington (USA), bis nach Kapstadt (Südafrika) betrug 16560 km; dabei wurden 175,5 t vorgekühlter Treibstoff verbraucht.

Der kürzeste Linienflug der Welt verkehrt zwischen den schottischen Orkneyinseln Westray und Papa Westray. Er wird von der Gesellschaft Loganair seit September 1967 mit zweimotorigen, 10sitzigen *Britten-Norman-Islander*-Transportmaschinen durchgeführt. Die planmäßige Flugzeit beträgt 2 Min., aber unter günstigen Windbedingungen hat Captain Andrew D. Alsop die Strecke auch schon in 58 Sek. zurückgelegt.

In 41 Sek. flog Gary W. Rovetto von der Island Air am 21. März 1980 den planmäßigen Flug von Center Island nach Decatur Island im US-Staat Washington.

Paris–London. Die schnellste Reisezeit von Paris-Mitte nach Zentral-London (BBC-Fernsehzentrum) beträgt 38:58 Min., erreicht von David Boyce am 24. September 1983 auf folgender Route: Motorrad/Helikopter nach Le Bourget; Hawker-Hunter-Jet (Pilot Michael Carlton) nach Biggin Hill; Helikopter zum Flugfeld des Fernsehzentrums.

HÖCHST-GESCHWINDIGKEITEN

Den offiziellen Fluggeschwindigkeitsrekord stellten Captain Eldon W. Joersz und Major George T. Morgan jr. am 28. Juli 1976 in einer *Lockheed SR-71 A* mit einer Geschwindigkeit von 3529,56 km/h über einen Rundkurs von 15 bzw. 25 km Länge des US-Luftwaffenstützpunktes Beale in Kalifornien (USA) auf.

Das schnellste Starrflügelflugzeug der Welt war die amerikanische *North American Aviation X-15 A-2* (eine Weiterentwicklung der *X-15 A*), die zum ersten Mal am 28. Juni 1964 flog. Sie war mit einem durch flüssigen Sauerstoff und Ammoniak angetriebenen Raketensystem ausgerüstet. Ableitende Materialien an der Außenhaut gaben ihr eine Widerstandsfähigkeit gegen eine Temperatur von 1560° C. Die Landegeschwindigkeit betrug vorübergehend 389,1 km/h. Die höchste Geschwindigkeit erreichte am 2. Oktober 1967 Major William J. Knight (* 1930) von der amerikanischen Luftwaffe mit 7274 km/h (6,7 Mach). Eine frühere,

Den kleinsten Jet der Welt aber baute der Amerikaner Bob Bishop in 6 Monaten. Sein einsitziges Düsenflugzeug *Silver Bullet* kommt auf 450 km/h. Bei einer Spannweite von 5 m wiegt der Aluminium-Flieger 196 kg, das Triebwerk allein 36 kg (s. S. 213).

von Joseph A. Walker (1920–66) geflogene Version erreichte am 22. August 1963 107,96 km über dem Luftwaffenstützpunkt Edwards in Kalifornien (USA). Nach dem letzten Flug am 24. Oktober 1968 wurde das Programm eingestellt.

Luftraumschiffe: Die NASA-Raumfähre *Columbia* wurde am 12. April 1981 im Kennedy Space Center, Cape Canaveral, Florida (USA), gestartet. Kommandant an Bord war John W. Young, Pilot Robert L. Crippen. Die *Columbia* brach sämtliche Rekorde für Starrflügelmaschinen, als sie beim Ausschaltpunkt des Hauptantriebs 26715 km/h erreicht hatte. Nach dem Wiedereintritt in die Atmosphäre, bei dem sie Temperaturen von 2160°C ausgesetzt war, wurde sie zum schwersten Gleiter aller Zeiten – sie wog 97 t. Mit 347 km/h stellte sie zugleich den Rekord für die höchste Landegeschwindigkeit auf, als sie am 14. April 1981 auf dem Rogers Dry Lake in Kalifornien (USA) wieder Bodenberührung hatte.
In der neuen FAI-Kategorie für Luftraumschiffe hält die *Columbia* den derzeitigen absoluten Dauerweltrekord von 8 Tagen 04:45 Min. mit 2 Astronauten; doch die *Challenger* (gestartet am 18. Juni 1983) hat einen Dauerrekord von 6 Tagen 02:23:59 Std. mit fünf Astronauten aufgestellt. Zur Besatzung gehörte Sally K. Ride, erster weiblicher *Space-Shuttle*-Astronaut. Bei einer früheren Mission erzielte die *Challenger* den Höhenrekord von 332,1 km. Die *Columbia* hält auch den absoluten Weltrekord für die größte in die Höhe transportierte Masse, nämlich 106882 kg.

Das schnellste Düsenflugzeug der Welt ist das *Lockheed-SR-71*-Aufklärungsflugzeug der US-Luftwaffe (s. offizieller Rekord), das erstmalig am 22. Dezember 1964 geflogen wurde und in der Lage ist, eine äußerste Höhe von nahezu 30480 m zu erreichen. Die *SR-71* hat eine Spannweite von 16,94 m, eine Länge von 32,73 m und ein Startgewicht von 77,1 t. Die angegebene Richtweite beträgt 4800 km bei einer Geschwindigkeit von 3 Mach in einer Höhe von 24000 m. Mindestens 30 Maschinen sind bisher gebaut worden.

Das schnellste Kampfflugzeug der Welt ist der sowjetische *Mikojan-MIG-25-Jäger* (Codename *Foxbat*). Das Aufklärungsflugzeug *Foxbat-B* ist mit Hilfe von Radar bei einer Geschwindigkeit von etwa 3,2 Mach (3395 km/h) geortet worden. Wenn es unter den Tragflächen mit vier großen in der Luft montierbaren Raketen (bei der NATO unter dem Namen *Acrid* bekannt) bewaffnet ist, vermindert sich die Geschwindigkeit des *Foxbat-A* auf 2,8 Mach (2969 km/h). Der einsitzige *Foxbat-A* hat eine Spannweite von 13,95 m, eine Länge von 23,82 m und ein maximales Startgewicht von 37421 kg.

Der schnellste bekannte Doppeldecker war der italienische *Fiat C. R. 42 B*, der mit einem 1010-PS-(750-kW-)Daimler-Benz-Motor vom Typ DB 601 A im Jahr 1941 eine Geschwindigkeit von 520 km/h erreichte. Es wurde nur ein Flugzeug dieser Art gebaut.

Das schnellste Flugzeug mit Kolbenmotor war ein umgebauter *Hawker Sea Fury* in Privatbesitz, mit dem Mike Carroll († 1969) aus Los Angeles (USA) im August 1966 bei einem Geradeausflug über Texas (USA) eine Geschwindigkeit von 836 km/h erreichte.

Der offizielle Geschwindigkeitsrekord für Flugzeuge mit Kolbenmotor ist 832,12 km/h, am 30. Juli 1983 über der Mojave-Wüste in Kalifornien (USA) von Frank Taylor aufgestellt. Er flog eine modifizierte nordamerikanische *P-51 D-Mustang*, angetrieben von einem 3000-PS-Packard-Merlin, über eine Strecke von 15 bis 25 km.

Das schnellste Flugzeug mit Propellerantrieb ist der sowjetische *Tu-114-Turboprop*-Transporter. Beladen mit schweren Nutzlasten, hat er Durchschnittsgeschwindigkeiten von mehr als 877 km/h erreicht. Er wurde aus dem *Tupolew-Tu-95*-Bomber entwickelt, der im Westen unter dem Namen *Bear* bekannt wurde, und hat 14795-PS-(10880-kW-)Motoren.

Der Prototyp des amerikanischen Marine-Jagdflugzeugs *Republic XF-84 H* mit Turboprop-Antrieb, der am 22. Juli 1955 erprobt wurde, hatte laut Entwurf eine Spitzengeschwindigkeit von 1078 km/h. Das Programm wurde jedoch eingestellt.

Den Rekord für die schnellste Atlantiküberquerung halten Major James V. Sullivan (37) und Major Noel F. Widdifield (33), die am 1. September 1974 mit einer *Lockheed SR-71 A* in einer Zeit von 1:54:56,4 Std. in östlicher Richtung flogen.
Die Durchschnittsgeschwindigkeit, die durch das Nachtanken aus einem *KC-135*-Tankflugzeug vermindert wurde, betrug für die Strecke von New York bis London (5570,80 km) 2908,026 km/h.

Den offiziellen Höhenweltrekord für ein Flugzeug, das mit eigener Kraft vom Boden abhob, stellte der Sowjetrusse Alexander Fedotow am 31. August 1977 auf. Die mit zwei Turbo-Jet-Motoren mit einer Schubkraft von 14000 kg ausgerüstete *Mikojan E 266 M (MIG 25)* erreichte eine Höhe von 37 650 m.

Der Langstreckenrekord von 63 Tagen 22:19:5 Std. wurde von Robert Timm und John Cook in einer *Cessna 172 Hacienda* aufgestellt. Die beiden starteten am 4. Dezember 1958 kurz vor 15 Uhr 53 Ortszeit auf dem McCarren-Flugplatz in Las Vegas, Nevada (USA), und landeten auf demselben Flugplatz kurz vor 14 Uhr 12 am 7. Februar 1959. Sie legten auf ihrem Flug eine Strecke zurück, die bei regelmäßigem Nachtanken, ohne Zwischenlandung, einer sechsmaligen Erdumrundung entspricht.
Den Rekord für einen Langstreckenflug von 84:32 Std. ohne Nachtanken stellten Walter E. Lees und Frederic A. Brossy in einem *Bellanca*-Eindecker mit einem 225-PS-(166-kW-)Packard-Diesel-Motor in Jacksonville, Florida (USA), in der Zeit vom 25. bis 28. Mai 1931 auf.
Der längste Nonstop-Soloflug ohne Nachtanken dauerte 73:21:36 Std. und wurde vom 5. bis 8. Dezember 1981 von Jerry D. Mullens in einer *Class C-1 Phoenix* in einer geschlossenen Kreisstrecke zwischen Oklahoma City und Jacksonville, Florida (USA), durchgeführt. Er legte eine Gesamtstrecke von 16 104,94 km zurück.

Das erste bewußt auf Langsamflug ausgelegte Flugzeug der Welt baute 1937 der deutsche Konstrukteur und Kunstflugweltmeister von 1934 Gerhard Fieseler (* 15. April 1896). Es war das Kurzstartflugzeug *Fieseler Storch.*

FLUGHÄFEN UND HANGARS

Der größte Flughafen der Welt ist der für 8,4 Mrd. DM gebaute King Khalid International Airport vor den Toren von Riad (Saudi-Arabien) mit einer Fläche von 221 km². Der am 14. November 1983 eröffnete Flughafen besitzt den größten Kontrollturm der Welt mit einer Höhe von 74 m. Der Haji-Terminal im für 16 Mrd. DM gebauten King Abdul-Azie Airport von Dschidda ist das größte überdachte Gebäude mit einer Fläche von 1,5 km². Der Flughafen von Dallas/Fort Worth, Texas (USA), zur Zeit mit 6 Start- und Landebahnen und 5 Terminals ausgestattet, soll auf 9 Bahnen und 13 Terminals mit 260 Toren ausgebaut werden. Geplante Kapazität: 150 Mio. Fluggäste im Jahr.
Der meistangeflogene Landeplatz aller Zeiten war der amerikanische Luftwaffenstützpunkt von Bien Hoa in Südvietnam mit mehr als einer Mio. Starts und Landungen im Jahr 1970.

Der größte Flughafen Europas ist Heathrow Airport, London, mit einer Ausdehnung von 1197 ha. 1985 wurden bei 283 433 Flugbewegungen 31,28 Mio. Passagiere abgefertigt. Von den Fluggesellschaften und Behörden in Heathrow werden 45 500 Mitarbeiter beschäftigt. Verkehrsrekord erzielte Heathrow am 27. September 1985 mit 1022 An- und Abflügen an einem Tag, Passagierrekord waren 118 257 am 1. September 1985. Von Heathrow aus werden über 82 Länder angeflogen.

Der größte der elf Flughäfen der Bundesrepublik Deutschland ist der Rhein-Main-Flughafen bei Frankfurt am Main. Er ist mit Abfertigungsvorfeld, Lufthansabasis, Frachtzentrum und Startbahn 18 West 1700 ha groß und rangiert unter den 592 für den internationalen Linienverkehr zugelassenen Flughäfen im Fluggastverkehr an vierzehnter (in Europa nach London-Heathrow und Paris an dritter) Stelle. Im Luftfrachtverkehr nimmt er in der Welt den zweiten, in Europa den ersten Platz ein. Er hat eine Jahreskapazität von 30 Mio. Fluggästen. Im Linienverkehr wird er von 84 Fluggesellschaften angeflogen und bietet pro Woche mehr als 5000 Verbindungen zu 190 Zielorten in 90 Län-

Porsche geht in die Luft

Der Stuttgarter Sportwagen-Hersteller Porsche entwickelte auf der Grundlage des im *Porsche 911* verwendeten Sechszylinder-Triebwerks einen Flugmotor, der neue Maßstäbe setzt. Der *PFM 3200* leistet 212 PS (156 kW). Einzigartig an diesem 200 kg leichten Motor ist sein geringer Kraftstoffverbrauch von 13 l auf 100 km, wobei der Sechszylinder sogar mit unverbleitem Superbenzin anstelle des hoch verbleiten Flugbenzins auskommt.

Mitte Januar 1986 kehrte eine von dem neuen Porsche-Flugmotor angetriebene *Mooney M 20 K* mit den Piloten Michael Schultz und Hans Krampik von einem sechs Monate langen 100 000-km-Flug rund um die Welt zurück. Das Porsche-Triebwerk hatte seine Probe bestanden: es hatte 600 Flugstunden problemlos gearbeitet und dabei auf seinem längsten Flug am Stück in 17 Std. die 3700 km von Majuro (Marshallinseln) nach Honolulu (Hawaii) zurückgelegt.

Für Sportmaschinen der 180- bis 230-PS-Klasse hat Porsche seinen Flugmotor *PFM 3200* entwickelt – hier in einer *Mooney M 20 K* über Kanada.

Täglich werden im Rhein-Main-Flughafen 55 000 Fluggäste abgefertigt. 1936 mit einem Lufthansa-Flug eröffnet, ist er auch heute Heimatflughafen der Lufthansa-Jets.

dern auf fünf Kontinenten. Dazu kommen im Laufe eines Jahres etwa 170 Fluggesellschaften im Gelegenheitsverkehr.
1985 wurden insgesamt 253776 Starts und Landungen registriert, 20271197 Fluggäste abgefertigt. Das Luftfrachtaufkommen wuchs auf 805497 t.

Der größte Flughafen Österreichs ist der von Wien-Schwechat, wo 1985 bei 58803 Starts und Landungen 3862739 Fluggäste gezählt wurden. Das Frachtaufkommen von Vienna Airport erreichte 52875 t.

Der größte Flughafen der Schweiz ist Zürich-Kloten. Hier wurden 1985 bei 172910 Starts und Landungen 9546141 Passagiere abgefertigt. Frachtaufkommen: 267876 t.

Der meistbeflogene Flughafen ist Chicago International Airport, O'Hare Field, Illinois (USA), mit 746376 Flugbewegungen und 49954362 Fluggästen im Jahr 1985. Das bedeutet, daß rund um die Uhr alle 42,25 Sek. ein Flugzeug landet oder startet. Den meisten internationalen Verkehr verzeichnet Heathrow Airport, London.

Der höchstgelegene Flugplatz der Welt befindet sich mit einer Höhe von 4363 m in Lhasa in Tibet.

Die höchste Landung, die jemals von einem Starrflügelflugzeug durchgeführt wurde, gelang einer *Pilatus-Porter*-Maschine mit der Bezeichnung *Yeti* in 6080 m Höhe auf dem Dhaulagiri im Himalaja (Nepal), als sie zur Versorgung der Schweizer Expedition von 1960 eingesetzt wurde.

Das tiefstgelegene Landefeld ist El Lisan an der Ostküste des Toten Meers, 360 m uNN. Während des Zweiten Weltkriegs operierten *BO-AC Short C-class*-Flugboote von der Oberfläche des Toten Meeres, 394 m uNN, aus.

Der tiefstgelegene internationale Flughafen ist der von Schiphol, Amsterdam (Niederlande), 3,9 m uNN. Teile des Flughafens von Rotterdam liegen 4,5 m uNN.

Der Flughafen mit der größten Entfernung vom Zentrum der Stadt, der er eigentlich dienen soll, ist Viracopos, der 96 km von São Paolo (Brasilien) entfernt ist. Dagegen ist der Flughafen von Gibraltar nur 800 m vom Stadtzentrum entfernt.

Der nördlichste internationale Flughafen findet sich in Longyearbyen (78° 12′28″N), dem Hauptort von Spitzbergen. Er wird von der Aeroflot aus der UdSSR und von der SAS aus Norwegen angeflogen.

Die längste Rollbahn der Welt mißt 11 km (davon sind 4572 m betoniert) und gehört zur Edwards Luftwaffenbasis auf dem Rogers Dry Lake in Muroc, Kalifornien (USA). Das gesamte Versuchsfeld erstreckt sich über 168 km^2. In Notfällen ist eine Hilfsbahn von 19 km Länge verfügbar.
Die längste Rollbahn eines Zivilflughafens ist 4,89 km und gehört zum Pierre van Ryneveld Airport in Upington (Südafrika). Sie wurde in fünf Monaten von August 1975 bis Januar 1976 gebaut.
Eine gepflasterte Rollbahn von 6,24 km Länge erscheint auf Karten von Jordanien bei Abu Husayn.
Die am weitesten südlich gelegene große Rollbahn (2,57 km lang) befindet sich in Mount Pleasant, East Falkland (51°50′S), und wurde nach 16 Monaten Bauzeit im Mai 1985 fertiggestellt.

Das größte Flughafen-Abfertigungsgebäude gehört zum Hartsfield Atlanta International Airport (USA), wurde am 21. September 1980 eröffnet und bedeckt eine Fläche von 20,43 ha. Die 138 Tore passieren jährlich 50 Mio. Fluggäste, ihre Kapazität ist sogar auf 75 Mio. ausgelegt.

HUBSCHRAUBER

Der offizielle Geschwindigkeitsrekord mit einem Hubschrauber beträgt 368,8 km/h und wurde von Gourguen Karapetjan am 21. September 1978 in einem *Mil A-10* auf einem 25-km-Kurs in der Nähe von Moskau (UdSSR) aufgestellt.

Der größte Hubschrauber der Welt ist der sowjetische *Mil Mi-12 Homer,* auch als *V 12* bekannt. Er ist mit vier 6500-PS-(4800-kW-)Turbinenwellen-Motoren ausgerüstet, hat eine Spannweite von 67 m über die Rotorspitzen, eine Länge von 37 m und ein Gewicht von 105 t.

Der kleinste Hubschrauber ist der mit einem zusätzlichen Raketenantrieb ausgerüstete Minihubschrauber der US-Firma Aerospace General Co. Er wiegt etwa 72,5 kg und kann eine Geschwindigkeit von 137 km/h über eine Strecke von 400 km erreichen.

Die schwerste Last hob am 3. Februar 1982 ein *Mil-Mi-26*-Schwerlast-Hubschrauber, besetzt mit G. V. Alfeurow und seinem Kopiloten L. A. Indeew, in Podmoskownoe (UdSSR) mit 56,77 t 2000 m hoch.

Der Höhenrekord für Hubschrauber liegt bei 12 442 m. Er wurde am 21. Juni 1972 mit einer *Aérospatiale SA 315 B Lama* von dem Piloten Jean Boulet über Frankreich aufgestellt.

Die höchste bisher bekannte Landung eines Hubschraubers fand anläßlich einer Rettungsaktion im Mai 1971 in 7000 m Höhe unterhalb der Südostwand des Mount Everest (Nepal) statt.
Der Hubschrauberlandeplatz des World Trade Center (Welthandelszentrums) befindet sich auf dem South Tower in 422 m Höhe oberhalb des Straßenniveaus von New York (USA).

Mit dem Helikopter rund um die Welt flogen als erste vom 1. bis 30. September 1982 in der »Spirit of Texas« H. Ross Perot (23) und Jay Coburn, beide aus Dallas, Texas (USA). Die erste Solo-Umfliegung beendete am 22. Juli 1983 der Australier Dick Smith. Er ließ sich in seinem *Bell-Modell 206 L Long Ranger III* reichlich Zeit: Der Rekordflug begann am 5. August 1982 in der Bell-Helikopterfabrik bei Fort Worth (Texas) und endete dort 56 742 km und 11 Monate 17 Tage später

DREHFLÜGLER

Allgemein: Drehflügler oder Kreiselflugzeuge nennt man ein Rotorflugzeug, dessen Rotor nicht von Motorkraft, sondern vom Luftstrom während des Fluges angetrieben wird; es war der Vorläufer des späteren Hubschraubers mit motorangetriebenem Rotor.

Den ersten erfolgreichen Drehflüglerflug führte der Spanier Juan de la Cierva am 9. Januar 1923 mit seinem Modell *C 4* (mit der kommerziellen Bezeichnung *Autogiro*) in Getafe (Spanien) durch.

Den Drehflüglerrekord im Geradeausflug, den er mit seinem *WA-116-F*-Drehflügler am 28. September 1975 in einem Nonstopflug von Lydd in Lent (GB) nach Wick im schottischen Hochland über eine Strecke von 874,32 km aufstellte, hält der Engländer Kenneth H. Wallis. Er hatte mit seiner mit einem 72 PS (53 kW) starken McCulloch-Motor ausgerüsteten *WA-116* bereits am 12. Mai 1969 eine Spitzengeschwindigkeit von 179 km/h über eine gerade Strecke von 3 km Länge erreicht.

Am 20. Juli 1982 stellte er auf dem Flug von Boscombe Down, Wiltshire (GB), den neuen **Höhenrekord** von 5643,7 m in seinem *WA-121/MC* auf. Dieser zur Zeit kleinste und leichteste Wallis-Drehflügler wird von einem 1000-PS-(74-kW-)Wallis/MC-Motor angetrieben.

Mit seinem Helikopter *Australian Explorer* schaffte der Pilot Dick Smith eine Soloweltumrundung von 56 742 km in 352 Tagen.

FLUGBOOTE

Das schnellste Flugboot, das jemals gebaut wurde, war der mit vier Düsenmaschinen ausgerüstete Minenleger *Seamaster* vom Typ *Martin XP6M-1* der US-Marine, der in der Zeit von 1955 bis 1959 mit einer Spitzengeschwindigkeit von 1040 km/h geflogen wurde.
Im September 1946 stellte das Flugboot *Mars* vom Typ *Martin JRM-2* einen Rekord mit einer Nutzlast von 30 992 kg auf.

Der offizielle Geschwindigkeitsrekord für Flugboote wurde von Nikolai Andriewskij und zwei Besatzungsmitgliedern am 7. August 1961 in einer sowjetischen, mit zwei AL-7-Turbojets ausgerüsteten *Beriew M-10* mit 912 km/h über einen Rundkurs von 15 bzw. 25 km aufgestellt. Die *M-10* hält alle zwölf Rekorde, die für düsenangetriebene Flugboote registriert wurden, einschließlich eines Höhenrekords über 14 962 m, den Georgij Burjanow und seine Besatzung am 9. September 1961 über dem Asowschen Meer (UdSSR) aufstellten.

LUFTSCHIFFE

Den ersten Flug in einem Luftschiff führte der Pariser Henri Giffard am 24. September 1852 mit seinem mit Leuchtgas gefüllten, 2500 m^3 großen und 43,8 m langen Luftschiff durch.
Das erste Luftschiff der Welt, das nach einem Flug wieder an seinen Ausgangspunkt zurückkehren konnte, war die französische *France,* der dies am 9. August 1884 gelang.

Die erste Zeppelinfahrt fand am 2. Juli 1900 über dem Bodensee statt. Der mit zwei Daimler-Motoren von je 15 PS (11,1 kW) ausgestattete

Der erste Flug mit einem Heißluftballon dauerte 22 Min. im November 1783. Der Pilot de Rozier verunglückte zwei Jahre später beim Versuch, den Kanal zu überqueren.

LZ 1 fuhr mit 28 km/h Geschwindigkeit. Die Bezeichnung »Zeppelin« geht auf den deutschen Grafen Ferdinand von Zeppelin (1838–1917) zurück, der den Bau eines Luftschiffs aus eigenen Mitteln vorantrieb, nachdem eine Sachverständigenkommission und die Militärverwaltung seine Entwürfe abgelehnt hatten.

Das größte starre Luftschiff, das jemals gebaut wurde, war der 213,9 t schwere deutsche *Graf Zeppelin II (LZ 130)* mit einer Länge von 245 m und einem Rauminhalt von 199891 m³. Er startete am 14. September 1938 zu seinem Jungfernflug und führte im Mai und August 1939 Radar-Erkundungsaufträge über dem britischen Luftraum durch. Im April 1940 wurde er demontiert. Sein Schwesterschiff *Hindenburg* war 1,70 m länger.

Das größte halbstarre Luftschiff, das jemals gebaut wurde, war das *ZPG 3-W* der US-Marine, das ein Fassungsvermögen von 42937 m³, eine Länge von 122,9 m, einen Durchmesser von 25,93 m und eine Besatzung von 21 Personen hatte. Es flog zum ersten Mal am 21. Juli 1958, stürzte dann aber im Juni 1960 ins Meer ab.

Das Heißluft-Luftschiff *Cameron D-38* hält die Weltrekorde im Höhenflug (3159 m), im Dauerflug (1:26:52 Std.) und in der größten erreichten Entfernung (37,07 km). Sie wurden am 27. August 1982 von R. W. Taaffe in Cunderdin (Westaustralien) aufgestellt.

Die meisten Luftschiffpassagiere, nämlich 207 Personen, beförderte die *Akron* der US-Marine im Jahr 1931.

Den Passagierrekord bei einer Atlantiküberquerung stellte das deutsche Luftschiff *Hindenburg* 1937 mit 117 Fluggästen auf. Am 6. Mai 1937 verbrannte es bei der Landung auf dem New Yorker Flugplatz Lakehurst.

Der längste Flug eines halbstarren Luftschiffes (ohne nachzutanken) dauerte 264:12 Std. und wurde unter dem Kommando von Fregattenkapitän J. R. Hunt mit dem von Goodyear gebauten *ZPG-2* der US-Marine vom 4. bis 15. März 1957 durchgeführt. Der Flug begann in South Weymouth, Massachusetts, und endete in Key West, Florida, nachdem das Luftschiff eine Strecke von 15205 km zurückgelegt hatte.

Der »bayerische Ikarus« auf Rekordjagd

Mit seiner *Musculair II*, einem mit Muskelkraft betriebenen Leichtflugzeug, holte sich der 19jährige Münchner Schüler Holger Rochelt im Oktober 1985 den Weltrekord über die Flugstrecke von 1500 m (500-m-Dreieckflug, wobei zwei Wendemarken zu umfliegen sind). Auf dem Oberschleißheimer Flugplatz im Landkreis München legte Holger Rochelt die Strecke in 2:21 Min. zurück.
Das Fluggerät, konstruiert von Günter Rochelt, dem Vater des Piloten, ist nur 24 kg schwer und besitzt eine Spannweite von 20 m. Angetrieben wird es durch einen Heckpropeller, der durch Pedaltreten des Piloten in Bewegung gehalten wird.
Holger Rochelt hatte bereits 1984 zwei Weltbestleistungen über eine Meile aufgestellt. Im Juni 1986 gewann er die von der Stadt Ulm ausgeschriebene 50000-DM-Prämie beim Flugwettbewerb zu Ehren des »Schneiders von Ulm«. Holger Rochelt war der einzige Teilnehmer, der erfolgreich die 70-m-Distanz über die Donau im Gleitflug überwinden konnte – wiederum mit einem vom Vater konstruierten Fluggerät.

Den offiziellen Streckenrekord hält der deutsche *Graf Zeppelin*, der unter dem Kommando von Kapitän Hugo Eckener vom 29. Oktober bis zum 1. November 1928 6384,5 km weit flog.
Der deutsche Zeppelin *L 59* flog von Yambol (Bulgarien) südlich Khartum (Sudan) und kehrte vom 21. bis 25. November 1917 zurück, wobei er mindestens 7250 km zurücklegte.
Die erste Überquerung der Vereinigten Staaten gelang mit dem Luftschiff *Super Chicken III* (Piloten: Fred Gorell und John Shoecraft) vom 9. bis 12. Oktober 1982. Nach dem Start in Costa Mesa (Kalifornien) legte das Schiff 4074 km bis zum Zielpunkt Blackbeard's Island (Georgia) zurück.

Das kleinste funkferngesteuerte Luftschiff bauten 1985 im Schulzentrum Saaler Mühle 23 Schüler der Projektgruppe 34 des Otto-Hahn-Gymnasiums von Bergisch-Gladbach. Das mit Helium gefüllte Modell ist 4 m lang, hat 1 m Durchmesser, einen Federstahldraht-Rahmen, eine mit Paketband und Greenit verklebte Polyäthylenfolie als Hülle und wird von zwei Elektromotoren mit an der Kanzel befestigten Dreifach-Luftschrauben angetrieben – läßt sich steuern und kann fliegen.

BALLONFAHRTEN

Der erste bekannte Aufstieg eines Ballons wurde mit einem von Pater Bartolomeu de Gusmão (Geburtsname: Lourenço, * 1685 in Santos, Brasilien) erfundenen Heißluftballonmodell durchgeführt, das am 8. August 1709 im Botschaftersalon der Casa da India in Terreiro do Paco (Portugal) aufgelassen wurde. Dabei waren König Johann V. und Königin Maria Anna von Portugal, der päpstliche Gesandte Kardinal Conti (später Papst Innozenz III.) und viele andere hochgestellte Persönlichkeiten anwesend.

Der erste Ballon, der einen Menschen emportragen konnte, war der Heißluftballon, den die Brüder Montgolfier (Jacques-Étienne, 1745–99, und Joseph-Michel, 1740–1810) am 25. April 1783 zum ersten Mal bei Annonay (Frankreich) aufsteigen ließen. Er hob sich auf etwa

300 m Höhe und landete etwa 900 m weit von der Stelle, an der er aufgestiegen war. Der Durchmesser war 12 m.

Den riskantesten Nachtballonflug unternahmen zwei je vierköpfige Familien (jüngstes Kind: 2, ältestes: 15 Jahre) in einem selbstgenähten und selbstgebauten Heißluftballon. In der Nacht vom 16. September 1979 starteten sie etwa 5 km von der Grenze zwischen der DDR und der Bundesrepublik Deutschland und landeten nach halbstündigem Flug in der Nähe der Stadt Naila, Bayern.

Den Streckenflugrekord eines Ballons hält der heliumgefüllte *Double Eagle V*, der vom 9. bis 12. November 1981 von Nagashima (Japan) nach Covello, Kalifornien (USA), 8382,54 km zurücklegte. Die Mannschaft dieses ersten bemannten Balons, der den Pazifik überquerte bestand aus: Ben L. Abruzzo, Rocky Aoki, Ron Clark und Larry M. Newman. *Double Eagle V* faßt 11 300 m^3 Gas.

Joe Kittinger, ehemals Colonel in der US Air Force, ist **der erste Mensch, der allein den Atlantik im Ballon überquerte.** Am 14. September 1984 startete er mit dem 3000 m^3 Helium fassenden Ballon *Rosie O'Grady* in Caribou Maine (USA), und überwand annähernd 5701 km, bevor er nach 86 Std. bei Montenotte (Italien) landete. Die erste Atlantiküberquerung im Ballon gelang vom 12. bis 17. August 1978 im Gasballon *Double Eagle II* mit der Besatzung Ben L. Abruzzo, Maxie L. Anderson und Larry M Newman.

Die größte Höhe – nämlich 51,8 km – erreichte ein unbemannter *Winzen*-Ballon von 1,35 Mio. m^3, der im Oktober 1972 in Chico, Kalifornien (USA), aufgelassen wurde.

Die größte Höhe in einem bemannten Ballon erreichte Nicholas Piantanida (1933–66) aus Bricktown, New Jersey (USA), am 1. Februar 1966 mit inoffiziellen 37 735 m bei einem Start in Sioux Falls, South Dakota (USA). Bei der Landung in einem Kornfeld in Iowa kam er ums Leben.

Den offiziellen Höhenrekord erzielten Fregattenkapitän Malcolm D. Ross und Korvettenkapitän Victor E. Prather, beide von der US-Marine bei ihrem Aufstieg vom Deck des amerikanischen Schiffs *Antietam* am 4. Mai 1961 über dem Golf von Mexiko mit einer Höhe von 34 668 m.

Der größte Ballon der Welt mit einem Fassungsvermögen von 2 Mio. m^3 wurde von der Firma Winzen Research in Minnesota (USA) hergestellt.

Der Streckenrekord für Heißluftballons liegt bei 1154,74 km, aufgestellt von den französischen Ballonfahrern Michel Arnould und Hélène Dorigny am 25./26. November 1981 in einem *Cameron A-530* auf dem Flug von Ballina (Irland) nach St.-Christophe-en-Boucherie (Frankreich). Dieser Flug wurde mit 29:05:48 Std. auch als Dauerrekord gewertet. Zusätzlich gilt der Ballon mit Namen *Semiramis* mit einem Volumen von 15 008 m^3 als größter jemals gebauter Heißluftballon.

Den Höhenrekord im Heißluftballon stellte Julian Nott (GB) am 31. Oktober 1980 mit 16 805 m auf. In dem *Cameron-ICI*-Ballon *Innovation* war er bei Denver, Colorado (USA), aufgestiegen.

Höhenrekord im offenen Ballonkorb ist 16 154,4 m, aufgestellt von Chauncey Dunn (USA) am 1. August 1979; er trug dabei einen Druckanzug.

Erster Flug mit Erdgas. Einen Premierenflug gab es auf dem Münchner Messegelände. Am 25. Juni 1985 stieg der erste erdgasbefeuerte Heißluftballon in die Lüfte. Die Brenner des 2000-m^3-Ballons waren mit reinem niederländischen Erdgas betrieben. Damit wollte die N. V. Nederlandse Gasunie, Groningen, auf dem 16. Weltgaskongreß die Vielseitigkeit von Erdgas als Brennstoff zeigen.

LUFTKISSENFAHRZEUGE

Das erste Luftkissenfahrzeug: Das Luftkissenfahrzeug wurde von Sir Christopher Sydney Cockerell (* 1910) erfunden. Der britische Ingenieur entwickelte das Projekt (mit einer durch leichten Überdruck auf eine Fläche erzielten Hebung) im Jahr 1954, veröffentlichte am 25. Oktober 1955 seinen Bericht über das *Hovercraft-Prinzip 1/55* und ließ das Patent am 12. Dezember 1955 eintragen.

Das erste Patent mit Bezug auf ein Luftkissenfahrzeug wurde 1877 von John I. Thornycroft (1843–1928) aus Chiswick (GB) beantragt.

Die erste Fahrt mit einem Luftkissenfahrzeug wurde am 30. Mai 1959 mit der 4 t schweren *Saunders-Roe SR-N 1* bei Cowes (GB) durchgeführt. Dieses Fahrzeug erreichte im Juni 1961 mit einem Viper-Turbojet-Motor von 680 kg Schubkraft eine Geschwindigkeit von 68 Knoten (126 km/h).

Der erste Liniendienst mit Luftkissenfahrzeugen wurde von Juli bis September 1962 mit der 60 Knoten (111 km/h) schnellen, 24 Passagiere fassenden *Vickers-Armstrong VA-3* über die Dee-Mündung (GB) durchgeführt.

Das größte zivile Luftkissenfahrzeug der Welt ist das 305 t schwere britische *SRN 4 MK III* mit einem Fassungsvermögen von 418 Personen und 60 Fahrzeugen. Es hat eine Länge von 56,38 m und ist mit vier Motoren vom Typ Bristol Siddeley Marine Proteus ausgerüstet, die ihm eine Höchstgeschwindigkeit verleihen, die über der zulässigen Verkehrsgeschwindigkeit von 65 Knoten liegt.

Das schnellste Kriegsschiff der Welt ist das 23,7 m lange 100-t-Testwasserfahrzeug *SES-100 B* der US Navy. Auf der Chesapeake-Bay-Teststrecke in Maryland (USA) stellte es am 25. Januar 1980 den Weltrekord von 91,9 Knoten (170,3 km/h) auf. Das 3000-t-Schiff *LSES* (Large Surface Effect Ship) der US Navy wurde von 1977 bis 1981 im Auftrag des US-Verteidigungsministeriums von Bell Aerospace konstruiert.

Das schnellste Luftkissenfahrzeug der Welt ist das 23,7 m lange, 100 t schwere Versuchsfahrzeug *SES-100 B* der US-Marine. Es erreichte am 25. Januar 1980 auf der Erprobungsstrecke in Chesapeake Bay, Maryland (USA), eine Geschwindigkeit von 91,9 Knoten (167,175 km/h).

Die längste mit einem Luftkissenfahrzeug zurückgelegte Strecke betrug 8047 km. Sie wurde vom 15. Oktober 1969 bis zum 3. Januar 1970 von der britischen Trans-African-Hovercraft-(Luftkissenfahrzeug-)Expedition durch acht westafrikanische Länder zurückgelegt.

Die größte Höhe, in der sich ein Luftkissenfahrzeug bewegt, liegt mit 3,8 km üNN in Peru, wo seit dem Jahr 1975 eine *HM-2-Hoverferry* (Luftkissenfähre) den Dienst auf dem Titicacasee versieht.

PERSÖNLICHE FLUGREKORDE

Älteste und jüngste Fluggäste. Von Geburten auf Flugreisen hört man jedes Jahr. Der älteste Flugpassagier war Jessica S. Swift (* 17. September 1871 als Anna Stewart), die im Alter von 110 Jahren 3 Monaten im Dezember 1981 von Vermont nach Florida (USA) flog.

Der älteste Pilot der Welt ist Ed McCarthy (* 18. September 1885) aus Kimberley, Idaho (USA), der 1979 mit 94 Jahren mit seiner umgebauten, 30 Jahre alten *Ercoupe* flog.

Der jüngste Militärpilot aller Zeiten, der sich für den aktiven Flugdienst qualifizierte, war mit

Das größte aller vom Luftfahrt-Bundesamt zugelassenen Modellflugzeuge ist eine *Piper PA 18.* Der Modellbauer Gunter Werner lenkt seinen unbemannten, mit einem 32-PS-Motor angetriebenen Flieger per Fernsteuerung und bestimmt so den Kurs des Himmelstürmers (s. S. 220).

15 Jahren 5 Monaten Sergeant Thomas Dobney (*6. Mai 1926) von der britischen Luftwaffe. Beim Dienstantritt (mit 14 Jahren) hatte er ein höheres Alter angegeben.
Der jüngste Solo-Pilot war am 24. Februar 1983 in der Nähe von Mexiculi (Mexiko) Cody A. Locke, damals 9 Jahre 316 Tage jung, in einer *Cessna 150*.
Ohne jede Ausbildung war James A. Stoodley, der im Dezember 1942 im Alter von 14 Jahren 5 Monaten seinen 13jährigen Bruder John zu einem Vergnügungsflug von 29 Min. Länge mitnahm. In Ludgershall (GB) hatten sie ein unbeaufsichtigtes Übungsflugzeug vom Typ *Piper Cub* geentert.

Die meisten Flugstunden legte der Amerikaner Max Conrad (1903–79) in der Zeit von 1928 bis Mitte 1974 mit insgesamt 52 929:40 Std. erfaßter Flugzeit zurück; das sind mehr als sechs Jahre. Er überquerte den Atlantik 150mal mit Kleinflugzeugen.
Den Rekord als Überschall-Passagier hält Fred Finn, der im Juni 1986 den Atlantik zum 604. Mal in einer *Concorde* überquerte.

Die meisten Starts und Landungen von Flughäfen aus an einem Tag (bei Tageslicht) gelangen Al Yates und Bob Phoenix aus Texas (USA) mit 193 in 14:57 Std. auf einer *Piper-Seminole* am 15. Juni 1979. Sie flogen jeden Flughafen nur einmal an.
Zoltan T. Egey als Pilot und seine Ehefrau Barbara als Kopilotin (Flugfunker) aus Kehl (Baden-Württemberg) starteten, flogen und landeten an Bord ihrer *Aérospatiale-Socata TB-10 Tobago* am 27. März 1981 auf dem Flughafen Straßburg-Neuhof (Frankreich) 221mal. Der erste Start erfolgte um 6 Uhr 35, die letzte Landung um 16 Uhr 07. Die Flugstrecke betrug jeweils ca. 5,5 km, die Flughöhe etwa 90 m über Grund.

Einen luftigen Rekordflug über den Atlantik, nämlich auf einem Flugzeug stehend, machte Jaromir Wagner (*1941, ČSSR) im Oktober 1980 in Begleitung von Holger Groth und Alwin Lang. Sie flogen in (und Jaromir Wagner auf) einer zweimotorigen *Norman Islander* von Lützellinden in Hessen nach New York (USA).

Den Geschwindigkeitsrekord mit einem Kleinflugzeug hält seit dem 22. März 1983 der Steinmetzmeister und Hobbyflieger Richard Flohr (*30. November 1943) aus Erftstadt (Nordrhein-Westfalen). Mit einer *Mooney M20K* flog er die Strecke Lüttich–Köln (122,32 km) in 14:45 Min. mit einer von der FAI anerkannten Durchschnittsgeschwindigkeit von 498,67 km/h.
Ein Rekordflug mit einem einmotorigen Sportflugzeug, einer *Piper-Malibu,* gelang auch der Besatzung Hermann Krug aus Calden bei Kassel und Heribert Birkenbauer aus Beverungen/Weser am 11./12. Mai 1984. Sie legten die Strecke Gander (Neufundland)–München-Riem mit 4725 km in 12:53:55 Std. zurück (Durchschnittsgeschwindigkeit 366,32 km/h).

Ein Höhenflugrekord gelang Richard Flohr am 12. Februar 1984. Vom Flugplatz Bonn-Hangelar stieg er mit einer *Turbo Mooney 231* zu einer Höhe von 10 281 m auf und erzielte dabei auch einen Rekord im Horizontalflug in dieser Höhe.

Die schnellste Atlantiküberquerung mit einem Kleinflugzeug vom Typ *Mooney M20K* erreichte Richard Flohr am 11./12. Oktober 1980. Er flog die 6440,3 km von Washington (USA) nach Bad Neuenahr (Rheinland-Pfalz) in 17:37 Std. Die Durchschnittsgeschwindigkeit betrug 365,57 km/h.

Den Frauenweltrekord hält mit 63 Transatlantikflügen Margrit L. Orlowski (*10. Februar 1957) aus Köln. Als Deutschlands einzige und wahrscheinlich weltjüngste Transatlantik-Ferrypilotin besitzt sie neben zwei anderen Frauen die kanadische Sonderlizenz zur Überführung einmotoriger Flugzeuge über den Nordatlantik.
Auf ihrem 63. Transatlantikflug stellte sie am 11./12. April 1983 auf der Strecke von Gander (Neufundland) nach Zürich mit einer *Mooney 231* einen Geschwindigkeitsweltrekord und einen Frauenweltrekord für Kleinflugzeuge auf. Die 4539,6 km schaffte die Pilotin in 12:33 Std. mit einer Durchschnittsgeschwindigkeit von 361,7 km/h. Die mutige Cockpit-Lady stellte damit ihren 5. Weltrekord auf.

Einen Rekordflug rund um den Globus in 78 Std. (mit Linienmaschinen), wobei er auf jedem der fünf Kontinente zwischenlandete, vollbrachte Karl Traunmüller aus Wien (Österreich) vom 10. bis 13. Oktober 1980. Er legte dabei 44 584 km zurück.

Einziger Flugpassagier auf einem Nonstop-Flug vom John-F.-Kennedy-Airport New York zum Rhein/Main-Flughafen Frankfurt war der Kaufmann Helmut Hintz aus Rheinmünster (Baden). Auf einem Überführungsflug einer *DC 10* der Pakistan International Airlines (Flugnummer PK 716) konnte er am 20./21. Februar 1985 unter 271 Sitzen wählen und sich von der Crew verwöhnen lassen – alle anderen Flüge nach Deutschland waren an diesem Tag ausgebucht.

Flug mit Menschenkraft: Der von Dr. Paul MacCready entworfene, mit einem durch Pedale anzutreibenden Propeller ausgerüstete, 31,75 kg schwere *Gossamer Condor* mit einer Spannweite von 29,26 m flog am 23. August 1977 mit dem 61,2 kg schweren Bryan Allen einen Achterkurs zwischen zwei 804,6 m entfernten Wendemarken auf dem Flugplatz von Shafter in Kalifornien (USA). Der Flug dauerte 7:27,5 Min. und brachte Allen einen Preis im Betrag von 50 000 Pfund (damals 200 000 DM) ein.

Ein neuer Weltrekord für den weitesten Flug mit Menschenkraft wurde am 12. Juni 1979 ebenfalls durch Bryan Allen mit dem von Dr. Paul MacCready entworfenen *Gossamer Albatross* aufgestellt. Er startete um 5 Uhr 51 in Folkestone (GB) und landete nach einem 36-km-Flug um 8 Uhr 40 in Cap Griz Nez (Frankreich). Die 2:49 Std. lange Angststrecke über den Kanal brachte dem Trampelpiloten und dem Konstrukteur den von Henry Kremer ausgesetzten Preis von damals 400 000 DM ein.

MODELLFLUGZEUGE

Als größtes Modellflugzeug offiziell zugelassen vom Luftfahrt-Bundesamt ist der originalgetreue Nachbau einer *Piper PA 18* im Maßstab 1:2. In 1550 Arbeitsstunden hat Gunter Werner aus Altötting (Bayern) die Sportmaschine mit einer Flügelspannweite von 5,40 m, einer Länge von 3,44 m und einem Fluggewicht von 74 kg gebaut. Das ferngesteuerte »fliegende Riesenbaby« wird von einem 32-PS-Motor angetrieben.

Den Höhenrekord für Modellflugzeuge hält mit 8208 m für ein funkgesteuertes Modell seit dem 6. September 1970 der Amerikaner Maynard L. Hill. Am 4. Juli 1983 stellte er einen Streckenrekord mit 765 km in einem geschlossenen Rundflug auf.

Der Geschwindigkeitsrekord im freien Flug wurde am 21. September 1971 von den Sowjetrussen V. Goukoune und V. Myakinin in Klementjewa (UdSSR) mit einem ferngelenkten Modellflugzeug mit 343,92 km/h aufgestellt.

Den längsten Dauerflug eines Modellflugzeuges führte am 23./24. August 1980 Eduard Svoboda (ČSSR) mit 32:07:40 Std. mit einem funkgesteuerten Segler durch. Ein Modell für Flüge in der Halle, angetrieben von einem Gummimotor, flog am 31. August 1979 59:12 Min., Konstrukteur war der Amerikaner J. Richmond.

Modellhubschrauber. Einen ferngesteuerten Modellhubschrauber mit Kolbenmotor, erbaut von den Brüdern Walter und Gottfried Andersch aus Heimstetten bei München, ließ Walter Andersch die Rekordzeit von 3:35:6 Std. am 30. Dezember 1979 fliegen.

Die erste Kanalüberquerung mit einem Modellhubschrauber erreichte Dieter Zeigler am 17. Juli 1974 mit einem 5 kg schweren ferngelenkten *Bell-212-Modell* über eine Strecke von 52 km zwischen Ashford (GB) und Ambleteuse (Frankreich).

Das kleinste Modellflugzeug, das je geflogen ist, hat Edmund Megner (*1926) aus Darmstadt-Eberstadt aus Balsaholz und Kondensatorpapier konstruiert. Das nur 0,05 g wiegende Segelflugzeug (Spannweite 50 mm) fliegt frei aus der Hand oder im Schlepp an einem Gummimotor-Kleinstmodell. Am 4. Februar 1985 wurde es von einer Schmeißfliege *(Challiphora vomitoria)* einwandfrei gezogen.

Das kleinste ferngesteuerte Delta-Modell baute Joachim Kreuzer (*1958) aus Schwelm. Es wiegt 450 g, ist 620 mm lang und hat eine Spannweite von 375 mm. Ein Cox-Babe-Bee-0,8-cm^3-Motor treibt das Modell seit 1981 an.

Den Rekord für die längste Flugzeit eines Papierflugzeuges stellte mit 16,89 Sek. Ken Blackburn am 29. November 1983 im Reynolds Coliseum der Staatsuniversität von North Carolina (USA) auf.
Der Rekord in Räumen mit einer Deckenhöhe von 3,65 m liegt bei 1:33 Min.; er wurde am 21. September 1980 in den Fuji-Fernsehstudios in Tokio (Japan) erreicht.
Augenzeugen berichteten von einem Papierflugzeug, das Chick C. O. Reinhart im August 1933 aus seinem Bürofenster im 10. Stock des Hauses Beaver Street 60 in New York (USA) 2 km weit über den East River bis nach Brooklyn fliegen ließ. Starthilfe leistete aufsteigende Warmluft aus einer Kaffeerösterei.
Ein 58,82 m langer Flug mit einem Papierflugzeug im geschlossenen Raum wurde am 21. Mai 1985 von Tony Felch im La Crosse Center in Wisconsin (USA) verzeichnet.

Kleinste zerlegbare Motor- oder Saalflugmodelle baut der Pensionär Karl Seibert (80) aus Friedenfels (Fichtelgebirge) seit über 40 Jahren. Diese winzigen Flugzeuge in der Westentasche können als Saalflugmodelle wie auch im Freien bei windstillem Wetter gestartet werden. Ein kleinstes Modell hat 100 mm Spannweite, wiegt 45 mg und ist in einer Schachtel von 25 × 25 × 3 mm untergebracht. ■

WELT DER WIRTSCHAFT

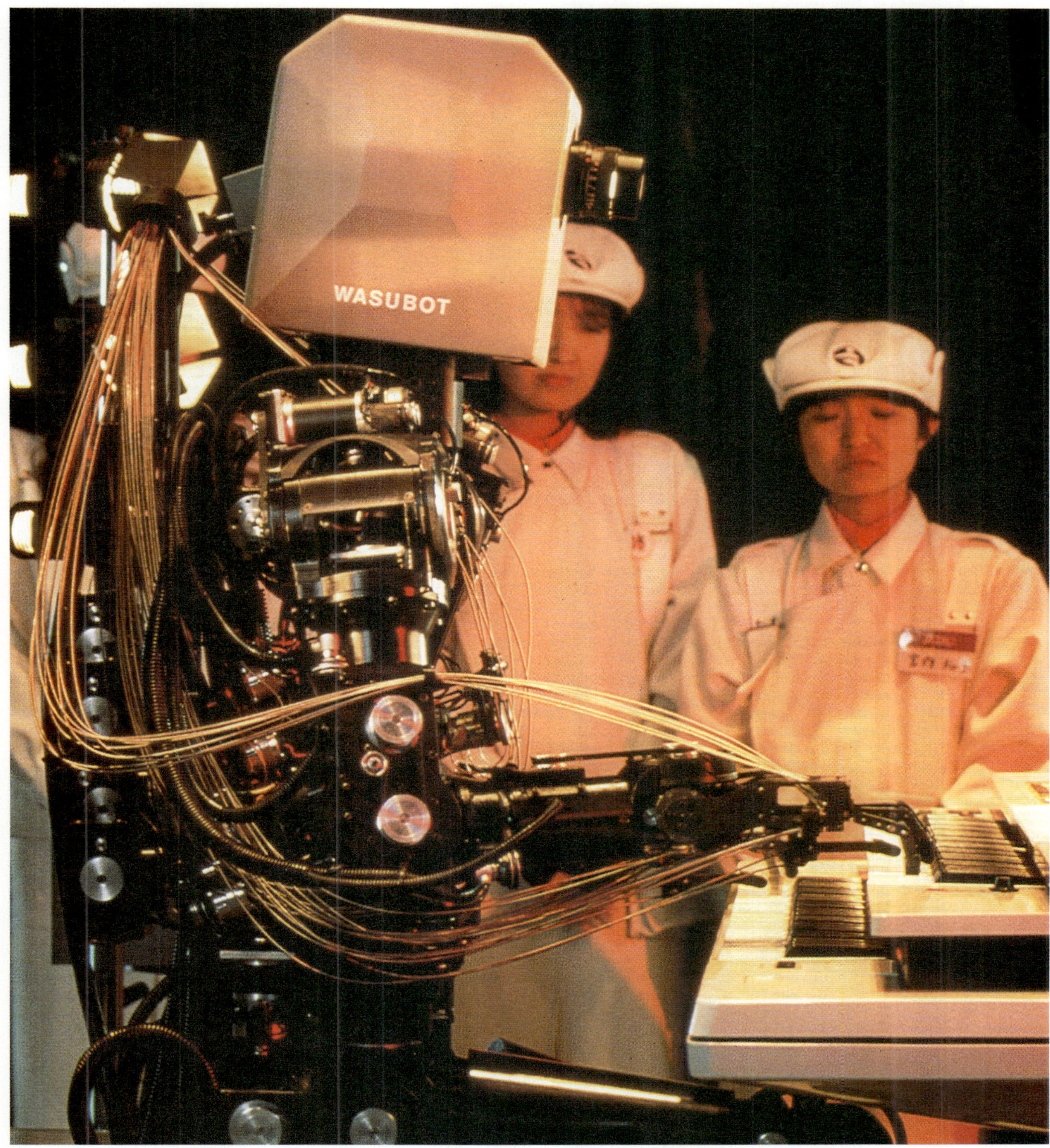

Die Tsukuba 1985 in Tokio war die Demonstration japanischer Industrieleistungen – hier der elektronisch gesteuerte Musikroboter Wasubot

1. ENERGIE

Die Umrechnungskurse von Dollar und Pfund in DM beziehen sich in diesem wie auch in den anderen Kapiteln des Buches – wenn nicht anders angegeben – jeweils auf den Wechselkurs Stand 1. April des jeweiligen Jahres.

Die älteste Dampfmaschine in betriebsfähigem Zustand wurde 1812 von Boulton & Watt gebaut. Sie hat eine Leistung von 26 PS, einen Hub von 107 cm und wird noch immer als Balancier-Dampfmaschine auf dem Kennet & Avon-Kanal bei Great Bredwyn, Wiltshire (GB), eingesetzt. 1971 wurde sie von der Crofton Society restauriert.

Die erste Dampfmaschine Deutschlands wurde 1799 in der Königlichen Porzellanmanufaktur in Berlin aufgestellt. 25 Jahre lang, bis 1824, arbeitete diese »Feuermaschine«.

Die größte Einzylinder-Dampfmaschine aller Zeiten wurde von Matthew Loam aus Cornwall (GB) entworfen und von der Hayle Foundry Company 1849 gebaut. Sie diente zur Bodenentwässerung in Haarlem (Niederlande). Der Zylinder mit einem Durchmesser von 3,65 m war so konstruiert, daß jeder Hub (Höhe ebenfalls 3,65 m) 60 t Wasser entziehen konnte.

Die leistungsfähigste Dampfmaschine war die im Jahr 1840 von Michael Loam für die United Mines in Gwennap, Cornwall (GB), gebaute Taylor's Maschine. Sie verbrauchte nur 652 g Kohle pro PS/h.

Der erste Atommeiler der Welt wurde auf einem nicht mehr benutzten Squash-Spielplatz auf dem Sportgelände der Universität von Chikago, Illinois (USA), gebaut. Am 2. Dezember 1942 um 15 Uhr 25 geriet er in eine kritische Phase.

Das größte Kraftwerk der Welt ist augenblicklich Grand Coulée, Washington (USA), mit 9,7 Mio. kWh (letztendlich 10080 MW), das 1942 den Betrieb aufgenommen hat.
Das Itaipu-Kraftwerk am Paraná (zwischen Brasilien und Paraguay) liefert seit 25. Oktober 1984 Energie und wird bis 1988/89 aus 18 Turbinen 12600 MW erzeugen. Die Kosten für das 1975 begonnene Mammutprojekt: 11 Mrd. Dollar (27 Mrd. DM).
Der Bau eines 20000-MW-Kraftwerks an der Tunguska (UdSSR) wurde im Februar 1982 angekündigt.

Das größte kohlebeheizte Kraftwerk der Welt nahm im Mai 1982 in Ekibastuz (UdSSR) die Stromerzeugung auf.

Das größte Atomkraftwerk ist mit 9 Reaktoren, die 7747 MW abgeben, das Kraftwerk in Fukushima (Japan). Eine zusätzliche Einheit mit 1067 MW soll noch vor 1987 in Betrieb gehen.

Der größte einzelne Atomreaktor der Welt erzeugt im Ignalina-Kraftwerk in Litauen (UdSSR) 1450 MW und wurde im Januar 1984 mit voller Leistung in Betrieb genommen. Der größte Reaktor im Bau ist der CHOOZ-B1 in Frankreich, dessen Inbetriebnahme mit einer Leistung von 1457 MW für 1991 vorgesehen ist.

Fusionsenergie: Tokamak-7, der Prototyp eines Thermonuklearreaktors, der auf Kernfusion statt auf Spaltung basiert, wurde im Januar 1982 durch das sowjetische Akademiemitglied Welichow für »monatelang einsatzfähig« erklärt.

Das gigantische Itaipu-Wasserkraftwerk am Paraná. Bis am 25. Oktober 1984 die Energieerzeugung beginnen konnte, waren neun Jahre 2800 Mann Arbeitskraft erforderlich.

Das größte Solarkraftwerk, »Solar One«, mit einer Leistung von 10 MW hat im April 1982 bei Daggett, Kalifornien (USA), seinen Betrieb aufgenommen. Es besteht aus 1818 Hohlspiegeln, die das Sonnenlicht auf einen Sammelpunkt auf einem 77,7 m hohen Turm konzentrieren.
Das solarthermische Kraftwerk der Pakerland Packing Co. in Green Bay, Wisconsin (USA), für 30 Mio. Dollar (75 Mio. DM) im Januar 1984 fertiggestellt, umfaßt 9750 Kollektoren mit je 1,21 × 2,43 m und einer Gesamtfläche von 28985 m². Es wird bis zu 2 Mrd. kcal pro Monat liefern.

Die größte Solar-Meerwasserentsalzungsanlage bauen japanische Fachleute in den Vereinigten Arabischen Emiraten. Ein entsprechendes Abkommen im Wert von rund 70 Mio. DM wurde im März 1982 in Abu Dhabi unterzeichnet.

Die größte Kernkraftwerksanlage in der Bundesrepublik Deutschland ist Biblis am Rhein in der Nähe der Stadt Worms. Mit seinen beiden Kraftwerksblöcken Biblis A und B kommt es auf eine Nettoleistung von 2386 MW. Die größte Strommenge aller 20 Kraftwerke produzierte 1985 das Kernkraftwerk Grohnde mit 11,48 Mrd. kWh.

Das erste größere Gezeitenkraftwerk der Welt ist das Usine marémotrice de la Rance an

der Rance-Mündung im Golf von St. Malo in der französischen Bretagne, das am 26. November 1966 offiziell in Betrieb genommen wurde. Es wurde in fünf Jahren mit einem Kostenaufwand von 420 000 000 frs (damals 342 Mio. DM) erbaut und erzielte eine jährliche Nettoleistung von 544 000 000 kW. Das 804 m lange Sammelbecken enthält 24 Turbinen-Aggregatgruppen.
Ein Pilotprojekt für 46 Mio. Dollar (115 Mio. DM) für das Gezeitenkraftwerk am Annapolis River zwischen den USA und Kanada wurde 1981 begonnen.

Die größten Dampfkraftwerke wurden mit einer Kapazität von 1330 MW von der amerikanischen Babcock & Wilcox Company in den USA errichtet. Ihre Dampfturbinensätze werden von bis zu 4,232 Mio. kg/h Dampf angetrieben.

Generatoren in der Größenordnung von 2000 MW befinden sich derzeit in den USA und Großbritannien im Planungsstadium. Der größte, ein 1450-MW-Turbogenerator im Ignalina-Atomkraftwerk in Litauen (UdSSR), ist die zentrale Einheit dieser Anlage.

Die größten hydraulischen Turbinen, ausgelegt für 815 MW, messen 9,7 m im Durchmesser. Der Läufer (der für die Energieumwandlung sorgt) wiegt 407 t, die Antriebswelle 317,5 t. Die Riesenturbinen wurden von der Firma Allis-Chalmers am dritten Kraftwerk am Grand Coulée im US-Staat Washington installiert.

Die größte konventionelle Wärmekraftwerksanlage der Bundesrepublik Deutschland ist das Kraftwerk Scholven (Gelsenkirchen) mit einer Gesamtleistung von 3,7 Mio. kW.

Die größte Gasturbine wurde im Dezember 1985 im Werk Mannheim-Käfertal von BBC montiert. Sie erreicht eine Leistung von 115 MW.

Das größte Gasturbinenwerk Österreichs hat seit 1975 Wien. Das Werk hat eine Leistungskapazität von 100 MW.

Die größte Umkehr-Pumpenturbine wird von Allis-Chalmers für das Bath-County-Projekt in Virginia (USA) gebaut. Sie besitzt eine Höchstkapazität von 457 MW und eine maximale Gefällhöhe von 393 m. Der Durchmesser des Schaufelrads, das sich mit 257,1 U/min dreht, beträgt 6349 mm.

Die längste Spannweite einer Stromleitung zwischen zwei Masten findet sich in Norwegen. Das Hochspannungskabel vom Kraftwerk Refsdal bei Vik spannt sich zwischen Rabnaberg und Fatlaberg 4888 m weit über den Sognefjord. Das Kabel wiegt 12 t. 1955 wurde es von der britischen Firma Whitecross (Warrington) und von A. S. Betonmast (Oslo) gespannt; 1967 zogen Whitecross und BICC zwei weitere hoch dehnbare Stahl-/Aluminiumkabel von 4878 m Länge und einem Gewicht von 33,5 t über den Fjord.

Die höchste Stromleitung erstreckt sich über die Meerenge von Messina. Die Masten sind 205 m (auf der sizilianischen Seite) und 224 m (in Kalabrien) hoch und stehen 3627 m weit auseinander.

Die höchste durch Fernleitungen beförderte Stromspannung beträgt 1,33 Mio. Volt, die über 1970 km durch die Pacific Inter-tie in den USA transportiert werden. Es handelt sich um eine Gleichstrom-Fernleitung.
Die Ekibastuz-Gleichstrom-Fernleitung in Kasachstan (UdSSR) soll eine Kapazität von 1,5 Mio. Volt erreichen. Sie ist 2500 km lang.

Den größten Stromausfall der Geschichte erlebten sieben nordöstliche Staaten der USA und Ontario (Kanada) am 9. und 10. November 1965. In einem Gebiet von 207 200 km^2 saßen etwa 30 Mio. Menschen im Dunkeln; es gab nur zwei Todesopfer. In New York fiel der Strom um 17 Uhr 27 aus und funktionierte erst nach 13:30 Std. wieder vollständig.

Die größte GROße WIndenergieANlage (»Growian«) der Welt nahm im Oktober 1983 an der deutschen Nordseeküste ihren Betrieb auf. Die Anlage im Kaiser-Wilhelm-Koog hat einen 150 m hohen Turm. An seinem 350 t schweren Turbinenhaus dreht sich ein Rotor mit 100 m Durchmesser. Growian erreicht seine Nennleistung von 3 MW bei einer Windgeschwindigkeit von 24 m/s – allerdings drehten sich die Flügel zu wenige Stunden: Growian wurde zum Windei.

Größte Windmühle. Die 14,2 Mio. Dollar (35 Mio. DM) teure GEC-MOD-5A-Anlage an der

Am Ohio (USA) wurden die weltgrößten Rohrturbinen von Escher Wyss im Wasserkraftwerk Racine montiert – hier der Rotor mit 7,7 m Durchmesser.

Silizium-Solarzellen erzeugen in diesem Mini-Sonnenkraftwerk Gleichstrom. Paul Jakob bastelte diese Anlage mit einer Spannung von 5,0 V/1,05 W.

Im Braunkohlentagebau Hambach schafft dieser Schaufelradbagger-Riese eine Tagesleistung von 240 000 m³.

Nordwestküste von Oahu, Hawaii (USA), wird mit ihren 122-m-Rotoren 7300 kW erzeugen, wenn der Wind 51,5 km/h erreicht. Mit dem Bau wurde im März 1984 begonnen.

Das erste und einzige Aufwindkraftwerk der Welt ist seit Juni 1982 rund 150 km südlich von Madrid in Betrieb. In dem 200 m hohen »Sonnenkamin«, der von dem Stuttgarter Ingenieurbüro Schlaich + Partner entworfen wurde, steigt die unter einem 50 000 m² großen Foliendach erwärmte Luft nach oben und treibt eine Turbine an.

Die größte herkömmliche Windmühle steht in den Niederlanden. Ihr Name ist der ihres Standorts Dijkpolder im Maasland. Sie wurde im Jahr 1718 gebaut, und ihre Segel haben die Ausmaße von 29 m, von Spitze zu Spitze.

Die höchste Windmühle heißt De Walvisch. Sie befindet sich in Schiedam (Niederlande), wurde im Jahr 1794 gebaut und hat eine Höhe von 33 m.

Langlebige Batterie. Die 1840 von Watlin und Hill in London hergestellten Zinnfolien-Schwefel-Anodenbatterien haben seitdem in einer Vakuumglocke im Clarendon-Laboratorium in Oxford (GB) Energie für ein endloses Läuten geliefert.

Mini-Sonnenkraftwerke bastelt der Hobby-Techniker Paul Jakob (* 1921) aus Oberrieden/Unterrieden im Landkreis Unterallgäu in seiner Freizeit. Die mit Silizium-Solarzellen ausgestatteten Kleinstanlagen sind als Gleichstrom-, Wechselstrom- und Drehstromkraftwerke gebaut, die originelle Radios, Ventilatoren, drehbare Globen und Figurengruppen (bereits 56) in Gang setzen.

2. MASCHINENBAU

Die älteste Maschine der Welt, die heute noch benutzt wird, ist die *dâlu* – eine Vorrichtung zur Wasserförderung, die bereits 3500 v. Chr. von den Sumerern im Gebiet des südlichen Irak benutzt wurde; noch früher als die *Saqijas* am Nil.

Die leistungsfähigsten Produktionsmaschinen sind Schmiedepressen in den USA. Die Loewy-Gesenkschmiedepresse, die in einem Werk der Wyman-Gordon Company in North Grafton, Massachusetts (USA), steht, wiegt 9620 t und ist 34,79 m hoch; 20,1 m der Maschine sind unter der Erde installiert. Sie hat eine Nennleistung von 45 315 t. Eine ähnliche Maschine steht im Werk der Aluminium Company of America in Cleveland, Ohio (USA).
In Novo Kramatorsk (UdSSR) soll eine Presse mit einer Leistung von 75 000 t arbeiten.
Die Bêché-und-Grohs-Schmiedehämmer, hergestellt in der Bundesrepublik Deutschland, haben eine Nennleistung von 60 000 t.

Die größte Drehmaschine der Welt ist die 38,4 m lange, 416,2 t schwere Drehbank, die von der Firma Waldrich in Siegen (Sauerland) 1973 für die South African Electricity Supply Commission in Rosherville (Südafrika) hergestellt worden ist. Die Drehbank hat eine Kapazität für 3000-t-Werkstücke und eine Planscheibe von 5 m Durchmesser.

Den größten Schaufelradbagger der Welt baute 1978 die Firma O & K Orenstein & Koppel, Lübeck. Vier Bagger dieser neuen Generation sind für den Aufschluß des größten Tagebaues der Welt, des Tagebaus Hambach der Rheinischen Braunkohlenwerke, eingesetzt. Jedes Großgerät wiegt 13 500 t und hat eine Motorleistung von 16 600 kW. Er kann 240 000 m³ gewachsenen Boden in einer Arbeitszeit von 24 Std. fördern. Der Baggergigant hat eine Gesamthöhe von 85 m und eine Gesamtlänge von fast 222 m – und kann dennoch von nur fünf Bedienungskräften geführt werden.

Der größte Hydraulikbagger der Welt wird von der gleichen Firma hergestellt. Sein Gewicht: 475 t, Antriebsleistung: 1730 kW, Schaufelinhalt: 30 m³. Nicht minder eindrucksvoll ist die 23 m³ fassende Schaufel des 500 t schweren Hydraulikbaggers H 485 von Mannesmann-Demag. Der Stahlgigant ist 2164 PS stark, bringt es auf eine Reichweite von 18,8 m und eine Höhe von 20,3 m. Im Juli 1986 hatte er seine Premiere, er ist für den Kohle- und Erzabbau in Schottland bestimmt.

Der größte Schleppschaufelbagger der Welt, der ES-25 (100) mit einem 100 m langen Ausleger und einem Fördergefäß mit einem Fassungsvermögen von 24 m³ befindet sich im Ural-Maschinenwerk in Ordshonikidse (UdSSR). Er wurde im März 1962 fertiggestellt.

Der größte fahrbare Kranschürfbagger ist »Big Muskie«, der Bucyrus Erie 4250 W, mit einem Gesamtgewicht von 12 192 t und einem Eimerfassungsvermögen von 168 m³ an einem 94,4 m langen Ausleger. Diese Maschine arbeitet zur Zeit auf dem Muskingum-Gelände der Central-Ohio-Kohlegesellschaft im Staat Ohio (USA).

Die stärksten Kräne der Welt befinden sich an Bord des »Halbtauchers« *Balder* (105 000 t Verdrängung), eingesetzt von der Schweizer Firma Heerema Marine Contractors. Er hat einen 3000- und einen 2000-t-Greifarm, die – als Tandem arbeitend – 4000 t in einem Stück heben können. Im August 1983 hob die *Balder* Rekord mit 3412 t; im März 1984 wurde sie überholt, um die Kapazität an die 6000-t-Grenze zu steigern.
Das amerikanische Unternehmen Brown & Root hat im Dezember 1983 den Bau eines 140 000-t-

25 Musiker einer Bergmannskapelle können in der 23 m³ großen Schaufel des neuen Mannesmann-Demag-Hydraulikbaggers stehen.

Kranschiffs angekündigt, das eine Hebekapazität bis zu 6500 t haben soll.

Der stärkste Portalkran mit einer Breite von 28,14 m (Hersteller R. A. Hanson Disc. Ltd.) wurde 1976 beim 3. Kraftwerk der Grand-Coulée-Talsperre zum Heben einer 2268 t schweren Last erprobt. Beim Senken eines 1789 t schweren Generatorläufers arbeitete er mit einer Genauigkeit von 0,8 mm.

Der größte Autokran der Welt ist der straßenfahrbare Schwerlastkran AK 1200 mit einer maximalen Tragfähigkeit von 1200 t bei 5,0 m Ausladung. Dieser von Kranbau Gottwald GmbH (Düsseldorf) hergestellte Gittermastkran wurde im Dezember 1982 nach Italien geliefert. Bei dem maximalen Hauptausleger von 128 m kann der Kraftprotz 104 t heben.

Der höchste Autokran der Welt ist der 810 t schwere Demag-Vesper K 10001 Gittermastkran mit einer Tragfähigkeit von 1000 t und einer kombinierten Turm- und Auslegerhöhe von 202 m. Er ruht auf 10 Fahrgestellen, von denen jedes 23,06 m groß ist und ein Achsgewicht von 118 t hat. Er kann 30 t 160 m hoch heben.

Der größte straßenfahrbare Kran mit Teleskopausleger AMK 800–103 wurde Anfang 1985 vom Kranbauunternehmen Gottwald GmbH (Düsseldorf) hergestellt. Er verfügt über einen Teleskopausleger von 62,0 m Länge, hat eine maximale Tragfähigkeit von 800 t und erreicht mit einem 615-PS-Motor bis zu 72,1 km/h.

Die größte Hubleistung, die jemals in der Geschichte der Technik von einem Kran geschafft wurde, waren die 37 194 t des Dachs der Radrennbahn in Montreal (Kanada). Es wurde im Jahr 1975 mit Winden um etwa 10 cm angehoben, um seine Zentrierung zu ermöglichen.

Der größte Hochofen der Welt befindet sich in der Oita-Fabrik auf der japanischen Insel Kiuschu. Er hat einen Innenraum von 5070 m³, ein Feuerloch von 14,8 m Durchmesser und wurde im Oktober 1976 mit einer Jahreskapazität von 4 451 500 t in Betrieb genommen.

Der größte Hochofen der Bundesrepublik Deutschland gehört der Thyssen Stahl AG in Duisburg. Er hat ein Fassungsvermögen von 3600 m³ und eine Jahreskapazität von knapp 3,5 Mio. t Roheisen.

Das größte Schmiedestück wurde im Oktober 1973 von der Bethlehem Steel Corp. in Pennsylvania (USA) mit einer 204,4 t schweren und 16,76 m langen Generatorwelle hergestellt.

Das größte Sphärogußstück wurde am 12. November 1983 in der Siempelkamp-Gießerei in Krefeld gegossen. Das Riesengußstück wiegt 170 t und ist als Rahmen für eine 4000-t-Schmiedepresse bestimmt.

Die weltgrößte Röhre montierten Spezialisten der Sulzer-Escher Wyss AG, Zürich, im Norden Pakistans für das Druckleistungssystem des Wasserkraftwerkes Tarbela. Der von der Schweizer Firma Anfang 1984 gebaute Rohrabzweiger hat einen Durchmesser von 13,26 m. Fertigmontiert wird der Röhren-Koloß so groß wie ein vierstöckiges Haus werden.

Die erste Pipeline der Welt, die aus 5-cm-Gußeisenrohr bestand und 1863 bei Oil Creek, Pennsylvania (USA), verlegt worden war, wurde von Gewerkschaftsaktivisten zerstört.

Die längste Rohölpipeline der Welt führt über 2856 km von Edmonton, Alberta (Kanada), nach Buffalo im US-Staat New York. 13 Pumpstationen an der Strecke sorgen dafür, daß täglich mehr als 31 Mio. l Öl durch die Rohre fließen.
Die endgültige Länge der transsibirischen Pipeline soll 3732 km betragen. Sie wird von Tuimasy über Omsk und Nowosibirsk bis Irkutsk führen. Das erste Teilstück (48 km lang) wurde im Juli 1957 in Betrieb genommen.

Die längste Erdgaspipeline der Welt ist die Trans-Kanada-Pipeline, die 1974 eine Rohrnetzlänge von 9099 km hatte. Die Rohre hatten einen Durchmesser bis zu 106,6 cm.
Die Erdgasleitung von Tyumen (UdSSR) über Chelyabinsk und Moskau nach Brandenburg (DDR) erstreckt sich über 4330 km.

Die großkalibrierte Urengoi-Uschgorod-Pipeline nach Westeuropa, begonnen im November 1982, erstreckt sich über 4451 km und wurde am 25. Juli 1983 fertiggestellt. Ihre Kapazität beträgt 32 Mrd. m³ jährlich.

Die längste Pipeline unter der Meeresoberfläche ist die 450 km lange Erdgasleitung vom Brent-Feld in der britischen Nordsee nach St. Fergus in Schottland. Die Inbetriebnahme der Leitung erfolgte im Mai 1982.
Die Ekofisk-Emden-Pipeline in der Nordsee ist 440 km lang und wurde im September 1977 in Betrieb genommen.

Die längste Wasserpipeline der Welt reicht über eine Strecke von 563 km aus der Nähe von Perth (Australien) zu den Goldfeldern von Kalgoorlie. 1903 installiert, wurde das Rohrleitungssystem durch Abzweigungen seitdem auf das Fünffache verlängert.

Die tiefstgelegene Pipeline (Erdgas) in der Nordsee ist das in 300 m Wassertiefe verlaufende Statpipe-System, das die Felder Statfjord und Gullfaks über Karstø auf dem norwegischen Festland sowie das Feld Heimdal mit der Unterwasserpipeline Ekofisk–Emden verbindet. Fertigstellung im Juni 84. Betriebsbeginn: Ende 1985/Anfang 1986.

Der größte Schwerlastkran AK 1200 von Kranbau Gottwald verfügt mit seinen 128 m Höhe über eine maximale Tragfähigkeit von 104 t (s. S. 225).

Bei Knickversuchen an gewälzten Stäben und Stabwerken hilft die 50-MN-Werkstoffprüfmaschine der Universität Karlsruhe.

Die teuerste Pipeline der Welt liegt in Alaska und verbindet Prudhoe Bay mit Valdez; sie ist 1284 km lang. Als der erste Bauabschnitt 1977 fertiggestellt wurde, hatte er mindestens 6 Mrd. Dollar (13 Mrd. DM) gekostet. Die Rohrleitungen haben einen Durchmesser von 1,21 m und sollen nach dem Endausbau täglich bis zu 230 Mio. l Rohöl befördern.

Die größten Öltanks, die bisher gebaut wurden, sind die fünf Aramco-Sammelbehälter in Ju'ay-mah (Saudi-Arabien). Sie sind 21,94 m hoch, haben jeder einen Durchmesser von 117,6 m und wurden im März 1980 fertiggestellt.

Der größte katalytische Kracker der Welt ist die Bayway-Raffinerie der Exxon Co. in Linden, New Jersey (USA), mit einer Schwerölzufuhr von 1907000 l pro Tag.

Der größte Kugelgasbehälter Europas mit einem Fassungsvermögen von 250000 m^3 wurde 1959 bei Wuppertal (Bundesrepublik Deutschland) fertiggestellt. Er hat einen Durchmesser von fast 50 m. Der höchste Gasbehälter der Bundesrepublik Deutschland steht als Hochofen-Gasbehälter am Rhein-Herne-Kanal bei Oberhausen. Er ist 116 m hoch.

Der größte Untertage-Gasspeicher der Bundesrepublik Deutschland ist in dem ehemaligen Gasfeld Bierwang, 70 km östlich von München, eingerichtet. Für die Speicherung werden die ca. 1500 m unter der Erdoberfläche anstehenden porösen und meist gasführenden Sandsteine der Chatt-Formation genützt. Beim derzeitigen Ausbaustand (1986) hat der Speicher ein Fassungsvermögen von 1800 Mio. m^3.

Das größte Ventil der Welt ist ein von der Firma Boving & Co. Ltd., London, hergestelltes Drosselklappenventil mit einem Durchmesser von 9,75 m und einem Gewicht von 170 t. Es wurde für die Versuchsstation des amerikanischen Luftwaffenstützpunktes Arnold, Tennessee (USA), konstruiert.

Das schwerste Wälzlager der Welt ist ein vierreihiges Axial-Radial-Zylinderrollenlager mit integriertem Zahnkranz, das FAG Kugelfischer im Jahr 1985 für die Lagerung einer Tunnelvortriebsmaschine der Fa. Mannesmann Demag, Duisburg, fertigte.
Das Speziallager, das den 65 t schweren Bohrkopf abstützt; wiegt selbst schon 28,5 t und hat einen Außendurchmesser von 4800 mm, einen Innendurchmesser von 3777 und eine Breite von 675 mm. 10 Antriebsmotoren mit je 184 kW Leistung übertragen das Drehmoment von 2700 kNm über 10 Ritzel auf den integrierten Zahnkranz am Innenring des Lagers, das sich 6,5mal in der Minute dreht: Mit der Tunnelvortriebsmaschine wird im südamerikanischen Ecuador ein Kraftwerksstollen von 7,8 m Durchmesser und 6,8 km Länge gebohrt.

Die größte Werkstoffprüfmaschine der Welt, die auf servohydraulischer Basis arbeitet, wurde in den Jahren 1939/40 in der Versuchsanstalt für Stahl, Holz und Steine der Universität Karlsruhe errichtet. Mit dieser Maschine können Werkstücke bis zu einer Höhe von 8000 mm, einer Breite von 2000 mm und einer Länge von 11000 mm mit einer maximalen Prüfkraft von 50000 kN belastet werden. Die Anlage steht in einem für diesen Zweck errichteten Turm und hat heute einen Wert von ca. 12 Mio. DM.

Als größte Einphasentransformatoren der Welt gelten die acht von der American Electric Power Service Corporation betriebenen Transformatoren mit einer Leistung von je 1500000 kV. Fünf von ihnen können von 765 auf 345 kV heruntertransformieren.

Der größte Drehstromtransformator der Welt arbeitet seit 1955 in einem Nürnberger Transformatorenwerk. Die 14 m lange, 208 t schwere Maschine verwandelt die von einem Turbogenerator erzeugte Spannung von 10,5 kV in eine Spannung von 245 kV.

Die höchste Drehleiter der Welt mit einer Rettungshöhe von 62 m hat die Firma Carl Metz (Krupp-Konzern) aus Karlsruhe (Baden-Württemberg) konstruiert. Der 11000 kg schwere Leitersatz (einschließlich Drehturm) kann in 200 Sek. zu voller Länge ausgefahren werden.

Die schnellsten Personenaufzüge der Welt sind die Expreßfahrstühle zum 60. Stockwerk des 240 m hohen Sunshine-60-Gebäudes in Ikebukuro, Tokio (Japan), die am 5. April 1978 in Betrieb genommen wurden. Sie fahren mit einer Geschwindigkeit von 36,56 km/h.

Der Begriff Rolltreppe wurde in den USA am 28. Mai 1900 registriert, aber die erste aufsteigende Rolltreppe wurde von Jesse W. Reno bereits 1896 am Pier von Coney Island in New York in Betrieb genommen.
Die Rolltreppen der Untergrundbahn von Leningrad (UdSSR) haben 729 Stufen und eine Steighöhe von 59,4 m.

Die längste Rolltreppenfahrt ist auf der vierteiligen Freiluft-Rolltreppe im Ocean Park in

Hongkong möglich. Auf einer Gesamtlänge von 227 m hat sie eine Steighöhe von 115 m.

Der längste »laufende Gehsteig« der Welt wurde 1970 im Neuen Messe-Zentrum in Düsseldorf in Betrieb genommen; er hat eine Länge von 225 m.

Der schnellste Drucker der Welt ist die elektronische Anlage der Radiation Inc. im Lawrence Radiation Laboratory in Livermore, Kalifornien (USA). Bis zu 30000 Zeilen in der Minute kann das Gerät drucken. Dies wird durch Steuerung von Stromstößen mittels chemisch imprägnierten Schreibpapiers erreicht, das mit hoher Geschwindigkeit unter feststehenden, eng angeordneten Schreibspitzen hinwegläuft. Die Anlage kann den gesamten Bibeltext, immerhin 773692 Wörter, in 65 Sek. drucken, das ist 3333mal so schnell wie der schnellste Maschinenschreiber der Welt.

Druckrekorde. Ein Matrix-Drucker MT 280 von Mannesmann Tally druckte in 57 Tagen 681,5 Mio. Zeichen. Dazu war eine ¾ t Papier nötig. Der Schweizer Rudolf Hiener hatte den Universaldrucker in das Schaufenster seiner Computech Datentechnik in Basel gestellt. Dort schaffte er vom 22. März bis 18. Mai 1985 eine ununterbrochene Leistung von rund 154 Zeichen pro Sek. über eine Laufzeit von 1368 Std.
In einem Dauertest über 2904 Std. (9. Januar bis 6. Mai 1984) liefen in den Räumen der Radio-Austria AG in Wien zwei Epson-Drucker ohne Pause Tag und Nacht. 272000 Blatt Endlospapier in einer Länge von 82,9 km wurden mit 622 Mio. Zeichen bedruckt. Das entspricht der gesamten Produktivität eines Matrix-Druckers während der normalen Lebensdauer eines Computers von fünf Jahren.

Das längste einteilige Förderband der Welt hat die Firma Cable Belt Ltd. in Westaustralien erstellt. Es ist 29 km lang.

Das längste mehrteilige Förderband mißt 100 km und verbindet die Phosphatminen bei Bucraa mit dem marokkanischen Hafen El Aaiun. Hersteller ist die Firma Krupp, Essen. Das 1972 fertiggestellte Band besteht aus 11 Teilen, die zwischen 9 und 11 km lang sind. Die Fördergeschwindigkeit betrug 4,5 m/s. Aufgrund der Aktivitäten der Guerilleros der Polisario wurde der Betrieb des Förderbands eingestellt.

Das längste Fließband der Welt besitzt die Compagnie Minière de l'Ogooué (COMILOG) in der Manganmine von Moanda (Gabun). Das 1959–62 gebaute Band erstreckt sich über 76 km und besitzt 858 Unterstützungen. 2800 Fördereimer laufen an 155 km Drahtseil über 6000 Rollen.

Die größte Düngemittel-Trockenanlage der Welt hat die Maße 12,8 × 4,2 × 2,75 m, wurde von Swedrier (Schweden) gebaut und an die Gulf Agricultural Development Co. in den Vereinigten Arabischen Emiraten geliefert.

Die längsten Drahtseile der Welt wurden in einer Länge von jeweils 24 km von British Ropes Ltd. in Wallsend, Tyneside (GB), hergestellt. Sie haben einen Durchmesser von 3,5 mm, wiegen jeweils 108 t und wurden von der CEGB für den Einsatz in der 2000-MW-Starkstromleitung durch den Kanal in Auftrag gegeben.

Die schwersten jemals hergestellten Drahtseile (vier an der Zahl) sind jeweils 130 t schwer und wurden für die Doppelschachtanlage der Western Deep Levels Goldmine (Südafrika) von Haggie Rand Ltd. in Johannesburg (Südafrika) produziert.

Die längste Kabeltrosse für ein Stropp (Sicherungstau) hat einen Durchmesser von 282 mm und eine Reißspannung von 3250 t.

Die größte Schraubenmutter der Welt wiegt 5,3 t, hat einen Außendurchmesser von 132 cm und ein Gewinde von 63,5 cm. Produziert werden die Muttern in England und finden Verwendung an den Säulen großer Schmiedepressen.

Die kleinste Schraube der Welt (0,18 mm Durchmesser, 0,67 mm lang, 0,05 mm Gewinde) stellt die Schweizer Firma Nivarox-FAR SA aus Saint-Imier seit Januar 1984 her. Diese Mikrotechnik wird vor allem für die Unruh mechanischer Uhren verwendet.

Langsamste Maschine. Von Nene Instruments in Wellingborough, Northamptonshire (GB), wurde ein nukleares Umweltgerät zur Prüfung von Spannungskorrosion entwickelt, das bei einer Geschwindigkeit von einem Billionstel Millimeter pro Min. – das ist ein Meter in rd. 2 Mrd. Jahren – kontrolliert werden kann.

3. ZEITMESSER

Die älteste mechanische Uhr, das heißt eine Uhr mit Hemmung, wurde im Jahr 725 in China von Hsing und Liang Liang-tsan gebaut.

Die älteste Uhr der Welt, die heute noch geht, ist eine Uhr ohne Zifferblatt in der Kathedrale von Salisbury (GB). Sie wird in das Jahr 1386, möglicherweise noch früher, datiert. 1956 wurde sie überholt, nachdem sie 498 Jahre lang die Stunden geschlagen und mehr als 500millionenmal getickt hatte.

Die größte Uhr der Welt ist die astronomische Uhr in der Kathedrale von St. Pierre in Beauvais (Frankreich), die zwischen 1865 und 1868 gebaut wurde. Sie besteht aus 90000 Teilen und ist 12 m hoch, 6 m breit und 2,7 m tief.

Die größte öffentliche Uhr der Welt mit vier Zifferblättern befindet sich auf dem Gebäude der Allen Bradley Company in Milwaukee, Wisconsin (USA). Jedes Zifferblatt hat einen Durchmesser von 12,3 m und einen Minutenzeiger von 6 m Länge.
Die größte Uhr mit einem Zifferblatt ist die achteckige Colgate-Uhr in Jersey, New Jersey (USA), mit einem Durchmesser von 15,24 m und einem Minutenanzeiger von 8,31 m Länge.

Die höchste Uhr der Welt mit vier Zifferblättern findet man auf dem Gebäude der Williamsburgh Savings Bank in Brooklyn, New York (USA), in einer Höhe von 131 m über dem Straßenniveau.

Die größte öffentliche Uhr Deutschlands ist seit 1917 die Westberliner Turmuhr in Berlin-Siemensstadt. Die Uhr wurde im Zweiten Weltkrieg zerstört, im September 1951 wieder in Betrieb genommen. Der Durchmesser des Zifferblattes ist 7 m, der Stundenzeiger ist 2,20 m, der Minutenzeiger 3,40 m lang; das Gewicht der beiden Zeiger einschließlich des Gegengewichts beträgt 700 kg.

Die größte und älteste Turmuhr Österreichs befindet sich in Graz (Steiermark). Die Uhr stammt aus dem Jahr 1522, doch ihre 5,5 m großen Zifferblätter erhielt sie erst 1712.

Das größte Kirchenzifferblatt Europas hat die Sankt-Peter-Kirche in Zürich. Sein Durchmesser beträgt 8,7 m.

Das größte Zifferblatt gehört zu einer Blumenuhr im Tokachigaoka-Park in Hokkaido (Japan). Es wurde am 1. August 1982 mit einem Durchmesser von 18 m fertiggestellt.

Die genaueste mechanische Turmuhr der Welt ist die am Rathaus von Kopenhagen (Dänemark) angebrachte Olsen-Uhr. Sie besteht aus über 14000 Einzelteilen. Ihre Herstellung dauerte zehn Jahre, und ihr Mechanismus funktioniert mit 570000 verschiedenen Bewegungen. Die Balancewelle im Uhrwerk bewegt sich so langsam, daß sie für eine volle Umdrehung 25753 Jahre benötigen würde. Die Uhr geht in 300 Jahren auf eine halbe Stunde genau – 50mal genauer als der bisherige Rekord.

Teuerste Uhr. Am 15. Juli 1982 wurde eine Thomas-Tompion-Uhr für 500000 Pfund (2,1 Mio. DM) vom Britischen Museum in London gekauft.

Eine astronomische Smaragden-Uhr, entstanden in Dresden um 1580, erzielte auf der Uhrenauktion vom 5. Mai 1980 im Zürcher Auktionshaus Peter Ineichen einen Rekordpreis von 700000 sfrs. Die Prunkuhr mit drei Figurenautomaten und Schlagwerk auf zwei übereinanderliegenden Glocken ging an eine Schweizer Stiftung.

Eine in der Welt einmalige Kunstuhr, die in allen Teilen vom Erbauer selbst konstruiert und angefertigt wurde, ist das Lebenswerk von Hermann Gortz (1862–1944). Mittels 17 Zeigern sind auf zwölf Zifferblattabteilungen zahlreiche Einzelangaben abzulesen: so nicht nur die Uhrzeit mit Sekunde sondern auch Tag, Monat, Jahr (einschließlich Schaltjahr automatisch geregelt), Sonnenaufgang und Sonnenuntergang, Mondphasen, Bewegung des Tierkreises, die Sternzeit usw. Gortz zerlegte die Kunstuhr in seinem damaligen Wohnsitz in Rußland und schmuggelte sie in Einzelteilen nach Deutschland, wo er sie wieder zusammenbaute. Die Uhr steht heute im Museum in Glashütte, Sachsen (DDR).

Die weltgrößte original Schwarzwälder Kuckucksuhr erbaute der Uhrmacher Josef Dold. Zwei Jahre lang sägte, feilte und hämmerte der badische Tüftler aus Schonach, dann war die Riesen-Kuckucksuhr im Maßstab 50:1 mit ihrem 6,50 m hohen Gehäuse fertiggestellt: das Holzräderwerk ist 3,60 m lang, 3,10 m hoch, 1,0 m tief, hat 12 Holzräder und einen 90 cm großen Kuckuck, der volle und halbe Stunden ausruft.

Die erste Mengenlehre-Standuhr der Welt wurde in Berlin (West) aufgestellt. Rote und grüne Rechtecke zeigen durch Aufleuchten die Stunden-, Minuten- und Sekundenmengen auf dieser von Dieter Binninger erfundenen Berlin-Uhr an.

Die erste Taschenuhr der Welt konstruierte Peter Henlein (1480–1542) im Jahr 1504 in Nürnberg. Voraussetzung für diese erste eiserne Taschenuhr, die Nürnbergisch Ei genannt wurde, war die Erfindung der Unruh,

Auch diese japanische Seiko-Uhr mit ihrem lustig-verspielten Zifferblatt zählt mit 15 m Durchmesser zu den größten öffentlichen Uhren der Welt.

ebenfalls durch Henlein. Das erste Nürnbergisch Ei ist in der Memorial Hall in Philadelphia (USA) ausgestellt.

Die größte Taschenuhr (Durchmesser 1,80 m) hängt an der Außenwand des 1976 eröffneten Uhrenmuseums in Bad Iburg (Teutoburger Wald). Erbaut hat sie 1979 die Fa. Korfhage u. Söhne aus Buer bei Osnabrück. Funkimpulse der Braunschweiger Atomuhr steuern ihre Ganggenauigkeit (± 1 Sek. pro Jahr).

Den Rekordpreis für eine antike Taschenuhr, 1,87 Mio. sfrs (2,24 Mio. DM), zahlte ein europäischer Sammler am 13. Mai 1986 bei Christie's Genf für eine goldemaillierte und diamantenbesetzte Taschenuhr mit Gangwerk, die um 1650 von dem Pariser Uhrmacher Jehan Cremfdorff konstruiert wurde.

Bei derselben Auktion wurden 286000 sfrs (346000 DM) für eine Patek-Philippe-Armbanduhr aus dem Jahr 1955 gezahlt; das Modell, in einer Kleinstauflage von drei Stück hergestellt, hat einen ewigen Kalender und zeigt die Mondphasen an.

Die größte Armbanduhr der Welt hatte im März 1984 am Commerzbankgebäude in Frankfurt am Main ihre Weltu(h)raufführung. Die 13 t schwere Riesenswatch mit 158,30 m Länge, einem Armband von 142 m Länge, einem Zifferblatt von 16,30 m Durchmesser hing mit ihrem 13 m langen Sekundenzeiger an dem 106 m hohen Gebäude.

Die kleinsten Armbanduhren der Welt werden von der Firma Jaeger Le Coultre in der Schweiz hergestellt. Sie haben ein Werk mit 15 Steinen und sind etwas mehr als 1,2 cm lang und 0,476 cm breit. Das Werk wiegt mit Gehäuse weniger als 7 g.

Die flachste Armbanduhr der Welt ist die Delirium-IV-Quarzuhr mit analoger Anzeige von Stunden und Minuten. Das von der Firma ETA SA, Fabriques d'Ébauches in Grenchen (Schweiz) entwickelte Modell ist 0,98 mm hoch. Das entspricht der Dicke eines der Länge nach halbierten Streichholzes. Diese Uhr wird unter den Markennamen Concord, Longines und Eterna verkauft.

Die teuerste serienmäßig hergestellte Uhr (abgesehen von Uhren mit edelsteinbesetzten Gehäusen) ist die Schweizer Grande Complication von Audemars-Piquet, die im Januar 1986 ca. 400000 DM kostete.

Die mit 130 Karat wertvoller Edelsteine besetzte Kallista-Uhr von Vacheron und Constantin, Genf, wurde im April 1981 auf 5 Mio. Dollar (11 Mio. DM) geschätzt.

Den Weltrekord der Meßgeschwindigkeit hält das Max-Planck-Institut für Biochemie in Martinsried bei München. Mit der Version einer Feldsprung-Apparatur lassen sich molekulare Prozesse bis hinab zu 2 Milliardstel Sek. Dauer erfassen. Damit ist dieses Zeitmeßgerät zehnmal so schnell wie die bisher verfügbaren.

Die genauesten Zeitmesser sind Atomuhren. In Braunschweig steht ein solches zentnerschweres technisches Prachtstück. In ihm wird eine Sekunde von mehr als neun Mrd. Schwingungen eines Cäsium-Atoms dargestellt. Durch solche Zeitmesser wurde das Primäre Zeitnormal entwickelt. Doch selbst diese genaueste Uhr der Welt arbeitet nicht fehlerfrei: In fünf Mio. Jahren könnte sie um eine Sekunde differieren.

Das längste Pendel der Welt mißt 22,5 m und gehört zur Wassermühlenuhr, die 1983 von der Firma Hattori Tokeiten Co. im Shinjuku-NS-Gebäude in Tokio installiert wurde.

Die kleinste Pendeluhr hat der Diplomingenieur Günter Breidenbach (64) aus Wuppertal 1982 geschaffen. Durch den Umbau einer Damenarmbanduhr hat sie einschließlich Pendel nur eine Gesamtlänge von 21 mm. Als Gehäuse dient eine Erdnußschale.

Die größte Sonnenuhr der Welt hat einen Gnomon (Zeiger) von 8,64 m Länge und eine senkrechte Höhe von 5,2 m. Sie wurde am 10. Oktober 1913 in San Franzisko (USA) eingeweiht.

Die flachste Riesenuhr diente auf dem Flugplatz Bayreuth bei den »Deutschen Segelflugmeisterschaften 1982« als Kontrolluhr. Die quarzgesteuerte Uhr – erbaut von Bayreuther Turmuhren K. L. Dittmar – hat ein Zifferblatt mit 19,60 m Durchmesser, einen Minutenzeiger von 7,85 m und einen Stundenzeiger von 5,90 m Länge.

4. HANDEL, INDUSTRIE, BANKEN

Die älteste bekannte Industrie ist die Steinbearbeitung (Feuerstein) in Verbindung mit der Herstellung von Hackgeräten und Handäxten. Sie wurde zuerst vor ungefähr 2,4 Mio. Jahren betrieben. Die ältesten Zeugnisse von Handel in Europa finden sich um 28000 v. Chr. in Bernsteinstücken.

Als älteste Industrie der Welt wird oft die Landwirtschaft genannt, aber es gibt keinen Beweis, daß sie irgendwo schon vor etwa 11000 v. Chr. ausgeübt worden ist.

Die älteste Firma der Welt ist die Faversham Oyster Fishery Co. (GB), die in der Faversham-Austern-Fischerei-Verordnung von 1930 als »aus undenklichen Zeiten stammend« bezeichnet wird. Das bedeutet nach englischem Recht: aus der Zeit vor dem Jahr 1189.

Das größte Anlagevermögen aller Zeiten hat das Bell System besessen, zu dem u. a. die American Telephone and Telegraph Company gehört hat. Zum Zeitpunkt seiner Entflechtung und Aufteilung in acht Unternehmen am 31. Dezember 1983 wies die konsolidierte Bilanz ein Gesamtanlagevermögen von 149,529 Mrd. Dollar (374 Mrd. DM) auf. Zum Sachvermögen gehörten u. a. über 142 Mio. Telefone. Der Konzern beschäftigte 1036000 Mitarbeiter. Der Kurs-

Aus einem Betonsilo in Louisa, Virginia (USA), konstruierte Lawrence D. Kavanagh eine 14,6 m hohe zylindrische Sonnenuhr. Das Sonnenlicht wirft an die nördliche innere Wandung ein Netz in Form einer Parabel. Der Boden der Parabel wird als Zeiger genutzt, die Schatten an den Wänden zeigen die Zeit an.

wert des Konzerns von 47,989 Mrd. Dollar (120 Mrd. DM) war unter 3055000 Anteilseignern aufgeteilt. An der Jahreshauptversammlung im April 1961 nahmen 20109 Anteilseigner teil und stellten damit einen noch heute gültigen Weltrekord auf.
Derzeit besitzt **der weltgrößte Ölkonzern,** die Exxon Corporation, mit 69,160 Mrd. Dollar (161,578 Mrd. DM) am 1. Januar 1986 das **größte Sachvermögen** einer einzigen Firma. Exxon hat 146000 Beschäftigte.

Der größte Nettogewinn, den jemals ein Unternehmen innerhalb von 12 Monaten erzielte, beträgt 7,64 Mrd. Dollar (ca. 16 Mrd. DM). Den Rekordgewinn brachte die American Telephone and Telegraph Company vom 1. Oktober 1981 bis zum 30. September 1982 unter Dach und Fach.

Der größte Arbeitgeber der Welt sind die Indischen Eisenbahnen mit 1,6 Mio. Mitarbeitern im Jahr 1984. Europas größter Arbeitgeber ist der britische Nationale Gesundheitsdienst, der 1983 eine Mitarbeiterzahl von 1011872 aufwies. Der Unterhausabgeordnete Ralph Hewell erklärte, der Personalzuwachs seit 1970 sei größer als der Zuwachs der gesamten Bevölkerung gewesen.

Umsatz-Riesen. Als erste Firma der Welt übertraf die United States Steel Corporation 1917 die Jahresumsatzmarke von 1 Mrd. Dollar. Heute gehören weltweit 570 Unternehmen zum Club der Umsatzmilliardäre, 272 davon aus den USA. Nummer eins ist die General Motors Corporation, Detroit (USA), mit 96,371 Mrd. Dollar Umsatz im Jahr 1985.

Die größte Firmenübernahme kam am 15. Juni 1984 zustande, als Chevron (früher: Standard Oil Co. of California) die Gulf Oil Corporation für 13,231 Mrd. (34,2 Mrd. DM) kaufte. Das Honorar für die Finanzvermittlung der Transaktion wurde von *Fortune* auf 63,9 Mio. Dollar (165 Mio. DM) geschätzt.

Zum größten Tauschgeschäft kam es im Juli 1984: 36 Mio. Barrel Öl im Wert von 900 Mio. Pfund (3,351 Mrd. DM) waren das Gegengeschäft für 10 *Boeing 747*, die an Royal Saudi Airline gingen.

Der größte Computerhersteller der Welt ist die International Business Machines (IBM) Corporation in New York. Der Weltumsatz des Unternehmens betrug 1985 52,6 Mrd. Dollar. Weltweit beschäftigt IBM 394930 Mitarbeiter. Die Umsätze außerhalb der USA haben 18,5 Mrd. Dollar betragen. Die IBM Deutschland GmbH, Stuttgart, die 1985 ihr 75jähriges Jubiläum feierte, beschäftigt 27507 Mitarbeiter und unterhält neben anderen Werken u. a. in Sindelfingen eine der modernsten Halbleiterfertigungsstätten Europas.

Die meisten Direktionsstellen hatte 1961 Hugh T. Nicholson (1914–85), früher Seniorpartner von Harmood Banner & Sons, London (GB), inne. Als Liquidationsprüfer wurde er in diesem Jahr Direktor aller 451 Firmen der Jaspergruppe und hielt außerdem 7 weitere Direktorenposten.

Die größten Industrieunternehmen in der Bundesrepublik Deutschland sind (Stand 1985) nach der Höhe des Umsatzes in Mrd. DM: Siemens (Elektro, 54,616), Volkswagenwerk (Kraftfahrzeuge, 52,502), Daimler-Benz (Kraftfahrzeuge, 52,409), Veba (Energie/Chemie, 48,597), BASF (Chemie, 47,689), Bayer (Chemie, 45,926) und Thyssen (Stahl/Maschinen/Handel, 44,321).

Von den 24 größten Industrieunternehmen Österreichs kontrolliert der Staat 16 direkt über die Industrieverwaltungs-AG (ÖIAG) und indirekt über die verstaatlichten Großbanken. Die größten Unternehmen (Stand 1984) in Mrd. öS sind: Voest-Alpine Konzern (Stahl, 176), ÖMV-Konzern (Erdöl, 63,6), Austria-Tabak (Tabak, 18,509), Steyer-Daimler-Puch (Fahrzeuge, 15,550) und VEW-Konzern (Edelstahl, 14,1).

Das größte Industrieunternehmen Österreichs ist der ÖIAG-Konzern mit dem Hauptsitz in Wien. Zu ihm gehören Erzeuger- und Verarbeitungsfirmen aus den Industriebereichen Eisen und Stahl, Kohle, Maschinenbau, Mineralöl und -produkte, Chemie, Elektrowaren, NE-Metalle u. ä. Der Konzern beschäftigt etwa 101000 Personen.

Das größte Unternehmen der Schweiz ist der Nahrungsmittelkonzern Nestlé mit einem Umsatz (1985) von 50,64 Mrd. DM; auf Platz zwei liegt der Pharmariese Ciba-Geigy mit 18,2 Mrd. DM.

Die Messe der Messen präsentierte sich 1986 als »Hannover-Messe-INDUSTRIE« auf 518913 m^2 mit insgesamt 5332 Ausstellern aus 45 Ländern. Die 40. Hannover-Messe (9.–16. April 1986) zeigte sich in 22 Hallen und auf dem Freigelände als größte Industrieschau des Jahres in der Elektrotechnik, dem Anlagen- und Maschinenbau, der Industrieautomation, der Verkehrs- und der Energietechnik.
Bereits im März 1986 hatte die wichtigste Investitionsgüter-Ausstellung der Welt das Neueste auf dem Gebiet der Büro-, Informations- und Kommunikationstechnik erstmals in einer getrennten Schau, der CeBIT-Messe, geboten. Niedersachsens Hauptstadt wurde erneut zum Schaufenster industrieller Technologien.

Der größte Verlust, den jemals ein Privatunternehmen erlitt, war das Minus von 4,9 Mrd. Dollar (12,25 Mrd. DM) der American Telephone and Telegraph Company im 4. Quartal 1983; Ursache waren die ungewöhnlichen Belastungen durch die Entflechtung des Bell Systems (s. o.).

Den größten Verlust eines Staatsunternehmens innerhalb eines Geschäftsjahres verzeichnete 1983 die argentinische, im Regierungsbesitz befindliche Ölgesellschaft YPF (Yacimientos Petroliferos) mit 4,643 Mrd. Dollar (11,23 Mrd. DM).

Der erwartete Verlust für das Geschäftsjahr 1984/85 der britischen Kohlebehörde wurde auf über 2 Mrd. Pfund (7,61 Mrd. DM) beziffert.

SPITZBERGEN

Gültige Sparbücher aus aller Welt sammelt Manfred Ress. Hier das Sparbuch des nördlichsten Kreditinstituts der Welt, aus Spitzbergen (Svalbard), mit Ansichtskarte und Ti-Kroner-Schein der Norges Bank.

Die größte Kapitalverminderung in der Geschichte von Privatunternehmen war die Abschreibung von 800 Mio. Dollar (1,6 Mrd. DM) für Entwicklungskosten des amerikanischen *Tristar*-Flugzeuges, die am 23. November 1974 bekanntgegeben wurde.

Den größten Bankrott verursachte Rajendra Sethia (* 1950). Er wurde am 2. März 1985 u. a. wegen krimineller Verschwörung und Fälschung in Neu-Delhi verhaftet. Am 18. Januar 1985 war er vom Obersten Gerichtshof in London für bankrott erklärt worden, als seine Firma Esal Commodities einen Schuldenberg von 170 Mio. Pfund (647 Mio. DM) aufgetürmt hatte. Seine persönlichen Schulden wurden auf 140 Mio. Pfund (532 Mio. DM) geschätzt.
Der 1936 in Ungarn geborene William G. Stern (seit 1957 amerikanischer Staatsbürger), der 1971 in London (GB) die Immobilienfirma Wilstar Group Holding Co. gegründet hatte, wurde im Februar 1979 gerichtlich für bankrott erklärt. Die Konkursforderungen beliefen sich auf 104 Mio. Pfund Sterling (417 Mio. DM). Diese Summe stieg im Februar 1983 auf 142 Mio. Pfund (572 Mio. DM). Stern wurde am 28. März 1983 auf freien Fuß gesetzt, die Vollstreckung gegen Zahlung von 500 000 Pfund (2 Mio. DM) für zweieinhalb Jahre ausgesetzt.

Die größte Werbeagentur der Welt ist Saatchi & Saatchi Compton Ltd., London. Nachdem sie, wie am 12. Mai 1986 bekanntgegeben, die amerikanische Agentur Ted Bates Worldwide übernommen hat, beziffert das Fachblatt *Advertising Age* den Umsatz der neuen Gruppe auf rund 7,5 Mrd. Dollar (17,5 Mrd. DM).
Die größte in der Bundesrepublik Deutschland tätige Werbeagentur ist Team/BBDO aus Düsseldorf. Sie machte 1984 einen Umsatz von 450 Mio. DM. Die 50 größten Werbeagenturen hatten 1984 einen Etat von rund 6,8 Mrd. DM.

Der größte Anzeigenkunde der Welt ist das US-Versandhaus Sears, Roebuck and Co., das 1985 975 Mio. Dollar (3,01 Mrd. DM) für Werbung ausgab – ohne die Kosten für den eigenen Versandkatalog!

Die größte Public-Relations-Firma der Welt ist Burson Marsteller (Zentrale in New York) mit Netto-Honorareinnahmen 1985 von 104,66 Mio. Dollar (323 Mio. DM). Hill and Knowlton Inc. hat mit 56 die meisten Niederlassungen in der Welt, eine davon in Peking (VR China).
Das erste Public-Relations-Magazin, *Public Relation News,* wurde 1944 von Denny Griswold gegründet und ist heute in 97 Ländern verbreitet.

Spesenrekord. Allein für Bewirtung und Unterhaltung von Geschäftsfreunden haben die 1,6 Mio. japanischen Unternehmen nach Angaben der Steuerbehörde im Jahr 1985 etwa 45 Mrd. Dollar (umgerechnet 139 Mrd. DM) ausgegeben. Diese Rekordsumme liegt um 2,8 Prozent höher als im Vorjahr.

Der größte Flugzeughersteller der Welt ist United Technologies in Hartford, Connecticut (USA). Der Konzernumsatz betrug 1984 16,33 Mrd. Dollar (42,23 Mrd. DM). Am 1. Januar 1983 betrug die Zahl der Mitarbeiter 205 000, die Aktiva wurden mit 9,9 Mrd. Dollar (25,6 Mrd. DM) bewertet.

Die Cessna Aircraft Company in Wichita, Kansas (USA), Rekordhalter bei Zivilflugzeugen, hatte 1985 einen Umsatz von 718 Mio. Dollar (2,22 Mrd. DM). Seit dem Bau der ersten *Clyde Cessna* im Jahr 1911 hat das Unternehmen mehr als 176 300 Flugzeuge verkauft.

Die größte deutsche Flugzeugbaufirma ist Messerschmitt-Bölkow-Blohm GmbH (MBB) in Ottobrunn bei München und anderen Produktionsorten. Sie wurde 1969 nach mehreren Firmenfusionen gegründet. MBB erreichte 1985 einen Konzernumsatz von 6,0 Mrd. DM bei einer Mitarbeiterzahl von 36 000 Beschäftigten.

Das größte internationale Bankinstitut ist die »Weltbank«, offiziell Internationale Bank für Wiederaufbau und Entwicklung, in Washington (USA). Die am 27. Dezember 1945 gegründete Bank hat ein genehmigtes Stammkapital von 75 Mrd. Dollar (175 Mrd. DM). Am 30. Juni 1985 hatten die 146 Mitglieder ein Kapital von 58 Mrd. Dollar (135 Mrd. DM) gezeichnet.

Der Internationale Währungsfonds (IWF) in Washington hat 149 Mitglieder, die im April 1986 Anteile von umgerechnet 100,86 Mrd. Dollar (235,63 Mrd. DM) hielten.

Die Staatsbank der UdSSR ist nach einem Bericht der sowjetischen Nachrichtenagentur TASS vom 15. Januar 1983 **die größte Bank der Welt** mit »annähernd 4500 Bankinstitutionen innerhalb ihres Systems«. Nähere Zahlenangaben wurden nicht gemacht.

Die Geschäftsbank mit den höchsten Einlagen ist jetzt die japanische Dai Ichi Kangyo Bank. Mit Vermögenswerten in Höhe von 207 Mrd. Dollar übernahm sie die führende Position vor der Citycorp von New York, die nur noch auf knapp 176 Mrd. Dollar kommt.

Die **Barclays-Gruppe** hatte im Dezember 1985 gut 5300 Zweigstellen und Niederlassungen in über 75 Ländern (mehr als 3000 in GB). Die Einlagen beliefen sich auf 55,127 Mrd. Pfund (188 Mrd. DM), die Aktiva betrugen 65,193 Mrd. Pfund (222 Mrd. DM).

Die größte Bankbürgschaft löste am 26. Juli 1984 die Federal Deposit Insurance Corp. ein, als sie 4,5 Mrd. Dollar (11,6 Mrd. DM) schlechter Kredite für 3,5 Mrd. Dollar (9 Mrd. DM) von der Continental Illinois Bank kaufte und zusätzlich 1 Mrd. Dollar (2,58 Mrd. DM) in bar im Austausch gegen Vorzugsaktien »drauflegte«.

Das höchste Bankgebäude der Welt ist der First Bank Tower der Bank of Montreal, Toronto (Kanada), mit 72 Stockwerken und einer Höhe von 284,98 m.

Die größte Bank in der Bundesrepublik Deutschland ist die 1870 gegründete, 1957 wiedergegründete Deutsche Bank mit dem (jetzigen) Sitz in Frankfurt am Main.

Die größte Bank Österreichs ist der 1855 gegründete Creditanstalt-Bankverein mit der Zentrale in Wien. Gemeinsam mit ihren Tochterbanken verfügt er über insgesamt 322 Geschäftsstellen und beschäftigt 9181 Mitarbeiter.

Das größte Bankunternehmen der Schweiz ist die Schweizerische Bankgesellschaft/Union de Banques Suisses (SBG/UBS) in Zürich mit 220 Geschäftsstellen und 14 700 Beschäftigten.

Die Bank mit den meisten Zweigstellen ist die Staatsbank von Indien mit 10 838 Filialen am 1. Januar 1986 mit Aktiva von 59,79 Mrd. DM.

Die wenigsten Geldinstitute gibt es in Japan. Dort steht im Durchschnitt je 7000 Bürgern nur eine Bankfiliale zur Verfügung.

Die größte »Bankdichte« hat dagegen die Schweiz: für je 1316 Einwohner gibt es eine Bank.

Der größte Banktresor mißt 106,7 × 30,4 × 2,4 m und wiegt 893 t. Er wurde im Mai 1961 im Gebäude der Chase Manhattan Bank in New York City (USA) fertiggestellt. Jede seiner sechs Türen wiegt 40,6 t, kann aber mit einem Finger geschlossen werden.

Die älteste Sparkasse der Bundesrepublik Deutschland ist die Kreissparkasse in Detmold (Nordrhein-Westfalen), die am 13. März 1786 als »Gräflich-Lippische Spar- und Leihcasse« gegründet wurde.

In Oldenburg (Niedersachsen) wurde am 1. August 1786 die »Ersparungscasse« gegründet. Auf dieses Geldinstitut beruft sich die Landessparkasse zu Oldenburg im Streit um die älteste Sparkasse.

5. FLUGGESELLSCHAFTEN

Die größte Fluggesellschaft der Welt ist die staatliche sowjetische Gesellschaft Aeroflot. Sie trägt diesen Namen seit 1932 und wurde am 9. Februar 1923 unter der Bezeichnung Zivile Luftflotte des Ministerrats der UdSSR (abgekürzt *Dobrolet*) gegründet. Sie verfügt über 1300 Flugzeuge, befliegt ein Streckennetz von etwa 1000000 km, beschäftigt 500000 Mitarbeiter und beförderte 1984 112 Mio. Passagiere in 104 Länder. Ums Gepäck müssen die Passagiere sich zumeist selbst kümmern, Rauchen ist erst nach 4 Std. Flugdauer erlaubt.

Die kommerzielle Fluggesellschaft mit dem größten Passagieraufkommen (Stand Dezember 1984) war United Airlines Inc. in Illinois (USA) mit 41,27 Mio. Fluggästen pro Jahr. Die Gesellschaft hatte 47900 Mitarbeiter und eine Luftflotte von 319 Düsenflugzeugen.

Die älteste noch bestehende Fluggesellschaft ist die holländische Koninklijke Luchtvaart Maatschappij N. V. (KLM), die am 17. Mai 1920 ihren ersten Liniendienst von Amsterdam nach London aufnahm, nachdem sie am 7. Oktober 1919 gegründet worden war.
Chalk's International Airline betreibt seit Juli 1919 eine Flugbootlinie zwischen Miami in Florida und den Bahamas. Albert »Pappy« Chalk war selbst von 1911 bis 1975 Pilot.

Als erste deutsche Fluggesellschaft wurde die Delag (Deutsche Luftschiffahrt AG) am 16. November 1909 in Frankfurt am Main gegründet und nahm im Juni 1910 einen Liniendienst mit Luftschiffen auf.

Trägerin des zivilen Luftverkehrs der Bundesrepublik Deutschland – abgesehen von einigen Regional- und Chartergesellschaften – ist die Deutsche Lufthansa Aktiengesellschaft. Ursprünglich am 6. Januar 1926 durch Zusammenschluß des Deutschen Aero-Lloyd mit dem Junkers Luftverkehr in Berlin gegründet, entwickelte sich das Unternehmen weltweit bald zu einer der größten Fluggesellschaften. Nach der Einstellung des Flugbetriebs bei Kriegsende im Mai 1945 ging die Firma auf Anordnung der alliierten Siegermächte in Liquidation.
Am 6. Januar 1953 entstand in Köln die Aktiengesellschaft für Luftverkehrsbedarf, kurz Luftag, die am 6. August 1954 wieder den Firmennamen Deutsche Lufthansa Aktiengesellschaft annahm. Der planmäßige Flugdienst wurde – zunächst innerdeutsch – am 1. April 1955 aufgenommen, nach der Wiedererlangung der nationalen Souveränität der Bundesrepublik Deutschland im Mai 1955 auch auf internationalen Routen. Heute zählt das Unternehmen wieder zu den bedeutendsten Luftverkehrsgesellschaften der Welt.

Einen neuen Flugrekord flogen die 123 Flugzeuge der Deutschen Lufthansa AG mit nahezu 16 Mio. Passagieren im Jahr 1985. Durch die Steigerung im Luftfrachtverkehr um 7,5 Prozent erreichte die Fluggesellschaft eine Leistungszunahme auf 4,94 Mrd. Tonnenkilometer. Der Jahresumsatz betrug 9,8 Mrd. DM.

Die österreichische Luftverkehrsgesellschaft Austrian Airlines (AUA) hatte 1984 12 zweistrahlige *MD 80* und 4 *DC 9-30* im Linien- und Charterverkehr im Einsatz, die knapp 2 Mio. Passagiere beförderten.

Die schweizerische Fluggesellschaft Swissair wurde wegen ihres hohen Leistungsstandards von der US-Fachzeitschrift *Air Transport World* zur Fluggesellschaft des Jahres 1978 gewählt.

6. HOTELS, MAHLZEITEN

Spitzenverdiener unter den Hotelketten ist die Holiday Inn Hotelgruppe, die 1985 Einnahmen von 5,9 Mrd. Dollar (13,78 Mrd. DM) erzielte. Am 31. Dezember 1985 betrieb die Gruppe 1688 Hotels mit 317628 Zimmern in 53 Ländern. Gegründet wurde das Unternehmen mit dem ersten Holiday Inn Hotel an der Summer Avenue in Memphis, Tennessee (USA), 1952 von Charles Kemmons Wilson.

Das führende Hotelunternehmen in der Bundesrepublik Deutschland ist die A. Steigenberger Hotelgesellschaft AG mit dem Hauptsitz in Frankfurt am Main. Sie erzielte 1983 einen Bruttoumsatz von 286,9 Mio. DM, einschließlich ihrer Management-Betriebe und Robinson Ferienclubs 497,5 Mio. DM. Das Bettenangebot betrug 7917 in 4894 Zimmern in 29 Hotels. Beschäftigt wurden 5000 Mitarbeiter.

Umsatzstärkstes Hotel unter den deutschen Hotelbetrieben war im Jahr 1985 der Bayerische Hof in München mit einem Bruttoumsatz von 77,1 Mio. DM.

Die größte Restaurantkette der Welt wird von der McDonald's Corporation in Oak-Brook, Illinois (USA), betrieben, die am 15. April 1955 vom »Magister der Hamburgerologie« Ray A. Kroc in Des Plaines, Chikago (USA), gegründet wurde. Am 31. Dezember 1985 gab es in 41 Ländern 8901 McDonald's-Filialen, in denen seit der Unternehmensgründung 55 Mrd. Hamburger aus reinem Rindfleisch verkauft worden sind. Der Weltumsatz im Jahr 1985 betrug mehr als 11 Mrd. Dollar (34 Mrd. DM).
Spitzenreiter der Fast-Food-, Handels- und Systemgastronomie in der Bundesrepublik Deutschland war 1985 McDonald's, München, mit 661,0 Mio. DM Umsatz in seinen 228 Filialen.

Die größte Gästezahl, die je bei einer Mahlzeit in einem Raum bewirtet wurde, waren

Am 6. Mai 1986 wurde in New York auf einer Pressekonferenz mitgeteilt, daß Michael Joseph Jackson der Transaktion mit Pepsi Cola zugestimmt habe. Bei einem Wert von über 50 Mio. Dollar dürfte es sich um den größten Abschluß handeln, den ein einzelner mit einer Gesellschaft geschlossen hat.

Vor der französischen Küste sinkt die *Amoco Cadiz*. Die entstandenen Versicherungsansprüche haben für alle Zeiten Maßstäbe für Ölschäden gesetzt.

18000 französische Gemeindevorstände, die am 18. August 1889 im Palais d'Industrie in Paris gemeinsam speisten.

Bei der Vermählung von Menachem Teitelbaum (18) mit seiner Cousine Brucha Sima Melsels (18) durch ihren Großvater, Großrabbi Moses, in Uniondale, Long Island, New York (USA), am 5. Dezember 1984 waren Schätzungen zufolge 17000–20000 Gäste aus der Satmar-Sekte der chassidischen Juden anwesend. Meal Mart aus Brooklyn, New York, eine Lieferfirma für koschere Speisen, versorgte sie u. a. mit 2 t »gefilte Fisch«.

7. VERSICHERUNGEN, KRANKENKASSEN

Die höchsten Versicherungsprämien für alle Arten von Versicherungen zahlen der Summe nach die US-Amerikaner. Man schätzt, daß dort 1978 ungefähr 100 Mrd. Dollar (200 Mrd. DM) an Versicherungsprämien gezahlt wurden, also mehr als 1400 Dollar (2800 DM) pro Haushalt.

In der Bundesrepublik Deutschland wurden 1983 über 58 Mrd. DM an Versicherungen gezahlt.

Die größte Versicherungsgesellschaft ist die Prudential Insurance Co. of America in Newark, New Jersey (USA), mit 580 Mrd. Dollar (1,792 Billionen DM) Versicherungsbestand am 31. Dezember 1985. Das Vermögen dieser Gesellschaft beläuft sich umgerechnet auf über 283 Mrd. DM. Die Allianz ist mit einem weltweiten Beitragsaufkommen von 16,3 Mrd. DM (1984) die größte Versicherungsgruppe in der Bundesrepublik Deutschland und auch in Europa. Die Allianz Versicherungs-AG, München–Berlin, ist in der Bundesrepublik Deutschland der größte Schaden- und Unfallversicherer, die zur Allianz-Gruppe zählende Allianz Lebensversicherungs-AG, Stuttgart, der größte Lebensversicherer (Versicherungssumme Ende 1984: 123,2 Mrd. DM).

Die größte Krankenversicherung und zugleich der Welt größte Vereinigung von Einzelmitgliedern ist die amerikanische Krankenhaus-Versicherung Blue Cross and Blue Shield Association mit 77496584 Mitgliedern am 30. September 1985. Im Jahr 1985 erbrachte die Versicherung Leistungen von 37,862 Mrd. Dollar (88,46 Mrd. DM).

Die größte private Krankenversicherung in der Bundesrepublik Deutschland und Europa mit über 3,6 Mio. Versicherten ist die Deutsche Krankenversicherung AG (DKV) mit dem Hauptsitz in Köln (Nordrhein-Westfalen) mit einem Bestand von 2,297 Mrd. DM (1985).

Die größte Angestellten-Krankenkasse in der Bundesrepublik Deutschland mit 4,6 Mio. Mitgliedern ist die Barmer Ersatzkasse, Hauptsitz Wuppertal (Nordrhein-Westfalen). Die größte deutsche Krankenkasse schloß 1985 mit einem Defizit von knapp 56 Mio. DM ab, im Jahr zuvor lag der Fehlbetrag bei 348 Mio. DM.

Die älteste noch bestehende Versicherung der Bundesrepublik Deutschland ist die Hamburger Feuerkasse. Sie schloß am 3. Dezember 1593 die erste Feuerversicherung ab.

Die ersten Vorsorgeuntersuchungen ihrer Mitglieder führte 1919 die Betriebskrankenkasse der Fa. Friedrich Krupp in Essen ein, und zwar regelmäßig wiederkehrend, kostenlos und freiwillig.

Den größten Versicherungsverlust zur See verursachte die semi-submersible Bohrinsel *Ocean Ranger* (14914 t), die mit 46 Mio. Pfund (197 Mio. DM) versichert war. Mit 84 Mann Besatzung ging sie am 15. Februar 1982 im Hibernia-Feld vor Neufundland verloren. Der »Halbtaucher« war 1976 für die Ocean Drilling & Exploration Co. in New Orleans gebaut worden. Eins der teuersten Schiffe ist das britische Passagierschiff *Royal Princess* (44348 BRT), 1984 gebaut und mit 140,8 Mio. Dollar (364 Mio. DM) taxiert.

Der höchste Schadenersatzanspruch für Folgeschäden von 1,7 Mrd. Dollar (3,4 Mrd. DM) wurde erhoben, nachdem aus dem Tanker *Amoco Cadiz* am 16. März 1978 300000 t Öl vor der bretonischen Küste ins Meer liefen.

Die höchste je ausgestellte Lebensversicherungspolice wurde für Victor T. Uy aus Calgary (Kanada) abgeschlossen. Die Transamerica Occidental Life Assurance Co. versicherte ihn im Februar 1982 mit 44 Mio. Dollar (105 Mio. DM).

Der höchste auf eine einzige Lebensversicherung ausgezahlte Betrag waren 18 Mio. Dollar (damals über 50 Mio. DM), die laut Bericht vom 14. November 1970 an Linda Mullendore, der Frau eines Farmers in Oklahoma (USA), gezahlt wurde. Ihr Mann, der ermordet wurde, hatte im Jahr 1969 Prämien von 300000 Dollar eingezahlt.

8. KAUFHÄUSER, LADENKETTEN

Das größte Kaufhaus der Welt ist R. H. Macy & Co. Inc. an der Kreuzung von Broadway und 34. Straße in New York City (USA). Es umfaßt 20,3 ha und hat 14000 Beschäftigte, die 400000 verschiedene Artikel verkaufen. 1984/85 betrug der Macy-Umsatz 4,368 Mrd. Dollar (damals 13,5 Mrd. DM). Als Rowland H. Macy am 27. Oktober 1858 sein Galanteriewarengeschäft an der 6. Avenue von New York eröffnete, betrugen die Tageseinnahmen elf Dollar und sechs Cents, also nach damaligem Wert nicht ganz 50 DM.

Das größte Kaufhaus in Europa ist Harrods in London (GB), so benannt nach Henry Charles Harrod, der 1849 im Stadtteil Knightsbridge ein Kolonialwarengeschäft eröffnete. Harrods verfügt über eine Verkaufsfläche von 80940 m^2 und 4000 Angestellte. 1985 wurden bei Harrods 304 Mio. Pfund (über 1 Mrd. DM) umgesetzt.

Das größte Kaufhaus auf dem europäischen Festland ist das zum Hertie-Konzern gehörende Kaufhaus des Westens (KaDeWe) in Berlin (West). Es war am 27. März 1907 gegründet worden und hatte schon damals eine Verkaufsfläche von 20000 m^2 in vier Etagen. Im Krieg zerstört, wurde das KaDeWe am 3. Juli 1950 wiedereröffnet, dann weiter ausgebaut und am 5. April 1978 in seiner jetzigen vergrößerten Gestalt der Öffentlichkeit übergeben. Das Haus hat jetzt 43000 m^2 Verkaufsfläche und 2500 Mitarbeiter. 250000 verschiedene Artikel (10 Prozent davon Lebensmittel auf 5100 m^2 Verkaufsfläche) sind im Warensortiment. Rund 70000 Kunden werden täglich bedient; im Durchschnitt sind es insgesamt 23 Mio. jährlich.

Die größte Kaufhauskette der Welt unterhält die Firma F. W. Woolworth, die 1979 ihr 100jähriges Bestehen feierte und in der ganzen Welt 5822 Zweigniederlassungen betreibt. Am 22. Februar 1879 öffnete Frank Winfield Woolworth seinen ersten »Groschenladen« in Utica im US-Staat New York. Im Geschäftsjahr 1985 erzielte das Unternehmen Einnahmen aus laufenden Geschäften von 177 Mio. Dollar (547,10 Mio. DM).

Das größte Warenhaus-Unternehmen der Bundesrepublik Deutschland ist – mit einem 1985 erreichten Außenumsatz von über 12 Mrd. DM – der Karstadt-Konzern (einschließlich Tochtergesellschaften) mit dem Sitz der Hauptverwaltung in Essen-Bredeney (Nordrhein-Westfalen). Der Konzern beschäftigt über 60000 Mitarbeiter und hat 1984, allein im Bereich der Stammgesellschaft Karstadt AG, in 163 Verkaufshäusern mit einer Verkaufsfläche von 1278600 m^2 mehr als 9,1 Mrd. DM umgesetzt.

Die größte Kaufhauskette Österreichs, die Gerngroß-Warenhausgruppe, Wien, hat im Dezember 1983 den Besitzer gewechselt. 9 der 13 Kaufhäuser gingen an die Konsum Österreich, 4 Häuser wurden von der Handelskette Spar AG übernommen. Der Umsatz der Gerngroß-Gruppe hatte 3 Mrd. öS (428 Mio. DM) betragen.

Die größte Kaufhauskette der Schweiz betreibt die Migros mit 54000 Mitarbeitern. Sie ist genossenschaftlich organisiert. Ihre Genossenschafter (ca. 1,2 Mio. Haushalte) werden jährlich zu einer Urabstimmung eingeladen. Im Jahr 1984 betrug der Konzernumsatz 10,1 Mrd. sfrs, der Detailumsatz 8,6 Mrd. sfrs. Das Unternehmensergebnis belief sich auf 153,7 Mio. sfrs.

Das größte Warenhaus der Schweiz, die Grands Magasins Jelmoli SA, Zürich, feierte 1983 sein 150jähriges Jubiläum. Das Unternehmen besitzt heute 69 Warenhäuser in der Schweiz mit 5191 Mitarbeitern und hat einen Konzernumsatz von 1333 Mio. sfrs (1984).
Anläßlich dieses Geburtstages wurden die Hausfassaden des Einkaufsparadieses (6 Etagen mit mehr als 250000 Artikeln) in Zürich mit 4150 bunten Riesenballons (je 70 cm Durchmesser) geschmückt.

Das Kaufhaus mit dem schnellsten Warenumsatz ist die Hauptfiliale von Marks & Spencer, genannt Marble Arch, in der Oxford Street, London. Wahrscheinlich ist die Angabe, daß dort jährlich pro m^2 Verkaufsfläche Waren im Wert von rund 1600 Pfund Sterling (5472 DM) abgesetzt werden, noch zu niedrig gegriffen. Das Haus hat eine Verkaufsfläche von 8584 m^2.
Die Firma unterhält in ganz Großbritannien 269 Verkaufsstellen mit einer Gesamtverkaufsfläche von 603850 m^2 und hat neuerdings auch Filialen auf dem europäischen Kontinent und in Kanada.

Die größte Lebensmittelladenkette der Welt unterhält die Safeway Stores Inc. mit Sitz in Oakland, Kalifornien (USA), die 1985 einen Umsatz von 19,65 Mrd. Dollar (60,73 Mrd. DM) erzielte. Ihr Umlaufvermögen betrug am 28. Dezember 1985 2,026 Mrd. Dollar (6,2 Mrd. DM). Das Unternehmen beschäftigt 164385 Mitarbeiter, die 2365 Geschäfte haben eine Gesamtfläche von 6,528 Mio. m^2.

Die größte Lebensmittelladenkette in der Bundesrepublik Deutschland wird von der Fa. EDEKA (Einkaufsgenossenschaften deutscher Kolonialwaren- und Lebensmittel-Einzelhändler), die in Hamburg ihren Hauptsitz hat, betrieben. Ihr gehören 18000 selbständige EDEKA-Kaufleute mit 20000 EDEKA-Läden an. Der Gesamtumsatz der Gruppe betrug 1985 21,3 Mrd. DM.

Der Umsatzriese im deutschen Lebensmittelhandel ist die Aldi GmbH, Essen und Mülheim. In ihren 1824 Aldi-Läden, zu denen ein paar hundert weitere im Ausland zählen, wurden 1985 insgesamt über 17,5 Mrd. DM umgesetzt. Der Handelsriese legte um 5,5 Prozent zu.

Das größte Familienunternehmen der Lebensmittel-Einzelhandelsbranche in der Bundesrepublik Deutschland ist die Tengelmann-Gruppe, Mülheim/Ruhr, mit über 10 Mrd. DM Umsatz (1985). Zu ihr zählen in der Bundesrepublik und in Österreich rund 2700 Filialen. Seit 1979 ist sie – inzwischen mit knapp 51 Prozent mehrheitlich – in den USA an The Great Atlantic and Pacific Tea Company Inc. (A + P), Montvale/New Jersey, einer der größten amerikanischen Einzelhandelsketten, beteiligt.

Die größte Lebensmittel- und Einzelhandelskette Österreichs ist Konsum Österreich (Zentrale Wien). Das Unternehmen ist aus dem Zusammenschluß 15 kleinerer und größerer Genossenschaften entstanden. Durch die Übernahme der Gerngroß-Warenhausgruppe wird der Umsatz des Handelsunternehmens um 2,2 auf 31 Mrd. öS steigen. Die Gerngroß-Kaufhäuser werden im Rahmen des Konsumunternehmens als eigene Aktiengesellschaft geführt.

Einzel- und Versandhandel. Die größte Einzelhandelsfirma und zugleich das größte Versandhaus der Welt ist Sears, Roebuck and Co. in Chikago, Illinois (USA), 1886 in der Bahnstation North Redwood, Minnesota (USA), von Richard Warren Sears gegründet. Im Geschäftsjahr, das am 31. Dezember 1984 endete, wurden weltweit 26,5 Mrd. Dollar (68,53 Mrd. DM) umgesetzt. Die Firma hatte 796 Geschäfte, 1119 Büros zur Annahme von Bestellungen und 1700 unabhängige Kataloghändler. Das Geschäftsvermögen betrug 38,8 Mrd. Dollar (100,34 Mrd. DM).

Das größte Versandhaus in Europa ist die Fa. Quelle International in Fürth, die zur Schickedanz-Unternehmensgruppe gehört. Sie erzielte 1985 einen Umsatzanteil von 7,8 Mrd. DM. Der Quelle-Katalog für Frühjahr/Sommer 1985 erschien in einer Auflage von 8 Mio. Exemplaren (Hauptkatalog); 23 Mio. Exemplare betrug die Gesamtauflage aller Kataloge. Die Unternehmensgruppe unter der Geschäftsführung der persönlich haftenden Gesellschafterin Grete Schickedanz (* 30. Oktober 1912), der Witwe des Firmengründers Dr. Gustav Schickedanz, beschäftigt insgesamt knapp 40000 Mitarbeiter.

Das größte Einkaufszentrum der Welt ist die für 900 Mio. Dollar (2,78 Mrd. DM) gebaute West Edmonton Mall, Alberta (Kanada), deren erster Bauabschnitt am 15. September 1981 eröffnet wurde. Vier Jahre später wurde der Komplex beendet, der auf einem Grundstück von 44,5 ha eine Fläche von 464515 m^2 bedeckt. Er umfaßt 828 Läden und Dienstleistungsbetriebe sowie 6 große Kaufhäuser. Die Parkplätze reichen für 30000 Fahrzeuge, pro Woche kommen 500000 Kunden.

Super- und Hypermärkte. Die ersten Supermärkte der Welt (Selbstbedienung und Sammelkassen) war die Piggly-Wiggly-Kette, 1916 von Clarence Saunders (1881–1953) in Memphis, Tennessee (USA), begonnen.
Einkaufszonen von über 2500 m^2 werden gewöhnlich als Supermarkt, mit über 5000 m^2 als »Hypermarkt« bezeichnet.

Der größte Großhandelsmarkt der Welt ist das Dallas Market Center in Dallas, Texas (USA), mit einer Fläche von über 8640000 m^2 in 8 Gebäuden. Die Gesamtanlage erstreckt sich über 60 ha. In 3400 ständigen Ausstellungsräumen werden die Erzeugnisse von über 26000 Herstellerfirmen gezeigt. Jährlich werden 38 Ausstellungen und Handelsmessen veranstaltet, die 600000 Interessenten besuchen.

Die längste Ladenstraße in einem Einkaufszentrum befindet sich mit 650 m in Milton Keynes (GB). Das Zentrum dort, für 40 Mio. Pfund (damals 168 Mio. DM) gebaut, wurde im August 1979 eröffnet.

Das größte innerstädtische Einkaufszentrum in der Bundesrepublik Deutschland, zugleich das größte Europas, wurde im Frühjahr 1970 in Hamburg eröffnet. Es hat eine Handelsfläche von 30000 m^2 und 2,5 km Schaufensterfront. Zu ihm gehört auch das größte Parkhaus Europas für 2000 Wagen.

Längster Schlußverkauf. Tony Sprackling (24) stand vom 10. bis 27. Dezember 1984 vor

Eine Oase und ein Zufluchtsort für alle Freunde von *fish and chip*: Harry Ramsden's Restaurant in White Cross, West Yorkshire (GB), erfreut jährlich weit über 1 Mio. zufriedene Gäste.

dem Geschäft von Keddies in der Queen Street in Colchester (GB) 412 Std. (17 Tage, 4 Std.) an. Seine Schlafcouch wurde von 399 Pfund (1485 DM) auf 50 Pfund (186 DM) herabgesetzt, ihm dann aber vom Geschäftsführer spendiert.

Der größte Einkaufswagen bietet in seinem Korb Platz für 3000 Cola-Dosen. Für die Regensburger Werbeagentur André erbaute Franz Schlecht 1984 diesen überdimensionalen Einkaufswagen (2,77 m hoch, 2,10 m breit, 2,92 m lang), der 48mal so groß wie ein normaler Einkaufswagen ist.

9. GEWERBE, DIENSTLEISTUNGEN

Apotheken. Die größte Apothekenkette der Welt gehört der britischen Firma Boots the Chemists mit 1024 Einzelhandelsgeschäften. Die Firma wurde von Jesse Boot (1850–1931) gegründet, der später zum I. Baron von Trent ernannt wurde. Die älteste Apotheke Europas soll ein im Jahr 1400 in Lilivia, Gerona (Spanien), gegründetes Geschäft sein. Sie ist seit etwa 50 Jahren nicht mehr in Betrieb und wird jetzt als Museum unterhalten. Die Löwen-Apotheke in Trier (Rheinland-Pfalz) scheint jedoch wesentlich älter zu sein; sie soll schon 1241 existiert haben.
Die älteste Apotheke Österreichs dürfte die Winter-Apotheke in Innsbruck (Tirol) sein, die 1500 gegründet wurde und sich noch heute »Alte Hofapotheke« nennt.
Die älteste Apotheke der Schweiz soll die Weinmarkt-Apotheke in Luzern sein. Einer ihrer ersten Besitzer war Konrad Klausner (1480 bis 1553), doch ist das Geschäft selbst wohl älter.
Die Pharmacie Brun in Genf behauptet, schon 1453 gegründet worden zu sein.

Größter Arzneimittelhersteller der Welt ist Johnson & Johnson in New Brunswick, New Jersey (USA), mit einem Umsatz von 6,124 Mrd. Dollar (15,8 Mrd. DM) im Jahr 1984.

Größter deutscher Arzneimittelhersteller ist der Chemie-Pharmakonzern Hoechst (Frankfurt) mit einem Welt-Jahresumsatz von 42,72 Mrd. im Jahr 1985.
Die größten Arzneimittelhersteller in der Schweiz sind Ciba-Geigy (steigerte seinen Weltumsatz 1984 um knapp 20 Prozent) und F. Hoffmann-La-Roche & Co. AG, Basel, mit einem Umsatz von 7,510 Mrd. sfrs (1984).

Auktionshaus. Das größte Auktions- und Versteigerungsunternehmen ist die Sotheby-Gruppe mit Sitz in London (GB) und New York (USA), gegründet 1744. Im Geschäftsjahr 1984/85 erreichte die Gruppe einen Umsatz von 678 Mio. Dollar (2,09 Mrd. DM).

Insgesamt 39,28 Mio. Dollar (121 Mrd. DM) wurden bei der Kunstauktion bei Sotheby Parke Bernet, New York, am 14. Mai 1985 umgesetzt. U. a. wurden bei diesem Verkauf von Impressionisten und moderner Kunst 11 Gemälde für jeweils über 1 Mio. Dollar versteigert.

Weltgrößter Bekleidungshändler ist die Brenninkmeyer-Familie (C. & A), deren Unternehmen 1841 in den Niederlanden gegründet wurde. Ihr Jahresumsatz wird heute auf über 18,5 Mrd. DM geschätzt.

Weltgrößtes Bestattungsunternehmen ist die SCI (Service Corporation International) mit 279 Leichenhallen, 40 Blumengeschäften und dazugehörigen Leichenwagen-Flotten und Friedhöfen. Die Einnahmen im Geschäftsjahr, das am 30. April 1983 endete, betrugen über 208 Mio. Dollar (540 Mio. DM).

Die Buchhandlung mit den meisten Titeln und den längsten Regalen (insgesamt 48 km) ist W. & G. Foyle, London (GB). Die Firma wurde 1904 in einem kleinen Laden in Islington gegründet und hat heute ihren Sitz in Nr. 113–119 Charing Cross Road. Das Geschäft ist 7044 m^2 groß.
Mit einer Verkaufsfläche von 14330 m^2 ist jedoch die Fa. Barnes & Noble Bookstore in der Fifth Avenue, New York (USA), der geräumigste Buchladen der Welt. Seine Regallänge: 20,71 km.

Fischfang. Der höchste bisher verzeichnete Weltfischfangertrag fiel auf das Jahr 1976 mit 73,5 Mio. t.
Die größte Fischereiflotte der Welt, mit der sie auf allen Weltmeeren vertreten ist und über 40 Prozent der Fangkapazitäten erreicht, hat die UdSSR. Ihr Fangertrag belief sich 1976 auf 10,14 Mio. t. Ein noch besseres Ergebnis mit 10,6 Mio. t erzielte Japan, das Land mit der zweitgrößten Fangflotte (893000 BRT). Die nächsten Plätze, hinsichtlich der Flottengröße, belegen Spanien und die USA. Die Anlandungen der Hochsee- und Küstenfischerei in der Bundesrepublik Deutschland beliefen sich 1984 auf 309700 t Fanggewicht.

Das größte Fischereinetz der Welt wurde 1974 in Bremerhaven von der Firma Engel geknüpft. Es besteht aus Nylon, ist 280 m lang und hat eine Öffnung von 73 × 51 m – fast so groß wie ein Fußballfeld! Es hat ein Fassungsvermögen von 75000 kg Fisch; pro Std. können 6,8 Mio. m^3 abgefangen werden.

Der größte Fischzug gelang mit einem Fang von 2471 t am 28. August 1983 dem Netzfischerboot M/S *Flømann* aus Hareide (Norwegen) in der Barentssee. Man schätzt, daß in diesem Schwarm über 120 Mio. Fische gefangen wurden.

Das Fotogeschäft mit der größten Verkaufsfläche ist das Foto-Zentrum von Jessop of Leicester Ltd. in Leicester (GB), das im Juni 1979 eröffnete; heute hat es eine Verkaufsfläche von 2508 m^2.

Das am meisten gekaufte alkoholfreie Getränk ist Coca-Cola, von dem bis Anfang 1985 in über 155 Ländern täglich mehr als 301 Mio. Dosen und Flaschen verkauft wurden. Coca-Cola wurde 1886 erstmals von Dr. John S. Pemberton in Atlanta, Georgia (USA), hergestellt. Die Coca-Cola-Gesellschaft wurde 1892 gegründet, die berühmte Flasche 1915 patentiert. Die geheime »7X«-Formel blieb bis 1985 unverändert. In diesem Jahr hatte Coca-Cola einen Anteil von 21,7 Prozent an dem 28-Mrd.-Dollar-Markt (86,5 Mrd. DM), gefolgt von Pepsi mit 18,8 Prozent.
Pepsi Colas Gesamtumsatz von 8,47 Billionen Dollar (über 26 Billionen DM) im Jahr 1985 übertraf den von Coca-Cola um 340 Mio. Dollar (1,05 Mrd. DM).

Die größten Hochregallager besitzt das **größte Versandzentrum** für Papier-, Büro- und Schreibwaren. Es steht seit 1985 in Berlin-Spandau mit einer Gesamtfläche von 72700 m^2. Al-

John S. Pemberton mixte 1886 im Hinterzimmer seines Ladens in Atlanta, Georgia (USA), ein Getränk aus Colanußextrakt, die weltbekannte Coca-Cola.

lein 10 800 m^2 nimmt das 41 m hohe Hochregallager ein. Die Herlitz AG, Berlin, hat darin 76 000 Lagerplätze für Pool-Paletten untergebracht. Diese werden vollautomatisch von 17 Lagerkränen bewegt.

Und das **größte Buchlager der Welt.** Mit einer Lagerkapazität für 70 Mio. Bücher hat die Vereinigte Verlagsauslieferung GmbH (VVA) in Gütersloh/Westfalen auf einer 10 000-m^2-Fläche nur noch 14 prozeßrechnergesteuerte Lagerkräne zwischen 140 m langen und 35 m hohen Hochregalen im Einsatz. Sie befördern täglich maximal 4000 t Bücher.

Größter Kaffeeröster der Welt ist die amerikanische General Foods Corporation, White Plains (New York), mit einem Gesamtumsatz von 8,3 Mrd. Dollar (1983). Davon entfallen 78 Prozent auf Umsätze in den USA, 12 Prozent auf Europa, 6 Prozent auf Kanada und 4 Prozent auf andere Länder in aller Welt.

Die größten deutschen Kaffeeröster sind in einem ständigen Kampf um die Gunst der Verbraucher. Im 1. Quartal 1986 behauptete Marktführer Tchibo, Hamburg, seine Position mit 19,6 Prozent, dicht gefolgt von der Handelskette Aldi, Mülheim, mit 19 Prozent und dem auf Platz drei zurückgefallenen Konkurrenten aus Bremen, Jacobs-Suchard, mit 15,9 Prozent, Eduscho folgt mit 14,5 Prozent auf dem vierten Platz.

Auf dem deutschen Kaffeemarkt wurden 1983 mehr als 7,5 Mrd. DM umgesetzt. Der – rein rechnerische – Verbrauch pro Kopf hat mit 7119 g 1983 einen neuen Rekord erreicht. 88 Prozent aller Deutschen trinken mindestens einmal am Tag eine Tasse Kaffee.

Größter deutscher Kaffee-Entcoffeinierer ist die HAG GF AG Bremen. Kaffee HAG betreibt seit 1981 zur Herstellung des ersten entcoffeinierten Kaffees überhaupt auch die größte und einzige Anlage der Welt, in der Kaffee aromaschonend mit reiner Kohlensäure aus natürlichen Quellen entcoffeiniert wird. Im Gesamt-Kaffeemarkt bringt es entcoffeinierter Kaffee auf über 13 Prozent Anteil.

Die weltgrößte Mineralwasserfirma ist Source Perrier bei Nîmes (Frankreich) mit einer Jahresproduktion von über 2,3 Mrd. Flaschen, von denen 1,3 Mrd. Flaschen von Perrier und Contrexeville stammen. In Frankreich werden etwa 60 l Mineralwasser pro Kopf im Jahr getrunken.

Die größte Papierfabrik der Welt ist Georgia-Pacific in Atlanta, Georgia (USA). 40 000 Mitarbeiter erbrachten 1985 insgesamt einen Umsatz von 6,716 Mrd. Dollar (20 Mrd. DM). Die größte Papierfabrikation Europas betreibt die Svenska Cellulosa AB in Sundsvall (Schweden). Ihr Jahresumsatz 1977: 3,63 Mrd. skr (2,1 Mrd. DM). In der Bundesrepublik Deutschland wurden 1984 9,1 Mio. t Papier und Pappe produziert.

Papier. Die Papier-Weltproduktion betrug 1983 rund 155 Mio. t, davon 22,5 Mio. t Zeitungspapier.

Die größte Schokoladenfabrik wurde von der Hershey Chocolate Comp. in Hershey, Pennsylvania (USA), in den Jahren 1903–05 erbaut. Sie hat jetzt eine Grundfläche von 185 800 m^2.

Die führende deutsche Schokoladenfirma ist die Monheim-Gruppe mit Sitz in Aachen. Der Umsatz 1985 betrug 1,93 Mrd. DM.

Die größten einzelnen Silberstücke sind ein Paar Wasserkrüge, das 1902 für den Maharadscha von Jaipur (1881–1922) angefertigt wurde. Sie wiegen 242,7 kg, sind 160 cm hoch, haben einen Umfang von 248 cm und fassen 8182 l. Die vom Silberschmied Gorind Narain gefertigten Krüge befinden sich jetzt im City Palace von Jaipur (Indien).

Größtes Teehandelshaus Deutschlands und gleichzeitig größter Kräuterteebeutelhersteller ist die Firmengruppe Teekanne (gegründet 1882) in Düsseldorf. Neben den in Paketen und Dosen verpackten Teemengen stellt Teekanne täglich 10 Mio. Teebeutel her, das sind 2 Mrd. pro Jahr.

Ziegel (Backsteine) gehören zu den ältesten Festbaustoffen der Welt. Die ersten gebrannten Ziegel gab es schon um 4000 v. Chr. Die größte Ziegelei der Welt ist die London Brick Company Ltd. in Stewartby, Bedfordshire (GB). Die Fabrik, die 1898 gegründet wurde, erstreckt sich heute über 90 ha und hat eine Produktionskapazität von 13 Mio. Ziegelsteinen und Ziegel-Produkten pro Woche.

Riesige Hochregale stapeln für die Berliner Herlitz AG Papier-, Büro- und Schreibwaren – hier eine Innenansicht des Versandzentrums.

Größte und kleinste Objekte erscheinen immer wieder als Rekordmeldung. Im *Guinness Buch der Rekorde* werden künftig nur jene Meldungen berücksichtigt, die über tatsächlich nutzbare Produkte erfolgen.

Der größte Wandkalender (3,40 × 1,30 m) aus Hart-PVC wurde von der Dammbach-Templin GmbH & Co. KG, Gaggenau (Baden-Württemberg), hergestellt. Der Riesenplaner ist in 3 Monatsstreifen gegliedert, beidseitig bedruckt und zeigt 15 Monate im Überblick – er ist im Handel erhältlich.

Die größte Waschmaschine, der »Kittel-Jumbo«, sorgt in Berlin (West) dafür, daß die Mietwäsche Stegemann KG in einem Arbeitsgang 500 Kleidungsstücke reinigen kann. Das Riesenprunkstück der Berliner Wäscherei macht täglich 10–12 t Hotelwäsche und Berufskleidung frisch.

Das kleinste Hörgerät wird in Dortmund produziert. Die Firma Hörgeräte Geers hat den nur 3 g schweren Mini-Apparat »Sonetta« (1,3 cm^3 Volumen) entwickelt. Er wird in Handarbeit nach Maß gebaut, ist winziger als ein Fingerhut und verschwindet fast unsichtbar im Gehörgang.

Einen Taschenrechner im Mini-Format mit den Abmessungen einer Eurocheque-Karte liefert Casio Computer Co. GmbH, Deutschland. Mit 0,8 mm Stärke ist das Gerät SL-800, das in Tokio 1984 entwickelt wurde, der flachste Rechner der Welt. Er arbeitet mit Solarzellen und entspricht einer Kreditkarte mit neuester Folientechnologie aller Tastenkomponenten.

TABAKWAREN

Die größte Tabakfirma der Welt ist die B. A. T. Industries (1902 als British-American Tobacco Co. in London gegründet), die 116 Fabrikationsstätten in 52 Ländern betreibt. 1985 setzte B. A. T. mit ihren Tochter- und Schwestergesellschaften 12,696 Mrd. Pfund (48,33 Mrd. DM) um, das Unternehmensvermögen betrug am 31. Dezember 1985 8,840 Mrd. Pfund (33,65 Mrd. DM). 1985 setzte der Konzern weltweit 567 Mrd. Zigaretten ab.

Die größte Zigarettenfabrik der Welt ist das für 300 Mio. Dollar gebaute Philip-Morris-Werk in Richmond, Virginia (USA), das im Oktober 1974 den Betrieb aufnahm. 5500 Mitarbeiter stellen täglich mehr als 530 Mio. Zigaretten her. Der US-Marktführer Philip Morris hält einen Marktanteil von 34,4 Prozent und erhöhte seinen Gesamtabsatz an Zigaretten auf 245 Mrd. Stück.

Die beliebteste Zigarette der Welt ist *Marlboro* von der Firma Philip Morris. 1982 wurden 237 Mrd. Stück verkauft.
In der Bundesrepublik Deutschland hat die *Marlboro* einen Marktanteil von 16,36 Prozent und ist damit die Nr. 1 vor der B. A. T.-Marke *HB* mit 14,76 Prozent.
Die meistgerauchte österreichische Zigarettenmarke ist *Hobby* – Mitte 1985 lag ihr Anteil bei 14,6 Prozent.
Die meistgerauchte Schweizer Zigarettenmarke ist *Select*, die in vier Formaten angeboten wird.

Kleiner als eine Briefmarke ist die »Sonetta«. Sie verschwindet fast unsichtbar im Gehörgang und kommt dem Wunsch nach unauffälligen Hörgeräten entgegen.

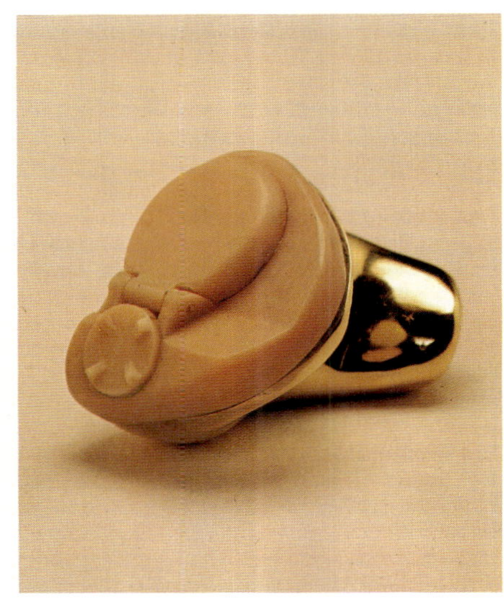

Diese Sammlung aus Hülsen und Bauchbinden verrät den passionierten Zigarrenraucher George Anastassopoulos – seit 1950 führt er Buch.

Die längste und die kürzeste Zigarette. Die längste Zigarette war die 27,9 cm lange *Head Plays,* die 1930, um Steuer zu sparen, in den USA in Fünferpackungen verkauft wurde. Die kürzeste war die *Lilliput,* 31,7 mm lang, 3 mm im Durchmesser, die 1956 in Großbritannien hergestellt wurde.

Die längste selbstgedrehte Zigarette (122 m lang) entstand am 8./10. Dezember 1984 aus 2000 g Tabak und 2500 Zigarettenblättchen im Alt-Berliner Büffet in Saarbrücken-Dudweiler. Hermann Roland hatte mit seiner 28köpfigen Kneipenmannschaft den Riesenglimmstengel aus Platzgründen auf einem Holzbrett in Kreisform aufgewickelt. Bei ununterbrochenem Dauerrauchen würde das Paffvergnügen 5 Tage und Nächte in Anspruch nehmen.
In 40 Std. hat Martin Gaessler (*1950) aus Mahlberg (Ortenaukreis) aus selbstgepflanztem Tabak eine 39,5 kg schwere und 3,74 m lange (0,30 m Durchmesser) Zigarette gedreht. Zur Eröffnung des oberrheinischen Tabakmuseums in Mahlberg wurde sie am 4. Oktober 1984 anläßlich des 9. Mahlberger Stadtfestes vorgestellt.

Den höchsten Pro-Kopf-Zigarettenkonsum haben die USA. 1981 wurden in den Vereinigten Staaten 640 Mrd. Zigaretten geraucht. Das entspricht 3750 Stück für jeden erwachsenen Amerikaner. Diese Menge hat einen Wert von 21,2 Mrd. Dollar (ca. 44 Mrd. DM).

Das größte Absatzstellennetz der Welt unterhält die Tobaccoland Großhandelsgesellschaft mbH in Mönchengladbach (Nordrhein-Westfalen) mit 30 300 Zigarettenautomaten in der Bundesrepublik Deutschland. Täglich versorgen sich daraus ca. 200 000 Raucher mit Zigaretten. Das entspricht einem jährlichen Absatzvolumen von über 1,6 Mrd. Stück.

Die größte Zigarettensammlung besitzt der Arzt Robert E. Kaufman, 950 Park Avenue, New York City (USA). Im April 1986 hatte er 7945 verschiedene Zigaretten mit 46 verschiedenen Mundstücken gesammelt. Die Zigaretten stammen aus 172 Ländern, die älteste gehört zur Marke *Lone Jack* und wurde um 1885 in den USA hergestellt.

Die älteste noch existierende Zigarettenpakkung ist ein finnisches *Petit-Canon*-25er-Päckchen, 1860 von Tollander & Klärich hergestellt. Es befindet sich in der Ventegodt-Sammlung. Die seltenste ist ein Päckchen, das zur 700-Jahr-Feier von Lettland (1901) hergestellt wurde. Diese Verpackung der Marke *Riga* ist vermutlich die einzige, die noch existiert, und befindet sich ebenfalls in der Ventegodt-Sammlung.
Vernon Young aus Farnham (GB) nimmt für sich in Anspruch, die größte private Sammlung von Zigarettenpackungen zu besitzen. Sie umfaßt 60 955 verschiedene Päckchen aus 150 Ländern.

Die ersten Zigarettenbildbeilagen wurden 1876 in den USA eingeführt. Das früheste und wertvollste Zigarettenbildmotiv ist *Vanity Fair.*

Die größte Sammlung von Zigarettenbildern besitzt Edward Wharton-Tiger (*1913) in London, der in rund 45 000 Serien über 1 Mio. Bilder zusammengetragen hat. Das wertvollste Zigarettenbild gehört zu einer Baseball-Serie von Honus Wagner – einem Nichtraucher –. Es wurde im Dezember 1981 für 25 000 Dollar (60 000 DM) verkauft.

Die größte jemals hergestellte Zigarre ist 5,095 m lang und wiegt 262 kg; ihre Herstellung nahm 243 Std. und 3300 Tabakblätter in Anspruch. Tinus Vinke und Jan Weijmer waren im Februar 1983 die »Erbauer« der Rekordzigarre, die sich jetzt im Tabakmuseum von Kampen (Niederlande) befindet.
Die längste Zigarre Deutschlands wurde 1936 handgewickelt. Sie ist im Deutschen Tabakmuseum in Bünde (Westfalen) zu besichtigen. Ihre Länge beträgt 1,7 m und ihr Umfang an der Bauchbinde 60 cm.

Die längste rauchbare Havanna drehte die Kubanerin Yolanda Medina (*1948) am 23. Oktober 1984 per Hand aus 214 ganzen Tabakblättern. Nach 4 Std. konnte die Zigarrenrollerin eine 126 cm lange, 130 g schwere Rekord-Havanna in einem Ludwigsburger Tabakwarenfachgeschäft präsentieren.

Die größte im Handel erhältliche Zigarre ist die 35,5 cm lange *Valdez Emperado* der Firma San Andres Cigars.

Die größte Sammlung von Zigarrenringen mit 175 391 verschiedenen Exemplaren befindet sich im Besitz von Joseph Hruby in Lyndhurst, Ohio (USA). Das älteste Stück stammt aus dem Jahr 1895.

Die größte deutsche Zigarrenringesammlung trägt Alfred Manthe (*1918) aus Langen (Hessen) seit 1966 zusammen. Der Bauchbindenkönig ist stolzer Besitzer von 156 948 Zigarrenringen aus aller Welt. (Stand vom 30. Juni 1986).

Die teuerste handelsübliche Zigarre ist die 29,2 cm lange *Don Miguel Cervantes,* die in England für 15 Pfund (ca. 54 DM) verkauft wird.

Den Weltrekord im Simultanrauchen halten Jim Purol und Mike Papa, die am 5. Oktober 1978 in Detroit, Michigan (USA), jeder 5 Min. lang 135 Zigaretten rauchten. Am 3. September 1979 rauchten sie an gleicher Stelle jeweils 27 Zigarren simultan. 1983 schmauchte Purol 38 Pfeifen.
Simon Argevitch aus Oakland, Kalifornien (USA), rauchte am 3. Juli 1982 in San Franzisko simultan 17 Zigarren und produzierte sich gleichzeitig als Vogelstimmenimitator und Sänger.
George Anastassopoulos (*1911 in Patras, Griechenland) hat über seinen Zigarrenkonsum genau Buch geführt. Vom Januar 1950 bis zum Juni 1984 rauchte er exakt 40 730 Stück, 3 ¼ pro Tag.

Zehner-Tabakrauchen. Am 27. April 1985 wurde eine 15 kg schwere und 65 cm hohe hölzerne Tabakpfeife mit 50 g Rösseler-Tabak von dem Schweizer Georg Grüter (*1952) auf Hämikon-Berg (Luzern) gestopft. 10 »Höckeler« schmauchten gleichzeitig ununterbrochen 3:04 Std.

Die größte Schnupftabakfabrik ist die Firma Alois Pöschl in Landshut (Niederbayern) mit einem Jahresumsatz im Kalenderjahr 1984 von ca. 20 Mio. DM allein für Snuff. Der Marktanteil beträgt 70 Prozent in der Bundesrepublik Deutschland bzw. 40 Prozent weltweit. Insgesamt wurden 1,5 Mio. kg Rauch- und Schnupftabak hergestellt.

Die vermutlich kleinste vollautomatische Schnupftabakschleuder hat der Goldschmied Bernhard Burger (*1958) aus Burgstall (Südtirol) gefertigt. In einer 53 g leichten Dose aus 800er Silber ist sie mit 22 mm Höhe und 38 mm Durchmesser so eingebaut, daß 3 g Schnupftabak beim Schließen der Dose in die Schleuder fallen; wird die Dose geöffnet, so ist die Schleuder bereits gespannt.

Zündholzschachteletiketten. Das älteste Etikett unumstrittener Herkunft ist das von Samuel Jones aus dem Jahr 1830. Die prächtigste Sammlung (ohne Zündholzheftchen und Werbe-Etiketten) umfaßt 280 000 Exemplare, zusammengetragen von Robert Jones in Indianapolis (USA).

Das teuerste Taschenfeuerzeug der Welt ist das Leuchtturm-Tischfeuerzeug von Dunhill aus 18karätigem Gold. Es hat die Form eines Leuchtturms auf einer Insel, die aus Amethyst besteht und allein 50 kg wiegt. Das Feuerzeug

Diese silberne Dose ist eine vollautomatische Schnupftabakschleuder im Kleinstformat. Sie ermöglicht 3-g-Dosierungen von Schnupftabak.

wiegt 1600 g, die Fenster im Turm bestehen aus Amethyst. Es wird bei Alfred Dunhill, St. James's, London, für 37 500 Pfund (142 000 DM) verkauft.

Das größte Feuerzeug entstand im Sommer 1983 aus »Sammler-Platznot« in Bad Dürrenberg (DDR). Der Mechanikermeister Rolf Jarschel (* 1924) konnte seine riesige Feuerzeugsammlung nur noch als Säule stapeln: das ergab ein voll funktions- und wachstumsfähiges RFZ (Riesenfeuerzeug). Am 5. März 1985 wies es die stattliche Höhe von 2,265 m auf und bestand aus 922 Einwegfeuerzeugen.

Die größte Feuerzeugsammlung steht in Niederösterreich. Wolfgang Auer (* 1954) aus Semmering hat seit seinem Mallorca-Urlaub 1981 insgesamt 10 700 verschiedene Feuerzeuge zusammengetragen und mit ihnen vorübergehend die Wände der Fremdenverkehrsschule am Semmering geschmückt.

Tabakwaren-Steuerzeichen. Die seit 1906 zur Entrichtung der Tabaksteuer und zur Überwachung des Handels mit Tabakerzeugnissen eingeführten Steuerstreifen und -marken sammelt der Student Herbert Niemeyer (* 1956) aus Bodenfelde-Wahmbeck (Weserbergland). Einschließlich der in- und ausländischen Im- und Exportbanderolen hat er es von 1977 bis zum 1. April 1986 auf 4414 verschiedene Steuerzeichen gebracht.

10. METALL, ERDÖL

Die Rohstahlerzeugung betrug im Jahr 1984 weltweit 710 Mio. t. Davon entfielen auf die Bundesrepublik Deutschland 39 Mio. t. Im Vergleich dazu: 1985 wurden 40,5 Mio. t Rohstahl in der eisenschaffenden Industrie der Bundesrepublik hergestellt.

Weltgrößter Stahlproduzent ist Nippon Steel Tokio (Japan), mit 28,56 Mio. t Rohstahlproduktion 1985.

Die Fukuyama-Werke von Nippon Kokan (Japan) haben eine Jahreskapazität von über 16 Mio. t. Sie beschäftigten 76 000 Mitarbeiter.

Der größte Stahlproduzent in der Bundesrepublik Deutschland ist die August-Thyssen-Hütte AG in Essen (Nordrhein-Westfalen). 1985 wies Thyssen Stahl/Edelstahl einen Überschuß von 405 Mio. DM aus.

Die größten Hersteller für Stahl und Stahlprodukte in Österreich sind die zum ÖIAG-Konzern gehörenden Vereinigten Österreichischen Eisen- und Stahlwerke VÖST-Alpine in Linz (Oberösterreich) und die Vereinigte Edelstahlwerke AG (VEW) in Wien. Die Erzeugung von Rohstahl übertraf 1984 mit 4,44 Mio. t die 1979 erzielte bisherige Rekordmenge um drei Prozent.

Der größte Stahlproduzent der Schweiz ist die von Roll AG in Solothurn.
Das größte Stahlwerk der Schweiz ist die Produktionsstätte in Bodio.

Der Verbrauch von Aluminium hat nach dreijährigem Rückgang 1983 weltweit um 9 Prozent auf 15,06 Mio. t zugenommen.

Der größte Aluminiumproduzent der Welt ist die Alcan Aluminium Ltd. in Montreal (Kanada) mit ihren Tochterfirmen. 1985 hatte der Konzern einen Ausstoß von 2,183 Mio. t.

Den größten Aluminiumschmelzofen der westlichen Welt mit einer Jahreskapazität von 431 000 t besitzt die Aluminium Company of Canada Ltd. in Arvida, Quebec (Kanada). Das Unternehmen erzielte 1984 einen Gesamtumsatz von 14,14 Mrd. DM.

Die deutsche Aluminiumindustrie nahm 1985 um 2,3 Prozent zu und erreichte im Verbrauch von Rohmetall ein Rekordniveau von 1,68 Mio. t.
Der größte Aluminium-Produzent in der Bundesrepublik Deutschland sind die Vereinigten Aluminium-Werke (VAW) mit dem Hauptverwaltungssitz in Bonn (Nordrhein-Westfalen). 1984 brachte es die Gruppe auf einen Umsatz von 4634 Mio. DM bei einer Aluminiumproduktion von 418 600 t.

Die größte Erdölraffinerie der Welt ist die Amerada-Hess-Raffinerie in St. Croix auf den Jungferninseln (USA), die zu den Antillen im Karibischen Meer gehören. Sie hat eine Kapazität von 27,55 Mio. t im Jahr.

Die größte Ölraffinerie in der Bundesrepublik Deutschland, die RUHR Oel GmbH, liegt in Gelsenkirchen (Nordrhein-Westfalen).
Sie gehört gemeinsam der VEBA Oel AG, einer Tochtergesellschaft des größten deutschen Industrieunternehmens VEBA AG, und der venezolanischen staatlichen Mineralölgesellschaft Petróleos de Venezoela. Sie hat eine Jahreskapazität von 10,5 Mio. t.

11. SCHIFFBAU

Schiffbau. Am 1. Juli 1985 gab es weltweit 76 395 Schiffe mit insgesamt 416 268 534 BRT, Segelschiffe und Schiffe unter 100 BRT nicht mitgerechnet. Die Daten für Rumänien und die VR China sind jedoch unvollständig. In Japan wurden allein 9,502 Mio. BRT gebaut, 52,34 Prozent der Weltproduktion.

Die führende Schiffswerft war 1985 Hyundai aus Südkorea, die 44 Schiffe mit insgesamt 1 385 607 BRT vom Stapel ließ.

Waren in die ganze Welt verfrachtet Hapag-Lloyd mit ihren 23 Containerschiffen, von denen hier zwei auslaufbereit im Hamburger Hafen liegen.

Die deutschen Werften haben 1985 insgesamt 126 Schiffe mit einem Schiffsraum von 675 550 BRT abgeliefert; davon waren 184 116 BRT für den Export bestimmt.

Die größte Reederei der Bundesrepublik Deutschland ist die Hapag-Lloyd AG., Hamburg. Das norddeutsche Unternehmen hat 1985 mit einem Jahresüberschuß von 95 Mio. DM bei der AG und einem Umsatz von 4,2 Mrd. DM im Konzern sein bestes Ergebnis seit 1978 erzielt.

Die größte Handelsflotte der Welt fährt unter der (sogenannten Billig-)Flagge der westafrikanischen Republik Liberia. Sie umfaßte Mitte 1985 1808 Schiffe mit insgesamt 58 Mio. BRT.

Der größte Schiffseigner ist die Exxon Corporation, deren Flotte aus eigenen/gemanagten oder gecharterten Tankern 1985 täglich allein auf über 12 700 000 t Eigengewicht kam.

12. GRUNDBESITZ

Den größten Landbesitz der Welt hält die Regierung der USA mit 2,962 Mio. km^2 – mehr als der achtgrößte Staat der Erde, Argentinien, an Fläche umfaßt.

Den größten privaten Grundbesitz der Welt soll die International Paper Co. mit 3,64 Mio. ha haben.

Der größte private Grundbesitz der Bundesrepublik Deutschland gehört dem Fürstenhaus von Thurn und Taxis in Regensburg (Bayern). Größen- und Wertangaben über den Besitz werden durch das Haus Thurn und Taxis nicht veröffentlicht.

Das kleinste Grundstück nennt der Bautechniker Georg Künemund (54) aus Göttingen sein eigen. Amtlich registriert und im Grundbuch eingetragen ist ein Flurstück von 0,20 m^2 Größe. Es liegt in der Gemeinde Gleichen, Orts-

Dreh- und Angelpunkt für Börsenspekulanten: die Frankfurter Wertpapierbörse, in deren Aktiensaal 52 Prozent der deutschen Wertpapiergeschäfte abgewickelt werden.

teil Groß-Lengden (bei Göttingen) und ist als Hof- und Gebäudefläche erbverpachtet.

Die teuersten Grundstücke der Welt finden sich im Zentrum des Ginza-Bezirks von Tokio (Japan). Am 28. Oktober 1985 wurde für den Bauplatz des Crown-Nachtklubs ein Preis von umgerechnet 481215 DM je m^2 gezahlt.
Der Preis für eine Grabstätte mit Eigentumsrecht kann in Hongkong bis zu 200000 Hongkong-Dollar (75500 DM) für eine Fläche von ca. 1,21 × 3,04 m kosten; das entspricht 714165 DM je m^2.

Der Wert pro m^2 der beiden wertvollsten französischen Weinberge, Grand und Petit Cognac in Bordeaux, ist in letzter Zeit nicht geschätzt worden, doch gelten sie von jeher als teuerste landwirtschaftliche Nutzfläche der Welt.
Am 2. Dezember 1977 verkaufte die China Square Inch Land Ltd. bei einer Wohltätigkeitsauktion 1 cm^2 Land in Sha Tau Kok (Hongkong) für 2000 Hongkong-Dollar (etwa 755 DM). Die Käufer waren Stephen und Tony Nicholson.

Die größte Grundstücksauktion fand am 5. Juni 1985 in Detroit, Michigan (USA), statt, als General Motors für 5 Mrd. Dollar (15,45 Mrd. DM) Hughes Aircraft Co. ersteigerte.

Die höchste Monatsmiete für Geschäftsräume in bester Lage wird in Manhattan, New York, mit 1696 DM je m^2 verlangt; es folgt London mit 1385 DM (Stand November 1984).

Die niedrigste Miete wird in der Fuggerei in Augsburg erhoben, wo seit ihrem Bau im Jahr 1519 eine Dreizimmerwohnung 1 rheinischen Gulden – jetzt 1,72 DM – kostet. Jakob Fugger, Millionär und Finanzier von Kaisern und Königen, gilt als Pionier sozialer Fürsorge.

Die weltgrößte Baugenossenschaft ist die Halifax Building Society in Halifax (GB), gegründet 1853. Ihre Aktiva übersteigen 24,36 Mrd. Pfund (83,31 Mrd. DM). Sie hat 12510 Beschäftigte und mehr als 3300 Zweigstellen.
Der weltgrößte Geldverleiher ist die von der japanischen Regierung kontrollierte House Loan Corporation.

13. KRAFTFAHRZEUGE

(s. auch Kapitel Welt des Verkehrs und Kapitel Welt des Sports)

Als Nr. 1 unter den Kfz-produzierenden Ländern gilt seit 1980 Japan, das damals die USA mit einer Jahresproduktion von 11,043 Mio. Stück überholte.

Die weltgrößte Herstellerfirma ist die General Motors Corporation in Detroit, Michigan (USA), die 1985 weltweit 96,371 Mrd. Dollar (297,8 Mrd. DM) umsetzte. Ihr Eigenkapital wurde am 31. Dezember 1985 mit 63,8 Mrd. Dollar (197 Mrd. DM) bewertet. An die im Jahresdurchschnitt 811000 Beschäftigten wurden 1985 insgesamt Löhne und Gehälter von 25,639 Mrd. Dollar (79 Mrd. DM) gezahlt. Im gleichen Jahr betrug die Dividendenausschüttung 1,616 Mrd. Dollar (4,99 Mrd. DM).

Der größte Kraftfahrzeughersteller der Bundesrepublik ist der Volkswagen-Konzern mit weltweit 232000 Beschäftigten bei einem Gesamtumsatz von 40 Mrd. DM und einer Produktion von 2,116 Mio. Autos (1983).
Das erfolgreichste Auto auf dem deutschen Markt war auch 1985 der *VW Golf*. Der achtmillionste *Golf* lief am 30. Mai 1986 im Wolfsburger Werk vom Band. Weltweit produziert der Autokonzern täglich 3700 *Golf*.

Die Hitliste der Neuzulassungen von Personenwagen im Jahr 1985 führen VW/Audi mit großem Vorsprung vor den Mitbewerbern an: 679978 gegenüber 667987 im Jahr 1984. Auf Platz 2 steht Opel wie 1984 mit 367838 Verkäufen. Daimler-Benz schob sich von Platz 4 auf Platz 3 vor und meldet 273528 Neuzulassungen. Ford steht auf Platz 4 mit 255035, gefolgt von BMW mit 144262.

Die größte Automobilfabrik unter einem Dach ist das Volkswagenwerk in Wolfsburg mit 58000 Mitarbeitern und einer Tageskapazität von 4056 Fahrzeugen. Das Firmengelände ist 1980 ha groß, die Fabrikhallen bedecken davon 156 ha. Zum Werk gehören 70 km Eisenbahngleise.

Den Verkaufsrekord für Autos hält Joe Girard aus Michigan (USA), der 1973 einzeln 1425 Autos verkaufte. Girard, Autor von *How to sell Anything to Anybody* (Wie man jedem alles verkauft), erhielt von 1966 bis 1977 in jedem Jahr den Titel des »Autoverkäufers Nummer eins«. In seinem Verkäuferleben brachte er insgesamt 13001 Autos an den Mann bzw. die Frau. 1978 zog er sich aus dem Beruf zurück, um andere seine Kunst zu lehren. Inzwischen hat er das Buch *How to sell Yourself* (Wie man sich selbst verkauft) veröffentlicht.

14. BÖRSEN, AKTIEN, WERTPAPIERE

Allgemein: Aus ursprünglich formlosen Zusammenkünften von Kaufleuten entstanden vom 13. Jh. an rechtlich geregelte Einrichtungen, bei denen Handelsgeschäfte mit Wertpapieren (Effekten) und Waren (Produkten) aufgrund von Angebot und Nachfrage abgewikkelt wurden.
Der Begriff *Börse* wird erst im 16. Jh. erstmals für einen solchen Platz in Brügge (Belgien) erwähnt, auf dem schon jahrhundertelang vorher derartige Geschäfte betrieben wurden; er geht auf den Namen einer dort ansässigen Patrizierfamilie *van der Beurse* zurück.

Die erste internationale Börse entstand 1531 in Antwerpen (Belgien). Zwischen 1546 und 1566 wurden Börsen in Frankreich (Lyon, Toulouse, Rouen) gegründet; die Pariser Börse besteht erst seit 1724.
In London entstand zwischen 1566 und 1570 die Royal Exchange (The Bourse). 1602 wurde die Börse von Amsterdam gegründet.
In der ganzen Welt gibt es etwa 160 Börsen in 55 Ländern.

Die größte Warenbörse der Welt existiert in Chikago (USA).

Die ersten deutschen Börsen wurden im 16. Jh. in Augsburg, Nürnberg, Hamburg und Köln eröffnet.

Die Frankfurter Wertpapierbörse ist die größte deutsche Börse. Sie feierte am 21. August 1985 ihr 400jähriges Bestehen. Weitere Börsen bestehen in Düsseldorf, München, Hamburg, Stuttgart, Hannover, Bremen und Berlin (West). Daneben gibt es in der Bundesrepublik Deutschland 23 Produkten- bzw. Warenbörsen.

Für die älteste bisher bekannte deutsche Aktie, die »Aktie Nr. 81« der »Fünften Assekuranz Kompagnie« aus dem Jahr 1808 sind bei einer Auktion in Frankfurt 13000 Mark bezahlt worden. Dieses Gebot für das Papier der hamburgischen Feuer- und Hochwasserversicherung, die 1842 durch Brände und Hochwasser in Zahlungsschwierigkeiten geriet, war das höchste auf der 18. Auktion der »Freunde historischer Wertpapiere« im März 1986.

Die meisten Notierungen an einem Tag registrierte die Londoner Börse mit 47481 am 4. April 1986. Der Jahresrekord beträgt 5,568 Mio. Notierungen für das mit dem 31. Dezember 1985 endende Börsenjahr. An diesem Tag waren 6886 Aktien (im Juni 1973 war mit 9749 der Höchststand) zugelassen, deren gesamter Nominalwert 288,348 Mrd. Pfund (986,15 Mrd. DM) betrug, 126,036 Mrd. Pfund (431 Mrd. DM) davon für mündelsichere Wertpapiere; der Marktwert betrug 1 Billion 152,120 Mrd. Pfund (3,94 Billionen DM).

US-Börsenrekorde. Die höchste Notierung des am 8. Oktober 1896 eingeführten Dow-Jones-Index bei Tagesbörsenschluß wurde am 21. April 1986 mit 1855,90 Punkten registriert. Der Dow-Jones-Index erfaßt eine genau festgelegte Auswahl amerikanischer Industrieaktien. Am 3. August 1984 wurde mit 236 Mio. 565110 Stück der Tagesrekord im Aktienverkauf erzielt. Der alte Verkaufsrekord an der New Yorker Börse, 16 Mio. 410030 Aktien am »Schwarzen Freitag«, dem 29. Oktober 1929, blieb bis April 1968 unübertroffen.

Die größte Aktientransaktion im Paket erlebte die New Yorker Börse am 10. April 1986, als 48 Mio. 788800 Anteile der Navistar International Corporation zum Gesamtpreis von 487,888 Mio. Dollar (1139,71 Mrd. DM) den Besitzer wechselten. Der höchste Preis für einen Börsensitz an der New Yorker Börse war 515000 Dollar (damals 1,8 Mio. DM) im Jahr 1969, der niedrigste Preis in unserem Jahrhundert war 17000 Dollar (68000 DM) 1942. Der Kurswert der an der New Yorker Börse notierten Wertpapiere erreichte Ende März 1986 die Rekordhöhe von 2 Billionen 204 Mrd. 114,976 Mio. Dollar (5 Billionen 149 Mrd. 205 Mio. DM).

Den höchsten Aktien-Kurswert der Welt hat eine einzige Aktie des Pharmakonzerns Hoffmann-La-Roche in Basel (Schweiz), die am 23. April 1976 mit 101000 sfrs (111200 DM) notiert wurde.

Der größte Marktwert einer Aktiengesellschaft zum Jahresende betrug 32,0 Billionen Dollar (damals 98,91 Billionen DM) für IBM am 31. Dezember 1985.

Den nachweislich höchsten persönlichen Verlust an Aktienwerten erlitten Ray A. Kroc, der Vorsitzende der internationalen Restaurantkette McDonald's Corp., mit 64,901 Mio. Dollar (rund 130 Mio. DM) am 8. Juli 1974 und Edwin H. Land, Vorsitzender der Foto-Handelsgesellschaft Polaroid Corp., in Höhe von 59,397 Mio. Dollar (rund 120 Mio. DM) am 28./29. Mai 1974, als die Polaroid-Aktien um 12,12 Dollar fielen.

Die größte Neuemission machte am 2. Juni 1971 an der New Yorker Börse die American Telegraph and Telephone Company, als sie Aktien im Wert von 1,375 Mrd. Dollar (damals ca. 4,2 Mrd. DM), bestehend aus 27,500 Mio. Vorzugsaktien mit Umtauschrecht, anbot.

Der weltgrößte Wertpapierhändler ist Merrill, Lynch, Pierce, Fenner & Smith Inc. (gegründet am 6. Januar 1914) in New York City. Die Firmenmutter Merrill, Lynch and Co. hat Aktiva von 51,6 Billionen Dollar (120,5 Billionen DM), 45000 Mitarbeiter, 1116 Niederlassungen und 4,9 Mio. Kunden. In New Yorker Börsenkreisen wird die Firma »die donnernde Herde« genannt.

15. FEUERWERK

Riesenfeuerschrift. Seit 1980 brennt jeweils am 1. August (Schweizer Nationalfeiertag) eine Fackelschrift ERIZ mit einem Schweizerkreuz an den Hängen des Hohgant (Kanton Bern). 10–15 Erizer Bürger bringen 220 Fackeln und das Brennmaterial aus dem Tal hinauf und errichten die Riesenfeuerschrift: 105 m hoch sind die Buchstaben, 160 m das Kreuz; Schrift und Kreuz sind insgesamt 295 m lang.

Das größte Feuerwerk wurde am 28. August 1983 beim Lake Toya Festival in Hokkaido (Japan) gezündet. Universe I bestand aus einer Patrone von 421 kg mit 108 cm Durchmesser, die sich am Himmel auf einen Durchmesser von 860 m in fünf Farben entfaltete.

Ein gigantisches Feuerspektakel schuf der Wiener Allroundkünstler André Heller (* 1946) am 7. Juli 1984. Rund 500000 Berliner Zuschauer erlebten 40 Min. lang sein ca. 1,5 Mio. DM teures »Feuertheater mit der Klangwolke« auf dem Platz der Republik. 40000 Raketen (25 t Feuerwerkskörper) schossen in die Luft, während »Klangwolken« aus einer 60000-W-Anlage das Reichstagsgebäude beschallten: Ein pyromanischer Traum erfüllte sich. Brennende Lichtkaskaden illuminierten von 80 m hohen Stahlgerüsten aus eine 20000 m² große Fläche am Himmel mit Symbolen.

16. SPIELZEUG

Der größte Spielzeughersteller der Welt ist die Mattel Inc. in Hawthorne, Los Angeles (USA), gegründet 1945. Im Geschäftsjahr, das am 29. Dezember 1984 endete, setzte das Unternehmen 880 Mio. Dollar (2,275 Mrd. DM) um.

Das größte Knallbonbon, das auch tatsächlich funktionierte, war 19,5 m lang und hatte einen Durchmesser von 3,3 m. Es wurde an der Fowey School in Cornwall (GB) konstruiert und am 18. Dezember 1984 von 800 Schülern auseinandergezogen.

Der größte Spielzeugwarenhersteller in der Bundesrepublik Deutschland ist die Fa. Gebr. Märklin & Cie. GmbH in Göppingen (Baden-Württemberg). Den Hauptgeschäftszweig stellen Spielzeugeisenbahnen dar. Etwa ⅘ des Umsatzes (1985 insgesamt 152,8 Mio. DM) steuern die Modellbahnen der Spur H0 bei, 14 Prozent entfallen auf die Mini-Club, der Rest auf Bahnen der Spur I und Metallbaukästen. Als neuer Umsatzträger erweist sich das erfolgreich eingeführte elektronische Digital-Steuerungssystem.

Das größte Spielwarengeschäft ist Hamleys of Regent Street Ltd., London (GB), das 1760 in Holborn gegründet und 1901 in die Regent Street verlegt wurde. Die Verkaufsräume erstrecken sich über 4180 m² und 6 Stockwerke. Während der Weihnachtssaison werden über 300 Menschen beschäftigt.

Weithin leuchtet das Schweizerkreuz mit der ERIZ-Fackelschrift jeweils am Nationalfeiertag der Schweizer Eidgenossen im Berner Oberland.

Eine Abteilung aus einem der sechs Verkaufsräume von Hamleys an der Londoner Regent Street, dem weltgrößten Spielwarengeschäft (s. S. 239).

Die größte Riesenpuppe wurde am 15. Mai 1983 von der belgischen Studentenvereinigung KSA in Ostende geschaffen. Sie maß 51,07 m. Den größten »Puppenbuben« schuf am 5. November 1983 der Fermain Youth Club in Macclesfield (GB); er war 19 m hoch.

Das erste Puzzle wurde um 1762 von John Spilsbury (1739–69) in Russell Court, London, unter der Bezeichnung »zerteilte Karten« angefertigt.

Das größte Puzzle der Welt wurde am 19. August 1984 in New York bei Macy's World's Largest Game Festival von Hallmark Cards Inc. präsentiert, *Rose-Petal Place* maß 23,16 × 14,63 m und bestand aus 14000 Teilen. Yanoman Co. stellte im Auftrag von Fujisankei Communications Group in Japan ein 3,24 × 5,88 m großes Puzzle aus 61752 Teilen her. Stück für Stück wurde für wohltätige Zwecke verkauft.

Ein Riesenpuzzle (13,5 m hoch und 18 m breit) fertigte in 4 Wochen der Maler und Grafiker Kurt Wendt (61) aus Rellingen. Das Puzzle aus 12960 Teilen ist eine Karte des Streckennetzes des Hamburger Verkehrsverbundes (HVV). 120 Hamburger Bürger setzten in 5:48 Std. den Linienplan am 18. September 1983 an der Karstadt-Fassade in Hamburg-Harburg zusammen.

Das kleinste Holz-Puzzle aus 99 Teilen im Mini-Format (5,5 × 6,5 cm) mit den Motiven »Mädchen«, »Rose«, »Erste Liebe« und »Miss Petticoat« wurde erstmals bei der 35. Internationalen Spielwarenmesse in Nürnberg (Februar 1984) vorgeführt. Hersteller des im Handel erhältlichen Puzzles ist die Fa. Schmidt-Spiele aus Eching (Bayern).

Der höchste Lego-Turm wurde mit einer Höhe von 13,1 m beim Central-Milton-Keynes-Einkaufszentrum, Buckinghamshire (GB), vom 9. bis 25. August 1980 errichtet. Er bestand aus 100000 »Ziegeln« und wog 5 Zentner. Lego (aus den dänischen Worten *leg* – spielen – und *godt* – gut –) wurde 1930 von dem Dorftischler Ole Christiansen in Billund (Dänemark) erfunden und wird heute in 106 Länder exportiert.

Eine winzige funktionsfähige Dampfmaschine (14 mm lang, 8 mm breit, 11 mm hoch, mit einem Hubraum von 1,66 mm^3) baute der Dipl.-Ingenieur Detlef Abraham aus Gelsenkirchen-Buer.

17. AUKTIONSREKORDE, ANTIQUITÄTEN

Art nouveau. Der höchste Preis für ein Art-nouveau-Stück war 360000 Dollar (900000 DM) für eine Tiffany-Tischlampe aus Bronze mit bleigefaßtem Glasmosaik, die am 8. April 1980 bei Christie's, New York, versteigert wurde.

Bett. Umgerechnet rund 200000 DM wurden am 2. Oktober 1983 bei Christie's, New York, für ein übergroßes Bett in schwarzem Lack gezahlt, das 1930 von Jean Durand angefertigt worden war.

Briefbeschwerer. Für einen Glas-Briefbeschwerer, nach 1850 bei Pantin, Paris, hergestellt, wurden am 2. Dezember 1983 bei Sotheby's, New York, 143000 Dollar (358000 DM) bezahlt.

Die teuerste Decke erzielte am 22. Oktober 1983 bei Sotheby Parke Bernet, New York, 115500 Dollar (288000 DM). Es handelte sich um eine handgesponnene Navajo-Churro-Serape, gefertigt ca. 1852.

Der teuerste Fingerhut der Welt wurde am 3. Dezember 1979 für 8000 Pfund Sterling (34400 DM) bei einer Auktion in Genf (Schweiz) an den Londoner Händler Winifred Williams verkauft; es handelte sich um einen Meißner Porzellan-Fingerhut in Form eines Zahns, der um 1740 hergestellt worden war.

Der höchste Preis für ein Gewehr wurde mit 125000 Pfund Sterling (ca. 600000 DM) von dem Londoner Händler F. Partridge für eine französische Steinschloß-Vogelflinte bezahlt, die um 1615 für den französischen König Louis XIII angefertigt und 1627 an Pierre le Bourgeoys in Lisieux weitergeschenkt worden war. Die Flinte war Teil der Sammlung des verstorbenen William Goodwin Renwick (USA), die am 21. November 1972 von Sotheby's, London, verkauft wurde. Heute gehört die Flinte zu den Beständen des Metropolitan Museum, New York (USA).

Glas. Den höchsten Auktionspreis erzielte ein römischer Netzglas-Becher, der um 300 n. Chr. hergestellt wurde und bei einem Durchmesser von 17,78 cm eine Höhe von 10,16 cm aufweist. Am 4. Juni 1979 wurde er bei Sotheby's, London, für 520000 Pfund (2,2 Mio. DM) an Robin Symes verkauft.

Goldartikel. Der höchste Preis für einen aus Gold gefertigten Gegenstand ist 950400 Pfund (3,637 Mio. DM) für ein 22karätiges Taufbekken, 1797 von Paul Storr nach dem Entwurf von Humphrey Repton geschaffen. Es wurde von Lady Anne Cavendish-Bentinck zum Verkauf angeboten und am 11. Juli 1985 bei Christie's von Armitage of London erworben.

Den teuersten Hut erwarb das Alaska State Museum für 66000 Dollar (160000 DM) im November 1981 bei einer Auktion in New York. Bei dem wertvollen Kopfputz handelt es sich um einen zeremoniellen Tlingit-Kiksadi(Indianerstamm in Alaska)-Froschhelm, der auf ca. 1600 datiert wird.

Der höchste Auktionspreis für eine Ikone wurde am 17. April 1980 für *Das Jüngste Gericht* (aus der Sammlung von George R. Hann, Pittsburgh, USA) erzielt. Die in Nowgorod gefertigte Ikone wurde bei Christie's, New York, für 150000 Dollar (330000 DM) versteigert.

Der höchste Preis für ein Jadestück wurde mit 396000 Dollar (990000 DM) am 6. Dezember 1983 bei Sotheby's, New York, für eine gesprenkelte bräunlich-gelbe Gürtelschnalle und zugehörige Maske aus der Kriegsstaaten-Epoche der chinesischen Geschichte erzielt.

Den höchsten Preis für eine Keramik erzielte eine ca. 530 v. Chr. von Euxitheos geformte und von Euphronios bemalte griechische Urne. Sie wurde im August 1972 vom Metropolitan Museum of Art, New York (USA), aufgrund eines Privatabkommens für 1,3 Mio. Dollar (damals 4,147 Mio. DM) erworben.

Löffel. Ein Löffel der »Wiener Werkstätte«, um 1905 von Josef Hoffmann hergestellt, wurde am 28. April 1983 bei Sotheby's, London, zu einem Höchstpreis von 17600 Pfund (63236 DM) verkauft.
Einen Preis von 120000 Pfund (480000 DM) erzielte am 24. Juni 1983 bei Christie's, London, eine Garnitur von 13 Heinrich-VIII.-Apostel-Löffeln, die bis dahin im Besitz von Lord Astor von Hever gewesen waren.

Der höchste Preis für ein einzelnes Möbelstück ist 1,3 Mio. Pfund (4,8 Mio. DM), bezahlt am 11. November 1984 für eine Kommode aus Mahagoni und Ebenholz. Vermutlich wurde sie von G. Benneman für Königin Marie Antoinette (1755–93) angefertigt.

Den höchsten Preis für eine Musikbox erzielte mit 20900 Pfund (79500 DM) am 23. Januar 1985 bei Sotheby's, London, eine Box, die 1901 in der Schweiz für einen persischen Prinzen hergestellt worden war.

Der höchste Auktionspreis eines Kunstwerks aus Porzellan oder Keramik wurde mit

720 000 Pfund (3,1 Mio. DM) für eine blauweiße Mingvase aus der Zeit von 1426–35 erzielt. Hirano (Japan) erwarb das kostbare Stück am 15. Dezember 1981 bei Sotheby's, London.

Puppen. Der höchste bei einer Auktion für eine Puppe erzielte Preis kletterte auf 24 200 Pfund (über 82 000 DM). Soviel war einer Pariser Sammlerin eine pausbäckige Charakterpuppe wert, die 1909 in der Werkstatt von Kammer und Reinhardt in Thüringen entstanden ist. Am 20. Mai 1986 wurde dieser Rekordpreis bei Sotheby's in London erreicht.

Der höchste Preis, der für eine Rüstung auf einer Auktion gezahlt wurde, waren 1 925 000 Pfund (10,01 Mio. DM). Diese Summe zahlte B. H. Trupin (USA) am 5. Mai 1983 bei Sotheby's in London (GB) für eine Rüstung, die 1545 von Giovanni Negroli in Mailand für Heinrich II. von Frankreich angefertigt worden ist.

Der höchste Auktionspreis für ein Schmuckstück beträgt 2,825 Mio. Pfund (12,15 Mio. DM) für zwei birnenförmige Diamant-Ohranhänger. Die beiden Stücke, 58,6 und 61 Karat schwer, wurden am 14. November 1980 bei Sotheby's, Genf, versteigert. Weder Käufer noch Verkäufer wurden bekanntgegeben.

Die teuerste Schnupftabakdose wurde am 11. Mai 1982 bei Christie's, Genf, für 1,54 Mio. sfrs (1,8 Mio. DM) versteigert. Es handelte sich um eine goldene Schnupftabakdose, die 1760 in Berlin hergestellt wurde und zur Sammlung Friedrichs des Großen gehörte.

Der höchste Preis für ein Schwert wurde mit 145 000 Dollar (319 000 DM) am 20. November 1976 bei einer Auktion bei Sotheby Parke Bernet, New York (USA), gezahlt. Es handelt sich um das goldene Ehrenschwert, das der Kontinentalkongreß 1779 an General Marie Jean Joseph Lafayette verliehen hat.

Der höchste Preis, der jemals für einen einzelnen Sessel erzielt wurde, waren 275 000 Dollar (605 000 DM) bei Sotheby Parke Bernet in Manhattan (New York, USA) für einen Chippendale-Sessel, der Thomas Affleck aus Philadelphia (USA) zugeschrieben wird und um 1770 hergestellt worden ist.

Der höchste Preis für ein Silbergeschirr wurde mit 612 500 Pfund (2,6 Mio. DM) für die beiden Duke-of-Kingston-Schüsseln erzielt, die 1735 von Meissonnier angefertigt und am 8. November 1977 von Christie's, Genf, versteigert wurden.

Spazierstock. Der höchste Auktionspreis, 24 200 Dollar (100 000 DM), wurde 1983 bei Sotheby Parke Bernet, New York, für einen aus Walzahn gefertigten Stock mit achteckigem Querschnitt gezahlt, der 1845 von Elfenbeinschnitzern verziert worden war.

Spielkarten. 98 850 Pfund (375 000 DM) wurden bei einer Auktion von Sotheby's, London, am 6. Dezember 1983 vom New Yorker Metropolitan Museum für ein Kartenspiel bezahlt.

Spielzeug. Der Auktionsrekord ist 25 500 Pfund (100 000 DM) für eine Märklin-Modellanfertigung von Stephensons *Rocket,* entstanden 1909. Versteigert wurde das auf einer Drehscheibe stehende Modell am 29. Mai 1984 bei Sotheby's, London.

Teddybär. Ein 76 cm großer Steif-Teddy aus dem Jahr 1904 wechselte im Juni 1986 für umgerechnet 18 400 DM bei Sotheby's in London den Besitzer. Die Kölner Lehrerin Lorraine Freisberg ersteigerte den cremefarbenen Teddy, der sogar noch das Preisschild trug: 18 Shilling und 9 Pence.

Teppich. 1946 zahlte das New Yorker Metropolitan Museum insgeheim 1 Mio. Dollar (4 Mio. RM) für den Anhalt-Medaillon-Teppich (Maße: 807 × 414 cm), der um 1590 in Täbris oder Kaschan (Persien) entstanden ist.

Der höchste Preis, der je auf einer Auktion für einen Teppich erzielt wurde, waren 231 000 Pfund (991 221 DM) für einen »Polonaise« aus Seiden- und Metallfäden aus dem 17. Jh. am 13. Oktober 1982 bei Sotheby's in London (GB).

Der teuerste Wandteppich, ein mittelalterlicher Schweizer Fries (zweiteilig), angefertigt 1468–76, wurde am 10. April 1981 für 550 000 Pfund (2,365 Mio. DM) bei Sotheby's, Genf, vom Basler Historischen Museum ersteigert.

Die größte je verkaufte Antiquität war die London Bridge. Im März 1968 wurde sie von der McCulloch Oil Corp. in Los Angeles, Kalifornien (USA), zum Preis von 4 260 000 Dollar (damals 17 040 000 DM) erworben. Als Verkäufer fungierte im Auftrag der Londoner Stadtverwaltung Ivan F. Luckin. Die 10 000 t Steine der Brücke wurden mit einem Kostenaufwand, der nahezu das Dreifache des Erwerbspreises ausmachte, in Lake Havazu City, Arizona (USA), wieder errichtet, und die Brücke wurde am 10. Oktober 1971 »neu eingeweiht«.

18. SCHÖNHEITSPFLEGE, MODE

Das wertvollste Make-up der Welt hatte am 2. Juli 1982 in Baden-Baden Weltpremiere. Der Düsseldorfer Kosmetikkonzern Revlon kreierte gemeinsam mit den Baden-Badener Juwelieren Pierre Jannot ein 1,05 Mio. DM teures Make-up. Ein Visagist benötigte 5:18 Std., um aus feinem Platinpuder, hauchdünnen Platinsegmenten und Brillanten das exquisite Meistergesicht der Schminktechnik herzustellen.

1797 entstand dieses goldene Taufbecken. Es erzielte einen Goldpreis von 4281 Pfund je Unze.

Die größte aus Menschenhaar angefertigte Perücke wurde 1975 von der Firma Bergmann, 5th Avenue, New York (USA), hergestellt. Sie ist 4,57 m lang.

Eine prachtvolle Turmfrisur (284 cm hoch, 22,5 kg schwer) schufen die Bieler Coiffeur-Brüder Emmanuel und Jean-François Thürler im Juni 1983. Die Frisur war ein genaues Abbild der Perücke, die Frankreichs Königin Marie Antoinette (1755–93) am Hof getragen hat – damals allerdings in einer »nur« 50 cm hohen Version. Der neue Haarturm entstand in rund 200 Std.

Die teuerste Brille der Welt – eine Sonnenbrille – präsentierten am 25. April 1983 in Stuttgart die Designerin Helga Deppenmeier und die Baden-Badener Juweliere Pierre Jannot. Sie besteht aus purem Platin und 40 Diamanten mit insgesamt 37 Karat. Der Wert der Kreation beträgt 1 Mio. DM.

19. SCHREIBZEUG

Der längste Bleistift der Welt wurde von der ältesten Bleistiftfabrik, der Cumberland Pencil Factory (GB), hergestellt; er war 21,3 m lang, wog 6,9 kg, und die Bleistiftmine hatte einen Durchmesser von 25,4 mm.

Die teuersten Stifte waren ein Paar Faser- und Kugelschreiber aus 18karätigem Gold mit diamantenbesetzten Kappen von 3,88 Karat, die von Alfred Dunhill (siehe auch Feuerzeuge) für 9943 Pfund (37 853 DM) pro Paar angeboten wurden. Der teuerste Füllfederhalter ist der Montblanc »Meisterstück« aus 18karätigem Gold und mit Platinfeder, der von Dunhill in Hamburg im April 1984 für umgerechnet gut 11 000 DM angeboten wurde.

Das erste Patent für eine Schreibmaschine wurde 1714 Henry Mill erteilt, doch die erste

Diese 58 cm hohe deutsche Porzellanpuppe mit Schürze und Spitzenhäubchen erreichte im Londoner Auktionshaus Sotheby's 82 500 DM.

Über 500 Jahre alt ist diese Mingvase, die den Rekordpreis für eine Keramik erzielte. Sie wurde vermutlich für Kaiser Hsuan Tsung gefertigt (s. S. 241).

bekannte funktionstüchtige Maschine wurde 1808 von Pellegrini Turri (Italien) hergestellt. **Der höchste Preis, der für eine antike Schreibmaschine erzielt wurde,** war 3000 Pfund Sterling (ca. 12 630 DM) für die 1886 gefertigte »Daw and Tait«-Maschine, die am 12. Dezember 1980 bei Sotheby's, London, versteigert wurde.

20. SCHUHE UND TASCHEN

Die größten Schuhe – in Konfektion und in Kleinserie – für die größten Füße fertigen die Brüder Peter (*1956) und Georg Wessels (*1952) aus Vreden/Westfalen seit 10 Jahren. Bei ihnen gibt es Übergrößen bis zur Größe 69 (englisches Maß 29,5, US-Größe 42). Diese Größe benötigte der riesenwüchsige Harley Davidson aus Avon Park, Florida (USA). Eines der übergroßen Paare kostet ca. 350 DM.

Die teuersten im Handel erhältlichen Schuhe für normale Füße sind mit Nerz gefüllte Golfschuhe mit 18karätigen Goldverzierungen und Spikes mit Rubinspitzen, die von der Firma Stylo Matchmakers International Ltd. in Northampton (GB) angefertigt werden. Man darf nicht auf kleinem Fuß leben, wenn man sich ein Paar für 8250 Pfund (ca. 28 200 DM) leistet.

Schmuckschuhe, die gekauft werden können, stellt der Stuttgarter Bijoutier Reinhard her, in Goldleder gearbeitete Damen-Abendsandaletten mit eingearbeiteten Initialen, Broschen, Straßsteinen – alles verschraubt, genäht, vergoldet und geeignet für Revue, Bühne und Fernseh-Show (Wert 2000 DM).

Die teuerste Tasche der Welt, die »Mona Lisa«-Kugeltasche, mit Diamanten und Edelsteinen reich besetzt und einem Trageband und -bügel aus Platin, wurde zum Verkaufspreis von 1,08 Mio. DM auf der IGEDO-Modemesse 1982 in Düsseldorf angeboten.

Die teuerste Brieftasche der Welt ist eine diamantenbesetzte Krokodilhaut-Kreation mit Platinecken, hergestellt von Louis Quatorze, Paris, und Mikimoto, Tokio, und im September 1984 zum Preis von 56 000 Pfund (208 000 DM) angeboten.

21. TEXTILIEN

Der feinste Nylonfaden mißt 6 Denier, wird für Strümpfe hergestellt und wurde im Februar 1956 auf der Nylonmesse in London ausgestellt. Das feinste normalerweise erhältliche Nylon mißt 9 Denier. Zum Vergleich: ein menschliches Haar mißt im Durchschnitt 50 Denier.

Das älteste Gewebe der Welt wurde in Schicht VIA in Catal Hüyük (Türkei) entdeckt und mit Hilfe der C-14-Methode als aus dem Jahr 5900 v. Chr. stammend datiert.

Das teuerste im Handel erhältliche Tuch ist Vikunjastoff, hergestellt von der Firma Fuji Keori Ltd. in Osaka (Japan); im Juli 1983 kostete der Meter 3235 Dollar (8000 DM).

Der teuerste Stoff für Abendkleider, entworfen von Alan Hershman in London, kostet pro Meter 650 Pfund (ca. 2200 DM). Obwohl je m^2 155 000 Metallplättchen aufgenäht sind, wiegt er weniger als 200 g.

Die teuerste Kleidung – schneeweiße EVA-Raumanzüge für 2,3 Mio. Dollar – trugen erstmals die US-Astronauten S. Musgrave und D. Peterson beim Jungfernflug der Raumfähre *Challenger* am 7. April 1983.

Das teuerste Kleid, das je von einer Pariser Modefirma gezeigt wurde, gehört zur Sommerkollektion von Schiaparelli (23. Januar 1977). Die von Serge Lepage entworfene und mit 512 Diamanten besetzte *Geburt der Venus* kostet 7,5 Mio. fFr (damals 3,61 Mio. DM).

Das teuerste und feinste Tuch aus dem graubraunen Halshaar indischer Ziegen heißt Shatoosh (oder Shatusa) und kostet mehr als Vi-

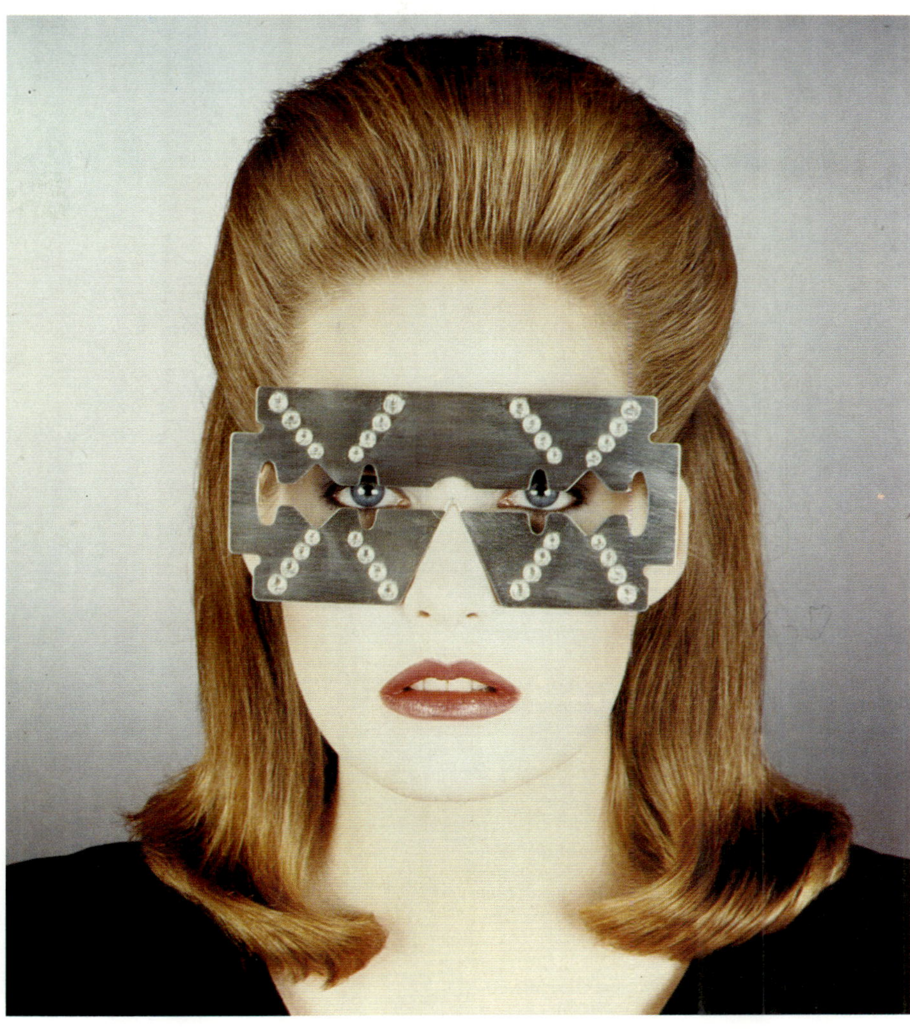

Diese millionenschwere Sonnenbrille wird auf Modenschauen vorgestellt. Aus Platin gefertigt, sucht diese Rasierklingen-Kreation ihresgleichen.

kunja (Lamahaar). Die Firma Neimann-Marcus in Dallas (USA) verkaufte es zu einem Meterpreis von 1000 Dollar (damals 2400 DM).

Der größte Vorhang der Welt mit praktischem Verwendungszweck ist 167,6 m lang und 19,8 m hoch. Der elektrisch bewegte Vorhang dient im Brabazon-Hangar der British Aerospace in Filton (GB) dazu, die Flugzeuge in der Lackierstraße abzuschirmen.

Der größte Vorhang, der jemals hergestellt wurde, war der 4 t schwere, 56 m lange orangerote Vorhang, den am 10. August 1971 der aus Bulgarien stammende Bildhauer Christo (* 1935) (bürgerlich: Javacheff) 411 m weit über den Rifle Gap in Colorado (USA) spannte. 27 Std. später riß ihn ein Windstoß auseinander. Die Gesamtkosten für die Ausstellung dieses Kunstwerks betrugen 750 000 Dollar (damals 2,6 Mio. DM).

Das größte Tischtuch ist 200 m lang, 1,8 m breit und aus doppeltem Damast. Es wurde von der Firma John S. Brown & Sons Ltd. in Belfast (Nordirland) für ein Königshaus im Nahen Osten hergestellt. Gleichzeitig wurden 450 passende Servietten dazu bestellt.

Die größte jemals hergestellte Wolldecke maß 20,7 × 30,48 m und wog 272 kg. Leserinnen von *Woman's Weekly* strickten sie in zehn Monaten (Oktober 1977 bis Juli 1978) für eine Aktion zugunsten behinderter Kinder. BBC-TV zeigte das Rekordstück im Oktober 1978. Die teuerste Decke war eine handgesponnene Navajo-Churro-Serape, die am 22. Oktober 1983 bei Sotheby's, New York, für 115 000 Dollar (288 000 DM) verkauft wurde.

Die größte Steppdecke der Welt wurde nach dem Entwurf von A. Platteau von Kortrijk-Rollegem (Belgien) hergestellt. Sie enthält 16 240 Quadrate und mißt 21,24 × 30,35 m. Am 28. August 1982 wurde sie von zwei Kränen hochgehoben.

Der längste Reißverschluß wurde für die Ummantelung von Seekabeln von RIRI aus Mendrisio (Italien) im Januar 1985 gefertigt. Das 632,45 m lange Kunststoffband hat 119 007 Nylonzähne.

TEPPICHE

Der prächtigste Teppich, der jemals hergestellt wurde, war der Frühlingsteppich von Khusraw, der für den Audienzsaal des Sassanidenpalastes in Ktesiphon (Irak) gewirkt wurde. Er war etwa 650 m² groß, aus Silber- und Goldfäden geknüpft und mit Smaragden besetzt. Er wurde im Jahr 635 v. Chr. von plünderndem Militär als Beute zerschnitten und muß, nach dem überlieferten Verkaufspreis der Stücke zu urteilen, ursprünglich etwa 100 Mio. Pfund Sterling (400 Mio. DM) gekostet haben.

Der am feinsten geknüpfte Teppich hat 340 Knoten pro cm². Es handelt sich um ein Stück aus einem kaiserlichen Mughal-Gebetsteppich aus dem 17. Jh., das sich jetzt in der Altman-Sammlung im Metropolitan Museum of Art in New York befindet.
Die Bikaner Woollen Mills (Indien) kündigten im März 1985 an, daß sie auf 403 Knoten pro cm² gekommen sind.

Der älteste bekannte Teppich ist ein wollener Knüpfteppich, rot auf weißem Grund, aus dem 5. Jh. v. Chr., der 1947 bei Pazyryk (UdSSR) bei Ausgrabungen entdeckt wurde und jetzt in Leningrad aufbewahrt wird.

Der größte aller alten Teppiche soll der goldverzierte Seidenteppich Hashims (743 n. Chr.) aus dem Abbasiden-Kalifat in Bagdad (Irak) gewesen sein. Angeblich war er 54,86 × 91,44 m groß.

Der größte (rote) Teppich von 4851 m² und 28 t Gewicht wurde am 13. Februar 1982 von der Allied Corporation zwischen der Radio City Music Hall in New York bis zum Hilton-Hotel entlang der Avenue of the Americas ausgerollt.

Der längste Teppich der Welt wurde am 24./25. November 1982 von der Fa. Slibotex Wollmanufactur in Recklinghausen hergestellt und für die WDR-Fernsehserie »Chris Howland präsentiert Höchstleistungen aus dem *Guinness Buch der Rekorde*« mit allen 1500 m (4 m breit) abgerollt. Für diesen 6000 m² großen Rekordteppich aus Schurwolle mußten umgerechnet 3000 Schafe ihr Winterkleid opfern.

Detail aus dem Teppich von Bayeux: Englische Soldaten wehren die fliegenden Pfeile ihrer normannischen Angreifer in der Schlacht bei Hastings ab.

WANDTEPPICHE

Die ältesten Exemplare von Wandteppichen sind drei Stücke, die in der Gruft des ägyptischen Pharaos Thutmosis IV. gefunden wurden und aus der Zeit zwischen 1483 und 1411 v. Chr. stammen.

Der größte in einem Stück gewebte Wandteppich ist *Christus auf seinem Thron,* 22 × 12 m groß, der von Graham Sutherland (1903–80) für die Kathedrale in Coventry (GB) entworfen wurde. Er kostete 10500 Pfund Sterling (damals rund 118000 DM), wiegt 760 kg und wurde am 1. März 1962 feierlich bei einem Gottesdienst an einer Kathedralenwand befestigt.

Die längste Stickarbeit ist der berühmte Bayeux-Wandbehang *Telle du Conquest, dite tapisserie de la reine Mathilde*; er ist 49,5 cm breit und 70,40 m lang, beschreibt 72 Szenen aus der Zeit von 1064 bis 1066 und wurde vermutlich um 1086 in Canterbury (GB) hergestellt.

Um 12,49 m länger ist mit der **größten bestickten Fläche** von 75,8 m^2 der Overlord-Wandteppich in London. Seine 34 Felder (jedes 2,43 × 0,91 m im Umfang) waren 1979 nach 100 Jahren Arbeitszeit fertiggestellt.
Eine unvollendete Stickarbeit, 20,3 cm breit und 390,14 m lang, wurde im Auftrag von Michael Maine von Margaret S. Pollard aus Truro (GB) angefertigt. Sie zeigt Szenen aus den *Narnia*-Kindergeschichten von C. S. Lewis.

Der größte Bildteppich, die Tapisserie *Welttheater,* hängt im Rumänischen Nationaltheater, Bukarest. Dieser in einem Stück gewirkte Bildteppich (7,5 × 22,5 m) entstand zwischen 1963 und 1973 in der Gobelintechnik des 18. Jh.s und zeigt in symbolischer Form wichtige Motive aus berühmten Theaterstücken. Der von den beiden rumänischen Künstlern Serban Gabrea und Florin Ciubotaru gearbeitete Teppich wurde am 20. März 1979 erstmals der Öffentlichkeit präsentiert.

FAHNEN

Die älteste bekannte Fahne wurde um 3000 v. Chr. hergestellt und 1972 in Khablis (Iran) gefunden. Sie ist aus Metall, mißt 23 × 23 cm und stellt einen Adler, Löwen und Gottheiten dar.

Die größte Fahne der Welt, »Die große amerikanische Flagge« mit den Maßen 125 × 64 m, wurde am 22. März 1980 in Evansville, Indiana (USA), zur Schau gestellt. Das 7 t schwere Tuch wurde am 2. Juni 1981 feierlich in New York ausgebreitet.

Die größte Fahne, die tatsächlich **an einem Fahnenmast flatterte,** ist eine brasilianische Nationalflagge mit den Maßen 70 × 100 m, die in Brasilia gehißt wurde.

22. PORZELLAN, GLAS, KERAMIK

Allgemein: Am 15. Januar 1708 glückte dem deutschen Apotheker Johann Friedrich Böttger als erstem Europäer die Herstellung von Hartporzellan. Am 23. Januar 1710 verkündete Kurfürst August II. von Sachsen die Gründung einer sächsischen Porzellanmanufaktur. Bereits am 3. September 1710 nahm die Manufaktur auf der Albrechtsburg bei Meißen die Produktion auf.

Die größten Glasleuchter wurden 1983 für den Palast von Sultan Muda Hassanal Bolkiah von Brunei entworfen. 10 Lüster schmücken den Thronsaal der Istana in Bandar Seri Begawan.

Das dünnste Glas ist 0,076 mm dick und wird von Corning Glass Works, New York (USA), für Uhren mit Flüssigkristallanzeige hergestellt.

Rekorde im Glasblasen: Die Fa. Borken-Glas aus Borken (Westfalen) spezialisiert sich auf größte mundgeblasene Glasgefäße. 1981 entstand ein Glasrundgefäß (120 × 70 cm); 1982 ein Glasrechteckgefäß (105 × 66 × 55 cm); 1983 ein quadratisches Glasgefäß mit einem Fassungsvermögen von 216 l (70 kg schwer, 60 × 60 × 60 cm) und 1984 eine 129 l fassende 31 kg schwere, 118 cm hohe Supermammutflasche mit 51 cm Durchmesser.

Den größten Spiegel konnten die Besucher der »2. Guinness-Woche der Rekorde« am Karnerhof vom 9. bis 16. September 1984 in Faak am See (Kärnten) besichtigen. Die Klagenfurter Firma WIGLAS stellte diesen 480 kg schweren, 6 × 3,2 m großen und 10 mm starken Spiegel her.

Die größte Tasse der Welt hat 1983 die Porzellanfabrik Thomas in Selb für Kaffee HAG hergestellt. Diese Riesentasse (25 cm hoch, Umfang 104 cm, Durchmesser 34,5 cm, 5,1 kg Gewicht) hat ein Fassungsvermögen von 100 üblichen Tassen Kaffee. Das entspricht dem statistischen Monatsverbrauch des bundesdeutschen Kaffeetrinkers. Passend dazu gibt es den größten Kaffeelöffel (Länge 60,2 cm) aus 800er Silber, hergestellt von BSF Bremer Silberwaren GmbH. Er wiegt 30mal soviel wie ein normaler Kaffeelöffel.

Die größte bekannte Keramikvase ist 2,78 m hoch, wiegt 295 kg und wurde im August 1976 von Sebastian Maglio in den Haeger Töpfereien in Dundee, Illinois (USA), geformt.

Die wertvollste Vase der Welt wurde angeblich im August 1978 von dem chinesischen Keramik-Experten Chingwah Lee, San Franzisko (USA), auf 60 Mio. Dollar (120 Mio. DM) geschätzt. Es soll sich um eine 99 cm hohe K'ang-Hsi-Vase handeln, die damals in einem Banktresor in Phoenix, Arizona (USA), aufbewahrt wurde.

Als wertvollstes Beispiel der Glasmacherkunst gilt die Portland-Vase, die aus dem 1. Jh. v. oder n. Chr. stammt und in Italien hergestellt wurde. Seit mindestens 1642 befand sie sich im Besitz der Familie Barberini in Rom. 1792 erwarb die Herzogin von Portland das kostbare Stück. Die Vase wurde 1847 im Britischen Museum in London durch unsachgemäße Behandlung zerschlagen.

Der größte Kachelofen der Welt heizt seit Juni 1986 ein komplettes Verkaufshaus für Ge-

schenkartikel von 220 m^2 Fläche. Aus 1100 Kachelteilen hat die Kago-Kaminfabrik in Postbauer bei Nürnberg den 2,70 m hohen und 12 m langen Ofen mit einer Heizleistung von 80 kW gebaut.

23. MÖBEL

Das größte Möbelstück der Welt ist die Holzbank in Green Park, Obihiro, Hokkaido (Japan), auf deren 400 m langer Sitzfläche 1282 Personen Platz finden. Die lange Bank wurde am 19. Juli 1981 von einem 770köpfigen Team fertiggestellt.

Das längste serienmäßig hergestellte Sofa ist das 3,7 m lange King-Talmage-Sofa, produziert von Talmage Furniture Manufacturers in Kalifornien (USA).

Das Barton Grange Hotel bei Preston (GB) kaufte am 4. Oktober 1984 für 3250 Pfund (12000 DM) eine 4,26 m lange pinkfarbene Ledercouch.

Das längste und absurdeste Ledersofa der Welt, auf dem bis zu 200 Leute sitzen können, hat der Schweizer Sitzmöbelhersteller deSede ausgeliefert. Das 102 m lange cognacfarbene Monstrum besteht aus 426 Einzelelementen, die alle durch Reißverschlüsse miteinander verbunden sind und die im Möbelgeschäft zusammengerechnet fast 500000 sfrs kosten würden. Auftraggeber des Ledersofas, für das 250 Tierhäute verarbeitet wurden, ist der Sultan von Oman am Arabischen Meer. Dazu noch einige Daten: Lederverbrauch 1250 m^2; Arbeitszeit 1278 Std.; Reißverschlüsse 1108 m.

Das älteste Chorgestühl der Bundesrepublik Deutschland befindet sich in der Stadtkirche St. Alexandri von Einbeck (Niedersachsen). Es entstand 1288.

Das größte Bett ließ 1430 der Herzog Philip von Burgund für seine Hochzeitsnacht mit Prinzessin Isabella von Portugal in Brügge (Belgien) anfertigen. Trotz der Maße von 3,8 × 5,8 m dieser königlichen »Spielwiese« wurde die Ehe nie vollzogen. Die Hochzeitsnacht blieb eine reine Formalität.

Das schwerste Bett ist ein 2,9 × 3 m großes Wasserbett, seit 1977 im Besitz von Milan Vacek, Cañon Country (USA). Das thermostatisch erwärmte Wasser allein wiegt 1907 kg.

Der größte Küchenschrank der Welt dient seit September 1981 als wohl einmalige Eingangsfassade zu einem Einkaufszentrum in Altwarmbüchen, einem Gewerbegebiet von Hannover. Die Braunschweiger Architekten Pook und Saalmann schufen das eindrucksvolle Prachtstück (11,95 m hoch, 6,64 m breit, 3,29 m tief) für den Bauherrn Werner Martin.

Riesen-Wohnung. Aus der Sicht eines zweijährigen Kindes erlebt der Betrachter eine überdimensionale komplett eingerichtete Dreizimmerwohnung. Auf 500 m^2 Fläche sind alle Räume und Einrichtungsgegenstände doppelt so lang, breit und hoch wie üblich. Zu besichtigen ist die »Riesen«-Attraktion im Freizeitparadies »Potts Park« in Minden.

24. LANDWIRTSCHAFT

Die Anfänge: Man nimmt an, daß etwa 21 Prozent der Landfläche der Erde anbaufähig sind, wovon aber tatsächlich nur 7,6 Prozent wirklich bebaut werden. Höhlenfunde aus dem Jahr 1971 in Thailand scheinen zu bestätigen, daß Pflanzenzucht und die Domestizierung von Tieren Bestandteil der Hoabinhian-Kultur ca. 11000 v. Chr. waren. Rentiere wurden möglicherweise um 18000 v. Chr. als Nutztiere gehalten, doch eindeutige Beweise dafür fehlen noch. Ziegen wurden bereits 16000 v. Chr. auf dem Berg Carmel in Palästina in Herden gehalten.
Der früheste Nachweis für den Anbau von Getreide stammt aus Ali Kosh im Iran und aus Jericho (Westjordanien). Ziegen wurden um 8050 v. Chr. in Asiab im Iran gezüchtet, und ein Hund ist aus der Zeit um 7700 v. Chr. in Star Carr, North Yorkshire (GB), nachgewiesen. Die frühesten Beweise für Schafzucht stammen aus der Zeit von ca. 7200 v. Chr. aus Argissa-Magula, Thessalien (Griechenland). Um 7000 v. Chr. hielt man dort auch bereits Schweine und Rinder. Das erste gezähmte Pferd gab es etwa um das Jahr 4350 v. Chr. in der Ukraine (UdSSR). Uralte Wegspuren, 1982 von einem amerikanischen Raumschiff entdeckt, lassen vermuten, daß Zugtiere möglicherweise noch früher gezähmt wurden.

Die größten landwirtschaftlichen Betriebe der Welt sind die Kolchosen und Sowchosen der UdSSR. 1940 gab es noch 235500, bis 1980 wurde ihre Zahl auf 18000 reduziert und gleichzeitig ihre Flächenausdehnung vergrößert, so daß Betriebe von 25000 ha nicht ungewöhnlich sind.

ACKERBAU

Allgemein: Weltweit ist 1985 mit 1,84 Mrd. t insgesamt und einschließlich Reis mehr Getreide geerntet worden als jemals zuvor.

Die Getreideernte der Bundesrepublik Deutschland erreichte 1984 mit rund 26,49 Mio. t eine Rekordernte für das vergangene Jahrzehnt.

Die größte Pilzfarm der Welt ist die Butler County Mushroom Farm Inc., die 1937 in einer ehemaligen Kalkgrube bei West Winfield, Pennsylvania (USA), angelegt wurde. Dort sind 1000 Menschen damit beschäftigt, in einem Labyrinth unterirdischer Stollen von 177 km Gesamtlänge jährlich über 21700 t Champignons zu züchten.

Die Rekordproduktion einer Zuckerfabrik wurde im Geschäftsjahr 1966/67 von der Ingenio de San Cristobal y Anexas S. A. in Veracruz (Mexiko) erreicht, die aus 2886074 t Zuckerrohr 247900 t Zucker raffinierte.

Die weltgrößte Rohrzuckerfabrik ist die California & Hawaii Sugar Co., gegründet 1906, in Crockett, Kalifornien (USA), mit einem Ausstoß von täglich 3,63 Mio. kg.

Die Zuckerproduktion in der Bundesrepublik Deutschland erreichte 1982 mit 3,45 Mio. t einen zuckersüßen Rekord.

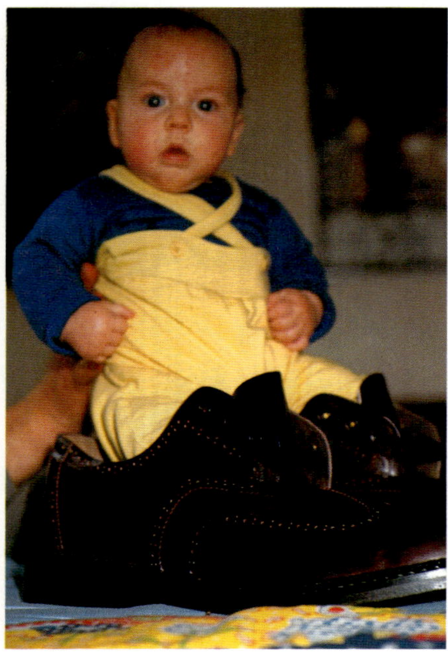

Schuhe für Leute, die auf großem Fuß leben, fertigen die Brüder Peter und Georg Wessels aus Vreden. Auch die Supergröße 69 ist kein Problem (s. S. 242).

VIEHZUCHT

Die größte Rinderfarm der Welt ist die Anna Creek Station mit 30 113,5 km² Fläche in Südaustralien, die der Kidman-Familie gehört. Der größte Einzelbetrieb ist mit 14 114 km² Strangway. Bis 1915 hatte die Victoria River Downs Station (Nordterritorium) eine Fläche von über 9 Mio. ha. Zum Vergleich: das Bundesland Nordrhein-Westfalen bedeckt 3,4 Mio. ha.

Die größte Schafzucht der Welt befindet sich in Commonwealth Hill im Nordwesten Südaustraliens. Hier weiden 60 000–70 000 Schafe, ungefähr 100 Rinder und 54 000 (uneingeladene) Känguruhs auf einem Gebiet von 10 567 km².

Der größte Schaftrieb fand 1886 statt, als 27 Reiter eine Herde von 43 000 Schafen 64 km weit von Barcaldine zur Beaconsfield Station in Queensland (Australien) überführten.
50 Tage überlebte ein Schaf im Schnee begraben nach einem Blizzard in Schottland. Alex Maclennan barg es am 24. März 1978 in der Nähe des Flusses Skinsdale zusammen mit 15 verendeten Tieren.

Die größte Truthahnfarm der Welt gehört der Firma Bernard Matthews in Norfolk (GB). 2500 Mitarbeiter kümmern sich um 7,9 Mio. Truthähne.

Die größte Hühnerfarm der Welt ist die Croton Egg Farm in Ohio (USA). 4,8 Mio. Hennen legen täglich 3,7 Mio. Eier.

Die größte Entenfarm Europas liegt in Westenscheps, Oldenburg (Niedersachsen). Auf dem Gelände von Bölts Entenfarm leben ständig 15 000 Zucht- und ca. 300 000 Mastenten. Tag und Nacht schlüpft alle 10 Sek. ein Küken im Brutkasten aus dem Ei. Der tägliche Futterbedarf liegt bei 60 t. Eigene Brunnen liefern täglich 3 Mio. l Wasser. Zwei wichtige Nebenprodukte: Entenfedern für Daunendecken und Entenfüße, die als Delikatesse nach Hongkong exportiert werden. Die UdSSR hat zehn Entenfarmen nach dem Bölt-Muster aufgebaut.

Die größte Schweinezucht der Welt befindet sich in Sljeme (Jugoslawien) mit einer Jahresproduktion von 300 000 Schweinen. Es ist möglich, daß es in Rumänien noch größere Schweinezüchtereien gibt, doch sind keine Einzelheiten bekannt.

Langstrecken-Sautreiben: Ein untrainiertes Stallschwein von 100 kg Lebendgewicht wurde von Walter Riedmeier (* 1943) aus Nandlstadt (Bayern) am 11. September 1983 in 4:48 Std. über eine 16,7 km lange Strecke getrieben. Das Tier durfte weder getragen noch gezogen oder geschlagen werden. Erlaubt waren bei dem Rekordversuch, der unter tierärztlicher Aufsicht stand, lediglich ein Stock als Hilfsmittel und ein Strick, der am Hinterfuß befestigt werden durfte.

Erstes Perpetuum mobile auf vier Beinen; eine holsteinische Kuh in Fresko, Kalifornien (USA), betrieb ihre Melkmaschine mit ihrem eigenen Mist, aus dem Biogase für den Antrieb der Maschine gewonnen wurden. Das Experiment fand Juni 1980 während eines Kongresses über alternative Energiequellen in der Landwirtschaft statt.

Die schwerste Kuhglocke mit 40 kg Gewicht und einer Höhe von 40 cm präsentierten der Verkehrsverein und die ALPI-Molkerei aus Maishofen (Österreich) am 17. Juli 1982.

Ein Schober von 40 400 Ballen Stroh wurde von Nick und Tom Parsons sowie 8 weiteren Helfern vom 22. Juli bis 3. September 1982 auf der Cuckoo-pen Barn Farm in Birdlip, Gloucestershire (GB), aufgerichtet. Er maß 45,7 × 9,1 × 18,2 m und wog etwa 711 t. 24 200 Ballen brachten sie allein an sieben aufeinanderfolgenden Tagen vom 22. bis 29. Juli zusammen.

ANBAUFLÄCHEN

Das größte Weizenfeld der Welt wurde 1951 in Lethbridge, Alberta (Kanada), ausgesät. Die umzäunte Fläche war 14 160 ha groß.

Ein Ertrag von 11 762 kg/ha Gerbel-Wintergerste wurde im August 1984 auf der Farm der Familie Brewster bei Kirknewton in Schottland von einem 8,29 ha großen Feld geerntet.

Die größte zusammenhängende Anbaufläche für wilden Reis *(Zizania aquatica)* gehört der Clearwater Rice Inc. in Clearbrook, Minnesota (USA), und erstreckt sich über 809 ha. 1985 wurden hier 225 695 kg Reis geerntet.

Das größte Hopfenfeld der Welt ist 743 ha groß und liegt bei Toppenish im US-Staat Washington. Besitzer ist die Firma John I. Haas Inc., der weltgrößte Hopfenproduzent mit Feldern in Kalifornien, Idaho, Oregon und Washington, die zusammen 1441 ha Fläche bedecken.

Das größte zusammenhängende Hopfenanbaugebiet der Welt ist die Holledau, auch Hallertau (Bayern). Es erstreckt sich über eine Fläche von 14 717,64 ha.

Der größte Weinberg erstreckt sich in Frankreich zwischen der Rhône und den Pyrenäen in den Departements Hérault, Gard, Aude und Pyrenées Orientales. Er hat eine Größe von 840 000 ha, wovon 52,3 Prozent nur für den Weinanbau genutzt werden.

UNO-Weingarten. Auf 2000jährigem historischem Grinzinger Rebengrund haben bis Juli 1986 bereits 6523 Rebstöcke Besitzer im In- und Ausland gefunden. 1979 wurde die Grinzinger Weinstock-Aktion ins Leben gerufen, um den Wiener Weinort Grinzing vor der Bebauung zu retten und »Grün statt Beton« der Nachwelt zu erhalten.

Der größte bekannte Gemeinschaftsgarten wird vom Verschönerungskomitee und dem Benjamin-Wegerzyn-Gartenzentrum in Dayton, Ohio (USA), betrieben. Er umfaßt 1173 Parzellen mit jeweils 74,45 m² Fläche.

GEWICHTSREKORDE

Huhn: Die größte Gewichtszunahme bei einer Hühnerschar von mindestens 2400 Stück verzeichnete innerhalb von 56 Tagen mit 2901 kg D. B. Marshall in Newbridge (Schottland) im Oktober 1981.

Rind: Das schwerste Rind war eine Holsteiner-Durham-Kreuzung namens *Mount Katahdin*. Es wurde 1906–10 von A. S. Rand aus Maine (USA) ausgestellt und wog ca. 2270 kg. Seine Schulterhöhe betrug 1,83 m, sein Umfang 3,96 m; es ging 1923 bei einem Stallbrand zugrunde.
Die größte schwere Rinderrasse sind die Chianini, die in vorrömischen Zeiten aus dem Nahen Osten nach Italien gebracht wurden. Ausgewachsene Stiere haben eine Schulterhöhe von 1,73 m und wiegen 1300 kg. Bei einer Ausstellung in Arezzo, Toskana (Italien), im Jahr 1955 wog ein Stier namens *Donetto* 1740 kg – ein Rekordgewicht für einen Rassestier.
Der Airedaler Heifer aus East Riddlesdon, South Yorkshire (GB), war nach Berichten aus dem Jahr 1820 3,62 m lang und wog 1197,5 kg.
Das höchste Gewicht eines neugeborenen Kalbes betrug 102 kg. Es wurde 1961 von einer britischen Friesenkuh auf der Rockhouse Farm in Bishopston, Wales (GB), geworfen.

Schaf: Der Weltrekord für das Gewicht eines neugeborenen Lammes wurde 1975 in Clearwater, Kansas (USA), erzielt; es wog 17,2 kg, aber sowohl das Schaf als auch das Lamm gingen ein.

Schwein: Der schwerste Eber, *Big Bill* genannt, wog 1157,5 kg und war 2,75 m lang; sein Bauch schleifte über den Boden. Besitzer des 1933 eingeschläferten Tiers war Burford Butler in Jackson, Tennessee (USA). Die Familie Wells aus demselben Ort stopfte ihn aus und ließ ihn bis 1964 ausstellen.
Das höchste Gewicht für ein acht Wochen altes Ferkel hatte mit 36,7 kg ein Eber, eines von neun Geschwistern, die am 6. Juli 1962 von der Prachtsau *Manorport Ballerina 53* (alias *Mary*) auf der Kettle Lane Farm, West Ashton, Wiltshire (GB), geworfen wurden. Der »Vater« hieß *Johnny*.

VIEHPREISE

Anmerkung: Manche außergewöhnlich hohe Preise, die bei Versteigerungen erzielt werden, können unter Umständen auch auf Abmachungen zwischen Käufer und Verkäufer zurückzuführen sein, um die Preise für eine bestimmte Zucht zu erhöhen.

Stier: Der höchste Preis, der jemals für einen Stier bezahlt wurde, betrug 2,5 Mio. Dollar (damals 6,5 Mio. DM) für den Beefalo (eine Kreuzung aus Büffel, Charolais- und Hereford-Rind), der am 9. September 1974 von D. S. Basalo aus Burlingname, Kalifornien (USA), an die Beefalo Cattle Co. in Calgary, Alberta (Kanada), verkauft wurde.

Kuh: Der höchste Preis für eine Kuh – 1,025 Mio. Dollar (2,46 Mio. DM) für die holsteinische Kuh *Allendairy Glamorous Ivy*. Den Rekordpreis erhielt Albert Cormier aus Georgetown, Ontario (Kanada), am 20. November 1982 bei einer Viehauktion in Jamestown, Pennsylvania (USA).

Schaf: Der höchste Preis, der jemals für ein Schaf bezahlt wurde, war 79 000 australische Dollar (212 000 DM) für einen Merino-Bock vom Colinsvale Stud, Mount Bryan (Südaustralien). Das westaustralische Gnowangerup-Zuchtzentrum zahlte diese Summe bei der Royal Adelaide Show am 10. September 1981.

Der höchste Wollpreis, 187 australische Dollar (379 DM) pro kg, für einen Ballen ungewaschener Merinowolle, wurde am 28. Februar 1986 von Fujii Keori Ltd. aus Osaka (Japan) in Launceston (Australien) gezahlt. Seit 1973 ist diese japanische Firma Jahr für Jahr Spitzenbieter bei den Wollauktionen. Verkauft wurde die Rekordpreis-Wolle von Jim McEwan aus Trefusis bei Ross.

Schwein: Der höchste Preis für ein Schwein war 56 000 Dollar (173 000 DM) für einen verschnittenen Eber namens *Bud*, den Besitzer Jeffrey Roemisch aus Hermleigh, Texas (USA), am 5. März 1985 an E. A. ›Bud‹ Olson und Phil Bonzio verkaufte.

Pferd: Der Höchstpreis von 47 500 Dollar (rund 200 000 DM) für ein Zugpferd – also nicht etwa für ein Reit- oder Sportpferd – wurde für den siebenjährigen belgischen Hengst *Farceur* am 16. Oktober 1917 von E. G. Good in Cedar Falls, Iowa (USA), gezahlt.

Esel: Den wohl niedrigsten Preis, der jemals für Vieh erzielt wurde, bezahlte man bei einer Auktion in Kuruman (Südafrika) im Jahr 1934, wo Hunderte von Eseln für zwei Pence (damals etwa 40 Pfennig) verkauft wurden.

FRUCHTBARKEITS-REKORDE

Kühe: Am 25. April 1964 wurde aus Moghilew (UdSSR) gemeldet, daß eine Kuh namens *Ljubik* sieben Kälber geworfen habe.
Ein Fall von fünf Kälbern bei einer Geburt wurde 1928 von T. G. Yarwood in Manchester (GB) gemeldet.
Fünffaches Glück im Kuhstall erlebte auch der landwirtschaftliche Betrieb Edgar Göbel in Ebertshausen (Schweinfurt). Ausgerechnet am Freitag, 13. Mai 1983, warf die dreijährige Kuh *Noris* ein Stierkalb und vier Kuhkälber (Zuchtverband gelbes Frankenvieh).
Den Rekord für lebenslängliche Fruchtbarkeit hielt eine Kreuzungskuh, die 30mal gekalbt hatte und G. Page von der Warren Farm, East Sussex (GB), gehörte; sie starb im November 1957 im Alter von 32 Jahren.
Eine Hereford-Kreuzung, die 1916 geworfen worden und Eigentum von A. J. Thomas von der West Hook Farm, Wales (GB), war, brachte im Mai 1955 ihr 30. Kalb zur Welt und starb im Mai 1956 im Alter von 40 Jahren.

Kuriosität im Kuhstall. Die mit 26 Kälbern vermutlich kinderreichste Kuhmutter der Welt lebt in Beutelsbach (Landkreis Passau): Mit 30 Jahren hat die Kuh *Erna* des Bauern Karl Endl Mitte Mai zum 26. Male gekalbt. Trotz ihres Alters gibt *Erna* drei Wochen nach der Geburt noch 15 l Milch täglich. Der Tierarzt bezeichnete *Erna* als eine wohl einmalige Kuriosität auf der Welt. Normalerweise gelten Kühe mit zwölf Jahren als sehr alt und werden nicht mehr trächtig.

Bulle: Ein dänischer schwarzweißer Bulle namens *Soender Jylland's Jens* hinterließ durch künstliche Besamung 220 000 Nachkommen, als er im September 1978 in Kopenhagen im Alter von elf Jahren eingeschläfert wurde.

Schweine: Die höchste bisher verzeichnete Zahl von Ferkeln bei einem Wurf ist 34. Sie wurden am 25. und 26. Juni 1961 von einer Sau im Besitz des Aksel Egedee in Dänemark geworfen.
Die Sau *Gertie*, Besitzer: John Caley in Selby (GB), hatte in weniger als 12 Monaten (vom 18. Juli 1982 bis 20. Mai 1983) drei Würfe mit 19, 19 und 23 Ferkeln, von denen insgesamt 55 lebend geboren wurden.

Schafe: Ein Fall von acht Lämmern bei einem Wurf wurde im Juni 1956 von D. T. Jones von der Priory Farm, Gwent, Wales (GB), und im März

Aus 1100 Kachelteilen besteht dieser 2,70 m hohe Kago-Kachelofen. Die 12 m lange Anlage heizt ein Verkaufshaus für Geschenkartikel (s. S. 245).

Im Schweinsgalopp

4000 Zuschauer waren beim Schweine-Renntag auf der Trabrennbahn Hamburg-Farmsen dabei, als *Klöten-Joe II* aus dem Rennstall von Willi Seiker aus Ströhnen bei Nienburg in der Bestzeit von 11,1 Sek. über die 100-m-Strecke spurtete. Am 29. April 1984 machte das Wildschwein seinem Treiber alle Ehre. Schnellstes Hausschwein aber ist *Professor Flinkmann*. Das eineinhalb Jahre alte Rennschwein brauchte Pfingsten 1986 in Düsseldorf für 90 m exakt 10,67 Sek. Um Rüssellänge hängt Wildschwein *J.R.* auch sportliche Zweibeiner – wie im Foto – ab.

1981 von Ken Towse aus Buckton/Bridlington gemeldet, doch konnte keines der acht Tiere länger als 24 Std. überleben.
Ein Border Leicester-Merino im Besitz von Roger Saunders brachte am 19. Juni 1984 in Strathdownie (Australien) 4 Böcke und 3 Schafe lebend zur Welt.
Das Herdbuch von H. Poole aus Wexford (Irland) erwähnt ein Schaf, das 26 Jahre alt wurde. Fälle von Sechslings-Lämmern werden immer wieder registriert.

Eierlegen. Die höchste verbürgte Eierlegquote wurde von einer weißen Leghornhenne, Nr. 2988, am Landwirtschaftscollege der Universität von Missouri (USA) erreicht. In einem offiziellen Test über 364 Tage, endend am 29. August 1979 und geleitet von Prof. Harold V. Biellier, legte sie 371 Eier.
Die meisten Eier legen Hennen in der Bundesrepublik Deutschland nachweislich dann, wenn sie sich in Gesellschaft von 5000 bis 10000 Artgenossinnen befinden. Hennen, die in Batterien dieser Größenordnung gehalten werden, legten durchschnittlich je 264,8 Eier im Jahr 1985 und damit vier mehr als im Jahr zuvor. Der Verzehr stieg von 275 auf 280 pro Person.
Das schwerste bekannte Hühnerei wog 454 g, hatte ein doppeltes Dotter und eine doppelte Schale und wurde in Vineland, New Jersey (USA), am 25. Februar 1956 von einer Leghornhenne gelegt. Das größte Hühnerei, von dem bisher berichtet wurde, hatte fünf Dotter, einen Umfang von 31 cm um die Längsachse und 22,8 cm um die Querachse und wurde 1896 auf dem Stafford-Bauernhof in Damstead Mellor, Lancashire (GB), gelegt.
Ein Hühnerei von 1,47 g (27 × 22 mm) wurde am 12. März 1986 von einer Leghorn-Ranger-Züchtung mit Namen *Obedience* gelegt. Besitzerin der Henne ist Verity Nicholson von Adstock Fields Farm House in Buckingham (GB).
Die größte Anzahl von Dottern in einem Hühnerei ist neun. Sie wurde von Diane Hainsworth von den Hainsworth Poultry Farms, Mount Morris, New York (USA), im Juli 1971 gemeldet. Das wurde im August 1977 auch von einem Huhn aus Kirgisien (UdSSR) berichtet.
Eine Aylesbury-Ente im Besitz von Annette und Angela Butler in Princes Risborough (GB) hat bis zu ihrem Tod am 7. Februar 1986 in 463 Tagen 457 Eier gelegt. An 375 Tagen hintereinander lieferte sie täglich ein Ei.

Das größte Gänseei brachte die weiße Gans *Speckle,* Eigentum von Donny Brandenberg, Goshen, Ohio (USA), hervor. Sie legte am 3. Mai 1977 ein Ei, das 680 g wog und dessen Längs- und Querumfang 34 bzw. 24 cm betrug.

Milch und Butter: Den Rekordertrag für eine Laktation (365 Tage) lieferte mit 25247 l die schwarzweiße holsteinische Kuh *Beecher Arlinda Ellen* aus Rochester, Indiana (USA), 1975.
Die größte Milchmenge, die eine Kuh im Laufe ihres Lebens gab, wird der wenig attraktiv benannten Kuh *Nr. 289* im Besitz von M. G. Maciel & Son aus Hanford, Kalifornien (USA), zugeschrieben, die 211025 l Milch bis zum 1. Mai 1984 lieferte.

Die fleißigste Kuh Deutschlands ist *Twiggy* (750 kg schwer). Sie gehört dem Eifelbauern Achim Goskowitz. Die schwarzweißgefleckte Kuh gibt 14000 l Milch im Jahr. Noch fleißiger ist die Rekordkuh *Corinna* aus dem Volkseigenen Betrieb Birkenholz (DDR). 1985 lieferte sie insgesamt 15325 l Milch – so viel wie andere Kühe in ihrem ganzen Leben produzieren.

Der Jahresrekord für Ziegenmilch liegt bei 3499 kg, geliefert 1977 von *Osory Snow-Goose* im Besitz des Ehepaars Jameson in Leppington (Australien). Eine 15 Jahre alte Ziege im Besitz von Nanbui Meghani in Bhuj (Indien) soll bis November 1984 ununterbrochen 12 Jahre lang Milch gegeben haben.

Der Weltrekord für die Erzeugung von Butterfett wird von der Holstein-Kuh *Breezewood Patsy Bar Pontiac,* gehalten, die in 3979 Tagen 7425 kg Butterfett produzierte. Ihr 365-Tage-Rekord wurde am 8. Oktober 1976 mit 1011 kg registriert.

ARBEITSREKORDE

Backrekord: Innerhalb von 40:44 Min. wurde am 10. September 1983 in der O. S. North's Bakery in Heydon (GB) auf dem Feld wachsender Weizen zu Brotlaiben gebacken.

Im Hühnerrupfen blieb Ernest Hausen (1877 bis 1955) aus Fort Atkinson, Wisconsin (USA), als Weltmeister unbesiegt, nachdem er diese Würde 33 Jahre lang innegehabt hatte. Er hatte am 19. Januar 1939 kontrollierte 4,4 Sek. gebraucht, um ein Huhn zu rupfen. Angeblich soll er einige Jahre später zweimal sogar nur 3,5 Sek. dafür benötigt haben.
Der Rekord für eine Damen-Vierermannschaft, die ein Dutzend Hühner zu rupfen hat, liegt bei 32,9 Sek., aufgestellt am 9. Oktober 1976 von Doreena Cary, Diane Grieb, Kathy Roads und Dorothy McCarthy beim alljährlichen Preisrupfen in Masaryktown, Florida (USA).

Kartoffelschälen. Mit Standardküchenmessern innerhalb von 45 Min. eine möglichst große Menge Kartoffeln schälen, so lautet die Rekord-Vorschrift. 266,5 kg Kartoffeln schälte am 17. März 1981 eine fünfköpfige Gruppe in Melbourne (Australien).
Ein Berliner Kartoffelschälteam, bestehend aus vier Hausfrauen und einer Schülerin, kam auf 167,2 kg Bintje-Kartoffeln am 29. Januar 1983 während der »Grünen Woche 83« in Berlin.

Im Melken stellte Andy Faust (nomen est omen!) im Jahr 1937 in Collinsville, Oklahoma (USA), einen Rekord auf, als es ihm gelang, innerhalb von 12 Std. 455 l Milch zu melken – selbstverständlich ohne Verwendung einer Melkmaschine.

Einen Melkrekord schaffte auch der österreichische Melkmeister Heinrich Cap (* 1929) aus Mistelbach. Bei der Praktischen Prüfung im Melklehrer-Ausbildungslehrgang an der Bayerischen Landesanstalt für Tierzucht in Grub erreichte er im Jahr 1958 in 25 Min. eine Melkleistung von 30,3 l. Das entspricht einer gesamten Milchmenge von 72 l pro Stunde.

Weltmeisterschaften im Pflügen wurden 1953 erstmals ausgeschrieben, bisher in 18 Ländern abgehalten und von Pflügern aus elf Ländern gewonnen. Dabei war Großbritannien mit acht Siegen am erfolgreichsten. Der einzige Teilnehmer mit drei Siegen war bisher Hugh Barr aus Nordirland: er siegte 1954, 1955 und 1956.

Der Acker wird schon ganz schön durchfurcht, wenn der Brite Robert Dee mit seinem Traktor Rekordzeiten im Pflügen aufstellt.

Die kürzeste Zeit für das Pflügen einer Fläche von einem Acre (0,404 ha; mindestens 32 Rechtskehren und 22 cm Tiefe) ist 11:21,8 Min. Robert Dee erzielte den Rekord am 1. November 1984 mit einem *Fiat*-Traktor des Typs *18c-90DT* auf der Hodstock Priory Farm in Blythe (GB).

Die größte Ackerfläche, die in 24 Std. umgepflügt wurde, ist 49,9 ha groß. Am 6./7. Juli 1978 pflügten David Griffiths und Pat Neylan im Nakuru-Distrikt (Kenia) mit einem *Lamborghini*-Traktor *R-1056 DT* mit 6 Pflugscharen bis zu einer Tiefe von knapp 18 cm. Vom 14. bis 24. November 1981 pflügte Frank Allinson aus Leyburn, Yorkshire (GB), ununterbrochen 250:09:50 Std.

Die Firma DMI Inc. aus Goodfield, Illinois (USA), brachte 1978 einen Pflug »Hydrawide« mit 21 Pflugscharen auf den Markt.

Im Schafscheren hält John Fagan, der am 8. Dezember 1980 auf der Hautora Farm in Pio Pio (Neuseeland) in 9 Std. 804 Lämmer maschinell schor – durchschnittlich 89,3 Tiere pro Std.! – den Schnelligkeitsrekord.
Bei einem Marathonscheren in Stewarts Trust, Waikia (Neuseeland), haben am 11. Februar 1982 vier Männer innerhalb von 29 Std. 2519 Schafe maschinell geschoren.

Lavor Taylor (* 27. Februar 1896) aus Ephraim, Utah (USA), nimmt für sich in Anspruch, bis Mai 1984 515 000 Schafe geschoren zu haben.
Für das Schafscheren mit der Hand betrug der Rekord seit 1899 350 Tiere innerhalb von 9 Std.; doch am 13. Februar 1976 wurde Peter Casserly aus Christchurch (Neuseeland) innerhalb von 9 Std. mit 353 Lämmern fertig.
Ein Merinolandschaf schor Heinz Wackersreuther aus Stein bei Nürnberg in Rekordzeit von 2:9 Min. anläßlich der Schafschurmeisterschaft 1981 in München.

Seinen Spinn-Rekord hat der Pensionär Max Edlinger (* 1922) aus Vorchdorf (Oberösterreich) erneut um fünf Std. auf jetzt 55 Std. vom 19. bis 21. Juli 1985 erhöht. An seinem Spinnrad wurden ca. 2 kg hochwertige Milchschafwolle zu einer Gesamtfadenlänge von 10 000 m versponnen.

Truthahnrupfen. In 7:32 Std. hat Vincent Pilkington aus Cootehill (Irland) am 15. Dezember 1978 100 Truthähne geschlachtet und gerupft. Sein Rekord für ein einzelnes Tier liegt bei 1:30 Min., aufgestellt am 17. November 1980 bei einer Fernsehsendung in Dublin.

Die Polizei läßt die Sau raus

Wildsau *Luise* spürt besser als jeder Suchhund Rauschgift und Sprengstoff auf. Deshalb wollte der Leiter der Polizei-Hundestaffel Hildesheim Werner Franke für *Luise* das gleiche Dienstrecht, das auch den Suchhunden zugedacht wird. Dieses Begehren brachte Unruhe in das niedersächsische Innenministerium. Erst ein Machtwort von Ministerpräsident Ernst Albrecht verhalf *Luise* zu ihrem Recht: als SWS (Spürwildschwein) bezieht sie nun für Unterkunft und Verpflegung monatlich 170 DM – wegen ihres größeren Appetits sogar 60 DM mehr als ihre Hundekollegen. ■

KUNST, MEDIEN, UNTERHALTUNG

Cats – das erfolgreiche Katzen-Tanzmusical für Millionen (S. 276)

1. MALEREI

Anfänge: Die ersten Belege für paläolithische (altsteinzeitliche) Kunst hat der Schweizer François Mayor (1779–1854) im Jahr 1833 bei Veyrier entdeckt, 5 km südwestlich von Genf. Es waren zwei harpunenähnliche Gebilde, die mit geometrischen Zeichen geschmückt sind. Die ältesten bestimmbaren Beispiele für diese Kunst wurden bei La Ferrassie in der französischen Landschaft Périgord gefunden. Entstanden sind sie etwa 25000 v. Chr. Die paläolithischen Künstler hatten Tiere und weibliche Symbole in Steinblöcke geritzt; auf einige Blöcke waren auch Symbole mit rotem Ocker gemalt. Ockerstücke mit Facetten-Grundierung, die am Mungosee im australischen Bundesstaat Neusüdwales gefunden wurden, sind wahrscheinlich sogar schon vor 30000 v. Chr. benutzt worden – ob zur Körperbemalung oder zu Kunst, ist allerdings nicht geklärt.

Das größte Gemälde der Welt war das *Panorama des Mississippi* aus dem Jahr 1846 von John Banvard (1815–91), das den Flußverlauf von 1930 km auf einer Leinwand von vermutlich 1525 m Länge und 3,65 m Höhe darstellte, also auf einer Fläche von mehr als 0,55 ha. Das Bild wurde wahrscheinlich total zerstört, als die Leinwandrollen, die in einem Schuppen in Cold Spring Harbor, Long Island, New York (USA), aufbewahrt wurden, kurz vor Banvards Tod am 16. Mai 1891 einem Feuer zum Opfer fielen.

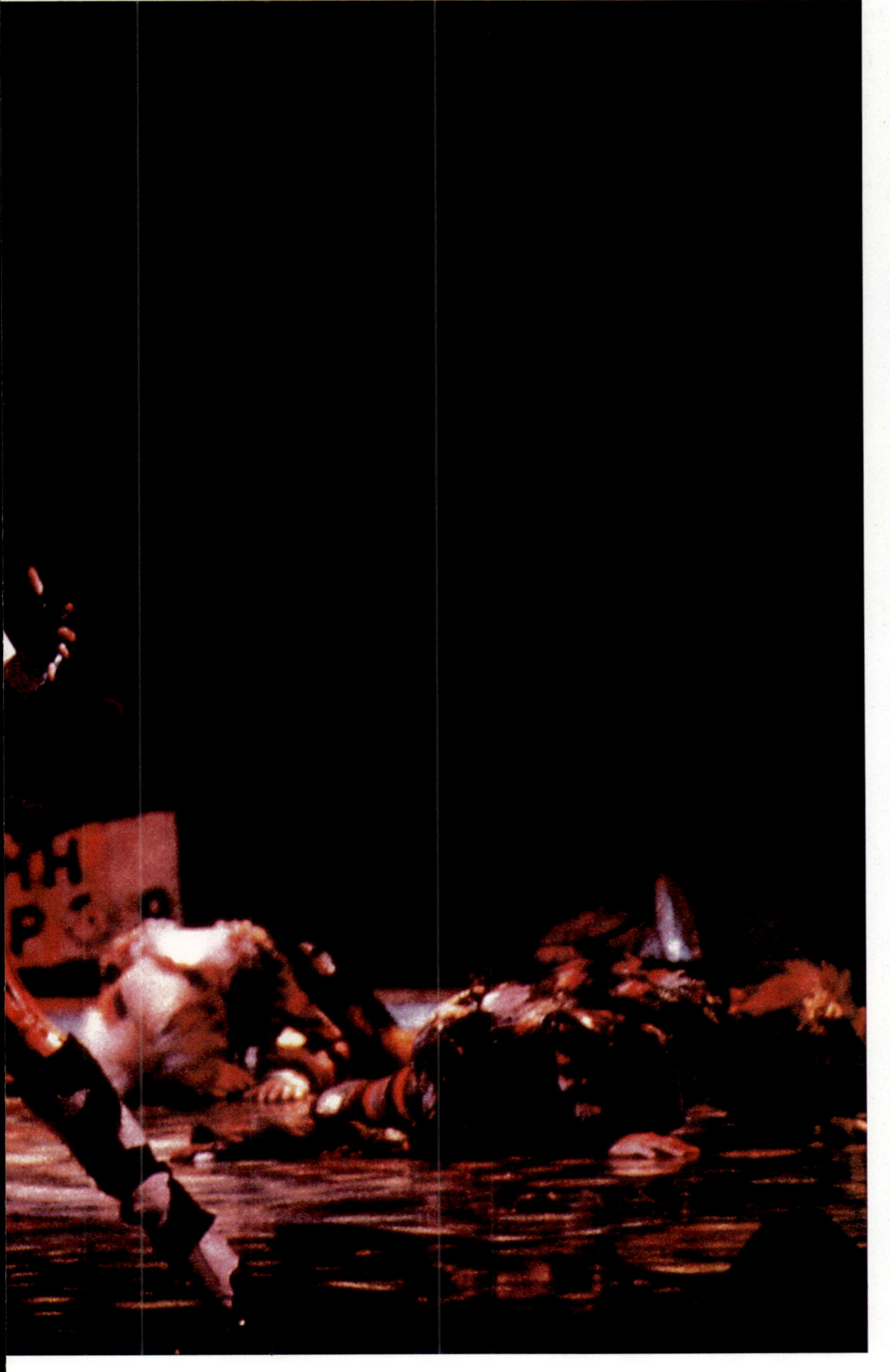

Ein größeres, nur noch teilweise existierendes Gemälde ist *Die Schlacht von Gettysburg*, das von dem Franzosen Paul Philippoteaux und 16 Assistenten nach zweieinhalbjähriger Arbeit 1883 fertiggestellt wurde. Das Bild war 125 m breit, 21,30 m hoch und wog 5,45 t. Es stellt den Höhepunkt der Schlacht von Gettysburg im Süden von Pennsylvania am 3. Juli 1863 dar. Es wurde 1964 von Joe King aus North Carolina (USA) erworben, nachdem E. W. McConnell es seit dem Jahr 1933 in einem Lagerhaus in Chikago aufbewahrt hatte.
Insgesamt 1020 m² groß ist das Gemälde *Das Leben Christi* von Jackson Bailey, das im Amerikanischen Institut für religiöse Kunst in Atlanta (Georgia) ausgestellt ist. Es entstand in den Jahren 1968–70 und setzt sich aus 50 jeweils 3,35 × 6,09 m großen vielfarbigen Tafeln zusammen.
Mehr als 800 verschiedene Tiere hat der Japaner Kimiko Hibino (* 1942) auf eine 3 km lange und 2,20 m breite Leinwand gebannt. Das Riesengemälde, am 27. Oktober 1985 fertiggestellt, wurde unter Mitarbeit von 3000 freiwilligen Helfern in Tokio der Öffentlichkeit am Ufer des Flusses Tamagawa präsentiert.

Das den Ausmaßen nach größte Gemälde eines »alten Meisters« ist *Il Paradiso* (Das Paradies), das Jacopo Robusti alias Tintoretto (1518–94) und sein Sohn Domenico (1565–1637) zwischen 1587 und 1590 auf die mit Leinwand bespannte Ostwand des Saals des Großen Rates im Dogenpalast von Venedig gemalt haben. Das Werk ist 22 m breit und 7 m hoch; es zeigt etwa 350 menschliche Figuren.

Als größtes Gemälde in der Bundesrepublik Deutschland gilt das Panoramabild *Die Kreuzigung Christi*, das in einem speziell dafür errichteten zwölfeckigen Kuppelbau im Wallfahrtsort Altötting (Oberbayern) untergebracht ist. Das Bild ist ca. 94 m lang und 12 m hoch. Es wurde 1902/03 von dem Maler Prof. Gebhard Fugel, unterstützt von Josef Krieger, mit Öl auf Leinwand gemalt und stellt im Rahmen eines Rundblicks über die Stadt Jerusalem und Golgatha die Kreuzigung Christi zum Zeitpunkt der im *Neuen Testament* erwähnten Sonnenfinsternis dar.

Das größte Bild in Österreich ist ebenfalls ein Panoramagemälde: *Die Andreas-Hofer-Schlacht am Berg Isel 1809*. Es befindet sich heute in einem Bauwerk in Innsbruck (Tirol). Gemalt wurde es 1896 von Zeno Diemer. Es ist 100 m lang, 10 m hoch und hat ein Gewicht von 3600 kg.

Das größte Bild der Schweiz, ebenfalls ein Panorama der *Kreuzigung Christi*, ist in Einsiedeln, Kanton Schwyz, zu sehen. Es wurde 1893 von dem Münchner Maler Frosch, dem Salzburger Krieger und dem Amerikaner Leigh (Baltimore) gemalt. 1960 ist es abgebrannt, wurde aber 1962 von den Wiener Malern Wulz und Fastl restauriert. Auch dieses Kolossalbild ist 100 m lang und 10 m hoch.

Ein Rekordbild von 2703 m² (2703 × 1 m) entstand vom 29. Februar bis 10. März 1984 im

Das kalifornische Getty-Museum hat am 18. April 1985 Andrea Mantegnas *Anbetung der Könige* zum Höchstpreis von 31,3 Mio. DM ersteigert.

schweizerischen Volketswil. Eine Autoviertelstunde von Zürich entfernt, schufen 3650 prominente Künstler und Hobbykünstler in 120 Std. Malzeit ein Riesenbild auf Syntosil-Spezialpapier. Der Initiator des Rekordes, der Schweizer Werbekaufmann Milo Schraner, ließ das Gemälde zugunsten der Schweizer Sporthilfe und des Umweltschutzes versteigern.

Die längste abstrakte Bildfolge schuf der Apotheker und Maler Rudolf Kley anläßlich des Duisburger Stadtjubiläums 1983. Das Mammutbild war 595,19 m^2 groß (1123 m lang, 0,53 m breit). Nach einer Ausstellung des Gesamtwerks 1985 in Essen wurde es meterweise für gemeinnützige Zwecke verkauft.

Der größte Comic strip entstand mit 577,5 m^2 (385 m lang, 1,50 m hoch) an einem Bauzaun im Hürth-Park-Einkaufszentrum bei Köln. Nach 28 Arbeitstagen konnten vier Kölner Hobbyzeichner Farbe und Pinsel am 26. März 1986 wegräumen: 84 Bilder erzählen die Erlebnisse zwischen Bauherrn und Handwerkern.
In dieser Rubrik werden nur noch die flächenmäßig größten Bilder aufgeführt.

Mini-Bilder. Kleinst-Künstler Walter Kleinschmidt (* 1917) aus Dortmund »malte« unter dem Mikroskop mit einem selbstgefertigten Pinsel aus zwei Haaren das Profil Friedrich Schillers wie das von Papst Johannes Paul II. auf einen Nagelkopf von 1 mm Durchmesser.
Der Nürnberger Hobby- und Miniaturmaler Georg Spieler (* 1927) malt mit einem Marderhaarpinsel Stecknadelkopf-Bilder in Öl. Die Clowns Grock, Rivel und Popov haben einen Durchmesser von 1,5 mm; ein Frauenkopf auf Leinwand hat eine Größe von 0,9 × 1,2 mm.

Das größte Plakat der Welt haben Studenten der Gakun-Universität in Osaka (Japan) am 7. Oktober 1984 vorgestellt: Es war 40,24 × 51,47 m oder 2071 m^2 groß.

Der Höchstpreis, der bisher für ein Poster bezahlt wurde, betrug 62000 Pfund (236034 DM). Für diese Summe wechselte am 1. April 1985 bei Christie's in London das von Koloman Moser (1868–1918) entworfene Ausstellungsplakat für die Wiener Messe im Jahr 1902 den Besitzer.

In dieser Rubrik werden nur noch die flächenmäßig größten Plakate aufgeführt.

Als wertvollstes Gemälde der Welt gilt die *Mona Lisa (La Gioconda)* von Leonardo da Vinci (1452–1519) im Louvre in Paris. Sie wurde für eine Versicherung auf die Höchstsumme von 100 Mio. Dollar (damals etwa 400 Mio. DM) geschätzt, als das Bild vom 14. Dezember 1962 bis 12. März 1963 in Washington und New York (USA) ausgestellt war. Es wurde jedoch keine Versicherung abgeschlossen, da die Kosten selbst für die strengsten Sicherheitsvorkehrungen niedriger waren als die Versicherungsprämie. Das Bild entstand um 1503–07 und mißt 77 × 53 cm; es soll Mona (Kurzwort für Madonna) Lisa Gherardini darstellen, die Ehefrau des Florentiners Francesco del Giocondo, oder aber Constanza d'Avalos (La Gioconda genannt), die Mätresse Giulianos de Medici. König Franz I. von Frankreich (1494–1547) erwarb das Gemälde 1517 für sein Badezimmer und bezahlte 4000 Goldgulden dafür bzw. 15,30 kg Gold. Dr. Pulitzer behauptet, das Leonardo-Bild im Louvre stelle Constanza dar. Die richtige, die wahre Mona Lisa sei zunächst in Florenz von William Blaker und später von seiner Schweizer Niederlassung in London erworben worden.

Das berühmteste klassische Gemälde, das von fortschreitender Zerstörung bedroht ist, ist Leonardo da Vincis Fresko *Abendmahl*, das er von 1495 bis 1498 für das Refektorium des Dominikanerklosters Santa Maria delle Grazie in Mailand (Italien) schuf. Das Wandgemälde, schon seit langem durch Mauerfeuchte und Bakterienfraß gefährdet, weist seit Anfang 1980 einen daumenbreiten, 2 m langen Riß auf, der vermutlich aufgrund von Bodenerschütterungen durch den Straßenverkehr oder durch ein Absinken der Klosterfundamente verursacht

wurde. Das Gemälde wird jetzt restauriert. Der Blick auf das Gemälde ist durch ein riesiges Gerüst gestört.

Die größte Rettungstat in der Kunstgeschichte dürfte in neuerer Zeit die waghalsige Bergung unersetzlicher Kulturgüter aus dem Benediktinerkloster Montecassino (529 n. Chr. gegründet) im Oktober 1943 gewesen sein. Vor der Zerstörung des Klosterbergs durch einen Bombenangriff konnten dank Initiative des Wiener Oberstleutnants Julius Schlegel mit 120 Armeelastern ein großer Teil des Archivs mit 80 000 Urkunden und 100 000 Bücher, Schriften, Pergamente, Codices und Inkunabeln sowie wertvolle Gemälde von Tintoretto, Tizian, Brueghel, Leonardo da Vinci und Raffael nach Rom in den exterritorialen Bereich des Vatikans gebracht werden.

HÖCHSTPREISE

Den Höchstpreis, der für ein Gemälde auf einer Auktion gezahlt wurde, erzielte *Die Anbetung der Heiligen Drei Könige* von Andrea Mantegna (1431–1506). Das Werk des italienischen Malers, das die Marquess of Northampton am 18. April 1985 bei Christie's in London versteigern ließ, wurde für 7,5 Mio. Pfund vom J.-Paul-Getty-Museum in Malibu (USA) erworben. Mit 8 Prozent Aufgeld ergibt das eine Summe von 8,1 Mio. Pfund (ca. 31,3 Mio. DM).

Einen Spitzenpreis im privaten Kunsthandel, die Summe wurde jedoch nie bekannt, erzielte das Gemälde *Abschied Christi von Maria* des Regensburger Malers Albrecht Altdorfer (um 1480–1538). Den Wert des Bildes schätzte Christie's auf rund 6 Mio. Pfund Sterling (damals 25,26 Mio. DM). Die National Gallery in London erwarb es im November 1980 von den Treuhändern der Sammlung Wernher, Luton Hoo (GB).

Der Höchstpreis, der bisher für das Gemälde einer Frau bezahlt wurde, beträgt 1,1 Mio. Dollar (2,66 Mio. DM). Für diese Summe wechselte am 17. Mai 1983 bei Christie's in New York *Reading Le Figaro* (Bei der Lektüre des Figaro) von Mary Cassatt den Besitzer. Die amerikanische Künstlerin hatte von 1845–1926 gelebt und hauptsächlich in Paris gearbeitet.

Der Auktionsrekord für ein abstraktes Gemälde liegt bei 1,512 Mio. Pfund (5,432 Mio. DM). Soviel war am 27. Juni 1983 bei Christie's in London dem Japaner Shigeki Kameyama eine Arbeit von Piet Mondrian (1872–1944) wert. Das Bild *Kompositionen in Rot, Blau und Gelb* ist 1930 entstanden.

Das bisher teuerste Miniatur-Porträt wechselte am 24. März 1980 bei Sotheby's in London für 75 000 englische Pfund (ca. 352 000 DM) den Besitzer. Es war eine Arbeit von Nicholas Hilliard (um 1547–1619). Er hatte 1574 die damals 21jährige Jane Broughton auf feinstem Pergamentpapier verewigt. Das Porträt mißt im Durchmesser gerade 42 mm.

Kein anderer lebender Maler erzielte bisher einen höheren Preis als Willem de Kooning am 2. November 1984 für sein Ölgemälde *Zwei Frauen* (s. S. 254).

Den Höchstpreis für ein Werk des 19. Jahrhunderts erzielte mit 3,470 Mio. Dollar (9,075 Mio. DM) *L'Attente* (Die Hoffnung) von Edgar Degas (1834–1917). Das Gemälde wurde am 18. Mai 1983 bei Sotheby Parke Bernet in New York versteigert.

Der Rekordpreis für ein impressionistisches Bild liegt nur knapp unter der allgemeinen Höchstmarke. Die *Landschaft bei Sonnenaufgang* von Vincent van Gogh (1853–1890) erbrachte am 25. April 1985 bei Sotheby Parke Bernet in New York 9 Mio. Dollar. Der anonyme Käufer, ein Privatsammler, mußte noch 10 Prozent Aufgeld, also alles in allem 9,9 Mio. Dollar (ca. 30,6 Mio. DM) bezahlen. Das Gemälde war aus dem Erbe der 1983 verstorbenen Florence J. Gould zur Versteigerung gekommen.

Den höchsten Auktionspreis für eine Druckgrafik erzielte das Rembrandt-Blatt *Christus zeigt sich dem Volk* aus dem Jahr 1655: Es wechselte am 5. Dezember 1985 bei Christie's in London für 561 600 Pfund (ca. 2,13 Mio. DM) den Besitzer. Angeboten worden war das Gra-

Die *Kompositionen in Rot, Blau und Gelb* des Niederländers Piet Mondrian wurden am 27. Juni 1983 zum teuersten abstrakten Gemälde der Welt (s. S. 253).

fikblatt von der Treuhandgesellschaft Chatsworth Settlement.

Den Höchstpreis für eine Zeichnung erreichte am 3. Juli 1984 bei Christie's, London, eine Studie, die Raffael (1483–1520) für die *Verklärung Christi* (Transfiguration) im Vatikan gemacht hatte. Die Zeichnung, die den Kopf und die linke Hand eines Apostels zeigt, war vom Herzog von Devonshire (GB) angeboten worden und fand für 13,3 Mio. DM einen neuen Besitzer. Es wird angenommen, daß die Raffael-Studie von Mrs. Seward Johnson aus den USA erworben wurde.

Den höchsten Auktionspreis, der für das Werk eines Malers zu dessen Lebzeiten bezahlt wurde, erzielte das Bild *Zwei Frauen* (56 × 71 cm) des in den Niederlanden geborenen Amerikaners Willem de Kooning (*24. April 1904). Es fand am 2. November 1984 bei Christie's in New York für 1 819 596 Dollar (damals 4,706 Mio. DM) einen neuen Liebhaber.

Die Stadt Basel zahlte im Dezember 1967 stolze 1,950 Mio. Dollar (damals etwa 7,8 Mio. DM), damit die Bilder *Zwei Brüder* (1905) und *Sitzender Harlekin* (1922) des Spaniers Pablo Picasso (1881–1973) dem Basler Kunstmuseum (Stiftung Staechlin) erhalten blieben.

Den Spitzenpreis für ein deutsches Aquarell bezahlte die Kunsthalle Bremen auf der Hirsch-Auktion am 20. Juni 1978 bei Sotheby's in London für ein Bild von Albrecht Dürer (1471–1528). Der Nettopreis betrug 2,456 Mio. DM; 10 Prozent Versteigerungsgebühr und der Zoll kamen noch dazu.

Der Spitzenpreis für das Gemälde eines österreichischen Künstlers betrug 3 Mio. öS (ca. 430 000 DM). Diese Summe wurde im November 1979 für ein Genrebild des Malers Ferdinand Georg Waldmüller (1793–1865) bezahlt.

Der höchste Preis, der je in der Bundesrepublik Deutschland von einem Museum für ein Gemälde bezahlt wurde, betrug 12 Mio. DM. Die Alte Pinakothek, München, erlegte diesen Betrag für das 205 × 135 cm große *Porträt des Willem van Heythuyzen* des Holländers Frans Hals (zwischen 1581 und 1585–1666). Fürst Franz-Josef von und zu Liechtenstein verkaufte es am 7. November 1969 zu diesem Preis an die Münchener Bildergalerie.

DIE PRODUKTIVSTEN MALER

Der produktivste aller Maler war Pablo Picasso (1881–1973). Man schätzt, daß er im Verlauf seiner 78 Jahre langen Karriere ungefähr 13 500 Gemälde oder Zeichnungen schuf, 100 000 Lithographien, Radierungen und Stiche, 34 000 Buchillustrationen und 300 Skulpturen und Keramiken anfertigte. Der Wert seines Lebenswerks wird auf 500 Mio. Pfund, also etwa 2 Mrd. DM nach heutigem Wert, geschätzt. Im Frühjahr und Sommer 1980 fand im New Yorker Museum of Modern Art die größte Picasso-Ausstellung des Jahrhunderts statt. Mehr als tausend Werke waren zu sehen. Nach dieser Ausstellung ging Picassos Antikriegsbild *Guernica* für immer nach Spanien.

Der produktivste Gebrauchsmaler ist Morritz Katz (*1932) in Greenwich Village, New York. Von ihm sagt man, daß er am 5. März 1986 sein 153 629. verkäufliches Bild »hingehauen« hat. Er verkauft seine Bilder billig und oft und wird der »King of Schlock Art« genannt.

Die meisten Kreis-Bilder dürfte der Düsseldorfer Künstler Eberhard Westphal (*1934) gemalt haben. Seit 1968 schafft er ausschließlich Kreise, pro Jahr etwa 80–100 Gemälde. Ende März 1983 waren es 1200. Was für den Maler eine Obsession ist, wirkt offenbar auf die Kunst-Einkäufer der öffentlichen Hand beruhigend: Westphals Kreis-Bilder schmücken viele Behörden- und Amtszimmer.

Der sein Motiv am häufigsten wiederholende Maler, Antonio Bin aus Paris, hat Leonardos *Mona Lisa* ungefähr 300mal gemalt; diese Kopien kosten bis zu 1000 Pfund, also etwa 3800 DM, pro Stück.

Der jüngste Maler, der je in einer bekannten Galerie ausgestellt hat, war Lewis Melville (Gino) Lyons (*1962). Gino war drei Jahre alt, als er sein Bild *Bäume und Affen* gemalt hat. 1967 wurde es in der jährlichen Sommerschau der Royal Academy of Arts in London gezeigt.

MAXIKUNSTWERKE

Die ältesten bekannten Wandgemälde auf von Menschenhand errichteten Mauern sind die Tonreliefs von Catal Hüyük in Südanatolien (Türkei). Sie zeigen Leoparden und sind um 6200 v. Chr. entstanden. Entdeckt wurden sie 1961 von James Malaart.
Die ältesten Fresken innerhalb des deutschen Sprachraums hat das St.-Proculus-Kirchlein bei Naturns, Südtirol (Italien). Sie stammen aus dem 8. Jh.
Nur wenig jünger, nämlich aus der Zeit um 830, sind die Wandmalereien der Krypta auf dem Petersberg bei Fulda (Hessen).

Das größte Wandgemälde der Welt ziert die 30 Stockwerke hohe Villa Regina an der Biscayne Bay, Florida (USA), es wurde am 14. März 1984 »enthüllt«. Es erstreckt sich über 27 870 m² und schimmert in 44 Farben.

Das längste Wandgemälde erstreckt sich über 460,20 m. 3000 Mitglieder des Star Jellybeans Club in Auckland (Neuseeland) pinselten es am 8. September 1985 in nur 6 Std. auf eine Mauer, welche die Fassadenseite des Aotea Centre umgibt. Flächenmäßig ist dieses Wandgemälde lediglich 1380,6 m² groß.

Künftig werden in dieser Rubrik allein die der Fläche nach größten Werke aufgenommen.

Das größte handgetriebene Kupferbild der Welt hat Bernd-Eckhard Schröder (*1947) aus Lingen (Ems) erstellt. Nach 1500 Std. konnte er sein aus Kleiderbügeln und Dübelholz gefertigtes Werkzeug am 15. Dezember 1982 beiseite legen. Napoleons Leben war auf ein 3,60 m hohes und 5,60 m breites Kupferbild von 1 t gebannt.

Ein Super-Fadenspannbild *Nordafrikanische Küstenlandschaft* aus 25 km Fadenlänge und 26 000 Nägeln entstand 1982 in 8 Monaten Arbeitszeit. Die 3. Kompanie des Panzerbataillons 354 aus der Hammelburger Saaleck-Kaserne nutzte so die Bereitschaft. Die Ausmaße des Superbildes: 8,43 m breit und 2,20 m hoch.

Ein Riesenfotokalender für das Jahr 1983 entstand als Ergebnis eines Fotowettbewerbs, den die Aktionsgemeinschaft Glas am Bau, Köln, und das Hamburger Kunstmagazin *art* ausgerichtet hatten. 12 Abreißmotive, unter dem Thema »Reflexionen« von Fotografen der Weltelite eingereicht, wurden im Superformat 1,20 × 1,60 m gedruckt.

Das längste Straßenbildermuseum der Welt dürfte die Stadt Geldern (Niederrhein) 6 Monate hindurch besessen haben. Am 28./29. August 1982 wurde dort der 4. Internationale Wettbewerb der Straßenmaler veranstaltet. 206 aktive Maler verwandelten die Gelderner Innenstadt auf einer Strecke von 738 m mit 234 Bildern (die mit Speziallack fixiert wurden) in ein buntes Straßenmuseum, in dem die Kunst mit Füßen getreten bzw. betreten werden durfte.

Das größte Pflastergemälde (201,02 m^2) entstand beim 2. Stadtfest von Horb am Neckar (Baden-Württemberg) am 14./15. September 1985. Die Pflastermaler Andy Tess, Bobby Baes, Jonny Mell und Ralph Munz verbrauchten 1450 Kreidestifte auf dem Schillerplatz – dann war es nach 9 Std. geschaffen.

Das größte Mosaik befindet sich an den Außenmauern der Zentralbibliothek der Universität in Mexiko City (Mexiko). Es handelt sich um vier Wände, von denen die beiden größten 1203 m^2 groß sind. Sie stellen die vorspanische Geschichte Mexikos dar. Der mexikanische Künstler Diego Rivera schuf dieses Kunstwerk.

Das größte Mosaik in der Bundesrepublik Deutschland bedeckt die Südwand des Wilhelm-Hack-Museums in Ludwigshafen. Auf einer Breite von 55 m und einer Höhe von 10 m wurde es im Frühjahr 1980 von Joan Miró und Juon Gardy-Artigas nach Entwürfen von Miró ausgeführt. Es ist auch das größte Mosaik, das Joan Miró bisher geschaffen hat.

Eine Weltmaschine aus Glockenhauben, Zahnrädern und Elektromotoren, Hämmern, Globen und Zählwerken, Trafos und Generatoren, die nichts produziert außer Licht, Klang und Bewegung hat der Kleinbauer Franz Gsellmann (1910–81) aus Edelsbach in der Steiermark konstruiert. Seine Riesenmaschine hat er nach dem Besuch der Brüsseler Weltausstellung 1958 begonnen. Nach 22 Jahren war ein 6 m hohes und 3 m breites Glitzerding aus »Schrott und Gläubigkeit« entstanden.

Das längste »Kunstwerk« entstand im Juni/Juli 1982 beim 3. Kunst-Lauf des Aktionskünstlers Gunter Demnig. Ein über 1000 km langer roter Seidenfaden *Ariadne* wurde auf der Strecke Kassel–Venedig kontinuierlich aus dem Rucksack abgespult. Nach 35 Tagen Fußmarsch waren so die beiden Hochburgen avantgardistischer Kunst, die Documenta und die »Biennale«, miteinander verbunden.

Das größte Kunstwerk aller Zeiten hat der »Verpackungskünstler« Christo geschaffen: Er umlegte 1983 in der Biscayne Bay von Florida (USA) 11 Inseln mit flamingofarbenen Plastikfolien. Christos rosarotes Kunststück war schweißtreibend; die Inselwelt, die bedeckt werden mußte, war 603 000 m^2 groß.

MUSEEN

Das älteste Museum ist das Ashmolean-Museum in Oxford (GB), das 1679–83 erbaut wurde. Seit 1924 zeigt es eine Ausstellung historischer wissenschaftlicher Apparate.

Das größte Museum ist das Amerikanische Museum für Naturgeschichte in New York. Es wurde 1874 gegründet und umfaßt 19 miteinander verbundene Gebäude mit einer Fläche von 9 ha.

Den größten Museumskomplex der Welt unterhält die Smithsonian-Stiftung (USA). Ihre 13 Museen (5600 Mitarbeiter) locken jährlich rund 24 Mio. Besucher an.

Populärstes oder publikumsstärkstes Museum der Welt ist das im Juli 1976 eröffnete Smithsonian-Museum für Luft- und Raumfahrt in Washington (USA). Als zum Beispiel 1984 an einem einzigen Tag bereits 118 437 Besucher durchgeschleust worden waren, mußten die Pforten des Museums vorübergehend geschlossen werden.

Der älteste für öffentliche Benutzung vorgesehene Museumsbau auf dem europäischen Kontinent ist das Fridericianum in Kassel, erbaut 1769–79. Es wurde 1943 durch Kriegseinwirkung zerstört. Nachdem der Außenbau wiederhergestellt worden ist, dient es seit dem Jahr 1955 der periodischen Ausstellung moderner Kunst, der Documenta.

Die größte Kunstgalerie sind der Winterpalast und die benachbarte Eremitage in Leningrad (UdSSR). Man muß 24 km gehen, um jede der 322 Galerien zu besichtigen, in denen drei Mio. Kunstobjekte und Stücke von archäologischem Interesse untergebracht sind.

Das kleinste Kunstmuseum befindet sich im Kunsthaus von Zürich (Schweiz). Es ist das Schubladenmuseum des Berner Künstlers Herbert Distel, das aus einem alten Kasten für Nähseidenspulen besteht. In seinen 500 kleinen »Räumen«, die sich auf 20 Schubladen verteilen und von denen jeder 57 mm breit, 43 mm hoch und 48 mm tief ist, befinden sich zahlreiche Werke von Künstlern des 20. Jh.s, darunter welche von Miró, Picasso, Marcel Duchamp, Joseph Beuys und Andy Warhol. 1977 hat Distel, der sein Schubladenmuseum inzwischen den Züricher Bürgern geschenkt hat, damit eine Ausstellungstournee durch Europa, die USA und Israel unternommen.

Der erste autonome Museumsbau in Deutschland ist die Glyptothek in München, die 1816–30 unter König Ludwig I. von Bayern (1786–1868) von Leo von Klenze errichtet wurde.

Mit flamingofarbener Plastikfolie verhüllte 1983 der bulgarische Verpacker Wladirow Gowacheff Christo 11 Inseln in der Biscayne Bay vor Miami.

Einen »Traumpalast für kostbare Kunst« in Pastellweiß mit Spiegelkabinett und Acrylglas-Dachkuppel erhielt die Gemäldegalerie Mensing in Hamm.

Diese Teilansicht eines Paderborner Dorfes zeigt einige der 82 historischen Objekte des Westfälischen Freilichtmuseums Detmold.

Das größte moderne Kunstmuseum ist das Centre Georges Pompidou für Kunst und Kultur, das 1977 in Paris, nahe der Stelle, an der sich früher die Markthallen befanden, eröffnet wurde und das eine Fläche von 17700 m² umfaßt.

Das älteste Kunstmuseum der Welt ist das im Jahr 1471 gegründete Kapitolinische Museum in Rom (Italien).

Als ältestes Museum in der Bundesrepublik Deutschland gilt das Hessische Landesmuseum in Kassel. Es besteht seit dem Jahr 1779.

Die kostbarste und teuerste private Gemäldesammlung der Welt befindet sich im Schloß der Fürsten von Liechtenstein in Vaduz.

Das größte kulturgeschichtliche Museum ist das Römisch-Germanische Museum in Köln.

Das größte technische Museum ist das Deutsche Museum in München, das eine Ausstellungsfläche von fast 40000 m² hat. 1982 haben 1,3 Mio. Besucher die größte Technikschau Europas besichtigt.

Als größte Kunstgalerie Europas gilt die Gemäldegalerie Mensing in Hamm-Rhynern (Nordrhein-Westfalen). Auf einer Fläche von 1750 m² bietet das Kunst-Center unter einem Dach eine Auswahl von 8300 Gemälden mit einem Gesamtwert von ca. 25 Mio. DM.

Das größte Freilichtmuseum in Europa schuf der Arzt Andreas Sandwig in Lillehammer (Norwegen). Es enthält über 100 alte Gebäude.

Das größte Freilichtmuseum in Deutschland ist das Westfälische Freilichtmuseum in Detmold (Nordrhein-Westfalen). Seit 1966 wurden auf 80 ha bisher 82 historische Gebäude aufgebaut. Mit ihrer vollständigen Inneneinrichtung geben sie den jährlich etwa 250000 Besuchern einen anschaulichen Überblick über die ländliche Bau-, Wohn- und Wirtschaftskultur Westfalens.

Das erste »Imaginäre Kunstmuseum der Welt« wurde im November 1979 in Wasserburg a. Inn (Oberbayern) eröffnet. Allerdings werden dort keine Originale, sondern meisterliche Reproduktionen (sog. Repliken) weltberühmter Gemälde und Grafiken ausgestellt, die der Kunstmaler Günter Dietz in seiner in Lengmoos (Oberbayern) angesiedelten Offizin seit 25 Jahren herstellt. Es sind absolut originalgetreue, nach einem Spezialverfahren hergestellte Drucke von Werken so berühmter Künstler wie Brueghel, Picasso, Chagall, Spitzweg, Gauguin, Kandinsky, Miró, Klee, Cézanne usw. bis zu zeitgenössischen Malern wie Hundertwasser, Fuchs, Dalí, Grandma Moses zu sehen.

Das reichste Museum der Welt ist das 38 Galerien umfassende J.-Paul-Getty-Museum im kalifornischen Malibu (USA). Es ist 1974 mit einem Etat von rund 3 Mrd. DM ausgestattet worden. Für Neuerwerbungen stehen jetzt jährlich 395,9 Mio. DM zur Verfügung.

Das erste Katzenmuseum der Welt wurde am 12. Juni 1982 in Riehen (Schweiz) eröffnet. Die »liebenswürdigste Museumsschau« für Katzenfreunde und -liebhaber umfaßt inzwischen ca. 20000 Objekte aus Porzellan, Steingut, Gips, Zement, Stein ... bis hin zu Postkarten und Briefmarken und natürlich einer Katzenbibliothek, -dokumentation und einem Katzenarchiv.

Das größte historische Miniaturschuhmuseum hat der ehemalige Schuhindustriemeister Richard Fenchel (*1913) aus Butzbach (Hessen) in 50jähriger Hobbyarbeit aufgebaut. Das kostete weit über 20000 Arbeitsstunden. Nach historischen Vorbildern, über selbstgeschnitzte Leisten und unter Verwendung zeitgerechter Materialien, entstanden vom Neandertal-Modell bis zum flotten Stöckelschuh in maßstabgerechter 1:3-Verkleinerung 955 naturgetreue Schuhnachbildungen.

2. BILDHAUEREI

Anfänge: Bei Pech de l'Aze in der französischen Dordogne ist 1973 eine Ochsenrippe gefunden worden, die aus der Riß-Eiszeit – ca. 105000 v. Chr. – stammt. Auf einer Seite der Rippe waren mehrere Linien eingeritzt, von denen man annimmt, daß sie dort möglicherweise bewußt eingearbeitet worden sind. Aus der Zeit um 100000 v. Chr. stammt offenbar ein bogenförmiges und mit rotem Ocker poliertes Elfenbeinplättchen, das am mittelpaläolithischen Grabungsort Tata in Ungarn gefunden wurde. Sein Alter ist nach der Thorium-Uran-Methode bestimmt worden.

Die ältesten Skulpturen sind Tierdarstellungen, die 30000–27000 v. Chr. aus Mammut-Elfenbein geschnitzt worden sind und 1931 in der Vogelherdhöhle im Lonetal auf der Schwäbischen Alb entdeckt wurden. Die nur wenige Zentimeter großen Figuren zeigen die stärk-

sten Beutetiere – Bär, Bison, Höhlenlöwe, Mammut und Wildpferd – der prähistorischen Jäger. Die Skulpturen können in der Alten Bibliothek der Universität Tübingen besichtigt werden.

Teuerste Skulptur der Welt ist die Bronzestatue eines jungen Athleten aus dem 4. Jh. v. Chr. Sie wird der Schule des Lysipp von Sikyon zugeschrieben. Italienische Fischer haben die Statue 1963 bei Faro aus dem Meer geborgen. 1977 wurde sie in London für 3,9 Mio. Dollar vom amerikanischen J.-Paul-Getty-Museum, Malibu (Kalifornien), erworben.

Den Höchstpreis für das Werk eines lebenden Bildhauers erzielte mit 1,265 Mio. Dollar (3,04 Mio. DM) am 21. Mai 1982 bei Sotheby Parke Bernet in New York die Plastik *Reclining figure* des Briten Henry Moore (*30. Juli 1898). Die Skulptur ist aus Ulmenholz und 190,5 cm lang.

Die größten Skulpturen der Welt sind die Reiterstandbilder von Jefferson Davis (1808–89), General Robert Edward Lee (1807–70) und General Thomas Jonathan Jackson (1824–63) bei Atlanta, Georgia (USA). Sie sind 27,40 m hoch und nehmen auf der Stirnseite des Stone Mountain 0,5 ha ein. Roy Faulkner hat mit Hilfe eines Spezialschweißbrenners, des Bildhauers Walter Kirtland Hancock und anderer Mitarbeiter 8 Jahre und 174 Tage an den Riesenskulpturen gearbeitet – vom 12. September 1963 bis 3. März 1972.
Nach ihrer Fertigstellung wird allerdings die Skulptur eines indianischen Häuptlings das größte Denkmal der Welt sein: die Skulptur des Ta-Shunca-Witko (um 1840–77), genannt Crazy Horse, vom Oglala-Stamm der Sioux-Gruppe wurde am 3. Juni 1948 in der Nähe des Mount Rushmore in South Dakota (USA) begonnen.

Der naturgetreue Nachbau einer römischen Villa im kalifornischen Malibu ist das reichste Museum der Welt: das J.-Paul-Getty-Museum.

Sie soll 1701,6 m hoch und 195 m breit werden und ist das unvollendete Lebenswerk eines einzigen Mannes – von Korczak Ziółkowski (1908–82). Die Arbeit an der Riesenskulptur wird auch nach seinem Tod fortgesetzt. So sind 1984 weitere 200 000 t Granit aus dem Felsmassiv gesprengt worden. Insgesamt mußten bisher 7,8 Mio. t Gestein dem Kunstwerk weichen. Ein Beispiel für dessen Ausmaße: Allein die Nüstern des Pferdes sind 15,2 m tief in den Felsen gehauen und haben 10,7 m Durchmesser.

Bodenreliefs: In der Nazcawüste 300 km südlich von Lima (Peru) sind Linien zu sehen (eine davon ist mehr als 11,2 km lang), die – aus der Luft betrachtet – geometrische Formen und solche von Pflanzen oder Tieren darstellen, die zwischen 100 v. Chr. und 600 n. Chr. zu unbekanntem, aber wahrscheinlich religiösem, astronomischem oder sogar wirtschaftlichem Zweck von einer noch unbekannten Zivilisation gezeichnet wurden. Sie wurden erst 1928 aus der Luft entdeckt. Im August 1968 wurde in der Nähe von Tarapacá (Chile) eine 100 m lange Figur ähnlicher Art entdeckt.
Die größte derartige Figur eines Menschen in Europa ist der *Lange Mann* von Wilmington, Ost-Sussex (GB). Er mißt 68 m.
Die größte Tierfigur in Europa ist das *Weiße Pferd* von Uffington (GB). Sie stammt aus der späteren Eisenzeit (etwa 150 Jahre v. Chr.). Ihre Maße: 11 m von der Nase bis zum Schwanz und 36 m von der Ohrspitze bis zum Vorderhuf.

Die größte Bronzestatue der Bundesrepublik Deutschland ist die 20,5 m hohe, von Ludwig Schwanthaler (1802–48) entworfene, in den Jahren 1844–50 von Ferdinand von Miller (1813–87) gegossene *Bavaria* an der Theresienwiese von München (Bayern).

Das weltgrößte Mobile heißt *White Cascade* (Weiße Kaskade), ist 8 t schwer und mißt von oben bis unten 30,48 m. Installiert wurde es am 24./25. Mai 1976 in der Federal Reserve Bank von Philadelphia (USA). Konstruiert hat das gewichtige Kunstwerk Alexander Calder (1898–1976); seine ersten Mobiles sind 1932 in Paris ausgestellt worden.

Den Begriff *Mobile* hat übrigens der französische Maler und Exzentrik-Künstler Marcel Duchamp (1887–1968) erst im Jahr 1932 populär gemacht.

Die größte Eule der Welt hat der österreichische Bildhauer Erich Gerer (*1945) in Hamburg/Hausbruch geschnitzt. Nach 7 Monaten hat er mit Motorsägen, Schnitzmessern und Schleifmaschinen aus einem afrikanischen Kosipoholz im September 1982 ein Riesen-Uhu-Kunstwerk (7 m hoch, 2,10 m Durchmesser, 17 t schwer) fertiggestellt. Aus dem Stamm einer jahrhundertealten Eiche hat er einen 7 m hohen Adler geschnitzt. Die 3 t schwere Plastik steht im Vogelpark Walsrode in Niedersachsen.

Das längste, tiefste und zugleich nahezu unsichtbare plastische Kunstwerk der Welt ist ein genau 1 km langer Messingstab. Er wurde 1977 anläßlich der Documenta 6 von dem amerikanischen Künstler Walter de Maria in den Friedrichsplatz von Kassel versenkt.

Das Gleichnis vom barmherzigen Samariter aus dem Welfen-*Evangeliar*. Diese kostbare Handschrift Heinrichs des Löwen erzielte den höchsten Preis für ein Kunstobjekt (s. S. 263).

3. SPRACHE UND LITERATUR

Früheste Sprach- und Schriftzeugnisse: Die Fähigkeit zu sprechen geht vermutlich auf eine physiologische Veränderung des Kehlkopfes zurück: der Larynx wurde höher. Mit dieser Entwicklung, die etwa 45000 v. Chr. in der Übergangszeit vom *Homo erectus* zum *Homo sapiens* vonstatten ging, entwickelte sich auch das Sprachtalent des Menschen. Die ältesten Zeugnisse für eine geschriebene Sprache sind Reste von Tontafeln aus der Yangshao-Kultur, die 1962 in Paa-t'o bei Xi'an (Sian) gefunden wurden. Sie zeigen die Urformen für die Ziffern 5, 7 und 8 und sind auf 5000–4000 v. Chr. datiert worden. Die älteste datierbare Bilderschrift ist um 3400 v. Chr. unter den Herrschern Uruk V/VI im Irak auf Tontafeln festgehalten worden. Das ergaben Untersuchungen im Jahr 1979, nachdem bei Nippur im Südirak entsprechende Tontafeln mit Piktogrammen entdeckt worden waren. Schon 8500 v. Chr. waren Kerbhölzer oder Hölzer mit eingeritzten Symbolen in Gebrauch, die in Tepe Asiab und Ganji-I-Dareh Tepe im Iran entdeckt worden sind.

Die älteste geschriebene Sprache ist Chinesisch. Sie hat seit mehr als 6000 Jahren, von der Yangshao-Kultur bis heute, eine ununterbrochene Geschichte.

Heute werden auf der ganzen Welt etwa 5000 Sprachen und Dialekte gesprochen. Davon sind rund 845 indischen Ursprungs.

Die meistgesprochene Sprache der Welt ist Nordchinesisch oder Mandarin. Mit ihr verständigen sich etwa 68 Prozent der Bevölkerung (1983 etwa 695 Mio. Menschen). Die sogenannte Nationalsprache (Guóyǔ) ist ein modifiziertes Nordchinesisch (Běifanghuà), wie es im Gebiet von Peking gesprochen wird. Daraus wurde 1913 ein Alphabet mit 37 Buchstaben von Wa Chih-hui (1865–1953) entwickelt (Zhùyīn fùhào). Am 11. Februar 1938 schließlich wurde das Hanyu-Pinyin-Fang'an-System eingeführt, eine phonetische Anleitung zur Aussprache.

An zweiter Stelle steht Englisch. Es wurde Mitte 1981 von schätzungsweise 400 Mio. Menschen gesprochen. Insgesamt war Englisch für mehr als 10 Prozent der Weltbevölkerung die Muttersprache.

Die kompliziertesten Sprachen: Chippewa, eine Indianersprache im nordamerikanischen Minnesota, hat mit rund 6000 die meisten Verbformen; Tillamook, eine Indianersprache in Oregon (USA), verfügt über 30 Vorsilben; Tabassaran, eine Sprache im sowjetischen Dagestan, kennt 35 Fälle für Substantive; in der Eskimosprache gibt es 63 Gegenwartsformen, einfache Hauptwörter können bis 252 verschiedene Aussprachen haben.

Das aus 40 Bänden bestehende chinesische *Chung-wén-Tà-Tz'u-tiěn*-Wörterbuch enthält eine Liste von 49905 Schriftzeichen. Die vierte Betonung von »i« hat z. B. 84 Bedeutungen, angefangen von *Kleid* und *Schluckauf* bis zu *zügellos*. Die Schriftsprache besitzt für »i« 92 verschiedene Zeichen. Das komplizierteste Schriftzeichen im Chinesischen steht für »xiè«, besteht aus nicht weniger als 64 Strichen und bedeutet *gesprächig*. Das komplizierteste Schriftzeichen, das noch benutzt wird, ist »yù« (32 Striche) und bedeutet *drängen* oder *anflehen*.

Unregelmäßige Verben: Die Kunstsprache Esperanto, die sein Schöpfer Dr. Ludwig Zamenhof (1859–1917) aus Warschau erstmals 1887 vorgestellt hat, kommt ganz ohne unregelmäßige Verben aus. Nach den Auflagen der Wörterbücher wird sie heute von schätzungsweise 1 Mio. Menschen gesprochen. Die noch ältere internationale Kunstsprache Volapük, die sich Johann Martin Schleyer (1831–1912) ausgedacht hat, kennt ebenfalls nur regelmäßige Verben. Die türkische Sprache kennt ein einziges unregelmäßiges Verb »ólmak« (sein).

Der seltenste Sprachlaut ist vermutlich der, der im Tschechischen »ř« geschrieben wird. Er kommt in ganz wenigen Sprachen vor und macht den Kindern in der ČSSR die meisten Schwierigkeiten. In der Buschmännersprache (sie heißt !xo) gibt es einen Klicklaut, der mit beiden Lippen erzeugt wird und der ⊙ geschrieben wird. Das »l« im arabischen Wort »Allah« wird in manchen Zusammenhängen wie in keiner anderen Sprache ausgesprochen.

Der häufigste Sprachlaut ist der Vokal »a«; er fehlt in keiner der bekannten Sprachen.

Der am häufigsten benutzte Buchstabe der deutschen Sprache ist »e«, gefolgt von »n«, »i«, »r« und »s«.

Kleinster Wortschatz: Khasar ist eine ausgestorbene Sprache. Nach der *Großen Sowjetischen Enzyklopädie* hat ein einziges Wort überlebt. Es heißt »oqurüm« und bedeutet »Ich habe gelesen«.

Die Anfänge der deutschen Sprache können frühestens auf das 6.–8. Jh. n. Chr. festgelegt werden. Als ihre ältesten Zeugnisse in schriftlicher Überlieferung gelten die *Merseburger Zaubersprüche* und das *Wessobrunner Gebet*, beide aus dem 9. Jh. Fragmentarisch erhalten (jetzt im Hessischen Landesmuseum Kassel) ist das *Hildebrandslied*, ein Heldenepos, das um 820 n. Chr. im Kloster Fulda niedergeschrieben wurde. Die wesentlich ältere Bibelübersetzung des Bischofs Wulfila (um 350) ist nicht in Althochdeutsch, sondern in gotischer Sprache geschrieben, einer indogermanischen Sprachform, die ausgestorben und noch nicht endgültig entziffert ist.

Der indogermanische Sprachstamm ist der Ursprung der Sprachen, die von mehr als der Hälfte aller Erdbewohner gesprochen werden. Der nächstgroße Sprachstamm ist das Tibeto-Chinesische, aus dessen Sprachfamilien sich die Sprachen von mehr als 1 Mrd. Menschen entwickelt haben.

Der Wortschatz der deutschen Sprache umfaßt rund 300 000 Wörter, dazu etwa 100 000 Fachwörter. Im täglichen Sprachgebrauch werden nur 12 000 bis 16 000 verwendet. Nach einer Untersuchung des Mannheimer Instituts für deutsche Sprache, bei der mehr als 2,2 Mio. deutsche Wörter von Computern erfaßt wurden, stellte sich heraus, daß Anfang 1980 bereits über 24 000 Wörter in der DDR unterschiedlich zur Bundesrepublik Deutschland benutzt werden. Besonders gravierend sind die Verständigungsschwierigkeiten auf den Gebieten Ideologie, Partei, Staat, Verwaltung, Rechtswesen und Wirtschaft. Aber auch Ausdrücke wie *softig* für *weich* in der Bundesrepublik Deutschland gebraucht, werden jenseits der Elbe ebenso wenig verstanden wie das in der DDR übliche *Broiler* für Brathähnchen am Rhein.

Die meisten Sprachen unter den lebenden Menschen der ganzen Welt beherrscht Georges Henri Schmidt (* 1914 in Straßburg, jetzt Frankreich), von 1961 bis 1971 Chef der Terminologieabteilung der Vereinten Nationen. In *Who's Who in the United Nations* gab er »nur« 19 Sprachen an, da er keine Zeit hatte, seine frühere, fließende Beherrschung von 12 weiteren Sprachen aufzufrischen.
Powell Alexander Janalus (* 1939) vom Staatsgerichtshof von British Columbia in Vancouver (Kanada) ist vermutlich der mit den meisten Sprachen konfrontierte Mensch: Bisher waren es 41.
In der Vergangenheit wurden Kardinal Mezzofanti (1774–1849), der 26 oder 27 Sprachen fließend beherrschte, Professor Rask (1787–1832), Sir John Bowering (1792–1872) und Dr. Harold Williams aus Neuseeland (1876–1928), die 28 Sprachen fließend sprachen, als die größten Sprachgenies angesehen.
Wenn man sich an den Maßstab des relativ fließenden und korrekten Sprechens hält, ist es allerdings ziemlich zweifelhaft, ob irgendein Mensch wirklich mehr als 20–25 Sprachen gleichzeitig beherrschen kann.

ALPHABET

Anfänge: Der älteste Beleg für eine alphabetische Schreibweise stammt aus dem syrischen Ugarit (heute: Ras Sharma). Dort wurde eine Schreibtafel aus der Zeit um 1450 v. Chr. gefunden, die 32 Keilschriftzeichen aufweist. In der Gegenwart sind 65 Alphabete in Gebrauch.

Der älteste Buchstabe ist »O«, der seit seiner Einführung ins phönizische Alphabet um 1300 v. Chr. unverändert geblieben ist.

Die meisten Buchstaben hat Kambodschanisch mit 72 (einschließlich solcher, die nicht mehr verwendet werden); Rotokas, das im Inneren der Insel Bougainville gesprochen wird, hat mit 11 (a, b, e, g, i, k, o, p, r, t und u) die wenigsten.
Amharisch hat 231 Zusammensetzungen von 33 Grundsilbenformen, von der jede sieben Abwandlungen hat; Amharisch kann deshalb nicht als alphabetische Sprache bezeichnet werden.

Die meisten Konsonanten hat die kaukasische Sprache Ubyx mit 80–85, die wenigsten, nämlich nur 6, hat Rotokas auf der Insel Bougainville.

Das Wort mit den meisten Konsonanten in der deutschen Sprache ist *Angstschweiß*. Es hat acht aufeinanderfolgende Konsonanten.

Die meisten Vokale hat Sedang, eine zentralvietnamesische Sprache, die 55 verschiedene Selbstlaute hat. Die mit den wenigsten ist Abchasisch, eine kaukasische Sprache mit nur zwei Vokalen.
Ein Wort mit vier gleichen Vokalen hintereinander ist das estnische *jääääрne*, was »Rand des Eises« bedeutet. Uoiauai, eine Sprache, die im brasilianischen Bundesstaat Pará gesprochen wird, besteht aus nur sieben Vokalen.
Aus 8 verschiedenen (und insgesamt 10) Konsonanten besteht ein Wort aus der Sprache der Georgier (UdSSR): Es heißt »gvprtskvnis« und bedeutet »er beobachtet uns«.

Die größten Buchstaben enthält die 183 m lange Inschrift READYMIX auf dem Boden des im Dezember 1971 angelegten Nullarbor bei East Balladonia (West-Australien).

Die kleinsten Buchstaben hat Michael Isaacson von der Cornell-Universität, Ithaca (New York), im Februar 1982 mit einem Elektronenstrahl in einen Salzkristall geätzt. Die zwei Wörter MOLECULAR DEVICES (Molekular-Muster) machen sich auf nur 2 bis 3 nm (10^{-9}) breit. Das entspricht etwa der Größe von 20 Wasserstoffatomen.

WÖRTER

Die längsten Wörter: Wortreihen oder auch zusammengesetzte Wörter (Agglutinationen) und aus dem Stegreif gebildete Wörter wurden und werden gelegentlich wie ein Wort geschrieben.
Ein zusammengesetztes Wort aus dem Sanskrit bringt es auf 195 Schriftzeichen. In lateinischer Schrift umschrieben, ist es sogar 428 Buchstaben lang. Das Wort bezeichnet eine Region bei Kanci, Tamil Nadu (Indien), und entstammt einem Werk, das Tirumalāmbā, die Königin von Vijayanagara, im 16. Jh. verfaßt hat.

Das längste Wort, das je in einem literarischen Werk erschien, findet man in der Komödie *Ekklēsiazusai* (Die Weibervolksversammlung) des Aristophanes (448–380 v. Chr.). In Griechisch ist das Wort 170 Buchstaben lang, in lateinischer Schrift 182:
Lopadotemachoselachogaleokranioleipsanodrimhypotrimmatosilphioaraomelitokatakochymenokichlepikossyphophattoperisteralektryonoptekephalliokigklopeleiolageiosiraiobaphetraganopterygon.
Das Wort bezeichnet ein Gericht mit 17 verschiedenen süßen und sauren Zutaten wie Meerbarbe, Hirn, Honig, Essig, saure Gurken, Mark und Ouzo (ein griechischer Anisschnaps).

Das längste bekannte Palindrom, das sind Worte oder Sätze, die vorwärts und rückwärts gelesen gleich lauten, ist *saippuakivikauppias* (19 Buchstaben). Es ist das finnische Wort für einen Seifensieder.
Auf 13 Buchstaben kommt das Wort *Reliefpfeiler. Malayalam* ist ein Eigenname aus 9 Buchstaben, mit dem die Sprache der Malayalis in Kerala bezeichnet wird.
Kanakanak, ebenfalls aus 9 Buchstaben bestehend, ist ein Ort in der Nähe von Dillingham, Alaska (USA).
Die ausgetüftelte chemische Bezeichnung *detartrated* hat 11 Buchstaben.
Einige Taufbrunnen in Griechenland und der Türkei tragen die ringförmige, aus 25 Buchstaben bestehende Inschrift

NIψON ANOMHMATA MH MONAN OψIN

Sie bedeutet: *Wasche (meine) Sünden, nicht nur (mein) Gesicht.*

Der längste Palindrom-Text besteht aus 65 000 Wörtern und wurde im Januar 1983 von Edward Benbow aus Bewdley (GB) zusammengestellt. Er beginnt mit *»Rae hits Eb, sire. Eb ...«* und endet daher erwartungsgemäß *»Beer is best, I hear«.*

Der längste wissenschaftliche Name ist ein Ungetüm von etwa 207 000 Buchstaben. Er ist die Bezeichnung für die Desoxyribonukleinsäure in den menschlichen Mitochondrien, die 16 569 Nukleotide enthalten. Die Schlüsselformel ist am 9. April 1981 in der Fachzeitschrift *Nature* veröffentlicht worden.

Die längste bekannte Abkürzung ist S. K. O. M. K. H. P. K. J. C. D. P. W. B., die Initialen der *Syarikat Kerjasama Orang-Orang Melayu Keranjaan Hilir Perak Kerana Jimat Cermat Dan Pinjaman Wang Berhard.* Dies ist der malayische Name für die Kooperative Spar- und Kreditgesellschaft mit beschränkter Haftung der Angestellten der Malayischen Regierung von Niederperak in Teluk Anson, Perak, Westmalaysia (früher Malaya). Die Abkürzung ist *Skomk.*
Der aus 55 Buchstaben bestehende vollständige Name von Los Angeles (El Pueblo de Nuestra Señora la Reina de los Angeles de Porciuncula) wird zu L. A. oder 3,63 Prozent der Gesamtlänge abgekürzt.

Die kürzeste Art, einen komplizierten Sachverhalt auszudrücken, kennt vermutlich ein Dialekt, der im südlichen Argentinien und in Chile gesprochen wird. »Sich nach jemandem in der Hoffnung umsehen, daß dir der Betref-

Die Plasmastruktur eines bakteriellen DNS-Moleküls, dessen wissenschaftlicher Name sich aus über 200 000 Buchstaben zusammensetzt.

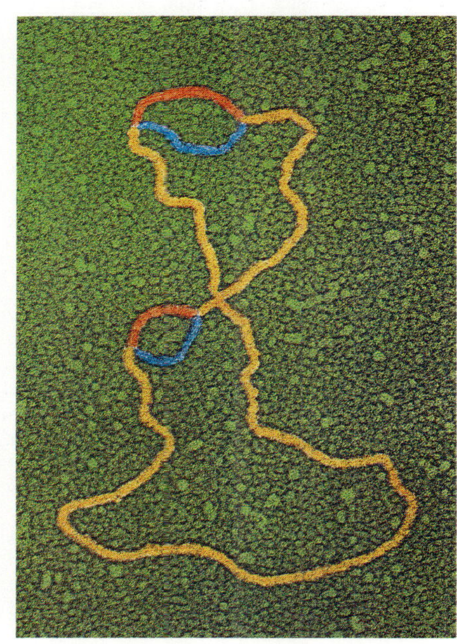

fende anbietet, das zu tun, was beide Seiten gern tun würden, aber keine Lust dazu haben, es zu tun« – dieser verständliche Wunsch und etwas längere Stoßseufzer heißt in der Fuego-Sprache ganz einfach *mamihlapinatapai.*

Die meisten Synonyme gibt es im Englischen für »betrunken sein« *(being inebriated).* Paul Dickson aus Garrett Park (USA) hat 2241 Wörter gesammelt, die diesen Zustand beschreiben. 1224 dieser Synonyme hat Delacorte Press (New York) veröffentlicht.

Das längste Akronym (also ein Wort, das aus den Anfangsbuchstaben mehrerer Wörter neu gebildet wird, wie z. B. NATO) ist NIIOMTPLABOPARMBETZHELBETRABS-BOMONIMONKONOTDTEKHSTROMONT mit 56 Buchstaben (oder 54 kyrillischen) im Kurzwörterbuch der sowjetischen Terminologie mit der Bedeutung: Das Laboratorium für Verschläge-, Verstärkung-, Beton- und Eisenbetonoperationen für zusammengesetzt-monolithische und monolithische Konstruktion der Abteilung Bautechnik-Montageoperationen des wissnschaftlichen Forschungsinstituts der Organisation für Baumechanisierung und technische Hilfe der Akademie für Bau und Architektur der UdSSR.

Die am häufigsten benutzten deutschen Wörter sind *der, die, und, in.*

Die häufigsten Hauptwörter der deutschen Sprache sind *Tag, Mensch, Mann, Geld.*

Die meisten Bedeutungen hat in der deutschen Sprache das Wort *Läufer.* Es steht für 24 verschiedene, meist technische und fachliche Begriffe. Das fanden Schüler des Finsterwalder Gymnasiums, Rosenheim/Oberwöhr, heraus.

Das am meisten verwendete Wort in der englisch sprechenden und schreibenden Welt ist das Wort *set.* Es wird in 58 Fällen als Hauptwort gebraucht, ist als Verbum 126mal unterschiedlich gebräuchlich und zehnmal als Partizip-Adjektiv.

Die meisten Akzente gibt es im Französischen. Sie wurden unter der Herrschaft von Ludwig XII. (1601–43) eingeführt. Das Wort mit den meisten Akzenten ist *hétérogénéité* (Verschiedenartigkeit). Ein Atoll im Pazifischen Ozean, 516 km ostsüdöstlich von Tahiti, heißt Héréhérétué.
Auch im Ungarischen kennt man Akzente. Gleich sechs hat das Wort »újjáépítésére« (etwas wiederaufbauen).

Einen ganz außergewöhnlichen Satz hat Herbert Eisinger (55) aus Mannheim konstruiert. Der grammatisch korrekt aufgebaute Satz hat mit genau 10300 Buchstaben keine Wortwiederholungen und als Selbstlautbuchstaben nur »e«, und zwar 3500. Dieser Satz schildert den Beginn einer fiktiven Gerichtsverhandlung.

Den berühmtesten aller langen Sätze in der Literatur der westlichen Welt schrieb Victor Hugo (1802–85) in seinem 1862 erschienenen Roman *Les Misérables* (Die Elenden). Dieser Satz enthält 823 Wörter, 93 Kommata, 51 Strichpunkte und 4 Gedankenstriche.

Den längsten Satz der deutschsprachigen Literatur verdanken wir dem in Ostpreußen geborenen Arno Holz (1863–1929). Er ist in dem lyrischen Zyklus *Phantasus* zu finden und enthält über 6000 Wörter.

ORTSNAMEN

Der längste Ortsname dürfte der von Bangkok, der Hauptstadt Thailands, sein. Der offizielle Name ist zwar *Krungtep Manahakton,* der vollständige Name lautet jedoch *Krungthep Manahakhon Bovorn Ratanakosin Mahinthararyutthaya Mahadilikpop Noparatratchathani Burirom Udomratchanivetmahasathon Amornpiman Avatarnsathit Sakkathattiyavisnukarmprasit* (167 Buchstaben), in genauester Umschrift sind es 175 Buchstaben.
Der längste Ortsname, der heute noch benutzt wird, ist *Taumatawhakatangihangakoauauotamatea (turipukakapikimaungahoronuku) pokaiwhenuakitanatahu,* die inoffizielle Version aus 85 Buchstaben des Namens eines Hügels (ca. 300 m üNN) im Bezirk der Southern-Hawke-Bucht der Nordinsel Neuseelands. Dieser Maori-Name bedeutet: *Der Hügel, auf dem die Flöte des Tamatea gespielt wurde, des Landumseglers, für seine Geliebte.* Die offizielle Version hat 57 Buchstaben. (1–36 und 65–85).

Die kürzesten Ortsnamen sind der des französischen Dorfes *Y* (143 Einwohner), das seit 1241 so heißt; der des dänischen Dorfes *Å* auf der Insel Fünen, der des norwegischen Dorfes *Å* und des schwedischen Ortes *Å.* Außerdem gibt es den Ort *U* auf den Karolineninseln im Pazifik und den der japanischen Stadt *Sosei,* der auch *Aioi* oder *O* lauten kann. Früher gab es im amerikanischen West Virginia einen Ort mit dem Namen *6.*

Der kürzeste deutsche Ortsname ist *Au.* Das Postleitzahlenverzeichnis nennt ihn zwölfmal. In Österreich gibt es vier Orte *Au* und drei in der Schweiz.
Von gleicher Kürze sind übrigens *Ay,* der Name eines Ortes an der Iller in Bayern, Ob bei Bidingen (Schwaben) und *Oy*(-Mittelberg) im Allgäu.

Der häufigste deutsche Ortsname ist *Hausen.* Das Postleitzahlenverzeichnis nennt ihn 57mal, davon dreimal in der DDR.

Der Ort, dessen Name sich am häufigsten gewandelt hat, ist Leeuwarden in den Niederlanden. Seit 1046 ist das Städtchen in 225 Schreibweisen bekannt geworden.

PERSONENNAMEN

Der früheste überlieferte Personenname ist wahrscheinlich der Name eines prädynastischen Königs von Oberägypten, ca. 3050 v. Chr., dessen Hieroglyphe einen Skorpion darstellt. Dieser Name sollte vermutlich *Sekhen* lauten.

Den längsten Vornamen hat Scott Roaul Sör-Lökken aus Missoula (USA) seiner Tochter S. Ellen Georgianna Sör-Lökken (* 1979) verpaßt: er umfaßt 622 Buchstaben. Das *S* ist die Abkürzung eines 598 Buchstaben zählenden Namens, der folgenden Sachverhalt umschreibt: einen Universalschraubenschlüssel in die Computer der vereinigten Bürokratie werfen. In der Kurzform heißt das Mädchen *Snow Owl* (Schnee-Eule) und in der Kürzestform *Oli.*

Der längste Personenname, der in ein Geburtsregister eingetragen wurde, lautet: Rhosnandiatellyneshiaunneveshenk Koyaanfsquatsiuty. Diesen Namen gab James L. Williams aus Beaumont, Texas (USA), seiner am 12. September 1984 geborenen Tochter. In einem Ergänzungsantrag vom 5. Oktober 1984 streckte der Vater den ersten Vornamen seiner Tochter auf 1019 Buchstaben und ihren zweiten auf »nur« 36.

Die meisten Vornamen: Das vierte Kind von John und Margaret Nelson, das am 31. Dezember 1985 um 23 Uhr 35 geboren wurde, bekam 140 Vornamen. Für das Standesamt von Chesterfield (GB) benötigten die Eltern ein übergroßes Formular. Der Einfachheit halber soll das Mädchen aber nur Tracy gerufen werden.

Die häufigsten Vornamen bei deutschen Männern sind *Hans (Johann)* und *Josef,* bei den Frauen ist es *Marie* bzw. *Maria.* Die beliebtesten Vornamen waren 1985 wie auch im Jahr zuvor Christian bei den Jungen sowie auch erneut Stefanie bei den Mädchen. Sebastian und Daniel sowie Katharina und Julia folgen auf die Spitzenreiter in der Rangliste.

Der längste benutzte Nachname ist der des Herrn *Adolph Blaine Charles David Earl Frederick Gerald Hubert Irvin John Kenneth Lloyd Martin Nero Oliver Paul Quincy Randolph Sherman Thomas Uncas Victor William Xerxes Yancy Zeus Wolfeschlegelsteinhausenbergerdorff senior,* der am 29. Februar 1904 in Bergedorf bei Hamburg geboren wurde. Auf Fragebogen zum Ausfüllen benutzt er nur seinen zweiten und achten Vornamen und die ersten 35 Buchstaben seines Nachnamens. Er wohnt jetzt in Philadelphia (USA) und hat seinen Namen auf Mr. *Wolfe + 585, senior* abgekürzt.

Die kürzesten Nachnamen: Im Brüsseler Telefonbuch sind mindestens 12 und in amerikanischen Telefonverzeichnissen (1973–81) gleich 52 Personen verzeichnet, die schlicht und einfach O heißen. Es ist der häufigste nur aus einem Buchstaben bestehende Nachname und bereitet all denen, die mit Datenschutz beschäftigt sind, große Schwierigkeiten.
Außer dem Q sind laut A. Ross Eckler sämtliche Buchstaben des Alphabets als Familiennamen in die amerikanischen Telefonbücher eingegangen. In Birma gibt es zwei Nachnamen mit einem einzigen Buchstaben: *E* (Ruhe), das *ai* ausgesprochen wird, und *U* (Ei), das auch so gesprochen wie geschrieben wird. Steht das *U* vor einem Namen, bedeutet es Onkel. Unter den 47000000 Namen, die in den englischen Gesundheits- und Sozialämtern verzeichnet sind, befinden sich sechs Personen, die als *A, B, J, N, O* und *X* eingetragen sind. Ihre Identität konnte jedoch nicht ermittelt werden.

Der häufigste Nachname der Welt ist *Chang* oder *Tschang.* Nach Schätzungen heißen 9,7 bis 12,1 Prozent aller Chinesen so. Das bedeutet, daß in China mindestens 104 Mio. *Changs* leben – mehr Menschen, als es der Gesamtbevölkerung von 163 der anderen 170 souveränen Staaten der Erde entspricht.

Der in der westlichen Welt häufigste Familienname ist *Schmidt,* einschließlich der in USA und England üblichen Form *Smith.* In der Bundesrepublik gibt es rund 590000 Träger dieses Namens, dagegen allein in den USA etwa 2,38 Mio. *Smith.* Häufigster Familienname in Deutschland ist *Müller* mit rund 612000 Namensträgern.
In der islamischen Welt ist *Mohammed* der verbreitetste Name, allerdings in vielen unterschiedlichen Schreibarten.

Incipit epistola sancti iheronimi ad paulinum presbiterum de omnibus divine historie libris · capitulu primu.

Eine Seite aus der ersten gedruckten *Gutenberg-Bibel* von 1455. Sie ist das teuerste Buch. Weltweit gibt es nur noch 21 vollständige Exemplare (s. S. 263).

Die Endung »... mann«. An einem ausgefallenen Hobby arbeitet der Berner Lehrer Karl Wagner (* 1910) seit 1972. Radio, Fernsehen, Lexika, Zeitungen und Zeitschriften und immer wieder Telefonbücher werden ihm zur Fundgrube für seine Namensammlung mit der Endung »... mann« in allen Variationen und Raritäten: Bisher sind es 10519.

Die meisten Schreibweisen seines Nachnamens kann Edward A. Nedelcov aus Regina in Kanada aufweisen. Er hat seit Januar 1960 1023 verschiedene Versionen gezählt.

Am häufigsten den Namen gewechselt hat unter den derzeit lebenden monogamen Frauen (Englands köngliche Familie ausgeschlossen) Lady Home of the Hirsel; ehemalige Lady Douglass-Home, Countess of Home, Lady Dunglass und Elizabeth Alington.

Phantasienamen: Weil sie sich kommerzielle oder andere Vorteile davon versprechen, wenn sie in den Telefonbüchern ganz am Schluß stehen, legen sich manche Amerikaner die seltsamsten Namen zu. So gibt es zum Beispiel in San Franzisko einen *Zachary Zzzzzzzzzra* (9mal z im Nachnamen).

Seinen Namen als Zahlenkombination führen wollte der in die USA eingewanderte gebürtige Deutsche Michael Herbert Dengler. Er beantragte, sich *1069* nennen zu dürfen, weil dieser Name seiner Ansicht nach »seine Beziehung zur Gesellschaft und konzeptartig seine persönliche und philosophische Identität« am besten ausdrückt. Der Bundesgerichtshof in Washington hat Denglers Antrag kommentarlos abgelehnt.
Ebenfalls abgelehnt hat das Standesamt in Fulda (Hessen) *Rasputin* als Vornamen, da es sich hier eindeutig um einen russischen Familiennamen handelt. Das Wort bedeutet eigentlich Kreuzweg. Genehmigt hat dasselbe Standesamt für dieselben Eltern den Vornamen für denselben neuen Erdenbürger *Robinson,* da diese Koseform des englischen *Robert* bereits 1974 in Freiburg/Breisgau registriert wurde. Erfolgreich konnte das Standesamt Freiburg 1982 die Eltern überzeugen, ihre Tochter statt *Winnetou* (eigentlich »Indianer«) Luise zu nennen. Das Bayerische Oberste Landesgericht hat im Juni 1986 einer jungen Mutter verboten, für ihre Tochter den dritten Vornamen *Moewe* ins Geburtenbuch eintragen zu lassen. Mangels »positiver Symbolkraft« würde der Vorname für das Kind als »herabsetzend« empfunden: Die Möwe werde »vielfach als Plage« und als »Gefahr für die Volksgesundheit« erkannt, da sie sich »vorwiegend an Kläranlagen und Müllkippen« herumtreibe.

SCHRIFTEN, DRUCKE, BÜCHER

Das älteste gedruckte Werk, das erhalten blieb, ist die Dharani-Rolle oder Sutra aus hölzernen Druckstöcken, die 1966 in den Fundamenten der Pulguk-Sa-Pagode in Kyŏngju (Süd-Korea) gefunden wurde. Sie muß vor 704 entstanden sein.
Im November 1973 wurde behauptet, daß ein 28 Seiten langes Buch mit Gedichten aus der T'angdynastie, das sich in der Yonsei-Universität in Korea befindet, ca. im Jahr 1160 mit Metalltypen gedruckt sei.

Das erste mechanisch gedruckte Buch ist nach allgemeiner Auffassung die 42zeilige *Gutenberg-Bibel.* Johann Henne zum Gensfleisch zur Laden, Gutenberg genannt (ca. 1398 bis ca. 1468), hat sie wahrscheinlich 1454 in Mainz hergestellt. Nach einem Nachschlagewerk über Wasserzeichen (1967 erschienen) soll um 1450 auch eine lateinische Grammatik *(Donatus)* auf Papier gedruckt worden sein. Man neigt auch zu der Ansicht, daß das 192 Blätter umfassende sog. *Konstanzer Meßbuch* aus Basel (Schweiz) – das erste von drei im Jahr 1880 wiederentdeckten Exemplaren – noch älter sein dürfte.

Das erste genau datierte gedruckte Werk ist der *Psalter,* der am 14. August 1457 von Johann Fust (um 1400–66) und Peter Schöffler (1425–1502), der Gutenbergs Hausgehilfe war, fertiggestellt wurde.

Das größte Buch ist das *Superbuch,* das 2,74 × 3,07 m mißt und 252,6 kg wiegt. Es besteht aus 300 Seiten und erschien 1976 in Denver, Colorado (USA). Es steht jetzt in einem New Yorker Museum. Zum Umblättern der Seiten ist ein Elektromotor erforderlich.
Sehen lassen können sich auch die Ausmaße eines Riesenfolianten, den der Salzburger Kunstbuchbinder Wilhelm Meixner 1977 hergestellt hat. Das 2,80 m hohe, aufgeschlagen 4,20 m breite und 1,2 t wiegende Großbuch ist 200 Seiten stark und im Winklergang, im Zentrum Salzburgs (Österreich), aufgestellt.

Das größte Buch Europas ist der *Atlas des Großen Kurfürsten* (der sogenannte *Mauritius-Atlas*). Er ist aufgeschlagen 222 × 170 cm groß, enthält 38 Karten und befindet sich in der Berliner Staatsbibliothek. Er ist um 1655 entstanden.

Der kleinste Atlas der Welt befindet sich in der Universitätsbibliothek Rostock (DDR). Der 1831 in Rostock gefertigte Etui-Atlas mit 26 farbigen Kartenabbildungen, der 67 × 68 mm mißt, wurde 1985 als ledergebundenes Minibuch neu aufgelegt.

Die umfangreichste Publikation ist das aus 1112 Bänden bestehende Werk *Britische Parlamentsdokumente,* das 1968–72 von der Irish University Press veröffentlicht wurde. Im ganzen wiegen die Bände 3,3 t, kosten heute 42000 Pfund (143640 DM), und es würde bei täglich 10 Std. Lesezeit sechs Jahre dauern, bis man alles gelesen hätte. Die Herstellung kostete 34000 Ziegen das Leben. Für Goldschnitt und Umschlagprägung wurden Goldbarren im Wert von 15000 Pfund (damals 56250 DM) ver-

Der Etui-Atlas, den die Rostocker Steindruckerei Tiedemann 1831 hergestellt hat, ist der kleinste bekannte Atlas der Welt. Seine Abbildungen zeigen Länder Europas, Afrikas und Asiens (s. S. 261).

braucht. Die Gesamtauflage beträgt 500 Exemplare.

Das umfangreichste Wörterbuch wurde um 1600 in China gedruckt. Es umfaßt 5010 Bände.

Das älteste Wörterbuch fanden italienische Archäologen 1976 bei Ausgrabungen in Tell Mardigk, ca. 55 km von Aleppo (Syrien) entfernt. Auf Tontafeln ist in sumerischer Keilschrift jedem Wort das jeweils entsprechende Wort einer bis dahin unbekannten Sprache gegenübergestellt, der Prof. Pettinato von der Universität Rom die Bezeichnung Eblaisch (nach dem Königreich Ebla) gab.

Das umfangreichste Wörterbuch unserer Zeit. Jacob Grimm (1785–1863) und Wilhelm Grimm (1786–1859), vielen Kindergenerationen hauptsächlich als Märchenerzähler bekannt, begründeten im Jahr 1854 ihr *Deutsches Wörterbuch,* an dem viele Sprachforscher weiterarbeiteten, bis es nach 107 Jahren anno 1961 vollendet werden konnte. Nach dem Zweiten Weltkrieg arbeiteten Fachleute in der DDR wie in der Bundesrepublik Deutschland gemeinsam an der Fertigstellung. Mit 33 Bänden und 34519 Seiten ist es das größte Wörterbuch unserer Zeit. Die Gesamtausgabe kostet 5456,97 DM.

Das kleinste Buch, das bisher auf den Markt kam, mißt 1 × 1 mm. Es wurde von der schottischen Gleniffer Press hergestellt, enthält die Kindergeschichte *Old King Cole* und ist im März 1985 in einer Auflage von 85 Exemplaren erschienen. Die Seiten können nur mit Hilfe einer Stecknadel und mit viel Vorsicht umgeblättert werden.

Das kleinste Kochbuch *Was ißt und trinkt man in Tirol* enthält auf 214 Seiten 50 Rezepte Tiroler Tellergerichte. Verfaßt hat es Josef Theiner (* 1911), Gastwirt und Koch aus Terlan (Südtirol). Das Mini-Buch mit den Maßen 20 × 20 mm (Buchblock 19 × 19 mm) ist im März 1984 in 200 ledergebundenen Exemplaren in Bozen gedruckt worden, enthält zusätzlich 7 Fotos, ist mit einem Inhaltsverzeichnis der Speisen und Vorwort versehen und soll »ein gewisses Band der Verbundenheit zwischen Wirt und Bewirteten weben«.

Das größte Fachwörterbuch, das je veröffentlicht wurde, ist ein Musiklexikon. Es umfaßt 20 Bände, enthält 22 Mio. Wörter und 4500 Abbildungen und ist im Februar 1981 bei Macmillan, London, erschienen.

Das erste bekannte Lexikon wurde von Speusippus (etwa 408–338 v. Chr.), einem Neffen Platos, um 370 v. Chr. in Athen zusammengestellt.

Das größte Lexikon ist *La Enciclopedia Universal Ilustrada Europeo-Americana* (verlegt von J. Espasa & Söhne, Madrid und Barcelona). Das Riesenwerk umfaßt 105000 Seiten und eine jährliche Ergänzung seit 1935. Im August 1983 gab es bereits 104 Bände.

Das erste große Lexikon in Europa, das in einer lebenden Sprache geschrieben wurde, war das von dem katholischen Geistlichen Moréri 1674 in Lyon (Frankreich) herausgegebene *Grand Dictionnaire Historique.*

Das erste große deutschsprachige Lexikon war das 1704 in Leipzig von Johann Hübner edierte *Reale Staats- und Zeitungs-Lexikon.* Es erreichte bis zum 19. Jh. 31 Auflagen.

Die Enzyklopädie mit den berühmtesten Mitarbeitern war die der Franzosen Diderot und d'Alembert, die 1745 begonnen wurde. Mitarbeiter waren u. a. Voltaire, Montesquieu und Rousseau. Von 1751 bis 1772 erschienen 17 Text-Foliobände und 11 Illustrationsbände. 1777 und 1780 fügten andere Herausgeber dem Werk weitere 5 Text- und 2 Bildbände zu.

Das größte allgemeine Lexikon der Gegenwart ist die *Encyclopaedia Britannica,* die zum ersten Mal 1768–71 in Edinburgh (Schottland) erschien. Eine Gruppe von Buchhändlern in den USA erwarb 1898 die Nachdruckrechte und übernahm 1899 das gesamte Copyright. 1943 wurde die *Britannica* an die Universität von Chikago (USA) übergeben. Die augenblickliche, aus 30 Bänden bestehende 15. Auflage hat 33141 Seiten und 43 Mio. Wörter, die von 4277 Mitarbeitern geschrieben wurden.

Das gegenwärtig umfangreichste allgemeine deutsche Lexikon ist *Meyers Enzyklopädisches Lexikon,* dessen erster von insgesamt 25 Bänden 1971 erschien. Der letzte Band wurde im Juni 1979 ausgeliefert.

Das kleinste Lexikon ist 1896 als Piccolo-Ausgabe in Berlin erschienen. Das 465 Seiten starke *Konversations-Lexikon* ist 20 × 30 mm groß und enthält 175000 Stichwörter. Zusammengestellt hat es Daniel Sanders.

Der Welt größter Katalog ist der 754bändige *National Union Catalogue. Pre–1956 Imprints* der USA, in dem die Bestände von nordamerikanischen Bibliotheken aufgelistet sind.

Der längste Index ist der 10. Sammelindex der *Chemical Abstracts,* der im Juni 1983 fertiggestellt wurde. Er enthält 23,95 Mio. Eintragungen auf 131445 Seiten in 75 Bänden und wiegt 172,3 kg.

LANDKARTEN

Die älteste überhaupt erhaltene Landkarte ist eine Tontafel, auf der der Verlauf des Euphrat in Nordmesopotamien dargestellt ist. Sie soll um 3800 v. Chr. entstanden sein und wird im Britischen Museum in London aufbewahrt.

Die erste Spezialkarte, die erhalten geblieben ist, stammt aus der Zeit des Pharaos Ramses II. (1300–1230 v. Chr.). Es ist der ebenfalls auf Tontafeln geritzte Lageplan einer ägyptischen Bergwerksanlage.

Aus der Zeit um 1170 v. Chr. stammt der sogenannte *Turin-Papyrus,* auf dem die Übersicht einer ägyptischen Goldmine aufgezeichnet ist.

Die früheste gedruckte Landkarte stammt aus Isidor von Sevillas *Libri Etymologiarium* aus dem Jahr 1472.

Die erste gedruckte Weltkarte kommt aus Westchina. Sie wird auf das Jahr 1115 datiert.

Die erste gedruckte Landkarte von Europa erschien um 1510. Sie wurde von Martin Waldseemüller entworfen (1470–1521). Er hatte bereits 1507 eine Weltkarte von zwölf Blättern entwickelt, auf der sich zum ersten Mal der Name America befindet. 1516 schuf er die ebenfalls zwölfblättrige erste gedruckte Seekarte.

Die ersten Straßen- und Reisekarten Europas fertigte um 1500 der deutsche Kartograph Erhard Etzlaub an, so u. a. eine Straßenkarte für deutsche Rompilger.

Die erste topographische Landkarte der Welt, die mit Hilfe wissenschaftlicher Meßinstrumente und Berechnungen entworfen wurde, stammt aus dem Jahr 1750 und ist eine Schöpfung der Brüder Jacques und César Cassini aus Frankreich.

Die erste topographisch gestaltete Landkarte Deutschlands war eine Karte der Mark Brandenburg vom Kartographen Güßfeld aus dem Jahr 1773. 1774 erschien ein Kupferstich des Kartographen Peter Anisch, der das Land Tirol in seinen damaligen Grenzen zeigt.

Die schwerste Landkarte ist vermutlich die *Große Reliefkarte von Kalifornien,* die 39 t wiegt und 137,1 × 5,48 m groß ist. Von 1924 bis 1962 war sie im Ferry Building von San Franzisko zu sehen, ist inzwischen aber im Lager verschwunden.

AUKTIONSREKORDE

Das teuerste Buch und der teuerste Transfer in der Kunstgeschichte überhaupt wurde das berühmte *Evangeliar* Heinrichs des Löwen (Herzog von Sachsen). Der New Yorker Antiquar Hans Peter Kraus hat es am 6. Dezember 1983 bei Sotheby's in London für das Hermann-Abs-Konsortium im Auftrag der Bundesrepublik Deutschland für 8,140 Mio. Pfund ersteigert. Die Gesamtkosten, einschließlich des Aufgeldes des Auktionshauses zur Zuschlagsumme und Bankspesen, für die illustrierte Bilderschrift belaufen sich auf 32428497,52 DM. Das 34,3 × 25,4 cm große und 226 Blätter umfassende Evangeliar enthält 41 ganzseitige Illustrationen und wurde um 1175 von dem Mönch Herimann im Kloster Helmarshausen gestaltet. Das Evangeliar kehrte zum höchsten Weltrekordpreis, der je für ein Auktionsprojekt erzielt wurde, nach jahrhundertelanger Odyssee nach Niedersachsen zurück. Dort wird es in der Herzog-August-Bibliothek in Wolfenbüttel wie auch zeitweilig in Braunschweig ausgestellt werden.

Die teuerste Bibel ist jene *Gutenberg-Bibel* (um 1455 in Mainz gedruckt), die am 7. April 1978 bei Christie's in New York von der Landesregierung von Baden-Württemberg für 4,3 Mio. DM erworben wurde. Von dieser ersten gedruckten Bibelausgabe gibt es nur noch 21 vollständige Exemplare auf der Welt.

Teuerstes neues Buch ist der Band *The Birds of America* (Die Vögel Amerikas), in dem die gesamten ornithologischen Druckgrafiken von John James Audubon (1785–1851) reproduziert sind. Die einmalige Sammlung ist in den USA bei Abbeville Press in New York erschienen und kostet stolze 15000 Dollar.

Der Höchstpreis für ein Flugblatt liegt bei 412500 Dollar (ca. 1,2 Mio. DM). Soviel zahlte am 22. April 1983 die Chapin Library des Williams College in Massachusetts (USA) für eines der 22 bekannten Exemplare der amerikanischen Unabhängigkeitserklärung. Das Dokument, 1776 von Samuel T. Freeman & Co. in Philadelphia gedruckt, war bei Christie's in New York versteigert worden.

Das teuerste Manuskript stammt von Leonardo da Vinci. 2,2 Mio. Pfund (9,262 Mio. DM) zahlte am 12. Dezember 1980 der amerikanische Ölmagnat und Kunstmäzen Armand Hammer bei Christie's in London für den 36 Seiten starken *Codex Leicester.* Er ist etwa 1507 entstanden.

Den Höchstpreis für ein Musikmanuskript erzielte *Le sacre du printemps* von Igor F. Strawinsky (1882–1971). Es wurde am 11. November 1982 bei Sotheby's in London für 330000 Pfund (damals umgerechnet 1,416 Mio. DM) von der Paul-Sacher-Sammlung in Basel (Schweiz) erworben.

Der höchste Preis für einen Atlas betrug 340000 Pfund Sterling (1,275 Mio. DM) für einen *Merkatoratlas* von Europa aus dem Jahr 1571. Er wurde bei Sotheby's in London am 13. März 1979 verkauft.

BIBEL

Die ältesten Leder- und Papyrusrollen vom Toten Meer mit Bibeltexten stammen aus der Zeit um 250 v. Chr.

Die älteste bekannte Bibel ist der *Codex Vaticanus,* der vor 350 n. Chr. in griechischer Sprache geschrieben wurde und im Vatikanischen Museum in Rom aufbewahrt wird.

Die älteste griechische Übersetzung des *Alten Testaments,* die sogenannte *Septuaginta,* wurde im 3. Jh. v. Chr. auf der Insel Pharos bei Alexandria (Ägypten) niedergeschrieben.
Eine syrische Übersetzung, die sogenannte *Peschittha,* wurde im 2.–4. Jh. n. Chr. aufgezeichnet.
Die erste Bibelübersetzung in einer germanischen Sprache, nämlich Gotisch, erfolgte um 370 n. Chr. durch den Gotenbischof Wulfila (auch Ulfilas).

Die älteste gedruckte Bibel der Welt ist die *Gutenberg-Bibel* von 1455.
Die von der katholischen Kirche auf dem Trientiner Konzil 1546 für authentisch erklärte lateinische Bibelübersetzung, die *Vulgata,* wurde seit 383 n. Chr. auf Geheiß des Papstes Damasus I. vom hl. Hieronymus (347–420) verfaßt. Sie fußt z. T. auf der älteren, altlateinischen *Itala.*

Die erste Übersetzung der Bibel ins Hochdeutsche (aus der *Vulgata*) erfolgte schon im 14. Jh. Martin Luthers Übersetzung (*Neues Testament* 1521, *Altes Testament* 1523–34) wurde für die evangelische Kirche maßgebend.

Das längste Buch der Bibel bilden die Psalmen. Prosa eingeschlossen, ist allerdings das Buch des Propheten Jesaja mit 66 Kapiteln das längste. Das kürzeste Buch der Bibel ist der dritte Johannesbrief mit 14 Versen und 294 Wörtern. Der zweite Johannesbrief besteht zwar nur aus 13 Versen, umfaßt aber 298 Wörter.

Der längste von allen 150 Psalmen ist der 119. mit 176 Versen, während der 117. mit nur zwei Versen der kürzeste ist.

An Buchstaben enthält die Bibel insgesamt 3566480. Die Zahl der Wörter schwankt zwischen 773692 und 773746, je nachdem, ob die Bindestrich-Wörter einzeln oder mehrfach gerechnet werden. Das Wort »und« soll in der Bibel 46227mal vorkommen. Der längste Personenname in der Bibel ist *Maher-shalal-hashbaz,* der symbolische Name des zweiten Sohns von Jesaja.

TAGEBÜCHER UND BRIEFE

Der fleißigste Tagebuchschreiber ist der 1911 geborene Edward Robb Ellis aus New York. Er hat 1927 mit seinen Eintragungen angefangen, heute umfaßt sein Tagebuch schätzungsweise 15 Mio. Wörter. T. C. Baskerville aus Chorltoncum-Hardy (GB) führt seit 1939 ein Tagebuch und hat ihm bisher etwa 5,3 Mio. Wörter in 149 Bänden anvertraut. Am längsten Tagebuch führt wahrscheinlich der englische Oberst Ernest Loftus aus Harare (Simbabwe). Er begann seine täglichen Aufzeichnungen am 4. Mai 1896 als Zwölfjähriger und hat jetzt 90 Jahre Tagebuch geführt.

Den nach der Anzahl der Wörter längsten Brief schrieb bisher der Engländer Alan Foreman aus Erith, Kent (GB), ab 3. Januar 1982 an seine Frau Janet. Am 25. Januar 1984 wurde das 1402344 Wörter umfassende Papier der Post anvertraut.

Der älteste bekannte Liebesbrief ist in Ton graviert und stammt aus der Zeit um 1630 v. Chr. aus Ägypten. Es ist die Bewerbung des Schreibers um die Hand einer Pharaonentochter.

Die kürzeste Korrespondenz war die zwischen dem französischen Dichter Victor Hugo (1802–85) und seinen Verlegern Hurst und Blackett im Jahr 1862. Der Schriftsteller war im Urlaub und wollte wissen, wie sich sein neuer Roman *Les Misérables* (Die Elenden) verkaufte. Er schrieb »?«, und die Antwort war »!«.

Die meiste (offiziell bestätigte) Post, die je in einem Jahr von einem Privatmann empfangen wurde, sind 900000 Briefe, die der US-Baseballstar Hank Aaron erhielt; dieser Rekord wurde von der amerikanischen Post im Juni 1974 gemeldet. Etwa ein Drittel waren Haßbriefe, weil es Aaron gelungen war, den Rekord von Superstar »Babe Ruth« (1927 aufgestellt) bei *home runs* zu verbessern.

Die längste Brieffreundschaft dauerte 75 Jahre: Ida McDougall aus Tasmanien (Australien) und R. Norton aus Sevenoaks in Kent (GB) korrespondierten miteinander vom 11. November 1904 bis zu Ida McDougalls Tod am 24. Dezember 1979.

Eifrigster Leserbriefschreiber an die Londoner *Times* ist der Rechtsanwalt David Green aus Castle Morris (GB). Bis zum 1. März 1986 hat das berühmte Blatt in seinem Hauptteil 112 Briefkommentare von Green veröffentlicht. Sein Rekordjahr war 1972 mit 12 Veröffentlichungen.

Einen österreichischen Rekord hat sich der Techniker Günther Weihsenböck (* 1948) aus St. Valentin mit über 412 engagierten Leserbriefen geholt. Von Mai 1978 bis März 1986 sind 15 in bundesdeutschen und 108 in Österreichs Tages-, Wochen- und Monatszeitschriften/-zeitungen veröffentlicht worden.

Unverdrossen schickt David Green seine Zuschriften an die Londoner *Times.* 112 seiner Leserbriefe wurden bereits veröffentlicht. Er schreibt auch 1986 weiter.

Im Jahr 1843 hat Sir Henry Cole die älteste bekannte Weihnachtskarte verschickt. Sie diente als Vorlage für einen dreidimensionalen Weihnachtsgruß unserer Tage.

Der längste Leserbrief bestand aus 25513 Wörtern. Der *Upper Dauphin Sentinel* in Pennsylvania (USA) veröffentlichte ihn vom August bis November 1979 in acht Ausgaben. Geschrieben hatte den Leserbrief John Sultzbaugh aus Lykens, Pennsylvania.

Der kürzeste Leserbrief an die Londoner *Times* bestand nur aus einer einzigen Abkürzung: »Dr.^{2}?« Damit mischte sich am 30. Juli 1984 R. S. Cookson aus London in eine Diskussion über die richtige Pluralform des Doktorgrades.

Der längste Brief der Welt wurde innerhalb von 30 Std. von Mitgliedern der christlichen Jugendbewegung Uznach, St. Gallen (Schweiz), und weiteren 60 Bürgern der Stadt geschrieben. Der 825,35 m lange und 1 m breite Brief wurde am 6. Juli 1984 zur Post gebracht, dort frankiert, gestempelt und noch am selben Tag dem Radio Zürichsee zugestellt (das Briefthema lautete: Uznachs Bewohner stellen sich vor).

Ein Riesen-Briefumschlag wurde zum Weltspartag am 2. November 1984 an die Sparkasse Region St. Pölten von der *NÖN* (Wochenzeitung für Niederösterreich) abgeschickt. Der 312 x 223 cm große Umschlag enthielt 8296 Kundenunterschriften auf 174 großformatigen Papierbogen. Natürlich wurde er ordnungsgemäß mit 50-Schilling-Briefmarken frankiert, entwertet und vom Postamt St. Pölten zugestellt.

Die sparsamste Glückwunsch-Korrespondenz betreiben Amelia Finch (*1912) aus Lakehurst, New Jersey (USA), und Paul E. Warburgh (*1902) aus Huntington (New York). Sie schicken einander seit dem 1. Februar 1927 immer dieselbe Karte zum Geburtstag.

Die größte Geburtstagskarte der Welt haben Reinhard und Frank Stratenwerth aus Duisburg-Homberg aus einem Stück hergestellt. Die 137,30 m^{2} große Rekordkarte (1,03 m breit, 133,33 m lang) wurde mit 13333 verschiedenen Wünschen beklebt, nach je 0,50 m gefalzt und am 3. März 1983 per Expreß durch die Deutsche Bundesbahn (einschließlich Verpakkung betrug ihr Gewicht immerhin 30 kg) befördert und der Empfängerin zugestellt.

Die meisten persönlichen Weihnachtskarten versandte Werner Erhard aus San Franzisko (USA) im Dezember 1975: Genau 62824 Stück sollen es gewesen sein. Viele der Weihnachtswünsche müssen auf einer einseitigen Bekanntschaft beruht haben. Die älteste bekannte Weihnachtskarte hat der Brite Sir Henry Cole (1808–82) im Jahr 1843 verschickt – jährlicher Brauch wurde es aber erst ab 1862.

Kleinste Briefe sind in Mode gekommen. Isabel Ghosh (*1968) aus Oelde (Nordrhein-Westfalen) schickte einer Bekannten einen volladressierten Mini-Gruß (25 x 25 mm). Die Sendung wurde am 6. Januar 1983 ordnungsgemäß entwertet und am Tag darauf durch die Bundespost zugestellt. Und in Linz (Österreich) wurde ein Briefmarkenbrief in Kleinstformat (28 x 32 mm) von Ulrich Rathbauer (*1970) am 12. Januar 1983 an seinen Vater geschickt. Er wurde nach 5:30 Std. am gleichen Tag zugestellt. Natürlich wartet auch die Schweiz mit einem kleinsten Brief auf. Željko Milić (*1969) schickte am 23. Januar 1985 einen mit einer 50-Rappen-Marke frankierten Gruß mit den Maßen 25 x 20 mm in Zürich an seinen Lehrer R. Juchli. Am 24. Januar traf er ordnungsgemäß im Schulhaus Buhnrain ein. Mit diesen Mini-Briefen in Briefmarkengröße sind die Grenzen des sinnvoll Möglichen erreicht. Kleiner geht es nicht mehr. Weitere Einträge werden nicht mehr berücksichtigt.

AUTOGRAPHEN UND UNTERSCHRIFTEN

Die ältesten Handschriften sind in Tell Abu Salābīkh im Irak gefunden worden. Sie stammen von Schreibern und sind um 2600 v. Chr. zu Anfang der 3. Dynastie entstanden – auf keilförmigen Tontafeln. Ein Schreiber namens »adu« hatte seinem Namenszug das Wort »dubsar« hinzugefügt. Das bedeutet: »Adu, Schreiber«. Die älteste erhaltene Unterschrift auf einem Papyrusdokument stammt von dem ägyptischen Schreiber Amen-'aa, der sich etwa 2130 v. Chr. verewigt hat. Das Dokument ist im Besitz des Leningrader Museums (UdSSR).
Von Wilhelm dem Eroberer existiert ein Signum aus der Zeit um 1070.
Die früheste bekannte eigenhändige Unterschrift ist die von dem Merowinger Theoderich III., König von Burgund, aus dem Jahr 612.

Der höchste Preis, der je auf dem freien Markt für einen einzelnen signierten Brief bezahlt wurde, betrug 100000 Dollar (ca. 290000 DM) und wurde am 18. Oktober 1979 auf einer Charles-Hamilton-Auktion in New York für eine kurze Quittung erzielt, die von Button Gwinnett (1732–77) unterschrieben war. Er gehörte zu den 56 Männern, die die amerikanische Unabhängigkeitserklärung am 4. Juli 1776 in Philadelphia unterzeichnet haben.
Für einen Brief Martin Luthers (an Propst Buchholzer in Berlin) erzielte die Autographenhandlung J. A. Stargardt in Marburg am 29. November 1983 den stattlichen Betrag von 161000 DM. Der Brief aus dem Jahr 1543 ging an einen Privatmann in der Schweiz.

Das teuerste deutsche Gedicht, der *Archipelagus* von Friedrich Hölderlin (1770–1843), wurde 1972 ebenfalls von der Autographenhandlung J. A. Stargardt für 230000 DM versteigert.

Der amerikanische Präsident Ronald Reagan kann für sich das Recht in Anspruch nehmen, die teuerste Handschrift aller noch lebenden Menschen zu haben: Sein Brief, in dem er Frank Sinatra viel Lob ausspricht, wechselte am 22. Januar 1981 in der Galerie Hamilton für 12500 Dollar den Besitzer.

Auch ein Rekord: 4250 Dollar zahlte Barry D. Hoffman am 12. August 1982 bei Hamilton für ein signiertes Porträt von Al Capone (1899–1947).

Die wertvollste Unterschrift wäre zweifellos Christopher Marlowes (1564–93), von dem nur eine einzige bekannt ist. Sie ist auf einem Testament aus dem Jahr 1583, das sich im Archiv der Grafschaft Kent befindet.

AUTOREN

Die früheste bekannte Schriftstellerin Deutschlands war die Benediktinernonne Roswitha von Gandersheim (Niedersachsen, *um 934, †nach 973). Sie schrieb Legenden, Dramen und Erzählungen, u. a. auch die erste Frühform der Legende, die später um den gelehrten Magier Faust gewoben wurde. Ihre Schriften sind in mittellateinischer Sprache verfaßt.

Als produktivster Autor gilt der Zahl der Wörter nach der Engländer Charles Hamilton alias Frank Richards (1875–1961). Er schrieb u. a. die Fortsetzungsgeschichten *Gem* (seit 1907) und *Magnet* (1908–40) und schaffte in einem guten Jahr wie 1913 bis zu 80000 Wörter pro Woche. 1984 behauptete George Samways (*1894) allerdings, daß er und andere als Ghostwriter für Hamilton tätig gewesen seien.
Den Rekord während der Zeit der Federkiele hielt der Pole Józef Ignacy Kraszewski (1812–87), der über 600 Romane und historische Werke schrieb.
Der Japaner Soho Tokutomi (1863–1957) hat 35 Jahre lang an seinem Geschichtswerk *Kinsei Nippon Kokuminshi* gearbeitet. Es umfaßt 100 Bände mit 42468 Seiten und 19452952 Schriftzeichen.
Nach einer Rekordzahl von 743 Verlegerablehnungen schrieb und veröffentlichte der englische Romanschriftsteller John Creasey (1908–73) unter seinem eigenen Namen und 25 Pseudonymen von 1932 bis zu seinem Tod am 9. Juni 1973 564 Bücher, insgesamt über 40 Mio. Wörter.

Enid Mary Blyton (1898–1968) (eigentlich Darrell Waters) vollendete 600 Kinderbücher, 59 allein im Jahr 1955. Die Bücher der Kinder- und Jugendbuchautorin wurden in 128 Sprachen übersetzt.

Die meisten Romane, nämlich 904, veröffentlichte die Südafrikanerin Kathleen Lindsay alias Mary Faulkner (1903–73). Sie schrieb unter sechs Pseudonymen, zwei davon waren männlich.

Die meisten Kurzgeschichten schrieb der Inder Baboorao Arnalkar (*1907). Zwischen 1936 und 1984 veröffentlichte er aber nicht nur 1092 Kriminalstories in Buchform, sondern auch noch mehrere Sachbücher.

Die meisten Komödien bzw. Bühnenwerke überhaupt dürfte der Spanier Lope de Vega (1562–1635) verfaßt haben – 1800 –, neben mehr als 1000 anderen Schriften, Romanen, Gedichten usw.

Longseller: Am 13. März seines Todesjahres 1953 wurde in Moskau (UdSSR) mitgeteilt, daß die Werke Stalins (eigentlich Josef Wissarionowitsch Dschugaschwili, 1879–1953) in mehr als 672 Mio. Exemplaren verkauft und in 101 Sprachen übersetzt seien.

Der größte je für ein Buch bezahlte Vorschuß liegt bei 5 Mio. Dollar (12,5 Mio. DM) für den Roman *Whirlwind* von Bestsellerautor James Clavell. Diese Rekordsumme zahlten am 11. Januar 1986 der Publikumsverlag William Morrow und seine Taschenbuchtochter Avon Books in New York.

Literarische Dauerrenner: Die Romane des US-Autors Erle Stanley Gardner (1889–1970) erreichten bis 1. Januar 1986 eine Gesamtauflage von 319034707 Exemplaren (in 37 Sprachen). Rund 300millionenmal und in 103 Sprachen sind bisher die 87 Krimis von Agatha Christie (1890–1976) verkauft worden. Die zur Zeit erfolgreichste Schriftstellerin ist die Engländerin Barbara Cartland. Ihre 418 Romane und Kurzgeschichten werden in 17 Sprachen gelesen und haben eine Gesamtauflage von etwa 400 Mio. Exemplaren.

Das Manuskript, das am häufigsten abgelehnt wurde, heißt *World Government Crusade* (Unternehmen Weltregierung) und wurde 1966 von dem Engländer Gilbert Young (*1906) verfaßt. Sein 130000-Wörter-Werk haben ihm bisher 223 Verlage wieder zurückgeschickt.

Auch ein Rekord: 55 Verlage haben *The Inevitability of Patriarchy* (Das unausweichliche Patriarchat) von Prof. Steven Goldberg 69mal abgelehnt, ehe das Manuskript dann doch veröffentlicht und ein beachtlicher Bucherfolg wurde.

Die längste Biographie der Verlagsgeschichte ist die des englischen Staatsmannes Sir Winston Churchill. Dessen Sohn Randolph (4832 Seiten) und Martin Gilbert (13830 Seiten) haben bis dato etwa 8214000 Wörter in Druck gegeben.

Die älteste Autorin unserer Zeit war Alice Pollock (1868–1971) aus Haslemere in Surrey (GB), deren Buch *Porträt meiner viktorianischen Jugend* im März 1971 erschien, als sie 102 Jahre 8 Monate alt war.

Ein sehr schneller Autor war der Engländer Edgar Wallace (1876–1932). Sein Theaterstück *On the Spot* schrieb er in zweieinhalb Tagen, einschließlich der Regieanweisungen. Für seinen Roman *Das Geheimnis der drei Eichen* brauchte er nur fünf Tage. Im ganzen umfaßt sein Werk 172 Romane, 250 Kurzgeschichten und 16 Theaterstücke. Seinen Erben hinterließ er 100000 Pfund Sterling Schulden (damals etwa 2 Mio. DM), die aber aus seinen Tantiemen in wenigen Jahren abgezahlt werden konnten.

Der englische Bestsellerautor Frederick Forsyth. Er erhielt für seinen 7. Roman *Das vierte Protokoll* einen Vorschuß von über 11,4 Mio. DM.

Der teuerste Autor ist zweifellos Deborah Schneider aus Minneapolis (USA), die 1958 in einem Preisausschreiben um einen Werbespruch für eine Autofirma die 25 »siegreichen Worte« fand, was ihr für die Zeit ihres Lebens pro Monat 500 Dollar (damals 2100 DM, jetzt allerdings nur noch etwa 1170 DM) einbringt. Bei normaler Lebenserwartung würde das immerhin den Betrag von 12000 Dollar pro Wort ausmachen. Frau Schneiders unsterbliche Prosa ist in keine Anthologie aufgenommen.

Das längste Gedicht, das je publiziert wurde, ist das kirgisische Volksepos *Manas,* das im Jahr 1958 gedruckt erschien. Er ist mehr als 500000 Zeilen lang.

Das Gedicht *Prométhée – dialogue des vivants et des morts* (Prometheus – Dialog der Lebenden und der Toten), das der Frankokanadier Roger Brien (*1910 in Montreal) zwischen 1964 und 1981 geschrieben hat, geht über 456047 Zeilen. Weitere 497000 Gedichtzeilen hat Brien in mehr als 90 Büchern veröffentlicht.
Anläßlich des Zöppkesmarktes in Solingen (Nordrhein-Westfalen) verewigten sich 447 Besucher vom 4. bis 6. September 1983 in einem »unendlichen Gedicht«. »Dr. Zöpps« Werk wurde zum Zöppkesmarkt 1984 mit einer Auflage von 500 Exemplaren verkauft. Initiator des Spektakels war der CVJM Solingen e. V.

Der längste Roman von Bedeutung heißt *Les hommes de bonne volonté* (Die guten Willens sind) und umfaßt 27 Bände. Der Franzose Louis Henri Jean Farigoule alias Jules Romains (1885–1972) hat ihn von 1932 bis 1946 geschrieben.

Der längste Fortsetzungsroman ist *Tokuga-Wa Jeyasu* des Japaners Sohachi Yamaoka. Er wird seit 1951 in einer japanischen Tageszeitung veröffentlicht. In Buchform umfaßt er ca. 40 Bände.

Als meistübersetzter Schriftsteller seines Gesamtwerkes gilt der russische Dichter Fjodor Michailowitsch Dostojewskij (1821–81). Es ist in 110 Sprachen übersetzt worden. Ihm folgt der amerikanische Satiriker Mark Twain (eigentlich Samuel Langhorne Clemens, 1835–1910) mit Übersetzungen seiner sämtlichen Werke in 90 Sprachen.

Meistübersetzte deutsche Schriftsteller waren und sind die Märchensammler Jacob und Wilhelm Grimm, deren Anfang bis Mitte des 19. Jh.s entstandene Werke Übersetzungen in 108 Sprachen erreichten.

BESTSELLER

Das meistverbreitete Buch der Welt ist die Bibel. Vollständig wurde sie in 286 Sprachen übersetzt, zumindest Teile sind in 1522 Sprachen erschienen – Lenin gibt es in 222 Sprachen; Jules Verne (1828–1905) in 220 Sprachen. Zwischen 1815 und 1975 wurden von der Bibel schätzungsweise 2,5 Mrd. Exemplare gedruckt, etwa 1,5 Mrd. von den Bibelgesellschaften. Bis 31. Oktober 1983 vertrieben die Gesellschaften in 158 Ländern 10883159 Bibeln.
Das rote Buch mit den *Worten des Vorsitzenden Mao Tse-tung* soll zwischen 1966 und 1971 rund 800millionenmal aufgelegt worden sein.
Das 192 Seiten starke Buch *The Truth That Leads to Eternal Live* (Die Wahrheit, die zu ewigem Leben führt) ist erstmals im Mai 1968 in New York publiziert worden. Im Mai 1984 erreichte dieses Handbuch der Zeugen Jehovas eine Auflage von 105,25 Mio. Exemplaren. Sie wird in 115 Sprachen gedruckt.

Das meistverkaufte Buch aus der Zeit vor der Einführung des Copyrights ist wahrscheinlich die 1879er Ausgabe des *McGuffey Reader,* ein Buch, das von Henry Vail zusammengestellt und in den USA für den Schulgebrauch von Van Antwerp, Bragg & Co. verlegt wurde. Es wurden 60 Mio. Exemplare verkauft.

Das meistverkaufte Buch der Welt, das unter die Copyright-Gesetze fällt, ist das *Guinness Buch der Rekorde.* Es wurde erstmals im September 1955 in der Londoner Fleet Street veröffentlicht. Die Guinness-Brauerei wollte damit den wettlustigen Gästen in den 81400 britischen Pubs hieb- und stichfeste Argumente liefern. Norris Dewar McWhirter (* 1925) und sein Zwillingsbruder Alan Ross McWhirter († 1975) waren die Gründungsherausgeber. Heute erscheint das *Guinness Buch der Rekorde* in 26 Sprachen. Bis 1986 waren über 53 Mio. Exemplare verkauft.

Der meistverkaufte Roman ist *Tal der Puppen* von Jacqueline Susann (Mrs. Irving Mansfield 1921–74), der seit seinem Erscheinen im März 1966 mit einer Gesamtzahl von 27,46 Mio. Exemplaren weltweit bis zum 1. Mai 1985 den Verkaufsrekord hielt. Allein in den ersten sechs Monaten nach dem Erscheinen verkaufte der Verlag Bantam 6,8 Mio. Exemplare.
Weitere internationale Bestseller waren (und sind es z. T. noch) *Lady Chatterley's Lover* des Briten D. H. Lawrence (1885–1930). Von diesem Roman wurde bis Mai 1986 eine Gesamtauflage von über 4,68 Mio. festgestellt. *The Cruel Sea* des Amerikaners Nicholas Monsarrat (1910–79) hatte bis 1976 eine Auflage von 1,20 Mio. der Originalausgabe von 1951 erreicht.

Produktionszeiten: 1854 hatten die Brüder Grimm ihr *Deutsches Wörterbuch* begonnen, fertiggestellt wurde es aber erst im Jahr 1971. *Acta Sanctorum,* 1643 von Jean Bolland in Angriff genommen, sollte zum Saint's Day erscheinen, doch es dauerte bis November 1925, ehe das Werk herauskam. Eine Einführung dazu wurde im Dezember 1940 publiziert.

Den Preis für das sich am langsamsten verkaufende Buch der Welt (in US-Verlagskreisen *Slooowseller* genannt) gebührt wahrscheinlich der Übersetzung des *Neuen Testaments* vom Koptischen ins Lateinische von David Wilkins, die im Jahr 1716 von der Oxford University Press (GB) in 500 Exemplaren verlegt wurde. Bei einem durchschnittlichen Verkauf von einem Exemplar alle 139 Tage dauerte es 191 Jahre, also bis zum Jahr 1907, bis die Auflage vergriffen war.

Kürzeste Kritik. Die kürzeste Buchkritik veröffentlichte Markus Spieß (*1971) aus Ettlingen in der Schülerzeitung *Furunkel* am 12. Mai 1984. Sein Kommentar zum *Guinness Buch der Rekorde 1984* war schlicht und einfach »Ah!«.

VERLAGE UND DRUCKEREIEN

Die größte Druckerei unter einem Dach ist die der amerikanischen Regierung in Washington (1860 gegründet). Dort wurden im Jahr 1984 Dokumente und andere Drucksachen im Wert von 60 Mio. Dollar (155,17 Mio. DM) hergestellt. Das Bestandsverzeichnis umfaßt über 17200 Titel.

Den größten Druckauftrag vergibt die britische Automobil Association. Für das Jahrbuch

Der Mond
Die kleinste Zeitung
WELTREKORD!
Dienstag, 2. September 1986 1. Jahrgang
Nummer 2, Einzelnummer: Fr. 3.20

„Verfall bei vollem Bewußtsein"
Automatenzocker – die ewigen Verlierer an den Glücksspielmaschinen

NACHRICHTEN
Mit 17 spielte der Kasseler Bernd Bauer «aus Langeweile» an Automaten, mit 18 «aus Gewohnheit». Die Abfindung, die er nach drei Jahren Dienstzeit von der Bundeswehr bekam reichte gerade, das überzogene Konto......

Inserat
Der kleinste Haarfön der Welt
Trisa 1521
Fust-Preis 24.-

Bitte umblättern!

In der Schweiz erscheint die »kleinste Zeitung«, der *Mond*. Herausgeber, Redaktor, Drucker und Verkäufer der »Kleinsten« ist Ivo Krähenbühl.

1986/87 wurden 4,8 Mio. Exemplare geordert. Die Gesamtauflage der Jahrbücher seit dem Erscheinungsjahr 1908 beträgt 86,7 Mio.

Die Verlagsgesellschaft mit dem größten Nettoertrag ist Time Inc. in New York mit 3,404 Mrd. Dollar (10,52 Mrd. DM) im Jahr 1985.

Der größte Schulbuchverlag ist die Buchabteilung von McGraw-Hill Inc. in New York, die 1985 1300 neue Titel anbot und 460,2 Mio. Dollar (1,42 Mrd. DM) umsetzte.

Der größte Buchverlag und zugleich die größte Buchdruckerei Europas ist die Bertelsmann-Gruppe in Gütersloh (Nordrhein-Westfalen) mit insgesamt 240 Firmen im In- und Ausland. Der Verlag wurde am 1. Juli 1835 gegründet, jetzt ist er der zweitgrößte Medien-Konzern der Welt (Jahresumsatz 1984/85: 7,4413 Mrd. DM).

Älteste Verlagshäuser. Die Oxford University Press feierte 1978 den 500. Geburtstag des ersten Buches, das in der Stadt Oxford gedruckt worden war. Zu diesem Zeitpunkt, 1478, gab es die Oxford University Press allerdings noch nicht. Die Cambridge University Press kann ihre Druck- und Verlagsgeschichte bis ins Jahr 1584 zurückverfolgen. Die königliche Erlaubnis, Bücher aller Art zu drucken und zu verkaufen, hatte dieser Universitätsverlag bereits 50 Jahre zuvor erhalten.

Das älteste noch bestehende Druck- und Verlagshaus Deutschlands ist der Verlag Schmidt-Römhild in Lübeck. Es wurde 1579 gegründet und ist auch heute noch ein modernes, leistungsfähiges Unternehmen.

Die größte Druckerei der Welt ist R. R. Donnelley & Sons Co. in Chikago (USA). Die Firma, die 1864 gegründet wurde, hat Niederlassungen in 15 verschiedenen Städten der USA und liefert Druckarbeiten im Wert von 1,5 Mrd. Dollar (4,63 Mrd. DM) pro Jahr. Die Firma verbraucht im Jahr mehr als 133000 t verschiedener Arten von Druckerschwärze und 1,645 Mio. t Papier und Pappe.

BIBLIOTHEKEN

Die älteste Bibliothek der Welt dürfte sich um 3000 v. Chr. in Mesopotamien befunden haben. Dort entdeckte man bei Ausgrabungen Papyrusrollen und Tontafeln, die nach den Prinzipien einer Bücherei geordnet waren.

Die berühmteste Bibliothek des Altertums waren die beiden von Ptolemäus II. (283–246 v. Chr.) gegründeten Büchereien von Alexandria (Ägypten). Die größere von ihnen, mit etwa 700000 Buchrollen, ging 47 v. Chr. im Alexandrinischen Krieg durch Feuer zugrunde, die kleinere mit über 40000 Buchrollen verbrannte im Jahr 391 n. Chr.

Die größte Bibliothek der Welt ist die am 24. April 1800 gegründete Kongreßbibliothek in Washington. 1986 wurden in ihr 90 Mio. Schriftstücke aller Art gezählt, darunter 20 Mio. Bücher und Broschüren. Die Bibliotheksgebäude sind 26,14 ha groß, die Bücherregale alles in allem 856 km lang. Der James-Madison-Gedenkanbau wurde im April 1980 fertiggestellt und nimmt 14 ha ein.

Die größte nichtstaatliche Bibliothek ist die öffentliche Bücherei von New York (1895 gegründet). Der Komplex an der Fifth Avenue breitet sich über 48800 m^2 aus, die Regale haben eine Länge von 141,6 km. Das Angebot umfaßt 11949333 Bücher, 14466478 Manuskripte und 363679 Landkarten.

Die größte Bibliothek Europas ist die Lenin-Bibliothek in Moskau (UdSSR), die über 14,5 Mio. Bücher verfügt.

Die größte deutsche Bibliothek ist die Deutsche Bücherei in Leipzig (DDR), die über 7,9 Mio. Bücher, Zeitschriften, Patent- und Hochschulschriften, Musikalien und Atlanten enthält.

Die umfangreichste Bibliothek in der Bundesrepublik Deutschland ist die 1558 gegründete Bayerische Staatsbibliothek in München mit (am 31. Dezember 1985) 6,09 Mio. bibliographischen Einheiten.

Die Deutsche Bibliothek in Frankfurt a. Main, die zentrale Archivbibliothek der Bundesrepublik Deutschland, hatte Ende 1985 einen Bestand von 3,53 Mio. Bänden.

Die größte Bibliothek in Österreich ist die Österreichische Nationalbibliothek in Wien, die im 15. Jh. gegründet wurde. Sie umfaßt z. Zt. 2,38 Mio. Bände und ca. 4,5 Mio. Einheiten sonstiger Medien (Handschriften, Musikalien, Theatralia, Flugblätter, Karten, Papyri, Fotos usw.).

Die größte Bücherei der Schweiz ist die Öffentliche Bibliothek der Universität Basel (gegründet 1460) mit 2,5 Mio. Bänden.

Längste Leihfrist: Das Buch, das mit der größten Verspätung zurückgegeben wurde und dessen Entleiher namentlich bekannt ist, wurde 1823 aus der medizinischen Bibliothek der Universität Cincinnati (USA) entliehen; es handelte sich um ein Werk von Dr. J. Currie über Fiebererkrankungen, das 1805 in London erschienen war. Zurückgegeben wurde es am 7. Dezember 1968 vom Urenkel des Entleihers, Richard Dodd. Die Buße, die nach 145 »Ausleihjahren« immerhin 2264 Dollar (damals 7000 DM) betragen hätte, wurde ihm erlassen.

ZEITSCHRIFTEN

Die älteste noch erscheinende Zeitschrift sind die *Philosophischen Berichte der Königlichen Gesellschaft,* die in London seit dem 6. März 1665 erscheinen.

Die größte Auflage einer Wochenzeitschrift hat *TV Guide.* Das amerikanische Fernsehblatt durchbrach 1974 als erstes Magazin die Milliardengrenze (Jahresauflage). Die wöchentliche Durchschnittsauflage zwischen Juli und Dezember 1985 lag bei 16898697 Exemplaren.

Größte Monatszeitschrift der Welt ist *The Reader's Digest.* Im Jahr 1985 erreichten die 39 internationalen Ausgaben eine Durchschnittsauflage von 28000000 Exemplaren in 15 Sprachen.

In der Bundesrepublik Deutschland, in Österreich und der Schweiz heißt das Magazin *Das Beste aus Reader's Digest.* Es hat in der Bundesrepublik Deutschland eine monatliche Verkaufsauflage von 1,25 Mio.

Parade, **eine farbige Sonntagsbeilage,** wird wöchentlich in 135 amerikanischen Tageszeitungen mitgeliefert. Gesamtauflage: 25,15 Mio. (April 1985).

Die erste Zeitschrift Deutschlands erschien erstmals um 1590. Es war die Frankfurter *Mess-Relation,* die halbjährlich zur Messezeit in der Main-Metropole erschien.

Die größte deutsche Zeitschrift ist *HÖRZU* (Axel Springer Verlag AG, Berlin) mit 3,30 Mio. verkaufter Wochenauflage.

Die größte deutsche »Illustrierte« ist der *Stern* (Verlag Gruner und Jahr, Hamburg) mit wöchentlich rd. 1,42 Mio. Auflage.

Die größte deutsche Jugendzeitschrift ist *Bravo* (Heinrich-Bauer-Verlag, Hamburg/München) mit einer Wochenverkaufsauflage von rd. 1,20 Mio.

Die auflagenstärkste Monatszeitschrift in der Bundesrepublik Deutschland ist die Mitgliederzeitschrift *Motorwelt* des Allgemeinen Deutschen Automobil-Clubs (ADAC) mit monatlich 7,83 Mio. Exemplaren, die den Clubmitgliedern im Rahmen ihrer Beitragsleistungen geliefert wird.

Als kleinste Zeitschrift in Europa galt das am 28. Februar 1829 mit päpstlichem Privileg im römischen Kirchenstaat erschienene *Diario di Roma.* Sein Format: 12,7 × 6,8 cm.

Aus dem zürcherischen Limmattal kommt *Der Mond.* Halbjährlich bringt Zeitungsmacher Ivo Krähenbühl seine »kleinste Zeitung« im Format 57 × 80 mm in Spreitenbach (Schweiz) heraus. Der 1. Jahrgang ist komplett.

Den Altersrekord an jährlich erscheinenden Periodika hält der *Old Moore's Almanack.* Er wird seit 1697 jedes Jahr veröffentlicht. Zum ersten Mal erschien er in Plakatform und diente Dr. Francis Moore (1657–1715) aus Southwark in London dazu, seine Heilmittel anzupreisen. Die jährliche Auflagenhöhe, von den Herausgebern W. Foulsham &. Co. Ltd. in Slough (GB) beglaubigt, beträgt 1 Mio. Exemplare, und der Gesamtverkauf des Almanachs wird auf mehr als 108 Mio. geschätzt.

Deutschlands einziges, Europas größtes Nachrichtenmagazin ist *Der Spiegel* mit wöchentlich 940751 Exemplaren.

ZEITUNGEN

Anfänge: Die älteste Zeitung ist, allerdings handgeschrieben, schon um 2000 v. Chr. in China erschienen.

Das älteste erhaltene Flugblatt, die Urform der Zeitung, stammt aus dem Jahr 1470 und wurde in Köln gedruckt.

Die älteste existierende Zeitung ist das schwedische Journal *Post och Inrikes Tidningar,* das 1645 gegründet wurde. Es wird von der Königlichen Schwedischen Akademie für Literatur herausgegeben.

Die älteste noch bestehende kommerzielle Zeitung Europas ist *Haarlems Dagblad/Oprechte Haarlemsche Courant,* die in Haarlem (Niederlande) verlegt wird. Der *Courant* erschien zuerst am 8. Januar 1656 als *Weeckelycke Courante van Europa*; ein Exemplar der Nummer 1 existiert noch.

Die ersten Zeitungen in Europa im heutigen Sinne stammen aus dem Jahr 1609 und erschienen in Wolfenbüttel (15. Januar) und Braunschweig. Erst gegen Ende des 17. Jh.s gab es in etwa 70 deutschen Städten zum Teil mehrere periodisch erscheinende Blätter. Zum täglichen Erscheinen ging im Jahr 1660 erstmals die *Leipziger Zeitung* über, die damit als erste Tageszeitung Deutschlands gelten kann.

Die dickste Einzelausgabe einer Zeitung war die 3,4 kg wiegende Sonntagsausgabe der *New York Times* vom 17. Oktober 1965. Sie enthielt insgesamt 946 Seiten, davon 1,2 Mio. Anzeigenzeilen.

Die größte je verwendete Seitengröße war 130 × 89 cm für *The Constellation,* die zum 4. Juli 1859 zur Feier des amerikanischen Unabhängigkeitstages in New York (USA) erschien.

Die kleinste nachgewiesene Seitengröße war 7,6 × 9,5 cm des *Daily Banner* in Roseberg, Oregon (USA), von dem Ausgaben vom 1. und 2. Februar 1876 erhalten sind.

Die eifrigsten Zeitungsleser der Welt sind die Schweden mit 554 verkauften Exemplaren pro 1000 Einwohner.

Die meisten Tageszeitungen erscheinen in den USA. Am 1. Mai 1985 gab es 1692 englischsprachige Blätter mit einer Gesamtauflage von 62 Mio. Exemplaren. Im Jahr 1910 hatte es in den USA 2202 Tageszeitungen gegeben.
1984 erschienen in der Bundesrepublik Deutschland 1248 Zeitungen mit einer durchschnittlichen Verkaufsauflage von 26 Mio. Exemplaren je Erscheinungstag.

Die älteste noch erscheinende Tageszeitung in der Bundesrepublik Deutschland ist die im Jahr 1705 gegründete *Hildesheimer Allgemeine Zeitung.*

Die erste Zeitung nach dem Zweiten Weltkrieg im Gebiet der heutigen Bundesrepublik Deutschland war die *Bremervörder Zeitung,* die am Freitag, dem 22. Juni 1945, mit der Nr. 1, 92. Jg. erschien. Die zweite Ausgabe am darauffolgenden Montag konnte nicht mehr gedruckt werden. Das damalige britische Hauptquartier in Hamburg widerrief die durch den Ortskommandanten von Bremervörde (Niedersachsen) erteilte Genehmigung.
Die Lizenz Nr. 1 des Alliierten Hauptquartiers der britisch-amerikanischen Besatzungszone erhielten am 26. Juni 1945 die *Aachener Nachrichten.*

Der größte Zeitungsverlag der Bundesrepublik Deutschland ist die Axel Springer Verlag AG. (Berlin und andere Verlagsorte) mit einem Umsatz von 2,475 Mrd. DM im Jahr 1985.

Die auflagenstärkste Tageszeitung in Deutschland ist *Bild* aus dem Axel Springer Verlag, Berlin, mit einer verkauften Tagesauflage von 5,032 Mio.
Die auflagenstärksten überregionalen Tageszeitungen in der Bundesrepublik Deutschland, die im Abonnement bezogen werden, sind die *Süddeutsche Zeitung* aus dem Süddeutschen Verlag, München (Bayern), mit einem Gesamtverkauf von 371050 Exemplaren, gefolgt von der *Frankfurter Allgemeinen Zeitung (FAZ)* mit durchschnittlich 341287 Exemplaren.

In Österreich erreicht die *Neue Kronen-Zeitung,* Wien, mit 1025000 Exemplaren die höchste Tages-Durchschnittsauflage (Montag bis Sonntag).

Die größte Tageszeitung der Schweiz ist *Blick* mit 364480 Exemplaren Tagesauflage im Mai 1984.

Die Wochenzeitung *Die Zeit,* Hamburg, erscheint wöchentlich mit einer Durchschnittsauflage von 451785 Exemplaren (einschl. beigelegtem farbigem *Zeit-Magazin*) im eigenen Verlag.

Die verbreitetsten Sonntagszeitungen in der Bundesrepublik Deutschland sind *Bild am Sonntag* mit 2,39 Mio. Durchschnitts-Verkaufsauflage an jedem Sonntag und *Welt am Sonntag* mit 339500. Beide erscheinen im Axel Springer Verlag, Berlin.

Auflagenstärkste Tageszeitung der Welt ist *Yomiuri Shimbun* (gegründet 1874). Von dem japanischen Blatt – es erscheint mit einer Morgen- und Abendausgabe – wurden am 1. April 1986 genau 14134187 Exemplare verkauft.
Die *Trud,* das Organ der sowjetischen Gewerkschaften, hat sogar eine Auflage von 15,4 Mio. Exemplaren. Allerdings werden von der Tageszeitung, die in 53 Städten gedruckt wird, nur etwa 70000 Exemplare am Kiosk verkauft.

Der Höchstpreis, der bisher für eine ganzseitige Anzeige bezahlt wurde, liegt bei 327230 Dollar. Soviel verlangte die US-Sonntagsbeilage *Parade* (wöchentliche Auflage: 25 Mio.) im März 1985 für ein vierfarbiges Inserat auf der hinteren Coverseite. Im Inneren des Blattes kostete die bisher teuerste ganzseitige Anzeige im Vierfarbendruck 284560 Dollar.
Für die Anzeigen in der amerikanischen Ausgabe kassierte *The Reader's Digest* im November 1982 insgesamt 14716551 Dollar.

Die teuerste Anzeige hat sich US-Unternehmer Gulf and Western Industries geleistet: 3,2 Mio. Dollar ließ es sich am 5. Februar 1979 die Reklame in den Ausgaben des Magazins *Time* kosten.
Die höchsten Anzeigenpreise unter den Tageszeitungen verlangt *Yomiuri Shimbun* in Tokio:

Viele Schaulustige halfen mit, als es galt, auf dem Linzer Hauptplatz ein riesiges Kreuzworträtsel zu lösen. Die 643 Begriffe waren im Handumdrehen gefunden.

Im April 1984 waren es 37 350 000 Yen (468 000 DM) für eine ganze Seite in der Morgenausgabe und 30 825 000 Yen (388 000 DM) für eine Anzeigenseite in der Abendausgabe.

Treuester Anzeigenkunde ist das 1880 gegründete und in Macon, Georgia (USA), beheimatete Kleidergeschäft The Jos Neel Co. Vom 22. Februar 1889 bis Februar 1986 inserierte das Unternehmen jeden Tag im *Macon Telegraph*. Das bedeutet, daß die Anzeige, die stets im oberen linken Eck der Seite 2 lief, 35 405mal erschienen ist.

Die meistgelesenen Kolumnen schreibt Ann Landers (67), deren Arbeiten von Nachrichtenagenturen verbreitet werden. Die Kolumnistin ist nach 30jähriger Tätigkeit inzwischen in mehr als 1000 Zeitungen vertreten und hat eine Leserschaft von schätzungsweise 85 Mio.

Erfolgreichster politischer Karikaturist der Welt ist Ranan R. Lurie (* 1932). Seine Arbeiten werden in 400 Zeitungen aus 51 Ländern veröffentlicht. Gesamtauflage der Zeitungen, in denen Luries Karikaturen abgebildet sind: 62 Mio. Exemplare.

Science-fiction – Fantasy-, Horror- und Abenteuerserien – sammelt der Chemiemeister Udo Classen (* 1945) aus Dormagen (Nordrhein-Westfalen) stapelweise. Seit 25 Jahren trägt er alles aus diesem Gebiet an Heftromanen und Taschenbüchern zusammen. 8400 Stücke sind es bereits, 5650 davon handsigniert von den Autoren.

Kriminalromane ab 1945 sammelt, ordnet und listet Klaus-Dieter Walkhoff-Jordan (* 1943). Der Betriebsprüfer beim Berliner Finanzamt hat es bis zum 20. März 1986 auf 13 867 Krimi-Taschenbücher gebracht.

COMICS

Der älteste heute noch erscheinende Comic strip ist *Katzenjammer Kids*, der von Rudolph Dirks erfunden wurde und zum ersten Mal 1897 im *New York Journal* erschien; er wird von seinem Sohn weiter fortgeführt. In den »Kids« Hans und Fritz erkennen insbesondere deutsche Leser ohne Zweifel schnell deren Vorbilder Max und Moritz von Wilhelm Busch (1832–1908), dessen Bildergeschichten als Anfänge der Comic-strip-Kultur angesehen werden können.

Der erste Comic strip ist *The Yellow Kid*, der am 18. Oktober 1896 zum ersten Mal in William R. Hearsts *New York Journal* gedruckt wurde.

Am weitesten verbreitet ist der Comic strip *Blondie*, den es seit 1930 gibt und der in 15 Sprachen, 55 Ländern und insgesamt 1800 Zeitungen erscheint. *Blondies* Alltagsabenteuer verfolgen täglich schätzungsweise 150 Mio. Leser.
Seit Oktober 1950 erscheinen die *Peanuts* von Charles M. Schulz. Sie bringen es inzwischen bereits auf 1514 Zeitungen in 26 verschiedenen Sprachen.

Die langlebigste und erfolgreichste europäische Comic-Serie ist *Tim und Struppi* von Hergé (d. i. Georges Remi). Unter dem Originaltitel *Tintin* erschien die erste Folge am 10. Januar 1929 in der belgischen Zeitschrift *Le Petit Vingtième*. Bis 1976 sind 23 Geschichten entstanden, die in Albumform in 33 Sprachen mit einer Gesamtauflage von 130 Mio. Exemplaren erschienen sind. Hergé ist 1983 im Alter von 75 Jahren gestorben.

Den schnellsten Sprung von null auf 1000 Zeitungen schaffte der Comic Strip *Garfield*, den Jim Davis 1978 ersann. In Amerika hat der biestige Kater mittlerweile bereits *Snoopy* den Rang als beliebtestes Comic-Tier abgelaufen. Inzwischen erscheint *Garfield* in über 1700 Zeitungen. Seine Abenteuer wurden in 19 Büchern zusammengefaßt, von denen zeitweilig bis zu sieben Stück gleichzeitig auf der *New-York-Times*-Liste der 15 bestverkauften Paperbacks zu finden waren.

Der größte Comic-Markt der Welt ist Japan. Knapp 1,5 Billionen *Mangas* – monatliche Comic-Bücher mit bis zu 400 Seiten Umfang – werden jährlich von den Japanern verschlungen. In Japan wird mehr Papier für den Druck von Comics als zur Herstellung von Toilettenpapier verbraucht.

Auflagenstärkster Comic in der Bundesrepublik Deutschland ist die Serie *Asterix*. Der kauzige Gallier, der 1959 von Albert Uderzo und René Goscinny für die französische Zeitschrift *Pilote* erfunden wurde, wehrt sich im Jahr 50 v. Chr. zusammen mit seinem dickleibigen Freund Obelix in bereits 28 Alben gegen die römischen Besatzer. Jedes deutsche Album wird mit einer Druckauflage von 2,4 Mio. Exemplaren gestartet.

Die erfolgreichste deutsche Comic-Figur ist der Motorrad- und Flaschenbier-Fan *Werner* aus der Feder des Kieler Zeichners Brösel (eigentlich Rötger Feldmann). Vier Bücher sind mittlerweile erschienen. Die Gesamtauflage nähert sich bedrohlich der Millionengrenze.

Zum besten deutschen Comic-Zeichner wurde am 31. Mai 1986 auf dem 2. Internationalen Comic-Salon in Erlangen der Hamburger Matthias Schultheiss gewählt. Der 1946 in Nürnberg geborene Zeichner gilt inzwischen in ganz Europa als aufsehenerregende Neuentdeckung und hat bereits mehrere Comic-Alben veröffentlicht.

In der Bundesrepublik Deutschland gibt es neben den zahlreichen bunten Comic-Heften inzwischen auch Fachzeitschriften für Sammler und Liebhaber. Das größte Sammler-Magazin ist *Die Sprechblase* (Norbert Hethke Verlag, Schönau), das größte Comic-Fachmagazin *Comic Forum* (Wien).

KREUZWORTRÄTSEL

Das erste bekannte Kreuzworträtsel ist im September 1875 im New Yorker *St. Nicholas* veröffentlicht worden. Das alte 9 × 9-Rhombusrätsel hat der Engländer Dr. Kenneth Miller aufgestöbert. Miller ist selber ein Pionier auf dem Gebiet: Er erfand 1983 das farbige Kreuzworträtsel.

Das größte je veröffentlichte Kreuzworträtsel hatte 12 489 waagerechte und 13 125 senkrechte Wörter auf 82 951 Feldern. Das Riesenrätsel nahm 3,55 m² ein und war von Robert Trucot aus Quebec (Kanada) ausgetüftelt worden.

Superkreuzworträtsel. Unveröffentlicht ist ein 66,3 m langer und 29,7 cm breiter Rätselbandwurm, den der Realschullehrer Arne Meyer-Oldenburg aus Trossingen (Baden-Württemberg) ausgetüftelt hat. Bei bisher 86 700 Feldern (Stand März 1984) müssen 32 300 Begriffe erraten werden.

Ein nicht minder eindrucksvolles, ebenfalls unveröffentlichtes Riesenkreuzworträtsel hat der österreichische Koch Johann Russ (* 1960) aus Stainz (Steiermark) gebastelt. Er kommt auf 43 864 Begriffe bei 142 852 Feldern, die ein 245,5 × 145 cm großes Rätsel ergeben.

Ein Doppel-Kreuzworträtsel hat Jakob Rutz-Stieger (39) aus Pfäffikon (Schweiz) erstellt. Es läßt sich vorwärts oder rückwärts lösen und enthält auf 972 Kästchen 340 Doppelbegriffe.

Das längste Wort, das je in einem Kreuzworträtsel gesucht wurde, ist Kinderkrankenschwesternschülerin (33 Buchstaben). Klaus-Peter Reiff aus Solingen baute es in ein Rätsel ein, das die Fernsehzeitschrift *Gong* in ihrer Ausgabe 5/1985 veröffentlichte.
Lange Zahlwörter sind zwar leichter zu erfinden, aber trotzdem sei das aus 34 Buchstaben bestehende Kreuzworträtselwort *zwölftausendsiebenhundertneunzehn* erwähnt, das in der Ausgabe 12/1980 der österreichischen Rätselzeitung *Rätselkrone* gesucht wurde.

Das »größte« Kreuzworträtsel stand am 13. September 1985 auf dem Marktplatz von Linz (Oberösterreich). Die 2600 Felder (643 Begriffe) der 13 × 2 m großen Rätselwand lösten die Passanten mit vereinten Kräften in Windeseile. Urheber des Rätselspektakels war die Linzer Werbeagentur CreaTeam.

Das größte regelmäßig erscheinende Kreuzworträtsel kommt aus der Verlagswerkstatt von Willi Hauck in München. Ganze 1½ m^2 mit über 6700 Lösungsfeldern bieten Ratespaß für die ganze Familie. Für Zweifelsfälle wird die Lösung gleich mitgeliefert.

Die meisten Kreuzworträtsel erfindet Roger F. Squires aus Ironbridge (GB). Bis August 1985 waren es mehr als 25 000. Pro Woche schafft Squires im Schnitt 35 Rätsel.
Die kürzeste Zeit, in der das Kreuzworträtsel der Londoner *Times* nachweislich unter Testbedingungen gelöst wurde, betrug 3:45 Min., die der 43jährige Roy Dean aus Bromley bei London in der Radiosendung *Today* am 19. Dezember 1970 benötigte. Im Mai 1966 erhielt die *Times* von einer Frau auf den Fidschiinseln die Mitteilung, daß es ihr soeben gelungen sei, das Kreuzworträtsel Nr. 673 in der Ausgabe vom 4. April 1932 zu lösen.

Neuer »Rätselkönig« aus Österreich ist der Wiener Herbert Klein (* 1926). Seit 1965 arbeitet er als freier Schriftsteller und freier Mitarbeiter der *Kronen-Zeitung* und *Rätsel-Krone*. Er kam 1984 bereits auf insgesamt 17 958 produzierte Kreuzworträtsel und Denksportaufgaben aller Art.

Beeindruckend ist die »Große Hoforgel« in Philadelphia schon. Dieses Instrument hat über 30 000 Pfeifen und besitzt sechs Manuale.

4. Musik

Anfänge: Die älteste noch vorhandene musikalische Aufzeichnung der Welt stammt aus der Zeit um 1800 v. Chr.: eine 1966/67 von Dr. Duchesne-Guillemin auf einer Tontafel entzifferte siebentonige Tonleiter, die in Nippur in Babylonien (heute Irak) entdeckt worden war.
Ein assyrisches Liebeslied – ebenfalls aus der Zeit um 1800 v. Chr. – an einen ugaritischen Gott, aufgezeichnet auf einer Tafel mit Noten und Text, wurde am 6. März 1974 an der Berkeley University of California (USA) für eine elfsaitige Lyra rekonstruiert.
Die Geschichte der Musik läßt sich jedoch bis auf das 3. Jahrtausend v. Chr. zurückverfolgen, als die *Gelbe Glocke* (huang chung) in der chinesischen Tempelmusik einen immer gleichen, festgelegten Musikton hatte.
Pfeifen und Flöten aus durchlöcherten Fingerknochen wurden an jungpaläolithischen Ausgrabungsstätten der Aurignac-Periode (um 25 000–22 000 v. Chr.) z. B. in Istallóskö (Ungarn), an verschiedenen Plätzen in Südfrankreich und Molodova (UdSSR) gefunden.

Ein chinesischer Lautenspieler hat eine Melodie, die seit 1800 Jahren nicht mehr gespielt wurde, zu neuem Leben erweckt. Bei diesem Musikstück handelt es sich um das älteste in China entdeckte Werk. Den auf einem Stück Holz aufgezeichneten Notenfund hatten Archäologen bereits 1920 in von Buddhisten benutzten Höhlen in Dunhuan gemacht. Niemand kümmerte sich um den Fund, bis der Forscher Niu Longfei von der Universität Lanzhou das Stück Ende 1983 in moderne Noten für die Laute übertrug.

INSTRUMENTE

Das früheste noch existierende Hammerklavier wurde 1720 in Florenz von Bartolomeo Cristofori (1655–1731) aus Padua (Italien) gebaut und befindet sich jetzt im Metropolitan Museum of Art in New York City (USA).

Der größte Flügel, der je gebaut wurde, wog 1,25 t und war 3,55 m lang; hergestellt wurde er 1935 von Chas. H. Challen & Sohn in London.
Die längste Baßseite war 3,02 m lang, und die Zugbelastung auf dem 330 kg schweren Rahmen betrug mehr als 30 t.

Der höchste Preis, der je für einen Flügel bezahlt wurde, beträgt 390 000 Dollar (769 470 DM). Der Steinway aus dem Jahr 1888 wurde am 26. März 1980 bei Sotheby Parke Bernet in New York von einem Nicht-Klavierspieler erworben.

Die kleinsten spielbaren Cembali (Kielflügel) hat der Pariser Erfinder Jean Marius um 1700 gebaut. Es sind dreiteilige Klappinstrumente, die, zusammengeklappt, lediglich 1,5 × 0,25 × 0,2 m groß sind. Eines davon hat Friedrich dem Großen gehört und kann im Musikinstrumenten-Museum des Staatlichen Instituts für Musikforschung, Berlin (West), bestaunt werden.

Das größte und lauteste Musikinstrument, das je gebaut wurde, ist die jetzt nur zum Teil bespielbare Auditoriums-Orgel in Atlantic City, New Jersey (USA). Dieses 1930 vollendete Instrument hat zwei Spieltische, einen mit sieben Manualen und einen weiteren beweglichen mit fünf, 1477 Registerzüge und 33 112 Pfeifen von 4,7 mm bis 19,5 m Größe. Es hat die Lautstärke von 25 Blaskapellen bei einem Umfang von sieben Oktaven. Es hat auch den lautesten Registerzug, den sogenannten Ophicleide-Zug.

Die größte voll funktionstüchtige Orgel der Welt ist die 1911 gebaute und bis 1930 erweiterte »Große Hoforgel« im Wanamaker Store von Philadelphia (USA). Sie hat 6 Manuale und 30 067 Pfeifen. Die Gravissima-Pfeife mißt 19,5 m.

Die stärkste elektronische Orgel ist die Royal V.-Rodgers-Orgel, die Virgil Fox entworfen hat und die im Juni 1983 von Orient Shoji Co. in Tokio gebaut wurde. Sie hat 5000 W und 465 Lautsprecher.
Die Pfeifen-Orgel in der Kirche der amerikanischen Militärakademie West Point ist seit 1911 ständig »gewachsen«: von 2406 auf 18 200 Pfeifen.

Die größte Pfeifen-Orgel Europas befindet sich im St.-Stephans-Dom in Passau (Niederbayern). Sie wurde 1924–28 von D. F. Steinmeyer & Co. eingebaut und wurde 1977–80 von

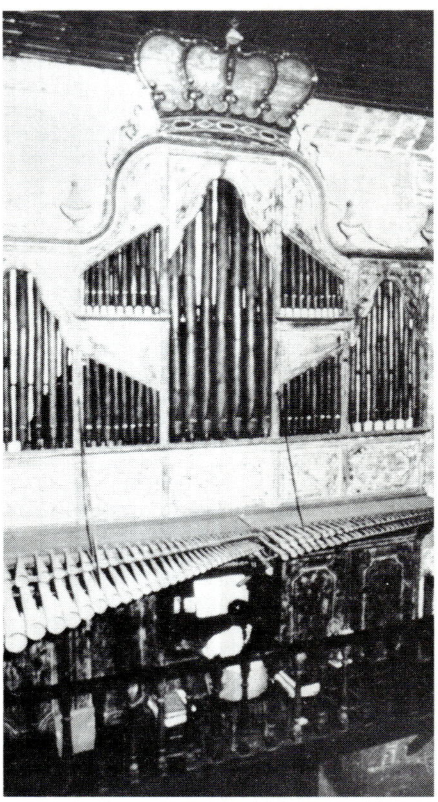

Aus 902 Bambus- und 130 Weichmetallpfeifen besteht die weltberühmte Bambus-Orgel von Las Pinas, einem Vorort der philippinischen Hauptstadt Manila.

Orgelbaumeister L. Eisenbarth, Passau, umgebaut und erweitert. Sie besteht jetzt aus Hauptorgel, Chororgel, Epistelorgel, Evangelienorgel und Fernorgel. Im ganzen besitzt das mächtige Instrument 231 Register, 17 429 Pfeifen und 116 Glocken. Die größte Pfeife ist 11,3 m lang, hat einen Durchmesser von 50 cm und wiegt 306 kg. Vom großen Hauptspieltisch aus (fünf Manuale) sind alle Teilwerke der Orgel elektrisch bespielbar.

Die älteste noch spielbare Pfeifen-Orgel der Welt stammt aus dem Jahr 1390 und befindet sich in der Cathédrale de Notre Dame de Valère in Sion (=Sitten), Schweiz. Sie wurde erstmals 1687 und zuletzt 1954 restauriert. In jedem Sommer wird mit ihr ein Festival mit Aufführungen alter und neuer Orgelmusik veranstaltet. Die Orgel hat acht Register, von denen vier noch aus gotischer Zeit stammen.

Die älteste wieder spielbare Pfeifen-Orgel (nach der Rekonstruktion) steht in Budapest – Aquincum – (Ungarn). Die 1959 restaurierte/rekonstruierte mechanische Orgel mit 4 Registern und 52 Pfeifen wurde 228 n. Chr. dem Kollegium der Tuchweber in Aquincum, der damaligen Hauptstadt der römischen Provinz Ostpannonien, geschenkt. Sie gilt als vollständigster und wertvollster Fund einer römischen Orgel.

Die älteste und einzige Bambus-Orgel der Welt steht in der katholischen Kirche von Las Piñas, einem Vorort von Manila (Philippinen). Angeblich mangels anderer Materialien begann der Missionar Diego Cerra im Jahr 1794 mit dem Bau dieser Pfeifen-Orgel, die noch heute in Gebrauch ist.

Als größte Freiluft-Orgel der Welt gilt die Heldenorgel im Bürgertum der Festung Geroldseck hoch über der Stadt Kufstein am Inn, Tirol (Österreich). Diese Pfeifen-Orgel wurde 1931 erbaut, 1970/71 erweitert und verfügt jetzt über vier Manuale und 4307 Pfeifen. Schallöffnungen im Festungsturm ermöglichen es, das Orgelspiel kilometerweit zu hören.

Als schönste Pfeifen-Orgel Europas gilt die in den Jahren 1737–50 von Josef Gabler geschaffene Orgel in der Klosterkirche von Weingarten (Baden-Württemberg). Sie verfügt über vier Manuale, 77 Register und mehr als 6600 Pfeifen, deren größte 300 kg wiegt.

Die größte noch erhaltene spielbare Kino-Orgel Europas steht im Musikinstrumenten-Museum des Staatlichen Instituts für Musikforschung, Berlin (West). Es ist eine 1929 für den Industriellen Werner Ferdinand von Siemens gebaute Orgel der Rudolph Wurlitzer Company mit viermanualigem Spieltisch. Neben normalen Orgelpfeifen hat die elektrisch-pneumatische Orgel eine Vielzahl von Schlagzeug- und Effektinstrumenten eingebaut, Marimbaphon, große und kleine Trommel, Kastagnetten, Glockengeläut, Vogelgezwitscher, Sturmgeheul und Tusch.

Die größte transportable Kirmesorgel der Welt mit 125 Tonstufen gehört dem Bonner Schausteller Rudolf Barth. Die Konzertorgel kommt aus dem Schwarzwald, ist 9,50 m lang und 3,10 m hoch. Sie ist pneumatisch gesteuert und sorgt schon seit Jahrzehnten für Vergnügen bei jung und alt.

Am längsten auf der Konzertbühne stand Elsie Maude Stanley Hall (1877–1976). Neun Jahrzehnte lang war die Klaviersolistin aktiv, ihr letztes Konzert gab sie mit 97 Jahren im südafrikanischen Rustenburg.

Die längste bestätigte Zeit, in der je jemand das Amt des Organisten ausübte, erreichte Charles Bridgeman (1779–1873), der 81 Jahre lang in der Allerheiligen-Pfarrkirche in Hertford (GB) die Orgel spielte. Er wurde 1792 zum Organisten ernannt.

Orgelspiel. Am längsten auf einer elektronischen Orgel – nämlich 411 Std. – spielte zwischen dem 2. und dem 19. Juni 1977 Vince Bull im Comet Hotel, Scunthorpe (GB).
Auf einer Kirchenorgel spielte Angie Thompson aus Newport, Humberside (GB), 110 Std. vom 16. bis 20. April 1985.

Die kleinste spielbare elektronische Orgel hat der Schüler Stefan Albrecht (*1969) aus Oberhausen gebaut. Ihre Maße: 13 × 11,2 × 5,5 mm. Sie hat eigene Spannungsversorgung, Lautsprecher, Verstärkeranschluß und einen Tonumfang von 1½ Oktaven.

Drehorgel-Superfest. Mehr als 100 000 Besucher konnten im Juli 1985 über 200 Drehorgeln und ihre Orgler in Thun bewundern. Aus ganz Europa trafen sich Drehorgelfrauen und -männer zu einem fröhlichen Drehorgelfestival in der Schweiz.

Das größte bekannte Blechinstrument ist eine 2,28 m hohe Tuba mit 11,8 m langer Schallröhre und einem Schalltrichter von 1 m Durchmesser. Diese Kontrabaß-Tuba wurde für eine Welttournee der Kapelle des amerikanischen Komponisten John Philip Sousa (1854–1932) um 1896–98 gebaut und wird auch heute noch gespielt. Das Instrument gehört jetzt einem Zirkusunternehmen in Südafrika.

Die älteste erhaltene Zugtrompete stammt von Huns Veit, datiert Naumburg 1651. Sie befindet sich im Musikinstrumenten-Museum des Staatlichen Instituts für Musikforschung in Berlin (West). Durch Ausziehen des Trompetenzugs kann der tiefste Ton um drei Halbtöne vertieft werden.
Die älteste noch erhaltene datierbare Trompete wurde 1523 von Ubaldo Montini in Siena gearbeitet. Im Laufe der Jahrhunderte mehrfach restauriert, ist nur noch der Zierkranz original. Das Instrument befindet sich im Staatlichen Institut für Musikforschung, Berlin (West).

Das größte Alphorn der Welt ist 24,02 m lang und wiegt 83 kg. Der in der Schweiz geborene Peter Wutherich (65) aus Boise in Idaho (USA) hat das Instrument aus Fichtenholz hergestellt und an ihm mehr als eineinhalb Jahre gearbeitet.

Das längste Jagdhorn-Signal: Diese Rubrik entfällt künftig, da etliche Bläser vorgeführt haben, daß man mehrere Atemzüge als einen einzigen ausgeben kann.

Gitarrespielen. Das längste Gitarrenmarathon dauerte 253:20 Std. Vom 16. bis 27. Juli 1979 griff Ray Rogers aus Mansfield, Ohio (USA), in die Saiten.
Um das Fortbestehen ihres Kindergartens »Nesthäkchen« zu sichern, spielte die Wienerin Hermine Fasching 53:15 Std. hindurch vom 18. bis 20. Februar 1983 Gitarre und sang dazu – und stellte so einen neuen Rekord mit der Gitarre auf.

Das größte bewegliche Saiteninstrument, das je gebaut wurde, war ein Pantaleon (dem Hackbrett verwandt) mit 370 Saiten, die eine Fläche von 4,6 m^2 einnahmen.

Die größte spielbare Gitarre und vermutlich auch die lauteste ist 4,35 m lang und wiegt 140 kg. Gebaut hat sie Joe Kovacic von der Firma Lado Musical im kanadischen Scarborough, Ontario.

Die kleinste Elektrogitarre hat der Schüler Daniel Kalbermatten (*1969) aus Rüfenacht, Bern (Schweiz), gebastelt. Das Kleinstinstrument ist 31,5 cm lang, 0,8 cm tief, 8 cm breit (Korpus) und 1,5 cm breit (Hals), komplett mit allem technischen Zubehör, voll funktionsfähig und aus Qualitäts-Gitarrenholz gefertigt.

Die teuerste (normalgroße) Gitarre ist die deutsche *chittara battente* von Jacob Stadler aus dem Jahr 1624. Sie wurde am 12. Juni 1974 für 10 500 Pfund (damals etwa 46 000 DM) bei Christie's in London verkauft.

Der größte Kontrabaß, der je gebaut wurde, war 4,26 m hoch und wurde 1924 (angeblich nach Aufforderung durch den Erzengel Gabriel) von Arthur K. Ferris in Ironia, New Jersey (USA), hergestellt. Der Baß wog 590 kg mit einem Resonanzboden von 2,43 m Breite und hatte lederne Saiten von insgesamt 31,7 m Länge. Die tiefsten Töne konnten nicht gehört, sondern nur gefühlt werden.
Nicht ganz diese Rekordmaße erreicht der am 27. Januar 1983 in Oberwesel (Rheinland-Pfalz) hergestellte vollbespielbare Kontrabaß mit 3,60 m Höhe, 1,10 m Breite und 0,48 m Tiefe. Der Winzer Bernhard Becker (*1957) und der Bankkaufmann Christoph Neubauer (*1958) bauten ihre mit 4 Kunststoffsaiten bespannte Baßgeige in 3 Wochen. Klangfarbe und Tonentfaltung entsprechen einem Original-Kontrabaßinstrument.

Daß ein Kontrabaß von fünf Musikern gleichzeitig gespielt und gezupft werden kann, bewiesen Mitglieder der Gruppe »Bass Ten« aus Bournemouth (GB). Sie gaben dabei am 27. Juni 1984 Montis *Czardas* in Hever Castle (Kent) zum besten.

Das teuerste Violoncello, das je auf einer Auktion den Besitzer wechselte, hatte Stradivari 1690 in Cremona (Italien) angefertigt. Für 275000 Pfund (1,05 Mio. DM) fand es am 5. April 1984 bei Sotheby's in London einen Käufer.

Der höchste Preis, der je für eine Violine oder ein anderes Musikinstrument bezahlt wurde, liegt bei 396000 Pfund. Für diese Summe wechselte am 22. November 1984 bei Sotheby's in London die Stradivari-Violine »La Cathédrale« aus dem Jahr 1707 den Besitzer. Ungefähr 600 Violinen von Stradivari (1644–1737) sind erhalten. Seine Alard-Violine soll 1981 bei einem Privatgeschäft einem Käufer aus Singapur 1,2 Mio. Dollar wert gewesen sein.
820000 Pfund (etwa 3,116 Mio. DM) wurden am 14. November 1985 für Lady Blunts Stradivari aus dem Jahr 1721 bei Sotheby's in London geboten – es war zu wenig. Die stolze Summe entsprach nicht der geheimgehaltenen Mindestforderung.

Der erste Geiger, dem es gelang, unter Wasser zu spielen, ist Mark Gottlieb. Im Schwimmbad des Evergreen State College in Olympia, Washington (USA), gab er im März 1978 ein Unterwasserkonzert von Händels *Wassermusik*. Er arbeitet noch am Problem der Bogengeschwindigkeit und am abgesetzten Bogenstrich.
In der japanischen Fernsehsendung *Überbieten Sie Guinness* stellte sich am 7. Oktober 1979 auf Kanal 7 ein unter Wasser fiedelndes Violin-Quartett vor.

Zitherspiel-Unterwasser unterhielt am 7. Juli 1983 die Schaulustigen am Ufer des Kalterer Sees. Aus 2,80 m Tiefe erklangen 1:03:17 Std. hindurch Walzerklänge. Der Südtiroler Egon Finazzer (*1929) hatte sich mit Preßluft und Taucheranzug in einem Glaskasten zum geliebten Zitherspiel ins Wasser gesetzt.

Ausdauerndster Geiger: Otto E. Funk (62) ging die 6702 km von New York City nach San Franzisko in Kalifornien (USA) zu Fuß und spielte dabei ohne Unterbrechung seine Hopf-Violine. Nach 183 Tagen Marsch kam er am 16. Juni 1929 an.
Rolland S. Tapley trat von seinem Amt als Geiger beim Boston Symphony Orchestra in den Ruhestand, nachdem er dort angeblich die Rekordzeit von 58 Jahren von Februar 1920 bis 27. August 1978 gespielt hatte.

Die kleinste spielbare Geige hat der Geigenbauer Oskar Hecht (*1919) aus Dortmund hergestellt. Die maßstabgerechte Nachbildung einer gewöhnlichen Geige mißt ganze 7,5 cm, hat Resonanzboden, Decke und Steg. Die Saiten lassen sich spannen, stimmen und sind mit einem Miniatur-Geigenstock bespielbar.

Eine Sammlung **kleinster historischer Tasteninstrumente** – im Maßstab 1:18 – baut Diplom-Designer Udo Thein (*1952) aus Essen auf. Entsprechend den Originalen erhalten die Mini-Modelle eine klingende Besaitung. Seit April 1985 umfaßt das Miniaturmuseum 15 Klaviermodelle.

Eine nur 41,5 mm hohe Violine, die theoretisch spielbar ist, baute Martin Wilhelm aus Weißenbach (Österreich). In der 1980 veranstalteten Ausstellung *Musikschaffen im Außerfern* in der Raika-Galerie in Reutte (Österreich) war sie zu besichtigen.

Der ausdauerndste Klavierspieler ist der Australier David Scott vom Wagga-Wagga-Liga-Fußballklub aus New South Wales. Er spielte 1218 Std. (50 Tage 18 Std.) vom 7. Mai bis 27. Juni 1982 täglich 22 Std. lang (mit 5 Min. Pause nach jeder Std.).

Das höchste Klavier mit einer 6,10 m hohen Baßseite baute in einjähriger Arbeit der Klavierstimmer Eckhard Schäfer (*1933) aus Rothenburg ob der Tauber (Bayern). Dieses ungewöhnlich klangvolle Tasteninstrument verfügt neben den beiden üblichen Pedalen über weitere Pedale für Lautenklang, für Oktavflageolett-Töne und zum Anschlagen eines Gongs.

Akkordeonspiel. Der Zürcher Schreiner Felix Leutenegger (*1956) spielte vom 18. bis 24. März 1985 im Restaurant Höcklerbrücke in der Zürcher Allmend 130:18 Std. »Dauerhandörgeln«.

Klavierspiel an der Wand führte der in Wien lebende Pianist und Komponist Krzysztof Wolczak (*1952 in Krakau) im Roten Engel in Wien am 9./10. Mai 1985 vor. Der »schräge Otto« hing samt Klavier und Sitz nur an einem Haken aus steirischen Stahl und spielte nonstop 12:08 Std. von »unten nach oben« und umgekehrt in seiner Querlage.

Rücklingsspiel auf der Zither. Um mehr als das Doppelte erhöhte die passionierte Musikerin Rosa Binder (*1929) aus Pöttsching (Österreich) den Rekord im Rücklingsspiel mit der Zither. Am 5. Januar 1986 schaffte es die Burgenländerin 1:08 Std. hindurch, spiegelverkehrt zum Normalspiel die Saiten einer an der Wand hängenden Zither zu zupfen.

Das längste Alphorn der Welt. 70,6 Millisekunden dauert es schon, bis Töne auf der 24,2 m langen Strecke vom Mundstück bis zum Trichter entstehen.

Die größte Trommel, die je konstruiert wurde, gab es mit einem Durchmesser von 3,65 m und einem Gewicht von 272 kg beim Weltfriedensjubiläum in Boston (USA) im Jahr 1872.

Die höchsten und tiefsten Töne von Orchesterinstrumenten (ausschließlich der Orgel) reichen von einem Handglöckchen, das auf g^5 (6272 Hz) gestimmt ist, bis zur Subkontrabaßklarinette, die A_2 (27,5 Hz) erreichen kann.

Der höchste Ton eines normalen Klaviers ist c^5 (4186 Hz), der auch die Grenze für den Geiger ist. 1873 wurde ein Subkontrafagott, das B_2 (29 Hz) erreichen konnte, gebaut, aber es ist kein erhaltenes Exemplar bekannt.
Die extremen Noten der Orgel sind g'''''' (das sechste g oberhalb des mittleren c) (12544 Hz) und C,,, (8,12 Hz), die von den 1,9-cm- bzw. 19,5-m-Pfeifen produziert werden.

Leichteste und schwierigste Instrumente: Die amerikanische Musikkonferenz erklärte im September 1977, das leichteste Instrument sei das Ukulele und die schwierigsten seien Waldhorn und Oboe, »die niemand wirklich gut bläst«.

ORCHESTER

Das an Mitwirkenden stärkste Orchester, das je zusammengestellt wurde, hatte 20100 Mitglieder; im Ullevaal Stadion in Oslo (Norwegen) spielten am 28. Juni 1964 dem Norges Musikkorps Forbund angehörende Kapellen aus ganz Norwegen. Am 17. Juni 1872 dirigierte Johann Strauß Sohn (1825–99) ein Orchester mit 987 Mitwirkenden, unterstützt von einem Chor von 20000; das Konzert fand im Rahmen des Weltfriedensjubiläums in Boston (USA) statt. Dabei gab es 400 erste Geigen.
Als Gustav Mahlers Sinfonie Nr. 8 1910 in Wien erstmals aufgeführt wurde, hatte das Orchester ca. 1000 Mitwirkende, deshalb erhielt die Sinfonie den Beinamen »Sinfonie der Tausend«.

Zum größten internationalen Militärmusiktreffen vereinten sich unter einer gemeinsamen Stabführung 18 Militärkapellen aus 10

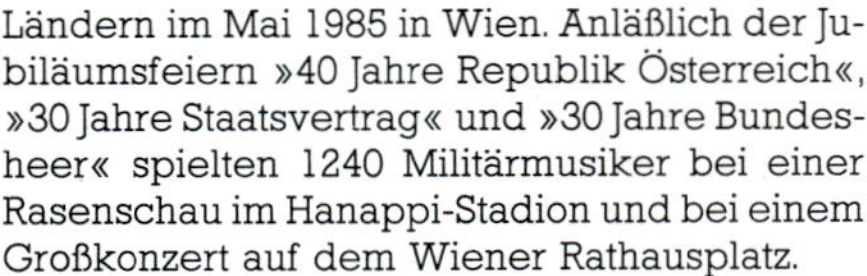
Ländern im Mai 1985 in Wien. Anläßlich der Jubiläumsfeiern »40 Jahre Republik Österreich«, »30 Jahre Staatsvertrag« und »30 Jahre Bundesheer« spielten 1240 Militärmusiker bei einer Rasenschau im Hanappi-Stadion und bei einem Großkonzert auf dem Wiener Rathausplatz.

Die größte Marschkapelle bestand aus 4524 Musikern und spielte am 15. April 1985 im Dodger-Stadion von Los Angeles (USA).

Der längste Musikmarsch ging über 61 km von Lillehamer nach Hamar (Norwegen) und dauerte 15 Std. An diesem Marsch nahmen am 10. Mai 1980 die Mitglieder der Trondheimer Blaskapelle teil und spielten unterwegs 135 Märsche. Nur 26 Mitglieder schafften die ganze Strecke, die übrigen neun mußten vorher aufgeben.

Auf die längste Zusammenarbeit können das Sinfonieorchester von Cork (Irland) und sein Leiter Dr. Aloys Fleischmann zurückblicken: Musiker und Dirigent harmonieren schon seit 52 Spielzeiten (1935–86).

Schlagzeug. Der Ausdauerrekord im Schlagzeugspielen ist 738 Std., aufgestellt von Boo Boo McAfee aus Nashville, Tennessee (USA), vom 13. Juli bis 13. August 1981.

Der größte Chor – Freuden- oder andere Gesänge bei Fußball- oder anderen Stadionfesten ausgenommen – bestand aus 60000 Sängern. Gemeinsam bestritten sie am 2. August 1937 das Finale bei einem Sängerwettstreit in Breslau, an dem insgesamt 160000 Teilnehmer angetreten waren.

Der größte Posaunenchor war am 1. Juni 1986 zum 31. Landesposaunentag der evangelischen Christen in Ulm versammelt. 726 Posaunenchöre mit mehr als 9000 Bläsern bliesen gemeinsam den Choral *Nun danket alle Gott* vor dem Münster.

Die größte Zahl von Konzertbesuchern, die je bei einem Konzert klassischer Musik erreicht wurde, betrug 400000. Sie hörten am 4. Juli 1977 in der Hatch Memorial Shell in Boston (USA) dem Boston Pops Orchestra unter Leitung von Arthur Fiedler (1895–1979) zu. Bei seinem Konzert 1978 wurde dem damals 83jährigen Dirigenten ein Ehrendiplom mit mehr als 500000 Unterschriften überreicht.

Das längste Rock-Konzert endete nach 2000 Min. Dauermusik. Am 29./30. März 1985 spielten 33 Gruppen aus Augsburg nonstop live in den 13 Übungsräumen und auf der Bühne des Übungszentrums am Kitzenmarkt. Mit diesem Mammut-Musikspektakel präsentierte sich der Verein Kuki (Kultur am Kitzenmarkt) zur 2000-Jahr-Feier der Fuggerstadt in der Öffentlichkeit.

Die meisten Zuhörer eines Popfestivals hatte mit 600000 angeblich das Summer Jam am 29. Juli 1973 in Watkins Glen, New York (USA); 150000 Popfans bezahlten sogar Eintritt. Es gab zwölf Klangtürme. Die Zuhörerschaft beim 3. Popfestival auf der Insel Wight (GB) am 30. August 1970 betrug nach Angabe des Veranstalters 400000 Popfans aus England und Kontinentaleuropa.

Die größte Zuhörerschaft, die je ein einziger Künstler anzuziehen vermochte, wird auf 175000 geschätzt. So viele Menschen versammelten sich am 26. Januar 1980 im Maracaña-Stadion in Rio de Janeiro (Brasilien), um Frank Sinatra zu hören. Jean-Michel Jarre unterhielt schätzungsweise 1,3 Mio. Zuhörer im Geschäftsviertel von Houston, Texas (USA), am 5. April 1986 mit einem Gratiskonzert.

KOMPONISTEN

Der produktivste Komponist aller Zeiten war wahrscheinlich der Deutsche Georg Philipp Telemann (1681–1767). Er komponierte 1043 Kirchenkantaten, 78 Messen, 40 Opern, gegen 1000 Orchestersuiten (von denen allerdings nur etwas über 100 erhalten sind), 53 Passionen, dazu Konzerte und Kammermusik.

Der produktivste Sinfonie-Komponist war ebenfalls ein Deutscher: Johann Melchior Molter (1695–1765), der 170 Sinfonien schrieb.
Der Österreicher Joseph Haydn (1732–1809) schrieb 108 Sinfonien, von denen viele heute noch regelmäßig gespielt werden.
Das größte Musikergeschlecht des Abendlandes ist die Bach-Familie. Während zweier Jahrhunderte Musikgeschichte zählte dieses Geschlecht in 6 Musikergenerationen 70 Berufsmusiker, darunter 20 Komponisten.

Der schnellste Komponist der Wiener Klassik war Wolfgang Amadeus Mozart (1756–91), zugleich auch der produktivste. Er schrieb allein 625 im KV verzeichnete Opern, Singspiele, Sinfonien, Violinsonaten, Divertimenti, Serenaden, Motetten, Konzerte für Klavier und viele andere Instrumente, Streichquartette, andere Kammermusik, Messen und Kantaten, von denen nur 70 veröffentlicht wurden, bevor er im Alter von 35 Jahren starb. Seine Oper *La Clemenza di Tito* (1791) stellte er in 18 Tagen fertig, und 3 sinfonische Meisterwerke, die *Sinfonie Nr. 39,* die *Sinfonie Nr. 40 in g-Moll* und die *Jupitersinfonie in C* (Nr. 41), schrieb er angeblich im Jahr 1788 im Zeitraum von 42 Tagen. Seine Ouvertüre zu *Don Giovanni* schrieb er 1787 in Prag in einem Zuge und vollendete die Oper erst am Tag ihrer Uraufführung in der Prager Oper.

Die längste von allen klassischen Sinfonien ist die *3. Sinfonie in d-Moll* von Gustav Mahler (1860–1911). Dieses Werk aus dem Jahr 1896 erfordert eine Altstimme, einen Frauen- und einen Knabenchor sowie ein großes Orchester. Eine komplette Aufführung dauert 1:40 Std., davon allein der erste Satz zwischen 30 und 36 Min.
Havergal Brians (1876–1972) *Sinfonie Nr. 2* (die »Gotische«), komponiert in den Jahren 1919–22, wurde kürzlich im Rundfunk gespielt; die Aufführung dauerte 1:45:30 Std. Brian schrieb sogar ein noch längeres Werk, das auf der Dichtung *Prometheus Unbound* (Der entfesselte Prometheus) des englischen Dichters

Taucherbrille statt Opernglas

»Baden in Musik« war das Motto des ersten Unterwasserkonzerts am 25. Februar 1986 im Frankfurter Strandbad Mitte. Inszeniert hat das Ganze der amerikanische Musiker Jim Nollmann, der seit Jahren an der kanadischen Pazifikküste damit experimentiert, Gitarrensignale per Unterwasserlautsprecher an die Meeresbewohner zu vermitteln. Zusammen mit dem Frankfurter Schriftsteller Micky Remann wagte er den Sprung in das neue Klangmedium Wasser.

Um in den Genuß dieser neuen Klangdimension zu kommen, mußten sich die Zuschauer unter Wasser begeben. Die Ouvertüre bildete der »Gesang« von Walen – natürlich nicht live, sondern aus der Tonbandkonserve –, um die Zuhörer in die Wildnis des Pazifischen Ozeans zu versetzen. Die Tierklänge waren ein Mitschnitt Nollmanns: die Reaktion der Wale auf seine Gitarrenklänge unter Wasser. Anschließend intonierte die »H_2O-Brass-Formation« Georg Friedrich Händels *Wassermusik* in abgewandelter Form als »George F's Aquaplaning«. Höhepunkt der Veranstaltung war das »Amphibische Match«, das sich Alfred ›23‹ Harth und sein Widerpart Ole Schmid auf Saxophonmundstücken – teils über, teils unter Wasser – lieferten.

Der französische Komponist und Musiker Jean-Michel Jarre unterhielt ein 1,3-Millionen-Publikum bei seinem Live-Auftritt in Houston, Texas (USA).

Shelley basiert und 4:11 Std. dauert. Die vollständige Partitur wird jedoch seit 1961 vermißt.

Eine Aufführung der Komposition *Sequentia Cyclica* von Kaikhosru Shapurji Sorabji (* 1892) würde mehr als 5 Std. in Anspruch nehmen; das Werk ist aber noch nicht publik gemacht worden. Die Sinfonie *Sieg auf dem Meer* des Amerikaners Richard Rodgers (1902–79), die 1952 für das NBC-Fernsehen arrangiert wurde, dauerte 13 Std. und ist damit zweifellos die längste Sinfonie eines zeitgenössischen Komponisten.

Der Komponist der meisten Flötenkonzerte war Johann Joachim Quantz (1697–1773). Als Flötenlehrer Friedrichs des Großen schrieb er rund 300 Konzerte für den Monarchen. Friedrich der Große komponierte selbst mindestens 121 Flötensonaten, womit er an der Spitze dieser Werkgattung liegt.

Erfolgreichster Komponist von Marschmusiken ist der Kapellmeister Hermann Ludwig Blankenburg (1876–1956) aus Wesel. Er komponierte 1350 Märsche für großes Orchester, darunter *Gladiators Farewell* oder auch *Klar zum Gefecht.*

Das längste fortlaufende, sich nicht wiederholende Klavierstück, das bisher öffentlich gespielt worden ist, heißt *The Well-Tuned Piano* (Das gut gestimmte Klavier). Der Komponist ist La Monte Young; das Stück wurde zum ersten Mal von der Dia Art Foundation am 28. Februar 1980 in New York aufgeführt und dauerte 4:12:10 Std.
Die *Sinfonischen Variationen* von Kaikhosru Shapurji Sorabji (* 1892), in den dreißiger Jahren komponiert, füllen 500 engbeschriebene Manuskriptseiten. Im vorgeschriebenen Tempo gespielt, würde die Aufführung des Werks 6 Std. dauern.

Die längste Zeitspanne, die ein überliefertes Werk eines bedeutenden Komponisten auf seine intendierte Aufführung warten mußte, dauerte mehr als 191 Jahre (3. März 1791 bis 9. Oktober 1982). Widerfahren ist das Mozart mit seinem *Orgelstück für eine Uhr,* einer Fantasie-Fuge in f-Moll (KV 608). Die Orgelwalze wurde von den englischen Orgelbauern Wm Hill & Son und Norman & Beard Ltd. in Glyndebourne gefertigt. Allerdings erschien die Komposition bereits 1799 in einer Bearbeitung für Klavier zu vier Händen.

Die leiseste Komposition stammt von John Cage (* 1912). Sein Werk mit dem Titel 4′33″ aus dem Jahr 1952 besteht aus 4:33 Min. Stille und ist in 3 Sätzen für beliebige Instrumente bestimmt. Diese Komposition von Stille ist wegen ihrer Umstürzung ästhetischer Normen zu einem Schlüsselwerk der neuen Musik zu zählen.

HÖCHSTBEZAHLTE MUSIKER

Pianisten: Wladziu Valentino Liberace (* 16. Mai 1917 in Wisconsin, USA) hat innerhalb einer Saison von 26 Wochen mehr als 2 Mio. Dollar (5,8 Mio. DM) verdient. Seine Spitzengage von 138 000 Dollar (damals ca. 550 000 DM) bekam er 1954 für einen einzigen Abend im Madison Square Garden, New York City (USA).

Der höchstbezahlte klassische Pianist war Ignacy Jan Paderewski (1860–1941), 1919/20 Ministerpräsident von Polen, der ein Vermögen von schätzungsweise 5 Mio. Dollar (21 Mio. DM) anhäufte, von denen er 500 000 Dollar (damals 2,1 Mio. DM) während einer einzigen Saison 1922/23 verdiente. Die Frau eines neureichen amerikanischen Industriellen verlangte einmal von ihm, er solle hinter einem Vorhang spielen ...

Unter den von Sängern verdienten Vermögen sind die größten das von Enrico Caruso (1873–1921), dem italienischen Tenor, dessen Besitz sich auf 9 Mio. Dollar (damals 37,8 Mio. Goldmark) belief, und das der italienisch-spanischen Koloratursopranistin Amelita Galli-Curci (1889–1963), die etwa 3 Mio. Dollar (12 Mio. DM) verdiente.
1850 wurden bis zu 653 Dollar für einen einzigen Platz bei den Konzerten bezahlt, die Johanna (»Jenny«) Maria Lind (1820–87), die schwedische Nachtigall, in den USA gab. Ihre Stimme hatte eine Reichweite von g bis e‴, deren Mittelregister noch heute als unübertroffen gilt.

Eine Super-Gage von 3,63 Mio. Dollar (damals 8,8 Mio. DM) strich der Popsänger David Bowie für einen einzigen Auftritt ein – am 26. Mai 1983 beim US-Festival im Glen Helen Regional Park von Kalifornien. Eine ähnlich hohe Summe kassierte die vierköpfige Rockband Van Halen.

Michael Jacksons »Victory Tour« (Siegestournee) durch die Vereinigten Staaten, die von Juli bis Dezember 1984 ging, brachte eine Bruttogesamteinnahme von 81 Mio. Dollar (damals ca. 210 Mio. DM).

Erfolgreichste Konzerttournee war die von Bruce Springsteen, die schätzungsweise 117 Mio. Dollar einspielte. Die Reise hatte im April 1984 begonnen und endete mit vier Rocknächten im Memorial Coliseum von Los Angeles (Fassungsvermögen: 85 000). Allein die Konzerte im Stadion ließen 5,8 Mio. Dollar in den Kassen klingeln.

Über den besten Sänger aller Zeiten gibt es keine einhellige Meinung.

Als schlechteste Sängerin aller Zeiten jedoch gilt allgemein Florence Foster Jenkins (1868–1944). Die Exkursionen der Amateur-Sopranistin ins Reich der Lieder und sogar zur hohen Koloratur gipfelten 1944 in einem ausverkauften Konzert in der New Yorker Carnegie Hall. Das (ohnehin schon hohe) hohe f der Diva war angeblich durch einen Unfall mit einem Taxi 1943 noch höher geworden. Die Aufzeichnungen von Madame Jenkins' *Clavelitos*, begleitet von Cosme McMoon, wurden 30 Jahre unter Verschluß gehalten, bis sie Anfang der 70er Jahre als Langspielplatte in den Handel kamen. Aus Pietät zögerte man, sie früher zu veröffentlichen.

OPER

Die erste Oper, von der wir wissen, war *La Dafne* von Jacopo Peri (1561–1633). Sie wurde 1597 während des Karnevals in Florenz uraufgeführt. Ihre Musik ist verloren, wohl aber das Libretto vorhanden.

Die längste der regelmäßig gespielten Opern ist *Die Meistersinger von Nürnberg* von Richard Wagner (1813–83). Eine normal ungekürzte Aufführung der Oper dauert 5:15 Std. *The Heretics* von Gabriel von Wayditch (1888–1969), einem Amerikaner ungarischer Abstammung, ist für ein 110 Instrumente starkes Orchester konzipiert und dauert 8:30 Std.

Die kürzeste Oper, die je geschrieben wurde, ist *Die Errettung des Theseus* von Darius Milhaud (1892–1974), die 1928 uraufgeführt wurde und nur 7:27 Min. dauert.

Die erste deutsche Oper mit dem Titel *Daphne* schrieb Heinrich Schütz (1585–1672) im Jahr 1627; von ihr ist allerdings nur noch der Text erhalten.

Die erste in Berlin gespielte Oper, von der noch die Noten vorhanden sind, war *Polifemo* von Giovanni Battista Bononcini (1670–1747). Das Werk wurde 1703 im Schloß Charlottenburg, das damals noch Lietzenburg hieß, aufgeführt. Die Königin Sophie-Charlotte spielte in der Aufführung das Cembalo, und unter den Zuhörern weilte der Komponist Georg Philipp Telemann.

Der meistgespielte Opernkomponist aller Zeiten wird Wolfgang Amadeus Mozart (1756-1791) sein, von dessen Opern *Die Zauberflöte, Le nozze di Figaro* und *Don Giovanni* in allen Statistiken einen vorderen Platz einnehmen.

Die längste Opernarie ist *Brunhildes Klage* in Richard Wagners *Götterdämmerung.* Sie dauert gegen 15 Min.

Das größte Opernhaus ist die Metropolitan Opera, New York City (USA), die im September 1966 zum Preis von 45,7 Mio. Dollar (damals ca. 180 Mio. DM) vollendet wurde. Sie hat eine Kapazität von 3800 Plätzen in einem 137 m tiefen Auditorium. Die Bühne ist 70 m breit und 45 m tief.

Die meisten Ränge aller Opernhäuser haben das Teatro della Scala (»La Scala«) in Mailand (Italien) und das Bolschoitheater in Moskau (UdSSR). Beide haben sechs.

Das größte Opernhaus in Deutschland ist die Deutsche Oper in Berlin (West) mit 1900 Sitzplätzen. Sie wurde im September 1961 mit einem Aufwand von 35 Mio. DM fertiggestellt. Die Fassade ist 200 m lang und 38,4 m hoch.
Was das Personenfassungsvermögen betrifft, so wird das Berliner Haus allerdings vom Nationaltheater in München, der Bayerischen Staatsoper, übertroffen. Durch zusätzliche Partiturplätze und Galeriestehplätze bringt sie es auf ein Fassungsvermögen von 2100 Personen.

Höchstbezahlter Pianist wurde Liberace 1954 mit einer Spitzengage von damals 550 000 DM für einen Auftritt in New Yorks Madison Square Garden.

Das größte Opernhaus Österreichs ist die Wiener Staatsoper. Sie wurde 1861–69 erbaut, erlitt durch Kriegseinwirkung 1945 schwere Zerstörungen und wurde bis 1955 wiederaufgebaut. Die Kosten dafür beliefen sich auf etwa 50 Mio. DM. Das Haus besitzt einen der größten Bühnenräume der Welt mit ca. 1700 m² Bühnenfläche und einer Gesamthöhe von 53 m. Der Fassungsraum des Auditoriums beträgt 2209 Plätze.

Das größte Opernhaus der Schweiz steht in Genf. Es wurde 1879 erbaut, brannte 1951 ab und wurde nach dem Wiederaufbau 1962 wiedereröffnet. Die Genfer Oper hat 1498 Plätze.

Die jüngste Opernsängerin war bei ihrem ersten Auftreten Jeanette Gloria (»Ginetta«) La Bianca (*1934 in Buffalo, USA), die am 8. Mai 1950 im Teatro dell' Opera in Rom (Italien) im Alter von 15 Jahren 361 Tagen im *Barbier von Sevilla* die Rosina sang, nachdem sie 45 Tage zuvor in Velletri als Gilda in *Rigoletto* aufgetreten war.

Die ältesten Opernsänger. Der Tenor Otto Scheidl (*1898) sang die Partie des Kaisers Altoum in Puccinis *Turandot* an seinem 84. Geburtstag wie auch in der Spielzeit 1982/83 am Stadttheater Bremerhaven.
Danshi Toyotake (*1. August 1891) singt seit 1899 *Gidayu.*

Die meisten Tenorrollen will der Mainzer Hofsänger Erich Eckhard (*1926) im Laufe von 20 Bühnenjahren als Opernsänger gesungen haben: 83 Opern- und Operettenchorpartien sowie 80 Partien als Solist – und das in allen Sparten des Tenorfachs.

Das längste Dacapo nach einer Opernaufführung war die Wiederholung der ganzen Oper *Il Matrimonio Segreto* von Domenico Cimarosa bei ihrer Premiere im Jahr 1792. Dies geschah auf die Bitte des österreichischen Kaisers Leopold II. (1790–92).

Den stärksten Applaus bei einer Opernaufführung heimste Placido Domingo ein. Domingo, der im Juli 1983 in der Wiener Staatsoper die Hauptpartie in Puccinis *La Bohème* gesungen hatte, erhielt 83 Vorhänge und 90 Min. lang Beifall.

BALLETT

Längster Entrechat: Der Entrechat oder Kreuzsprung ist ein senkrechter Sprung aus der fünften Position mit gestreckten Beinen, die über der Wade gekreuzt werden, wobei Ausgangs- und Endposition jeweils als ein Sprung zählen, so daß im Entrechat Douze die Beine fünfmal gekreuzt und gestreckt werden. Dies gelang Wayne Sleep in einem BBC-Programm am 7. Januar 1973. Er benötigte für diese Leistung weniger als 1 Sek.

Die meisten Pirouetten, also die größte Zahl von Kreisdrehungen, die das klassische Ballett vorschreibt, sind die *32 Fouettés rondes de jambe en tournant* in *Schwanensee* von Tschaikowskij (1840–93).
Rowena Jackson (Neuseeland) vollführte 121 solcher Drehungen in ihrer Ballettschule in Melbourne (Australien) im Jahr 1940.

Die meisten Vorhänge: Die größte Anzahl von Hervorrufen für Ballettänzer erhielten Margot Fonteyn (*19. Mai 1919) und Rudolf Nureyew (*in einem Eisenbahnzug bei Irkutsk, UdSSR, am 17. März 1938). Nach einer Aufführung des *Schwanenseeballetts* in der Wiener Staatsoper im Oktober 1964 wurden die beiden Stars 89mal vor den Vorhang gerufen.

Die größte Besetzung an Tänzern und Tänzerinnen hatte 1962 eine Ballettinszenierung der Royal Albert Hall, London. Im London Coster Ballett unter der Leitung von Lilian Rowley wirkten 2000 Personen mit.

LIEDER

Das älteste bekannte Lied ist der *Schaduf*-Gesang, der seit undenklichen Zeiten an den von Menschen angetriebenen Eimerbaggern zur Bewässerung der Wassermühlen am Nil (Saqiyas) in Ägypten gesungen wird.

Als ältestes deutsches Liebeslied darf das Lied *All mein Gedanken* gelten, das sich bereits im *Lochamer Liederbuch* findet, einer Sammlung von Minneliedern aus dem 14. und 15. Jh., die zusammen mit der (älteren) *Manesseschen Liederhandschrift* (um 1320), der *Jenaer* und der *Weingartener Liederhandschrift* die wichtigsten Quellen des deutschen mittelalterlichen Liederschatzes, vor allem des Minnesangs, einer lyrisch-epischen Literaturform, bilden.

Das bekannteste Weihnachtslied in aller Welt ist das aus Österreich stammende *Stille Nacht, heilige Nacht,* das erstmals während der Christmette 1918 in Oberndorf bei Salzburg erklang. Der Text stammt von dem Hilfsprediger Joseph Mohr, die Melodie von dem Organisten Franz Gruber.

Das meistverbreitete Weihnachtslied auf Schallplatten ist *White Christmas* von Irving Berlin. Man schätzt die verkaufte Schallplattenmenge (Single) dieses Titels auf über 200 Mio.

Chorlieder-Rekord. 105 neue Advents- und Weihnachtslieder hat der österreichische Musikpädagoge Hubertus Auer (*1913) aus Salzburg im Laufe von 20 Jahren komponiert zu bisher unvertonter Lyrik; dazu 135 Lieder nach Gedichten klassischer und moderner Lyrik.

Die älteste Nationalhymne ist die japanische *Kimigayo,* deren Worte aus dem 9. Jh. stammen. Die Hymne Griechenlands besteht aus den ersten vier Versen des *Solomos*-Gedichts, das im ganzen 158 Strophen hat. Von den 23 Nationalhymnen ohne Text ist die älteste die spanische aus dem Jahr 1770.

Die kürzesten Hymnen sind die Japans, Jordaniens und San Marinos, die jeweils nur aus vier Zeilen bestehen.

Die Nationalhymne der Bundesrepublik Deutschland ist die dritte Strophe des *Liedes der Deutschen,* das August Heinrich Hoffmann von Fallersleben (1798–1874) dichtete. Die Musik ist eine im Jahr 1797 komponierte Melodie von Joseph Haydn (1732–1809).

Zur Hymne der DDR schrieb Johannes R. Becher (1891–1958) den Text, der aber nicht mehr gesungen wird. Die Musik stammt von Hanns Eisler (1898–1962). Der deutsche Komponist Peter Kreuder (* 1905) behauptet allerdings, die Melodie sei einem seiner für Hans Albers geschriebenen Filmlieder *(Good bye, Johnny)* entnommen und führte deswegen einen ebenso teuren wie sicherlich aussichtslosen Urheberrechts-Prozeß.

Als Nationalhymne Österreichs wird der Text *Land der Berge, Land am Strome* von Paula von Preradović (1887–1951) zu einer in seinem Todesjahr 1791 komponierten Melodie von W. A. Mozart (1756–91) gesungen.

Der Text der Schweizer Nationalhymne *Trittst im Morgenrot daher* stammt von L. Widmar (1841), die Musik von A. Zwyssig (1808–54).

Die meistgesungenen Lieder aller Zeiten sind – insbesondere im Verbreitungsgebiet der englischen Sprache – das Geburtstagsständchen *Happy Birthday to You* (von Mildred und Patty S. Hill in New York, USA, 1935 veröffentlicht) und *For He's a Jolly Good Fellow,* das schon seit dem Jahr 1781 bekannt ist.

Der Verkauf von drei nicht mehr vom Urheberrecht geschützten Musikstücken hat, soviel man weiß, 20 Mio. Exemplare überschritten, nämlich *The Old Folks at Home* von Stephen Foster (1855), *Listen to the Mocking Bird* (1865) und *An der schönen blauen Donau* von Johann Strauß (1867).

Von Songs, die noch dem Copyright unterliegen, waren *Let Me Call You Sweetheart* (1910 von Whitson und Friedman) und *Till We Meet Again* (1918 von Egan und Whiting) die beiden Bestseller, die bis 1967 sechs Mio. verkaufte Exemplare erreichten. Andere Songs mit hohen Verkaufszahlen sind *St. Louis Blues, Stardust* und *Tea for Two.*

Der erfolgreichste Schlagerkomponist, was verkaufte Singles betrifft, ist Paul McCartney, der früher zu den Beatles, jetzt zur Gruppe Wings gehört. Zwischen 1962 und dem 1. Januar 1978 schrieb er allein oder in Partnerschaft 43 Songs, von denen jeweils eine Mio. oder mehr verkauft wurden.

Die jüngste Teilnehmerin siegte 1986 beim *Grand Prix Eurovision* im norwegischen Bergen: die 15jährige Sandra Kim aus Belgien mit ihrem Lied *J'aime la vie.*

Von den 31 Fernseh-Wettbewerben um das beste Lied in Europa, *Grand Prix Eurovision de la Chanson,* die seit 1956 ausgetragen werden, hat Luxemburg fünf gewonnen (1961, 1965, 1972, 1973 und 1983 in München durch Corinne Hermès [* 1961] mit *Si la vie est un cadeau* [Wenn das Leben ein Geschenk ist]), Frankreich hat viermal gewonnen (1958, 1960, 1962, 1977) und 1969 den Sieg geteilt. Großbritannien gewann 1967, 1976 und 1981 und teilte 1969 den Sieg.
Die Bundesrepublik Deutschland hat alljährlich teilgenommen und erreichte viermal Platz 2, dreimal Platz 3, dreimal Platz 4. Und einmal Platz 1: Beim Grand Prix im englischen Harrogate im April 1982 gewann die 17jährige Nicole Hohloch aus Nohfelden im Saarland mit dem Lied *Ein bißchen Frieden* diesen internationalen TV-Schlagerwettbewerb.
Österreich gewann 1960 mit Udo Jürgens (eigentlich Jürgen Udo Bockelmann, * 30. September 1934) und seinem Lied *Merci, Chérie.*
Für die Schweiz gewann Lys Assia 1956 den Grand Prix mit dem Lied *Refrain.*

Kirchenlieder: Es gibt mehr als 950 000 Kirchenlieder. Die früheste genau datierbare Hymne ist die *Heyr Himna Smiour (Höre, Schöpfer des Himmels)* aus dem Jahr 1208, die von isländischen Seefahrern und ihrem Häuptling Kolbeinn Tumason (1173–1208) stammt.

Die Noten und Textstücke einer Hymne in den *Oxyrhynchos Papyri* aus dem 2. Jh. stellen den ersten bekannten Hymnengesang dar.
Allerdings basiert die frühe christliche gesungene Kirchenmusik auf den Psalmen und den *Gregorianischen Gesängen* (so genannt nach Papst Gregor I., 590–604). Sie waren alle auf lateinische Texte komponiert.

Kirchenlieder, die in der Muttersprache gesungen werden, gibt es seit Martin Luther (1483–1546). Sein Choral *Ein' feste Burg ist unser Gott* dürfte somit einer der ältesten deutschsprachigen Kirchenchoräle sein. Unter den deutschen Kirchenlieddichtern sind Paul Gerhardt (1607–76) und im 18. Jh. Gellert, Klopstock und Matthias Claudius die bekanntesten.

Das längste Kirchenlied ist *Hora novissima tempora pessima sunt; vigilemus* von Bernhard von Cluny (12. Jh.), das 2966 Zeilen lang ist.

Die produktivste Kirchenliedkomponistin der neueren Zeit war die Amerikanerin Frances (Fanny) Jane Van Alstyne (1820–1915). Sie schrieb 8500 Kirchenlieder, obwohl sie – keine sechs Wochen alt – erblindet war. Sie soll eine Hymne in weniger als einer Viertelstunde verfaßt haben.

Das längste Lied texteten der Kinderliedermacher Rolf Zuckowski (* 1947) aus Hamburg und seine Freunde (421 Autoren) mit 3776 Zeilen *... und ganz doll mich.* Nach der Musik und dem Originaltext von Michael Reinecke und Volker Lechtenbrink trugen viele hundert Kinder am 2. September 1984 auf dem Hamburger Rathausmarkt ihre »ganz dollen« Ideen, Zeilen und Verse vor.

GLOCKEN

Die älteste Glocke der Welt ist das aus der Zeit um 1100 v. Chr. stammende Tintinnabulum, das Austen Henry Layard (1817–94) im Jahr 1849 im babylonischen Palast des Nimrod fand. Die älteste bekannte Turmglocke gibt es in Pisa (Italien). Sie trägt die Jahreszahl MCVI (1106).

Die älteste bekannte Oktavglocke Europas trägt die Jahreszahl MCC (1200). Sie hängt im Turm der Pfarrkirche zu St. Martin, Ybbsfeld (Niederösterreich). Die Bronzeglocke überlebte die Türkenzeit nur dadurch, daß sie vergraben wurde. Sie ist auch heute von hervorragender Tonqualität, ihre Klangschönheit (Akkord und Nachhall) beruht auf der Legierung der Glockenspeise und der besonderen Formgebung der Glockenrippe.

Die älteste Glocke Deutschlands, die noch geläutet wird, ist die *Lullusglocke* in der Ruine der Stiftskirche von Bad Hersfeld (Hessen). Sie wurde um 1050 gegossen und trägt ihren Namen zu Ehren des hl. Lullus, eines Bonifatius-Schülers, der das Kloster Hersfeld gründete. Der Abt Meginher ließ sie während seiner Amtszeit (1036–59) aus einer noch älteren Glocke gießen. Sie hat die Form eines Bienenkorbes und wird einmal im Jahr zu Beginn des Lullusfestes im Oktober angeschlagen. Auch die Glocke der katholischen Pfarrkirche St. Laurentius wird auf das Entstehungsjahr um 1050 datiert. Die 850 kg schwere Glocke mit dem Ton g' läutet heute noch dort.

Die älteste Vesperglocke Deutschlands hängt im Münster von Freiburg i. Breisgau, dem einzigen noch im Mittelalter vollendeten gotischen Dom Deutschlands. Im Mittelalter war sie eine Angelusglocke gewesen.

Die schwerste Glocke ist die *Zar Kolokol,* die am 23. November 1735 in Moskau (UdSSR) gegossen wurde. Sie wiegt 196 t, hat einen Durchmesser von 5,90 m, ist 5,87 m hoch und an ihrer dicksten Stelle 60 cm stark. Die Glocke ist gesprungen, und ein 11 t schweres Teilstück brach heraus. Die Glocke steht seit 1836 unbenutzt auf einem Podest im Moskauer Kreml.

Die schwerste benutzte Glocke ist die *Mingunglocke,* die 90,52 t wiegt und einen Durchmesser von 5,09 m hat. Sie steht in Mandalaya (Birma) und wird mit einem Klöppel aus Teakholz von außen geschlagen. Sie wurde gegen

Auf samtenen Pfoten zum Erfolg

Spätestens seit der Verleihung des »Tony Award 1983« – der »Oscar« für Musicals – steht es fest: *Cats* ist das erfolgreichste Musical aller Zeiten. Das »beste Musical«, das »beste Buch«, die »beste Lichtregie«, die »besten Kostüme«, die »beste Partitur«, die »beste Regie« – so viele Tonys wurden noch nie einem Musical verliehen. Seit der Uraufführung am 11. Mai 1981 im New London Theatre, wo das begeisterte Publikum das gesamte Ensemble mit stehenden Ovationen feierte, wird *Cats* mittlerweile in 11 Städten der ganzen Welt aufgeführt, unter anderem auch in Budapest, Osaka, Sydney und Wien. Zu verdanken ist dieser Erfolg dem Komponisten Andrew Lloyd Webber, aus dessen Feder auch die Kompositionen für die Musicals *Jesus Christ Superstar*, *Evita* und *Starlight Express* stammen. Webber ist auch der erste und bisher einzige Komponist, von dem zur gleichen Zeit (Oktober 1982) jeweils drei Musicals in New York *(Evita, Joseph and the Technicolor Dreamcoat, Cats)* und in London *(Evita, Cats, Song and Dance)* liefen.

An ein absolutes Novum wagte sich Andrew Lloyd Webber erstmals bei *Cats*, indem er – statt wie bisher erst die Musik zu komponieren und dann die Texte zu schreiben – bereits bestehende Texte vertonte. Die Vorlage bildeten die Katzengedichte aus dem *Old Possum's Book of Practical Cats* des amerikanischen Dichters T. S. Eliot (1888–1965), des *poeta doctus* unseres Jh.s.

Knapp fünf Jahre nach der Weltpremiere in London ist das Musical *Cats* auch auf einer deutschen Bühne zu sehen. Am 18./19. April 1986 fand im Hamburger Operettenhaus an der Reeperbahn die Premiere statt. In diesem Land, in dem das Musical sonst stiefmütterlich behandelt wird, entstand eines der kostspieligsten Projekte, die jemals auf einer deutschen Bühne realisiert wurden. Der Produzent Friedrich Kurz brachte einen Etat von 10 Mio. DM zusammen, finanziert von privaten Investoren.

Speziell für dieses Musical wurde das Theater mit seinen 1100 Plätzen umgebaut und mit einem Etat von 1 Mio. DM renoviert. Aus über 800 Bewerbern wurde in den Monate dauernden Auditions in Frankfurt, München, Berlin und Hamburg das Ensemble zusammengestellt, das bis in die 2. Besetzung Weltklasse darstellt. Daß das Publikum diese Anstrengung zu würdigen weiß, beweist, daß bereits nach 2½ Monaten der 100000. Besucher gezählt wurde. Geplant sind natürlich weitere Jahre, die das Musical in Hamburg laufen soll.

Ende der Herrschaft König Bodawpayas (1782–1819) in Mingun gegossen.

Die schwerste schwingende Glocke der Welt und zugleich Deutschlands größte Glocke ist die *Petersglocke* im Dom zu Köln. Sie wurde 1923 gegossen, hat einen Durchmesser von 3,22 m, eine Höhe von 4,50 m und wiegt 24 t.

Die größte Glocke Berlins ist die *Freiheitsglocke* im Schöneberger Rathaus, Berlin (West). Sie wurde den Berlinern nach Beendigung der sowjetischen Blockade von der Bevölkerung der USA geschenkt und am 24. Oktober 1950 von General Lucius D. Clay (1897–1978) an die Bürger Berlins übergeben. Sie wiegt 10200 kg, ist 2,25 m hoch und hat einen Durchmesser von 2,80 m. Der Klöppel wiegt 750 kg.

Die schwerste Glocke Österreichs ist mit 21388 kg Gewicht (nach dem Neuguß nach der Zerstörung im Zweiten Weltkrieg) die *Pummerin* im Stephansdom von Wien. Sie stammt ursprünglich aus dem Jahr 1711 und wog damals 22511 kg. Sie wurde am 26. April 1952 neu geweiht und im Oktober 1957 im Nordturm des Stephansdoms aufgezogen. Sie hat einen Durchmesser von 3 m.

Die größte Glocke der Schweiz ist die ca. 11600 kg schwere Große e°-Glocke, die Grundglocke des Berner Münsters. Sie wurde 1611 gegossen und hat einen Durchmesser von 2,5 m.

Das schwerste Glockenspiel der Welt ist der Ring von 13 Glocken in der anglikanischen Kathedrale von Liverpool (GB); es wurde 1938/39 gegossen, wiegt 16,7 t, und die Tenorglocke *Emmanuel* hat ein Gewicht von 4170,8 kg.

Das größte Glockenspiel (Minimum 23 Glokken) ist das *Laura-Spelman-Rockefeller-Memorial-Glockenspiel* in der Riverside Church, New York (USA). Es hat 74 Glocken mit einem Gesamtgewicht von 102 t. Der Brummbaß, der das tiefe C läutet, wiegt 18563 kg. Diese in England gegossene Glocke hat einen Durchmesser von 3,09 m und ist die größte auf einen Ton gestimmte Glocke der Welt.

Das größte Glockenspiel Europas ertönt im Bartholomäus-Turm in Erfurt, Thüringen (DDR). Es hat 60 Glocken, deren größte fast 2,4 t wiegt. Die kleinste wiegt über 15 kg. Das Glockenspiel wurde im Herbst 1979 installiert. 60 Glokken hat auch der »Carillon Albert Schweitzer« im Schloß Salavaux am Murtensee (Schweiz). Die größte Glocke wiegt 4000 kg.

Das längste Glockenspiel fand am 27./28. Juli 1963 in Loughborough (GB) statt. Es war auch eins der lautesten: 17:58 Std. lang wurde geläutet, was acht Glocken hergaben. Das Glockenspiel wurde von Kenneth Lewis aus Altrincham komponiert. Die acht Männer an den Glocken wurden von Robert B. Smith aus Marple dirigiert.

5. THEATER

Anfänge: Das europäische Theater hat seinen Ursprung im griechischen Drama, das zu Ehren eines Gottes, meist des Dionysos, aufgeführt wurde.

Die ältesten Amphitheater stammen aus dem 5. Jh. v. Chr. Das größte bekannte Amphitheater jener Zeit stand in Megalopolis in Mittelgriechenland. Sein Zuschauerraum hatte eine Höhe von 23 m und eine Kapazität von mehr als 17000 Personen.

Im ersten aus Stein gebauten Theater in Rom, das 55 v. Chr. errichtet wurde, fanden 40000 Zuschauer Platz. Das steinerne Theater auf der Akropolis von Athen (Griechenland) wurde um 330 v. Chr. erbaut.

Das älteste überdachte Theater der Welt ist das Teatro Olimpico in Vicenza (Italien). Entworfen wurde es im römischen Stil von Andrea di Pietro alias Palladio (1508–80). Mit dem Bau wurde drei Monate vor seinem Tod begonnen.

Sein Schüler Vicenzo Scamozzi (1552–1616) hat es 1583 vollendet. Es ist noch heute in seiner ursprünglichen Form erhalten.
Fast gleichaltrig – die Angaben schwanken – ist das Teatro Español in der Altstadt von Madrid (Spanien).

Das älteste erhaltene Theatergebäude der Bundesrepublik Deutschland ist das 1603–05 erbaute Ottoneum in Kassel. Theateraufführungen fanden dort allerdings nur bis 1613 statt. Heute ist das Naturkundemuseum der Stadt Kassel darin untergebracht.
Das älteste erhaltene und ständig bespielte fürstliche Theater Deutschlands ist das Schloßtheater in Celle (Niedersachsen). Es stammt aus dem Jahr 1674 und zählte neben vielen anderen bedeutenden Persönlichkeiten Johann Sebastian Bach zu seinen Besuchern.

Die ältesten Theater Österreichs, in denen noch gespielt wird, sind das Schloßtheater von Schönbrunn in Wien, das am 4. Oktober 1747 eröffnet wurde, und das Stadttheater Grein in Oberösterreich, das 1791 erbaut wurde.

Das älteste Theater in der Schweiz befindet sich in Argovia bei Baden (Kanton Aargau). Der Theaterraum stammt aus dem Jahr 1674, das Gebäude aus dem Jahr 1832. Es ist 1929 abgebrochen worden. Der Theaterbetrieb wird jetzt in einem Neubau weitergeführt.

Das größte Gebäude, das als Theater benutzt wird, ist das Nationale Volkskongreßgebäude (Ren min dahuitang) an der Westseite des Tian-an-men-Platzes (Platz des himmlischen Friedens) in Peking (China). Es wurde 1959 fertiggestellt und bedeckt eine Fläche von 5,2 ha. Das Theater hat 10000 Plätze, wird aber nur gelegentlich für Aufführungen benutzt.

Das größte ausschließlich für Theateraufführungen gebaute Theater ist das Perth Entertainment Centre in Westaustralien, das im November 1976 für 8,3 Mio. australische Dollar (ca. 17 Mio. DM) mit einer Kapazität von 8003 Plätzen fertiggestellt wurde. Die Bühnenfläche ist 1148 m^2 groß.

Die größten Theater in der DDR sind das Opernhaus Leipzig (1634 Plätze), Schauspielhaus Leipzig (1105 Plätze), Metropoltheater Berlin (Ost) (1569 Plätze), Semperoper Dresden (1310 Plätze).

Das größte Theater Österreichs ist das Neue Festspielhaus in Salzburg mit 2310 Sitzplätzen (bei Opernaufführungen 2158).

Das größte Theater der Schweiz ist das Théâtre de Beaulieu in Lausanne (Kanton Waadt). Es hat 1824 Sitzplätze.

Die größte Freilichtbühne befindet sich in der Stadt Mendoza (Argentinien). Sie hat 40000 Plätze.

Das größte Amphitheater, das je gebaut wurde, ist das Kolosseum in Rom (Italien), das im Jahr 80 n. Chr. vollendet wurde. Mit einer Fläche von 2 ha und Platz für 87000 Zuschauer hatte es eine Ausdehnung von 187 m Länge und 175 m Breite.

Die größte Seebühne befindet sich in Bregenz (Vorarlberg) am österreichischen Ufer des Bodensees. Alljährlich im Juli und August finden hier die *Bregenzer Festspiele* mit Aufführungen von Opern, Schauspielen, Operetten, Musicals statt.

Das größte Theatergebäude hinsichtlich seiner bebauten Fläche ist die Große Oper in Paris (Frankreich). Sie bedeckt 11000 m^2. Die Korridore sind insgesamt nahezu 20 km lang.

Die größte Bühne der Welt hat das Ziegfeld-Theater in Reno, Nevada (USA), mit einer 53,6 m langen Rampe und drei Aufzügen, die je 1200 Revuegirls (65,3 t) befördern können; sie hat zwei Drehbühnen mit je einem Umfang von 19,1 m und 800 Scheinwerfer.

Das größte und modernste deutsche Varieté ist der neue Friedrichstadtpalast in der Friedrichstraße 107 in Berlin (Ost). Am 27. April 1984 wurde das Revuetheater nach dreijähriger Bauzeit neueröffnet. Das Bauwerk ist eine 110 m lange, 80 m breite und 20 m hohe Stahlbetonkonstruktion mit einem 32 m hohen Bühnenturm und bietet in seinem großen Saal 1900 Zuschauern Platz. Die Bühne ist 24 m breit und mit allen technischen Finessen ausgestattet.

Das kleinste Theater der Welt ist das »Piccolo-Theater« im Hamburger Stadtteil Altona. Dieses 1970 gegründete Profitheater verfügt über genau 30 Plätze vor der Minibühne, deren Ausmaße 3,75 × 2,75 m betragen. Chef des winzigen, aber immer wieder gefragten Unternehmens: Gerd Samariter.

Das älteste Volkstheater der Bundesrepublik Deutschland besteht seit 1618 in der Gemeinde Kiefersfelden am Inn (Bayern). Alljährlich finden dort im Juli und August Aufführungen sogenannter *Ritterspiele* statt, zumeist aus der Feder des einst aus Tirol zugewanderten Holzknechts und Köhlers Josef Schmalz (1792–1845). Die Darsteller und alle sonstigen Mitwirkenden sind ausschließlich Einheimische.

Das berühmteste Laientheater der Welt sind die *Passionsspiele* von Oberammergau (Bayern). Seit 1634 werden sie alle zehn Jahre von nahezu 1400 einheimischen Erwachsenen und 400 Kindern (das sind mehr als ein Drittel aller Einwohner) aufgeführt. Das Festspielhaus hat über 5000 Plätze. Eine Aufführung dauert etwa 8:30 Std., allerdings mit Pausen.

Die größte spielbare Marionette, ein Ohrling mit 181 cm Höhe (mit aufgestellten Ohren), 11,5 kg schwer, einem Kopfumfang von 160 cm und einer Bauchweite von 95 cm, ist in »Dinos Schauspielbühne Hamburg« zu bewundern. Auf ihrer 6 m hohen und 6 m breiten Spielbühne agieren nur lebensgroße Puppen – 45 verschiedene Marionetten sind es bereits in diesem größten Marionettentheater.

Die kleinste Faustbühne der Welt, »Pupilla« genannt, richtig mit Bühnenbild, Dekorationen und Repertoire bietet Gustav Dubelowski-Gellhorn (*1912) aus Wels (Österreich). Mit seinen 7–10 cm großen vollbeweglichen Sockelmarionetten hat der Einmannspieler und Theaterdirektor seit 1970 über 25000 Zuschauer im In- und Ausland, zuletzt bei Festwochen in Lugano und Mailand, in Polen, Frankreich, in der UdSSR, in Wien und Salzburg begeistert.

Ein modelliertes orientalisches Märchen schuf der Bildhauer Florian Rödl (*1936) aus Schondorf (Bayern). 1970 sendete der Bayerische Rundfunk das Märchenspiel *Ali, der Meisterdieb*. An der Stelle von Schauspielern agierten Tonfiguren: 73 in rotbraunen Ton gebrannte 30 cm hohe Plastiken, 36 Tiere, 29 Pflanzen und 86 Kulissenteile. Über 2 t Ton wurden für die Orientgeschichte verarbeitet – sie ist jetzt als Märchenfigurenausstellung zu bewundern.

Das Stück, das am längsten ohne Unterbrechung gespielt wird, ist *The Mousetrap* (Die Mausefalle) von Agatha Christie (1890–1976). Dieses Kriminalstück hatte am 25. November 1952 im Londoner Ambassador's Theatre (453 Plätze) Premiere und zog dann nach 8862 Aufführungen am 25. März 1974 ein paar Häuser weiter ins St. Martin's Theatre um. In 33 Jahren gab es bereits 13800 Vorstellungen vor 6 Mio. Zuschauern.
Seit 1936 spielt in jeder Saison aufs neue das Guild-Theater in Vicksburg (USA) das Melodram *Gold in the Hills* (Gold in den Bergen) von J. Frank Davis.

Die meisten Revue-Aufführungen, 45051 bis zum 9. August 1985, erlebte *The Golden Horseshoe Revue* (Das goldene Hufeisen) im Disneyland Park von Anaheim in den USA. Am 16. Juli 1955 hatte die Show Premiere, gesehen haben sie schon 16 Mio. Besucher. Die drei Hauptdarsteller Fulton Burley, Dick Hardwick und Betty Taylor geben pro Tag bis zu fünf der in der Regel 45 Min. dauernden Vorstellungen.

Den Broadway-Rekord hält die Show *Chorus Line* (Tanzrevue). Sie ging am 25. Juli 1975 erstmals über die Bühne und erlebte am 29. September 1983 ihre 3389. Vorstellung. Die Show hat schätzungsweise 22,3 Mio. Zuschauer angelockt und 260 Mio. Dollar (630 Mio. DM) eingespielt.
Bereits 10500mal ist das Off-Broadway-Musical *The Fantasticks* von Tom Jones und Harvey Schmidt am 30. Juli 1985 im Sullivan Street Play-

Dieser »Ohrling« von Dino's Schauspielbühne Hamburg ist mit seinen 181 cm die größte Marionette der Welt. Er ist eine von 45 lebensgroßen Puppen des Theaters.

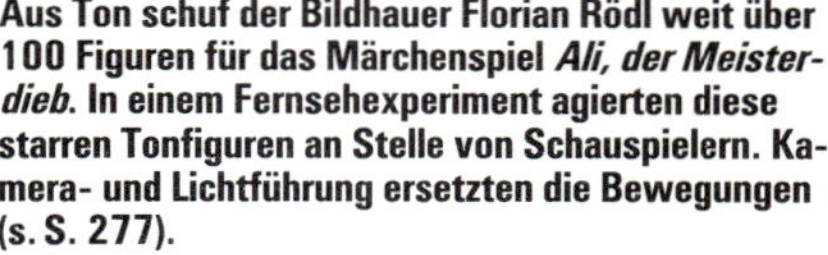

Aus Ton schuf der Bildhauer Florian Rödl weit über 100 Figuren für das Märchenspiel *Ali, der Meisterdieb*. In einem Fernsehexperiment agierten diese starren Tonfiguren an Stelle von Schauspielern. Kamera- und Lichtführung ersetzten die Bewegungen (s. S. 277).

house von Greenwich Village in New York aufgeführt worden. Das Musical – ein weiterer Rekord – hat bisher 8681 Inszenierungen in 67 Ländern erlebt.

Die kürzeste Spielzeit hatte am 11. März 1930 *The Intimate Revue* im Duchess Theatre in London. Alles, was schiefgehen konnte, ging schief. Kulissenwechsel dauerten 20 Min., deshalb ließ das Management sieben Szenen aus, um das Finale noch vor Mitternacht zu erreichen. Die Premiere wurde als eine halbe Vorstellung bezeichnet.

Daß Premiere und letzte Vorstellung auf denselben Tag fallen, passiert auf dem Broadway häufiger. Spektakuläre Mißerfolge werden *turkeys* genannt (*turkey* heißt Truthahn, bedeutet in der amerikanischen Umgangssprache aber auch Pleite). Allein 1978/79 gab es 11 *turkeys*. Am 4. Januar 1981 erlebte *Frankenstein* seine erste und zugleich letzte Broadway-Vorstellung, der Produzent mußte schätzungsweise 2 Mio. Dollar in den Wind schreiben. *A Doll's Life* (Das Leben einer Puppe) lief ein paar Tage länger, vom 23. bis 26. September 1982, machte dann aber auch gleich 4 Mio. Dollar Verlust.

Das größte Kunstfest der Welt ist das seit 1959 jährlich stattfindende Festival im schottischen Edinburgh. 1983 gaben 454 Theater- und Musikgruppen 875 verschiedene Inszenierungen und Konzerte und insgesamt 6886 Vorstellungen und Aufführungen (21. August bis 10. September). Prof. Gerald Berkowitz von der Northern Illinois University (USA) wurde 1979 (15. August bis 8. September) mit 145 besuchten Theater- und Musikaufführungen Rekordhalter der Festspiele.

Die wenigsten Zuschauer bei einer Theateraufführung wurden im Dezember 1983 in Grantham in Lincolnshire (GB) »gezählt«: Die Komödie *Bag* wollte überhaupt niemand sehen. Dieser Rekord kann also höchstens noch eingestellt werden.

Als jüngster Regisseur am Broadway bewährte sich Margo Feiden (Margo Eden, * 1944 in New York City). Sie führte in dem Musical *Peter Pan* Regie, das am 3. April 1961 Premiere hatte, als sie 16 Jahre 5 Monate alt war. Sie schrieb außerdem *Out Brief Candle*, das am 18. August 1962 Premiere hatte. Jetzt ist sie eine bekannte Kunsthändlerin.

Die Ein-Mann-Show, die am längsten in Serie lief, war *Comedy in Music* (Musikalische Komödie) von Victor Borge. Der 1909 in Kopenhagen geborene Alleinunterhalter präsentierte sie vom 2. Oktober 1953 bis 21. Januar 1956 am Broadway (Golden Theatre) – insgesamt 849mal. Auf 1700 Vorstellungen, allerdings auf Gastspielreisen, kam der 1923 geborene Engländer Roy Dotrice mit seiner Ein-Mann-Show *Brief Lives* (Kurzes Leben). Er stand bei seinem Monolog aus dem 17. Jh. jeweils 2:30 Std. auf der Bühne. Zum Schminken brauchte der Solist je 3 und zum Abschminken je 1 Std.

Ausdauerndster Mime ist der Japaner Kanmi Fujiyama (* 1929) von der Theatertruppe Sochiku Shikigeki. Von November 1966 bis Juni 1983 spielte er die Hauptrolle einer einzigen Komödie 10288mal. Die Engländerin Dame Anna Neagle (1904–86) gab zwischen Dezember 1965 und dem 27. März 1971 in 2062 Vorstellungen die Hauptrolle in *Charlie Girl* im Adelphi Theatre von London. Außerdem spielte sie die Rolle in 327 Vorstellungen außerhalb Großbritanniens.

Frances Etheridge hat die Rolle der Haushälterin Lizzie in dem Stück *Gold in the Hills* in 47 Jahren seit 1936 über 660mal gegeben.

Die meisten Rollen hat Jan Leighton (USA) gespielt: nämlich 3350 von 1951 bis Mai 1985. Der Rekord wurde auf der Bühne, in Film und Fernsehen erzielt.

Die längste Theaterinszenierung ging am 17./18. März 1984 im Tom Mann Theatre von Sydney (Australien) über die Bühne. Gespielt wurde von einem 10köpfigen Ensemble *The Acting Life* (Theaterleben). Die Aufführung dauerte mit Pausen 21 Std.; reine Spielzeit: 19:15 Std.

Die längste Reihe von Revuegirls in der Showgeschichte bildeten 120 Tänzerinnen in den Anfängen der Ziegfeld Follies. Bei der Schlußvorstellung von *Chorus Line*, der bisher erfolgreichsten Broadway-Show, tummelten sich am 29. September 1983 insgesamt 332 Tänzerinnen mit Pfauenfedern auf der Bühne.

Der erste Striptease auf einer Bühne wurde 1910 im Casino de Paris vorgeführt. Der Name der Dame, einer Studentin, war Mona.

Höchstbezahlter Entertainer ist Dolly Parton mit einer Gage bis zu 400 000 Dollar (ca. 920 000 DM) pro Live-Auftritt. Johnny Carson strich für seine – vom Fernsehen nicht übertragene – Galavorstellung zum 100jährigen Jubiläum von Sears Roebuck im Oktober 1984 sogar 1 Mio. Dollar (damals ca. 2,5 Mio. DM) ein.

Stimmen-Imitationen begann Hans-Uwe Schneider (* 1937) aus Erbach (Rheingau) schon als 10jähriger Schüler. Inzwischen parodiert der »Stimmenklau« über 100 der beliebtesten Stars in ihrer Stimme. Genau 100 Stimmen bekannter Publikumslieblinge und Zeitgenossen waren es am 31. Mai 1985 anläßlich einer Bühnenshow bei der Raiffeisen-Bank in Eltville am Rhein.

Die meisten Oma-Küsse: Don Tai Loy Ho (* 1930 in Oahu, Hawaii) tritt seit September 1970 im Polynesian Palace im Reef Towers Hotel von Honolulu, Hawaii (USA), auf. In 4000 Vorstellungen hat er schätzungsweise 250 000 Großmütter geküßt.

Eisrevuen: Die von Morris Chalfen 1945 gegründete *Holiday on Ice Production Inc.* inszeniert die teuerste Live-Unterhaltung der Welt mit bis zu sieben Produktionen, die gleichzeitig in mehreren von 75 regelmäßig besuchten Ländern laufen und 20 Mio. Zuschauer anlocken, die 40 Mio. Dollar (115 Mio. DM) im Jahr Eintritt bezahlen. Die Gesellschaft beschäftigt mehr als 900 Eisläufer, darunter viele Weltmeister und Olympiasieger.

Der größte Theaterfan war der Engländer Edward Sutro (1900–78). Er war zwischen 1916 und 1956 bei rund 3000 Premieren dabei und hat insgesamt wahrscheinlich mehr als 5000 Vorstellungen gesehen.

6. SCHALLPLATTEN UND TONBÄNDER

Anfänge: Der Phonograph wurde zum ersten Mal von Charles Cros (1842–88), einem französischen Dichter und Wissenschaftler, ersonnen, der seine Idee in versiegelten Papieren beschrieb, die er am 30. April 1877 in der französischen Akademie der Wissenschaften hinterlegte. Verwirklicht wurde die Erfindung jedoch unabhängig von Thomas Alva Edison (1847–1931) in den USA. Das erste brauchbare Gerät wurde vom 4. bis 6. Dezember 1877 von seinem Mechaniker John Kruesi gebaut, am 7. Dezember vorgeführt und am 19. Februar 1878 in den USA patentiert.

Die Stimme des Menschen mit dem am weitesten zurückliegenden Geburtstag ist die des britischen Barons Alfred Tennyson (1809–92). Der hinsichtlich seines Geburtsdatums älteste Sänger, von dem eine Tonaufnahme gemacht wurde, war der dänische Bariton Peter Schram. Er hat am 5. September 1889, seinem 70. Geburtstag, eine Walze mit einer Arie des Don Giovanni aus Mozarts gleichnamiger Oper eingespielt.

Tonbänder. Die magnetische Tonaufzeichnung hat 1898 der Däne Valdemar Poulsen (1869–1942) mit seinem Stahldraht-Telegraphon erfunden (US Patent Nr. 661619). Das Tonband stellte der Deutsche Fritz Pfleumer im Jahr 1928 vor (Patent Nr. 500 900). Erstmals benutzt wurde ein Tonband 1929 in den englischen Blattner-Studios. Plastikbänder sind zwischen 1932 und 1935 von BASF in Deutschland entwickelt worden, auf den Markt gebracht wurden sie aber erst 1950 von Recording Associates in New York.
Nur 10,7 × 5,1 × 1,4 cm groß und 125 g schwer ist ein Mikrokassettenrecorder, den die japanische Firma Olympic Optical im April 1983 auf den Markt gebracht hat.

Der Vorfahre des modernen Schallplattenspielers, das Grammophon, wurde 1887 für Emile Berliner (1851–1929), einen deutschen Einwanderer, in den USA patentiert. Obwohl Grammophone nach diesem Prinzip in Deutschland bereits 1889 produziert wurden, wurde das Schallplatten-Grammophon erst ab 1896 eine ernsthafte kommerzielle Konkurrenz für den Walzenphonographen.

Die kleinste abspielbare Schallplatte der Welt befindet sich im Londoner BBC-Archiv. Sie hat einen Durchmesser von 3,5 cm und wurde 1924 für die Aufstellung eines Puppenhauses im englischen Königspalast hergestellt; insgesamt gab es 250 Stück davon. Auf der Platte ist die englische Nationalhymne zu hören.

Die ältesten Tonaufnahmen und Schallplatten befinden sich im Archiv der BBC (British Broadcasting Corporation) in London. Unter den über 1 Mio. Sammlungsstücken sind 5250, deren Matrize verlorengegangen ist. Der Stolz des Archivs sind Tonaufnahmen, die 1888 mit weißen Wachswalzen gemacht worden sind. Die erste kommerzielle Schallplatte ist 1895 produziert worden.

Schallplattenmusik sehen kann Dr. Arthur B. Lintgen (* 1932) aus Rydal in Pennsylvania (USA) – eine Fähigkeit, mit der offenbar auf der ganzen Welt nur er ausgestattet ist. Ohne einen Ton zu hören, nur mit visueller Prüfung der Schallplatte erkennt Lintgen die Musik.

Das größte Tonträgerarchiv der Bundesrepublik Deutschland hat der NDR (Norddeutscher Rundfunk) in Hamburg. Es umfaßt ca. 109 000 LP und Singles und 240 000 Tonbandaufnahmen.

Die erste ungekürzte Schallplattenaufnahme einer Sinfonie wurde 1913 von der Odeon in Berlin veröffentlicht. Das Odeon-Streichorchester spielte Beethovens *Fünfte Sinfonie* auf acht Schallplattenseiten und die *Sechste* auf zehn Schallplattenseiten unter anonymer Leitung. Wenige Monate später nahm der berühmte Dirigent Arthur Nikisch mit dem Berliner Philharmonischen Orchester am 10. November 1913 ebenfalls Beethovens *Fünfte Sinfonie* auf.

Die frühesten Operngesamtaufnahmen entstanden um 1906. Dabei handelte es sich um bereits veröffentlichte Einzelplatten, die in Kassetten zusammengefaßt wurden und mehr oder weniger eine Einheit bildeten. Zu den ersten so zusammengestellten Opernaufnahmen zählen *Il Trovatore* (auf fünfzehn 25- und fünf 30-cm-Platten) und *Ernani* (auf 23 Platten), beides Opern von Giuseppe Verdi (1813–1901).

Die erste Jazzschallplatte, die aufgenommen wurde, war *Indiana* und *The Dark Town Strutters Ball* bei der Firma Columbia in New York (USA), und zwar am oder um den 30. Januar 1917. Es spielte die Original Dixieland Jass Band unter der Leitung von Dominick (»Nick«) James La Rocca (1889–1961). Diese Schallplatte kam am 31. Mai 1917 auf den Markt. Als erste erhältlich war jedoch die Platte mit dem *Livery Stable Blues* (aufgenommen am 24. Februar 1917) mit der Rückseite *The Dixie Jass Band One-Step* (aufgenommen am 26. Februar), die die Firma Victor am 7. März 1917 herausbrachte.

Die erfolgreichsten Schallplattensolisten aller Zeiten: Für Elvis Aron Presley (1935–77) gibt es keine von unabhängiger Seite überprüften Zahlen. Angesichts seiner 170 Single-Hits und mehr als 80 Langspielplatten, die über seinen Tod hinaus überaus populär geblieben sind, kann aber angenommen werden, daß Elvis Presley Bing Crosby den Rang abgelaufen hat.
Mehr als 100 Mio. DM haben bisher schon die in 6 Sprachen aufgenommenen Langspielplatten von Julio Iglesias (* 1943) eingespielt. Das

Seit 1959 findet im schottischen Edinburgh das weltgrößte Kunstfest statt: Theater- und Musikgruppen locken Jahr für Jahr neue Zuschauermengen an.

In 2062 Aufführungen stand Anna Neagle als ausdauerndste Hauptdarstellerin in dem Musical *Charlie Girl* auf der Bühne (s. S. 278).

Dolly Parton übertrifft sie alle. Sie gilt als höchstbezahlter Live-Entertainer. Unter einer Abendgage von 920 000 DM ist sie nicht zu haben (s. S. 279).

Die legendenumwobenen Beatles sind mit Auszeichnungen aller Art überhäuft: Sie sind auch die erfolgreichste Gesangsgruppe aller Zeiten.

gab die Plattenfirma CBS im August 1983 bekannt.

Die Handelskammer von Hollywood (USA) überreichte am 9. Juni 1960 Harry Lillis (alias Bing) Crosby jr. (1904–77) eine Platin-Schallplatte zur Erinnerung an den Verkauf von angeblich 200 Mio. Exemplaren seiner 2600 Singles und 125 Langspielplatten. Am 15. September 1970 erhielt er eine zweite Platin-Schallplatte, als die Firma Decca den Verkauf von 300,65 Mio. seiner Platten melden konnte. Eine detaillierte Aufstellung seiner Gesamtverkäufe wurde allerdings nie veröffentlicht. Fachleute halten derartig hohe Verkaufsziffern aus der Zeit vor dem großen Aufschwung dieser Industrie für übertrieben.

Die erfolgreichste Gesangsgruppe waren die Beatles. George Harrison (*25. 2. 1943), John Ono oder John Winston Lennon (1940–80), James Paul McCartney (*18. 6. 1942) und Richard Starkey alias Ringo Starr (*7. 7. 1940) hatten ihren Siegeszug vom englischen Liverpool aus angetreten. Bis Mai 1984 sind nach Schätzungen mehr als 1000 Mio. Platten und Tonbänder von den Beatles verkauft worden. Zudem haben alle vier Ex-Beatles auch mit Soloplatten großen Erfolg gehabt. Seit die Gruppe 1970 auseinanderbrach, verkauft sich das schwedische Quartett ABBA am besten. ABBA steht für Agnetha Faltskog, Anni-Frid Lyngstad, Björn Ulvaeus und Benny Andersson; bis Mai 1985 waren es insgesamt 215 Mio. Platten und Tonbänder.

Goldene Schallplatten wurden anfangs für jeweils 1 Mio. verkaufter Platten vergeben. Die ersten Aufnahmen, die das erreichten, waren Darbietungen des Tenors Enrico Caruso (1873–1921) der Arie *Vesti la giubba* aus der Oper *Bajazzo* von Ruggiero Leoncavallo (1858–1919), von der die erste Version in Klavierbegleitung am 12. November 1902 aufgenommen wurde.

Die erste Single, die eine Mio. überschritt, war *Carry Me Back to Old Virginny* der Firma Victor, von Alma Gluck, und zwar als 30,48 cm einseitig bespielte Platte.

Die erste regelrechte goldene Schallplatte war die, welche von der Firma R. C. A. Victor für die Verleihung an den amerikanischen Posaunisten und Bandleader Alton »Glenn« Miller (1904–44) für seine Platte *Chattanooga Choo Choo* am 10. Februar 1942 mit Goldbronze besprüht wurde.

US-Rekorde: Goldene Schallplatten sowie Platin- oder Superplatinplatten werden in den USA seit dem 14. März 1958 von der Vereinigung der amerikanischen Plattenindustrie (RIAA) vergeben. Kriterium sind Verkaufszahlen, die einer Prüfung standhalten. Bis zum 1. Januar 1985 hat die RIAA insgesamt 2 582 Singles und Langspielplatten veredelt. Die Hitliste der Gruppen führen die Beatles mit 47 (plus eine mit Billy Preston) Plattenpreisen an. Paul McCartney hat mit den »Wings« und je einmal auch mit Stevie Wonder und Michael Jackson weitere 27 Auszeichnungen eingeheimst. Unter den Solisten ist Elvis Presley (1935–77) Goldsänger Nr. 1. Sein Erfolg wurde in den USA mit 51 Plattenpreisen gekrönt (1958 bis 1. Januar 1986). Legt man weltweite Verkaufszahlen zugrunde, käme Elvis Presley auf fast 80 Goldene Schallplatten.

Unter den deutschsprachigen Interpreten, die Goldene Schallplatten erhielten, war der erste, der für ein einziges Lied gleich dreimal mit dieser Trophäe ausgezeichnet wurde, Freddy Quinn (Manfred Petz, *1931): Er erhielt für das Lied *Heimweh* im Jahr 1956 zwei und 1958 eine dritte »Goldene«.

Die erste deutsche Schallplattenproduktion, die über einmillionenmal verkauft wurde, war *Lili Marlen*, gesungen von Lale Andersen, (1910–72). Der Schlager wurde 1938 von Norbert Schultze (*1911) auf einen Text von Hans Leip komponiert, nachdem die Andersen bereits eine andere Vertonung gesungen hatte. Im März 1939 nahm sie Schultzes Komposition für die Schallplatte auf, und mehr oder weniger durch Zufall wurde der Schlager als Erkennungsmelodie des Deutschen Soldaten-Rundfunks in Belgrad 1940 populär.

Erfolgreichste Märchenregisseurin im Bereich der Kinder- und Jugendschallplattenproduktion ist die Rechtsanwältin Heikedine Körting (*1945) aus Hasselburg über Neustadt (Schleswig-Holstein) – besser bekannt als »Deutschlands Märchentante Nr. 1«. Seit 1969 entstanden unter ihrer Regie 1165 Hörspiele: 89 Goldene und 8 Platinschallplatten für über 118 Mio. verkaufte Tonträger sind bisher die Ausbeute.

Die meistaufgenommenen Songs mit mehr als 1000 Aufnahmen sind *Yesterday* von Paul McCartney und John Lennon mit 1600 Versionen zwischen 1965 und dem 1. Januar 1986, *Tie a Yellow Ribbon Round the Old Oak Tree* von Irwin Levine und L. Russell Brown mit mehr als 1200 Aufnahmen von 1973 bis 1. April 1985 und *My Way* nach der Musik von Jacques Revaux und dem verstorbenen Claude François und mit dem englischen Text von Paul Anka (*30. Juli 1941 in Ottawa, Kanada).

Die meisten Aufnahmen als Interpret hat die Inderin Lata Mangeshker (*1928) gemacht. Sie hat zwischen 1948 und 1985 angeblich nicht weniger als 30 000 Solo-, Duett- und von Chor begleitete Lieder in 20 indischen Sprachen aufgenommen. Häufig hatte sie fünf Aufnahmen pro Tag und sang bis 1974 die Hintergrundmusik zu über 2000 Filmen.

Die erfolgreichste Schallplattensängerin in Europa ist Caterina Valente (*1931). Im Laufe ihrer 50jährigen Karriere hat sie insgesamt 1118 Musiktitel auf 378 Singles und 371 Langspielplatten gesungen.

Die meistverkaufte Single-Schallplatte ist bis heute *White Christmas* von Irving Berlin (eigentlich Israel Bailin, *11. Mai 1888 in Temun, Sibirien) mit 30 Mio. für die Bing-Crosby-Version (aufgenommen am 29. Mai 1942) und mehr als 100 Mio. in anderen Versionen.

Größte in der volkstümlichen Musik sind Slavko Avsenik (*1929) und seine Original Oberkrainer aus Jugoslawien. Sie erspielten 30 Goldene, 1 Platin- und 1 diamantene Schallplatte.

Die höchste Verkaufszahl für eine Pop-Platte – die allerdings nicht offiziell bestätigte

Menge von 25 Mio. – nimmt *Rock Around the Clock* für sich in Anspruch, für die James E. Myers unter dem Namen Jimmy DeKnight und Max C. Freedmann 1953 das Copyright eintragen ließen und die am 12. April 1954 von Bill Haley und den *Comets* aufgenommen wurde.

Die meistverkaufte Langspielplatte aller Zeiten ist *Thriller* von Michael (Joseph) Jackson (*1958) aus den USA. Bis 1. August 1985 waren weltweit über 38,5 Mio. Platten weggegangen.
Das Ende 1979 erschienene Doppelalbum *The Wall* der britischen Gruppe Pink Floyd soll es bis 1980 auf 30 Mio. verkaufte Exemplare gebracht haben.
Von der Soundtrack-Schallplattenaufnahme des US-Films *Sound of Music* (deutscher Titel: *Meine Lieder, meine Träume*), der Musical-Fassung des Ruth-Leuwerik-Films *Die Trapp-Familie,* wurde das Album, das am 2. März 1965 in den amerikanischen Schallplattengeschäften erschien, bis Januar 1973 19millionenmal verkauft. Der Film erhielt fünf Oscars, war jedoch in Europa kein überragender Erfolg.

Hitparaden wurden für Singles zum ersten Mal am 20. Juli 1940 von der US-Zeitschrift *Billboard* veröffentlicht, als *I'll Never Smile Again* von Tommy Dorsey (1905–56) die Nummer 1 war. Drei Platten blieben 13 Wochen lang an der Spitze: *Fernesi* von Arti Shaw ab Dezember 1940, *I've Heard that Song Before* von Harry James ab Februar 1943 und *Goodnight Irene* von Gordon Jenkins und den *Weavers* ab August 1950. *Tainted Love* von Soft Cell blieb ab Januar 1982 43 Wochen lang in der Hitparade. Die Beatles hatten die meisten Platten auf Platz 1 (21), und Elvis Presley hatte die meisten in der Hitliste *Billboards Heiße Hundert,* nämlich 149 von 1956 bis Mai 1986.
Am 15. März 1945 veröffentlichte *Billboard* zum ersten Mal auch eine Hitparade für LP, als das King-Cole-Trio mit Nat »King« Cole (1919–65) Nummer 1 war. *South Pacific* stand ab Mai 1949, *Dark Side of The Moon* von Pink Floyd stand im Mai 1986 schon die 621. Woche in der »Billboard«-Hitparade für LP.
Die Beatles standen am häufigsten ganz an der Spitze (15mal), Elvis Presley hat sich am häufigsten einen Platz in den Hitlisten erobert (93mal bis Mai 1986).

Die am schnellsten verkaufte Platte aller Zeiten ist *John Fitzgerald Kennedy – A Memorial Album* (Premium Albums), eine LP, die am 22. November 1963, am Tag der Ermordung des US-Präsidenten, aufgenommen wurde und von der innerhalb von sechs Tagen (7. bis 12. Dezember 1963) vier Mio. zum Preis von 99 Cents (damals ca. 4 DM) pro Stück verkauft wurden. Damit schlug diese Platte auf makabre Weise den bis dahin bestehenden Rekord der satirischen Langspielplatte *The First Family* (Die Präsidentenfamilie) aus dem Jahr 1962/63.

Erfolgreichster Pop-Pianist der Welt ist der französische Klaviervirtuose Richard Clayderman (eigentlich Philippe Pagès, *1954). Der Topstar wurde seit Veröffentlichung seiner *Ballade pour Adeline* im Jahr 1977 wie wohl kein anderer Pop-Pianist vor ihm für seine Plattenverkäufe ausgezeichnet. Bisher erspielte er 147 goldene und 28 Platinschallplatten.

Die lauteste Popgruppe: Die Verstärkeranlage bei einem Konzert der *The Who* im Charlton Athletic Football Stadion in London am 31. Mai 1976 hatte eine Gesamtstärke von 76 000 W aus achtzig 800-W-Crown-D.-C.-300-A-Verstärkern und zwanzig 600-W-Phase-Linear-200-Verstärkern. Die Lautstärke in einer Entfernung von 50 m von der Anlage betrug 120 Dezibel. Solchen Lautstärken ausgesetzt zu sein, kann zu partiellem Gehörverlust führen.
160 Dezibel will die US-Gruppe Manowar, die Heavy-Metal-Rock macht, im Oktober 1984 gemessen haben – ein unerträglicher Lärm.

Den kleinsten CD-Player der Welt bietet Sony mit seinem *Discman* – mini in den Abmessungen und im Gewicht, maxi in der Ausstattung.

Deutschlands erfolgreichste Regisseurin von Hörspielen für Kinder und Jugendliche ist Heikedine Körting. Als Talisman steht Hitchcock in ihrem Tonstudio: Seine Krimiserie *Die drei ???* für Kinder war ihr erster Erfolg.

Grammys: Die meisten Auszeichnungen in einem Jahr, nämlich 8, heimste 1984 Michael Joseph Jackson ein. Mit den insgesamt meisten Grammys wurde der Dirigent Sir Georg Solti (*21. Oktober 1912 in Budapest) geehrt: Er gewann seit 1958 bereits 25.

Das umfangreichste geschlossene Aufnahmeprojekt in der Geschichte der Schallplatte gilt dem Schaffen William Shakespeares auf 137 Langspielplatten. Musik betreffend, ist derzeit die Gesamteinspielung aller 194 Kirchenkantaten Johann Sebastian Bachs (1685–1750) unter Helmuth Rilling auf 100 Langspielplatten das größte abgeschlossene Aufnahmeprojekt. Seine Realisierung hat fünfzehn Jahre gedauert.

Schallplattenzeitschriften. Die älteste noch bestehende Fachzeitschrift ist das englische *Gramophone,* das 1923 von dem Schriftsteller Compton Mackenzie gegründet worden ist und seitdem Monat für Monat erscheint.
Die umfangreichste Schallplattenzeitschrift ist das amerikanische Magazin *Fanfare,* das zweimonatlich mit einem Umfang von regelmäßig 350–400 Seiten erscheint.

Den kleinsten tragbaren CD-Player der Welt präsentiert Japans Elektronikfirma Sony seit März 1986. Kleiner als die Hülle einer Compact-Disc und nur wenig größer als die Laser-Disc wiegt der *D-50 MK II,* genannt *Discman,* nur 510 g bei seinen Abmessungen (12,6 cm breit, 2,7 cm hoch und 12,6 cm tief).

7. FILM UND KINO

Anfänge: Die ersten »laufenden Bilder« hat Louis Aimé Augustin Le Prince (1842–90) aufgenommen. Es ist verbürgt, daß ihm bereits 1885–87 auf einer weißgekachelten Wand der Schwerhörigen-Anstalt auf den Washington Heights in New York matte und verschwommene Filmprojektionen gelangen.
Der älteste erhaltene Film stammt ebenfalls von Le Prince. Er hat ihn Anfang Oktober 1888 im Garten seines Schwiegervaters in Roundhay, Leeds (GB), mit einer Kamera gedreht, die am 16. November 1888 ein britisches Patent erhielt. Als Filmmaterial diente Le Prince eine 53,9 mm breite, lichtempfindlich gemachte Papierrolle. Bildgeschwindigkeit: 10–12 Aufnahmen pro Sek.

Erstmals kommerziell vorgeführt wurden laufende Bilder am 14. April 1894 im Holland Bros' Kinetoscope Parlour am New Yorker Broadway. Die Besucher konnten sich 5 Filme für 25 Cents oder 10 Filme für 50 Cents ansehen. Vorgeführt wurden die Filme mit Kinematographen, die William Kennedy Laurie Dickson (1860–1935) unter Mithilfe von Thomas Alva Edison (1847–1931) in den Jahren 1889 bis 1891 entwickelt hatte. Der erste Film, der öffentlich auf einer Leinwand gezeigt wurde, war *La Sortie des Ouvriers de L'Usine Lumière* (Die Arbeiter der Fa. Lumière verlassen die Fabrik). Die Brüder Auguste Marie-Louis Lumière (1862–1954) und Louis Jean Lumière (1864–1948) hatten ihn wahrscheinlich im August oder September 1894 in Lyon aufgenommen. Leinwandpremiere war am 22. März 1895 im Haus Nr. 44 an der Rue de Rennes in Paris.

Die erste öffentliche Filmvorführung der Brüder Lumière fand am 28. Dezember 1895 im Pariser Hotel Scribe statt. 33 Zuschauer bezahlten je einen Franc Eintritt, um zehn kurze Filme zu sehen, darunter *Baby's Frühstück* und *Ankunft eines Zuges im Bahnhof von La Ciotat.*

Die erste öffentliche Filmvorführung in Deutschland fand im Rahmen des Programms des Berliner Variétés Wintergarten am 1. November 1895 durch die Brüder Max

Ein Kassenknüller ohnegleichen ist *Otto – der Film*. Endlich füllt ein deutscher Film wieder die Kinos! Weit über 9,5 Mio. Besucher haben ihn schon gesehen.

(1863–1939) und Emil (1867–1945) Skladanowski statt. Mit ihrem Produktionsgerät Bioscop zeigten sie neun kurze Filmstreifen, darunter die später weltbekannt gewordenen Ur-Filme *Das boxende Känguruh* und *Serpentinentanz*.

Den ersten Tonfilm schuf Eugène Augustin Lauste (* 17. Januar 1857 in Paris), der seine Erfindung am 11. August 1906 patentieren ließ und 1910 in London ein brauchbares Vorführsystem mit Hilfe eines Galvanometers herstellte.
Vor einem zahlenden Publikum hat vermutlich der Amerikaner Dr. Lee de Forest (1873–1961) erstmals einen Tonfilm vorgeführt – am 15. April 1923 im Rialto-Theater von New York City.

Der erste komplette Tonfilm war *Lights of New York* (Die Lichter von New York), der am 6. Juli 1928 in The Strand in New York City gezeigt wurde.
Erstmals öffentlich vorgeführt wurde ein Tonfilm am 17. September 1922 im Berliner Alhambra-Kino. Produziert nach dem Triergon-Lichttonverfahren hatten ihn Hans Vogt (1890–1979), J. Massolle (1889–1961) und Jo Engl (1893–1942).

Der erste deutschsprachige Tonspielfilm war E. A. Duponts *Atlantik*, eine in London gedrehte deutsch-englische Gemeinschaftsproduktion, die am 28. Oktober 1929 im Berliner Gloria-Palast uraufgeführt wurde.

Der erste in Deutschland gedrehte vollwertige deutschsprachige Tonfilm war *Die Nacht gehört uns*. Unter der Regie von Carl Froelich spielten u. a. Hans Albers, Charlotte Ander, Ida Wüst, Lucie Englisch die Hauptrollen. Premiere war am 23. Dezember 1929 im Berliner Capitol.

Die ersten Tonfilme mit weltweitem Erfolg waren die amerikanischen Produktionen der Warner Brothers *The Jazzsinger* (Der Jazz-Sänger) und *The Singing Fool* (Der singende Narr), beide 1929 mit dem Star Al Jolson in der Hauptrolle.
Mit *The Singing Fool* gab es auch den ersten Tonfilmschlager, der weltweit gesungen wurde: *Sunny Boy*.

Der erste Farbfilm der Welt war die US-Technicolor-Produktion *Der schwarze Pirat* mit Douglas Fairbanks. Er wurde 1926 gedreht.

Der erste deutsche Farbspielfilm war die Ufa-Produktion *Frauen sind doch bessere Diplomaten* mit Marika Rökk und Willy Fritsch in den Hauptrollen (Regie: Georg Jacoby). Er war nach dem Agfacolor-Farbverfahren aufgenommen und wurde am 31. Oktober 1941 in Berlin uraufgeführt.

Der teuerste Film, der bisher gedreht worden ist, war *Star Trek*. Er erlebte seine Welturaufführung am 6. Dezember 1979 in Washington. Nach den Angaben der Paramount- Studios beliefen sich die Kosten für dieses Weltraumepos, das von Robert Wise inszeniert und von Gene Roddenberry produziert wurde, auf 46 Mio. Dollar. Von *Superman II* ist behauptet worden, der Film hätte 60 Mio. Dollar gekostet; diese Summe ist aber nie bestätigt worden. Der Film spielte an einem einzigen Tag 6,06 Mio. Dollar ein. Er lief am 20. Juni 1981 in 1395 nordamerikanischen Kinos.

Der teuerste deutsche Film seit Jahrzehnten wurde das Fantasy-Spektakel *Die unendliche Geschichte*. Die Verfilmung des Welt-Bestsellers von Michael Ende (deutsche Gesamtauflage allein über 1 Mio. Exemplare) durch Produzent Bernd Eichinger und Regisseur Wolfgang Petersen hat einen 60-Mio.-DM-Etat verschlungen.

Der billigste Film kostete umgerechnet rund 200 DM. Er hieß *Rescued by Rover* (Rettung durch Rover) und wurde im Jahr 1905 mit großem Erfolg von Cecil Hepworth in den USA herausgebracht.

Der höchste Preis für Filmrechte, der je bezahlt wurde, beträgt 9,5 Mio. Dollar (ca. 18,5 Mio. DM). Columbia bezahlte diesen Betrag am 20. Januar 1978 für *Annie*, das Broadway-Musical von Charles Strouse mit Andrea McCarlie, Dorothy Loudon und Reid Shelton.

Der längste Film, der je auf den kommerziellen Markt kam, war der britische 48-Stunden-Film *The Longest Most Meaningless Movie in the World* im Jahr 1970. Er wurde später auf eine 90-Minuten-Fassung eingekürzt.

Kassenrekorde: Die Kinoeinnahmen hängen natürlich weitgehend von den inflationären Eintrittspreisen ab. Nimmt man den Wert oder die Kaufkraft des Dollar im Jahr 1983 als Bewertungsgrundlage, ist der Erfolg des Films *Vom Winde verweht* mit Clark Gable (1901–60) und Vivien Leigh (1913–67) nach wie vor unübertroffen. Das Melodrama aus dem Jahr 1939 spielte 312 Mio. Dollar ein. Numerisch (nicht wertmäßig) gesehen, ist allerdings *E. T., der Außerirdische*, von Steven Spielberg der Kassenfüller Nr. 1. Der Film war am 11. Juni 1982 in die Kinos gekommen und hatte am 2. Januar 1983 schon 322 Mio. Dollar Einnahmen erzielt. Gleich zwei Rekorde kann der Film *Indiana Jones und der Tempel des Jüngsten Gerichts* von George Lucas und Steven Spielberg und mit Harrison Ford für sich in Anspruch nehmen: Er machte am 27. Mai 1984 mit 9,3 Mio. Dollar die höchste Tageskasse und spielte in den ersten 6 Tagen in 1685 Kinos 42,3 Mio. Dollar ein.

Zum erfolgreichsten deutschen Nachkriegsfilm avancierte innerhalb kürzester Zeit *Otto – der Film* von und mit dem ostfriesischen Komiker Otto Waalkes. Am 19. Juli 1985 lief der Film in der Bundesrepublik Deutschland an und wurde bis zum Februar 1986 in rund 750 deutschen Kinos ausgestrahlt. Die Gesamtzuschauerzahl betrug 9,5 Mio. Das brachte die Goldene Leinwand für den Film. Der Umsatz dieses Kassenknüllers liegt bei 65 Mio. DM.

Der größte Flop in der Geschichte des Kinos wurde *Heaven's Gate*. Die Verluste kosteten United Artists die Unabhängigkeit als Produzenten.

Größtes Verlustgeschäft: 57 Mio. Dollar, damals etwa 115 Mio. DM, hatte der Film *Heaven's*

Gate bis zum 13. Mai 1981 verschlungen (Aufnahmen, Studio-Betriebskosten, Verleih), dann wurde Steven Bach von United Artists auf die Straße gesetzt.

Der Film mit den schlimmsten Gewaltszenen ist die US-Produktion *Red Dawn* (Die rote Flut). Das ergab eine Studie über Gewalt im Film. Prügelorgien, Mord und Totschlag kommen alle 2:23 Min. vor (134 Blutbäder pro Std.) *Die rote Flut* kam 1984 in die Kinos.

Die höchste Gage in der Filmgeschichte kassierte der US-Star Sylvester Stallone (*6. Juli 1946) für die Hauptrolle in *Rocky IV*: 12 Mio. Dollar und dazu einen noch nicht ermittelten Anteil der Einnahmen. Im Januar 1986 machte in Hollywood eine Rechnung die Runde, nach der Stallone für *Rambo* 20 Mio. Dollar (ca. 46 Mio. DM) zu erwarten hat. Höchstbezahlte Schauspielerin im Jahr 1985 war die Amerikanerin Meryl Streep (*1949): Für ihre Rolle in *Out of Africa* durfte sie 3 Mio. Dollar (etwa 9,3 Mio. DM) in Empfang nehmen.

Der meistgespielte Kinoheld ist Sherlock Holmes, den Sir Arthur Conan Doyle (1859–1930) erfunden hat. Zwischen 1900 und 1980 wurde der geniale Detektiv von 61 Schauspielern in 175 Filmen verkörpert.

Die höchste Gage für einen Stuntman war bisher 100000 Dollar. Für diesen Preis machte Dar Robinson im November 1979 einen 335-Meter-Sprung vom CN-Turm in Toronto (Kanada) für den Film *High Point*. Sein Fallschirm öffnete sich erst 91 m über dem Boden.

Die größten Filmstudios der Welt befinden sich in der Universal City von Hollywood (USA). Zu ihnen gehören neben einem riesigen Freigelände 561 Gebäude, darunter 34 Aufnahmestudios für Farbtonfilme.

Die längste Serie sind die japanischen *Tora-San*-Filme. Mit *Tora-San I* war es im August 1968 losgegangen, 1983 brachten Shochiku & Co *Tora-San XXXII* auf den Kinomarkt. Der Schauspieler Kiyoshi Atsumi (*1929) ist in allen Folgen mit von der Partie.

Die größten Filmateliers der Bundesrepublik Deutschland gehören der Bavaria Atelier GmbH in München-Geiselgasteig. Es gibt sechs Aufnahmehallen: die größte von ihnen, die Doppelhalle 4/5, ist über 2000 m^2 groß.

Das bekannteste und größte Filmgelände auf deutschem Boden ist die ehemalige Ufastadt Babelsberg bei Berlin. Es wird jetzt von der DEFA, der staatlichen Filmgesellschaft der DDR, betrieben.
Die größten Filmstudios Österreichs sind die der Wien-Film in Sievering und auf dem Rosenhügel in Wien.
Das größte Filmatelier der Schweiz ist das Studio Bellerive in Zürich.

Die begehrteste Filmtrophäe ist der Oscar, der seit 1928 von der amerikanischen Filmakademie verliehen wird.

Die meisten Oscars bekam Walt Disney (1901–66), der »Vater der Mickymaus«, nämlich 20 Statuetten und 12 andere Plaketten und Urkunden, darunter einige postum, verliehen.

Die einzige Schauspielerin, die vier Oscars als Hauptdarstellerin gewann, ist Katherine Hepburn (*9. November 1909 in Connecticut, USA). Sie wurde für die Filme *Morning Glory* (1932/33), *Guess Who's Coming to Dinner* (Rat mal, wer zum Essen kommt, 1967), *The Lion in Winter* (Der Löwe im Winter, 1968) und *On Golden Pond* (Am goldenen See) 1981 ausgezeichnet. Insgesamt wurde sie zwölfmal für diese Auszeichnung nominiert. Auch dies ein Rekord.
Nur vier Schauspieler haben als Hauptdarsteller zwei Oscars gewonnen: Spencer Tracy 1937 und 1938; Frederic March (1897–1975) 1931/32 und 1946; Gary Cooper 1941 und 1952 sowie Marlon Brando 1954 und 1972.

Die meisten Oscar-Nominierungen erhielt der Film *All About Eve* (Alles über Eva), 1950, mit vierzehn. Er gewann sechs Auszeichnungen.

Jüngste Oscar-Gewinnerin war Shirley Temple (*24. April 1928): Sie durfte ihn 1934 mit fünf Jahren in Empfang nehmen. Der älteste Schauspieler, der sich mit der Kinotrophäe schmücken konnte, war George Burns (*20. Januar 1896): Er erhielt 1976 den Oscar mit 80 Jahren für seine Rolle in *The Sunshine Boys* (Die Sunny Boys).

Die meisten Oscar-Auszeichnungen erhielt der Film *Ben Hur* (1959), nämlich elf, gefolgt von *Vom Winde verweht* (1939) und *West Side Story* (1961) mit jeweils zehn.

Höchstdekorierte Künstler sind Helen Hayes (*1900), Richard Rogers und Rita Moreno (*1931). Nur sie haben den Oscar und den Tony, Grammy und Emmy dazu gewonnen. Barbra Streisand (*24. April 1942 in Brooklyn, New York) erhielt einen Oscar sowie Grammy- und Emmy-Preise und außerdem noch den Tony-Sonderpreis *Stern des Jahrzehnts*.

Den ersten Oscar als deutschsprachiger Schauspieler erhielt 1928 Emil Jannings (1886–1950) als bester Hauptdarsteller für die Filme *Sein letzter Befehl* (1927, Regie Joseph von Sternberg) und *Der Weg allen Fleisches* (1927, Regie Victor Fleming).

Das erste Kino, also ein Gebäude, das nur entworfen und erbaut wurde, um in ihm Filmvorführungen durchzuführen, soll im Oktober 1895 zur *Atlanta Show* in Georgia (USA) errichtet worden sein, um C. F. Jenkins *Phantoskop* vorzuführen. Thomas Alva Edison zeigte dort auch seine ersten farbigen Filme. Sie waren handkoloriert. Einer von ihnen hatte den Titel *Die Tänzerin Annabella.*

Das erste Kino in Deutschland wurde im Oktober 1896 in Berlin in der Passage zwischen der Friedrichstraße und der Straße Unter den Linden eröffnet und erhielt den Namen Kinematograph.

Am 1. November 1899 eröffnete der Schausteller Otto Pritzkow in der Berliner Münzstraße, Nähe Alexanderplatz, den ersten Kintopp (worunter die Berliner einen Bierausschank mit Filmvorführungen verstanden) mit regulärem Programm. Dieses Filmtheater war bis 1959 in Betrieb, also über 60 Jahre lang!

Das älteste Kino der Welt, das noch bespielt wird, ist das Erika-Kino in der Wiener Kaiserstraße (Österreich). Es wurde 1900 eröffnet und hat heute 203 Sitzplätze. Bisher wurde das Biograph-Kino im Londoner Stadtteil Victoria für das älteste gehalten, doch dieses Kino ist erst 1905 erbaut worden.

Für ihre Starrolle in *Out of Africa* erhielt Meryl Streep über drei Mio. Dollar. Damit wurde die Amerikanerin zur höchstbezahlten Actrice im Jahr 1985.

Das älteste, noch betriebene Filmtheater in der Bundesrepublik Deutschland ist die 1903 errichtete Corona-Filmbühne in Neunkirchen (Saarland).

Das größte Kino der Welt, Radio City Music Hall in New York (USA), wurde am 27. Dezember 1932 mit 5945 Sitzplätzen (jetzt 5882) eröffnet. Das am 11. März 1927 in New York eröffnete Roxy hatte sogar 6214 Sitzplätze, wurde aber am 29. März 1960 geschlossen. Cineplex im Eaton Centre in Toronto (Kanada), das am 19. April 1979 eröffnet wurde, hat mit seinen 18 verschiedenen Kinos eine Gesamtzahl von 1700 Sitzplätzen.

Das größte Filmtheater der Bundesrepublik Deutschland ist die Lichtburg in Essen (Nordrhein-Westfalen) mit 1662 Plätzen.
Das größte und modernste Filmzentrum ist der Zoo-Palast in Berlin (West) mit 9 Kinos und 2984 Sitzplätzen.

Das größte Kino Österreichs ist das Thalia in Graz (Steiermark), das seit 1956 besteht und heute 904 Sitzplätze hat.

Das größte Kino der Schweiz ist das Metropol in Lausanne (Kanton Waadt) mit 1400 Sitzplätzen.

Das größte Autokino der Welt hat Platz für 5000 Wagen. Es wurde in Lynn, Massachusetts (USA), gebaut.

Die meisten Kinos im Verhältnis zur Einwohnerzahl gibt es in San Marino: eins auf 1512 Menschen. Saudi-Arabien (8,4 Mio. Einwohner) hat überhaupt kein Kino.

Die fleißigsten Kinogänger sind die Chinesen. Nach einem Bericht des Kulturministeriums wurden 1983 insgesamt 27 Mrd. Besucher gezählt. Das bedeutet, daß statistisch ge-

Professor Brinkmann und sein Team haben mit 22 Folgen *Die Schwarzwaldklinik* zur erfolgreichsten und populärsten deutschen Fernsehserie gemacht. Die ZDF-Sendung vom 17. November 1985 hatte 64 Prozent der Fernsehhaushalte vor den Bildschirm gelockt, aus dem Glottertal gab es Meinungsbildung für 28,16 Mio. Zuschauer.

sehen jeder Chinese übers Jahr 27 Filme gesehen hat.

Die meisten Kinos hat die Sowjetunion. 1974 sollen es 163 400 gewesen sein. In dieser Zahl sind jedoch auch Vorführräume mitgezählt, in denen lediglich Projektionsgeräte für 16-mm-Schmalfilme installiert sind.

Die meisten Kinoplätze im Verhältnis zur Einwohnerzahl hat die Atlantikinsel Ascension: Am 31. Dezember 1981 waren es 971 Bürger, die sich um 733 Plätze streiten konnten.

Die größte Kinoleinwand für den normalen Spielbetrieb mißt 28,28 × 21,48 m und ist im März 1984 im Imax-Theater von Djakarta (Indonesien) installiert worden.

Die größte Kinoleinwand Europas besitzt der Royal-Palast im Europa-Center von Berlin (West). Sie mißt 36 × 22 m.

Am meisten Filme gesehen, nämlich 16 945, hat Albert E. Van Schmus (* 1921) aus den USA. Er war 32 Jahre lang, von 1949 bis 1982, Mitglied der Motion Picture Association of America, einer Art Filmbewertungsstelle.

Den größten bekannten Diaprojektor der Welt baute 1956 der Luzerner Ingenieur und Erfinder Gianni Andreoli († 1971). Sein phänomenales Wolkenkino *Spitlight P. 300 S* (4,5 m hoch, 2,5 m breit, 18,5 m lang, auf einem eigenen Laster montiert) kann Bilder und Schrift auf eine Distanz von 6 km auf Bergwände und Wolken werfen. In einer Lichtstärke von 92 Mio. Kerzen schießt er gebündelte Strahlen in den Himmel. Seit dem 15. Oktober 1983 befindet sich die Lichtkanone im Besitz des Technorama in Winterthur (Schweiz).

8. RUNDFUNK

Anfänge: Die früheste Beschreibung eines Radioübertragungssystems gab am 21. Juli 1864 Dr. Mahlon Loomis (* 1826 in New York, USA), der die Erfindung im Oktober 1866 in Bear's Den, Virginia (USA), zwischen zwei mehr als 22 km voneinander entfernten Drachen vorführte. Er erhielt am 20. Juli 1872 die amerikanische Patentnummer 129 971 unter der Bezeichnung *Verbesserung im Telegraphenwesen.* Er starb 1886.

Das erste Patent für ein Kommunikationssystem mit Hilfe von elektromagnetischen Wellen wurde am 2. Juni 1896 dem Italo-Iren Marchese Guglielmo Marconi (1874–1937) offiziell zuerkannt. Eine öffentliche Vorführung einer drahtlosen Übertragung von Sprache fand jedoch bereits 1892 auf dem Marktplatz von Murray in Kentucky (USA) statt; sie wurde von Nathan B. Stubblefeld veranstaltet, der am 28. März 1928 mittellos starb.

Die erste feste drahtlose Übertragungsstation wurde im November 1896 von Marconis Wireless Telegraph Co., Ltd. in The Needles auf der Insel Wight vor der englischen Küste errichtet.

Die erste Radioübertragung, die zuvor angekündigt wurde, vollführte am 24. Dezember 1906 der gebürtige Kanadier Prof. Reginald Aubrey Fessenden (1868–1932) vom 128 m hohen Mast der National Electric Signalling Company in Brant Rock, Massachusetts (USA). Unter anderem wurde Händels *Largo* übertragen. Schon 1900 war Fessenden die Übertragung von Sprache gelungen, allerdings stark verzerrt.

Die erste drahtlose Meldung auf deutschem Gebiet wurde am 15. Mai 1900 zwischen der Nordseeinsel Borkum und dem Borkum-Riff-Leuchtschiff übertragen.
1906 wurde die Großstation Nauen bei Berlin eröffnet. Sie hatte zur drahtlosen telefonischen Übermittlung die 40 km lange Strecke Nauen–Berlin zu überbrücken.
Am 1. September 1922 wurde der direkte Vorläufer des deutschen Rundfunks, der Drahtlostelefonische Wirtschaftsrundspruchdienst, in Betrieb genommen. Er war damit **der erste regelmäßige gebührenpflichtige Rundfunkbetrieb der Welt.**
Am 6. April 1923 wurde der erste deutsche Radioclub in Berlin gegründet. Zugleich erschien die erste deutsche Rundfunkzeitschrift *Radio.*
Am 1. Oktober 1923 war **der erste deutsche Rundfunksender** fertiggestellt; am 23. Oktober wurde der Sendebetrieb aufgenommen. Das Wort Rundfunk ist übrigens eine Wortschöpfung des damaligen Staatssekretärs im Reichspostministerium Hans Bredow (1879–1959), der als Vater des deutschen Rundfunks in die Geschichte einging.

Die erste Genehmigung zum privaten Rundfunkempfang erhielt der Berliner Zigarrenhändler Wilhelm Kollhoff am 31. Oktober 1923. Er bezahlte dafür eine Gebühr von 350 Mrd. (Inflations-)Mark. Am 1. Januar 1924 wurde die Rundfunkgebühr auf jährlich 60 RM festgesetzt, wenig später aber auf 2 RM monatlich ermäßigt.

Die ersten deutschen Rundfunknachrichten wurden am 9. November 1923 ausgestrahlt. Zu dieser Zeit gab es etwa 450 private Rundfunkteilnehmer. Am 1. Juli 1924 waren es bereits 100 000, am 1. Januar 1926 war 1 Mio. registriert.

Die frühesten drahtlosen Signale nach Übersee (der Buchstabe *S* im Morsealphabet) wurden am 12. Dezember 1901 um 12 Uhr 30 von Marconi, George Stephen Kemp und Percy Paget von einer 10-kW-Station in Poldhu, Cornwall (GB), aus gesendet und in Neufundland (Kanada) gehört.
Sprache wurde zum ersten Mal im November 1951 über den Atlantik gesendet, als eine Übertragung von der US-Marinestation in Arlington, Virginia, von amerikanischen Radiotelefoningenieuren auf dem Pariser Eiffelturm empfangen wurde.

Das erste Radiomikrofon, das im Grunde genommen auch schon die erste Abhöreinrichtung war, wurde 1947 von Reg Moores (GB) erfunden und zum ersten Mal auf 76 MHz im Jahr 1949 bei der Eisrevue Aladdin im Stadion von Brighton (GB) verwendet.

Die älteste immer noch bestehende Rundfunksendereihe der Welt ist das *Hamburger Hafenkonzert* des Norddeutschen Rundfunks. Sie wurde am 9. Juni 1929 von der damaligen NORAG erstmals produziert und über 1700mal gesendet.

Die längste Rundfunkübertragung (Diskjokkeys ausgenommen) stand Larry Norton vom Sender WGRQ FM Buffalo, New York, durch: Er schaffte 484 Std. am laufenden Band (19. März bis 8. April 1981).
Für diese Kategorie werden weitere Anmeldungen nicht zugelassen.
Der irische Rundfunk strahlte am 16./17. Juni 1982 ungekürzt den *Ulysses* von James Joyce (1882–1941) aus. Die Lesung dauerte genau 29:38:47 Std.

Das längste moderierte Country- und Westernprogramm bot der Kärntner Pete Lenloy (alias Peter Gutwirth, * 1942) aus St. Veit, Glan (Österreich). Genau 34:30 Std. unterhielt er nonstop im Restaurant Seehof bei Villach vom 5. bis 7. Dezember 1984 die Radio-Carinzia-Hörer mit Countrymusik.

Der größte Radiofan ist der Amerikaner Larry King. In Washington hört er wöchentlich bis zu 27:30 Std. Rundfunk. Er kann mit seinem Gerät seit dem 30. Januar 1978 die derzeit 272 Sender aus allen 50 US-Staaten empfangen, die an ein öffentliches Verbundnetz angeschlossen sind.

Den frühesten Radioempfang um den halben Erdball hatte Frank Henry Alfred Walker (* 1904). Er hörte in der Nacht zum 12. November 1924 auf seinem selbstgebastelten Zwei-Röhren-Radioempfänger auf 75 m Wellenlänge Signale von Marconis Yacht *Electra* (Rufsignal ICCM), die zu dieser Zeit in australischen Gewässern kreuzte. Walkers Empfänger befand sich in Walton-on-Thames in der englischen Grafschaft Surrey.

Eifrigster Funkamateur war der am 30. Juli 1982 gestorbene Richard C. Spenceley aus St. Thomas auf den Virgin Islands (USA). Im Jahr 1978 hatte er einen Rekord von 48 100 Verbindungen geschafft.

Die meisten Rundfunksender gibt es in den USA. Im April 1985 waren dort 9512 autorisierte Stationen registriert, die auf Mittelwelle und auf Ultrakurzwelle senden.

Das größte Echo auf eine Hörfunksendung hatte am 27. November 1974 der Astrologe Howard Sheldon in einer fünfstündigen Talk-Show der Radiostation WCAU in Philadelphia (USA) mit 388 299 Anrufen, die während der *Bill Corsair Show* registriert wurden.

Zum größten Deutsch-Diktat waren am 2. Oktober 1984 genau 11 045 Hörerinnen und Hörer versammelt. Radio-Tele-Luxembourg (RTL) strahlte in einer Live-Sendung einen 30-Zeilen-Text *Von deutschem Schmettern* des Literatur-Nobelpreisträgers Heinrich Böll aus.

Rekord-Publikum bei einer Radiosendung der BBC waren 30 Mio., die sich am 6. Juni 1950 die Übertragung des Boxkampfes zwischen Lee Savold (USA) und Bruce Woodcock (GB) anhörten.

Ein Radiomuseum aus 1899 historischen Geräten der Radiotechnik hat Hans Necker aus Langenfeld (Rheinland) seit 1981 aufgebaut. Erste Oldtimer-Radios in »guter alter« Röhrentechnik hat er bereits in den 50er Jahren zusammengetragen. Die Nostalgiesammlung aus Röhrenradiogeräten ist unverkäuflich, die Einzelstücke werden funktionsfähig gehalten.

Das größte (Nostalgie-)Radio in Form eines alten Volksempfängers bauten Günter Kaulfuss (* 1943) aus Bruchhausen-Vilsen (Niedersachsen) und seine Mitarbeiter Jörg Peck, Jürgen Lücke, Stefan Prange und Gerhard Pötschke nach. Das voll funktionsfähige *Bruviphon* ist 2,32 m hoch, 1,92 m breit und 0,75 m tief, wiegt 200 kg und kann auf Rollen bewegt werden. Es hat UKW-MW-Empfänger, Lautstärke- und Senderwahlregler, beleuchtete Frequenzskala und vier Lautsprecher.

Das kleinste Radio mit perfektem Stereo-Sound *SRF-201* hat das Format einer Scheckkarte. Sony schlägt mit diesem Winzling (54 × 86 × 3 mm) alle Rekorde in der Unterhaltungselektronik. Der Mini kann in der Brieftasche überallhin mitgenommen werden.

9. FERNSEHEN

Anfänge: Die Erfindung des Fernsehens, das unmittelbare Sehen von Gegenständen außerhalb der normalen Sichtweite durch elektrische Übertragung, war ein Prozeß von aufeinanderfolgenden, voneinander abhängigen Entdeckungen.

Die erste kommerzielle Kathodenbildröhre wurde 1897 von dem Deutschen Karl Ferdinand Braun (1850–1918) entwickelt, wurde aber erst 1907 von dem Russen Boris Rosing in St. Petersburg (jetzt Leningrad) mit »elektronischem Sehen« in Verbindung gebracht. A. A. Campbell Swinton (1863–1930) veröffentlichte die Grundlage der Fernsehübertragung am 18. Juni 1908 in einem kurzen Brief an die Zeitschrift *Nature* unter dem Titel *Elektrisches Fernsehen*.

Die erste öffentliche Fernsehvorführung zeigte am 27. Januar 1926 der Schotte John Logie Baird (1888–1946), der eine Weiterentwicklung des mechanischen Bildfeldreglers benutzte, den der Deutsche Paul Gottlieb Nipkow (1860–1940) im Jahr 1884 entwickelt hatte (sogenannte Nipkow-Scheibe). Es gelang Baird im Februar 1924 in Hastings (GB), ein Malteserkreuz über 3,05 m zu übertragen, und am 30. Oktober 1925 schaffte er die erste Bildübertragung eines menschlichen Gesichtes.

Der kleinste Schwarzweißfernseher mit einer Elektronenstrahl-Bildröhre ist der *Watchman* von Sony: (s. S. 286).

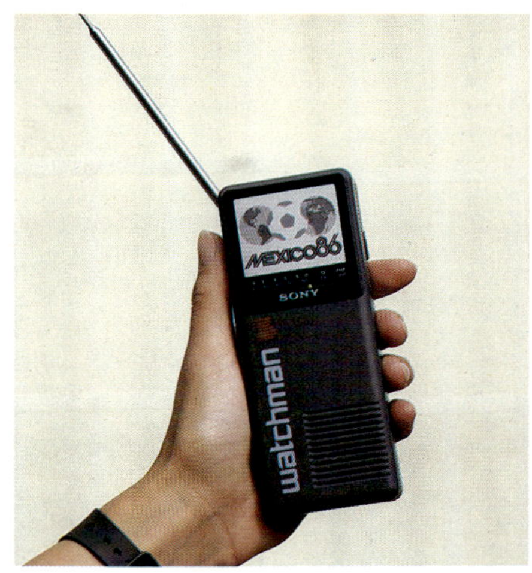

Am 29. Dezember 1923 hat Dr. Wladimir Kosma Zworykin (1889–1982) einen Patentantrag für sein Ikonoskop eingereicht, der aber erst am 20. Dezember 1938 genehmigt wurde. Das Patent, das von Philo Taylor Farnsworth (USA) am 7. Januar 1927 beantragt worden war, wurde dagegen bereits am 26. August 1930 gewährt.
Kenjiro Takayanagi (* 20. Januar 1899) brachte am 25. Dezember 1926 in der Technischen Hochschule von Hamamatsu in Japan mit einer Braun-Kathodenbildröhre und einem Bildfeldregler von Nipkow ein elektronisches und 40zeiliges Fernsehbild zustande.
1929 hat die Deutsche Reichspost zum ersten Mal Fernsehbilder gesendet, die mit Hilfe der Nipkow-Scheibe erzeugt wurden. Die Wellenlänge betrug 468 m.
Am 22. März 1935 wurden in Berlin die ersten Versuchssendungen auf Ultrakurzwelle (UKW) mit niederer Bildauflösung (180 Zeilen) ausgestrahlt. (Die Sendeanlage wurde noch im August desselben Jahres durch Feuer zerstört.)

Die erste Ansagerin, die dieses Programm auf dem Bildschirm vorstellte (und damit die erste der Welt), war die Berliner Schauspielerin Ursula Patzschke.

Der erste Fernsehsender der Welt mit hoher Bildauflösung (d. h. 405 Zeilen) wurde am 2. November 1936 in Haringey, Bezirk London (GB), eröffnet, als es in Großbritannien ungefähr 100 Fernsehempfänger gab.

Die ersten Versuche in Deutschland, die durch den Krieg und die erste Nachkriegszeit unterbrochene Entwicklung des Fernsehens wieder zu beleben, unternahmen acht Techniker 1948 beim Nordwestdeutschen Rundfunk (NWDR) Hamburg mit Hilfe eines Bildabtasters, der über den Krieg hinweg gerettet worden war.
Am 12. Juli 1950 wurde von Hamburg aus ein Testbild gesendet. Am 27. November startete ein Versuchsprogramm.
Am 25. Dezember 1952 begann offiziell das Fernsehen in der Bundesrepublik Deutschland. Der NWDR strahlte täglich von 20 Uhr bis 22 Uhr (bzw. 22.30 Uhr) ein Programm aus, zusätzlich ein halb- bis einstündiges Nachmittagsprogramm.

Das erste Programm der Eurovision, des europäischen Fernsehgemeinschaftsprogramms, war die Übertragung der englischen Krönungsfeierlichkeiten am 2. Juni 1953. Angeschlossen waren England, Frankreich, die Niederlande, Belgien und die Bundesrepublik Deutschland.

Die erste transatlantische Übertragung über Satellit wurde am 11. Juli 1962 um 1 Uhr nachts per *Telestar 1* von Andover, Maine (USA), nach Pleumeur Boudou in Frankreich erreicht. Auf dem Bildschirm sah man Frederick R. Kappell, den Vorsitzenden der amerikanischen Telefon- und Telegrafengesellschaft, der der Satellit gehörte.
Die erste Live-Übertragung fand am 23. Juli 1962 statt, und die erste Frau auf dem modernen Bildschirm war am nächsten Tag die Mode-

schöpferin Ginette Spanier, Direktrice bei Balmain in Paris.

Die erste Live-Übertragung via Satellit aus den USA, die in Deutschland empfangen wurde, war eine Reportage aus einem Baseball-Stadion in Chikago am 23. Juli 1963, bevor eine Pressekonferenz des US-Präsidenten John F. Kennedy übertragen wurde.

Die längste im voraus geplante Live-Fernsehübertragung war die 163:18 Std. lange Sendung der australischen Fernsehgesellschaft GTV, Melbourne, die vom 19. bis 26. Juli 1969 ohne Unterbrechung den gesamten Mondflug von *Apollo 11* übertrug.

Die längste TV-Sendung, die ein einziger Aufnahmeleiter ohne Pause durchgestanden hat, dauerte 24:15 Std. Die Produktion mit dem Titel *Alive* (Lebendiges Leben) wurde am 24./25. August 1985 unter der Leitung von Daniel Salazar von der amerikanischen Fernsehgesellschaft KBDI Television auf Kanal 12 in Broomfield, Colorado, ausgestrahlt.

Die erste reguläre Farbfernsehsendung in der Bundesrepublik Deutschland wurde am 25. August 1967 von der Berliner Funkausstellung aus ausgestrahlt.

Ein Videorecorder wurde erstmals 1956 von Alexander M. Poniatoff vorgestellt, dessen System als Ampex (seine Initialen plus »ex« für Exzellenz) bekannt wurde. Der erste Heim-Videorecorder ist am 24. Juni 1963 im Londoner Nachrichtenstudio der BBC erläutert worden. Entwickelt wurde er im Auftrag der Firma Nottingham Electronic Valve Co. von Norman Rutherford und Michael Turner.

Das größte Programmangebot in deutschen Landen bot die 1650-Seelen-Gemeinde Zorge im Harz ihren Bürgern bereits seit dem 15. November 1982. Damals wurde das ganze Dorf durch die Initiative der »Interessengemeinschaft Fernsehversorgung Zorge e. V.« breitbandverkabelt. 9 Programme gab es zur freien Auswahl im ersten Bürgerfernsehen.
Inzwischen ist zumindest für die Zorger die Medienzukunft eingeleitet. Am 8. März 1985 empfing die erste private bürgereigene Ortskabelfernsehanlage über den Fernsehsatelliten *ECS 1* das Programm »Satellite Television« aus London.

Die dauerhafteste Fernsehserie der Welt ist *Meet the Press* (Begegnung mit der Presse) der amerikanischen Fernsehgesellschaft NBC, die am 6. November 1947 startete und seit dem 12. September 1948 allwöchentlich ausgestrahlt wird. Die Idee zu diesem Programm hatte Lawrence E. Spivak, der bis 1975 jede Woche entweder als Moderator oder Gesprächsteilnehmer mitwirkte.

Die beständigste Dauersendung in der Bundesrepublik Deutschland ist die ARD-Sonntagssendung *Internationaler Frühschoppen* mit Journalisten, die von Werner Höfer (* 1913) geleitet wird. Ebenso wie die US-Sendung *Meet the Press* war auch der *Frühschoppen* ursprünglich eine Hörfunksendung. Seit 30. August 1953 wird er im Fernsehen ausgestrahlt.

TV-Gewohnheiten: Bis zum 16. Lebensjahr hat ein amerikanisches Durchschnittskind im Fernsehen schätzungsweise 50 000 Morde oder Mordversuche und 200 000 Gewaltakte gesehen. Diese Zahlen publizierte eine US-Vereinigung gegen TV-Brutalitäten im Juni 1985. Nach weiteren Angaben dieser Vereinigung hocken in den USA die Zwei- bis Elfjährigen durchschnittlich 27,3 Std. pro Woche vor dem Fernsehgerät.
Weltweit stand 1986 in mehr als 500 Mio. Haushalten ein TV-Apparat. Führende Fernsehnation sind die USA, wo 86,5 Mio. Familien ein Gerät besitzen. Die USA stellen auch 1149 von den 8250 Sendestationen, die es auf der Erde gibt. Auf 1000 Einwohner kommen in Nordamerika 571 Fernsehapparate, in Schweden sind es 348 und in Großbritannien 330.

Alle TV-Rekorde gebrochen hat ABC (American Broadcasting Companies). Für die Übertragung von den XV. Olympischen Winterspielen 1988 im kanadischen Calgary erwarb ABC die Exklusiv-Fernsehrechte. Kostenpunkt: 309 Mio. Dollar (865 Mio. DM).

Die meisten Zuschauer saßen während der XXIII. Olympischen Spiele in Los Angeles vor den Fernsehapparaten. Schätzungsweise 2,5 Mrd. Menschen verfolgten weltweit via TV-Schirm das Spektakel, das vom 27. Juli bis 13. August 1984 live oder in Aufzeichnungen übertragen worden ist. Die *Live Aid*-Konzerte, die von Bob Geldof und Bill Graham organisiert und – auch das ein Rekord! – über 12 Satelliten übertragen wurden, sahen schätzungsweise 1,6 Mrd. Menschen, ein Drittel der Weltbevölkerung.

Die TV-Sendung mit der höchsten Einschaltquote war *Goodbye, Farewell and Amen,* die letzte Episode von *M*A*S*H* (Abkürzung für Mobile Army Surgical Hospital 4077), die CBS am 28. Februar 1983 gesendet hat. 60,3 Prozent der amerikanischen Haushalte hatten sich für dieses Programm entschieden. Schätzungsweise 125 Mio. Menschen sahen zu, das waren 77 Prozent aller Fernsehzuschauer in den USA.

Die teuerste Produktion in der Fernsehgeschichte war die siebenteilige Paramount-Serie *The Winds of War,* eine Saga über den Zweiten Weltkrieg, die von ABC (USA) ausgestrahlt wurde. Die Dreharbeiten hatten 14 Monate gedauert. Gesamtkosten: 42 Mio. Dollar (101,9 Mio. DM). Die Schlußepisode am 13. Februar 1983 verfolgten 41 Prozent aller amerikanischen Fernsehzuschauer.

Der höchstbezahlte Fernsehjournalist im Bereich des Nachrichtenwesens bzw. Zeitgeschehens ist Dan Rather von CBS (USA). Im Februar 1986 wurde berichtet, daß er jährlich 2,5 Mio. Dollar (über 5,8 Mio. DM) erhält.

Die höchste Gage für eine Fernsehsendung kassierte Marie Osmond aus den USA. Die Gesellschaft NBC zahlte ihr am 9. März 1981 insgesamt 7 Mio. Dollar für 7 Std., Produktionskosten eingeschlossen.
Höchstbezahlter TV-Star ist John William Carson aus den USA, Gastgeber der *Tonight Show* (Heute abend). Seine Show wird viermal die Woche ausgestrahlt und dauert jeweils 1 Std. Dafür zahlt NBC angeblich an Carson jährlich 5 Mio. Dollar.

Die höchstbezahlten Fernsehstars: Carroll O'Connor, Hauptdarsteller in *Archie Bunker's Place,* hat 1982/83 für jede der 22 Folgen dieser Serie 275 000 Dollar kassiert, das macht alles in allem 6,050 Mio. Dollar. Peter Falk, der entnervend beharrliche Detektiv *Columbo,* hat sechs Fälle gelöst und ist pro Fall mit 300 000 bis 350 000 Dollar belohnt worden. Der Sänger Kenny Rogers soll im Februar 1983 vom TV Channel HBO (Home Box Office) für die Aufnahme eines einzigen Konzertes 2 Mio. Dollar erhalten haben.

Der produktivste Fernsehschriftsteller der Welt ist Ted Willis, eigentlich Lord Willis (* 1918), der von 1949 bis 1986 insgesamt 32 Serien, 29 Bühnenstücke und 33 Spielfilme geschrieben hat. Von seinen Stücken sind 24 aufgeführt worden. Seine Gesamtleistung seit 1942 beläuft sich schätzungsweise auf 18,25 Mio. Wörter.

Die meisten Episoden, die jemals von einer Fernsehserie verkauft worden sind, waren 1144 Folgen von *Coronation Street.* Die britische TV-Gesellschaft Granada wurde sie am 31. Mai 1971 an das kanadische Programm CBKST los. Würde man alle 1144 Episoden hintereinander abspielen, müßte man 20 Tage 15:44 Std. in die Röhre gucken. Weitere 728 Folgen von *Coronation Street,* die zwischen 1974 und 1981 gedreht worden sind, wurden 1982 an CBC verkauft.

Der fleißigste TV-Produzent der Welt ist Aaron Spelling (* 1928). Er brachte es von 1956 bis 1981 auf 1435 Fernsehfolgen. Gesamtdauer: 1457:30 Std. Spelling hat u. a. die Erfolgsserien *Starsky and Hutch* (89 Episoden) und *Charlie's Angels* (109 Folgen) produziert.

Der Rekordpreis für TV-Werbespots liegt bei 550 000 Dollar für 30 Sek. So viel verlangte ABC am 19. Januar 1985 für Reklame-Einblendungen während der Übertragung des 29. Super Bowls, des Endspiels im American Football.

Die höchste Summe für einen Werbespot von 30 Sek. hat das japanische Fernsehen an »Boy« George gezahlt. Im Dezember 1985 soll er für eine Gin-Werbung 1,5 Mio. Dollar erhalten haben.

Die meisten Aufnahmen für einen Fernsehspot, nämlich 28, mußten von der Komikerin Pat Coombs bei der BBC gemacht werden. Sie erklärte diese übermäßige Anzahl damit, daß sie jedesmal, wenn sie bei der Pointe angelangt gewesen wäre, den Namen des Produktes vergessen hätte.

Eine Mattscheibe im Superformat präsentierte die japanische Firma Sony in Tsukuba auf dem Gelände der Wissenschafts- und Technikausstellung Expo '85. Der Riesenbildschirm mißt 24,3 × 45,7 m und dient der Wiedergabe von Fernsehbildern im Freien.

Mini-Fernseher. Den kleinsten Schwarzweißfernseher der Welt, eine Digitaluhr mit eingebautem Bildschirm, hat die japanische Firma Seiko am 23. September 1982 vorgestellt: Der Uhr-Fernseher hat einen flachen Flüssigkristall-Bildschirm von 30,5 mm Größe und wiegt ganze 80 g. Mit Empfänger und Kopfhörer ergibt das ein Gesamtgewicht von 320 g.
Einen Schwarzweißfernseher für die Jackentasche hat die japanische Firma Sony entwickelt. Der *Watchman FD-2E* ist mit seinen Mini-Abmessungen (64,3 × 156,6 × 41,5 mm) und einer konventionellen Elektronenstrahl-Bildröhre bequem auch am Gürtel zu tragen: Mit Batterien wiegt der Winzling mit TV-Auge ganze 410 g. Seit Mai 1986 ist er auf dem Markt.

Der vorläufig kleinste Farbfernseher der Welt hat die Maße 129 × 77 × 31 mm. Dieses Gerät fürs Jackett wiegt ganze 320 g. Den »Mini« mit Flüssigkeitskristall-Bildschirm hat die japanische Firma Seiko entwickelt. ■

GEMEINSCHAFT, GESELLSCHAFT

Europas Adel gratulierte beim Geburtstag-Stelldichein auf Schloß Drottningholm (S. 293)

Malerisch ist Boliviens De-facto-Hauptstadt La Paz gelegen – gerade 48 km entfernt vom Titicacasee, dem höchsten See der Welt.

1. NATIONEN, LÄNDER, GRENZEN

NATIONEN

Die größte Nationengemeinschaft ist das British Commonwealth of Nations, eine Vereinigung von 49 souveränen unabhängigen Staaten zusammen mit 27 nichtsouveränen Staaten und Kolonien. Sie umfaßt ein Gebiet von 33915000 km² mit einer Bevölkerung von über 1 Mrd. (1980). Die Ausdehnung des Empires begann, als Heinrich VII. im März 1496 Handelsmonopole an John Cabot verlieh und später am 31. Dezember 1600, als die East India Company (Ostindische Kompanie) gegründet wurde.

Die Europäische Gemeinschaft (EG), die seit Januar 1958 aufgrund der am 25. März 1957 geschlossenen Römischen Verträge besteht, umfaßt gegenwärtig die Staaten Belgien, Bundesrepublik Deutschland, Dänemark, Frankreich, Großbritannien, Irland, Italien, Luxemburg, Niederlande, Griechenland und durch die Süderweiterung seit 1986 Portugal und Spanien.

LÄNDER

In der Welt gibt es 170 **souveräne Länder** und 59 getrennt verwaltete, nichtsouveräne Gebiete, insgesamt also 229. Die Vereinten Nationen registrieren zusätzlich de jure 3 Gebiete: Ost-Timor (jetzt Indonesien eingegliedert), West-Sahara (jetzt bei Marokko) und die unbewohnten Phoenixinseln Kanton und Enderbury (die von den USA und Kiribati beansprucht werden).
Die drei baltischen Staaten Estland, Lettland und Litauen werden von der UNO nicht registriert, obwohl ihr erzwungener Anschluß an die UdSSR 1940 formell international nie anerkannt wurde. Auch die De-facto-Territorien Taiwan, Mayotte oder Spanisch Nordafrika, die 4 antarktischen Territorien oder das australische Territorium der Coral Sea Islands und das Gebiet der Heard-Inseln und der MacDonald-Inseln werden von den Vereinten Nationen nicht registriert.

Das Land mit dem größten Flächeninhalt ist die UdSSR, die aus 15 Unionsrepubliken besteht und 22402200 km² oder 15 Prozent der gesamten Landfläche der Erde einnimmt. Ihre Küstenlinie (inklusive Inseln) ist 106360 km lang. Von Osten nach Westen mißt sie 8980 km und von Norden nach Süden 4490 km. Sie ist über 90mal so groß wie die Bundesrepublik Deutschland. Mitte 1984 wurde die Bevölkerungszahl auf 275500000 geschätzt.

Die Bundesrepublik Deutschland hat einen Flächeninhalt von 248687 km², wovon 480 km² auf Berlin (West) entfallen. Sie besteht aus elf Bundesländern mit Berlin (West). Die Nord-Süd-Ausdehnung beträgt 853 km, die West-Ost-Entfernung 453 km.

Die DDR ist – inklusive Berlin (Ost) – 108333 km² groß und in 15 Bezirke eingeteilt inklusive Berlin (Ost). Die Längenausdehnung ist 510 km in der Nord-Süd-Richtung, 345 km die Ausdehnung von West nach Ost.

Österreich bedeckt eine Fläche von 83853 km². Es ist in neun Bundesländer eingeteilt. Von West nach Ost mißt das Staatsgebiet 573 km, von Nord nach Süd 294 km.

Die Schweiz hat einen Flächenraum von 41293 km². Sie ist politisch in 26 souveräne Einzelstaaten, offiziell aber in nur 23 Kantone gegliedert, davon drei mit je zwei Halbkantonen. Die Ausdehnung von West nach Ost beträgt 348 km, die von Nord nach Süd 220 km.

Das kleinste unabhängige Land der Welt ist mit 0,44 km² die Vatikanstadt (Stato della Cittá del Vaticano), ein Stadtstaat, der am 11. Februar 1929 zu einer Enklave von Rom gemacht wurde.

Der souveräne maritime Staat mit der **kürzesten Küstenlinie** ist Monaco mit 5,61 km ohne seine Kais und Wellenbrecher.

Die kleinste Republik ist Nauru, weniger als einen Grad südlich vom Äquator in Ozeanien im Westpazifik. Sie wurde am 31. Januar 1968 unabhängig, ist 2129 ha groß und hat eine Bevölkerung von 7000 (laut Schätzung Mitte 1984).

Die kleinste Kolonie ist Gibraltar mit einer Fläche von 5,8 km² und ca. 2000 Einwohnern.
Pitcairn, die einzige bewohnte Insel einer Gruppe von vier Inseln (Gesamtfläche 48 km²) im Ostpazifik, ist ca. 5 km² groß und hat 58 Einwohner (31. Dezember1985).

Der offizielle Sitz des Großmeisters des Ordens der Malteserritter besteht seit 1834 aus der Villa del Priorato di Malta (1,2 ha) auf dem Aventin, dem niedrigsten der sieben Hügel von Rom (Italien). Der Orden besitzt immer noch gewisse diplomatische Privilegien. Der Orden hat akkreditierte Gesandte im Ausland und wird daher manchmal **der kleinste Staat der Welt** genannt.

Das Land mit dem niedrigsten höchsten Punkt ist die Republik der Malediven, deren »Spitze« 2,4 m üNN liegt.

Das Land mit der höchsten tiefsten Stelle ist Lesotho, wo die Mündung des Senqu-Flusses (Oranje) 1380 m üNN liegt.

Die undurchdringlichste Grenze ist der 1381 km lange sogenannte Eiserne Vorhang, der die Bundesrepublik Deutschland von der DDR trennt. Er besteht aus 80500 km Stacheldraht, einer großen Zahl von mit Suchgerät versehenen Wachtürmen, Gräben, Lichtsperren und Hundelaufanlagen. Der 246 m breite sogenannte Todesstreifen nimmt 344 km² des DDR-Gebietes ein.

Die längste zusammenhängende Grenze liegt zwischen Kanada und den USA, die (inklusive der Großen Seen, aber ohne die 2547 km lange Grenze mit Alaska) 6416 km lang ist.

Die »Grenze« der Vatikanstadt ist 4,07 km lang.

Die am häufigsten überquerte Grenze – mehr als 120 Mio. Grenzübertritte im Jahr – ist die 3110 km lange Grenze zwischen den USA und Mexiko.

Die Grenze zwischen China und der Sowjetunion, die von der chinesisch-mongolischen Grenze unterbrochen wird, ist 7240 km lang. Die Zahl der dortigen Grenzübertritte ist nicht bekannt.

Die Landgrenze zwischen Gibraltar und Spanien bei La Linea ist 1,53 km lang.

An einem Punkt in der Nähe der Victoriafälle des Sambesiflusses im südlichen Afrika treffen Sambia, Namibia, Simbabwe und Botsuana zusammen.

Die meisten Landgrenzen hat China mit 13 benachbarten Ländern: Mongolei, UdSSR, Nord-Korea, Hongkong, Macau, Vietnam, Laos, Birma, Indien, Bhutan, Nepal, Pakistan und Afghanistan.
Die Bundesrepublik Deutschland grenzt an acht, die DDR an zwei, Österreich an sieben, die Schweiz an fünf Nachbarländer.

STÄDTE

Die älteste heute bekannte befestigte Stadt ist Arihā (Jericho). Die letzten mit dem Radiokarbonverfahren gemachten Altersbestimmungen von Funden aus den tiefsten bisher von Archäologen erreichten Schichten ergaben, daß sich dort schon 7800 v. Chr. eine Ansiedlung von etwa 3000 Menschen befunden haben muß.
Die Ansiedlung Dolni Véstonice (Tschechoslowakei) wird der gravettischen Kultur (um 27000 v. Chr.) zugerechnet.

Die älteste Hauptstadt der Welt ist Dimashq (Damaskus), die Hauptstadt von Syrien, die seit ca. 2500 v. Chr. ständig bewohnt war.

Die älteste noch existierende Stadt Europas ist Cadiz (Spanien), eine phönizische Gründung aus der Zeit um 1100 v. Chr.

Als älteste Städte in der Bundesrepublik Deutschland gelten Worms (Rheinland-Pfalz), als *Borbetomagus* eine keltische Gründung aus der Zeit um 60 v. Chr. (von den Römern um die Zeitwende *Civitas Vangionum* genannt; als älteste Freie Stadt besteht sie seit 1156), Köln, um 50 v. Chr. von den Römern gegründet (seit 50 n. Chr. *Colonia Agrippinensis*), und Trier (Rheinland-Pfalz), eine römische Gründung an der Stelle älterer Siedlungen (aus der Zeit um 15 v. Chr; im 3./4. Jh. war sie römische Kaiserresidenz).

Das bevölkerungsreichste »urbane Ballungsgebiet« der Welt ist die »Keihin Stadtzone« (Großraum Tokio-Yokohama), wo 1981 auf 2800 km² schätzungsweise 29,002 Mio. Menschen lebten. Die Einwohnerzahl 1985 der eigentlichen Stadt Tokio betrug 11903900. Die Bevölkerung der Stadtzone des Großraums von Mexico City wurde 1981 mit 16248500 angegeben, Schätzungen für 1984 gingen von 8389800 Einwohnern im eigentlichen Stadtgebiet aus.

Die größte Stadt Deutschlands ist Berlin. Bei einer Flächenausdehnung von 480,10 km² hat Berlin (West) 1,961 Mio. Einwohner (November 1985), Berlin (Ost) (403 km²) 1,185 Mio. Einwohner. Bei einer Gesamtfläche von 883 km² ergab das eine Einwohnerzahl von über 3,146 Mio. (Stand Ende 1984).

Die nächstgrößten Städte in der Bundesrepublik Deutschland sind Hamburg (1,6003 Mio. Einwohner) und München (1,277 Mio.).
In der DDR sind nach Berlin (Ost) Leipzig mit 559000, Dresden mit 522000 und Karl-Marx-Stadt (früher Chemnitz) mit 318900 Einwohnern die größten Städte.

In Österreich führt die Hauptstadt Wien mit 1,502 Mio. Einwohnern die Reihe der großen Städte an, gefolgt von den Landeshauptstädten Graz (Steiermark) mit 243166, Linz (Oberösterreich) mit 199910 und Salzburg mit 139426 Einwohnern.

Die größten Städte der Schweiz sind Zürich mit 363300, Basel mit 179700, Genf mit 158500 und die Hauptstadt Bern mit 143800 Einwohnern.

Die einzige Stadt, die auf zwei Kontinenten liegt, ist Istanbul (Türkei). Es gibt einen europäischen und einen asiatischen Teil.

Die größte Ausdehnung von allen Städten hat Mount Isa in Queensland (Australien). Das von den Stadtbehörden verwaltete Gebiet hat einen Flächeninhalt von 40978 km², aber nur 22000 Einwohner.

Die höchstgelegene Hauptstadt der Welt – vor der Angliederung von Tibet an China – war Lhasa, 3684 m über dem Meeresspiegel.
Quito, die Hauptstadt Ecuadors, liegt 2850 m hoch in einem von gewaltigen Vulkanen umrahmten Hochbecken, fast am Äquator.

Die höchstgelegene Stadt der Welt ist die neue Stadt Wenchuan (China), die 1955 an der Straße von Chinghai nach Tibet, nördlich vom Tanglagebirge, gegründet wurde. Sie liegt 5100 m hoch.

Die höchstgelegene Hauptstadt Europas ist die des gleichnamigen Kleinstaates Andorra in den Pyrenäen. Sie liegt 1061 m üNN.

DIE BEVÖLKERUNGSREICHSTEN STADTANSIEDLUNGEN DER WELT

Bevölkerung	Name	Land	Jahr
unter 100	Dolní Vēstonice	ČSSR	ca. 27000 v. Chr.
ca. 150	Chemi Shanidar	Irak	8900 v. Chr.
27000	Jericho (Arihā)	Jordanien	7800 v. Chr.
ca. 5000	Çatal Huyuk, Anatolien	Türkei	ca. 6800 v. Chr.
50000	Uruk (Erek; heute Warka) 7000–3800 v. Chr.	Irak	3000 v. Chr.
250000	Groß-Ur (heute Tell Muqayyar)	Irak	2200 v. Chr.
350000	Babylon (heute al-Hillah)	Irak	600 v. Chr.
500000	Pataliputra (Patna), Bihār	Indien	400–185 v. Chr.
600000	Seleukia (nahe Bagdad)	Irak	300 v. Chr.–165
1100100	Rom (gegr. um 510 v. Chr.)	Italien	133 v. Chr.
1500000	Angkor	Kambodscha	900
1–1,5 Mio.	Hangtschou (heute Hangzhou)	China	1279
707000	Peking (Cambulac; heute Beijing)	China	1578
1117290	London	GB	1801
8615050	London (Höchststand)	GB	1939
11600069	Tokio	Japan	1985

Anmerkung: Die UN-Hochrechnungen nehmen für den Großraum von Mexico City für das Jahr 2000 eine Bevölkerungszahl von 31,616 Mio. an.

WELTBEVÖLKERUNG, GESCHÄTZTE ENTWICKLUNG

Jahr	Mio.	Jahr	Mio.	Jahr	Mio.	Jahr	Mio.
10000 v. Chr.	ca. 5	1750	720	1960	3049	1984	4763
1	ca. 200	1800	900	1970	3704	1985	4845
1100	ca. 275	1900	1625	1975	4033	2000	6100
1250	375	1920	1862	1980	4453	2025	8200
1500	420	1930	2070	1981	4530	2100	10200
1650	550–600	1940	2295	1982	4407		
1700	615	1950	2513	1983	4685		

Die UN-Veröffentlichung *Stand der Weltbevölkerung 1984* sagt voraus, daß die Weltbevölkerung sich erst im Jahr 2095 bei ca. 10,5 Mrd. stabilisieren und am 31. Dezember 2000 die Zahl von 6,1 Mrd. erreichen wird.
Die höchste Zuwachsrate, mit 2 Prozent erreicht ca. 1958–62, ist zwischen 1975 und 1980 auf 1,73 Prozent gesunken. Bis 1990 wird ein Absinken auf 1,5 Prozent erwartet. Das bedeutet jedoch immer noch einen jährlichen Zuwachs von ca. 80 Mio. Menschen und noch mehr im Verlauf der 90er Jahre.
Der französische Demograph Biraben hat errechnet, daß zwischen 40000 v. Chr. und 1980 insgesamt 60 Mrd. Menschen gestorben sind. Das würde bedeuten, daß etwa 65 Mrd. Vertreter des *Homo sapiens* gelebt haben bzw. noch leben.

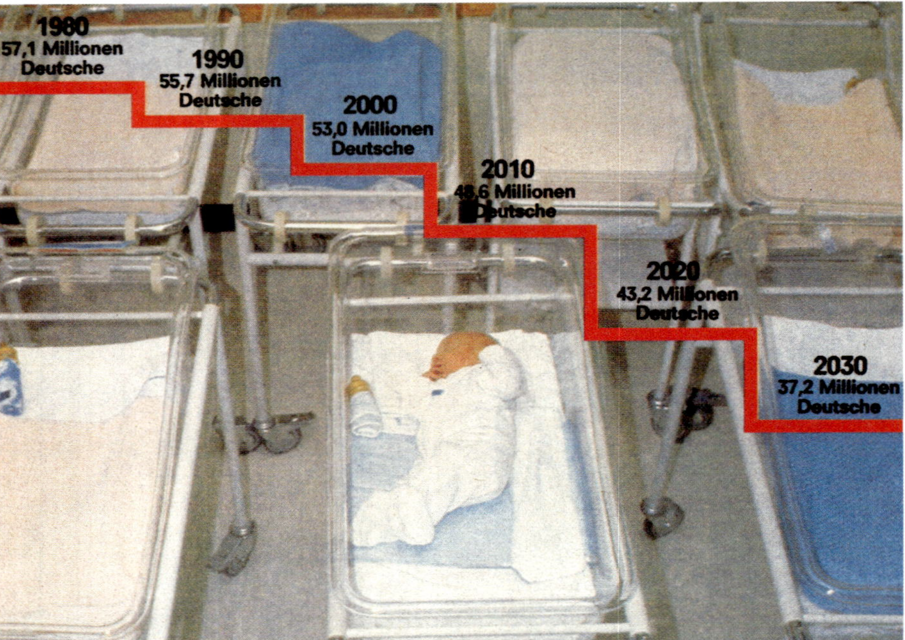

Ein einsames Baby. Bis zum Jahr 2030 werden die Geburtenzahlen um ein Drittel zurückgehen. Wenn die bisherige Entwicklung anhält, wird es nur noch 37,2 Mio. (nach günstigeren Prognosen 41 Mio.) Bundesbürger geben. 1985 betrug die Kinderzahl je Frau nur noch 1,3 Kinder – das waren 584 000 Geburten.

Als höchstgelegenes Dorf Europas gilt das auch im Winter bewohnte Juf im Aversertal (Kanton Graubünden, Schweiz) mit 2126 m Höhe. Nicht weit davon, ebenfalls im Aversertal, liegt Cresta, mit 1963 m das höchste Kirchdorf Europas.

Die höchstgelegene Ortschaft in der Bundesrepublik Deutschland ist Oberjoch bei Hindelang im Allgäu (Bayern) mit einer Höhenlage von 1150 m üNN.

Die höchstgelegene Stadt in der DDR ist Oberwiesenthal am Fichtelberg im sächsischen Bezirk Karl-Marx-Stadt (früher Chemnitz): 911 m üNN.

Die höchstgelegenen Dörfer Österreichs sind Hochsölden (2150 m) und Obergurgl (1950 m), beide im Ötztal (Tirol).

Die tiefstgelegene Siedlung der Welt ist Ein Bokek (Israel) mit einer Synagoge am Ufer des Toten Meeres: 393,5 m uNN.

Die nördlichste Stadt der Welt ist (mit über 10 000 Einwohnern) der arktische Hafen Dikson (UdSSR): 73° 32′N.

Das nördlichste Dorf ist Ny Ålesund (78° 55′N), eine Bergarbeitersiedlung an der King's Bay, West-Spitzbergen, im norwegischen Gebiet Svalbard, die nur während des Winters bewohnt ist.

Die nördlichste Hauptstadt ist Reykjavik, die Hauptstadt von Island (64° 68′N) mit 80 000 Einwohnern im Jahr 1985.

Die südlichste Hauptstadt (41° 17′S) ist Wellington auf der Nordinsel von Neuseeland.

Der südlichste Verwaltungsbezirk ist Port Stanley (52° 43′S) auf den Falklandinseln vor Südamerika.

Die südlichste Ansiedlung ist Puerto Williams (ca. 350 Einwohner) an der Nordküste der Isla Navarino, Feuerland (Chile), 1090 km nördlich der Antarktis.

Die größte am weitesten von einer Meeresküste entfernte Stadt ist Urumtschi (vormals Tihwa), die Hauptstadt von Sinkiang-Uighur, einem autonomen Gebiet in China, etwa 2250 km von der nächsten Küste entfernt. 1974 wurde ihre Einwohnerzahl auf 320 000 geschätzt.

BEVÖLKERUNG

Allgemein: Die tägliche Zunahme der Weltbevölkerung beträgt nach Schätzungen 215 850, das sind statistisch 149,9 pro Min. Am 7. Juli 1986 dürfte irgendwo auf der Welt der fünfmilliardste Erdenbürger das Licht der Welt erblickt haben.

Die höchste Bevölkerungszahl aller Länder der Erde hat China, in *Pinyin* Zhongguo (= Reich der Mitte) geschrieben. Die Volkszählung vom Juli 1982 ergab eine Bevölkerung von 1 008 175 288 Chinesen (ohne Taiwan, Hongkong und Macau). Die tägliche Zuwachsrate wird derzeit auf 38 700 Menschen – das sind 14,1 Mio. pro Jahr – geschätzt. Mitte 1986 läßt sich daraus eine Bevölkerung von 1,065 Mrd. hochrechnen. Bei der Volkszählung waren 5,1 Mio. Zähler volle 10 Tage beschäftigt. Indien ist im Begriff, China während des nächsten Jahrhunderts zu überholen.

Der souveräne Staat mit der kleinsten Einwohnerzahl ist die Vatikanstadt mit 1008 Einwohnern (1984) und einer Geburtenziffer = 0.

Am dichtesten bevölkert ist die portugiesische Provinz Macau an der Südküste Chinas. Mitte 1984 lebten dort schätzungsweise 343 000 Menschen auf einer Fläche von 16,05 km², das sind 21 371 pro km².
Das Fürstentum **Monaco** hat 27 000 Einwohner (Mitte 1984) bei einer Fläche von 189 ha; das sind 14 286/km². Durch Landgewinnung aus dem Meer ist die Staatsfläche um fast 20 Prozent angewachsen.

In Singapur leben 2 558 000 Menschen (Mitte 1984) auf einer Fläche von 189 km².
Von den Gebieten mit über 1000 km² Fläche ist **Hongkong** mit 5318 Einwohnern/km² das am dichtesten besiedelte. Mitte 1985 lebten auf 1049 km² schätzungsweise 5,579 Mio. Menschen. Die Volkszählung von 1976 ergab, daß im Stadtbezirk Mong Kok auf der Halbinsel Kaulun 252 090 Menschen auf 1 km² lebten. 1959, als die Wohnungsnot am größten war, sollen in einem für 12 Bewohner bestimmten Haus 459 Leute gewohnt haben, wovon 104 in einem Zimmer und 4 auf dem Dach lebten.

Die größte Bevölkerungsdichte unter den Ländern mit über 1000 Quadratmeilen (2589 km²) Fläche hat Bangladesh mit einer Bevölkerung von 96 730 000 (Schätzung Mitte 1984) auf 142 775 km², also 677/km². Die indonesische Insel Java (126 295 km²) hat eine Bevölkerung von 94 693 000 (Schätzung 1981) und damit eine Dichte von 750/km².
Die Bundesrepublik Deutschland (248 687 km²) hat mit 61,175 Mio. Einwohnern eine Bevölkerungsdichte von 246/km² (Ende 1983).
DDR: 108 333 km², 16,64 Mio. Einwohner, das heißt eine Bevölkerungsdichte von 153/km² (1985).
Österreich hat eine Flächenausdehnung von 83 853 km² und 7,55 Mio. Einwohner, das heißt eine Bevölkerungsdichte von 90/km² (1983).
Die Schweiz: 41 293 km², 6,4 Mio. Einwohner, also eine Bevölkerungsdichte von 155/km² (1983).

Die geringste Bevölkerungsdichte hat die Antarktis. Sie wird seit Oktober 1956 ständig von einander ablösenden Wissenschaftlern bewohnt. Die Bevölkerungszahl ändert sich mit der Jahreszeit und erreicht manchmal 2000.

Abgesehen von der Antarktis hat **Grönland** (Kalaatdlit Nunaat) die niedrigste Bevölkerungsdichte. Nach Schätzungen lebten Mitte 1983 insgesamt 52 000 Menschen auf einer Fläche von 2 175 000 km² – das bedeutet 41,8 km² je Einwohner. 84,3 Prozent der Inselfläche sind von Eis bedeckt.

Den Auswandererrekord hält Mexiko (abgesehen von kriegs- oder bürgerkriegsbedingten Flüchtlingsströmen in anderen Ländern und Regionen). 1980 wanderten aus Mexiko 800 000 Personen illegal nach den USA aus.
Das Jahr mit der höchsten Auswandererquote aus einem europäischen Land war 1852, als 360 000 Menschen, hauptsächlich Iren, nach Nordamerika auswanderten.

Die längste Wartezeit auf ein Visum und viel Geduld benötigte der Sowjetbürger Benjamin Bogomolny (* 1946). Seit 1966 hat er auf seine Ausreise gewartet. Immer wieder wurde sie ihm verweigert. 1984 hat er sie erreicht.

Das Land, in das regelmäßig **die meisten legalen Einwanderer** strömen, sind die USA mit einer Jahreshöchstgrenze von 425 000. Nach Schätzungen sind von 1820 bis 1984 insgesamt 51 950 349 **offizielle** Einwanderer in die USA gekommen. Jeder 24. Bewohner der USA ist allerdings ein **illegaler** Einwanderer – allein 700 000 kamen 1980.
Die Bundesrepublik Deutschland verzeichnete 1983 eine Einwandererquote von 354 496 Personen.

Die höchste Geburtenrate hat nach Schätzungen der UNO Kenia mit 54,6 pro Tausend (1980). Der Weltdurchschnitt lag bei 27,5 pro Tausend (1982). Bei einem weltweiten Überblick zeigte 1981 nur Nepal mit 48,9 pro Tausend weiterhin ansteigende Geburtenziffern.

In der Bundesrepublik Deutschland betrug die Geburtenrate 1985 9,6 pro Tausend. Die Entsprechungswerte waren für die DDR 13,7 (1985) pro Tausend, Österreich 11,9 (1983) pro Tausend, Schweiz 11,5 (1981) pro Tausend.
Die Geburtenziffern in der Bundesrepublik Deutschland nahmen in den letzten Jahren von Jahr zu Jahr ab. Von 1966 bis 1979 ging die Geburtenziffer von 1,05 Mio. auf 581000 zurück. 1983 lag sie bei 594177 Lebendgeborenen, 1984 bei nur noch 584157 Kindern.

Die niedrigste Zuwachsrate aller großen souveränen Staaten hat abgesehen vom Vatikanstaat (mit der Geburtenrate 0) die Bundesrepublik Deutschland mit ihren 9,6 im Jahr 1985.
Die schnellste Abnahme wird aus Thailand gemeldet, wo binnen 10 Jahren die Durchschnitts-Kinderzahl pro Familie von 3,3 auf 1,8 fiel.

Die höchste Sterbeziffer lag im Weltdurchschnitt bei 10,7 pro Tausend (1982). Die höchste nach den verfügbaren Unterlagen ermittelte Ziffer betrug 1975–80 40 Todesfälle pro Tausend in der kambodschanischen Bevölkerung.

Die niedrigste Sterblichkeitsziffer hatte 1983 Tonga mit 3,3:1000 Sterbefällen.
Die Sterberate in der Bundesrepublik Deutschland betrug 1985 11,5 pro Tausend.
In der DDR lag sie bei 13,5 pro Tausend (1985).
Die Sterberate Österreichs betrug 12,3 (1983) pro Tausend,
die der Schweiz (1981) 9,3 pro Tausend.

Das niedrigste Durchschnittsalter für Eheschließungen hat Indien mit 20,0 Jahren für Männer und 14,5 Jahren für Frauen. Am entgegengesetzten Ende steht Irland mit 26,8 Jahren für Männer und 24,7 Jahren für Frauen. Mitte des 16. Jh.s betrug das Durchschnittsalter für Frauen bei der Eheschließung in England 26,7 Jahre. In der chinesischen Volksrepublik ist das empfohlene Heiratsalter für Männer 28 und für Frauen 25 Jahre.

In der Bundesrepublik Deutschland ist das Durchschnittsalter für erste Eheschließungen bei Frauen 24,1 Jahre, bei Männern 26,9 Jahre.

Die meisten Ehescheidungen gab es mit 1,115 Mio. im Jahr 1984 in den USA, das entspricht 46,9 Prozent aller Eheschließungen in einem Jahr. Der Höchststand war 1981 mit 1,213 Mio. Scheidungen (49,75 Prozent) erreicht worden.
In der Bundesrepublik Deutschalnd betrug die Zahl der Scheidungen 1983 insgesamt 121475, in der DDR wurden 1982 49865 Ehen gerichtlich gelöst.

Geschlechterverhältnis: Laut Schätzung aus dem Jahre 1981 gab es auf der Welt 1006,7 Männer für 1000 Frauen.
Das Land mit der größten Männerknappheit ist die Sowjetunion mit 1145,9 Frauen je 1000 Männer (Volkszählung 1981).
Das Land mit der größten Frauenknappheit ist Pakistan, wo es 1981 nur 906 Frauen auf je 1000 Männer gab. (Die Zahlen sind jedoch vielleicht infolge des in vielen Ländern noch immer existierenden Ausschlusses der Frauen vom öffentlichen Leben zu niedrig gehalten.)
In der Bundesrepublik Deutschland überwiegen die Frauen mit 31,8695 Mio. gegenüber 29,1797 Mio. Männern.

Säuglingssterblichkeit. Weltweit lag die Quote 1978 bei 91 auf 1000 Lebendgeborene. Basierend auf die Sterbefälle vor Erreichen des ersten Lebensjahres, hatten Finnland und Island 1983 mit 6,2 die niedrigste Quote.
Die höchste verzeichnete Säuglingssterblichkeit hatten 1952 Birma mit 195 bis 300 und Zaïre mit 259 im Jahr 1950. In Äthiopien nehmen inoffizielle Schätzungen für 1969 eine Rate von fast 550 je 1000 an. Viele Länder machen keine Angaben mehr.

Die Säuglingssterblichkeit lag in der Bundesrepublik Deutschland bei 9,6 je 1000 Lebendgeborenen (1984). Entsprechungswerte: DDR 10,7 (1983) pro Tausend, Österreich 5,9 (1983) pro Tausend, Schweiz 7,6 (1981) pro Tausend.

Lebenserwartung: Die Lebenserwartung in Europa betrug im 5. Jh. 33 Jahre für Männer und 27 Jahre für Frauen.
Zwischen 1890 und 1900 war die Lebenserwartung bei der Bevölkerung Indiens 23,7 Jahre.
Die Lebenserwartung ist weltweit von 47,4 Jahren (1950–55) auf 64,5 Jahre (1995–2000) gestiegen.
Nach den jüngsten verfügbaren Daten ist die höchste Lebenserwartung für ein Kind von 12 Monaten 74,54 Jahre für Männer in Japan und 80,18 Jahre für Frauen ebenfalls in Japan (1985).

In der Bundesrepublik Deutschland betrug in den Jahren 1981–83 die Lebenserwartung 70,46 Jahre für Männer und 77,09 Jahre für Frauen. Zum Vergleich die Werte für die Jahre 1901–10: Männer 44,82 Jahre, Frauen 48,33 Jahre.
Für Österreich liegen Berechnungen aus dem Jahr 1982 vor. Die Werte lauten 69,5 Jahre für Männer, 76,6 Jahre für Frauen.
Die Zahlen der Schweiz basieren auf Berechnungen aus dem Jahr 1984. In dieser Zeit betrug die Lebenserwartung für Männer dort 72,4 Jahre, die der Frauen 79,1 Jahre.

Die niedrigste Lebenserwartung hatten 1957 Männer und Frauen im Vallée-du-Niger-Gebiet von Mali mit 27 Jahren (Stichprobenzählung 1957/58). In Gabun hatten männliche Neugeborene 1960/61 eine Lebenserwartung von 25 Jahren, weibliche dagegen von 45 Jahren.

GESUNDHEITSWESEN

Das Land mit den meisten Ärzten ist die UdSSR mit 831300 oder einem Arzt je 307 Personen. China hat über 1,4 Mio. paramedizinisches Personal, die sogenannten Barfußdoktoren.
In der Bundesrepublik Deutschland gibt es (Ende 1985) 160902 Ärzte. Die Zahl umfaßt die niedergelassenen Ärzte der Allgemeinmedizin und die Fachärzte aller Richtungen (ohne Zahnärzte und Tierärzte) wie auch alle Ärzte an Krankenhäusern, Kliniken, Instituten, Kurheimen, Behörden usw. Jeder Arzt betreut im Durchschnitt 379 Einwohner.

Die wenigsten Ärzte hatte 1970 Obervolta (Burkina Faso) mit 58 (einen für 92759 Einwohner).

Die meisten Zahnärzte gibt es in den USA. 1985 zählte der amerikanische Zahnarztverband 145000 Mitglieder.
In der Bundesrepublik Deutschland waren Ende 1983 33713 Zahnärzte tätig. Jeder hatte im Durchschnitt die Zähne von 1828 Bundesbürgern zu ziehen, zu plombieren oder zu bohren. Zahnärzte stehen an der Spitze der Einkommensskala aller freien Berufe in der Bundesrepublik Deutschland.

Die meisten Psychiater gibt es ebenfalls in den USA. 1984 betrug die Zahl der eingetragenen Mitglieder des amerikanischen Psychiaterverbandes 27000, und die Mitgliederzahl des amerikanischen Psychologenverbandes belief sich 1985 auf 66000.

Apotheken: In den 1983 gezählten 16876 Apotheken der Bundesrepublik Deutschland waren 29536 Apotheker tätig, über die Hälfte von ihnen sind Frauen.

Die größte Heilanstalt ist das Pilgrim State Hospital im Staat New York (USA) mit 3618 Betten. Früher hatte es 14200 Betten.

Das größte Geschrei herrschte im Mama Yemo Spital, Kinshasa (Zaïre), einer Entbindungsanstalt mit 599 Betten, wo 1976 41930 Kinder zur Welt gebracht wurden. Die Spitzenleistung wurde im Mai 1976 mit 175 Entbindungen innerhalb von 24 Std. erzielt.
In der Bundesrepublik Deutschland gibt es 3119 Krankenhäuser mit rund 682747 Betten.

Europas größte Bettenburg, das Klinikum Aachen, hat im Dezember 1983 seinen Betrieb aufgenommen. Der 240 m lange, 130 m breite, 8 Stockwerke hohe (2 sind unterirdisch) Krankenhauskomplex bietet 1500 Betten und stellt eine komplette medizinische Fakultät dar: 3000 Studenten, 600 Schüler medizinischer Hilfsberufe und 3800 Beschäftigte unter einem Dach.

Den längsten Aufenthalt in Anstalten gehabt zu haben war das traurige Schicksal von Miss Martha Melson. Sie wurde 1875 in die staatliche Anstalt für Geisteskranke in Columbus, Ohio (USA), eingeliefert. Im Januar 1975 starb sie im Alter von 103 Jahren sechs Monaten in der Orient State Institution, Ohio, nachdem sie über 99 Jahre in Anstalten verbracht hatte.

Der teuerste Krankenhausaufenthalt wird in Kalifornien registriert, wo ein Pflegetag Mitte

Mit gerade 12 Jahren dürfte dieses iranische Mädchen die jüngste Braut sein.

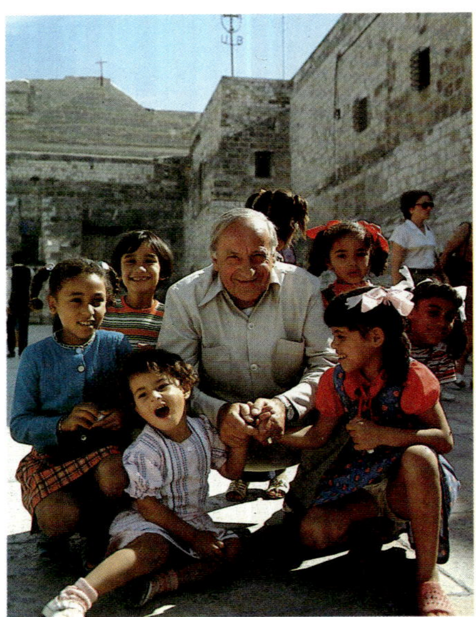

Vater für 50000 Kinder

Vor 37 Jahren legte der Österreicher Hermann Gmeiner (1919–86) den Grundstein für die inzwischen in 85 Ländern der Welt vertretenen SOS-Kinderdörfer: Das erste Dorf wurde 1949 in Imst/Tirol errichtet. Gmeiners Gedanke war es, elternlosen Kindern ein Leben in familienähnlichen Verhältnissen zu bieten, und um diese Idee zu verwirklichen, verzichtete er auf sein Medizinstudium und eine eigene Familie.
Eine SOS-Familie besteht aus 7 – 9 Kindern, die mit der Kinderdorfmutter in Einfamilienhäusern wohnen. Jedes Dorf umfaßt 10 – 12 solcher Häuser, die unter der Leitung eines ausgebildeten Pädagogen stehen, der zugleich den väterlichen Familienanteil verkörpert. Auf der ganzen Welt gibt es mittlerweile 233 SOS-Kinderdörfer und über 400 Sozialzentren – Schulen, Lehrwerkstätten, Kliniken und Landwirtschaften –, in denen derzeit etwa 35000 Kinder und Jugendliche betreut werden. Jährlich gehen 200 Mio. DM an Spenden ein.

1983 mit durchschnittlich 755 Dollar (1832 DM) berechnet wurde. Der durchschnittliche Aufenthalt kostete 5134 Dollar (12457 DM).
Am 1. Dezember 1982 schickte das Boston City Hospital, Massachusetts (USA), an Michael Saltwick für die 37tägige Krebsbehandlung seiner Frau eine Rechnung über 238000 Dollar (595000 DM).

2. EHE- UND FAMILIENREKORDE

Die längste Verlobung dauerte 67 Jahre. Dann erst entschlossen sich der 82jährige Octavio Guillen und die ebenfalls 82jährige Adriana Martinez nach reiflicher Überlegung, im Juni 1969 in Mexico City (Mexiko) in den heiligen Stand der Ehe zu treten.

Die größte Zahl von Eheschließungen in Ländern mit Einehe, nämlich 27, erreichte der ehemalige Baptistengeistliche Glynn »Scotty« Wolfe (*25. Juli 1908) aus Blythe, Kalifornien (USA), der 1927 zum ersten Mal heiratete. Seine – vorläufig – letzte Frau ist Daisy Delgado (*29. Dezember 1970), eine Filipina aus Liloan. Seine bislang älteste Ehefrau war 38. Nach eigenen Angaben hat der Rekordgemahl 41 Kinder. Die 25 Schwiegermütter (mit 2 Frauen war er jeweils 2mal verheiratet) sind ihm offenbar gut bekommen – wenn auch immer nur kurzzeitig.

Der Rekord für (illegale) Vielehen ist 104, aufgestellt von Giovanni Vigliotto, einem von etwa 50 falschen Namen, entweder von Fred Jipp (*1936 in New York) oder von Nikolai Peruschkow (*1929 auf Sizilien) benutzt. Die Ehen wurden von 1949 bis 1981 in 27 US-Staaten und 14 anderen Ländern geschlossen. Vier Opfer befanden sich 1968 an Bord desselben Schiffes und zwei in London. Am 28. März 1983 wurde er in Phoenix, Arizona (USA), wegen Betrugs zu 28 Jahren und wegen Bigamie zu 6 Jahren Haft verurteilt und mit einer Geldstrafe von 336000 Dollar (840000 DM) belegt.

Die längste Ehe der Welt dauerte 86 Jahre. Sir Temulji Bhicaji Nariman und Lady Nariman wurden 1853 vermählt, als beide erst 5 Jahre alt waren. Der Ehemann starb im August 1940 in Bombay im Alter von 91 Jahren und 11 Monaten.

Die meisten Trauungen miteinander erlebten Jack V. und Edna Moran aus Seattle (USA). Die erste Eheschließung zwischen beiden fand am 27. Juli 1937 in Seaside, Oregon (USA), statt. Danach haben beide einander nicht weniger als 40mal an den verschiedensten Orten noch einmal »geheiratet«. Unter anderem 1952 in Banff (Kanada), 1966 in Kairo (Ägypten), ebenso im Jahr 1975 in London.

Die meisten Trauungen in der Bundesrepublik Deutschland dürfte der Schriftsteller Fred Denger (1920–83) aufzuweisen haben. Mit elf Frauen war er zwölfmal auf dem Standesamt. Das Mißverhältnis zwischen Trauungs- und Brautzahl erklärt sich dadurch, daß Denger eine seiner Frauen (Liljana) ein zweites Mal heiratete. Die letzte Ehe wurde am 14. Juli 1980 geschieden. Denger war insgesamt über 34 Jahre verheiratet.

Das älteste Brautpaar waren Harry Stevens (103) und Thelma Lucas (84), die im Caravilla Retirement Home in Wisconsin am 3. Dezember 1984 den Bund fürs Leben schlossen.

Die größte Massentrauung erlebten am 14. Oktober 1982 im Chamsil-Gymnasium in Seoul (Süd-Korea) 5837 »ideale Paare« aus 83 Ländern bei der von Sektenführer Sun Myung Moon (*1920) geleiteten Zeremonie. Auf die Frage »Gelobt ihr einander ewige Liebe und Treue?« soll vielstimmig einstimmiges »Ye!« erklungen sein.

Die erste Unterwassertrauung wird Pastor Dr. Dr. Horst R. Flachsmeier nachgesagt, der am 7. August 1981 in der Hochzeitskirche St. Johannes, Hamburg-Eppendorf, ein Brautpaar (beide Sporttaucher) ordnungsgemäß traute und dem Wunsch zu einer Nachfeier auf den Grund der Ostsee folgte. Pastor, Brautleute und Hochzeitsgesellschaft feierten unter Wasser.

Die größte Mitgift erhielt Elena Patiño, Tochter des bolivianischen Zinnmagnaten Don Simón Iturbi Patiño (1861–1947). Von seinem Vermögen, das damals umgerechnet auf weit über 1 Mrd. DM geschätzt wurde, übertrug er seiner Tochter rund 100 Mio. DM.

Deutschlands schnellstes Baby, Jennifer, wurde am 9. August 1985 genau 20 Min. nach dem Jawort der Eltern Jasminka und Ralf Möller im Kreißsaal des Evangelischen Krankenhauses in Hagen (Westfalen) geboren.

Die späteste Scheidung endete im März 1980 vor dem Obersten Gerichtshof in Los Angeles, Kalifornien (USA). Die Beteiligten, Bernardine und Leopold Delpes, waren 88 Jahre alt.

Die meistgeschiedene Frau ist Beverly Nina Avery, Bardame aus Los Angeles (USA). Im Oktober 1957, im Alter von 48 Jahren, ließ sie sich zum 16. Mal scheiden, und zwar von ihrem 14. Gatten, Gabriel Avery. Journalisten erzählte sie, daß von ihren 14 Ehemännern ihr 5 die Nase eingeschlagen hätten.

Die längste Suchaktion endete nach 79 Jahren erfolgreich am 3. Mai 1980. Erst dann spürte Walter Edwin Percy Zillwood (*1900, GB) seine drei Jahre ältere Schwester Lena (Elizabeth Eleanor Allen) mit Hilfe der Heilsarmee auf. Seit 1901 galt Lena als vermißt.

Der längste Stammbaum ist der des chinesischen Philosophen Konfuzius (551–479 v. Chr.). Sein Urururururgroßvater K'ung Chia lebte im 8. Jh. v. Chr. Direkte Nachfahren dieses Mannes – in der 85. Generation – leben heute auf Taiwan: Wei-yi (*1939) und Wei-ning (*1947).

3. STAATSOBERHÄUPTER, REGIERUNGEN, PARLAMENTE

Das älteste Herrscherhaus hat Japan. Kaiser Hirohito (*29. April 1901) regiert seit dem 25. Dezember 1926. Er ist der 124. aus dem Geschlecht des ersten Kaisers, Jimmu Tenno oder Zinmu, der laut Überlieferung von 660–581 v. Chr. (wahrscheinlich von ca. 40 bis ca. 10 v. Chr.) regierte. Der gegenwärtige Kaiser, der am 25. Dezember 1926 den Thron bestieg, gilt als der am längsten regierende Monarch. Am 13. Juli 1985 war er 30757 Tage alt und damit der älteste japanische Herrscher, den die Geschichtsschreibung kennt.

Der umstrittene Sektenführer Moon leitete die größte Massentrauungszeremonie, bei der 5837 Paare aus 83 Ländern zusammengeführt wurden.

Im Stadion der Residenzstadt Mbabane fanden die Krönungsfeierlichkeiten statt: Der neue König des 600 000 Einwohner zählenden Swasilandes heißt Mswati III.

Königin Elizabeth II. von Großbritannien und Nordirland (* 21. April 1926) stammt von Herrscherhäusern ab, die sich historisch mindestens bis ins 4. Jh. zurückverfolgen lassen, und zwar bis zu Tegid, Urgroßvater von Cunedda, dem Gründer des Geschlechts Gwynedd in Wales; sie ist die 54. in der Ahnenreihe. Wäre die Geschichtlichkeit einiger früher schottisch-irischen und piktischen Könige verbürgt, könnte ihre Abstammung etwa 70 Generationen zurückgeführt werden.

Am längsten von allen Monarchen regierte Phiops II. oder Neferkare, ein ägyptischer Pharao der 6. Dynastie. Seine Regierungszeit begann ca. 2281 v. Chr., als er sechs Jahre alt war, und dauerte mutmaßlich ca. 94 Jahre. Minhti, König von Arakan (Birma), soll 95 Jahre lang (1279–1374) regiert haben.
Musoma Kanijo, Häuptling des Nzega-Bezirks in West-Tanganjika (heute Teil von Tansania), soll über 98 Jahre regiert haben, von seinem achten Lebensjahr im Jahr 1864 bis zu seinem Tod am 2. Februar 1963.
Die längste Regierungszeit eines europäischen Monarchen war die von Alfonso I. Henrigues von Portugal, der den Thron am 30. April 1112 bestieg und am 6. Dezember 1185, 73 Jahre und 220 Tage später, starb.

Die kürzeste Regentschaft übte der Kronprinz Luis Filipe von Portugal aus, der tödlich verwundet wurde, als sein Vater durch eine Kugel starb, die seine Halsschlagader durchtrennte. Der Anschlag ereignete sich am 1. Februar 1908 in den Straßen von Lissabon. Rein formal war Luis Filipe etwa 20 Min. lang (als Dom Luis III.) König von Portugal.

Die allerhöchste einem Herrschernamen folgende Ordnungszahl war 75. Graf Heinrich LXXV. Reuss (1800/01) hatte dieses Vergnügen nur kurze Zeit. Alle männlichen Nachkommen jenes Zweiges dieser deutschen Adelsfamilie heißen Heinrich und werden in jedem Jahrhundert der Reihe nach mit Nummern versehen, beginnend mit I.

Die Königin mit dem höchsten Alter war Sawang, die Königin-Großmutter von Siam (Thailand, * 10. September 1862), 27. Tochter des Königs Mongkut (Rama IV.), die am 17. Dezember 1955 im Alter von 93 Jahren drei Monaten starb. Das höchste Alter eines Europäers von königlichem Geblüt erreichte Prinzessin Elisabeth Maria Auguste von Isenburg-Büdingen (BRD) (* 12. November 1883), die am 10. Oktober 1982 im Alter von 98 Jahren und 332 Tagen als Herzogin von Vandières starb.

Königstreffen. Schwedens König Carl XIV. Gustav feierte am 30. April 1986 seinen 40. Geburtstag. 280 Gäste wurden auf den Familiensitz Schloß Drottningholm geladen – darunter 10 Könige und Königinnen aus den 7 noch existierenden europäischen Königshäusern: König Olav von Norwegen, Königin Silvia und König Carl XIV. Gustav von Schweden, Königinmutter Juliana der Niederlande, König Baudouin von Belgien mit Königin Fabiola, König Juan Carlos von Spanien mit Königin Sophia, Königin Margrethe und Prinz Henrik von Dänemark.

Jüngster König und jüngste Königin. 46 der 169 souveränen Staaten sind keine Republiken. Sie werden regiert von: 1 Kaiser, 14 Königen, 3 Königinnen, 4 Prinzregenten, 1 Sultan, 3 Emiren, dem Papst, 1 Scheich, 1 Regenten, 1 gewählten Monarchen. Königin Elizabeth II. ist Staatsoberhaupt von 16 weiteren Commonwealth-Ländern. Der jüngste Monarch regiert in Swasiland, wo König Mswati III. am 25. April 1986 im Alter von 18 Jahren gekrönt wurde. Er wurde als Makhosetive, 67. Sohn von König Subhusa II., geboren. In Dänemark herrscht als jüngste Königin Margrethe II. (* 16. April 1940).

Von allen deutschen Monarchen hatte Friedrich III. von Habsburg (* 21. September 1415), Kaiser des Heiligen Römischen Reiches Deutscher Nation, die längste Regierungszeit, nämlich vom 2. Februar 1440 (als er als Nachfolger seines Vetters Albrecht II. König von Österreich, Ungarn und Böhmen wurde) bis zu seinem Tod am 19. August 1493: insgesamt 53 Jahre sechs Monate 17 Tage. Zum Kaiser wurde er 1452 gekrönt; es war die letzte Krönung eines deutschen Kaisers in Rom durch den Papst.

Die kürzeste Regierungszeit als deutscher Kaiser hatte Friedrich III. von Hohenzollern (* 18. Oktober 1831). Er regierte im sogenannten »Dreikaiserjahr« 1888 nur 99 Tage als Deutscher Kaiser und König von Preußen. Am 15. Juni erlag er einem Krebsleiden.

Die längste Regierungszeit eines österreichischen Monarchen hatte Kaiser Franz Joseph I. (* 18. August 1830). Er bestieg den Habsburger Thron am 2. Dezember 1848, regierte 67 Jahre und elf Monate und starb am 21. November 1916 im 87. Lebensjahr.
Die kürzeste Regierungszeit hatte als österreichischer Kaiser Karl I. (1887–1922). Er dankte am 11. November 1918 nach knapp zwei Jahren ab.

Der schwerste Monarch der Welt ist der 1,90 m große König Taufa'ahau von Tonga, der im September 1976 auf der einzigen Waage seines Landes, die so viel Gewicht trug, nämlich der Lastwaage am Flughafen, 209,5 kg auf die Plattform brachte. 1985 hieß es, er solle auf 139,7 kg abgespeckt haben. Der Wagen seiner Botschaft in London hat das britische Kennzeichen »1 TON« – »1 TONNE«.

Der kinderreichste von allen monogamen Fürsten war Prinz Hartmann von Liechtenstein (1613–86) mit 24 Kindern, von denen 21 lebendgeboren waren. Seine Gemahlin war Gräfin Elisabeth zu Salm-Reifferscheidt (1623–88). Roberto I. Herzog von Parma hatte auch 24 Kinder, aber von zwei Frauen. Eine seiner Töchter, Kaiserin Zita von Österreich und Königin von Ungarn (* 1892), vermählt mit dem späteren Kaiser Karl I., ging am 23. März 1919 ins Exil. 1982 konnte sie Wien wieder besuchen.

Das älteste Staatsoberhaupt ist der Kaiser von Japan (* 29. April 1901), das jüngste König Mswati III. von Swasiland (* 19. April 1968).

Erstes weibliches Staatsoberhaupt in Europa, das aus Wahlen hervorging, wurde Vigdis Finnbogadottir (* 1930) bei den isländischen Präsidentschaftswahlen am 30. Juni 1980.

REGIERUNGEN

Der älteste Regierungschef war vermutlich Christopher Hornsrud, der vom 28. Januar bis 15. Februar 1928 Ministerpräsident von Norwegen war. Er wurde am 15. November 1859 geboren und starb am 13. Dezember 1960 im Alter von 101 Jahren und 28 Tagen.

George Washington führt 1788 den Vorsitz bei der Ratifizierung der *constitution* der Vereinigten Staaten von Amerika, der ältesten Verfassung der Welt.

Kubas Präsident Fidel Castro hielt die längste Rede vor der UNO, die es seit Gründung der Vereinten Nationen gegeben hat.

Richard Gavin Reid (*17. Januar 1879 in Glasgow), 1934/35 Premierminister der kanadischen Provinz Alberta, starb am 17. Oktober 1980 im Alter von 101 Jahren und 274 Tagen.
El Hadji Muhammad el Mokri, Sultan von Marokko, starb am 16. September 1957 angeblich im Alter von 116 Jahren (nach mohammedanischer Hijri-Zeitrechnung, was 112,5 Jahren gregorianischer Zeitrechnung entspricht).

Der bisher **im höchsten Alter ernannte Ministerpräsident** war der mit 81 Jahren im März 1977 gewählte Inder Morarji Ranchhodji Desai (*29. Februar 1896).

Der am längsten amtierende Regierungschef ist Lee Kuan Yew in der früheren britischen Kronkolonie Singapur, der am 5. Juni 1986 sein 28. Amtsjahr begann.

Die längste Regierungszeit in Deutschland als Ministerpräsident und Reichskanzler hatte Fürst Otto von Bismarck-Schönhausen, Herzog von Lauenburg (1815–98). Er wurde 1862 Ministerpräsident von Preußen, 1867 Bundeskanzler des Norddeutschen Bundes und war von 1871 bis zu seiner Entlassung durch Kaiser Wilhelm II. am 18. März 1890 Kanzler des Deutschen Reiches, also nahezu 20 Jahre lang.

Die kürzeste Amtsperiode als deutscher Reichskanzler hatte Prinz Max von Baden (1867–1929). Er war nur vom 3. Oktober bis zum 9. November 1918 im Amt – ganze 38 Tage.

Die längste **Amtszeit als Bundeskanzler** der Bundesrepublik Deutschland hatte Dr. Konrad Adenauer (1876–1967). Er wurde am 15. September 1949 im Alter von 73 Jahren mit einer (seiner eigenen?) Stimme Mehrheit von den Abgeordneten des ersten Bundestages zum ersten Mal zum Bundeskanzler gewählt und führte vier Kabinette, bis er am 15. Oktober 1963 nach einer Amtszeit von über 14 Jahren mit 87 Jahren zurücktrat. Er starb im Alter von 91 Jahren.
Die kürzeste Amtszeit als Bundeskanzler der Bundesrepublik Deutschland hatte Kurt Georg Kiesinger (*6. April 1904) mit zwei Jahren elf Monaten vom 1. Dezember 1966 bis 21. Oktober 1969.

Als jüngster Bundeskanzler trat der CDU-Politiker Helmut Kohl (*3. April 1930) am 1. Oktober 1982 im Alter von 52 Jahren und 182 Tagen sein Amt an.

Der erste weibliche Ministerpräsident war Sirimavo Bandaranaike (*17. April 1916). Sie war von 1960–64 und noch einmal von 1970–77 Ministerpräsidentin von Sri Lanka (früher Ceylon).

Indira Gandhi (1917–84) war von 1966–77 Ministerpräsidentin von Indien und war 1980–84 erneut in diesem Amt. Golda Meir (1898–1978) amtierte als Ministerpräsidentin Israels von 1969 bis 1974. Der erste weibliche Ministerpräsident Europas ist die britische konservative Politikerin Margaret Thatcher (*13. Oktober 1925). Sie ist seit Mai 1979 britischer Premierminister.

Der dienstälteste Außenminister war der UdSSR-Diplomat Andrei Andrejewitsch Gromyko (*1909). 1946 wurde er Vize-Außenminister, vom 15. Februar 1957 bis zum 2. Juli 1985 war er Außenminister; danach wurde er Vorsitzender des Präsidiums des Obersten Sowjets.

PARLAMENTE

Die erste gesetzgebende Körperschaft bestand aus zwei Kammern und befand sich ca. 2800 v. Chr. in Erech in Mesopotamien (jetzt Irak).

Die älteste Volks- und Gerichtsversammlung war das 930 in Island entstandene Althing. Diese Körperschaft, die ursprünglich aus 39 Ältesten bestand, wurde im Jahr 1800 abgeschafft, aber 1843 wurde ihr konsultativer und 1874 ihr legislativer Status von Dänemark wieder hergestellt.

Das am längsten ohne Unterbrechung bestehende Parlament ist das Tynwald auf der Isle of Man (GB), von dem man annimmt, daß es älter als 1000 Jahre ist.

Die größte gesetzgebende Körperschaft ist der Nationale Volkskongreß der chinesischen Volksrepublik. Der 5. Kongreß (1978 einberufen) bestand aus 3497 Mitgliedern.

Das kleinste Quorum eines Parlaments (die Mindestzahl von Abgeordneten, die bei einer Abstimmung anwesend sein müssen) hat das britische Oberhaus. Um gültig abzustimmen, müssen 3 Peers anwesend sein einschließlich des Lordkanzlers oder seines Stellvertreters.

Die älteste Verfassung der Welt ist die der USA; sie wurde am 21. Juni 1788 vom erforderlichen 9. Bundesstaat (New Hampshire) ratifiziert und am 4. März 1789 für wirksam erklärt. Die einzigen Länder ohne geschriebene Verfassung sind Israel, Libyen, Neuseeland, Oman und Großbritannien.

Das einzige ungewählte Parlament der demokratischen Welt ist das englische House of Lords. Es ist die Revisionskammer für die gesetzgeberische Arbeit des Unterhauses, seine 9 Law Lords sind außerdem das oberste Gericht des Landes. Der Erbadel stellt etwa 800 der 1176 Lords, außerdem gehören 26 Bischöfe der Staatskirche zum Oberhaus.

Die bestbezahlten Parlamentarier der Welt sind die amerikanischen Kongreßabgeordneten, die sich ab 1. Januar 1985 ein jährliches Grundgehalt von 72600 Dollar (224400 DM) zubilligten, dazu beschränkte Honorare bis zu 20940 Dollar (64725 DM). Zusätzlich können sie für Bürokräfte (bis zu 16) über 1 Mio. Dollar (3,09 Mio. DM) in Anspruch nehmen (Höchstgrenze: 50000 Dollar Gehalt, 154550 DM).
Ein US-Präsident im Ruhestand, der sich auch noch seine Kongreßpension auszahlen läßt, würde insgesamt 130500 Dollar (über 400000 DM) Altersruhegeld erhalten.

Die meisten Abgeordneten für den deutschen Reichstag wurden am 5. März 1933 gewählt: 647. Von den deutschen Bundestagen hatte der im September 1981 gewählte mit 499 die meisten Abgeordneten.
Die größte Mitgliederzahl im österreichischen Parlament hatte mit 516 das Abgeordnetenhaus von 1907.
In der Schweiz amtierten mit 198 Mitgliedern die meisten Abgeordneten in der Legislaturperiode von 1922.

Die längste ununterbrochene Rede, die ihm den Dauerrekord als Filibuster (Langzeitsprecher) einbrachte, hielt im Mai 1977 Senator Bill

Nahezu 13 Prozent der gesamten Weltbevölkerung waren beteiligt, als am 24. Dezember 1984 insgesamt 379 Mio. Stimmberechtigte Indiens neue Volkskammer wählten.

Meier (Texas). 43 Std. lang wetterte er ununterbrochen gegen die Verheimlichung von Betriebsunfällen.

Die längste Rede vor der UNO hielt am 26. September 1960 der kubanische Staatspräsident Dr. Fidel Castro Ruz, der 4:29 Std. sprach

Die größten Wahlen der Welt waren die zur 542 Sitze umfassenden Lok Sabha (Volkskammer) von Indien, die am 24. Dezember 1984 begannen. Die Regierung von Rajiv Gandhi wurde in den Wahlen bestätigt, bei denen 379 Mio. Stimmberechtigte unter 5301 Kandidaten die Wahl hatten. In den 480 000 Stimmlokalen waren 2,5 Mio. Helfer tätig. In Maduranthkam (120 021 Wähler) bewarben sich 90 Kandidaten; R. Esumuthu kam auf ganze 12 Stimmen.

Die kleinste je erreichte Mehrheit erzielte am 18. Januar 1961 die Afro-Shirazi-Partei in Sansibar (jetzt Teil von Tansania) mit einem einzigen Sitz, nachdem der Sitz von Chake-Chake auf der Insel Pemba durch eine einzige Stimme gewonnen worden war.

Die kleinste prozentuale Mehrheit bei einer Wahl hatte sicherlich am 7. August 1979 R. E. Joiner mit 133 587 Stimmen gegen W. H. Pyron mit 133 582. Es handelte sich dabei um das Amt des Southern District Highway Commissioner im Staat Mississippi. Der Besiegte erhielt 49,9991 Prozent der Stimmen.

Den unmöglichsten Wahlsieg errang Charles D. B. King (1875–1961) bei den Präsidentschaftswahlen in Liberia 1927. Der offiziell bekanntgegebene Stimmenvorsprung vor dem Gegenkandidaten Thomas J. R. Faulkner von der Volkspartei war 234 000. Präsident King nahm damit eine »Mehrheit« für sich in Anspruch, die 15½mal größer war als die gesamte Wählerschaft.

Den umfangreichsten Stimmzettel gab es bei den Wahlen zur Staatsversammlung von Karnataka (Indien) am 5. März 1985, wo in der Stadt Belguum 301 Kandidaten antraten.

Die stärkste Regierungsmehrheit im Deutschen Bundestag erzielte 1965 die sogenannte Große Koalition aus CDU/CSU und SPD mit 447 von 496 Sitzen.
Das höchste Wahlergebnis einer Partei bei einer Bundestagswahl errang 1957 die CDU/CSU mit 270 von 497 Sitzen. 50,2 Prozent der Wähler hatten die Doppelpartei gewählt. Im März 1983 kam die CDU/CSU auf 52,1 Prozent Erststimmen, erhielt aber nur 244 Sitze.

Die längste Amtszeit als Parlamentarier hatte unter den weltbekannten Politikern Sir Winston Churchill (1874–1965). Er war von 1900 bis 1964 Mitglied des britischen Unterhauses. In dieser Zeit war er außerdem mehrmals Kabinettsmitglied als Innenminister, Kriegsminister, Marineminister, Munitionsminister, Finanzminister und zweimal Premierminister (1940–45 und 1951–55).

Die meisten Staatsstreiche rechnen die Statistiker Bolivien zu, seit das Land 1825 seine Unabhängigkeit erhielt. Der 190. fand am 30. Juni 1984 statt, als Präsident Hernan Siles Zuazuo (70) von über 60 Bewaffneten aus seinem Amtssitz entführt wurde.

Das früheste aktive Wahlrecht haben die Wähler auf den Philippinen. Dort ist man schon mit 15 Jahren wahlberechtigt. In Andorra darf man erst mit 25 Jahren wählen.

Frauenwahlrecht: Die erste Legislative mit weiblichen Wählern gab es 1869 im Territorium von Wyoming (USA), gefolgt 1881 von der Isle of Man. Das erste Land mit uneingeschränktem Frauenwahlrecht war 1893 Neuseeland. Die Stimmabgabe von Lily Maxwell am 26. November 1867 in Manchester (GB) wurde am 9. November 1868 für ungesetzlich erklärt.

Als erster europäischer Staat räumte Finnland 1907 den **Frauen das aktive und passive Wahlrecht** ein. Aus diesen Wahlen zum finnischen Reichstag gingen damals 19 Frauen als Abgeordnete hervor.

In Deutschland wurde den Frauen das Wahlrecht erstmals bei den Wahlen zur Verfassunggebenden Nationalversammlung am 19. Januar 1919 gegeben. Von den 423 Abgeordneten, die aus dieser Wahl hervorgingen, waren 41 Frauen, also fast 10 Prozent. Ein Rekord, der bei einer Wahl nicht wieder erreicht wurde.

4. RECHTSWESEN UND KRIMINALITÄT

Die älteste niedergeschriebene Gesetzessammlung stammt von König Urnammu (2047–2029 v. Chr.) aus der 3. Dynastie von Ur (Irak). In der modernen zivilisierten Welt werden die Gesetze – außer in diktatorisch regierten Staaten – von den gesetzgebenden Körperschaften (Legislative) beschlossen. Dies sind in der Regel die Parlamente. Mit der Unterzeichnung durch das Staatsoberhaupt treten sie in Kraft. Ihre rechtmäßige Ausübung überwachen die Gerichte.

Die ersten Gerichtsordnungen in Deutschland waren im wesentlichen Strafprozeßordnungen. Die ältesten von ihnen sind das *Mühlhäuser Reichsrechtsbuch* (Anfang des 13. Jh.s), die *Bambergische Halsgerichtsordnung* von 1507 und die sogenannte *Peinliche Gerichtsordnung* Kaiser Karls V. von 1532. Sie schufen ein geregeltes Prozeßwesen und halfen mit, das ungeordnete und willkürliche Rechtswesen des Mittelalters zu überwinden.

Der langwierigste aktenkundige Prozeß endete am 28. April 1966 in Poona (Indien), als der Gerichtshof ein Urteil zugunsten von Balasaheb Patloji Thorat fällte und damit eine Rechtsstreitigkeit regelte, die im Jahr 1205, also 761 Jahre vorher, von seinem Vorfahren Maloji Thorat begonnen worden war. Er hatte damals für sich das Recht verlangt, bei öffentlichen Veranstaltungen den Vorsitz zu führen, und um Klärung der Rangordnung bei religiösen Festen ersucht.

Den längsten Prozeß der Kriminalgeschichte führte der Bundesstaat Kalifornien gegen Angelo Buono jr., dem zehn Morde an jungen Frauen (die *Hillside-Morde*) zwischen dem 18. Oktober 1977 und Februar 1978 zur Last gelegt wurden. Das Schöffengericht tagte an 345 Prozeßtagen im Verlauf von 2 Jahren und 2 Tagen (16. November 1981 bis 18. November 1983). 400 Zeugen wurden aufgerufen, 2000 Beweisstücke vorgelegt, das Verhandlungsprotokoll umfaßte 57 079 Seiten. Richter Ronald M. George verhängte am 9. Januar 1984 ein neunfaches Todesurteil, gegen das keine Rechtsmittel mehr möglich waren.

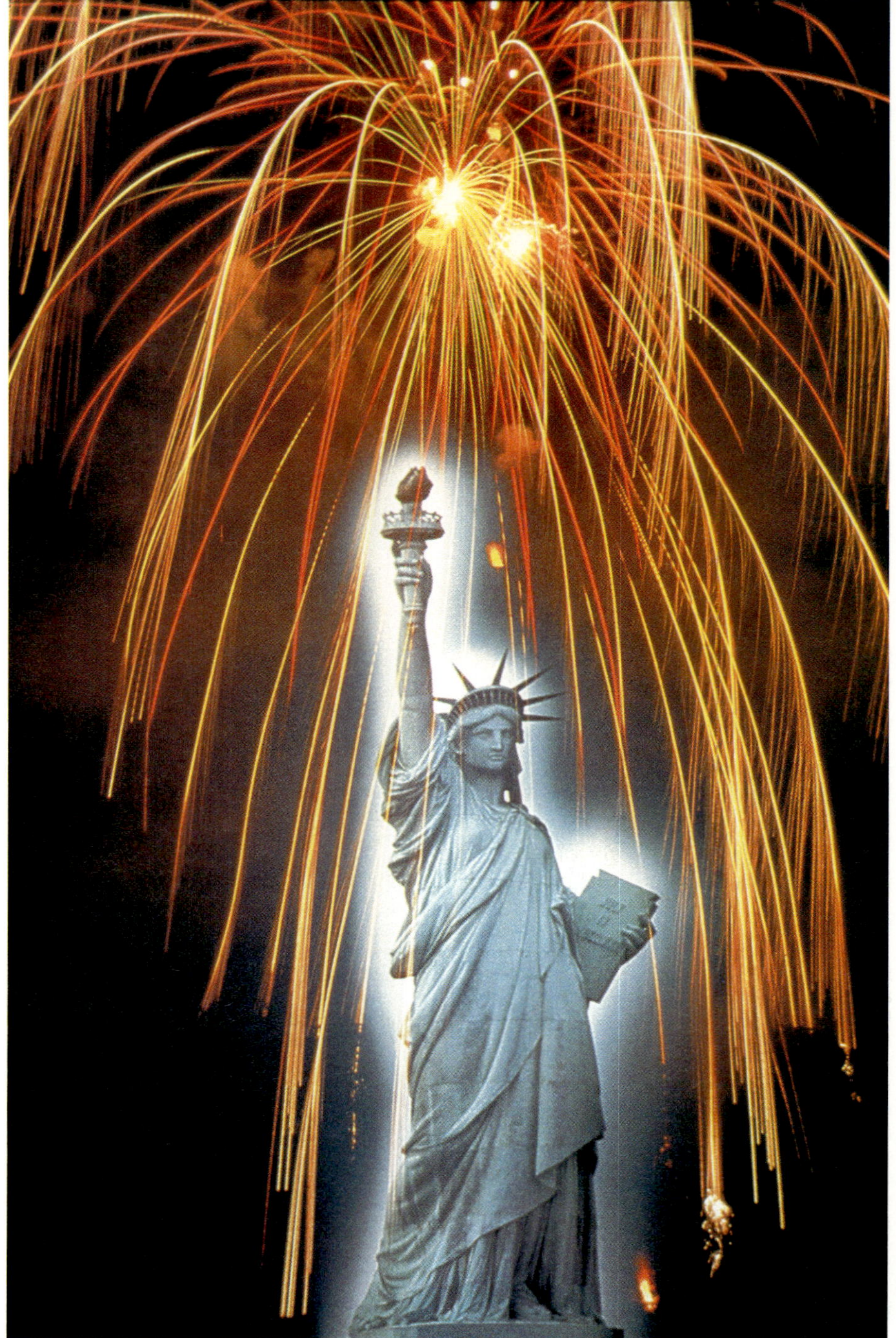

»Miss Liberty« mit neuem Make-up

Zu ihrem 100. Geburtstag erhielt die 46 m große und 225 t schwere »Lady« auf ihrem 46 m hohen Podest ein frisches Gesicht, neue Zacken in der Krone, eine neue Fackel und ein rostfreies Korsett aus 1800 Eisenstangen. Gesamtwert: knapp 100 Mio. DM.
So stand dem Rekord-Festival am 4. Juli 1986 nichts mehr im Wege: Über 55000 Boote sollen es gewesen sein, die sich im New Yorker Hafenbecken drängten. 13500 Polizisten und 450 FBI-Agenten waren unterwegs, um unter anderem die vorübergehend größte Fußgängerzone der Welt im Süden Manhattans – 50 Straßenblocks lang und breit – unter Kontrolle zu halten. Zu den 7 Mio. New Yorkern gesellten sich noch einmal nahezu 7 Mio. Gäste. In 14800 Linienmaschinen waren in den Tagen vor dem Superspektakel 1,4 Mio. Besucher auf den 3 New Yorker Flughäfen eingetroffen.
Höhepunkt war das – laut Ankündigung – größte Feuerwerk der Welt: 30 Min. lang explodierten 42000 Feuerwerkskörper, begleitet von computergesteuerten Klängen. Mittels eines Laserstrahls wurde die Fackel der »Miss Liberty« entzündet sowie eine ganze Batterie von Scheinwerfern, die die »Lady« mit einer Stärke von 1,4 Mio. W erleuchteten.
Trotz aller Begeisterung wußten kurz vor der Feier nur 1 Prozent aller US-Bürger, daß ihr Symbol der Freiheit, der Hoffnung und der eingehaltenen Versprechen ein Geschenk Frankreichs ist und sogar in Frankreich hergestellt wurde. Die Idee stammt von dem Historiker und damaligen Vorsitzenden der Gesellschaft zur Abschaffung der Sklaverei, Edouard de Laboulaye. Das Geld – etwa 500000 Dollar – kam durch öffentliche Sammlungen und eine Lotterie in Frankreich zusammen. Die Amerikaner spendierten lediglich den Sockel. In 214 Kisten verpackt, wurde das Werk des elsässischen Bildhauers Bartholdi verschifft, für die Statik sorgte der Eiffelturm-Erbauer Gustave Eiffel. Ursprünglich sollte die Statue am Eingang zum Suezkanal als Symbol des Fortschritts aufgestellt werden. In den USA wurde sie zum Symbol für die Freiheit der Einwanderer, auch wenn inzwischen besonders viele Mittelamerikaner an den Grenzen abgewiesen werden.
Am Ende der Geburtstagsfeier von »Miss Liberty« sammelten die Müllmänner 2079 Mio. t Müll zusammen – »nur« Platz 5 auf der New Yorker Müll-Hitliste.

Die höchste Kaution, die jemals verlangt wurde, betrug 46,5 Mio. Dollar (102 Mio. DM). Die Forderung betraf Antonio De Angelis, gegen den die Harbor Tank Storage Co. in Jersey City, New Jersey (USA), am 16. Januar 1964 wegen eines großangelegten Salatölschwindels einen Schadenersatzprozeß anstrengte. Er wurde am 4. Juni 1973 auf freien Fuß gesetzt.
Hassan Ebtehaj, vormals Vorstandsvorsitzender der Iranischen Bank in Teheran, wurde 1967 gegen eine Kaution von über 50 Mio. Dollar (damals über 200 Mio. DM) auf freien Fuß gesetzt.

Die längste und teuerste öffentliche Untersuchung betraf das geplante Atomkraftwerk Sizewell B bei Suffolk (GB), für das 1,2 Mrd. Pfund (4,57 Mrd. DM) investiert werden sollen. Sie begann unter der Leitung von Sir Frank Layfield am 11. Januar 1983 und endete nach 340 Tagen mit Anhörungen am 7. März 1985 in The Snape Maltings in Aldeburgh. Stenographen schrieben 16 Mio. Wörter von 195 Vorgeladenen mit. Die öffentliche Hand kostete das Anhörungsverfahren 2,407 Mio. Pfund (9,16 Mio. DM).

Der höchste Schadenersatz wegen Körperverletzung: Ein männliches Kind, dessen Identität nicht preisgegeben wird und das 1979 im Lettermann General Hospital der US-Armee zur Welt kam, ist ein Fall medizinischer Fehlbehandlung. Wenn das Kind, das an »totaler Hirnlähmung« leidet, seine Lebenserwartung erfüllt, wird die Summe, die die US-Regierung möglicherweise zahlen muß, 70 Mio. Dollar (210 Mio. DM) erreichen. Ein Bericht über den Fall vom 30. September 1983 verschwieg auch die Namen der beteiligten Armeeärzte.

Die größte Schadenersatzsumme für eine Einzelperson: Am 24. November 1983 verhängte eine Jury in Corpus Christi, Texas (USA), ein Buß- und Strafgeld von 106 Mio. Dollar (damals 265 Mio. DM) einschließlich Schadenersatz gegen die Ford Motor Co. wegen vermeintlicher Konstruktionsmängel an dem *Ford Mustang II,* in dem Bevary Durrill (20) 1974 starb. Das Unternehmen legte Berufung ein.

Die höchste Schadenersatzsumme der Rechtsgeschichte waren 11,120 Mrd. Dollar (damals 34 Mrd. DM), am 10. Dezember 1985 in Houston, Texas (USA), von Richter Solomon Casseb jr. im Zivilverfahren Pennzoil Co. gegen Texaco der Klägerin zugesprochen. Der beklagten Firma war »unsittliche Geschäftspolitik« bei dem Versuch vorgeworfen worden, eine Fusion zwischen der Klägerfirma und der Getty Oil Co. zu verhindern. Die Chefanwälte waren Joe Jamail (Pennzoil) und Richard Miller (Texaco).

Die höchste Entschädigung für Verleumdung, nämlich 16,8 Mio. Dollar (damals 33,6 Mio. DM), wurde am 30. November 1972 dem 58jährigen Dr. John Wild vom Bezirksgericht im Staat Minnesota (USA) zuerkannt. Die wegen

Beleidigung, böswilliger Vertragsbeendigung und Beeinträchtigung geschäftlicher Beziehungen zu dieser Zahlung verurteilte Minnesota Foundation, die obendrein noch eine Buße von 10,8 Mio. Dollar (damals 21,6 Mio. DM) zu zahlen hatte, legte keine Berufung ein. Der Supreme Court von Minnesota sprach Dr. Wild am 10. Januar 1975 das Recht auf eine neue Verhandlung oder eine weitere Entschädigung von 1,5 Mio. Dollar (3,75 Mio. DM) zu.
Zu einer Entschädigungszahlung von 39,6 Mio. Dollar (damals 87 Mio. DM) wurde in Columbus, Ohio (USA), am 1. März 1980 Robert Guccione, Herausgeber von *Penthouse*, wegen übler Nachrede gegen Lowry Flynt, Herausgeber von *Hustler*, verurteilt. Richter Craig Wright reduzierte die Summe am 17. April 1980 auf 4 Mio. Dollar (8,8 Mio. DM). Die Verhandlung endete im Mai 1982 mit einem Freispruch. Als »farbigster Zeuge« wurde Aladena alias »Jimmy das Wiesel« beschrieben.

Die größte Entschädigung wegen ungerechtfertigter Haft erhielt William De Palma (* 1938) aus Whittier, Kalifornien (USA). Er gab sich mit 750000 Dollar (damals 1,5 Mio. DM) zufrieden, die ihm am 12. August 1975 für 16 Monate Aufenthalt im Gefängnis angeboten wurden. Aufgrund gefälschter Fingerabdrücke, die 1968 gegen ihn als Beweismaterial vorgelegt worden waren, hatte das Gericht ihn zu 15 Jahren Gefängnis wegen Raubüberfalls verurteilt.

Zur bisher höchsten bekannten Unterhaltszahlung von 2,261 Mio. Dollar (damals 4,1 Mio. DM) wurde am 29. Oktober 1974 der 74jährige George Storer sen. verurteilt. Dieser Betrag wurde seiner dritten Frau, der 73jährigen Dorothy in Miami, Florida (USA), zuerkannt.

Eine Unterhaltsforderung von 3 Mrd. Dollar (damals 7,3 Mrd. DM) erhob die in Belgien geborene Dena Al-Fassi (23) im Februar 1982 in Los Angeles gegen ihren früheren Ehemann, Scheich Mohammed Al-Fassi (28), aus der saudiarabischen Königsfamilie. Marvin Mitchelson verwies bei der Begründung der Forderungshöhe auf das immense Vermögen des Scheichs, zu dem allein 14 Häuser in Florida und zahlreiche Privatflugzeuge zählen. Am 2. Juli 1983 wurden ihr 81 Mio. Dollar (202,5 Mio. DM) zugesprochen, was sie, wie sie erklärte, »sehr, sehr glücklich« machte.

Die höchste Abfindung bei einer Scheidung vor dem britischen Hohen Gerichtshof betrug 700000 Pfund (damals 3 Mio. DM), die am 12. November 1980 nach 23jähriger Ehe einer »Mrs. P.« zugesprochen wurde. Zahlen mußte ihr Exehemann aus Jersey (GB), von dem sie pro Jahr 6000 Pfund (25800 DM) erhalten hatte. Im Fall Edgar gegen Edgar (1980) war zuerst auf 750000 Pfund (3,2 Mio. DM) erkannt worden. In der Berufung akzeptierte Mrs. Edgar eine weit geringere Summe.

Die größte Zahlung in einem Fall von Patentverletzung ist 55,8 Mio. Dollar (135,4 Mio. DM) am 5. Juli 1983. Pfizer Inc. hatte gegen die International Rectifier Corp. und die Rochelle Laboratories wegen antibiotischen Dioxycyclins geklagt.

Die höchste Schadenersatzforderung, die je gestellt wurde, nämlich den unerhörten Betrag von 675 Billionen Dollar (weit über 2 Billiarden DM), damals zehnmal soviel wie das Gesamtvermögen der USA, forderte am 14. April 1971 Walton Bader in einer vor dem Amtsgericht von New York erhobenen Klage gegen General Motors und andere wegen Umweltverschmutzung sämtlicher Bundesstaaten der USA.

Die höchsten Gerichtskosten. Der 119 Tage währende Prozeß gegen 7 Soldaten von Zypern, denen Bruch der Amtsverschwiegenheit – sprich: Geheimnisverrat – zur Last gelegt wurde, endete am 29. Oktober 1985 in London und kostete schätzungsweise zwischen 3,5 und 5 Mio. Pfund (13,3–19,3 Mio. DM).

Die größte Anwaltsfirma der Welt ist Baker & McKenzie, 1949 in Chikago gegründet, mit 815 Anwälten in 25 Ländern.

Der am längsten festgeschriebene Pachtvertrag wurde am 3. Dezember 1868 für 10 Mio. Jahre abgeschlossen und betrifft ein Landstück für eine Abwassergrube bei der Colomb-Kaserne in Mullinger (Irland). Es ist anzunehmen, daß ein Beamter die Angelegenheit zu Anfang des Jahres 10001868 erneut in Augenschein nehmen wird.

Das kürzeste gültige Testament lautet *Vše zene«*, das ist tschechisch für »Alles meiner Frau«, und wurde am 19. Januar 1967 von Karl Tausch aus Langen, Hessen, abgefaßt.

Das längste bekannte Testament verfaßte Frederica Evelyn Stilwell Cook. Es bestand aus vier Bänden, die 95940 Wörter enthielten, und wurde am 2. November 1925 im Somerset House, London, beglaubigt.

Der älteste in seinem Amt fungierende Richter war Albert R. Alexander (1859–1966) aus Plattsburg (USA). Bis zu seiner Pensionierung am 9. Juli 1965 im Alter von 105 Jahren und 8 Monaten war er Friedensrichter und Nachlaßrichter in Clinton County.

In der Bundesrepublik Deutschland gibt es etwa 17031 Richter (1985) und etwa 3646 Staatsanwälte.

Der erfolgreichste Strafverteidiger dürfte Sir Lionel Luckhoo in Georgetown (Guyana) sein. Bis zum 12. August 1982 konnte er seinen 245. Freispruch für einen Mandanten von der Mordanklage durchsetzen.

Der ausdauerndste Rechtsanwalt war William George (1865–1967), der im Mai 1880 seine erste juristische Hochschulprüfung bestand und bis Dezember 1966 praktizierte – in einem Alter von 101 Jahren und 9 Monaten. Die dauerhafteste Firma ist Thomson, Snell & Passmore in Tonbridge, Kent (GB), 1570 von dem Geistlichen und Teilzeit-Notar Nicholas Hooper ins Leben gerufen.

5. MILLIONÄRE UND MILLIARDÄRE

Allgemein: Die Schwierigkeiten, große Privatvermögen miteinander zu vergleichen, sind verständlich. Ein Mantel der Verschwiegenheit umgibt sie, und Schätzungen können nur annähernd sein. Jean Paul Getty (1892–1976) sagte einmal: »Man ist kein Milliardär, wenn man seine Millionen noch zählen kann.« Der Begriff Millionär wurde um 1740, der Begriff Billionär bzw. Milliardär (im Amerikanischen entspricht 1 Billion 1 Mrd. im Deutschen) im Jahr 1861 eingeführt. Der erste Mensch, der als »100-Millionär« galt, war Cornelius Vanderbilt (1794–1877), der bei seinem Tod 100 Mio. Dollar hinterließ.

Die ersten Dollar-Milliardäre waren John Davison Rockefeller (1839–1937), Henry Ford (1863–1947) und Andrew William Mellon (1855–1937). Im Jahr 1937, als alle drei noch lebten, war 1 Mrd. Dollar 4,2 Mrd. Mark wert.

Die reichsten Männer: Die meisten Reichtümer der 29 noch regierenden Monarchen der Welt sind eher nationaler denn persönlicher Besitz. Am wenigsten eingeschränkt und wohl der monarchischste Herrscher ist Seine Hoheit der Sultan von Brunei, Hassan al Bolkiah Mu'izzadin Waddaulah (* 15. Juli 1946). Am 1. Januar 1984 ernannte er sich selbst zum Premier- und Finanz- und Innenminister. Bruneis jährliche Öleinnahmen erreichen umgerechnet über 10 Mrd. DM, die Devisenreserven ca. 38 Mrd. DM; sie stehen vollständig zu seiner Verfügung.

Der reichste Mann in den USA ist Gordon Peter Getty (* 1930), vierter Sohn von Jean Paul Getty und dessen vierter Frau Ann Rork und einziger Treuhänder des Sarah C. Getty Trust, der im September 1984 mit 4,1 Mrd. Dollar (10,6 Mrd. DM) bewertet wurde. Das Vermögen verringerte sich durch Steuern und Vermögensaufteilung bis 1986 auf unter 1 Mrd. Dollar (2,3 Mrd. DM).
Die jährliche Rangliste in *Forbes Magazine* nennt 1985 13 Dollar-Milliardäre, angeführt von Sam Moore Walton (67) von Wal-Mart Stores in Bentonville, Arkansas (USA). Er besitzt 2,8 Mrd. Dollar (rund 7,5 Mrd. DM).

Die meisten Millionäre gibt es in den USA. Schätzungen zufolge lebten im Land der unbegrenzten Möglichkeiten Anfang 1985 rund 832500 Millionärsfamilien, die Überschreitung der Millionengrenze wird für Dezember 1986 erwartet. Die meisten Millionäre arbeiten sechs Tage pro Woche für ein durchschnittliches Jahreseinkommen von 121000 Dollar (282000 DM).

Die größten Spenden, die ein Millionär im Laufe seines Lebens gegeben hat, werden John Davison Rockefeller (1839–1937) zugeschrieben, der insgesamt rund 750 Mio. Dollar (3 Mrd. DM) spendete. Der in Schottland geborene Amerikaner Andrew Carnegie (1839–1919) soll während der letzten 18 Jahre seines Lebens umgerechnet rund 1 Mrd. DM gespendet haben; u. a. für 7689 Kirchenorgeln und 2811 Büchereien. Angefangen hatte er in einer Haspelfabrik für 15 DM Wochenlohn.

Die größte Einzelspende von 500 Mio. Dollar (2 Mrd. DM) wurde am 12. Dezember 1955 von der Ford-Stiftung (gegründet 1936) in New York für 4157 Bildungseinrichtungen und andere öffentliche Institutionen angekündigt.

Die reichste Frau der Welt war wahrscheinlich Wilhelmina Helena Pauline Maria von Oranien-Nassau (1880–1962), von 1890 bis zu ihrer Abdankung am 4. September 1948 Königin der Niederlande, mit einem Vermögen, das auf damals über 2,20 Mrd. geschätzt wurde.
Die Kosmetikerin C. J. Walker, geb. Sarah Breedlove (* 23. Dezember 1867 in Louisiana, USA, † 1919), gilt als die erste Frau, die durch eigene Arbeit zur Millionärin wurde. Sie war eine ungebildete Negerin, Vollwaise und begann

Jäger des versunkenen Schatzes

Bereits am 20. Juli 1985 war der amerikanische Abenteurer Mel Fisher (63) vor der Westküste Floridas auf die seit 363 Jahren versunkene Galeone *Nuestra Señora de Atocha* gestoßen, deren Ladung zu den wertvollsten Schätzen gehörte, die jemals verschwunden sind. Der Wert wurde auf umgerechnet 1 Mrd. DM geschätzt für das, was Mel Fisher und seine Taucher zutage förderten: 1200 Silberbarren von je 34 kg, unzählbare Silbermünzen und Kunstgegenstände.
Was allerdings im Mai 1986 geborgen wurde, übertraf alle Erwartungen. Rohe Smaragde von unglaublicher Größe, eine Schatztruhe mit Gold im Wert von 570000 DM, Goldnuggets, goldene Münzen und eine 27 m lange Goldkette gehörten zu der Ausbeute. Den neuen Fund schätzen Experten auf 10 Mrd. DM.
Sogar den Sextanten des *Atocha*-Kapitäns Jimenez fanden sie.

als Putzfrau. Den Grundstein ihres Vermögens legte sie mit einem Mittel zum Entkräuseln der Haare von Negern.

Die höchsten Vergütungen für einen US-Manager 1982 betrug, soweit bekannt, 51,544 Mio. Dollar (128 Mio. DM) für Frederick W. Smith, Vorstandsvorsitzender von Federal Express. Die Summe setzt sich zusammen aus Gehalt, Tantiemen und Anteilsoptionen. Die höchste Gehaltssumme 1985 waren 12,7 Mio. Dollar (39,2 Mio. DM), von der DWG Corporation in Miami Beach, Florida (USA), an ihren Vorstandsvorsitzenden Victor Posner gezahlt.

Der hochkarätigste Händedruck – zum Abschied – war »annähernd 700000 Pfund« (2,8 Mio. DM) schwer. Bill Fieldhouse (* 1932) erhielt ihn von der Firma Letraset, deren Direktor er seit 1969 gewesen war.

Das höchste Bruttoeinkommen einer Privatperson in einem einzigen Jahr – schätzungsweise 105 Mio. Dollar (damals 420 Mio. Mark) – hatte im Jahr 1927, im Alter von 28 Jahren, der in Neapel geborene Gangster Alphonse (»Scarface Al«) Capone (1899–1947), der in Chikago sein Unwesen trieb. Er bezog seine Einkünfte aus Schwarzbrennerei, Schwarzhandel mit Spirituosen, Spielhöllen, Hunderennplätzen, Tanzsälen, Schutzgeld-Erpressung und Prostitution; von 1925 bis 1927 gab es in 915 Mordfällen durch den »italienischen Mob« im Süden Chikagos keine einzige Verurteilung. Auf seiner Visitenkarte bezeichnete der ehemalige Rausschmeißer und Bordellaufpasser sich selbst als »Gebrauchtmöbelhändler«.

Der jüngste Millionenverdiener war der ehemalige Kinderfilmstar Jackie Coogan (* 26. Oktober 1914 in Los Angeles, USA), der in dem 1920 gedrehten Film *The Kid* zusammen mit Charlie Chaplin (1889–1977) eine Hauptrolle spielte.
Die am 23. April 1928 in Santa Monica, Kalifornien (USA), geborene Shirley Temple, jetzt Mrs. Black, hatte vor ihrem zehnten Geburtstag schon über 1 Mio. Dollar (damals 4,2 Mio. Mark) verdient. Ihre Karriere als Kinderstar dauerte von 1934 bis 1939.

Die höchsten Honorare kassiert der von Westeuropa aus arbeitende Anlageberater Dr. Harry D. Schultz. Für 60 Min. berechnet er gewöhnlich 2000 Dollar (4672 DM) an Werktagen und 3000 Dollar (7008 DM) am Wochenende. Firmen, die ihn kurzfristig in Anspruch nehmen dürfen, zahlen eine Vierteljahresgebühr von 28125 Dollar (65700 DM). Er gibt einen internationalen Nachrichtendienst heraus, der 1964 gegründet wurde und pro Ausgabe jetzt 50 Dollar (116,80 DM) kostet.

Die reichste Familie ist wahrscheinlich die aus Frankreich stammende Familie Du Pont. Laut vorläufiger Schätzungen belaufen sich die gesamten Vermögenswerte, die sich dem Namen nach im Besitz der aus ungefähr 1600 Mitgliedern bestehenden Familie befinden, auf ca. 150 Mrd. Dollar (350 Mrd. DM). Die Familie traf am 1. Januar 1800 aus Frankreich kommend in den USA ein. Kapital von Pierre Du Pont (1730–1817) ermöglichte es seinem Sohn Eleuthère Irénée, seine Sprengstoffirma in den Vereinigten Staaten zu gründen.
Es wird geschätzt, daß 1984 beide Söhne und beide Töchter von Haroldson Lafayette, dem ehemaligen Ölmagnaten, Vermögen von jeweils über 1 Mrd. Dollar (2,6 Mrd. DM) besaßen.

Fundsache. Die größte Summe Bargeld, die jemals gefunden wurde, war 500000 Dollar (damals 1,1 Mio. DM), die Lowell Elliott (61) auf seiner Farm in Peru, Indiana (USA), quasi vor die Füße fielen. Ein Flugzeugentführer, der im Juni 1972 mit dem Fallschirm abgesprungen war, hatte das Geld fallen lassen.
Jim Priceman (44), Hilfskassierer bei der New Yorker Doft & Co Inc., fand vor dem Haus Wall Street 110 einen Umschlag mit **übertragbaren Inhaberpapieren** im Wert von 37,1 Mio. Dollar (89 Mio. DM) und gab sie am 6. April 1982 der Eigentümerin, der A. G. Becker Inc., zurück. Als die Firma eine Belohnung von 250 Dollar (600 DM) ankündigte, wurde sie als »überaus großherzig« gefeiert.

Schuldverschreibungen. 20000 Schuldverschreibungen unterzeichnete Arne Aaser von der Den Norske Creditbank (Oslo) am 4./5. März 1982 in 16:02:50 Std.

Die größte Sammlung gültiger Kreditkarten befindet sich im Besitz von Walter Cavanagh (* 1943) aus Santa Clara, Kalifornien (USA), der am 16. Mai 1986 über 1189 verschiedene Kreditkarten verfügte. Die Anschaffungskosten waren gleich Null. Der »Kartenhai« bewahrt seine Sammlung in der größten Brieftasche der Welt auf – sie ist ausgeklappt 76,2 m lang, wiegt 15,87 kg und repräsentiert einen Kreditwert von 1,25 Mio. Dollar (3,86 Mio. DM).

6. STEUERN, GELD, GEWERKSCHAFTEN

Die höchsten Jahresausgaben, die je von einem Staat im Haushalt veranschlagt wurden, waren 979,900 Mrd. Dollar, von der US-Regierung für das Steuerjahr 1986 geplant. Das höchste im US-Staatshaushalt veranschlagte Steueraufkommen, nämlich 771,100 Mrd. Dollar, gilt ebenfalls für das Steuerjahr 1986.

Den höchsten Steuerüberschuß erzielten im Haushaltsjahr 1947/48 die USA mit 8419469844 Dollar (34 Mrd. DM). Das höchste Defizit traf ebenfalls die USA mit 212,300 Mrd. Dollar (656 Mrd. DM) im am 30. September 1985 endenden Haushaltsjahr.

Die Auslands- und Entwicklungshilfe, von der Regierung der USA zwischen dem 1. Juli 1945 und dem 1. Januar 1985 geleistet, erreichte 243,481 Mrd. Dollar (630 Mrd. DM). Den Löwenanteil im Jahr 1985 erhielt Israel mit 3,750 Mrd. Dollar (11,591 Mrd. DM).

Die allererste Auslandshilfe von 50000 Dollar erhielt Venezuela 1812 von den USA bei einer Erdbebenhilfsaktion.

Die niedrigsten Steuern zahlen die Einwohner der Ölstaaten am Persischen Golf: Bahrain, Kuwait und Katar. In diesen Ländern sind die Steuern – ohne Rücksicht auf das Einkommen – gleich Null.

Ebenfalls keine Steuern werden den Bewohnern der Kanalinsel Sark oder den Einwohnern von Tristan da Cunha (Inselgruppe im Südatlantik) abverlangt.

Die ruinösesten Steuern müssen in Norwegen bezahlt werden. Im Januar 1974 wurde die 80-Prozent-Grenze abgeschafft, so daß etwa 2000 norwegische Bürger mehr als 100 Prozent von ihrem steuerpflichtigen Einkommen zu zahlen hatten.

Die höchste bekanntgewordene Steuerforderung in einem Rechtsstreit lautete 336 Mio. Dollar (740 Mio. DM), 70 Prozent des Vermögens von Howard Hughes. Die höchste Einkommensteuerforderung gegen eine Einzelperson waren 5,37 Mio. Pfund (damals 25,2 Mio. DM) gegen Nicholas Hoogstraten, London, der sie für 1981 präsentiert bekam.

Die höchste Staatsverschuldung haben die USA. Am 30. September 1981 wurde die Grenze von einer Billion (10^{12}) Dollar überschritten, im Mai 1986 war der Schuldenstand 2112 Mrd. Dollar.

Das größte Defizit einer nationalen Zahlungsbilanz hatten 1985 die USA mit 124 Mrd. Dollar (383 Mrd. DM). Im selben Jahr erzielte Japan den Rekordüberschuß von 8,358 Mrd. Yen (9 Mrd. DM).

Das erste Prämiensparsystem führte 1900 die Firma Friedr. Krupp in Essen für ihre Arbeiter und wenig verdienenden Angestellten ein. Bereits zehn Jahre nach Gründung wurden 1220 Prämien im Gesamtwert von 62000 Goldmark an die 16650 freiwilligen Prämiensparer verlost.

Die reichste Nation, gemessen am Pro-Kopf-Einkommen, ist Nauru mit umgerechnet 51900 DM im Jahr 1983. Die USA, die 1910 erstmals die Führung übernommen hatten, standen 1983 an 6. Stelle, hinter 4 arabischen Staaten sowie der Schweiz.

Das niedrigste jährliche Pro-Kopf-Einkommen wurde 1982 mit 80 Dollar (damals 192 DM) für den Tschad angegeben. Allerdings hat die Weltbank keine Daten über 17 kommunistische Länder.

Die höchste Auslandsverschuldung hatte Mitte 1985 Brasilien mit 103 Mrd. Dollar (318 Mrd. DM). Die höchste Auslandsverschuldung pro Kopf der Bevölkerung hatte Chile Mitte 1983 mit 17 Mrd. Dollar (41 Mrd. DM) bei 11,5 Mio. Einwohnern – das sind umgerechnet 3565 DM pro Kopf.

Die größten Goldreserven der Welt lagern in den USA, deren Schatzamt im März 1986 über 262,66 Mio. Feinunzen verfügte. Weltweit lagerten 950 Mio. Feinunzen.

Das US-Goldlager Fort Knox, 48 km südwestlich von Louisville, Kentucky, ist seit Dezember 1936 der bedeutendste Goldlagerplatz der US-Bundesbehörden. Das Gold wird in 446000 standardisierten Barren von jeweils 12,4414 kg mit den Maßen 17,7 × 9,2 × 4,1 cm gelagert.

Die schlimmste Inflation der Welt erlebte Ungarn im Juni 1946, als der Goldpengö von 1931 mit 130 Trillionen ($1{,}3 \times 10^{20}$) Papierpengö bewertet wurde. Am 3. Juni 1946 wurden Noten im Wert von 100 Trillionen (10^{21}) Pengö in Umlauf gesetzt und am 11. Juli wieder eingezogen. 1000-Trillionen-Noten (10^{27}) wurden gedruckt, aber nicht in Umlauf gebracht.
Deutschland hatte seine größte Geldentwertung, als im November 1923 eine Billion Papiermark auf den Wert von einer Goldmark gesunken war. Am 6. November 1923 waren Reichsmark-Geldnoten im Nennwert von 400 Trillionen, 338 Billiarden, 326 Billionen, 350 Milliarden und 700 Millionen in Umlauf. 775,7milliardenmal die Menge von 1913.

Das Land mit der höchsten aktuellen Inflationsrate 1985 war Bolivien mit über 8000 Prozent. Die Spitze wurde im Oktober mit über 24000 Prozent erreicht, bei der Jahresrate im Vergleich September 1984/85 mit 23503 Prozent. Im ärmsten Land Südamerikas ändert sich der Pesokurs praktisch stündlich.

GELD

Allgemein: Papiergeld ist eine Erfindung der Chinesen. Im Jahr 910 v. Chr. wurde es probeweise verwendet, 970 n. Chr. schon ganz allgemein.

Die ersten Banknoten *(Banksedlar* genannt) wurden im Juli 1661 in Stockholm (Schweden) in Umlauf gebracht. Die älteste noch existierende Banknote im Wert von 5 Dalers ist vom 6. Dezember 1662 datiert.

Das größte gedruckte Papiergeld war die von 1368 bis 1399 während der chinesischen Mingdynastie verbreitete 1-Kwan-Note, die 22,8 × 33,0 cm maß.

Die kleinste Banknote wurde 1917 vom rumänischen Finanzministerium in Umlauf gesetzt. Sie hatte einen Wert von 10 Bani und eine Größe (das heißt bedruckte Fläche) von 2,75 × 3,8 cm.
Die kleinste deutsche von der öffentlichen Hand ausgegebene Banknote war Inflations-Notgeld der Stadt Cassel (Kassel) im Wert von einem Pfennig. Die runde Marke aus Karton war beidseitig unterschiedlich bedruckt mit Verzierungen, Wappen, Texten (Stadt Cassel, 1 Pfennig Notgeld 1920) und entsprach mit 314 mm^2 etwa der Größe unseres 50-Pf-Stücks.

Die im Umlauf befindlichen Banknoten mit dem höchsten Nennwert sind die 10000-Dollar-Noten der US Federal Reserve Bank. Seit Juli 1944 ist keine mehr gedruckt worden. Es sind nur noch 348 in Umlauf.
Die Banknote mit dem höchsten Nennwert, die je in Deutschland ausgegeben wurde, war der 100-Billionen-Schein von 1924. Er war 9,5 × 18 cm groß, zeigte ein Dürer-Gemälde und wurde am 15. Juni 1925 aus dem Verkehr gezogen.
Die deutsche Banknote mit dem größten Wert, die gegenwärtig in Umlauf ist, ist der Tausend-DM-Schein, die niedrigste ist die Fünf-DM-Note.

Die Banknote mit dem geringsten Geldwert ist der indonesische 1-Sen-Schein (1/100 Rupie). Mitte 1984 waren 140 gerade einen Pfennig wert.

Die größte Geldscheinsammlung gültiger druckfrischer Banknoten tragen zwei deutsche Sammler in edlem Wettstreit zusammen. Ausgerechnet auf den Tongainseln kam der Lufthansa-Angestellte Manfred Ress (* 1941) aus Frankfurt 1966 auf die Idee, auf die Suche nach nagelneuen Banknoten zu gehen: 185 aus 177 Ländern sind es bisher. Der Amateurfunker Herbert Göggel (* 1935) aus Wiesbaden pflegt das Hobby seit 1981. Über den internationalen »heißen Draht« haben ihm seine CB-Freunde geholfen. Aus 179 Ländern präsentiert er 781 gültige Geldscheine aus 187 Währungen. Beide haben ihre Schätze bereits auf Ausstellungen gezeigt.

Die größten Münzen in Deutschland waren 10-Dukaten-Stücke von je 35 g Gewicht. Ein riesiges Einzelstück, die böhmische 100-Dukaten-Münze Kaiser Ferdinands III. (1608–57), wiegt 350 g und hätte demnach heute einen reinen Goldwert von ca. 16000 DM. Ihr Sammlerwert dürfte aber mindestens das Zehnfache betragen.

Die größte Münze Österreichs war das quadratische 50-Dukaten-Stück mit Rundprägung des Grafen Guidobald von Thun-Hohenstein aus dem Jahr 1654, das 165 g wog.

Die größte Schweizer Münze war das 82,5 g schwere Baseler 25-Dukaten-Stück, das von 1695 bis 1710 in Umlauf war.

Die kleinste deutsche Münze war der 1/32stel-Dukat aus Gold, um 1700 in Nürnberg geprägt. Er wog nur 0,1 g und hatte einen Durchmesser von 5 mm.

Der höchste Preis für eine Münzsammlung wurde am 27. Januar 1976 bei einer Auktion in Reno, Nevada (USA), von der Firma A-Mark Coin Co. Inc. aus Beverly Hills, Kalifornien, bezahlt. Für 7,3 Mio. Dollar (16 Mio. DM) erwarb der Firmenbeauftragte Steven C. Markoff 407000 US-Silberdollar aus dem La-Vere-Redfield-Vermögen.

Die seltenste und zugleich teuerste deutsche Münze dürfte der 1855 unter der Regierung des Großherzogs Friedrich I. von Baden geprägte Doppeltaler sein, von dem nur 9 Stück hergestellt und 7 wieder eingeschmolzen wurden. Eines der beiden »überlebenden« Exemplare befindet sich im Staatlichen Münzkabinett von Karlsruhe. Das andere wurde 1975 bei einer Münzauktion in Mannheim für 111000 DM (einschließlich Aufgeld) von einem anonymen Käufer erworben.

Der größte wiederentdeckte Schatz sind Goldmünzen und Platinbarren mit einem Wert von schätzungsweise 2 Mrd. Dollar (4,4 Mrd. DM), die zusammen mit dem russischen Schlachtschiff *Admiral Nakhimow* (8524 t, 60 m) am 27. Mai 1905 vor der japanischen Insel Tsuschima versanken.

Münzen

Älteste:
ca. 670 v. Chr. Elektron-Stater des Königs Gyges (ca. 685–652 v. Chr.) von Lydien (Türkei).[1]
Früheste mit Jahreszahl geprägte:
Saminaische Silber-Tetradrachmen, geprägt in Zankle (dem heutigen Messina) auf Sizilien, datiert auf das Jahr 1 – und zwar 494 v. Chr. – durch den Buchstaben A.
In moderner Zeitrechnung: MCCXXXIIII (1234) die Münzen des Bischofs von Roskilde (Dänemark); sechs bekannte Exemplare.
Schwerste:
19,71 kg, eine schwedische 10-Daler-Kupferplatte aus dem Jahr 1644.[2]
Leichteste und kleinste:
0,002 g, ein silberner 1/4-Jawa oder -Dam aus Nepal, ca. 1740.
Teuerste:
Agrigentum-Dekadrachme, im Oktober 1980 durch Privatvertrag für 900000 Dollar (1,78 Mio. DM) an Nelson Bunker Hunt (USA) verkauft.
Seltenste:
Viele Münzen sind nur als Einzelexemplare bekannt. Aus Aksum (der damaligen Hauptstadt Äthiopiens) sind insgesamt nur 700 Münzen bekannt, davon jeweils nur eine goldene und bronzene aus der Zeit von Kaleb I. um 500 n. Chr.

1 Das ungeprägte »Spatengeld« aus der Choudynastie wird auf 770 v. Chr. datiert.
2 Die größte münzförmige Münze war das indische 200-Mohur-Goldstück mit einem Durchmesser von 136 mm und einem Gewicht von 2177 g; von ihr ist kein Exemplar mehr bekannt.
Die größte Gedenkmünze wurde am 21. März 1986 für die Expo 86 in Vancouver, British Columbia (Kanada), hergestellt – ein 1-Mio.-Dollar-Goldstück (95,25 cm Durchmesser, 19,05 mm dick und 166 kg schwer).

Rock- und Sportfeste für die Afrikahilfe

Die weltweit im Fernsehen übertragenen »Live Aid«-Konzerte, von Bob Geldof und Bill Graham mit 60 Rock-Darbietungen in Philadelphia und London am 20. Juli 1985 organisiert, erbrachten allein in den zwei folgenden Wochen umgerechnet 133 Mio. DM und schätzungsweise weitere 190 Mio. DM für die Hungerhilfe in den Wochen danach. Etwa 1,6 Mrd. Menschen, ein Drittel der Erdbevölkerung, sahen die Übertragungen, die mit Hilfe von 12 Satelliten – auch ein Rekord – zustande kamen.
Die Hilfsaktion »Sport Aid«, ins Leben gerufen von Chris Long und ebenfalls von Bob Geldof organisiert, fand am 25. Mai 1986 in 277 Städten (78 Länder) statt und erbrachte weltweit Einnahmen von über 100 Mio. Dollar (233 Mio. DM).

Ebenfalls 2 Mrd. Wert traut man der *San Jose* zu, die 1708 vor Kolumbien auf 210–365 m Wassertiefe sank. Im August 1984 wurde mit den Taucharbeiten zur Bergung begonnen.

Der größte jemals gefundene Schatz bestand aus rund 80 000 Goldmünzen, die 1814 in Brescello bei Modena (Italien) entdeckt wurden. Vermutlich wurde der Schatz dort 37 v. Chr. versteckt.

Der zahlenmäßig größte Schatz war der aus ca. 150 000 Münzen bestehende 1908 gefundene Brüsseler Schatz.

Die größte Münzprägeanstalt der Welt wurde vom US-Finanzministerium zwischen 1965 und 1969 an der Independence Mall in Philadelphia erbaut. Sie bedeckt eine Fläche von 4,65 ha und hat – bei drei Tagesschichten und 7 Arbeitstagen pro Woche – eine Jahreskapazität von 8 Mrd. Münzen. Eine einzige Prägemaschine kann 10 000 Münzen pro Std. produzieren.

Münzspenden. Die wertvollste Münzensäule für einen wohltätigen Zweck im Gesamtwert von 13 628 Pfund (50 750 DM) errichtete am 18. August 1984 Frankie Vaughan im Mecca's Club, Bolton, Lancashire (GB). Die längste und wertvollste Münzenreihe über 16,12 km Ausdehnung entstand am 16. März 1985 im Central City Park von Atlanta, Georgia (USA), aus 662 353 US-25-Cent-Stücken im Wert von 165 788 Dollar (512 450 DM).

Die größte mit einem einzigen Scheck gezahlte Summe war 16,64 Mrd. Rupien (ca. 3,6 Mrd. DM). Daniel P. Moynihan, US-Botschafter in Indien, überreichte das Papier in Neu-Delhi am 18. Februar 1974.

Fernsehlotterie wird 30 Jahre alt

1956 startete der Berliner Jochen Richert (1915–84) vom Berliner Hilfswerk zusammen mit dem Nord- und Westdeutschen Runkfunkverband (NWRV) eine TV-Aktion, um für die Verschickung von Berliner Ferienkindern in den Westen – den »Platz an der Sonne« – finanzielle Unterstützung zu bekommen. Diese Verschickung wurde 1949 nach der Berliner Blokkade erstmals durchgeführt. Unter dem Motto »Mit fünf Mark sind Sie dabei« spielte die Sendung »Die große Chance« auf Anhieb 1,6 Mio. DM ein. 1960 wurde die Fernsehlotterie GmbH gegründet. Bis Ende 1985 wurden 1352 Mio. DM eingespielt und 823 Mio. DM karitativen Zwecken zugeführt.

Rekord-Spendenergebnisse erzielt das Zweite Deutsche Fernsehen (ZDF) in Zusammenarbeit mit der »Aktion Sorgenkind«. Seit ihr Initiator, Hans Mohl, erstmals am 9. Oktober 1964 in der Sendung *Vergißmeinnicht* in der Öffentlichkeit zu Spenden aufrief, kam es an allen Orten, in allen Bereichen und allen Gruppierungen zu Spenden für die »Aktion Sorgenkind«. Unterstützt durch die TV-Serie *Drei mal neun* (ab September 1970) und *Der Große Preis* (ab September 1974) kamen insgesamt 1 235 201 968,09 DM zusammen (Stand Ende Juni 1986). Allein das Jahr 1985 erbrachte eine Rekordsumme von 117 079 120,13 DM aus Lotterie und Spenden.

ARBEIT UND GEWERKSCHAFTEN

Die älteste der 105 Gewerkschaften, die sich in Großbritannien im Jahr 1868 zum Gewerkschaftsbund Trades Union Congress zusammenschlossen, ist der Verband der Bürstenmacher und Arbeiter, der 1747 gegründet wurde und heute 725 Mitglieder hat.
In Deutschland entstanden die ersten Gewerkschaften um 1860. Die erste deutsche freie Gewerkschaft war der Allgemeine Deutsche Zigarrenarbeiter-Verein, gegründet 1865. 1866 folgte der Deutsche Buchdruckerverband.

Die größte Gewerkschaft der Welt war die inzwischen verbotene Solidarność (Solidarität) in Polen, die im Oktober 1980 über 8 Mio. Mitglieder hatte.
Der Deutsche Gewerkschaftsbund (DGB) ist in 17 Einzelgewerkschaften mit 7,719 Mio. Mitgliedern (Stand 31. Dezember 1985) gegliedert.

Die größte Einzelgewerkschaft der Welt ist die Industriegewerkschaft (IG) Metall mit 2,55 Mio. Mitgliedern (Stand 31. Dezember 1985).

Die kleinste Gewerkschaft ist der dem britischen Gewerkschaftsverband angeschlossene Verband der Schafwollscherer mit 27 Mitgliedern. Der im Juli 1874 gegründete nichtangeschlossene Verband der handschmiedenden Löffel- und Gabelmacher in London hat 6 Mitglieder.
Die Unión de Pilotos de la Autoridad de Energía Eléctrica von Puerto Rico rühmte sich 1984 einer Mitgliederzahl von 3.

Den längsten Namen hat wahrscheinlich der Internationale Verband der Marmor-, Schiefer- und Steinpolierer, Reiber und Säger, Kachel- und Marmorplattenlegergehilfen und Marmormosaik- und Zementmosaiklegergehilfen in Washington (USA).

Die früheste Arbeitsstreitigkeit gab es wegen eintöniger Verpflegung und schlechter Arbeitsbedingungen in Theben (Ägypten) im Jahr 1153 v. Chr. Sie ist dokumentarisch belegt.

Der erste Streik, ebenfalls dokumentarisch belegt, wurde von einem griechischen Kapellmeister namens Aristos ca. 309 v. Chr. in Rom veranlaßt. Der Grund: Essenspausen für die Musiker.

Der längste Streik endete am 4. Januar 1961 nach 33 Jahren. So lange streikten Friseurgehilfen in Kopenhagen (Dänemark), um ihre Vorstellung über Anstellungsbedingungen durchzusetzen.
Der längste größere Streik dauerte bei der Installationsfabrik Kohler Co. in Sheboygan, Wisconsin (USA), vom April 1954 bis Oktober 1962. Die geschätzten Kosten für die Gewerkschaft der Automobilarbeiter: 12 Mio. Dollar (damals 48 Mio. DM).

Den ersten Streik in Deutschland veranstalteten die Gürtlergesellen von Breslau (jetzt unter polnischer Verwaltung) im Jahr 1329. Sie streikten ein Jahr lang.

Der größte Streik in der Bundesrepublik Deutschland war der Streik in der Metallindustrie von Nordwürttemberg/Nordbaden im Mai 1984. 25 000 Metaller und 123 000 Ausgesperrte waren betroffen.

Als längster Streik in der Bundesrepublik Deutschland gilt der Ausstand der schleswigholsteinischen Metallarbeiter. Er dauerte 108 Tage lang von Oktober 1956 bis Mitte Februar 1957.

Die höchste Arbeitslosenzahl wurde am 28. Februar 1932 in Deutschland gezählt: 6 Mio. 128 400.
In der Bundesrepublik Deutschland gab es im Januar 1985 mit 2 619 409 Menschen die meisten Arbeitslosen seit der Währungsreform 1948.

Die niedrigste Arbeitslosenquote in der Bundesrepublik Deutschland gab es 1970 mit 0,7 Prozent.
Die Schweiz mit einer Bevölkerung von 6,6 Mio. hatte im Dezember 1973 nur 81 Arbeitslose.

7. STRASSEN, FLÜSSE, HÄFEN

Die ältesten Fahrwege wurden im September 1982 im Westsudan durch US-*Space Shuttle* entdeckt. Sie werden auf 15000 v. Chr. datiert. Das würde mehr als 11000 Jahre früher sein, als überhaupt Räder im Orient benutzt wurden.

Das längste Straßennetz der Welt haben die USA mit 6263043 km klassifizierter Straßen am 1. Januar 1985. Normale Führerscheine sind mit 15 Jahren erwerbbar, Hawaii und Mississippi verlangen keine Fahrschulausbildung. 13 Bundesstaaten geben beschränkt gültige Führerscheine für 14jährige aus.

Die Interstate Autobahn 1–80 von New Jersey nach San Franzisko (USA) war im April 1983 bis Echo Junction im Staat Utah fertiggestellt. Damit sind 3448 Straßen-km fertig, weitere 1229 km müssen noch gebaut werden.

Das Straßennetz der Bundesrepublik Deutschland umfaßte 1984 rund 487250 km, davon über 8300 km Autobahnen. Bis zum Jahr 2000 sollen weitere 1600 km fertiggestellt sein.
In der DDR umfaßt das Straßennetz 47530 km.
Das ausgebaute Straßennetz Österreichs hat eine Länge von 22996 km; die österreichischen Autobahnen haben derzeit eine Gesamtlänge von 847 km.
Das Straßennetz der Schweiz umfaßt 61274 km, davon 628 km Autobahnen.

Die erste ausschließlich dem Autoverkehr vorbehaltene Straße Deutschlands, praktisch damit die erste Autobahn, war die Avus (**A**utomobil-**V**erkehrs- und **Ü**bungs**s**traße) in Berlin (West), die 20 km lang durch den Berliner Grunewald führt. Mit ihrem Bau wurde 1912 begonnen, 1921 wurde sie dem Verkehr übergeben. Sie war als berühmteste deutsche Rennstrecke häufig Schauplatz spektakulärer Autorennen in den 20er und 30er Jahren.

Das höchste Verkehrsaufkommen der Welt wird am Autobahnkreuz Los Angeles Ost registriert. 1983 wurden hier an Wochentagen durchschnittlich 458060 Fahrzeuge gezählt über 318 pro Min. Das am meisten befahrene Straßenstück liegt zwischen der 43. und der 47. Straße des Dan Ryan Expressway von Chikago mit einem Tagesaufkommen von 254700 Fahrzeugen.

Die größte Verkehrsdichte der Welt hat die britische Kronkolonie Hongkong. Am 1. Januar 1984 gab es auf den insgesamt 1253 km langen Fahrstraßen 302118 Kraftfahrzeuge, was einer Dichte von 4,14 m pro Kraftwagen entspricht.

Die verkehrsreichste Straße in der Bundesrepublik Deutschland ist die Stadtautobahn in Halensee zwischen Funkturm und dem Rathenauplatz in Berlin (West). 130400 fahren hier in 24 Std. Die größte Verkehrsdichte aller österreichischen Verkehrswege hat die berüchtigte Staustrecke zwischen Salzburg und Imlau-Bischofshofen im Salzburger Land.

Die belebteste Brücke ist die Howrah-Brücke über den Fluß Hugli in Kalkutta (Indien). Neben 57000 Fahrzeugen aller Art wird sie auch von einer unschätzbaren Zahl von Fußgängern überquert. Die Brücke ist 457 m lang.

Die breiteste Straße der Welt ist die 2,4 km lange Monumentalachse in Brasilia, der Hauptstadt Brasiliens, mit den repräsentativen Verwaltungsgebäuden der Bundesregierung. Sie wurde im April 1960 eröffnet, ist 250 m breit und hat sechs Fahrbahnen.
Die zur Bay-Bridge von San Franzisko, Kalifornien (USA), führende Straße hat 23 Fahrbahnen (davon 17 in westlicher Richtung).

Die schmalste Straße der Welt liegt in der Ortschaft Ripatransone, Marken (Italien). Der »Vicolo della Virilità« ist ganze 43 cm breit.

Den Titel »Kürzeste Straße« beansprucht das Städtchen Bacup, Lancashire (GB), wo die »Elgin Street« am alten Marktplatz gerade 5,18 m in der Länge mißt. Sie ist nicht befahrbar, sondern eine abgesperrte Einfriedung.

Die längste Landstraße der Welt ist der 27387 km lange Pan-American Highway von NW-Alaska (USA) zum südlichsten Zipfel von Chile, ostwärts weiter nach Buenos Aires (Argentinien) und in Brasilia (Brasilien) endend. Dieser Highway hat eine Unterbrechung, in Panama als Tapon del Darién bekannt und in Kolumbien das Atrato-Moor. 1972 gelang es einer britischen Trans-Amerika-Expedition, zum ersten Mal die ganze Strecke mit einem *Range Rover* in einer Aktion zurückzulegen. Am 3. Dezember 1971 fuhr die Expedition von Alaska ab und erreichte Feuerland am 9. Juni 1972. 99 Tage hatte sie zum Überqueren des Atrato-Moores gebraucht.

Die längste Umgehungsstraße der Welt ist der sechsspurige London Orbital Motorway M25, der 195,5 km um die britische Hauptstadt herumführt. Er wurde 1972 in Angriff genommen, die Fertigstellung wird für Dezember 1986 erwartet. Geschätzte Baukosten: 909 Mio. Pfund (3,1 Mrd. DM).

Die längste mit einem Namen versehene Straße der Welt ist die Yonge Street nördlich und westlich von Toronto (Kanada). Der erste, am 16. Februar 1796 vollendete Abschnitt war 55,78 km lang. Heute reicht die Straße bis Rainy River an der Grenze von Manitoba (Kanada) und Minnesota (USA) und hat eine Länge von 1896,2 km.

Als kurvenreichste Straße der Welt gilt die Lombard Street in San Franzisko, Kalifornien (USA), die zwischen zwei Querstraßen acht Kurven aufweist.

Die steilste Straße der Welt ist die Baldwin Street in Dunedin (Neuseeland), die nach Vermessungen einen Gradienten von 1,266 hat.
Als Europas steilste Strecke gilt die Anfahrt zum Loibl-Paß (1398 m, Kärnten, Österreich) zwischen Klagenfurt (Kärnten) und Ljubljana (Jugoslawien). Ihre Steigung bzw. ihr Gefälle betrug bis zu 29 Prozent, ist durch eine Tunnelstrecke jetzt aber bis auf 17 Prozent reduziert.
Die steilste Ortsstraße der Bundesrepublik Deutschland ist die Herrenstraße in St. Andreasberg im Harz (Niedersachsen); sie hat durchschnittlich 20 Prozent Steigung.

Der höchste Pfad der Welt befindet sich auf dem Kantschindschanga zwischen Khaleb und Hsin-chi-fu in Tibet. Er ist 13 km lang und führt an 2 Stellen über Höhen von mehr als 6000 m.

Die höchste befahrbare Straße der Welt ist 1180 km lang, geht von Tibet nach SW-Sinkiang über Pässe bis 5632 m Höhe üNN und wurde im Oktober 1957 fertiggestellt.

Der höchste Paß in Europa (ohne die Gebirgspässe im Kaukasus) ist der Col de Restefond (2802 m), der 1962 mit 21 Haarnadelkurven zwischen Jaussiers und Saint-Étienne-de-Tinée in Frankreich vollendet wurde. Gewöhnlich ist er von Anfang Oktober bis Anfang Juni geschlossen.

Die höchste Autostraße in Europa ist der Pico de Veleta in der Sierra Nevada im Süden Spaniens. Die baumlose, 36 km lange Straße steigt bis auf eine Höhe von 3469 m an.

Der niedrigste Paß der Welt ist der Rock-Reef-Paß im Everglades-Nationalpark in Florida (USA), der nur 91 cm üNN liegt.

Die tiefstgelegene Straße der Welt (393 m uNN) geht auf der israelischen Seite am Toten Meer entlang.

Der größte Platz der Welt ist der Platz vor dem Tor des himmlischen Friedens (Tian-an-men-Platz) in Peking (China); er ist 39,6 ha groß.

Ein Blick auf die Hauptverkehrsachse Brasilias, der breitesten doppelspurigen Fahrbahn der Welt – sie bestimmt den Verkehrsfluß in Brasiliens Hauptstadt.

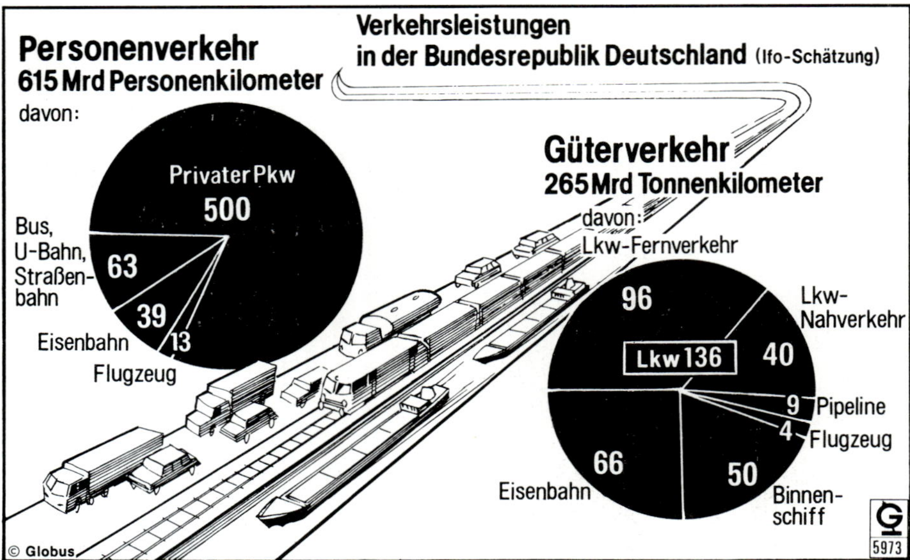

Nach Schätzung des Ifo-Instituts München werden 80 Prozent des Personenverkehrs in der Bundesrepublik Deutschland mit dem Pkw bewältigt.

Der Maiden e Shah in Isfahan (Iran) erstreckt sich über 8,1 ha.

Die ersten Verkehrsampeln gab es schon 1868 in London (GB). Es waren semaphorähnliche rote und grüne Gaslaternen, die auf dem Parliament Square aufgestellt waren. Sie konnten mit Hilfe von zwei Hebeln abwechselnd die Fahrbahn sperren oder freigeben und sollten nach Einbruch der Dunkelheit vor allem Mitglieder des Unterhauses beim Überqueren der Fahrbahn schützen. Bis 1930, als ein neues Verkehrsgesetz in Kraft trat, war das Mißachten dieser Signale nicht strafbar.

Die ersten Parkuhren auf der Welt wurden am 19. Juli 1935 im Geschäftsviertel von Oklahoma City (USA) installiert. Erfunden wurden sie von Carl C. Magee.

Die älteste Straßenverkehrsordnung enthält der zwischen 1220 und 1235 von dem sächsischen Schöffen und Ritter Eike von Repkow (bzw. Repgau) verfaßte *Sachsenspiegel*, ein deutsches Rechtsbuch, das bald auch über das damalige deutsche Reichs- und Sprachgebiet hinaus gesetzesgleiches Ansehen erhielt.

Die längste Straße ohne Verkehrsampeln ist die am 21. Dezember 1977 eröffnete Fernstraße Interstate 75 der USA. Sie hat 3,5 Mrd. Dollar (7 Mrd. DM) gekostet, ist 2517 km lang und führt von Sault St. Marie (Michigan) nach Tampa (Florida).

Die am meisten in Anspruch genommenen Fluglinien gibt es in den USA, wo 1985 277 182 916 000 Passagiermeilen auf Inlandflügen erreicht wurden. Umgerechnet sind das 1880 Flugkilometer pro Jahr und US-Bürger. 1984 war ein Rekordjahr in der deutschen Luftfahrt. Das Passagieraufkommen stieg im Vergleich zum Vorjahr um 7,7 Prozent auf 38,6 Mio. Fluggäste. Der Frachtverkehr nahm um 9,2 Prozent auf 676 000 t im gleichen Zeitraum zu.

Das längste Flugticket wurde im Dezember 1984 für den Belgier Bruno Leunen aus Brüssel ausgestellt: 12 m war es lang, kostete 4500 Dollar und verhalf zu einem Flug über eine Distanz von 85 623 km, einschließlich 109 Zwischenlandungen auf 80 Fluglinien.

Die meistbefahrene Wasserstraße der Welt ist die Themsemündung bei London, die täglich von etwa 300 Schiffen befahren wird.

Die Wasserstraße mit dem größten Schiffsverkehr in der Bundesrepublik Deutschland ist die Elbmündung bei Hamburg; sie wird täglich von etwa 200 Schiffen passiert.

Die meisten und längsten natürlichen Binnenwasserstraßen hat Finnland mit etwa 50 000 km schiffbaren Seen und Flüssen.

Der längste schiffbare Fluß, zugleich die längste schiffbare natürliche Wasserstraße, ist der Amazonas, den Überseeschiffe bis nach Iquitos (Peru), 3598 km von der Küste des Atlantischen Ozeans entfernt, hinauffahren können. Bei einer von der Nationalen Geographischen Gesellschaft in den USA veranstalteten und am 10. März 1969 beendeten Expedition fuhren Helen und Frank Schreider die 6187 km lange Strecke von San Franzisko (Peru) nach Bélem im Staat Parà (Brasilien) flußabwärts.

Die längsten schiffbaren Flüsse in der Bundesrepublik Deutschland sind die Donau (Gesamtlänge 2850 km, auf deutschem Gebiet 647 km, schiffbar ab Kelheim/Bayern); der Rhein (Gesamtlänge 1320 km, im deutschen Gebiet 865 km, in dieser Länge schiffbar) und die Elbe (Gesamtlänge 1144 km, davon 761 km in deutschem Gebiet, zwischen Bad Schandau und Schnackenburg im Gebiet der DDR, deren wichtigste Wasserstraße sie ist).

Der größte Hafen der Welt ist – seiner Ausdehnung nach – der Hafen von New York/New Jersey (USA). Bei einer Fläche von 238 km^2 beträgt die schiffbare Länge 1215 km (weitere 474 km im Staat New Jersey schließen sich an). Mit 261 Anlegeplätzen für Güterumschlag und -transport und weiteren 130 Piers können dort 391 Schiffe gleichzeitig anlegen. Die Bodenfläche der Lagerhäuser beläuft sich auf insgesamt 170,9 ha.

Der Hafen mit dem größten Umschlag, zugleich der größte künstliche Hafen, ist Europoort in Rotterdam mit einer Fläche von 100 km^2. 1985 wurden 31 457 Hochseeschiffe mit rund 251 Mio. t Fracht abgefertigt, dazu kommen etwa 182 000 Lastkähne. In Rotterdam können gleichzeitig 310 Hochseeschiffe bis zu 318 000 t und 21,96 m Tiefgang abgefertigt werden.

Der größte Hafen in der Bundesrepublik Deutschland ist der Hafen von Hamburg mit einer Flächenausdehnung von 8900 ha und rund 21 km Kaimauern sowie 8 km Dalbenplätzen zum Festmachen von rund 300 Seeschiffen. Der Hafen besitzt ferner 500 Kaikräne sowie 12 Schwimmkräne und 44 Schlepper.
Der gewaltigste Hafenschwimmkran Hamburgs für Bergungs- und Umschlagzwecke hat eine Hebekraft von 1000 t.
Im Hamburger Hafen befinden sich auch die größten deutschen Docks: das Schwimmdock 11 von Blohm & Voss mit einer Länge von 320 m für Schiffe bis ca. 230 000 t Tragfähigkeit sowie – ebenfalls auf der Werft von Blohm & Voss – das Trockendock Elbe 17 mit einer Länge von 350 m, einer Breite von 56 m und einer Höhe von 15 m (von der Kaikante bis zur Docksohle). 1983 wurden 59,523 Mio. t Güter umgeschlagen, davon Empfang: 38,5 Mio. t; Versand: 21,023 Mio. t Güter.

Der größte Binnenhafen der Welt ist der von Duluth am Oberen See in Minnesota (USA). Er hat seine Hauptbedeutung als Verschiffungsplatz für Eisenerz und Weizen.

Das größte Binnenhafensystem Europas und zugleich den größten Flußhafen der Welt bilden die Duisburg-Ruhrorter Häfen am Zusammenfluß von Rhein und Ruhr. Ihr Gesamtgebiet umfaßt 904 ha. Das Güteraufkommen erreichte 1974 mit 63,6 Mio. t einen Rekord. Weit über 40 000 Schiffe gehen hier im Jahr vor Anker.
Die Binnenschiffahrt auf den Wasserstraßen der Bundesrepublik hat 1984 insgesamt 236,5 Mio. t Güter befördert.

8. POST- UND FERNMELDEWESEN

Telefone: Das Land mit der größten Zahl der Telefonanschlüsse sind die USA mit 114 349 000, das sind 483 Anschlüsse je 1000 Einwohner. Das Territorium mit der geringsten Zahl von Anschlüssen ist Pitcairn Island mit 24.
In der Bundesrepublik Deutschland gab es 1984 ca. 36,6 Mio. Telefonsprechstellen.
Die DDR hatte etwa 3,16 Mio. Telefonsprechstellen.
In Österreich gibt es ca. 3,01 Mio. Sprechstellen.
In der Schweiz sind es etwa 4,6 Mio. Fernsprechstellen (einschließlich Liechtenstein).

Die Stadt mit den meisten Fernsprechapparaten ist New York (USA) mit 5,8 Mio. bzw. 821 pro 1000. In Washington (USA) ist die Dichte 1727 pro 1000.

Die meisten Ferngespräche werden in den USA geführt: 434,5 Mrd., 1837 pro Einwohner im Jahr 1984.
In der Bundesrepublik Deutschland werden jährlich etwa 25 Mrd. Telefonate geführt.

Die größte Telefonzentrale steht im Pentagon in Washington mit 25 000 Leitungen und einer jährlichen Telefonrechnung von 8,7 Mio. Dollar (über 26 Mio. DM).

Telefonbücher: Das am schwersten zu zerreißende Telefonbuch dürfte das von Houston, Texas (USA) sein, das auf 2889 Seiten 939 640 Eintragungen aufführt. Jetzt wird es allerdings in zwei Bänden ausgegeben. Am leichtesten fällt das Telefonbuchzerreißen ebenfalls in Texas: Knippa hat auf 2 Seiten 221 Eintragungen. Für Anguilla (eine westindische Insel) gab es 1972 ein Telefonverzeichnis mit 26 Nummern – maschinengeschrieben.

Die ersten Münz-Telefongeräte in Eisenbahnzügen hat die Deutsche Bundesbahn ab 1. Juni 1980 eingeführt. Mit dem Ablauf des Frühjahrs 1983 waren alle Intercity-(IC-)Züge und Trans-Europ-Expreß-(TEE-)Züge der Deutschen Bundesbahn mit Münz-Zugtelefon ausgerüstet. Die österreichischen Bundesbahnen setzten bereits ab Mitte der siebziger Jahre Telefon-Automaten ein, im »Transalpin«, »Mozart« und »Tirolerland«.

Das längste Unterwasser-Telefonkabel der Welt ist das Commonwealth Pacific Cable (COMPAC), das von Australien via Auckland (Neuseeland) und Hawaii bis nach Port Alberni in Kanada – über eine Entfernung von 15032 km – reicht.

Die längste Strecke, über die in **optischen Faserkabeln** Signale ohne Verstärker gesendet wurden, ist 251,6 km, erreicht im Februar 1985 im Forschungslabor der British Telecom in Martlesham Heath (GB). Die Laser-Wellenlänge war 1525 mm, die Frequenz 35 Megabits/s.

Den stärksten Gebrauch vom Postdienst macht man in den USA, deren Bevölkerung 1985 über 140 Mrd. Briefe und Pakete versandte und wo 744490 Menschen bei der Post beschäftigt waren. Auch bei der Durchschnittszahl an Briefen, die jeder einzelne schreibt, stehen die USA an erster Stelle, 1985 waren es 589 pro Person. Die Deutsche Bundespost beförderte 1984 12,71 Mrd. Brief- und 247 Mio. Paketsendungen. Umgerechnet bedeutet dies, daß pro Einwohner der Bundesrepublik Deutschland 209 Briefe geschrieben und durchschnittlich vier Pakete verschickt wurden.

Die größte Erdfunkstelle der Welt für Fernsprechverbindungen und Fernsehübertragungen via Satellit besteht in Raisting bei Weilheim (Oberbayern). Zwei je 300 t schwere Antennen mit einem Durchmesser von 32 m pro Anlage haben im Frühjahr 1981 ihre Arbeit als »Ohren im Weltraum« im interkontinentalen Fernmeldeverkehr aufgenommen.

Die modernste Paketverteileranlage der Welt wurde am 27. September 1979 im Postbahnhof von Frankfurt am Main in Betrieb genommen.

Die größte automatische Briefverteilanlage Europas wurde im Januar 1983 im Postamt 3 der Oberpostdirektion Frankfurt/Main in Betrieb genommen. 100000 Briefe/Std. werden sortiert. Täglich werden in der Mainmetropole 1,5 Mio. Postsendungen bearbeitet.

Der erste Briefkasten. Dokumentarisch verbürgt ist die Aufstellung eines Briefkastens 1653 in Paris. Der erste Briefkasten Deutschlands wurde 1766 angebracht. Er war aus Holz und hing auf dem Flur des Zentralen Berliner Posthauses. Da die Berliner keinen rechten Gebrauch von ihm machten, wurde er bald wieder entfernt. Hölzerne Briefkästen (mit weißem Anstrich) gab es dann erst wieder nach 1815. Seit etwa 1840 bestanden die Briefkästen aus Metall; zuerst aus Blech, später aus Gußeisen. Jetzt sind sie aus Plastik. In der Bundesrepublik Deutschland gibt es etwa 109500 Postbriefkästen.

Der älteste Briefkasten, der noch in Betrieb ist, steht in der Union Street in St. Peter Port auf der Kanalinsel Guernsey. Entworfen wurde er von John Vaudin (Jersey). Im Oktober 1981 wurde das gute Stück in der ursprünglichen kastanienbraunen Aufmachung restauriert.

Das höchstgelegene Postamt gehört der nepalesisch-indischen Postverwaltung und liegt im Himalaja in einer Höhe von 5610 m üNN. Das höchstgelegene Postamt Europas befindet sich bei der Station Eismeer der Zahnrad-Bergbahn zum Jungfraujoch (Schweiz). Seine Höhe: 3161 üNN. Eine Postagentur befindet sich auch auf der Jungfraujochhöhe, 3454 m üNN.

Das höchstgelegene bundesdeutsche Postamt ist die Posthilfsstelle »Münchner Haus« auf der Zugspitze (2962 m üNN). Eine Poststelle I liegt knapp darunter im Schneefernerhaus, auf 2650 m Höhe.

Das höchstgelegene Postamt Österreichs, das ganzjährig geöffnet ist, ist das von Obergurgl im Ötztal (Tirol) mit 1930 m Höhe üNN.

Die meisten Telegramme, etwa 492,6 Mio., wurden im Jahr 1978 in der UdSSR aufgegeben.
Die Zahl der Telegramme in der Bundesrepublik Deutschland wurde zuletzt 1984 mit 10 Mio. ermittelt, davon 4 Mio. im Auslandsverkehr.

Das erste Telegramm wurde in Deutschland am 22. November 1794 über eine Strecke von 1,5 km nach Karlsruhe befördert, allerdings noch mit dem optischen Telegrafen. Es war ein Huldigungsgedicht zum Geburtstag des Markgrafen Karl Friedrich von Baden.

Die erste elektromagnetische Telegrafenlinie mit nur einem Draht wurde 1844 zwischen Wiesbaden und Mainz-Kastell in Betrieb genommen.

Das Fernschreibnetz in der Bundesrepublik Deutschland umfaßt 159398 Anschlüsse (Stand 1984).

Der erste Postomnibus Deutschlands fuhr am 1. Juni 1905 von Bad Tölz nach Lenggries (Bayern). Er ist heute im Verkehrsmuseum von Nürnberg zu sehen.

Ein Riesen-Telefon klingelt seit April 1984 im Nürnberger Raum – und jeder kann damit telefonieren, vorausgesetzt, er kann den 1,80 m langen Hörer abnehmen. Er gehört zu einem 100 kg schweren Apparat aus Polyester und Glasfasergewebe, hat 25–30 m Kabel und ist voll funktionsfähig. Manfred Kauer aus Schnaittach und Karl Kolzenburg aus Oberasbach bauten ihn in 180 Std. im Auftrag der Philips Kommunikations

Der Hafen Hamburg hat auch 1985 seine Position als größter deutscher Seehafen weiter ausgebaut, über 40 Prozent des Gesamtumschlags der Bundesrepublik Deutschland wurden über den Elbehafen abgewickelt.

Industrie AG (PKI) Nürnberg. Das größte Telefon (1,95 × 1,87 × 0,85 m) ist eine exakte Nachbildung des Philips-Komfort-Telefons KT 22 – nur eben 8,7mal größer.

9. ERZIEHUNG, BILDUNGSWESEN

Allgemein: Da für eine große Anzahl von Ländern keine Unterlagen existieren, läßt sich die Zahl der erwachsenen Analphabeten (ab 15 Jahren) nur annähernd feststellen. Ihr Anteil wurde zuletzt auf 34,7 Prozent unter den Erwachsenen geschätzt.
Der Erdteil mit den meisten Analphabeten ist Afrika, wo 54 Prozent der Erwachsenen weder lesen noch schreiben können. Die letzte bekanntgegebene Zahl für Mali aus dem Jahr 1960 zeigte, daß dort 97,8 Prozent der Bevölkerung über 15 Jahre Analphabeten waren.
Mehr als 26 Mio. erwachsene Amerikaner (jeder dreizehnte) können nicht lesen oder schreiben, heißt es in einer Studie des amerikanischen Büros für Bevölkerungsstatistik (Anfang 1986).

Für die Bundesrepublik Deutschland wurde im März 1984 geschätzt, daß fast 3 Mio. Bundesbürger aller Altersklassen weder lesen noch schreiben können.

Über 130 Jahre, seit Februar 1853 hat dieser Briefkasten, der in St. Peter Port auf der Insel Guernsey noch benutzt wird, Dienst getan (s. S. 303).

UNIVERSITÄTEN, SCHULEN

Die älteste Lehranstalt mit dem Charakter einer Universität ist wahrscheinlich die von Karauyne in Fez (Marokko), die 859 n. Chr. gegründet wurde.
Die Sumerer hatten schon kurz nach 3500 v. Chr. Schreibschulen oder *É-Dub-ba*.
Die ersten Universitäten in Europa entstanden im 12. und 13. Jh., so die von Bologna im Jahr 1199, von Neapel 1224 und die Sorbonne von Paris 1253.
Die älteste Universität im Deutschen Reich war die Prager Universität. Ihr Gründungsjahr war 1348.
Die älteste Universität in der Bundesrepublik Deutschland ist die Ruprecht-Karl-Universität in Heidelberg (Baden-Württemberg), die 1386 gegründet worden ist.
Österreichs älteste Universität ist die von Wien aus dem Jahr 1365.
In der Schweiz wurde 1460 die erste Universität in Basel gegründet.

Die meisten Studenten der Welt hat die Universität des Staates New York (USA), wo 156175 Studenten 1984/85 immatrikuliert waren. Der älteste Teil dieser Universität, der sich in Potsdam im Staat New York befindet, wurde 1816 gegründet.

Die größte Universität wird in Riad (Saudi-Arabien) errichtet. Die Ausschreibungen für diese 70-Mrd.-DM-Universität wurden im Juni 1978 abgeschlossen. 15000 Familien werden auf ihrem Gelände wohnen können. Ein eigenes Verkehrsnetz wird für sie eingerichtet.

Das größte schon bestehende Universitätsgelände der Welt ist die M.-V.-Lomonossow-Staatsuniversität auf den Leninhügeln südlich von Moskau (UdSSR). Das Gebäude ist 240 m hoch, hat 52 Stockwerke und 40000 Zimmer. Es wurde 1949–53 erbaut.

Die größte Universität der Bundesrepublik Deutschland ist die Ludwig-Maximilians-Universität von München, die 1826 gegründet wurde. An ihr waren im WS 1984/85 53932 Studenten eingeschrieben, davon 26494 weibliche. 3360 ausländische Studenten waren in München immatrikuliert.

Die größte Universität der DDR ist die Humboldt-Universität in Berlin (Ost).

Die größte Universität Österreichs ist die 1935 gegründete Universität Wien.

Die größte Universität der Schweiz ist die von Zürich.

Die kleinste Universität der Bundesrepublik Deutschland ist die Technische Universität Hamburg-Harburg. Im WS 1984/54 waren 250 Studenten an ihr immatrikuliert.

Der jüngste Akademiker, dem jemals ein Lehrstuhl an einer Universität angeboten wurde, war der 19jährige Colin MacLaurin (1698–1746) der am 30. September 1717 zum Professor der Mathematik am Marischal College in Aberdeen (Schottland) ernannt wurde. 1725 wurde er auf Empfehlung von Isaac Newton Professor der Mathematik an der Universität Edinburgh.

Die längste Zeit als Lehrstuhlinhaber mit insgesamt 63 Jahren verbrachte Thomas Martyn (1735–1825), der von 1762 bis zu seinem Tod Professor der Botanik an der Universität Cambridge (GB) war.

Dr. Joel Hildebrandt (1881–1983), emeritierter Professor für physikalische Chemie an der Universität Berkeley, Kalifornien (USA), wurde 1913 außerordentlicher Professor und veröffentlichte 1981 seinen 275. Forschungsaufsatz.

Der jüngste aller Studenten war William Thomson (1824–1907), später Lord Kelvin, der im Oktober 1834 mit zehn Jahren und vier Monaten die Universität Glasgow bezog und am 14. November 1834 immatrikuliert wurde.
Dr. Merrill Kenneth Wolf (*28. August 1931) aus Cleveland, Ohio (USA), promovierte im September 1945 kurz nach seinem 14. Geburtstag an der Universität Yale (USA) im Fach Musik.

Der jüngste Student der Bundesrepublik Deutschland war Elmar Eder, der 1970 im Alter von 14 Jahren an der Universität München das Vorexamen in Mathematik und Physik mit »sehr gut« bestand.

Jüngste Studentin. Ruth Lawrence (*1971) aus Huddersfield (GB) bestand die Aufnahmeprüfungen für Theoretische Mathematik im Juni 1981 im Alter von 10 Jahren. Im Alter von 12 Jahren wurde sie zum Studium in Oxford zugelassen und bestand am 4. Juli 1985 ihre erste Abschlußprüfung mit Bestnote und als erfolgreichste von 191 Prüflingen.

Jüngster Doktor. Mit 12 Jahren erhielt der deutsche Mathematiker Carl Witte aus Lochau am 13. April 1814 an der Universität von Gießen den Titel eines Doktors der Philosophie.

Als teuerste Schule der Welt gilt das Internat von Le Rosey, Gstaad (Schweiz). Die Jahreskosten für einen Schüler im Schuljahr 1983/84 sollen über 50000 DM betragen haben.

Die größte Schule der Welt war die South Point High School in Kalkutta. Sie hatte 12350 Schüler im Schuljahr 1983/84.

Einzigartige Stilklassen, je 12 in zwei einander gegenüberstehenden Schulen entstanden 1908/09 in Berndorf (Niederösterreich) mit Hilfe des Großindustriellen Arthur Krupp. Jedes Klassenzimmer ist einem Stil gewidmet – sei es ein ägyptisches oder ein pompejanisches Lehrzimmer oder auch ein Raum im Empire-Stil –, und täglich gibt es in der Volks- und Hauptschule Unterricht.

Die höchste Stiftung in der Geschichte des Hochschulwesens waren 125 Mio. Dollar (damals über 303 Mio. DM) von C. B. Pennington im Jahr 1983 an die Louisiana State University (USA).

10. RELIGION

Allgemein: Religionsstatistik kann nur auf Schätzungen beruhen. Das amtlich angegebene Bekenntnis eines Menschen braucht nicht mit seiner Überzeugung übereinzustimmen. Abgesehen davon gibt es viele Menschen, besonders in der östlichen Hemisphäre, die mehreren Religionen angehören.
Bestattungen, die religiösen Charakter haben,

Goldenes Wunder

Über und über mit Blattgold belegt ist das Felsenheiligtum von Kyaik-tiyo im Südosten Birmas. In 1200 m Höhe balanciert der Felsen am Rande eines Abgrunds, als drohe er jeden Moment in die Tiefe zu stürzen. Eine Legende besagt, daß ein in die Pagode eingelassenes Haar des Gautama-Buddhas durch göttliche Kraft die Balance erhalte.
Wenigstens einmal im Jahr versucht jeder gläubige Birmane zu diesem für sie wichtigsten Wallfahrtsort zu pilgern. Wer es gar dreimal macht, dem soll ewiges Glück und unerschöpflicher Reichtum beschieden sein.

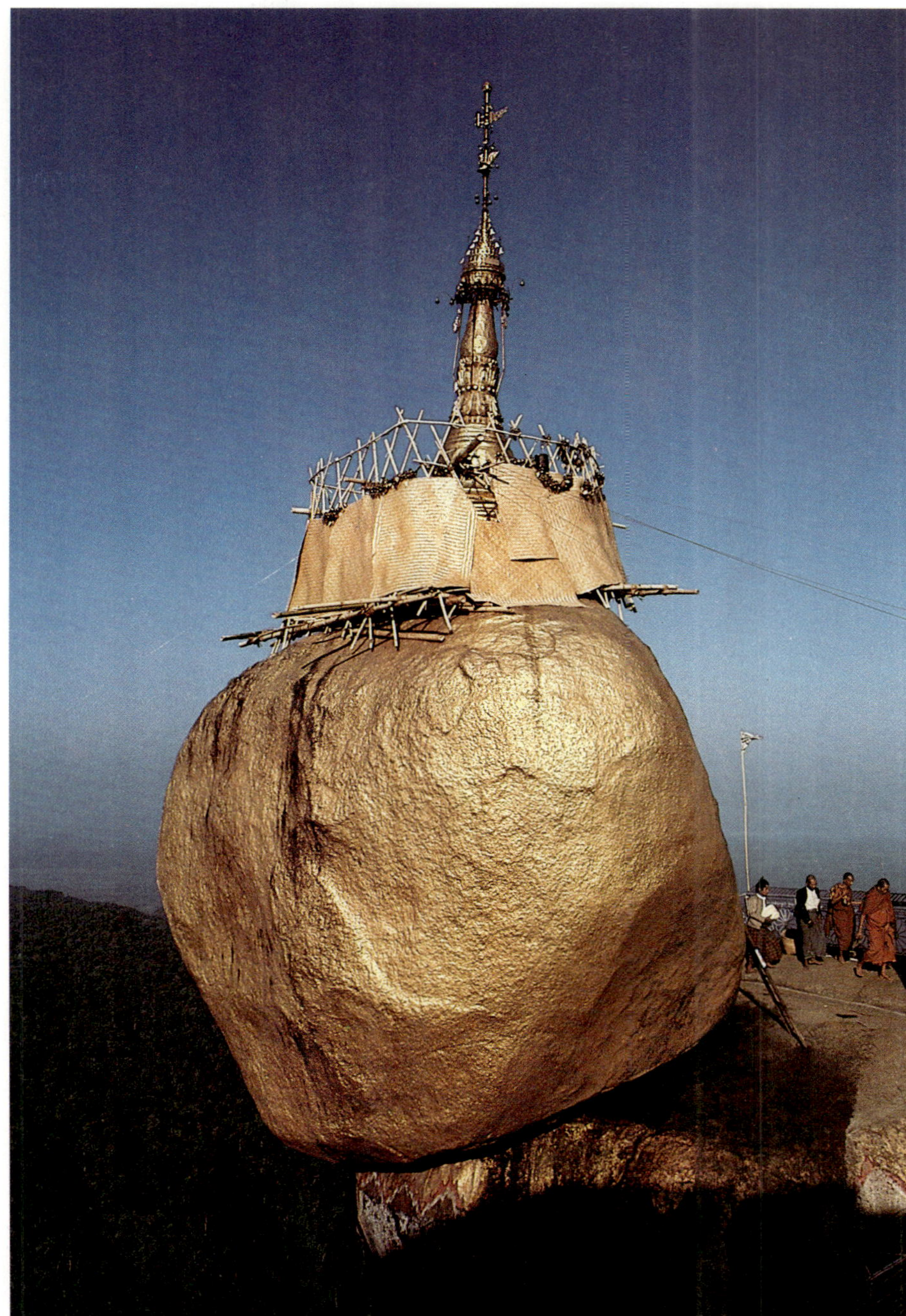

sind seit 60000 v. Chr. unter dem *Homo sapiens neanderthalensis* bekannt, und zwar aus der Shanidar-Höhle im Nord-Irak.
Der früheste mit Namen bekannte Prophet war Zarathustra, der vermutlich um 1600 v. Chr. in Ostiran wirkte. Bis heute hat er gut 250000 Nachfolger.

Die älteste dogmatisch definierbare Religion ist der Hinduismus. Gegen 1500 v. Chr. brachten die Arier seinen Vorläufer, den Wedismus, nach Indien. Gegenwärtig gibt es etwa 518 Mio. Hindus.
Das hinduistische *Rigweda*-Gesangbuch wurde um 900 v. Chr. oder noch früher verfaßt.
Die jüdischen Verhaltensregeln stammen aus der Zeit um 2000 v. Chr.

Die am weitesten verbreitete Religion ist das Christentum mit ca. 1,07 Mrd. Gläubigen im Jahr 1985. Nach den Statistiken des Vatikans gab es 825592000 römisch-katholische Christen. Mit 560 Mio. Anhängern ist der Islam die zweitgrößte Religion.

Die größte Kirchenorganisation ist die römisch-katholische Kirche mit 152 Kardinälen, 716 Erzbischöfen, 3076 Bischöfen, 405959 Priestern und 935221 Nonnen. Es gibt rund 420000 katholische Kirchen.

Juden. 1985 gab es schätzungsweise 16 Mio. Juden in aller Welt. Die meisten (7,3 Mio.) leben in den USA, allein 2 Mio. im Großraum New York. In Israel leben 3255000.

Die flächenmäßig größte katholische Diözese in der Bundesrepublik Deutschland ist Osnabrück (Niedersachsen) mit 44600 km^2, davon 15600 km^2 in der DDR. Mehr Angehörige, nämlich etwa 2,5 Mio., hat dagegen die Diözese Köln als zahlenmäßig größtes Bistum. **Die größte evangelische Diözese in der Bundesrepublik Deutschland** hat die lutherische Kirche in Lübeck (Schleswig-Holstein), die 265 km^2 umfaßt.

Ein aus Stein gehauenes Gesicht, halb Primat, halb Katze, wird als die **älteste bekannte religiöse Darstellung** angesehen. Sie wurde von Dr. Leslie Freeman von der Universität von Chikago (USA) im Höhlenschrein von El Juyo in Nordspanien entdeckt und auf etwa 12000 v. Chr. datiert.

Das größte religiösen Zwecken dienende Bauwerk, das je geschaffen wurde, ist der 162,6 ha große Wischnu-Tempel von Angkor (Kambodscha). Der Khmer-König Suryavarman II. ließ ihn in der Zeit zwischen 1113 und 1150 errichten. Seine Umfassungsmauern messen 1280 × 1280 m; bevor er 1432 verlassen wurde, lebten 80000 Menschen in ihm. Der Gesamtkomplex aus 72 Hauptmonumenten, begonnen um 900, erstreckt sich über ein Gebiet von 24 × 8 km.

Die älteste christliche Kirche ist in Qal'at es Salihiye, Ost-Syrien, erhalten. Sie wurde 232 errichtet. Das älteste Baudenkmal in der Bundesrepublik Deutschland, das religiösen Zwecken diente, ist die 768 erbaute Torhalle des Benediktinerklosters in Lorsch (Hessen).
Die älteste Kirche der DDR ist die Stiftskirche in Gernrode (Harz). Sie wurde im Jahr 963 zum ersten Mal geweiht.

Der größte buddhistische Tempel ist der im 8. Jh. erbaute Borobudur-Tempel von Jogjakarta (Indonesien). Er ist 31,5 m hoch und hat 123 m^2.

Der größte Mormonentempel der Welt ist der Salt Lake Temple im US-Bundesstaat Utah. Er wurde am 6. April 1893 eingeweiht und bedeckt eine Fläche von 23505 m^2.

Die größte Kirche der Welt ist die zwischen 1492 und 1612 gebaute Peterskirche in der Vatikanstadt in Rom (Italien). Von der Apsis aus gemessen, hat sie eine Länge von 186,3 m. Ihr Flächenmaß beträgt 15142 m^2; der Innendurchmesser der berühmten Kuppel hat eine Länge von fast 42 m, und sie ist 119 m hoch (außen 139,50 m).

Die größte Kathedrale der Welt ist St. John the Divine der Diözese New York mit einer Grundfläche von 11240 m^2 und einem umbauten Raum von 476350 m^3. Der Grundstein wurde am 27. Dezember 1892 gelegt, 1941 wurden die Bauarbeiten an dem gotischen Bau unterbrochen und im Juli 1979 wieder aufgenommen. Die New Yorker nennen die Kirche »Saint John der Unvollendete«. Mit 183,18 m hat die Kathedrale das längste Schiff der Welt, das Gewölbe ragt 37,79 m hoch.
Die Kathedrale, die die größte Fläche bedeckt, ist Santa María de la Sede in Sevilla (Spanien).

Die missionarische Unrast, die den Papst um die Welt treibt, zeitigt erstaunliche Ergebnisse: In Lourdes ist Johannes Paul II. sogar auf den farbigen Gewändern afrikanischer Pilgerinnen präsent.

Sie wurde im spanisch-gotischen Stil zwischen 1402 und 1519 erbaut, ist 126,18 m lang, 82,6 m breit und im Mittelschiff 30,48 m hoch.

Die größte Kathedrale Deutschlands ist der Dom zu Köln. Mit seinem Bau wurde 1248 begonnen, aber erst 1880 wurde er fertiggestellt. Dieser gotische Dom hat eine überbaute Fläche von 7914 m^2 (Länge 144,58 m, breiteste Stelle 86,25 m) und ein Fassungsvermögen von 28000 Menschen. Seine Türme sind 157 m hoch.

Die größte Kathedrale Österreichs ist der Stephansdom in Wien. Er wurde 1147 geweiht, im 13. Jh. erneuert, im 14. Jh. ausgebaut. Seine Grundfläche umfaßt 4000 m^2. Er ist 107,20 m lang und hat ein Fassungsvermögen von 8000 Menschen.

Die elliptische Basilika St. Pius X. in Lourdes, 1957 für über 20 Mio. DM fertiggestellt, faßt 20000 Menschen und ist 200 m lang.

Die Krypta der unterirdischen Kirche, 1937 bis 1958 im Gedenken an den Bürgerkrieg in den Guadarrama-Bergen, 45 km von Madrid entfernt, erbaut, ist 260 m lang. Sie soll um 600 Mio. DM Baukosten verschlungen haben und wird von einem 150 m hohen Kruzifix überragt.

Die größte Kirchenruine Deutschlands ist die der ehemaligen, von 1038 bis 1144 im romanischen Stil erbauten Stiftskirche in Bad Hersfeld (Hessen). Sie wurde 1761 im Siebenjährigen Krieg durch Brandstiftung zerstört. Seit 1951 dient sie den dort alljährlich stattfindenden Hersfelder Festspielen als Kulisse.

Die höchstgelegene Kirche in der Bundesrepublik Deutschland ist die Kapelle Maria Heimsuchung auf dem Zugspitzplatt (Wettersteingebirge) in 2700 m Höhe; sie wurde 1981 geweiht.

Die kleinste Kathedrale der Welt ist die 1983 in Highlandville, Missouri (USA), erbaute Kathedral-Kapelle der Christ Catholic Church. Sie hat einen Flächeninhalt von 4,26 × 5,18 m und faßt 18 Personen.

Die kleinste Kirche der Welt ist die Union Church in Wiscasset, Maine (USA), mit einer Grundfläche von 2,92 m^2 (2,13 × 1,37 m).

Die ältesten Klöster Deutschlands sind die 728 auf der Insel Reichenau im Bodensee durch den hl. Priminius gestiftete Benediktinerabtei und das 764 gegründete Benediktinerkloster in Ottobeuren (Bayern).

Die größte Synagoge der Welt ist der Emanu-El-Tempel in der Fifth Avenue in New York (USA). Der 1929 fertiggestellte Tempel hat eine fast 46 m lange Frontseite in der Fifth Avenue und eine 77 m lange in der 65. Straße. Im Tempel haben 2500 Menschen Platz. Die mit ihm verbundene Betstube Beth-El faßt 350 Personen. Wenn alle Räumlichkeiten benutzt werden, haben insgesamt 6000 Gläubige Platz.

Die älteste Synagoge, die noch erhalten ist, steht in Kapharaum (Israel), dem biblischen Kapernaum, am See Genezareth. Sie wurde dort im 3. Jh. n. Chr. erbaut.

Die älteste Synagoge auf deutschem Boden wurde 1034 in Worms (Rheinland-Pfalz) gegründet.

Die größte Moschee war die heute verfallene Al-Malawiya-Moschee von Al-Mutawakil in Samarra (Irak). Sie wurde 842–852 erbaut, hatte eine Bodenfläche von 3,73 ha oder 239 × 156 m.
Die größte heute noch benutzte Moschee der Welt ist die Umayyad-Moschee in Damaskus (Syrien), die auf einer 2000 Jahre alten 157 × 97 m großen Kultstätte erbaut ist.
Die seit 1962 im Bau befindliche Merdeka-Moschee in Djakarta (Indonesien) wird, wenn sie einmal fertig ist, die größte Moschee der Welt sein, mit Platz für über 50000 Menschen und einer Kuppel mit einem Durchmesser von 45 m.
Die größte Moschee Europas ist die ehemalige Abd-er-Rachman-Moschee in Córdoba (Spanien). Sie dient jetzt als christliche Kirche.

Die höchsten Minarette werden vier 105 m hohe Türme, die für die neue Moschee in Shah Alam, Selangor (Malaysia), gebaut werden. Der höchste freistehende Steinturm ist der Qutb Minar südlich von Neu-Delhi (Indien), der 1194 auf 72,54 m hochgezogen wurde.

Die höchste Pagode ist die Phra Pathom Chedi in Nakhon Pathom (Thailand), von 1853 bis 1870 für König Mongkut errichtet. Sie erreicht eine Höhe von 115 m.

Die älteste Pagode in China ist Sung-Yo Ssu in Honan, im Jahr 523 mit 15 12seitigen Stockwerken gebaut.

Den höchsten Kirchturm hat mit 161 m das Münster in Ulm (Baden-Württemberg). Der Unterbau wurde 1377 errichtet, der Turm aber erst 1890 vollendet. Bis zu seiner obersten Aussichtsgalerie führen 758 Stufen.

Die höchste Kirchturmspitze hat der Tempel der Ersten Methodistenkirche (First Methodist Church) in Chikago, Illinois (USA). Das Gebäude besteht aus einem 22 Stockwerke hohen Wolkenkratzer (1924 errichtet), auf dem sich in 100 m Höhe das Pfarramt, in 122 m Höhe eine Himmelskapelle und in 173 m Höhe über der Straße ein Kreuz befinden.

Die ältesten Glasmalereien sind die in der zweiten Hälfte des 11. Jh.s entstandenen Prophetenfenster des Domes von Augsburg (Bayern).
Stücke bemalten Glases, vor dem Jahr 850 entstanden, einige womöglich im 7. Jh., wurden in der Nähe von Jarrow (GB) von Prof. Rosemary Cramp ausgegraben und in ein Fenster aus jener Zeit in der St. Paul's Church von Jarrow eingefügt.
Das größte Glasmalerei-Fenster ist das eine ganze Wand einnehmende, 2079 m^2 große und

aus 2448 Scheiben bestehende Auferstehungsfenster des Resurrection-Mausoleums in Justice (USA).
Das von der Rückseite beleuchtete gläserne Wandgemälde, das 1979 im Atrium des Ramada-Hotels in Dubai eingebaut wurde, ist 41,14 m hoch.

Der wertvollste religiöse Gegenstand ist der aus dem 15. Jh. stammende goldene Buddha im Wat-Trimitr-Tempel in Bangkok (Thailand). Er ist 3,04 m hoch und wiegt schätzungsweise 5,5 t. Sein Goldwert wird auf rund 120 Mio. DM geschätzt. Das Gold unter dem Mörtelputz wurde erst 1954 entdeckt.

Der gegenwärtige Papst Johannes Paul II. (Karol Wojtyla, * 18. Mai 1920 in Wadowice bei Krakau, Polen), der am 16. Oktober 1978 gewählt wurde, ist der erste nichtitalienische Papst seit Adrian VI. aus den Niederlanden, der am 31. August 1522 gekrönt wurde.

Aus Deutschland kamen fünf Päpste: Der erste deutsche Papst war Gregor V. (996–99), vorher Brun von Kärnten. Er wurde von Kaiser Otto III. eingesetzt. Die anderen vier wurden alle von dem Salierkaiser Heinrich III. (1017–66, seit 1039 Kaiser) eingesetzt. Sie regierten nacheinander 11 Jahre lang: Klemens II. 1046/47, Damasus II. im Jahr 1048, Leo IX. 1049–54 und Viktor II. 1056/57.

Römisch-katholische Rekorde Päpste und Kardinäle

Längste Papstherrschaft Pius IX. – Giovanni Maria Mastai-Feretti (1846–78) 31 Jahre 236 Tage
Kürzeste Papstherrschaft Stephan II. (752) 2 Tage
Ältester Papst St. Agatho (678–681) (wahrscheinlich übertrieben!) 106 Jahre (?)
Leo XIII. – Gioacchino Pecci (1810–1903) 93 Jahre 140 Tage
Jüngster bei seiner Wahl Benedictus IX. – Theophylact (ca. 1020–1056) im Jahr 1032 11 oder 12 Jahre
Der letzte verheiratete Adrian II. (vor dem Zölibat) gewählt 867
Der letzte mit Kindern Alexander VI. – Rodrigo Borgia (1431–1503), Vater von sechs Kindern, gewählt 1492
Der letzte ohne Kardinalswürde Urban VI. – Bartolomeo Prignano (1318–89), Erzbischof von Bari 8. April 1378
Der letzte frühere Nichtitaliener Adrian VI. – Adrian Florenz Boeyens (NL) gewählt 31. August 1522
Langwierigste Wahl Gregor X. – Teobaldi Visconti, 31 Monate Februar 1269 bis 1. September 1271
Schnellste Wahl Julius II. – in erster Abstimmung 21. Oktober 1503
Langwierigste Heiligsprechung St. Leo III. – 857 Jahre 816–1673
Ältester Kardinal Georgio da Costa (* 1406 in Portugal), starb mit 102 Jahren in Rom 18. September 1508
Ältester Kardinal (derzeit) Pietro Parente (* 16. Februar 1891) 95. Geburtstag 16. Februar 1986
Jüngster Kardinal Luis Antonio de Bourbon (* 25. Juli 1727) mit 8 Jahren 147 Tagen gewählt 19. Dezember 1735
Jüngster Kardinal (derzeit) Alfonso Lopez Trujillo aus Kolumbien (* 18. November 1935) 47 Jahre 76 Tage
Längste Amtszeit Kardinal Duke of York, Enkel von James VII. von Schottland und II. von England, 60 Jahre 10 Tage, 1747–1807.

Letzter verheirateter Papst: Die ersten 37 Päpste unterlagen noch nicht dem Zölibat. Papst Hormisdas (514–523) war der Vater von Papst Silverius (536/537). Der letzte verheiratete Papst war Adrian II. (867–872). Rodrigo Borgia (1431–1503) war Vater von mindestens sechs Kindern, bevor er 1492 zum Papst (Alexander VI.) gewählt wurde.

Die längste Papstwahl dauerte 31 Monate. Ohne *habemus papam* (»Wir haben einen Papst«) erklären zu können, wurden die Kardinäle vom Bürgermeister von Viterbo (Italien) zu einer Entscheidung gezwungen, indem er ihnen nichts als Wasser und Brot vorsetzte und ihnen das Dach über dem Kopf wegnahm. Daraufhin wählten sie am 1. September 1271 den Erzbischof von Lüttich, Teobaldi Visconti (ca. 1210–76), zum Papst (Gregor X.).

Die größte Pilgerschar gab es bei den Hindu-Festlichkeiten von Kumbh-Mela in Allahabad (Indien). Dort, wo die Dschamma und die »unsichtbare« Sarasvati in den Ganges fließen, versammelten sich am 19. Januar 1977 schätzungsweise 12,7 Mio. Wallfahrer.

Sonntagsschulen wurden 1697 in Neath und Tirdwyncyn in Wales (GB) von Kongregationalisten eingeführt. Roland E. Daab von der St. Paul United Church of Christ in Columbia, Illinois (USA), besuchte die Sonntagsschule bis zum 15. September 1985 über einen Zeitraum von 67 Jahren 3486mal, ohne einen Sonntag auszulassen.

11. AUSZEICHNUNGEN, ORDEN

Nobelpreis. Die Nobel-Stiftung in Höhe von 3,2 Mio. Pfund Sterling (12,8 Mio. DM) wurde von Alfred Bernhard Nobel (1833–96), dem unverheirateten schwedischen Chemiker und Industriellen, geschaffen, der 1866 das Dynamit erfand. Die Nobelpreise werden jährlich am 10. Dezember, dem Jahrestag von Nobels Tod, verliehen.

Die ersten 1901 für Physik, Chemie, Medizin und Physiologie, Literatur und Frieden.
Ältester Preisträger war Prof. Francis Peyton Rous (USA, 1879–1970), der 1966 im Alter von 87 Jahren einen geteilten Preis für Medizin erhielt.
Jüngste Preisträger. Zur Zeit der Verleihung: Prof. Sir William Bragg (GB, 1890–1971), Physikpreis 1915 mit 25 Jahren. Zur Zeit der (später ausgezeichneten) Arbeit: Bragg und Theodore W. Richards (USA, 1868–1928), 1914 Preis für Chemie, 23 Jahre. Literatur: Rudyard Kipling (GB, 1865–1936), 1907 mit 41 Jahren. Frieden: Mairead Corrigan-Maguire (* 27. Januar 1944), 1976 geteilter Preis mit 32.
Die meisten Preise: 3, Internationales Rotes Kreuz (gegründet 1863) 1917, 1944 und 1963 (geteilter Preis); 2, Dr. Linus Carl Pauling (USA, * 28. Februar 1901), Chemie 1954, Frieden 1962; Marja Sklodowska Curie (Polen/Frankreich, 1867–1934), Physik 1903 (geteilter Preis), Chemie 1911; Prof. John Bardeen (USA, * 23. Mai 1908) Physik 1956 und 1980 (jeweils geteilter Preis); Prof. Frederick Sanger (GB, * 13. August 1918), Chemie 1958 und 1980 (jeweils geteilter Preis).
Höchster Preis: seit 1984 1,65 Mio. schwedische Kronen (569027 DM).
Niedrigster Preis: 115000 schwedische Kronen (1923).

Der wertvollste jährlich ausgeschriebene Preis ist der Templeton Foundation Prize für Fortschritte in der Religion, gestiftet 1972 von John M. Templeton (* 1912). Der Preis in Höhe von 170000 Pfund (580000 DM) wurde 1986 von Dr. James McCord (66), gewonnen, der 1982 das »Zentrum für Theologische Forschung« an der Princeton University (USA) gründete.

Die meisten Denkmäler für sich selbst setzte sich Generalissimo Dr. Rafael Leónidas Trujillo y Molina (1891–1961), der ehemalige Präsident der Dominikanischen Republik. Eine Zählung im März 1960 ergab »über 2000«. Der höchste Berg des Landes wurde Pico Trujillo (heute Pico Duarte) genannt. Eine Provinz erhielt den Namen Trujillo, eine andere Trujillo Valdez. Die Hauptstadt wurde 1936 Ciudad Trujillo genannt, erhielt aber inzwischen ihren alten Namen Santo Domingo de Guzmán wieder zurück.

Der Mensch, dem die meisten Statuen errichtet worden sind, ist Buddha. Rekordhalter des 20. Jahrhunderts ist Lenin (Wladimir Iljitsch Uljanow, 1870–1924), von dem Büsten in Massenproduktion angefertigt wurden, ebenso wie von Mao Tse-tung (1893–1976) und Ho Tschi Minh (1890–1969).

Die meisten Ehrendoktortitel, die je einem Menschen verliehen wurden – 96 –, hat Pater Theodore Hesburgh (* 1918), ein international anerkannter Erziehungswissenschaftler von der University of Notre Dame, Indiana (USA), zwischen 1954 und 1984 erhalten.

Sportabzeichen-Rekord. Walter Herrlau (* 1909) aus Bremen hat bereits 56mal die Prüfung für das Deutsche Sportabzeichen erfolgreich abgelegt. Unter den Frauen hat als erste Anne-Lies Hoffmann (* 1914) aus Berlin-Wilmersdorf die Prüfung bereits 45mal bestanden.

Das erste Verdienstkreuz des Verdienstordens der Bundesrepublik Deutschland, das am 7. September 1951 vom damaligen Bundespräsidenten (1949–59) Prof. Theodor Heuss (1884–1963) gestiftet wurde, erhielt der Bergmann Hans Brandel. Er hatte 1950 bei einem Wassereinbruch im Reichenberg-Schacht unter Lebensgefahr zwei Arbeitskameraden vor dem Ertrinken gerettet.

Die längste Eintragung im »Who's Who« *(Wer ist Wer,* gegr. 1849) hatte Winston Leonard Spencer Churchill (1874–1965). Seit 1899 erschien 67 Jahre lang in jeder Ausgabe etwas über ihn, aber die anfänglich nur 18 Zeilen waren im Laufe der Jahre auf 211 Zeilen angewachsen. Zur Zeit kann sich Barbara Cartland, Verfasserin von vielgelesenen Unterhaltungsromanen, der längsten Eintragung – 130 Zeilen bei allerdings breiteren Zeilen – rühmen. Der Jüngste, der aufgrund eigener Leistung und nicht durch einen ererbten Titel aufgenommen wurde, war der Geiger und Dirigent Sir Yehudi Menuhin (* 1916). Er erschien als 15jähriger in der Ausgabe von 1932.

Die längste der 66000 Eintragungen im *Who's Who in America* gilt Dr. Glenn T. Seaborg (* 19. April 1912), dessen 100-Zeilen-Rekord sich deutlich von den 9 Zeilen für Präsident Reagan abhebt. ■

1. ESSEN UND TRINKEN

PERSÖNLICHE REKORDE

Vorbemerkung: Obgleich nicht bekannt ist, daß ein gesunder Mensch bei einem Wettessen mit oder ohne alkoholfreie, nichtberauschende Getränke gesundheitlichen Schaden genommen hätte, sind derartige Rekordversuche vom medizinischen Standpunkt keineswegs zu empfehlen. Dies gilt ganz besonders für junge Menschen. Wer versuchen will, einen Eß- oder Trinkrekord aufzustellen, sollte sich bemühen, die Geschwindigkeit zu erhöhen, nicht aber die Mengen zu vergrößern.

Austern. 288 (2,72 kg) in 1:33 Min., Tommy Greene in Annapolis, Maryland (USA), am 6. Juli 1985. Der Rekord im Öffnen von 100 Austern steht bei 2:45,5 Min., aufgestellt am 28. Oktober 1983 von W. Heath jr. in Babson Park, Florida (USA).

Backpflaumen. 144 in 34 Sek., der Engländer Peter Dowdeswell, der sich auf Eß- und Trinkrekorde aller Art spezialisiert hat, am 26. April 1985 in Nottingham (GB).

Berliner. 12¾ (1,445 kg) in 5:46 Min., James Wirth; 13 (1,474 kg) in 6:01,30 Min., John Haight – beide am 3. März 1981 in New York.

Bohnen. 2780 kalte weiße Bohnen, einzeln mit dem Cocktailstäbchen aufgespießt, aß Karen Stevenson aus Wallasey (GB) am 4. April 1981.

Bratwürstchen. 96 Bratwürstchen (je 28,3 g) in 4:29 Min. von Peter Dowdeswell in Tokio am 24. Februar 1985. Kein anderes »Hot-Dog«-Wettessen kommt auch nur im entferntesten an diesen Rekord heran.

Schlepp-Höhenrekord – kurz vor dem Ausklinken in über 3000 m Höhe (S. 336)

Eier. Sowohl bei hartgekochten wie bei weichen oder bei rohen Eiern hält der Engländer Peter Dowdeswell den Rekord.
Er aß: 14 hartgekochte Eier in 58 Sek. am 18. Februar 1977, 13 rohe Eier schluckte er in 1,0 Sek. am 16. Mai 1984, 38 weichgekochte Eier in 75 Sek. am 28. Mai 1984.

Eiscreme. 1,53 kg schleckte in 50,04 Sek. Tony Dowdeswell in East Molesey, Surrey (GB), am 26. Januar 1984.

Erdbeeren. 907 g verputzte Peter Dowdeswell in 12,95 Sek. am 5. Juli 1985 in Nottingham (GB).

Gurken. 453 g Gewürzgurken futterte der Brite Peter Dowdeswell am 8. Februar 1986 in der Diskothek Ronelles in 41,6 Sek.

Hamburger. 21 Hamburger (je 100 g) in 9:42 Min. von Peter Dowdeswell am 30. Juni 1984.

Huhn. 2,1 kg Hühnchenfleisch in 10:37 Min. aß Valentin Florentino Muñoz Muñoz in Kortezubi, Vizcaya (Spanien), am 27. April 1986.

Negerküsse. 65 Mohrenköpfe oder Negerküsse (Stückgewicht 27,5 g) in 15 Min. verzehrte Holger Strauß aus Kappeln-Mehlby (Schleswig-Holstein) am 24. Mai 1981.

Laut Statistischem Bundesamt Wiesbaden verzehrt der Mensch in 65 Jahren – von der Geburt bis zu seinem Rentenalter – 490 Zentner Fleisch, Gemüse, Obst, Brot, Süßigkeiten, Getränke und Konserven. Dieser Lebensmittelberg besteht u.a. aus 2831 kg Fleisch und Wurstaufschnitt 3535 kg Obst und Gemüse, 3400 l Milch, 2439 kg Brot, 2135 kg Süßwaren, 3060 l Bier und 30 225 Zigaretten.

Sechs Männer und drei Gabelstapler haben drei Tage lang zu tun, um ihn in einer Lagerhalle, so groß wie fünf Fußballfelder, aufzustapeln. Beim Anblick dieses kulinarischen Turms kommt man sich vor, als wäre man im Schlaraffenland.

Großen Appetit auf **Mohrenköpfe** hatte auch der Schüler Thomas Franke (*1963) aus Schweich bei Trier. Am 18. Dezember 1982 verspeiste er 56 Negerküsse (je 15,5 g) in 7:24 Min.

Ravioli. 2,25 kg in 5:34 Min., Peter Dowdeswell in Lowestoft, Suffolk (GB), am 25. September 1983.

Schnecken. Für 1,1 kg brauchte am 27. April 1986 Andoni Basterrechea Dominguez in Kortezubi, Vizcaya (Spanien), 1:5,6 Min.

Shrimps. 1,36 kg aß Peter Dowdeswell am 7. August 1985 in Weymouth, Dorset (GB), in nur 3:10 Min.

Spaghetti. 100 Yards (91,44 m) in 21,7 Sek., Peter Dowdeswell am 25. Februar 1983 in Weedon, Northants (GB).

Zwiebeln. 91 eingelegte Zwiebeln (Gesamtgewicht 850 g) schaffte in 1:8 Min. Pat Donahue in Victoria, British Columbia (Kanada), am 9. März 1978.

Weltrekordler in Restaurant-Essen ist Fred E. Magel aus Chikago. Am 21. Juni 1983 verspeiste er sein Menü Nr. 46 000. Magel futtert sich seit 1928 als Test-Gourmet durch die Nationen und kennt die Spezialitäten von 60 Ländern. Die größten Portionen, versichert Magel, gab es in Zehnder's Hotel in Frankenmuth, Michigan (USA). Seine Lieblingsgerichte: Südafrikanischer Felsenhummer und Mousse aus frischen englischen Erdbeeren.

Größter Allesfresser ist Michel Lotito (*1950) aus Grenoble (Frankreich), der deshalb auch Monsieur Mangetout genannt wird. Er verputzt seit 1959 sogar Glas und Metall. Mediziner haben ihn untersucht und nach Röntgenaufnahmen festgestellt, daß seine Fähigkeit, täglich bis zu 900 g Metall aufzunehmen, einzigartig ist. Seine Diät bestand seit 1966 u. a. aus 10 Fahrrädern, einem Supermarktwagen (dazu brauchte er viereinhalb Tage), 7 Fernsehgeräten, 6 Kronleuchtern und einem kalorienarmen Sportflugzeug vom Typ *Cessna*, das er in Caracas (Venezuela) vertilgte.

Als Meister im Fasten erweist sich ausgerechnet ein Gastronomie-Fachjournalist, der Schweizer Oskar Kunz (*1917) aus Pfäffikon (Zürich). Seit 1952 unterzieht er sich freiwillig Jahr für Jahr einer Nulldiät von wenigstens 28 Tagen Dauer. Total hat er es bis zum 1. März 1985 auf 1057 Fastentage gebracht. Insgesamt hat er dabei ca. 520 kg Fett zu- oder abgenommen – bei bester Gesundheit. Er behauptet von sich, keinesfalls ein Guru, sondern ein ausgeprägter Genießer zu sein.

Am 17. August 1985 entstand in Torre del Mar, Velez-Malaga (Spanien), diese Riesen-Paella mit 10 m Durchmesser. Stundenlang schmorten 1200 kg Reis, 1000 kg Tintenfisch, Krabben, Langusten und Muscheln mit Tomaten, Erbsen, Paprika und 250 l Olivenöl. Umgerührt wurde mit 7 m langen Paddeln. Sie war gleich groß wie die Paella aus Barcelona, die ein Jahr zuvor den Rekord holte.

LEBENSMITTEL-REKORDE

Schwerste, längste, größte Mahlzeiten und Portionen

Fleisch und Wurstwaren

Grillen: 46 386 Hähnchenhälften für 15 000 Gäste, Honolulu (Hawaii), 31. Januar 1981. Und 7322 kg Rindfleisch, Sertoma Club, New Port Richey, Florida (USA), 24. März 1984.
Haxenessen: 5284 Schweinshaxen, Kassel, 10. Juni 1983.
Fleischfondue: 350 kg, 800 Portionen, Südtiroler Weinstube, Wels (Österreich), 16. Februar 1985.
Katerfrühstück: 15 000 Heringsfilets, Neuwied (Rheinland-Pfalz), Erwin Schröder, 16. Februar 1983.
Hendlspieß: 100 m lang, 800 ganze Hähnchen, Karl Pesendorfer, Lenzing (Österreich), 26. März 1984.
Fleischspieß: 80 m lang, 810 kg Nackenkoteletts, „Feine Metzgerei" Rattingen, Bochum, 7. Januar 1984.
Spießbraten: 60 m lang, 588 kg Schweinefleisch, Minigolfsportfreunde Brilon e. V., Brilon (Sauerland), 3. August 1985.
Wiener Schnitzel: 8,64 m^2, 230 kg Panade, Pfanne 5 × 2 m, Walter Ecklbauer, Steinerkirchen an der Traun (Österreich), 6. Juli 1985.
Beefburger: 2001 kg schwer, 36 m^2 groß, Metzgerei »Slager 2001«, Brüssel (Belgien), 26. März 1983.
Hamburger: 2270,66 kg, 7,10 m Durchmesser, Spur Steak Ranches, Three Anchor Bay, Kapstadt (Südafrika), 13. Oktober 1985.
Leberkäs: 1712 kg, 16 × 1 × 0,18 m, Heribert Roth und Anton Karl jr., Salzburg (Österreich), 30. Juni 1985.
Bratwurst: 817,32 m lang, 540 kg, am Stück gegrillt, Fleischer-Innung Bochum, 5. April 1986.
Fleischwurst: 126,5 m lang, am Stück geräuchert, Robert Balzer, Bad Kreuznach, 27. Oktober 1985.
Wursttorte: 1,73 m hoch, 665 kg, Paul Meßmer, Vöhrenbach (Schwarzwald), 28. August 1983.
Schweinesulz: 300 × 100 × 37 cm, 1034 kg, Interspar-Kaufhaus Lehen (Salzburg), 31. Mai 1985.
Fleischpastete: 5,75 t (5,48 × 1,83 m), Denby Dale, West Yorkshire (GB), 5. September 1984.
Würstchen: 8,91 km lang, 2418 kg schwer, Firma Rex's Sausage Manufacturing, Stirchley (GB), 22. Juni 1983.
Zwiebelwurst: 6749,94 m lang, 6000 kg Schweinefleisch, Schlachterei Lohmeier, Hamburg, 28./29. April 1983.
Leberwurst: 423,68 m lang, Dornheimer Chorgemeinschaft 1844, Groß-Gerau (Hessen), 11. September 1983.
Salami: 8,91 m lang, 71 cm Umfang, 333 kg schwer, Don Smallgoods, Australien, 23. April 1982.
Maultasche: 149,6 m lang, in 1300 l Brühe gekocht, Werner und Jürgen Kirchherr, Bad Teinach-Zavelstein (Schwarzwald), 31. August 1985.
1232 Maultaschen in 28:02 Min. hergestellt von Frieder Wallenmaier (37), Stuttgart, 6. Mai 1982.
Kesselgulasch: 360 kg Gesamtgewicht, 150 kg Rindfleisch, 150 kg Zwiebeln, 1200 Portionen à 300 g, Werner Gschiers, Leobersdorf (Österreich), 19. Juni 1984.

Backwaren

Brotlaibe: 649,9 m langes Spiralenbrot »Rosca de Reyes«, Acapulco (Mexiko), 6. Januar 1985.

Und 404,7 m lang, Bäckerinnung Waldeck, Korbach (Hessen), 27./28. Mai 1983.
Pfannenbrot: 170 × 70 × 90 cm, 101,6 kg, San-Lameer-Gebiet bei Natal (Südafrika), 31. Mai 1984.
Matjesbrot: 2548 Matjes, Brotscheibe: 7,19 × 2,50 m, 1,5 cm dick, Thomas Amtage/Harry-Brot, Hamburg, 8./9. Juni 1984.
Torten: 37,18 t, Franz Eichenauer, Atlantic City, New Jersey (USA), 4. Juli 1982. Und 40,82 t, 33,5 × 24,3 m, Franz Eichenauer, City Coliseum, Austin, Texas (USA), 20. Februar 1986.
Geburtstagstorte: 16,33 m hoch, 33 Stockwerke, 3764 kg, Franzi Kühn vom Hotel Grüner Baum, Badgastein (Salzburger Land), zum 93. Geburtstag von Luis Trenker am 4. Oktober 1985.
Muttertagstorte: 2,28 t schwer, 49 m² groß, 3,5 m hoch, Hanna's Backstuben, Bochum, 7. Mai 1983.
Riesentorte: Lenzinger Gemeindewappen-Nachbildung, 26 m², 1850 kg, Karl Pesendorfer, Lenzing (Österreich), 29. September 1985.
Pasteten- und Kuchenteig: 489,87 m, Liseberg Park, Göteborg (Schweden), 15. Juni 1984.
Obstpastete: 13,66 t Äpfel, Chelsfield, Kent (GB), 25.–27. August 1982.
Pastete aus Dörrobst: 1025 kg, Ashby-de-la-Zouch (GB), 15. Oktober 1932.
Apfelkuchen: 105,6 m², 2356 kg Gesamtgewicht, 1386 kg Äpfel, Kurt Wölfl, Kassel (Hessen), 15. Dezember 1984.
Apfelstrudel: 238,75 m lang, 1017 kg, Gemeinde Mönichwald (Oststeiermark, Österreich), 28. Juli 1985.
Brezel: 310 kg, 8 m lang, 3,35 m breit, Bäckerei Stefan Frischmann, Neusiedl am See (Burgenland), 4. Oktober 1985.
Butterkuchen: 338,20 m lang, 40 cm breit, Bäckerinnung Cuxhaven, 5. Juni 1982.
Christstollen: 174,83 m lang, Brot- und Spezialitätenbäckerei Karl Jaus & Söhne (Stuttgart) und Handelshof Bad Dürrheim (Baden-Württemberg), 23. Oktober 1985.
Cremeschnitte: 602 m lang, 12 000 Portionen, Hans Suter, Habsburg (Schweiz), 9./10. Mai 1982.
Erdbeerkuchen: 57 m², 8,52 m Durchmesser, 63 400 Erdbeeren, Ulmer Backhaus (Bäckermeister Hermann Egle), Dornstadt-Bollingen (Baden-Württemberg), am 20. Juni 1985.
Erdbeerschnitte: 318,7 m lang, Hans Klar, Karlsruhe, 9. Juli 1983.
Faschingskrapfen: 320 kg schwer, 4,85 m Umfang, 1,60 m Durchmesser, Richard Hartner, St. Pölten (Niederösterreich), 6. März 1984.
Frankfurter Kranz: 148 m lang, 11 520 Portionen, Victor Veltmann, Werne (Nordrhein-Westfalen), 5. Juni 1982.
Meringe (Baiser): 2,4 m lang, 1,5 m breit, 80 cm hoch, Konditormeister Andreas Frutiger, Meiringen-Hasliberg (Berner Oberland), 13. September 1985.
Guglhupf: 2250 kg schwer, 1,90 m hoch, 2,60 m Durchmesser, 8,20 m Umfang, Georg Schindler, Regensburg (Bayern), 27. April–5. Mai 1984.
Kirschtorte: 6350 kg schwer, 2245 kg Kirschen, 4,36 m Durchmesser, 61 cm hoch, Charlevoix, Michigan (USA), 15. Mai 1976.
Lebkuchen: 216,71 m lang, 54 cm breit, Konrad Friedmann, Stefan Koch und Manfred Roth, Oppenau (Schwarzwald), Dezember 1982.
Lebkuchenherz: 12 m², 300 kg, Adolf Lunzer, Gols (Burgenland), Mitte Juni 1984.
Lebkuchenhaus: 7,5 m hoch, 4 × 6 m Grundfläche, 4200 Einzellebkuchen, Confiserie Raymond Bachmann, Shopping Center Emmen (Schweiz), 3. Dezember 1985.
Biskuitrolle: 526 m lang, Marktkauf GmbH, Osnabrück-Nahne, 31. August 1985.
Nußstriezel: 126,40 m lang, 40 kg Haselnüsse, 40 kg Marzipan, Bäckerinnung Bergstraße, Heppenheim (Hessen), 15. September 1984.
Pflaumenkuchen: 116,61 m² groß, 3000 kg Pflaumen, Langenfeld (Nordrhein-Westfalen), 12. September 1981.
Schaumrolle: 108,05 m lang, 4000 Portionen, Verein der Kremser Wirtschaftstreibenden, Krems (Niederösterreich), 15. Juni 1984.

Mehl- und Eierspeisen

Kartoffelreibekuchen: 8 m², 735 kg schwer, Freiwillige Feuerwehr, Kausen (Westerwald), 14. August 1983.
Nudel: 780 m lang, 7 Stränge, 3 Farben (grün, rot, gelb), H. C. Delfs, Hannover, 7. Oktober 1984.
Gefüllte Nudel: 228,37 m lang, 143 kg Fleischfüllung, 2283 Portionen, Volks- und Winzertanzgruppe e. V. 1981 Markelsheim (153 Helfer), Bad Mergentheim (Baden-Württemberg), 17. März 1985.
Kärntner Nudelpfanne: 2000 Kärntner Nudeln in 2,5 m Durchmesser großer Pfanne geröstet, Werbegemeinschaft Wolfsberg, Wolfsberg (Kärnten), 7. Juli 1984.
Lasagneblatt: 136 m, Franco Pizzuto, Meran (Südtirol), 18. Juli 1985.
Käsenockengericht: 400 kg, Pfanne: 2,20 m Durchmesser, Maishofen (Österreich), 17. Juli 1982.
Nudeln: 2048 Nudelfäden, über 1,52 m Länge in 34,30 Sek. produziert von Mark Pi, Columbus, Ohio (USA), 12. Februar 1983.
Omelette: 45 000 Eier, in einer 3,05 × 13,11 m großen Pfanne, Hotel Meridien und Kinsman's Mothers, Vancouver (Kanada), 27. Januar 1986.
Spätzleschaben: 555 kg in 24 Std., Norbert Kirsch (* 1951), Stuttgart, 17./18. September 1982.
Tiroler Knödel: 171 kg, 1500 Semmeln, 600 Eier, Speck, Guntram Schelling, Dornbirn (Vorarlberg), 9./13. November 1984.
Pizza: 26,40 m Durchmesser, 547 m², gebakken von Marco Cagnazzo, Johannesburg (Südafrika), 31. März 1984.

Dieser freistehende Kuchen erreichte 13,84 m Höhe oder 71 Stockwerke. Der Hochzeitskuchen wurde am 12. September 1985 von der Belegschaft des Hyatt-Central-Plaza-Hotels in Bangkok (Thailand) gebakken.

Weltrekord auf der »Grünen Woche« in Berlin: Unter der Leitung von Josef Haage, Küchenchef vom Inter-Continental, Berlin, wurde nach einem Rezept der Zeitschrift *meine Familie und ich* täglich vom 24. Januar bis 2. Februar 1986 der größte Salade Niçoise angemacht und an die Besucher verkauft. Hier das Rezept: je 312 kg gekochte Salatkartoffeln, Tomaten und grüne Paprikaschoten, 62 kg Zwiebeln, 1250 Kopf Eisbergsalat, 125 kg schwarze Oliven, 250 kg Thunfisch, 5000 hartgekochte Eier, 625 Knoblauchzehen, 100 l Dressing. Mahlzeit!

Spiegelei: 2 m Durchmesser, 1,2 m Durchmesser Eigelb, 1000 Eier, Kochklub Gsundi, Wil (Kanton Nidwalden, Schweiz), 23. September 1984.

Käse

Die ältesten und einfachsten Käse sind die arabischen *Kishk,* die aus getrocknetem Ziegenmilchquark hergestellt werden.
Gegenwärtig gibt es 450 benannte Käsearten von 18 Hauptsorten, doch unterscheiden sich viele nur in der Form oder der Verpackung. In Frankreich gibt es 240 Sorten.

Der teuerste Käse der Welt – auf seinem heimischen Markt – ist *Le Leruns,* hergestellt aus Schafsmilch. Das Kilo kostet 90 Francs (36 DM).

Emmentaler: 602 kg aus 7049 l Rohmilch, Molkereizentrale Süd, Nürnberg, und Karstadt-Filiale Hamburg-Mönckebergstraße, 25. September 1985.
Frischkäse Liptauer Art: 380 kg schwer, Molkerei Horn, Gars am Kamp (Niederösterreich), 22. Mai 1982.
Wilstermarschkäse: 15,05 m lang, 30 cm breit, 12 cm hoch, Breitenburger Milchzentrale, Itzehoe (Schleswig-Holstein), April 1981.
Käse-Fondue: 400 kg schwer, 1600 Personen, Chäseria-Harlekin-Clique Baden, 22. Oktober 1983.

Schokolade und Süßspeisen

Die erste Tafel Schokolade stellte der Schweizer François-Louis Cailler 1819 in Vevey, Kanton Waadt (Schweiz), maschinell her. Vorher konnte man nur flüssige Schokolade per Hand zu langen »Würsten« rollen.

Schokoladentafel: 10 × 5 × 0,73 m, Lehrlinge der Patissier- und Konditoren-Innung Barcelona (Spanien), November 1985.
Schokoladenhexenhaus: 2,50 m hoch, 2,60 m breit, 1,90 m lang, Peter Lopp, Rottweil, Weihnachten 1983.
Praline: 4,8 m hoch, aus 15800 Einzelpralinen, Berufsfachschule für Konditorhandwerk, Wolfenbüttel, 22. Februar 1985.
Mozartkugel: 1 m Durchmesser, 575 kg, Firma Reber Spezialitäten, Bad Reichenhall, 4. Oktober 1984.
Mozarttaler: 1,5 m Durchmesser, 270 kg, Chefpatissier A. Rust und Küchenchef J. Illinger vom Salzburger Sheraton Hotel (Österreich), 20. September 1985.
Marzipanbrot: 151 m lang, 1500 kg schwer, Firma Zentis, Aachen, 5. Dezember 1984.
Osterei: 3430 kg schwer, 3,04 m hoch, Siegfried Berndt, Leicester (GB), 7. April 1982.
2323 kg schwer, 5,42 m hoch, Eugen Lauwers, Schelle (Belgien), 19. März 1983.
Osternest: 1040 m lang, 14 316 hartgekochte Eier, 10809 Schokoladeneier, 304 Osterblumengestecke, 60 Ballen Heu, Seesener Werbe-Gemeinschaft, Seesen (Harz), 15. April 1984.
Eiscreme: 12,29 t, mit Erdbeeren, Nüssen und Sahne, St. Albans, Vermont (USA), 15. April 1983.
Eistorte: 1,30 m hoch, 67 cm Durchmesser, 101 kg, Eiskonditor Pasquale Da Ros, Völklingen-Ludweiler (Saarland), 5. Oktober 1985.

Eis-Büfett: 402,80 m lang, 10000 Besucher, Köcheclub Lippstadt e. V., Bad Waldliesborn (Münsterland), 27. August 1983.

Pudding: 1975 kg schwer, EMO Nährmittel Produktions- und Vertriebsges. mbH, Wien, 15. April 1983.
Bananensplit: 6,43 km lang, Studentenverbindung Zeta Beta Tau an der Staatsuniversität Ohio (USA), 25. August 1985.
Erdbeerschüssel: 232,7 kg (netto), Battle, East Sussex (GB), 4. Juli 1985.

Gewürze

Das teuerste Gewürz ist wilder Ginseng (Wurzel der *Panax quinquefolius*) aus dem chinesischen Bergland Chan Pak. Im November 1977 soll er in Hongkong für 821 Dollar/g (1806 DM) gehandelt worden sein. Dem Ginseng werden aphrodisische Eigenschaften zugeschrieben.

Das schärfste aller Gewürze soll *Siling labuyo* sein, das auf den Philippinen wächst.

Chilipfeffer oder Capsicum, im Südwesten der USA als Tepin bekannt, wird aus Schoten mit einem Durchmesser von 7 mm gewonnen. Getrocknet liefert 1 g genug »scharfen Stoff« für 31 kg Soße.

GETRÄNKE

Allgemein: Ab 1. Januar 1981 gelten in sämtlichen EG-Staaten einheitliche Bestimmungen für die Ermittlung des Alkoholgehaltes in einem Getränk. Unter Alkoholmenge versteht man das in Litern ausgedrückte Volumen des Äthanols bei einer Temperatur von 20°C.

Prohibition. Am längsten hat sich das staatliche Verbot der Herstellung und des Verkaufs alkoholischer Getränke in Island gehalten (1908–34). In Rußland (später UdSSR) dauerte sie 1914–24 und in den USA 1920–33.

Auf den Färöerinseln besteht das Verbot des öffentlichen Ausschanks (im Gegensatz zu privater Erlaubnis) seit 1918.

Erdbeerbowle: 1500 l, 9 Zentner Erdbeeren, 50 kg Zucker, 900 Flaschen Wein, 250 Flaschen Sekt, Stadt Oberkirch (Renchtal an der badischen Weinstraße), 23. Juni 1984.
Feuerzangenbowle: 1150 l, aus 800 l Rotwein, 200 l Rum, 250 Orangen, 120 Zitronen, 1 kg Nelken. Zuckerhut: 90 kg, 60 cm Durchmesser, Werbegemeinschaft Lage e. V., Lage (Lippe), 7. Dezember 1985.
G'spritzter: 2020 l, aus 1010 l Grüner Veltliner und 1010 l Sodawasser, Hermine Pass, Stockern (Niederösterreich), 20. Juli 1985.

Die größte Lokalrunde gab Paul Deer am 14. Juli 1982, als er bei U-Zoo & Co. in Atlanta, Georgia (USA), für 1501 Menschen einen Drink spendierte.

Wein

Der älteste Wein, dessen Kelterung mit Sicherheit feststellbar ist, befand sich in einer Amphore, die der französische Unterwasserforscher Jacques Yves Cousteau (* 1910) aus dem Wrack eines um 230 v. Chr. im Mittelmeer gesunkenen griechischen Handelsschiffes barg und auch selbst kostete.

Die älteste bekannte Handelsmarke für Wein trägt das Etikett »Q. Lutatio C. Mario Cos.«. Diese bei Ausgrabungen in Rom entdeckten Weinkrüge stammen aus der Zeit der Konsuln Q. Lutatius und C. Marius aus dem Jahr 102 v. Chr.

Die teuerste Flasche Wein (im Sinne eines Gefäßes, nicht einer Maßeinheit) war ein Mouton Rothschild des Jahrgangs 1870. Bill Burford aus Dallas (USA) erwarb den kostbaren Tropfen zwecks Weiterverkaufs am 16. Juli 1984 von der Firma Whetwham Wines in Greater Manchester (GB) für 26500 Pfund (98680 DM). Mengenmäßig entspricht die Flasche Mouton Rothschild 1870 6 der heute üblichen Bordeaux-Flaschen (0,7 l).

Teuerste Flasche Wein ist ein roter Château Lafite des Jahrgangs 1787, die der Amerikaner Christopher Forbes am 5. Dezember 1985 bei Christie's in London für 105000 Pfund (ca. 400000 DM) ersteigerte. Daß der Preis dermaßen in die Höhe kletterte, lag nicht nur am Wein: Die Flasche war mit den Initialen von Thomas Jefferson (1743–1826) versehen, dem dritten Präsidenten der USA.

Die größte Versteigerung von Wein wurde von der Auktionsfirma Christie's am 10./11. Juli 1974 in London abgehalten, wobei 2325 Posten von insgesamt 432000 Flaschen einen Betrag von 962190 Pfund (damals ca. 5,8 Mio. DM) erzielten.

Die älteste Champagnerfirma ist Ruinart Père et Fils (Frankreich), die 1729 gegründet wurde.

Die älteste noch bestehende deutsche Sektkellerei ist die 1826 in Esslingen bei Stuttgart von Georg Christian Kessler gegründete Sektkellerei G. C. Kessler u. Co.

Sektsäule. Die höchste erfolgreich gefüllte Säule bestand aus 23 Sektgläsern. Den Prickelrekord erreichten Carl Grover und Peter Sellars am 19. April 1983 in Richmond (Australien).

Champagner-Kaskade. Mit 10404 langstieligen Champagnergläsern baute Pascal Leclerc am 18. Juni 1984 im Biltmore Hotel von Los Angeles (USA) einen Springbrunnen besonderer Art: Er türmte sie in 44 Stockwerken pyramidenförmig übereinander (Höhe: 7,52 m) und füllte sie dann von oben nach unten mit Champagner.

Die größte Entfernung, die ein Champagnerkorken aus einer nichtbehandelten und nicht erwärmten Flasche flog, die sich 1,22 m über dem Boden befand, war 32,23 m. Peter Kirby gelang dieser »Schuß« am 4. Juli 1981 in Idlewild Park, Nevada (USA).

Das größte Faß stammt aus dem Jahr 1751 und steht im Keller des Heidelberger Schlosses. Es ist 9 m lang, 8 m hoch und faßt 221726 l Wein.
Das noch größere Faß in Bad Dürkheim (an der Weinstraße) ist leider kein Weinbehältnis, sondern ein Restaurant mit 500 Plätzen. Wollte man es mit Wein füllen, so könnte es 1,7 Mio. l aufnehmen.
Das als Behälter benutzte größte Faß der Welt gehört einer englischen Apfelweinfirma in Hereford und führt den Markennamen Strongbow. Es ist 19,65 m hoch, mißt 23 m im Durchmesser und hat einen Fassungsraum von 74100 hl.

Das älteste Weinfaß der Welt steht im Keller der elsässischen Weingärtner Hugelet & Söhne. Das Familienunternehmen kann seine Weinbaugeschichte bis ins Jahr 1639 zurückverfolgen, das Faß stammt aus dem Jahr 1715 und wird heute noch verwendet.

Bier

Das stärkste Bier der Welt, gemessen am Alkoholgehalt – und zugleich das teuerste –, ist Samichlaus-Bier aus der Züricher Brauerei A. Hürlimann (Schweiz). Die ⅓-l-Flasche wird für 10 sfr (12,45 DM) angeboten. Bei 20°C hat das Bier 13,94 Vol.-Prozent Alkohol.

Das stärkste Bier der Welt, gemessen aufgrund des Stammwürzegehalts, ist das EKU-28 (bisher Kulminator Urtyp hell genannt). Es hat 28 Prozent Stammwürze und 13,52 Vol.-Prozent Alkohol bei 20°C. Gebraut wird es von der Ersten Kulmbacher Actienbrauerei AG in Kulmbach (Oberfranken).

Das schwächste Bier, das in der Bundesrepublik Deutschland nach dem Biersteuergesetz hergestellt werden darf, ist das sogenannte Einfachbier mit einem Stammwürzegehalt von 2–2,5 Prozent.

Die schwächste Flüssigkeit, die je als Bier verkauft wurde, war ein süßes Ersatzbier, das im Jahr 1918 von Gebr. Sünner, Brauerei und Brennerei, Köln-Kalk, in Deutschland fabriziert wurde und dessen Stärke etwa ⅟₃₀ des schwächsten Bieres betrug, das heute unter diesem Namen verkauft werden darf.

Das älteste deutsche Bier steht im Museum von Alzey bei Mainz. Es stammt aus dem Jahr 353 n. Chr. und wurde bei Ausgrabungen in einem Tonkrug unter den Ruinen eines römischen Kastells gefunden.

Die älteste Brauerei ist die im Jahr 1040 gegründete Brauerei von Weihenstephan in Freising bei München. Heute ist sie Bayerische Staatsbrauerei. Um den Rang der zweitältesten Brauerei können die Klosterbrauerei Weltenburg, Weltenburg b. Kelheim (Niederbayern), und das Herzoglich Bayerische Brauhaus Tegernsee, Tegernsee (Bayern), streiten – beide wurden um 1050 gegründet.

Die weltgrößte Brauerei ist Anheuser-Busch Inc. in St. Louis, Missouri (USA), mit 11 Braustätten in den USA. 1984 verkaufte das Unternehmen 64 Mio. US-Barrel, fast 76,30 Mio. hl; das ist die größte Jahresmenge, die jemals von einer Brauerei ausgestoßen wurde. Die Brauanlage des Unternehmens in St. Louis bedeckt eine Fläche von 40,5 ha und wird nach Abschluß der derzeitigen Modernisierung eine Jahreskapazität von 13 Mio. US-Barrel (15,5 Mio. hl) haben.

Der größte deutsche Getränkekonzern ist die DUB-Schultheiss-Gruppe mit Sitzen in Berlin und Dortmund, mit 19 Produktionsbetrieben und einem Bierausstoß von 3,175 Mio. hl für 1985.

Die größte einzelne Braustätte der Bundesrepublik Deutschland ist Beck Co. in Bremen mit einem Jahresausstoß von 3,1 Mio. hl im Braujahr 1983/84.

Die Biertradition der Schweiz geht bis auf das Jahr 640 n. Chr. zurück. In der Lebensgeschichte des Mönches Columban aus dem Kloster St. Gallen wird erwähnt, daß bei Festanlässen um diese Zeit dort bereits Bier gebraut und getrunken wurde. Ein Klosterplan von St. Gallen von 820 zeigt mehrere Brauereianlagen. Heute existiert in St. Gallen jedoch keine Klosterbrauerei mehr. Die ältesten Brauereien der Schweiz, die noch produzieren, stammen aus der Zeit um 1670 bis 1680. Es sind die Brauerei Schloß Reichenbach in Zollikofen (Kanton Bern), die jetzt zu einer größeren Firmengruppe gehört, und die Brauerei Eichhof in Luzern, deren erste Braustätte 1668 entstanden ist.
In der Schweiz produzieren 35 Braustätten Bier. 31 gehören dem Schweizerischen Bierbrauerverein an.
Die größte Brauerei-Gruppe der Schweiz ist die Feldschlößchen-Gruppe in Rheinfelden (Kanton Aargau).
Die kleinste Brauerei der Schweiz ist die Brauerei Wäfler/Rothenburg mit 331 hl Ausstoß.
Die schwächsten Biere werden in der Schweiz von mehreren Brauereien mit einem Stammwürzegehalt bis zehn Prozent und einem Alkoholgehalt von etwa 2,25 Vol.-Prozenten gebraut.

Die kleinste gewerbliche Brauerei der Bundesrepublik Deutschland zu sein ist ein Anspruch, der von mindestens drei Braustätten erhoben wird:
In Oberaudorf (Bayern) braut Adalbert Balz in seinem Ein-Mann-Betrieb pro Jahr 1400 hl Bier.

Unermüdlich stapelt Roberto Simonetti (* 1956) aus Kusel (Rheinland-Pfalz) Eisbällchen auf Eisbällchen. Nachdem sein Konkurrent Gianni Mucignat (* 1961) es am 4. Juli 1985 auf 400 Eiskugeln in nur einer Eiswaffel gebracht hatte, schlug Roberto am 8. März 1986 mit einem Rieseneis aus 421 Eiskugeln zurück und bleibt damit Rekordhalter – eigentlich kein Grund, sich hinter seiner Leistung zu verstecken.

In Pfarrkirchen (Niederbayern) braut Georg Steiner – ebenfalls allein – 600 hl Weizenbier pro Jahr.
In Willich bei Düsseldorf (Nordrhein-Westfalen) braut Günther Marx in seiner »Historisch-Handwerklichen Kesselbrauerei« 500–600 l Altbier »Aldisch« pro Jahr.

Die älteste Brauerei Österreichs ist im Vergleich zu der Deutschlands jung: 1449 berichtet das Urbar Wallsee zum ersten Mal von der Brauerei Hofstetten, St. Martin im Mühlkreis (Oberösterreich).

Die größte österreichische Brauerei ist die in Schwechat bei Wien, eine Betriebsstätte der Österreichischen Brau AG, die 1050000 hl im Jahr 1978 braute.
Die kleinste Brauerei Österreichs ist die Brauerei Wietzel in Rankweil (Vorarlberg).

Das stärkste österreichische Bier hat 6 Vol.-Prozent Alkohol, das schwächste ca. 3,5 Vol.-Prozent. Der jährliche Durchschnitts-Bierkonsum sind 100,9 l pro Kehlkopf.

Die größte Auswahl an Biersorten bietet der Biermarkt von Bruno Maruhn in Darmstadt-Eberstadt (Hessen). 1025 Biersorten hat der Antialkoholiker und Milchtrinker Maruhn in seinem Angebot, darunter zwei Biersorten aus der Volksrepublik China.

Bei dem Konditormeister Adolf Lunzer (* 1939) jagt ein Rekord den anderen. Am österreichischen Nationalfeiertag, dem 26. Oktober 1985, erfreute er in Gols (Burgenland) mit einer 2,52 m langen Zuckerwatte, die an der stärksten Stelle stolze 58 cm dick war, die Kinder. Dem Feiertag entsprechend war die Kalorienbombe in den Nationalfarben Rot-Weiß-Rot gehalten.

Er ist zugleich auch der größte Bier-Importeur. Aus 52 Ländern kommen seine Biersorten.

Das teuerste deutsche Bier, der »Abts Trunk« der Klosterbrauerei Irsee im Allgäu, wird in handgearbeiteten salzglasierten Steingutflaschen monatelang gelagert. Es hat eine garantierte Stammwürze von über 22 Prozent und kostet 0,5 l (1 l) 23 DM (33 DM).

Die meisten Biermarken der Welt gibt es in der Bundesrepublik Deutschland: 4000 aus 1200 Braustätten. Auch in den Biersorten führt Deutschland, es gibt ca. 25–30 verschiedene Sorten und Brauarten.

Eine Bierflaschen-Sortensammlung (alle noch original abgefüllt) trägt Manfred Böhm (* 1944) aus Kassel zusammen. Bis 1. Februar 1986 hat er es auf 1700 Flaschen aus 600 verschiedenen Brauereien (aus 41 Ländern) gebracht.
Peter Broeker (* 1943) aus Geesthacht (Schleswig-Holstein) hat aus 57 Ländern mit 877 verschiedenen Brauereien eine Sortensammlung von 2238 Bierflaschen zusammengetragen. Aufeinandergestapelt ergeben sie eine Turmhöhe von 480,88 m, höher als der Sears Tower in Chikago (Stand 22. März 1986).

Das erste Bier in Dosen wurde 1935 von der Firma Krueger Beer in Richmond, Virginia (USA), vertrieben.

Den Besitz der größten Sammlung nimmt John F. Ahrens aus Mount Laurel, New Jersey (USA), für sich in Anspruch. Im Januar 1985 hatte er 15000 verschiedene Bierdosen.

SPIRITUOSEN

Die älteste Cognacbrennerei ist Augier Frères & Co. (Frankreich). Sie besteht seit 1643.

Der höchste Preis, der für eine Spirituose auf einer Auktion erzielt wurde, war 780 Pfund Sterling (2910 DM) für eine 2-l-Flasche Grande Armée Fine Champagne Cognac, Jahrgang 1811, bei Christie's, Genf, am 13. November 1978. Grande Fine Champagne Cognac Biscuit du Boucher 1811 kostet bei Fauchon, Paris, umgerechnet 5700 DM die Flasche.

Die weltgrößte Spirituosenbrennerei ist The Seagram Company Ltd. in Kanada. Im Geschäftsjahr, das am 31. Januar 1985 endete, setzte das Unternehmen 2,821 Mrd. US-Dollar (8,71 Mrd. DM) um. Die Firmengruppe beschäftigt 14200 Menschen, 6000 davon in den USA.
Die größte schottische Whiskybrennerei ist Tomatin (Highland).
Das größte Unternehmen für Verschnitt und Abfüllung schottischen Whiskys ist John Walker & Sons in Kilmarnock (Schottland). Wöchentlich werden über 3 Mio. Flaschen gefüllt. Johnnie Walker ist die weltweit am meisten verkaufte Marke.

Höchster Alkoholgehalt. Von 1918 bis 1940 vertrieb Estonian Liquor Monopoly einen Kartoffelschnaps mit 98 Prozent Alkoholgehalt. In 31 US-Staaten vertreibt die Firma American Distilling Co. das Gebräu *Everclear* mit einem Alkoholgehalt von 95 Prozent – laut Firmenwerbung »vorwiegend als Grundlage für selbstproduzierte Kräuterliköre«.

Die größte bekannte Sammlung von Spirituosen in einer Bar hat mit 1722 verschiedenen Sorten (Mai 1986) Ian Boasman im Bistro French in Preston, Lancashire (GB), zusammengestellt.

FLASCHEN

Die größte Flasche, die normalerweise im Wein- und Spirituosenhandel verwendet wird, ist der Jerobeam (so genannt nach dem legendären Oberhofmeister König Salomos). Sie faßt den Inhalt von 4 normalen Flaschen Champagner. Seltener wird sie auch mit Cognac gefüllt.
Es gibt auch Jerobeam-Flaschen, die mit 5-6½ Flaschen Rotwein gefüllt werden können, je nachdem, ob die Riesenflaschen aus geblasenem oder gegossenem Glas hergestellt wurden. Eine andere große Flasche ist die Doppel-Magnum, die seit 1934 mit 4 Flaschen Bordeaux – oder: rotem Burgunder – gefüllt wird.

Der komplette Satz Champagnerflaschen besteht aus der viertel (Pikkolo, in Deutschland häufig auch Pony genannt), der halben und der ganzen Flasche, dem Magnum, dem Jerobeam, Rehobeam, Methusalem, Salmanassar und Balthasar bis zum Nebukadnezar mit einem Inhalt von 16 l bzw. 20 Flaschen.
Im Mai 1958 wurde eine 1,52 m hohe Sherryflasche in Stoke-on-Trent (GB) mit einem Fassungsraum für 93 l (131 normalgroße Flaschen) geblasen. Sie erhielt den Namen Adelaide.

Die leichteste Bierflasche fertigt seit 1969 die Glasfabrik Heye-Glas Obernkirchen (Niedersachsen). Diese »Paderborner Flasche« wiegt nur 135 g. Seit 1969 wurden 612,4 Mio. Stück dieser 0,33 l-Recyclingflasche geliefert (Februar 1986).

Die kleinsten im Handel erhältlichen Flaschen enthalten 1,3 ml Whisky der Marke White Horse. Sie werden für 33 Pence (1,30 DM) verkauft.

Die kleinste Bierflasche enthält 10 ml Guinness-Bier. Die Mini-Flasche ist mit einem Kronenkorken verschlossen.

Die größte Sammlung von Whiskyflaschen besitzt mit 3100 verschiedenen Edward Giaccone in seiner Whiskyteca in Salo am Gardasee (Italien).

RUND UM GETRÄNKE

Eine 200 Jahre alte Messingzapfsäule, aus der immer noch das Bier fließt, gibt es im »Wespennest« in der Altstadt von Düsseldorf.

Den allerlängsten Trinkhalm mit genau 2652,60 m steckten 8 Mitglieder einer Jugendgruppe der Natur- und Wanderfreunde aus Dorsten (Westfalen) am 23. Juni 1984 in 5:46 Std. zusammen.

Prominenten-Stammtische – genau 1604 an der Zahl weist der »Marchfelderhof« in Deutsch-Wagram (Österreich) auf. Auf Sesseln, Bänken und Logen sind kleine Taferl montiert, damit die unzähligen Berühmtheiten aus Politik, Kunst, Film, Wissenschaft, Aristokratie und Sport ihren Lieblingsplatz wiederfinden.

Der längste Stammtisch entstand am 7. Juli 1984 in der Stadtgemeinde Gmunden am Traunsee (Oberösterreich). Mehr als 400 Stammtischrunden aus 5 europäischen Ländern vereinten sich mit insgesamt 35 000 Teilnehmern an einer 3103 m langen Tafel.

Der größte Cocktail war der CC 85-Cocktail (Caracalla-Therme-Cocktail) aus Fanta neu, Tisserand und Wodka. Gemixt wurde das 1000-l-Getränk bei Getränke-Industrie Mittelbaden am 13. August 1985 in Baden-Baden, ausgeschenkt und jeweils aufgefüllt mit Sekt oder Apollinaris vom Hotel- und Gaststättenverband Baden-Baden, dem Kochverein Baden-Baden und der Deutschen Barkeeper-Union.

2. SAMMEL-LEIDENSCHAFT

Ansichtskarten. Rekordsammlungen können angesichts fehlender exakter Vergleichszahlen im In- und Ausland nicht mehr berücksichtigt werden.

Postkarten. Deltiologie gilt – nach dem Sammeln von Briefmarken und Münzen – als drittgrößtes Sammlerhobby. Die ersten Karten gab es 1869 in Österreich.

Autogramme von Berühmtheiten aus Politik, Sport und Showbusiness sind das Hobby des Müncheners Günter Dürrschmidt (* 1959). Seit 16 Jahren sammelt er: 32 986 Exemplare waren die Ausbeute bis zum März 1986.

Das 2,5millionste Künstlerfoto für seine Sammlung konnte Josef (Pepi) Treitl aus Wien (Österreich) bis Ende März 1984 einheimsen. Er dürfte damit Sammlerkönig auf diesem Gebiet sein.

Aufkleber sammelt der Schüler Robert Elhardt (* 1975) aus Siegen mit System. Seit 1980 füllt er seine Karteikästen, bereits 8823 verschiedene Stücke sind einsortiert – darunter 2000 Hotelaufkleber von entsprechend vielen Hotels aus fast 100 Staaten.

Eine **Automodellsammlung** aus Pappe und Papier bastelt Matthias Müller (* 1959) aus Wuppertal. In über 14 Jahren sind 67 Modelle (35 × 15 cm groß) bis in die kleinsten Feinheiten genau nachgebildet (einschließlich Tachonadel). Das größte Automodell, ein *BMW 316*, ist zusätzlich in den Rekordmaßen 85 × 25 cm entstanden.

König der Bierdeckelsammler ist Leo Pisker (* 1928) aus Wien (Österreich). Nach dem Stand vom April 1985 besaß er 113 500 verschiedene Bieruntersetzer aus 149 Ländern.

Bierkrug-Zinndeckel, 3140 aus drei Jahrhunderten, hat Erich Sarnes (* 1907) aus Regensburg seit August 1965 gesammelt, repariert, restauriert und mit den Deckeln von heute nicht mehr existierenden Brauereien, Zünften, Vereinen und Handwerker-Innungen die Wände tapeziert.

Dienstmützen, Bobby-Helme und Barette von Polizei und Militär sammelt Otfried Müller (* 1931) aus Mainz seit 1964 in seinem Hobbykeller. Am 1. April 1986 waren es 745 Kopfbedeckungen aus 88 Ländern, davon 526 Polizei- und 219 Militärmützen.

Die größte Bieretiketten-Sammlung besitzt Jan Solberg aus Oslo (Norwegen). Er hat bisher 218 600 verschiedene Etiketten von Bieren aus aller Welt zusammengetragen.

Faschingsorden bis zum 5. April 1986 genau 6134 verschiedene (ohne Doubletten natürlich!) hat Georg »Papi« Papendick (78) aus Bad Reichenhall (Oberbayern) seit 1952 zusammengetragen. Im Untergeschoß eines Schulgebäudes findet sich seit dem 11. 11. 1984, 11 Uhr 11 die größte private Faschingsorden-Sammlung der Welt in einem Faschingsorden-Museum.

Flaschenöffner sammelt der Gastwirt Hans-Hermann Wilkens (* 1949) aus Hamburg seit 8 Jahren. Genau 2432 Öffner der unterschiedlichsten Größen, Variationen und Materialien schmücken die Wände des »Wilhelmsburger Hofes« (Stand 15. März 1986).

Eine **Flaschenpostsammlung** trägt seit Juli 1966 die Handweberin und Freizeit-Wattenläuferin Burgel Schulz (* 1915) aus dem Nordseebad St. Peter-Ording zusammen. Genau 100 verschiedene von den Ostfriesischen Inseln bis Schottland und Chile sind es inzwischen (Stand März 1984).

Frösche aus sämtlichen Materialien sammelt der Realschullehrer Rudi Sailer (* 1946) aus St. Ilgen (Baden-Württemberg). Auf 2678 Exemplare brachte er es bis zum Juli 1986. Ein Museum ist in Planung – wird dieser Plan realisiert, muß Rudi Sailer nicht mehr um seine Schokola-

Faschings- und Karnevalsorden so weit das Auge reicht bietet Georg Papendicks Sammlung auf 144 Tafeln im Bad Reichenhaller Faschingsorden-Museum.

denfrösche bangen, die für Töchterchen Sybille eine ständige Versuchung darstellen.

Eine Sammlung von **Edelsteingemmen** hat Graveurmeister und Fachlehrer Richard H. Hahn (*1917) aus Idar-Oberstein in über 50 Jahren geschaffen. Seine Glyptothek umfaßt 281 Nachschöpfungen von Gemmen aus über 6 Jahrtausenden. Sie gibt ein lückenloses Bild über die Entwicklung der Kameentechnik.

Glockensammler ist Klaus Hettinger (*1939) aus Heimsheim (Baden-Württemberg). Bis April 1986 umfaßte seine Kollektion formschöner und wohlklingender Glocken 1114 Stück.

Kerzen. In der Sammlung von Rosemarie Käpplinger (*1959) aus Renningen (Raum Stuttgart) geht Außenminister Genscher im wahrsten Sinne des Wortes ein Licht auf – in Form einer Kerze. Über 496 verschiedene Kerzen hat sie zusammengetragen, seit ihr Vater mit einem Wachs-Buddha 1974 den Grundstock gelegt hatte.

Kfz-Kennzeichen aus aller Welt sammelt seit 1968 der Lagerist Bernd Zeine (*1936) aus Lörrach (Baden-Württemberg). 562 verschiedene »Dokumente«, überwiegend von Privatwagen – selbstverständlich alles echt gelaufen – hat er bereits zusammengetragen. Sein ehrgeiziges Ziel: von jedem Land der Welt wenigstens je eines an die Wand hängen zu können. Noch fehlen einige ...

Historische Korkenzieher sammelt der Berliner Manfred Heckmann (*1936). Die »Bacchus Corkscrew Collection«, die bereits im In- und Ausland auf Ausstellungen gezeigt wurde, umfaßt 2500 Exemplare aus 42 Ländern aus der Zeit ab 1680.

Eine **Kronenkorkensammlung** trägt seit 1950 Helge Friholm (*1910) aus Søborg (Dänemark) zusammen. 38 570 verschiedene aus 145 Ländern sind es bereits.

29 030 verschiedene **Kronenkorken** von allen Getränkesorten (aus 136 Ländern) schmücken die Wohnung des Einzelhandelskaufmanns Günter Offermann (*1948) in Hamburg.

Eine einzigartige Kronensammlung hat Jürgen Abeler (*1933) aus Wuppertal seit 1965 zusammengetragen und in eigenen Goldschmiedewerkstätten nachgebildet: 112 kostbare Kronen sind es bisher.

Eine farbenfrohe **Kugelschreibersammlung** hat sich Theo Coenen (*1911) aus Niederkrüchten-Elmt (Rheinland) seit September 1982 zugelegt. Der pensionierte Lehrer kann inzwischen unter 8128 Kugelschreibern auswählen, wenn er etwas notieren möchte.

Stück für Stück säuberlich katalogisiert hat Dieter Salzgeber (*1933) aus Mannheim (Baden-Württemberg) seine 4348 verschiedenen Kugelschreiber aus fast allen Kontinenten und Ländern. Er sammelt sie seit 10 Jahren und hängt sie schreibbereit dem Alphabet nach an die Türen seiner Wohnung.

»Luftkrankheitsbeutel«. Niek K. Vermeulen (*1936) aus Wormer (Niederlande) überrascht mit der größten »Luftkrankheitsbeutelsammlung«: 383 (ungebrauchte) Exemplare von zum Teil schon eingestellten Fluggesellschaften.

Miniaturflaschen. Die Sammlung von David L. Maund aus Upham (GB) umfaßte im April 1986 26 794 verschiedene Miniaturflaschen.

Den deutschen Rekord hält Roland Pfarr (*1943) aus Gelnhausen-Hailer (Hessen) nach dem Stand vom März 1985 mit 12 259 Miniaturflaschen (max. 70 cm^3 Inhalt, alle noch ungeöffnet und mit alkoholhaltigen Getränken gefüllt).

Einem ungewöhnlichen Hobby geht der Münchener Syndikus Manfred Klauda (*1936) nach. 1979 hat er seine Leidenschaft für **Nachttöpfe** entdeckt. Nachdem er auch die Sammlung seines Münchner Konkurrenten hinzuerworben hat, hat er es auf 6000 Sammelstücke gebracht und das 1. Nachttopf-Museum am 7./8. Juli 1984 in München eröffnet.

Orangenpapier-Sammlung. Jürgen Voß aus Baiersbronn (Schwarzwald) sammelt seit Jahren diese hauchdünnen Seidenpapierchen. In seinen Alben befanden sich im Mai 1985 bereits 5200 verschiedene Orangenpapiere.

Orden, Vereins- und Sportabzeichen aller Art sind in der Tillykapelle von Altötting (Oberbayern) aus- und aufgestellt. Zusammengetragen hat sie der Altmesner Josef Dünhuber (*1905) aus Altötting seit über 50 Jahren. 35 120 Stück waren es Ende 1985.

Ostereier, je ausgefallener, desto lieber, sammelt seit 30 Jahren der österreichische Architekt Eduard Polak (63) aus Wien. Im Dezember 1984 hatte er mehr als 12800 Exemplare aus allen erdenklichen Materialien und in den unterschiedlichsten Größen.

Sandsammlung. 755 verschiedene Sandproben aus allen sechs Kontinenten besitzt Friederike Funkel (*1921) aus Kapfenberg in der Steiermark (Österreich). Sie begann 1940 mit ihrer Sammlung und hat es mittlerweile auf drei »Sand-Schränke« gebracht – vollbesetzt mit Fläschchen Sand.

Schlüsselanhänger sind das Hobby des Monteurs Manfred Zahn (*1951) aus Köln. Bis zum 31. März 1986 hat er es in 4 Jahren auf 7200 Einzelstücke gebracht.

Teddybären. Die Wahlberlinerin Florentine C. Wagner (*1948) hat ihr Herz an Teddybären verloren. Mit ihrer über 2500 Teddys umfassenden Sammlung eröffnete sie am 6. März 1986 in Berlin (West) das erste Teddy-Museum der Welt und erwies damit dem Berliner Wappentier ihre Referenz. Der Älteste ihrer Schützlinge zählt stolze 83 Lenze, der kleinste Bär mißt gerade 5 cm.

Wappenlöffel aus 36 verschiedenen Ländern hat Silvia Hell (*1940) seit 1957 zusammengetragen. Die Südtirolerin brachte es bis zum 1. Juni 1985 auf insgesamt 1149 Stück.

Weinetiketten-Sammlung. Kurt Günther (*1914) aus Lüdenscheid (Nordrhein-Westfalen) hat es inzwischen auf ca. 4500 Etiketten aus 62 verschiedenen Weinanbauländern in seinem mit viel Geduld und Liebe gepflegten Hobby gebracht. Unermüdlich korrespondiert er mit Gleichgesinnten – aber auch mit Präsidenten, Premierministern, Prinzen, Grafen, Botschaftern und Gesandten – in aller Welt, um weitere Raritäten zu finden.

Auf der Suche nach **Weizenbiergläsern** ist Mechanikermeister Walter Geißler (*1955) aus Nürnberg. Seit 1980 hat er es auf 1827 Gläser aus 776 Brauereien gebracht.

Die größte **Witzesammlung** ist in über 41jähriger Arbeit in Graz (Österreich) entstanden. Der Wirtschaftsjurist Erwin Lindenau (*1935) kann mit Hilfe einer »Schnellschußkartei« Auskunft über 200000 verschiedene Witze aller Art geben (Stand 5. Juni 1986).

Zeichnungen von Flugzeugen (64001), Handelsschiffen (17298), Kriegsschiffen (23262), Raketen, Raumfahrzeugen, Planeten und Bauwerken ... insgesamt 128622 (Stand 1. April 1986), erstellt maßstabsgetreu Wolfgang Anklam (*1940) aus Berlin (West). Seit dem 16. September 1961 zeichnet er – nur als Hobby.

Eine Zuckersammlung mit 25256 verschiedenen Zuckerstücken und -tütchen aus 58 Ländern und von 6 Kontinenten hat der Schüler Jochen Gauly (*1967) aus Herxheim (Pfalz) aufgebaut.

Den größten Flohmarkt, der regelmäßig stattfindet, gibt es im September in Wuppertal-Vohwinkel. 350000 Besucher werden jeweils gezählt.

Die Welt komplett in Kfz-Zeichen zu haben, das ist Bernd Zeines großes Ziel – hartnäckig verfolgt er es.

3. GESELLSCHAFTSSPIELE

BACKGAMMON

Ursprünge: Nach Ausgrabungsfunden in Ur war schon etwa 3000 v. Chr. ein ähnliches Würfel- und Brettspiel bekannt. Später kamen die Römer den heutigen Regeln bemerkenswert nahe. Der Name »Backgammon« wird dem walisischen *little battle* (kleine Schlacht) oder dem angelsächsischen *back game* (Rückzug) zugeschrieben.

Das kürzeste Spiel dauerte nur 16 Züge, dann hatte es Alan Malcolm Beckerson (*1938) aus Großbritannien für sich entschieden (1982).

Am längsten gespielt haben Dick Newcomb und Greg Peterson aus Rockford in Illinois (USA). Ihre Backgammon-Partie dauerte 151:11 Std. (30. Juni bis 6. Juli 1978).

DAME

Ursprünge: Dame, in Nordamerika als Chekkers bekannt, ist älter als Schach. Es wurde im 2. Jahrtausend v. Chr. in Ägypten gespielt. Das früheste Buch über das Spiel schrieb 1547 Antonio Torquemada aus Valencia (Spanien).

Die meisten Weltmeistertitel hat der Amerikaner Walter Hellman (1916–75) geholt. Er war

Baden-Baden wartet mit einem der elegantesten Spielkasinos auf.

zwischen 1948 und 1967 insgesamt sechsmal der Beste.

Die meisten Simultanspiele, nämlich 154, hat der Ire Con McCarrick am 14. März 1982 in Dundalk geschafft. Nach 4:30 Std. verbuchte er 136 Siege, 17 Unentschieden und 1 Niederlage. Von 140 Simultanspielen hatte der Amerikaner Newell W. Banks im Jahr 1933 in Chikago (USA) 133 gewonnen, 7 Partien endeten mit einem Remis. Spielzeit: 145 Min. Banks machte also etwa jede Sek. einen Zug. Im Jahr 1947 spielte er mit verbundenen Augen 45 Tage hintereinander jeweils 4 Std. lang gegen 6 Gegner gleichzeitig. Ergebnis: Banks gewann 1331 Spiele, 54 endeten unentschieden, nur 2 Spiele gingen verloren.

Das längste Spiel dauerte 1958 zwischen Dr. Marion Tinsley (USA) und dem Briten Derek Oldbury 7:30 Std. Im Wettbewerb ist die vorgeschriebene Spielrate nicht weniger als 30 Züge pro Std., wobei das durchschnittliche Spiel etwa 90 Min. dauert.

Das kürzestmögliche Spiel besteht aus 20 Zügen und wurde von Alan Malcolm Beckerson (GB) 1977 gesetzt.

Ein Marathonspiel absolvierten vom 26. August bis 1. September 1985 Greg Davis und Mark Schumacher in Nunawading, Victoria (Australien), in 138:28 Std.

DOMINO

Ursprünge: Das Nationalmuseum in Bagdad (Irak) besitzt Gegenstände aus Ur, genannt Dominos, die um 2450 v. Chr. hergestellt wurden. Das Spiel war bis etwa 1750 in Europa unbekannt. Ursprünglich erforderte es 148 Steine, in Europa werden nur 28 verwendet.

Marathon: Die längste Spieldauer für zwei Spieler beträgt 150:05 Std. Neil Thomas und Tim Beesley stellten diesen Rekord am St. Anselm's College in Wirral, Merseyside (GB), vom 5. bis 11. August 1985 auf.

Dominosteinsturz. Am 27. Januar 1984 fielen nicht nur in genau 12:57,3 Min. 281 581 Dominosteine, sondern auch gleich der bisherige Einzelrekord im Dominostein-Umsturz. Der Bildtechniker Klaus Friedrich (*1962) hatte 31 Tage hindurch täglich 10 Std. lang am Aufbau seines farbenprächtigen Kunstwerks gearbeitet. Ort des Geschehens war eine Lagerhalle der BIG-Spielwarenfabrik in Fürth.
Der Gruppenrekord (maximal 15 Teilnehmer) liegt bei einem japanischen Team mit 518 242 Steinen. Unter Leitung von Takashi Itoh kam eine Mannschaft der Nihon-Universität in Yokohama am 26. März 1985 zum Rekord.

MENSCH ÄRGERE DICH NICHT

Zwei Teams (je vier Spieler) von Jungkolping Gesmold aus Melle (Niedersachsen) spielten vom 13. bis 18. Juli 1983 119:58 Std. hindurch Mensch ärgere dich nicht. Insgesamt absolvierte jedes Team 109 Spiele.

Zum Mensch-ärgere-dich-nicht–Unterwasser hatte die Tauchgemeinschaft Leoben am 23./24. November 1985 in das Erlebnisbad der Therme Loipersdorf im südsteierischen Thermenland geladen: Franz Lendl, Gerhard Schmitutz, Othmar Schuster und Bernd Stachowetz hielten bei 32°C die Wasserpartie mit 35:15 Std. durch.

MONOPOLY®

Ursprünge: Das Spiel wurde 1933 von dem arbeitslosen Heizungsingenieur Charles Darrow (1889–1967) erfunden. Er verwendete dabei die Straßennamen von Atlantic City, wo er gerade Urlaub machte. Er ließ das Spiel patentieren und war fortan aller Sorgen ledig. Monopoly ist längst das beliebteste Brettspiel der Welt. Mehr als 80 Mio. Spiele sind bisher verkauft worden.

Das längste Monopoly-Spiel dauerte 660 Std. (12. Juli bis 8. August 1981). So lange hielten Caara Fritz, Randy Smith, Phil Bennett und Terry Sweatt in Atlanta, Georgia (USA), durch.

SCRABBLE®

Ursprünge: Das Kreuzworträtselspiel wurde 1931 von Alfred Butts erfunden und 1948 von James Brunot weiterentwickelt und als Scrabble Cross Word Game zur Handelsmarke gemacht.

Das höchste Ergebnis bei einem offiziellen Turnier- oder Ligaspiel erreichte mit 849 Punkten Maurice Rocker (GB) am 6. Juli 1985 in Sheffield.

Die höchste Punktzahl, nämlich 392, in einem einzigen Zug erreichte Dr. Saladin Karl Khoshknaw aus Manchester (GB) im April 1982. (Gewertet werden nur Spiele bei offiziellen Wettbewerben.)

In Großbritannien werden seit 1971 **Scrabble-Meisterschaften** ausgetragen. Olive Behan (1972 und 1975) und Philip Nelkon (1978 und 1981) haben bisher zweimal gewonnen.

Die meisten Punkte bei den Britischen Meisterschaften (3 Durchgänge) machte mit insgesamt 1843 Viraf Mehta im Jahr 1986.

Marathon: Das längste Scrabble-Cross-Word-Rätselspiel dauerte 153 Std. Es spielten vom 18. bis 25. August 1984 Peter Finan und Neil Smith im St. Anselm's College in Wirral, Merseyside (GB).

Das größte Brettspiel der Welt, als *Heartopoly* in den USA bekannt geworden, fand am 14./15. September 1985 in Miami (Florida) statt und erstreckte sich über 403 m. Bei dem Superspiel wurden 4317 Teilnehmer gezählt.

TISCHFUSSBALL

Tipp-Kick-Marathon. Die Tischfußballer Bernd Hägemann (*1954) und Uwe Zylau (*1943) aus Elmshorn holten den Tipp-Kick-Rekord mit 66:15 Std. (vom 20. bis 22. April 1984) wieder in ihre Heimatstadt. Ort des Geschehens: der Gasthof »Birkenhof« in Elmshorn.

Im Marathon-Kickerspiel haben Miles Blackford und Simon Gibson im Dakyns' House, Bristol (GB), mit 60:31 Std. vom 22. bis 24. Mai 1986 den neuen Rekord erzielt. Den deutschen Rekord im Kickern erhöhten Norbert Korb (*1947) und Hans-Günther Vinson (*1954) aus Zeitlofs-Rupboden (Bayern) um 8:02 Std. auf jetzt 58:02 Std. Die beiden Tischfußballer schafften vom 27. bis 30. Dezember 1985 insgesamt 843 Spiele.
Den Rekord im Mannschafts-Kickern hält das Viererteam Josef Kille, Raimund Heidtke, Peter Plath und Werner Huget. Sie erreichten vom 20. bis 27. Juni 1984 in der Diskothek »Oldtimer« in Obernheim 71 Std.

4. GLÜCKSSPIELE

Das größte Spielcasino der Welt steht in Atlantic City (USA). Im Juli 1983 machte das Resorts International Casino einen Gewinn von 29,3 Mio. Dollar (71,09 Mio. DM). Das rund 5574 m^2 große Casino beherbergt 127 Spieltische und 1640 Spielautomaten. Pro Tag werden bis zu 35000 Besucher gezählt.

Den größten Verlust hat angeblich ein unbekannter Industrieller aus Italien erlitten: Er soll am 6. März 1974 in Monte Carlo beim Roulette innerhalb von 5 Std. über 3 Mio. DM verspielt haben. Ein Prinz aus Saudi-Arabien soll im Dezember 1974 in Las Vegas arg geschröpft worden sein: Er ließ mehr als 1 Mio. Dollar (2,2 Mio. DM) im Metro Club.

Das Casino Baden-Baden ist die größte deutsche und die älteste Spielbank der Welt. Die erste urkundliche Erwähnung für konzessioniertes Glücksspiel stammt aus dem Jahr 1748. Rund eine halbe Mio. Gäste besuchen diese Spielbank alljährlich. Zugleich ist das Casino die einzige Spielbank Europas mit einem goldenen Tisch, an dem mit echten Gold- und Silberjetons gespielt wird. Der höchste Einzelgewinn – Verlust für die Spielbank – war fast 3 Mio. DM.

Die kleinste Spielbank Deutschlands, die ganzjährig geöffnet ist, ist die Spielbank Westerland auf Sylt. Den größten Verlust erlitt die Spielbank Westerland am 28. Juli 1979 mit 111000 DM.

Die größte und älteste Spielbank Österreichs ist die von Baden bei Wien. Jeden Abend wird sie im Durchschnitt von ca. 700 Gästen besucht. Sie können an zwei Blackjack-, zwei Bakkarat- und elf Roulettetischen sowie an 140 Spielautomaten ihr Glück versuchen. Insgesamt gibt es in Österreich 11 Spielcasinos. Die Betriebe wurden 1984 von insgesamt 1294258 Gästen besucht.

In der Schweiz sind Spielbanken und Glücksspielcasinos nicht zugelassen.

Die längste zuverlässig belegte Rouletteserie auf einer unfrisierten Scheibe sind sechs Einsätze auf die Zehn nacheinander im Hotel El San Juan (Puerto Rico) am 9. Juli 1959. Die Chancen mit einem Doppelzero standen 1 zu 38^6 oder 1 zu 3010936383.

Das längste Roulettemarathon dauerte 31 Tage, vom 10. April bis zum 11. Mai 1970, im Casino de Macao, um die Richtigkeit oder Unrichtigkeit gewisser Behauptungen über Permanenzen in 20000 Umdrehungen zu prüfen.

Als größter Spielautomat der Welt (oder einarmiger Bandit) galt Super Bertha (15,71 m^3) im Four Queens Casino, Las Vegas (USA).
Im Januar 1984 wurde zur Eröffnung der Internationalen Fachmesse Unterhaltungs- und Warenautomaten (IMA) in Frankfurt Big Merkur präsentiert. Der Riesenspielautomat (3,50 m hoch, 2,40 m breit und 1 m tief) wiegt 1,3 t. Lehrlinge der Firma Gauselmann-Spielgeräte aus Espelkamp (Nordrhein-Westfalen) haben ihn in 4 Monaten konstruiert.

Den größten Gewinn an einem einarmigen Banditen machte am 31. Dezember 1983 Rocco Dinubilo aus Fresno, Kalifornien (USA), in Harrah's Tahoe Casino in Nevada. Er kassierte 2,47 Mio. Dollar (5,96 Mio. DM).

Im **Flipperspiel** stellte Gastwirt Manfred Abitz (*1949) aus Diepenau (Niedersachsen) mit 103:02 Std. einen neuen Rekord auf. Von den Freunden immer wieder neu motiviert, hielt er vom 1. bis 6. November 1983 durch – 10 Pfund Körpergewicht gingen verloren.

Älteste Lotteriegesellschaft in Deutschland ist wahrscheinlich die Hamburger Klassenlotterie, die es bereits im Jahr 1612 gab.

Der bisher höchste Lotteriegewinn in der Bundesrepublik Deutschland in Höhe von 2 Mio. DM entfiel am 6. März 1981 auf ein Los der Nordwestdeutschen Klassenlotterie.

Fußball-Toto: Jeweils 10,58 Mio. DM gewannen im November 1972 zwei unbekannte Tipper beim Toto in Italien. Die erste Gewinnquote der britischen Littlewoods Pools hatte im Februar 1923 gerade 2,60 Pfund betragen. 1984/85 war für die drei britischen Totogesellschaften (Littlewoods, Vernons und Zetters) ein Rekordjahr: Sie setzten 519,554 Mio. Pfund (etwa 1,97 Mrd. DM) um. Davon machte Littlewoods Anteil mehr als 70 Prozent aus. Die höchste Gewinnsumme, die ein Einzeltipper in Großbritannien einstreichen durfte, betrug 953874,10 Pfund (ca. 4 Mio. DM). Gewinner war David Preston aus Burton-On-Trent, der am 23. Februar 1980 gleich doppeltes Glück hatte und sowohl von Littlewoods (804573,35 Pfund) als auch von Vernons (149300,75 Pfund) kassierte.

Erster Rekordgewinner unter den deutschen Tippern ist seit März 1982 ein niedersächsischer Starkstromelektriker. Im Spiel 77 erreichte er die Rekordquote von 3555555,40 DM.
Seit dem 1. Juni 1985 kennt das samstägliche **Lottoglück** keine Grenzen mehr. Bis zu diesem Termin gab es bei »6 aus 49« eine Gewinnhöchstgrenze von maximal 3 Mio. DM.
Durch die Schaffung eines Jackpots entfällt diese Höchstgrenze nun. Die neuen Supergewinne entstehen, wenn es in einem Spiel keine Hauptgewinner gibt und der nicht ausgeschüttete Gewinn in der nächsten Spielrunde zusätzlich ausgeschüttet wird.
Eine 38jährige Stenotypistin aus einer Kleinstadt in Ostholstein ist die neue deutsche Lottokönigin. Bei der Ziehung am 19. April 1986 »6 aus 49« hatte sie alle 6 Zahlen richtig getippt und den höchsten Lottogewinn, der je in der Bundesrepublik Deutschland ausgeschüttet wurde, gewonnen: 7206999,70 DM! Ihr größter Wunsch: »So zufrieden weiterleben wie bisher.«
41 Mio. Dollar (rund 115 Mio. DM) teilten sich im August 1985 eine 21köpfige Tippgemeinschaft und zwei Einzelgewinner in Amerika. Es handelt sich hierbei um **den größten Lottogewinn aller Zeiten** in den USA. Die Gewinner erhalten je 13,66 Mio. Dollar (etwa 38 Mio. DM). Die Summe wird in 21 Jahresraten von 650793 Dollar (ca. 1,8 Mio. DM) ausgezahlt.

Pferdewetten: Den höchsten Buchmacherkurs erzielte mit 1670759 zu 1 der Brite George Rhodes. Er durfte damit am 30. September 1984 von der William Hill Organisation – mit einem zehnprozentigen Bonus und abzüglich Steuern – 86056,42 Pfund (ca. 320400 DM) in Empfang nehmen.
Die höchste Wettsumme wurde im März 1985 im Sportman's Park von Chikago (USA) an einige Amerikaner ausbezahlt: 764283 Dollar (ca.

2,3 Mio. DM). Sie hatten 1 Dollar eingesetzt und mußten in zwei Rennen die ersten zwei Pferde und in einem dritten Rennen die ersten drei Pferde richtig vorhergesagt haben.

Die höchste Wettsumme, die ein britischer Buchmacher auszuzahlen hatte, betrug 185 640 Pfund (ca. 706 000 DM). Ernie Platt durfte sie am 4. Mai 1985 von Corals kassieren.

Rennprognosen. Der einzige Fall, bei dem ein Pferdesport-Journalist die 10 Gewinner von 10 Rennen richtig vorausgesagt hat, passierte am 28. Juli 1974 im Delaware Park von Wilmington (USA). Den richtigen Riecher hatte Charles Lamb von den *Baltimore News American* bewiesen.

Der größte Buchmacher der Welt ist Ladbrokes' in London. 1984 setzte das Wettbüro 787 Mio. Pfund (2,93 Mrd. DM) um. Ladbrokes' hat in Großbritannien 1416 Filialen (Stand 1984).

BINGO

Ursprünge: Bingo ist ein Lotteriespiel, das um 1880 vom Lotto abgeleitet wurde, dessen Ursprünge wiederum ins 17. Jh. zurückreichen und im italienischen Spiel *tumbule* zu suchen sind. Eine Art Bingo ist in der britischen Armee unter dem Namen »Housey-Housey« und der königlich-britischen Marine als »Tombola« schon seit langem bekannt. Gewinner ist derjenige, der zuerst eine zufällige Zahlenreihe zwischen 1 und 90 richtig rät. In Großbritannien beteiligen sich rund 6 Mio. Menschen an diesem Spiel. Bei der amerikanischen Bingo-Version müssen Zahlen zwischen 1 und 75 geraten werden.

Das größte »Haus« bei einer Bingo-Veranstaltung gab es mit 15 756 Ausrufen am 19. August 1983 auf der kanadischen Nationalausstellung in Toronto. Der Einsatz bei dem Spektakel, das der Variety Club im Ontario-Messezelt durchführte, betrug 28 Cent. Ausgeschüttet wurden insgesamt 250 000 kanadische Dollar, bei einem einzigen Spiel wurde die Rekordsumme von 100 000 Dollar ausbezahlt.

Das schnellste »Full House« (alle richtig) schafften Norman A. Wilson am 22. Juni 1978 in Bedlington (GB) und Anne Wintle am 17. August 1982 in Bath (GB) nach dem Gewinn auf den Aufruf der 15. Zahl. Am längsten auf den Gewinn warten mußten am 11. Januar 1982 insgesamt 32 Spieler in Sheffield, nämlich bis zum Aufruf der 86. Zahl.

Marathon-Rekord: 285:24 Std. hielten die Teilnehmer einer Bingo-Runde im Top Rank Club von Kingston (GB) durch (8.–20. Mai 1983). Ausrufer waren Phillip Carter und Mark Kiely.

5. KARTENSPIELE

Die seltensten Spielkarten sind die Lebender-Heiligen-Karten, die im 17. Jh. von der Familie Bowies herausgegeben wurden und wovon ein Spiel etwa 2000 Pfund (8000 DM) wert ist. Eine im Jahr 1786 vom Historiker Edward Gibbon als Schuldzettel für 320 Pfund unterschriebene Karo-7-Karte erzielte auf einer Auktion 500 Pfund (2000 DM).

Als radikalster Kartenspiel-Verlierer erwies sich im April 1980 der 32jährige indische Bauer Gopala Reddy. Nachdem er seine letzten 100 Rupien (24 DM) verloren hatte, pilgerte er zum Grab seines Vaters, schwor, nie mehr Spielkarten anzurühren und schnitt sich, um nicht rückfällig zu werden, mit einem Dolch die rechte Hand ab.

Die größte Anzahl von Spielkarten in einer Hand hielt Herbert Mühlthaler (*1967) am 17. März 1986 in der Marburger Klinik Lahnhöhe. Er brachte es auf 211 Karten. Jede Karte war von einer Seite gut sichtbar.

BRIDGE

Ursprünge: Bridge – eine Verstümmelung von *Biritch* – soll levantinischen Ursprungs sein, da ähnliche Spiele dort in den frühen 70er Jahren des vorigen Jahrhunderts gespielt wurden. Das British Museum besitzt ein Schriftstück von 1886 mit dem Titel *Biritch or Russian Whist.*

Auktionsbridge (höchster Bieter nennt den Trumpf) wurde 1902 erfunden. Das Kontraktprinzip, das in mehreren Spielen enthalten ist, wurde am 1. November 1925 von Harold Vanderbilt (USA) während einer Karibikreise an Bord der *SS Finland* in das Bridge eingeführt. Im September 1930 wurde es nach dem Herausforderungsspiel USA gegen Großbritannien zu einer weltweiten Manie.

Die meisten Weltmeisterschaften (Bermuda Bowl) wurden von Italiens Blauem Team (Squadra Azzura) gewonnen, und zwar in den Jahren 1957–59, 1961–63, 1965–67, 1969, 1973–75, und ebenfalls die Olympischen Spiele 1964, 1968 und 1972. Giorgio Belladonna (*1923) gehörte all diesen Siegermannschaften an. 1971 wurde eine neue Weltrangliste eingeführt, die auf Meisterpunkten basiert.

Führender Spieler der Welt war nach der jüngsten Rangliste der World Bridge Federation, die auf sogenannten Meisterpunkten basiert, der Italiener Giorgio Belladonna mit 1766 ¼ Punkten. Bei den Damen führte Dorothy Hayden Truscott aus den USA mit 331 ¼ Punkten die Weltrangliste an.

Die Nr. 1 in der amerikanischen Bridge-Rangliste war Barry Crane aus Los Angeles von 1968 bis zu seiner Ermordung im Jahr 1985. Er hat in seiner Karriere insgesamt 35 137,6 Meisterpunkte gesammelt – auch dies ein Rekord. Der gegenwärtige Ranglistenerste in den USA ist Paul Suloway mit insgesamt 23 858,1 Punkten. Die meisten Meisterpunkte in einem Jahr erreichte 1984 Grant Baze mit 3270.

Jüngster Bridge-Meister wurde Dougie Hsieh (*1969) aus New York. Er erwarb 1981 im Alter von 11 Jahren 306 Tagen den Ehrentitel. Jüngste Bridge-Meisterin wurde 1982 Patricia Thomas (*1968) mit 14 Jahren 26 Tagen.

Perfektes Spiel. Die mathematischen Chancen gegen die Ausgabe von 13 Karten einer Reihe stehen 158 753 389 899 zu 1, während die Chance, eine »perfekte Hand« mit allen 13 Pikkarten zu erhalten, 635 013 559 596 zu 1 steht. Die Chancen, daß jeder der vier Spieler eine komplette Folge (eine perfekte Ausgabe) erhält, stehen 2 234 197 406 895 366 368 301 559 999 zu 1.

Marathon: Die längste Spielsitzung hielten vom 21. bis 28. April 1972 mit 180 Std. 4 Studenten der Edinburgh University (GB) ab.

JASS

Dauerjass-Rekorde. Neueste Rekordhalter in diesem in Österreich und in der Schweiz beliebten Spiel wurden mit insgesamt 130 Std. die Spieler Guido Brazerol, Reto Brazerol, Pins Derungs, Duri Soler vom Churer Fun Investments Club. Vom 28. September bis 3. Oktober 1984 brachten sie es im Schaufenster des Kaufhauses Vilan in Chur (Kanton Graubünden) auf 471 Spiele.

SCHAFKOPF

Ursprünge: Das alte deutsche Kartenspiel wurde nach dem früheren Brauch, die Gewinne durch Kreidestriche kenntlich zu machen, die zusammen einen Schafkopf bildeten, so bezeichnet. Es wird als Doppel-Schafkopf oder Doppelkopf mit zwei 32-Skat-Spielen gespielt, aus denen man die Sieben, Achten und Neunen entfernt.

Marathon. Im Frühjahr 1985 spielten im süddeutschen Raum mehrere Teams um den begehrten Rekord im Dauerschafkopf. Seit dem 29. März 1985 sind vier Soldaten, Franz Krutina, Günther Meier, Stefan Schall und Udo Schreiber, des Fernmeldebataillons 4 in Regensburg (Oberpfalz) mit 144 Std. neue Rekordler. Vom 23. bis 29. März wurde dort im Unteroffiziersheim der Raffler-Kaserne gespielt.
Unbeirrt von allen Gerüchten über neue Rekorde spielten vier Marler Schüler: Marcus Engler, Michael Blankenhagen, Carsten Wilden und Alexander Lassalle ihren **Doppelkopf** vom 7. bis 13. April 1984 im Europa-Eiscafé des »Marler Stern«. Mit ihrem Marathon kam das Quartett auf 144 Std. 1538 Spiele wurden durchgeführt, 11 Kartenspiele verbraucht. 61 520 Karten gingen dabei über den Tisch.

SKAT

Ursprünge: Skat entstand um 1810 aus dem erzgebirgischen Kartenspiel Schafkopf in der Stadt Altenburg, Thüringen (jetzt DDR), in der 1899 der Deutsche Skatverband gegründet wurde.
Es gibt für das 32-Blatt-Spiel für jede Hand beim Mischen 63 512 240 Kombinationen. Die Zahl möglicher Verteilungen der Karten auf drei Spieler vor Aufnehmen des Skats beträgt nahezu 3 Billiarden: 2 753 294 408 504 640.

Im Dauer-Skat holten sich die Mindener Ingrid Harre (*1939), Bodo Möhring (*1954) und Edgar Rohde (*1964) mit 188 Std. den Rekord. Vom 6. bis 14. Juli 1985 waren sie in der Gaststätte »Kajüte« eingezogen, wo sie unter reger Anteilnahme der Zuschauer 25 Kartenspiele verarbeiteten.

Am 15./16. Juni 1985 purzelte der Rekord im **Unterwasser-Skat.** Im Fächerbad des Traugott-Bender-Sportparks in Karlsruhe reizten Jürgen Doneit, Matthias Hecht und Norbert Jung 25:00:30 Std. in einer Tiefe von 3,90 m. Unterstützt wurden die Spieler von der Firma ASS-Spiele, die die Karten zur Verfügung stellte,

und durch die Firma Martin Tauchservice, die für die gute Luft unter Wasser sorgte.

TAROCK

Zum Dauer-Tarock trafen sich vom 24. bis 27. Oktober 1985 die vier Deutsch-Wagramer Kartenspieler Franz Dietrich, Ernst Wiesinger, Johann Reibl und Gerhard Wirth. An einem Spieltisch des Restaurants Marchfelder Hof (Niederösterreich) tarockierten sie genau 76 Std.

6. TANZEN

Die größte Tanzveranstaltung war eine »Mondschein-Serenade«, zu der am 20. Juli 1984 in Buffalo, New York (USA), das Glen-Miller-Orchester unter freiem Himmel aufspielte und an der sich etwa 25000 Menschen beteiligten.

Die erfolgreichsten Gesellschaftstanz-Professionals der Welt sind Bill Irvine und Bobbie Irvine (GB), die zwischen 1960 und 1972 13 Weltmeisterschaften gewannen.

Der älteste Teilnehmer an Tanzturnieren ist Albert J. Sylvester (* 1899) aus Corsham (GB). Am 26. April 1977 gewann er mit seiner Partnerin Paula Smith den höchsten Preis für Amateurtänzer in einem aus 10 Tänzen bestehenden Turnier. Seit er 1964 (!) zu tanzen begann, hat er an die 50 Medaillen und Trophäen eingeheimst.

Eine Kontertanzlinie von gut 250 m Länge entstand bei einem Square-dance-Festival auf dem Gelände der Landesgartenschau in Heilbronn (Baden-Württemberg). 452 »Contredancer« aus den USA, der Schweiz, Belgien und Holland vereinten sich mit deutschen Tänzern am 1. Juni 1985 zu ihren Formationen.

Marathontanzen. 5148:28:30 Std. legten sich Mike Ritof und Edith Boudreaux ins Zeug, um schließlich als Sieger eines 2000-Dollar-Marathontanzwettbewerbs gekürt zu werden. Die Veranstaltung fand vom 29. August 1930 bis 1. April 1931 in Belmont und Sheffield, Illinois (USA), statt. Die Ruhepausen wurden von anfangs 20 über 10 und 5 Min. schließlich auf Null (pro Stunde) gekürzt. Vorgeschriebene Mindestschrittlänge: 25 cm. Die Tänzer durften höchstens 15 Sek. lang die Augen schließen.

Man kann auch eine Reise tanzen, wie es der Brite Will Kemp vorgemacht hat. Beschwingten Schrittes eilte er von London nach Norwich. Dauer der Tanzreise: 9 Tage.

Den Dauerweltrekord im Gesellschaftstanz stellte der Kanadier Alain Dumas vom 28. Juni bis 3. Juli 1983 im Disco-Shop von Granby, Quebec (Kanada), auf. Er hielt 120:30 Std. durch und hat in dieser Zeit 9 Partnerinnen verschlissen.

Beim größten Lottogewinn aller Zeiten wurden 115 Mio. DM im August 1985 gewonnen – die Live-Aid-Konzerte im Wembley-Stadion und in Philadelphia erbrachten einen Rekorderlös von 323 Mio. DM für die Hungernden in Afrika (s. S. 300).

Bauchtanz. Den längsten Bauchtanz (106 Std.) vollführte Eileen Foucher im Rush Green Hospital Romford, Essex (GB), vom 30. Juli bis 3. August 1984.

Im Helikopterdrehen stellte der Schüler Ali Aksoy (* 1971) aus Kiel mit 60 Umdrehungen einen neuen Rekord auf. Mit viel Schwung übertraf der Akrobatikkünstler aus der Breakdance-Gruppe »The Fantastic Devils« am 21. März 1986 beim Frühlingsball der Tanzschule Ströhemann-Brinck alle bisherigen Rekorde.

Cha-Cha-Cha synchron von 1388 Beinen gab es am 8. Dezember 1985 im Foyer der Ulmer Donauhalle. 347 Paare hatten sich in zehn Reihen zum Formationstanz unter Leitung der Tanzschule Moldering aus Ulm vereint: Cha-Cha-Cha-Grundschritt mit Damensolo und Promenade waren angesagt.

Charleston. Die Amerikanerin Sabra Starr hält den Ausdauerrekord im Charleston mit 110:58 Std., den sie vom 15. bis 20. Januar 1979 errang.

Die »menschliche Fliege« Daniel Goodwin erklettert das Bonnadventure-Gebäude in Los Angeles mit Krampen und Saugnäpfen.

Conga. Am 4. September 1982 bildeten 8659 Mitglieder des Südostbezirks des Camping- und Caravan-Clubs (GB) bei diesem lateinamerikanischen Tanz die nachweislich längste »Schlange«.

Disco-Tanz. Der Ausdauerrekord liegt bei 371 Std., aufgestellt von John Sharples aus Preston (GB) vom 18. Januar bis 3. Februar 1982.

Flamenco. Der schnellste Flamencotänzer ist der 17jährige Solero de Jerez. Im September 1967 steppte er in Brisbane (Australien) bei einer atemberaubenden Schrittkombination 16mal/s.

Limbo: Nur 15,5 cm lagen zwischen dem Boden und der brennenden Stange, unter der sich am 24. Juni 1973 im kanadischen Toronto die damals 15jährige Marlene Raymond durchschlängelte – niedriger hat es noch kein(e) Limbo-Tänzer(in) geschafft. Unterboten wurde dieser Rekord nur mit Hilfe von Rollschuhen: Jeweils 13,33 cm reichten den Australierinnen Tracey O'Callaghan und Sandra Siviour am 30. März 1985 sowie der Amerikanerin Denise Culp am 22. Januar 1984.

Erster Titelträger bei den offiziellen Weltmeisterschaften im Limbotanz war Junior J. Renaud (*7. Juni 1954) aus Australien. Premiere dieses Wettbewerbs war am 19. Februar 1974 in Port of Spain (Trinidad und Tobago).

Einen neuen Rock 'n' Roll-Rekord stellten Franco und Rosi Mansuetti aus Italien mit 25:10 Std. als Sieger beim Dauertanz-Wettbewerb vom 6. bis 7. Juni 1982 in Bergisch-Gladbach auf. Bestes Amateurpaar und Zweite im Paar-Dauertanzen wurden mit 22:10 Std. Lothar Gürtner und Kathrin Krause aus Bergisch-Gladbach.

Rock 'n' Roll tanzten am 29. Juni 1985 vor den Ämtler Schulhäusern in Zürich 364 Rock 'n' Roll-Tänzerinnen und -Tänzer. 2:30 Min. fanden sich 182 Paare von zehn Zürcher Klubs zur Synchron-Formation bei »Rock 'n' Roll is King«.

Beim 4. Badener Rock 'n' Roll-Wettbewerb am 23. Mai 1985 im Dancing Goldwand, Rieden/Obersiggenthal (Kanton Aargau), steigerten die Schülerin Uschi Huber (* 1967) und der Florist Florian Hiedl (* 1962) aus Kempten (Allgäu) ihren eigenen Rekord auf 37 Schulterkugeln.

Steptanz. Schnellster und zugleich ausdauerndster Steptänzer ist der Brite Roy Castle. Am 14. Januar 1973 schaffte er in der BBC-Fernsehsendung *Rekordbrecher* innerhalb 1 Min. 1440 Step-Töne (24 pro Sek.). Und in der Londoner Dauerausstellung »Guinness-Welt der Rekorde« brachte es Castle am 31. Oktober/1. November 1985 auf 1 Mio. Step-Töne (Zeit: 23:44 Std.).
Der bisher größte gemeinsame Auftritt von Steptänzern fand am 8. September 1985 vor dem Kaufhaus Macy's in New York statt: An dem Spektakel beteiligten sich 3565 Stepper.

Swingtanzen. Den Ausdauerrekord für Nonstop-Swingtanzen erreichte vom 11. bis 16. November 1979 mit 96:49 Std. Richard Rimmer aus Caterham (GB).

Twist. Der Ausdauerrekord im Twist von 145:30 Std. wird von Anetta Roussou aus Simonstown (Südafrika) gehalten; sie erreichte ihn vom 12. bis 18. Januar 1977.

7. ARTISTIK

Bockspringen: Eine Strecke von 968,8 km legten 14 Mitglieder des Phi-Gamma-Delta-Clubs an der Washington-Universität von Seattle (USA) per Bocksprung zurück – in 114:46 Std. (20. bis 25. März 1983). Insgesamt vollführten die Studenten 108 463 Bocksprünge.
14 Schüler des Sport-Leistungskurses vom Heidberg-Gymnasium in Hamburg bezwangen am 12. Mai 1984 die Strecke von 31 km (einmal um die Binnenalster und zurück) bockspringend in 3:49 Std.

Gehen – auf Händen. Die größte Ausdauer im Auf-Händen-Gehen bewies der Österreicher Johann Hurlinger, der in 55 zehnstündigen Tagesetappen mit einer Durchschnittsgeschwindigkeit von 2,54 km/h im Jahr 1900 die 1400 km lange Strecke von Wien nach Paris auf diese Weise zurücklegte. Thomas P. Hunt von der amerikanischen Luftwaffenakademie in Colorado Springs schaffte am 22. September 1979 in Tokio die 50-m-»Sprintstrecke« in 18,4 Sek. Eine Vierer-Staffel (Bob Sutton, Danny Scannell, Phil Johnson, John Hawkins) kam am 13. März 1983 in Oak Ridge, Tennessee (USA), über eine Meile nach 31:15,8 Min. ins Ziel.

Eierlaufen. Chris Riggio aus San Franzisko (USA) gelang am 7. Oktober 1979 ein 45,86 km langer Marathonlauf. Während dessen Dauer von 4:34 Std. balancierte er ein Ei auf einem silbernen Teelöffel.

Himmel und Hölle. Ein 100-Std.-Marathon im Himmel-und-Hölle-Hüpfspiel schafften Joellen Glass und Lesa Young aus Seattle, Washington (USA), vom 1. bis 5. September 1982.

Hula-Hoop. 81 Reifen hat Chico Johnson (*1939) am 18. September 1983 in einer BBC-Fernsehsendung – zwischen Schulter und Hüfte – zum Kreiseln gebracht. Die Hula-Hoop-Reifen müssen mindestens dreimal rundum geschwungen werden.

Den Marathon-Rekord mit einem Reifen hält Kym Coberly aus Denton in Texas (USA). Das Hüftschwingen währte 72 Std. (7.–20. Oktober 1984).

Hüpfstock. Guy Stewart aus Reading, Ohio (USA), schaffte am 8./9 März 1985 insgesamt 130077 Hüpfer. Die längste Distanz auf einem Hüpfstock bewältigte der 31jährige Ashrita Furman am 8. Januar 1986 in New York: 17,8 km legte er hopsend zurück.

Kriechen. 43,45 km an einem Stück robbte der Engländer Chris Lock – freiwillig – über den Boden, wobei jeweils ein Knie ständigen Kontakt zur Erde haben muß. Lock schaffte den Rekord am 18./19. August 1984 in Durdham Douns, Bristol (GB). 15 Monate lang kroch der Inder und gläubige Hindu Jagdish Chander auf allen vieren, ehe er am 9. März 1985 Jammu erreichte und dort seiner Lieblingsgöttin Mata huldigte. Er war in Aligarh aufgebrochen und hatte im Kriechgang 1400 km zurückgelegt. Mit seinem Gewaltakt wollte Chander die Göttin gnädig stimmen.

Schnellster Tempo-Jongleur mit Bällen ist Mark Steiger (*1953) aus Basel. Er jongliert kontinuierlich mit 7 Bällen und schafft im Kaskaden-Jonglieren (bei Verwendung von 4 oder 5 Bällen) 100 Würfe = 200 Handbewegungen in 11,7 Sek. Das sind 8,55 Würfe pro Sek., mehr als 17 Handbewegungen pro Sek.

Eine Balance-Rekordleistung mit drehenden Bällen bietet Bennie Miller (*1935) aus Ulm (Baden-Württemberg). Mit Hilfe seiner Partnerin balanciert der »pfiffige Jongleur« simultan 10 Bälle im Sitzen bzw. 5 Bälle im Handstand.

Den Rekord im Balancieren auf einem Fuß hält Shri N. Ravi aus Sathyamangalam (Indien), der am 17./18. April 1982 genau 34 Std. durchstand. Der freie Fuß darf nicht auf dem Standfuß abgestützt werden, ebenso ist es verboten, irgendwelche Stützen oder Balancehilfen einzusetzen.

Flaschenbalancieren. Den Rekord für das Balancieren einer mit ½ l Milch gefüllten Flasche auf dem Kopf während eines ununterbrochenen Marsches stellte am 10. Juli 1983 mit 38,6 km Ashrita Furman aus Jamaica, New York (USA), auf.

Golfballbalancieren. Lang Martin balancierte am 9. Februar 1980 7 Golfbälle übereinander – ohne Klebstoff. Den Rekord stellte er in Charlotte, North Carolina (USA), auf.

Mit einem Medizinball (3 kg schwer) jongliert der Schweizer Paul Sahli (*1964) aus Biel. Am 22. März 1986 schaffte es der Ballartist in 12:36 Min. gleich 1602mal mit den Füßen, ohne daß der Ball den Boden berührte.

Balancieren auf dem Kinn ist nicht ganz ungefährlich. Dieser Versuch glückte dem Vermessungstechniker Willi Lüsgen (*1952) aus Erftstadt-Liblar (Nordrhein-Westfalen) mit 20 übereinandergestapelten leeren Fruchtsaftkästen. Am 25. Mai 1985 schaffte er es, den Kastenturm 7 Sek. auf der Kinnspitze zu balancieren. Die 850 g schweren und 30 × 20 × 30 cm großen Kästen ergaben eine Gesamthöhe von 6 m.
Der Wiener John Gloser (*1959) balancierte am 4. September 1985 in der Ottakringer Brauerei gleich 22 leere Bierkisten (Gesamthöhe 5,40 m, 39,10 kg schwer) 5 Sek. lang auf dem Kinn.

Münzturm. 205 kanadische 25-Cent-Stücke auf einer senkrecht auf der Kante stehenden kanadischen Olympiamünze zu balancieren, wobei die Olympiamünze wiederum auf einer anderen Münze ruhte – dieses Kunststück brachte der Kanadier Bruce McConachy (*1963) fertig. Die japanische Fernsehgesellschaft Fuji-TV hielt den Rekord am 24. Februar 1985 fest.

Balancierkünstler von Tennisbällen ist der Tennislehrer Ali Soysal (*1943) aus Fuldatal bei Kassel. Am 9. Juni 1985 schaffte er beim 4. Kasseler Stadtfest einen neuen Rekord: 29 Tennisbälle in einer Hand.

Tellerdrehen. Die größte Zahl von Tellern, die gleichzeitig auf Stäben gedreht wurden, ist 72. Shukuni Sasaki gelang dieser Rekord am 16. Juli 1981 in Kagawa (Japan).

Jo-Jo. Ursprünglich war das Jo-Jo eine Kampfwaffe, die von den Filipinos im Dschungel benutzt wurde. Im 16. Jh. hing es an einem 6 m langen Lederriemen und wog 1,81 kg. Das Wort Jo-Jo bedeutet »komm-komm«. Zwar wurde es in einem Buch schon 1891 als eine Art Zeitvertreib beschrieben, aber erst Donald F. Duncan aus Chikago (USA) machte Jo-Jo 1926 zu einem modischen Geschicklichkeitsspiel.
Der schwierigste moderne Jo-Jo-Trick heißt »Wirbelwind«; dabei muß die Scheibe sowohl von innen als auch von außen horizontal an der elastischen Schnur aufgewickelt werden.
Ausdauerndster Jo-Jo-Spieler ist John Winslow aus Gloucester, Virginia (USA). Er hielt 120 Std. lang durch (23.–28. November 1977).
20302 »Loopings« in 3 Std. (dieser Rekord schloß 6886 in 1 Std. ein) schaffte Jo-Jo-As Dr. Allen Bussey am 23. April 1977 in Waco, Texas (USA). Er benutzte dabei ein »Duncan Imperial« mit einer 87,6 cm langen Nylonschnur.
Das größte Jo-Jo wurde von dem Amerikaner Dr. Tom Kuhn konstruiert und wog 116,11 kg. Getestet wurde das Riesenspielzeug am 13. Oktober 1979 im kalifornischen San Franzisko (USA) von einem 52,2 m hohen Kran herab.

Beinschwingen (Fersen in Ohrhöhe). 10376 Beinschwünge schaffte Alagarajah Srikandarajah in Aubigney (Frankreich) am 22. Juli 1984. Er brauchte dafür nur 6:05:55 Std.
Geschwindigkeitsrekorde erzielten Tara Hobbs (13), die am 2. September 1984 in der BBC-Fernsehsendung *Die Rekordbrecher* innerhalb 1 Min. das Bein 95mal kreiseln ließ, und ihre britische Landsmännin Veronica Evans, die am 24. Dezember 1931 in Manchester 50 Beinschwünge in 25 Sek. geschafft hat.

Keulenschwingen. Albert Rayner stellte am 27. Juli 1981 in Wakefield (GB) den Rekord mit 17512 Schwüngen in 60 Min. auf.

Rekorde im Seilschwingen

Das längste belegte Seilschwingen (Unterbrechungen 5 Min./h) schaffte Randall Schneider mit 12:34 Std. am 2. August 1985 in Janesville, Wisconsin (USA).
Seilschwünge in 1 Min.:
330, Brian D. Christensen, Ridgewood, Tennessee (USA), 1. September 1979
Seilschwünge in 10 Sek.:
128, Albert Rayner, Wakefield (GB), 19. November 1982
Doppelschwünge (mit Überkreuzen):
1664, Sean Birch Kerry (Irland), 27. April 1984.
Doppelschwünge:
10133, Katsumi Suzuki, Saitama (Japan), 27. September 1979
Dreifachschwünge:
381, Katsumi Suzuki, Saitama (Japan), 29. Mai 1975
Vierfachschwünge:
51, Katsumi Suzuki, Saitama (Japan), 29. Mai 1975
Fünffachschwünge:
6, Hideyuki Tateda, Aomori (Japan), 19. Juni 1982

Nach einem dreifachen Salto mit ganzer Schraube landet Corina Colonelu Mosoiann auf den Schultern ihres Partners auf der Spitze einer biegsamen Stange.

Gleich 16 junge Japaner des Mito-Cycle-Clubs »fuhren« 50 m auf einem Fahrrad.

Dauerrekord:
2034 km, Tom Morris, Brisbane-Cairns (Australien), 1963
Schwünge auf dem Drahtseil:
58, Bryan Andro, Fernsehen (Holland), 6. August 1981

Seiltrick. Der einzige Mensch, der 12 Seile (ohne Verlängerung) gleichzeitig schwingen konnte, war Roy Vincent (* 1910) aus Gloversville (USA). Er benutzte alle Gliedmaßen, seinen Rücken und seine Zähne.

Schaukeln. Die Rekordzeit für ununterbrochenes Schaukeln erreichten mit 196 Std. Patrick Galvin und Mark Ungar aus San Mateo, Kalifornien (USA), vom 31. Juli bis 8. August 1984 in ihren Hängematten.

Schaukelstuhl. Der Dauerrekord für das Wippen in einem Schaukelstuhl ist 432 Std. Maureen Weston aus Peterborough (GB) schaukelte vom 14. April bis zum 2. Mai 1977.

Eine Bauchlandung auf jedem Untergrund (auch auf Stein und ohne anschließend abzurollen) machte nach einem Sprung über vier Stühle in der Bundesrepublik Deutschland nur Adolf Chityl (1935–86) aus Glücksburg, der als Amateur auch unter dem Künstlernamen Don Adolfo auftrat.

Faßspringen (auf Schlittschuhen). Die offizielle Weltrekordweite ist 8,99 m über 18 Fässer, erzielt am 25. Januar 1981 von Yvon Jolin in Terrebonne (Kanada).
Der Rekord für Frauen liegt bei 6,21 m über 11 Fässer, aufgestellt von Janet Hainstock in Michigan (USA) am 15. März 1980.

Auf Stelzen bewegen sich Hopfenbinder bei ihrer Arbeit. Aber auch als Fortbewegungsgerät fanden Stelzen einige Liebhaber. Bereits 1892 ging M. Garisoain aus Bayonne auf Stelzen die 8 km nach Biarritz (Frankreich), wozu er 42 Min. brauchte. Das entspricht einem Durchschnitt von 11,4 km/h. 1891 ging Sylvian Dornon auf Stelzen von Paris nach Moskau. Er legte die 2945 km in 50 Etappen zurück. Eine andere Quelle gibt die Dauer seiner Reise mit 58 Tagen an.

Extrem hohe Stelzen sind selbst mit Sicherheitsleinen sehr gefährlich – 25 Schritte gelten als »meisterlich«.
Eddy Wolf aus Loyal, Wisconsin (USA), ging mit 12,36 m hohen Stelzen am 9. März 1986 im Dreamland Park von Yokohama 27 Schritte weit, ohne seine Sicherheitsleinen zu berühren. Seine Aluminiumstelzen wogen je 25 kg.
Der Dauerrekord ist 4840 km von Los Angeles nach Bowen, Kentucky (USA), erreicht vom 20. Februar bis zum 26. Juli 1980 von Joe Bowen (28). Die 100 m schaffte Masaharu Tatsushiro aus Japan am 30. März 1980 in Tokio in 14,15 Sek. auf Stelzen von 30 cm Höhe.

Auf Riesenstelzen (1,50 m Bodenfreiheit) gelang dem Schweizer Jean-Marc Zahno aus Düdingen (Kanton Freiburg) am 8. September 1981 die Erstbesteigung der 2186 m hohen Kaiseregg (Schwarzsee). In 2:30 Std. war der höchste Punkt erreicht.

Springen. Der höchste regelmäßig stattfindende Turmsprung wird von professionellen Klippenspringern vom La-Quebrada-Felsen in Acapulco (Mexiko) aus einer Höhe von 26,70 m gewagt. Anführer des exklusiven Klubs von 27 Turmspringern, Club de Clavadistas, ist Raul Garcia (* 1928), der mehr als 35 000 Kopfsprünge gesund überstanden hat. Der 6,4 m breite Sockel des Felsens erfordert einen Weitsprung von 8,2 m. Das Wasser ist 3,65 m tief.

Als erste Frau wagte Barbara Winters (* 1953) am 7. Dezember 1976 den Kopfsprung von den Klippen.

Den Weltrekord im Kopfsprung hält der Amerikaner Randal Dickison. Er hechtete am 6. April 1985 im Ocean Park von Hongkong von einer Höhe von 53,23 m ins Wasser. Auf der gleichen Veranstaltung stellte Lucy Wardle aus den USA den Damenrekord auf: Sie riskierte einen Kopfsprung aus einer Höhe von 36,57 m.

Von den 696 Personen (bis Januar 1980), die seit 1937 in selbstmörderischer Absicht von der Golden Gate Bridge in San Franzisko 73 m in die Tiefe sprangen, haben 12 überlebt; Todd Sharratt (17) war der einzige, der aus eigener Kraft ans Ufer schwimmen konnte.

Die größte bekannte Höhe, aus der ein Mensch in ein Flammenbecken sprang, ist 20,4 m. Am 14. August 1975 riskierte Bill McGuire in Chikago den Sprung in das 2,28 m tiefe Becken.

Den tiefsten Sprung in ein Luftkissen wagte der amerikanische Stuntman Dan Koko. Am 13. August 1984 hüpfte er vom Vegas World Hotel and Casino und fiel 99,36 m tief. Seine Fallgeschwindigkeit betrug kurz vor dem Aufprall 141 km/h.
Kitty O'Neill sprang am 9. September 1979 aus 54,80 m Höhe aus einem Helikopter über Northridge, Kalifornien (USA), für einen Fernsehstunt auf ein Luftkissen von 9,14 × 18,28 m.
Henri LaMothe (* 1904) sprang am 7. April 1979 aus einer Höhe von 8,5 m in ein Planschbecken mit 31,4 cm Tiefe. Er traf mit einer Geschwindigkeit von 45,7 km/h auf der Wasseroberfläche auf.

Geburtstagssprung. Filmstuntman Harry Froboess (1900–85) aus Baar (Schweiz) hatte eine Vorliebe für Sprünge aller Art. Zu seinem 80. Geburtstag vollbrachte der Senior das Bravourstück, von einem Hubschrauber aus bei 40 m Höhe einen Kopfsprung in den Zürichsee zu machen. Am 22. Juni 1936 sprang er aus 110 m

Bärenstärke entwickelte Werner Mostbeck, als er die Menschenpyramide von 311 kg quer durch die Halle trug.

Höhe aus dem Zeppelin *Graf Hindenburg* in den Bodensee.

Drahtseilakte. Steve McPeak (*1945) überquerte am 5. Juli 1976 die Entfernung von 91,5 m über die 550 m tief abfallenden Wasserfälle des Yosemite Valley in Kalifornien (USA). Am 10. August 1979 stieg McPeak in 71 Sek. ein Drahtseil hoch, das im Winkel von 40 Grad auf eine Höhe von 13,7 m führte. Am 19. März 1977 kletterte er an einem 44 mm dicken und 731 m langen Seil innerhalb von 65 Min. auf den Zuckerhut in Rio de Janeiro (Brasilien). Der Aufstieg war 205 m lang.
Steve McPeak aus Las Vegas bestieg das Kabel der Zugspitzbahn mit einem Höhenunterschied von 705 m in drei Etappen am 24./25./28. Juni 1981 in insgesamt 5:04 Std. Das höchste Gefälle auf der 2282 m langen Strecke ist über 30 Grad. Das Kabel hat einen Durchmesser von 46,6 mm. Am Morgen des 28. Juni war Steve 181 Schritte über ein dünneres Verankerungsseil gegangen, das auf der Zugspitze 2963 m über eine Schlucht gespannt ist. Steve bewegte sich dabei in 960 m Höhe über dem Grund der Schlucht.

Den Dauerrekord im Leben **auf einem Seil** stellte der Franzose Henri Rochetain (*1926) auf, als er vom 28. März bis zum 29. September 1973 185 Tage auf einem 120 m langen Seil 25 m über einem Supermarkt in Saint Etienne (Frankreich) verbrachte. Seine Fähigkeit, auf dem Seil zu schlafen, versetzt die Ärzte immer noch in Erstaunen. Er ging ca. 500 km auf dem Seil spazieren, um sich in guter Form zu halten.

Der älteste Seiltänzer war »Professor« William Ivy Baldwin (1866–1953), der an seinem 82. Geburtstag (31. Juli 1948) den South Boulder Cañon in Colorado (USA) auf einem 97,5 m langen Seil mit einem Höhenunterschied von 38,1 m überquerte.

Der größte Seiltänzer des 19. Jh.s war der Franzose Jean François Gravelet alias Charles Blondin (1824–97), der am 30. Juni 1859 die erste Überquerung der Niagarafälle auf einem 76 mm dicken, 335 m langen, 48,75 m über den Fällen schwebenden Seil vornahm. Am 15. September 1860 vollbrachte er dieselbe Leistung, wobei er obendrein noch Harry Colcord huckepack trug. Das war besonders mutig, da Colcord sein Agent war, der alle Verträge für ihn abschloß.

Luftflug. Die erste menschliche Kanonenkugel war der Franzose Emilio Onra (geb. Maitrejean): Er ließ sich am 21. November 1875 in Paris von einem Geschütz abfeuern. Den Entfernungsrekord für den Abschuß eines Menschen aus einer Kanone hält mit 53,3 m Emanuel Zacchini, der ihn 1940 in dem Zirkus Ringling Bros und Barnum & Bailey im Madison Square Gardens, New York (USA), aufstellte. Seine Mündungsgeschwindigkeit wurde auf 87 km/h geschätzt. Als er sein Pensionsalter erreicht hatte, konnte die Zirkusleitung zum Glück feststellen, daß seine Tochter Florina vom gleichen Kaliber war. Sie brauchte keine neue Kanone zu bauen. Ein Experiment am 17. August 1978 in Yorkshire (GB) zeigte, daß Sue Evans (17) nur 9,5 mm hinter dem Rekordschuß zurückblieb.

Der Name der maskierten **»menschlichen Fliege«**, die im April 1977 bei 380 km/h auf einem DC-8-Jet »ritt«, ist nie enthüllt worden. Es gilt jedoch als unwahrscheinlich, daß es sich um ein Mitglied des Jet-sets handelte.

Klettern. Die längste Besteigung der senkrechten Fläche eines Gebäudes gelang am 25. Mai 1981, als Daniel Goodwin (25) die Außenseite des 443 m hohen Sears Tower in Chikago in 7:25 Std. bezwang. Pro Minute schaffte er 99 cm.
Am 21. Juli 1980 bestiegen Jean-Claude Droyer (*1946) aus Paris und Pierre Puiseux (*1953) aus Pau (Frankreich) ohne mechanische Hilfsmittel den 300 m hohen Eiffelturm auf der Außenseite. Führ-Kraxler Jean-Claude war in 2:18:15 Std. obenauf.

ZIRKUSREKORDE

Trapez: Abwärtskreise (»Muskelmalmer«) – 1350, Sarah Denn, Wisconsin (USA), 21. Mai 1983. An einer Ferse schaukelnd, Angela Revelle, Australien, 1977.

Höchster Luftakt: Der Brite Ian Ashpole (*1956) riskierte einen Trapezakt, bei dem er in einer Höhe von 5004,80 m an einem Heißluft-Ballon hing. Sein waghalsigstes Kunststück vollbrachte er am 16. Mai 1986 über Cambridgeshire, Suffolk (GB).

Dreifache Drehung, doppelter Salto: Tom Robin Edelston mit Fänger John Zimmerman, Circus World, Florida (USA), 20. Januar 1981.

Dreifacher Salto rückwärts mit eineinhalb Umdrehungen: Terry Cavaretta Lemus (jetzt Frau St. Jules) im »Circus Circus« von Las Vegas (USA), 1969.

Volle dreifache Drehung, vierfacher Salto: Miguel Vasquez mit Fänger Juan Vasquez im Ringling Bros Amphitheatre in Chikago, November 1981.

Am 20. September 1984 schaffte Miguel Vasquez, wiederum mit Juan Vasquez als Fänger, in der Sportarena von Los Angeles (USA) einen dreifachen Salto aus der Auslage (ohne Umdrehung).

Wippbrett: Sechs Mann hohe Pyramide; Emilia Ivanova (Bulgarien) von der Kehaiovi-Truppe in Inglewood, Kalifornien (USA), 21. Juli 1976.

John Howard jagte im Windschatten eines Raketenrenners mit 245,072 km/h über den Salzsee in Utah (USA). Bis Tempo 95 ließ er sich ziehen, dann begann die Rekordjagd (s. S. 40).

Trampolin: Siebenfache Drehung, Salto rückwärts aufs Gerät und fünffache Drehung, Salto rückwärts auf die Schultern, Marco Canestrelli und Untermann Belmonte Canestrelli, Madison Square, New York (USA), 5. Januar und 28. März 1979.
Richard Tison (Frankreich) führte am 30. Juni 1981 bei Berchtesgaden eine dreifache Schraube mit dreifachem Salto rückwärts vor.

Elastische Stange: Doppelter Salto auf eine Stange von 5,08 cm Durchmesser, Roberto Tabak (11) in Sarasota, Florida (USA), 1977.

Menschliche Pyramide: 12 (in 3 »Etagen«) auf einem einzigen Untermann. Gewicht 771 kg. Unten stand Tahar Davis von der Hassani-Truppe. Birmingham (GB), 17. Dezember 1979.

Eine Menschenpyramide bewegte der Kraftfahrer Werner Mostbeck (*1943) aus Eckental bei Nürnberg am 1. März 1986. Als Untermann der im rotweißgestreiften Nostalgielook auftretenden Akrobatengruppe Artos trug er 5 Männer (Gesamtgewicht 311 kg) 18,56 m weit auf seinen Schultern.

Der älteste Clown: Charlie Rivel (am 24. April 1896 als Andrea Lassere in Spanien geboren) trat 82 Jahre lang (1899–1981) als Clown auf.

Dompteur. 40 Löwen ist die Rekordzahl, die je von einem einzigen Tierbändiger ohne Hilfe in einem Käfig unter Kontrolle gehalten und gefüttert wurden. Diese Leistung vollbrachte 1925 Captain Alfred Schneider.
Clyde Raymond Beatty dressierte mehr als 40 Wildkatzen (Löwen und Tiger) gleichzeitig. Beatty (1903–65) war mehr als 40 Jahre lang in jeder Show, in der er auftrat, die Hauptattraktion. Er bestand darauf, als Löwentrainer bezeichnet zu werden.
Seit 1900 kamen mehr als 20 Löwenbändiger »berufsbedingt« ums Leben.

Entfesselungskünstler. Der berühmteste Entfesselungskünstler war Erich Weiss alias Harry Houdini (1874–1926), der als erster die Unterwasserbefreiung aus Behältern vorführte, während er mit Handschellen und Eisenketten gefesselt war.

Meister im Schnellentfesseln am brennenden Seil ist Hans Moretti (eigentlich Hans Cewe, *1928) aus Dillingen/Saar. Der Sensationsdarsteller hat 2 Min. Zeit, um sich von den 24 Schnappschlössern einer 12 m langen Eisenkette, den Hand- und Fußschellen zu befreien, mit denen er gefesselt und an ein 4 m langes, brennendes benzingetränktes Hanfseil gebunden ist. In 150 m Höhe hängt er damit an einem Helikopter. Die Bestleistung des Entfesselungskünstlers steht bei 1:27 Min. Eine Nachahmung des Tricks ist nicht zu empfehlen.

Den dreifachen Zopfhang zeigt als wohl einziger Mann der Welt der chinesische Artist Gerhard SUN Tseng-Hai (*1952). Mitwirkende sind seine Frau SUN, May-gy (*1951) und seine Mutter SUN, Be-li.

Als Bauchredner begeistert Peter Moreno alias Peter Rohrmayr (*1965) aus Aindling (Bayern), ein gelernter Restaurateur und Stukkateur, sein Publikum mit Bauchstimmen. Am 12. März 1985 machte er gleichzeitig 6 Personen (2 Damen und 4 Herren) in der Neuburger Diskothek »Schrannenkeller« zu lebenden Bauchrednerpuppen.

Einen Rekord in Massenhypnose stellte Don Alfredo (bürgerlich Manfred Knoke, *1950) aus Untergermaringen (Bayern) auf. Vom 24. bis 30. November 1983 hypnotisierte er in Einkaufszentren und Diskotheken im Augsburger Raum insgesamt 1560 Personen.
In sein »Traumland der Hypnose« versetzte der Hypnotiseur Gasbardin, bürgerlicher Name Norbert Hinrichs (*1958), aus Tarmstedt bei Bremen am 14. Februar 1986 im Tanzpalast »Papermoon« in Wietmarschen-Lohne 440 Personen »auf einen Schlag« und hielt sie über 30 Min. lang in Hypnoseschlaf.

Zauberei: Wendigster und vielseitigster Zauberer ist der Brite Paul Scott (*1937). Unter Aufsicht von zwei Vertretern des Magischen Zirkels führte er am 9. September 1984 im Landwirtschaftszentrum von Stoneleigh innerhalb von 4 Min. 49 verschiedene Tricks vor.

Dauerzaubern. »Mr. Domino«, mit bürgerlichem Namen Wolfgang Karl (*1961), aus Wien zauberte vom 8. bis 11. Februar 1983 Tag und Nacht 86 Std. hindurch und führte über 2000 verschiedene Tricks seines Dauerprogramms vor.

Säulensitzen. Moderne Rekorde können nicht an den des heiligen Simon d. J. (ca. 521–597 n. Chr.), genannt Der Stylit (griechisch *stylos* = Säule), heranreichen. Dieser Mönch verbrachte die letzten 45 Jahre seines Lebens auf einer Steinsäule auf dem Hügel der Wunder in der Nähe von Antiochia (Syrien). Dies ist wahrscheinlich das erste Beispiel für die bewußte Erzeugung eines Rekordes, obwohl es das *Guinness Buch der Rekorde* noch nicht gab.

Pfahlsitzen. Es gibt keine internationalen Regeln, die »Lebensbedingungen« beim Pfahlsitzen sind sehr unterschiedlich. Den Rekord hält Mark Sutton aus Victoria, British Columbia (Kanada): Er stand 488 Tage lang durch, am 1. Juli 1985 verließ er seinen Sitz.
Ein erbitterter Konkurrenzkampf um die Weltmeisterschaft bei dieser aus den Niederlanden kommenden Hochsitz-Hockerei war im August 1981 zwischen Wettsitzern zweier niedersächsischer Orte entbrannt. Die modernen Säulenheiligen, die auf einer 40 × 50 cm großen Holzplattform bei 2,50 m hohen Pfählen – ohne Sitzkissen und Decken – sitzen mußten, hatten Schwierigkeiten mit dem strengen Guinness-Reglement. So kletterten letztlich der Maschinenbaumeister Bernd Freiberg (36) und der holländische Sportlehrer Gerrit-Jan Soetman (22) aus Heeslingen bei Zevern nach 504 Std. als Sieger von ihren Hochsitzen.

Leben im Baumhaus: Ausdauerndster Baumbewohner ist Timothy Roy aus Los Angeles (USA). Am 8. September 1983 hatte er 431 Tage in seinem Baumhaus gelebt und immer noch keine Lust, es gegen ein bodenständiges Heim einzutauschen.

Stehen. Mehr als 17 Jahre verbrachte Swami Maujgiri Maharij von 1955 bis November 1973 im Stehen, als er sich in Shahjahanpur (Indien) der Tapasya-Buße unterwarf. Um zu schlafen, lehnte er sich gegen ein Brett. Er starb im September 1980 im Alter von 85 Jahren.

Auf einem Nagelbrett liegen, genauer auf einer ganzen Menge von 15,2 cm langen, scharfen Nägeln, die im Abstand von 5 cm stehen, will erst gelernt sein. Nach 274:02 Std. erhob sich am 3. November 1984 Inge Widar Svingen wieder von dem unbequemen Lager – pünktlich zur Fernsehsendung *Guten Morgen, Norwegen*, die den neuen Weltrekord publik machte.
Wesentlich längere Zeiten werden von Fakiren geltend gemacht, die sich freilich dabei keiner Überwachung unterzogen. Der extremste Fall war Silki, der 111 Tage, bis zum 24. August 1969, auf einem Brett mit Nägeln in São Paulo (Brasilien) zugebracht haben will.

Kraftakte. Schmiedemeister Matthias Heuel (* 1933) aus Attendorn (Sauerland), der »Schmied von Attendorn« genannt, schlägt mit reiner Muskelkraft ein kaltes 10 mm starkes Vierkanteisen mit 43 Hammerschlägen in 18 Sek. rotglühend.

Eisenbiegen mit reiner Körperkraft ohne technische Hilfsmittel, das schafft Horst Alldag (* 1934). Den stärksten Mann Hannovers schreckt auch gehärteter Baustahl nicht. Seit 15 Jahren werden 8–12 mm starke Eisenstangen krummgebogen. Anläßlich der Berliner Funkausstellung schaffte er es am 5. September 1983, 10 mm starken Baustahl (III b) von 250 mm Länge in nur 7,5 Sek. zu einem »U« zu biegen.

Nägelbiegen. Der Luxemburger Georges Christen (* 1963) bog am 15. September 1984 bei der »2. Guinness-Woche der Rekorde« in Faak am See (Kärnten) 269 eiserne Nägel (von 21 cm Länge und 7 mm Durchmesser) in 60 Min. in V- bzw. U-Form um. Der junge Kraftmensch schützte seine Hände mit einem Paar normaler Gärtnerhandschuhe.

Ziehen mit Zähnen. Der Mann mit dem »stärksten Gebiß der Welt« ist »Herkules« John Massis (Wilfried Oscar Morbée, * 1940) aus Oostakker (Belgien), der am 19. März 1977 in Evrey (Frankreich) ein Gewicht von 233 kg mit den Zähnen 15 cm vom Boden hochhob.
Bei der *Guinness-Spectacular*-Fernsehschau in Los Angeles (USA) am 7. April 1979 hinderte Massis, lediglich mit Hilfe einer Trensenzäumung, einen Hubschrauber am Aufsteigen.
Auf dem Güterbahnhof von Luxemburg erzielte Georges Christen (* 1963) am 18. August 1985 einen neuen Rekord im Ziehen mit den Zähnen. Ganze 100 m zog er einen 20,36 t schweren Güterwaggon über die Schienen. Gezeigt wurde diese Leistung in der Sendung *Weltrekord* von RTL-plus.
Mit den Zähnen bringt Ludwig Kundt (53) aus Lübeck (Schleswig-Holstein) 50 kg Zement in einem üblichen Papiersack vom Fußboden bis zur aufrechten Körperhaltung. Diese »Hochstrecke« schafft er in 0,9 Sek., ohne daß der Papiersack reißt.

Flugzeugziehen. Der Brite Dave Gauder (30) blieb am 16. Juli 1985 gegen zwei Maschinen vom Typ *Piper Cherokee* Sieger. Jedenfalls verhinderte er in Bobbington, Staffordshire (GB), einen Start der beiden Flugzeuge, indem er sie an zwei Schleppseilen festhielt. Dabei zerrten an Gauders Armen 612 kg.

Halterekord. Ein 11-kg-Gewicht hielt Horst Alldag am 11. Januar 1986 in Hannover 67 Sek. lang mit ausgestrecktem Arm absolut waagerecht. Damit schlug der Meister im Eisenbiegen den Goldmedaillengewinner von Los Angeles im Gewichtheben, Karl-Heinz Radschinsky, um 2 Sek.

Reifenheben: Normales Gewichtheben ist nichts für den Briten Gary Windebank, er versucht sich lieber an Autoreifen. Im Februar 1984 brachte er 96 Stück zur Strecke (Marke: Michelin XZX 155 × 13). Gesamtgewicht: 653 kg.

Radartistik. Am 2. April 1984 kletterten 16 Mitglieder des Kunstradfahrvereins Mito-Itomi auf ein – einziges – Rad und fuhren 50 m weit: ein neuer Weltrekord aus Mito, Ibaragi (Japan)!

Motorradartistik. 7:0:13 Std. fuhr der Schausteller und Steilwandartist Martin Enrico Blume (* 1963) aus Berlin am 18. April 1983 in einer Steilwand. Auf seiner *Yamaha XS 400* schaffte er über 12 000 Runden (292 km) mit einer Durchschnittsgeschwindigkeit von 45 km/h.

Einen Weltrekord stellte der Stuttgarter Peter (Pit) Lengner (* 1953) mit einem Mini-Motorrad am 28. Juni 1984 auf. Erstmalig fuhr er in einer 1,70 m hohen **Steilwand** (Durchmesser 5 m) 27 Sek. mit seinem 70 cm langen Motorrad (35 cm^3) mit einer Geschwindigkeit von 60 km/h. Das geschah in Chris Howlands Sendung »Höchstleistungen aus dem *Guinness Buch der Rekorde*«.
Der elffache österreichische Trialmeister Joe Wallmann (* 1948) aus Laakirchen überquerte mit seinem serienmäßigen *Fantic-200*-Trialmotorrad einen 3,20 m hohen Autobus (Marke Steyr). Dieser Motorrad-»Ritt« gelang am 8. September 1984 in Laakirchen (Oberösterreich).
Die größte Entfernung, die je im **Motorradweitsprung** erzielt wurde, ist 65,70 m. Diesen Rekord stellte am 19. Mai 1985 der Mechaniker/Stuntman Jürgen Baumgarten (* 1946) aus Mölln (Schleswig-Holstein) auf der Versuchsstrecke der Firma Goodyear in Luxemburg mit einem Sprung über 13 Pkw auf.

8. GESCHWINDIGKEIT IST KEINE HEXEREI

HÖCHST-GESCHWINDIGKEITEN

Die höchste Geschwindigkeit – nämlich 39 897 km/h – erreichte die Kommandoeinheit des *Apollo X* mit ihren Insassen: Oberst (jetzt Brigadegeneral) Thomas Patten Stafford, USAF (* 1930), Oberstleutnant Eugene Andrew Cernan (* 1934) und Fregattenkapitän (jetzt Kapitän zur See) John Watts Young, USN (* 1930). Sie erreichten diese Geschwindigkeit auf ihrem Rückflug aus dem Weltraum bei Wiedereintritt in die Atmosphäre in einer Höhe von 121,9 km am 26. Mai 1969.

Der Geschwindigkeitsrekord zu Lande wurde mit 1190,377 km/h am 17. Dezember 1979 aufgestellt. Stan Barrett (USA) steuerte das *Budweiser Rocket*, ein dreirädriges Gefährt mit Raketenantrieb, auf der Edward Luftwaffenbasis, Kalifornien. Die Rekordgeschwindigkeit liegt knapp über der Schallgrenze.

Der offizielle Geschwindigkeitsrekord zu Lande beträgt 1019,467 km/h und wurde am 4. Oktober 1983 von Richard Noble in der Black-Rock-Wüste in Nord-Nevada (USA), aufgestellt. Sein Fahrzeug, der düsenangetriebene *Thrust 2*, wurde von John Ackroyd entworfen.

Die höchste Geschwindigkeit zu Wasser – 555,9 km/h – wurde von Kenneth Peter Warby (* 1939) am 20. November 1977 auf dem Blowering-Stausee in Neusüdwales (Australien) in seinem Gleitboot der Offenen Klasse *Spirit of Australia* erzielt. Der offizielle Weltrekord für Geschwindigkeit zu Wasser liegt bei 514,43 km/h. Er wurde ebenfalls von Kenneth Warby auf dem Blowering-Stausee am 8. Oktober 1978 aufgestellt.

Die offizielle Höchstgeschwindigkeit eines propellergetriebenen Bootes liegt bei 368,54 km/h. Erzielt hat sie der Amerikaner Eddie Hill am 5. September 1982 bei Chowchilla, Kalifornien (USA), mit seinem Superrenner *The Texan.*

Die Rekordgeschwindigkeit einer Frau beträgt 28 115 km/h. Sie wurde von Leutnant (jetzt Oberstleutnant) Valentina Wladimirowna Tereschkowa-Nikolajew (* 1937, UdSSR) erreicht. Sie war außerdem »die erste Frau im All« im *Wostok 6* am 16. Juni des Jahres 1963.

Der Geschwindigkeitsrekord einer Frau zu Lande wurde mit 843,323 km/h von Kitty Hambleton (geb. O'Neil, USA) in dem 48 000 PS (35 200 kW) starken dreirädrigen *Motivator* mit Raketenantrieb S. M. 1 am 6. Dezember 1976 in der Alvardwüste von Oregon (USA) aufgestellt. Ihr offizieller Rekord über die Strecke in beiden Richtungen betrug 825,126 km/h, und sie dürfte gelegentlich 965 km/h erreicht haben.

Die schnellste Frau auf dem Wasser ist Mary Rife (USA), die ihr Schleppboot *Proud Mary* mit über 305 km/h gesteuert hat.

PERSÖNLICHE GESCHWINDIGKEITS-REKORDE

Apfelpflücken. Eine überprüfte Hochleistung vollbrachte George Adrian aus Indianapolis, Indiana (USA), am 23. September 1980, als er in 8 Std. 12879 kg Äpfel pflückte.

Badewannenrennen. Die Rekordzeit für das jährlich abgehaltene Badewannenrennen über 58 km von Nanaimo nach Vancouver (Kanada) beträgt 1:29:40 Std. und wurde am 30. Juli 1978 von Gary Deathbridge (Australien) erzielt. Wannen-Längenlimit: 1,9 m; die Motoren sind auf 6 PS (4,4 kW) begrenzt.

Die größte Entfernung, über die eine Badewanne in 24 Std. mit den Händen gepaddelt wurde, ist 145,6 km. Diese Leistung erreichte ein 13köpfiges Team von Gefängnisbeamten aus Aldington (GB) am 28./29. Mai 1983.

Champions im klassischen **Bettenrennen** in Knaresborough, Grafschaft Yorkshire (GB), wurden beim »Bed Race 1984« am 9. Juni 1984 die sechs Bebra Beavers mit ihrer Miß Bebra, die das Bett steuerte, aus Kreis Hersfeld-Rotenburg in der Rekordzeit von 12:36 Min.

Den Rekord im Briefmarkentrennen (dem Auseinanderreißen von ganzen Briefmarkenbögen) stellte bei der 5. Internationalen Briefmarkenmesse in den Grugahallen in Essen Martin Struth (* 1947) aus Niederwerth (Nordrhein-Westfalen) auf. Am 31. Mai 1984 schaffte er 5380 Briefmarken (5 Dpf, Deutsche Dauerserie, Industrie und Technik) in 15 Min.
Im **Briefmarkenkleben** wurde die Schweizerin Sonja Stillhard (* 1940) aus Tobel beim 1. Internationalen Philatelistentreffen vom 19. bis 21. November 1982 in Unterägeri (Kanton Zug) mit 888 bereits gerissenen Briefmarken auf C6-Umschlägen in 30 Min. Rekordhalterin.

Eierpellen. Zwei Küchengehilfen, Harold Witcomb und Gerald Harding, pellten am 23. April 1971 in Bowyers (GB) innerhalb einer 7¼-Std.-Schicht 1050 Dutzend Eier (also: 12600 Stück). Beide Männer sind blind.

Faßrollen. In 8:07 Min. rollte ein sechsköpfiges Team des Haunchwood Collieries Institute in Nuneaton (GB) am 15. August 1982 ein Metallfaß mit 1,6 hl Bier über 1 Meile (1,6 km).
Sechs junge Handwerker der Burschenschaft Langewiese bei Winterberg (Sauerland) rollten ein mit 100 l Wasser gefülltes Faß vom »Dorf des Bieres« Krombach nach Berleburg. Die 50 km lange Strecke mit einem Höhenunterschied von 400 m bewältigte das Roll-Sextett in 8:33 Std. am 3. Oktober 1981.

Weinfaßrollen. Einen Rollrekord mit einem 600-Liter-Weinfaß erzielten 55 junge Winzerinnen und Winzer der Rheinhessischen Landjugend aus dem Weinbaustädtchen Albig und Umgebung. Vom 15. August bis zum 5. September 1981 »errollten« sie in 22 Etappen 1135 km von Barmstedt bei Hamburg bis zum Münchner Viktualienmarkt.

Fensterputzen. In 18,92 Sek. ohne ein einziges Schmierfleckchen 3 jeweils 1040 × 1153 mm große Standard-Bürofenster blitzblank zu wischen – dieses Rekordkunststück brachte der Australier Roy Ridley am 19. Oktober 1984 bei einem Wettbewerb in Sydney fertig. Der rasende Fensterputzer benutzte dabei einen 30 cm langen Wischer und verbrauchte 9 l Wasser.

Flaschenpost. Der längste Zeitraum, der zwischen dem Einwerfen und Auffinden einer Flaschenpost verstrich, beträgt 72 Jahre. Ausgesetzt wurde die Flaschenpost am 9. Juni 1910 von der SS *Arawatta* aus Cairns, Queensland (Australien), und gefunden wurde sie am 6. Juni 1983 auf dem Moreton Island von Brisbane (Australien).

Eine Flasche mit einem Brief, der anscheinend am 19. November 1899 von Kapitän Charles Weieerishen des Dampfschiffs *Crown Princess Cecilia* vor Varberg (Schweden) geschrieben worden war, wurde angeblich am 9. Dezember 1936 an der Küste von Victoria (Kanada) gefunden.

Die schnellste Weltumrundung mit Linienflügen dauerte 44:06 Std. David J. Springbett (* 1938) aus Taplow, Buckinghamshire (GB), stellte diesen Rekord vom 8. bis 10. Januar 1980 auf. Die Route: Los Angeles, London, Bahrain, Singapur, Bangkok, Manila, Tokio, Honolulu. Die Flugstrecke betrug 37124 km.

Gurkenschneiden. Am 30. Mai 1981 setzte Norman Johnson aus Blackpool (GB) die Rekordmarke von 19,11 Sek. für das Zerschneiden einer Gurke von 12 Zoll (30,48 cm) Länge und 1,5 Zoll (3,81 cm) Durchmesser in 22 Scheiben pro Zoll, insgesamt 244 Scheibchen. In den WDR-Studios gelang ihm bei der Aufzeichnung für die Fernsehsendung »Chris Howland präsentiert Höchstleistungen aus dem *Guinness Buch der Rekorde*« am 2. Mai 1983 ein neuer Rekord: eine 30,50 cm lange Gurke wurde in 13,4 Sek. zerschnitzelt!

Karikaturen. Der Münchner Dieter Hanitzsch (* 1933) zeichnet nebenberuflich seit 1961. Immerhin schafft er es, eine beliebige Person aus dem Publikum in 13 Sek. zu karikieren. So geschehen in Berlin am 5. September 1983.

Klavierstimmen. Die Rekordzeit für das Erhöhen einer Tonlage um einen Halbton und wieder Herabstimmen auf eine annehmbare Tonqualität ist 4:20 Min., aufgestellt am 5. Februar 1980 von Steve Fairchild (USA) bei einem Klavierstimmerwettbewerb in New York.

Im Krabbenpulen stellte Christa Kohlen (* 1948) zur Neueröffnung des Jade-Zentrums in Wilhelmshaven mit 498 g in 20 Min. am 4. Oktober 1982 einen neuen Rekord auf.

Loopingbahnfahren. Rund 6400 km hat der amerikanische Jura-Student Richard Rodrigez (24) vom 3. bis 19. August 1982 im Super-Wirbel des Holiday-Parks in Haßloch (Pfalz) zurückgelegt. Dieser Höllentrip in der Stahlrohrbahn ging über insgesamt 384 Std. (8415 Fahrten mit 16824 Überschlägen) mit 120 km/h. Auf 503 Std. schraubten Daniel Glada und Normand St. Pierre im Parc Belmont von Montreal (Kanada) vom 18. Juli bis 10. August 1983 dieses Marathon.

Luftballonzerstechen übte der Bautechniker Reinhard Arnberger (* 1965) aus Theras (Niederösterreich) am 21. Juli 1985. In 38 Sek. brachte er es auf 390 Luftballone, die in 4 Hunderterreihen montiert waren – dafür waren immerhin 3,5 Std. Aufblaszeit erforderlich gewesen.

Den Weltrekord im Dauerschreibmaschinenschreiben, erzielt auf einer elektrischen Schreibmaschine, hält Violet Gibson Burns aus Cremorne, Sydney (Australien). Vom 29. März bis 9. April 1985 kam sie auf 264 Std.
Den deutschen Rekord stellte mit 222 Std. vom 25. Oktober bis 3. November 1984 in Köln Gisela Martin (* 1942) aus Schaumburg-Elgarshausen (Hessen) auf. Auf einer elektronischen Büroschreibmaschine SE 1010 von Triumph-Adler kam sie auf ca. 1 Mio. Anschläge – aneinandergereiht würde das eine Länge von 4,35 km ergeben.

Auch ein Rekord: Les Stewart aus Mudjimba Beach in Australien hat die Zahlen 1 bis 417000 in Wörtern geschrieben. Das ergab am 26. Februar 1986 eine Tagesleistung von 8230 Blättern. Sein Ziel: »Millionär« zu werden.

Die Höchstgeschwindigkeiten im Maschinenschreiben werden so berechnet, daß für jeden Tippfehler 10 Wörter als Strafe von der Gesamtwortzahl abgezogen werden.

Der offizielle Stundenrekord auf einer elektrischen Schreibmaschine ist 9316 Wörter (40 Fehler) auf einer IBM-Maschine. Das entspricht einer Nettogeschwindigkeit von 149 Wörtern/min. Diese Leistung vollbrachte Margaret Hamma (jetzt Dilmore) in Brooklyn (USA) am 20. Juni 1941.

Bei einem offiziellen Test im Jahr 1956 erreichte Stella Pajunas (jetzt Garnard) 216 Wörter/min auf einer IBM-Maschine.

Beste auf der Schreibmaschine im Geschwindigkeitsschreiben (30 Min.) ist die Berlinerin Gabriele Monath (* 1951). Bei den Weltmeisterschaften INTERSTENO '85 in Sofia (Bulgarien) holte sie sich am 18. Juli 1985 den 1. Rang im Geschwindigkeitsschreiben mit 712 Anschlägen/min und dem kleinsten Prozentsatz der Fehler. Weltmeisterin wurde sie in Sofia auch im Perfektionsschreiben mit 649 Anschlägen/min und 0,154 Fehlern (5993 Punkte und beim Geschwindigkeitsschreiben 19969 Punkte)! Konkurrenz bekommt sie aus Rodalben (Pfalz) mit der »Typing Queen« Nicole Buschina (*1967). Die Handelsschülerin erzielte am 1. Juni 1985 bei den Rheinland-Pfalz-Meisterschaften in Trier beim 30.Min.-Schnellschreiben mit 773 Anschlägen/min und 20896 Punkten einen Rekord nach Anschlägen als auch nach Punkten.

Rasieren. Als schnellster Teufelsbarbier gilt Gerry Harley, der in Gillingham (GB) in 60 Min. 987 Männer mit einem Sicherheitsrasiermesser rasierte. Der Rekord, aufgestellt am 28. April 1983, bedeutet eine durchschnittliche Rasur von 3,64 Sek. Noch tapferer waren die 235 Freiwilligen, die sich am 13. August 1984 auf seinen Barbierstuhl setzten: Harley benutzte nun ein normales Rasiermesser, brauchte aber auch länger, nämlich 15,3 Sek. pro Rasur. Blut floß dabei nur in einem einzigen Fall.

Rollerfahren. Der 24-Std.-Rekord für Kinderrollerfahren mit einer 25köpfigen Mannschaft steht bei 540,93 km, aufgestellt am 22. und 23. März 1980 von einer Gruppe der Wimmera Young Farmers in Victoria (Australien).
Mit dem Tretroller auf große Tour ging der Verbandsliga-Fußballer Andreas Ziebe (* 1965) aus Soest (Westfalen). Am 3./4. Mai 1985 brachte es der Tretrollerpilot auf einer Fahrt durch das Münsterland in 24 Std. auf insgesamt 269,21 Straßen-km.

Einen Rekord im **Schlagsahneschlagen** stellte am 14. September 1982 bei der »1. Guinness-Woche der Rekorde« in Faak (Kärnten) der Klagenfurter Koch Willi Leitner (* 1960) auf. In 49 Sek. konnte er 1 l Sahne steif schlagen.

Schneidern. Die größte Geschwindigkeit, mit der ein dreiteiliger Anzug vom Schaf bis zum Kleidungsstück angefertigt wurde, beträgt 1:34:33 Std. Am 24. Juni 1982 starteten 65 Mitglieder des Melbourne College of Textiles in Pascoe Vale, Victoria (Australien), den Versuch. Das Einfangen und Schafscheren dauerte 2:21 Min., der Rest der Zeit wurde für das Streichen und Krempeln der Wolle, für das Weben, Zuschneiden und Nähen benötigt.
Da hatte es die Österreicherin Lotte Meisl aus Graz (Steiermark) bei ihrem Rekordversuch im Kleidernähen einfacher. Bei der »2. Guinness-Woche der Rekorde« am Faaker See (Kärnten) kam die »flotte Lotte« auf 2:04 Min. Ihr Kimonokleid war am 9. September 1984 in dieser Rekordzeit fertig und wurde sofort vorgeführt.

Schubkarrenrennen. Der Streckenrekord über eine Meile (1,609 km) ist 4:50,29 Min. und wurde von John Coates und Brian Roades aus Richmond (Kanada) bei einem Ladner Sportfest am 9. Juli 1983 aufgestellt.
Beim Silvesterlauf von Werl nach Soest (Westfalen) stellten Reinhold Winkel (* 1953) und Emil Fenske (*1939) auf der 15 km langen Strecke einen neuen Rekord auf. Am 31. Dezember 1985 schoben sie sich dabei in 1:09:15 Std. gegenseitig über die Strecke. Jeweils nach 500 m wechselte sich das Schubkarrenteam ab und schlug dabei wohl gut 1100 von angetretenen 2434 Läufern.

Schubkarrenschieben. Die schwerste Ladung bewegte der Brite Gary Windebank. Er brachte am 12. Oktober 1985 in Romsey (Hampshire) eine einrädrige Karre mit einer Ladung von 3,51 t Ziegelsteinen vom Fleck und schob sie über eine Distanz von 72,23 m.

Schuhputzen. In dieser Kategorie (begrenzt auf ein Team von 4 Jugendlichen; Dauer 8 Std.; Schuhe »am Fuß«) ist der Rekord 6780 Paare, die die Sheffield Citadel Band der Heilsarmee am 27. Februar 1982 wienerte.

Skateboard. Seit 1966 werden in unregelmäßigem Abstand »Weltmeisterschaften« ausgetragen. David Frank (25) kam am 11./12. August 1985 auf eine Marathonleistung von 435,3 km in 36:43:40 Std. Die höchste Geschwindigkeit, die nach Regeln des amerikanischen Skateboard-Verbandes auf einer Bahn in Mount Baldy (USA) gestoppt wurde, ist 115,5 km/h für Richard K. Brown (33) in Bauchlage (am 17. Juni 1979).

Aufrecht auf dem Skateboard stehend, fuhr bisher der Amerikaner John Hutson (24) am schnellsten. Er erreichte am 11. Juni 1978 in

Vier wagemutige Dänen starteten 1985 zum Abenteuer rund um Australien, 185 km bewältigten sie täglich auf ihren Rädern.

Long Beach (Kalifornien) eine Spitzengeschwindigkeit von 86,01 km/h.
Der Hochsprungrekord ist 1,67 m, erzielt am 14. September 1982 von Trevor Baxter (* 1962) aus Burgess Hill (GB). 17 Fässer (5,18 m) übersprang Tony Alva (19) am 25. September 1977 bei den 4. US-Meisterschaften in Signal Hill, Kalifornien.
Der Schweizer Marcel Flubacher aus Basel schaffte beim Nationalen Skateboard-Meeting in Solothurn (Schweiz) am 29. Juni 1983 einen Hochsprung von 1,58 m.
Einen Weitsprungrekord mit dem Skateboard erzielte der Student Kurt Schönwald (* 1960) aus Bonn am 9. Juni 1984 während des Bonner »Familienfestes« im Rheinauenpark. Im 3. Versuch stand er (nach Weiten von jeweils 5 m und 5,20 m) die Weite von 5,70 m.
Einen Dauerrekord mit dem Skateboard stellte Christian Rosset (* 1962) aus Le Locle (Schweiz) mit 23:00:03,5 Std. am 1./2. Dezember 1984 in Schaffhausen auf. Auf der kreisrunden Bühne (3 m Durchmesser) eines Kabaretts fuhr er unermüdlich im Uhrzeigersinn.

Stenographie. Die höchsten Geschwindigkeiten, die je unter Wettbewerbsbedingungen erreicht wurden, sind 300 Wörter/min (99,64 Prozent Genauigkeit) bei 5 Min. und 350 Wörter/

In Disneyland (USA) gab es 1985 einen Massenstart von 1 121 448 Luftballons – als Ovation für Walt Disney.

min (99,72 Prozent Genauigkeit, das heißt zwei unwesentliche Fehler) bei 2 Min. Testdauer. Aufgestellt wurden diese Rekorde im Dezember 1922 in New York von Nathan Behrin (USA). Behrin (* 1887) benutzte das Pitman-System, das 1837 erfunden wurde. Morris I. Kligman, offizieller Prozeßberichterstatter des US Court House in New York, schrieb 50 000 Wörter in 5 Std. mit (ein Durchschnitt von 166,6 Wörtern/min). Die Geschwindigkeit hängt stark von der Art, Schwierigkeit und Silbendichte der Vorlage ab. G. B. Bunbury aus Dublin (Irland) zeichnete sich am 23. Januar 1894 durch die Leistung von 250 Wörtern/min über 10 Min. aus.
Peter Spiegel (1903–84) Presse- und Gerichtsstenograf, erzielte während einer Strafprozeßvernehmung für den Bundesgerichtshof in München im Jahr 1960 in 7 Std. rund 105 000 Silben (umgerechnet 250 Silben/min).

Stricken. Die produktivste Handstrickerin aller Zeiten ist Gwen Matthewman aus Featherstone (GB). Am 29. September 1980 schaffte sie bei einem Test in Leeds 111 Maschen/min. Der einzige Professor für Stricken – ein Japaner – hat ihre Technik im Film festgehalten.

Treppenlaufen. Der 100-Stockwerke-Rekord fürs Treppensteigen wurde am 26. Juni 1978 von Dennis W. Martz im Detroit Plaza Hotel, Detroit (USA), mit 11:23,8 Min. aufgestellt.
Die 1760 Stufen im höchsten freistehenden Bauwerk der Welt, dem CN Tower in Toronto (Kanada), hat Michael Round in Rekordzeit erklommen. Er brauchte am 9. August 1980 dazu 10:10 Min.
Siebzehnmal rannte am 18. Oktober 1985 Robert C. Jezequel den 4787 m hohen CN Tower rauf und runter. Er brauchte dafür 11:20 Std.
Die 1575 Stufen des Empire State Building in New York raste Peter Squires am 12. Februar 1981 in 10:59 Min. hinauf.
Vier Schüler und der Hauswart der Kantonsschule Luzern hatte am 31. Januar 1982 das Rekordfieber gepackt. In einem Dauertrab von 9:40 Std. bewältigte die Fünfer-Staffel 155 555 Stufen; jeder mußte 741mal 43 Stufen laufen.
497 Treppenstufen auf 28 Etagen sowie einen Höhenunterschied von 84 m mußten die Teilnehmer am »verrücktesten Hundertmeterlauf« durch das Treppenhaus des CP-Hotels Hamburg Plaza überwinden. Am 24. Oktober 1982 wurden Sieger über die 110 m Reiner Hagenow mit 2:56,94 Min. und Sibylle Somann mit 3:36,86 Min. bei den Damen.

Aufblasen von Wetterballons. Da das Aufblasen von Gummiwärmflaschen mit reiner Lungenkraft medizinisch für bedenklich gehalten wird, werden derartige Rekorde nicht mehr registriert. Als Ersatz dafür gilt das Aufblasen von Wetterballons von 1000 g bis zu einem Durchmesser von 2,43 m gegen die Zeit. Am kräftigsten geblasen hat bisher der Brite Nicholas Berkeley Mason: Er schaffte es am 9. März 1986 im japanischen Fernsehen in Tokio in 57:07 Min.

Zwiebelschälen. Der Rekord für das Schälen von 22,67 kg Zwiebeln ist 3:18 Min., aufgestellt am 6. Juli 1980 von Alain St. John in Plainfield, Connecticut (USA).
Nach revidierten Regeln, die eine Mindestzahl von 50 Zwiebeln verlangen, schälte Alfonso Salvo aus York, Pennsylvania (USA), am 28. Oktober 1980 die 22,67 kg (= 52 Stück) in 5:23 Min.

9. UNTERWEGS

Reisen. Mehr Länder als irgend jemand vor ihm dürfte Jesse Hart Rosdail (1914–77), ein Lehrer aus Elmhurst, Illinois (USA), bereist haben. Seit 1934 besuchte er von den im Bevölkerungsbericht der UN aufgezählten 215 Ländern (168 souveräne Staaten und 47 abhängige Gebiete) alle bis auf zwei, Nord-Korea und die französischen Antarktis-Territorien. Die zurückgelegte Entfernung schätzte er auf 2 617 766 km.

Globetrotter. Fred Jürgen Specovius (* 1942) aus Schwäbisch Hall (Baden-Württemberg)

und Georgio Ricalto (* 1934) aus Italien haben jeder alle 170 souveränen Länder der Welt besucht. Specovius hat zudem bis auf 6 alle nichtsouveränen Territorien besucht, 3 mehr als Ricalto. Er überquerte mehr als 1000mal internationale Grenzen, spricht 6 Sprachen und hat 14 Pässe benutzt.
Mehmet S. Ersöz (* 1904 in der Türkei) hat es auf 210 Länder gebracht. Davon existieren heute eine Reihe nicht mehr als souveräne Staaten.

Das weitestgereiste Mitglied des Travellers Century Club von Los Angeles – in dem nur aufgenommen wird, wer mindestens 100 Länder gesehen hat – ist G. Parke Thompson aus Akron, Ohio (USA). Dem Weltenbummler fehlen in seiner Reisesammlung lediglich noch die Pitcairninseln und die vier Antarktis-Territorien.

IN DER LUFT

Der erste Mensch auf dem Mond war der US-Astronaut Neil Armstrong (* 1930), der zusammen mit Edwin Aldrin (* 1930) von der Raumrakete *Apollo XI* im Juli 1969 in eine Umlaufbahn um den Mond gebracht wurde und am 21. Juli 1969 um 2 Uhr 56 von der Mondfähre *Eagle* aus im *Meer der Ruhe* auf den Staubboden des Mondes trat.
Es gibt Belege, daß Pavel Beljajew, sowjetischer Kosmonaut, 12 Tage vor dem *Apollo-VIII*-Flug am 9. Dezember 1968 für einen Mondflug benannt worden war; es kam aber nicht zum Start.

Die größte Höhe, die **je eine Frau** erreichte, ist 340 km. Das gelang Swetlana Savitskaya (* 1948) aus der UdSSR mit der *Sojus T7*, die am 19. August 1982 gestartet war.

Die größte Höhe erreichte die Mannschaft des später verunglückten *Apollo XIII*, als das Raumschiff sich am 15. April 1970 um 1 Uhr 21 im Apocynthion (das heißt am entferntesten Punkt), 254 km über der Mondoberfläche und 400 187 km über der Erdoberfläche, befand. Die Besatzung bestand aus: Kapitän James Arthur Lovell jr., (* 1928), Fred Wallace Haise jr. (* 1933) und John L. Swigert jr. (1931–82).

Einsamster Mensch. Am weitesten, nämlich 3596,4 km, war Alfred M. Worden von seinen Nebenmenschen entfernt. Er war der Pilot der Kommandoeinheit bei der US-*Apollo-XV*-Expedition zum Mond, vom 30. Juli bis 1. August 1971.

Die meisten Luftballons wurden am 5. Dezember 1985 in Anaheim, Kalifornien (USA), gen Himmel geschickt: 1 121 448 Stück vereinigten sich zu einem Gruß an Walt Disney.

Einen Massenstart von 93 Heißluftballons aus 12 Nationen gab es am 27. September 1981 auf der Rennbahn von Iffezheim (Baden-Baden). Diese besinnliche Montgolfiade wurde zur bisher größten Ballonshow Europas.

Der nachweislich längste Flug eines wasserstoffgefüllten Ballons ging von der britischen Kanalinsel Jersey ab. Von dort hatte ihn Gerald Wankling gestartet. 43 Tage später, am 28. April 1974, wurde er von Camps Bay (Südafrika), 9460 km von Jersey entfernt, zurückgeschickt.

Die längste Strecke, die ein Spielzeugballon bisher zurücklegte, betrug 16 090 km. Der damals 11jährige Justin Fiore hatte am 19. April 1982 in Dobbs Ferry, New York (USA), den mit Helium gefüllten Ballon auf die Reise geschickt, in Wagga Wagga in Australien kam er wieder herunter.

Freier Fall. Man schätzt, daß der menschliche Körper 99 Prozent seiner Fallgeschwindigkeit nach einem Sturz von 573 m in 13–14 Sek. erreicht. Bei normalen Druckverhältnissen entspricht das einer Geschwindigkeit von 188 km/h in variabler Körperstellung, aber bei 298 km/h stürzt er Kopf voran.
Vesna Vulovic (damals 22), eine Stewardeß der jugoslawischen Fluggesellschaft Jugoslavenski Aerotransport, überlebte die Explosion ihres Flugzeuges, einer *DC-9*, auf 10 160 m Höhe am 26. Januar 1972 über dem Dorf Serbska Kamenice (ČSSR). Sie stürzte zusammen mit einem Teil des Leitwerks in die Tiefe und verbrachte 16 Monate im Krankenhaus, nachdem sie 27 Tage lang im Koma gelegen hatte. Sie mußte wegen zahlreicher Knochenbrüche behandelt werden.

Trans-Sahara-Flug. Mit einem motorisierten Hängegleiter vom Typ *Ranger* legte der Bauingenieur Johann Zieglgruber (44) aus Arndorf (Oberbayern) 3000 km im Drachenflug von Ghardaia (Algerien) bis Agadez (Nigeria) zurück. Das Unternehmen Sahara war in 12 Tagen überstanden (vom 13. bis 24. Oktober 1981).

Einen Papierflieger-Wettbewerb gab es am 3. Mai 1985 auf dem Hauptplatz der oststeirischen Stadt Fehring (Österreich), veranstaltet vom Kaufhaus Schneider. Von einem 1,50 × 1,50 m großen und 2,15 m hohen Podest startete Jörg Pöllinger (* 1972) seinen Flieger (aus 80 g/m^2-A4-SM-Papier gefaltet). Ganze 8 Sek. blieb er in der Luft.

Die kleinste, kürzeste und langsamste Seilbahn kann 3 kleine Kinder befördern. An einem 35 m langen Tragseil, das von einer Garagenwand bis zu einem Baum gespannt ist, überquert eine 1,20 m lange, 0,61 m breite und 1 m hohe Kabine einen Garten in München. Ihr Erbauer H. D. Kiemle hat sie als Spaß- und Mutprobe für Kinder gedacht. Die Erstfahrt fand am 5. April 1975 statt.

FALLSCHIRMSPRINGEN

Die ersten Skizzen für einen Fallschirm zeichnete der italienische Renaissance-Maler Leonardo da Vinci (1452–1519).

Die erste deutsche Fallschirmspringerin und Erfinderin des zusammenlegbaren Fallschirms war Kätchen Paulus (1868–1935). Sie hat über 700 Ballonaufstiege geschafft.

Fallschirmspringen wurde 1951 mit der Einführung der Weltmeisterschaften ein regulärer Sport. Ein Mannschaftstitel wurde 1954 institutiert, Damenwettbewerbe wurden 1956 eingeschlossen.

Die meisten Weltmeistertitel gewann die Männermannschaft der UdSSR mit Siegen 1954, 1958, 1960, 1966, 1972, 1976 und 1980. Die Damen gewannen den Titel 1956, 1958, 1966, 1968, 1972 und 1976. Nikolaj Uschamjew (UdSSR) wurde zweimal Weltmeister, 1974 und 1980.

Größte Zielgenauigkeit: Die Britin Jacqueline Smith (* 1952) erreichte bei den Weltmeisterschaften in Zagreb (Jugoslawien) am 1. September 1978 zehn aufeinanderfolgende Sprünge mitten ins Zielzentrum (10 cm im Durchmesser). Dwight Reynolds erreichte im März 1978 in Yuma, Arizona (USA), einen Rekord von 105 Zentrumssprüngen am Tag. Seine »Kollegen« vom US-Armee-Team »Golden Knights«, Bill Wenger und Phil Munden, vergrößerten den Vereinstriumph mit 43 Doppelsprüngen bei Nacht. Den offiziellen Rekord mit elektronischer Messung von 50 Zentrumssprüngen stellte Alexander Aasmiae (UdSSR) im Oktober 1979 in Ferghana (UdSSR) auf.

Den Nachtlande-Genauigkeitsrekord für Männer stellte Cliff Jones (USA) mit 27 aufeinanderfolgenden Zentrumssprüngen 1981 auf.

Den ersten öffentlichen Fallschirmsprung zeigte der Franzose André Jacques Garnerin, als er 1797 von einem Ballon aus 680 m Höhe über Paris aus einem Fesselballon absprang.

Den ersten Fallschirmsprung aus einem Flugzeug unternahm am 1. März 1912 der Amerikaner Albert Berry über St. Louis in Missouri (USA). Es ging ohne Knochenbrüche ab.

Der längste freie Fall gelang dem Amerikaner Joseph Kittinger (* 1928) am 16. August 1960. Er sprang aus einem Ballon in 31,33 km Höhe über Tularosa, New Mexico (USA), ab und ließ sich 4:36 Min. (25,81 km) in die Tiefe fallen, bevor er seinen Fallschirm öffnete. Während des Fallens durchbrach er die Schallmauer.

AUF FESTEM BODEN

Anhalter. Den Titel eines Tramp-Weltmeisters beansprucht Bill Heid aus Allen Park, Michigan (USA), für sich. Er brachte es von 1964 bis 1985 auf 492 248 kostenlose Reise-km. Stephen Burns aus Melbourne (Australien) kann einen anderen Anhalterrekord aufweisen: Er schaffte eine 18 407 km lange Tour durch 48 Staaten der USA in 26 Tagen und 6 Std. (8. September bis 4. Oktober 1984). Burns »verschliß« dabei 56 Wagen.

7477 Tramper (Anhalter) hat Dieter Wesch (* 1951) aus Mannheim (Baden-Württemberg) in der Zeit vom 2. Januar 1976 bis 17. November 1985 unterwegs mitgenommen und sich das jeweils bestätigen lassen. Kilometerleistung mit Trampern: 365 000 km auf bundesdeutschen Autobahnen, Land- und Kreisstraßen für den Anhalter-König.

Wanderungen. Als fast 50jähriger hat der Grazer Hofrat Dr. Ernst Pammer (* 1911) seine Vorliebe für Wanderungen und Bergtouren entdeckt und bis in sein 75. Lebensjahr hinein einmal den Erdumfang, 40 076 km, bewältigt. Der rüstige »Wanderbursch« – wie ihn die heimische Presse etikettierte – bestieg allein 140 Berggipfel zwischen 2000 und 4800 m bei seinem Hochgebirgs-Rekordprogramm.

Die längste Wüstenwanderung, 508 km durch das Tal des Todes (Death Valley), Kalifornien (USA), schaffte der Schweizer Peter »Risi« Eggimann in 8 Tagen und 13 Std. Der Abenteurer lief vom 16. bis 24. Mai 1981 zu Fuß durch den größten »Backofen« der Welt.

Höhlenforschung. 1535 m tief ist im Oktober 1983 ein französisches Team, die Groupe Vulcain, in die Jean-Bernard-Höhle (Frankreich) vorgedrungen, doch restlos bezwungen und erforscht ist die Höhle, die mehrere Einstiegsmöglichkeiten bietet, immer noch nicht. »Sportlich« gesehen wird deshalb die Leistung sowjetischer Höhlenkletterer, die 1984 unter Leitung von A. Morosow die 1370 m tiefe Sneznaja-Höhle in der UdSSR erkundet haben, als Rekord betrachtet. Die tiefste Höhle, die nur durch einen einzigen Gang zu begehen ist, ist die 1338 m tiefe Sima de la Puerta de Illamina in Spanien. Sie wurde im August 1981 von F. Vergier erforscht.

Tiefenvorstoß. Am tiefsten eingedrungen in die Erde ist der Mensch in einem Bergwerk bei Carletonville (Südafrika). Dort wurde bis in eine Tiefe von 3777 m gebohrt. Die Gesteinstemperatur beträgt 55°C.

Blitzschlag. Der einzige Mensch, der siebenmal vom Blitz getroffen wurde, ist der ehemalige Parkaufseher Roy C. Sullivan (USA). Seine Anziehungskraft für Blitze begann 1942 (er verlor dabei den Nagel seines rechten großen Zehs) und trat 1969 wieder in Aktion (er verlor seine beiden Augenbrauen), dann im Juli 1970 (er versengte sich die linke Schulter), am 16. April 1972 (Haar entzündete sich), am 7. August 1973 (neues Haar verbrannt und Beine versengt), am 5. Juni 1976 (Fußgelenke verletzt) und am 25. Juni 1977, als er während des Angelns vom Blitz getroffen wurde und mit Verbrennungen auf Brust und Bauch ins Waynesboro-Krankenhaus eingeliefert werden mußte. Verständlich, daß er von seinen Freunden der Superblitzableiter von Virginia genannt wurde. Im September 1983 nahm er sich aus Liebeskummer das Leben.

Nostalgische Hochradfahrten

Mit dem Hochrad von Trier nach Paris fuhren Matthias Konder (*1964), Georg Konder (*1941) und Dieter Reihs (*1960) aus Trier. Die nostalgische Radtour startete am 14. Mai 1983 in der Stadt an der Mosel und endete am 22. Mai 1983 am Eiffelturm in Paris. Die drei Hochradler legten die 504 km zwischen Trier und Paris zünftig in Frack und Zylinder auf ihren Rädern aus dem Jahr 1880 zurück.
Auch zur 2000-Jahr-Feier ihrer Heimatstadt Trier wollten Georg Konder, sein Sohn Matthias und Wolfgang Lipp einen Beitrag leisten. Wieder stiegen sie auf ihre Hochräder und legten in 23 Etappen die beachtliche 2000-km-Strecke Trier–Bremen–Trier vom 19. Mai bis 10. Juni 1984 zurück.
Eine 5-Länder-Tour – Ziel die Partnerstadt von Trier, Gloucester (GB) – führte das Mörschlächer-Hochrad-Team Trier (Georg und Matthias Konder und Stefan Mörchlächer, *1965) durch Luxemburg, Holland und Belgien nach England. Gestartet wurde am 1. Mai 1985 an der Porta Nigra, Trier. Nach über 1000 km kam das Trio am 12. Mai 1985 in Gloucester an.
Zur nostalgischen Hochradstreckenfahrt mit Opas Frack und Zylinder trat der mehrfache Guinness-Rekordler Udo Tiedemann (*1946) aus Hannover an. Die Distanz Hannover–Luxemburg (574,6 km) bewältigte er (in reiner Fahrzeit von 41:40 Std.) in 5 Tagen vom 21. bis 25. Oktober 1985 mit seinem Hochrad Baujahr 1884. RTL-plus war mit von der Partie und empfing den Rekordler am Ziel mit rotem Teppich und Siegerpodest.
Der Trierer Hochradfahrer Matthias Konder (*1964) steigerte seinen Rekord im **1000-m-Hochradfahren**. Am 12. Oktober 1985 benötigte er auf der Kunststofflaufbahn des Trierer Moselstadions für diese Distanz nur noch 2:11,1 Min.
Bei der »2. Guinness-Woche der Rekorde« im österreichischen Faak am See schaffte er am 14. September 1984 die 2-km-Distanz mit seinem Hochrad in exakt 4:14,1 Min.

Auf rohen Hühnereiern geht Volkmar Koch (*1943) aus Mettmann (Nordrhein-Westfalen). Koch, der 80 kg schwer ist, hat sich dazu aus Gummischeiben, Holz und den Rollschuhen seines Sohnes »Spezialschuhe« gebastelt, die pro Fuß drei Hühnereier aufnehmen – 30 Eierschritte schafft der Eierläufer.

Geldfunde: Auf Straßen, Plätzen, Märkten und im Wald hat Helmut Klose (*1932) aus Garbsen (Niedersachsen) in der Zeit von Januar 1973 bis Juli 1986 genau 1059mal Geld gefunden. Dabei handelte es sich 1049mal um deutsche Münzen und zehnmal um Scheine. Reich ist der aufmerksame Finder dabei allerdings nicht geworden: Seine Bilanz in Mark und Pfennig beträgt »nur« 234,01 DM.

Einen Hüpf-Staffellauf über stolze 111,111 km schafften 9 Schüler der Kantonsschule Luzern (Schweiz) am 15. April 1984. 10 Std. hüpften sie auf einem Bein durch ihr Schulhaus.

Einen Langstreckenrekord im Radfahren stellte Peter Hoffmann (*1942) aus Schorndorf (Baden-Württemberg) auf der klassischen Strecke von Hammerfest nach Syrakus auf. Die 5625 km legte er mit einem handelsüblichen Rennrad vom 28. Juli bis 10. August 1983 in 14 Tagen zurück – einmal quer durch Europa.

Die größte Kilometerzahl bei einer Radtour betrug über 643 700 km und wurde vom deutschen Wanderprediger Walter Stolle (*1926) zurückgelegt. Vom 24. Januar 1959 bis 12. Dezember 1976 durchfuhr er auf seiner Weltreise in 6532 Tagen 159 Länder – auf 12 Rädern.

Duo-Rückwärts-Rollschuhlaufen. Die 16jährigen Frank Rall und Roger Völker aus Baunatal (Hessen) liefen am 7./8. Mai 1982 auf Rollschuhen rückwärts. 25:55 Std. Insgesamt erreichten sie in ihren 24 Roll-Stunden 201,2 km – nur begleitet von einem Kilometer-Zählrädchen.

Schlittschuhlaufen auf trockener Straße versuchte der Schüler Rolf-Dieter Brodbeck (17) aus dem württembergischen Plochingen. Am 14. April 1981 quälte er sich mit seinen Eishokkey-Schlittschuhen 30 km über Asphalt in 4:05:20 Std.

Ski-Abfahrten auf europäischen Pisten sammelt der körperbehinderte Herbert Gillmann (*1925) aus München. Seit 26 Jahren hat er über 30 000 km mit einem Bein zurückgelegt und dabei fast alle europäischen Sessellifte und Seilbahnen benutzt.

Sommerski. Im Gleichschritt liefen 42 Jungen und Mädchen des CVJM (Christlicher Verein junger Menschen) Wilhelmshaven mit 12,7 m langen Skibrettern 100 m in 2:01 Min. Ein Ferienlager in Wildflecken bei Bad Brückenau (Bayern) nutzten die Jugendlichen für ihren Rekordlauf auf dem Superski (2 Holzbohlen mit je 42 Schlaufen) am 20. August 1985.

Zur »längsten lebenden **Skifahrerschlange«** hatten sich rund 1200 wagemutige Freizeitsportler aus allen Teilen der 3-Täler-Skischaukel Flachau-Wagrain-St-Johann am 27. März 1986 bei der Jandlalm oberhalb der Gemeinde Flachau (Salzburg) eingefunden, um die Piste abzufahren. Nach 50 m war die Skifahrerkette gerissen – 450 Personen, von denen jede den vor ihm stehenden Läufer umklammerte, hatten den Hang noch gemeistert.

Sieben Schwaben auf einem Ski wanderten am 22. Mai 1982 durch den Landkreis Günzburg (Bayern) von Nord nach Süd. Für die 50 km Sommerski auf 8 m langen Holzbohlen benötigten die wackeren Sportler des Skiclubs Offingen 12 Std.

Eine Deutschland-Staffel des Schul-Sport-Clubs Hanau-Rodenbach durchquerte die Bundesrepublik Deutschland in der größten Süd-Nord-Ausdehnung mit 18 Läufern eine Nonstop-Staffel. Sie benötigte vom 13. bis 16. Juli 1984 für die Strecke über 1170 km von der Skiflugschanze in Oberstdorf (Allgäu) bis zum Leuchtfeuer im Hafen von List auf Sylt eine Laufzeit von 83:16:20 Std.

Mit dem Tretauto, einem mit Muskelkraft bewegten 116 kg schweren einsitzigen Fahrzeug, stellte ein Viererteam am 15./16. September 1979 einen 12-Std.-Rekord auf (mit Fahrerwechsel). Toni Ritter, Rolf Graf, Stefan Frei und Kurt Frank bewältigten in dieser Zeit 126,95 km. Ort des Geschehens: Thun (Schweiz).

IM WASSER

Die tiefste Unterwasser-Rettungsaktion betraf das U-Boot *Pisces III*, in dem Roger R. Chapman (28) und Roger Mallinson (35) 76 Std. lang eingeschlossen waren, nachdem es 240 km südöstlich von Cork (Irland) am 29. August 1973 gesunken war. Das U-Boot wurde aus 480 m Tiefe vom Kabelschiff *John Cabot* am 1. September gehoben. An der Rettung waren außerdem *Pisces V*, *Pisces II* und das ferngelenkte US-Rettungsschiff *C. U. R. V.* beteiligt.

Die größte Tiefe, aus der ein Mensch sich ohne Hilfe befreien konnte, war 68,6 m. In dieser Tiefe gelang es Richard A. Slater am 28. September 1970 vor Catalina Island, Kalifornien (USA), aus dem gerammten Tauchboot *Nekton Beta* zu entkommen.

Die tiefste Bergung gelang am 20. Mai 1972 in einer Tiefe von 5029 m, als der Bathyskaph *Trieste II* (Korvettenkapitän Mel Bartels, US-Marine) an einer sich auf dem Meeresboden 645 km nördlich von Hawaii befindlichen »Elektronen-Ladung« Taue anbrachte.

Bergung durch Taucher. Die tiefste derartige Aktion galt dem Wrack des Kreuzers *Edinburgh,* der am 2. Mai 1942 in der arktischen Barentssee vor der nordnorwegischen Küste sank. Vom 17. September bis 7. Oktober 1981 tauchten zwölf Taucher paarweise mit einer Tauchglocke von der *Stephaniturm* zu dem Wrack in 244,7 m Tiefe hinab. Diese Bergungsaktion wurde von dem ehemaligen Marineoffizier Michael Stewart geleitet.

Die geborgenen 431 Goldbarren wurden aufgeteilt: rund 62 Mio. DM für die UdSSR, 31 Mio. DM für die britische Regierung und etwa 77 Mio. DM für die Bergungsgesellschaften Jessop Marine Recoveries (10 Prozent) und Wharton Williams Ltd. (90 Prozent). John Rossier (28) berührte als erster den Goldschatz. Die längste Dekompressionszeit betrug 7 Tage 10:27 Std.

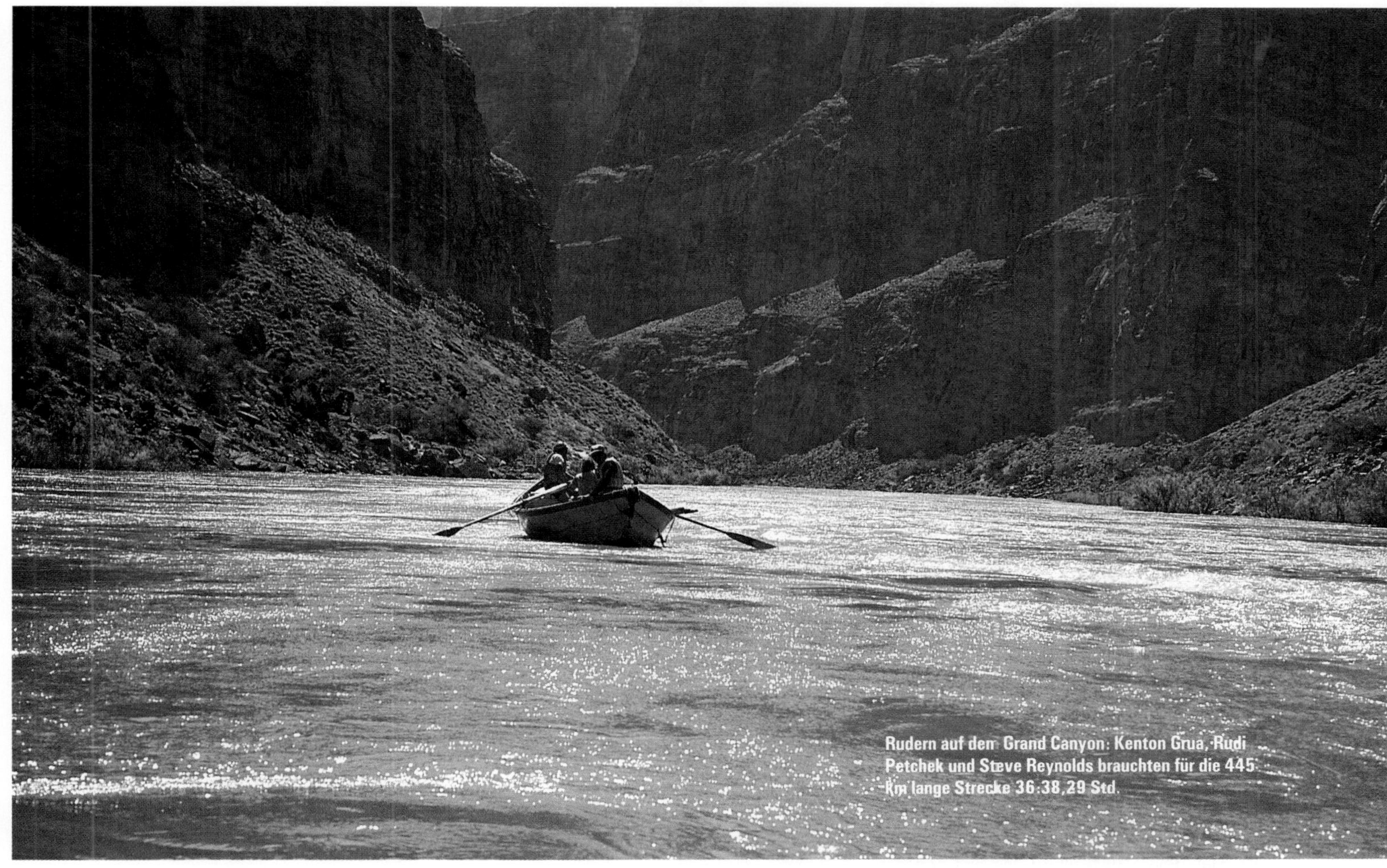

Rudern auf dem Grand Canyon: Kenton Grua, Rudi Petchek und Steve Reynolds brauchten für die 445 km lange Strecke 36:38,29 Std.

Die Bergung des Goldes von 170 Mio. DM Wert bedeutet ebenfalls Weltrekord.

Die größte Tauchtiefe im Meer wurde in der sogenannten Challengertiefe des Marianengrabens, 400 km südwestlich von Guam im Stillen Ozean, aufgestellt; der in der Schweiz gebaute Bathyskaph *Trieste* der US-Marine, bemannt von Dr. Jacques Piccard (* 1914 in der Schweiz) und Leutnant Donald Walsh, US-Marine, erreichte am 23. Januar 1960 um 13 Uhr 10 eine Tiefe von 10917 m. Der Wasserdruck betrug 1183 kp/cm², die Temperatur 3° C. Das Untertauchen bis zum Meeresboden erforderte 4:48 Std., das Auftauchen 3:17 Std.
Den Tiefenrekord mit Scuba halten John J. Gruener und R. Neal Watson (USA), die am 14. Oktober 1968 vor Freeport (Bahamas) 133 m erreichten.

Den Tauchrekord mit Gasmischungen als Tauchsimulation in einer Trockenkammer stellten mit 685,8 m Stephen Porter, Len Whitlock und Erik Kramer am 3. Februar 1981 am Duke University Medical Center in Durham, North Carolina (USA), auf. Der Versuch auf einer 2,43 m großen Ebene dauerte 43 Tage.

Die Rekordtiefe für das äußerst gefährliche **Tauchen mit angehaltenem Atem** erzielte im Dezember 1983 mit 105 m Jacques Mayol (Frankreich) vor der Küste der Insel Elba (Italien); den Rekord für Frauen ertauchte Giuliana Treleani (Italien) im September 1967 vor Kuba. Mayol tauchte an einem Schlitten in 104 Sek. hinab und stieg in 90 Sek. wieder auf.
In einer Tiefe von 501 m haben Patrick Raude und 5 weitere Comex-Taucher vor Cavalaire (Frankreich) die Taucherglocke »Petrel« verlassen und sind wieder zu ihr zurückgekehrt (1982).
Am längsten unter Wasser ausgeharrt (Taucherglocken ausgeschlossen) hat der Amerikaner Robert Ingolia. Bei Tauchtests, die von der US-Marine 1961 durchgeführt wurden, erreichte er mit 147:15 Std. das beste Resultat.

Am längsten auf einem Floß überlebte der Hongkong-Chinese Poon Lim. 133 Tage (4½ Monate) verbrachte er auf einem Rettungsfloß, nachdem das britische Handelsschiff *Ben Lomond* im Atlantischen Ozean am 23. November 1942 um 11 Uhr 45 910 km westlich des St.-Paul-Felsens torpediert worden war. Poon Lim war Proviantmeister auf diesem Schiff, und es spricht für die gute Bordverpflegung, daß Lim ohne fremde Hilfe an Land gehen konnte, als er am 5. April 1943 von einem brasilianischen Fischerboot vor Salinopolis (Brasilien) gerettet wurde. Maurice und Maralyn Bailey überlebten 118 Tage 8 Std. in einem Schlauchboot von 1,37 m Durchmesser im nordöstlichen Stillen Ozean, vom 4. März bis 30. Juni 1973.

Längste Faltbootfahrt: Sieben Jahre, von 1932 bis 1939, brauchte Oscar Speck (* 1907) aus Hamburg-Altona, um mit seinem Faltboot nach Australien zu kommen. Der Wassersportler paddelte elbaufwärts, später fuhr er die Donau hinab, erreichte das Mittelmeer, folgte dem Lauf des Euphrat, überquerte den Persischen Golf, folgte der indischen Küste – wo er im Januar 1936 vorübergehend als angeblicher Spion festgenommen wurde –, erreichte Singapur, Indonesien und im September 1939 Australien. Dort wurde Speck bereits von der Polizei erwartet. In Europa war der Krieg ausgebrochen, und der deutsche Faltbootfahrer wurde sechseinhalb Jahre interniert. Heute lebt Speck als Geschäftsmann in der Nähe von Sydney.

Langstrecken-Kanuwanderfahrten. In einem als Einer gefahrenen Zweierboot reiste Martin Rausch, Remscheid (Bergisches Land), vom 29. Juli bis zum 8. September 1980 die Donau hinunter von Ingolstadt (Oberbayern) bis ans Schwarze Meer und kurvte dort noch auf den Teilungsarmen der Donau herum. Gesamtstrecke: 2501 km. Dieselbe Route und zur selben Zeit, nur zwei Tage länger, war Otto Eberle aus Völklingen (Saarland) unterwegs, um bei einer Weiterreise durch das Donaudelta und über den Razimsee nach Jurilovca (Rumänien) auf eine Gesamtstrecke von 2592 km zu kommen.

Schaufelradboot. Die längste Reise in einem Boot mit Schaufelradantrieb führte in 103 Tagen über 3582 km. Vom 4. August bis zum 11. November 1979 strampelten Mick Sigrist und Brad Rud von den Quellflüssen des Mississippi in Minnesota bis in den Golf von Mexiko.

Ein Schiffsmodell-Dauerfahren veranstaltete vom 17. bis 20. Juni 1983 der Jugendtreff Schwarmstedt e. V. im alten Hafen von Schwarmstedt (Niedersachsen) mit einem 1,20 m langen Seenotrettungskreuzer. Die *Adolf Bernbol* kam bei 72:04:39 Std. auf 117,3 km bei einer Durchschnittsgeschwindigkeit von 1,6 km/h.

Nordlandfahrt. Den nördlichsten Punkt, an den je eine Hochseeyacht gelangt ist, erreichte die *Roland von Bremen IV* unter Skipper Rainer

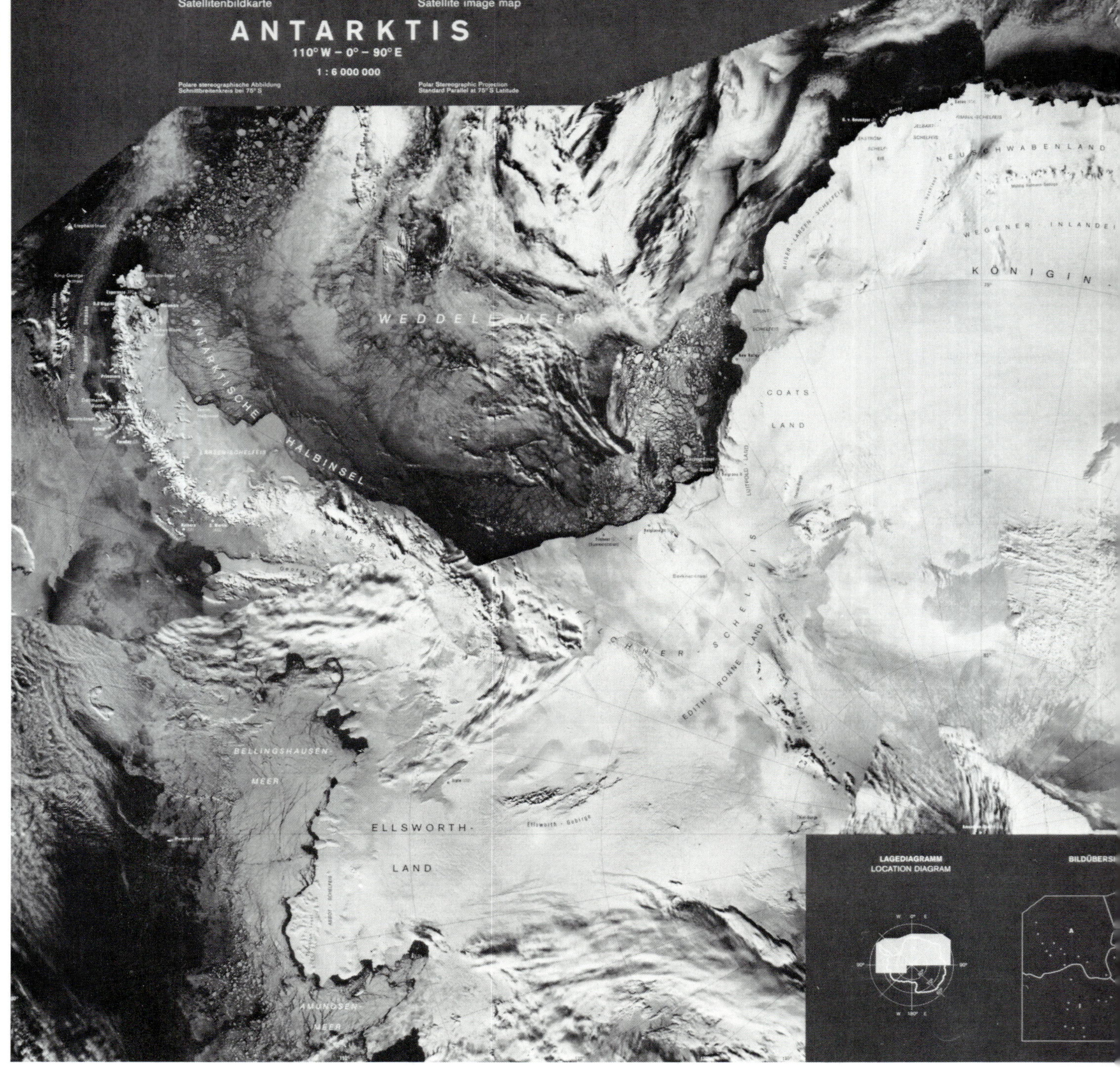

Hilfe für künftige Expeditionen bei den Beobachtungen der Schelfeisfront kann die photogrammetrische Erkundung der Antarktis mit Satelliten geben. Die halbe Antarktis mit der Antarktischen Halbinsel (links), dem Weddell-Meer und dem Filchner-Schelfeis sowie dem Königin-Maud-Land (rechts) zeigt diese aus elf Aufnahmen des Wettersatelliten *NOAA 7* digital zusammengefügte Satellitenbildkarte. Im Maßstab 1 : 6 000 000 wurde das Bild vom Institut für Angewandte Geodäsie in Frankfurt hergestellt.

Persch (Bremen). Am 30. Juli 1985 war die 9köpfige Crew unter Segeln bis zur Eisgrenze bei Position 81° 22.5′ N und 11° 48′ O vorgedrungen (nordöstlich von Spitzbergen). In 25 Tagen hatten sie auf der Route von Tramsö-Spitzbergen, Bremerhaven (20. Juli–17. August 1985) insgesamt 2850 sm (rund 5280 km) zurückgelegt.

Skilanglauf auf dem Wasser übten am 25. September 1982 erfolgreich 9 »Jungpiloten« der Schweizer Luftwaffe auf dem Greifensee (Kanton Zürich). Mit einem Paar 9 m langer und 40 cm breiter Styropor-Wasserski ging es im »Zeitlupen-Langlaufstil« über die 1,5 km lange Strecke: Nach 47 Min. war das Wasserwandern beendet.

Gehen auf dem Wasser. Mehr als 575 km ist Fritz Weber vom 1. September bis 15. Oktober 1983 auf dem Main gewandelt. Er benutzte bei seiner Flußwanderung zwischen Bayreuth und Mainz übergroße Schwimmschuhe.

Mit einem **Eis-Fahrrad** fuhr der Grazer Peter Edelsbrunner (36) auf dem Eis des Kärntner Längsees eine Höchstgeschwindigkeit von 46,8 km/h heraus. Das Spezialgefährt hat statt eines Vorderrades Kufen, ist mit einer Kunststoffkarosserie verkleidet und hat am Hinterrad normale Rennbereifung (keine Spikes). Das Eisrad wird liegend, Füße voran gefahren.

POLARFORSCHER

Erste am Nordpol. Weder der amerikanische Polarforscher Dr. Frederick Albert Cook (1865–1940) noch Fregattenkapitän (später Vizeadmiral) Robert Edwin Peary (1856–1920) konnten zweifelsfrei beweisen, daß sie den Nordpol erreicht hatten. Cook in Begleitung der Eskimos Ahpellah und Etukischuk, mit 26 Hunden und zwei Schlitten, stieß am 21. März 1908 von der Axel-Heiberg-Insel in Kanada, 96,5 km nördlich von Svartevoeg und 740 km vom Pol

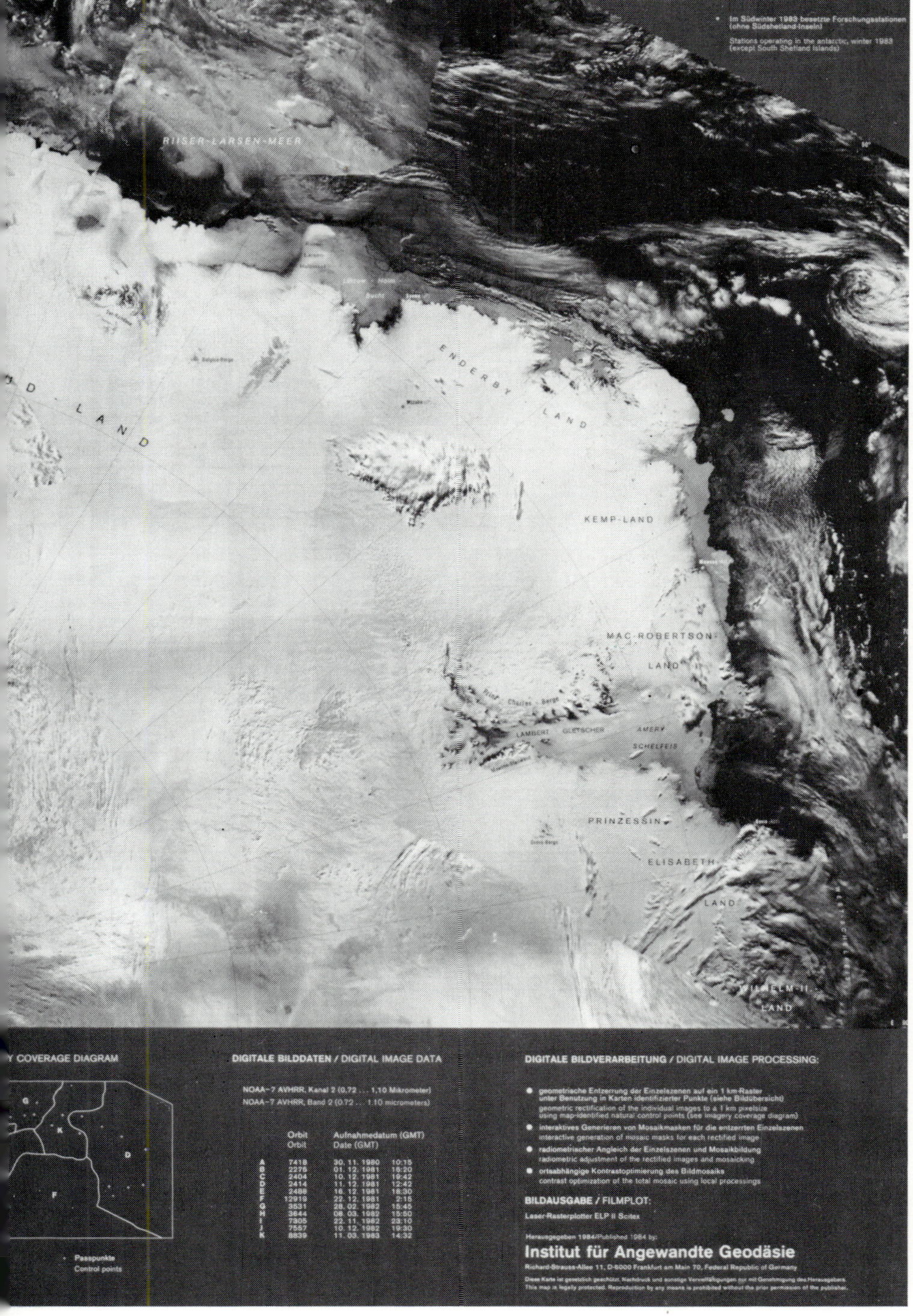

entfernt, weiter nach Norden vor und behauptete, am 19. April einen Punkt 89° 31′ N und am 21. April schließlich den Pol selbst erreicht zu haben.
Peary, in Begleitung seines Mitarbeiters, des Negers Matthew Alexander Henson (1866 bis 1955), und der vier Eskimos Uqueah, Eginwah, Siglu und Oatah (1875–1955), brach in nördlicher Richtung um 5 Uhr morgens am 2. April 1909 von seinem Lager Bartlett (87° 44′ N) auf. Er behauptete, nach weiteren 215 km Marsch sein letztes Lager, Camp Jessup, am 6. April um 10 Uhr morgens in nächster Nähe des Pols aufgeschlagen und sodann 67,5 km zu Fuß quer über das Meereis zurückgelegt zu haben, bevor er am 7. April um 4 Uhr nachmittag nach Süden umkehrte.
Wally Herberts Nordpolexpedition von 1968/69 erzielte auf äußerst günstigem Packeis als besten Tagesdurchschnitt 37 km in 15 Std. Cook machte für zwei verschiedene Tage Marschleistungen von 41,8 km geltend und Peary sogar ein kaum zu erreichendes Durchschnittstempo von 61 km für 8 aufeinanderfolgende Tage.
Nach neuesten Angaben soll der sowjetische Polarforscher Pawel Gordijenko am 23. April 1948 mit einer Forschungsexpedition unter Benutzung exakter wissenschaftlicher Methoden den am weitesten vom Äquator entfernt gelegenen Punkt der nördlichen Halbkugel betreten und dort eine sowjetische Flagge postiert haben.

Geprüft und bestätigt sind folgende Nordpol-Eroberungen: Der Amerikaner Ralph Plaistedt und drei seiner Begleiter erreichten am 19. April 1968 um 15 Uhr nach einer 42tägigen Fahrt in vier Motorschlitten den Pol. Ihre Ankunft wurde 18 Std. später von einem Flugzeug des meteorologischen Dienstes der amerikanischen Luftwaffe bestätigt. (Der Meeresboden ist 4087 m unter dem Nordpol.)
Naomi Uemura (1941–84), der japanische Forscher und Bergsteiger, erreichte als erster im Alleingang am 1. Mai 1978 um 4 Uhr 45 (Weltzeit) über das nördliche Eiskap den Nordpol. Seit seinem Aufbruch am 7. März von Kap Edward auf Ellesmere Island (Nordkanada) hatte er mit seinem von 17 Hunden gezogenen Schlitten *Aurora* 725 km zurückgelegt. Sein Tagesdurchschnitt war um 13 km.

Die erste Frau, die den Nordpol betrat, war Fran Phipps, die Frau des kanadischen Buschpiloten Weldy Phipps, am 5. April 1971. Ihr folgten Galina Alexandrowna Lastowskaja (*1941) und Lilia Wladislawowna Minina (*1959), die zur Besatzung des sowjetischen Eisbrechers mit Atomantrieb *Arktika* gehörten, der den Pol am 17. August 1977 erreichte.

Wettstreit um den Südpol: Die ersten Schiffe, die den südlichen Polarkreis (66° 33′ S) überquerten, waren die *Resolution* (462 BRT) unter dem britischen Kapitän James Cook (1728–79) und mit 139 Mann Besatzung sowie die *Adventure* (336 BRT) unter T. Furneaux am 17. Januar 1773 auf 39° O. Der erste Mensch, von dem bekannt ist, daß er das Schelfeis der Antarktis gesichtet hat, war F. G. von Bellingshausen, der am 27. Januar 1820 mit den Segelschiffen *Wostok* und *Mirnij* in russischem Auftrag so weit südlich kam. Drei Tage später, am 30. Januar 1820, erblickten William Smith (1790–1847) und Edward Bransfield von Bord der Brigg *Williams* aus die Berge von Trinity Land.
Der Südpol (2779 m über dem Meeresspiegel) wurde erstmals erreicht am 16. Dezember 1911 um 11 Uhr von einer norwegischen Expedition unter der Leitung von Roald Amundsen (1872–1928) – und vier Wochen vor dem Briten F. Scott – nach einem 53tägigen Marsch mit Hundeschlitten von der Walfischbai aus, bis wohin sie mit dem Forschungsschiff *Fram* vorgedrungen waren. Spätere Berechnungen ergaben, daß Olav Olavson Bjaaland (als letzter Überlebender der Expedition 1961 gestorben) und Helmer Hanssen den exakten Pol um etwa 400–600 m verpaßt hatten. Die weiteren Teilnehmer der Expedition waren Sverre H. Hassell († 1928) und Oskar Wisting († 1936).

Die erste Frau, die den Südpolarkontinent betrat, war am 20. Februar 1935 Klarius Mikkelsen. Auf dem Südpol selbst stand bis zum 11. November 1969 noch nie eine Frau, erst an diesem Datum trafen dort die Amerikanerinnen Lois Jones, Kai Linsay, Eileen McSavenay, Jean Pearson, Tarry Lee Tickhill und Pam Young auf dem Luftweg ein.

Der erste Mensch, der an beiden Polen war, ist der Amerikaner D. Albert P. Crary. Den Nordpol erreichte er am 3. Mai 1952 mit einem Flugzeug vom Typ *Dakota* und den Südpol am 12. Februar 1961 während einer wissenschaftlichen Expedition quer durch die Antarktis von der McMurdo-Station aus.

Die erste Überquerung des arktischen Meereises gelang der britischen Transarktis-Expedition, die am 21. Februar 1968 Point Barrow (Alaska) verließ und 464 Tage später, am 29. Mai 1969, am Archipel der Sieben Inseln nordöstlich von Spitzbergen eintraf. Sie hatte eine Entfernung von 4699 km zu Fuß und mit Schlitten sowie 1126 km auf Treibeis zurückgelegt (die Entfernung in gerader Linie beträgt 2674

km). Leiter der Gruppe war Wally Herbert (34). Ihr gehörten ferner an: Major Ken Hedges (34), Allan Gill (38), der Gletscherforscher Dr. Roy Koerner (36) und 40 Eskimohunde.
Die einzige Überquerung innerhalb einer Jahreszeit gelang Fiennes und Burton (s.u.) von Alert über den Nordpol zur Grönlandsee in offenen Schneemobilen.

Die erste Überquerung des antarktischen Kontinents war am 2. März 1958 um 13 Uhr 47 nach einem 99tägigen Marsch über 3473 km beendet. Die 12köpfige Forschergruppe, geleitet von dem Briten Sir Vivian Fuchs (*1908), war am 24. November 1957 an der Shackleton-Basis aufgebrochen und über den Pol zur Scott-Basis gelangt.
Die 4185 km lange Strecke quer durch die Antarktis wurde von den Teilnehmern der Transglobe-Expedition (1980–82) vom 26. Oktober 1980 bis 11. Januar 1981 in 66 Tagen absolviert. Am 23. Dezember 1980 wurde dabei der Südpol überquert. Die Drei-Mann-Gruppe auf Schneemobilen bestand aus Sir Ranulph Fiennes (*1944), Oliver Shepard und Charles Burton.

Erste Erdumkreisung über die Pole: Sir Ranulph Fiennes und Charles Burton von der Transglobe-Expedition brachen am 2. September 1979 südlich von Greenwich (GB) auf und reisten entlang dem Nullmeridian über den Südpol (23. Dezember 1980) und den Nordpol (11. April 1982) und kamen am 29. August 1982 nach 56325 km Fahrt wieder in Greenwich an.

Die längste polare Schlittenreise, die ohne Hilfe von außen auskam, führte vom 18. Juni bis zum 5. September 1934 über 1738 km in West-Ost-Richtung durch Grönland. Leiter der dreiköpfigen Gruppe, die mit 49 Schlittenhunden unterwegs war, war Captain M. Lindsay (1905–81). Die erste Überquerung der Eiskappe gelang Fridtjof Nansen (1861–1930), der 1888 vom Südosten Grönlands mit von Menschen gezogenen Schlitten zur Westküste aufgebrochen war.

10. FREIZEITSPORT

BERGSTEIGEN

Der Mount Everest (8848 m) wurde zum ersten Mal am 29. Mai 1953 um 11 Uhr 30 bezwungen, als Edmund Hillary (*20. Juli 1919) aus Neuseeland und der Sherpa Tenzing Norgay (1914–86) den Gipfel erreichten.
Am 14. Mai 1978 bestieg der Österreicher Franz Oppurg (1948–81) den Gipfel des Mount Everest im Alleingang. 1978 erreichte die österreichische Everest-Expedition unter Wolfgang Nairz internationale Beachtung, weil der Österreicher Peter Habeler (*22. Juli 1942) und der Südtiroler Reinhold Messner (*17. September 1944) den Gipfel ohne künstlichen Sauerstoff bestiegen.

Die erste Frau, die den Gipfel erreichte, war Junko Tabei (*1939, Japan) am 16. Mai 1975.
Der einzige Mensch, der den Mount Everest viermal bezwungen hat, ist der Sherpa Sundare. Er stand 1979, 1981, 1982 und 1985 auf dem Gipfel. Der Sherpa Ang Rita schaffte das Kletterkunststück dreimal (1983, 1984 und 1985) ohne Sauerstoffgerät – auch dies ein Rekord.

Ältester Bergsteiger auf dem Mount Everest war Richard Daniel Bass (*21. Dezember 1929). Er genoß das Gipfelglück am 30. April 1985 im Alter von 55 Jahren 130 Tagen.

Achttausender. Der Südtiroler Gipfelstürmer Reinhold Messner (*1944) hat von 14 Achttausendern, die es gibt, 12 inzwischen bestiegen. Den drittletzten in seiner Sammlung, den 8167 m hohen Dhaulagiri, bezwang er am 15. Mai 1985. Zuvor erklomm der Extremkletterer als erster Mensch die bisher unbezwungene 4000 m hohe und ganz mit Eis gepanzerte Nordwestwand zum 8091 m hohen Annapurna I in Nepal am 24. April 1985. Messner ist der erste Bergsteiger der Welt, der die drei höchsten Berge schaffte: den Mount Everest, den K 2 und den Kangchenjunga. Seit Juni 1986 bereitet er sich in Tibet auf seine bisher längste Expedition vor, um die beiden letzten Achttausender-Gipfel zu bezwingen.

Das höchste Biwak lag in 8800 m Höhe unter dem Mount Everest. Die Japaner Hironobu Kamuro (1951–83) und Hiroshi Yoshino (1950–83) kampierten dort in der Nacht des 8. Oktober 1983. Yoshino starb am 9. Oktober, Kamuro entweder noch in der Nacht oder am nächsten Tag.

Die höchste Endstrecke in einem Wandaufstieg ist die der Südseite des Annapurna (8091 m). Sie wurde von einer britischen Expedition unter der Leitung von Christian Bonington (*1934) bestiegen. Vom 2. April bis 27. Mai 1970 erstiegen Donald Whillans (*1933) und Dougal Haston mit Hilfe von 5500 m Seil den Gipfel.

Der längste Wandaufstieg ist die Rupal-Flanke vom Basislager in 3560 m Höhe zum 8042 m hohen Südpunkt des Nanga Parbat – ein senkrechter Aufstieg von 4482 m. Er wurde im April 1970 von der österreichisch-deutsch-italienischen Expedition unter der Leitung von Dr. Karl Maria Herrligkoffer unternommen.

Die höchste Wand in Europa ist die 2000 m hohe Eiger-Nordwand, die zum ersten Mal vom 21. bis 24. Juli 1938 erstiegen wurde von Fritz Kasparek und Heinrich Harrer (Österreich) und Anderl Heckmair und Ludwig Vörg (Bundesrepublik Deutschland).
Die Nordostseite des Eiger wurde am 20. August 1932 von Hans Lauper, Alfred Zürcher, Alexander Graven und Joseph Knubel bestiegen.

Den größten alpinen Alleingang bewältigte Walter Bonatti (*22. Juni 1930, Italien), als er die Südwestsäule des Dru, Montenvers, jetzt Bonatti-Säule genannt, mit fünf Biwaks in 126:07 Std. vom 17. bis 22. August 1955 bestieg.
Eine einmalige Leistung für den Klettersport stellten die Alpinisten Siegert, Kauschke und Uhner aus München am 26. Januar 1963 auf, als sie die erste Winterdurchsteigung der 550 m hohen Nordwand der Großen Zinne, Dolomiten, auf der Route der direkten Fallinie unternahmen. Sie erreichten den Gipfel nach 17 Biwaks.
Im Alleingang ohne Sauerstoff stieg am 3. Juli 1953 Hermann Buhl (1924–57, Österreich) auf den Nanga Parbat (8125 m).

DRACHENFLIEGEN

Ursprünge: Im 11. Jh. soll der Mönch Elmer von einem 18,3 m hohen Turm von Malmesbury Abbey geflogen sein. Der früheste moderne Pionier war Otto Lilienthal (1848–96, Deutschland), dem zwischen 1891 und 1896 zahlreiche Flüge mit Hängegleitern gelangen. In den 50er Jahren des 20. Jh.s entwickelte Prof. Francis Rogallo von der National Space Agency (USA) aus seinen Forschungen über den Wiedereintritt von Raumkapseln in die Erdatmosphäre einen Flugdrachen.

Die größte Entfernung erzielte mit 300,62 km John Pendry (GB) im Juli 1983. Mit einer *Airwave Magic 3* flog er von Horseshoe Meadows, Owens Valley (Kalifornien), bis Monitop Range, Nevada (USA). Den offiziellen Rekord der Fédération Aéronautique Internationale (FAI) stellte Judy Leden (GB) mit 233,90 km im Damen-Wettbewerb auf. Sie kam mit einer *Wills Wing Duck 160* von Horseshoe Meadows bis nach Luning, Nevada (USA).

Die größte Höhe erreichte der Neuseeländer Ian Kibblewhite mit seinem FAI-Rekord über 4175 m am 22. Juli 1981 in einer *Lightning 195* über Cerro Gordo, Kalifornien (USA).

Die erste motorisierte Flugdrachen-Alpenüberquerung gelang dem Schweizer Marco Broggi (40) am Ostermontag 1980 (7. April) mit einem motorisierten Flugdrachen-Hängegleiter. Er startete in Altdorf am Vierwaldstätter See, Kanton Uri (Schweiz), überflog den 2109 m hohen Gotthard-Paß und landete nach 130 Min. auf dem Militärflugplatz von Ambri-Piotta, Kanton Tessin, in einer Höhe von 990 m. Der mit einem 15-PS-Motor (11,1 kW) ausgerüstete Gleiter wurde während des Fluges von einem Hubschrauber begleitet.

Turmflug-Rekordhalter ist Harald Zimmer (*1943) aus Trier. Ausschließlich mit Muskelkraft brachte es der Deltaflieger bei der 1. Internationalen Turm-Flug-Rallye (nach dem Vorbild der englischen Birdman Rallye) am Walensee bei Weesen (Schweiz) am 11. September 1983 auf eine Weite von 87,73 m.

Einen Schlepp-Höhenrekord erzielte der Blausteiner Hermann Josef Ripper mit seinem Team am 3. Dezember 1983 über der Schwäbischen Alb. Mit 4 bis 5 m Steigen pro Sek. wurde er an einem 1,8-mm-Stahlseil in 36 Min. auf eine Höhe von 2370 m (= 3150 m üNN) geschleppt und klinkte dann das Seil aus. In 32 Min. schwebte Ripper auf die Erde zurück.
Ende Januar 1984 erreichte er einen neuen Rekord mit 2830 m Ausklinkhöhe (= 3670 m üNN).

LEIBESÜBUNGEN

Die meisten Klimmzüge schaffte der Koreaner Lee Chin Yong (*15. August 1925) mit 170. Er vollbrachte seinen Kraftakt am 10. Mai 1983 im Backyon Gymnasium, Seoul (Südkorea).

Die meisten Kniebeugen innerhalb von 90 Min. schaffte Uwe Becker (*5. März 1966) mit 3936. Er erreichte diese Leistung am 28. März 1985 in Bernkastel-Kues.

Eine Woche zuvor, am 21. März, war Stephan Caspers (*31. August 1959) in Bergheim-Niederaußem auf 3865 gekommen.

Die meisten Liegestütze in 24 Std. schaffte Paul Lynch (GB) mit 25573 im Hippodrome Club London am 18. Juli 1985.

Der Schweizer Rolf Gehrig (*6. Juni 1944) kam am 3. Juni 1985 in Bremgarten (Aargau) auf 10195 Liegestütze innerhalb von 4:30 Std.

Die meisten Liegestütze in 30 Min. drückte Karl-Eugen Reck (34) aus Albstadt-Tailfingen (Baden-Württemberg). Am 17. Oktober 1981 schaffte er mit 1886 einen Weltrekord.

Die meisten Handstandstützen in 1 Std. zeigte am 18. Mai 1986 mit 1985 Chung Kwun Ying aus Hongkong in der Government City Hall.

Die meisten Bauchaufzüge in 24 Std. mit 43418 erbrachte der Amerikaner Louis Scripa jr. am 6./7. Oktober 1984 in Sacramento, Kalifornien.

Riesenumschwünge. Zehn junge Turner der Kunstturngemeinschaft der DJK Würzburg zeigten am 4. Dezember 1981 in der Carl-Diem-Halle in Würzburg Riesenfelgen amlaufenden Band. In 30 Min. turnten sie 932 Riesenumschwünge (vorwärts und rückwärts am Reck).

Die meisten Purzelbäume schlug Mike Braun (*13. Juni 1966) aus Bergen im Rems-Murr-Kreis (Baden-Württemberg) am 23. Juli 1985. Er brachte es im Waiblinger Stadion auf 8834 Purzelbäume in 7:46 Std. und legte dabei eine Strecke von 16,737 km zurück.

Der Japaner Shigeru Iwasaki (*1960) legte am 30. März 1980 in Tokio die 50 m per **Rückwärts-Rollen** in 10,8 Sek. zurück.

VOLKSSPORT

Rekordläufer. 2540 Medaillen und Auszeichnungen hat sich Paul Eppel (*1918) aus Ludwigshafen/Rhein seit 1962 in allen fünf Erdteilen erlaufen, erwandert und erschwommen. Über 68600 km im Wettkampf hat er dabei zurückgelegt.

Deutschlands sportlichste Familie wohnt im badischen Hemsbach. Vater und Mutter Dreßler sowie alle acht Kinder erwarben 1984 das Deutsche Sportabzeichen. Nicht minder erstaunlich: Im gleichen Jahr schafften im niedersächsischen Visbeck zehn Brüder und Schwestern der Familie Freese die geforderten Bedingungen.

Den Weltrekord im Stockschießen hält die Fünfer-Mannschaft des Heeressportvereins Gratkorn (Steiermark, Österreich) mit genau 50 Std., aufgestellt zwischen dem 5. und dem 7. Juni 1985. Dabei wurden 166 Spiele gegen neun Vereine bestritten.

Europa-Staffel: Für die 6906 km lange Strecke vom südlichsten Punkt des Kontinents (Punta Marroqui/Gibraltar) bis zur nördlichsten Spitze (Nordkap am Eismeer) brauchten die 28 Läufer des SSC Hanau-Rodenbach 35 Tage und 4 Std. Start 22. Juni, Ziel 26. Juli 1983.

Deutschlandlauf: Ingo Schulze (*8. Februar 1948) aus Neu-Wulmstorf legte die 1090,7 km lange Strecke von Harreslee bei Flensburg bis nach Linderhof/Oberammergau in 14 Tagen und 3:29 Std. zurück. Start: 14. Juni, Ziel: 2. Juli 1983.

Immer beliebter werden Dragster-Rennen: über kurze Distanzen von meist nur 402 m Höchstgeschwindigkeiten zu erzielen. »Big Daddy«, Don Garlits, erreichte eine Rekord-Endgeschwindigkeit von 431 km/h.

Stafette: Genau 331 Tage, vom 1. Januar bis 27. November 1982 war die Mammutstaffel des Eidgenössischen Turnvereins (Schweiz) unterwegs. Die 57659 Teilnehmer legten insgesamt 5680,6 km zurück, davon 3017 zu Fuß, 1424 per Auto, 463 zu Pferd, 345 per Rad, 115 per Schiff, 49,9 per Zug, 43,8 per Ski und 221 mit anderen Transportmitteln. Der Jüngste war 2 Monate, der Älteste 96 Jahre.

Schweizer Stafette. Für die 320 km lange Strecke vom nördlichsten Grenzstein bei Bargen (593) bis zum südlichsten Grenzstein bei Chiasso (75 B) benötigten 17 Läufer der Leichtathletikgruppe des Turnvereins Auw (Schweiz) am 20./21. September 1985 die neue Rekordzeit von 16:39:12 Std. Drei Gruppen legten jeweils 50 km zurück.

Einen Überschlag über 37 stehende Männer schaffte der englische Corporal Wayne Wright am 30. Juli 1980 in den Old Park Barracks von Dover (GB).

Die französischen Abenteuersurfer Frédéric Beauchêne und Thierry Caroni überquerten als erstes Duo im Juni/Juli 1985 in 41 Tagen mit ihrem 6,6 m langen Fiberglas-Tandem-Surfbrett den Atlantik.

DARTS

Ursprünge: Ein englisches Wurfspiel mit kleinen Pfeilen, das einst von Bogenschützen zur Selbstverteidigung in geschlossenen Kampfvierecken betrieben wurde. Bereits im 16. Jh. gab es in Irland Wettkämpfe. Das moderne und heute noch übliche Spiel ist Brian Gamlin of Bury, Lancashire, zuzuschreiben, der 1896 die runde Scheibe mit den Kreissegmenten und unterschiedlichen Punktzahlen erfand. Den ersten Rekord stellte sechs Jahre später John Reader mit 180 Würfen in Sussex auf. In Großbritannien gibt es zur Zeit mehr als 6 Mio. Aktive.

Die meisten Weltmeisterschaften (eingeführt 1974) erkämpfte sich Eric Bristow (* 25. April 1957) mit fünf Siegen 1977, 1979, 1981, 1983/84. Er holte sich darüber hinaus auch fünfmal den Titel bei den Profis (eingeführt 1978), und zwar 1980/81 und 1984–86. Außerdem gewann er 1983 den Einzel-Weltcup. Am längsten ungeschlagen ist Mike Bowell (* 31. Mai 1947), der 152 Wettkämpfe in Reihenfolge zwischen dem 9. Februar 1971 und dem 29. November 1974 gewann.

Worldcup. Den Einführungswettbewerb 1977 im Wembley-Tagungs-Center (London) gewann Wales, anschließend – 1979, 1981, 1983 – hieß der Sieger England.

Den höchsten Geldpreis gewann mit 387 600 DM John Lowe, der am 13. Oktober 1984 im Viertelfinale in Slough (GB) die ersten 501 mit neun Darts schaffte.

Das schnellste Spiel (dreimal 301) schaffte Ricky Fusco in 1:58 Min. am 30. Dezember 1976 in Middlesex.

Die wenigsten Versuche bei 201 sind vier Darts, bei 301 sechs Darts, bei 401 sieben Darts und bei 501 neun Darts.

Den Marathon-Rekord halten mit 134:54 Std. Raymond Azzopardi und Alan Alden aus Marsa (Malta), aufgestellt vom 11. bis 17. Dezember 1985. Deutsche Rekordhalter sind mit 131:40 Std. Hans-Georg Buchholz und Rainer Gabel.

Wurfscheiben (früher Frisbee)

Rekorde sind nach Angaben der World Flying Disc Federation in der Halle: 121,60 m von Van Miller bei den Herren (18. September 1982 in Flagstaff, USA) und 69,90 m von Suzanne Fields bei den Damen (26. April 1981 in Cedar Falls, USA).
Die Wurfscheiben-Rekorde im Freien halten bei den Herren Morten Sandorff mit 166,42 m (21. Mai 1983 in Farum, Dänemark) und bei den Damen Lizzie Reeve mit 122,30 m (14. Juni 1980 in Surrey, GB). Den Rekord im Werfen, Rennen und Auffangen stellte mit 83,10 m Steve Bentley am 8. April 1982 in Sacramento (USA) auf.

Der Marathonrekord im Mannschaftswerfen steht bei 1198 Std.: So lange hielt ein Team des Prince George's Community College durch (1. Juni bis 22. Juli 1983).

11. WEITERE SUPERLEISTUNGEN

Kürzeste Adresse. Die platzsparendste Anschrift hat Philipp Karrer (* 1967) aus Röschenz (Schweiz) ausgeknobelt. Bitte versuchen Sie es unter: Sit, CH–4244.

Apfelschälen. Den Rekord für die längste beim Schälen unbeschädigte Apfelschale von 52,51 m stellte die damals 17jährige Kathy Wafler aus Wolcott (USA) auf. Zum Schälen des Apfels von 567 g brauchte sie am 16. Oktober 1976 11:30 Std.

Applaudieren. Der Dauerrekord (160mal In-die-Hände-Schlagen pro Min., hörbar bis 110 m weit) ist 54 Std., erzielt vom 13. bis 15. Dezember 1985 von V. Jeyaraman aus Tamil Nadu (Indien).

Badehauben-Füllen. Rekordversuche am laufenden Band gab es seit 1981 bei dem Kunststück, einfache Gummibadehauben mit soviel Wasser wie möglich zu füllen, ohne daß sie dabei platzen und wenigstens 30 Sek. halten.
570 l Wasser in einer Badehaube – diesen Rekord hält jetzt Melanie Plößer aus Steinhagen/Westfalen. Bei einer Werbeveranstaltung in Bielefeld gelang ihr diese Superleistung, unterstützt von 9 Jungen und Mädchen am 5. Juni 1982. Die wassergefüllte Badehaube hielt 30 Sek.

Ein Dauer-Badewannensitzen gab es erneut in der Sachsenheimer Diskothek »Domino« im Kreis Ludwigsburg (Baden-Württemberg). Vom 29. März bis zum 8. April 1986 schafften es der Lokführer Wolfgang Lindenmann (* 1956) und der Maler Jadran Piplica (* 1968), jeweils 240 Std. in Badewannen auszuharren und um die Wette zu planschen.

Bahrentragen. Die längste Strecke für eine Tragbahre mit einem 63,5 kg schweren »Körper« ist 204,34 km in 45:45 Std., erzielt von 2 vierköpfigen Gruppen des Sri Chinmoy Marathon-Teams aus Jamaica, New York (USA), vom 17. bis 19. April 1981.
Der Rekord für Jugendgruppen (unter 20 Jahre) über 8 Std. ist 67,62 km von 8 Schülern der Henry Meoles School in Moreton (GB) am 13. Juli 1980.

Begraben zu Lebzeiten. Anmeldungen von Rekordzeiten für freiwilliges Begrabenlassen bei lebendigem Leib (Zeiten bis zu 217 Tagen wurden bereits gemeldet) können nur berücksichtigt werden, wenn garantiert ist, daß der Sarg sich mindestens 2 m unter der Erde befindet, ein Maximalvolumen von 1,5 Mio. cm^3 sowie eine Öffnung für Sprechen und Nahrungsaufnahme von höchstens 10 cm Durchmesser besitzt.
»Country«-Bill White aus Killeen, Texas (USA), hielt es 141 Tage, ab 31. Juli 1981, in seinem 0,90 × 0,90 × 1,80 m großen Sperrholzsarg unter der Erde aus – unter einem Nachtlokal.

Bettenschieben. Die längste Strecke, die ein normalerweise immobiles Objekt geschoben wurde, beträgt 5204 km. Es handelt sich um ein Krankenhausbett mit Rädern, das 9 Angestellte des Bruntsfield Bedding Centre in Edinburgh (Schottland) vom 21. Juni bis zum 16. Juli 1979 schoben.

Bettenschieber Nr. 1 wurde der Kölner Weltrekordler Clemens Müter (* 1940) mit einem vom TÜV geprüften „Bett 1". Am 23. Juni 1984 startete in Paris unter dem Triumphbogen die 741 km lange Bettenfahrt, zwischenzeitlich befanden sich in der rollenden Liegestatt eine deutsche Zollbeamtin, eine Rundfunkreporterin und eine Weinkönigin; am 8. Juli 1984 war's nach 15 Tagen (151 Std. Schieben) für den um 8 kg Körpergewicht erleichterten Müter im Hürth-Park-Einkaufszentrum beendet: Die 2. Olympiade der Superlative konnte eröffnet werden.

Der **Bierdeckelturm** des 15jährigen griechischen Schülers Charalambos Kurgiukloglu wurde in 100 Arbeitsstunden 8,30 m hoch. Gut 26 000 Bierfilze verbaute er in 90 Stockwerken in der Germeringer Eislaufhalle (Polariom). Am 4. Januar 1986 kam es zum feierlichen Einsturz.
In 3monatiger Arbeit entstand ein Bierdeckelbau mit mehreren Türmen aus 130 000 viereckigen Bierdeckeln. Bauherren waren Dirk Bennje (* 1971) und Stephan Kuhlmann (* 1972) aus Varel (Niedersachsen). Das Baumaterial lieferte die Warsteiner Brauerei, den Raum stellte ein Möbelhaus zur Verfügung. Ende Oktober 1985 wurde das Bauwerk zur Besichtigung freigegeben.

Ein **Bierdeckellabyrinth** aus 40 000 eckigen Bieruntersetzern der Warsteiner Brauerei baute Jens Böhnisch (* 1968) aus Bestwig (Nordrhein-Westfalen) vom 30. August bis 2. September 1984 in der Schützenhalle auf. Die Schneckenspirale war 1,50 m hoch und 78 m lang.

Der höchste Bierkastenstapel wurde von der Freiwilligen Feuerwehr Stuttgart am 12. Mai 1985 auf dem Schulgelände in Stuttgart-Münster aufgetürmt. In 1:20 Std. hatten 7 Feuerwehrleute 100 Bierkästen zu der stattlichen Höhe von 25,01 m gestapelt. Genau 3,8 Sek. blieb der Bierkastenturm stehen.

Blaskonzert. Das nachweislich längste Blow-in (Konzert für Blasinstrumente), das 100:02 Std. dauerte, wurde von der Du-Val-Schule in Lanham, Maryland (USA), vom 13. bis 17. Mai 1977 veranstaltet. Das Blasorchester muß mindestens 10 Musiker umfassen.

Buddelschiffe in Birnchen, die zur Beleuchtung von Digitalarmbanduhren verwendet werden, baut der Betriebselektriker Christian Heineck (* 1942) aus Berlin (West). Im Januar 1983 entstand das bisher winzigste Modell, es ist nur noch 0,80 mm groß und paßt in ein Birnchen von 0,95 mm Durchmesser.

Das weltgrößte Buddelschiff in der größten mundgeblasenen Flasche hat Johnny H. Reinert (* 1929) aus Herne (Nordrhein-Westfalen) gebaut. Das Modell des Walfängers *Lagoda* ist 68,2 cm lang, 43 cm hoch und 11 cm breit und Mittelpunkt eines Walfang-Panoramas in einer 129-l-Ballonflasche, die von Glasmachern der Firma Borken-Glas am 24. September 1984 hergestellt wurde.

Der kleinste Circus der Welt ist auf 100 m^2 eines Dachbodens im hessischen Friedrichsdorf aufgebaut. Herr über 11 Circusmodelle im Maßstab 1:50 und 1:100 ist Herbert Guth (70). Sie sind seit 1922 in mehr als 20 000 Arbeitsstunden liebevoller Hobbyarbeit entstanden. Eine Circusschau, in der vom Viermast-Galazelt bis zur mechanischen Raubtiernummer alles naturgetreu nachgebildet ist – eine Miniatur-Circus-Show mit komplettem Programm!

Dauer-Congas-Schlagen – gleich 18 Std. hindurch – übte der Hammelburger Klaus Emmerling. Am 19./20. August 1983 stand er, unterstützt von Big-Band-Sound und Latin-Rock, ohne Ermüdungserscheinungen an den beiden lateinamerikanischen Trommeln im Musikerheim der fränkischen Saalestadt.

Diskjockey Werner Krainer (* 1962) aus Kindberg (Österreich) übertraf sich selbst. In einem Marathon-Plattenauflegen vom 2. bis 19. Oktober 1983 in Imst/Tirol brachte er es mit 7000 Singles auf 416 Std. und verbesserte so seinen eigenen Rekord aus dem Vorjahr.

Einen Dosenturm aus 900 leeren Getränkedosen baute der Schüler Stephan Burkert (* 1966) mit Hilfe von fünf »Assistenten« am 1. Oktober 1983 in Niedernhausen (Hessen). Nach einer Bauzeit von 2,5 Std. stand ein 8,90 m hoher freistehender Turm aus 78 Dosenetagen.

Drachensteigen. Den größten flugfähigen Drachen hat mit 550 m^2 der Niederländer G. van der Loo gebaut. 69 Helfer waren nötig, um ihn am 8. August 1981 in die Luft zu bringen. Am Himmel von Scheveningen hielt er sich dann 37 Min. lang.
Der klassische Höhenrekord steht bei 9740 m, erzielt am 1. August 1919 über Lindenberg (heute DDR) mit einer Kette aus 8 Drachen.
Der Höhenrekord für einen Solo-Drachen steht bei 6860 bis 8530 m. Steigen lassen hatten ihn Prof. Philip R. und Jay P. Kunz aus Laramie in Wyoming (USA) am 21. November 1967. Höhenmessungen per Triangulation erkennt das Fachblatt *Kite Lines* nicht an, Rekorde müssen per Entfernungsmesser oder Radar bestätigt sein.
Den weitesten Drachenflug schafften mit 650 m die Niederländer Herman van den Broek und Jan Pieter Kuil am 11. August 1984 in Uithuizen. Dabei war ihre »Thai-Schlange« 22:50 Min. in der Luft.
An einer einzigen Leine ließ Kazuhiko Asaba (60) am 8. November 1983 in Kamakura (Japan) 5581 Drachen aufsteigen.

Der längste belegte Drachenflug dauerte 180:17 Std. und wurde von dem Edmonds Community College in Long Beach, Washington (USA), unter der Leitung von Harry Osborne zwischen dem 21. und dem 29. August 1982 erreicht.

Dauerduschen. Nach genau 360:15 Std. ist der Kölner Clemens Müter (* 1940) aus der Dusche auf den trockenen Boden und ins *Guinness Buch der Rekorde* zurückgekehrt. Als er am 26. März 1983 das Wasser abdrehte, hatte er seinen Weltrekord im Dauerduschen aus dem Jahr 1981 um 19:15 Std. überboten.
Der weibliche Rekord steht bei 121:01 Std., erduscht von Lisa D'Amato vom 5. bis 10. November 1981 in Binghamton, New York (USA). Beim Dauerduschen besteht die Gefahr der Hautabschuppung!

Eiersuchen. Am 7. April 1985 gab es beim 26. jährlichen Garrison-Eiersuchen in Homer, Georgia (USA), eine Sucherei nach 72 000 hartgekochten Eiern und 40 000 Ostereiern, die dort versteckt worden waren.

Eierwerfen. Die längste belegte Entfernung für das Werfen eines rohen Hühnereies, ohne es zu zerbrechen, ist 96,60 m. Dieser Rekord gelang Risto Antikainen und Jyrki Korhonen in Siilinjaroi (Finnland) am 6. September 1982.

Rückwärts auf dem Fahrrad sitzend, bewältigte Christian Patzig (* 1963) aus Nindorf (Dithmarschen) eine Fahrstrecke von 113,3 km. Wenn er dabei noch auf einer Geige Werke von Bach spielte, schaffte er »nur« 54 km.

Feuerwehrpumpen. Die größte Wassermenge, die bisher ein achtköpfiges Team per Handfeuerspritze in einem 80-Std.-Einsatz »verpumpt« hat waren 79 863 Liter. Der Rekord wurde anläßlich einer britischen Wohltätigkeitsveranstaltung bei einer Schauübung aufgestellt, die vom 26. bis 29. März 1986 dauerte. Das siegreiche Team stellte die Feuerwehrbrigade von Nord-Yorkshire.

Feuerwehrpumpen-Ziehen: Eine 558,8 kg schwere Pumpe zog am 18./19. Juni 1983 ein 32-Mann-Team der Fire Brigade aus Dublin (Irland) innerhalb von 24 Std. (auf einem Rundkurs) 339,5 km weit. Bei Rekordversuchen in diesem Wettbewerb müssen die Feuerwehrpumpen mindestens 508 kg wiegen.

Flötenmarathon. Das längste belegte Flötenspielmarathon hält Ken Munson aus Las Vegas in Nevada (USA): Er hatte Luft und Laune für 50:44 Std. (um den 30./31. Dezember 1984).

Auf 86 **Freizeitparkbesuche** hat es die Bürokauffrau Dorothea Spohler (* 1957) aus Hannover gebracht. Vom 31. März bis 2. November 1985 hakte sie bei ihrer Lieblingsbeschäftigung in einer 217tägigen Saison 29 verschiedene Parks aus 5 Ländern von ihrer Liste ab.

Den Dauerrekord im Haarschneiden und -legen hält Hugo Vanpe, der in seinem Salon in Kensington, Johannesburg (Südafrika), vom 8. bis 23. Juni 1984 genau 366 Std. ununterbrochen frisierte.
Der Nürnberger Friseurmeister Andreas Berndt (* 1959) hat es im zweiten Anlauf vom 27. Dezember 1985 bis zum 1. Janaur 1986 geschafft. Genau 110:06:30 Std. wusch, scherte und fönte der Figaro im »Haarstudio Andreas«, dann hatte er beim 226. Kunden den bisherigen Rekord um 4:06:30 Std. überboten.
Der Mundelsheimer Friseur Mark Astrath (* 1957) setzte noch einen drauf. Gleich um 11:33:30 Std. erhöhte er auf jetzt 121:40 Std. die Rekordmarke im Dauerfrisieren. Vom 29. März bis 4. April 1986 verschönte er die Köpfe von 107 Damen und Herren in der Sachsenheimer Diskothek »Domino«.

Im **Dauerfunken** stellte Diskjockey Klaus Czernowski (* 1947) aus Bad Bentheim (Niedersachsen) vom 26. bis 29. August 1982 eine Marathonleistung von 75 Std. auf.
Im Mannschafts-Dauerfunken erreichten 7 CB-Funker vom Funkdienst Bisingen (Baden-Württemberg) 91:15 Std. Vom 27. bis 31. März 1986 waren die im Landkreis Rottweil und Zollernalb verteilten Stationen von Bärbel Reichert, Jens Reichert, Karlheinz Neith, Alexander Reichert, Wolfgang Holp, Hartmut Stengel und Dirk Baur in Aktion.

Das »größte Gästebuch« entstand auf einem Riesen-Bierdeckel (24,5 m^2) der Dinkelacker Brauerei AG Stuttgart. 10000 Cannstatter-Wasen-Besucher setzten vom 28. September bis 13. Oktober 1985 ihre Unterschrift auf die beiden Seiten des größten Bierdeckels und spendeten für die Aktion Multiple-Sklerose-Erkrankter AMSEL.

Die längste Gästeliste entstand beim Brunnenallee-Fest in Bad Wildungen (Hessen) mit 1008 m Länge. Gut 15000 Unterschriften, Sprüche und auch gemalte Bildchen fanden vom 6. bis 8. September 1985 Platz auf einer 50 kg schweren Papierrolle.

Pfennig-Gravuren sind das Hobby des Mainzer Hofsängers Erich Eckhard (* 1926) aus Mainz. Sein Meisterstück ist ein Notenschlüssel aus 64 Pfennigen, in die der Text des Schubertschen Liederzyklus *Die schöne Müllerin* eingraviert ist. Dieses Kunstwerk entstand 1983 in nur 21 Std. Arbeitszeit.

In 2 Jahren Bauzeit (120 Std. reine Arbeitszeit) entstand ein 2,50 m hoher **Geldturm**, der am 18. August 1985, exakt um 1 Uhr 05 nachts fertiggestellt war. 142965 Münzen verbaute der Schüler Emmerich Nagelhofer (* 1970) aus Amstetten (Niederösterreich). 9 Span- und 2 Hartfaserplatten trennten die 25873 Zehngroschen-, 83787 Fünfgroschen- und 33305 Zweigroschenstücke. Genau 270,4896 kg schwer und 7442,75 Schilling wert war dieser Münzturm.

Haarspalten. Die Bestleistung im Haarspalten erzielte der frühere Radrennfahrer Alfred West (1901–85), dem es achtmal gelungen ist, ein Menschenhaar 17mal in 18 Teile zu spalten.

Häkeln. Barbara Jean Sonntag (* 1938) aus Craig, Colorado (USA), häkelte am 13. Januar 1981 in 30 Min. 330 Reihen und 5 Maschen (gleich 4412 Maschen), das sind 147 Maschen je Min.
Was jedoch die Ausdauer betrifft, so schlug Sybille Anthony alle bestehenden Rekorde bei einem 120-Std.-Häkelmarathon vom 3. bis 7. Oktober 1977 in Tombul Shopping Town (Australien).

Handglockenläuten. Das längste Konzert mit Handglocken fand vom 21. bis 23. Juli 1985 in Sheffield (GB) statt, als 12 Handglockenspieler der Ecclesfield School 56:03 Std. ununterbrochen läuteten.

Ein vielumschwärmter mutiger Mann war im Oktober 1985 der 21jährige Max Beck aus Arcola, Pennsylvania (USA). 70 000 Bienen deckten ihn zu – 9 kg wog der »Bienenbart«.

Jodeln. Den längsten Jodler schaffte der Nordire Errol Bird am 27./28. September 1984 in Lisburn: Er dauerte geschlagene 26 Std. Seine Mammut-Jodelarie wurde als »wiederholter schneller Wechsel von Brusttönen ins Falsett und zurück« beschrieben. Der schnellste Tonwechsel gelang Donn Reynolds aus Kanada bei einem TV-Auftritt am 25. Juli 1984 – 5 Töne (darunter 3 Falsett-Töne) in 1,9 Sek.!

Manfred Gebhardt (* 1944) aus Puchberg (Niederösterreich) jodelte, begleitet von seiner Akustikgitarre, bei der »2. Guinness-Woche der Rekorde« im österreichischen Faak am See 20:15 Std. Am 8./9. September 1984 konnte er dort seinen Rekord um 3 Std. steigern.

In den Studioräumen von Radio Gong 2000 sang der Formel-1-Jodler Thomas Scholl (* 1949) aus München am 14. Oktober 1985 Jodler. Mit 19 Tönen in 1 Sek. jodelte er Weltrekord.

Ein-Mann-Kapelle. Dave Sheriff aus Rugby, Warwickshire (GB), spielte (mindestens drei gleichzeitig gespielte Instrumente) 100:20 Std. ohne Unterbrechung, und zwar vom 24. bis 28. März 1986 im Hotel Leofric in Coventry (GB).
20 Schlag- und 4 Melodie-Instrumente gleichzeitig zu spielen – das schaffte der Brite Rory Blackwell aus Rugby am 2. Mai 1985 in Plymouth, Devonshire (GB). Dazu waren artistische Fähigkeiten nötig, u.a. »handhabte« Blackwell an seinem horizontal ausgestreckten rechten Fuß 4 verschiedene Schlagzeuge.

Noch pfiffiger ist der Straßenmusiker Ernst Iben (* 1945) aus Kassel. Er baute sich erst einmal eine mit 3,78 m Durchmesser riesige Trommel, die bei 560 kg Gewicht auf einem Anhänger transportiert und mit ihm 4 m hoch wird. In dieser 2,5 m tiefen Superpauke musiziert er dann gleichzeitig mit 25 Instrumenten – natürlich ist die Rekordtrommel eines dieser unterhaltenden Instrumente. Premiere der »one man road band« war am 26. April 1986 auf dem Kasseler Friedrichsplatz.

314 verschiedene Instrumente in 1:23,07 Min. zu spielen – diesen Rekord schaffte am 27. Mai 1985 Rory Blackwell in Dawlish, Devonshire (GB).

Karnevalsclowns, wenigstens 390, wurden am Rosenmontag 1983 in Köln zur größten Gruppenaufnahme, die es je gab, vereint. Jürgen Christ aus Köln hat sie alle zusammengebracht.

Die größte Zahl von Stockwerken, die beim Bau eines freistehenden **Kartenhauses** erreicht wurde, ist 68. Der Turm hatte eine Höhe von 3,73 m. Im Mai 1984 baute ihn John Sain in South Bend, Indiana (USA).

Seinen eigenen Rekord im **Zerreißen von Kartenspielen** überbot Georges Christen (* 1963) bei der Funkausstellung in Berlin (West) am 1. September 1985 bei der Sendung *Weltrekord* von RTL-plus. 115 handelsübliche Spielkarten wurden zerrissen, nachdem er zuvor zum »Warmmachen« einige Telefonbücher niedergemacht hatte.

Kaugummiblasen. Der Rekorddurchmesser für einen aufgeblasenen Kaugummi beträgt 55,8 cm, erzielt im Juni 1985 von Susan Montgomery Williams aus Fresno, Kalifornien (USA).

Kellnermarathon. Gastwirt Roger Bourban aus Beverly Hills (* 1948 in der Schweiz) lief am 9. Mai 1982 in London die Marathonstrecke in voller Dienstkleidung, auf einer Hand ein Tablett mit einer frei stehenden offenen Flasche (Gesamtgewicht: 1,42 kg). Die beachtliche Zeit: 2:47 Std.

Im größten Kinderwagen der Welt feierten am 14. März 1985 gleich 20 Babys im Alter von 1–2 Jahren eine Schnullerparty. So geschehen zur Eröffnung des Baby-Paradieses von Karstadt in Hamburg-Wandsbek in der Nachbildung eines Kinderwagens nach alten Vorlagen. Seine Maße: 520 cm hoch, 490 cm lang und 200 cm breit.

Küssen. Die längste Küsserei in der Kinogeschichte dauerte 185 Sek. zwischen Regis Toomey und Jane Wyman (spätere Mrs. Ronald Reagan) in *You're In the Army Now,* einem Film, der 1940 Premiere hatte.
Als die Amerikaner Eddie Leven und Delphine Crha am 24. September 1984 in Chikago den bestehenden Weltrekord im Dauerküssen von 17 Tagen 9 Std. übertroffen hatten, feierten sie ihren Erfolg mit – einem Kuß.
4444 Frauen knutschte John McPherson aus Newcastle-upon-Tyne (GB) am 8. März 1985 innerhalb von 8 Std. ab. Das bedeutet, daß er alle 6,48 Sek. einen neuen Anlauf nahm.
Im Unterwasser-Küssen stellten Toshiaki Shirai und Yukiko Nagata am 2. April 1980 den Rekord mit 2:18 Min. auf.

Lebenskuß. Fünf Mitglieder der St. John Ambulance in Sydney praktizierten vom 27. August bis 9. September 1984 einen Lebenskuß über 315 Std. und hauchten dabei einer Puppe 232 150mal Luft ein. 53 Std. lang, vom 15. bis 18. Mai 1984, hielten die Amerikaner Robert Stanbury und Wyatt Pace in Omaha, Nebraska (USA), einen Lebenskuß durch. Dabei hatten sie jeweils 15 Mundkontakte, ehe sie selber wieder 2 Atemzüge taten.

Liegestütze einmal anders: 57 schaffte der Österreicher Johann Schneider (* 1957) aus Alpbach (Tirol) auf zwei rohen Eiern unter den Handflächen. Am 18. Januar 1986 gelang das Kunststück auf der zerbrechlichen Unterlage in Brixlegg.

Luftballon-Aufblasen. Während der Guinness-Tournee 1983 durch 40 deutsche Städte wurden Wettbewerbe im Luftballon-Aufblasen durchgeführt. Der Münchner Schüler Tim Weber (* 1975) konnte es am besten. Bei Hertie München erreichte er am 10. Oktober 1983 mit seinem größten Luftballon einen Umfang von 123,5 cm. Ein Wochenende in Berlin war die Belohnung.

Massagen. Der Dipl.-Sportmasseur Jürgen Jora (* 1938) aus Hamburg führte in 46 Std. 85 Sportvollmassagen vom 19. bis 21. November 1984 in seiner Praxis durch.
Masseur Manfred Thomä (* 1946) aus Urbach (Baden-Württemberg) walkte vom 28. Februar bis 3. März 1985 in insgesamt 72 Std. 166 Frauen, Männer und Kinder durch. Die reine Massagezeit für die Ganzmassagen betrug 68:20 Std.

Den größten geschlossenen Menschenkreis bildeten am 23. Oktober 1982 im Komazawa-Stadion von Tokio 10 323 Mitarbeiter der Nissan-Motorenwerke. Die Japaner führten dabei vor, wie man auch ohne Stuhl sitzen kann: Sie gingen halb in die Hocke und ließen sich auf den Oberschenkeln des Hintermannes nieder.

Miniaturschrift. Daß man die Namen von 44 Ländern mit 184 Buchstaben auf ein einziges Reiskorn schreiben kann und die Worte »TOKIO JAPAN« (in japanischen Schriftzeichen) auf ein einziges menschliches Haar, das bewies Tsutomu Ishii aus Tokio im April 1983.

Im »Dorf der verrückten Rekorde« Holste-Oldendorf (Niedersachsen) gab es vom 27. Juli bis 5. August 1984 ein **Mülltonnen-Dauersitzen** über 214 Std. Für Henry Gerdes, Ingo Dudjahn und Wolfgang Krause waren 240-l-Plastikmülltonnen vorübergehender Aufenthaltsort, den sie rechtzeitig vor der nächsten Müllabfuhr am Wochenanfang verlassen konnten.

Musik-Marathon-Duo. Im Oberbergischen, im Dietrich-Bonhoeffer-Heim in Bergneustadt, spielten vom 4. bis 7. Januar 1984 Schüler Detlef Assmann (* 1966) und Studienrat Dietmar Hillnhütter (* 1942) auf Saiten- bzw. Tasteninstrumenten 74 Std. lang über 1000 Stücke – alles zugunsten der »Aktion Sorgenkind«.

Der Rekord für das Brennenhalten einer Pfeife (3,3 g Tabak) nach einmaligem Anzünden mit einem Streichholz ist 126:39 Min. und wurde von dem fünfmaligen Weltmeister William Vargo aus Swartz Creek, Michigan (USA), bei den 27. Weltmeisterschaften 1975 nach den strengen Regeln der IAPSC aufgestellt.

Pfeifen. Am lautesten pfeifen kann der Engländer Roy Lomas. In den BBC-Aufnahmestudios in Manchester brachte er es am 19. Dezember 1983 in einer Entfernung von 2,50 m auf eine Lautstärke von 122,5 Dezibel.
Den Marathonrekord hält der Kanadier David Frank: Am 23./24. November 1985 hielt er im vegetarischen Restaurant Annapurna in Toronto 30:10 Std. durch.

Die längste Predigt dauerte 120 Std. Gehalten hat sie Reverend Ronald Gallagher vom 26. Juni bis 1. Juli 1983 in der Baptistenkirche von Lynchburg, Virginia (USA).

Mit einem Propellerantrieb am Schultornister erreichen die Brüder Thomas und Michael Troppmann aus Weyhausen bei Wolfsburg bis zu 75 km/h – und zwar mit Rollschuhen, Fahrrad, Schlittschuhen, Schlitten und Skiern. Ein und derselbe Antrieb aus einem Rasenmähermotor und einem Holzpropeller befördert sie mit diesen 5 verschiedenen Gefährten.

Das längste Quiz dauerte 110 Std. Dabei standen sich vom 27. März bis 1. April 1986 im britischen Long Hanborough, Oxfordshire, zwei Teams gegenüber, die 22 483 von den 37 310 Fragen korrekt beantworteten.

Dauerstehen auf dem Rad. Zur Funkausstellung '85 in Berlin (West) gab es einen neuen Rekord von Udo Tiedemann (* 1946) aus Hannover. Am 31. August/1. September 1985 stand er 27:29 Std. auf seinem Fahrrad. Beendet wurde der Rekord in der Fernsehsendung *Weltrekord* von RTL-plus, moderiert von Oliver Spiecker.

Reden. Der Weltrekord im Dauerreden liegt bei 7 Tagen und 15 Min. Im staatlichen Tourismuszentrum von Queensland in Brisbane hatte der Australier Hugh Porter ohne Unterbrechung vom 24. September bis zum 1. Oktober 1984 geredet.
Ein weiblicher Dauerrekord wurde von Mary E. Davis aufgestellt, die am 2. September 1958 bei einer Rundfunkstation in Buffalo, New York

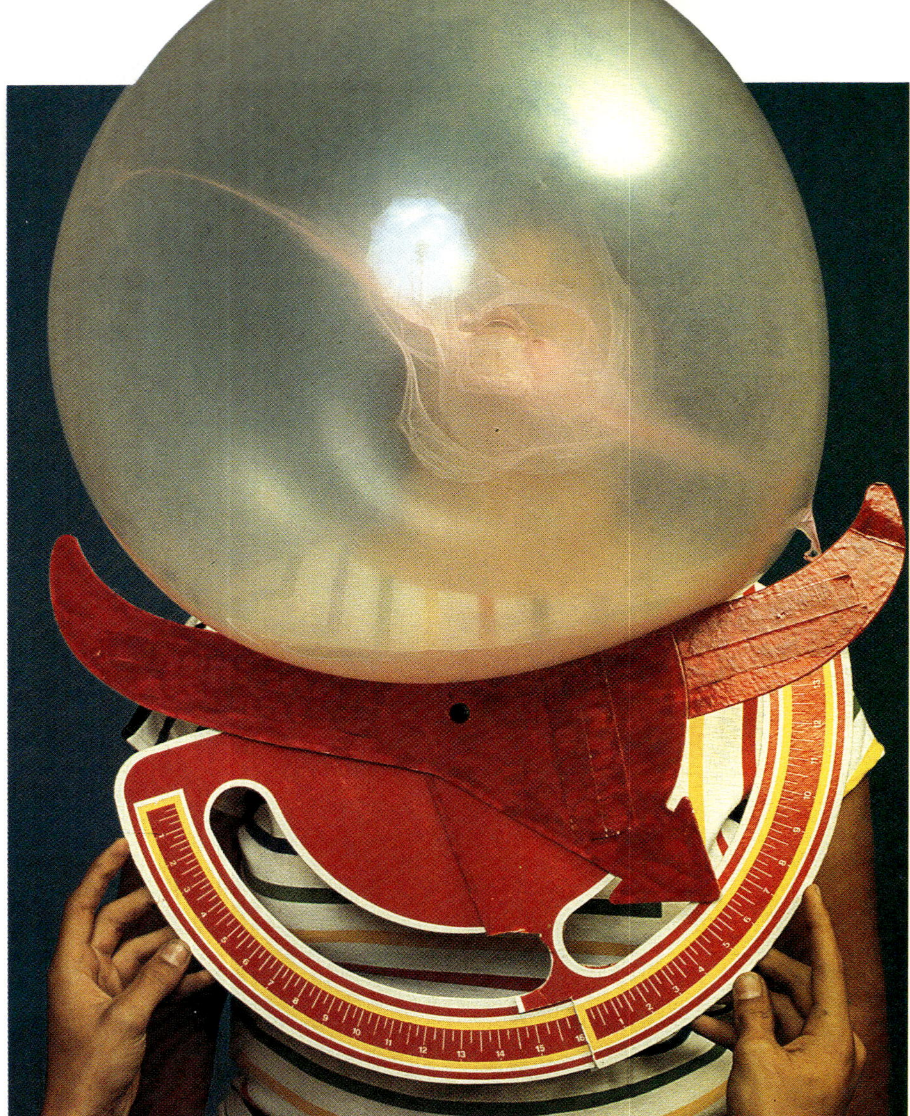

Zu beachtlichen Proportionen hat Susan Montgomery Williams ihrem Kaugummi verholfen – bei 55,8 cm Durchmesser ist das nicht weiter verwunderlich.

(USA), begann und 110:30:05 Std. später am 7. September in Tulsa, Oklahoma (USA), wieder Luft schöpfte.
Die bisher längste Tischrede hielt der Engländer Paul Osgood (*11. Januar 1964) am 21./22. März 1985 im St. George's Hotel von Liverpool. Seine Antwort auf den Toast der Gäste dauerte 16:06 Std.

Reise nach Jerusalem. Die meisten Teilnehmer an einem Spiel wurden am 6. September 1985 in der Notre-Dame-Universität von Indiana (USA) gezählt – nämlich 5151. Den letzten Stuhl ergatterte sich Bill Bronson.

Badewannen-Schach. Einen ungewöhnlichen Austragungsort für ihr Schach-Marathon wählten am 26. August 1983 Christoph Huft (*1960) und Theo Rößler (*1959) aus Duisburg: eine Badewanne, die auf dem Rheinhausener Toeppersee schwamm. Nach 48:39 Std. mußte das Spiel abgebrochen werden, da Segelsportler so große Wellen »schlugen«, daß Wasser in die Wanne drang.

Das größte Schachturnier der Welt ist im 28. Jahr seines Bestehens das Hamburger Schul-Schachturnier »Rechtes Alsterufer« gegen »Linkes Alsterufer« geworden. Am 26. Februar 1986 setzten im Hamburger Congress-Centrum 3056 Schülerinnen und Schüler aus 150 Schulen an 1528 Brettern 48896 Schachfiguren in Bewegung: 24448 Bauern – 6112 Pferde – 6112 Läufer – 6112 Türme – 3056 Damen – 3056 Könige.

Fernrohr-Schachspiel. Findige Schachspieler sind der Ingenieur Hellmuth Hornschuh (*1900) und der Chirurg Dr. Kuno Wahl (*1911) aus Konstanz. Um ihrem Hobby zu frönen, nutzten sie die Nähe und Lage ihrer Wohnungen (Abstand 120 m) und Fenster aus. Um die Züge zu übermitteln, stellten sie kleine Tafeln mit Buchstaben und Zahlen in die Fenster, nahmen ein Fernglas und konnten vom Zimmer aus in Ruhe den nächsten Zug überdenken. Dieses Schachspiel mit Fernsicht und Fernrohr ging über 14 Jahre. Bis zum 9. April 1986 wurden 487 Schachpartien mit 20003 Zügen gespielt. Die kürzeste Partie endete mit 16 Zügen, die längste mit 81. Gab es durch Urlaub oder Reisen Unterbrechungen, dann ging es mit »Hängepartien« weiter. Sieger des »Turniers« wurde Hellmuth Hornschuh – es mußte enden, da der »Verlierer« in einen Alterssitz gezogen ist.

Der längste handgestrickte Schal entstand vom 1. November 1983 bis 26. Mai 1984 in Duisburg. 31 Mütter von Kindern einer Grundschule strickten täglich 10 Std. auch an Sonn- und Feiertagen und verbrauchten für einen blauweißen Fan-Schal von 791,85 m Länge insgesamt 72 kg Wolle (Nadelstärke 4).

Scherenschnitte. Der in Düsseldorf lebende Franzose Jacques Matéos (*1937) rühmt sich, nicht nur der schnellste, sondern auch der präziseste Scherenschnittkünstler zu sein. In 3 Std. schafft er 485 Scherenschnitte, millimetergenau gefertigt am 28. April 1982 während der Hannover-Messe. In 15 Sek. stellt er von unbekannten Personen einen Scherenschnitt mit anschließender Fotokontrolle her.
Ein Meister mit Profil und Schere ist aber auch der in Berlin lebende Franzose Jean-Yves Dousset (39). Der bärtige Bretone mit der flinken Schere zauberte in 2:02 Std. 225 Silhouetten am 30. Oktober 1981 in Hamburg.

Schlagzeug. Ausdauerndster Drummer ist Laurent Rebboah aus Cupertino, Kalifornien (USA). Er schraubte vom 22. September bis 3. November 1983 den Marathonrekord auf 42 Tage 1:06:20 Std. 400 verschiedene Schlaginstrumente innerhalb von 58 Sek. zu spielen – dieses Kunststück brachte der Rockstar Cozy Powell am 5. November 1985 in der britischen Fernsehsendung *Rekordbrecher* fertig.

Schreibartistik. Die Spitzenleistung im »Spaß-Schreiben« wäre es wohl, aus dem Stegreif und leserlich rückwärts, von oben nach unten und in Spiegelschrift zu schreiben – und zwar mit verbundenen Augen und gleichzeitig mit beiden Händen. Folgende Ansprüche auf diesen Rekord werden zur Zeit geprüft; Carolyn Webb aus Thirlmere (Australien), Judy Hall aus Chesterfield, Virginia (USA), und Robert Gray aus Toronto (Kanada). Alle drei Bewerber behaupten, gleichzeitig mit Händen und Füßen dazu spiegelverkehrt schreiben zu können.

Aus dem Stegreif leserlich rückwärts von oben nach unten in Spiegelschrift **schreiben,** mit verbundenen Augen und gleichzeitig mit beiden Händen, das alles kann der Schüler Frank Mick (*1969) aus der Gemeinde Meitingen (Bayern).

Die längsten Seifenblasen der Welt produziert der Schweizer Eisenplastiker Iwan Pestalozzi (48) aus Binz bei Maur (Kanton Zürich). Mit seiner selbstkonstruierten Seifenblasenmaschine erzeugt er über 3 m lange und bis zu 90 cm breite Rund- oder ovale Rekordblasen.

Singen: Am längsten solo gesungen hat bisher der Spanier Jorge Antonio Midalgo Chamorro: In der Piano-Bar von Barcelona hielt er es 200:20 Std. aus (7. –11. November 1985). Ausdauerndster Chor war ein gemischter Chor der höheren Mädchenschule und der Prinz-Edward-Schule von Salisbury (Simbabwe). Die Chorsänger standen 72:02 Std. durch (7.–10. September 1979).
Am 31. Juli 1964 hatte Acharya Prem Bhikuji die Akhand-Rama-Dhoon-Weihegebete zu singen begonnen, am 23. Dezember 1985 sang der religiöse Eiferer immer noch.

Steinetragen. Ziegelsteine im Gesamtgewicht von 185,5 kg trug Jim Ford aus Bury, Lancashire (GB), die vorgeschriebene Leiter von 3,65 m Höhe (17 Sprossen!) hoch – in einer BBC-Fernsehsendung am 12. September 1983.
17 Sprossen einer Leiter wuchtete auch der Fitneßmanager Hans Otto Wöhrle (*1951) aus Randersacker (Bayern) eine Last von 240,8 kg hoch. In knapp 4 Min. hatte der Kraftsportler sein mit Backsteinen beladenes Tragegestell über die Distanz gehievt.

Spuck-Rekorde gewinnen auch in deutschen Landen immer mehr an Beliebtheit: Bester von 150 Kirschkernspuckern bei den 1. Nordhessenmeisterschaften im Kirschkern-Weitspukken am 24. August 1985 wurde im Kirschendorf Langenthal (bei Trendelburg/Kassel) der Student Jürgen Alberding (*1964) aus Trendelburg mit stattlichen 22,68 m. Sieger beim Zwetschkenkern-Weitspucken (bergauf!) wurde beim Stadtfest in Baden-Baden am 19. September 1983 Elmar Herter mit 9,60 m Weite.

Ein Streichholzabbrennen gab es am 3. September 1983 in Ravensburg (Baden-Württemberg). Die Schüler Jan Siebert (*1968), Frank Bauhofer (*1969) und Alexander Merkel (*1968) hatten in 151 Arbeitsstunden 101 400 Streichhölzer auf einer 3,15 × 1,03 m großen Platte kunstvoll aufgebaut. Natürlich unter Aufsicht der Feuerwehr brannte die Streichholzkonstruktion in 4 Min. ab. Lediglich 2600 Hölzer zündeten nicht.

Einen Streichholzturm von 2,50 m Höhe, bestehend aus 79 800 Hölzchen (alle selbstverständlich nicht verklebt) baute der Tischlerlehrling Theodor Mayr (*1967) aus Windischgarsten (Österreich) in 230 Arbeitsstunden. Am 31. August 1984 wurde der freistehende Turm in Gegenwart von 11 Zeugen umgeworfen.

Den Dauerrekord im **Taktstockwirbeln** stellte das Quartett Victor Cerda, Sol Lozano, Harry Little III (Leiter) und Manuel Rodriguez vom 24. bis 29. Juni 1984 in kalifornischen El Seveno (USA) auf. Die vier Männer ließen ihre Tambourstöcke 122:30 Std. durch die Luft wirbeln.

Tapetenkleben demonstrierte der Kärntner Malermeister Albin Meschnig (*1945) aus Müllnern bei der »2. Guinness-Woche der Rekorde« am Faaker See. In 24 Std. verklebte er am 14./15. September 1984 1600 m Tapeten (160 Rollen).

Im **Telefonbuch-Zerreißen** holte sich der niederösterreichische Herkules Franz Bierbaum (*1946) aus Preßbaum bei der Kraftsportzeit beim »Sattlerwirt« in Ebbs/Tirol am 19. März 1986 seinen Weltrekord zurück. Der Grazer Championcatcher Otto Wanz hatte es kurz zuvor auf 35 Sek. gebracht, der Postbeamte Bierbaum zerriß in nur 34:23 Sek. 20 (rund 1000 Seiten starke) *Amtliche Wiener Telefonbücher* Jahrgang 1984/85.
Der Sägearbeiter Franz Maderecker (*1958) aus der Marktgemeinde Straßweilchen (Land Salzburg) zerriß am 8. Dezember 1984 in 23 Sek. 20 Telefonbücher des Bundeslandes Tirol, Ausgabe 1983/84 mit je 675 Seiten, »zur Gänze am Buchrücken mit der Hand«.

Das längste Transparent bemalten am 20. August 1984 bei der Säubrennerkirmes in Wittlich (Rheinland-Pfalz) 142 Teilnehmer in 55 Min. Die lustig bemalte Stoffbahn war 80 m lang und 0,80 m breit.

Zum Dauerunterricht traten 20 Schülerinnen und Schüler des Mathematik-Leistungskurses vom Gymnasium Vogelsang aus Solingen (Nordrhein-Westfalen) vom 28. Februar bis 3. März 1986 an. 18 angehende Abiturienten kamen zusammen mit ihrem Mathematiklehrer auf 73:15 Std.

Unterwasserfahrten. Auf einem Dreirad fuhren 32 Scuba-Taucher 104,54 km auf dem Boden des Schwimmbeckens der Amphi High School in Tucson, Arizona (USA), 60 Std. vom 27. bis 29. November 1981.

Verbesserungsvorschläge. Ergiebigsten Gebrauch vom betrieblichen Vorschlagswesen macht John Drayton (*1907) aus Newport, Gwent (GB) – alle zum Nutzen der britischen Eisenbahn. Im Jahr 1924 hatte er seinen ersten Vorschlag eingereicht, bis Mai 1986 überschwemmte er die Eisenbahner mit sage und schreibe 31 215 Anregungen. Mehr als 100 wurden in die Tat umgesetzt. 1983, zum 60jährigen »Jubiläum«, hatte es bei John Drayton geläutet: die britische Eisenbahn verehrte ihm als Dank eine Glockenuhr.

Dauerwasserliegen auf dem Rücken liebt Schuhmachermeister Leopold Pilich (*1929) aus Graz (Österreich). Am 15. Januar 1984 lag er ohne Hilfsmittel wieder einmal regungslos im Wasser des Hallenbades Karlsdorf – ganze 3:02 Std. hindurch und verbesserte so seinen eigenen Rekord, den er im Mai 1983 aufgestellt hatte.

Wassertreten. Der Weltrekord wurde nicht im Kneipp-Kurbad Wörishofen aufgestellt, sondern in Colombo (Sri Lanka). In einem Swimmingpool mit 20° C trat 1978 Kumar Anadan (24) über 72 Std. Wasser.

Weintraubenweitwurf übt Arden Chapman von der Northeast Louisiana University, Monroe (USA). Am 18. Juli 1980 warf er eine Traube, die mit dem Mund aufgefangen wurde, 97,43 m weit.

Weitwurf. Die weiteste Strecke, die ein träger Gegenstand, der schwerer ist als Luft, geworfen wurde, beträgt 395,63 m. Der Rekordwurf gelang Tom McRann (35) am 21. Mai 1986 in Santa Clara, Kalifornien (USA), mit einem »Skyro« aus Plastik (91 g schwer, 29,21 cm Durchmesser).

Witzeerzählen. 48 Std. lang, vom 27. bis 29. Dezember 1984, riß T. R. (Tim) Benker aus Chikago im Mount Prospect Snuggery in Illinois (USA) einen Witz nach dem anderen.

Ziegelheben. 26 aneinandergereihte, jeweils 21,6 cm lange und 2,26 kg schwere Ziegelsteine wuchtete Alan Keates aus Cheadle (GB) horizontal in die Höhe (15. Mai 1984). Die Ziegelsteinreihe war 168,9 cm breit.

Ziegeltragen. 72,4 km trugen David und Kym Barger aus Lamar, Missouri (USA), am 21. Mai 1977 einen Ziegelstein von 4,053 kg Gewicht; der Stein wird mit der Handöffnung nach unten ohne Handschuhe gehalten.
Der weibliche Rekord für einen Ziegel von 4,422 kg ist 36,2 km, aufgestellt am 28. April 1986 von Wendy Morris aus Walsall, West Midlands (GB).

Zur Rekordhöhe von 4,16 m wuchs am 10. Juli 1985 auf der Bühne des Wiener Volkstheaters ein **Zigarettenschachtelturm.** In 4:09:55 Std. hatten Vater Karl Radl (*1947) und Sohn Karl-Heinz (*1972) ihre Pyramide aus 5021 Schachteln errichtet. Nichts war verklebt oder verankert, dreimal drehte sich das Bauwerk um die eigene Achse auf der Bühnen-Drehscheibe. ■

Hall of Fame 1986

Zum ersten Mal hat das *Guinness Buch der Rekorde* sechs Rekordler mit herausragenden Leistungen in die neugeschaffene *The Guinness Book of Records Hall of Fame* aufgenommen – in den »exklusivsten Club der Welt« wie sie bereits genannt wird. Norris McWhirter hat diesen sechs Rekordlern am 17. Mai 1986 ihre Goldmedaillen überreicht:

Joseph Kittinger
Vereinigte Staaten von Amerika

Anläßlich eines Forschungsprojekts der US-Luftwaffe beendete Kittinger erfolgreich den längsten freien Fall aus einer Höhe von 31,33 km. 4 Minuten und 36 Sekunden ließ er sich aus einem Ballon in die Tiefe fallen, bevor er den Fallschirm öffnete.

Sir Ranulph Fiennes, Bt.
Großbritannien

Eine der herausragendsten Leistungen seines Lebens, das der Forschung gewidmet ist, stellt die erste Erdumrundung über die Pole auf direktem Weg dar. Gleichzeitig gelang ihm bei dieser Expedition die Überquerung von Arktis und Antarktis in Rekordzeit.

Billie-Jean King
Vereinigte Staaten von Amerika

Im Lauf ihrer Wimbledon-Karriere von 1961–83 nahm sie an 265 Spielen teil, aus denen sie bei 224 als Siegerin hervorging, eine Leistung, die einzigartig unter den Tennisspielerinnen ist. Unübertroffen – von Männern und Frauen – sind auch ihre 20 Wimbledon-Titel.

Paul McCartney
Großbritannien

Einen unübertroffenen Beitrag zur Popmusik lieferte McCartney sowohl als Komponist wie auch als Interpret mit 43 jeweils über 1 Mio.-mal verkauften Hits und 67 Goldenen Schallplatten. Der Titel *Yesterday* wurde zum meistaufgenommenen Lied der Welt.

Vernon Craig
Vereinigte Staaten von Amerika

Seine bemerkenswertesten Leistungen auf dem Gebiet der Schmerzüberwindung, wozu auch das Gehen über glühende Kohlen mit einer Temperatur von 812° C gehört, sind ein bisher ungelöstes Rätsel für die Wissenschaftler.

Vesna Vulovic
Jugoslawien

Ihre außergewöhnliche Überlebensgeschichte setzte ganz neue Maßstäbe für die Grenzen menschlicher Belastungsfähigkeit. Sie überlebte den Sturz aus einer Höhe von 10 610 m ohne Fallschirm nach einer Flugzeugexplosion.

STICHWORTREGISTER

A

B

C

D

E

N

O

P

Q

R

U

V

W

Y

Z

QUELLENVERZEICHNIS DER ABBILDUNGEN

The Guinness Book of Records 1986, 1987: 1, 2 links, 3 rechts unten, 6/7 (All-Sport), 9, 10, 12 rechts, 16, 18 oben, 18 unten rechts, 20 Mitte, 22, 24 oben, 24 unten, 25, 26, 27, 29, 32, 33, 34, 35, 36, 37, 38, 39, 40 oben links, 40 unten links, 41, 43 unten, 47, 49, 51, 52, 54 oben, 54 unten rechts, 55, 56, 60, 61, 64 oben, 64 unten rechts, 65 rechts, 66, 68, 70, 71 links, 71 unten rechts, 74, 75 unten, 77, 78 links, 78 unten rechts, 82/83, 84, 85, 87 rechts, 90, 91, 92, 94/95, 98/99, 99, 103, 107, 111, 112 links, 114 rechts, 115, 117 rechts, 120, 125, 128 oben, 130 oben, 131, 136, 145 oben rechts, 153 oben, 153 unten, 154 oben, 154 Mitte, 155 links, 160/161, 162 oben, 162 Mitte, 166, 167 oben, 167 unten rechts, 168, 169 oben, 169 Mitte, 170, 172, 173, 174 Mitte, 175, 178, 179, 183, 187 rechts, 192 oben, 194 oben, 197 oben, 197 Mitte, 201 oben, 201 Mitte, 204 oben links, 210, 211, 212, 213, 217, 218, 222, 228, 229, 231, 232, 234 oben, 234 unten rechts, 236 oben, 240, 241, 242/243, 249 oben, 255, 259, 261, 263, 264, 265, 269 links, 269 rechts, 271, 273, 274, 279, 280 links, 280 Mitte, 280 rechts, 282 unten, 283, 288, 291, 292/293, 294 links, 294/295, 295 rechts, 300, 301, 304, 310, 311, 315, 321, 322, 323, 324, 326, 329, 330, 333, 337, 340, 342, 343.

Le Livre Guinness des Records 1986: 2 rechts, 4 unten links, 19, 30, 43 oben, 53, 72, 81, 86 links, 86 Mitte rechts, 86 unten rechts, 88, 89 oben links, 93, 96, 97, 101, 102 oben links, 102 Mitte links, 102 unten links, 104, 105, 165, 171, 193, 221, 249 unten rechts, 252, 254, 306, 338.

HÖRZU/Frank Willhöft: 2 Mitte, 62/63, *HÖRZU*/Annette Lederer: 290. Botanischer Garten und Botanisches Museum, Berlin-Dahlem: 3 links oben, 109. Gerhard E. Schmitt, Aschaffenburg: 3 links unten, 118/119, 129. MPG, München: 3 Mitte, 135, 138, 139 links, 139 rechts, 150. Volkswagen AG, Wolfsburg: 3 oben rechts, 147, 194 Mitte, 200 unten. Image in Industries Ltd., London: 4 oben links, 184/185. Stella Theater Produktions GmbH, Hamburg: 4 Mitte oben, 250/251, 276 oben links, 276 oben rechts (alle Ralf Brinkhoff). dpa, Frankfurt: 4 Mitte unten, 21 oben rechts, 67, 79, 123, 124, 127, 148 links, 158 rechts, 180, 186, 190, 270, 275, 287, 292 links oben, 293 rechts oben, vorderes Vorsatz (1), hinteres Vorsatz (3). Hermann Josef Ripper, Blaustein: 4 rechts, 308/309.

Sven Simon, Essen: 11, 12, 14, 15, 40, 46 oben links, 46 Mitte oben, 57, 59, 182, hinteres Vorsatz (1). Bongarts, Hamburg: 20 oben links, 20 unten links, 20 oben rechts, 20 unten rechts, 21 links, 21 Mitte oben, 21 rechts. Rex Features, London: 44. Focus, Hamburg: 50 (Vandystadt), 132 (West Light), 134 unten (Camp). amw Pressedienst, München: 73, 246 oben links. Andrea Preussler, Gilching: 76. Zoo Duisburg: 86/87 Mitte oben (G. Mancuso), 89 oben rechts (F. Ostenrath), 116 oben links (F. Ostenrath), 116/117 Mitte oben (F. Ostenrath). Discover Syndication, New York: 100 (Bruce H. Robison). S. C. Johnson & Son Inc. (USA): 106. Mauritius, Mittenwald: 121 (Nägele), 132/133 Mitte oben, Harro Zimmer, Berlin: 122 (NASA), 137 (ESA), 138 (NASA), 141 oben links (NASA), 141 oben rechts (NASA), 143 oben links (NASA), 143 Mitte oben (NASA), 143 oben rechts (NASA), 145 Mitte (NASA), 145 unten (NASA), 148 oben (DESY), 151 oben links, 151 oben rechts (MBB-Erno), 157 (Rockwell International), 159 unten links (Siemens). *Die Welt*, Essen: 124, 127, 183. ZEFA, Düsseldorf: 126, 128 unten, 130 unten, 133 oben rechts, 134 oben. SONY Deutschland GmbH, Köln: 152, 281 oben, 285. AP, Frankfurt: 145 oben links, 145 Mitte oben, 158 links, 164, 174 oben, 176, 207, 262, vorderes Vorsatz (3). IBM, Stuttgart: 159 Mitte rechts, 159 unten rechts. Camera Press, London: 163. Wilhelm Wilhelmsen, Oslo: 186/187. TT-Line GmbH, Hamburg: 188. Harmstorf-Werften AG, Hamburg: 189. Audi AG, Ingolstadt: 191, 203 oben. Jürgen Lewandowski, München: 192 unten. Daimler-Benz AG, Stuttgart-Untertürkheim: 195 oben, 200 oben, 202. Gerhard Plattner, Innsbruck: 195 unten, 198/199. Ford Werke AG, Köln: 196. Fried. Krupp GmbH, Essen: 206. Verkehrsverbund Rhein-Ruhr GmbH, Gelsenkirchen: 209 oben links, 209 oben rechts. SIPA Press, Paris: 214. Porsche AG, Stuttgart-Zuffenhausen: 215. Lufthansa-Bildarchiv, Frankfurt: 216. Sulzer Escher Wyss AG, Zürich: 233 unten links. Rheinbraun, Rheinische Braunkohlenwerke AG, Köln: 224. Mannesmann Demag Baumaschinen, Düsseldorf: 225. Gottwald GmbH, Düsseldorf: 226 oben links. Versuchsanstalt für Stahl, Holz und Steine der Universität Karlsruhe: 226 oben rechts. Herlitz AG, Berlin: 235 Mitte. GEERSbild Hörgeräte Geers, Dortmund: 235 unten. Hapag-Lloyd AG, Hamburg: 237. Frankfurter Wertpapierbörse, Frankfurt: 238. Sotheby's, London: 242 links oben. Verlag Ullstein GmbH, Frankfurt–Berlin, Propyläen Verlag: 244/245. Udo Lauer, Berlin: 246 oben rechts, 312. Kago-Kamin GmbH & Co Betriebs-KG, Postbauer: 247. Egmar Ernst, Sehnde: 248. Gemäldegalerie Mensing, Hamm-Rhynern: 256 oben links. Westfälisches Freilichtmuseum, Detmold: 256/257 Mitte oben. The Image Bank Bildagentur GmbH, München: 257 oben rechts, 296. Herzog August Bibliothek, Wolfenbüttel: 258. Foto-Design Schaffler, Linz: 268. Bernd Kammerer, Frankfurt: 272 oben links, 272 oben rechts. Miller International Schallplatten GmbH, Hamburg: 281 Mitte unten. TOBIS Filmverleih, Berlin: 282. Zweites Deutsches Fernsehen, Mainz-Lerchenberg: 284. Ilse Collignon, Black Star, München: 298. Globus Kartendienst GmbH, Hamburg: 302. Wolfgang Köhler, Hamburg: 303. Jürgen Kremb, Berlin: 305. Bäder- und Kurverwaltung Baden-Baden: 318. IfAG – Institut für Angewandte Geodäsie, Frankfurt. BILD + NEWS/AP: hinteres rechtes Vorsatz oben. Horstmüller, Düsseldorf: hinteres rechtes Vorsatz unten. Günter Peters, Berlin: hinteres rechtes Vorsatz rechts.

Schutzumschlagmotive (Vorderseite): Krupp, Essen (ICE); dpa, Frankfurt (FIFA World Cup); Paul Zimmer, Stuttgart (Boris Becker); Tierbildarchiv Okapia, Frankfurt (Delphine).

Schutzumschlagmotiv (Rückseite): *Guinness Book of Records* (John Howard geht auf Rekordjagd, s.S. 326).

Herausgeber der englischen Ausgabe:
Alan Russell
Chefredakteur der deutschen Ausgabe:
Hans-Heinrich Kümmel

Redaktion: Dr. Martin Elste (Musik; Schallplatten und Tonbänder), Bernd Holzrichter (Übersetzungen), Jürgen Lewandowski (Straßenfahrzeuge), Marc Oliver (Sport), Hans Schütz (Übersetzungen), Dr. Harro Schweizer, Iris Witt, Harro Zimmer (Erde; Weltall und Raumfahrt; Naturwissenschaft)
Assistenz: Karin Fehse
Herstellung: Erika Huss

Schutzumschlag: Bine Cordes, München

Die Originalausgabe Guinness Book of Records erscheint seit 1955 im Verlag Guinness Superlatives Limited, London.

Gesamtherstellung: Mohndruck
Graphische Betriebe GmbH, Gütersloh

Printed in Germany
ISSN: 0174-3791
ISBN: 3 550 077416

Redaktionsschluß: 1. April 1986. Für Meldungen »In letzter Minute« und »Welt des Sports«: 30. Juli 1986.

REKORD ANMELDUNG

Der Rekord wurde aufgestellt von

Name: ____________________

Beruf: ____________________

Geburtsdatum: ____________________

Adresse: ____________________

____

Telefon: ____________________

Zeugen

1. Zeuge

Name: ____________________

Anschrift: ____________________

Unterschrift: ____________________

2. Zeuge

Name: ____________________

Anschrift: ____________________

Unterschrift: ____________________

3. Zeuge

Name: ____________________

Anschrift: ____________________

Unterschrift: ____________________

Der Rekordhalter ist bei Anerkennung und Aufnahme seines Rekordes in das GUINNESS BUCH DER REKORDE damit einverstanden, daß sein Rekord und die beigefügten Privatfotos wie auch Fotos, die aus Anlaß des Rekordes gemacht wurden, von der Verlag Ullstein GmbH zu werblichen Zwecken in allen Medien ohne Honoraranspruch verwendet werden dürfen.

GUINNESS BUCH DER REKORDE

Verlag Ullstein GmbH
Lindenstraße 76

1000 Berlin 61

Art des Rekordes:

Daten/Fakten/Maße usw.

aufgestellt in:

am

um Uhr

Anzahl der beigefügten Unterlagen/Fotos:

Der Rekord schlägt den auf Seite ______ angegebenen

Der Rekord betrifft ein bisher nicht genanntes Gebiet, nämlich

Ort/Datum:

Unterschrift:

Guinness Rekorde

IN LETZTER MINUTE

Toller Jockey

Der in Ungarn geborene, aber seit 30 Jahren in Deutschland lebende Jokkey Peter Alafi (50) feierte am 15. Juni 1986 in Köln seinen 2000. und 2001. Sieg. Der viermalige Derbygewinner und viermalige Champion ist damit auf dem besten Weg, den Rekord von 2218 Erfolgen zu überbieten.

Auf Borgs Spuren

Boris Becker sorgt weiter für Furore. 364 Tage nach seinem ersten, damals sensationellen Wimbledon-Sieg am 7. Juli 1985 (über Kevin Curren) holte er sich den zweiten – mit einem in nur 2:03 Std. herausgespielten und völlig souveränen 6:4, 6:3, 7:5-Erfolg gegen den Weltranglistenersten Ivan Lendl. Auf dem Weg ins Finale hatte der erst 18jährige lediglich zwei Sätze abgegeben. Fachleute glauben, daß der junge Deutsche auf dem besten Weg ist, in Björn Borgs Fußstapfen zu treten, der fünfmal nacheinander das wertvollste Grasplatzturnier gewann. Als Anerkennung für die großartigen Leistungen wurde Boris Becker die Ehrenbürgerwürde seiner Geburtsstadt Leimen verliehen. Ein absolutes Novum.

Einsame Spitze

Das ist ein Rekord besonderer Art: Walter Herrlau (77) aus Bremen erwarb zum 56. Male das Deutsche Sportabzeichen. Dabei schwamm er die 200-m-Strecke in 4:39,8 Min. und blieb weit unter der geforderten Zeit (9:30).

111. Sieg

Stolz auf eine »Schnapszahl« und eine grandiose Serie: Der amerikanische Olympiasieger Edwin Moses blieb bei den Goodwill-Games in Moskau über 400-m-Hürden in seinem 111. Rennen in Reihenfolge ungeschlagen und gewann in der Klassezeit von 47,94 Sek.

Schallmauer durchbrochen

Obwohl die Zuschauerzahlen rückläufig sind, investierte die Fußball-Bundesliga zu Beginn der neuen Saison 1986/87 soviel wie nie zuvor. Dabei wurde erstmals bei Spieler-Transfers die 20-Mio.-Grenze durchbrochen. Das sind die teuersten »Einkäufe«: Bayern München bezahlte 2 Mio. DM für Andreas Brehme (Kaiserslautern), der VfB Stuttgart 1,75 Mio. DM für Eike Immel (Dortmund) und der 1. FC Köln die gleiche Summe für Thomas Allofs (Kaiserslautern).

Zweimal Biondi

Schnellster Mann im Wasser ist der 1,99 m große und 91 kg schwere Kalifornier Matt Biondi, der bei den amerikanischen Schwimm-Meisterschaften in Orlando/Florida zwei Weltrekorde aufstellte – über 50-m-Freistil in 22,33 und über 100-m-Freistil in 48,74 Sek. Ebenfalls mit Weltrekorden glänzten Pablo Morales über 100-m-Schmetterling (52,84) und Betsey Mitchell über 200-m-Rücken (2:08,60).

Das verschwundene Los

Die nunmehr 86jährige Geschichte des Deutschen Fußball-Bundes ist um eine Kuriosität reicher. Die Auslosung für die erste Runde des Pokalwettbewerbs 1986/87 mußte wiederholt werden, weil der Loszettel der Stuttgarter Kickers bei der Prozedur unbemerkt unter den Tisch gefallen war und ganz zum Schluß dem Berliner Amateurligaklub Tennis Borussia zugeordnet wurde. Der Verein fühlte sich geschädigt und protestierte mit Erfolg, so daß eine neue, zweite Ziehung anberaumt wurde. Und siehe da: die Stuttgarter erhielten wieder Tennis Borussia zum Gegner. Viel Lärm um nichts . . .

Blitz-Spiel

Nur acht Minuten brauchte bei den Offenen Britischen Squash-Meisterschaften (unter 23 Jahre) in Marlow, Buckinghamshire, Suzanne Burgess, um mit 9:2, 9:0, 9:0 Carolyn Mett zu bezwingen. Das war das schnellste Spiel bei einem großen Turnier.

Ostblock-Premiere

Schon drei Wochen vor dem ersten Weltmeisterschafts-Rennen der Formel I im Ostblock waren sämtliche 130000 Karten für die Premiere auf dem Hungaroring in der Nähe Budapests am 10. August 1986 vergriffen. Der 4,013 km lange Kurs wurde innerhalb eines knappen Jahres für umgerechnet 16 Mio. DM gebaut. Der erste Spatenstich war am 15. Oktober 1985 erfolgt.

Gleichgezogen

Martina Navratilova jagt die Wimbledon-Rekorde. Sie gewann das Endspiel der 100. All England Championships gegen Hana Mandlikova 7:6, 6:3 und kam zu ihrem fünften Sieg in Serie – wie zuvor zwischen 1919 und 1923 die Französin Suzanne Lenplen – und zu ihrem siebten Erfolg insgesamt. Nur die Amerikanerin Helen Wills-Moody steht mit acht Einzeltriumphen noch vor der neuen Tenniskönigin, die bei diesem Jubiläumsturnier auch noch das Doppel mit Pam Shriver für sich entschied

Keine Grenzen

Dieser Michael Groß ist wirklich ein Phänomen. Am 21. Juni 1983 in Hannover stellte er seinen ersten Weltrekord (über 200-m-Freistil in 1:48,28 Min.) auf, am 28. Juni 1986, ebenfalls in Hannover, seinen elften, als er im Finale der Deutschen Schwimm-Meisterschaften über 200-m-Schmetterling nach 1:56,24 Min. im Ziel anschlug. Außerdem verhalf er seinem Klub EOSC Offenbach noch zu drei deutschen Staffelrekorden – über 4 × 100-m-Freistil in 3:22,93; 4 × 200-m-Freistil in 7:23,28 sowie 4 × 100-m-Lagen in 3:45,97 Min. Schließlich verbesserte der »Albatros« noch – im Vorlauf – den von ihm selbst gehaltenen deutschen Rekord über 100-m-Freistil auf 50,25 Sek.

Immer höher

Nur drei Versuche benötigte Sergej Bubka (UdSSR), um bei den Goodwill-Games in Moskau den Stabhochsprung-Weltrekord zu verbessern. Nach 5,70 und 5,85 überquerte er dann sofort 6,01 m und übertraf seine bisherige Marke um einen einzigen Zentimeter. Bei der gleichen Veranstaltung schraubte die Amerikanerin Jackie Joyner den Siebenkampf-Weltrekord erstmals über die Siebentausender-Traummarke und erreichte 7148 Punkte.

Aus der Traum

Die größte Einnahme bei einem Profi-Boxkampf in Europa wurde mit 30 Mio. DM am 19. Juli 1986 erzielt, als im Londoner Wembley-Stadion vor 46000 Zuschauern der amerikanische Weltmeister Tim Witherspoon seinen Schwergewichtstitel nach WBA-Version gegen Frank Bruno (GB) in der elften Runde durch K. o.-Sieg verteidigte. Damit war gleichzeitig der Traum vom ersten englischen Champion aller Klassen seit 89 Jahren (Bob Fitzsimmons) ausgeträumt.

Mammutfeld

Zum ersten Mal nahmen am schwersten Rundstreckenrennen der Welt, der Tour de France 1986, insgesamt 210 Radfahrer teil. Der interessanteste Mann in diesem riesigen Feld war ein Eisschnellläufer aus den USA: Eric Heiden, der fünffache Olympiasieger von Lake Placid und siebenfache Weltmeister. Sieger der »großen Schleife« durch Frankreich wurde der Amerikaner Greg Lemond.
Zum 16. Male dabei der Holländer Joop Zoetemelk (39), der damit den bisherigen Rekord von Lucien van Impe mit 15 Teilnahmen übertraf. Der Straßenweltmeister feierte dabei elf Etappensiege, fuhr 23 Tage im Gelben Trikot, gewann 1980 und wurde sechsmal Zweiter.